Landesrecht
Freistaat Bayern

Öffentliches Recht in Bayern

Verfassungsrecht
Kommunalrecht
Polizei- und Sicherheitsrecht
Öffentliches Baurecht

Eine prüfungsorientierte Darstellung

von

Dr. Ulrich Becker, LL. M. (EHI)
Direktor am Max-Planck-Institut für Sozialrecht und
Sozialpolitik und Honorarprofessor an der
Ludwig-Maximilians-Universität München

Dr. Dirk Heckmann
Professor an der Technischen Universität München

Dr. Bernhard Kempen
Professor an der Universität zu Köln

Dr. Gerrit Manssen
Professor an der Universität Regensburg

8. Auflage 2022

C.H.BECK

Zitiervorschlag:
Becker/Heckmann/Kempen/Manssen, BayÖffR,
1. Teil VerfassR Rn. 78

www.beck.de

ISBN 978 3 406 78580 1

© 2022 Verlag C. H. Beck oHG
Wilhelmstraße 9, 80801 München
Druck: Druckerei C. H. Beck Nördlingen
(Adresse wie Verlag)

Satz: jürgen ullrich typosatz, Nördlingen

Umschlaggestaltung: Druckerei C.H. Beck Nördlingen

chbeck.de/nachhaltig

Gedruckt auf säurefreiem, alterungsbeständigem Papier
(hergestellt aus chlorfrei gebleichtem Zellstoff)

Vorwort zur achten Auflage

Mit der vorliegenden 8. Auflage wird das Lehrbuch auf den aktuellen Stand von Gesetzgebung und Rechtsprechung gebracht. Insbesondere im Bereich des Polizei- und Sicherheitsrechts (Teil 3) sowie im Öffentlichen Baurecht (Teil 4) ergab sich aufgrund von Gesetzesänderungen auf Landes- und Bundesebene ein nicht unerheblicher Aktualisierungsbedarf.

Das Ziel des Lehrbuchs besteht unverändert darin, den Studierenden den examenswichtigen Stoff für die Erste Juristische Staatsprüfung in Bayern zu vermitteln. Das Buch kann vorlesungsbegleitend und zur individuellen Examensvorbereitung verwendet werden. Beispiele und Aufbauschemata helfen dabei, die (in den letzten Jahren weiter expandierte) Stofffülle klausurmäßig zu verarbeiten. Zur vertieften Übung mit „großen Fällen" kann das „Klausurenbuch Öffentliches Recht in Bayern" verwendet werden (Stand: 4. Auflage 2019).

Anregungen und Verbesserungsvorschläge sind stets willkommen. Sie können direkt an den zuständigen Autor gerichtet werden.

Die Verfasser haben erneut ihren Mitarbeiterinnen und Mitarbeitern für vielfältige Unterstützung bei der Überarbeitung der Manuskripte zu danken. Zu nennen sind insbesondere: Dr. *Valerie Blettenberg, Simon Feuser* (Universität zu Köln), *Felix Deser, Dominik Dorfner, Matthias Elbert, David Preßlein, Mona Röser, Tim Wildermuth* (Max-Planck-Institut für Sozialrecht München), *Valentin Vogel, Kathrin Walther* (Technische Universität München), *Fabian Kraus, Filipp Ruzin, Michaela Hacker, Monika Mahal* und *Julius-David-Thomas Sobek* (Universität Regensburg).

Köln, München, Regensburg im Dezember 2021

Ulrich Becker
Dirk Heckmann
Bernhard Kempen
Gerrit Manssen

Aus dem Vorwort zur ersten Auflage

Das vorliegende Buch verfolgt das Ziel, den Studierenden an Bayerischen Juristischen Fakultäten das Fachwissen in den landesrechtsspezifischen Materien des Öffentlichen Rechts zu vermitteln. Es unterscheidet sich konzeptionell von anderen Sammelbänden. Der dargebotene Stoff beschränkt sich auf die prüfungsrelevanten *Pflicht*fächer und lässt alle *sonstigen* (nur) für die öffentlichrechtlichen Wahlfächer bzw. die Verwaltungspraxis wichtigen Rechtsgebiete außen vor. Ebenso wird innerhalb der Darstellungen durchgehend jeweils nur das behandelt, was Gegenstand juristischer Prüfungen sein kann. Daraus rechtfertigt sich auch der Verzicht auf einen umfangreichen Fußnotenapparat. Auf diese Weise beschränkt sich der Gesamtumfang auf ein Maß, dessen Bewältigung redlicherweise erwartet werden kann.

Besonderer Wert wird auf die Verständlichkeit der Darstellungen gelegt. Auf typische Aufbauprobleme in Klausuren und Hausarbeiten wird besonders eingegangen. Zahlreiche Beispiele sowie Aufbauschemata und sonstige didaktische Hinweise erleichtern die Anwendung des Gelernten, Querverweise auf Randnummern innerhalb, aber auch auf Randnummern anderer Kapitel verdeutlichen zugleich die materielle Wechselbezüglichkeit der verschiedenen Problemstellungen und der Rechtsgebiete. Das Buch eignet sich sowohl für die vorlesungsbegleitende Mitarbeit als auch für die Vorbereitung auf universitäre Leistungsnachweise und das Examen im Öffentlichen Recht.

Passau, Regensburg und Würzburg, im März 2000

Ulrich Becker
Dirk Heckmann
Bernhard Kempen
Gerrit Manssen

Inhaltsübersicht

Inhaltsverzeichnis

2. Teil. Bayerisches Kommunalrecht *(U. Becker)*

4. Teil. Öffentliches Baurecht *(G. Manssen)*

Abkürzungsverzeichnis

BayLT	Bayerischer Landtag
BayMG	Bayerisches Mediengesetz
BayNatSchG	Bayerisches Naturschutzgesetz
BayObLG	Bayerisches Oberstes Landesgericht
BayVBl.	Bayerische Verwaltungsblätter
BayVerfGH	Bayerischer Verfassungsgerichtshof
BayVerfGHG	Gesetz über den Bayerischen Verfassungsgerichtshof
BayVGH	Bayerischer Verwaltungsgerichtshof
BayVwVfG	Bayerisches Verwaltungsverfahrensgesetz
BayVwZVG	Bayerisches Verwaltungszustellungs- und Vollstreckungsgesetz
BayWG	Bayerisches Wassergesetz
Bd.	Band
BeamtStG	Beamtenstatusgesetz
Beil.	Beilage
Bek.	Bekanntmachung
BekV	Bekanntmachungsverordnung
ber.	berichtigt
BezO	Bezirksordnung
BGB	Bürgerliches Gesetzbuch
BGBl.	Bundesgesetzblatt
BGH	Bundesgerichtshof
BGHZ	Entscheidungssammlung des BGH in Zivilsachen
BImSchG	Bundesimmissionsschutzgesetz
BRS	Baurechtssammlung
BSHG	Bundessozialhilfegesetz
BtMG	Betäubungsmittelgesetz
Bull. BReg.	Bulletin der Bundesregierung
BV	Bayerische Verfassung
BVerfG	Bundesverfassungsgericht
BVerfGE	Entscheidungssammlung des BVerfG
BVerfGG	Bundesverfassungsgerichtsgesetz
BVerwG	Bundesverwaltungsgericht
BVerwGE	Entscheidungssammlung des BVerwG
BVwVG	Bundesverwaltungsvollstreckungsgesetz
c.i.c.	culpa in contrahendo
CDU	Christlich-Demokratische Union
CSU	Christlich-Soziale Union
DÖV	Die öffentliche Verwaltung
Drucks.	Drucksache
DVBl.	Deutsches Verwaltungsblatt
E	Entscheidungssammlung
EAG Bau	Europarechtsanpassungsgesetz Bau
e. V.	eingetragener Verein
EBV	Eigenbetriebsverordnung
EGGVG	Einführungsgesetz zum Gerichtsverfassungsgesetz

EGV .... Vertrag zur Gründung der Europäischen Gemeinschaft
EStG .... Einkommensteuergesetz
etc. .... et cetera
EU .... Europäische Union
EUV .... Vertrag über die Europäische Union

f. .... folgende
FAG .... Finanzausgleichsgesetz
FDP .... Freie Demokratische Partei
ff. .... fortfolgende
Fn. .... Fußnote
FS .... Festschrift
FSt. .... Die Fundstelle

G .... Gesetz
GastG .... Gaststättengesetz
GemS OGB .... Gemeinsamer Senat der Obersten Gerichtshöfe des Bundes
GewArch .... Gewerbearchiv
GewO .... Gewerbeordnung
GG .... Grundgesetz
ggf. .... gegebenenfalls
GLKrWG .... Gemeinde- und Landkreiswahlgesetz
GLKrWO .... Gemeinde- und Landkreiswahlordnung
GmbH .... Gesellschaft mit beschränkter Haftung
GO .... Gemeindeordnung
GoA .... Geschäftsführung ohne Auftrag
GOBayLT .... Geschäftsordnung des Bayerischen Landtags
GrdStVG .... Grundstücksverkehrsgesetz
GrKrV .... Verordnung über die großen Kreisstädte
GVBl. .... Gesetz- und Verordnungsblatt
GVG .... Gerichtsverfassungsgesetz
GWB .... Gesetz gegen Wettbewerbsbeschränkungen

h. M. .... herrschende Meinung
HaftpflG .... Haftpflichtgesetz
Hess. .... Hessische(r)
HRG .... Hochschulrahmengesetz
HS .... Halbsatz

i. A. .... im Auftrag
i. d. F. .... in der Fassung
i. d. R. .... in der Regel
i. d. S. .... in diesem Sinne
i. S. d. .... im Sinne des
i. S. v. .... im Sinne von
i. Ü. .... im Übrigen
i. V. m. .... in Verbindung mit
i. w. S. .... im weiteren Sinne

PAG .... Polizeiaufgabengesetz
PartG .... Parteiengesetz
POG .... Polizeiorganisationsgesetz
PolG BW .... Polizeigesetz Baden-Württemberg
PolKV .... Polizeikostenverordnung
PolR .... Polizeirecht
pVV .... positive Vertragsverletzung

Rn. .... Randnummer
RHG .... Gesetz über den Bayerischen Obersten Rechnungshof
ROG .... Raumordnungsgesetz
Rspr. .... Rechtsprechung

S. .... Satz; Seite
SächsPolG .... Sächsisches Polizeigesetz
SächsVBl. .... Sächsische Verwaltungsblätter
sog. .... sogenannt
SPD .... Sozialdemokratische Partei Deutschlands
SpkG .... Sparkassengesetz
StGB .... Strafgesetzbuch
StPO .... Strafprozessordnung
str. .... streitig
StrWG .... s. BayStrWG
StVG .... Straßenverkehrsgesetz
StVO .... Straßenverkehrsordnung
StVZO .... Straßenverkehrszulassungsordnung
StWG .... Gesetz zur Förderung der Stabilität und des Wachstums der Wirtschaft
SVBau .... Sachverständigenverordnung – Bau

ThürVBl. .... Thüringer Verwaltungsblätter

u. a. .... und andere; unter anderem
U. S. .... United States
u. U. .... unter Umständen
überw. M. .... überwiegende Meinung
UnterbrG .... Unterbringungsgesetz
UWG .... Gesetz gegen den unlauteren Wettbewerb

VereinsG .... Vereinsgesetz
VerfGHG .... s. BayVerfGHG
VersG .... Versammlungsgesetz
VG .... Verwaltungsgericht
VGemO .... Verwaltungsgemeinschaftsordnung
VGH .... Verwaltungsgerichtshof
vgl. .... vergleiche
VO .... Verordnung
VollzBek. .... Vollzugsbekanntmachung

Literaturverzeichnis

B/K/L, BauGB	Battis/Krautzberger/Löhr, Baugesetzbuch, 14. Auflage 2019
B/B/E/M/S, KommG	Bauer/Böhle/Ecker/Masson/Samper, Bayerische Kommunalgesetze, Loseblatt-Kommentar
B/B/E, LStVG	Bengl/Berner/Emmerig, Bayerisches Landesstraf- und Verordnungsgesetz, Loseblatt-Kommentar
B/H/K/M, Klausurenbuch	Becker/Heckmann/Kempen/Manssen, Klausurenbuch Öffentliches Recht in Bayern, 4. Auflage 2019
B/K/P/S, BayStVerwR	Berg/Knemeyer/Papier/Steiner, Staats- und Verwaltungsrecht in Bayern, 6. Auflage 1996
BeckOK BayBO	Spannowsky/Manssen, Bauordnungsrecht Bayern, Online-Kommentar
BeckOK Polizei- und Sicherheitsrecht Bayern	Möstl/Schwabenbauer, Polizei- und Sicherheitsrecht Bayern
Berner/Köhler/Käß, PAG	Polizeiaufgabengesetz, 20. Auflage 2010
BK, GG	Bonner Kommentar, Kommentar zum Bonner Grundgesetz, Loseblatt-Kommentar
Brohm, ÖffBauR	Öffentliches Baurecht, Bauplanungs-, Bauordnungs- und Raumordnungsrecht, 3. Auflage 2002
Burgi, KommR	Kommunalrecht, 6. Auflage 2019
Dietel/Gintze/Kniesel, VersG	Versammlungsgesetze, 18. Auflage 2019
Dreier, GG	Grundgesetz, Band I, 3. Auflage 2013; Band II, 3. Auflage 2015
Drews/Wacke/Vogel/Martens, GefAbw	Gefahrenabwehr, 9. Auflage 1986
Erbguth/Wagner, BauR	Grundzüge des öffentlichen Baurechts, 4. Auflage 2005
E/Z/B/K, BauGB	Ernst/Zinkahn/Bielenberg/Krautzberger, Baugesetzbuch, Loseblatt-Kommentar
Gallwas/Mößle/Wolff, BayPolSR	Bayerisches Polizei- und Sicherheitsrecht, 4. Auflage 2015
Geis, KommR	Kommunalrecht, 5. Auflage 2020
Gern/Brüning, Dt. KommR	Deutsches Kommunalrecht, 4. Auflage 2019
Habermehl, PolOrdR	Polizei- und Ordnungsrecht, 2. Auflage 1993
Hesse, VerfR	Grundzüge des Verfassungsrechts der Bundesrepublik Deutschland, 20. Auflage 1999
Holzer, BayVerf	Verfassung des Freistaates Bayern, Kommentar 2014
Hölzl/Hien/Huber, GO	Gemeindeordnung mit Verwaltungsgemeinschaftsordnung, Landkreisordnung und Bezirksordnung für den Freistaat Bayern, Loseblatt-Kommentar
Honnacker/Beinhofer, PAG	Polizeiaufgabengesetz, 20. Auflage 2014
Huber/Wollenschläger	Landesrecht Bayern, Studienbuch, 2. Auflage 2021
Hufen, VerwPR	Verwaltungsprozessrecht, 12. Auflage 2021
Jarass/Pieroth, GG	Grundgesetz, 16. Auflage 2020
Kingreen/Poscher	Polizei- und Ordnungsrecht, 11. Auflage 2020
Kingreen/Poscher, StR II	Grundrechte, Staatsrecht II, 37. Auflage 2021
Knemeyer, Bay. KommR	Bayerisches Kommunalrecht, 12. Auflage 2007
Knemeyer, PolOrdR	Polizei- und Ordnungsrecht, 11. Auflage 2007
Koch/Molodovsky/Famers/Kraus, BayBO	Bayerische Bauordnung, Loseblatt-Kommentar
König, Bay. SicherheitsR	Bayerisches Sicherheitsrecht, 1981
K/M	Körner/Mehringer, Landesstraf- und Verordnungsgesetz (LStVG), Loseblatt-Kommentar
Kopp/Ramsauer, VwVfG	Verwaltungsverfahrensgesetz, 22. Auflage 2021
Kopp/Schenke, VwGO	Verwaltungsgerichtsordnung, 27. Auflage 2021

Lindner, Öffentliches Recht | Öffentliches Recht, Systematisches Lehrbuch zur Examensvorbereitung im Freistaat Bayern, 2. Auflage 2017
Lindner | Bayerisches Staatsrecht, 2. Auflage 2017
Lindner/Möstl/Wolff, BV | Verfassung des Freistaates Bayern, Kommentar, 2. Auflage 2017
Lisken/Denninger, HdPolR | Handbuch des Polizeirechts, 7. Auflage 2021
Lissack, Bay. KommR | Bayerisches Kommunalrecht, 4. Auflage, 2019
vM/K/S, GG | von Mangoldt/Klein/Starck/Huber/Voßkuhle, Grundgesetz, Band 1: 7. Auflage 2018; Band 2: 7. Auflage 2018
Manssen | Privatrechtsgestaltung durch Hoheitsakt, 1994
Manssen | Stadtgestaltung durch örtliche Bauvorschriften, 1990
Maunz/Dürig, GG | Grundgesetz, Loseblatt-Kommentar
Maurer/Waldhoff, AllgVerwR | Allgemeines Verwaltungsrecht, 20. Auflage 2020
Meder/Brechmann, BV | Die Verfassung des Freistaates Bayern, 6. Auflage 2020
Möller/Warg, AllgPolOrdR | Allgemeines Polizei- und Ordnungsrecht, 6. Auflage 2011
Möllers, WdP | Wörterbuch der Polizei, 3. Auflage 2018
von Münch/Kunig, GG | Grundgesetz-Kommentar, Band 1 und 2: 7. Auflage 2021
Nawiasky/Schweiger/Knöpfle, BV | Die Verfassung des Freistaates Bayern, Loseblatt-Kommentar
Obermayer/Funke/Kaiser, VwVfG | Kommentar zum Verwaltungsverfahrensgesetz (VwVfG), 6. Auflage 2021
P/Z/B/P, KommR | Prandl/Zimmermann/Büchner/Pahlke, Kommunalrecht in Bayern, Loseblatt-Kommentar
Sachs, GG | Grundgesetz, 9. Auflage 2021
Schenke, VerwPR | Verwaltungsprozessrecht, 17. Auflage 2021
Schenke, POR | Polizei- und Ordnungsrecht, 11. Auflage 2021
S/St, PAG | Schmidbauer/Steiner, Bayerisches Polizeiaufgabengesetz mit Polizeiorganisationsgesetz, 5. Auflage 2020
Schoch, BesVerwR | Besonderes Verwaltungsrecht, 2019
Schoch/Schneider, VwGO | Schoch/Schneider, Verwaltungsgerichtsordnung, Loseblatt-Kommentar
Schönke/Schröder, StGB | Strafgesetzbuch, 30. Auflage 2019
S/W/Z, GO | Schulz/Wachsmuth/Zwick/Bauer/Mühlbauer/Oehler/Stanglmayr/Winkler/Bloeck/Hauth/Stadlöder, Graß Kommunalverfassungsrecht Bayern, Loseblatt-Kommentar
Selmer/Gersdorf, VerwVollstr | Verwaltungsvollstreckungsverfahren 1996
Simon/Busse | Bayerische Bauordnung, Loseblatt-Kommentar in 2 Bänden
Stein/Frank, StR | Staatsrecht, 21. Auflage 2010
Steiner/Brinktrine, BesVerwR | Besonderes Verwaltungsrecht, 9. Auflage 2018
S/B/S, VwVfG | Stelkens/Bonk/Sachs, Verwaltungsverfahrensgesetz, 9. Auflage 2018
Stern, StR | Staatsrecht der Bundesrepublik Deutschland, Band III/1, 1988
Thum | Bürgerbegehren und Bürgerentscheid in Bayern, Loseblatt-Kommentar
Upmeier/Brandenburg | Neues Baugesetzbuch 2006, 7. Auflage 2007
Widtmann/Grasser/Glaser, GO | Bayerische Gemeindeordnung, Loseblatt-Kommentar
Wolff/Bachof/Stober/Kluth, VerwR | Verwaltungsrecht II, 7. Auflage 2010
Wolf/Decker, VwGO VwVfG | Studienkommentar VwGO VwVfG, 4. Auflage 2021
Würtenberger, VerwPrR | Verwaltungsprozessrecht, 4. Auflage 2018
Würtenberger, POR | Polizei- und Ordnungsrecht, in: Achterberg/Püttner/Würtenberger, Besonderes Verwaltungsrecht, Band 2, 2. Auflage 2000, S. 381 ff.
Würtenberger/Heckmann, PolR BW | Polizeirecht in Baden-Württemberg, 7. Auflage 2017

1. Teil. Bayerisches Verfassungsrecht

A. Die Bayerische Verfassung als rechtliche Grundordnung

Die Bayerische Verfassung ist Verfassung im Rechtssinne. Sie ist **rechtliche** **1** **Grundordnung** eines staatlich organisierten Gemeinwesens, indem sie die grundlegenden Rechtsvorschriften über die Organisation und die Ausübung der Staatsgewalt, die Staatsaufgaben und das Verhältnis des Einzelnen zum Staat in einem Verfassungsgesetz („Verfassungsurkunde") zusammenfasst. Die verfassungsrechtlichen Rechtsvorschriften sind – dies ist ihr Wesensmerkmal – nur erschwert abänderbar, binden die öffentliche Gewalt in allen ihren Erscheinungsformen und gehen im Rang anderen innerstaatlichen Rechtsvorschriften vor. Der Begriff „Verfassung des Freistaats Bayern" unterscheidet sich in diesem spezifisch juristischen Verständnis von einem politikwissenschaftlichen oder soziologischen Verfassungsbegriff, der weitergehend politische oder gesellschaftliche Zustände bezeichnen mag.

Im Unterschied zu den Verfassungen anderer Staaten, z. B. der polnischen oder **2** französischen, ist die Bayerische Verfassung eingebunden in den staats- und verfassungsrechtlichen Zusammenhang einer größeren staatlichen Einheit, nämlich in das Staats- und Verfassungsrecht der Bundesrepublik Deutschland. Dies wirkt sich, neben vielem anderen, auf die juristische Ausbildung aus. Es ist wenig sinnvoll, isoliert Bayerisches Verfassungsrecht zu „lernen". Der rechtlich maßgebliche Inhalt der Bayerischen Verfassung erschließt sich nur, wenn die staatsorganisationsrechtlichen, grundrechtlichen und verfassungsprozessualen **Grundzusammenhänge des Grundgesetzes** verinnerlicht sind. Es empfiehlt sich daher, vor der Lektüre der nachfolgenden Abschnitte gegebenenfalls nochmals das Verfassungsrecht des Grundgesetzes anhand eines der zahlreichen Ausbildungsbücher (z. B. *Martin Will,* Staatsrecht I, Verlag C. H. Beck, Juristische Kurzlehrbücher, 1. Aufl. 2021) Revue passieren zu lassen.

Die **Literatur zum Bayerischen Verfassungsrecht** ist nicht sehr umfangreich, **3** Ausbildungsliteratur geradezu Mangelware. An Literatur wäre zu nennen:

Studienliteratur:
- *Lindner,* Bayerisches Staatsrecht, 2. Auflage 2019.
- *Lohse,* Bayerisches Verfassungsrecht, in: Huber/Wollenschläger (Hrsg.), Landesrecht Bayern, Studienbuch, 2019, S. 29 ff.
- *Maunz / Papier,* Verfassungs- und Verfassungsprozessrecht, in: Berg/Knemeyer/Papier/Steiner (Hrsg.), Staats- und Verwaltungsrecht in Bayern, 6. Auflage 1996, S. 1–96.

Kommentare:
- *Lindner/Möstl/Wolff,* Die Verfassung des Freistaates Bayern, Kommentar, 2. Auflage 2017.
- *Nawiasky/Leusser/Schweiger* (Hrsg.), Die Verfassung des Freistaates Bayern, Kommentar (Loseblatt), Stand: August 2008, eingestellt.
- *Meder/Brechmann,* Die Verfassung des Freistaates Bayern, Kommentar, 6. Auflage 2020.
- *Holzner,* Verfassung des Freistaates Bayern, Kommentar 2014.

Aufsätze und Beiträge:
- *Bayerischer Verfassungsgerichtshof* (Hrsg.), Verfassung als Verantwortung und Verpflichtung. Festschrift zum 50-jährigen Bestehen des Bayerischen Verfassungsgerichtshofs, 1997 (enthält eine

ganze Reihe von Aufsätzen zum Bayerischen Verfassungsrecht und Verfassungsprozessrecht).
- *Badura,* Stellenwert von Länderverfassungen und Verfassungskonflikten am bayerischen Beispiel, BayVBl. 2007, S. 193 ff.
- *Hahnzog,* Lebendige Bayerische Verfassung – Weiterentwicklung und Revitalisierung, BayVBl. 2007, S. 321 ff. (mit Hinweisen auf ältere Literatur)
- *Lauer,* Die Entstehung der Bayerischen Verfassung von 1946, BayVBl. 1990, S. 737 ff.
- *Lindner,* Sechzig Jahre Bayerische Verfassung – empfiehlt sich eine Revision?, BayVBl. 2006, S. 1 ff.
- *Huber,* Grundfragen der Bayerischen Verfassungsgerichtsbarkeit – 60 Jahre Bayerischer Verfassungsgerichtshof, BayVBl. 2008, S. 65 ff.

Die in den Bayerischen Verwaltungsblättern dokumentierten **Aufgaben der Ersten Juristischen Staatsprüfungen** hatten gelegentlich landesverfassungsrechtliche Probleme zum Gegenstand:
- BayVBl. 2015, S. 322 f., 453 ff. – „Die Götterdämmerung – oder: Was für ein Theater" (Landesverfassungsbeschwerde)
- BayVBl. 2003, S. 413 f., 443 ff. – „Dienstreisestatistik für Abgeordnete" (Rechte von Abgeordneten, Rechtsweg)
- BayVBl. 2003, S. 350 f., 378 ff. – „Badeverbot" (Popularklage u. a.)
- BayVBl. 1995, S. 30 f., 60 ff. – „kommunale Verpackungssteuer" (Popularklage u. a.)
- BayVBl. 1993, S. 159, 190 ff. – „Bayerisches Sportförderungsgesetz" (Übereinstimmung des Gesetzes mit der Bayerischen Verfassung, Popularklage)
- BayVBl. 1992, S. 415, 445 ff. – „Gesetz zur kommunalen Neugliederung" (Übereinstimmung des Gesetzes mit der Bayerischen Verfassung, Popularklage)

B. Verfassungsgeschichtliche Grundzusammenhänge

I. Vorbemerkung

4   Eine sehr große Wahrscheinlichkeit, in den Pflichtklausuren der bayerischen Staatsprüfungen mit entstehungsgeschichtlichen Fragen des bayerischen Verfassungsrechts konfrontiert zu werden, besteht zwar nicht. Aber ausgeschlossen ist dies keinesfalls (Stichwort „Themenklausur"). Vor allem aber ist in **mündlichen Examensprüfungen** damit zu rechnen, dass die Prüfer gewisse Grundkenntnisse schlicht voraussetzen. Mit wenig Aufwand lässt sich hier manche Peinlichkeit vermeiden.

II. Grundlagen bayerischer Verfassungsgeschichte

5   Die Landesherrschaft über Bayern lag seit 1180 bei den **Wittelsbachern,** die zuerst als Herzöge, später (1623) als Kurfürsten und zuletzt als Könige (1806) regierten. Die Herrschaft der Wittelsbacher endete im November 1918 mit der Entstehung der von **Kurt Eisner** ausgerufenen Republik.

6   Nach bis in das 14. Jahrhundert zurückreichenden Vorstufen („Schnaitbacher Urkunde" 1302, „Ottonische Handfeste" 1311) entstand **1818** eine **erste bayerische Verfassung** im Sinne des heutigen staatsrechtlichen Begriffsverständnisses. Sie war vom König oktroyiert, der insoweit den Empfehlungen der Deutschen Bundesakte von 1815 folgte. Die Verfassung statuierte keine moderne Demokratie und sie enthielt keine Grundrechte, aber sie organisierte ein Zusammenwirken des Königs mit dem Landtag, das sich in der politischen Wirklichkeit als belastungsfähig und stabil erwies. Zuvor war die bayerische Staatsorganisation unter der Leitung des für die Innen- und Außenpolitik zuständigen Ministers Maximilian von **Montgelas** (1759–1838) vielfältiger Neuerung unterworfen worden: Vereinheitlichung der Behördenorganisation, Trennung von Justiz und Verwaltung, sozialstaatliche Vorsorge- und Unterstützungssysteme. Der revolutionäre Entwurf der Paulskirchenverfassung von 1848 geht an der bayerischen Verfassung vorüber. Die Reichsverfassung von 1871 verschiebt zwar die politischen Gewichte zugunsten der Reichsgewalt und zu Lasten Bayerns, lässt die bayerische Verfassung in ihrem Bestand aber unangetastet.

München war einer der Ausgangspunkte der Novemberrevolution 1918. Nachdem **Kurt Eisner** in der Nacht zum 8.11.1918 die **Republik** ausgerufen hatte, König Ludwig III. die bayerischen Staatsbeamten ihres Treueids entbunden hatte und geflohen war, hatte die erste bayerische Verfassung faktisch und rechtlich aufgehört zu existieren. **7**

Ein „Provisorischer Nationalrat" ließ im Januar 1919 Landtagswahlen durchführen, aus der die bürgerlich-konservative Bayerische Volkspartei vor der SPD und der von Kurt Eisner geführten USPD als Gewinner hervorging. Auf dem Weg zur ersten konstituierenden Sitzung des neuen Landtages wurde Eisner ermordet. Daraufhin übernahm ein sozialistisch-kommunistisch orientierter Zentralrat die Macht. Der neue Landtag trat gleichwohl zusammen und wählte im März 1919 **Johannes Hoffmann** (SPD) zum Ministerpräsidenten. Als der Zentralrat im April die Räterepublik ausrief, flohen die Staatsregierung und der Landtag nach Bamberg. Wenige Wochen später rückten die Reichswehr und bayerische Truppen in München ein und lösten die Räterepublik auf. Die Staatsregierung und der Landtag verblieben indes noch in Bamberg. Dort wurde eine neue bayerische Verfassung ausgearbeitet, die **„Bamberger Verfassung"** vom 15.9.1919. Sie ermöglichte stabile politische Verhältnisse bis zum Jahr 1933. Bis zur nationalsozialistischen Machtergreifung wurde Bayern von bürgerlichen Koalitionsregierungen unter den Ministerpräsidenten Kahr, Lerchenfeld, Knilling und Held regiert. **8**

Im März 1933 zwang die Reichsregierung unter Adolf Hitler den Bayerischen Ministerpräsidenten Held zum Rücktritt und setzte gleichzeitig einen Reichsstatthalter in Bayern ein. Zwei **Gleichschaltungsgesetze** vom März/April 1933 und das „Gesetz über den Neuaufbau des Deutschen Reiches" vom Januar 1934 lösten die Länder und ihre Parlamente auf. **9**

III. Entstehung der Bayerischen Verfassung

Die bedingungslose Kapitulation Deutschlands am 8. Mai 1945 führte nicht zum Untergang Deutschlands im völkerrechtlichen Sinne. Auch der Übernahme der obersten Regierungsgewalt in Deutschland durch die Erklärung der vier Siegermächte (Vereinigte Staaten von Amerika, Großbritannien, Frankreich und Sowjetunion) im Juni 1945 kam diese Wirkung nicht zu, so wie überhaupt Deutschland weder durch den Krieg noch durch irgendwelche Ereignisse der Nachkriegsgeschichte als Rechtssubjekt des Völkerrechts untergegangen ist. Vielmehr hat das 1871 entstandene Völkerrechtssubjekt Deutsches Reich nie aufgehört zu existieren. Die Bundesrepublik Deutschland ist nicht Nachfolgestaat des Deutschen Reiches. Sie war und ist mit diesem Völkerrechtssubjekt, selbstverständlich nicht mit seiner **10**

Verfassungsordnung und auch nicht mit seinem Territorium, identisch **(Subjekts-identität).**

11   Die Alliierten teilten Deutschland in vier Besatzungszonen. Bayern fiel in die **amerikanische Besatzungszone.** Die Bezeichnung Bayern stand dabei zunächst nicht für ein staatliches Gebilde, sondern für eine bloße Verwaltungseinheit. Den Amerikanern war an einer raschen Reorganisation rechtsstaatlicher und demokratischer Verwaltungsstrukturen gelegen. Zunächst setzten sie den politisch unbelasteten vormaligen Staatsrat im Bayerischen Finanzministerium **Fritz Schäffer** als Ministerpräsidenten ein. Schäffer unterstand dabei vollständig den Weisungen des US-Zonenbefehlshabers. Am 19.9.1945 erging für die amerikanische Zone eine Proklamation, derzufolge die drei „Verwaltungsgebiete" innerhalb der amerikanischen Zone (Großhessen, Württemberg-Baden und Bayern) die Bezeichnung „state" tragen und jeweils eine eigene „Staatsregierung" haben sollten. Der wenige Tage später für Bayern eingesetzte Ministerpräsident **Wilhelm Hoegner** (SPD) wollte darin eine Staatsproklamation sehen, konnte sich mit dieser Rechtsansicht aber vor den Amerikanern, die zum damaligen Zeitpunkt allein eine verwaltungsmäßige Konsolidierung in ihrer Zone bewirken wollten, nicht durchsetzen.

12   Nachdem unter der Aufsicht des stellvertretenden amerikanischen Militärgouverneurs General Lucius D. Clay schon Anfang 1946 **Gemeindewahlen** stattgefunden hatten, sahen die Amerikaner als nächstes in ihrer Zone die Schaffung von Landesverfassungen vor. Sie beauftragten Ministerpräsident Hoegner, einen **vorbereitenden Verfassungsausschuss** zu bilden. Diesem Ausschuss, in dem Hoegner selbst den Vorsitz übernahm, gehörten 7 Politiker aus CSU, SPD und KPD an. Maßgeblichen Einfluss hatte der als Berater hinzugezogene Staatsrechtslehrer Professor **Nawiasky.** Dem vom vorbereitenden Ausschuss fertiggestellten Verfassungsentwurf, der sich eng an einem von Hoegner und Nawiasky verfassten Vorentwurf orientierte, setzten die Amerikaner keine Einwände entgegen.

13   Im Juni 1946 wählte die bayerische Bevölkerung eine **verfassunggebende Landesversammlung.** In ihr verfügte die CSU über die absolute Mehrheit. Den vom vorbereitenden Ausschuss erarbeiteten Entwurf nahm die verfassunggebende Landesversammlung nach dreimonatigen Beratungen ohne wesentliche Änderungen mit mehr als zwei Dritteln der Stimmen an. Auf Betreiben der Amerikaner wurde die Verfassung am 1.12.1946 einer **Volksabstimmung** unterworfen. Für die Annahme der Verfassung stimmten über 70% der Stimmberechtigten. Der gleichzeitig gewählte Bayerische Landtag setzte sich wie folgt zusammen: CSU 52,3%, SPD 28,6%, WAV (Wirtschaftliche Aufbauvereinigung) 7,4%, FDP 5,6%. Die Bayerische Verfassung trat nach Ausfertigung durch Ministerpräsident Hoegner und Verkündung am 8.12.1946 in Kraft.

IV. Bayerns Weg zum Grundgesetz

14   Unmittelbaren Anlass zur Schaffung des Grundgesetzes gaben die drei Westmächte, nachdem sie auf der Londoner Vier-Mächte-Konferenz vom November/Dezember 1947 mit der Sowjetunion keine Einigung über das zukünftige Schicksal Deutschlands gefunden hatten. In den im Juli an die Ministerpräsidenten der westdeutschen Länder übergebenen **Frankfurter Dokumenten** verlangten die Westmächte für das Gebiet der drei Westzonen die Einberufung einer verfassunggebenden Nationalversammlung, die eine provisorische staatliche Ordnung verabschieden sollte. Diesem Verlangen wurde zunächst dadurch Rechnung getragen, dass die Ministerpräsidentenkonferenz einen Sachverständigenausschuss bestellte, der im August 1948 in **Herrenchiemsee** tagte. Der vom Herrenchiemseekonvent ausgearbeitete Entwurf bildete dann die Grundlage für die Beratungen des Parlamentarischen Rates. Der **Parlamentarische Rat** setzte sich aus 65 von den Landtagen gewählten Mitgliedern zusammen. Sein Vorsitzender war **Konrad Adenauer** (CDU), Vorsitzender des Hauptausschusses, dem die abschließende Formulierung oblag, war **Carlo Schmid** (SPD). Auf die Beratungen haben die Westmächte mehrfach Einfluss genommen.

Der Parlamentarische Rat beschloss am 8.5.1949 in Bonn das Grundgesetz mit **15** 53 gegen 12 Stimmen. Die Westmächte wollten, dass mindestens zwei Drittel der damaligen elf Länder das Grundgesetz annehmen (Art. 144 Abs. 1 GG). Die Volksvertretungen von zehn Ländern erklärten die Annahme, **allein der Bayerische Landtag** lehnte mit 101 gegen 63 Stimmen bei 9 Stimmenthaltungen **das Grundgesetz ab**. Gleichzeitig aber erklärte der Landtag, dass „die Rechtsverbindlichkeit dieses Grundgesetzes auch für Bayern anerkannt" wird. Am 24.5.1949 trat das Grundgesetz in Kraft.

Kurzübersicht über wichtige Daten der neueren bayerischen Verfassungsgeschichte	
1818	Erste bayerische Verfassung im Sinne eines modernen Verfassungsverständnisses in Kraft bis 1918.
1848	Paulskirchen-Verfassung nicht in Kraft getreten.
1871	Entstehung des Deutschen Reiches; Reichsverfassung.
1918	Novemberrevolution in München; Ausrufung der Republik durch Kurt Eisner; Abdankung von König Ludwig III.
1919	Landtagswahl; Ermordung Kurt Eisners; Wahl von Johannes Hoffmann zum Ministerpräsidenten; Ausrufung der Räterepublik und anschließende Flucht der Staatsregierung und des Landtages nach Bamberg; Verabschiedung der sog. Bamberger Verfassung; Auflösung der Münchener Räterepublik mit militärischer Gewalt
1933	Auflösung Bayerns als Bundesland
1945	8. Mai: militärische Kapitulation; 5. Juni: Übernahme der höchsten Regierungsgewalt in Deutschland durch die Alliierten; Bayern in der amerikanischen Besatzungszone
1946	Gemeindewahlen; vorbereitender Verfassungsausschuss unter Wilhelm Hoegner; verfassunggebende Landesversammlung beschließt Bayerische Verfassung, anschließende Annahme im Wege der Volksabstimmung; die Verfassung ist seit dem 8.12.1946 in Kraft.
1949	Entstehung des Grundgesetzes; der Bayerische Landtag stimmt als einziger gegen die Annahme des Grundgesetzes, erkennt aber zugleich die Rechtsverbindlichkeit des Grundgesetzes an. Das Grundgesetz ist am 24.5.1949 in Kraft getreten.

C. Grundgesetz und Bayerische Verfassung

I. Bund und Länder im Bundesstaat

16   Der Begriff Bundesstaat hat mehrere Bedeutungsebenen. Er ist ein Begriff des geltenden Verfassungsrechts der Bundesrepublik Deutschland (Art. 20 Abs. 1 GG); dazu später mehr (→ Rn. 25 ff.). Er ist zugleich ein Begriff der allgemeinen Staatslehre und hat dort einen eigenen Gegenbegriff, den des Staatenbundes. Mit den Begriffen **Bundesstaat und Staatenbund** versucht die allgemeine Staatslehre, bestimmte Phänomene der Staatenwirklichkeit zu erklären. Die Begriffe sind allerdings unscharf. Sie bilden die wesentlich facettenreichere Wirklichkeit nur ungenau ab. Nicht zuletzt deswegen hat das Bundesverfassungsgericht in Bezug auf die Europäische Union einen neuen Begriff, den des Staatenverbundes, geprägt. Der maßgebliche Anknüpfungspunkt für alle diese Begriffe ist der Begriff der (inneren und äußeren) Souveränität.

17   Im **Staatenbund** schließen sich mehrere Staaten durch einen völkerrechtlichen Vertrag dergestalt zusammen, dass sie sich auf die gemeinsame Erledigung bestimmter genuin staatlicher Aufgaben verständigen, dabei aber jeder seine Staatlichkeit, seine innere und äußere Souveränität, behält.

18   Ein historisches **Beispiel** gibt der 1815 entstandene Deutsche Bund, in dem die deutschen Einzelstaaten zusammengeschlossen waren. Selbst die institutionalisierten Formen der Zusammenarbeit im Deutschen Bund („Bundeszwang" und „Bundesgerichtsbarkeit") haben dem Deutschen Bund nicht selbst zur Staatsqualität verholfen. Staatsqualität besaßen allein die Einzelstaaten, deren völkerrechtliche (äußere) und innerstaatliche (innere) Herrschaftsgewalt (Souveränität) unangetastet blieb. Ein Beispiel aus neuerer Zeit dürfte die Gemeinschaft unabhängiger Staaten (GUS) in der Nachfolge der 1991 territorial verkleinerten und verfassungsrechtlich transformierten Sowjetunion sein.

19   Im **Bundesstaat** sind demgegenüber mehrere Gliedstaaten staatsrechtlich miteinander verbunden und bilden zusammen eine staatliche Einheit, den Zentralstaat. Die einzelnen Gliedstaaten und der Zentralstaat besitzen Staatsqualität. Sie sind Inhaber originärer Herrschaftsgewalt. Weder ist die Herrschaftsgewalt der Gliedstaaten vom Zentralstaat, noch umgekehrt die des Zentralstaates von den Gliedstaaten abgeleitet oder abhängig. Allerdings sind die staatlichen Aufgaben zwischen dem Zentralstaat und den Gliedstaaten im Wege verfassungsrechtlicher Zuständigkeitsverteilungen aufgeteilt. Auf ihrem jeweiligen Aufgabengebiet besitzen sie aber alle jeweils die uneingeschränkt höchste innere Souveränität.

20   Eine uneingeschränkte äußere Souveränität besitzt im Bundesstaat allein der Zentralstaat. Den Gliedstaaten kommt allenfalls eine partielle völkerrechtliche Souveränität zu. Der Grund dafür liegt auf der Hand: Die Frage der völkerrechtlichen Souveränität richtet sich nach völkerrechtlichen Regeln, und die internationale Staatengemeinschaft hat sich auf die Regel verständigt, dass im Interesse der Rechtsklarheit bei Bundesstaaten allein der Zentralstaat als uneingeschränkt souverän gelten soll.

21   Weder Staatenbund noch Bundesstaat ist der **Einheitsstaat.** In einem solchen Staat mag es dezentrale Untergliederungen geben (Départements, Verwaltungsbezirke etc.), die mit der mehr oder weniger selbständigen Erfüllung staatlicher Aufgaben betraut sind, denen aber jede Staatsqualität fehlt.

22   **Beispiele** sind: die untergegangene DDR, Frankreich, Kuba etc.

Die **Bundesrepublik Deutschland** ist Bundesstaat im soeben geschilderten 23 Sinne der allgemeinen Staatslehre. Die Bundesländer als Gliedstaaten sind nicht wie in einem Staatenbund durch ein völkerrechtliches Band miteinander verbunden, sondern durch einen Akt der Verfassungsgebung – mit der Entstehung des Grundgesetzes – staatsrechtlich zusammengeschlossen. Sie besitzen Staatsqualität, so wie der Bund selbst auch Staat ist. Das unterscheidet die Bundesrepublik Deutschland andererseits auch von (dezentralisierten) Einheitsstaaten. Die Länder sind nicht bloß nachgeordnete Verwaltungseinheiten, sondern sie besitzen Eigenstaatlichkeit.

Bund und Länder nehmen jeweils vom anderen unabhängig eigene, nicht abge- 24 leitete Kompetenzen auf den Gebieten der Gesetzgebung, der Verwaltung und der Rechtsprechung wahr. Das Grundgesetz grenzt die Kompetenzen zwischen dem Bund und den Ländern voneinander ab. Mit der **verfassungsändernden Gewalt** besitzt der Bund zwar die Kompetenz, die Kompetenzverteilung zu ändern (sog. Kompetenz-Kompetenz), und insoweit ließe sich daran denken, dass die Bundesländer doch nicht eine vom Bund unabhängige Eigenstaatlichkeit besitzen. Aber dies würde verkennen, dass die verfassungsändernde Gewalt des Bundes gerade nicht so weit reicht, die Eigenstaatlichkeit der Länder aufzulösen, Art. 79 Abs. 3 GG. Kompetenzverschiebungen zugunsten des Bundes dürfen nur so weit gehen, dass den Ländern noch ein Kernbereich eigener staatlicher Aufgabenerfüllung verbleibt.

Bundesstaatlichkeit unter dem Grundgesetz bedeutet nicht, dass Bund und Län- 25 der in einem Dualismus gegeneinander gerichteter Interessen befangen wären. Das Bundesverfassungsgericht hat vielmehr aus dem Bundesstaatsprinzip des Grundgesetzes (Art. 20 Abs. 1 GG) die Pflicht von Bund und Ländern zu wechselseitiger Rücksichtnahme, Unterstützung, Achtung und Anerkennung abgeleitet und für diese Rechtspflichten den Begriff der **Bundestreue** geprägt. Entscheidend ist in diesem Zusammenhang, dass die Bundestreue nicht nur Rechtspflichten der Länder gegenüber dem Bund, sondern umgekehrt auch Pflichten des Bundes gegenüber den Ländern, und auch Pflichten der Länder untereinander statuiert. Bundestreue ist in diesem Sinne „Bundesstaatstreue" oder (ohne völkerrechtliche Assoziationen) „Bündnistreue".

Im Einzelnen hat das Bundesverfassungsgericht beispielsweise folgende aus der Bundestreue erwachsende Rechtspflichten beschrieben:
– Verpflichtung zur Kooperation, Koordination und Konsultation, BVerfGE 92, 26 203 (230 ff.).
– Verbot missbräuchlicher Inanspruchnahme von Kompetenzen, z. B. muss der 27 Bund vor dem Erlass einer Weisung nach Art. 85 Abs. 3 GG dem Land Gelegenheit zur Stellungnahme geben, BVerfGE 81, 310 (337); 104, 249 (270).
– Anspruch eines jeden Landes auf politische und rechtliche Gleichbehandlung 28 durch den Bund, BVerfGE 12, 205 (255 f.).
– Verpflichtung der Länder, gegen bundesstaatsfeindlich agierende Gemeinden im 29 Wege der Rechtsaufsicht vorzugehen, BVerfGE 8, 122 (138 ff.).
– Pflicht des Bundes, die Länder an der Rechtsetzung innerhalb der Europäischen 30 Union zu beteiligen, BVerfGE 92, 203 (230 ff.).
– Pflicht der Länder, die vom Bund abgeschlossenen völkerrechtlichen Verträge zu 31 achten, BVerfGE 6, 309 (361 f.).
– Verpflichtung zu gegenseitiger Solidarität, insbesondere zu einem Finanzaus- 32 gleich zwischen Bund und Ländern sowie zwischen den Ländern, BVerfGE 86, 148 (210 ff.).

Das Gericht betont regelmäßig, dass der Grundsatz bundesfreundlichen Verhaltens akzessorischer Natur ist. Er konstituiert oder begrenzt Rechte innerhalb eines bestehenden Rechtsverhältnisses, begründet aber nicht selbständig ein Rechtsverhältnis zwischen Bund und Ländern (BVerfGE 110, 33 [52ff.]).

II. Verfassungsautonomie der Länder

33   Zur Eigenstaatlichkeit der Länder gehört ihre Verfassungsautonomie. Doch ist diese Verfassungsautonomie nicht grenzenlos. Um zu verhindern, dass allzu weit differierende Landesverfassungen sehr unterschiedliche politische und gesellschaftliche Lebensverhältnisse und in der Folge dann Gefahren für den inneren Zusammenhalt des Bundesstaates entstehen lassen, ist das Grundgesetz bemüht, einen gewissen Gleichklang der Landesverfassungen herzustellen. Gleichklang heißt dabei nicht Uniformität. Das **Homogenitätsgebot des Art. 28 Abs. 1 GG** verpflichtet die Länder nicht dazu, in ihren Verfassungen das Grundgesetz buchstabengenau zu kopieren. Die verfassungsmäßige Ordnung der Länder muss vielmehr nur den **Grundsätzen** des republikanischen, demokratischen und sozialen Rechtsstaats entsprechen. Dies lässt den Ländern einigen Gestaltungsspielraum.

34   **Beispiele:** Die Bayerische Landesverfassung kennt anders als das Grundgesetz die Durchführung von Volksbegehren und Volksentscheid (Art. 74 BV). Dies hält sich im Rahmen der demokratiestaatlichen Grundsätze, die dem Grundgesetz entnommen werden können. Andererseits wäre eine Landesverfassung, welche der Landesregierung unwiderruflich und unumschränkt die Aufgabe der Rechtsetzung zuweist, mit dem grundgesetzlichen Rechtsstaatprinzip (Gewaltenteilung, Vorbehalt des Gesetzes) nicht vereinbar.

35   Landesverfassungsrechtliche Bestimmungen, die dem Homogenitätsgebot widersprechen, sind nichtig. Das Bundesverfassungsgericht prüft landesverfassungsrechtliche Vorschriften im Wege von Rechtssatzverfassungsbeschwerden und (abstrakten oder konkreten) Normenkontrollen am Maßstab des Art. 28 Abs. 1 GG. Stellt es eine Divergenz fest, so entnimmt es dieser Vorschrift auch die Rechtsfolge der **Nichtigkeit**. Im Schrifttum ist dies, wenn auch nicht wegen des Ergebnisses, so aber doch wegen der Begründung, umstritten. Dort wird zum Teil die Ansicht vertreten, die Rechtsfolge ergebe sich aus Art. 31 GG. Die herrschende Meinung hält jedoch daran fest, dass die grundgesetzlichen Vorgaben des Art. 28 Abs. 1, 3 GG nicht *in* den Ländern, sondern *für* die Länder gelten, so dass eine durch Art. 31 GG aufzulösende Kollision zweier Normen, die den*selben* Regelungsgegenstand haben, gar nicht vorliege.

36   Eine besondere Ausprägung des Homogenitätsprinzips stellt die in Art. 28 Abs. 1 S. 2 GG enthaltene Verpflichtung der Länder auf, eine Volksvertretung vorzuhalten, die aus **allgemeinen, unmittelbaren, freien, gleichen und geheimen Wahlen** hervorgegangen ist. Auch hier besitzen die Länder Gestaltungsspielräume. Sie sind keineswegs gehalten, die bundesrechtliche Umsetzung der gleichlautenden Wahlrechtsgrundsätze aus Art. 38 Abs. 1 S. 1 GG im Bundeswahlgesetz vollständig nachzuzeichnen.

37   So steht es den Ländern frei, ob sie in ihrem Landeswahlrecht ein reines Mehrheitswahlrecht, ein reines Verhältniswahlrecht oder eine Kombination aus beidem vorsehen. Die Zulässigkeit von **Überhang- und Ausgleichsmandaten** bei den bayerischen Landtagswahlen verletzt das Homogenitätsgebot nicht (BayVerfGH BayVBl. 2020, S. 86ff.).
    Der Gestaltungsspielraum wäre indes überschritten, wenn eine Landesverfassung ein **Ausländerwahlrecht** für die Landtagswahlen vorsähe. Denn das „Volk" im Sinne des Art. 28 Abs. 1 S. 2

GG (und des Art. 20 Abs. 2 S. 1 GG) bilden allein die Deutschen, also die deutschen Staatsange-
hörigen und die ihnen nach Art. 116 Abs. 1 GG gleichgestellten Statusdeutschen. Das zur Umsetzung von Artt. 8, 8b Abs. 1 EGV (a. F.) im Jahr 1992 eingeführte aktive und passive Wahlrecht
von Unionsbürgern anderer Mitgliedstaaten auf der Kreis- und Gemeindeebene in Art. 28 Abs. 1
S. 3 GG bestätigt den Befund: Dieser Verfassungsänderung hätte es nicht bedurft, wenn die Länder ohnehin frei gewesen wären, ein Ausländerwahlrecht einzuführen.

Die passive Wählbarkeit von **Auslandsbayern** darf durch das bayerische Landeswahlgesetz
eingeschränkt werden (BayVerfGH BayVBl. 2019, S. 260 ff.)

In sachlichem Zusammenhang mit dem Homogenitätsgebot stehen die grundge- **38**
setzlichen Vorgaben für die **Kommunalverfassung** in den Ländern. Das Grundgesetz gewährleistet die gemeindliche Selbstverwaltung als Institution, Art. 28 Abs. 2
S. 1 GG. Den Ländern ist es danach untersagt, das Organisationsprinzip kommunale
Selbstverwaltung, sei es im Wege der Verfassungsgebung, sei es im Wege der Landes-
gesetzgebung, abzuschaffen. Davon unabhängig bleibt es den Ländern aber unbenommen, einzelne Gemeinden aufzulösen, neu zu gliedern oder einzugemeinden;
eine individuelle Bestandsgarantie gibt das Grundgesetz den Gemeinden nicht.
Wohl aber setzt die kommunale Selbstverwaltungsgarantie voraus, dass es überhaupt
Gemeinden gibt.

Unbenommen bleibt den Ländern auch, Inhalt und Umfang der kommunalen **39**
Selbstverwaltung durch Gesetz festzulegen. Art. 28 Abs. 2 S. 1 GG gewährleistet
kommunale Selbstverwaltung nur „im Rahmen der Gesetze". So können die Länder insbesondere den Umfang der Selbstverwaltungsaufgaben regelnd eingrenzen.
Allerdings dürfen sie nicht so weit gehen, dass von der gemeindlichen Selbstverwaltung nichts mehr übrig bleibt. Die Frage, wie eng zulässigerweise die **Schranken kommunaler Selbstverwaltung** gezogen werden dürfen, stellt das Schlüs-
selproblem des Kommunalrechts dar. In sehr grober Vereinfachung lässt sich mit
dem Bundesverfassungsgericht sagen: Ein Kernbereich an Selbstverwaltung muss
den Gemeinden erhalten bleiben (→ 2. Teil, Rn. 81 ff.).

Gegen die Aushöhlung der kommunalen Selbstverwaltung können sich die Ge- **40**
meinden mit der **Kommunalverfassungsbeschwerde** des Art. 93 Abs. 1 Nr. 4b
GG zur Wehr setzen. Den verfassungsrechtlichen Prüfungsmaßstab bildet in diesem
Verfahren ausschließlich Art. 28 Abs. 2 GG.

III. Kollisionsregel: Bundesrecht bricht Landesrecht

1. Tatbestandliche Voraussetzungen

In einer bundesstaatlichen Ordnung sind Kollisionen von gliedstaatlichen und **41**
zentralstaatlichen Normen nichts Ungewöhnliches. Eine Normenkollision liegt
vor, wenn zwei Rechtsvorschriften denselben **Regelungsgegenstand** betreffen. Es
muss schon aus Gründen der Rechtsklarheit und Rechtssicherheit Regeln geben,
nach denen solche Kollisionen aufzulösen sind. Das Grundgesetz trifft in Art. 31
GG eine nur auf den ersten Blick einfache Kollisionsregelung: „Bundesrecht bricht
Landesrecht".

Unter **Bundesrecht** ist dabei das von den Bundesorganen gesetzte Recht, gleich **42**
welcher Rangstufe, gemeint: Grundgesetznormen, formelle Gesetze, Rechtsverordnungen und Satzungen. **Landesrecht** ist das von den Landesorganen gesetzte
Recht: die Landesverfassungen, formelle Gesetze, Rechtsverordnungen und Satzungen. Um Landesrecht handelt es sich auch, wenn ein Land aufgrund gesetzli-

cher Ermächtigung im Bereich ausschließlicher Bundesgesetzgebungskompetenz tätig wird (Art. 71 GG) oder wenn Landesrechtsverordnungen aufgrund einer bundesgesetzlichen Ermächtigung ergehen. Entscheidend ist in jedem Fall die unmittelbare Urheberschaft für die in Rede stehende Rechtsnorm.

43   Der Anwendungsbereich des Art. 31 GG reicht indes nicht so weit, wie es der Wortlaut vielleicht suggeriert. Denn **nur geltendes Landesrecht kann mit geltendem Bundesrecht in Kollision geraten.** Damit bleibt der Anwendungsbereich des Art. 31 GG unter anderem in all den Fällen verschlossen, in denen Bund oder Land unter Verstoß gegen die grundgesetzlichen Gesetzgebungszuständigkeiten Rechtsnormen erlassen haben.

44   **Beispiele:**
   – Erlässt ein Bundesland im Bereich der ausschließlichen Gesetzgebungszuständigkeit des Bundes (Art. 73 GG) ein Landesgesetz, so ist dieses Landesgesetz schon wegen der fehlenden Gesetzgebungskompetenz des Landes nichtig. Ein Kollisionsfall entsteht nicht, und Art. 31 GG kommt nicht zum Zuge.
   – Dasselbe gilt, wenn der Bund im Bereich seiner konkurrierenden Gesetzgebungszuständigkeiten (Art. 74 GG) tätig geworden ist und ein Bundesland gleichwohl eine landesgesetzliche Regelung trifft. Auch dann fehlt dem Land die Gesetzgebungszuständigkeit.

45   Zur Anwendung kann Art. 31 GG aber dann gelangen, wenn gültige landesrechtliche Vorschriften bereits zu dem Zeitpunkt, da der Bund von seiner konkurrierenden Gesetzgebungszuständigkeit Gebrauch macht, existieren. Die landesrechtlichen Vorschriften sind hier als gültiges Recht entstanden. Das nachfolgende gültige Bundesgesetz „bricht" nun – falls es nicht ein Gegenstand der Abweichungsgesetzgebung nach Art. 72 Abs. 3 GG ist – das Landesrecht gem. Art. 31 GG. Dies bedeutet, dass das Landesrecht **ein- für allemal unwirksam** wird. Es lebt also auch nicht wieder auf, wenn die bundesgesetzliche Regelung später wieder aufgehoben wird.

46   Ebenso kommt Art. 31 GG zum Tragen, wenn der Bund im Nachhinein in eine Gesetzgebungsmaterie eintritt, deren Regelung er zunächst an die Länder delegiert hatte (Art. 71 GG) oder wenn er nach Rückholung durch die Länder (Art. 72 Abs. 4 GG) wieder eine (vorausgesetzt: verfassungsgemäße und gültige, Art. 72 Abs. 2 GG!) bundesgesetzliche Regelung trifft.

2. Problem: inhaltsgleiches Landes(verfassungs)recht

47   Zu den kontrovers diskutierten Problemen des Art. 31 GG gehören zwei Fragen, die im hier interessierenden Zusammenhang des bayerischen Verfassungsrechts große Bedeutung erlangen:

48   – Kommt Art. 31 GG auch bei **inhaltsgleichem** Bundes- und Landesrecht zur Anwendung?

49   – Kommt Art. 31 GG auch bei inhaltsgleichem **Landesverfassungsrecht** zur Anwendung?

50   Beide Fragen werden von der (noch) herrschenden Meinung und von der Rechtsprechung **verneint.**

       Zur ersten Frage:

51   Übereinstimmendes Landesrecht, so die Argumentation der herrschenden Lehre, stelle keinen Kollisionsfall dar. Insoweit könne die Kollisionsregel des Art. 31 GG nicht eingreifen. Werde das gleichlautende Bundesrecht aufgehoben, könne daher

ohne weiteres auf das Landesrecht zurückgegriffen werden. Dem wird entgegengehalten, der Sinn und Zweck des Art. 31 GG bestehe darin, dem Bundesrecht zur einheitlichen Wirksamkeit zu verhelfen, um auf diese Weise Rechtssicherheit zu gewährleisten. Dies mache es erforderlich, schon das Risiko divergierenden Gesetzesvollzugs oder divergierender Gerichtsentscheidungen von vornherein auszuschließen; daher müsse Art. 31 GG auch bei gleichlautendem Landesrecht eingreifen.

Zur zweiten Frage:

Die Kollisionsregel des Art. 31 GG könne, so die herrschende Ansicht, jedenfalls **52** gegenüber inhaltsgleichem Landesverfassungsrecht nicht eingreifen, weil dies der Respekt vor der in Art. 28 Abs. 1 S. 1 GG anerkannten Verfassungsautonomie der Länder verbiete. Dies werde in Art. 142 GG für die Grundrechte bekräftigt. Dem wird entgegengehalten, Art. 142 GG liefe leer, wenn Art. 31 GG gegenüber den Landesverfassungen nicht zum Zuge käme. Auch sei die Verfassungsautonomie der Länder nicht über Gebühr eingeschränkt, wenn Art. 31 GG auch gegenüber inhaltsgleichem Landesverfassungsrecht zur Anwendung gelange. Den Ländern stehe es ja frei, innerhalb der Grenzen des Art. 28 Abs. 1 und Abs. 2 GG alles das mit eigenen verfassungsrechtlichen Regelungen zu versehen, was das Grundgesetz oder das sonstige Bundesrecht nicht abschließend geregelt habe.

Auf diesen Meinungsstreit kommt es, wie man sich unschwer vorstellen kann, in **53** zahlreichen konkreten Fällen an. In Klausuren und Hausarbeiten ist auf den Meinungsstreit einzugehen.

Beispiel: Kommt den landesverfassungsrechtlichen Regelungen über den Vorrang und **54** Vorbehalt des Gesetzes eine eigene, in landesverfassungsgerichtlichen Verfahren zu beachtende Bedeutung zu, oder sind diese mit grundgesetzlichen Inhalten identischen Vorschriften wegen Art. 31 GG unwirksam?

Für die im Vordringen befindliche **Mindermeinung,** die in dem Beispielsfall **55** Art. 31 GG zum Zuge kommen lässt, sprechen die besseren Gründe. Ohne dies im Rahmen dieses Lehrbuchs vertiefen zu können, sei auf Folgendes hingewiesen: Die Argumentation der herrschenden Lehre und Rechtsprechung ist nicht widerspruchsfrei (Bedeutung des Art. 142 GG) und erscheint im Hinblick auf den Telos des Art. 31 GG zu wenig durchdacht. Zudem gleitet sie in einen wenig rationalen, zum Teil polemischen Landesverfassungspatriotismus ab, der im geltenden Bundes- und Landesverfassungsrecht keine Stütze findet. Gleichwohl wird im Folgenden die **herrschende Lehre** bei der weiteren Darstellung des bayerischen Landesverfassungsrechts zugrunde gelegt. Für diese **pragmatische Vorgehensweise** sprechen ausschließlich didaktische Gründe: Folgt man der Mindermeinung, fällt alles inhaltsgleiche bayerische Landesverfassungsrecht (bis auf die Grundrechte) als Darstellungsgegenstand weg, und der Respekt vor der nicht selten anzutreffenden Mehrheits- und Obrigkeitsgläubigkeit von Prüfern (und Prüflingen) gebietet, in einem Lehrbuch die Mehrheitsansicht und die Rechtsprechung besonders ernst zu nehmen.

Für die Fallbearbeitung empfiehlt sich, den Meinungsstreit darzustellen und mit einer mög- **56** lichst überzeugenden Argumentation zu „entscheiden". Wer der Mindermeinung folgen will, muss gemeinhin eine erhöhte Argumentationslast bewältigen.

Die beschriebene Kontroverse darf nicht vergessen lassen, dass dem Bundesrecht **57** **entgegenstehendes Landesrecht** und auch entgegenstehendes Landesverfassungsrecht durch Art. 31 GG nach ganz einhelliger Auffassung gebrochen wird. Insoweit besteht keinerlei Meinungsverschiedenheit.

58   **Beispiel:** Die Regelung der Hessischen Verfassung „Die Aussperrung ist rechtswidrig" (Art. 29 Abs. 5) ist mit dem bundesrechtlichen Tarifvertragsrecht nicht vereinbar und demgemäß nichtig. Die frühere Regelung in der Bayerischen Verfassung „Der Vollzug der Todesstrafe bedarf der Bestätigung der Staatsregierung" (Art. 47 Abs. 4 S. 2 BV a. F.) wurde vor ihrer Abschaffung durch Art. 102 GG „gebrochen".

59   Unstreitig ist außerdem, dass es den Ländern freisteht, freilich in den Grenzen von Art. 28 Abs. 1 und 2 GG, kraft eigener Verfassungsgebung eine jeweils eigene **Staatsorganisation** zu schaffen. Insoweit kommt Art. 31 nicht zum Zuge, weil die grundgesetzlichen Regelungen allein für die Staatsorganisation des Bundes gelten und damit einen anderen Regelungsgegenstand betreffen.

60   Zudem können die Länder eigene Grundrechtskataloge entwerfen. Die **Landesgrundrechte** haben denselben Regelungsgegenstand wie die Grundrechte des Grundgesetzes. Sie dürfen daher wegen Art. 31 GG nicht von den Garantien des Grundgesetzes abweichen. Dort, wo sie inhaltlich mit dem Grundgesetz übereinstimmen, gelten sie „ungeachtet der Vorschrift des Art. 31" nach Art. 142 GG fort. Dies wirkt sich auf die Landesverfassungsgerichtsbarkeit aus. Mit den Grundrechten übereinstimmende Landesgrundrechte sind Prüfungsmaßstab in den Verfahren vor den Landesverfassungsgerichten (→ Rn. 228 ff.).

61   In verfassungsprozessualer Hinsicht gilt für Art. 31 GG Folgendes: In den beschriebenen Kollisionsfällen macht Art. 31 GG das inhaltsgleiche oder entgegenstehende Landesrecht und Landesverfassungsrecht nichtig. Dies kann – muss aber nicht (Antragserfordernis, § 76 Abs. 1 BVerfGG) – im Wege der **abstrakten Normenkontrolle** (Art. 93 Abs. 1 Nr. 2 GG) vor dem Bundesverfassungsgericht zur Überprüfung gebracht werden. Die Kollisionsregel des Art. 31 GG kann auch im Verfahren der konkreten Normenkontrolle (Art. 100 Abs. 1 GG) und inzident bei der Verfassungsbeschwerde in Ansatz gebracht werden.

Übersicht: Bundesrechtliche Vorgaben für die Landesverfassung

Landesverfassungsrecht	bundesrechtlicher Maßstab	Rechtsfolge
nicht gegenstandsgleiches Recht, insbes. Staatsorganisationsrecht	Art. 28 Abs. 1 u. 2 GG	Abweichung vom Homogenitätsgebot führt nach Art. 28 Abs. 1 u. 2 GG zur Nichtigkeit
gegenstandsgleiches, abweichendes Recht	Art. 31 GG	Nichtigkeit nach Art. 31 GG
gegenstandsgleiches, übereinstimmendes Recht	(Art. 31 GG) str.	(Nichtigkeit nach Art. 31 GG) str.
Sonderfall: Grundrechte	Artt. 31, 142 GG	Übereinstimmende GRe bleiben wirksam (Art. 142 GG), nicht übereinstimmende werden gebrochen (Art. 31 GG)

IV. Grundzüge der Kompetenzverteilung
zwischen Bund und Ländern

Das Grundgesetz enthält in Art. 30 die **Grundregel für die Abgrenzung der** 62
Zuständigkeiten von Bund und Ländern in den drei staatlichen Funktionsbereichen. Gesetzgebung, Verwaltung und Rechtsprechung sind „Sache der Länder", soweit das Grundgesetz keine abweichende Regelung trifft.

1. Gesetzgebung

Die Grundregel des Art. 30 GG wird für den Bereich der Gesetzgebung in 63
Art. 70 GG wiederholt. Danach besitzen die Länder die Gesetzgebungszuständigkeit, sofern nicht das Grundgesetz dem Bund eine solche Zuständigkeit zuweist. Die Gesetzgebungskompetenzen des Bundes wurden im Zuge der Föderalismusreform im Jahre 2006 kräftig umgestaltet. Der Bund besitzt nun nach dem Grundgesetz im Wesentlichen zwei Arten von Gesetzgebungszuständigkeiten:
– **Ausschließliche Gesetzgebungszuständigkeit:** Für die im Katalog des 64
  Art. 73 GG (nicht abschließend) aufgezählten Gesetzgebungsmaterien besitzen die Länder keine Zuständigkeit (Sperrwirkung des Art. 73 GG). Gleichwohl erlassene Landesgesetze sind kompetenzwidrig und nichtig. Die Länder können allerdings aufgrund ausdrücklicher bundesgesetzlicher Ermächtigung im Bereich der ausschließlichen Bundesgesetzgebungszuständigkeiten gesetzgeberisch tätig werden (Art. 71 GG).
– **Konkurrierende Gesetzgebungszuständigkeit:** Für die im Katalog des 65
  Art. 74 Abs. 1 GG aufgezählten Gesetzgebungsmaterien besitzen die Länder eine Gesetzgebungskompetenz, „solange und soweit" der Bund von seiner gleichfalls gegebenen Kompetenz nicht Gebrauch gemacht hat (Art. 72 Abs. 1 GG). Auf bestimmten Gebieten darf der Bund von seiner Zuständigkeit nur Gebrauch machen, wenn und soweit die Herstellung gleichwertiger Lebensverhältnisse im Bundesgebiet oder die Wahrung der Rechts- und Wirtschaftseinheit im gesamtstaatlichen Interesse dies **erforderlich** macht (Art. 72 Abs. 2 GG). Das Erforderlichkeitsmerkmal hat zum Schutz der Eigenstaatlichkeit der Länder im Jahr 1994 die bis dahin bestehende Bedürfnisregelung abgelöst. Das Bundesverfassungsgericht hatte in keinem Fall das Bedürfnis nach einer bundeseinheitlichen Regelung verneint, weil es insoweit dem Bundesgesetzgeber eine weite Einschätzungsprärogative einräumte. Die neue Regelung soll zu einer wirkungsvolleren verfassungsgerichtlichen Kontrolle führen. Dementsprechend verwehrt das BVerfG nunmehr dem Gesetzgeber jeglichen Spielraum zur Beurteilung der Erforderlichkeit eines Bundesgesetzes und legt auch die Zielsetzungen des Art. 72 Abs. 2 GG eng aus. Der verschärften Justitiabilität dient auch das **neu einge-**
  führte verfassungsgerichtliche Verfahren des Art. 93 Abs. 1 Nr. 2a GG, in welchem auf Antrag des Bundesrats, einer Landesregierung oder der Volksvertretung eines Landes die Voraussetzungen des Art. 72 Abs. 2 GG überprüft werden. Nach Wegfall der „Erforderlichkeit" kann der Bundesgesetzgeber den Ländern das Recht einräumen, die bundesgesetzliche Regelung durch eigene Regelungen zu ersetzen, Art. 72 Abs. 4 GG. Gemäß der mit der Föderalismusreform eingeführten Vorschrift des Art. 72 Abs. 3 GG besteht für die Länder die Möglichkeit,

von Bundesgesetzen abzuweichen (sog. **Abweichungsgesetzgebung**). Die Vorschrift schließt es allerdings nicht aus, dass der Bundesgesetzgeber nach dem Erlass eines abweichenden Landesgesetzes wieder tätig wird. Kollisionen werden
nach der in Art. 72 Abs. 3 S. 3 GG normierten lex-posterior-Regelung gelöst. Zu
einem „Ping-Pong-Spiel", das durch diese Regelung ermöglicht wird, ist es bislang nicht gekommen.

66   Die Kompetenz des Bundes zur **Rahmengesetzgebung** nach Art. 75 GG a. F. ist entfallen,
die darauf gestützten Gesetze gelten aber nach Art. 125b GG als Bundesrecht fort.

67   Neben den ausdrücklich geregelten Kompetenzen werden dem Bund auch **ungeschriebene Gesetzgebungszuständigkeiten** zuerkannt. Vor dem Hintergrund
der im Grundgesetz respektierten Eigenstaatlichkeit der Länder ist insoweit allerdings Zurückhaltung geboten. Ein allzu weites Ausgreifen ungeschriebener Bundesgesetzgebungszuständigkeiten würde mit der Eigenstaatlichkeit der Länder in
Konflikt geraten. Im Einzelnen werden folgende ungeschriebene Gesetzgebungszuständigkeiten unterschieden:

68   – **Gesetzgebungszuständigkeit kraft Natur der Sache:** Der Bund ist zuständig, sofern eine bestimmte Materie verständlicher- und logischerweise (BVerfGE
11, 89 [96 f.]: „begriffsnotwendig") nur vom Bund geregelt werden kann. So besitzt der Bund beispielsweise eine Zuständigkeit kraft Natur der Sache für die
Festlegung der Bundessymbole (Flagge, Hymne), für die Anordnung eines Na-
tionalfeiertages, für die Bestimmung der Bundeshauptstadt und für die Raum-
planung für den Gesamtstaat.

69   – **Annexkompetenz:** Der Bund besitzt die Zuständigkeit, Regelungen zur Vorbereitung, Planung, Durchführung und Finanzierung als Anhang zu einer ihm
ausdrücklich zugewiesenen Gesetzgebungszuständigkeit zu treffen. Beispiele für
solche Anhangskompetenzen sind: Regelungen über den Straßenverkehr behin-
dernde Werbeanlagen als Annex zur Zuständigkeit für den Straßenverkehr
(Art. 74 Abs. 1 Nr. 22 GG), Zuständigkeit für die Bundeswehrhochschulen als
Annex zur Zuständigkeit für die Verteidigung (Art. 73 Nr. 1 GG).

70   – **Gesetzgebungszuständigkeit kraft Sachzusammenhangs:** Der Bund besitzt die Zuständigkeit, von einer ihm ausdrücklich zugewiesenen Hauptmaterie
in eine ihm nicht ausdrücklich zugewiesene Materie überzugreifen, wenn dies
unerlässlich ist, um die ausdrücklich zugewiesene Hauptmaterie zu regeln. Ein
Beispiel bildet die Befugnis des Bundes, von seiner Kompetenz für das Parteien-
recht (Art. 21 Abs. 3 GG) auf die Landesgesetzgebungskompetenzen für den
Rundfunk überzugreifen, um Fragen der Wahlwerbungssendezeiten zu regeln.
Andererseits besitzt der Bund **keine Kompetenz kraft Sachzusammenhangs
für das Bauordnungsrecht,** auch wenn ihm ausdrücklich die Zuständigkeit
für das Bodenrecht zugewiesen ist (Art. 74 Abs. 1 Nr. 18 GG).

71   Seit der Föderalismusreform ist die Zuständigkeit des Bundes in einem Punkt
ausdrücklich beschränkt. Den Gemeinden und Gemeindeverbänden dürfen durch
ein Bundesgesetz keine Aufgaben übertragen werden, Art. 83 Abs. 1 S. 7, Art. 85
Abs. 1 S. 7 GG.

72   Eine Gesamtschau der dem Bund und den Ländern zustehenden Gesetzgebungszuständigkeiten lässt eine gewisse **Dominanz des Bundes** hervortreten. Durch
die Föderalismusreform 2006 sind allerdings die traditionellen Bastionen originärer
Gesetzgebungszuständigkeit der Länder (die Bereiche Kultur und Bildung sowie

der Bereich der inneren Sicherheit) zum Teil erheblich erweitert worden – war die Stärkung der Länder doch gerade erklärtes Ziel dieser Reform. Die Abweichungsgesetzgebung eröffnet den Ländern neue Möglichkeiten politischer Gestaltung. Aber die Länder zahlen einen Preis. Die Erforderlichkeitsklausel des Art. 72 Abs. 2 GG gilt nur noch für bestimmte Bereiche. Und den kompetenziellen Zugewinnen stehen Einbußen gegenüber, etwa wenn polizeiliche Aufgaben, soweit sie die internationale Terrorismusbekämpfung betreffen, nunmehr Gegenstand der ausschließlichen Gesetzgebung des Bundes sein können (Art. 73 Abs. 1 Nr. 9a GG).

2. Verwaltung

Das Grundgesetz wiederholt die Grundregel des Art. 30 GG für den Bereich der **73** Verwaltung. Die Ausführung der Bundesgesetze ist nach Art. 83 GG „eigene Angelegenheit" der Länder, soweit nicht das Grundgesetz etwas Anderes bestimmt. Es kommt auf diese Weise zu einer **Inkongruenz von Gesetzgebungs- und Verwaltungszuständigkeiten.** Anders als im Bereich der Gesetzgebung wird die Kompetenzvermutung des Art. 83 GG nicht an anderen Stellen umfangreich zu Gunsten des Bundes widerlegt. Vielmehr ist die Verwaltung durch die Länder in der Tat der Regelfall, Verwaltung durch den Bund die Ausnahme. Auf dem Gebiet der Verwaltung sind die Länder eindeutig dominant.

Das Regelungssystem der Art. 83 ff. GG erfasst ausdrücklich nur den Vollzug von **74** Gesetzen. Für die **nicht-gesetzesakzessorische Verwaltung,** die außerhalb der Eingriffsverwaltung im Bereich der Leistungsverwaltung weit verbreitet ist (sog. gesetzesfreie Verwaltung), gilt aber die Grundregel des Art. 30 GG. Danach ist gesetzesfreie Verwaltung grundsätzlich Sache der Länder. Außerhalb der Art. 83 ff. GG mag es freilich Zuweisungen gesetzesfreier Verwaltung an den Bund geben. Bejaht worden ist dies für die gesetzesfreie Warnung der Bundesregierung vor gefährlichen Produkten, jugendgefährdenden Sekten etc.

Wenn die Art. 30 und 83 ff. GG von Gesetzesvollzug und Verwaltung sprechen, **75** so ist damit unzweifelhaft das Handeln staatlicher Stellen in öffentlich-rechtlichen Organisations- und Handlungsformen gemeint. Die genannten Bestimmungen greifen aber auch sinngemäß ein, wenn Bund, Länder oder Gemeinden sich **privatrechtlicher Formen** bedienen. Die Zuständigkeitsverteilung zwischen Bund und Ländern darf nicht durch Wahl privatrechtlicher Formen umgangen werden. Die „Flucht ins Privatrecht" (Fritz Fleiner) befreit weder von grundrechtlichen Bindungen (Art. 1 Abs. 3 GG „Gesetzgebung, vollziehende Gewalt und Rechtsprechung") noch von Kompetenzschranken (Art. 30 GG: „Ausübung der staatlichen Befugnisse" und „Erfüllung der staatlichen Aufgaben").

Im Einzelnen lassen sich folgende Verwaltungstypen unterscheiden:
– **Landeseigener Vollzug von Landesgesetzen:** Im Grundgesetz findet dieser **76** Typus von Gesetzesvollzug keinerlei ausdrückliche Erwähnung, Art. 83 GG handelt nur vom Vollzug von Bundesgesetzen. Also greift die Grundregel des Art. 30 GG ein: Es ist „Sache der Länder", die eigenen Landesgesetze zu vollziehen.
– **Landesvollzug von Bundesgesetzen als eigene Angelegenheit der Länder (sog. Landeseigenverwaltung):** Im Normalfall vollziehen die Länder die **77** Bundesgesetze als eigene Angelegenheiten, Art. 83 GG. Die Vorschrift des Art. 83 GG ist dabei stets mit Art. 84 GG zusammen zu lesen. Im Bereich der Landeseigenverwaltung besitzen die Länder eine umfassende Organisationsgewalt. Regeln

Bundesgesetze die Einrichtung der Behörden oder das Verwaltungsverfahren, können die Länder nach Art. 84 Abs. 1 S. 2 und 3 GG davon abweichen. Für bundesrechtliche Regelungen des Verwaltungsverfahrens kann der Bund ausnahmsweise und mit Zustimmung des Bundesrates nach Art. 84 Abs. 1 S. 5 und 6 GG Abweichungen ausschließen. Die Länder sind, wie sich im Umkehrschluss aus Art. 84 Abs. 3 GG ergibt, keinen fachlichen Weisungen des Bundes unterworfen, wohl aber einer **Rechtsaufsicht** (sog. Bundesaufsicht) durch den Bund. In Wahrnehmung der Rechtsaufsicht kann der Bund **Beauftragte** in die Länder entsenden und gegebenenfalls **Mängelrüge** erheben. Gegen die Mängelrüge kann das Land den Bundesrat anrufen, gegen dessen Entscheidung schließlich auch das Bundesverfassungsgericht (Art. 84 Abs. 4 GG).

78   – **Landesvollzug von Bundesgesetzen als Bundesauftragsverwaltung:** Fälle der in Art. 85 GG geregelten Bundesauftragsverwaltung müssen im Grundgesetz ausdrücklich vorgesehen sein, was z. B. in folgenden Bestimmungen geschehen ist:
   – Art. 87c GG – friedliche Nutzung der Kernenergie
   – Art. 87d Abs. 2 GG – Luftverkehrsverwaltung
   – Art. 90 Abs. 2 GG – Bundesautobahnen und Bundesfernstraßen
   – Art. 104a Abs. 3 S. 2 GG – ausgabenwirksame Gesetze mit mindestens hälftiger Bundesbeteiligung.

79   Die Länder sind hier an **Weisungen** gebunden, sie unterliegen zusätzlich zur Rechtsaufsicht einer **Fachaufsicht** durch den Bund. Die **Organisationshoheit** bezüglich der Einrichtung der Behörden und der Regelung der Verwaltungsverfahren bleibt bei den Ländern, soweit nicht zustimmungspflichtige Bundesgesetze etwas anderes bestimmen, Art. 85 Abs. 1 S. 1 GG.

80   – **Bundeseigene Verwaltung von Bundesgesetzen:** Diese Form der Verwaltung kommt ebenfalls nur aufgrund ausdrücklicher grundgesetzlicher Zuweisung zum Zuge. Der Inhalt der Verwaltungszuständigkeit ist in Art. 86 GG beschrieben. Gegenstände der bundeseigenen Verwaltung sind z. B.:
   – Art. 87 GG – Auswärtiger Dienst, Bundesfinanzverwaltung sowie fakultativ weitere Verwaltungsgegenstände
   – Art. 87b GG – Bundeswehrverwaltung
   – Art. 88 GG – Bundesbank
   – Art. 89 GG – Bundeswasserstraßen.

81   Zu unterscheiden sind zwei Formen bundeseigener Verwaltung: In **bundesunmittelbarer Verwaltung** handelt die Bundesrepublik durch eigene Bundesbehörden, deren Rechtsträger sie ist, in **bundesmittelbarer Verwaltung** handelt sie durch zwischengeschaltete selbständige juristische Personen, also bundesunmittelbare Körperschaften, Anstalten oder Stiftungen des öffentlichen Rechts.

82   **Mischverwaltung,** d. h. eine Koppelung von Bundes- und Landesverwaltung, ist grundsätzlich unzulässig; Bund und Ländern steht es nicht zu, über die ihnen zugewiesenen Kompetenzen zu disponieren. Eine **vertragliche Kooperation** zwischen den Bundesländern ist demgegenüber nicht ausgeschlossen, genausowenig eine interministerielle Zusammenarbeit der Länder auf den Gebieten der ihnen zugewiesenen Verwaltungsaufgaben.

3. Rechtsprechung

Auch für die Rechtsprechung beansprucht die Grundregel des Art. 30 GG Gel- **83** tung. Rechtsprechung ist grundsätzlich Sache der von den Ländern eingerichteten Gerichte, sofern nicht das Grundgesetz zugunsten des Bundes anderes bestimmt. Das Grundgesetz weist neben dem **Bundesverfassungsgericht** (BVerfG, Art. 92 GG) in Art. 95 Abs. 1 GG **fünf Bundesgerichte** aus, denen je eigene Gerichtsbarkeiten entsprechen:
- Bundesgerichtshof (BGH),
- Bundesverwaltungsgericht (BVerwG),
- Bundesfinanzhof (BFH),
- Bundesarbeitsgericht (BAG),
- Bundessozialgericht (BSG).

Die Bundesgerichte sind grundsätzlich nur als **Revisionsgerichte** tätig. Sie **84** schließen den auf Länderebene verankerten Instanzenzug ab. Einen eigenen bundesgerichtlichen Vorinstanzenzug gibt es generell nicht.

Art. 95 Abs. 1 GG schließt andererseits die Existenz herkömmlicher oberster **85** Landesgerichte, die letztinstanzlich als Revisionsinstanz fungieren, nicht aus. Die Befugnis zur Errichtung solcher oberster Landesgerichte ist den Landesgesetzgebern bundesgesetzlich durch § 8 Abs. 1 EGGVG eingeräumt. Von dieser Ermächtigung hatte der Freistaat Bayern durch Wiedererrichtung des **Bayerischen Obersten Landesgerichts** Gebrauch gemacht. Das Gericht ist zum 1. Juli 2006 aufgelöst worden.

Die Bundesgerichte wenden nur Bundesrecht und allgemeine, über das Land **86** hinausgehende Rechtsgrundsätze an **(revisibles Recht).** Umgekehrt wenden die auf der Landesebene errichteten Gerichte Bundes- und Landesrecht an. So urteilt das Amtsgericht über einen Kaufvertrag auf der Grundlage des § 433 BGB, das Verwaltungsgericht über den Verwaltungsakt einer Bundesbehörde auf der Grundlage der §§ 35 ff. VwVfG.

Verfolgt die Konzentration der Revisionsgerichte auf der Bundesebene das Ziel, eine einheit- **87** liche, Rechtssicherheit verbürgende Rechtsanwendung zu gewährleisten, so wird dies zusätzlich noch durch die Errichtung eines **Gemeinsamen Senats** der Bundesgerichte gefördert, Art. 95 Abs. 3 GG.

V. Kompetenzverteilung zwischen Bund und Ländern im Bereich der auswärtigen Gewalt und in der Finanzverfassung

1. Finanzverfassung

Im X. Abschnitt des Grundgesetzes ist die bundesstaatliche Finanzverfassung ent- **88** halten. Vier Hauptregelungsbereiche sind im hier interessierenden Zusammenhang zu unterscheiden:
- Kostentragung bei der Erfüllung staatlicher Aufgaben (Art. 104a GG)
- Gesetzgebungszuständigkeit im Bereich der Finanzverfassung (Art. 105 GG)
- Verteilung des Steueraufkommens (Art. 106 GG)
- Finanzausgleich (Art. 107 GG).

Nach der **Kostentragungsregel** des Art. 104a Abs. 1 GG tragen Bund und Län- **89** der gesondert die Kosten für die jeweils von ihnen wahrzunehmenden Aufgaben.

Damit müssen die Länder in der sog. Landeseigenverwaltung (→ Rn. 77), dem Normalfall des Vollzugs von Bundesgesetzen nach Art. 83 GG, die Kosten des Gesetzesvollzugs tragen. Außerdem tragen sie natürlich die Kosten des Vollzugs der eigenen Gesetze. Eine abweichende Kostentragungsregel ist für den Fall der **Auftragsverwaltung** (Art. 85 GG) vorgesehen: Hier trägt der Bund die Kosten. Weitere Ausnahmen bestehen für **Leistungsgesetze** des Bundes (z.B. Sozialleistungen, Subventionen etc.): Hier kann der Bund festlegen, dass er die Kosten ganz oder teilweise trägt. Lässt der Bund die Länder mehr als ein Viertel der Kosten tragen, so bedarf das Gesetz der Zustimmung des Bundesrates. Übernimmt der Bund mehr als die Hälfte der Kosten, ist das Gesetz in Auftragsverwaltung zu vollziehen.

90   Nach dem **Konnexitätsprinzip** des Art. 83 Abs. 3 BV muss eine Bestimmung über die Kosten getroffen werden, wenn der Staat den Gemeinden Aufgaben überträgt. Die Vorschrift dient im Zusammenhang mit dem Verbot für den Bundesgesetzgeber, den Gemeinden Aufgaben zu übertragen (→ Rn. 71), dem Schutz der Gemeinden vor finanzieller Überforderung.

91   Die **Gesetzgebungszuständigkeit** für die Steuern liegt fast vollständig beim Bund. Er besitzt nach Art. 105 Abs. 2 GG eine konkurrierende Gesetzgebungszuständigkeit für alle Steuern, deren Ertrag ihm gem. Art. 106 GG ganz oder teilweise zufließt, sowie eine am Maßstab des Art. 72 Abs. 2 GG orientierte konkurrierende Gesetzgebungszuständigkeit für (fast) alle anderen Steuern. Den Ländern bleiben als Domäne ausschließlicher Steuergesetzgebungszuständigkeit allein die **örtlichen Verbrauch- und Aufwandsteuern** (Art. 105 Abs. 2a GG), zu denen beispielsweise die Spielautomatensteuer, die Hundesteuer, die Zweitwohnungssteuer und die kommunale Verpackungssteuer gehören.

92   Die **Verteilung des Steueraufkommens** ist in Art. 106 GG geregelt. Man spricht insoweit auch vom **primären vertikalen Finanzausgleich:**

93   – Die Erträge bestimmter Steuern stehen getrennt entweder dem Bund oder den Ländern oder den Gemeinden zu **(Trennsystem):** Nach Art. 106 Abs. 1 GG fließen insbesondere Zölle, Verbrauchsteuern, Kapitalverkehrsteuern, Versicherungsteuern dem Bund, nach Art. 106 Abs. 2 GG die Vermögen-, Erbschaft- und Kfz-Steuern den Ländern, und nach Art. 106 Abs. 6 GG insbesondere die Realsteuern (Grund- und Gewerbesteuer) den Gemeinden zu.

94   – Das Aufkommen aus der Einkommen-, Körperschaft- und Umsatzsteuer (Mehrwertsteuer) steht nach Art. 106 Abs. 3, 5, 5a GG Bund und Ländern, bezüglich der Einkommen- und Umsatzsteuer auch den Gemeinden gemeinsam zu **(Verbundsystem).** Einkommen- und Körperschaftsteuer werden dabei nach dem örtlichen Aufkommen verteilt, der den Ländern insgesamt zustehende Anteil an der Umsatzsteuer nach der Landeseinwohnerstärke (sog. primärer horizontaler Finanzausgleich).

95   Als Ergebnis der bisher beschriebenen Verteilung entstehen erhebliche Unterschiede in der Finanzausstattung der Bundesländer. Nach Art. 107 Abs. 2 GG wird deswegen ein **sekundärer horizontaler und vertikaler Finanzausgleich** durchgeführt. Ausgleichspflichtig sind die über dem Durchschnitt liegenden Länder. Ihre Ausgleichszahlungen heben die Finanzkraft der ärmeren Länder auf mindestens 95 % des Länderdurchschnitts an (horizontaler Ausgleich). Ein weiterer Ausgleich erfolgt, indem der Bund den Ländern Ergänzungszuweisungen und andere Zuweisungen bzw. Finanzhilfen zukommen lässt (vertikaler Ausgleich). Der Finanzausgleich bietet seit Jahren viel Konfliktstoff, über den das Bundesverfassungsgericht mehrfach zu entscheiden hatte.

2. Auswärtige Gewalt

Die auswärtige Gewalt ist nicht eine zu den klassischen drei Gewalten hinzutre- **96** tende vierte Gewalt. Man versteht unter der auswärtigen Gewalt die **Gesamtheit aller staatlichen Kompetenzen, die sich auf die Teilnahme des Staates am völkerrechtlichen Verkehr beziehen.** Das Grundgesetz regelt diese Kompetenzen an unterschiedlichen Stellen, die wichtigsten sind:
- Artt. 23, 24 GG – Schlüsselvorschriften für die Integration in die Europäische Union,
- Art. 25 GG – Inkorporierung der allgemeinen Regeln des Völkerrechts in die innerstaatliche Rechtsordnung,
- Art. 32 GG – Verteilung der Verbandskompetenz im Bereich der auswärtigen Gewalt,
- Art. 59 GG – Verteilung der Organkompetenz im Bereich der auswärtigen Gewalt,
- Art. 73 Nr. 1 GG – ausschließliche Gesetzgebungszuständigkeit des Bundes für die „auswärtigen Angelegenheiten",
- Art. 87 Abs. 1 GG – Auswärtiger Dienst als Gegenstand bundeseigener Verwaltung.

Zur Eigenstaatlichkeit der Länder gehört, dass sie nach außen gerichtet eine par- **97** tielle Souveränität **(partielle Völkerrechtsfähigkeit)** besitzen. Sie wird den Bundesländern nicht durch das Grundgesetz zugewiesen, sondern sie richtet sich nach völkerrechtlichen Regeln. Die Völkerrechtsordnung geht davon aus, dass die Gliedstaaten im Bundesstaat im Allgemeinen eine begrenzte, auf ihren gliedstaatlichen Zuständigkeitsbereich bezogene völkerrechtliche Souveränität besitzen. Das Grundgesetz schafft die innerstaatlichen Voraussetzungen dafür, dass die Bundesländer ihre begrenzte Völkerrechtsfähigkeit im völkerrechtlichen Verkehr nutzen können, ohne in Kollision mit der auswärtigen Gewalt des Bundes zu geraten.

Die Vorschrift des **Art. 32 GG regelt abschließend die Kompetenzvertei-** **98** **lung zwischen Bund und Ländern im Bereich der auswärtigen Gewalt.** Ein Rückgriff auf Art. 30 GG ist nicht möglich, weil diese Grundgesetzbestimmung von vornherein durch die speziellere des Art. 32 GG verdrängt ist. Gegenüber Art. 32 GG sind wiederum die Bestimmungen der Art. 23 und 24 GG spezieller, soweit es um die Integration in die Europäische Union geht.

Innerhalb des Art. 32 GG gibt Abs. 1 die Grundregel vor: Die Verbandskompe- **99** tenz im Bereich der auswärtigen Gewalt ist dem Bund zugewiesen. Der Begriff **„Pflege der Beziehungen zu auswärtigen Staaten"** ist dabei in zweierlei Hinsicht weit zu interpretieren:
- Gemeint sind nicht nur „Staaten" im eigentlichen Wortsinn, sondern über- **100** haupt alle Völkerrechtssubjekte, also auch die internationalen Organisationen, der Hl. Stuhl usw. Nicht erfasst werden demgegenüber auswärtige private Stellen, wie Parteien, Gewerkschaften, Sportverbände etc.
- Unter der **„Pflege der Beziehungen"** sind nicht nur auf völkerrechtsförmli- **101** che Beziehungen (z. B. auf Verträge) gerichtete Handlungen, sondern alle zur Erfüllung hoheitlicher Aufgaben im internationalen Verkehr aufgenommenen Tä-

tigkeiten (z.B. politische Reden von Staatsrepräsentanten im Ausland, Akte völkerrechtlicher Courtoisie, nachrichtendienstliche Tätigkeiten) zu verstehen. Das
weite Begriffsverständnis lässt das Problem entstehen, dass die regen internationalen Aktivitäten der Bundesländer (Besuchsdiplomatie der Ministerpräsidenten)
auf den ersten Blick kompetenzwidrig zu sein scheinen. Doch wird man den
Ländern insoweit eine ungeschriebene Zuständigkeit kraft Natur der Sache zu-
billigen müssen. Der durch den Begriff „Pflege der Beziehungen" eröffnete Anwendungsbereich der Vorschrift erfasst nicht die internationalen Kontakte von
öffentlichen unterstaatlichen Stellen (z.B. von Gemeinden, Universitäten, Indust-
rie- und Handelskammern), solange diese damit nicht in den Bereich der hohen
Außenpolitik vordringen.

102   Ein wesentlicher Bestandteil der Pflege der auswärtigen Beziehungen ist das
Eingehen völkervertraglicher Bindungen. Auf der Ebene des Bundes ist beim völkerrechtlichen Vertragsabschluss die **Organkompetenz** aufgeteilt:

103   – Die **Bundesregierung,** die insoweit getrost als der Träger der auswärtigen Gewalt bezeichnet werden darf, bildet den politischen Willen zum Vertragsschluss,
entscheidet über das Ob und den Inhalt eines Vertrages.

104   – Der **Bundespräsident** gibt gem. Art. 59 Abs. 1 S. 1 GG die auf den Vertragsschluss gerichteten Willenserklärungen, insbesondere die Erklärung, durch den
Vertrag gebunden sein zu wollen (Ratifikation), ab, sofern er nicht im Einzelfall
die Ausübung seiner formalen Vertragsabschlusszuständigkeit an die Bundesregierung delegiert. Teilweise wird angenommen, der Bundespräsident habe seine Abschlusskompetenz stillschweigend vollständig auf die Bundesregierung delegiert.
Doch sind Kompetenzen nicht ohne weiteres delegierbar; dies ergibt sich im
Umkehrschluss schon aus Art. 60 Abs. 3 GG, wird aber auch durch grundsätzliche Überlegungen nahegelegt. Allenfalls die Ausübung seiner Kompetenz, nicht
die Kompetenz selbst, darf der Bundespräsident in einzelnen Fällen auf die Bundesregierung oder einzelne Mitglieder der Bundesregierung übertragen.

105   – Der **Bundestag** und der **Bundesrat** müssen den politischen Verträgen des Bundes und allen Verträgen, deren Vollzug ein Tätigwerden des Bundes- oder Landesgesetzgebers erforderlich macht (sog. gesetzesinhaltliche Verträge), per Gesetz
ihre (vorherige) Zustimmung erteilen, Art. 59 Abs. 2 GG. Politische Verträge sind
die Verträge, die „die Existenz des Staates, seine territoriale Integrität, seine Unabhängigkeit, seine Stellung oder sein maßgebliches Gewicht in der Staatengemeinschaft" berühren, und zwar „wesentlich und unmittelbar". Ein Beispiel ist
der „Vertrag über die abschließende Regelung in Bezug auf Deutschland" vom
12.9.1990 (sog. „Zwei-plus-Vier-Vertrag" – BGBl. II 1990, 1318). Das Zustim-
mungsgesetz erfüllt eine doppelte Funktion: Es dient der parlamentarischen
Kontrolle der Regierung und dem innerstaatlichen Vollzug. Wegen seiner voll-
zugssichernden Funktion wird es auch **Transformationsgesetz** genannt.

106   Dem Bund steht es unstreitig zu, über alle Gegenstände, für die er eine (ausschließliche oder konkurrierende) Gesetzgebungszuständigkeit besitzt, völkerrechtliche Verträge abzuschließen. Umstritten ist aber, ob der Bund auch in **Angelegenheiten ausschließlicher Landesgesetzgebungszuständigkeit** Verträge schließen
darf, ob er mit anderen Worten insoweit eine Vertragsabschlusskompetenz besitzt.

107   **Beispiel:** Ein Vertrag der Bundesrepublik Deutschland mit Frankreich über den deutschen
bzw. französischen Fremdsprachenunterricht an den Gymnasien beträfe die Gesetzgebungszuständigkeit der Länder für die Lehrinhalte. Darf der Bund einen solchen Vertrag abschließen?

Der Streit rührt nicht zuletzt daher, dass unklar ist, wer Verträge des Bundes über **108** ausschließliche Landesangelegenheiten transformieren soll und darf. Gegen eine Transformationskompetenz des Bundes wird eingewandt, dass damit die grundgesetzliche Verteilung der Gesetzgebungszuständigkeiten ausgehöhlt werde. In der Tat kann dem Bund nicht neben einer unbegrenzten Abschlusskompetenz auch noch eine unbegrenzte Transformationskompetenz zustehen. Dies würde die Systematik der Gesetzgebungszuständigkeiten (Art. 63 ff. GG) aushebeln. Richtigerweise wird man annehmen müssen,

– dass dem Bund zwar die Vertragsabschlusskompetenz auch für solche Materien **109** zusteht, die unter die ausschließliche Gesetzgebungszuständigkeit der Länder fallen,
– dass in diesen Fällen auch unter den Voraussetzungen des Art. 59 Abs. 2 GG die **110** Zustimmung von Bundestag und Bundesrat erfolgen muss,
– dass aber alleine die Bundesländer für die gesetzesförmliche Transformation in **111** innerstaatliches Recht zuständig sind.

In diese Richtung weist auch das seit Jahren praktizierte **„Lindauer Abkom-** **112** **men"**, in dem sich Bund und Länder über Folgendes verständigt haben: Der Bund darf auch Verträge über Regelungsmaterien abschließen, die in die ausschließliche Gesetzgebungszuständigkeit der Länder fallen. Allerdings muss er vor dem Vertragsabschluss das Einverständnis der Länder herbeiführen.

Wenn ein völkerrechtlicher Vertrag des Bundes sich auf ein Bundesland stärker **113** auswirkt als auf die anderen, muss dieses Bundesland vor dem Vertragsabschluss angehört werden, Art. 32 Abs. 2 GG.

So sind bei Verträgen über die Küstengewässer oder den Festlandsockel die **114** im Verhältnis zu den Binnenländern ungleich stärker betroffenen Küstenländer zu hören.

Die **Bundesländer** dürfen nach Art. 32 Abs. 3 GG auf den Gebieten der eige- **115** nen Gesetzgebungszuständigkeiten im Übrigen **mit Zustimmung der Bundesregierung** Verträge mit auswärtigen Staaten abschließen. Die **Vertragsabschlusskompetenz der Länder** umfasst auch die einschlägigen Vorbereitungshandlungen vor dem Vertragsabschluss, aber nicht mehr eine darüber hinaus gehende umfangreiche „Pflege auswärtiger Beziehungen". Insofern stehen den Ländern ungeschriebene Kompetenzen kraft Natur der Sache zur Seite (→ Rn. 68), die sie freilich nur nach Maßgabe des Grundsatzes der Bundestreue ausüben dürfen.

D. Bayerische Verfassung und Europäisches Unionsrecht

Das Primärrecht der Europäischen Union war und ist „landesblind". Die Ge- **116** meinschaftsverträge und nunmehr die Unionsverträge berücksichtigen nicht oder nur unzureichend, dass der Mitgliedstaat Bundesrepublik Deutschland anders als die meisten anderen Mitgliedstaaten eine ausgeprägt föderale Verfassung aufweist. Allein der nachträglich eingerichtete Ausschuss der Regionen (Art. 305 ff. AEUV, ehem. Art. 263 ff. EGV) soll den föderalen Strukturen in einzelnen Mitgliedstaaten Rechnung tragen. Der Ausschuss hat indes kein aktives Gestaltungsrecht. Er soll beratend wirken und in bestimmten Fällen ist seine obligatorische Anhörung vorgesehen.

117   Die Landesblindheit des Unionsrechts wirft im Hinblick auf das Zustandekom-
men, den Rang und den Vollzug des Unionsrechts einige spezifisch deutsche Probleme auf.

I. Unionsrecht und deutscher Föderalismus

118   Das Grundgesetz enthält in Art. 23 die **maßgebliche Hauptregel für die verfassungsrechtliche Zulässigkeit der fortschreitenden Integration** in ein ver-
eintes Europa. Die vertragsförmige Einbindung in die Europäische Union vollzieht sich dabei gemäß den einschlägigen Kompetenzvorschriften über den
Abschluss völkerrechtlicher Verträge, also vor allem gemäß Art. 59 GG.

119   Der Bund besitzt nach Art. 23 Abs. 1 S. 2 GG die Verbandskompetenz zur Übertragung von Hoheitsrechten auf die Europäische Union. Der Begriff „Übertragung" ist dabei von zivilrechtlichen Assoziationen frei zu halten. Der Sache nach
geht es um einen Rückzug des ausschließlichen staatlichen Herrschaftsanspruchs,
um ein Öffnen der nationalen Rechtsordnung für das Gemeinschafts- bzw. Unionsrecht. Der Bund darf dabei, wie sich zweifelsfrei aus Art. 23 Abs. 5 S. 2, Abs. 6
GG ergibt, auch **Hoheitsrechte der Länder** „übertragen". Auf diese Weise ist der
Bund in der Lage, Kompetenzen der Länder, insbesondere Gesetzgebungszuständigkeiten der Länder, hinter gemeinschaftsrechtliche Zuständigkeiten zurücktreten
zu lassen.

120   **Beispiel:** Der Bund stimmt im Rat einer Rundfunkrichtlinie zu. Damit wirkt er an der Entstehung von EU-Sekundärrecht mit, das dem Regelungsgegenstand nach in die ausschließliche
Gesetzgebungszuständigkeit der Bundesländer fällt („Rundfunkhoheit" der Länder).

121   Dies steht in einem deutlichen Spannungsverhältnis zur Eigenstaatlichkeit der
Bundesländer. In Art. 23 GG wird dieses Spannungsverhältnis inhaltlich und verfahrensrechtlich ausgeglichen. Der im Zuge der Verfassungsreform 1992 eingefügte
neue Art. 23 GG kodifiziert in seinem Abs. 2 das an inhaltlichen Sicherungen, was
vorher schon in der sog. Solange-Rechtsprechung des Bundesverfassungsgerichts
zur Vorschrift des Art. 24 Abs. 1 GG, die bis zur Einführung des Art. 23 GG die
Grundlage für die europäische Integration bildete, herausgearbeitet worden war.
Die verfahrensrechtlichen Vorkehrungen der Abs. 2 bis 6 des Art. 23 GG sind ein
Novum.

122   In materieller Hinsicht zieht die **Struktursicherungsklausel** des Art. 23 Abs. 1
S. 1 GG den deutschen Integrationsschritten Grenzen. Die Klausel erlaubt eine
Mitwirkung nur an einer solchen Union, die (neben anderem) föderativen
Grundsätzen verpflichtet ist. Gemeint ist damit ein föderaler Zuschnitt der Union
selbst. Die Union darf nicht einen zentralistischen Zuschnitt haben, sie muss die
Verfassungsautonomie der Mitgliedstaaten achten und respektieren. Der Bundesre-
publik ist es verwehrt, an einer Union mitzuwirken, die den im Grundgesetz ver-
ankerten bundesstaatlichen Aufbau Deutschlands missachtet.

123   Stärker noch als diese nur indirekt zugunsten des deutschen Föderalismus wir-
kende Sicherung greift über Art. 23 Abs. 1 S. 3 GG die **Integrationsschranke** des
Art. 79 Abs. 3 GG zugunsten der Länder ein. Die „Ewigkeitsklausel" des in Bezug
genommenen Art. 79 Abs. 3 GG sichert die Bundesstaatlichkeit gleich in dreifacher
Weise: Als Bundesstaats*prinzip* des Art. 20 Abs. 1 GG, als Garantie bundesstaatlicher
Gliederung und als Garantie substantieller *Ländereigenstaatlichkeit*. Daraus ergibt sich

für die Integrationsschranke des Art. 23 Abs. 1 S. 3 GG, die nicht den Übertragungsadressaten, sondern den Übertragungsgegenstand selbst betrifft, Folgendes: Die deutsche Bundesstaatlichkeit darf im Wege der europäischen Integration nicht preisgegeben werden, mehr noch: eine Mindestausstattung der Länder an Gesetzgebungs- und Regierungsgewalt, ein unentziehbarer Kern eigener Aufgaben muss den Ländern erhalten bleiben.

Bei diesen materiellrechtlichen Sicherungen lässt es Art. 23 GG nicht bewenden. **124** In den Absätzen 2 bis 6 ist als verfahrensrechtliche Sicherung ein abgestuftes System der **Ländermitwirkung** vorgesehen. Doch beschränkt sich diese Mitwirkung im Wesentlichen auf politischen Einfluss, den die Länder **über den Bundesrat** ausüben können. Auch und gerade zum Schutz vor einem „Ausverkauf" ihrer ausschließlichen Gesetzgebungszuständigkeiten können die Länder kaum mehr tun, als im Prozess der „Willensbildung des Bundes" über den Bundesrat ihre „Auffassung" zu formulieren, die dann allerdings „maßgeblich zu berücksichtigen" ist (Art. 23 Abs. 5 S. 2 GG). Daneben sollen die Bundesländer, wenn es um ihre ausschließlichen Gesetzgebungszuständigkeiten geht, im Bundesrat einen Vertreter der Länder benennen, der „in Abstimmung mit der Bundesregierung" die Interessen der Bundesrepublik Deutschland nach außen vertritt, Art. 23 Abs. 6 GG. Gegen diese letztgenannte Regelung wird zu Recht eingewandt, dass sie einerseits nur eine unzureichende Kompensation für die Länder herbeiführt, andererseits aber das System parlamentarischer Verantwortung durchbricht: Der vom Bundesrat benannte Landesminister ist nur seinem Landesparlament, nicht dem Bundestag verantwortlich, obwohl er (auch) die Interessen des Bundes zu vertreten hat. Die Bayerische Verfassung verschärft dieses Problem dadurch, dass sie seit 2014 in Art. 70 Abs. 4 eine Möglichkeit vorsieht, die Staatsregierung in europarechtlichen Angelegenheiten per Gesetz zu binden. Die Auswirkungen dieser Neuregelung sind noch nicht absehbar.

Die Bayerische Verfassung enthält in Art. 3a eine Regelung, die Art. 23 Abs. 1 **125** GG nachgebildet ist. Aus der Sicht des Bundesrechts ist Art. 3a BV verzichtbar, weil die europäische Integration über Art. 24 Abs. 1 GG a. F. bzw. Art. 23 GG ausreichend abgesichert ist. Art. 3a BV bewirkt aber eine zusätzliche, landesverfassungsrechtliche Verpflichtung der bayerischen Staatsgewalt. Der Wortlaut der Vorschrift lässt Spielraum für Interpretationen, Loyalität gegenüber Europa und aktive Mitwirkung am europäischen Projekt können jedenfalls zum Verpflichtungsgehalt gezählt werden.

II. Der Rang des Unionsrechts in der bundesstaatlichen Rechtsordnung der Bundesrepublik Deutschland

Ist auch die Europäische Union durch völkerrechtliche Verträge ins Leben gerufen worden, so unterscheidet sie sich doch von anderen internationalen Organisationen, die durch solche Verträge gegründet werden. Sie ist eine supranationale Organisationen in dem Sinne, dass das von ihren Organen gesetzte Recht ohne weitere Transformation unmittelbar in den Mitgliedstaaten wirkt **(Durchgriffswirkung)** und dabei im Range dem innerstaatlichen Recht vorgeht **(Anwendungsvorrang)**. **126**

127 **Beispiel:** EG-Verordnungen gelten nicht *für* die Mitgliedstaaten, sondern *in* den Mitgliedstaaten. Sie gehen dabei entgegenstehendem innerstaatlichen Recht vor.

128 An Erklärungen für diese Eigenart des Unionsrechts mangelt es nicht. Freilich ist im Einzelnen vieles umstritten. Grob gesagt stehen sich zwei Auffassungen gegenüber: zum einen wird behauptet, der Vorrang des Unionsrechts wurzele im Unionsrecht selbst, das Unionsrecht habe einen eigenen, von den nationalen Rechtsordnungen unabhängigen **Geltungsgrund** und es messe sich als eine „Verfassung im Werden" selbst den Vorrang vor dem nationalen Recht zu. Dem wird auf der anderen Seite entgegengehalten, über den Vorrang vor nationalem Recht könne nur das nationale Recht selbst entscheiden.

129 Bei Lichte besehen erweist sich dieser letztgenannte Standpunkt als plausibel: Das Unionsrecht ist in seiner Entstehung und Fortentwicklung ganz vom Willen der beteiligten Mitgliedstaaten abhängig. Niemand anderes als die Mitgliedstaaten entscheidet über die Änderung der vertraglichen (primärrechtlichen) Grundlagen. Angesichts dessen ist nicht zu erkennen, warum und wie sich die Europäische Union verselbständigt haben sollten. Hinzu kommt: Die Union verfügt nach dem Primärrecht nicht über die Kompetenz, sich neue Kompetenzen zu verschaffen. Vielmehr bleibt es bei dem **Prinzip der begrenzten Einzelermächtigung:** Die Union darf nur innerhalb der ihr ausdrücklich zugewiesenen Befugnisse tätig werden. Nicht zuletzt deswegen wird die Union nach allgemeiner Überzeugung nicht als ein Staat angesehen. Doch ist sie mehr als ein bloßer Staatenbund; das Bundesverfassungsgericht bezeichnet die Europäische Union als **„Staatenverbund".**

130 Die Rechtsordnungen der Mitgliedstaaten enthalten Regeln, die es dem Unionsrecht erlauben, mit Durchgriffswirkung und Anwendungsvorrang in das innerstaatliche Recht einzuwirken. In der Bundesrepublik Deutschland sind dies die Artt. 23 Abs. 1 und 24 Abs. 1 GG. Diese Verfassungsbestimmungen lassen zu, dass die gem. Art. 59 Abs. 1 GG erlassenen **Zustimmungsgesetze** zu den Gemeinschafts- bzw. Unionsverträgen das Unionsrecht mit Durchgriffswirkung und Anwendungsvorrang in das deutsche Recht inkorporieren.

131 Den Zustimmungsgesetzen kommt somit eine wichtige Funktion zu. Sie sind die Brücken, über die das Unionsrecht in die innerstaatliche Rechtsordnung gelangt. Das Bundesverfassungsgericht leitet aus der **Brückenfunktion der Zustimmungsgesetze** zwei weitere Konsequenzen ab, die freilich nicht unumstritten sind: Erstens seien Zustimmungsgesetze, die den Anforderungen der Artt. 23 und 24 GG nicht genügten, eo ipso unwirksam; deshalb seien z.B. deutsche Staatsorgane geradezu verpflichtet, Unionsrecht, das der Staatsstruktursicherungsklausel des Art. 23 Abs. 1 S. 1 GG widerspricht, nicht anzuwenden. Zweitens könne theoretisch der Bundesgesetzgeber durch Aufhebung des Zustimmungsgesetzes das Einfließen des Unionsrechts in die deutsche Rechtsordnung wieder beenden.

E. Wesensmerkmale bayerischer Staatlichkeit

132 In der allgemeinen Staatslehre und im Völkerrecht ist nach einer auf Georg Jellinek zurückgehenden Formel stets dann von einem „Staat" die Rede, wenn folgende drei Elemente gegeben sind: **Staatsvolk, Staatsgebiet und Staatsgewalt.** Bei allen Problemen, die mit der Jellinekschen Drei-Elemente-Formel einhergehen, erlaubt sie im Allgemeinen doch einigermaßen sichere rechtliche Zuordnungen. Als

die Bayerische Verfassung im Jahr 1946 geschaffen wurde (→ Rn. 10 f.), wollte der Verfassungsgeber ersichtlich dieser Drei-Elemente-Formel Respekt zollen. Im ersten Abschnitt des ersten Hauptteils sind Regelungen enthalten (Artt. 4, 6, 7, 9 BV), die auf Staatsgewalt, Staatsgebiet und Staatsvolk Bezug nehmen. Waren die Regelungen zur Wiederbegründung einer eigenen bayerischen Staatlichkeit geschaffen worden, so relativierte die Öffnungsklausel des Art. 178 BV (Beitritt zu einem deutschen Bundesstaat) doch den Ausschließlichkeitsanspruch der Bayerischen Verfassung. Die Klausel ermöglichte, Staatsgewalt, Staatsgebiet und Staatsvolk im Zuge einer bundesstaatlichen Neuordnung in einen Gesamtstaat einzugliedern.

I. Staatsvolk

Im Deutschen Reich von 1871 und auch in der Weimarer Republik besaßen die **133** Bayern neben der Reichsangehörigkeit eine eigene **bayerische Staatsangehörigkeit.** Letztere wurde durch das (Reichs-)„Gesetz über den Neuaufbau des Reiches" vom 30. Januar 1934 aufgehoben.

Die Bayerische Verfassung von 1946 öffnet den Weg zu einer Neubegründung **134** bayerischer Staatsangehörigkeit, indem sie in Art. 6 Abs. 1 deren Eckpunkte markiert, die Ausgestaltung dann aber in Art. 6 Abs. 3 BV einem bayerischen Staatsangehörigkeitsgesetz überantwortet. Ein solches **bayerisches Staatsangehörigkeitsgesetz** ist indes nicht zustande gekommen. Die Verfassungsbestimmung über die bayerische Staatsangehörigkeit läuft somit mangels einfach-gesetzlicher Umsetzung bislang leer. Dies schadet nicht: Für die Staatlichkeit Bayerns ist die Existenz eines solchen Staatsangehörigkeitsgesetzes nicht konstitutiv. Ein Anspruch auf Erlass eines solchen Gesetzes besteht nicht.

Das bayerische Staatsangehörigkeitsgesetz ist auch nach der Gründung der Bundesrepublik **135** 1949 nicht erlassen worden. Dazu hätte sowohl unter der Geltung des mittlerweile weggefallenen Art. 74 Nr. 8 GG (konkurrierende Gesetzgebungszuständigkeit für die Staatsangehörigkeit in den Ländern), als auch heute unter der fortbestehenden Geltung des Art. 73 Nr. 2 GG (ausschließliche Gesetzgebungszuständigkeit des Bundes allein für die Staatsangehörigkeit im Bunde) die Möglichkeit bestanden. Allerdings würde eine solche **Landes-Staatsangehörigkeit** wegen Art. 33 Abs. 1 GG (gleiche staatsbürgerliche Rechte aller Deutschen in jedem Bundesland) wenig Sinn machen.

Weil bereits die Vorschrift des Art. 6 BV mangels einfach-gesetzlicher Umset- **136** zung leer läuft, muss dies auch für die an die Staatsangehörigkeit anknüpfende Regelung über eine **bayerische Staatsbürgerschaft** in Art. 7 Abs. 1 BV gelten. Art. 7 Abs. 3 BV gibt die Grundlage für zulässige Differenzierungen im Wahlrecht. Es verstößt nicht gegen Art. 33 Abs. 1 GG, wenn die Wahlberechtigung von einem Mindestaufenthalt abhängig gemacht wird (zuletzt BayVerfGH BayVBl. 2019, S. 260 ff.). Dies gilt auch und gerade im Kommunalwahlrecht.

II. Staatsgebiet

Die Bayerische Verfassung enthält in Art. 9 eine Bestimmung über die Gliede- **137** rung des Staatsgebiets. Die territoriale Ausdehnung des Staatsgebiets erfährt keine ausdrückliche Regelung. Insoweit ging der Verfassungsgeber 1946 von dem völkerrechtlich unzweifelhaften vormaligen **Gebietsstand** Bayerns (ohne die Rheinpfalz) aus. Die bis zum Abschluss des Zwei-plus-Vier-Vertrages 1990 bestehenden Vier-

Mächte-Rechte und die Einbindung in die Bundesrepublik Deutschland hinderten den Freistaat Bayern, ohne weiteres über den eigenen Gebietsstand zu verfügen. Dispositionen über die bayerischen Außengrenzen zu Nachbarstaaten der Bundesrepublik darf allein der Bund treffen (Art. 32 Abs. 1 GG), für Neuregelungen der Binnengrenzen zu benachbarten Bundesländern hält Art. 29 GG ein detailliertes Regelungssystem bereit.

138   Die in Art. 9 BV verwendete Gliederungsterminologie geht an der einfach-gesetzlichen **Terminologie** vorbei. Anstelle der „Kreise" in Abs. 1 hat sich der Begriff „Regierungsbezirke (Bezirke)" durchgesetzt, anstelle der „Bezirke" in Abs. 2 der Begriff „Landkreise (Kreise)".

III. Staatsgewalt

139   Dass die Bundesländer **originäre, nicht vom Bund abgeleitete Herrschaftsgewalt** in allen drei Staatsfunktionen – Gesetzgebung, Verwaltung und Rechtsprechung – ausüben, ist schon hinreichend dargetan (→ Rn. 16 ff.). Insoweit stört auch nicht, dass diese ursprünglich ausschließliche Herrschaftsgewalt nach der Entstehung der Bundesrepublik keine ausschließliche mehr ist, sondern dass der Bund daneben eigene Wahrnehmungszuständigkeiten in den Bundesländern besitzt. Dies ist gerade ein Wesensmerkmal bundesstaatlicher Kompetenzverteilung.

140   In Art. 4 BV ist geregelt, wer die Staatsgewalt ausübt. Die Regelung ist allerdings unvollständig. Sie lässt außer Acht, dass auch andere verselbständigte Hoheitsträger (Körperschaften, Anstalten und Stiftungen) im Wege mittelbarer Staatsverwaltung in die Ausübung von Staatsgewalt eingebunden sein können. Neben der (unvollständigen) Festlegung der Hoheitsträger, die Staatsgewalt ausüben, regelt Art. 4 BV aber auch, dass überhaupt Staatsgewalt, sprich: effektive Herrschaftsgewalt im Sinne der Drei-Elemente-Formel, ausgeübt wird.

F. Staatsstrukturbestimmungen der Bayerischen Verfassung

141   Aussagen zu den grundlegenden Strukturprinzipien gehören traditionell zum Inhalt moderner Verfassungen. Die Bayerische Verfassung unterstreicht die Bedeutung dieser Staatsstrukturbestimmungen, indem sie ähnlich wie das Grundgesetz (Art. 79 Abs. 3 GG) eine **„Ewigkeitsklausel"** bereit hält. Nach Art. 75 Abs. 1 S. 2 BV sind Anträge auf Verfassungsänderungen, die den demokratischen Grundgedanken der Verfassung widersprechen, unzulässig. Freilich ist diese bayerische Ewigkeitsklausel inhaltlich auf das Demokratieprinzip begrenzt. Hinsichtlich aller Staatsstrukturprinzipien sind jedoch die Artt. 28 Abs. 1 S. 1, 31 GG zu beachten, die der Dispositionsbefugnis des verfassungsändernden Gesetzgebers Grenzen setzen.

142   Die **Präambel** der Bayerischen Verfassung enthält neben politischen Aussagen zur Legitimation des Verfassungsgebers auch Aussagen mit rechtlich bindender Substanz, die auf die Verfassungsauslegung einwirken. In diesem Sinne kann die **invocatio dei,** die Betonung der Menschenwürde und die Hervorhebung des Rechts fruchtbar gemacht werden. Subjektive Rechte sind der Präambel nicht zu entnehmen.

I. Bayern als Freistaat

Der an exponierter Stelle aufgestellte Verfassungssatz „Bayern ist ein Freistaat" **143** (Art. 1 Abs. 1 BV) hebt nicht ein besonders hohes Maß an politischer Unabhängigkeit hervor, er verleiht Bayern nicht mehr Rechte als den anderen Gliedstaaten der Bundesrepublik. Vielmehr bringt die Verfassung mit diesem Satz ihr **Bekenntnis zur republikanischen Staatsform** zum Ausdruck. Die Verwendung des Begriffs „Freistaat" hat allein historische Gründe. Schon die Bamberger Verfassung von 1919 (→ Rn. 8) enthielt diesen Begriff.

Die Republik wird gemeinhin als Negation der **Monarchie** verstanden. Dies lässt die nicht **144** einfach zu beantwortende Frage entstehen, was Monarchien kennzeichnet. Es ist dies selbstredend nicht die Betitelung („Kaiser", „König" etc.), auch nicht die Amtseinsetzung (es gibt neben dem dynastischen Prinzip auch das Wahlkönigtum), sondern vielmehr der Umstand, dass in den Monarchien die Staatsgewalt nicht vollständig verfasst ist: Monarch ist, wer nicht Organ der Verfassung ist und gleichwohl, außerhalb der Verfassung stehend, das Staatsganze repräsentiert.

II. Bayern als Rechts-, Kultur- und Sozialstaat

1. Rechtsstaat

In Art. 3 Abs. 1 S. 1 BV wird Bayern als ein „Rechts-, Kultur- und Sozial- **145** staat" konstituiert. Der Inhalt der Begriffe erfährt in der Verfassung keine Legaldefinition. Vielmehr erschließt er sich erst aus der Zusammenschau vieler Einzelbestimmungen. Insoweit ist die Rechtslage mit der des Grundgesetzes gut vergleichbar. Im Einzelnen sind für den Rechtsstaatsbegriff folgende Vorschriften einschlägig:
- Art. 5 BV – Gewaltenteilung
- Artt. 55 Nr. 1, 78 Abs. 3 BV – Gesetzmäßigkeit der Verwaltung
- Art. 55 Nr. 2 BV – gesetzliche Grundlage für Rechtsverordnungen
- Artt. 5 Abs. 3, 85 ff. BV – richterliche Unabhängigkeit, Justizgrundrechte
- Artt. 98 ff. BV – Grundrechte.

Außerhalb dieser normativen Verankerungen haben die Rechtsprechung und die **146** Lehre rechtsstaatliche Grundsätze herausgearbeitet:
- Grundsatz der Normenklarheit (Widerspruchsfreiheit, Bestimmtheit)
- Grundsatz des Rückwirkungsverbots (mit der Differenzierung zwischen echter und unechter Rückwirkung)
- Grundsatz der Verhältnismäßigkeit (Übermaßverbot).

Der Inhalt dieser insbesondere vom Bayerischen Verfassungsgerichtshof entwi- **147** ckelten rechtsstaatlichen Grundsätze weicht von den entsprechenden Rechtsstaatsgrundsätzen des Grundgesetzes nicht ab. Subjektive Rechte sind dem Rechtsstaatsprinzip des Art. 3 Abs. 1 S. 1 BV nicht zu entnehmen. Popularklage (Art. 98 BV) und Verfassungsbeschwerde (Art. 120 BV) können nicht isoliert auf die Verletzung des Rechtsstaatsprinzips gestützt werden.

2. Kulturstaat

Anders als das Grundgesetz bekennt sich die Bayerische Verfassung ausdrücklich **148** zur Kulturstaatlichkeit, Art. 3 Abs. 1 S. 1 BV. Damit begründet sie, ohne dass es des

Umwegs über einzelne kulturbezogene Grundrechte bedürfte, eine Verpflichtung des Staates, Kultur, Kulturgüter und Kulturschaffende zu schützen und zu pflegen. Mit dieser **objektiv-rechtlichen Schutzpflicht** korrespondiert indes kein subjektiv-rechtlicher Schutzanspruch. Bei der Umsetzung des Kulturauftrags besitzen die staatlichen Organe, insbesondere der Landesgesetzgeber, eine weitreichende Einschätzungsprärogative.

3. Sozialstaat

149   Inhaltlich mit dem Sozialstaatsprinzip des Grundgesetzes übereinstimmend sieht sich die Bayerische Verfassung mit der ausdrücklichen Verankerung der Sozialstaatlichkeit in Art. 3 Abs. 1 S. 1 BV der **Idee der sozialen Gerechtigkeit** verpflichtet. Diese Verpflichtung ist ebenfalls rein objektiv-rechtlicher Art. Sie verlangt von den staatlichen Organen, allen voran vom Gesetzgeber, das Existenzminimum des Einzelnen zu gewährleisten, darüber hinaus, das Entstehen von sozialem Elend nach Möglichkeit zu verhindern. Bei der zuletzt genannten Verpflichtung besitzt der Gesetzgeber weite Gestaltungsspielräume. Weder besteht eine Verpflichtung, die bestehenden Formen sozialstaatlicher Umverteilung beizubehalten, noch, ganz bestimmte bislang gewährte Sozialleistungen weiterhin bereitzuhalten. Eine Garantie des sozialen Besitzstandes enthält das Sozialstaatsprinzip nicht. Subjektive Rechte auf bestimmte Sozialleistungen lassen sich dem bayerischen Sozialstaatsprinzip ebenso wenig entnehmen wie dem grundgesetzlichen.

III. Bayern als Demokratie

150   In Art. 2 Abs. 1 BV wird Bayern als **„Volksstaat"** bezeichnet. Als Träger der Staatsgewalt wird in derselben Bestimmung das Volk genannt. Gemeint sind damit die stimmberechtigten Staatsbürger (Art. 7 Abs. 2 BV), zu denen Ausländer nicht gehören und grundsätzlich auch nicht gehören dürfen. Allein auf kommunaler Ebene darf ein Ausländerwahlrecht vorgesehen werden.

151   Als „Volksstaat" ist Bayern eine **repräsentative** und parlamentarische Demokratie. Das Attribut „repräsentativ" bezeichnet den Umstand, dass sich das Volk eines Repräsentationsorgans, des Landtags, bedient, um seinen politischen Willen kundzutun. Darin unterscheidet sich die mittelbare, repräsentative Demokratie von der unmittelbaren, plebiszitären: Dort trifft das Volk im Wege von Abstimmungen selbst Sachentscheidungen.

152   Die Bayerische Verfassung kennt freilich – anders als das Grundgesetz, in dem dies auf ein Minimum reduziert ist (Art. 29 GG) – neben der Repräsentation auch plebiszitäre Elemente. So heißt es in Art. 2 Abs. 2 BV: „Das Volk tut seinen Willen durch Wahlen **und Abstimmungen** kund" (Hervorhebung vom Verf.), und in den Artt. 74, 75 BV sind solche Abstimmungen, nämlich Volksbegehren und Volksentscheid, ausdrücklich vorgesehen und ausgestaltet worden. Der Bayerische Verfassungsgerichtshof hat die bayerische Demokratie dennoch insgesamt als eine repräsentative gekennzeichnet, in der ausnahmsweise auch direktdemokratische Elemente zum Tragen kommen. Das Regel-Ausnahme-Verhältnis ergibt sich aus der systematischen Stellung der einschlägigen Vorschriften und aus den vergleichsweise strengeren Voraussetzungen, unter denen unmittelbare Herrschaftsausübung durch das Volk statthaft ist.

Mit dem Begriff **„parlamentarische Demokratie"** wird der besonderen Be- **153**
deutung des Parlaments im Gefüge der Staatsorgane Rechnung getragen. Das Parlament – der Bayerische Landtag – wählt den Ministerpräsidenten und die Minister. Der Landtag ist in diesem Sinne das wichtigste Kreationsorgan. Zugleich ist er
das Hauptlegitimationsorgan, weil er es ist, auf dessen politischen Willen alle weiteren hoheitlichen Maßnahmen (Verordnungen, Satzungen, Verwaltungsakte usw.) le-
gitimatorisch zurückgeführt werden müssen.

Die demokratische Staatsstruktur lag dem Verfassungsgeber der Bayerischen Ver- **154**
fassung besonders am Herzen, und so stattete er sie mit einer besonderen **Bestandssicherung** (Ewigkeitsklausel) aus. Nach Art. 75 Abs. 1 S. 2 BV sind Verfassungsänderungen, „die den demokratischen Grundgedanken der Verfassung
widersprechen", ausgeschlossen. Schon die entsprechenden Änderungsanträge sind
unzulässig, gleichwohl durchgeführte Änderungen verfassungswidrig und nichtig.
Die Verfassungsänderung, welche im Jahr 1998 zur Abschaffung des Senats geführt
hat (→ Rn. 164 ff.), verstößt nach der Auffassung des Bayerischen Verfassungsgerichtshofs nicht gegen Art. 75 Abs. 1 S. 2 BV.

Ähnlich wie beim Rechtsstaatsprinzip lässt sich der Inhalt der demokratischen **155**
Verfassungsstruktur nur anhand zahlreicher Einzelbestimmungen erfassen. Zu nen-
nen wären:
– Art. 2 Abs. 2 S. 2 BV – Grundsatz der Mehrheitsentscheidung
– Art. 4 BV – Ergänzung um direktdemokratische Elemente
– Art. 13 Abs. 2 S. 1 BV – Repräsentation durch die Landtagsabgeordneten
– Art. 14 Abs. 1 BV – Wahlrechtsgrundsätze
– Art. 15, 96 S. 2 BV – Grundsatz der streitbaren Demokratie
– Art. 72 Abs. 1 BV – Gesetzesbeschluss des Landtags und Volksentscheid
– Art. 110 BV – Meinungsfreiheit.

Eine eigene Vorschrift über den verfassungsrechtlichen Status der **politischen** **156**
Parteien enthält die Bayerische Verfassung nicht. Insoweit gelten Art. 21 GG und
das Parteiengesetz (mit der in § 2 Abs. 1 PartG enthaltenen Legaldefinition der politischen Parteien).

Für Art. 15 BV **(Ausschluss von Wählergruppen)** bleibt nur noch ein äußerst schmaler **157**
Anwendungsbereich. Diese Vorschrift der Bayerischen Verfassung ist wegen Verstoßes gegen
Art. 21 Abs. 2 GG insoweit unwirksam (Art. 31 GG), als sie auch Wählergruppen ausschließt, die
unter den Begriff der politischen Partei fallen. Sie ist außerdem wegen Verstoßes gegen Art. 9
Abs. 2 GG i. V. m. § 3 VereinsG unwirksam, soweit es sich um verfassungswidrige Vereinigungen
im Sinne dieser Bestimmungen handelt, die keine Parteien sind.

Dem Demokratieprinzip lässt sich kein subjektives öffentliches Recht, kein **158**
Anspruch gegen den Staat entnehmen. Eine **„Demokratisierung der Gesellschaft"** (des Arbeitslebens, der Kirchen, der Schulen und Hochschulen) wird
durch das Demokratieprinzip nicht gefordert.

IV. Staatszielbestimmungen

Mit Art. 3 Abs. 2 BV ist im Jahr 1984 der Umweltschutz als Staatszielbestim- **159**
mung verankert worden. Vorher schon erwies sich die Bayerische Verfassung in dieser Hinsicht als durchaus ergiebig. So waren in Art. 141 BV schon immer Aufga-
benzuweisungsnormen enthalten, die „Staat, Gemeinden und Körperschaften des

öffentlichen Rechts" neben bestimmten denkmalschützerischen Maßnahmen auch ein im Einzelnen beschriebenes Tätigwerden im Bereich des Umweltschutzes abverlangten. Genannt sind in Art. 141 Abs. 1 BV neben anderem der **Schutz der natürlichen Lebensgrundlagen** „Boden, Wasser und Luft", der möglichst sparsame Umgang mit Energie, das Erhalten der Leistungsfähigkeit des Naturhaushalts und der heimischen Tier- und Pflanzenarten. Kombiniert ist dies teilweise mit einer Schadensausgleichspflicht.

Eine weitere Ergänzung hat Art. 3 Abs. 2 BV im Jahr 2014 mit der Hinzufügung der Verpflichtung zur **Förderung und Sicherung der gleichwertigen Lebens- und Arbeitsbedingungen in Stadt und Land** erhalten, die das Sozialstaats- und das Gemeinwohlprinzip konkretisiert. Damit soll insbesondere ein staatliches Handeln gegen die Vertiefung des Stadt-Land-Gefälles und zunehmende Landflucht erreicht werden. Subjektive Rechte sind Art. 3 Abs. 2 BV nicht zu entnehmen.

160   Die objektiv-rechtlichen Verfassungspflichten binden den **Gesetzgeber,** dessen Entscheidungsspielräume mit Blick auf diese Ziele eingeschränkt werden. Sie binden darüber hinaus auch die **Verwaltung,** sei es in der Ausübung von Ermessen (z. B. im Baugenehmigungsverfahren, sofern dort Ermessen auszuüben ist), sei es bei der Aufstellung von Plänen (z. B. in der Bauleitplanung). Subjektiv-rechtliche Positionen korrespondieren mit den objektiv-rechtlichen Verpflichtungen allerdings nicht. Allein in Art. 141 Abs. 3 BV werden Rechte auf den „Genuss der Naturschönheiten", auf „Erholung in der freien Natur" und ähnliches mehr festgeschrieben, die Zugangsrechte, nicht aber Ansprüche auf Naturerhaltung gewährleisten. Hinsichtlich der neu eingefügten Staatszielbestimmung erscheint eine Verbindung zum gleichermaßen 2014 kodifizierten Auftrag zur Förderung des Ehrenamtes in Art. 121 Abs. 2 zumindest nicht ganz fernliegend.

G. Gesetzgebende Gewalt

I. Gesetzgebungsorgane

1. Landtag

161   Die den Bayerischen Landtag betreffenden verfassungsrechtlichen Regelungen lassen sich in zwei Bereiche untergliedern: Normen, welche die Bildung und Zusammensetzung, und Normen, welche die Funktion und Arbeitsweise zum Gegenstand haben. Die jeweiligen Vorschriften der Bayerischen Verfassung gleichen denen des Grundgesetzes über den Deutschen Bundestag sehr stark, weisen aber auch einige bemerkenswerte Abweichungen auf.

162 *Bildung und Zusammensetzung:*
  – Art. 13 Abs. 1 BV – Zusammensetzung aus Abgeordneten, die Zahl der Abgeordneten ist auf 180 festgelegt.
  – Art. 14 Abs. 1 BV – Wahlrechtsgrundsätze und Wahlsystem

Die **Wahlrechtsgrundsätze** stimmen inhaltlich mit den Grundsätzen des Art. 38 Abs. 1 S. 1 GG überein. Besonderheit: Die Bayerische Verfassung formuliert den Grundsatz der freien Wahl nicht. Dieser Grundsatz wird aber aus Art. 2 Abs. 2, Art. 4, Art. 7 Abs. 2 BV und aus Art. 28 Abs. 1 GG herausgelesen.

Als **Wahlsystem** wird ein „verbessertes Verhältniswahlrecht" (Art. 14 Abs. 1 S. 1 BV) festgelegt. Gewählt wird mit zwei Stimmen in Wahlkreisen und Stimmkreisen. Die Wahlkreise sind mit den Regierungsbezirken identisch. Die Landkreise und kreisfreien Städte bilden die Stimmkreise. Mit der Erststimme werden Stimmkreisbewerber im Wege der Direktwahl (Mehrheitswahl) gewählt. Mit der Zweitstimme wird der Bewerber der Wahlkreisliste gewählt. Die Zahl der Stimmen eines Bewerbers bestimmt seinen Rang auf der Wahlkreisliste. Zu den Zweitstimmen eines Bewerbers werden auch seine Erststimmen addiert, wenn er einen eigenen Stimmkreis hat. Aus der Summe der Erst- und Zweitstimmen wird nach dem Hare-Niemeyer-Berechnungsmodus der auf die politischen Parteien entfallende Sitzanteil entsprechend ihrem zahlenmäßigen Verhältnis errechnet (Verhältniswahl). Auf diese Weise werden 90 Direktkandidaten und 90 Listenkandidaten gewählt. Ebenso wie im Bundestag kann es Überhangmandate geben. Die Einzelheiten sind im Landeswahlgesetz geregelt.

Von einem „verbesserten" Verhältniswahlrecht spricht die Verfassung (Art. 14 Abs. 1 S. 1 BV) vor allem, um damit die Einführung einer **5 %-Klausel** (Art. 14 Abs. 4 BV) zu kennzeichnen.

– Art. 14 Abs. 2 BV – passives Wahlrecht. Voraussetzung ist die Vollendung des 21. Lebensjahrs.
– Art. 19 BV – Verlust der Abgeordnetenstellung.
– Artt. 27 und 28 BV – Indemnität und Immunität der Abgeordneten.
– Art. 16 Abs. 1 S. 1 BV – Legislaturperiode. Die Dauer beträgt **5 Jahre.**
– Art. 18 Abs. 1 bis 3 BV – Auflösung des Landtags in drei Fallkonstellationen:

– **Selbstauflösung mit absoluter Mehrheit** (Abs. 1)
– Auflösung **nach gescheiterter Neuwahl** des Ministerpräsidenten (Abs. 2 i. V. m. Art. 44 Abs. 5 BV) durch den Landtagspräsidenten (bislang nicht vorgekommen)
– **Auflösung durch Volksentscheid** (Abs. 3, bislang nicht vorgekommen).

Funktion und Arbeitsweise: **163**
– Art. 20 Abs. 1, Art. 21 BV – Präsidium, Aufgaben des Landtagspräsidenten
– Art. 20 Abs. 3 BV – Geschäftsordnungsautonomie
– Art. 16a Abs. 2 BV – Landtagsfraktionen (→ dazu Bayerisches Fraktionsgesetz)
– Art. 44 Abs. 1 BV – Wahl des Ministerpräsidenten
– Art. 45 BV – Zustimmung des Landtags zur Berufung und Entlassung der Staatsminister
– Art. 25 BV – Untersuchungsausschüsse
– Art. 25a BV – Enquête-Kommission
– Art. 26 BV – Zwischenausschuss. Der Zwischenausschuss ist ein eigenständiges oberstes Staatsorgan, nicht ein bloßes Hilfsorgan des Landtags. Seine Aufgaben sind indes sachlich (Art. 26 Abs. 1 S. 2 BV) und zeitlich begrenzt (Art. 26 Abs. 1 S. 1 BV). Er besitzt die Befugnisse des Landtags, darf aber weder Ministerklage erheben, noch Gesetze beschließen, noch Volksbegehren behandeln.
– Art. 70 ff. BV – Erlass von Landesgesetzen (Art. 74 Abs. 4 BV: Mitwirkung an der Volksgesetzgebung).
– Aus dem in Art. 13 Abs. 2 S. 1 BV begründeten Status eines Abgeordneten folgt ein Recht auf Beantwortung seiner an die Staatsregierung gerichteten Fragen.

2. Senat (bis 31.12.1999)

Die Bayerische Verfassung sah – ohne Parallele in den deutschen Verfassungen –   **164** in den Artt. 34 ff. BV a. F. neben dem Landtag einen Senat vor. Es war dies nicht eine „zweite Kammer", wohl aber der als Gegengewicht zum parteipolitisch determinierten Landtag gedachte **„unpolitische" Rat der sozialen, wirtschaftlichen, kulturellen und gemeindlichen Körperschaften** des Landes (Art. 34 BV a. F.). Der Senat besaß ein **Initiativrecht** für Landesgesetze (Art. 39 Abs. 1 BV a. F.), und er hatte auf Ersuchen der Staatsregierung **gutachtliche Stellungnahmen** zu deren Gesetzesvorlagen sowie zu weiteren wichtigen Angelegenheiten zu erstellen (Art. 40 BV a. F.).

165   Der Senat wurde nach einem verfassungsändernden Volksentscheid (Art. 74 BV), der im Jahre 1998 stattfand, zum 1.1.2000 abgeschafft. Das verfassungsändernde Gesetz war Gegenstand eines letztlich erfolglosen Verfahrens vor dem Bayerischen Verfassungsgerichtshof: Weder widerspreche die Abschaffung des Senats dem demokratischen Grundgedanken der Verfassung (Art. 75 Abs. 1 S. 2 BV), noch sei es verfassungsrechtlich ausgeschlossen, dass die Bayerische Verfassung im Wege der Volksgesetzgebung (Art. 74 BV) geändert werde, noch liege ein Verstoß gegen das Homogenitätsgebot des Art. 28 Abs. 1 S. 1 GG vor. Auch bei einem Volksentscheid über eine Verfassungsänderung sei kein Quorum erforderlich. Doch sieht der Gerichtshof den Landesgesetzgeber verpflichtet, ein **Mindestquorum zur Bestandssicherung der Verfassung** einzuführen. Art. 79 Abs. 1 Nr. 2 LWG n. F. trägt dieser Verpflichtung Rechnung und legt ein Quorum von 25 % fest, dessen Unterschreitung selbst durch eine Verfassungsänderung nicht möglich ist.

II. Gesetzgebungsverfahren

166   Anders als das Grundgesetz kennt die Bayerische Verfassung zwei Verfahren der Gesetzgebung: die **Gesetzgebung durch den Landtag** und die **Volksgesetzgebung.** Die beiden Verfahren unterstehen unterschiedlich strengen verfassungsrechtlichen Voraussetzungen. Ersichtlich will die Bayerische Verfassung im Normalfall die Gesetzgebung dem Landtag anvertraut wissen. Gleichsam als Korrektiv soll das Volk aber im Ausnahmefall unter bestimmten Voraussetzungen die Möglichkeit eigener Gesetzgebung besitzen.

1. Gesetzgebung durch den Landtag

167   Unter dem **Gesetzesinitiativrecht** ist das Recht zu verstehen, den Landtag mit einem Gesetzesvorschlag zu befassen. Es steht dem Ministerpräsidenten namens der Staatsregierung (Art. 71 i. V. m. 47 Abs. 5 BV), den Fraktionen und einzelnen Abgeordneten des Landtags (Art. 71 BV i. V. m. 55 Abs. 1 GOBayLT) sowie dem Volk im Wege des Volksbegehrens (Artt. 71, 74 Abs. 1 bis 5 BV) zu.

168   Die Gesetzesvorschläge werden im Landtag den zuständigen **Ausschüssen** (§ 23 GOBayLT) zugewiesen. Daran schließen sich im Normalfall zwei, nur auf besonderen Antrag drei **Lesungen** an (§§ 50 f. GOBayLT). Der Landtag beschließt das Gesetz mit **einfacher Mehrheit** (Art. 23 Abs. 1 BV). Dabei muss er freilich beschlussfähig sein. Dies ist er, wenn die Mehrheit seiner Mitglieder (absolute Mehrheit) anwesend ist (Art. 23 Abs. 2 BV). Das Gesetzgebungsverfahren wird abgeschlossen mit der **Ausfertigung und Bekanntmachung durch den Ministerpräsidenten** (Art. 76 Abs. 1 BV). Die Bekanntmachung muss den Tag des Inkrafttretens des Gesetzes bezeichnen (Art. 76 Abs. 2); unterbleibt dies, ist es als Ganzes unwirksam.

Der Ministerpräsident besitzt dabei ein Prüfungsrecht, ob es sich um „verfassungsmäßig zu- **169**
stande gekommene Gesetze" handelt. Er ist dabei zweifelsfrei zu einer Prüfung der formellen
Voraussetzungen berechtigt. Strittig ist, ob er auch ein **materielles Prüfungsrecht** besitzt. In
diesem Streit spielen die aus der Diskussion um ein materielles Prüfungsrecht des Bundespräsi-
denten (Art. 82 Abs. 1 S. 1 GG) bekannten Argumente eine Rolle. Allerdings wird auch angeführt, dass die Position des Ministerpräsidenten eine schwächere sei, dieser habe nur eine Woche
zur Überprüfung und sei außerdem den Gesetzgebungsorganen gegenüber deutlich weniger unabhängig. Damit könne man ihm ein Verweigerungsrecht höchstens für den Fall der offensichtlichen Verfassungswidrigkeit zugestehen. (Evidenzkontrolle). Bei offensichtlichen **Verstößen gegen das Bundesrecht** (beachte Art. 31 GG; → Rn. 41 ff.) wird ihm wohl ebenfalls ein (eng
begrenztes) Verweigerungsrecht zustehen.

2. Volksgesetzgebung

Der Volksentscheid des Art. 74 BV (Gesetzesreferendum), mit dem ein Gesetz **170**
zustande kommt, kann nur durch ein vorausgegangenes **Volksbegehren** ausgelöst
werden. Das Volksbegehren wird durch ein **Zulassungsverfahren** eingeleitet, in
welchem die Durchführung des Volksbegehrens beantragt wird. Der Antragsteller
muss dem Ministerium des Innern einen ausgearbeiteten und mit Gründen ver-
sehenen Gesetzentwurf vorlegen sowie 25.000 Unterschriften nachweisen (Art. 63
LWG).

Der Antrag ist unzulässig, wenn der Volksentscheid auf eine verfassungswidrige Grund- **171**
rechtseinschränkung hinauslaufen würde, wenn auf den Gesamtbestand des Haushalts Einfluss
genommen würde (Art. 73 BV, geringfügig ausgabenwirksame Volksentscheide sind allerdings zulässig), wenn ein bloßes Vetogesetz zur Verhinderung eines bereits vom Landtag beschlossenen
Gesetzes angestrebt würde oder wenn eine bloße Volkskonsultation bezweckt wäre.

Das Staatsministerium prüft den Zulassungsantrag. Hält es die Voraussetzun- **172**
gen für nicht erfüllt, führt es eine **Entscheidung des Bayerischen Verfassungsgerichtshofs** herbei, Art. 64 LWG, Art. 67 BV. Hält das Ministerium den Antrag hingegen für begründet, so wird das eigentliche Volksbegehren gem. den
Artt. 65 ff. LWG durchgeführt. Das Volksbegehren ist erfolgreich, wenn **ein Zehntel der Stimmberechtigten** es unterstützt. In diesem Falle unterbreitet der Ministerpräsident das Volksbegehren unter Darlegung der Stellungnahme der Staatsregierung dem Landtag, Art. 74 Abs. 3 BV. Der **Landtag** hat nun mehrere
Möglichkeiten: Er kann dem Volksbegehren nachgeben und das vorgeschlagene
Gesetz beschließen, oder er kann das Volksbegehren ablehnen. Lehnt er ab, ist der
Gesetzentwurf dem Volk zum Volksentscheid vorzulegen, Art. 74 Abs. 4 BV. Dabei
darf der Landtag einen eigenen alternativen Gesetzentwurf zum Volksentscheid mit
vorlegen.

Kommt es zum **Volksentscheid,** ist der Abstimmungstag durch die Staatsregie- **173**
rung bekanntzugeben. Die Staatsregierung hat dabei über die Gründe der Antragsteller und den Standpunkt der Staatsregierung zu unterrichten, Art. 74 Abs. 7
BV. Die Einzelheiten sind im Bayerischen Landeswahlgesetz geregelt (Artt. 75 ff.
LWG). Den Trägern des Volksbegehrens und des Volksentscheides ist in begrenztem
Umfang die Rundfunkwerbung für ihre Ziele erlaubt, ein ausdrücklicher Anspruch
auf Sendezeit besteht allerdings nicht.

Die Repräsentanten des Staates und der Kommunen trifft im Vorfeld des Volks- **174**
entscheids keine Neutralitätspflicht, wohl aber ein **Sachlichkeitsgebot.** Sie dürfen
also einseitig Partei ergreifen zugunsten des vom Landtag vorgelegten Alternativ-
entwurfs, solange diese Parteinahme von sachlichen Gründen getragen ist.

175   Das mit dem Volksbegehren verfolgte Gesetz kommt zustande, wenn es im
Volksentscheid eine **einfache Mehrheit** findet (Art. 79 Abs. 1 Nr. 1 LWG). Ebenso kann der vom Landtag vorgelegte Alternativentwurf auf diese Weise Gesetz werden. Das Ergebnis des Volksentscheids ist nicht von einer Mindestbeteiligung, nicht
von einer Mindeststimmenzahl und auch nicht von einer qualifizierten Mehrheit
abhängig; theoretisch kann mit einer einzigen Stimme ein Gesetz beschlossen werden. Dies stellt im nationalen und internationalen Verfassungsvergleich ein Unikum
dar. Bei einem verfassungsändernden Volksentscheid bedarf es allerdings der Zustimmung von mindestens 25 % der Stimmberechtigten, Art. 79 Abs. 1 Nr. 2 LWG
(→ Rn. 165). Über die korrekte Durchführung des Volksentscheides wacht der
Landtag (Art. 80 LWG) unter entsprechender Anwendung der allgemeinen Regeln
der Wahlprüfung (Art. 51 bis 55 LWG). Gegen die Entscheidung des Landtags im
Prüfungsverfahren ist wiederum die **Klage vor dem Verfassungsgerichtshof** zulässig. Ob diesem Prüfungsverfahren **Ausschließlichkeitscharakter** mit Blick insbesondere auf das Popularklageverfahren zukommt, ist umstritten, dürfte aber nach
aktueller Rechtsprechung des Verfassungsgerichtshofes zu bejahen sein. Am Ende
wird das Gesetz **ausgefertigt** und **bekannt gemacht,** Art. 81 LWG.

176   Es bedarf nur eines klarstellenden Hinweises, dass die Vorschriften der Bayerischen Verfassung
über die Volksgesetzgebung dem **Homogenitätsprinzip** des Art. 28 Abs. 1 S. 1 GG genügen.
Der Bayerische Verfassungsgerichtshof hat daran auch unter dem Gesichtspunkt des fehlenden
Quorums bei der Verfassungsänderung durch Volksentscheid keinen Zweifel gelassen.
        Nunmehr sieht das Landeswahlgesetz durch den neu eingefügten Art. 88a LWG die Möglich-
keit einer konsultativen Volksbefragung über Vorhaben des Staates mit landesweiter Bedeutung
vor. Dabei ist die Gesetzgebung ausdrücklich als Gegenstand der Volksbefragung gemäß Art. 88
Abs. 1 S. 2 LW herausgenommen. Das Ergebnis der Volksbefragung lässt die Befugnisse des Landtages und der Staatsregierung gem. Art. 88a Abs. 3 LWG unberührt. **Die Neuregelung wird
teilweise für verfassungswidrig gehalten.**

3. Sonderfall: Verfassungsänderung

177   Einem **schleichenden Verfassungswandel** steht Art. 75 Abs. 1 S. 1 BV entgegen. Danach bedarf die Verfassungsänderung in jedem Falle eines Gesetzes. Ein
solches verfassungsänderndes Gesetz kann auf zwei Wegen zustande kommen:
durch einen **Gesetzesbeschluss des Landtags** mit Zwei-Drittel-Mehrheit, der –
obligatorisch! – mit einem Volksentscheid bestätigt wird, oder durch einen **Volksentscheid** nach vorausgegangenem Volksbegehren. Der Volksentscheid ist an ein
Quorum von 25 % der Stimmberechtigten gebunden (→ Rn. 165, 172). Ob ein
Gegenentwurf des Landtags nach Art. 74 Abs. 4 ebenfalls einer Zwei-Drittel-
Mehrheit bedarf, ist umstritten, dürfte aber zu verneinen sein.

178   Die Verfassungsänderung und schon ein darauf gerichteter Antrag ist unzuläs-
sig, wenn er den demokratischen Grundgedanken der Verfassung widerspricht.
Im Streitfall entscheidet der Bayerische Verfassungsgerichtshof, Art. 75 Abs. 3
(→ Rn. 221).

H. Vollziehende Gewalt

I. Regierung und Verwaltungsbehörden

1. Staatsregierung

Der Staatsregierung obliegt die Staatslenkung und der Gesetzesvollzug. Unter **179**
Staatslenkung ist dabei die Gesamtheit aller politischen und rechtlichen Planungs- und Steuerungsmechanismen zu verstehen, die der Regierung zu Gebote stehen. Der zweite Aufgabenbereich, der **Gesetzesvollzug,** verpflichtet die Regierung zur Durchführung und Umsetzung der vom Landtag oder vom Volk beschlossenen Gesetze. Neben diesen beiden Aufgabenfeldern hat die Staatsregierung die **auswärtige Gewalt** des Landes (vgl. Art. 32 Abs. 2 und 3 GG) wahrzunehmen.

Wie auch schon für den Landtag lassen sich Bildung und Zusammensetzung einerseits und Funktion und Arbeitsweise andererseits unterscheiden. In vielem werden Unterschiede zur Organisation der Bundesregierung deutlich:

Bildung und Zusammensetzung: **181**
– Art. 43 Abs. 2 BV – Die Staatsregierung besteht aus dem Ministerpräsidenten und **bis zu 17** Staatsministern und Staatssekretären.
– Art. 44 BV – Wahl und verfassungsrechtlicher Status des Ministerpräsidenten. Für **182**
  die auf **fünf Jahre** ausgelegte Wahl durch den Landtag genügt die **einfache Mehrheit,** Art. 44 Abs. 1 BV. Der Landtag muss freilich beschlussfähig sein (d.h. es muss mehr als die Hälfte seiner gesetzlichen Mitgliederzahl anwesend sein). Der Ministerpräsident kann jederzeit zurücktreten. Es gibt **kein konstruktives und auch kein destruktives Misstrauensvotum** gegenüber dem Ministerpräsidenten; der Ministerpräsident kann also nicht abgewählt werden (vgl. demgegenüber Art. 67 GG). Die Bayerische Verfassung statuiert aber die Rechtspflicht des Ministerpräsidenten, zurückzutreten, „wenn die politischen Verhältnisse ein vertrauensvolles Zusammenarbeiten zwischen ihm und dem Landtag unmöglich machen". Ob diese Rechtspflicht auch justiziabel ist, ob insbesondere der Landtag gegen einen rücktrittsunwilligen Ministerpräsidenten den Bayerischen Verfassungsgerichtshof anrufen kann, erscheint mit Blick auf die hochpolitische Natur des Streits fraglich, teilweise wird jedoch unter Hinweis auf Artt. 59, 64 BV eine Zuständigkeit des Bayerischen Verfassungsgerichtshofs angenommen. Das Problem hat noch nie praktische Bedeutung erlangt. Das Instrument der **Vertrauensfrage** fehlt in der Bayerischen Verfassung vollständig (vgl. Art. 68 GG).
– Art. 49 BV – Zahl der Ministerien. Der Ministerpräsident bestimmt mit Bestäti- **183**
  gung durch den Landtag die Zahl und Art der Staatsministerien.
– Art. 45 BV – Die Staatsminister und Staatssekretäre werden **mit Zustimmung** **184**
  des Landtags vom Ministerpräsidenten berufen und entlassen.

Funktion und Arbeitsweise: **185**
– Art. 47 BV – Aufgaben und Befugnisse des Ministerpräsidenten. Er führt in der Staatsregierung den Vorsitz und leitet mit Hilfe der Staatskanzlei (Art. 52 BV)

ihre Geschäfte (Abs. 1). Er bestimmt die Richtlinien der Politik (Abs. 2); der Richtlinienbegriff ist im Hinblick auf die unmittelbare Legitimation der Staatsminister (Zustimmung des Landtags) enger auszulegen als die Parallelvorschrift des Art. 65 S. 1 GG: Einzelweisungen darf der Bayerische Ministerpräsident grundsätzlich nicht erteilen, ein Verstoß gegen diese Begrenzung wird aber eher politische denn juristische Konsequenzen haben. Der Ministerpräsident vertritt den Freistaat Bayern nach außen (Abs. 3); die Vorschrift regelt die Organkompetenz für die Abgabe völkerrechtlich maßgeblicher Erklärungen (z. B. Vertragserklärungen). Die Verbandskompetenz ist in Art. 32 GG geregelt (insb. Art. 32 Abs. 3 GG). Außerdem regelt Art. 47 Abs. 3 BV die Außenvertretung gegenüber anderen Bundesländern und dem Bund.

186 – Art. 51 Abs. 1 BV – Ressortprinzip. Jeder Staatsminister handelt im Rahmen des ihm vom Ministerpräsidenten zugewiesenen Geschäftsbereichs (Art. 50 BV) in eigener Verantwortung.

187 – Art. 53 BV – Geschäftsordnungsautonomie der Staatsregierung. Die Staatsregierung weist den einzelnen Geschäftsbereichen konkrete Staatsaufgaben zu.

188 – Art. 54 BV – Willensbildung innerhalb der Staatsregierung. Beschlussfassung erfolgt per Mehrheitsentscheidung; bei Stimmengleichheit gibt die Stimme des Ministerpräsidenten den Ausschlag.

189 – Art. 51 Abs. 2 BV – Weisungsabhängigkeit der Staatssekretäre von dem ihnen übergeordneten Minister.

190 – Art. 55 Nr. 2 BV – Vollzug von Gesetzen und von Beschlüssen des Landtags. Neben dem Gesetzesvollzug ist die Staatsregierung verpflichtet, die **Beschlüsse des Landtags** zu vollziehen. Die Verpflichtung reicht nur so weit, wie der Landtag zum Fassen solcher Beschlüsse nach anderen Bestimmungen der Verfassung befugt ist (z. B. Artt. 24 Abs. 1, 48 Abs. 2 S. 2 BV); der Landtag besitzt mit anderen Worten **kein allgemeines Weisungsrecht** gegenüber der Staatsregierung.

191 – Art. 55 Nrn. 4 bis 6 BV – hierarchischer Unterbau der Staatsregierung.

192 – Art. 48 BV – Notstand. Das in Art. 48 Abs. 1 BV vorgesehene Recht, „bei drohender Gefährdung der öffentlichen Sicherheit und Ordnung" per Verordnung bestimmte Grundrechte einzuschränken oder zu suspendieren, wird durch gegenstandsgleiches aber inhaltlich abweichendes Bundesrecht weitgehend „gebrochen" (Art. 31 GG); da die genannten Grundrechte auch durch Bundesrecht (Artt. 5, 10, 8 GG) gewährleistet werden, können sie nur unter den im Grundgesetz bestimmten Voraussetzungen eingeschränkt werden. Ob angesichts dessen noch ein **eigener Anwendungsraum** für Art. 48 Abs. 1 BV übrigbleibt, ist fraglich.

2. Oberste Landesbehörden

193 Oberste Landesbehörden sind die **Staatskanzlei** (Art. 52 BV) und die **Staatsministerien,** die vom Ministerpräsidenten mit Bestätigung durch den Landtag eingerichtet worden sind.

194 In der auf der Grundlage des Art. 53 BV erlassenen „Verordnung über die Geschäftsverteilung der Bayerischen Staatsregierung" (StRGVV, Ziegler-Tremel Nr. 300) legt die Staatsregierung die Aufgaben der obersten Landesbehörden fest.

3. Bayerischer Oberster Rechnungshof

Der in Art. 80 Abs. 1 S. 2 BV vorgesehene Oberste Rechnungshof ist eine obers- **195**
te Staatsbehörde, die gegenüber der Staatsregierung **unabhängig** und nur dem
Gesetz unterworfen ist (Art. 1 RHG). Die Mitglieder des Rechnungshofs sind mit
richterlicher Unabhängigkeit ausgestattet. Dem Rechnungshof obliegt die Rech-
nungskontrolle (rechnerische Prüfung der Belege), die haushaltswirtschaftliche
Verwaltungskontrolle (Prüfung der Geschäftsvorgänge unter haushaltswirtschaftli-
chen Gesichtspunkten) und die haushaltswirtschaftliche Verfassungskontrolle (Prüfung, ob der gesetzlich festgestellte Haushaltsplan von der Verwaltung eingehalten
ist). Die Einzelheiten regeln die Artt. 88 ff. BayHO und das RHG.

4. Landesämter und zentrale Dienststellen

Den obersten Landesbehörden sind zahlreiche Ämter, zentrale Dienststellen und **196**
rechtsfähige Verwaltungsträger (Körperschaften, Anstalten, Stiftungen) unmittelbar
unterstellt. Ihre Einrichtung verdanken diese Stellen der gem. Art. 77 Abs. 1 BV auf
den Gesetzgeber und die Staatsregierung verteilten **Organisationsgewalt.** Dem
Gesetzgeber fällt die Aufgabe zu, die Neuschaffung von Behördenzügen oder deren
Abschaffung, sei es im Bereich der unmittelbaren (durch nachgeordnete Staatsbehörden), sei es im Bereich der mittelbaren Staatsverwaltung (durch Körperschaften
und andere rechtsfähige juristische Personen des öffentlichen Rechts) per Gesetz
anzuordnen. Der Staatsregierung obliegt es, einzelne Behörden, ihre Amtsbezirke,
ihre Teilung oder Zusammenlegung etc. zu schaffen und zu regeln. Als Rechtsform
stehen der Staatsregierung die – auf Art. 77 Abs. 1 BV gestützte – Rechtsverordnung oder auch die Verwaltungsanweisung zur Verfügung. Es existiert eine bayerische „**Verordnung über die Einrichtung der staatlichen Behörden**" (Ziegler-Tremel Nr. 165 [mit Hinweisen auf die Organisationsvorschriften der einzelnen
Staatsministerien in den Fußnoten]), mit welcher die Organisationsgewalt der
Staatsregierung auf die einzelnen Ministerien delegiert wird.

Beispiele für solche den obersten Landesbehörden unmittelbar nachgeordnete Behörden sind: **197**
– Bayerisches Landesamt für Verfassungsschutz in München
– Bayerisches Landeskriminalamt in München
– Bayerische Bereitschaftspolizei in München
– Bayerische Grenzpolizei in München
– Bayerische Landespolizei in München
– Landesbeauftragter für den Datenschutz in München
– Landeszentrale für politische Bildungsarbeit in München
– Bayerisches Landesamt für Umweltschutz in München
– Oberfinanzdirektionen in München und Nürnberg.
Zu nennen wären hier auch die als rechtsfähige Körperschaften des öffentlichen Rechts orga-
nisierten Universitäten, Akademien und sonstigen Hochschulen.

5. Behörden der Mittelstufe

Die staatlichen Aufgaben der einzelnen Staatsministerien werden von den **Re-** **198**
gierungen (Bezirksregierungen) als Mittelbehörden in den **sieben bayeri-**
schen Regierungsbezirken (Oberbayern, Niederbayern, Oberpfalz, Oberfranken,
Mittelfranken, Unterfranken, Schwaben) wahrgenommen. Sie sind die zentralen
staatlichen Verwaltungsbehörden für die Regierungsbezirke und unterstehen den

Weisungen der jeweils zuständigen Staatsministerien. Ihre erste Aufgabe ist es, den Verwaltungsvollzug durch die unteren staatlichen Verwaltungsbehörden zu überwachen. Insoweit stehen ihnen Aufsichtsbefugnisse zur Verfügung (vgl. Artt. 108 ff. GO). Daneben besitzen sie aber auch instanzielle Zuständigkeiten auf der ersten Rechtsstufe.

199   Die Regierungen haben bei alledem eine **Doppelfunktion:** Sie sind zugleich Organe des Bezirks als Selbstverwaltungskörperschaft. In dieser Eigenschaft vollziehen sie die Beschlüsse des Bezirkstags, der Bezirksausschüsse und des Bezirkstagspräsidenten (→ 2. Teil, Rn. 39 ff.).

Weitere Behörden der Mittelstufe sind beispielsweise die **Bezirksfinanzdirektionen.** Sie sind auf nahezu allen Gebieten der staatlichen nichtsteuerlichen Vermögensverwaltung zuständig. Zu nennen wären:
– Aufsicht über die angegliederten Staatsoberkassen
– Aufsicht über die staatlichen Wirtschaftsbetriebe
– Vertretung des Staates bei bürgerlich-rechtlichen Rechtsstreitigkeiten (z. B. der Staat als Mieter, Eigentümer, Erbe etc.).

6. Behörden der Unterstufe

201   Auf der Unterstufe wenden die Behörden in erster instanzieller Zuständigkeit das Gesetzesrecht an. Als untere staatliche Verwaltungsbehörde sind vor allem die **Landratsämter** berufen. Ihnen kommt eine Doppelfunktion zu: Sie sind weisungsabhängige staatliche Verwaltungsbehörde (Kreisverwaltungsbehörde), sofern sie mit der Erfüllung staatlicher Aufgaben betraut sind, und sie sind Organ der Selbstverwaltungskörperschaft Landkreis (Kreis), sofern sie Aufgaben des Landkreises (im eigenen oder übertragenen Wirkungskreis) wahrnehmen (→ 2. Teil, Rn. 37). Zu den staatlichen Aufgaben, deren Erfüllung den Landratsämtern obliegt, zählt beispielsweise ihre erste instanzielle Zuständigkeit im Baurecht; sie sind untere Bauaufsichtsbehörden (→ 4. Teil, Rn. 26). Daneben haben sie als staatliche Aufgabe vor allem die staatliche Aufsicht über die kreisangehörigen Gemeinden wahrzunehmen.

202   Weitere Behörden der Unterstufe sind z. B. die Schulämter, die Finanzämter, die Forstämter, die Gesundheitsämter.

II. Verfassungsrechtliche Vorgaben für die Verwaltung

203   Verwaltungsrecht ist konkretisiertes Verfassungsrecht, dies gilt auch in Bayern. Freilich weichen die verfassungsrechtlichen Vorgaben der Bayerischen Verfassung von den grundgesetzlichen Vorgaben inhaltlich nicht ab. Sie nuancieren und betonen allenfalls im Detail anders, ohne aber in der Sache zu Unterschieden zu gelangen. So gelten die rechtsstaatlichen Anforderungen des Art. 55 Nr. 1 BV **(Vorrang und Vorbehalt des Gesetzes),** anders als es der Wortlaut der Bestimmung vielleicht vermuten lässt, nicht allein für die Staatsregierung und die einzelnen Staatsministerien, sondern für die gesamte staatliche Verwaltung.

204   In Art. 55 Nr. 2 BV wird zwischen **Rechtsverordnungen** und Verwaltungsvorschriften, die hier Ausführungs- und Verwaltungsverordnungen genannt werden, unterschieden. Rechtsverordnungen bedürfen, wie es in Art. 55 Nr. 2 S. 2 BV heißt, einer „besonderen gesetzlichen Ermächtigung". Im **Unterschied zu Art. 80 Abs. 1 GG** verlangt die Bayerische Verfassung aber nicht, dass Inhalt, Zweck und

Ausmaß der erteilten Ermächtigung formell-gesetzlich bestimmt sein müssen. Für die landesgesetzlichen Verordnungsermächtigungen ergibt sich dies indes schon aus dem Demokratie- und Rechtsstaatsprinzip der Bayerischen Verfassung.

Rechtsverordnungen, die aufgrund einer landesgesetzlichen Ermächtigung ergehen, die Inhalt, **205** Zweck und Ausmaß nicht hinreichend bestimmt, sind nichtig und unwirksam. Allerdings sind an den Wortlaut der Verordnungsermächtigung keine überspitzten Anforderungen zu stellen. Maßgeblich ist, ob der gesetzgeberische Wille durch Auslegung eindeutig zu ermitteln ist. So wird auch die häufig anzutreffende Wendung **„Das Nähere wird durch Rechtsverordnung (Verordnung) bestimmt"** im Wege einer den Gesetzeszusammenhang beachtenden systematischen Auslegung meistens den rechtsstaatlichen Anforderungen an eine gesetzliche Verordnungsermächtigung genügen.

Zu den verfassungsrechtlichen Einwirkungen auf das Recht der kommunalen **206** Selbstverwaltung → 2. Teil, Rn. 44 ff.

I. Rechtsprechende Gewalt

I. Organisation bayerischer Landesgerichtsbarkeit

Eine eigene bayerische Gerichtsorganisation im eigentlichen Sinne existiert **207** nicht, weil insoweit bundesrechtliche Vorschriften, insbesondere des Gerichtsverfassungsgesetzes (GVG) und seines Einführungsgesetzes (EGGVG) sowie der bundesgesetzlichen Verfahrensordnungen (z. B. ZPO, StPO, VwGO) bestehen, die nach Art. 31 GG jedes entgegenstehende Landesrecht brechen würden. Eigene landesgesetzliche und landesverfassungsrechtliche Regelungen kann es demnach nur dort geben, wo das Grundgesetz die Kollisionsregel des Art. 31 GG lockert, oder wo bundesrechtliche Regelungen nicht vorhanden sind.

Eine Lockerung der Kollisionsregel des Art. 31 GG führt Art. 142 GG herbei: **208** Inhaltsgleiche Landesgrundrechte gelten weiter (→ Rn. 60). Danach haben die **Justizgrundrechte** der Bayerischen Verfassung (Art. 86 Abs. 1 S. 2 BV – Entzug des gesetzlichen Richters; Art. 91 Abs. 1 BV – Anspruch auf rechtliches Gehör; Art. 91 Abs. 2 BV – Recht auf den eigenen Verteidiger) weiterhin neben den entsprechenden bundesrechtlichen Vorschriften Bestand.

Der Bundesgesetzgeber hat in den genannten bundesrechtlichen Organisations- **209** gesetzen aber auch **Spielraum für eigene landesrechtliche Organisationsregeln** gelassen. In Ausfüllung dieser nicht geregelten Bereiche (vgl. Art. 72 Abs. 2 GG: „*soweit* der Bund von seiner Gesetzgebungszuständigkeit nicht durch Gesetz Gebrauch gemacht hat"), hat der bayerische Gesetzgeber eigene Organisationsregeln geschaffen. Zu nennen sind das Gesetz zur Ausführung des Gerichtsverfassungsgesetzes (AGGVG), das Gesetz über die Organisation der ordentlichen Gerichte im Freistaat Bayern (GerOrgG) und die Verordnung über gerichtliche Zuständigkeiten im Bereich des Staatsministeriums der Justiz (sämtlich abgedruckt in: Ziegler-Tremel Nrn. 295–297).

II. Bayerischer Verfassungsgerichtshof

Die in die föderative Ordnung des Grundgesetzes eingebettete Verfassungsauto- **210** nomie der Bundesländer findet sinnfälligen Ausdruck in ihrer je eigenen Verfassungsgerichtsbarkeit. Die Bayerische Verfassung statuiert in Art. 60 BV einen Verfassungsgerichtshof für „staatsrechtliche Fragen". Gemeint sind damit verfassungsrechtliche Fragen.

211 Der Bayerische Verfassungsgerichtshof ist ein **oberstes Staatsorgan.** Er ist kraft verfassungsrechtlicher Anordnung in gewissen Hinsichten den anderen obersten Staatsorganen und auch den Instanzgerichten übergeordnet. Seine Bildung und Zusammensetzung sowie seine Funktion und Arbeitsweise finden in der Bayerischen Verfassung (Artt. 60 ff. BV) und in den Vorschriften des BayVfGHG detaillierte Regelungen.

212 *Bildung und Zusammensetzung:*
  – Art. 68 Abs. 1 BV – Der Verfassungsgerichtshof ist beim Oberlandesgericht in München gebildet.
  – Art. 68 Abs. 2 BV – Zusammensetzung. Die Zusammensetzung des Verfassungsgerichtshofs variiert je nach Verfahrensart. Stets führt der Präsident oder einer seiner Stellvertreter den Vorsitz (Art. 3 Abs. 2 BayVfGHG).
    – Bei Anklagen gegen Mitglieder des Landtags oder der Staatsregierung (Art. 61 Abs. 1 BV) entscheiden der Präsident, 8 Berufsrichter (von denen drei dem BayVerfGH angehören) und 10 weitere Mitglieder, die vom Landtag zu wählen sind, Art. 68 Abs. 2 lit. a BV i.V.m. Art. 3 Abs. 2 Nr. 1 BayVfGHG.
    – Bei Entscheidungen über die Verfassungsmäßigkeit von Gesetzen und Verordnungen wirken der Präsident und 8 Berufsrichter (von denen drei dem BayVerfGH angehören) mit, Art. 68 Abs. 2 lit. b BV i.V.m. Art. 3 Abs. 2 Nr. 2 BayVfGHG; es handelt sich um Richtervorlagen, Popularklagen und Meinungsverschiedenheitenverfahren.
    – In den übrigen Fällen entscheiden neben dem Präsidenten 3 Berufsrichter und 5 weitere Mitglieder, Art. 68 Abs. 2 lit. c BV i.V.m. Art. 3 Abs. 2 Nr. 3 BayVfGHG; es handelt sich vor allem um Verfassungsbeschwerden und Organstreitigkeiten.
  – Art. 68 Abs. 2 u. Abs. 3 BV i.V.m. Art. 4 bis 7 BayVfGHG – Wahl der Verfassungsrichter. Die Richter werden nach einem im Einzelnen geregelten Verfahren vom Landtag gewählt.

213 *Funktion und Arbeitsweise:*
  – Art. 14 BayVfGHG – schriftliche Antragstellung. Das Gericht entscheidet nur aufgrund schriftlichen Antrags.
  – Art. 16 BayVfGHG – Bevollmächtigte. Die Beteiligten können sich, müssen sich aber nicht, von einem Bevollmächtigten vertreten lassen. Nach Abs. 4 sind neben den Rechtsanwälten auch „Rechtslehrer an Hochschulen" allgemein zugelassen. Andere Personen können vom Verfassungsgerichtshof fallweise zugelassen werden.
  – Art. 17 BayVfGHG – Fristen, Wiedereinsetzung. Verweisung auf die Fristvorschriften des BGB.
  – Art. 22 BayVfGHG – Grundsatz der mündlichen Verhandlung.
  – Art. 26 BayVfGHG – einstweilige Anordnung. Vgl. dazu die inhaltsähnliche Regelung des § 32 Abs. 1 BVerfGG.
  – Art. 29 BayVfGHG – Bindungswirkung der Entscheidungen. Die Entscheidungen sind für alle anderen Verfassungsorgane, für Gerichte und Behörden bindend.

1. Zuständigkeiten und Verfahrensbesonderheiten

Der Verfassungsgerichtshof ist nur in den ihm durch die Verfassung oder durch 214
Gesetz zugewiesenen Fällen zuständig. Man spricht insoweit vom **Enumerationsprinzip.** Es sind im Wesentlichen folgende Zuständigkeiten zu unterscheiden
(keine abschließende Aufzählung, vollständige Übersicht in Art. 2 BayVfGHG):
- Art. 59, 61 BV – **Anklage des Ministerpräsidenten,** der **Staatsminister** oder 215
  Staatssekretäre oder einzelner **Landtagsabgeordneter** wegen vorsätzlicher
  Verfassungs- oder Gesetzesverletzung. Antragsberechtigt ist insoweit der Landtag,
  der den Antrag nur mit **Zweidrittelmehrheit** stellen kann. Das Initiativrecht
  für die Abstimmung über den Antrag im Landtag erfordert mindestens ein Drittel der Landtagsabgeordneten. Der Antrag und selbst eine Verurteilung führen
  nicht automatisch zum Amtsverlust des Angeklagten. Die Verfahrensart ist in der
  Praxis noch nie vorgekommen.
- Art. 64 BV – **Organstreitigkeiten.** Es handelt sich um Verfassungsstreitigkeiten 216
  zwischen den obersten Staatsorganen oder in der Verfassung mit eigenen Rechten ausgestatteten Teilen eines obersten Staatsorgans. Dies sind

als oberste Staatsorgane:
- der Landtag,
- der Zwischenausschuss (→ Rn. 163),
- die Staatsregierung,
- der Ministerpräsident,
- jeder Staatsminister
als mit eigenen Rechten ausgestattete Organteile:
- einzelne in der Bayerischen Verfassung genannte **Teile des Landtags,** die mit eigenen
  Rechten ausgestattet sind, z.B. Art. 22 Abs. 1 S. 2 BV (50 Abgeordnete, die den Ausschluss
  der Öffentlichkeit verlangen), Art. 25 Abs. 1 BV (ein Fünftel der Mitglieder, das die Einsetzung eines Untersuchungsausschusses verlangt),
- das Präsidium des Landtags, Art. 20 Abs. 2 BV,
- Landtagsausschüsse mit ihrem Zitierrecht nach Art. 24 Abs. 1 BV,
- Untersuchungsausschüsse mit ihren Rechten aus Art. 25 Abs. 3 BV,
- **Fraktionen** und Gruppen von Abgeordneten, denen der Fraktionsstatus streitig gemacht
  wird, Art. 16a BV,
- **einzelne Landtagsabgeordnete,** sofern sie mit einem anderen Beteiligtenfähigen um
  ihre verfassungsmäßigen Rechte streiten. Regelmäßig sind dies der Landtag oder das Landtagspräsidium. Verstoßen Behörden gegen die verfassungsmäßigen Rechte des Abgeordneten, bleibt dem Abgeordneten die **Verfassungsbeschwerde,**
- Teile des Staatsvolks: eine Million wahlberechtigter Bürger, die den Antrag auf Abberufung
  des Landtags durch Volksentscheid stellen, Art. 18 Abs. 3 BV; ein Zehntel der stimmberechtigten Bürger, die ein Volksbegehren stellen, Art. 74 Abs. 1 BV; der „Beauftragte" nach
  Artt. 63 Abs. 2, 80 Abs. 2 S. 1 Nr. 3 LWG.
  Die **politischen Parteien** sind in der Bayerischen Verfassung im Zusammenhang mit dem
  Organstreitverfahren nicht genannt. Insoweit unterscheidet sich die Bayerische Verfassung
  nicht von den Bestimmungen des Grundgesetzes, das die Parteien aber wegen ihres verfassungsrechtlichen Status (Art. 21 GG) in Art. 93 Abs. 1 Nr. 1 GG als „andere Beteiligte" erfasst.
  Für den Organstreit nach bayerischem Verfassungsrecht werden die politischen Parteien aufgrund der gleichen Erwägung ebenfalls als beteiligtenfähig angesehen.

- Art. 65 i. V. m. Art. 92 – **Richtervorlage.** Eine Normenkontrolle kommt, anders 217
  als es der irreführende Klammerzusatz in Art. 65 BV vermuten lässt, nicht nur nach
  Richtervorlage, sondern auch im Verfahren der Popularklage (Art. 98 S. 4 BV) vor.
  Daneben kann es zur (inzidenten) Normenkontrolle im Organstreit (Art. 64 BV)
  und bei Meinungsverschiedenheiten i. S. v. Art. 75 Abs. 3 BV kommen.

218   Eine beachtenswerte Eigenregelung hält die Bayerische Verfassung in **Ergänzung des Art. 100 Abs. 1 GG (konkrete Normenkontrolle)** bereit. Art. 92 BV statuiert eine Vorlagepflicht zum Bayerischen Verfassungsgerichtshof, sobald ein Richter „ein Gesetz" für verfassungswidrig hält. Damit sind nicht nur Gesetze im formellen Sinne (Parlamentsgesetze) gemeint wie in Art. 100 Abs. 1 GG, sondern auch materielle Gesetze, also **landesrechtliche Rechtsvorschriften jeder Rangstufe.**

> **Beispiel:** Im Verfahren über eine verwaltungsgerichtliche Anfechtungsklage erweist sich die Wirksamkeit einer gemeindlichen Rechtsverordnung über das Betreten einer Eisfläche als streitentscheidend. Es handelt sich um eine landesrechtliche (auf Art. 27 Abs. 1 LStVG gestützte) Rechtsverordnung. Das erkennende Gericht muss das Verfahren aussetzen und die Frage der Rechtswirksamkeit der Verordnung gem. Artt. 65, 92 BV, Art. 50 Abs. 1 BayVfGHG dem Bayerischen Verfassungsgerichtshof zur Entscheidung vorlegen.
> Anders wäre es, wenn die Wirksamkeit einer bundesrechtlichen Verordnung (etwa einer Bestimmung der StVO) streitentscheidend wäre. Hier hat das Gericht wegen seiner strikten Rechts- und Gesetzesbindung (Art. 20 Abs. 3 GG) die Rechtsverordnung zu prüfen und in dem Falle, dass es die Verordnung für rechtswidrig hält, mit Wirkung inter partes nicht anzuwenden; eine Vorlage nach Art. 100 Abs. 1 GG ist nicht statthaft, das Verwaltungsgericht hebt aber die für unwirksam erachtete Rechtsverordnung auch nicht auf.

219   – **Art. 98 S. 4 BV** – **Popularklage.** Sie bezweckt, anders als die Verfassungsbeschwerde (Art. 120 BV), nicht in erster Linie den Schutz der individuellen Rechte des Einzelnen, sondern im öffentlichen Interesse den Schutz der Grundrechte als Institution. Demgemäß kann jedermann (unabhängig von Wohnsitz, Aufenthalt und Staatsangehörigkeit) Popularklage erheben, indem er darlegt, eine Rechtsvorschrift des bayerischen Landesrechts schränke ein Grundrecht verfassungswidrig ein (Art. 55 Abs. 1 BayVfGHG). Der Antragsteller muss **nicht** geltend machen, in **eigenen** Grundrechten verletzt zu sein; darauf kommt es weder für die Zulässigkeit noch die Begründetheit an. Damit handelt es sich bei der Popularklage um eine abstrakte Normenkontrolle, die quivis ex populo, irgendjemand aus dem Volk, anstrengen kann.

> Antragsberechtigt sind auch **juristische Personen des privaten und des öffentlichen Rechts,** nicht aber die **nichtrechtsfähigen Vereinigungen** (z. B. Bürgerinitiativen), es sei denn, ihnen kann ein Recht zustehen und sie legen gerade die Verletzung dieses Rechts dar (für Gewerkschaften BayVerfGH 39, 96 [134 f.]; für Elternbeiräte BayVerfGH BayVBl. 1980, 244).
> **Gegenstand der Popularklage** können bayerische Rechtsvorschriften jedweder Rangstufe sein, also die Verfassung (BayVerfGH BayVBl. 2007, 13), formelle (Parlaments-) Gesetze und materielle Gesetze (Verordnungen und Satzungen). Allerdings muss es sich um hoheitlich gesetztes Recht handeln; privatrechtliche Satzungen, privates Verbandsrecht etc. sind kein tauglicher Antragsgegenstand (so wurden die Beschlüsse des Gemeinderats Oberammergau über die Mitwirkung bei den Passionsspielen vom BayVerfGH einem privaten Recht zugeordnet und damit der Popularklage entzogen, BayVerfGH 36, 197; für öffentlich-rechtliche Qualifizierung dieser Beschlüsse aber BayVGH 42, 165). Kein tauglicher Antragsgegenstand sind nicht verkündete oder (noch) nicht in Kraft getretene Rechtsvorschriften, desweiteren Rechtsvorschriften, die ohne eigene rechtliche Substanz lediglich den Inhalt einer höherrangigen (auch bundesrechtlichen) Norm wiederholen. Rechtsvorschriften, die durch Gemeinschaftseinrichtungen der Bundesländer erlassen werden, können nicht mit der Popularklage angegriffen werden, wenn sie nicht in bayerisches Landesrecht transformiert worden sind (BayVerfGH, BayVBl. 2018, 81; 119). Keine Rechtsvorschriften sind bloße Verwaltungsvorschriften mit Innenwirkung für die Verwaltung, Verwaltungsakte (inkl. Allgemeinverfügungen).
> Ein **Missbrauch des Klagerechts** oder dessen Verwirkung bei Verstreichenlassen eines längeren Zeitraums seit dem Inkrafttreten der angegriffenen Norm führt zur Unzulässigkeit der Popularklage. Insbesondere verweigert der Gerichtshof regelmäßig die erneute Prüfung

einer Norm, über deren Verfassungskonformität er bereits in einem früheren Verfahren entschieden hat. Andererseits kann der Verfassungsgerichtshof auch nach Rücknahme des Antrags noch zur Sache entscheiden, Art. 55 Abs. 5 BayVfGHG.

Der Verfassungsgerichtshof prüft auf einen zulässig erhobenen Antrag hin nicht nur die substantiiert dargelegte Grundrechtsverletzung, sondern von Amts wegen auch Verstöße gegen andere Grundrechte und gegen Verfassungsnormen, die keine Grundrechte sind.

Im Erfolgsfalle erklärt der Verfassungsgerichtshof die angegriffene Norm mit Wirkung **ex tunc** (rückwirkend) für **verfassungswidrig und nichtig.** Ausnahmsweise, wenn der Rechtsfrieden dies erfordert, kann er sich aber auch auf die Feststellung der Verfassungswidrigkeit beschränken (z.B. bei der erfolgreichen Rüge unterbliebener Gleichbehandlung). Eine dem § 79 BVerfGG vergleichbare Vorschrift fehlt; der Inhalt dieser bundesrechtlichen Bestimmung wird aber sinngemäß angewandt. Danach ist gegen Strafurteile, die auf der für nichtig erklärten Norm beruhen, die Wiederaufnahme zulässig; andere gerichtliche Entscheidungen und Verwaltungsakte bleiben unberührt, dürfen aber nicht vollstreckt werden.

– Artt. 66, 120 BV – **Verfassungsbeschwerde.** Es existieren zahlreiche Unter- **220**
schiede gegenüber der Verfassungsbeschwerde des Grundgesetzes. So kann die Verfassungsbeschwerde der Bayerischen Verfassung nur gegen behördliche Akte und gerichtliche Entscheidungen (für Letztere ausdrücklich Art. 51 Abs. 1 S. 2 BayVfGHG) gerichtet werden, nicht aber gegen Rechtsnormen (insoweit greift die Popularklage ein; fehlerhafte Anträge sind u.U. umzudeuten). Ein weiterer Unterschied besteht darin, dass die bayerische Verfassungsbeschwerde nicht auf eine Rüge der Verletzung von Grundrechten beschränkt ist, sondern dass **alle subjektiven in der Verfassung verankerten Rechte rügefähig** sind (z.B. auch Artt. 13 Abs. 2; 27; 28 BV).

Die verfahrensmäßigen Anforderungen sind in Artt. 51–54 BayVfGHG geregelt, hinzu kommen vom Verfassungsgerichtshof selbst entwickelte Erfordernisse. **Parteifähig** sind nur Bewohner Bayerns, also Deutsche und Ausländer mit einer dauernden örtlichen Beziehung zum bayerischen Staatsgebiet. Parteifähig sind auch juristische Personen des privaten und des öffentlichen Rechts, sofern sie ihren Sitz im Freistaat Bayern haben. Der **Behördenbegriff** des Art. 120 BV ist weit auszulegen. Darunter fallen alle an die BV gebundenen Amtsstellen, neben Verwaltungsbehörden auch Gerichte, nicht aber Bundesbehörden und Bundesgerichte (auch dann nicht, wenn sie bayerisches Landesrecht anwenden). Die angegriffenen Maßnahmen müssen dem **hoheitlichen Bereich** zuzuordnen sein, gegen fiskalische Maßnahmen steht die Verfassungsbeschwerde nicht zur Verfügung. Haben **mehrere verwaltungsbehördliche und/oder gerichtliche Instanzen** entschieden, so kann der Beschwerdeführer gegen den ersten Hoheitsakt, aber auch gegen die weiteren diesen bestätigenden Akte vorgehen. **Unterlassungen** sind tauglicher Beschwerdegegenstand, sofern eine Rechtspflicht zum Handeln besteht. Die Verfassungsbeschwerde ist nur zulässig, wenn der Beschwerdeführer geltend machen kann, durch den angegriffenen Hoheitsakt **selbst, gegenwärtig und unmittelbar** in einem verfassungsrechtlich verbürgten subjektiven Recht verletzt zu sein. Die **Erschöpfung des Rechtswegs** ist Zulässigkeitsvoraussetzung, Art. 51 Abs. 2 S. 1 BayVfGHG. Ist ein Rechtsweg gegen die Maßnahme einer der Staatsregierung nachgeordneten Behörde nicht zulässig, muss zunächst um **Abhilfe bei dem zuständigen Staatsministerium** nachgesucht werden; darin kommt die Subsidiarität der Verfassungsbeschwerde besonders deutlich zum Ausdruck. Die Beschwerde ist grundsätzlich innerhalb einer **Zweimonatsfrist** zu erheben; die Einzelheiten sind in Art. 51 Abs. 3 und 5 BayVfGHG geregelt.

Im Erfolgsfalle **stellt** der Verfassungsgerichtshof **fest,** welches verfassungsrechtlich verbürgte Recht verletzt worden ist und wie der Verfassungsbeschwerde **abzuhelfen** ist, Art. 54 S. 2 BayVfGHG. Oft wird die Abhilfe dadurch bewirkt, dass der Verfassungsgerichtshof selbst die angegriffene Entscheidung aufhebt. Der Gerichtshof kann die Sache aber auch an die Verwaltungsbehörde oder das Gericht zurückverweisen.

– Art. 75 Abs. 3 BV – **Meinungsverschiedenheiten.** Das Verfahren gibt es in **221**
zwei Spielarten: einmal geht es um die Frage, ob ein unzulässiger Antrag auf Ver-

fassungsänderung gestellt wird, zum anderen darum, ob durch ein Gesetz oder einen Gesetzentwurf die Verfassung verletzt wird (oder würde). Entscheidend ist, dass insoweit eine Meinungsverschiedenheit zwischen am Gesetzgebungsverfahren beteiligten Organen oder Teilen derselben schon im Gesetzgebungsverfahren erkennbar geworden sein muss.

Das Meinungsverschiedenheitenverfahren kann (muss aber nicht) als vorbeugende Normenkontrolle durchgeführt werden. Die spätere Verkündung des Gesetzes schadet dann nicht. Der Kreis der möglichen Antragsteller und Antragsgegner ist in Art. 49 Abs. 2 S. 1 BayVfGHG genannt. Die Meinungsverschiedenheit kann auch innerhalb des Landtags bestehen und im Verfahren des Art. 75 Abs. 3 BV geklärt werden.

2. Verhältnis zur Verfassungsgerichtsbarkeit des Bundes

222   Zu den interessantesten Fragen des Landesverfassungsrechts gehört die nach dem Verhältnis der Landesverfassungsgerichtsbarkeit zur Bundesverfassungsgerichtsbarkeit. Grundsätzlich ist davon auszugehen, dass die Verfassungsgerichtsbarkeiten des Bundes und der Länder **nebeneinander** stehen und sich in getrennten Räumen vollziehen. Nur diese Sichtweise trägt der föderativen Ordnung des Grundgesetzes Rechnung. Daraus ergeben sich sowohl für die Zulässigkeit der jeweils anhängig zu machenden Verfahren als auch für deren Begründetheit einige Regeln:

223   Das Verhältnis zur **Verfassungsbeschwerde** des Grundgesetzes regelt § 90 Abs. 3 BVerfGG ausdrücklich. Nach dieser Bestimmung bleibt das Recht, eine Verfassungsbeschwerde an das Landesverfassungsgericht nach dem Recht der Landesverfassung zu erheben, unberührt. Dies hat folgende Konsequenzen:

224   Ein Betroffener kann gegen verwaltungsbehördliche und gerichtliche Maßnahmen **Verfassungsbeschwerde** zum Bundesverfassungsgericht gem. Art. 93 Abs. 1 Nr. 4a GG erheben und dabei eine Verletzung seiner im Grundgesetz gewährleisteten Grundrechte rügen, oder er kann gem. Art. 120 BV Verfassungsbeschwerde zum Bayerischen Verfassungsgerichtshof erheben und dabei eine Verletzung seiner verfassungsrechtlichen Rechte rügen. Doch kann die Verfassungsbeschwerde zum Bayerischen Verfassungsgerichtshof nur erhoben werden, wenn der **Rechtsweg** erschöpft ist. Endet der Rechtsweg vor einem Bundesgericht, ist die Landesverfassungsbeschwerde und jeder andere landesverfassungsrechtliche Rechtsbehelf ausgeschlossen; endet er hingegen vor einem Landesgericht, steht der Weg zum Bayerischen Verfassungsgerichtshof generell offen.

225   Ein Beschwerdeführer darf den Bayerischen Verfassungsgerichtshof auch dann noch anrufen, wenn seine zum Bundesverfassungsgericht erhobene Verfassungsbeschwerde bereits anhängig oder sogar schon abgewiesen ist. Andererseits fehlt der zum Bayerischen Verfassungsgerichtshof erhobenen Beschwerde das **Rechtsschutzbedürfnis,** wenn das Bundesverfassungsgericht bereits seiner Verfassungsbeschwerde stattgegeben hat. Umgekehrt gilt dasselbe: Hat der Bayerische Verfassungsgerichtshof stattgegeben, fehlt der Verfassungsbeschwerde zum Bundesverfassungsgericht das Rechtsschutzbedürfnis. Hinzu kommt Folgendes: Gegen Entscheidungen des Bayerischen Verfassungsgerichtshofs kann gem. Art. 93 Abs. 1 Nr. 4a GG Verfassungsbeschwerde zum Bundesverfassungsgericht erhoben werden.

226   Dieselben Regeln gelten sinngemäß für das Verhältnis der **Popularklage** zur Verfassungsbeschwerde des Art. 93 Abs. 1 Nr. 4a GG. Auch insoweit hindert das Unterliegen bei der bundesrechtlichen Verfassungsbeschwerde das Erheben der Popularklage nicht. Für das Verhältnis des **Vorlageverfahrens** nach Art. 100 Abs. 1 GG zur Richtervorlage des Art. 92 BV gilt nichts Anderes: Ist ein Richter überzeugt, dass eine streitentscheidende formell-gesetzliche Vorschrift sowohl das Grundgesetz als auch die Bayerische Verfassung verletzt, so hat er dem Bundesverfassungsgericht und dem Bayerischen Verfassungsgerichtshof vorzulegen. Die Reihenfolge der Vorlagen ist dabei dem Richter anheim gestellt.

3. Maßstäbe der landesverfassungsgerichtlichen Kontrolle

Hinsichtlich der jeweils anzulegenden **Prüfungsmaßstäbe** gilt Folgendes: Die **227** **Grundregel** lautet, dass das Bundesverfassungsgericht stets nur den Maßstab des Grundgesetzes, der Bayerische Verfassungsgerichtshof stets nur den der Bayerischen Verfassung anzulegen hat. Im Detail ergeben sich freilich einige Besonderheiten:

In allen Verfahren, in denen der Bayerische Verfassungsgerichtshof Vorschriften **228** der Bayerischen Verfassung als Maßstab anwenden will, muss er zuvor die **Gültigkeit dieser bayerischen Verfassungsnormen** bejahen. Sie ist zu verneinen, wenn Bundesrecht (gleich welcher Rangstufe) entgegensteht (Art. 31 GG). Gelangt der Gerichtshof zu der Überzeugung, eine streitentscheidende Norm der Bayerischen Verfassung werde durch Art. 31 GG „gebrochen" und somit unwirksam und nichtig, muss er gem. Art. 100 Abs. 1 GG das Verfahren aussetzen und dem Bundesverfassungsgericht vorlegen. Das Unionsrecht hingegen ist bisher noch nicht zum Prüfungsmaßstab geworden.

In allen Verfahren vor dem Bayerischen Verfassungsgerichtshof, in denen Grund- **229** rechte der Bayerischen Verfassung den Maßstab bilden (z. B. Popularklage, Verfassungsbeschwerde), gelten weitere Besonderheiten: So genannte Parallelgewährleistungen **(inhaltsgleiche Grundrechte)** gelten nach Art. 142 GG fort und können insoweit einen tauglichen Prüfungsmaßstab bilden. Dies gilt auch dann, wenn es um Verfahrensgrundrechte geht, die in einem bundesrechtlich geregelten Verfahren (etwa einem Strafverfahren) zum Zuge kommen; in solchen Fällen steht nicht das Bundesrecht selbst zur Überprüfung durch die Landesverfassungsgerichtsbarkeit an, wohl aber seine Anwendung (str.).

Der Verfassungsgerichtshof muss sich Klarheit darüber verschaffen, ob das von **230** ihm als Maßstab herangezogene **Landesgrundrecht** in Geltung ist, ob es mit anderen Worten als „inhaltsgleiches" Landesgrundrecht fortgilt. Dies setzt voraus, dass der Bayerische Verfassungsgerichtshof die Inhaltsgleichheit feststellt. Gelangt er zu dem Ergebnis, dass Landes- und Bundesgrundrecht im Einzelfall nicht inhaltsgleich sind, ist die Landesverfassungsbeschwerde gegen die Anwendung von Bundesrecht **unzulässig.**

Das Bundesverfassungsgericht hat den Landesverfassungsgerichten detaillierte **231** Vorgaben gemacht, wie sie die **Inhaltsgleichheit festzustellen** haben: Sie müssen die Frage beantworten, ob im konkreten Fall ein anderes Ergebnis zu erwarten ist je nachdem, ob das einschlägige Landes- oder Bundesgrundrecht zugrunde gelegt wird. Nur wenn beide Grundrechte im zu entscheidenden Fall das gleiche Ergebnis hervorbrächten, liege Inhaltsgleichheit vor. Gegen diese Methode ist im Schrifttum eingewandt worden, sie verkenne die Tatsache, dass es in den Landesverfassungen auch Mehrgewährleistungen gebe und dass die verlangte Einzelfallprüfung zu paradoxen Ergebnissen führen könne: Selbst ein wortlautgleiches Landesgrundrecht sei dann konsequenterweise gem. Art. 31 GG nichtig und unwirksam, sobald das Landesverfassungsgericht es in einem einzigen Fall anders auslege als das Bundesverfassungsgericht das entsprechende Bundesgrundrecht.

232   **Beispiel:** Mit der Verfassungsbeschwerde (Art. 120 BV) rügt der Beschwerdeführer vor dem Bayerischen Verfassungsgerichtshof, das Landgericht Würzburg habe als abschließende Berufungsinstanz in einer zivilrechtlichen Streitigkeit zu seinem Nachteil die Präklusionsvorschriften des § 528 ZPO nicht richtig angewendet. Der Bayerische Verfassungsgerichtshof hat nun zu prüfen, ob das in Art. 91 Abs. 1 BV enthaltene Grundrecht auf „rechtliches Gehör" mit dem wortlautidentischen Justizgrundrecht des Art. 103 Abs. 1 GG inhaltsgleich i. S. v. Art. 142 GG ist. Dabei hat er, den Vorgaben des Bundesverfassungsgerichts folgend, zunächst inzident zu prüfen, ob die Anwendung des Landesgrundrechts und die Anwendung des Bundesgrundrechts im konkreten Fall zu unterschiedlichen Ergebnissen führen. Kommt ein unterschiedliches Ergebnis heraus, liegt keine **Inhaltsgleichheit** vor und die Landesverfassungsbeschwerde ist unzulässig. Kommt die Inzidentprüfung aber zum selben Ergebnis, darf der Verfassungsgerichtshof über die Begründetheit entscheiden und dabei das Landesgrundrecht zugrunde legen.

233   Das Bundesverfassungsgericht statuiert überdies eine **Vorlagepflicht für das Landesverfassungsgericht nach Art. 100 Abs. 3 GG** (Divergenzvorlage), wenn dieses während seiner Feststellung der Inhaltsgleichheit von der bisherigen Auslegung des Bundesgrundrechts durch das Bundesverfassungsgericht abweichen möchte.

J. Grundrechte

234   Die Bayerische Verfassung steht in der Tradition freiheitlicher Verfassungen, die dem Einzelnen einen bestimmten Kanon vorstaatlicher Rechte gewährleisten (nicht: gewähren). Der Standort der Grundrechte hinter den staatsorganisatorischen Vorschriften des ersten Hauptteils der Verfassung drückt nicht irgendeine Geringschätzung des Verfassungsgebers aus, sondern entspricht der jungen deutschen Verfassungstradition, die in der Weimarer und der Bamberger Verfassung (→ Rn. 8) Ausdruck fand. Die Landesgrundrechte sind nicht nur in dem mit „Grundrechte und Grundpflichten" überschriebenen zweiten Hauptteil zu finden, vereinzelt finden sie sich auch im dritten („Das Gemeinschaftsleben") und im vierten Hauptteil („Wirtschaft und Arbeit").

235   Das **Verhältnis der Landesgrundrechte zum Bundesrecht** und dort insbesondere zu den Grundrechten des Grundgesetzes regelt das Grundgesetz: Landesgrundrechte, die mit den Bundesgrundrechten inhaltlich übereinstimmen, bleiben in Kraft. Landesgrundrechte, die inhaltlich nicht übereinstimmen, werden nach Art. 31 GG derogiert (gebrochen). Das Grundgesetz will auf diese Weise Rechtssicherheit geben, Rechtsfrieden stiften und einen Beitrag zur Herstellung einheitlicher Lebensverhältnisse leisten. Kommen die Landesgrundrechte nach den zwingend vorgegebenen Regeln des Grundgesetzes auch nur noch im Falle inhaltlicher Übereinstimmung mit den Bundesgrundrechten zur Geltung, so sind sie damit noch längst nicht bedeutungslos. Dort, wo sie parallel neben den Grundrechten des Grundgesetzes gelten, bilden sie den **Kontrollmaßstab für die landesverfassungsgerichtliche Kontrolle.** Aus der Sicht des Betroffenen verdoppelt sich auf diese Weise der Rechtsschutz: er kann das Bundesverfassungsgericht und den Bayerischen Verfassungsgerichtshof anrufen (→ Rn. 222 ff.).

236   Mithin hängt viel davon ab, was man unter inhaltlicher Übereinstimmung versteht. Judikatur und Schrifttum sind sich, bei manchen Unterschieden in der pro-

zessualen Anwendung (→ Rn. 229 ff.), darüber einig, dass inhaltliche Übereinstimmung in drei Konstellationen gegeben sein kann:
– bei Wortlautidentität (sog. Parallelgewährleistung),
– bei Mehrgewährleistung,
– bei Mindergewährleistung.

Bei Mehr- und Mindergewährleistung kann solange noch von inhaltlicher **237** Übereinstimmung ausgegangen werden, wie nicht das Landesgrundrecht einen mit dem Bundesgrundrecht **„unvereinbaren Normgehalt"** aufstellt. In diesem Sinne stimmt auch eine Mindergewährleistung noch inhaltlich überein, soweit sie nicht den Normbefehl enthält, einen weitergehenden Schutz zu unterlassen.

Die nachfolgend beispielhaft aufgezählten Freiheitsgrundrechte der Bayerischen **238** Verfassung stimmen im Wesentlichen mit den entsprechenden Grundrechten des Grundgesetzes überein und gelten insoweit nach Art. 142 GG fort:
– Art. 101 BV – allgemeine Handlungsfreiheit
– Art. 109 BV – Freizügigkeit
– Art. 102 BV – körperliche Bewegungsfreiheit
– Art. 104 Abs. 1 BV – Verbot der rückwirkenden Strafbarkeit
– Artt. 110, 111a Abs. 1 BV – Meinungsfreiheit, Pressefreiheit, Rundfunkfreiheit
– Art. 113 BV – Versammlungsfreiheit
– Art. 114 BV – Vereinigungsfreiheit
– Art. 107 Abs. 1 BV – Glaubens- und Gewissensfreiheit
– Art. 107 Abs. 2 bis 6 BV – Freiheit der Religionsausübung
– Art. 108 BV – Freiheit der Wissenschaft und ihrer Lehre sowie der Kunst.

Die Aufzählung darf und soll nicht darüber hinwegtäuschen, dass einzelne Ge- **239** währleistungsinhalte dieser Grundrechte sehr wohl von den grundrechtlichen Inhalten des Grundgesetzes abweichen und insoweit nicht mehr in Geltung sind; dazu unten mehr. Das **Asylgrundrecht** der Bayerischen Verfassung (Art. 105 BV) mag zwar wegen seines im Kern gleichlautenden Inhalts neben Art. 16a GG Fortgeltung beanspruchen können. Gleichwohl ist Art. 105 BV durch das Asylverfahrensgesetz derogiert, denn dieses Bundesgesetz hat das Asylrecht umfassend und abschließend geregelt. Überhaupt kommt die Regel des Art. 142 GG nicht zum Zuge, wenn ein Landesgrundrecht in **Widerspruch zu einfachem Bundesrecht** (Bundesgesetze, Bundesverordnungen usw.) steht. In diesem Fall greift die Kollisionsregel des Art. 31 GG ein, und das entgegenstehende Landesgrundrecht ist unwirksam.

Der Wortlaut des Art. 142 GG wird bei alledem weit interpretiert. Nicht nur ei- **240** ne Übereinstimmung mit den dort genannten Grundrechten der Artt. 1 bis 18 GG, sondern auch eine Übereinstimmung mit den dort nicht genannten **grundrechtsgleichen Rechten** (vgl. Art. 93 Abs. 1 Nr. 4a GG) erfüllt den Tatbestand des Art. 142 GG.

I. Besonderheiten der bayerischen Grundrechtsdogmatik

1. Grundrechtsträger

Die Grundrechte der Bayerischen Verfassung sind grundsätzlich „jedermann" **241** gewährleistet (z. B. Artt. 100, 102, 102 BV). Eine Differenzierung zwischen **Ausländern** und Deutschen verbietet sich insoweit. Einzelne Grundrechte sind aber den „Bewohnern Bayerns" vorbehalten (z. B. Artt. 109, 110 Abs. 1, 113, 114 Abs. 1 BV). Dies können Deutsche und Ausländer in gleicher Weise sein. Erforderlich ist eine dauernde örtliche Beziehung zum bayerischen Staatsgebiet, die typischerweise durch Wohnsitz oder dauernden Aufenthalt, bei juristischen Personen durch den Sitz in Bayern nachgewiesen wird.

242   Hinsichtlich der Grundrechtsträgerschaft **juristischer Personen des öffentlichen Rechts** (Körperschaften, Anstalten, Stiftungen) geht der Bayerische Verfassungsgerichtshof in einem Punkt eigene Wege: Auf der Ebene des Grundgesetzes gilt es als ausgemacht, dass (inländische) juristische Personen des Privatrechts generell grundrechtsfähig sind, sofern die Grundrechte ihrem Wesen nach anwendbar sind, dass aber die juristischen Personen des öffentlichen Rechts mit drei Ausnahmen (öffentlich-rechtliche Rundfunkanstalten, Universitäten und Religionsgemeinschaften) nicht grundrechtsfähig sind, Art. 19 Abs. 3 GG. Ausdrücklich hat das Bundesverfassungsgericht entschieden, dass die Gemeinden keine Grundrechtsfähigkeit besitzen. Davon weicht der Bayerische Verfassungsgerichtshof ab, indem er den Gemeinden die Möglichkeit eröffnet, wegen der staatlichen Verletzung ihres privatrechtlichen Eigentums Verfassungsbeschwerde gem. Art. 120 BV zu erheben.

2. Grundrechtsverletzung

243   Die sog. **Elfes-Logik** des Bundesverfassungsgerichts, nach der jeder Grundrechtseingriff schon dann rechtswidrig ist, wenn der Eingriffsakt in irgendeiner Hinsicht mit höherrangigem Recht nicht vereinbar ist, beansprucht naturgemäß keinen direkten Gültigkeitsanspruch in der bayerischen Grundrechtsdogmatik (vgl. aber die in Rn. 226 ff. beschriebene Inzidentprüfung). In der Sache hat der Bayerische Verfassungsgerichtshof aber keine andere Grundrechtsdogmatik entwickelt. Auch Grundrechte der Bayerischen Verfassung sind in dem Dreischritt von **Schutzbereich – Eingriff – (formelle und materielle) Rechtmäßigkeit des Eingriffs** zu prüfen. Bei Prüfung der Rechtmäßigkeit des Eingriffs begegnen auch in der bayerischen Grundrechtsdogmatik die sog. **immanenten (ungeschriebenen) Grundrechtsschranken,** allerdings mit einem etwas anderen Bedeutungsgehalt: Der Bayerische Verfassungsgerichtshof sieht eine immanente Begrenzung mancher Grundrechte darin, dass für sie die Bindung an die Schranken der allgemeinen Gesetze gelte.

244   Im Übrigen stehen zahlreiche Grundrechte der Bayerischen Verfassung unter ausdrücklichen Gesetzesvorbehalten. Der in Art. 98 S. 2 BV „vorgeschaltete" **allgemeine Gesetzesvorbehalt** wird berichtigend ausgelegt. Er kommt nicht zum Zuge, wenn ein Grundrecht textlich ausdrücklich unter Gesetzesvorbehalt gestellt ist, oder wenn der Gesetzgeber auf Grund immanenter Grenzen eines Grundrechts deren Inhalt bestimmt. Damit bleibt für Art. 98 S. 2 BV so gut wie kein Anwendungsbereich; die Vorschrift spielt in der Judikatur des Bayerischen Verfassungsgerichtshofs denn auch keine nennenswerte Rolle mehr.

245   Das in Art. 98 S. 1 BV aufgestellte Postulat „... Grundrechte dürfen grundsätzlich nicht eingeschränkt werden" ist Ausdruck des durch Art. 3 Abs. 1 BV besonders betonten Rechtsstaatsprinzips. Zum Rechtsstaatsprinzip gehört der **Grundsatz der Verhältnismäßigkeit,** und genau diesen Grundsatz bringt Art. 98 S. 1 BV zum Ausdruck.

3. Leistungs- und Teilhabegrundrechte

Grundrechte sind in erster Linie Abwehrrechte gegen den Staat. Das Grundge- **246** setz weiß sich dieser überlieferten Anschauung verpflichtet. **Teilhabegrundrechte** und **grundrechtliche Leistungsansprüche** sind dem Grundgesetz bis auf weni- ge Ausnahmen (am bedeutendsten: der Ausbildungsanspruch, der in Art. 12 Abs. 1 GG enthalten ist) fremd. Ganz anders die Bayerische Verfassung: Sie kennt die Formulierung solcher Teilhabe- und Leistungsrechte in nicht geringer Zahl. Zu nennen wären etwa:
- Art. 106 Abs. 1 BV – Recht auf eine angemessene Wohnung
- Art. 125 Abs. 3 BV – Fürsorgeanspruch kinderreicher Familien
- Art. 168 Abs. 3 BV – Recht auf Fürsorge
- Art. 171 BV – Recht auf eine ausreichende Sozialversicherung
- Art. 174 Abs. 1 BV – Rechte des Arbeitnehmers auf ein freies Wochenende und auf einen Jahresurlaub

Allerdings gelangt die bayerische Rechtsprechung bei allen diesen Rechtssätzen **247** nicht zu einklagbaren subjektiven öffentlichen Anspruchspositionen des Einzelnen. Vielmehr wird einigen Leistungs- und Teilhabeformulierungen schon jede norma- tive Kraft abgesprochen, so dass sie als rechtlich unverbindliche Programmsätze ein- zustufen sind, und andere werden als lediglich objektiv-rechtliche Handlungsauf- träge gedeutet, denen kein subjektives Recht entspreche.

4. Grundrechtliche Schutzpflichten

Den von der bundesverfassungsgerichtlichen Judikatur erst spät und zögerlich **248** entdeckten **Schutzpflichtgedanken,** der allen Grundrechten innewohnt (vgl. Art. 1 Abs. 1 S. 2 GG, Art. 6 Abs. 1 GG), hat der bayerische Verfassungsgeber in all- gemeiner Form normiert, indem er in Art. 99 BV eine umfassende staatliche Schutzpflicht aufstellt: nach dieser Vorschrift ist das geistige und leibliche Wohl aller Einwohner „nach innen durch die Gesetze, die Rechtspflege und die Polizei" zu gewährleisten. Mit der darin enthaltenen Verpflichtung des Staates, sich schützend vor die Grundrechte seiner Bürger zu stellen, korrespondiert nach der Rechtspre- chung des Bayerischen Verfassungsgerichtshofs ein subjektiv-rechtlicher Anspruch, das sog. **Grundrecht auf Sicherheit,** das dem Gesetzgeber, aber auch der Verwal- tung (z. B. der polizeilichen Entscheidung nach dem Opportunitätsprinzip) entge- gengehalten werden kann.

Dies ist auf der Bundesebene anders. Dort räumt das Bundesverfassungsgericht dem Gesetzge- **249** ber eine weite **Einschätzungsprärogative** ein, ob und wieweit er seiner Schutzpflicht nach- kommt. Nur im Ausnahmefall, wenn das gesetzgeberische Ermessen gleichsam auf Null reduziert ist, verdichtet sich die Schutzpflicht des Staates zu einem Schutzanspruch des Einzelnen.

Mit der Anerkennung grundrechtlicher Schutzpflichten wird der Jahrzehnte **250** währende Streit um eine **Drittwirkung der Grundrechte** weitgehend gegen- standslos. Die staatlichen Gerichte haben in Erfüllung ihres Schutzpflichtauf- trags die Rechtsordnung so auszulegen, dass dem Einzelnen ein wirksamer Schutz vor Grundrechtsbeeinträchtigungen von dritter Seite zuteil wird. Die Generalklau- seln des Zivilrechts (z. B. §§ 138, 242 BGB) bieten hierbei besonders viel Spiel- raum, um die grundrechtliche Schutzpflicht in der Anwendung des Gesetzesrechts umzusetzen.

5. Grundrechtliche Wertmaßstäbe

251   Grundrechte statuieren Wertordnungen. In der Abgrenzung näher bezeichne-
ter Freiheitssphären gegenüber dem staatlichen Herrschaftsanspruch liegt ein eigener Wert, der von den staatlichen Organen zu respektieren und zu fördern ist. Für
einzelne dieser freiheitlichen Schutzzonen formt die Bayerische Verfassung dies besonders aus. So wird in Art. 125 Abs. 2 BV die **„Reinhaltung, Gesundung und
soziale Förderung der Familie"** als gemeinsame Aufgabe des Staates und der
Gemeinden beschrieben. Damit verpflichtet die Verfassung alle Träger öffentlicher
Gewalt, ihr Wirken in den Dienst des Verfassungswerts „Familie" zu stellen. Konkrete Leistungsansprüche sind dieser und anderen Wertebetonungen allerdings
nicht zu entnehmen.

II. Einzelne Grundrechte

1. Menschenwürde und allgemeine Handlungsfreiheit

252   Die vom Bayerischen Verfassungsgerichtshof geprägte Judikatur zur Garantie der
Menschenwürde unterscheidet sich nur in wenigen Nuancen von der des Bundesverfassungsgerichts. Beide Verfassungsgerichte sehen in dem Recht auf Achtung
der Menschenwürde ein elementares, überverfassungsmäßiges Grund- und Men-
schenrecht, beide haben der Menschenwürdegarantie eine Reihe von Einzelausprägungen zugeordnet: Der Bayerische Verfassungsgerichtshof spricht von einem
durch Art. 100 BV (Menschenwürde) vermittelten Schutz vor Erniedrigung,
Brandmarkung, Verfolgung, Ächtung, Entrechtung und grausamer Bestrafung. Er
sieht in der Menschenwürde ein Abwehrrecht gegen Eingriffe in einen unantastba-
ren Bereich privater Lebensgestaltung und gegen schrankenlose Durchleuchtung
der Intimsphäre.

253   Allerdings hat der Bayerische Verfassungsgerichtshof die Rechtsprechung des
Bundesverfassungsgerichts zu dem aus der Verbindung von Art. 2 Abs. 1 und Art. 1
Abs. 1 GG abgeleiteten **Recht auf informationelle Selbstbestimmung** nur zögerlich rezipiert. Nach dem ersten Volkszählungsurteil des Bundesverfassungsgerichts, welches das Volkszählungsgesetz 1982 für nichtig erklärt hatte, ließ der Bayerische Verfassungsgerichtshof zunächst noch ausdrücklich offen, ob die Erwägungen
des Bundesverfassungsgerichts über die informationelle Selbstbestimmung in das
bayerische Verfassungsrecht zu übertragen seien. Später hat der Bayerische Verfassungsgerichtshof sich dann der Linie des Bundesverfassungsgerichts angeschlossen.

254   In einem gewissen Gegensatz zur Rechtsprechung des Bundesverfassungsgerichts steht demgegenüber eine Entscheidung des Bayerischen Verfassungsgerichtshofs, in der die Menschenwürde als nicht berührt angesehen und sogar als Eingriffstatbestand gedeutet wurde: BayVerfGH 10,
101 (108) – Behandlungszwang bei Geisteskrankheiten, Geistesschwäche und Rauschgift- oder
Alkoholsucht nach dem (damaligen) Verwahrungsgesetz.

255   In Art. 101 BV gewährleistet die Bayerische Verfassung die **allgemeine Handlungsfreiheit:** „Jedermann hat die Freiheit, innerhalb der Schranken der Gesetze
und der guten Sitten alles zu tun, was anderen nicht schadet." Dogmatisch unterscheidet sich die Vorschrift kaum von Art. 2 Abs. 1 GG. Beide Vorschriften gelten
als Auffanggrundrechte, die dann zum Zuge kommen, wenn speziellere Frei-

heitsgewährleistungen versagen. Insofern kommt der bayerischen allgemeinen Handlungsfreiheit schon im Hinblick auf **Berufswahl und Berufsausübung** große Bedeutung zu, denn die Bayerische Verfassung kennt zum Schutz dieser Betätigungen kein Grundrecht, sondern nur Programmsätze mit abgeschwächter Bindungswirkung und ohne subjektiv-rechtlichen Gehalt (Artt. 151 Abs. 2, 153 S. 3, 166 Abs. 2 BV). Der Bayerische Verfassungsgerichtshof wendet bei der Handhabung des Art. 101 BV als Gewährleistung der Berufsfreiheit die vom Bundesverfassungsgericht entwickelten Grundsätze (insbesondere die Drei-Stufen-Theorie) entsprechend an.

Weitere bedeutende Inhalte der allgemeinen Handlungsfreiheit sind die **Vertragsfreiheit** (→ auch Art. 151 Abs. 2 S. 1 BV), die **unternehmerische Betätigungs- und Wettbewerbsfreiheit** sowie die **Steuer- und Abgabenfreiheit**. **256**

Die allgemeine Handlungsfreiheit steht unter dem Vorbehalt der „**Schranken der Gesetze**". Gemeint sind damit Rechtsvorschriften jeder Rangstufe, neben den formellen Gesetzen also auch Rechtsverordnungen und Satzungen. Doch nicht irgendwelche Gesetze können der allgemeinen Handlungsfreiheit Schranken ziehen, sondern nur solche, die ihrerseits mit höherrangigem Recht vereinbar sind: Dies ist die bereits erwähnte „**Elfes-Logik**" (→ Rn. 243), die im Ergebnis darauf hinausläuft, dass die allgemeine Handlungsfreiheit (und auch jedes andere unter Gesetzesvorbehalt stehende Freiheitsgrundrecht) vor ungesetzlicher Freiheitsbeeinträchtigung schützt. Die unausweichliche Konsequenz der Elfes-Logik, dass nämlich jede den Einzelnen beschwerende rechtswidrige **Gesetzesanwendung** eine Grundrechtsverletzung darstellt, wird freilich verfassungsprozessual mit der Wendung vermieden, der Bayerische Verfassungsgerichtshof sei **keine „Superrevisionsinstanz"**. Auf diese Weise schließt der Verfassungsgerichtshof im Verfahren der Verfassungsbeschwerde alle gerichtlichen und behördlichen Maßnahmen von der verfassungsgerichtlichen Kontrolle aus, die auf einer schlichten Fehlsubsumtion oder sonstigen einfachen Fehlanwendung beruhen, um andererseits diejenigen noch zu erfassen, die auf einer Verkennung spezifischen Verfassungsrechts gründen. **257**

Mit dem Vorbehalt der „**guten Sitten**" sind die herrschenden Moralvorstellungen gemeint, die von der subjektiven Moralvorstellung des Einzelnen unabhängig sind. Unter diesen Schrankenvorbehalt können auch solche Verhaltensweisen fallen, die nicht verboten oder mit Strafe bedroht sind, wie z. B. die polizeilich geduldete und mit staatlichen Steuern belegte Unterhaltung eines Bordells oder bordellähnlichen Betriebs. **258**

2. Geistig-kommunikative Freiheiten

Die in Art. 110 BV gewährleistete **Meinungsfreiheit** unterscheidet sich nur in wenigem von der Meinungsfreiheit des Art. 5 Abs. 1 GG: **259**

– Die **Informationsfreiheit**, also die Freiheit, sich aus allgemein zugänglichen Quellen zu unterrichten, findet in der Bayerischen Verfassung keine Erwähnung. Insoweit kommt das Auffanggrundrecht des Art. 101 (allgemeine Handlungsfreiheit) zum Zuge. **260**

– Der Meinungsfreiheit wird in Art. 110 Abs. 1 S. 2 BV ausdrücklich **Drittwirkung** eingeräumt. **261**

– Im Unterschied zu Art. 5 Abs. 2 GG enthält Art. 110 BV keine Schrankenregel, also auch nicht die **Schranke der „allgemeinen Gesetze"**. Der Bayeri- **262** sche Verfassungsgerichtshof wendet aber der Sache nach die Schranke der „allgemeinen Gesetze" (in der Auslegung durch das Bundesverfassungsgericht) als immanente Schranke an; der Rückgriff auf Art. 98 S. 2 BV verbietet sich insoweit.

263 – Die Aufgabennorm des Art. 110 Abs. 2 BV (**„Bekämpfung von Schmutz und Schund"**) wird als Schrankenregel zum Schutz der Jugend interpretiert, die streng nach dem Grundsatz der Verhältnismäßigkeit zu handhaben ist.

264 Hinsichtlich der **Pressefreiheit** (Art. 111 BV) gilt sinngemäß dasselbe, insbesondere für die Frage der Grundrechtsschranken. Von seiner Rahmengesetzgebungskompetenz nach Art. 75 Abs. 1 Nr. 2 GG a. F. (Presserechtsrahmengesetz) hat der Bund nie Gebrauch gemacht, so dass die Länder hier immer schon eine originäre Gesetzgebungszuständigkeit besaßen. Da diese Kompetenz bei der Föderalismusreform 2006 nicht Eingang in die Kataloge der Artt. 73 und 74 GG gefunden hat, fehlen dem Bund nunmehr jegliche Zuständigkeiten auf dem Gebiet des Presserechts. Im Freistaat Bayern gilt das Bayerische Pressegesetz (Ziegler-Tremel Nr. 590). Eine Definition von Druckwerken, Zeitschriften und Zeitungen ist in § 6 BayPrG enthalten.

265 In der Abgrenzung zwischen den Gesetzgebungskompetenzen für das Presserecht und das Strafrecht (Art. 74 Abs. 1 Nr. 1 GG) können allerdings Schwierigkeiten auftreten: Die Verjährung der Strafverfolgung von Pressedelikten gehört zum Presserecht, Regelungen über das Zeugnisverweigerungsrecht von Presseangehörigen fallen in den Bereich des gerichtlichen Verfahrens.

266 Die erst 1973 eingeführte Neuregelung der **Rundfunkfreiheit** (Art. 111a BV) hält eine bedeutende organisationsrechtliche Eigenheit bereit. Nach Art. 111a BV ist Rundfunk „in öffentlich-rechtlicher Verantwortung und in öffentlich-rechtlicher Trägerschaft" zu betreiben. Ein „duales System" aus privatem und öffentlich-rechtlichem Rundfunk ist dadurch in Bayern verfassungsrechtlich verboten. Dieses landesverfassungsrechtliche Verbot einer dualen Rundfunkordnung steht nach bayerischer Rechtsauffassung nicht im Widerspruch zu Art. 5 Abs. 1 S. 2 GG. Denn dem Bundesverfassungsgericht zufolge erlaubt die grundgesetzliche Rundfunkfreiheit zwar den Landesgesetzgebern, privaten Rundfunk neben dem öffentlich-rechtlichen einzuführen, aber sie verpflichtet sie nicht dazu. Den neueren technischen Entwicklungen im Bereich des Rundfunks zollt der bayerische Gesetzgeber mit dem Bayerischen Mediengesetz (BayMG, Ziegler-Tremel, Nr. 510) Rechnung. Nach diesem Gesetz ist die in der Rechtsform der rechtsfähigen Anstalt öffentlichen Rechts organisierte **„Landeszentrale für neue Medien"** unter anderem zuständig für die Verbreitung und Weiterverbreitung von Rundfunkprogrammen durch Kabelbetreiber. Rundfunkträger ist dabei die Landeszentrale selbst (Art. 2 BayMG), die es den privaten Medienbetriebsgesellschaften „ermöglicht", Rundfunkprogramme aus den von privaten Rundfunkanbietern gestalteten Beiträgen zu organisieren.

267 Die in Art. 113 BV gewährleistete **Versammlungsfreiheit** reicht nach ihrer wörtlichen Bedeutung weiter als der mit einem Gesetzesvorbehalt versehene Art. 8 GG. Doch derogiert das Versammlungsgesetz des Bundes den weitergehenden Inhalt des Landesgrundrechts in wesentlichen Punkten. So wird insbesondere die Klausel „ohne Anmeldung" in Art. 113 BV durch den Anmeldungszwang für Versammlungen unter freiem Himmel (§ 14 VersG) unwirksam gemacht. Die Tatsache, dass das Versammlungsrecht nach der Föderalismusreform 2006 in die alleinige Zu-

ständigkeit der Länder fällt (der Kompetenztitel wurde aus Art. 74 Abs. 1 Nr. 3 GG entfernt), ändert daran nichts. Man könnte daran denken, dass das nach Art. 125a GG fortgeltende Versammlungsgesetz des Bundes durch Art. 113 BV „ersetzt" wird. Da aber Art. 113 BV wegen des Widerspruchs zum Versammlungsgesetz insoweit als nichtig anzusehen war (Art. 31 GG, → Rn. 57), kann es nicht zu einer Ersetzungswirkung kommen.

Der personale Schutzbereich der **Vereinigungsfreiheit** (Art. 114 BV) kommt **268** „allen Bewohnern Bayerns" zugute, während die Vereinigungsfreiheit im Grundgesetz als ein Grundrecht ausgestaltet ist, das „allen Deutschen" zusteht. Das Vereinsgesetz (VereinsG) – weiterhin Gegenstand der konkurrierenden Gesetzgebung, ohne Abweichungsmöglichkeit (Art. 74 Abs. 1 Nr. 3 GG) – eröffnet indes „jedermann" die Vereinigungsfreiheit. Diese einfach-gesetzliche Ausweitung verdrängt die landesverfassungsrechtliche Einengung.

3. Personale Entfaltungsfreiheiten

Der Schutz der personalen Entfaltungsfreiheit hat sich nicht allein in der Men- **269** schenwürdegarantie und der allgemeinen Handlungsfreiheit niedergeschlagen, sondern in einer Reihe weiterer Grundrechte der Bayerischen Verfassung. Zu nennen wären beispielhaft: körperliche **Bewegungsfreiheit** (Art. 102 BV), **Verbot rückwirkender Bestrafung und Verbot der Doppelbestrafung** (Art. 104 BV), **Unverletzlichkeit der Wohnung** (Art. 106 Abs. 3 BV), **Freizügigkeit** (Art. 109 Abs. 1 BV). Hingewiesen sei auf folgende Besonderheiten gegenüber der grundgesetzlichen Dogmatik:

– Art. 102 Abs. 2 BV gilt neben Art. 104 Abs. 3 GG fort, auch wenn die bayerische **270** Grundrechtsvorschrift nicht den „Verdacht einer strafbaren Handlung" voraussetzt.

– Die in Art. 106 Abs. 3 BV garantierte Unverletzlichkeit der Wohnung steht unter **271** immanenten Schranken, die in Art. 13 Abs. 2 und Abs. 7 GG Ausdruck gefunden haben. Die in Art. 13 Abs. 3 bis 6 GG enthaltenen Regelungen über den sog. „Lauscheingriff" gehen als bundesrechtliche Regelungen einem etwa entgegenstehenden bayerischen Grundrechtsinhalt vor (Art. 31 GG).

– Der personale Geltungsbereich der Freizügigkeit (Art. 109 BV) ist teils weiter, **272** teils enger als der des Art. 11 GG. Weiter ist er insofern, als er mit der Formulierung („alle Bewohner Bayerns") auch Ausländer in den Schutzbereich einbezieht, enger, als er deutsche Nichtbewohner Bayerns ausschließt. Die mit Art. 11 Abs. 1 GG („alle Deutschen") nicht übereinstimmenden Regelungsinhalte der bayerischen Grundrechtsnorm sind derogiert (Art. 31 GG).

4. Freiheiten im Bereich der Wirtschaft

Die **Eigentumsgarantie** des Art. 103 Abs. 1 BV unterscheidet sich inhaltlich **273** nicht wesentlich von der Eigentumsgarantie des Art. 14 Abs. 1 GG. Ein die inhaltliche Übereinstimmung unberührt lassender Unterschied besteht in der anderen, auf mehrere Einzelbestimmungen verteilten Kodifikationsstruktur der bayerischen Eigentumsgewährleistung. Während Art. 103 Abs. 1 BV die grundrechtliche Verbürgung von Eigentum und Erbrecht zum Inhalt hat, statuiert Art. 103 Abs. 2 BV eine **Sozialklausel,** die dann in Art. 158 S. 1 BV der Sache nach wiederholt wird. Die **Enteignung** ist in Art. 159 BV geregelt, die Vergemeinschaftung **(Sozialisierung)**

in Art. 160 BV. In einigen anderen Bestimmungen sind zusätzliche **spezielle Eigentumsgarantien** enthalten:
- Art. 146 BV – Eigentum der Religionsgemeinschaften
- Art. 162 BV – geistiges Eigentum
- Art. 163 Abs. 1 und Abs. 3 BV – landwirtschaftliches Eigentum.

274 Wieder andere Bestimmungen verpflichten den Staat, bestimmte Formen des Eigentums zu **fördern:**
- Art. 153 BV – Klein- und Mittelstandsbetriebe
- Art. 164, 165 BV – landwirtschaftliche Betriebe.

275 Die abweichende Kodifikationsstruktur hat in der Rechtsprechung des Bayerischen Verfassungsgerichtshofs nicht zu einer vom grundrechtlichen Gewährleistungsinhalt abweichenden inhaltlichen Dogmatik geführt. Vielmehr ist der Bayerische Verfassungsgerichtshof dem Bundesverfassungsgericht bis in die letzten Windungen seiner verschlungenen Rechtsprechung gefolgt, angefangen von der Doppelbedeutung der Eigentumsgewährleistung als individuelles Abwehrrecht und als Rechtsinstitut, über den personalen und gegenständlichen Anwendungsbereich der Eigentumsgarantie, die Abgrenzung von Inhalts- und Schrankenbestimmung einerseits und Enteignung andererseits, bis hin zur Rechtsfigur der ausgleichspflichtigen Schrankenbestimmung. Selbst die Kehrtwendungen der Karlsruher Verfassungsrechtsprechung hat der Bayerische Verfassungsgerichtshof nachvollzogen; zu denken ist hierbei vor allem an die Rückkehr zum „klassischen" Enteignungsbegriff und die damit einhergehende Abkehr von der bis dahin vom Bundesgerichtshof vertretenen „Sonderopfertheorie".

276 Bei aller Übereinstimmung galt es auch eine **inhaltliche Divergenz** zu meistern, die in den Verfassungstexten nun einmal unübersehbar angelegt ist: Anders als Art. 14 Abs. 3 GG, der für die Enteignung ein Gesetz verlangt, das Art und Ausmaß der Entschädigung regelt (sog. Junktim-Klausel des Art. 14 Abs. 3 S. 2 GG), regelt Art. 159 S. 1 BV die Frage der Enteignungsentschädigung gleich selbst: die Enteignung darf nur gegen „angemessene Entschädigung" erfolgen. Nachkonstitutionelle Landesgesetze mit Enteignungsregelungen dürfen jedoch auch angesichts der landesverfassungsrechtlichen Entschädigungsregelung zu Art und Ausmaß der Entschädigung nicht schweigen. Zwar ist auch die Landesverfassung ein förmliches Gesetz. Die **Warn- und Offenbarungsfunktion des grundgesetzlich geforderten Entschädigungsjunktims** verlangt aber, dass der Gesetzgeber sich bei jedem neuen Enteignungsgesetz über die Entschädigung Klarheit verschafft und die Entschädigung auch im Gesetzestext kenntlich macht.

277 Auch hinsichtlich der **Höhe der Enteignungsentschädigung** weicht die Bayerische Verfassung vom Grundgesetz ab. In Art. 159 S. 1 BV ist von einer „angemessenen Entschädigung" die Rede, in Art. 14 Abs. 3 S. 3 GG davon, dass die Entschädigung „unter gerechter Abwägung der Interessen der Allgemeinheit und der Beteiligten zu bestimmen" ist. Der Bayerische Verfassungsgerichtshof hat den darin liegenden Unterschied (das Grundgesetz lässt unter Umständen auch eine unter dem Verkehrswert liegende Entschädigung genügen, die Bayerische Verfassung strebt tendenziell den Verkehrswert an) aufgehoben, indem er früh schon erklärte, in Notzeiten müssten auch mindere Entschädigungen hinzunehmen sein.

278 Zu der Besonderheit der Bayerischen Verfassung, auf ein der **Berufsfreiheit** des Art. 12 Abs. 1 GG vergleichbares Grundrecht zu verzichten, ist schon hingewiesen worden (→ Rn. 255, dort auch zur Bedeutung des Art. 101 BV als Auffanggrundrecht für die Berufsfreiheit).

Die Bayerische Verfassung hält im vierten Hauptteil (Artt. 151 ff. BV) eine Viel- **279** zahl wirtschaftsrechtlich einschlägiger Verfassungsbestimmungen bereit. Die Abschnitte im vierten Hauptteil („Die Wirtschaftsordnung", „Das Eigentum", „Die Landwirtschaft", „Die Arbeit") erschöpfen sich indes im Wesentlichen in der Auflistung rechtlich unverbindlicher **Programmsätze** und objektiv-rechtlicher Handlungsdirektiven. Mit der Verfassungsbeschwerde oder der Popularklage kann eine Verletzung dieser „Rechte" nicht gerügt werden. Dies gilt auch und gerade für Art. 151 Abs. 2 BV, der neben anderem die „Freiheit der selbständigen Betätigung des einzelnen in der Wirtschaft" betont; eine grundrechtliche Garantie der **Gewerbefreiheit** ist dies nicht.

Alle diese Programmsätze und objektiv-rechtlichen Handlungsaufträge zusam- **280** men mit den wirtschaftsrechtlich einschlägigen Grundrechten prägen das Bild von einer **Wirtschaftsverfassung** „im Mittelfeld zwischen ökonomischem Liberalismus und Zentralverwaltungswirtschaft". Die Bayerische Verfassung sagt entschieden mehr zur Wirtschaftsverfassung aus als das wirtschaftsverfassungsrechtlich „neutrale" Grundgesetz. Doch muss bei alledem beachtet werden, dass die bayerischen Verfassungspositionen zur Wirtschaftsordnung von zahlreichen Bundesgesetzen überlagert und verdrängt werden. Mit seinen Gesetzgebungszuständigkeiten auf dem Gebiet der Wirtschaft (z.B. Art. 74 Abs. 1 Nr. 11 [Recht der Wirtschaft], Nr. 12 [Arbeitsrecht, Betriebsverfassung, Arbeitsschutz], Nr. 16 [Kartellrecht], Nr. 17 [landwirtschaftliche Erzeugung] GG, außerdem Art. 73 Nr. 4 [Währungsrecht], Nr. 5 [Warenverkehr], Nr. 9) besitzt der Bund die Schlüsselpositionen zur Statuierung einer einfach-gesetzlichen Wirtschaftsordnung. Da der Bund diese Schlüsselpositionen ausgenutzt und von den genannten Kompetenzen regen Gebrauch gemacht hat, trifft es schon zu, dass die bayerische Wirtschaftsverfassung heute kaum mehr als ein „toter Buchstabe" ist.

5. Gleichheitsgrundrechte

Die Parallelvorschrift zu Art. 3 GG und das Haupt-Gleichheitsgrundrecht der **281** Bayerischen Verfassung ist Art. 118 BV. Daneben finden sich Einzelausprägungen beispielsweise in:
- Art. 8 BV – Gleichstellung aller Deutschen
- Art. 14 BV – Grundsatz der gleichen Wahl
- Art. 116 BV – gleicher Zugang zu öffentlichen Ämtern
- Art. 124 Abs. 2 BV – Gleichberechtigung in der Ehe
- Art. 126 Abs. 2 BV – Gleichberechtigung des unehelichen Kindes.

In Art. 118 BV fehlen die **absoluten Differenzierungsverbote** des Art. 3 **282** Abs. 3 GG. Diese strikten Verbote jeder Ungleichbehandlung werden indes in Art. 118 Abs. 1 BV hineingelesen. Die in Art. 118 Abs. 2 BV gewährleistete Gleichberechtigung und Gleichstellung von Männern und Frauen ist mit dem Wortlaut des Art. 3 Abs. 2 GG identisch. Die Gleichberechtigung in der Ehe, die Art. 124 Abs. 2 BV „grundsätzlich" gewahrt wissen will, hat umfassende bundesgesetzliche Regelung erfahren, so dass diese bayerische Verfassungsvorschrift verdrängt ist.

Unlängst ist im Wege der Verfassungsänderung eine oft belächelte und doch irgendwie erfri- **283** schend altmodische Verfassungsbestimmung dem (Zeit-)Geist der Geschlechtergleichheit angepasst worden: Nicht mehr nur „die Mädchen" sind „in der Säuglingspflege, Kindererziehung und Hauswirtschaft besonders zu unterweisen", sondern nunmehr auch die „Buben" (Art. 131 Abs. 3 BV).

K. Grundpflichten

284   Dem Wortsinn nach erlegt Art. 117 S. 2 BV dem Einzelnen die Pflicht auf, „die
Verfassung und die Gesetze zu achten und zu befolgen, an den öffentlichen Angelegenheiten Anteil zu nehmen" und seine „körperlichen und geistigen Kräfte so zu
betätigen, wie es das Wohl der Gesamtheit erfordert". Doch wird dieser Versuch des
Verfassungsgebers, die notwendig soziale Wesenheit des Menschen normativ aufzugreifen, nicht wörtlich genommen. Eine echte Rechtspflicht wird in Art. 117 BV
nicht aufgestellt, freilich auch kein Recht des Einzelnen, von den Anderen die Erfüllung seiner **Treuepflicht** zu verlangen. Auch ist kein Junktim zwischen der
Treuepflicht und der Grundrechtsausübung vorhanden. Anders als es Art. 117 S. 1
BV vielleicht auf den ersten Blick nahe legt, bleibt auch der verfassungsfeindliche
Rechtsbrecher im Besitz seiner Grundrechte.
285   Echte Grundpflichten weisen die Artt. 121 BV (Übernahme von Ehrenämtern,
z. B. als Schöffe) und 122 BV (Hilfe bei Unglücksfällen und Notständen) zu. Aber
diese Pflichten sind samt und sonders bundesgesetzlich geregelt. Deswegen sind
diese bayerischen Grundpflichten nicht mehr in Geltung. Eine Verpflichtung, an
Kommunal- und Landtagswahlen teilzunehmen, stellt die Bayerische Verfassung
nicht auf.

L. Sonderteil: Eigenarten des bayerischen
Verwaltungsverfahrens- und Verwaltungsprozessrechts

I. Verwaltungsverfahrensgesetze des Bundes
und des Freistaats Bayern

286   Das Bayerische Verwaltungsverfahrensgesetz (BayVwVfG) und das Verwaltungsverfahrensgesetz des Bundes (VwVfG) sind am selben Tag, dem 1. Januar 1977, in
Kraft getreten. Die Gesetze sind fast vollständig inhaltsgleich, was nicht weiter ver-
wundert: Das Hauptanliegen der Verfahrensrechtskodifikation war es ja gerade, eine
möglichst weit reichende **Rechtseinheitlichkeit** auf dem Gebiet des Verwaltungsrechts herzustellen. Im Folgenden wird sich das Augenmerk auf die verschiedenen
Anwendungsbereiche und die wenigen inhaltlichen Unterschiede richten.
287   Für die Klausurbearbeitung wird dringend empfohlen, stets die richtige Geset-
zesbezeichnung zu wählen: VwVfG oder BayVwVfG. Dies gilt, auch wenn man in
Rechnung stellt, dass in Lehrveranstaltungen oft zur Vereinfachung undifferenziert
von *dem* VwVfG die Rede ist.

1. Anwendungsbereich der Verwaltungsverfahrensgesetze

288   Die Abgrenzung der **Anwendungsbereiche von BayVwVfG und VwVfG**
trägt bayerische Handschrift. Auf bayerisches Betreiben fand der Vermittlungsaus-
schuss die Subsidiaritätsklausel des § 1 Abs. 3 VwVfG, die der Heranziehung der
Landesverwaltungsverfahrensgesetze weiten Raum gibt. Im Einzelnen gelten für
die Abgrenzung folgende einfache Regeln:

– Das VwVfG gilt für die Verwaltungstätigkeit der Behörden des Bundes, der bun- **289**
desunmittelbaren Körperschaften, Anstalten und Stiftungen des öffentlichen
Rechts, § 1 Abs. 1 Nr. 1 VwVfG.

> **Beispiel:** Das Bundeswirtschaftsministerium hebt einen selbst erlassenen Subventionsbe-
> scheid auf. Für die Aufhebung sind die §§ 48, 49 VwVfG einschlägig.

– Das BayVwVfG gilt für die Verwaltungstätigkeit der Verwaltungsbehörden des **290**
Freistaats Bayern, der Gemeinden und Gemeindeverbände sowie der sonstigen
der Aufsicht des Landes unterstehenden juristischen Personen des öffentlichen
Rechts, Art. 1 Abs. 1 BayVwVfG. Die Regelungen des § 1 Abs. 1 Nr. 2 und
Abs. 2 VwVfG sind gem. § 1 Abs. 3 VwVfG wegen des Inkrafttretens des
BayVwVfG gegenstandslos.

Diese Abgrenzungsregeln können nur dann richtig angewandt werden, wenn zu- **291**
sätzlich einige weitere Regeln bewusst sind:

– Der Anwendungsbereich der Verwaltungsverfahrensgesetze ist sachlich begrenzt **292**
auf die **öffentlich-rechtliche Verwaltungstätigkeit** der genannten Behörden.
Das Verwalten in Privatrechtsformen wird nicht erfasst.

– Der Anwendungsbereich der Verwaltungsverfahrensgesetze ist sachlich begrenzt **293**
auf die Verfahren, die zum Erlass eines **Verwaltungsaktes** oder den Abschluss
eines **öffentlich-rechtlichen Vertrages** gerichtet sind (§ 9 VwVfG, Art. 9
BayVwVfG). Realakte sind nicht Gegenstand der Verwaltungsverfahrensgesetze.

– **Speziellere Verfahrensregeln** des Bundes oder des Freistaats Bayern gehen den **294**
Verwaltungsverfahrensgesetzen vor. Insoweit kommen die Verwaltungsverfahrensgesetze allenfalls subsidiär zum Zuge.

> **Beispiel:** Die Beteiligung des Nachbarn bei der Erteilung der Baugenehmigung hat in
> Art. 66 BayBO eine eigene Regelung erhalten. Art. 66 Abs. 2 S. 2 BayBO schließt insoweit die
> Anwendung des Art. 28 BayVwVfG aus. Gleichwohl kommt das BayVwVfG hinsichtlich der
> Baugenehmigung zum Zuge, beispielsweise wenn es um die Aufhebung (Artt. 48, 49
> BayVwVfG) oder um Nebenbestimmungen (Art. 36 BayVwVfG) geht.

Dabei können Verfahrensregelungen in Bundesgesetzen (außerhalb des VwVfG) **295**
die Geltung des BayVwVfG derogieren (Art. 1 Abs. 1 S. 2 BayVwVfG, Art. 31
GG).

> **Beispiel:** Die Planfeststellungsbestimmungen des Bundesfernstraßengesetzes.

– Einige Sachbereiche sind kraft ausdrücklicher Anordnung aus den Anwendungsbereichen der Verwaltungsverfahrensgesetze ausgeklammert, § 2 VwVfG, Art. 2
BayVwVfG. Eine bayerische Besonderheit ist dabei die Herausnahme des **„Bayerischen Rundfunks"** aus dem Anwendungsbereich des BayVwVfG. Sie erfolgte, um die Freiheit des Rundfunks (Art. 111a BV) abzusichern. Seit der Ge-
setzesnovelle 1990 sind die Verfahren nach dem ersten Abschnitt des
Bayerischen Kommunalabgabengesetzes (KAG) grundsätzlich dem Anwendungsbereich des BayVwVfG unterworfen, soweit nicht die Anwendung der
Abgabenordnung in Art. 13 KAG ausdrücklich angeordnet ist. Im Unterschied
zur bundesrechtlichen Regelung in § 2 Abs. 3 Nr. 2 VwVfG beschränkt das
BayVwVfG seinen Anwendungsbereich bei Prüfungen nicht auf einzeln aufge-
zählte Gesetzesbestimmungen, sondern insoweit, als „nicht die Besonderheiten
des Prüfungsverfahrens entgegenstehen".

2. Wichtige unterschiedliche Regelungsinhalte

296   In Art. 3b BayVwVfG ist ein **Selbsteintrittsrecht** der staatlichen Aufsichtsbehörde gegenüber der renitenten nachgeordneten staatlichen Behörde normiert. Die Vorschrift will eine Lücke schließen: Während den staatlichen Aufsichtsbehörden gegenüber den kommunalen Gebietskörperschaften ein differenziertes Aufsichtsinstrumentarium mit der Möglichkeit der aufsichtlichen Ersatzvornahme zur Verfügung steht (Art. 113 GO, Art. 99 LKrO, Art. 95 BezO), fehlte dies gegenüber den nachgeordneten staatlichen Behörden. Das Selbsteintrittsrecht ist gem. Art. 3b Abs. 2 BayVwVfG schwächer ausgestaltet, wenn es um ein Eingreifen gegenüber dem Landratsamt als Staatsbehörde geht.

297   Der Nichtigkeitsgrund der verfehlten örtlichen Zuständigkeit bei begründeter **Zuständigkeit der belegenen Sache** wird in Art. 44 Abs. 2 Nr. 3 BayVwVfG anders als in § 44 Abs. 2 Nr. 3 VwVfG nicht mit dem Verweis auf Art. 3 Abs. 1 Nr. 1 BayVwVfG versehen. Damit will der bayerische Gesetzgeber berücksichtigen, dass sich örtliche Zuständigkeiten wegen Belegenheit der Sache auch aus anderen Rechtsvorschriften außerhalb des BayVwVfG ergeben können. Auf der Bundesebene behilft man sich hier mit einer entsprechenden Anwendung des § 44 Abs. 2 Nr. 3 VwVfG.

298   In Art. 45 Abs. 3 S. 2 BayVwVfG ist, anders als in der bundesrechtlichen Parallelvorschrift, jeder Hinweis auf die Rechtsgrundlage der **Wiedereinsetzung** vermieden, weil sich die Wiedereinsetzung einerseits nach Art. 32 BayVwVfG, im Vorverfahren andererseits aber nach § 70 Abs. 2 i. V. m. § 60 Abs. 1–4 VwGO richten kann.

299   In der **Absatznummerierung der Widerrufsvorschrift** zählt das BayVwVfG den Art. 49 Abs. 3 VwVfG als § 49 Abs. 2a, wodurch sich auch die Folgeabsätze in der Nummerierung verschieben.

300   In Art. 75 Abs. 1 S. 1 BayVwVfG ist die **Konzentrationswirkung der Planfeststellung** auf behördliche Entscheidungen nach Landes- und auch nach *Bundes*recht erstreckt. Zu dieser Ausdehnung der Konzentrationswirkung war der Landesgesetzgeber nach § 100 Nr. 2 VwVfG befugt.

II. Bayerisches Ausführungsgesetz zur Verwaltungsgerichtsordnung

301   Eine bayerische Verwaltungsgerichtsordnung gibt es nicht. Es gibt nur eine Verwaltungsgerichtsordnung, und dies ist die des Bundes (VwGO). Der Bund hat dabei von seiner konkurrierenden Gesetzgebungszuständigkeit aus Art. 74 Abs. 1 Nr. 1 (gerichtliches Verfahren) Gebrauch gemacht.

302   Die Tatsache, dass die VwGO in der bayerischen Gesetzessammlung von *Ziegler/Tremel* mit abgedruckt ist (Nr. 900), verleitet immer wieder nicht wenige Rechtsanwender (auch im Examen) zu dem Fehlschluss, es handele sich dabei um ein bayerisches Landesgesetz, was nicht selten in der Abkürzung „BayVwGO" gar schrecklichen Ausdruck findet. (Die Auswirkungen von guten und gut gemeinten Loseblatt-Wohltaten auf die Rechtspflege [und die juristischen Staatsprüfungen] harren noch wissenschaftlicher Analyse.)

303   Allerdings gibt es ein bayerisches Ausführungsgesetz zur VwGO (AGVwGO, *Ziegler-Tremel*, Nr. 901). Der bayerische Gesetzgeber konnte ein solches **Ausführungsgesetz** erlassen, weil und *soweit* (vgl. Art. 72 Abs. 1 GG) der Bund von seiner

konkurrierenden Gesetzgebungszuständigkeit keinen vollständigen Gebrauch gemacht und stattdessen in einigen Einzelbestimmungen den Ländern freigestellt hat, eigene gesetzliche Vorschriften zu erlassen. Der Begriff „Ausführungsgesetz" ist dabei missverständlich: Der Freistaat Bayern handelt hierbei nicht aufgrund einer Ermächtigung, wie sie im Bereich der ausschließlichen Gesetzgebungszuständigkeit des Bundes an die Länder erteilt werden kann (Art. 71 GG). Vielmehr handelt er auf der Grundlage der ihm – freilich nur noch rudimentär – belassenen originären Landesgesetzgebungskompetenz (Art. 70 Abs. 1 GG).

Folgende Regelungen des AGVwGO verdienen Beachtung:

– Art. 1 AGVwGO – Das Oberverwaltungsgericht für den Freistaat Bayern führt die überkommene Bezeichnung **„Bayerischer Verwaltungsgerichtshof".**   **304**

– Art. 13 AGVwGO – Alte, aus der Zeit vor dem Inkrafttreten der VwGO stammende, landesgesetzliche **Sonderzuweisungen** von öffentlich-rechtlichen Streitigkeiten an andere Gerichtsbarkeiten bleiben in Kraft.   **305**

> **Beispiel:** Der Streit über die Entschädigung des Nichtstörers (→ 3. Teil, Rn. 195 f.) ist eine öffentlich-rechtliche Streitigkeit, die nach Art. 73 Abs. 1 BayPAG den ordentlichen Gerichten zugewiesen ist.

– Art. 5 S. 1 AGVwGO – Die **verwaltungsgerichtliche Normenkontrolle** erstreckt sich auf *alle* Rechtsvorschriften, die im Rang unter dem Landesgesetz stehen, vgl. § 47 Abs. 1 Nr. 2 VwGO („sofern das Landesrecht dies bestimmt").   **306**

> **Beispiel:** Gegen Satzungen einer Universität, Rechtsverordnungen auf der Grundlage des BayLStVG etc. ist die verwaltungsgerichtliche Normenkontrolle statthaft.

– Art. 15 AGVwGO – Widerspruchsverfahren. Das Vorverfahren nach § 68 VwGO ist gemäß **Art. 15 Abs. 2 AGVwGO** nur in bestimmten Bereichen statthaft, die in Art. 15 Abs. 1 S. 1 AGVwGO aufgezählt sind. Verwaltungsgerichtliche Klagen können und müssen also im Regelfall erhoben werden, **ohne** dass ein **Widerspruchsverfahren** durchgeführt worden ist. Der bayerische Gesetzgeber hat mit dieser Regelung, die zum 1.7.2007 in Kraft getreten ist, von der Ermächtigung des § 68 Abs. 1 S. 1 Alt. 1 VwGO ausgiebig Gebrauch gemacht. Art. 15 Abs. 1 S. 1 AGVwGO gewährt den Rechtsschutzsuchenden ein Wahlrecht: sie können zunächst ein Widerspruchsverfahren einleiten oder direkt Klage erheben. Der Widerspruch ist in den Fällen des Art. 15 Abs. 1 S. 1 AGVwGO also **fakultativ**; einen obligatorischen Widerspruch gibt es in Bayern nicht (mehr).   **307**

– Art. 16 AGVWGO – Vertretungsbehörde des Freistaats Bayern ist grundsätzlich die Ausgangsbehörde und im Übrigen die Landesanwaltschaft. Die Vorschrift ist im Zusammenhang zu sehen mit der auf der Grundlage des § 36 Abs. 1 VwGO erlassenen Bayerischen Verordnung über die Landesanwaltschaft Bayern (LABV). Die Verordnung konstituiert die **Landesanwaltschaft** als eine hierarchisch gegliederte, von den Verwaltungsgerichten unabhängige und dem Staatsministerium des Innern unterstehende Staatsbehörde. Sie hat eine Doppelfunktion: **308**

> – Zum einen ist sie **Vertreterin des öffentlichen Interesses** und kann demgemäß in jedem Verfahren und zu jedem Verfahrenszeitpunkt von sich aus die Position eines Beteiligten (§ 63 Nr. 4 VwGO) *neben* den anderen Beteiligten erwerben, § 5 Abs. 1 S. 1 LABV. Dabei ist sie nur den Weisungen der Staatsregierung (nicht: eines einzelnen Staatsministers) unterworfen, § 5 Abs. 2 S. 2 LABV.
> – Zum anderen kann sie den Freistaat Bayern in all den Fällen vertreten (§ 62 Abs. 3 VwGO), in denen dieser Beklagter ist oder als Hoheitsträger beigeladen wird, § 3 Abs. 1 LABV. Tritt

die Landesanwaltschaft als Vertretung des Freistaats Bayern auf, hat sie den ihr von den beteiligten Behörden gegebenen Instruktionen zu folgen, § 5 Abs. 3 S. 2 LABV.

309   Mindestens ebenso bedeutend wie das, was der bayerische Landesgesetzgeber in Ausnutzung der ihm belassenen Spielräume in das AGVwGO aufgenommen hat, ist das, was er *nicht* aufgenommen hat:

310   – **Behörden** sind nach dem bayerischen Landesrecht nicht beteiligtenfähig im Sinne von § 61 Nr. 3 VwGO.

311   – Anfechtungs- und Verpflichtungsklage können nicht gem. § 78 Abs. 1 Nr. 2 VwGO gegen die Ausgangsbehörde gerichtet werden, weil das bayerische Landesrecht dies nicht vorsieht. Es bleibt bei der Regelung des § 78 Abs. 1 Nr. 1 VwGO, wonach der Rechtsträger der handelnden Behörde zu verklagen ist **(Rechtsträgerprinzip)**.

312   Eine das **Widerspruchsverfahren** betreffende wichtige Zuständigkeitsregelung ist in der Bayerischen Gemeindeordnung versteckt. Den Anlass für diese Regelung gibt § 73 Abs. 1 Nr. 3 VwGO:

313   In **Selbstverwaltungsangelegenheiten** erlässt gem. Art. 119 Nr. 1 GO die Rechtsaufsichtsbehörde den Widerspruchsbescheid, wenn es sich um eine Angelegenheit des eigenen Wirkungskreises handelt; sie ist dabei auf eine bloße Rechtskontrolle beschränkt, die Zweckmäßigkeit hat zuvor die Selbstverwaltungsbehörde geprüft. Handelt es sich um eine Angelegenheit des übertragenen Wirkungskreises, erlässt die Fachaufsichtsbehörde den Widerspruchsbescheid; sie ist dabei zu einer umfassenden Zweckmäßigkeitskontrolle verpflichtet, Art. 119 Nr. 2 GO (näher 2. Teil, Rn. 611).

2. Teil. Bayerisches Kommunalrecht

A. Einführung

I. Kommunalrecht als Unterrichts- und Prüfungsfach

1. Auch wenn kommunalrechtliche Streitigkeiten zumindest in der verwaltungs- **1** gerichtlichen Praxis eher selten auftreten, ist eine ausreichende Beschäftigung mit dem Kommunalrecht für die juristische Ausbildung aus mehreren Gründen unerlässlich. Zunächst ganz schlicht deshalb, weil dieses Rechtsgebiet Prüfungsfach ist und dementsprechend kommunalrechtliche Kenntnisse sowohl in den Fortgeschrittenenübungen im Öffentlichen Recht als auch in den beiden Juristischen Staatsexamina verlangt werden. Vor allem aber auch, weil das Kommunalrecht wichtige Grundzüge der Verwaltungsorganisation vermittelt und Kommunen Verwaltungsträger sind, die sehr breit gefächerte Aufgaben erledigen müssen, weshalb sich in den verschiedensten Sachverhalten die Frage nach der Rechtmäßigkeit kommunalen Handelns stellt. Kommunalrechtliches Wissen ist nicht nur gefordert, wenn ein Streit zwischen Bürgermeister und Gemeinderat oder zwischen einer Gemeinde und der staatlichen Aufsichtsbehörde entschieden werden soll, sondern auch dann, wenn Kommunen ihren Bürgern Geldgeschenke machen, wenn sie Parteien den Zugang zu ihren Stadthallen verbieten, Verpackungssteuern erheben, Bebauungspläne oder sicherheitsrechtliche Verordnungen erlassen.

Bereits die Erwähnung des Begriffs der Verwaltungsorganisation mag eine ge- **2** wisse abschreckende Wirkung haben. Organisationsrecht gilt gemeinhin als trockene Materie, der sich die meisten Studenten mit eher gebremstem Enthusiasmus zuwenden. Dem liegen weit verbreitete Fehlvorstellungen zugrunde. Weder ist das Organisationsrecht von zu vernachlässigender Bedeutung, noch ist es eine blutleere Angelegenheit. Wie in jedem verbandsförmig aufgebauten Gebilde – und systematisch gesehen bestehen vielfach Parallelen zu gesellschaftsrechtlichen Fragestellungen – regelt es, wer handeln darf. Ohne Kenntnis der Akteure ist keine sichere Einschätzung der Rechtmäßigkeit einzelner Maßnahmen möglich. Diese Kenntnis ist nicht schwer zu erlangen. Mit ihr lassen sich leicht einige grobe, dennoch immer wiederkehrende Fehler in Klausuren vermeiden, etwa bei der Bestimmung des Beklagten, wenn das Landratsamt einen Bescheid erlassen hat. Und wer glaubt, die Beschäftigung mit organisationsrechtlichen Fragen sei langweilig, muss nur die Lokalteile der Tageszeitungen aufschlagen, um zu sehen, wie politisch brisant rechtliche Auseinandersetzungen auf kommunaler Ebene sein können.

2. Ziel der folgenden Ausführungen ist es, einen Überblick über das Kommunal- **3** recht zu vermitteln. Besonderer Wert wird darauf gelegt, die Grundstrukturen aufzuzeigen und die prüfungsrelevanten Aspekte zu vertiefen. Weitgehend ausgespart bleiben die Teile des Kommunalrechts, die in Bayern nicht mehr Prüfungsgebiete der Juristischen Staatsprüfungen sind, also das Kommunalabgabenrecht und das kommunale Unternehmensrecht,[1] die nur noch im Zusammenhang mit dem Handeln der Kommunen bzw. mit den Einrichtungen kurz erwähnt werden. Auf das ebenfalls ausgeschlossene Kommunalwahlrecht wird kurz im Sinne einer allgemeinen Staatsbürgerkunde eingegangen. Zudem bleibt auch sonst manches unbehandelt, und vieles lässt sich nicht erschöpfend besprechen. Die Darstellung soll vielmehr das Wissen vermitteln, das die Leser in den Stand versetzt, die gesetzlichen Bestimmungen anzuwenden und auf diese Weise auftretende Probleme selbst zu lösen. In nur begrenztem Umfang wird der Leser auf weiterführende Literatur verwiesen. Das Lehrbuch ersetzt weder den Blick in die Kommentare noch eine Beschäftigung mit der Rechtsprechung und erst recht nicht die Lektüre des Gesetzestextes, die als unerlässlich vorausgesetzt wird.

4 **3.** Was den **Gang der Darstellung** angeht, so sind die folgenden Kapitel jeweils einzelnen Aspekten des Kommunalrechts gewidmet. Am Beginn stehen die verfassungsrechtlichen Vorgaben. Auf die höherrangigen Normen des europäischen Unionsrechts wird nicht gesondert eingegangen. Dieses Recht beeinflusst zwar in immer stärkerer Form auch das Verwaltungshandeln, jedoch enthält es keine näheren Bestimmungen über die Rechtsstellung oder die Verfassung von Kommunen. Jedoch wird nach dem Vertrag von Lissabon die kommunale Selbstverwaltung ausdrücklich auch durch die EU geachtet.[2] An das Verfassungsrecht schließen sich ein kurzes Kapitel über die äußere und ein langes über die wichtigere innere Organisation an, um in den folgenden Kapiteln auf die Mitwirkung der Bürger und auf die verschiedenen Bereiche kommunalen Handelns einzugehen. Am Ende stehen je ein Kapitel über die staatliche Aufsicht und über die kommunale Zusammenarbeit im weiteren Sinn.

5   Bevor auf Einzelheiten eingegangen werden kann, bedarf es eines Überblicks über die – bildlich gesprochen – Topographie der bayerischen Behördenlandschaft und vor allem über die Stellung der Kommunen. Schon um die Bedeutung der im nächsten Kapitel behandelten Selbstverwaltungsgarantie und der typischerweise damit verbundenen Problemkonstellationen verstehen zu können, muss klar sein, welche Eigenheiten die Kommunen charakterisieren, welche Funktionen diese erfüllen und wie deren Verhältnis zu den staatlichen Behörden beschaffen ist.

II. Charakteristika und Tätigkeiten von Kommunen

1. Rechtsnatur

6   Kommunen sind nichtstaatliche **Gebietskörperschaften.** Sie sind rechtsfähig, d.h. Träger von Rechten und Pflichten, und insofern **eigenständige Rechtspersönlichkeiten,** also juristische Personen. Ihr wesentliches Merkmal ist – wie bei allen Körperschaften – die verbandsförmige Organisation. Dementsprechend beruhen Kommunen auf der Mitgliedschaft, wenn sie auch als Einrichtung von einem Wechsel der Mitglieder unabhängig sind. Ausschlaggebendes Kriterium für den Erwerb der Mitgliedschaft in einer Kommune ist die Gebietsansässigkeit. M.a.W.:

---

[1] Vgl. Änderung der JAPO durch §§ 1 Nr. 6 Buchst. a, 2 der VO v. 27.11.2015 (GVBl. S. 446).
[2] Art. 4 Abs. 2 S. 1 EUV: „Die Union achtet die Gleichheit der Mitgliedstaaten vor den Verträgen und ihre jeweilige nationale Identität, die in ihren grundlegenden politischen und verfassungsmäßigen Strukturen einschließlich der regionalen und lokalen Selbstverwaltung zum Ausdruck kommt." Vgl. auch § 10 des G über die Zusammenarbeit von Bund und Ländern in Angelegenheiten der EU (*Sartorius I* Nr. 97).

Kommunen erstrecken sich über einen bestimmten, räumlich abgegrenzten Teil des Staatsgebiets, und die dort ansässigen Menschen sind ihre Mitglieder. Insofern verfügen Kommunen über ein Hoheitsgebiet und ein „Gebietsvolk".

Im Unterschied zum Staat besitzen Kommunen aber **keine ursprüngliche** **7** **Hoheitsgewalt,** sie sind nicht souverän. Soweit sie hoheitlich handeln, können sie sich nur auf die ihnen übertragenen Befugnisse stützen, ihre Hoheitsgewalt ist abgeleitet. Deshalb gelten die Kommunen als Teil der Staatsgewalt. Geht man von der im Grundgesetz angelegten Unterscheidung zwischen der Staatsgewalt des Bundes einerseits und der Staatsgewalt der Länder andererseits aus, gehören die **Kommunen zur Landesstaatsgewalt.**

Jedoch vermag die formale Charakterisierung als Teil der mittelbaren Staatsver- **8** waltung (Verwaltung durch rechtlich selbstständige Träger) die besondere Stellung der Kommunen nicht ausreichend zu erfassen. Nicht umsonst kommt jeder Bürger im täglichen Leben in vielfacher Weise mit kommunalen Behörden oder Einrichtungen in Kontakt. Vor allem zwei Aspekte prägen die Stellung der Kommunen:

– Zum einen ist das der **umfassende Aufgabenbereich.** Gemeinden als wich- **9** tigste kommunale Körperschaften dürfen grundsätzlich alles erledigen, was auf örtlicher Ebene anfällt, sie sind insofern „allzuständig", und diese Allzuständigkeit ist ihnen verfassungsrechtlich garantiert (→ Rn. 63).

– Zum anderen wird die Stellung der Kommunen geprägt durch ihre besondere **10** **demokratische Legitimation,** die in erster Linie durch Wahlen vermittelt und durch weitere Mitwirkungsmöglichkeiten wie Bürgerbegehren und Bürgerentscheid verstärkt wird (→ Rn. 281 ff.).

Die Stellung der Gemeinden als demokratisch verfasste und selbstverwaltete **11** Einrichtungen ist **historisch überkommen** und seit langem prägendes Element für einen Staatsaufbau mit „Demokratie von unten" (vgl. Art. 1 S. 2 GO). Deshalb werden die Gemeinden in Art. 11 Abs. 2 S. 1 BV als „ursprüngliche" Gebietskörperschaften bezeichnet.

Während in Preußen die kommunale Selbstverwaltung durch die Reformen von *Hardenberg* **12** und *vom Stein* bereits zu Beginn des 19. Jahrhunderts gestärkt wurde, sorgte *Montgelas* in Bayern für deren Abschaffung, um das staatliche Gemeinwesen zu festigen;[3] die Gemeindeordnung von 1808 stand im Geiste dieser Entwicklung. Schon die Bayerische Verfassung von 1818 brachte aber eine Wiederbelebung der gemeindlichen Selbstverwaltung, der durch die Gemeindeordnung von 1818 besonderer Ausdruck verliehen wurde.[4]

Auch im **europäischen Vergleich** ist eine besondere Stellung der Gemeinden erkennbar.[5] **13** Zwar ist deren Bestand und Rechtsstellung eher selten verfassungsrechtlich garantiert, jedoch räumen ihnen die meisten Länder Entscheidungsspielräume ein. Außerdem werden ihre Organe in der Regel durch eigene Wahlen legitimiert. Ausdruck der besonderen Stellung ist zudem auf europäischer Ebene die im Rahmen des Europarats beschlossene Europäische Charta der kommunalen Selbstverwaltung v. 15.10.1985[6] und die Erwähnung der kommunalen Selbstverwaltung in Art. 4 Abs. 2 EUV (vgl. Rn. 4)[7].

---

[3] Vgl. *B. Becker,* BayVBl. 1986, 705 ff. und 744 ff.

[4] Die Texte der Gemeindeordnungen sind abgedruckt in: *Knemeyer,* Die bayerischen Gemeindeordnungen 1808–1945, 1994; vgl. auch die Faksimile-Ausgabe Bayerisches Kommunalrecht 1818–1919 (Link'sche Klassische Texte), 1998.

[5] Vgl. nur *Martini,* Gemeinden in Europa, 1992; *Müller,* Die Entscheidung des Grundgesetzes für die gemeindliche Selbstverwaltung im Rahmen der europäischen Integration, 1992.

[6] BGBl. II 1987, 65; *Knemeyer,* Die Europäische Charta der kommunalen Selbstverwaltung, 1989.

[7] ABl. EU 2008 C 115, 13. Vgl. dazu *Heberlein,* BayVBl. 2014, 193 ff.

2. Arten und Abgrenzung

14 *a)* In Bayern existieren kommunale Körperschaften im vorstehend beschriebenen Sinn, d. h. als Körperschaften, deren Mitglieder die jeweils Gebietsansässigen sind, auf **drei Ebenen.** Auf der obersten Ebene sind die sieben bayerischen Bezirke angesiedelt, auf der mittleren die Landkreise und auf der unteren die Gemeinden (→ Karte *Ziegler/Tremel* S. XXIII). Die jeweils grundlegenden Rechtsvorschriften für die genannten Arten kommunaler Körperschaften sind in drei Gesetzen enthalten: der BezO, der LKrO und der GO.

15   Bezirke und Landkreise werden nach bayerischem Recht als Gemeindeverbände bezeichnet. Systematisch gesehen handelt es sich um sog. unechte Gemeindeverbände, denn ihre Mitglieder sind die im Gebiet wohnenden Bürger, während sog. echte Gemeindeverbände nur Vereinigungen von Gebietskörperschaften sind.

16 *b)* Die drei Ebenen decken grundsätzlich jeweils das gesamte Staatsgebiet ab. In gewisser Weise ist damit die Landschaft der kommunalen Körperschaften dreistufig aufgebaut. Das Gebiet eines Bezirks umfasst das Gebiet mehrerer Landkreise, das Gebiet eines jeden Landkreises wiederum das Gebiet mehrerer Gemeinden (vgl. Ausnahmen → Rn. 20). Wichtig ist aber, dass der Aufbau nicht hierarchisch konzipiert ist, sondern nach dem **Prinzip der Aufgabentrennung** funktioniert. Deshalb sind die Bezirke nicht den Landkreisen und diese wiederum nicht den Gemeinden übergeordnet. Die auf höherer Ebene angesiedelten Kommunen können den auf niedrigerer Ebene angesiedelten keine Weisungen erteilen. Vielmehr sind alle Kommunen eigenständig und nehmen eigenverantwortlich die ihnen eingeräumten Aufgaben wahr. Die damit angesprochene Zuständigkeit ist die sog. Verbandszuständigkeit (= Zuständigkeit der jeweiligen Kommune).

Die Zuständigkeiten der Kommunen sind die folgenden:

17 – **Gemeinden** sind grundsätzlich für alle örtlichen Angelegenheiten zuständig (vgl. Art. 1 S. 1 GO). Weil diese „lokale Allzuständigkeit" verfassungsrechtlich gesichert ist, stellen sich Änderungen im Aufgabenbestand vielfach als Eingriffe in eine verfassungsrechtlich gewährte Rechtsstellung dar, die der Rechtfertigung bedürfen (→ Rn. 88 ff.).

18 – **Landkreise** sind zuständig für die Erledigung überörtlicher Aufgaben, also solcher Aufgaben, die sinnvollerweise nicht auf örtlicher Ebene wahrgenommen werden können, weil deren Bedeutung über das Gebiet von Gemeinden hinausgeht (andererseits, in Abgrenzung von den Bezirken, nicht über das Kreisgebiet, Art. 1 LKrO).

19 – **Bezirke** sind nur für Aufgaben zuständig, die einen übergreifenden Charakter besitzen (vgl. Art. 1 BezO); das sind relativ wenige, die sich zudem schwer allgemein fassen lassen, so dass die praktische Bedeutung der Bezirke eher gering ist. Deshalb treten auch in Klausuren selten Bezirke als Akteure auf (und wird immer wieder über die Abschaffung oder Umstrukturierung der Bezirke diskutiert).[8]

20   Der genannte Aufbau in drei Ebenen erfährt in zweierlei Hinsicht **Durchbrechungen.** Zum einen deckt die untere Ebene nicht das gesamte Gebiet des Freistaates Bayern ab, denn es existieren auch **gemeindefreie Gebiete,** die allerdings

---

[8] Sehr kritisch *Merk,* BayVBl. 1999, 545 ff.

landkreisangehörig sind (Art. 10a GO). Zum anderen existieren **kreisfreie Gemeinden.** Dabei handelt es sich um größere Gemeinden, die so leistungsfähig sind, dass sie neben den örtlichen ebenfalls die Aufgaben der Landkreise erledigen (Art. 9 Abs. 1 S. 2 GO). In ihnen werden also praktisch untere und mittlere kommunale Ebene vereint. Kreisfreie Gemeinden sind demnach nicht kreis-, aber bezirksangehörig. Vorsicht: Die kreisfreien Gemeinden dürfen nicht mit den Großen Kreisstädten verwechselt werden. Große Kreisstädte sind kreisangehörige Gemeinden, deren Besonderheit nur darin liegt, dass sie zusätzliche Aufgaben wahrnehmen (→ Rn. 38).

Gegenwärtig gibt es in Bayern 7 Bezirke, 71 Landkreise, 2.031 kreisangehörige (davon 982 in **21** 311 Verwaltungsgemeinschaften sowie 29 große Kreisstädte) und 25 kreisfreie Gemeinden.[9] Abgesehen von den Stadtstaaten, existieren **in allen anderen Ländern** ebenfalls kreisangehörige und kreisfreie Gemeinden sowie Landkreise, jedoch fehlt es in der Regel an einer vergleichbar umfassend organisierten dritten kommunalen Ebene. Eine Gebietskörperschaft gibt es noch in Rheinland-Pfalz (Bezirk), sonst sind die höheren Gemeindeverbände Verbandskörperschaften (Landeswohlfahrtsverbände in Baden-Württemberg, Hessen und Sachsen, Landschaftsverbände in Nordrhein-Westfalen, Landschaften in Niedersachsen).[10]

c) Die Zahlenverhältnisse machen deutlich, dass Kommunalrecht in erster Linie **22** Gemeinderecht ist. Dementsprechend liegt der **Schwerpunkt der folgenden Darstellung auf der Rechtsstellung der Gemeinden.** Die Rechtsstellung der Landkreise und Bezirke ist weitgehend vergleichbar ausgestaltet. Insofern lässt sich das zu den Gemeinden Ausgeführte auf die anderen Gebietskörperschaften übertragen. Deshalb muss auf **Landkreise und Bezirke** nur insoweit eingegangen werden, als im jeweiligen sachlichen Zusammenhang **Besonderheiten** erwähnenswert sind.

d) Neben den genannten drei Arten von Kommunen finden sich auf kommunaler **23** Ebene weitere Einrichtungen als Verwaltungsträger. Sie dienen der **kommunalen Zusammenarbeit,** sollen also bei der Aufgabenerledigung helfen. Umfassende Aufgaben erledigt die **Verwaltungsgemeinschaft.** Sie stellt einen Zusammenschluss mehrerer Gemeinden mit eigener Rechtspersönlichkeit dar. Für die Erfüllung einzelner Aufgaben können **Zweckverbände** errichtet werden, die ebenfalls eigenständige Personen des Öffentlichen Rechts sind. Daneben besteht für Kommunen die Möglichkeit, auf vertraglicher Grundlage zusammenzuarbeiten, nämlich in Form von Zweckvereinbarungen und Arbeitsgemeinschaften, ohne damit neue Einrichtungen zu errichten (→ Rn. 577ff.).

3. Namen und Organe

a) Der **Name** kommunaler Gebietskörperschaften ist **zusammengesetzt** aus einem auf die Art hindeutenden Bestandteil und der historisch überkommenen Bezeichnung der Kommune, die eine Individualisierung ermöglicht. Beispiele: Bezirk Oberpfalz, Landkreis Regensburg, Gemeinde Sinzing. Was den ersten Namensbestandteil angeht, sind einige Besonderheiten zu beachten: München trägt die Bezeichnung „Landeshauptstadt" (Art. 3 Abs. 3 GO), die kreisfreien Gemeinden wer-

---

[9] https://www.stmi.bayern.de/kub/kommunalegliederung/index.php (Stand: 1.7.2021).
[10] Vgl. näher *Burgi,* KommR, § 5 Rn. 5.

den wegen ihrer Struktur und Größe als „Städte" bezeichnet. Jedoch kann auch
eine kreisangehörige Gemeinde „Stadt" heißen (vgl. Art. 3 Abs. 1 GO, Beispiel:
Stadt Neutraubling). Dementsprechend lässt sich die Aussage treffen, dass alle kreisfreien Gemeinden Städte sind, aber nicht umgekehrt, dass alle Städte zugleich
kreisfrei sind. **Name und Funktion müssen auseinandergehalten werden.**
Ebenfalls als Namensbestandteil für Gemeinden dient die Bezeichnung „Markt".
Unabhängig vom ursprünglichen Namen ist die Verleihung weiterer Bezeichnun-
gen möglich, wobei die für Gemeinden attraktive Befugnis, den Zusatz „Bad" zu
führen, von der Erfüllung bestimmter Voraussetzungen abhängt (vgl. Art. 2 Abs. 3
GO, Beispiel: Markt Bad Abbach).

Funktionsbezeichnungen	Namensbestandteile
kreisangehörige Gemeinde	Stadt
Große Kreisstadt	Markt
kreisfreie Gemeinde	

25   Nach Art. 2 Abs. 1 GO haben die Gemeinden ein Recht auf Beachtung ihres
geschichtlichen Namens. Es handelt sich um ein öffentlich-rechtliches, gegen jedermann wirkendes und damit absolutes **Persönlichkeitsrecht,** denn der Name
vermittelt rechtliche Identität und ist Ausdruck der Individualität. Insofern wird das
Namensrecht von der Selbstverwaltungsgarantie umfasst (Art. 28 Abs. 2 S. 1 GG, 11
Abs. 2 BV). Deshalb darf der Staat bei der Neubildung von Gemeinden zwar neue
Namen vergeben (Art. 2 Abs. 2 Nr. 2 GO), aber den Namen bestehender Gemein-
den nur aus Gründen des öffentlichen Wohls zur Abwendung schwerwiegender
Missstände ändern (Art. 2 Abs. 2 Nr. 1 GO: „öffentliches Bedürfnis"). Vgl. zum
Namensrecht der Landkreise Art. 2 LKrO und der Bezirke Art. 2 BezO, ferner zu
Einzelheiten die NHGV (*Ziegler/Tremel* Nr. 281).

26   Eine Namensänderung erfolgt, ebenso wie die Verleihung von Namensbestandteilen, durch
Verwaltungsakt. Da die Gemeinden als Ausfluss ihres Selbstverwaltungsrechts einen Anspruch
darauf besitzen, dass die staatlichen Behörden das gemeindliche Namensrecht angemessen berücksichtigen, können sie entsprechende Verwaltungsakte wegen einer möglichen Verletzung von
Art. 28 Abs. 2 S. 1 GG anfechten (§ 42 Abs. 2 VwGO). Allerdings haben sie zumindest grundsätzlich kein Recht auf einen bestimmten Namen, sondern nur auf die Ausübung fehlerfreien Ermessens.[11]

27   Wird durch sonstiges (schlichtes) Handeln das Namensrecht beeinträchtigt, besitzen die Gemeinden einen **Abwehranspruch,** so z.B. wenn der Name ohne Genehmigung zu Werbezwe-
cken verwendet wird. Handeln Private oder handeln Hoheitsträger privatrechtlich,[12] folgt dieser
Anspruch aus § 12 BGB. Soll hoheitliches Handeln abgewehrt werden, ist der Anspruch im Wege
der Unterlassungsklage als Unterfall der Leistungsklage geltend zu machen und wiederum auf
Art. 28 Abs. 2 S. 1 GG zu stützen; z.T. wird auch § 12 BGB analog herangezogen. Ein Recht auf
Nennung des Gemeindenamens im Rahmen schlicht-hoheitlicher Tätigkeit, etwa bei der Aus-
schilderung von Straßen, folgt weder aus einfachem Recht noch aus Art. 28 Abs. 2 oder Art. 3
Abs. 1 GG.[13]

---

[11] Vgl. auch BVerfGE 50, 195 (zur Namensgebung im Rahmen einer Neugliederung): danach
ist zu überprüfen, ob der neue Name nicht willkürlich oder sachwidrig gewählt wurde.
[12] Hingegen will der BayVGH, BayVBl. 2002, 52, daran ansetzen, ob die Gemeinde hoheitlich
handelt, was aber deshalb keine klare Abgrenzung erlaubt, weil nicht die Gemeinde, sondern der
Eingreifende die Qualität des Handelns bestimmt.
[13] Vgl. VGH Kassel, DVBl. 1977, 49; allerdings muss ein verwendeter Name richtig sein, vgl.
dazu BVerwG, DÖV 1980, 97; OVG Koblenz, NVwZ 1986, 1033.

Vgl. auch zu den **Wappen, Flaggen und Dienstsiegeln** die entsprechenden gesetzlichen **28** Vorschriften (Art. 4 GO; Art. 3 LKrO; Art. 3 BezO). Für sie und ihren Schutz gilt das zum Namensrecht Ausgeführte entsprechend.

b) Alle kommunalen Gebietskörperschaften besitzen zwei Hauptorgane. Das **eine** **29** **Hauptorgan** ist monokratisch aufgebaut, besteht also nur aus einer Person (= Organwalter); diese **leitet die Verwaltung** der Kommune. Eigenständig sorgt sie dafür, dass die täglichen Geschäfte der Kommunen erledigt werden. Bei den Bezirken heißt das entsprechende Organ „Bezirkstagspräsident", bei den Landkreisen „Landrat" und bei den Gemeinden „erster Bürgermeister". In kreisfreien Gemeinden und Großen Kreisstädten führt der erste Bürgermeister die Bezeichnung „Oberbürgermeister", Art. 34 Abs. 1 S. 2 GO. Hervorzuheben ist, dass Landräte und erster Bürgermeister in Bayern direkt gewählt werden.

Das **zweite Hauptorgan** ist **kollegial zusammengesetzt,** besteht also aus **30** mehreren – je nach Größe der Kommune unterschiedlich vielen – Mitgliedern. Einem allgemeinen, im öffentlichen und privaten Verbandsrecht anzutreffenden Prinzip folgend, trifft es die **grundlegenden Entscheidungen.** Um die Beschlussfassung zu erleichtern, ist es möglich (und bei den Landkreisen die Regel), die Entscheidungsbefugnis an Ausschüsse zu delegieren. Das Kollegialorgan heißt bei den Bezirken „Bezirkstag", bei den Landkreisen „Kreistag" und bei den Gemeinden „Gemeinderat". Der Gemeinderat von Städten wird als „Stadtrat" bezeichnet.

Neben den genannten Hauptorganen verfügen die Kommunen über **weitere Organe.** Welche das im Einzelnen sind, ist allerdings nicht unumstritten. Auszugehen ist von der allgemeinen Umschreibung, wonach ein Organ institutionell eine selbstständige Einrichtung darstellt, deren Bestand vom Inhaberwechsel unabhängig ist, und funktionell für den Träger in eigener Zuständigkeit bestimmte Aufgaben erledigt. Der Streit um die Organeigenschaft einzelner Akteure weist grundsätzlich nicht weit über terminologische Schwierigkeiten hinaus. Erst wenn sich im konkreten Fall ein entsprechendes Problem stellt, ist anhand der einschlägigen gesetzlichen Bestimmungen zu klären, ob institutionell und vor allem funktionell die Organqualität zu bejahen ist, wofür das Vorhandensein eigener Rechte und Pflichten ausschlaggebend ist. Demnach sind Organe etwa Werkausschuss und -leitung eines Eigenbetriebs, der Ortssprecher und evtl. die Bezirksausschüsse (→ Rn. 109 f.). **31**

Die u.a. in Bayern existierende Kommunalverfassung wird als **süddt. Ratsverfassung** bezeichnet; sie ist dualistisch ausgestaltet (Rat und Bürgermeister) und beide Hauptorgane werden unmittelbar durch die Bürger gewählt. Sie hat die Vorteile kompetenzieller Ausgewogenheit und umfassender demokratischer Legitimation und ist nicht zuletzt deshalb mittlerweile von den meisten Ländern, die früher die sog. norddeutsche Ratsverfassung besaßen (u.a. Nordrhein-Westfalen), übernommen worden. Daneben existiert noch die unechte Magistratsverfassung (Magistrat als kollegiales Vollzugsorgan) in Hessen, während sich die sog. Bürgermeisterverfassung nicht klar von den anderen Verfassungstypen unterscheiden lässt.[14] **32**

4. Handlungsformen

Wie jedem anderen Verwaltungsträger steht den Kommunen ein großes Spektrum an Möglichkeiten zur Verfügung, um außenwirksame Maßnahmen zu treffen. Dabei ist zunächst eine Differenzierung hinsichtlich der **Rechtsform** wichtig, d.h. es ist zu unterscheiden zwischen öffentlich-rechtlichem und privatrechtlichem Handeln. Kommunen werden privatrechtlich tätig, wenn sie Erwerbszwecke ver- **33**

---

[14] Vgl. dazu *Geis,* KommR, § 3 Rn. 1; *Burgi,* KommR, § 10 Rn. 4; dazu, dass die überkommenen Typisierungen obsolet sind, *Röhl,* in: *Schoch,* BesVerwR, 2. Kapitel, Rn. 87.

folgen (eine gemeindeeigene Brauerei betreiben), wenn sie ihren Bedarf decken (Bleistifte für die Gemeindeverwaltung einkaufen) oder auch, wenn sie in Privatrechtsform Verwaltungsaufgaben wahrnehmen (Mietverträge hinsichtlich der Benutzung einer Sporthalle abschließen).[15] Die verschiedenen Rechtsformen sind vor allem von Interesse, wenn die Kommunen im Bereich der Daseinsvorsorge handeln, insbesondere über die Vergabe gemeindlicher Einrichtungen entscheiden (→ Rn. 459 f. und 480 f.).

Bei der Erfüllung ihrer Aufgaben sind die Kommunen aufgrund des Art. 61 Abs. 2 Satz 2 GO (Art. 55 Abs. 2 Satz 2 LKrO, Art. 53 Abs. 2 Satz 2 BezO) gehalten, zu prüfen, inwieweit sie diese durch nichtkommunale Stellen, insbesondere durch private Dritte oder unter Heranziehung Dritter, erledigen können. Ziel dieser Forcierung der formellen Privatisierung öfflicher Aufgaben (→ dazu auch unten Rn. 356) soll es sein, den Kommunen größere Handlungsspielräume bei der Aufgabenerfüllung und nicht zuletzt Einsparpotentiale zu ermöglichen. Von der sog. Organisationsprivatisierung, in der die Kommune eine Rechtsform des Privatrechts zur Aufgabenerfüllung wählt, ist die (materielle) Aufgabenprivatisierung zu unterscheiden, bei der die kommunale Aufgabe völlig an Private übertragen wird. Letztere ist aber nur in sehr engen Grenzen denkbar, weil Kommunen für die Erfüllung der ihnen gesetzlich zugewiesenen Aufgaben verantwortlich sind.[16] Zwischen Privatisierung und eigener Aufgabenerledigung hat sich unter dem Stichwort *Public Private Partnership* ein Bereich herausgebildet, der ein breites Spektrum der Zusammenarbeit zwischen Kommunen und Privaten umfasst. Es reicht von der Vergabe bestimmter Leistungen an Private über private Finanzierungsmodelle (z. B. „cross-border-Leasing") bis hin zum Betrieb kommunaler Einrichtungen durch Private im Auftrag der Kommunen.[17]

Im Übrigen ist allgemein darauf hinzuweisen, dass Kommunen hinsichtlich wirtschaftlicher Tätigkeiten bestimmten Einschränkungen unterliegen (→ Rn. 458).

34   Handeln Kommunen öffentlich-rechtlich, können sie zwischen verschiedenen **Handlungsformen** wählen (→ Rn. 357 ff.). Es steht ihnen grundsätzlich frei, schlicht-hoheitlich zu handeln (etwa Straßen zu kehren), zur Regelung von Einzelfällen Verwaltungsakte zu erlassen (etwa Abgabenbescheide zu verschicken) oder verwaltungsrechtliche Verträge zu schließen (etwa Vereinbarungen über Folgekosten von Bauvorhaben zu treffen, → Rn. 357 ff.). Sie können auch generell-abstrakt regeln, dürfen also Normen setzen. Jedoch verfügen sie nicht über uneingeschränkte Rechtsetzungshoheit. Kommunen werden nie als Teil der Legislative, sondern immer als Teil der **Exekutive** tätig. Sie können nur Gesetze im ausschließlich materiellen Sinn schaffen (Satzungen und Verordnungen), wobei zudem die verfassungsrechtlich verankerten Grundsätze des Vorrangs formeller Gesetze (Art. 20 Abs. 3 GG) und des Vorbehalts formeller Gesetze (Parlamentsvorbehalt als Ausfluss der Wesentlichkeitstheorie) zu beachten sind (näher → Rn. 363 ff.).

---

[15] Vgl. dazu und zur Wahlfreiheit der Verwaltung nur *Maurer/Waldhoff*, AllgVerwR, § 3 Rn. 18 ff.

[16] Ausführlich *Knemeyer*, Bay. KommR, Rn. 177.

[17] Vgl. dazu *Bausback*, DÖV 2006, 901. Zum umgekehrten Vorgang, der sog. Rekommunalisierung, *Leisner-Egensperger*, NVwZ 2013, 1110 ff.

III. Verflechtung von Kommunen und Staat

1. Funktional

Kommunen erfüllen zunächst die Aufgaben, die ihnen schon deshalb überlassen **35** sind, weil sie mit ihrer Existenz und ihrer Eigenart notwendig verbunden sind (→ Rn. 9). Insoweit handelt es sich um die sog. **eigenen Aufgaben.** Diese Bezeichnung bezieht sich darauf, dass die Aufgaben aus Sicht der Kommunen in Form der Selbstverwaltung wahrgenommen werden. Die Kommunen sollen eigenverantwortlich zuständig sein für die Erledigung aller Angelegenheiten, die ihrer Funktion und ihrem Gebietszuschnitt entsprechen. Gemeinden und in eingeschränktem Maß den Landkreisen wird die eigenständige Aufgabenerfüllung durch Art. 28 Abs. 2 GG garantiert (→ Rn. 47). Der Staat überlässt den Kommunen generell einen eigenen Wirkungskreis (→ Rn. 343 ff.), was nicht zuletzt auch dem Grundsatz der Subsidiarität entspricht. Dieser Systementscheidung folgend darf er sich nur in eingeschränkter Weise in das kommunale Handeln einmischen.

Jedoch hat es damit nicht sein Bewenden. Vielmehr nutzt der Staat zugleich **36** die mit der Systementscheidung verbundene Möglichkeit, seine eigene (unmittelbare) Verwaltung zu entlasten. Kommunen bilden ein flächendeckendes Netz an Einrichtungen auf drei Ebenen. Damit existiert eine Vielzahl gleichartiger Behörden, die insgesamt das Gebiet des Freistaates versorgen können. Deshalb bietet es sich an, den Kommunen weitere, **staatliche Aufgaben zu übertragen** (→ Rn. 353 ff.). Das hat den Vorteil, ohne Errichtung neuer Behörden und ohne unvertretbaren Aufwand eine bürgernahe Verwaltung auch bei der Erfüllung dieser Aufgaben gewährleisten zu können.

Die **Trennung von eigenem und übertragenem Wirkungskreis** ist für das **37** Kommunalrecht von zentraler Bedeutung. Zwar werden alle Aufgaben von den Kommunen als eigenständigen Rechtspersönlichkeiten wahrgenommen. Jedoch ist der staatliche Einfluss auf das kommunale Handeln je nach Wirkungskreis unterschiedlich. Alle Kommunen unterliegen einer Kontrolle (= Aufsicht) durch staatliche Behörden. Während sich diese im eigenen Wirkungskreis auf die Einhaltung der Rechtmäßigkeit beschränkt (Rechtsaufsicht), da für die eigenen Aufgaben die verfassungsrechtliche Garantie der Selbstverwaltung gilt, erstreckt sie sich im übertragenen Aufgabenkreis auch auf die Zweckmäßigkeit kommunalen Handelns (Fachaufsicht) (→ Rn. 511 ff.).

Was den **Umfang der übertragenen Angelegenheiten** angeht, gelten wichti- **38** ge **Sonderbestimmungen** für kreisfreie Gemeinden (= kreisfreie Städte, → Rn. 24) und Große Kreisstädte. Da sie besonders leistungsfähig sind, werden ihnen zusätzliche Aufgaben übertragen. So erledigen die **kreisfreien Gemeinden** nicht nur als Ausfluss ihrer fehlenden Landkreiszugehörigkeit die übertragenen Aufgaben des Landkreises, sondern auf ihrem Gebiet zugleich alle Aufgaben, die sonst vom LRA als Staatsbehörde wahrzunehmen sind (Art. 9 Abs. 1 S. 1 GO; → Rn. 41); das LRA besitzt also in kreisfreien Gemeinden keine Zuständigkeit.

Hinweis: Aufgaben, die sonst eigene Aufgaben der Landkreise darstellen, sind im Gebiet kreisfreier Gemeinden für diese eigene Aufgaben. Großen Kreisstädten können – im Vergleich zum Aufgabenbestand der kreisangehörigen Gemeinden – weitere Aufgaben übertragen werden, wofür es einer VO bedarf (Art. 9 Abs. 2 GO); praktisch allein von Bedeutung ist insofern die GrKrV (*Ziegler/Tremel* Nr. 284). So obliegen Großen Kreisstädten als übertragene Angelegenheiten gem. Art. 9 Abs. 2 S. 1 GO i. V. m. § 1 Abs. 1 Nr. 1 GrKrV die Aufgaben als untere Bauaufsichtsbehörden (→ 4. Teil, Rn. 26).

Aufgaben eines Bezirks	übertragener Wirkungskreis	**Bezirk** Art. 4, 6, 50 BezO			
	eigener Wirkungskreis	**Bezirk** Art. 4, 5, 48 BezO			
Rein staatliche Aufgaben		**Landratsamt** Art. 37 I 2 LKrO (weder eigener noch übertragener WK)		**Gr. Kreisstadt** Art. 9 II 1, 2 1. HS GO i. V. m. GrKrV (übertragener WK, Art. 9 II 1 GO)	**Kreisfreie Gemeinde** Art. 9 I 1 GO (übertragener WK)
Aufgaben eines Landkreises	übertragener Wirkungskreis	**Landkreis** Art. 4, 6, 53 LKrO		**Gr. Kreisstadt** Art. 9 II 2 2. HS GO	**Kreisfreie Gemeinde** Art. 9 I 2 GO i. V. m. Art. 4, 6, 53 LKrO
	eigener Wirkungskreis	**Landkreis** Art. 4, 5, 51 LKrO			**Kreisfreie Gemeinde** Art. 9 I 2 GO i. V. m. Art. 4, 5, 51 LKrO
Aufgaben einer Gemeinde	übertragener Wirkungskreis	**Gemeinde** Art. 6, 8, 58 GO	**Verwaltungsgemeinschaft** Art. 4 I VGemO	**Gr. Kreisstadt** Art. 6, 8, 58 GO	**Kreisfreie Gemeinde** Art. 6, 8, 58 GO
	eigener Wirkungskreis	**Gemeinde** Art. 6, 7, 57 GO	**Verwaltungsgemeinschaft** Art. 4 II VGemO	**Gr. Kreisstadt** Art. 6, 7, 57 GO	**Kreisfreie Gemeinde** Art. 6, 7, 57 GO

2. Organisatorisch

39   *a)* Nicht nur die Kommunen sind auf drei Ebenen verteilt. Auch der **Aufbau der staatlichen Behörden** (= Aufbau der unmittelbaren Staatsverwaltung) ist in Bayern dreistufig. An der Spitze stehen (neben der Staatsregierung, vgl. Art. 43 Abs. 1 BV) die Bayerischen Staatsministerien als oberste Landesbehörden (vgl. Art. 51, 55 Nr. 2 BV). Für den Bereich der inneren Verwaltung und damit auch für die meisten kommunalen Angelegenheiten ist das Bayerische Staatsministerium des Inneren zuständig. Auf der nächsten Ebene folgen die (Bezirks-)Regierungen als mittlere allgemeine Staatsbehörden. Deren räumlicher Zuständigkeitsbereich entspricht dem Gebiet der Bezirke als kommunale Körperschaften, auch wenn in der BV verwirrenderweise aus historischen Gründen die Regierungsbezirke als Kreise bezeichnet werden (Art. 9 Abs. 1 BV). Untere Staatsbehörden sind die LRA. Ihr Zuständigkeitsbereich deckt sich jeweils mit dem Gebiet der Landkreise (und wird wiederum in Art. 9 Abs. 2 S. 1 BV, der Tradition folgend, als Bezirk bezeichnet). Vgl. zur Deckung der räumlichen Zuständigkeiten Art. 10 Abs. 1 BV.

40   Die genannten **Behörden** verfügen zwar über eigene Zuständigkeiten, sind aber keine Personen des öffentlichen Rechts, sondern handeln als **Organe für den Staat.** Ihr Handeln ist damit immer dem Staat als juristischer Person des öffentlichen Rechts zuzurechnen. Sie sind hierarchisch aufgebaut und stehen untereinander in einem **Weisungsverhältnis:** Das zuständige Staatsministerium besitzt die Leitungsgewalt und somit die Möglichkeit, die nachgeordneten Behörden, also die Regierungen und die Landratsämter, anzuweisen. Dies geschieht, da sich die Weisungen im staatlichen Bereich und damit innerhalb des Staates als einheitlicher Rechtspersönlichkeit bewegen, nicht durch Außenrechtssätze, sondern durch Verwaltungsvorschriften.[18]

b) Grundsätzlich sind die verschiedenen Rechtspersönlichkeiten, also die kommunalen Körperschaften und der Staat, voneinander **organisatorisch getrennt.** Für jede Rechtsperson handeln eigene Behörden; zwischen Bezirk und Regierung existiert zwar ein Verwaltungsverbund (Art. 35 ff. BezO), der aber die Behördentrennung unberührt lässt. Eine **wichtige Ausnahme** findet sich auf mittlerer kommunaler und unterer staatlicher Ebene. Denn das **Landratsamt (LRA)** ist zwar Kreisbehörde, jedoch nur dann, wenn es Aufgaben des Landkreises – egal ob eigene oder übertragene – wahrnimmt. Entscheidend ist nicht der Wirkungskreis, sondern allein die Verbandszuständigkeit des Landkreises. Nimmt das LRA hingegen staatliche Aufgaben wahr, handelt es für den Staat und ist Staatsbehörde (Art. 37 Abs. 1 LKrO). Damit verbunden ist die Doppelfunktion des Landrats, der Leiter des LRA ist: einerseits als Organ des Landkreises (Art. 31 S. 1 LKrO), andererseits als Leiter einer staatlichen Behörde, wenn das LRA Staatsaufgaben erfüllt. Der Sache nach handelt es sich im letztgenannten Fall um eine Organleihe, weil ein Kreisorgan für den Staat tätig wird. Die Doppelfunktion kann Schwierigkeiten aufwerfen bei der Beurteilung der Frage, ob das Handeln des Landrats/LRA im Einzelfall dem Landkreis oder dem Staat als Rechtspersönlichkeit zuzuordnen ist (insbesondere im Hinblick auf § 78 Abs. 1 Nr. 1 VwGO und evtl. haftungsrechtliche Folgen, → Rn. 408 ff. und 413 ff.). **41**

c) Die Staatsbehörden sind im Übrigen für die Kommunen vor allem deshalb wichtig, weil sie über diese die Aufsicht führen, das kommunale Handeln überwachen, aber auch die Kommunen beraten und unterstützen. Darauf wird später näher einzugehen sein (→ Rn. 508 ff.). Bereits an dieser Stelle können aber **kommunaler und staatlicher Aufbau einander gegenübergestellt** werden, um die gesamte Architektur graphisch zu verdeutlichen. Dabei wird ersichtlich, dass die drei kommunalen Ebenen und die drei Ebenen der Staatsbehörden quasi „versetzt angeordnet" sind. **42**

---

[18] Vgl. *Maurer/Waldhoff,* AllgVerwR, § 24 Rn. 1 ff.

43

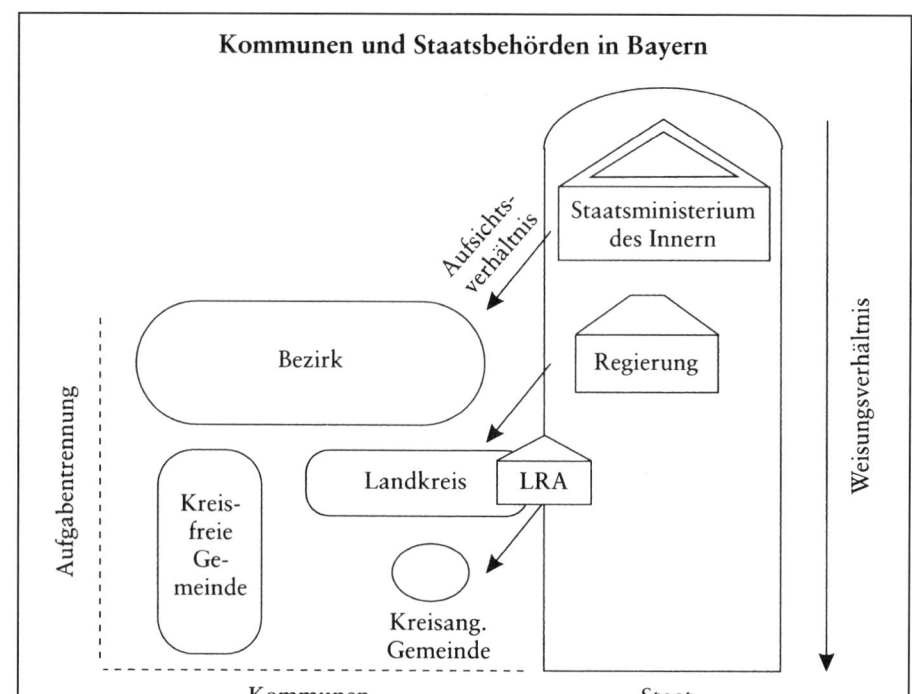

B. Verfassungsrechtliche Vorgaben

I. Allgemeine Grundsätze

44   Unter der Geltung des GG steht es den Ländern nicht frei, über die Existenz der Kommunen und deren eigene Angelegenheiten nach Belieben zu disponieren. Zwar besitzen die Länder grundsätzlich die Kompetenz zur Regelung des Kommunalrechts (Art. 30, 70 GG). Jedoch sind bei der Ausgestaltung der Rechtsstellung von Kommunen die verfassungsrechtlichen Vorgaben zu beachten. Von überragender Bedeutung ist dabei die **Selbstverwaltungsgarantie des Art. 28 Abs. 2 GG.** Diese räumt Gemeinden (Art. 28 Abs. 2 S. 1 GG) und Landkreisen (Art. 28 Abs. 2 S. 2 GG) eigene Rechte ein und sichert zugleich deren Existenz.[19]

45   Daneben sind in Bayern auch die Vorgaben der BV zu beachten. Die Landesverfassung bindet die Landesstaatsgewalt ebenso wie die Bundesverfassung. Das kann zu einer mehrfachen Verbürgung von Rechten führen. So entspricht die **in Art. 11 Abs. 2 S. 2 BV enthaltene Selbstverwaltungsgarantie** für Gemeinden inhaltlich Art. 28 Abs. 2 S. 1 GG.[20] Dementsprechend gelten die folgenden Ausführungen

---

[19] Vgl. dazu aus jüngerer Zeit auch *Voßkuhle/Kaufhold*, JuS 2017, 728; *Ritgen*, NVwZ 2018, 114; *Steiner*, BayVBl. 2018, 397.

[20] Landesverfassungen dürfen Art. 28 Abs. 2 GG nicht widersprechen, vgl. BVerfGE 147, 185. Zum Inhalt umfassend *Lissack,* Das kommunale Selbstverwaltungsrecht nach bayerischem Verfassungs- und Verfassungsprozeßrecht, 2000.

zu Art. 28 Abs. 2 S. 1 GG für Art. 11 Abs. 2 S. 2 BV entsprechend. Jedoch darf die landesverfassungsrechtliche Bestimmung keineswegs unbeachtet bleiben. In der Falllösung empfiehlt sich, auch diese Norm zumindest zu erwähnen, wenn bei der Prüfung der Erfolgsaussichten eines Widerspruchs oder einer verwaltungsgerichtlichen Klage zu untersuchen ist, ob die Rechte einer Gemeinde verletzt sind. Und sofern die Gemeinde Rechtsschutz vor dem BayVerfGH sucht, kommt wegen der Beschränkung des Prüfungsmaßstabs auf die Landesverfassung nur die Berufung auf Art. 11 Abs. 2 S. 2 BV in Betracht. Die in Art. 10 BV vorgesehenen landesverfassungsrechtlichen Regelungen für Landkreise bleiben in ihrer Wirkung hingegen hinter Art. 28 Abs. 2 S. 2 GG zurück (→ Rn. 53).

II. Selbstverwaltungsgarantie

1. Dimensionen der Selbstverwaltungsgarantie

a) Bezogen auf Gemeinden

Art. 28 Abs. 2 S. 1 GG enthält drei verschiedene Garantien:

(1) Die **Rechtssubjektsgarantie („Trägergarantie")** bedeutet, dass es überhaupt Gemeinden als Rechtssubjekte geben muss. Gewährleistet wird die Existenz eines bestimmten Typus von Einrichtungen, und zwar solchen, die für einen überschaubaren Raum Hoheitsrechte besitzen und über eigene Rechtsfähigkeit verfügen. Das bedeutet allerdings keineswegs eine verfassungsrechtliche Absicherung der Existenz jeder einzelnen Gemeinde. Denn geschützt ist zunächst nur die Institution Gemeinde als solche. Jedoch muss Art. 28 Abs. 2 S. 1 GG zugleich die Gewähr dafür bieten, dass der Staat nicht eine Gemeinde nach der anderen abschafft und damit die Rechtssubjektsgarantie unterläuft. Das führt dazu, jeder Gemeinde einen gewissen Schutz vor Abschaffung zuzugestehen. Dieser wird als **beschränkt individuelle Bestandsgarantie** bezeichnet. Die Garantie ist beschränkt, weil sie der Gemeinde kein Recht auf Existenz, aber auf Beachtung der Voraussetzungen einräumt, an die Änderungen im Gemeindebestand geknüpft sind. Das hat vor allem Bedeutung entfaltet im Rahmen der Funktional- und Gebietsreformen; darauf wird im Zusammenhang mit Gebietsänderungen zurückzukommen sein (→ Rn. 114). **46**

(2) Die **Rechtsinstitutionsgarantie („Tätigkeitsgarantie")** aus Art. 28 Abs. 2 S. 1 GG gewährleistet die Institution der Selbstverwaltung, d.h. der Staat muss den Gemeinden einen Bereich überlassen, in dem diese eigenständig handeln können. Dieser Bereich ist der eigene Wirkungskreis (→ Rn. 35, 343 ff.); er bezieht sich auf die örtlichen Angelegenheiten. **47**

(3) Die **subjektive Rechtsstellungsgarantie** meint – im Unterschied zu den vorstehend angesprochenen Garantien, die zumindest in erster Linie den objektiv-rechtlichen Schutz von Institutionen zum Gegenstand haben – das subjektive Recht jeder Gemeinde, die örtlichen Angelegenheiten selbstverantwortlich zu regeln, also ein subjektives Recht auf Selbstverwaltung. Dieses Recht schließt ein (interkommunales) Gleichbehandlungsgebot ein.[21] Dabei handelt es sich, was schon aus der Stellung des Art. 28 Abs. 2 GG außerhalb des Grund- **48**

---

[21] BVerfGE 137, 108 (Optionskommunen), Rn. 109; E 150, 1 (Zensus), Rn. 213 ff.

rechtsteils folgt, nicht um ein Grundrecht, der Sache nach ist es aber einem grundrechtsähnlichen Recht vergleichbar.[22] Dieses Recht eröffnet nicht die Möglichkeit zur Einlegung einer Verfassungsbeschwerde nach Art. 93 Abs. 1 Nr. 4a GG, sondern vermittelt Rechtsschutz beim BVerfG ausschließlich über die Kommunalverfassungsbeschwerde nach Art. 93 Abs. 1 Nr. 4b GG.

49   Zum Teil als vierte Dimension werden die sog. **Erstreckungsgarantien** angesehen. Mit ihnen wird die Verpflichtung anderer Hoheitsträger umschrieben, auf die Gemeinden Rücksicht zu nehmen. In diesem Sinne erstreckt sich die Selbstverwaltungsgarantie auch auf dasjenige Handeln von Behörden, das keinen unmittelbaren Eingriff in die Rechte der Gemeinden darstellt, diese Rechte aber mittelbar berührt. Bedeutung hat das etwa für überörtliche Planungen, in deren Rahmen betroffenen Gemeinden Mitwirkungsrechte eingeräumt werden, aber auch im Verhältnis zwischen Staatsbehörden und Gemeinden bei der Bauaufsicht.[23]

50   **Art. 11 Abs. 2 S. 2 BV** verleiht den Gemeinden ein grundrechtsähnliches Recht und bindet darüber hinaus den Landesgesetzgeber, indem er die Gemeinden und die Selbstverwaltung als Institutionen garantiert. Er ist, wenn auch nicht im Wortlaut, so doch in seiner Wirkungsweise und seinem Inhalt mit Art. 28 Abs. 2 S. 1 GG deckungsgleich (→ Rn. 45).

b) Bezogen auf Landkreise und Bezirke

51   Gemäß **Art. 28 Abs. 2 S. 2 GG** besitzen auch die „Gemeindeverbände" ein Recht auf Selbstverwaltung. Welche Einrichtungen mit dem **Begriff des Gemeindeverbandes** umschrieben werden, ist nicht eindeutig. Vorausgesetzt wird offensichtlich neben dem körperschaftlichen Zusammenschluss von Gemeinden zumindest in gewissem Maße ein allgemeiner Zuständigkeitsbereich. Damit ist klar, dass sich die Vorschrift nicht auf Zweckverbände bezieht. Unstreitig schützt Art. 28 Abs. 2 S. 2 GG die Landkreise. Fraglich ist hingegen der Schutz der Bezirke. Geht man davon aus, Art. 28 Abs. 2 S. 2 GG fordere ein bestimmtes funktionelles Gewicht des Gemeindeverbandes, so wie es im Ergebnis im Schrifttum der Sache nach vertreten wird,[24] dann ist auf die Ausgestaltung durch die Länder abzustellen.[25] Im Ergebnis spricht das für einen verfassungsrechtlichen Schutz auch der bayerischen Bezirke.

52   Landkreisen wird das Recht der **Selbstverwaltung** nur „im Rahmen ihres gesetzlichen Aufgabenbereiches" eingeräumt. Das ist eine gegenüber Art. 28 Abs. 2 S. 1 GG deutlich zurückhaltender formulierte Garantie. Landkreise sind nicht für einen bestimmten räumlichen Bereich allzuständig, für sie spricht keine Aufgabenvermutung. Hinsichtlich der **Dimensionen** ist aber Art. 28 Abs. 2 S. 2 GG, – in entsprechend abgeschwächter Form – Art. 28 Abs. 2 S. 1 GG vergleichbar

---

[22] Nur vergleichbar deshalb, weil es nicht ausschließlich individualbezogen ist, vgl. *Stern,* StaatsR III/1, § 63 V 4 b g (S. 384 f.) m. w. N.; vgl. *Geis,* KommR, § 5 Rn. 18; weiter *Lindner,* Öffentliches Recht, Rn. 164.

[23] Vgl. § 36 BauGB; zur Baubeseitigung BVerwG, NVwZ 2000, 1048; kein besonderes Berücksichtigungsgebot besteht bei der Einteilung von Wahlkreisen nach dem BWahlG, BVerfG (Kammer), BayVBl. 2002, 19.

[24] Vgl. *Jarass,* in: *Jarass/Pieroth,* GG, Art. 28 Rn. 49; *Dreier,* in: *ders.,* GG, Bd. II, Art. 28 Rn. 153; eher enger *Engels,* in: *Sachs,* GG, Art. 28 Rn. 79.

[25] Vgl. *Schwarz,* in: *vM/K/S,* GG, Bd. 2, Art. 28 Rn. 237.

(→ Rn. 46 ff.): Auch hier lassen sich die Rechtssubjektsgarantie (institutionelle Garantie der Landkreise mit beschränkter Bestandsgarantie, aber wohl keiner sonstigen Gemeindeverbände), die Rechtsinstitutionsgarantie (Selbstverwaltung) und die subjektive Rechtsstellungsgarantie (subjektives Recht auf Selbstverwaltung) voneinander unterscheiden. Allerdings besitzt der Gesetzgeber hinsichtlich des Umfangs der Selbstverwaltung, also der Rechtsinstitution, wegen des nicht durch die Verfassung festgelegten Aufgabenkreises einen weiteren Spielraum zur Ausgestaltung als bei den Gemeinden, muss aber auch den Gemeindeverbänden eigene Aufgaben überlassen.[26]

Art. 10 Abs. 1 und Abs. 2 BV bezeichnen den „Gemeindeverband als Selbstverwaltungskörper" und sprechen den „eigene[n] Wirkungskreis der Gemeindeverbände" an. Jedoch wird nur gesagt, dass dieser durch Gesetz zu bestimmen ist. Aus der Formulierung und aus der tradierten Bedeutung der Gemeindeverbände folgt, dass deren Selbstverwaltung zwar institutionell garantiert ist, dem aber kein subjektives Recht entspricht. Art. 10 BV wirkt nur objektiv-rechtlich und enthält **kein grundrechtsähnliches Recht.** Deshalb kann auf seine Verletzung weder die Erhebung einer Verfassungsbeschwerde (Art. 66, 120 BV) noch einer Popularklage (Art. 98 S. 4 BV) gestützt werden (→ 1. Teil, Rn. 219 f.). **53**

Beispiel: Will sich ein Landkreis gegen eine Aufgabenentziehung durch Gesetz wehren, sind sowohl Verfassungsbeschwerde zum BayVerfGH als auch Popularklage unzulässig. Die Verfassungsbeschwerde scheitert im Hinblick auf den Klagegegenstand (hier kein Einzelakt, sondern ein Gesetz), und die Popularklage ist nicht zulässig, weil Art. 10 BV kein grundrechtsähnliches Recht gewährt. Zulässig könnte aber eine Kommunalverfassungsbeschwerde nach Art. 93 Abs. 1 Nr. 4b GG zum BVerfG sein (auch → Rn. 95 f.). **54**

2. Bezugspunkt der Selbstverwaltungsgarantie (Schutzbereich I)

a) Örtliche Angelegenheiten und eigenverantwortliches Handeln

Nach der grundlegenden (und unbedingt lesenswerten) *Rastede*-Entscheidung des BVerfG können die **Angelegenheiten der örtlichen Gemeinschaft** umschrieben werden als „diejenigen Bedürfnisse und Interessen, die in der örtlichen Gemeinschaft wurzeln oder auf sie einen spezifischen Bezug haben, die also den Gemeindeeinwohnern gerade als solchen gemeinsam sind, indem sie das Zusammenleben und -wohnen der Menschen in der (politischen) Gemeinde betreffen; auf die Verwaltungskraft der Gemeinde kommt es hierfür nicht an."[27] Der Kreis dieser Angelegenheiten ist zugleich der eigene Wirkungskreis, die dort angesiedelten Aufgaben sind jene, auf die sich die Selbstverwaltungsgarantie erstreckt. **55**

Die besondere Bedeutung der Abgrenzung dieses Wirkungskreises erschließt sich aus dem Recht, die örtlichen Angelegenheiten **„in eigener Verantwortung** zu regeln". Damit ist, über den eigentlichen Wortlaut hinausgehend, den Gemeinden die Möglichkeit eingeräumt, über die örtlichen Angelegenheiten nach eigenem Willen zu entscheiden und diesen Willen mit eigenen Mitteln selbstverantwortlich umzusetzen. Konsequenz ist die Beschränkung der staatlichen Aufsicht auf eine Rechtmäßigkeitskontrolle (→ Rn. 515, 523 ff.). Ausnahmsweise sind Kommunen auch zur **Durchführung einer Aufgabe verpflichtet**, die eigenverantwortliche **56**

---

[26] BVerfGE 83, 363 (383) – Krankenhausumlage.
[27] BVerfGE 79, 127 (151).

Wahrnehmung richtet sich dann nur auf das „Wie", nicht aber auf das „Ob" einer Aufgabe (vgl. Rn. 345 ff. zur Privatisierung Rn. 356 und zu Einrichtungen Rn. 465 f.).

57   Die oben wiedergegebene Umschreibung des örtlichen Bezugs ist relativ abstrakt, und es ist keineswegs immer leicht zu ermitteln, **welche Angelegenheiten** in der örtlichen Gemeinschaft wurzeln. Im Einzelfall kann für eine Bestimmung auf gesetzliche Regelungen und verschiedene Indizien zurückgegriffen werden:

58   (1) Zunächst enthalten Art. 83 Abs. 1 BV und Art. 57 GO einen Katalog, der den eigenen Wirkungskreis umschreibt (→ Rn. 343 ff.). Dieser ist allerdings weder abschließend noch ersetzt er im Einzelfall eine genauere Unterscheidung danach, in welchem Umfang eine Aufgabe eine örtliche oder eine staatliche ist. Denn es muss zwar die Kompetenz zur Erledigung einer bestimmten Aufgabe einem Hoheitsträger zugeordnet werden (Ausschluss von Doppelkompetenzen), jedoch kann innerhalb eines Aufgabenbereichs nach konkreten Einzelaufgaben differenziert werden.

59   (2) Indizwirkung besitzt zudem die historisch überkommene Aufgabenverteilung, die i. Ü. bereits den vorstehend genannten Vorschriften zugrunde liegt.

60   (3) Schließlich können Größe und Struktur der Gemeinde nicht ganz unberücksichtigt bleiben. Zwar stellt die allgemeine Umschreibung lediglich auf den örtlichen Bezug, nicht aber die Verwaltungskraft ab; jedoch beeinflusst die Größe die Aufgabenstellung, so dass es nicht widersprüchlich ist, großen Gemeinden zumindest in gewissem Umfang einen weiteren Aufgabenkreis als kleineren zuzugestehen.[28]

61   Es erübrigt sich, den Versuch zu unternehmen, die örtlichen Angelegenheiten begrifflich besser zu fassen. Praktisch gesehen ergeben sich Schwierigkeiten nur in bestimmten Bereichen, und dabei geht es immer um die **Abgrenzung** des örtlichen von dem überörtlichen Bezug. Insofern kann nur im Einzelfall herausgearbeitet werden, inwiefern der örtliche Bezug besteht und ob dieser der konkreten Aufgabe einen eigenen Charakter verleiht. „**Örtliche Radizierung**" in diesem Sinne ist nicht unbedingt gleichzusetzen mit örtlich beschränktem Handlungsanlass. Denn alleine der Umstand, dass sich der Anlass zur Aufgabenerledigung durch ein Geschehen im Gemeindegebiet ergibt, kann zur Abgrenzung nicht ausreichen, weil sich die Zuständigkeit der staatlichen Behörden auf das gesamte Staatsgebiet erstreckt.

62   Ein gutes Beispiel ist die Frage, in welchem Umfang Gemeinden für die Aufrechterhaltung der **öffentlichen Sicherheit** zuständig sind. Art. 83 Abs. 1 BV erwähnt die „örtliche Polizei", gemeint in einem funktionellen Sinn; andererseits besteht der Grundsatz, dass die Aufrechterhaltung von Sicherheit und Ordnung eine staatliche Aufgabe darstellt. Nach der Steilwandentscheidung des BayVGH[29] sind Aufgaben der Polizei dann örtliche, wenn die Störung in keiner Weise über das Gemeindegebiet hinausgreift (räumliche Begrenzung) oder wenn es um die Verhütung nur ortsrechtlich mit Strafe bzw. Geldbuße bedrohter Handlungen geht.[30] Regelmäßig zum übertragenen Wirkungskreis gehört der Erlass sicherheitsrechtlicher Verordnungen

---

[28] Das entspricht zumindest im Ansatz BVerfGE 79, 127 (152); vgl. zum sog. gespaltenen Örtlichkeitsbegriff *Gern/Brüning,* Dt. KommR, Rn. 82.

[29] BayVBl. 1964, 228 (231).

[30] Auf den „rechtlichen Gesamtzusammenhang" abstellend, d.h. den örtlichen Geltungsbereich und die – richtigerweise entscheidende verfolgte Schutzwirkung, BayVGH, BayVBl. 2004, 727 (728); vgl. auch *Koehl,* BayVBl. 2004, 330 ff.

(→ 3. Teil, Rn. 502) und in jedem Fall der Vollzug von Verordnungen anderer Verwaltungsträger.[31]

b) Aufgabenerfindungsrecht der Gemeinden

Im Bereich der örtlichen Angelegenheiten spricht für die Gemeinden eine **Zu-** 63 **ständigkeitsvermutung.** Zumindest wenn keine entgegenstehenden gesetzlichen Bestimmungen existieren, sind sie insoweit **allzuständig** (Art. 6 GO); gesprochen wird in diesem Zusammenhang auch von dem „Universalitätsprinzip". Das bedeutet zugleich, dass die Gemeinden das Recht haben, „unbesetzte Aufgaben" in ihrem örtlichen Bereich „an sich zu ziehen".[32] Das lässt sich als „Aufgabenfindungs-" oder, weil die Aufgaben nicht abschließend vordefiniert existieren, als „Aufgabenerfindungsrecht" bezeichnen.

Soweit das Aufgabenerfindungsrecht reicht, besitzen die Gemeinden eine **Ver-** 64 **bandszuständigkeit.** Dieser Begriff wird im Gegensatz zu jenem der Organzuständigkeit gebraucht (→ Rn. 135 f.). Er bezieht sich auf die Zuständigkeit der Rechtspersönlichkeit. Bei ihm geht es um die Abgrenzung der Zuständigkeit nach außen hin, nämlich gegenüber anderen Verbänden als eigenständige Rechtspersönlichkeiten. Bei örtlichen Angelegenheiten ist diese Zuständigkeit die Regel, die auch gegenüber Gemeindeverbänden (insb. Landkreisen) einzuhalten ist[33] (→ Rn. 88). Will eine Gemeinde handeln, ist erforderlich, dass sie in Bezug auf die geplanten Maßnahmen über die Verbandszuständigkeit verfügt. Fehlt es daran, ist das Handeln formell rechtswidrig (zu den Fehlerfolgen → Rn. 398 ff.).

In Fallkonstellationen, in denen sich die Verbandszuständigkeit von Gemein- 65 den nicht aus einer gesetzlichen Aufgabenzuordnung ergibt, sondern unmittelbar aus der Selbstverwaltungsgarantie abgeleitet wird, in denen die Gemeinden also eigenständig Aufgaben an sich ziehen, kann die **Abgrenzung zur Verbandszuständigkeit des Staates** problematisch sein.[34] Dabei ist im Ansatz danach zu unterscheiden, ob sich die Gemeinde nur zu bestimmten Fragen äußert (sog. Befassungskompetenz) oder ob sie Aufgaben durchführt (sog. Erledigungskompetenz).

Beispiele für eine Erledigungskompetenz: Eine Gemeinde erlässt für ihr Gebiet ein Wer- 66 beverbot für Tabakerzeugnisse; dieses Werbeverbot hält sie für erforderlich, um Gesundheitsgefahren wirksam vorzubeugen.[35] Eine Gemeinde stellt einem Arzt, der sich möglicherweise auf ihrem Gebiet ansiedeln will, ein günstiges Darlehen zur Gründung einer Arztpraxis in Aussicht; sie will damit eine Verbesserung ihrer Infrastruktur erreichen.[36] Eine Gemeinde gewährt den in ihrem Gebiet ansässigen Eltern bei Geburt eines Kindes einen Betrag von 300 Euro; damit soll der Familienlastenausgleich verstärkt werden.[37] **Beispiel** für eine Befassungskompetenz: Eine Gemeinde erklärt sich durch den Beschluss ihres Gemeinderats zur atomwaffenfreien Zone und macht dies durch Aufstellung von Schildern am Ortseingang nach außen hin erkenntlich.[38]

---

[31] Vgl. allgemein *B/B/E/M/S,* KommG, Art. 57 GO Rn. 9; differenzierend zum VO-Erlass *B/B/E,* LStVG, Art. 42 Rn. 6.
[32] BVerfGE 79, 127, 146 f. – Rastede.
[33] BVerfGE 147, 185.
[34] Instruktiv dazu *Schoch,* JuS 1991, 728 ff.; vgl. auch Aufgabe 6 der 1. Staatsprüfung 2000/II.
[35] Nach VGH Mannheim, GewArch 1993, 19.
[36] Nach VGH Kassel, DÖV 1989, 34.
[37] Nach OVG Münster, NVwZ 1995, 718.
[38] Nach BVerwGE 87, 228.

67   Soweit es die **Erledigungskompetenz** angeht, schließt eine staatliche Kompetenz die gemeindliche aus. Die jeweiligen Kompetenzbereiche sind möglichst strikt voneinander abzugrenzen. Hingegen kann eine **Befassungskompetenz** den Gemeinden auch dann eingeräumt sein, wenn im selben Bereich eine staatliche Kompetenz besteht. Hier hilft nicht schon die Kompetenzabscheidung weiter, sondern bleibt alleine der ausreichende örtliche Bezug entscheidend, wobei zu fordern ist, dass auch die kommunale Befassung mit bestimmten Angelegenheiten nicht zu einer Beeinträchtigung der entsprechenden staatlichen Aufgabenwahrnehmung führen darf. Die Rechtsprechung folgt allerdings der Unterscheidung nach dem Handlungsumfang kaum, sondern stellt bei der Beurteilung des gemeindlichen Handelns durchgehend sowohl auf die Frage nach entgegenstehenden staatlichen Kompetenzen als auch auf den ausreichenden örtlichen Bezug ab.

68   **In den** zur Erledigungskompetenz **aufgeführten Beispielen** wurden z. T. die jeweils berührten staatlichen Aufgaben für abschließend und deshalb das gemeindliche Handeln für rechtswidrig gehalten. So berühre das Werbeverbot für Tabakerzeugnisse das Wirtschafts- und das Verbraucherschutzrecht; aus der Verteilung der Gesetzgebungskompetenzen (Art. 74 Abs. 1 Nr. 11 und Nr. 20 GG) sei zu schließen, dass die Aufgaben in beiden Materien staatliche seien. Auch der Familienlastenausgleich sei ausschließlich durch den Staat nach Maßgabe des Sozial- und Steuerrechts zu bewerkstelligen. Anders wurde zur Gewährung des Darlehens an den niederlassungswilligen Arzt entschieden; insofern werde nicht das Recht der Gesetzlichen Krankenversicherung berührt (was richtig ist, weil dort jeder Vertragsarzt einer eigenständigen Zulassung für einen bestimmten Arztsitz bedarf), sondern nur auf eine Verbesserung der Infrastruktur auf dem Gesundheitssektor hingewirkt, und die lokale ärztliche Versorgung gehöre zum örtlichen Wirkungskreis. Was die Erklärung von Gemeinden zur atomwaffenfreien Zone angeht, so sollen diese nach Ansicht des BVerwG grundsätzlich unzulässig sein, weil zum einen die Gemeinden kein allgemeinpolitisches Mandat besitzen (mangelnder örtlicher Bezug), zum anderen alle Fragen der Verteidigung in die ausschließliche Kompetenz des Bundes fallen (unter Hinweis auf Art. 73 Nr. 1 GG für die Gesetzgebung und Art. 87a und 87b GG für die Verwaltung).

69   Vielfach zeigt sich, dass die Kunst geschickter **Formulierung** dazu führen kann, den Bezug einer Aufgabe zur örtlichen Gemeinschaft nicht nur hervorzuheben, sondern überhaupt erst herzustellen. Das erscheint auf den ersten Blick fragwürdig, ist aber im Grunde nur Ausfluss des Umstandes, dass ein vorgefertigter abschließender Katalog an Aufgaben nicht besteht, weshalb deren genaue Beschreibung den Gemeinden, die eine Aufgabe an sich ziehen wollen, überlassen bleibt. Streitig ist, inwieweit auch bei bloßen Äußerungen der Zusammenhang zu einem konkreten Vorhaben gegeben sein muss.

70   So wäre im obigen „Kindergeldbeispiel" zumindest gut vertretbar, anders zu entscheiden, wenn das Geld nicht zur allgemeinen Unterstützung der Familien, sondern zur Begrüßung neuer Gemeindebürger bezahlt würde, weil jede Gemeinde im Hinblick auf ihre Bedeutung und Finanzierung ein Interesse an steigenden Einwohnerzahlen hat (wobei der Sinn einer solchen Maßnahme dahingestellt bleiben kann). Im Falle der Erklärung zur atomwaffenfreien Zone wäre nach Ansicht des BVerwG eine Verbandskompetenz gegeben, wenn die Äußerung „in spezifischer Weise ortsbezogen" ist, etwa dann, wenn die Gemeinde in ihrem Beschluss auf ihre Erfahrungen „als Lazarettstadt im 2. Weltkrieg" hinweist. Der BayVGH ist allerdings der Ansicht, es müsse über den spezifischen Ortsbezug hinaus ein konkretes gemeindliches Vorhaben betroffen sein und damit ein unmittelbarer Zusammenhang mit einer gemeindlichen Aufgabe bestehen.[39] Anders als das BVerwG hält er deshalb sog. „Vorratsbeschlüsse" (die für die Zukunft ohne einen bereits konkreten Zweck erlassen werden) für unzulässig.

71   Ohne Ansätze einer Differenzierung hat der BayVGH über einen Fall entschieden, in dem sich der erste Bürgermeister einer Gemeinde mehrfach in der Öffentlichkeit gegen eine be-

---

[39] BayVGH, BayVBl. 1990, 338.

stimmte Sekte gewandt hatte.[40] Davon ausgehend, es handle sich um der Gemeinde und nicht der Privatsphäre zuzurechnende, hoheitliche Äußerungen, die sich wegen ihrer steuernden Funktion wie andere Warnhinweise als mittelbare Eingriffe in Art. 4 Abs. 1, Abs. 2 GG qualifizieren lassen, hat er zwar Art. 28 Abs. 2 S. 1 GG im Rahmen der Rechtfertigung des Grundrechtseingriffs erwähnt, jedoch apodiktisch festgestellt, Warnungen vor den Gefahren bestimmter Religionen gehörten nicht zu den Aufgaben der Gemeinden. Ob dies im Einzelfall wegen eines spezifischen örtlichen Bezugs anders sein kann, blieb unerwähnt.

Schließlich ist zu beachten, dass sich das gemeindliche Handeln in seinen Aus-   **72** wirkungen nicht in jedem Fall auf das **Gemeindegebiet** beschränken muss (wie ja auch umgekehrt nicht der Handlungsanlass im Gemeindegebiet für die Abgrenzung zwischen gemeindlicher und staatlicher Aufgabe entscheidend ist, → Rn. 61). Sonst wäre es den Gemeinden nämlich nicht möglich, mit anderen Gebietskörperschaften zu kooperieren (→ Rn. 107).

Dementsprechend ist es zulässig, dass Gemeinden auch mit ausländischen Gemeinden Partner-   **73** schaftsabkommen schließen, obwohl grundsätzlich dem Bund die Befugnis zum Handeln nach außen hin zusteht (Art. 32 GG; auf die str. Länderkompetenzen kann hier nicht eingegangen werden). Vorausgesetzt ist, dass sich die Abkommen auf örtliche Angelegenheiten, etwa die Förderung örtlicher Kultur, beziehen. Das BVerwG hat es vor diesem Hintergrund nicht beanstandet, dass eine Gemeinde dem von den Städten Hiroshima und Nagasaki initiierten „Programm zur Förderung der Städte mit dem Ziel der vollständigen Abschaffung von Atomwaffen" durch Beschluss zugestimmt hat, obwohl neben außenpolitischen dabei auch verteidigungspolitische Belange berührt sein könnten; zu dem letztgenannten Aspekt hat es darauf hingewiesen, der Beschluss habe lediglich die Friedenssicherung zum Ziel, was mit den Vorgaben des GG zu vereinbaren sei.[41] Nach einer Entscheidung des BayVGH sollte es nicht ausreichen, wenn eine Satzungsregelung zwar eine gemeindliche Einrichtung betrifft, aber in der Sache der Verfolgung eines weltweiten politischen Anliegens dient;[42] sowohl der BayVerfGH wie das BVerwG haben hingegen festgestellt, ein örtlicher Bezug liege auch dann vor, wenn durch eine kommunale Regelung der Friedhofszweck dadurch erreicht werden soll, dass Besucher und Nutzer nicht mit bestimmten Grabsteinen konfrontiert werden.[43] Damit wird zutreffend nicht auf die Herkunft einer Norm, sondern auf die örtliche Wirkung deren Anwendung im konkreten Fall abgestellt.

3. Selbstverwaltungsbereiche (Schutzbereich II)

a) Um den Schutzbereich der Selbstverwaltungsgarantie näher zu erschließen, ist es   **74** durchaus sinnvoll, die Selbstverwaltung nach Bereichen aufzugliedern. Eine entsprechende Aufteilung kann den Inhalt der Selbstverwaltung strukturieren und damit veranschaulichen. Sie muss die Aspekte erfassen, die grundsätzlich für eine eigenverantwortliche Aufgabenwahrnehmung bedeutsam sind und diese überhaupt erst ermöglichen. Gesprochen wird insofern auch von den **Gemeindehoheiten.** Damit sind folgende fünf Tätigkeitsfelder gemeint, in denen Gemeinden über mehr oder weniger weitreichende Befugnisse zum Handeln verfügen:

---

[40] NVwZ 1995, 502; vgl. auch Aufgabe 6 der 1. Staatsprüfung 1996/I, BayVBl. 1998, 31 u. 60.
[41] Krit. dazu *Gern,* NVwZ 1991, 1147 ff.; *Heberlein,* NVwZ 1992, 543 ff.
[42] BayVGH, BayVBl. 2009, 367 (368 f.) zum Verbot der Aufstellung von Grabsteinen, die nicht nachweislich in der gesamten Wertschöpfungskette ohne ausbeuterische Kinderarbeit i. S. d. ILO-Übereinkommens 182 hergestellt sind, auf einem gemeindlichen Friedhof; → Rn. 372, 450 ff.; bestätigt durch BVerwG, BayVBl. 2014, 375 (376), a. A. BayVerfGH, BayVBl. 2012, 234. Vgl. jetzt aber Gesetz zur Bekämpfung ausbeuterischer Kinderarbeit bei der Grabsteinherstellung v. 2.8. 2016 (GVBl. S. 246).
[43] BayVerfGH, BayVBl. 2012, 234; BVerwGE 148, 33. Vgl. allg. auch *Lorenzmeier,* BayVBl. 2011, 485 ff.

75 (1) Die **Rechtsetzungshoheit** erlaubt den Erlass von Satzungen zur Regelung eigener Angelegenheiten.

76 (2) Die **Organisationshoheit** ermöglicht eine Regelung des Aufbaus und Zusammenspiels der eigenen Organe, der eigenen Einrichtungen und Betriebe sowie die Regelung des jeweiligen Geschäftsgangs durch Geschäftsordnungen und Geschäftspläne (Beispiel: Einsetzung von Ausschüssen des Gemeinderats; Errichtung von Sporthallen).

77 (3) Die **Personalhoheit** umfasst die Regelung der Fragen des Personalwesens und konkrete Bestimmung des Personaleinsatzes, wobei allerdings nur konkrete (etwa die Einstellung des Hausmeisters), nicht aber allgemeine (wie die Besoldung bestimmter Tätigkeiten oder die Regelung der Dienstzeiten von Beamten) Maßnahmen dem örtlichen Wirkungskreis zuzurechnen sind.[44]

78 (4) Die **Planungshoheit** ist die Kompetenz zur Entwicklung von Konzepten für die Aufgabenerledigung im Sinne der zukunftsbezogenen Entwicklung von Zielsetzungen und Vorstellungen über den Einsatz von Mitteln; sie kann Bestandteil einer Sachkompetenz sein, wobei vorausgesetzt ist, dass die gesetzlichen Vorgaben der Verwaltung Planungsspielräume überlassen (wichtigstes Beispiel: planerische Gestaltungsfreiheit im Rahmen des BauGB hinsichtlich der Bauleitplanung einschließlich des interkommunalen Abstimmungsgebots).

79 (5) Mit **Finanzhoheit** ist die Befugnis zur eigenverantwortlichen Einnahmen- und Ausgabenwirtschaft gemeint, wobei die Erfordernisse eines geordneten Haushaltswesens zu beachten sind (vgl. zu den Finanzgarantien unten → Rn. 105 f.).

80 *b)* Alle genannten Hoheiten sind nach Art. 28 Abs. 2 S. 1 GG **im Rahmen der Gesetze** gewährleistet. Sie bestehen also nicht unbeschränkt. Vielmehr ist der Gesetzgeber dazu aufgerufen, den Inhalt der Selbstverwaltungsgarantie näher zu umschreiben. Allerdings kann er dies nicht nach Belieben tun. Denn er ist seinerseits wiederum an die objektiv-rechtlichen Gehalte des Art. 28 Abs. 2 S. 1 GG gebunden. Insbesondere muss er die Institution der Selbstverwaltung aufrechterhalten (→ Rn. 47). Damit ergibt sich zwischen gesetzlicher Umschreibung und verfassungsrechtlicher Garantie ein Wechselspiel, wie es auch von den normgeprägten Schutzbereichen der Art. 9 Abs. 1 und 14 Abs. 1 GG her bekannt ist. Dieses Verhältnis lässt sich dogmatisch so auflösen, dass auch gesetzliche Konkretisierungen der Selbstverwaltung als Eingriffe in den Bestand der Selbstverwaltungsrechte behandelt werden, wenn sie diese Rechte beeinträchtigen.

81 *c)* Von der heute überwiegend vertretenen Meinung (insbesondere dem BVerfG und dem BayVerfGH) wird angenommen, man könne statt nach dem vorstehend genannten Prüfungsansatz den Schutz der Selbstverwaltungsgarantie durch eine **Kernbereichsthese** sichern: Was dem Kernbereich (Wesensgehalt der Selbstverwaltung) unterfällt, bleibt dem Zugriff des Gesetzgebers entzogen.[45] Das Problem ist allerdings, dass sich der Kernbereich nicht im Sinne eines Aufgabenkatalogs gegenständlich abgrenzen lässt, wie auch das die Kernbereichsthese vertretende BVerfG in seiner *Rastede*-Entscheidung betont hat.[46] Zwar ließe sich behaupten,

---

[44] Vgl. auch BayVGH n. F. 52, 47.
[45] Vgl. nur *Burgi,* KommR § 6 Rn. 36 ff.
[46] BVerfGE 79, 127 (146) – Rastede.

hinsichtlich der einzelnen Gemeindehoheiten müsse den Gemeinden zumindest ein Grundbestand an Eigenständigkeit erhalten werden, um zu verhindern, dass der Gesetzgeber die Selbstverwaltung immer weiter beschneidet, bis in einzelnen Bereichen nichts mehr übrig bleibt. Jedoch ist dieser Ansatz zu grob, weil nach Ansicht der Rspr. den einzelnen Hoheiten durchaus unterschiedliche Bedeutung für die kommunale Selbstverwaltung zukommt.[47] Zu Art. 11 Abs. 2 BV hält der Bay-VerfGH allerdings daran fest, dass die in Art. 83 Abs. 1 BV genannten Aufgabenbereiche nicht völlig entzogen werden dürfen.[48] Jedenfalls lässt sich der Kernbereich nicht abschließend gegenständlich beschreiben; entscheidend ist die Aufrechterhaltung der Zuständigkeiten, die nach der historischen Entwicklung das Erscheinungsbild der Selbstverwaltung prägen.[49] Ob damit im Ergebnis ein besserer und angemessenerer Schutz erzielt werden kann als mit der Übertragung grundrechtsdogmatischer Ansätze, bleibt allerdings diskussionsbedürftig.

Dem **Kernbereich zugeordnet** werden: das Recht, auf noch nicht anderweitig zugewiesene örtliche Aufgaben zuzugreifen;[50] Funktionsfähigkeit der gemeindlichen Organe;[51] ein Minimum (kein „Ersticken") der eigenständigen organisatorischen Gestaltungsfähigkeit, nicht aber die freie Bestimmung über die Organisation der Gemeinde überhaupt;[52] möglicherweise die Rechtsetzungshoheit und eine finanzielle Mindestausstattung.[53] Jedoch verzichtet auch die Rspr. in der Regel auf eine nähere Bestimmung des Kernbereichs,[54] und zumindest in den meisten Fällen wird überhaupt nur sehr schwerwiegenden Eingriffen die Fähigkeit zuerkannt, den Kernbereich zu berühren. Bei Kreisen soll das etwa der Fall sein, wenn die Erfüllung der Pflichtaufgaben im eigenen Wirkungskreis ernsthaft beeinträchtigt und dadurch der Mindestbestand an kommunalen Aufgaben berührt wird.[55] **82**

4. Eingriffe in die Selbstverwaltungsgarantie und ihre Rechtfertigung

a) Mit dem Vorstehenden ist bereits der Prüfungsaufbau angedeutet. Es ist aber noch klarzustellen, welchen **Eingriffen** Gemeinden in der Praxis ausgesetzt sein können. Als Eingriffe in Art. 28 Abs. 2 S. 1 GG sind hoheitliche Maßnahmen zu verstehen, die zu einer Beeinträchtigung der Selbstverwaltungsrechte führen. Zumeist geht es um gesetzliche Vorgaben für den Aufgabenbestand oder die Aufgabenwahrnehmung, seltener um Einzelakte. **83**

Zu den Anforderungen an eine **Rechtfertigung** von Eingriffen gehören: Einhaltung evtl. formeller Vorgaben, insbesondere Kompetenz des Handelnden und Anhörung der betroffenen Kommunen; gesetzliche Grundlage des Eingriffs; Gründe des Gemeininteresses im Sinn einer Berufung auf verfassungsrechtlich geschützte Rechtsgüter, wobei wegen der Ausgestaltungsbefugnis des Gesetzgebers auch **84**

---

[47] Abl. auch *Dreier,* in: *ders.,* GG, Bd. II, Art. 28, Rn. 115. Vgl. etwa zur „von vornherein nur relativen" Gewährleistung der Organisationshoheit BVerfGE 91, 228 (240).

[48] Vgl. nur BayVerfGH, BayVBl. 1996, 590; zur „Ewigkeitsgarantie" des Kernbereichs BayVerfGH, BayVBl. 2000, 460.

[49] Zur historisch geprägten Auslegung bereits BVerfGE 11, 266 (274). Zur Bestimmung des Kernbereichs vgl. *Schmehl,* BayVBl. 2006, 325.

[50] BVerfGE 79, 127 (146) – Rastede.

[51] BayVerfGH, BayVBl. 2000, 460.

[52] BVerfGE 91, 228 (238) – Gleichstellungsbeauftragte.

[53] Offengelassen von BVerfGE 83, 363 (386).

[54] Vgl. etwa BVerfGE 76, 107 (117) – Bauleitplanung.

[55] BVerfGE 119, 331 (Arbeitsgemeinschaften nach dem SGB II), Rn. 123.

eine Stärkung der Selbstverwaltung in Betracht kommt; grundsätzlich auch Verhältnismäßigkeit des Eingriffs.

85   Die Entscheidungsspielräume des Gesetzgebers werden vor allem durch eine **abgestufte Kontrolldichte** zum Ausdruck gebracht. Ihm wird bei der Beurteilung konkreter Fälle eine „Einschätzungsprärogative" zugestanden, d. h. er verfügt über ein gesetzgeberisches Ermessen, das aber von den Gerichten nicht nur auf Willkür, sondern auch auf Vertretbarkeit hin überprüft wird. Diese Prärogative ist umso enger und damit die gerichtliche Kontrolle umso intensiver, je mehr Substanz die gemeindliche Selbstverwaltung durch einen Eingriff verliert.[56] Am stärksten eingeschränkt ist sie dementsprechend bei Bestands- und Gebietsänderungen (vgl. auch → Rn. 119).

86   *b)* Unter Rückgriff auf die allgemeinen Überlegungen und auf die gerichtliche Praxis lassen sich die folgenden drei **Kategorien** von Eingriffen unterscheiden:

87   (1) **Änderungen im Gebiet oder im Bestand** von Gemeinden: Vgl. zu den relativ genauen gesetzlichen Vorgaben, den Rechtfertigungsanforderungen, zu denen insbesondere die vorherige Anhörung der betroffenen Gemeinde gehört, und zu Fallbeispielen die Ausführungen zur äußeren Organisation (→ Rn. 122 ff.). Sehr fraglich ist, ob auch durch die Eingliederung einer kreisangehörigen Gemeinde in einen anderen Landkreis das Selbstverwaltungsrecht berührt wird;[57] dies ist im Ergebnis abzulehnen, da die rechtliche Stellung der Gemeinde unverändert bleibt. Hingegen stellen **Statusänderungen,** zu denen vor allem die Eingliederungen von kreisfreien Gemeinden in einen Landkreis und damit die „Rückstufung" in eine Große Kreisstadt gehörten, Eingriffe in die Selbstverwaltung dar; die Voraussetzungen dafür sind in verfassungskonformer Weise in der GO geregelt (Art. 5a Abs. 1–Abs. 3 GO).

(2) **Änderungen im Aufgabenbestand,** die für die Gemeinde nachteilig sind: Dazu gehören Aufgabenentzug, Übertragung neuer Aufgaben im übertragenen Wirkungskreis und Erklärung eigener Aufgaben zu Pflichtaufgaben.

88   (2.1) **Aufgabenentzug** bedeutet vor allem die Umwandlung von eigenen Aufgaben in staatliche. Der Überführung der Aufgabe in den staatlichen Bereich steht die **Hochzonung** einer Aufgabe gleich. Gemeint ist damit die Übertragung von der gemeindlichen auf eine andere kommunale Ebene, also z. B. die Umwandlung einer eigenen Aufgabe der Gemeinde in eine eigene Aufgabe des Landkreises. Die insofern zu fordernden Gründe des Gemeininteresses liegen vor, wenn eine ordnungsgemäße Aufgabenerfüllung sonst nicht sicherzustellen oder durch eine Bündelung von Kompetenzen zumindest zu verbessern ist; nicht ausreichend sind hingegen alleine Überlegungen zur Verwaltungsvereinfachung. Gründe der Wirtschaftlichkeit und der Sparsamkeit der öffentlichen Verwaltung rechtfertigen einen Aufgabenentzug nur, wenn anderenfalls ein unverhältnismäßiger Kostenanstieg entstünde.[58]

89   (2.2) Weiterhin nachteilig kann sich für Gemeinden die **Übertragung neuer Aufgaben im übertragenen Wirkungskreis** auswirken. Denn durch eine entsprechende Aufgabenvermehrung werden zugleich notwendigerweise die faktischen Möglichkeiten zur Beschäftigung mit den eigenen

---

[56] Vgl. BVerfGE 79, 127 (151); BVerwG, BayVBl. 2000, 249.
[57] Vgl. im Hinblick auf einen Sonderfall auch BayVGH, BayVBl. 1977, 433.
[58] Vgl. BVerfGE 79, 127 (158); E 147, 185, Rn. 84 ff. Auf die Rückübertragung einer Aufgabe besteht kein subjektives Recht der Gemeinde, BVerwG v. 21.8.2008, Az: 8 B 27/08.

Aufgaben verringert. Das gilt jedenfalls dann, wenn eine Aufgabenübertragung nicht notwendigerweise mit der Zurverfügungstellung neuer finanzieller Mittel verbunden ist (→ Rn. 106). Während aber bei Gemeinden die gemeindliche Selbstverwaltung bereits dadurch berührt wird, dass eine Aufgabenzuweisung ihnen erschwert, neue Selbstverwaltungsaufgaben zu übernehmen, bedeutet eine Änderung des gesetzlich beschriebenen Aufgabenbestandes bei Gemeindeverbänden in aller Regel nicht einen Eingriff in den verfassungsrechtlich garantierten Aufgabenbestand, sondern eine neue Umschreibung seines Inhalts. Ein Eingriff in das verfassungsrechtlich garantierte Selbstverwaltungsrecht der Gemeindeverbände kann erst angenommen werden, wenn die Übertragung einer neuen Aufgabe ihre Verwaltungskapazitäten so sehr in Anspruch nimmt, dass diese nicht mehr ausreichen, um einen Mindestbestand an zugewiesenen Selbstverwaltungsaufgaben des eigenen Wirkungskreises wahrzunehmen. Der eigene Wirkungskreis muss für sich genommen und im Vergleich zu zugewiesenen staatlichen Aufgaben ein Gewicht aufweisen, das der institutionellen Garantie als Selbstverwaltungskörperschaft gerecht wird (→ Rn. 52, 82).

(2.3) Im Ergebnis ebenfalls belastend ist eine **Erklärung bestimmter eigener Aufgaben zu Pflichtaufgaben.** Denn das bedeutet, dass Gemeinden die entsprechenden Aufgaben erfüllen müssen und damit nicht mehr frei sind zu entscheiden, für welche Aufgaben sie ihre Verwaltungskraft einsetzen wollen.   **90**

(3) **Ausgestaltung der Aufgabenwahrnehmung,** insbesondere durch eine gesetzliche Festlegung bestimmter Modalitäten der Organisation oder des Verwaltungshandelns: Die eigenverantwortliche Aufgabenwahrnehmung wird etwa verletzt durch die verbindliche Anordnung der gleichzeitigen Aufgabenwahrnehmung durch Verwaltungsbehörden der Bundesagentur für Arbeit und kommunalen Trägern, da die Aufgaben nur dann nach den Vorstellungen des kommunalen Trägers vollzogen werden können, wenn diese sich mit denjenigen des anderen Trägers decken.[59] Geeignet, die Personalhoheit zu berühren, ist die Verpflichtung, eine hauptamtliche Gleichstellungsbeauftragte zu bestimmen[60] oder die Bestimmung von Stellenobergrenzen, womit die Personalhoheit insofern beschränkt wird, als Gemeinden nur eine begrenzte Anzahl von Stellen mit einer bestimmten Besoldung zur Verfügung steht, Einstellungs- und Beförderungsmöglichkeiten entsprechend vermindert werden.[61] Die Planungshoheit wird berührt, wenn eine inhaltlich bestimmte gemeindliche Planung durch die Tätigkeit einer anderen Behörde nachhaltig gestört wird.[62]   **91**

---

[59] BVerfG v. 20.12.2007 – 2 BvR 2433/04, 2 BvR 2434/04 (juris), Rn. 145 ff.

[60] BVerfGE 91, 228.

[61] Vgl. dazu, allerdings ohne Ausführungen zur Selbstverwaltungsgarantie, BayVGH, BayVBl. 1992, 652.

[62] BVerwG NVwZ 1984, 584; OVG Lüneburg NVwZ 2010, 598.

92

Eingriff	*Voraussetzungen der Rechtfertigung*
Bestands-, Gebiets-, Statusänderung: – Zusammenlegung von Gemeinden – Neuordnung von Gemeindegrenzen – Eingliederung kreisfreier Gemeinden	gesetzliche Grundlage + vorherige Anhörung + Gründe des öffentlichen Wohls + Verhältnismäßigkeit
Entzug eigener Aufgaben: – durch Umwandlung in staatliche – durch Hochzonung Auferlegung zwingender Aufgaben: – als übertragene Aufgabe – als eigene Pflichtaufgabe Ausgestaltung der Aufgabenerfüllung	gesetzliche Grundlage + Gründe des öffentlichen Wohls (insofern Einschätzungsprärogative) + Beachtung des Kernbereichs + evtl. Verhältnismäßigkeitsgrundsatz (aber bei gesetzlichem Handeln str.)

5. Rechtsschutz

93 *a)* Der Rechtsschutz von Kommunen gegen Eingriffsmaßnahmen ist in erster Linie **abhängig von der Handlungsform,** derer sich der Staat bedient hat. Das gemeindliche Abwehrrecht wird sich in allen Fällen aus Art. 28 Abs. 2 S. 1 GG und Art. 11 Abs. 2 BV ergeben; Landkreise können sich, soweit es auf die Geltendmachung eines eigenen subjektiven Rechts ankommt, nur auf Art. 28 Abs. 2 S. 2 GG berufen (→ Rn. 53).

94   **Verfassungsgerichtlicher Rechtsschutz der Gemeinden**
              – Zulässigkeitsvoraussetzungen im Vergleich –

	Art. 93 Abs. 1 Nr. 4b GG	*Art. 66, 120 BV*	*Art. 98 S. 4 BV*
Berechtigung	Gemeinden und Gemeinde-verbände	Bewohner Bayerns; Träger subj. Rechte aus der BV	Jedermann
Gegenstand	Gesetze i. S. außenwirksamer Rechtsnormen	Einzelmaßnahmen von Behörden und Gerichten	Landesgesetze und Verordnungen
Befugnis	Verletzung des Art. 28 Abs. 2 GG mögl. + selbst, unmittelbar, gegenwärtig	Verletzung verfassungs-mäßiger Rechte möglich → Art. 11 Abs. 2 S. 2 BV + selbst, unmittelbar, gegenwärtig	eingeschränkt er-forderlich, mögl. Verletzung irgend eines Grundrechts
Besonderes	Rechtswegerschöpfung + Sub-sidiarität ggü. Landesrechtsbe-helfen	Rechtswegerschöpfung, allg. Subsidiarität	
Sonstiges	Jahresfrist; Schriftform	2-Monats-Frist; Schrift-form	keine Frist; Schriftform

(Näher → 1. Teil, Rn. 220 f.)

95 *b)* Beruht der Eingriff auf einem **formellen Gesetz** und soll dieses unmittelbar angefochten werden, kommen lediglich verfassungsgerichtliche Rechtsbehelfe in Betracht. Dabei ist zu beachten, dass grundsätzlich sowohl das BVerfG als auch der BayVerfGH angerufen werden können; beide Rechtsschutzmöglichkeiten bestehen voneinander unabhängig; lediglich wenn ein Rechtsbehelf erfolgreich ist, entfällt für einen gleichzeitig eingelegten zweiten Rechtsbehelf das Rechtsschutzbedürfnis.

Zu beachten ist zum einen die **Subsidiarität der Kommunalverfassungsbe-** 96 **schwerde** zum BVerfG nach Art. 93 Abs. 1 Nr. 4b GG, § 91 S. 2 BVerfGG, zum anderen der Umstand, dass eine **Verfassungsbeschwerde nach Art. 66, 120 BV,** Art. 2 Nr. 6 i. V. m. 51 ff. VfGHG zwar auf eine Verletzung des Art. 11 Abs. 2 BV gestützt werden kann, jedoch **nur gegen Einzelmaßnahmen** (von Verwaltungsbehörden und Gerichten) zulässig ist. Dementsprechend können **Gemeinden** im Ergebnis Landesgesetze nur im Wege der Popularklage nach Art. 98 S. 4 BV, Art. 2 Nr. 7 i. V. m. 55 VfGHG angreifen. **Landkreisen** steht diese Möglichkeit im Hinblick auf die Verletzung des Selbstverwaltungsrechts nicht zur Verfügung, weil Art. 10 BV kein grundrechtsähnliches Recht enthält; sie können gestützt auf Art. 28 Abs. 2 S. 2 GG eine Kommunalverfassungsbeschwerde nach Art. 93 Abs. 1 Nr. 4b GG, § 91 S. 2 BVerfGG erheben. I. Ü. ist aber nicht immer ausgeschlossen, dass Landkreise mit Erfolg eine Popularklage zum BayVerfGH einreichen können. Denn deren Zulässigkeit setzt die mögliche Verletzung eines Grundrechts oder grundrechtsgleichen Rechts voraus, es muss sich aber zumindest grundsätzlich (auch → Rn. 124) nicht um ein eigenes subjektives Recht des Antragstellers handeln. Will ein Landkreis lediglich die Verletzung des Willkürverbots (Art. 118 BV) rügen, kann er dies im Wege der Popularklage tun.

c) Wird die Eingriffsmaßnahme in Form einer **Rechtsverordnung** erlassen, 97 kann dagegen eine **Normenkontrolle nach § 47 VwGO** zum BayVGH erhoben werden.[63] Die erforderliche Rüge der Rechtsverletzung (§ 47 Abs. 2 S. 1 VwGO) kann auf eine mögliche Verletzung des Selbstverwaltungsrechts aus Art. 28 Abs. 2 GG gestützt werden. Daneben ist wiederum die Erhebung einer **Popularklage** nach Art. 98 S. 4 BV möglich. Auch diese beiden Rechtsschutzmöglichkeiten bestehen nebeneinander, wobei zu beachten ist, dass die Überprüfung einer Verletzung von grundrechtsgleichen Rechten der BV nur vor dem BayVerfGH in Betracht kommt, weil § 47 Abs. 3 VwGO den Prüfungsmaßstab des BayVGH entsprechend beschränkt.[64]

d) Schließlich sind **sonstige Eingriffsakte** vor dem zuständigen Verwaltungsge- 98 richt anfechtbar, entweder im Wege der **Anfechtungsklage** (§ 42 Abs. 1, 1. Alt. VwGO) oder im Wege der **Leistungsklage** (evtl. in Form der Unterlassungsklage), und zwar je nachdem, ob die anzufechtende Maßnahme einen VA darstellt oder nicht.

Beispiel: Rechtsschutz gegen die Hochzonung der Abfallbeseitigung (vgl. BVerfGE 79, 127): 99 Durch Art. 3 Abs. 1 des Bayerischen Abfallwirtschafts- und Altlastengesetzes (BayAbfG) wird die Aufgabe der Abfallbeseitigung auf Landkreise und kreisfreie Gemeinden übertragen. Die bayerische kreisangehörige Gemeinde G verliert damit ihre bis zum Inkrafttreten der Vorschrift bestehende Zuständigkeit für die Erledigung dieser Aufgabe in ihrem Gebiet. Sie möchte sich gegen den Aufgabenentzug wehren.

---

[63] Vgl. Aufgabe 8 – WF 7 – der 1. Staatsprüfung 1998/II, BayVBl. 2000, 672 u. 699.
[64] Was die Zulässigkeit einer verwaltungsgerichtlichen Normenkontrolle aber zumindest dann nicht berührt, wenn ein Verstoß gegen anderes höherrangiges Recht gerügt wird; vgl. näher zu den dadurch berührten Fragen *Wolff/Decker,* Studienkommentar VwGO/VwVfG, § 47 VwGO Rn. 51 ff.

I. Zulässigkeit möglicher Rechtsbehelfe

1. Eine Verfassungsbeschwerde nach Art. 66, 120 BV ist unzulässig, denn vorliegend ist der Beschwerdegegenstand keine Einzelmaßnahme, sondern eine gesetzliche Bestimmung.

2. Die Kommunalverfassungsbeschwerde nach Art. 93 Abs. 1 Nr. 4b GG ist ausgeschlossen, „soweit eine Beschwerde wegen Verletzung des Rechtes auf Selbstverwaltung nach dem Rechte des Landes beim Landesverfassungsgericht erhoben werden kann" (§ 91 S. 2 BVerfGG). Im konkreten Fall bestehen Rechtsschutzmöglichkeiten im Wege der Popularklage nach Art. 98 S. 4 BV. Zwar handelt es sich bei dieser Klage nicht um eine Beschwerde im eigentlichen Sinn, jedoch genügt es für die in § 91 S. 2 BVerfGG vorgesehene Subsidiarität, dass überhaupt eine andere Rechtsschutzmöglichkeit existiert. Eine Zulässigkeit der Popularklage führt damit zur Unzulässigkeit der Kommunalverfassungsbeschwerde.

3. Popularklage, Art. 98 S. 4 BV: G ist als juristische Person des öffentlichen Rechts antragsberechtigt; Klagegegenstand ist Art. 3 Abs. 1 BayAbfG; gerügt werden kann die Verletzung eines grundrechtsähnlichen Rechts, nämlich des Art. 11 Abs. 2 S. 2 BV.

II. Begründetheit der Popularklage

1. Der Schutzbereich des Selbstverwaltungsrechts umfasst die Angelegenheiten der Gemeinde, womit die örtlichen Angelegenheiten gemeint sind. Zu differenzieren ist insofern einerseits zwischen der Abfallbehandlung und der Abfalllagerung, die als überörtliche Aufgaben anzusehen sind, und andererseits dem Einsammeln und der Beförderung der Abfälle, die örtliche Angelegenheiten darstellen.

2. In den Schutzbereich wird dadurch eingegriffen, dass das Einsammeln und die Beförderung von Abfällen an die Landkreise übertragen und damit zugleich der G die entsprechenden Aufgaben entzogen werden (Hochzonung).

3. Der Eingriff müsste gerechtfertigt sein. Er erfolgte durch ein Gesetz. Gründe des öffentlichen Wohls für den Aufgabenentzug ergeben sich aus der Verbesserung des Umweltschutzes durch die Bündelung von Zuständigkeiten. Die Verhältnismäßigkeit des Eingriffs ist zu bejahen. I. Ü. ist hier nicht der Kern-, sondern ein Randbereich des gemeindlichen Selbstverwaltungsrechts betroffen. Der Eingriff ist daher gerechtfertigt, so dass die Popularklage zwar zulässig, aber nicht begründet ist und damit keine Aussicht auf Erfolg hat.

III. Sonstige Verfassungspositionen der Kommunen

1. Kommunen als Grundrechtsträger

a) Nach dem GG

100   Die Frage, ob Kommunen als juristische Personen Träger der im GG enthaltenen Grundrechte sein können, ist durch Auslegung des **Art. 19 Abs. 3 GG** zu beantworten. Bekanntermaßen versagt das BVerfG in st. Rspr. prinzipiell juristischen Personen des öffentlichen Rechts die Möglichkeit, sich auf Grundrechte zu berufen.[65] Zur Begründung wird vor allem auf das **Fehlen einer „grundrechtstypischen Gefährdungslage"**[66] und damit der Schutzbedürftigkeit dieser Personen hingewiesen. Hintergrund sind zwei Überlegungen: Dass Grundrechte dem Schutz ursprünglicher Freiheitsräume dienen, hinter Personen des öffentlichen Rechts entsprechende Individualinteressen aber regelmäßig nicht stehen (sog. Durchscheinargument), und dass nicht dieselbe Person einerseits Adressatin, andererseits Trägerin von Grundrechten sein kann (sog. Konfusionsargument). Erinnert sei in diesem Zusammenhang daran, dass sich die Situation bezüglich der grundrechtsgleichen Rechte aus Art. 101 und 103 GG anders darstellt. Diese stehen allen Personen zu, weil sie grundlegende rechtsstaatliche Anforderungen garantieren, die jedem zugute kommen müssen, dem überhaupt Rechtsschutzmöglichkeiten eingeräumt

---

[65] Näher dazu *Becker*, JURA 2019, S. 496 (503 ff.).
[66] BVerfGE 45, 63 (78).

werden. Ob sich Gemeinden auch auf Art. 19 Abs. 4 GG berufen können, ist allerdings str.[67]

Ausnahmen von dem Grundsatz, nach dem Personen des öffentlichen Rechts   **101**
keine Grundrechtsträger sind, werden nur dann zugelassen, wenn sich dies aus den
Eigenheiten des grundrechtlich geschützten Lebensbereichs ableiten lässt. Sie bestehen für Religionsgemeinschaften im Hinblick auf Art. 4 Abs. 1, Abs. 2 GG, für
Rundfunkanstalten im Hinblick auf Art. 5 Abs. 1 S. 2 GG und für Universitäten im
Hinblick auf Art. 5 Abs. 3 GG. Nach der grundlegenden *Sasbach*-**Entscheidung
des BVerfG** ist die Situation von Gemeinden und Landkreisen nicht mit jener der
drei anderen genannten öffentlich-rechtlichen Einrichtungen vergleichbar, und
zwar selbst dann nicht, wenn es um erwerbswirtschaftliches Handeln (→ Rn. 33)
geht. Denn auch ein solches Handeln stehe in unauflöslichem Zusammenhang zu
der Wahrnehmung öffentlicher Aufgaben, so dass Gemeinden und Landkreise nicht
als schutzbedürftig angesehen werden könnten. Dementsprechend sind **Gemeinden und andere Kommunen keine Grundrechtsträger** i. S. d. GG. Speziell zu
Art. 14 GG hat das BVerfG in der genannten Entscheidung (zusätzlich) darauf hingewiesen, das GG schütze „nicht das Privateigentum, sondern das Eigentum Privater".[68] Den fehlenden Schutz aus Art. 3 Abs. 1 GG kompensiert immerhin teilweise
das aus Art. 28 Abs. 2 GG abgeleitete sog. (interkommunale) Gleichbehandlungsgebot (→ Rn. 48).

b) Nach der BV

In der BV fehlt eine dem Art. 19 Abs. 3 GG vergleichbare Bestimmung. Sachlich   **102**
ergeben sich aber im Ansatz keine Unterschiede. Denn auch für die Beurteilung
der Grundrechtsberechtigung nach der BV ist entscheidend, ob das jeweilige
Grundrecht **juristischen Personen seinem Wesen nach zustehen** kann. Für
die Beantwortung kommt es in diesem Zusammenhang auf die Schutzbedürftigkeit
der betroffenen Person an.

Jedoch bestimmt der BayVerfGH diese Schutzbedürftigkeit nicht abstrakt. Viel-   **103**
mehr sei darauf abzustellen, ob sich die Gemeinde in einer Schutzsituation befindet, „welche die betreffende Grundrechtsnorm voraussetzt".[69] Das führt zumindest
hinsichtlich des Schutzes von gemeindlichem Eigentum zu grundlegenden (aber
mit Art. 31, 142 GG zu vereinbarenden) Differenzen zwischen dem Grundrechts-
schutz nach dem GG und der BV.[70] Nach Ansicht des BayVerfGH kann sich eine
Gemeinde gegen die Verletzung des **privatrechtlichen Eigentums** unter Berufung auf **Art. 103 Abs. 1 BV** wehren, soweit sich diese aus einer Rechtsbeziehung
„zwischen gleichgeordneten Trägern privater Rechte" ergibt.[71] Zur Begründung
der damit reklamierten besonderen Stellung bayerischer Gemeinden weist der
BayVerfGH auf Art. 11 Abs. 2 BV hin, der zum Ausdruck bringe, dass es sich bei

---

[67] Offengelassen in BVerfGE 61, 82 (109). Dagegen spricht nicht zuletzt die Stellung des
Art. 19 Abs. 4 GG im Grundrechtsteil, abl. deshalb *Huber,* in: *vM/K/S, GG,* Art. 19 Abs. 3
Rn. 325 m. w. N.
[68] BVerfGE 61, 82 (109). Zur a.A. nur *Becker,* JURA 2019, S. 496 (509).
[69] BayVerfGH n. F. 29, 105 (119).
[70] Krit. dazu *Badura,* BayVBl. 1989, 1 ff.; vgl. auch *Knemeyer,* BayVBl. 1988, 129 ff.; *Jachmann,*
BayVBl. 1998, 129 ff.
[71] BayVerfGH, NVwZ 1985, 260.

den Gemeinden um ein „Fundament des Staates" handle und der Staat diesen eine Rechtsstellung eingeräumt habe, die er selbst beachten müsse.

104   Ob die Grundrechtsträgerschaft auch im Bereich der **Wahrnehmung öffentlicher Aufgaben** besteht, hatte der BayVerfGH[72] ausdrücklich offen gelassen, ist allerdings unter Rückgriff auf den Gedanken der Schutzbedürftigkeit zu verneinen.[73] Außerdem lassen sich zwar die in der zitierten Entscheidung enthaltenen Überlegungen grundsätzlich auf andere Grundrechte der BV übertragen, jedoch sind kaum Situationen denkbar, in denen eine Berufung auf andere Rechte als Art. 103 Abs. 1 BV in Betracht käme.

2. Finanzgarantien

105   Die Finanzausstattung der Kommunen ist von großer Bedeutung für eine ordnungsgemäße Aufgabenerledigung. Deshalb ist Art. 28 Abs. 2 GG im Zuge der Verfassungsreform aus dem Jahre 1994 um eine besondere Bestimmung über die Gewährleistung der Grundlagen der **finanziellen Eigenverantwortung** ergänzt worden (S. 3). Inhaltlich wird damit im Grunde nichts Neues gesagt, weil die Finanzhoheit schon immer Teil der Selbstverwaltungsgarantie war (vgl. oben, Rn. 79). Konkretere verfassungsrechtliche Bestimmungen enthalten Art. 83 Abs. 2 S. 2 und Abs. 3 BV. Danach wird zum einen die Finanzhoheit landesverfassungsrechtlich abgesichert und zum anderen der Staat verpflichtet, den Gemeinden bei der Übertragung von Aufgaben, bei der Verpflichtung zur Erfüllung eigener Aufgaben und bei „besonderen Anforderungen" an die Aufgabenerfüllung „gleichzeitig Bestimmungen über die Deckung der Kosten zu treffen" (Art. 83 Abs. 3 S. 1 BV). Über Art. 83 Abs. 6 BV gelten beide Bestimmungen auch für die Gemeindeverbände.

106   Lange Zeit war problematisch, inwiefern die Kommunen einen **Anspruch auf** eine ausreichende **Finanzausstattung** hatten. Zwar räumt den Gemeinden schon Art. 11 Abs. 2 BV subjektive Rechte ein.[74] Jedoch sollte ein Anspruch lediglich auf eine angemessene Ausstattung, nicht aber auf bestimmte Zahlungen bestehen. Der grundsätzliche Anspruch auf Finanzmittel war durch die Leistungsfähigkeit des Staates begrenzt, wenn auch der Staat im Rahmen seines Gestaltungsspielraums nicht nur die Selbstverwaltungsgarantie der Kommunen, sondern auch den Gleichheitssatz beachten musste.[75] Diese Situation hat sich am 1.1.2004 mit der Änderung des Art. 83 BV grundlegend gewandelt.[76] Denn jetzt enthält die Vorschrift ein striktes **Konnexitätsprinzip** zugunsten der Kommunen. Nach Art. 83 Abs. 3 S. 2 BV ist für eine „Mehrbelastung der Gemeinden", die aus der Übertragung von Aufgaben, der Verpflichtung zur Erfüllung eigener Aufgaben oder besonderen Anforderungen an die Aufgabenerfüllung resultiert, „ein entsprechender finanzieller Ausgleich zu schaffen." Dies muss in Abstimmung mit den kommunalen Spitzenverbänden geschehen (Art. 83 Abs. 7 S. 2 BV).[77] Ferner fordert der Bay-

---

[72] BayVerfGH, NVwZ 1985, 260 (262).

[73] So jetzt auch BayVerfGH, BayVBl. 2001, 339.

[74] Vgl. BayVerfGH, BayVBl. 1997, 303 (304).

[75] Dazu vor allem BayVerfGH, BayVBl. 1997, 303 (305).

[76] Gesetz v. 10.11.2003 (GVBl. 816); vgl. dazu *Wolff* und *Deubert,* BayVBl. 2004, 129 ff. und 136 ff.

[77] Näheres enthält die Konsultationsvereinbarung v. 21.5.2004 (GVBl. 2004, 218).

VerfGH für die Regelung des Finanzausgleichs eine dem Gesetzgebungsverfahren vorgelagerte prozedurale Absicherung der Selbstverwaltungsgarantie: Danach „muss unter Beteiligung der Kommunen zunächst eine zwar notwendig pauschalierte, jedoch realitätsnahe Ermittlung der Kosten sowohl der Pflichtaufgaben im eigenen Wirkungskreis als auch der Aufgaben des übertragenen Wirkungskreises und eine (typisierende) Abschätzung der Einnahmequellen der Kommunen der Höhe nach erfolgen", also der Finanzbedarf zusammen mit den Kommunen ermittelt werden.[78] Eine Aufgabenübertragung durch den **Bund** ist nach der Änderung des Grundgesetzes[79] nicht mehr zulässig (Art. 84 Abs. 1 Satz 7 GG).[80] (I. Ü. näher zu den **Einnahmequellen** von Gemeinden und Gemeindeverbänden → Rn. 436 ff.).

C. Äußere Organisation

I. Gebiet und Bestand

1. Bedeutung des Gemeindegebiets

a) Grundsätze

aa) Die Gesamtheit der zu einer Gemeinde gehörenden Grundstücke bildet das **107** Gemeindegebiet (Art. 10 Abs. 1 S. 2 GO); die Gesamtfläche der einem Landkreis zugeteilten Gemeinden und gemeindefreie Gebiete das Kreisgebiet (Art. 7 LKrO), die Gesamtfläche der einem Bezirk zugeteilten Landkreise und kreisfreien Gemeinden das Bezirksgebiet (Art. 7 BezO). Die Hoheitsgewalt der Kommunen erstreckt sich auf ihr jeweiliges Gebiet, vgl. Art. 6 Abs. 1 S. 1, 22 Abs. 1 GO. Das Gebiet entspricht damit dem **räumlichen Wirkungsbereich** der Gemeinde-, Landkreis- oder Bezirkshoheit. Insbesondere Rechtsnormen können grundsätzlich nur mit Wirkung für das eigene Gebiet erlassen werden. Das schließt allerdings weder aus, dass gemeindliches Handeln im Einzelfall in seinen Rechtswirkungen über die Gebietsgrenzen hinausgeht, noch verbietet es eine Zusammenarbeit mit anderen Einrichtungen.

bb) Das Gebiet von **Großstädten,** genauer von Städten mit mehr als 100.000 Einwohnern (Augsburg, Erlangen, Fürth, Ingolstadt, München, Nürnberg, Regensburg und Würzburg), ist in **Stadtbezirke** einzuteilen (Art. 60 Abs. 1 GO). Die Einteilung fällt, unter Berücksichtigung der gesetzlichen Vorgaben, unter die Organisationshoheit der Gemeinden (vgl. Art. 60 Abs. 5 S. 1 GO). Sie soll in großen Gemeinden eine bürgernahe Verwaltung ermöglichen. **108**

Lange Zeit wurde diskutiert, ob und in welchem Umfang in den Stadtbezirken **109** Organe mit eigenen Kompetenzen zur Erledigung bestimmter Aufgaben geschaffen werden sollten bzw. durften. 1992 war die Funktion der **Bezirksausschüsse**

---

[78] BayVerfGH v. 28.11.2007, Vf. 15-VII-05, Rn. 217 (juris).
[79] Art. 1 Nr. 9 des Gesetzes zur Änderung des Grundgesetzes v. 28.8.2006 (BGBl. I S. 2034).
[80] Kritisch dazu *Henneke*, DVBl. 2006, 867, 869. Näher *Knitter*, Das Aufgabenübertragungsverbot des Art. 84 Abs. 1 Satz 7 GG, 2008; die genaue Reichweite dieses Verbots ist allerdings bis heute noch nicht verfassungsgerichtlich geklärt. Zum Verbot von Aufgabenerweiterungen BVerfGE 155, 310.

auf eine vorbereitende Tätigkeit reduziert worden.[81] Schon 1995 wurde Art. 60 GO erneut geändert und der Gestaltungsspielraum der Kommunen wieder vergrößert. Jetzt sieht Art. 60 Abs. 2 GO vor, dass in allen Gemeinden, die über Stadtbezirke verfügen, Bezirksverwaltungsstellen als Untergliederungen der Verwaltung und Bezirksausschüsse als Untergliederungen des Stadtrats gebildet werden können; in München ist die Bildung der Bezirksausschüsse zwingend (vgl. Art. 60 Abs. 2 S. 3 GO). Den Verwaltungsstellen kann der Oberbürgermeister in seinem Zuständigkeitsbereich Befugnisse übertragen (Art. 60 Abs. 5 S. 2 GO), den Bezirksausschüssen kann der Stadtrat und in laufenden Angelegenheiten (Art. 37 Abs. 1 Satz 1 Nr. 1 GO) auch der Oberbürgermeister Vorbereitungs- und Entscheidungskompetenz einräumen (Art. 60 Abs. 2 S. 2 GO), die sich immer auf Angelegenheiten des Stadtbezirks beziehen muss. Erhalten Bezirksausschüsse eigene Entscheidungsrechte, sind deren Mitglieder von den im Stadtbezirk wohnenden Gemeindebürgern zu wählen (in der Regel zusammen mit dem Stadtrat nach den Grundsätzen der Gemeinderatswahl, dazu, zum Verfahren und den Besonderheiten Art. 60 Abs. 3 GO). Sie werden also durch unmittelbare Wahlen besonders legitimiert. Soweit Bezirksausschüsse keine Entscheidungsrechte besitzen, haben sie gemäß Art. 60 Abs. 4 GO ein Recht darauf, dass ihre Empfehlungen und Anträge vom Stadtrat behandelt werden; auf diesem Wege können sie versuchen, bestimmte Entscheidungen durchzuführen.

110   Bezirksausschüsse sind eigenständige **Organe** der Gemeinde. Sie verfügen über eigene Rechte, nämlich wenigstens das Recht, den Stadtrat mit Angelegenheiten zu befassen. Dieses Recht kann im Wege der kommunalverfassungsrechtlichen Streitigkeit durchgesetzt werden, wenn sich der Stadtrat weigert, die Empfehlungen und Anträge innerhalb von drei Monaten zu behandeln (näher zu den Voraussetzungen → Rn. 272 ff.).

111   *cc)* In kleineren Gemeinden kann eine besondere räumliche Untergliederung, die sich aus der früheren Selbstständigkeit von Gemeindegebieten ergibt, dazu führen, dass ein **Ortssprecher** gewählt wird (Art. 60a Abs. 1 GO). Auch damit soll lokalen Besonderheiten ungeachtet der Bildung größerer Gemeinden durch die Gebietsreform (→ Rn. 115) Rechnung getragen werden. Voraussetzung ist, dass der Gemeindeteil im Gemeinderat nicht vertreten ist und kein Bezirksausschuss besteht (Art. 60a Abs. 3 GO).[82] Der Ortssprecher darf an den Sitzungen des Gemeinderats mit beratender Stimme teilnehmen und Anträge stellen (Art. 60a Abs. 2 S. 1 GO); insoweit besitzt der Ortssprecher Organqualität und kann seine Rechte nötigenfalls im Wege der kommunalverfassungsrechtlichen Streitigkeit (→ Rn. 270 ff.) durchsetzen.

b) Gemeindefreie Gebiete

112   Eine wichtige Ausnahme von dem Grundsatz, nachdem das gesamte Staatsgebiet Gemeinden zugewiesen ist, bilden die gemeindefreien Gebiete (sog. „ausmärkische

---

[81] Vgl. zur Verfassungsmäßigkeit dieser Regelung BayVerfGH, BayVBl. 1994, 685 m. krit. Anm. *Bäumler.*

[82] Unter „Vertretung" versteht man dabei das Innehaben des Hauptwohnsitzes im Gemeindeteil (so *Hölzl/Hien/Huber,* GO, Art. 60a Erl. 2.2; *Widtmann/Grasser/Glaser,* GO, Art. 60a Rn. 2; *B/B/E/M/S,* KommG, Art. 60a GO Rn. 3), nicht den Vertretungswillen; berufsmäßige Gemeinderatsmitglieder zählen nicht mit (*P/Z/B/P,* KommR, Art. 60a GO Erl. 2).

Gebiete", vgl. Art. 11 Abs. 1 S. 2 BV und Art. 10a Abs. 1 GO). Ihre **Eigenheit** besteht darin, dass es sich um Gebiete handelt, die Teile des Staatsgebietes, aber nicht zugleich Gemeindegebiet, sondern nur Kreisgebiet (und damit natürlich auch Bezirksgebiet) sind.

Das Fehlen einer zuständigen Gemeinde hat **verschiedene Konsequenzen.** Es **113** ist zu klären, wer die sonst von Gemeinden wahrgenommenen Aufgaben zu erledigen hat und wer Hoheitsbefugnisse besitzt. Beides ist in Art. 10a GO geregelt. Nach dessen Abs. 2 haben die **Grundstückseigentümer** die Pflicht, die Aufgaben des eigenen Wirkungskreises der Gemeinden auf eigene Kosten zu erfüllen, sofern es sich um Pflichtaufgaben handelt (vgl. näher dazu Art. 57 Abs. 2 GO, → Rn. 345 ff.; Sonderbestimmungen sind nach Art. 10a Abs. 6 GO zu beachten). Evtl. haben die Eigentümer zusammenzuarbeiten oder es handelt ein Eigentümer auch für die anderen (näher Art. 10a Abs. 2 – Abs. 4 GO). Werden nach den vorstehenden Grundsätzen die gemeindlichen Aufgaben durch Indienstnahme Privater erledigt, unterliegen diese der Aufsicht durch das LRA (Art. 10a Abs. 7 GO). Das LRA nimmt als staatliche Behörde sowohl die hoheitlichen Befugnisse, die sonst Gemeinden im eigenen Aufgabenkreis zustehen würden, als auch alle Aufgaben des übertragenen Aufgabenkreises wahr (Art. 10a Abs. 5; auch insoweit können Sonderbestimmungen vorgehen, Art. 10a Abs. 6 GO). Dementsprechend ist das LRA etwa für den Erlass von Rechtsnormen für gemeindefreie Gebiete zuständig, nach nicht unbestrittener Ansicht aber nicht für den Erlass von Bebauungsplänen.[83]

2. Bestands- und Gebietsänderungen

a) Gründe für Reformen

Die Einteilung des Staates in Gemeinden ist historisch überkommen. Jedoch **114** kann es Gründe geben, diese Einteilung zu ändern. Denn grundsätzlich muss der Gesetzgeber nicht nur die **örtliche Verbundenheit** der Einwohner mit ihren Kommunen berücksichtigen, um den Sinn der direkten demokratischen Legitimation und die Eigenart jeder Kommune zu sichern, sondern er muss auch die **Leistungsfähigkeit** der Gemeinden aufrechterhalten, da diese sonst nicht in der Lage wären, ein ausreichendes Aufgabenspektrum zu bewältigen. Wichtige Kriterien für die Aufteilung in Gemeinden sind also die Grundsätze der Funktionsfähigkeit und der Bürgernähe, die im Einzelfall durchaus in einem gewissen Gegensatz zueinander stehen können.[84]

Um die Leistungsfähigkeit der Gemeinden zu stärken, wurde in Bayern, wie in anderen Flä- **115** chenstaaten auch, Ende der 60er und während der 70er Jahre eine **Funktional- und Gebietsreform** durchgeführt. Ihr Ziel war die Schaffung gleichwertiger Lebensbedingungen im gesamten Freistaat: Kleine Gemeinden sollten zusammengeschlossen oder, soweit dies nicht sinnvoll erschien, in Verwaltungsgemeinschaften zusammengefasst werden; Landkreise sollten künftig gleich groß sein. Die Kreisreform wurde bereits 1972 abgeschlossen, die Gemeindegebietsreform bis zum Frühjahr 1978. Mit den räumlichen Änderungen ging eine teilweise Verschiebung von Aufgabenzuweisungen einher. Als Ergebnis wurde die Zahl der Landkreise von 143 auf 71, die Zahl der kreisfreien Gemeinden von 48 auf 25, die der kreisangehörigen Gemeinden von 7.025 auf 740 Einheitsgemeinden und 1.287 Mitgliedsgemeinden in 393 Verwaltungsgemeinschaften

---

[83] So BayVGH, BayVBl. 2016, 526; ebenso unter Hinweis auf §§ 1 Abs. 1, 2 Abs. 1 BauGB, der nur die Gemeinden erwähnt, *Hölzl/Hien/Huber*, GO, Art. 10a Erl. 3.

[84] Vgl. dazu näher *Haack*, in: *Steiner/Brinktrine*, BesVerwR, I Rn. 17 ff.

reduziert (zu den aktuellen Zahlen → Rn. 21). Z. T. sind die Reformmaßnahmen auf heftigen Widerstand gestoßen; manche Rechtsschutzverfahren wirken noch heute nach.[85]

b) Typologie der Änderungen

116   Grundsätzlich sind Bestands- und Gebietsänderungen im Hinblick auf alle kommunalen Körperschaften denkbar. Ihre Voraussetzungen sind ausführlich in den **einschlägigen Bestimmungen** geregelt (Art. 11 ff. GO, Art. 8 ff. LKrO, Art. 8 ff. BezO). Hinsichtlich des Verfahrens ist die Verordnung über kommunale Namen, Hoheitszeichen und Gebietsänderungen (NHGV, *Ziegler/Tremel* Nr. 281) zu beachten. Zu unterscheiden ist zwischen folgenden Änderungen:

(1) **Eingliederung gemeindefreier Gebiete** in das Gebiet einer oder mehrerer angrenzender Gemeinden, Art. 11 Abs. 1 S. 1 GO;

(2) **Bildung neuer Gemeinden aus gemeindefreien Gebieten**, Art. 11 Abs. 1 S. 3 2. HS GO;

(3) **Ausgliederung unbewohnter Gemeindegebiete** oder Teile davon, Art. 11 Abs. 1 S. 4 GO;

(4) Änderungen im **Bestand von Gemeinden**, Art. 11 Abs. 2 GO; eine solche Änderung liegt nur vor, wenn die Zahl der Gemeinden verändert wird; in Betracht kommen sowohl die Eingliederung als auch die Zusammenlegung von Gemeinden;

(5) Änderungen im **Gebiet von Gemeinden**, Art. 11 Abs. 2 GO; bei diesen Änderungen bleibt der Bestand der Gemeinden unberührt, verändert wird hingegen das Gemeindegebiet, d. h. es erfolgt eine Neubestimmung der Gemeindegrenzen;

(6) **Ausgliederung von Gemeinden**, Art. 11 Abs. 3 GO; die Vorschrift wurde 1992 neu eingeführt und stellt nun eine Spezialbestimmung für bestimmte Formen der Bestandsänderung dar. Mit ihr können Maßnahmen der Gebietsreform korrigiert werden, womit eine Reform der Reform ermöglicht wird;[86]

(7) Änderungen von Bestand und Gebiet der Landkreise, Art. 8 LKrO;

(8) Änderungen des **Gebietsumfangs von Bezirken**, Art. 8 BezO.

c) Gemeinsame Voraussetzungen

117   *aa)* **Verfahrensrechtlich:** Grundsätzlich sind die **beteiligten kommunalen Körperschaften** vor den Änderungsmaßnahmen **anzuhören**. Die Anhörungspflicht erstreckt sich auch auf Grundstückseigentümer[87] gemeindefreier Grundstücke im Änderungsgebiet (Art. 11 Abs. 1 S. 5 GO). Alle Anhörungsberechtigten müssen die Gelegenheit haben, vor Durchführung der Maßnahme ihre Meinung und ihre etwaigen Einwendungen aus örtlicher Sicht darzulegen; deshalb sind sie von Änderungsmaßnahmen rechtzeitig in Kenntnis zu setzen und es ist ihnen eine ausreichende Frist zur Stellungnahme einzuräumen. Ferner „sollen" die **Bürger**, deren gemeindliche Zugehörigkeit oder Kreis- bzw. Bezirkszugehörigkeit wechselt, zu den Änderungen **Stellung nehmen können** (Art. 11 Abs. 4 GO, Art. 8 Abs. 5

---

[85] Vgl. zu den Zahlen im Überblick *Reigl/Schober/Skoruppa*, Kommunale Gliederung in Bayern nach der Gebietsreform, 1978, S. 44 f.; zu den Reformen im Rückblick *Münzenrieder*, BayVBl. 1997, 401 f., und BayVBl. 1998, 271 f.

[86] Vgl. dazu näher *Deubert*, BayVBl. 1993, 65 ff.

[87] Zur (fehlenden) Antragsbefugnis der Grundstückseigentümer in einem Normenkontrollverfahren BayVGH, BayVBl. 2016, 526.

S. 2 LKrO, Art. 8 Abs. 2 S. 3 BezO). Nur in begründeten Ausnahmen darf von einer Anhörung abgesehen werden, wobei der einzige theoretisch, aber praktisch kaum denkbare Grund sein kann, dass der Bürgerwille bereits mit genügender Klarheit auf andere Weise feststeht. Die Stellungnahme findet in geheimer Abstimmung statt (vgl. § 12 Abs. 3 NHGV).

bb) **Materiell:** Fast alle Gebietsänderungen sind an das Vorliegen von **Gründen** **118** **des öffentlichen Wohls** gebunden. Diese Gründe müssen sich nicht nur auf das „Ob", sondern auch auf das „Wie" der Umgliederungsmaßnahmen erstrecken. Sie sind im Einzelfall gerichtlich nachprüfbar, bei dem öffentlichen Wohl handelt es sich um einen unbestimmten Rechtsbegriff.[88] Grundsätzlich erfasst dieser alle rechtlich geschützten öffentlichen Belange und sachangemessenen Erwägungen der Verwaltungsorganisation. Praktisch kommen als **einzelne Gründe** des öffentlichen Wohls die Schaffung von Bürgernähe, die Stärkung der Leistungskraft der betroffenen Körperschaften und die Steigerung der Wirtschaftlichkeit des Verwaltungshandelns in Betracht. Vorausgesetzt wird grundsätzlich, dass die für die Änderung sprechenden Gründe diejenigen für die Erhaltung **überwiegen.** Fordern die einschlägigen Bestimmungen das Vorliegen „dringender Gründe des öffentlichen Wohls", müssen die für eine Änderung sprechenden Gründe die gegenteiligen erheblich überwiegen.

cc) Liegen ausreichende Gründe für eine Bestands- oder Gebietsänderung vor, **119** steht die **Rechtsfolge im** (pflichtgemäßen) **Ermessen** der zuständigen Behörden. Allerdings kann dieses Ermessen im Rahmen umfassender Reformen gebunden sein; insofern spielen die Gesichtspunkte der Erforderlichkeit und der **Systemgerechtigkeit** eine wichtige Rolle. Da in den meisten Fällen eine verfassungsrechtlich geschützte Position von Kommunen berührt wird, ist zudem der **Verhältnismäßigkeitsgrundsatz** zu beachten. In diesem Zusammenhang ist darauf hinzuweisen, dass die Eingliederung einer Gemeinde in eine Verwaltungsgemeinschaft gegenüber einer Zusammenlegung oder Auflösung den geringeren Eingriff darstellt.[89]

d) Form, Zuständigkeit und Rechtsfolgen

Form und Zuständigkeit sind in Art. 12 Abs. 1 GO, Art. 8 LKrO und Art. 8 **120** BezO geregelt (vgl. auch Art. 9 Abs. 2 BV). Früher warf die Wahl der Rechtsform für Änderungen kontrovers diskutierte Fragen auf, nämlich nach dem Erfordernis einer parlamentsgesetzlichen Regelung[90] und der wirklichen Rechtsnatur getroffener Maßnahmen. Sofern Änderungsmaßnahmen durch Rechtsverordnungen ergingen, schien deren abstrakt-genereller Inhalt zweifelhaft, da sie einen konkreten Bezug aufweisen[91] (wie allgemeine Organisationsakte, etwa die Schließung einer Schule, im Wege der Allgemeinverfügung erfolgen können). Nachdem mittlerweile die gesetzlichen Bestimmungen genau festlegen, in welcher Form Änderungen zu erfolgen haben, und für den statthaften Rechtsschutz an die jeweilige Handlungsform anzuknüpfen ist, erscheinen die früheren Streitfragen heute ohne praktische Bedeutung.

---

[88] BayVGH, BayVBl. 1977, 433 (436).
[89] BayVerfGH, BayVBl. 1981, 143 (145).
[90] Entbehrlich nach BayVerfGH, BayVBl. 1978, 497.
[91] Vgl. BayVGH, BayVBl. 1978, 271.

121 Beziehen sich Änderungsmaßnahmen auf Gemeinden, sind – soweit nicht der Landtag ein Gesetz erlassen muss – entweder das LRA oder die Regierung **zuständige Behörden** (Art. 12 Abs. 1 GO). Die GO enthält über die **Rechtsfolgen** einer Gebietsänderung verschiedene Bestimmungen. Vgl. zur Fortgeltung des Ortsrechts Art. 12 Abs. 2 GO; weitere Rechts- und Verwaltungsfragen werden durch die zuständige Behörde in Form von Verwaltungsakten nach Art. 13 Abs. 1 GO geregelt.[92] Zu den vermögensrechtlichen Folgen → Art. 13 Abs. 2 GO. Sie sind, soweit nicht gemeindefreie Gebiete betroffen sind, durch Vereinbarungen zwischen den beteiligten Gemeinden zu regeln. Vgl. zu den Folgen von Änderungen bei Landkreisen und Bezirken Art. 9 LKrO und Art. 9 BezO.

II. Rechtsschutzfragen

122 Wie in allen anderen Fällen richtet sich auch der Rechtsschutz[93] gegen Bestands- und Gebietsänderungen zunächst danach, in welcher **Form** die anzugreifende Änderung durchgeführt wird. Dabei ist zu beachten, dass Art. 10 Abs. 2 GO den Gemeinden ein Recht auf Erhaltung ihres Bestands und ihres Gebiets einräumt, sofern nicht die Voraussetzungen des Art. 11 GO vorliegen. Auf dieses einfachgesetzlich eingeräumte **Abwehrrecht** ist in erster Linie abzustellen, wenn die Verwaltungsgerichte angerufen werden. Zugleich ist der Schutz von Bestand und Gebiet Teil der Selbstverwaltungsgarantie, weshalb sich Gemeinden auf Art. 28 Abs. 2 S. 1 GG und 11 Abs. 2 BV berufen können, was dann entscheidend ist, wenn die Verfassungsgerichte anzurufen sind (zu den insofern grundsätzlich in Frage kommenden Verfahrensarten → Rn. 93 ff.).

123 **Beispiel:** Ein Teil des Gebiets der Gemeinde A wird in die Gemeinde B eingegliedert; dabei handelt es sich um einen von den übrigen Gemeindegebieten separierten Ortsteil, der näher am Gemeindezentrum von A als am Zentrum von B liegt. Begründet wird die Gebietsänderung mit dem Erfordernis, für eine bürgernahe Verwaltung zu sorgen. A ist mit der Maßnahme nicht einverstanden. Sie möchte sich dagegen wehren.
Zunächst ist zu klären, nach welcher Norm und in welcher Form die Gebietsänderung vorgenommen wurde. Einschlägig sind hier Art. 11 Abs. 2 S. 1 Nr. 2, 12 Abs. 1 S. 2 der GO. Dementsprechend wurde die Gebietsänderung in Form einer Rechtsverordnung vorgenommen, und zwar entweder durch das Landratsamt oder durch die Regierung. Vor diesem Hintergrund können die Rechtsschutzmöglichkeiten geklärt werden. In Betracht kommen zwei gerichtliche Verfahren: Zum einen die Popularklage nach Art. 98 S. 4 BV, gestützt auf eine mögliche Verletzung des Art. 11 Abs. 2 BV; zum anderen die Normenkontrolle nach § 47 VwGO, gestützt auf eine mögliche Verletzung der Art. 10 Abs. 2, 11 Abs. 2 GO und des Art. 28 Abs. 2 S. 1 GG; entscheidend für die Statthaftigkeit dieses Verfahrens ist mittlerweile allein der Umstand, dass die Gebietsänderung in Form einer untergesetzlichen Rechtsvorschrift erlassen worden ist. Hinsichtlich der Begründetheit bestehen gute Erfolgsaussichten, weil die von der zuständigen Behörde behaupteten Gründe des öffentlichen Wohls nach dem Sachverhalt offensichtlich nicht gegeben sind, andere Gründe des öffentlichen Wohls aber nicht angeführt wurden.

124 Einige prozessuale Besonderheiten gelten, wenn sich eine **Gemeinde gegen ihre Auflösung** zur Wehr setzen will. Da entsprechende Änderungen immer in Form eines Gesetzes ergehen (vgl. Art. 12 Abs. 1 S. 1 GO), kommt nur die Erhebung

---

[92] Vgl. BayStMI vom 29.10.1999, FSt 2000/49 zum Widerruf von Eingemeindungsvereinbarungen.
[93] Zum (beschränkten) Rechtsschutz Privater bei der Eingliederung gemeindefreier Gebiete BayVGH, BayVBl. 2016, 526.

einer Popularklage in Betracht (Art. 98 S. 4 BV; auch → Rn. 96). Grundsätzlich setzt diese eine Antragsbefugnis in abgeschwächter Form voraus: Es ist hinsichtlich der Zulässigkeit zu behaupten, ein Grundrecht sei verletzt, ohne dass es sich um ein eigenes Recht des Klägers handeln müsste. Das gilt für Art. 11 Abs. 2 BV allerdings nur, sofern eine Verletzung der Selbstverwaltungsgarantie auf eine allgemeine Einschränkung des Umfangs der gemeindlichen Rechte gestützt wird.[94] Soll die Verletzung des Art. 11 Abs. 2 BV aus dem Untergang der Gemeinde resultieren (im Hinblick auf die beschränkte individuelle Bestandsgarantie, → Rn. 46), kann nach der Rspr. des BayVerfGH nur die betroffene Gemeinde selbst dieses Recht wahrnehmen; aufgelöste Gemeinden sind als fortbestehend zu fingieren.[95] Bürger haben immerhin dann die Möglichkeit, eine zulässige Popularklage zu erheben, wenn sie die Verletzung des Art. 118 BV (allgemeines Willkürverbot) rügen. Allerdings bleiben die vorstehenden Grundsätze von Bedeutung: Während sonst bei zulässigen Popularklagen die Verletzung am Maßstab der gesamten BV einschließlich des objektiven Verfassungsrechts zu prüfen ist, darf bei Popularklagen von Bürgern grundsätzlich die Verletzung des Art. 11 Abs. 2 BV nicht untersucht werden. Grund ist, dass die betroffene Gemeinde selbst entscheiden soll, ob sie einen Organisationsakt, der ihren Status als Selbstverwaltungskörperschaft berührt, hinnehmen oder überprüfen lassen will. In Übereinstimmung mit der Begründung kann ausnahmsweise Art. 11 Abs. 2 BV Prüfungsmaßstab einer Bürgerklage sein, wenn die Gemeinde vor ihrer Auflösung durch einen Gemeinderatsbeschluss eindeutig zum Ausdruck gebracht hat, dass sie die Verletzung des Selbstverwaltungsrechts geltend machen will.[96] Die Antragsbefugnis für die grundsätzlich nicht fristgebundene Popularklage gegen Neugliederungsvorschriften kann jedoch durch Verwirkung erlöschen.[97]

Zu einem prozessualen Sonderproblem kommt es, wenn eine Gemeinde die **125** Eingliederung eines gemeindefreien Gebiets oder eine Kommune eine Gebietsänderung beantragt, die Behörde jedoch untätig bleibt bzw. den Antrag ablehnt. Denn in diesen Fällen ist zu klären, auf welchem Weg der **Erlass einer untergesetzlichen Norm** begehrt werden kann.[98]

III. Angehörige und Bürger

1. Alle Einwohner einer Kommune werden als deren **Angehörige** bezeichnet **126** (vgl. Art. 15 Abs. 1 S. 1 GO, 11 Abs. 1 S. 1 LKrO, 11 Abs. 1 S. 1 BezO). Die Angehörigen haben gegenüber der Kommune grundsätzlich die gleichen Rechte und Pflichten. Insbesondere unterliegen sie deren Hoheitsgewalt (vgl. Art. 22 Abs. 1 GO). Gemeindeangehörige können zu Gemeindediensten herangezogen werden (Art. 24 Abs. 1 Nr. 4 GO → Rn. 374). Als **Forensen** werden Personen bezeichnet, bei denen kein persönlicher, sondern nur ein dinglicher Anknüpfungspunkt besteht. Sie unterliegen nur insoweit der Hoheitsgewalt, als sie ein Grundstück oder einen Gewerbebetrieb im Gemeindegebiet besitzen (vgl. Art. 21 Abs. 3 GO).

---

[94] Vgl. BayVerfGH, BayVBl. 1996, 462.
[95] BayVerfGH, BayVBl. 1984, 235.
[96] BayVerfGH, BayVBl. 1988, 330; BayVBl. 1997, 751.
[97] Vgl. BayVerfGH, BayVBl. 2007, 689.
[98] Vgl. dazu auch Aufgabe 6 der 1. Staatsprüfung 1992/I, BayVBl. 1994, 32 u. 60; näher *Hufen*, VerwPR, § 20 Rn. 1 ff.

127   Voraussetzung der Angehörigkeit ist ein **Wohnsitz** in der Kommune. Welche Anforderungen daran zu stellen sind, ist in den kommunalrechtlichen Gesetzen nicht geregelt. Unmittelbar gelten weder der subjektive Wohnsitzbegriff des § 7 BGB noch der objektive Wohnsitzbegriff des § 12 Melderechtsrahmengesetzes bzw. des Art. 15 BayMeldegesetzes. Soweit spezielle Vorschriften nicht an einen Hauptwohnsitz anknüpfen, wird immer noch auf § 5 der Ersten DurchführungsVO zur Deutschen Gemeindeordnung von 1935 abgestellt, wonach ausschlaggebend ist, ob „jemand eine Wohnung unter Umständen innehat, die darauf schließen lassen, dass er die Wohnung beibehalten und benutzen wird." Erforderlich ist also eine gewisse Dauerhaftigkeit, ausschlaggebend der erkennbare subjektive Wille; an die Räumlichkeiten sind keine besonderen Anforderungen zu stellen. Keine Wohnung in diesem Sinne besteht bei Aufenthalt in einer JVA, in einem Krankenhaus, während des Urlaubs oder bei Ableistung des Wehrdienstes, hingegen schon bei Aufenthalt in einem Pflege- oder Altenheim. Ob jemand daneben andere Wohnsitze besitzt, ist unerheblich. Dementsprechend kann eine Person Angehörige verschiedener Gemeinden sein. Studenten wohnen z. B. in der Regel sowohl in der Universitätsstadt als auch in ihrer Heimatgemeinde. Auf die Berechtigung zum Wohnen kommt es nicht an, auch Ausländer ohne Aufenthaltsrecht sind Einwohner.

128   **2. Bürger** einer Kommune sind nur diejenigen Angehörigen, die das Recht besitzen, an den Kommunalwahlen aktiv teilzunehmen (Art. 15 Abs. 2 GO, 11 Abs. 2 LKrO, 11 Abs. 2 BezO). Das Bürgerrecht ist gleichbedeutend mit dem Wahlrecht und insofern mit den Mitwirkungsrechten, zu denen die Teilnahme an Bürgerversammlungen (Ausweitung auf Gemeindeangehörige geplant) sowie an Bürgerbegehren und Bürgerentscheid gehören (Art. 18, 18a GO, → Rn. 292 ff.). Andererseits sind die Bürger zur Übernahme von kommunalen Ehrenämtern verpflichtet (vgl. Art. 19 Abs. 1 GO; verfassungsrechtliche Grundlage ist Art. 121 BV). Sie müssen grundsätzlich bestimmte Aufgaben bei der Verwaltung der Kommune übernehmen, sofern dies gesetzlich vorgesehen ist. Zu den Ehrenämtern zählen die Tätigkeiten als Gemeinderatsmitglied, als nicht hauptberuflicher Bürgermeister, als Mitglied eines Bezirksausschusses oder als Ortssprecher, nach speziellen Gesetzen auch jene als Mitglieder des Wahlvorstandes und des Wahlausschusses (Art. 7 GLKrWG) oder als Mitglieder der Jugendhilfeausschüsse (Art. 17 BayAGSG).

129   Ehrenämter dürfen nur aus einem **„wichtigen Grund" abgelehnt** werden. Das bezieht sich sowohl auf die Übernahme eines Ehrenamtes als auch auf dessen Niederlegung (Art. 19 Abs. 1 Satz 2 GO).[99] Als wichtiger Grund ist es insbesondere anzusehen, wenn der Verpflichtete die Tätigkeit nicht ordnungsgemäß ausüben kann (Art. 19 Abs. 1 Satz 3 GO). Die frühere, nicht abschließende, sondern beispielhafte Aufzählung wichtiger Gründe wurde infolge gefestigter Rechtsprechung zum 1.9.2006 gestrichen.[100] Wichtige Gründe sind grundsätzlich nur solche, die in der Person des Bürgers liegen und ein solches Gewicht haben, dass dem Bürger die Übernahme oder die Beibehaltung des Ehrenamtes nicht zugemutet werden kann.

---

[99] Sowie in der Sache auch den Ausschluss aus gemeindlichen Gremien, soweit kommunalverfassungsrechtliche Sonderregelungen nicht zur Anwendung kommen, vgl. VG Regensburg v. 13.5.2016 – RN 3 K 14.2156.

[100] § 2 Nr. 3 des Gesetzes zur Änderung des Gemeinde- und Landkreiswahlgesetzes und anderer Vorschriften v. 26.7.2006, GVBl. 405.

Nur vorübergehende oder rein subjektive Gründe sind unbeachtlich. Beispielsweise darf ein Gemeinderatsmitglied nicht aus Verärgerung über eine bestimmte politische Entscheidung „die Brocken hinwerfen". Als Hinderungsgründe anerkannt sind außerdem berufliche Gründe, was deshalb erforderlich ist, weil private Arbeitgeber nicht verpflichtet sind, Gemeindebürger für die Ausübung von Ehrenämtern freizustellen. Art. 19 Abs. 2 GO regelt nunmehr auch die Abberufung ehrenamtlich tätiger Personen; dies betrifft allerdings nur die ins Ehrenamt berufenen Personen, nicht aber solche, die ihr Ehrenamt durch Wahlen erlangt haben (z. B. Gemeinderatsmitglieder, weitere Bürgermeister).[101]

Für die Ausübung ehrenamtlicher Tätigkeiten in Gemeinden gilt Art. 20 GO[102], **130** für die **Entschädigung** Art. 20a GO.[103] 1994 wurde in Anlehnung an das Nebentätigkeitsrecht von Beamten eine Pflicht zur Abführung der Vergütungen für bestimmte Tätigkeiten in Aufsichtsräten oder Leitungsorganen von gemeindlich beeinflussten Unternehmen eingeführt (Art. 20a Abs. 4 GO).

Die **Wahlberechtigung** richtet sich nach den einschlägigen Wahlgesetzen, für **131** das Gemeinde- und Kreisbürgerrecht nach dem GLKrWG und der GLKrWO (*Ziegler/Tremel* Nr. 290 u. 291), für das Bezirksbürgerrecht nach dem BezWG (*Ziegler/Tremel* Nr. 104), das inhaltlich auf das Landeswahlgesetz verweist. Wahl- und Bürgerrecht fordern eine engere Verbindung zu der Kommune als bei der Angehörigkeit. Vorausgesetzt wird deshalb ein mindestens zweimonatiger Aufenthalt in der Kommune, und zwar mit dem Schwerpunkt der Lebensbeziehungen.

Der **Schwerpunkt der Lebensbeziehungen** wird dort vermutet, wo eine Person gemeldet **132** ist, bei Meldung in mehreren Gemeinden am Ort des Hauptwohnsitzes (Art. 1 Abs. 3 S. 1 und 2 GLKrWG). Als Hauptwohnsitz gilt der Ort, an dem eine Person arbeitet oder ihrer Ausbildung nachgeht, etwa studiert. Vorrangig ist allerdings bei Personen, die nicht dauernd von ihrer Familie (d. h. auch dem Ehegatten) getrennt leben, immer der Familienwohnsitz,[104] d. h. der Ort, an dem eine gemeinsame Wohnung vorwiegend genutzt wird (§ 1 GLKrWO).[105] Pendler, die während der Woche am Beschäftigungsort alleine und nur am Wochenende an einem anderen Ort zusammen mit ihrer Familie leben, besitzen ihren Hauptwohnsitz nicht am Beschäftigungsort, sondern am Familienwohnort. Studenten, die bei ihren Eltern wohnen, haben dort unabhängig von ihrem Studienort den Hauptwohnsitz. Vgl. zur Bestimmung des Hauptwohnsitzes im Zusammenhang mit dem Gemeinderatsmandat → Rn. 188 und im Zusammenhang mit der Wählbarkeit → Rn. 283.

Neben dem Lebensmittelpunkt und der Volljährigkeit hängen Wahl- und Bürgerrecht noch davon ab, dass eine Person **Deutscher** i. S. d. Art. 116 GG **oder** **133** **sonst Unionsbürger** ist. Grundsätzlich ist nämlich die demokratische Mitwirkung in Form des Wahlrechts gemäß Art. 20 Abs. 2, 28 Abs. 1 S. 1 GG den Deutschen

---

[101] BayLT-Drucks. 14/2006, S. 20.

[102] Zum „Whistleblowing" und der Verschwiegenheitspflicht nach Art. 20 Abs. 2 GO BayVGH, BayVBl. 2015, 630.

[103] Vgl. zu einer Normerlassklage (→ Rn. 125) im Hinblick auf die Entschädigung von ehrenamtlich tätigen Kreisräten BVerwG, BayVBl. 1990, 117. Zur Bemessung der Entschädigung BayVGH, BayVBl. 2008, 664. Zur Zulässigkeit einer Aufwandsentschädigung für die Vorsitzenden der Ratsfraktionen BayVGH, BayVBl. 2015, 343. Zum fehlenden Anspruch auf Kostenerstattung für eine nicht angenommene VB gegen die Entscheidung in einer kommunalverfassungsrechtlichen Streitigkeit BayVGH, BayVBl. 2019, 97.

[104] Was auch entscheidend ist für die Wählbarkeit, so BayVGH v. 14.5.2009, 4 ZB 09.857; bestätigt durch BayVerfGH, BayVBl. 2010, 432 (m. abweich. Meinung.).

[105] Vgl. zum vergleichbaren § 12 Abs. 2 S. 2 MRRG etwa BVerwG, NJW 1999, 2688.

vorbehalten,[106] für die Wahl in Kreisen und Gemeinden sind aber nach Art. 28 Abs. 1 S. 3 GG in Übereinstimmung mit Art. 22 AEUV auch die Unionsbürger (= Staatsangehörige der EU-Mitgliedstaaten, vgl. Art. 20 Abs. 1 S. 2 AEUV) wahlberechtigt.[107] Für die Ausübung des Stimmrechts ist zudem die Eintragung in das Wählerverzeichnis erforderlich (Art. 3 Abs. 1 GLKrWG). Auch wenn früher (bis zum 1.1.2000) Unionsbürger diese Eintragung vor jeder Wahl beantragen mussten, hatte dies für das Bürgerrecht keine Bedeutung, sondern beeinflusste nur die Möglichkeit zur Teilnahme an der Wahl. I. Ü. verstieß diese Voraussetzung gegen das höherrangige Gemeinschaftsrecht.[108]

134   **3.** Nur auf Gemeindeebene existiert das **Ehrenbürgerrecht** (Art. 16 GO). Es setzt besondere Verdienste um eine Gemeinde voraus, nicht aber eine besondere räumliche Beziehung im Sinne eines Wohnsitzes oder sonstige persönliche Eigenschaften. Mit ihm sind keine Rechte oder Pflichten verbunden. Vielmehr handelt es sich um eine ideelle Auszeichnung, die allerdings durch einen Verwaltungsakt verliehen wird. Dieser kann wegen unwürdigen Verhaltens durch den Gemeinderat mit Zweidrittelmehrheit widerrufen werden (Art. 16 Abs. 2 GO).

D. Kommunalverfassungsrecht

I. Allgemeine Grundsätze

135   Das Kommunalverfassungsrecht ist gleichzusetzen mit der rechtlichen Ausgestaltung der **inneren Organisation** von Kommunen. Dessen Kenntnis ist für Praxis und Fallbearbeitung von **großer Bedeutung.** Denn nach seinen Regeln bestimmt sich vor allem, welches Organ (allgemein → Rn. 31) für einzelne Maßnahmen zuständig ist und welche verfahrensrechtlichen Anforderungen an das Handeln dieses Organs zu stellen sind. Im Einzelnen betrifft das **Kommunalverfassungsrecht** Rechtsnatur, Bildung und Zuständigkeiten der Organe sowie die internen Vorgänge und Abläufe im Prozess der Willensbildung. Wird gegen die Vorschriften über die Organzuständigkeit oder über das Verfahren verstoßen, ist eine zu beurteilende Handlung formell fehlerhaft, wobei immer zu klären ist, zu welcher Rechtsfolge die Fehlerhaftigkeit führt (im Überblick → Rn. 165 ff. und 180). Zudem stellt sich die Frage, ob die Fehlerhaftigkeit des Handelns eines Organs evtl. Rechte eines anderen Organs oder Organteils verletzt und deshalb gerichtlich angefochten werden kann. Dieser Aspekt soll wegen seiner Relevanz für Falllösungen im Folgenden jeweils im konkreten Sachverhalt mit angesprochen werden, wenn auch der kommunalverfassungsrechtlichen Streitigkeit ein eigener Unterpunkt gewidmet ist (→ Rn. 270 ff.).

136   Während die Verbandskompetenz die **Zuständigkeit** (sachlich und örtlich) der Rechtsperson insgesamt, also z. B. einer Gemeinde, meint (auch → Rn. 16, 65), bezieht sich die Organzuständigkeit auf die Zuständigkeit der handelnden Organwalter, etwa auf die Frage, ob der erste Bür-

---

[106] BVerfGE 83, 37 (51) (zuvor sehr str.).
[107] Vgl. dazu RL 94/80, ABl. 1994 L 368, 38 ff.
[108] Vgl. aber auch BayVerfGH, BayVBl. 1997, 495 (mit der interessanten Frage, inwieweit ein Verstoß gegen Gemeinschaftsrecht zugleich Art. 3 Abs. 1 BV verletzt).

germeister alleine und ohne Mitwirkung des Gemeinderates für eine bestimmte Maßnahme zuständig ist. In einer Falllösung sind in der Regel beide Gesichtspunkte eigenständig zu prüfen.

Da die kommunalverfassungsrechtlichen Bestimmungen allgemein **für jedes** **137** **kommunale Handeln** gelten, können sie in sehr unterschiedlichen Sachverhalten relevant werden. Sie spielen nicht nur eine Rolle in spezifisch kommunalrechtlichen Klausuren, sondern etwa auch bei der Beurteilung der Rechtmäßigkeit eines Bebauungsplans oder einer sicherheitsrechtlichen Verordnung (vor allem im Hinblick auf deren formelle Voraussetzungen).

Die folgenden Ausführungen konzentrieren sich ganz auf das Kommunalverfas- **138** sungsrecht von **Gemeinden** und dabei wiederum auf deren Hauptorgane. Sie gelten für die Landkreise und Bezirke weitgehend entsprechend. Das erschließt sich bei Lektüre der einschlägigen Vorschriften der LKrO und der BezO relativ leicht, soweit diese mit den Vorschriften der GO inhaltlich übereinstimmen. Lediglich auf spezielle Regelungen und die sich daraus ergebenden Abweichungen wird vergleichend kurz hingewiesen.

II. Erster Bürgermeister

1. Rechtliche Stellung

Der erste Bürgermeister ist Beamter der Gemeinde und wird von den Gemein- **139** debürgern unmittelbar auf sechs Jahre gewählt. Seine Rechtsstellung hängt ganz wesentlich davon ab, ob er **ehrenamtlich** (= als Ehrenbeamter) **oder berufsmäßig** (= als Beamter auf Zeit) tätig wird. Das richtet sich zunächst nach der Größe der Gemeinde und in gewissem Rahmen nach der Bestimmung durch den Gemeinderat (Art. 34 Abs. 1, Abs. 2 GO):
– In kreisfreien Gemeinden, in großen Kreisstädten und in kreisangehörigen Gemeinden mit mehr als 10.000 Einwohnern ist der erste Bürgermeister Beamter auf Zeit.
– In Gemeinden zwischen 5.000 und 10.000 Einwohnern ist er Beamter auf Zeit, wenn nicht der Gemeinderat rechtzeitig vor der Wahl durch Satzung anderes bestimmt.
– In Gemeinden bis 5.000 Einwohnern ist er umgekehrt grundsätzlich Ehrenbeamter, jedoch kann der Gemeinderat ebenfalls anderes bestimmen.

Die Rechtsstellung aller ersten Bürgermeister richtet sich im Einzelnen nach **140** dem KWBG (*Ziegler/Tremel* Nr. 375), vgl. Art. 1 Abs. 2 Nr. 1 KWBG. Wie die Bezeichnung nahe legt, bestehen zwischen ehrenamtlicher und berufsmäßiger Tätigkeit vor allem beachtliche Unterschiede hinsichtlich der **Bezahlung.** Während der berufsmäßige Bürgermeister seine volle Arbeitskraft dem Amt widmen darf bzw. muss und dafür alimentiert (= besoldet) wird (vgl. BayKommunalbesoldungsVO, *Ziegler/Tremel* Nr. 92), erhalten die ehrenamtlich und damit nebenberuflich tätigen Bürgermeister (nur) eine Entschädigung (Art. 53 KWBG; diese ist allerdings u. U. durchaus lohnend, vgl. Anlage 3 zum KWBG). Hinsichtlich der Amtsbezeichnung ist zu beachten, dass der erste Bürgermeister in kreisfreien Gemeinden und großen Kreisstädten **Oberbürgermeister** heißt (Art. 34 Abs. 1 S. 2 GO).

2. Funktionen und Zuständigkeiten

141   Der erste Bürgermeister besitzt verschiedene Zuständigkeiten, in denen seine **unterschiedlichen Funktionen** zum Ausdruck kommen. Zum einen erledigt er die täglichen Geschäfte und vertritt die Gemeinde nach außen. In dieser Funktion steht er auch an der Spitze der Verwaltung der Gemeinde und leitet diese, d. h. er sorgt dafür, dass das Personal der Gemeinde ordnungsgemäß handelt; er führt die Dienstaufsicht (Art. 37 Abs. 4 GO). In großen Gemeinden, die über eine beachtliche Anzahl an Mitarbeitern verfügen, wird er dabei von den berufsmäßigen Gemeinderäten unterstützt (→ Rn. 235 f.). Daneben sorgt er auch für den ordnungsgemäßen Geschäftsgang im Gemeinderat, der als Kollektivorgan ebenfalls seiner Leitung bedarf, und kontrolliert dessen Entscheidungen.

a) Funktionen im Zusammenhang mit dem Gemeinderat

aa) Leitungsfunktion

142   Gemäß Art. 36 S. 1 GO führt der erste Bürgermeister den **Vorsitz im Gemeinderat.** In der Regel ist er ebenso Vorsitzender der Gemeinderatsausschüsse, Art. 33 Abs. 2 GO, kann aber den Vorsitz an einen seiner Stellvertreter oder an ein ehrenamtliches Gemeinderatsmitglied übertragen (Art. 33 Abs. 2 S. 1 GO). Ergänzt wird diese Leitungsfunktion durch Art. 46 Abs. 1 S. 1 GO (Leitung der Geschäfte), 46 Abs. 2 GO (Vorbereitung der Gemeinderatssitzungen) und 53 Abs. 1 S. 1 GO (Handhabung der Ordnung und Hausrecht) (vgl. im Einzelnen → Rn. 260 ff. im Zusammenhang mit dem Geschäftsgang). Nicht immer wird der erste Bürgermeister allein auf der Grundlage der GO tätig, vielmehr können allgemeine Ordnungsfragen und damit seine Leitungstätigkeit durch die Geschäftsordnung des Gemeinderats konkretisiert werden.

bb) Vollzugs- und Kontrollfunktion

143   **Beschlüsse des Gemeinderats** haben keine unmittelbare Außenwirkung, sondern dienen der internen Willensbildung. Nach außen hin bedürfen sie der Umsetzung.[109] Sie werden durch den ersten Bürgermeister **vollzogen** (Art. 36 S. 1 GO). Grundsätzlich muss der Bürgermeister tätig werden und damit den Willen des Gemeinderats außenwirksam umsetzen, etwa durch die Bekanntgabe von Verwaltungsakten oder die Ausfertigung von Satzungen. Er kann diesen Willen nicht durch seine eigene politische Überzeugung ersetzen. Da er aber eigenständiges Organ der Gemeinde und seinerseits an Gesetz und Recht gebunden ist (Art. 20 Abs. 3 GG), darf ihm nicht zugemutet werden, auch rechtswidrige Beschlüsse zu vollziehen. Aus diesem Grunde räumt ihm Art. 59 Abs. 2 GO ein **Beanstandungsrecht** ein.

144   Die **Beanstandung** besteht darin, dass dem Gemeinderat mitgeteilt wird, der Beschluss sei rechtswidrig; sie ist zu verbinden mit der Aussetzung des Vollzugs. Verweigert der erste Bürgermeister auf diese Weise die Umsetzung des Gemeinderatsbeschlusses, bleiben zwei Möglichkeiten:
(1) Entweder der Gemeinderat fasst einen neuen Beschluss, womit er den Zustand der Rechtswidrigkeit beseitigt (= Abhilfe).

---

[109] Vgl. zur daraus folgenden fehlenden Anfechtbarkeit etwa VG Ansbach v. 21.6.2017 – 4 K 16.02256; BayVGH v. 29.11.2019 – 11 N 18.2182.

(2) Oder der Gemeinderat ist mit der Beanstandung nicht einverstanden, weil er seinen Beschluss für rechtmäßig hält. In diesem Fall ist eine Entscheidung der Rechtsaufsichtsbehörde, an die der erste Bürgermeister vorzulegen hat, erforderlich.

Wird die Rechtsaufsichtsbehörde eingeschaltet, hat sie die Funktion, einen bestehenden Streit zu schlichten. Dafür finden die weiteren Vorschriften über die Rechtsaufsicht (→ Rn. 523 ff.) keine Anwendung, die Tätigkeit der Aufsichtsbehörde ist nicht gegenständlich beschränkt. Die **Streitschlichtung** kann sich auf das gesamte Handeln des Gemeinderats und des Bürgermeisters, insbesondere auch das privatrechtliche, beziehen. Weder die Beanstandung durch den ersten Bürgermeister noch die Entscheidung der Rechtsaufsichtsbehörde stellen Verwaltungsakte dar, da es an einer Regelungswirkung fehlt. Der Gemeinderat kann seine Rechtsposition nicht unmittelbar im Wege der Leistungsklage durchsetzen, weil Art. 59 Abs. 2 GO dem ersten Bürgermeister ein Recht auf Beanstandung einräumt. Anders liegen die Dinge, wenn der erste Bürgermeister Beschlüsse „kalt beanstandet", d.h. diese einfach liegen lässt, ohne sich ausdrücklich zu äußern und die Rechtsaufsichtsbehörde anzurufen. Zwar fehlt auch diesem Verhalten die Regelungswirkung, so dass es keinen VA darstellt, jedoch besitzt der Gemeinderat nach der in der GO vorgesehenen Konzeption (vgl. → Rn. 143) ein Recht darauf, dass entweder seine Beschlüsse vollzogen werden oder die Rechtsaufsichtsbehörde streitschlichtend tätig wird; dieses Recht lässt sich im Wege einer Leistungsklage (als kommunalverfassungsrechtliche Streitigkeit) gegenüber dem ersten Bürgermeister durchsetzen. **145**

b) Eigene Zuständigkeit des ersten Bürgermeisters

aa) Grundsatz

Ausgangspunkt für die Bestimmung der Zuständigkeit ist **Art. 37 Abs. 1 S. 1 GO,** der dem ersten Bürgermeister bestimmte Aufgaben zuweist. Dazu gehören die auf der Grundlage von Bundesrecht übertragenen hoheitlichen Aufgaben in Angelegenheiten der Verteidigung (Nr. 2) und die im staatlichen Sicherheitsinteresse geheimzuhaltenden Angelegenheiten (Nr. 3). Die mit Abstand wichtigste Regelung enthält Nr. 1, wonach der erste Bürgermeister zuständig ist für „die laufenden Angelegenheiten, die für die Gemeinde keine grundsätzliche Bedeutung und keine erheblichen Verpflichtungen erwarten lassen". **146**

Laufende Angelegenheiten können auch als Geschäfte der laufenden Verwaltung bezeichnet werden; gemeint sind damit alltägliche Geschäfte, die mit einer gewissen Häufigkeit wiederkehren, also jedenfalls keine einmaligen oder seltenen Geschäfte. Die Beurteilung einzelner Geschäfte richtet sich nach den Eigenheiten der jeweiligen Gemeinde, ist also vor allem von deren Größe, Finanz- und Wirtschaftskraft abhängig. Im Übrigen beziehen sich die laufenden Angelegenheiten nicht nur auf bestimmte Aufgabenbereiche, sondern erfassen das gesamte Handeln der Gemeinde, bei kreisfreien Gemeinden also auch die Aufgaben nach Art. 9 Abs. 1 GO, die sonst dem Landratsamt als Staatsbehörde obliegen. Die **negative Voraussetzung** der grundsätzlichen Bedeutung bezieht sich auf das Gewicht einer Angelegenheit für die Gemeinde; sie erfasst jedenfalls alle Angelegenheiten, die auch der Gemeinderat nicht auf Ausschüsse übertragen kann, sondern selbst erledi- **147**

gen muss (→ Rn. 223). Ob eine Verpflichtung erheblich ist, lässt sich wiederum nicht zahlenmäßig, sondern nur unter Berücksichtigung der wirtschaftlichen Situation der Gemeinde beurteilen.

148 **Beispiele:** Laufende Angelegenheit ist der Ankauf von Büromaterial bis zu einer nicht als hoch einzuschätzenden Summe; in einer kleinen Gemeinde gehören die Veräußerung von Grundstücken oder die Befreiung vom Anschluss- und Benutzungszwang für Entwässerungsanlagen nicht zu den laufenden Angelegenheiten. Wichtig: Das Einlassen auf Passivprozesse kann selbst in kleineren Gemeinden eine laufende Angelegenheit sein. Für Aktivprozesse gilt eine etwas zurückhaltendere Beurteilung. Entscheidend ist, insbesondere auch bei der Verpflichtung von Rechtsanwälten, ob es sich um Aufgaben von grundsätzlicher Bedeutung handelt und ob im Fall des Unterliegens erhebliche Verpflichtungen drohen.[110]

149 Art. 37 Abs. 1 S. 1 Nr. 1 GO kann durch **Richtlinien** des Gemeinderats näher ausgestaltet werden, vgl. Art. 37 Abs. 1 S. 2 GO. Diese Richtlinien können das Ermessen binden[111] und insbesondere Wertgrenzen aufzeigen, etwa für Geschäfte der Bedarfsdeckung. Sie haben aber nur klarstellende, präzisierende Bedeutung.[112] Da durch sie keine Zuständigkeitsverlagerung angeordnet werden darf, sind sie selbst an den in Art. 37 Abs. 1 S. 1 GO verwendeten unbestimmten Rechtsbegriffen zu messen (und wären etwa auch bei Berücksichtigung eines Einschätzungsspielraums unwirksam, wenn sie objektiv geringfügige Verpflichtungen, z. B. solche in Höhe von weniger als 50 Euro, als erheblich und damit in die Zuständigkeit des Gemeinderats fallend einstufen würden). Bei den Richtlinien handelt es sich um Rechtsnormen, die mittels der verwaltungsgerichtlichen Normenkontrolle (§ 47 VwGO) überprüft werden können.[113]

bb) Übertragung weiterer Angelegenheiten

150 Anders als bei den vorstehend angesprochenen Richtlinien im Rahmen des Absatzes 1 ermöglicht Art. 37 Abs. 2 GO dem Gemeinderat eine echte **Zuständigkeitsübertragung** durch Regelung in der Geschäftsordnung; die Zuständigkeit des ersten Bürgermeisters wird zu Lasten jener des Gemeinderats ausgedehnt. Auch dafür gelten aber **Grenzen:** Zum einen darf sich der Gemeinderat nie selbst entmachten, denn er muss als Hauptorgan der Gemeinde immer über einen ausreichenden Zuständigkeitsbereich verfügen, wobei eine entsprechende Sicherung in Art. 37 Abs. 2 S. 1, 2. HS GO ausdrücklich enthalten ist. Zum anderen folgt aus der Formulierung der Vorschrift („weitere Angelegenheiten"), dass nur bestimmte, begrenzbare Aufgaben übertragen werden können.

151 Hat die Übertragung einmal stattgefunden, besitzt der Gemeinderat nicht mehr die Möglichkeit, ihm missliebige Einzelentscheidungen durch **„Rückholung"** seiner Kompetenz zu verhindern. Er muss sich vielmehr grundsätzlich entscheiden: Will er sich entlasten, muss er dem Bürgermeister die Entscheidungsspielräume belassen; hält er aber die Zuständigkeitsverlagerung insgesamt nicht mehr für zweckmäßig, kann er die Kompetenz als solche durch eine Änderung der Geschäftsordnung mit Wirkung für die Zukunft wieder an sich ziehen (Art. 37 Abs. 2 S. 2 GO).

cc) Zuständigkeit anstelle des Gemeinderats

152 **Dringliche Angelegenheiten** und **unaufschiebbare Geschäfte** kann der erste Bürgermeister an Stelle des Gemeinderats treffen bzw. besorgen, Art. 37 Abs. 3 S. 1 GO. Beides meint das Vorliegen konkreter Eilfälle: Dringlichkeit oder Unauf-

---

[110] Vgl. BayVGH, FSt. 1988/183, 481; BayVGH, BayVBl. 2012, 341.

[111] Vgl. zur Steuerungswirkung entsprechender Richtlinien bei der Vergabe von Stellplätzen (→ Rn. 476 f.), die zu einer mittelbaren Außenwirkung führt, BayVGH, BayVBl. 2004, 494 (497); zur Vorstrukturierung komplexer Entscheidungen auch BayVGH, BayVBl. 2003, 501.

[112] Vgl. BayVGH, BayVBl. 2005, 405, 406.

[113] Zur Rechtsnatur als normenkontrollfähige Rechtsvorschrift BayVGH, FSt 16/2006, 242.

schiebbarkeit liegt vor, wenn der an sich zur Beschlussfassung zuständige Gemeinderat oder Ausschuss nicht mehr rechtzeitig einberufen werden kann, die Angelegenheit aber eine rasche Entscheidung erfordert, da sonst der Gemeinde oder Dritten ein Nachteil oder Schaden entstehen würde. Ob eine rechtzeitige Einberufung möglich ist, richtet sich vor allem nach den einzuhaltenden Ladungsfristen (→ Rn. 242). Für die Beurteilung der **Eilbedürftigkeit** ist die objektive Lage zum Zeitpunkt der Entscheidung ausschlaggebend, nicht aber die Frage, ob eine Dringlichkeit durch den ersten Bürgermeister schuldhaft verursacht wurde.[114]

Prinzipiell gilt Art. 37 Abs. 3 GO **für alle Angelegenheiten,** die in den Zuständigkeitsbereich des Gemeinderats fallen. **Beispiele:** Einlegung von Rechtsbehelfen mit kurzen Ausschlussfristen; bei den allgemein vorgesehenen Fristen (etwa der Monatsfrist für die Erhebung von Widerspruch und verwaltungsgerichtlicher Klage, §§ 70, 74 VwGO) wird allerdings grundsätzlich nicht von einer Dringlichkeit oder Unaufschiebbarkeit ausgegangen werden können; Antrag auf Zurückstellung eines Baugesuchs nach § 15 Abs. 3 BauGB.[115] Für den Erlass von Verordnungen gilt Art. 42 Abs. 2 LStVG als Sondervorschrift. Eine Eilzuständigkeit für den Erlass von Satzungen ist umstritten:[116] Sie wird teilweise angenommen, zum Teil auf ganz enge Ausnahmefälle beschränkt, insbesondere wenn tatsächlich kein Entscheidungsspielraum mehr verbleibt. Abstrakt ist das aber gar nicht zu klären; entscheidend ist vielmehr die Eilbedürftigkeit im konkreten Fall. An ihr wird es im Normalfall fehlen, denn es ist kaum denkbar, dass der Erlass einer Satzung dringlich ist und nicht eine evtl. vorübergehende Regelung durch Einzelmaßnahmen genügt, die im Hinblick auf die grundsätzliche Zuständigkeitsverteilung zwischen den Hauptorganen vorrangig wäre (str.).[117]   **153**

Art. 37 Abs. 3 S. 1 GO hat **keine Zuständigkeitsübertragung** zum Gegenstand. Der erste Bürgermeister darf sich lediglich bei besonderer Eilbedürftigkeit an die Stelle des Gemeinderats oder eines Ausschusses setzen, also für diesen handeln. Dafür bedarf es zwar keiner Bestätigung durch das zuständige Organ, jedoch muss dieses in der nächsten Sitzung informiert werden. Da der Gemeinderat bzw. Ausschuss seine Kompetenz nicht verloren hat, kann er die Entscheidung des ersten Bürgermeisters wie eine eigene korrigieren.   **154**

c) Vertretung des ersten Bürgermeisters und Befugnisübertragung

aa) Allgemeine Stellvertretung

Art. 39 Abs. 1 GO bestimmt, dass der erste Bürgermeister durch die weiteren Bürgermeister in ihrer Reihenfolge vertreten wird. Dementsprechend vertritt der zweite Bürgermeister den ersten; sofern er selbst nicht handeln kann, geht die Vertretung auf den dritten über. Der Gemeinderat kann nur zwei weitere Bürgermeister wählen; vgl. zur Rechtsstellung und zu den bestehenden Wahlmöglichkeiten Art. 35 GO und das nach seinem Art. 1 Abs. 2 Nr. 1 anwendbare KWBG. Möglich ist die Vertretung der weiteren Bürgermeister durch andere ehrenamtliche Gemeinderatsmitglieder, Art. 39 Abs. 1 S. 2 GO.   **155**

Art. 39 GO bezieht sich **allgemein auf alle Zuständigkeiten** des ersten Bürgermeisters und hat den Zweck, den Fortgang der Verwaltung im Falle dessen **Verhinderung** sicherzustellen. Eine Verhinderung ist immer gegeben, wenn der erste Bürgermeister **aus tatsächlichen oder rechtlichen Gründen** nicht in der Lage   **156**

---

[114] Denkbar sind allerdings disziplinarische Maßnahmen, vgl. dazu und zu dem Zusammenhang zwischen Dringlichkeit und Bedeutung einer Angelegenheit *Hölzl/Hien/Huber,* GO, Art. 37 Erl. IV.
[115] BayVGH, BayVBl. 2015, 91 (92).
[116] Vgl. dazu *Geis,* KommR, § 8 Rn. 13.
[117] A. A. *B/B/E/M/S,* KommG, Art. 37 GO Rn. 13.

ist, seine Aufgaben wahrzunehmen. Das kann etwa der Fall sein, wenn er sich in Urlaub oder auf Kur befindet oder aus dienstlichen Gründen ortsabwesend ist, ferner bei Krankheit oder Tod. Rechtlich an der Amtsausübung gehindert ist der erste Bürgermeister vor allem in zwei Fällen:

(1) **Grundsätzlich** ist der erste Bürgermeister bei einer Aufhebung der Wahl, einer vorläufigen Dienstenthebung nach Art. 39 Abs. 1 BayDG und einer Entbindung nach Art. 39 KWBG rechtlich an der Amtsausübung gehindert.

(2) Sehr viel häufiger und deshalb auch wichtiger ist allerdings die rechtliche Unmöglichkeit der Amtsausübung **im Einzelfall nach Art. 38 KWBG,** die insbesondere dann besteht, wenn der erste Bürgermeister persönlich betroffen ist (Abs. 1). Dies setzt voraus, dass eine Amtshandlung ihm, einem Angehörigen (i. S. d. Art. 20 Abs. 5 BayVwVfG, vgl. Art. 38 Abs. 1 S. 1 KWBG) oder einer von ihm vertretenen Person einen unmittelbaren Vor- oder Nachteil bringen würde (Letzteres stimmt mit Art. 49 Abs. 1 GO überein, → Rn. 246 ff.; i. Ü. sind Art. 20 f. BayVwVfG nur auf die Bediensteten anwendbar, für die Art. 38 KWBG nicht gilt). Die Bestimmung sichert – wie alle Befangenheitsvorschriften für Amts- oder Organwalter – den ordnungsgemäßen Gang der Verwaltung. Sie ist nicht anwendbar, sofern der erste Bürgermeister als Mitglied des Gemeinderats tätig wird, denn insofern enthält Art. 49 GO eine Spezialvorschrift (vgl. Art. 38 Abs. 1 S. 2 KWBG). Art. 36 S. 2 GO hingegen regelt nur einen Grundsatz, nicht aber die Voraussetzungen und Folgen der persönlichen Beteiligung.

157   Wird der erste Bürgermeister tätig, obwohl er aus Rechtsgründen nicht hätte handeln dürfen, leidet seine Handlung an einem **Verfahrensfehler.** Die damit verbundenen Rechtsfolgen hängen von der Natur der jeweiligen Handlung ab (→ Rn. 165 ff.).

bb) Aufgabenübertragung

158   Während die allgemeine Stellvertretung die Wahrnehmung aller Aufgaben betrifft, an deren Erledigung der erste Bürgermeister verhindert ist, kann der erste Bürgermeister auch **einzelne seiner Befugnisse** auf bestimmte Personen übertragen, nämlich auf die weiteren Bürgermeister, auf Gemeinderatsmitglieder oder – bei laufenden Angelegenheiten – auf die Gemeindebediensteten, Art. 39 Abs. 2 GO.[118] Insofern wird auch von einer „besonderen Stellvertretung" gesprochen.

159   Übertragen werden können grundsätzlich alle Befugnisse, sowohl jene nach Art. 37 GO (einschließlich der Erledigung von Eilfällen) als auch die Befugnisse, die dem ersten Bürgermeister als Verwaltungsleiter zustehen (nicht hingegen der Vorsitz im Gemeinderat nach Art. 36 S. 1 GO) sowie die Befugnis zur Außenvertretung (Art. 38 GO). Eingeschränkt ist der Kreis der auf Gemeindebedienstete übertragbaren Befugnisse; zwar meinen „laufende Angelegenheiten" nicht nur Angelegenheiten i. S. v. Art. 37 Abs. 1 S. 1 Nr. 1 GO, erfassen aber nicht die Kompetenzen nach Art. 37 Abs. 2, Abs. 3 GO. Sinn der Übertragung ist die **Entlastung des ersten Bürgermeisters.** Sie ermöglicht der an die Stelle des ersten Bürgermeisters tretenden Person, für die Gemeinde zu handeln, und gilt

---

[118] Zur Bevollmächtigung Dritter für einen rechtsgeschäftlichen Vollzug und dem Erfordernis, diese auf Einzelfälle zu beschränken, OLG Nürnberg, BayVBl. 2019, 529 (531).

deswegen natürlich gerade auch bei Anwesenheit des ersten Bürgermeisters. Der erste Bürgermeister bleibt aber weiterhin für die Aufgabenwahrnehmung verantwortlich und kann seinem Vertreter Weisungen erteilen.

Gewisse Überschneidungen ergeben sich bei einer Übertragung, sofern der Gemeinderat bereits einen **Geschäftsverteilungsbeschluss** nach Art. 46 Abs. 1 S. 2 GO gefasst hat. Dieser Beschluss betrifft nur die Verteilung der Aufgaben zwischen den Mitgliedern des Gemeinderats, also die interne Verteilung.[119] Soll dazu eine Außenwirksamkeit kommen, ist zugleich das Verhältnis zwischen Gemeinderat und erstem Bürgermeister betroffen, so dass es einer Kompetenzübertragung nach Art. 39 Abs. 2 GO bedarf. Dementsprechend müssen bei der **Bestellung von Referenten,** welche praktisch gesehen die größte Bedeutung hat (zu den berufsmäßigen Gemeinderatsmitgliedern → Rn. 235 f.), Gemeinderat und erster Bürgermeister zusammenarbeiten, sofern die Referententätigkeit Handeln nach außen hin umfassen soll. Im Übrigen ist nach außen hin jede Beauftragung dadurch erkennbar, dass der Beauftragte mit seinem Namen und dem **Zusatz „i. A."** unterschreibt.[120]

160

3. Vertretung der Gemeinde nach außen

a) Grundsatz

Gemäß Art. 38 Abs. 1 GO vertritt der erste Bürgermeister die Gemeinde nach außen. Die damit eingeräumte **Vertretungsbefugnis** ist keine rechtsgeschäftliche, sondern eine gesetzliche, die auch als organschaftliche bezeichnet werden kann. Sie ist gegenständlich umfassend, bezieht sich also auf das gesamte gemeindliche Handeln, unabhängig davon, welche Aufgaben wahrzunehmen sind oder in welcher Rechtsform (privatrechtlich oder öffentlich-rechtlich) gehandelt wird.

161

Mit der Vertretung **nach außen** ist gemeint, dass alle nicht nur im inneren Bereich der Gemeinde verbleibenden Maßnahmen vom ersten Bürgermeister zu treffen sind. Ein vorhergehender Beschluss des Gemeinderats hat lediglich interne Wirkung, indem er, soweit erforderlich, den ersten Bürgermeister zum Handeln ermächtigt. Ob ein Beschluss erforderlich ist, richtet sich danach, in welchen der beiden **Kompetenzbereiche** eine Maßnahme fällt:

162

(1) Ist nach den bereits genannten Grundsätzen der erste Bürgermeister zuständig oder durfte er wegen Eilbedürftigkeit handeln, so „erledigt" er die entsprechenden Angelegenheiten (vgl. Art. 37 Abs. 1 S. 1 GO) selbst und es bedarf keiner Mitwirkung des Gemeinderats.

163

(2) In allen anderen Angelegenheiten, die zum Zuständigkeitsbereich des Gemeinderats gehören (→ Rn. 177), ist dessen Zustimmung durch Beschluss vorausgesetzt; hier vollzieht der erste Bürgermeister durch das außenwirksame Handeln den Willen des Gemeinderats (Art. 36 Abs. 1 S. 1 GO).

164

b) Folgen von Zuständigkeitsverstößen

Nach dem Vorstehenden bedarf der erste Bürgermeister bei Handeln in Angelegenheiten, die in die Zuständigkeit des Gemeinderates fallen, eines entsprechenden Beschlusses im Innenverhältnis. Fraglich ist, welche rechtlichen Folgen es im Außenverhältnis hat, wenn entweder ein **Beschluss fehlt, der Beschluss unwirksam ist** (→ Rn. 270) oder der erste Bürgermeister **von einem Beschluss abweicht.** Die Beurteilung ist deshalb schwierig, weil einerseits die Verletzung von

165

---

[119] Zur Änderbarkeit des Beschlusses VG Würzburg, BayVBl. 2000, 441.
[120] Vgl. zum Ganzen *Knemeyer,* BayVBl. 1990, 589 ff.

Verstößen nicht gänzlich unbeachtlich bleiben kann – das spräche für die Unwirksamkeit der angesprochenen Handlungen –, andererseits Dritte betroffen sind, die sich auf ein ordnungsgemäßes Handeln des prinzipiell vertretungsbefugten ersten Bürgermeisters verlassen – was für dessen Wirksamkeit spräche.

166   Grundsätzlich wird durch eine organschaftliche Vertretungsbefugnis **Vertretungsmacht** eingeräumt, die von der internen Zuständigkeitsverteilung unabhängig ist. Zudem muss der Dritte, der die Vorgänge bei der internen Willensbildung regelmäßig nicht erkennen kann, geschützt werden. Deshalb ist nach zutreffender und außerhalb Bayerns ganz vorherrschender Ansicht eine Willenserklärung des ersten Bürgermeisters nach außen hin grundsätzlich immer wirksam.[121] Ausnahmen gelten dann, wenn der Dritte die fehlende Organzuständigkeit kannte, diese offensichtlich ist oder das Vertrauen sonst nicht als schutzwürdig erscheint.

167   In Bayern wurde hingegen von der Rechtsprechung eine abweichende, **differenzierende Lösung** vertreten. Sie betonte sehr viel stärker die Bedeutung der Zuständigkeitsverteilung für die Wirksamkeit des Handelns,[122] war aber im Schrifttum zu Recht auch auf Kritik gestoßen.[123] Sie war kurzzeitig durch die vorstehend zitierte neue Rspr. der Zivilgerichte überholt worden. Der Gesetzgeber hat sie allerdings in Reaktion auf diese Rechtsprechung nun durch die Einfügung des Art. 38 Abs. 1 S. 2 festgeschrieben und damit gesetzlich vorgegeben,[124] auch wenn sich hier vergleichbare Kompetenzprobleme wie im Zusammenhang mit Art. 38 Abs. 2 ergeben (→ Rn. 173). Danach bleibt die Vertretungsmacht des ersten Bürgermeisters „auf seine Befugnisse beschränkt", und es ist in Bayern weiterhin folgendermaßen und ausgehend von der Rechts- und Handlungsform zu unterscheiden:

168   (1) Bei Handeln in Form des **öffentlichen Rechts:**

(1.1) **Verwaltungsakte** leiden an einem formellen Fehler, sind also rechtswidrig und anfechtbar, aber wirksam (vgl. Art. 44 BayVwVfG); eine Heilung ist durch einen (nachträglichen) Beschluss des Gemeinderats möglich (Art. 45 Abs. 1 Nr. 4 BayVwVfG).[125] Die Anwendung des Art. 46 BayVwVfG ist etwas zweifelhaft, grundsätzlich aber zu bejahen. Denn es handelt sich in den angesprochenen Fallkonstellationen (→ Rn. 165) um einen Verfahrensfehler, weil die notwendige Mitwirkung des Gemeinderats fehlt.[126] Anderes soll aber nach einer Entscheidung des BayVGH gelten, sofern ein gesetzlich gar nicht vorgesehenes und damit für einen Beschluss unzulässiges Organ (→ Rn. 221) anstelle des ersten Bürgermeisters gehandelt hat.[127] Das Gericht hat die Entscheidung ganz allgemein damit begründet, Verletzungen der in der GO festgelegten Kompetenzgrenzen

---

[121] So jetzt auch für Bayern und mit einer umfassenden Auseinandersetzung mit Rspr. und Schrifttum Beschl. des BGH, BayVBl. 2016, 716; zust. BAG, NZA 2016, 1296; abschließend Urt. des BGH, BayVBl. 2017, 389.

[122] BayVGH, BayVBl. 2012, 177 (wonach auch die Regeln über eine GoA im öffentlichen Recht zu keinem anderen Ergebnis führen).

[123] Vgl. zur Kritik *B/B/E/M/S,* KommG, Art. 38 GO Rn. 3; *Hölzl/Hien/Huber,* GO, Art. 38 Erl. 2.1.

[124] § 2 Nr. 10 des Gesetzes v. 22.3.2018, BayGVBl. S. 145; zu Unrecht bezeichnet als Klarstellung, so LT-Dr. 17/14651, S. 17. Zu der Änderung *Messerer,* BayVBl. 2019, 366 ff.

[125] Zur Fiktionswirkung nach § 36 Abs. 2 S. 2 BauGB → Rn. 170.

[126] Vgl. BayVGH, BayVBl. 2003, 501, 503; auch *Steiner,* in: B/K/P/S, BayStVerwR, Teil C, Rn. 84.

[127] BayVGH, BayVBl. 2004, 494 (496 f.).

fielen als beachtliche Zuständigkeitsfehler aus dem Anwendungsbereich des Art. 46 BayVwVfG heraus. Dem ist dann und nur dann zuzustimmen, wenn der Zuständigkeitsverstoß – wie im entschiedenen Fall – keinen Verfahrensbezug aufweist.

(1.2) **Rechtsverordnungen und Satzungen** sind gemäß der allgemeinen Fehlerlehre bei formellen Fehlern, also dann, wenn für ihren Erlass nicht Art. 37 Abs. 3 GO bzw. Art. 42 Abs. 2 LStVG gilt, nichtig (es sei denn, es existieren Sondervorschriften, → Rn. 387 ff., 391); Heilungsmöglichkeiten bestehen grundsätzlich nicht, im Einzelfall kommt höchstens ein rückwirkender Neuerlass in Betracht.

(1.3) **Verwaltungsrechtliche Verträge** sind schwebend unwirksam (Art. 59 Abs. 1 BayVwVfG i. V. m. § 177 BGB analog).

(2) Bei Handeln in Form des **Privatrechts:** **169**

(2.1) **Privatrechtliche Verträge** sind nach § 177 BGB schwebend unwirksam:[128] Sie können durch nachträgliche Beschlussfassung des Gemeinderates geheilt werden. Wird die Genehmigung versagt, ist die Erklärung der **Gemeinde nicht zuzurechnen.**

(2.2) **Auf einseitige privatrechtliche Rechtsgeschäfte** findet § 180 BGB Anwendung, d. h. sie sind regelmäßig nichtig. Eine Heilung ist nur in Ausnahmefällen möglich (§ 180 S. 2 BGB bei fehlender Rüge der fehlenden Vertretungsmacht).

(3) **Prozesserklärungen** (vgl. zur Klageerhebung → Rn. 148) und **sonstige öf-** **170** **fentlich-rechtliche Erklärungen** mit (etwa die Erteilung des Einvernehmens nach § 36 BauGB[129]) oder ohne Hoheitsmacht (z. B. Anträge bei Behörden) entfalten zwar zunächst keine Wirksamkeit, ihre Fehler können aber nachträglich durch Gemeinderatsbeschluss geheilt werden. Insbesondere für die Erhebung von Rechtsbehelfen ist wichtig, dass die Heilung auch nach Fristablauf erfolgen kann (anders als beim Strafantrag).

c) Verpflichtungserklärungen

Nach Art. 38 Abs. 2 GO ist **für Verpflichtungserklärungen grundsätzlich** **171** **die Schriftform** erforderlich. Verpflichtungserklärungen sind alle Erklärungen, durch die die Gemeinde in irgendeiner Form (öffentlich-rechtlich oder privatrechtlich; einseitig oder zweiseitig) zu irgendeinem Verhalten (Tun, Dulden oder Unterlassen; wirtschaftlicher oder ideeller Art) verpflichtet werden soll. Schriftform bedeutet nach Art. 38 Abs. 2 S. 2 GO, dass der erste Bürgermeister (oder sein Stellvertreter) die schriftlich abgefasste Erklärung mit seinem Familiennamen unterschreiben muss; die Amtsbezeichnung ist hinzuzufügen. Er kann dazu allerdings auch einen Gemeindebediensteten schriftlich bevollmächtigen. Zu beachten ist die Ausnahme für sog. Bagatellgeschäfte, für die das Formerfordernis nicht gilt (Art. 38 Abs. 2 S. 1, 2. HS GO). Hinsichtlich der Rechtsfolgen bei einem Verstoß gegen

---

[128] Vgl. *Mann,* in: *Erbguth / ders. / Schubert,* BesVerwR, § 4 Rn. 170; dagegen und für Wirksamkeit, um den Vertragspartner zu schützen, *Lissack,* Bay. KommR, § 4, Rn. 35 f.

[129] Vgl. dazu, dass bei schwebend unwirksamem Handeln des 1. Bürgermeisters für die Gemeinde trotzdem die Fiktionswirkung nach § 36 Abs. 2 S. 2 BauGB eintritt und auch bei späterer Verweigerung des Einvernehmens durch den Gemeinderat nicht mehr beseitigt wird, BayVGH v. 27.5.2014, 15 ZB 13.105.

Art. 38 Abs. 2 GO ist wieder je nach Form der fehlerhaften Handlung zu unterscheiden:

172 – **Öffentlich-rechtliche Handlungen** sind grundsätzlich nichtig, was für Verwaltungsakte aus Art. 44 BayVwVfG[130] und für verwaltungsrechtliche Verträge aus Art. 57, 59 BayVwVfG i. V. m. § 125 BGB analog (weil hier der Qualifizierung als Formvorschrift keine kompetenzrechtlichen Bedenken entgegenstehen, vgl. nachfolgend) folgt.

173 – Die Folgen bei **zivilrechtlichem Handeln** richten sich nach überwiegend vertretener Auffassung nach den Grundsätzen, die für ein Handeln ohne Vertretungsmacht gelten (§§ 177 ff. BGB). Danach sind formwidrige Erklärungen schwebend unwirksam. Nach anderer Ansicht führt ein Formverstoß gem. § 125 S. 1 BGB zur Nichtigkeit.[131] Zwar wird dagegen eingewendet, bei Art. 38 Abs. 2 GO handle es sich nicht um eine Formvorschrift. Dies folge aus dem Umstand, dass der Landesgesetzgeber nicht über die Gesetzgebungskompetenz für die Regelung des bürgerlichen Rechts verfügt (Art. 74 Abs. 1 Nr. 1 GG) und deshalb keine Nichtigkeit nach § 125 BGB bestimmen könne.[132] Jedoch kann dem entgegengehalten werden, dass sich aus der Landeskompetenz zur Regelung des Kommunal- und Verfahrensrechts auch die Kompetenz zur Festlegung kommunalrechtlicher Formvorschriften ergibt.[133]

4. Exkurs: Landrat und Bezirkstagspräsident

174 *a)* Nach Art. 31 S. 1 LKrO ist der **Landrat** direkt gewählter **Beamter auf Zeit;** seine Rechtsstellung richtet sich nach dem KWBG. Er besitzt aber eine **Doppelstellung:** Er ist Beamter des Landkreises und zugleich Leiter des Landratsamtes als Staatsbehörde, also sowohl kommunales Organ als auch staatlicher Funktionsträger. Wichtig: Die Zurechnung von Amtshandlungen wie auch die Haftung bei eventuellem Verschulden folgen nicht der Anstellungstheorie, sondern der **Funktionstheorie**, so die ausdrückliche Regelung in Art. 35 Abs. 3 LKrO. Für die Abgrenzung der **Organkompetenzen** von Landrat einerseits und Kreistag andererseits gelten die gleichen Grundsätze wie im Gemeinderecht, vgl. Art. 33 (Vorsitz im Kreistag, im Kreisausschuss und in den weiteren Ausschüssen), Art. 34 (eigene Organkompetenz) und Art. 35 (Vertretung nach außen) sowie Art. 54 Abs. 2 LKrO (Beanstandungsrecht).

175 *b)* Der **Bezirkstagspräsident** dagegen wird nicht direkt von der Bevölkerung, sondern vom Bezirkstag, gewählt (Art. 30 Abs. 1 S. 1 BezO). Im Übrigen ist seine Rechtsstellung derjenigen des ersten Bürgermeisters angenähert worden. Der Bezirkstagspräsident ist Ehrenbeamter, auf ihn finden ebenfalls die Vorschriften des KWBG Anwendung (Art. 1 Abs. 2 Nr. 3 KWBG). Vgl. im Einzelnen zur Zuständigkeit Art. 32 ff. (Vollzug von Beschlüssen, eigene Kompetenz für laufende Ange-

---

[130] Vgl. *Kopp/Ramsauer*, VwVfG, § 44 Rn. 24; da allerdings ein schwerer und offensichtlicher Fehler vorauszusetzen ist, kann dies nur bei groben Verstößen wie Mündlichkeit des VA oder Nichterkennbarkeit des Ausstellers gelten.

[131] Vgl. zum Meinungsstand nur *B/B/E/M/S*, KommG, Art. 38 GO Rn. 12 f. m. w. N.; ferner *Basty/Wolff*, MittBayNot 2004, 21 ff. (auch zum Verhältnis zur notariellen Beurkundung).

[132] So Wachsmuth, in: S/W/Z, GO, Art. 38, Erl. 3.2.

[133] So *Lissack*, Bay. KommR, § 4 Rn. 39.

legenheiten und Außenvertretung) und zum Beanstandungsrecht Art. 52 Abs. 2 BezO.

III. Gemeinderat

1. Rechtliche Stellung und Zuständigkeit

a) Der Gemeinderat ist kein Parlament, sondern ein **Verwaltungsorgan.** Das **176** folgt aus seiner Funktion, die in exekutiver, nicht aber in legislativer Tätigkeit besteht (vgl. Art. 29 GO). Dementsprechend ist auch die Stellung seiner Mitglieder anders als jene von Parlamentsabgeordneten ausgestaltet. Sie ist durch eine Mischung aus amts- und parlamentsrechtlichen Grundsätzen gekennzeichnet. Das zeigt sich etwa im Hinblick auf die Teilnahmepflicht oder die Möglichkeit, Gemeinderatsmitglieder von Sitzungen auszuschließen. Andererseits darf nicht übersehen werden, dass auch die Gemeinderatsmitglieder unmittelbar gewählt werden und insofern eine Volksvertretung bilden. Für den Vorgang der internen Willensbildung gelten deshalb sinngemäß einige der Grundsätze, die aus dem Parlamentsrecht bekannt sind. Insgesamt betrachtet ist allerdings Zurückhaltung bei der Übertragung solcher Grundsätze angebracht und jedenfalls zunächst sorgfältig die gesetzliche Ausgestaltung zu beachten.

b) Die **Zuständigkeit** des Gemeinderats ist in Art. 29 GO so umschrieben, dass **177** dieser die Gemeinde verwaltet, soweit nicht der erste Bürgermeister selbstständig entscheidet. Die Abgrenzung erfolgt also negativ: Zunächst ist zu fragen, ob der erste Bürgermeister für eine Maßnahme zuständig ist, insbesondere ob es sich um eine laufende Angelegenheit handelt (→ Rn. 146 ff.). Ist dies nicht der Fall, besitzt der Gemeinderat die Organkompetenz (Art. 30 Abs. 2 i. V. m. Art. 29 GO). Diese Regel wird durch eine organinterne Zuständigkeitsverteilung ergänzt. Soweit für bestimmte Angelegenheiten beschließende **Ausschüsse** eingesetzt worden sind (vgl. zur Aufgabenübertragung Art. 32 Abs. 2, 43 Abs. 1 S. 2 GO), besitzen diese anstelle des Gemeinderats Beschlusskompetenz (Art. 30 Abs. 2 GO). Handelt trotzdem der Gemeinderat, so begründet dies keinen Zuständigkeitsfehler, weil es sich bei der Aufgabenübertragung nur um eine intern wirkende und revidierbare (→ Rn. 225 f.) Zuständigkeitsverlagerung handelt.

c) Neben den genannten Entscheidungskompetenzen besitzt der Gemeinderat **178** eine **umfassende Überwachungskompetenz** (Art. 30 Abs. 3 GO). Sie bezieht sich auf die gesamte Verwaltung der Gemeinde. Damit soll das direkt gewählte Kollektivorgan insbesondere auch die Tätigkeit des ersten Bürgermeisters kontrollieren.[134] Der Überwachung dienen Rechte auf Auskunft und Akteneinsicht, die aber nur dem Gemeinderat als Organ und nicht dem einzelnen Gemeinderatsmitglied als Organteil zustehen. Sie sind, unabhängig davon, welcher Teil der Verwaltung betroffen ist, gegenüber dem ersten Bürgermeister geltend zu machen. Kommt dieser seiner Verpflichtung nicht nach oder ist der Umfang der Überwachungsrechte streitig, kann der Gemeinderat seine Rechte im Wege des Kommunalverfassungs-

---

[134] Vgl. dazu *Engelbrecht*, BayVBl. 2017, 541 ff.; Klausurbeispiel bei *Meickmann*, JuS 2017, 663 ff.

streits durchsetzen. Wichtig ist aber, dass Überwachung nur Information meint; der Gemeinderat kann über Art. 30 Abs. 3 GO nicht die Kompetenzen des ersten Bürgermeisters an sich ziehen, darf demnach weder einem Bediensteten Weisungen erteilen noch selbst Entscheidungen treffen, sondern höchstens Empfehlungen aussprechen.

179 *d)* Der Gemeinderat wird, sieht man von Wahlen oder Auskunftsverlangen ab, praktisch weitgehend dadurch tätig, dass er **Beschlüsse** fasst. Auch wenn Art. 29 GO von der Verwaltung und Art. 59 Abs. 1 GO von dem Vollzug gesetzlicher Vorschriften durch den Gemeinderat sprechen, ändert dies nichts daran, dass die Umsetzung der Beschlüsse nach außen zumeist einer Handlung des ersten Bürgermeisters bedarf. Deshalb ist die Beschlussfassung regelmäßig ein nicht unmittelbar nach außen wirkender Teil der gemeindlichen Willensbildung (zur Bedeutung für die Wirksamkeit der Handlungen des ersten Bürgermeisters → Rn. 165 ff.).

180 *e)* Selten wird sich das Problem stellen, dass der Gemeinderat die Grenzen seiner Kompetenz überschreitet und die **Rechtsfolgen** entsprechender **Zuständigkeitsverstöße** zu untersuchen sind. Fasst der Gemeinderat im Kompetenzbereich des ersten Bürgermeisters einen Beschluss, so kann dieser trotz des Fehlers beanstandet werden (Art. 59 Abs. 2 GO, → Rn. 269). Verzichtet der erste Bürgermeister auf die Beanstandung, nimmt er damit den Beschluss in seinen Willen auf, so dass die darauf aufbauenden Maßnahmen nicht fehlerhaft sind.[135] Anders ist die Lage, wenn der Gemeinderat die Gemeinde **nach außen hin vertritt**. Entsprechende Handlungen und Erklärungen sind unwirksam.

2. Zusammensetzung

a) Zahl und Mandatsverteilung

181 *aa)* Die **Zahl** der von den Gemeindebürgern zu wählenden (ehrenamtlichen) Gemeinderatsmitglieder richtet sich nach Art. 31 Abs. 2 GO: Sie liegt je nach Größe der Gemeinde zwischen 8 (bei bis zu 1.000 Einwohnern) und 80 (Landeshauptstadt München). Die Vorschrift ist insbesondere dann wichtig, wenn von der Größe einer Gemeinde auf die Größe des Gemeinderats geschlossen werden muss. In diesem Zusammenhang ist Art. 31 Abs. 1 GO zu beachten: Der Gemeinderat besteht aus den **Gemeinderatsmitgliedern und dem ersten Bürgermeister,** d. h. zu der sich aus Art. 31 Abs. 2 GO ergebenden Zahl ist der erste Bürgermeister hinzu zu zählen (**Sollstärke** des Gemeinderats).

182 *bb)* Die **Verteilung der Mandate** erfolgt auf der Grundlage des Kommunalwahlrechts. Jeder Gemeindebürger verfügt über so viele Stimmen, wie Gemeinderäte zu wählen sind (Art. 34 GLKrWG). Für die Verteilung der Sitze auf die Wahlvorschläge findet seit der Reform 2018[136] das Sainte-Laguë/Schepers-Verfahren als Modifikation des d'Hondt'schen Höchstzahlverfahrens Anwendung (Art. 35 GLKrWG).

---

[135] Vgl. dazu auch BayVGH, BayVBl. 2020, 236 (239).
[136] § 1 des Gesetzes v. 22.3.2018, BayGVBl. S. 145. Zu den Reformoptionen *Grzeszick/Rauber,* BayVBl. 2018, 577 ff.

Beim d'Hondt'schen Höchstzahlverfahren werden zunächst die Stimmenzahlen für jede Wahl- **183**
liste ermittelt und diese dann durch die natürlichen Zahlen (1, 2, 3, 4 usw.) geteilt; die sich daraus
ergebenden Zahlen werden in eine absteigende Reihenfolge gebracht; auf die so ermittelten
höchsten Zahlen werden die Mandate verteilt. Nach dem zwischen 2010 und 2018 vorgesehenen Hare-Niemeyer-Verfahren wird die Gesamtsitzzahl mit der Zahl der Stimmen für einen
Wahlvorschlag vervielfacht und durch die Gesamtzahl der für alle Wahlvorschläge insgesamt abgegebenen Stimmen geteilt. Jeder Wahlvorschlag erhält zunächst so viele Sitze, wie ganze Zahlen
darauf entfallen, die weiteren zu vergebenden Sitze werden in der Reihenfolge der höchsten
Zahlenbruchteile zugeteilt. Das Sainte-Laguë/Schepers-Verfahren beruht wiederum auf einem
Divisor mit einer Rundungsregel; der jeweils verwendete Divisor kann unterschiedlich festge-
legt werden, was zu verschiedenen Varianten führt. Art. 35 GLKrWG sieht die Variante des
Höchstzahlverfahrens vor und beschreibt im Einzelnen die zu unternehmenden Rechenschritte
(Teilung der Stimmenzahlen durch ungerade Zahlen ab 1 in aufsteigender Reihenfolge; Zu-
ordnung der Sitze in der Reihenfolge der größten sich ergebenden Höchstzahlen; bei gleichem
Anspruch auf einen Sitz Vergabe nach persönlicher Stimmenzahl, vgl. nachfolgend, oder dem
Los).

Damit ist erst festgestellt, wie viele Mandate eine Wahlliste errungen hat. In einem zweiten **184**
Schritt muss geklärt werden, welcher der in die Wahlliste aufgenommenen **Kandidaten** das
Mandat erhält. Denn die Wähler haben nicht nur die Möglichkeit, die Liste als ganze zu wählen,
sondern ihre Stimmen dem Kandidaten zu geben, den sie für den geeignetsten halten (näher
→ Rn. 287f.). Deshalb richtet sich die Verteilung der Mandate innerhalb der Wahlliste nicht
nach der Reihenfolge der Listenplätze, sondern nach der Anzahl der von jedem Kandidaten indi-
viduell errungenen Stimmen; nur bei Stimmengleichheit entscheidet das Los (vgl. Art. 36
GLKrWG).

b) Änderungen in der Zusammensetzung

aa) Die Zusammensetzung des Gemeinderats kann abweichend von den vorste- **185**
hend wiedergegebenen Grundsätzen dadurch **verändert werden,** dass ein zunächst wählbares Gemeinderatsmitglied sein Mandat nicht antreten darf oder verliert (vgl. zusammenfassend Art. 48 Abs. 1 S. 1 GLKrWG). In diesen Fällen liegt die
Ist-Stärke des Gemeinderats unter dessen Soll-Stärke.

– Zunächst sind die **persönlichen Hinderungsgründe** von Bedeutung. Sie be- **186**
treffen nur die Ausübung des Mandats und dürfen daher nicht mit Einschränkungen der Wählbarkeit verwechselt werden. Es handelt sich um die in Art. 31
Abs. 3 GO aufgezählten Fälle der **Inkompatibilität.** Die Auslegung der Bestimmungen ist an dem Zweck des Art. 31 Abs. 3 GO auszurichten, nach dem
die zu Kontrollierenden selbst keine Kontrolle ausüben sollen (Nr. 1–3) bzw. die
Kontrolle durch Rechtsaufsicht nicht den insofern zu Kontrollierenden überlassen bleiben darf (Nr. 4) bzw. Interessenkollisionen durch die Mitwirkung in verschiedenen Kommunen zu vermeiden sind (Nr. 5–8). Dabei ist zu beachten, dass
durch die Hinderungsgründe verfassungsrechtlich verbürgte Mitwirkungsrechte
ausgeschlossen werden, was für eine enge Auslegung spricht.[137] Das gilt insbesondere für den Begriff der Leitungsbefugnis. Mit der Rechtsaufsicht befasst sind
alle die in der konkret zuständigen Behörde nach der Geschäftsverteilung für die
Rechtsaufsicht zuständigen Mitarbeiter, auch wenn die Rechtsaufsicht Teil einer
Fachzuständigkeit ist.[138]
Das in Art. 31 Abs. 3 GO a. F. enthaltene „Verbot der Vetternwirtschaft", wonach
in kleineren Gemeinden (bis zu 10.000 Einwohnern) die gleichzeitige Mitglied-

---

[137] Vgl. BVerwG, BayVBl. 2003, 251; BayVGH, BayVBl. 2004, 270.
[138] So zu den mit dem Vollzug des Baurechts tätigen Mitarbeitern BayVGH, BayVBl. 2009,
508f.

schaft enger Familienangehöriger ausgeschlossen ist, wurde zum 1.9.2006 als nicht mehr zeitgemäß gestrichen.[139]

187　– Das Mandat geht verloren, wenn sich ein Gemeinderat weigert, den **Eid oder das Gelöbnis** abzulegen (Art. 48 Abs. 1 S. 1 Nr. 2 GLKrWG – sofern nicht bereits die Wahl als abgelehnt gilt, vgl. Art. 47 Abs. 2 S. 2 GLKrWG). Die Vereidigung muss in der ersten Sitzung stattfinden (Art. 31 Abs. 4 GO). Um Art. 4 Abs. 1, Abs. 2 GG Rechnung zu tragen, wurde 1989 die Möglichkeit eingeführt, anstelle des Eides die Einhaltung der Pflichten zu geloben oder sonst gleichwertig zu beteuern. Wird die Vereidigung lediglich vergessen, hat dies auf die Amtsausübung des betroffenen Gemeinderatsmitglieds keine Auswirkungen.

188　– Schließlich führt ein **Verlust der Wählbarkeit** ebenfalls zu einem Mandatsverlust (Art. 48 Abs. 1 S. 1 Nr. 1 GLKrWG). Die Voraussetzungen der Wählbarkeit sind in Art. 21 GLKrWG geregelt. Sie geht etwa verloren als Folge strafrechtlicher Sanktionen oder, was praktisch am wichtigsten sein dürfte, durch einen **Wegzug aus dem Gemeindegebiet** (zur Wohnung und zum Lebensmittelpunkt → Rn. 127, 132).

189　*bb)* Betrachtet man den Wortlaut sowohl des Art. 31 Abs. 3 GO („können nicht sein") als auch des Art. 48 Abs. 1 S. 1 Nr. 1 GLKrWG („verliert sein Amt"), sprechen die Bestimmungen für ein automatisches Wirken von Hinderungsgründen und Mandatsverlust. Jedoch muss nach Art. 48 Abs. 3 GLKrWG das **Amtshindernis** entweder durch den Wahlausschuss oder nach Beginn der Wahlzeit durch den Gemeinderat, der **Amtsverlust** dagegen immer durch den Gemeinderat **festgestellt werden**. Da die Feststellung Unsicherheiten beseitigen soll, besitzt sie Regelungswirkung. Sie ist als Verwaltungsakt anzusehen. Insbesondere fehlt es nicht an einer Außenwirkung. Denn die möglichen Mandatsträger sind nicht (nur) in ihren organschaftlichen Rechten, sondern in ihrer Stellung als Gemeinderatsmitglied insgesamt betroffen (str., a. A. BayVGH).[140] Entscheidungen des Gemeindewahlausschusses sind nur im Wahlanfechtungsverfahren (Art. 51 f. GLKrWG) angreifbar; im Übrigen gelten für den Rechtsschutz der Betroffenen die allgemeinen Regeln der VwGO.

190　Vor diesem Hintergrund ist zu klären, welche Bedeutung eine entgegen den gesetzlichen Bestimmungen vorgenommene Zusammensetzung für die **Wirksamkeit von Beschlüssen** des Gemeinderats hat. Aus Gründen der Rechtssicherheit ist davon auszugehen, dass die Feststellung der Hinderungsgründe oder des Amtsverlustes nicht deklaratorisch, sondern konstitutiv wirkt. Erst wenn die Feststellung getroffen worden ist, darf ein Gemeinderatsmitglied nicht mehr mitwirken; zuvor gilt der Gemeinderat als richtig besetzt und deshalb sind seine Beschlüsse grundsätzlich wirksam.[141] Das ist unabhängig von dem Umstand, dass die den Vorschriften an sich widersprechende Besetzung zugleich dazu führt, einem anderen Kandidaten die Teilnahme an den Beschlüssen und damit die ihm an sich zustehende Mitwirkung im Gemeinderat vorzuenthalten. Entgegen einer abw. M.[142] muss es bei der grundsätzlichen Wirksamkeit der Beschlüsse auch im Falle der groben Fahrlässigkeit bleiben, denn die subjektive Vorwerfbarkeit ist für die Beurteilung

---

[139] Zur Begründung vgl. BayLT-Drucks. 15/5005, S. 20, wonach die Kontrolle der Tätigkeit von Gemeinderäten durch den Wähler ausreicht.

[140] BayVBl. 1993, 18; ebenfalls a. A. *B/B/E/M/S,* KommG, Art. 31 GO Rn. 22.

[141] Vgl. zum Amtsverlust BayVGH, BayVBl. 1976, 341, 342; wie hier auch *Widtmann/Grasser/Glaser,* GO, Art. 31 Rn. 10.

[142] *B/B/E/M/S,* KommG, Art. 31 GO Rn. 21, unter Aufgabe der früher wegen einer Parallele zu Art. 49 GO grundsätzlich von Unwirksamkeit ausgehenden Meinung. Wie hier jetzt auch *P/Z/B/P,* KommR, Art. 31 GO Erl. 7.

der Rechtsfolgen grundsätzlich nicht entscheidend; lediglich bei Vorsatz mag ein Rechtsmiss-
brauch vorliegen, der zu einer Ergebniskorrektur zwingt.

3. Status und Rechte der Mitglieder

a) Grundsatz

Gewählte Gemeinderatsmitglieder sind immer ehrenamtlich tätig (vgl. Art. 31 **191**
Abs. 2 S. 1 GO); das KWBG findet auf sie, anders als auf die berufsmäßigen Gemeinderatsmitglieder, die aber auch im Gemeinderat eine Sonderstellung einnehmen (→ Rn. 235 f.), keine Anwendung. Die Gemeinderatsmitglieder besitzen **keine Beamtenstellung.** Jedoch ist die Tätigkeit im Gemeinderat in jedem Fall
zugleich die **Ausübung eines öffentlichen Amtes** mit entsprechenden Folgen für das Haftungsrecht und das Strafrecht (§ 11 Abs. 1 Nr. 2b StGB). Will
man das Mandat der Gemeinderatsmitglieder mit einem Schlagwort bezeichnen,
handelt es sich um ein **eigenes Mandat mit kommunalrechtlicher Prägung**
(→ Rn. 176); bei allen Eigenheiten besteht eine Parallele zum Mandat von Parlamentsabgeordneten insofern, als das Mandat der Gemeinderatsmitglieder ein **freies,
nicht imperatives Mandat** ist.

b) Ablehnung des Amts

Die Möglichkeiten, ein Gemeinderatsmitglied abzulehnen, richten sich nach den **192**
allgemeinen Vorschriften, d. h. nach **Art. 19 Abs. 1 S. 2 GO** (→ Rn. 129). Voraussetzung für die Ablehnung ist danach ein wichtiger Grund. Er kann in erster Linie
im persönlichen Verhalten begründet sein, eventuell – je nach Einzelfall – auch in
der beruflichen Belastung des Gemeinderatsmitglieds. Politische Kontroversen oder
allgemeine Amtsmüdigkeit reichen für eine Ablehnung nicht aus. Dasselbe gilt für
den praktisch wichtigeren Fall des **Rücktritts,** der in Art. 19 Abs. 1 S. 4 GO als
Niederlegung bezeichnet wird; ein freiwilliger Verzicht auf das Mandat ist nicht
vorgesehen und grundsätzlich auch nicht zulässig.

Was das **Verfahren** angeht, bedarf es für die Niederlegung eines Antrags des Betroffenen und **193**
regelmäßig eines Beschlusses des Gemeinderats (Art. 29 GO). Hinsichtlich der Erklärung der
Niederlegung bestehen keine näheren gesetzlichen Bestimmungen. Sie muss aber eine Begründung enthalten, ist bedingungsfeindlich und widerruflich. Die Entscheidung des Gemeinderats
stellt eine voll nachprüfbare Rechtsentscheidung dar, bei der es sich wegen der Auswirkung auf
die grundsätzliche Rechtsstellung um einen Verwaltungsakt handelt. Die Niederlegung wird erst
mit dem Gemeinderatsbeschluss wirksam; bis dahin oder auch bei ablehnendem Beschluss dauert
die mitgliedschaftliche Stellung an. Umgekehrt entfaltet ein rechtswidriger Beschluss ebenfalls
konstitutive Wirkung.

Hinzuweisen ist auf die Möglichkeit der Verhängung von **Ordnungsgeld** nach Art. 19 Abs. 1 **194**
S. 4 GO. Dabei handelt es sich nicht um ein Ordnungswidrigkeitenverfahren, sondern um ein
Verwaltungsverfahren, wobei die Verhängung wieder einen Verwaltungsakt darstellt (→ Rn. 199).

c) Indemnität

Als Grundsatz gilt, dass Gemeinderatsmitglieder wegen ihrer exekutiven Tätig- **195**
keit **weder Immunität noch Indemnität** im herkömmlichen Sinn genießen.

Immunität bedeutet ein persönliches Verfolgungshindernis während der Mitgliedschaft, nicht **196**
hingegen Straffreiheit; sie ist ein Recht des Parlaments und betrifft die Verfolgung jeder mit Strafe bedrohten Handlung in allen Lebensbereichen (z. B. Art. 46 Abs. 2 GG). Mit Indemnität wird
die Freistellung von jeder gerichtlichen oder disziplinarrechtlichen Verfolgung wegen des Verhaltens bei der parlamentarischen Arbeit bezeichnet (z. B. Art. 46 Abs. 1 GG).

197   In Bayern ist eine **beschränkte Indemnität** für alle Mitglieder des Gemeinderats nach **Art. 51 Abs. 2 GO** vorgesehen. Sie gilt nur für das Abstimmungsverhalten, nicht jedoch für sonstige Äußerungen. Art. 51 Abs. 2 S. 3 GO stellt klar, dass Bundesrecht vorgeht, weshalb insbesondere kein Schutz vor eventuell zivilrechtlichen Schadensersatzansprüchen nach dem BGB besteht. Ihre Funktion entfaltet die Vorschrift also **ausschließlich im Innenbereich,** und zwar in zweifacher Hinsicht: Zum einen folgt aus ihr die Unzulässigkeit disziplinarrechtlicher oder sonstiger dienstrechtlicher Maßnahmen, die an das Abstimmungsverhalten anknüpfen, und zum anderen eine Modifizierung der allgemeinen Haftungsregel des § 48 S. 1 BeamtStG durch Haftungsausschluss (auch) für grob fahrlässige Pflichtverletzungen. I. Ü. gewährt Art. 51 Abs. 2 GO Schutz nur gegenüber den Maßnahmen durch den Dienstherren. Nicht ausgeschlossen sind politische Folgen für das Handeln des Gemeinderatsmitglieds, vor allem nicht Sanktionen durch die Fraktionen.

d) Teilnahme- und Abstimmungspflicht

198   Gemäß **Art. 48 Abs. 1 GO** sind alle Gemeinderatsmitglieder und der erste Bürgermeister verpflichtet, sowohl an den Sitzungen teilzunehmen als auch mit abzustimmen. Kein Mitglied darf sich der Stimme enthalten. Diese Pflicht zur Entscheidung war bereits bei Schaffung der GO **umstritten.** Denn in Kombination mit dem Grundsatz der offenen Abstimmung nach Art. 51 Abs. 1 S. 1 GO führt sie dazu, dass sich jedes Mitglied des Gemeinderats zu allen behandelten Fragen eine Meinung bilden und offen zu dieser stehen muss. Kehrseite der Teilnahme- und Abstimmungspflicht ist ein Recht auf die Sitzungsteilnahme.[143] Ihre Zulässigkeit folgt aus der Funktion des Gemeinderats. Selbst beim Erlass von Rechtsnormen übt er eine Verwaltungstätigkeit aus. Deshalb ist es möglich, die Pflichten seiner Mitglieder stärker zu betonen. Auf einem anderen Blatt steht, ob das Verbot der Stimmenthaltung aus rechtspolitischen Erwägungen gestrichen werden sollte.

199   Wie sich aus Art. 48 Abs. 2 GO ergibt, sind **Ausnahmen** von der Teilnahme- und Abstimmungspflicht zulässig, wenn eine „genügende Entschuldigung" vorliegt. Genügen kann nur eine ausreichend begründete Entschuldigung. Da Art. 48 Abs. 2 GO insofern keine näheren Anhaltspunkte enthält, liegt es wegen des Bezugs zu den mit dem Mandat verbundenen Pflichten nahe, bei der Auslegung eine Parallele zu Art. 19 Abs. 1 S. 2 GO zu ziehen: Demnach müssen die Entschuldigungsgründe in erster Linie wichtige persönliche Gründe sein. Allerdings werden extreme Situationen vorliegen müssen, damit überhaupt eine isolierte Entschuldigung für eine Stimmenthaltung angenommen werden kann. In der Sache kommt es für die Beurteilung nicht auf den (verfahrensmäßig erforderlichen) Beschluss des Gemeinderats, sondern alleine darauf an, ob die gesetzlich geforderten und gerichtlich voll nachprüfbaren Tatbestandsvoraussetzungen vorliegen. Verhängt der Gemeinderat ein **Ordnungsgeld,** werden dadurch nicht nur die organschaftlichen Rechte, sondern wird zugleich die Rechtsstellung als Person des bestraften Mitglieds betroffen, weshalb es sich um einen Verwaltungsakt handelt.

200   Gegen die Teilnahme- und Abstimmungspflicht wird in der Praxis häufig verstoßen, was nicht zuletzt daran liegen dürfte, dass diese Verstöße regelmäßig ohne **rechtliche Folgen** bleiben.

201   **Beispiel:** Ein Gemeinderat besteht aus 21 Mitgliedern. 9 nehmen an einer Sitzung unentschuldigt nicht teil. Bei einer Abstimmung enthalten sich weitere 7 Mitglieder der Stimme, 3 sprechen sich für, 2 gegen die Beschlussvorlage aus. Ist der Beschluss wirksam?

---

[143] Dazu VG Regensburg v. 8.3.2016 – RO 3 K 15.144.

Es liegt zunächst ein Verstoß gegen die Teilnahmepflicht vor. Dieser kann sich auf die Beschlussfähigkeit auswirken, vgl. Art. 47 Abs. 2 GO, wonach die Mehrheit der Mitglieder anwesend sein muss. Hier sind 12 Mitglieder anwesend, die Beschlussfähigkeit ist also gegeben. Ob die Nichtteilnahme der 9 Gemeinderatsmitglieder entschuldigt ist oder nicht, bleibt in diesem Zusammenhang ohne Bedeutung. Weiterhin ist gegen die Abstimmungspflicht verstoßen worden. Das hat aber keine Auswirkung auf die Beschlussfähigkeit, weil insofern nur die Stimmberechtigung erforderlich ist, an deren Vorhandensein hier keine Zweifel bestehen. Für die Annahme eines Beschlusses ist die Stimmenmehrheit erforderlich (Art. 51 Abs. 1 S. 2 GO). Damit stellt sich die Frage, ob mit Stimmenmehrheit die Mehrheit aller „anwesenden Stimmen" gemeint ist, also die Enthaltungen zu berücksichtigen sind, oder die Mehrheit der abgegebenen Stimmen entscheidend ist. Da Enthaltungen nicht zulässig sind, bleiben sie unberücksichtigt, so dass der Beschluss mit Mehrheit angenommen worden ist. Der Beschluss ist damit wirksam.

e) Mandatsverlust

Das Amt des Gemeinderatsmitglieds kann nicht nur durch freiwillige Niederlegung vorzeitig enden (→ Rn. 192). Vielmehr ist in der Gemeindeordnung auch ein **zwangsweises Ausscheiden** durch Mandatsverlust vorgesehen (Art. 48 Abs. 3 GO). Voraussetzung des Mandatsverlusts sind die Verhängung zweier Sanktionen wegen des vorhergehenden unentschuldigten Fernbleibens von Sitzungen und ein weiterer Verstoß gegen die Teilnahmepflicht innerhalb von sechs Monaten nach der zweiten Festsetzung von Ordnungsgeld (→ Rn. 199). Die Sanktion des Art. 48 Abs. 3 GO knüpft nur an einen Verstoß gegen die Teilnahmepflicht an; Verstöße gegen die Abstimmungspflicht bleiben insofern unberücksichtigt. **202**

Der **Ausspruch des Mandatsverlusts** muss durch einen Beschluss des Gemeinderats erfolgen. Dabei handelt es sich um eine Ermessensentscheidung. Der Grundsatz der Verhältnismäßigkeit ist zu beachten, und die tatbestandlichen Voraussetzungen (also die fehlende Entschuldigung für das Versäumnis) bleiben in vollem Umfang gerichtlich überprüfbar. Der Beschluss stellt einen Verwaltungsakt dar. Für die Bejahung der Außenwirkung spricht weniger, dass er in einem Über-/Unterordnungsverhältnis ausgesprochen wird, als vielmehr der Umstand, dass die Rechtsstellung als Gemeinderatsmitglied insgesamt betroffen ist. Gegen den Beschluss kann Klage erhoben werden, die grundsätzlich Suspensiveffekt entfaltet, § 80 Abs. 1 VwGO. Wird der Beschluss unanfechtbar oder ist er für sofort vollziehbar erklärt, rückt der Listennachfolger in den Gemeinderat ein (Art. 48 Abs. 3 S. 2 GLKrWG). **203**

Ist der **Ausschluss unrechtmäßig**, entfaltet er dennoch Wirksamkeit, solange der zugrundeliegende Verwaltungsakt wirksam ist; ein Nachrücker bleibt Mitglied des Gemeinderats. Wird der Verwaltungsakt aufgehoben, verliert der Nachrücker das Mandat, und der Ausgeschlossene rückt wieder in den Gemeinderat ein. Zwischenzeitlich gefasste Beschlüsse sind – wie auch in anderen Fällen der unrichtigen Besetzung des Gemeinderats (→ Rn. 190) – nicht schon wegen des zu Unrecht erfolgten Ausschlusses rechtswidrig. Denn auch der Verwaltungsakt über das Ausscheiden wirkt konstitutiv. **204**

f) Rechte der Gemeinderatsmitglieder

Natürlich haben die Gemeinderatsmitglieder nicht nur Pflichten einzuhalten. Ihr Mandat verleiht ihnen auch Rechte. Diese Rechte folgen aus der Stellung als Organteil und ergeben sich ausdrücklich aus der GO, z. T. auch konkludent aus der Funktion als Gemeinderatsmitglied. Hingegen lassen sich keine über die Mitwirkung an der Willensbildung hinausgehenden Rechte aus dem Mitgliedschaftsstatus ableiten. Insbesondere hat das einzelne Mitglied kein allgemeines Recht darauf, **205** dass Gemeinderat und erster Bürgermeister rechtmäßig handeln.[144] Die vier wichtigsten **Mitgliedschaftsrechte** sind:

206 (1) Das Recht auf **Teilnahme an den Sitzungen,** Art. 48 Abs. 1 GO, einschließlich der Beratungen, das auch ein Recht auf Ladung[145] (→ Rn. 242f.) und auf die Möglichkeit zur Rede[146] umfasst.

207 (2) Das Recht auf Einsicht der Sitzungsniederschrift (→ Rn. 268), Art. 54 Abs. 3 S. 1 GO.

208 (3) Ein **beschränktes Recht auf Akteneinsicht:** Da mit ihm ein Übergreifen auf die laufenden Verwaltungsgeschäfte verbunden ist, besteht es nur, soweit einem Gemeinderatsmitglied spezielle Verwaltungsbefugnisse übertragen worden sind, während das allgemeine Kontrollrecht nach Art. 30 Abs. 3 GO dem Gemeinderat als Ganzem zusteht.[147] Ob darüber hinausgehend die Gemeinderatsmitglieder ein allgemeines und eigenständig als Organrecht durchsetzbares (→ Rn. 277) **Informations- oder Auskunftsrecht** gegenüber der Gemeinde bzw. dem ersten Bürgermeister besitzen, ist fraglich;[148] stellt man auf die Funktionsfähigkeit des Mandats ab, so sollte zumindest ein Recht auf Erläuterung von Tagesordnungspunkten anerkannt werden,[149] zumal solche Erläuterungen in der Ladung nicht unbedingt enthalten sein müssen (→ Rn. 242).

209 (4) Das **Antragsrecht:** Dieses sehr wichtige Recht ist nicht ausdrücklich in der GO vorgesehen, seine Anerkennung war deshalb durchaus nicht immer unzweifelhaft. In einer Grundsatzentscheidung hat der BayVGH hervorgehoben, aus der durch die GO ausgestalteten Stellung der Gemeinderatsmitglieder ergebe sich das mitgliedschaftliche Recht, dem Gemeinderat Anträge zur Beschlussfassung vorzulegen.[150] Praktisch gesehen würde dieses Recht von zentraler Bedeutung allerdings leer laufen, wenn der Antrag erst während einer Sitzung gestellt werden darf, denn dann wäre lediglich eine ad-hoc-Befassung möglich, die ausreichende Beratung des Antrags aber nicht gesichert. Deshalb korrespondiert dem Antragsrecht das Recht, einen Beratungspunkt schon in die schriftliche **Tagesordnung** für eine Gemeinderatssitzung **aufnehmen zu lassen.** Dabei handelt es sich um die verfahrensrechtliche Absicherung des Antragsrechts. Diesem Recht, das ebenfalls nicht in der GO festgelegt ist, sind aus seinem Zweck und kommunalverfassungsrechtlichen Grundsätzen ableitbare Grenzen gezogen: Form- und Fristerfordernisse und die Organkompetenzen

---

[144] Vgl. BayVGH, BayVBl. 2001, 665.

[145] Vgl. auch VG Regensburg v. 8.3.2016, RO 3 K 15.144.

[146] Das Recht zu reden kann aber durch die Geschäftsordnung (→ Rn. 237ff.) begrenzt werden, vgl. BayVGH, BayVBl. 2011, 85; OVG Lüneburg, KommJur 2014, 211.

[147] Dazu, zu der Kritik daran und zu pragmatischen Lösungen über die GeschO *Pahlke,* BayVBl. 2011, 686ff. m.w.N.

[148] Abl. noch BayVGH, BayVBl. 2001, 666; offen gelassen jetzt von BayVGH, BayVBl. 2014, 405 m.w.N. zum Schrifttum und der Rechtsentwicklung in anderen Ländern.

[149] Angedeutet jetzt auch von BayVGH, BayVBl. 2014, 405. Abl. hinsichtlich der Überlassung von Ablichtungen von Haushaltsplänen vergangener Jahre BayVGH, BayVBl. 2015, 605; zum Recht auf Auskunft und Einsichtnahme in von der Gemeinde geschlossene Verträge OVG Lüneburg, DVBl. 2014, 595.

[150] BayVGH, BayVBl. 1987, 239 (240). Nicht in der GO geregelt oder angesprochen ist hingegen ein Fragerecht der Gemeinderatsmitglieder, vgl. zum Recht in NRW OVG Münster, NVwZ-RR 2010, 650.

des Gemeinderats müssen eingehalten werden; zudem gewährt Art. 46 Abs. 2 S. 1 GO dem ersten Bürgermeister einen Spielraum bei der Sitzungsvorbereitung. Es existiert aber **kein allgemeines Vorprüfungsrecht** des Bürgermeisters im Hinblick auf die Rechtmäßigkeit des angestrebten Beschlusses oder der angestrebten Befassung. Die Entscheidung darüber bleibt dem Gemeinderat vorbehalten. Der erste Bürgermeister darf die Aufnahme eines Tagesordnungspunktes aus materiellen Gründen nur dann ablehnen, wenn die Antragstellung nicht ernsthaft oder schikanös erscheint, missbräuchlich ist (z. B. ständig wiederholt wird) oder einen strafbaren Inhalt besitzt.

g) Vertretungsverbot

Das Vertretungsverbot des Art. 50 GO ist ein Teil derjenigen Bestimmungen, mit **210** denen **sachfremde Einflüsse auf die Willensbildung** im Gemeinderat fern gehalten werden sollen. Es bezieht sich nur auf die Geltendmachung von **Ansprüchen Dritter gegen die Gemeinde,** nicht aber auf die der eigenen Ansprüche oder gegen Dritte, die sich lediglich auf die Gemeinde auswirken können. Ist nicht die Gemeinde selbst, sondern eine rechtlich selbstständige, aber von ihr beherrschte Einrichtung betroffen, ist die Anwendbarkeit des Art. 50 GO fraglich.[151] Im Übrigen werden aber Ansprüche Dritter aller Art erfasst, also privatrechtliche wie öffentlich-rechtliche, und die vertraglich vereinbarte Vertretung ist in einem umfassenden Sinn zu verstehen, bezieht sich also nicht nur auf eine gerichtliche. Die Vertretung eines Dritten in Bußgeldsachen wegen der Verletzung bewehrten Ortsrechts (→ Rn. 362) wird von Art. 50 GO nicht erfasst, obwohl im Allgemeinen die Abwehr von Ansprüchen der Gemeinde gegenüber einem Dritten (etwa Vertretung bei der Anfechtung eines Abgabenbescheids) der Geltendmachung von Ansprüchen gleichgestellt wird.

Bei der Anwendung des Art. 50 GO auf **Rechtsanwälte** ergibt sich das Problem der Verein- **211** barkeit mit Art. 12 Abs. 1 GG. Nach Ansicht des BVerfG greift das Verbot nicht in den Schutzbereich des Art. 12 Abs. 1 S. 1 GG ein, weil es an einer berufsregelnden Tendenz fehle.[152] Verboten ist aber allein die Vertretung durch ein Gemeinderatsmitglied oder durch den ersten Bürgermeister. Das folgt aus dem Wortlaut des Art. 50 GO und zugleich aus der Rechtfertigung des Vertretungsverbotes, das als Folge der kommunalen Treuepflicht gegenüber der Gemeinde erscheint. Ist ein Gemeinderatsmitglied oder der erste Bürgermeister Mitglied einer Rechtsanwaltskanzlei und wird ein Dritter von einem anderen Mitglied derselben Kanzlei vertreten, verstößt dies nicht gegen Art. 50 GO, denn der nicht ratsangehörige Sozius steht selbst in keinem Treueverhältnis zur Gemeinde; eine Ausdehnung des Verbots ist durch dessen Zweck nicht gefordert.[153]

Fraglich ist die **Wirkung des Vertretungsverbots im Außenverhältnis,** ins- **212** besondere, ob ein Gericht auf Grundlage des Art. 50 GO einen Vertreter in einem Prozess gegen die Gemeinde zurückweisen darf oder muss. Grundsätzlich führt eine Beschränkung der Wirkungen auf das Innenverhältnis zu einer zu starken Relativierung des Verbots.[154] Zudem hat das BVerfG entschieden, dass gegen die Zurückweisung des Bevollmächtigten durch ein Gericht keine durchgrei-

---

[151] Ablehnend die h. M., *Hölzl/Hien/Huber,* GO, Art. 50 Erl. 3; *B/B/E/M/S,* KommG, Art. 50 GO Rn. 4; *Widtmann/Grasser/Glaser,* GO, Art. 50 Rn. 11 (auch bei Beteiligung von 100%).
[152] Vgl. BVerfGE 52, 42 (54). Offener hingegen BVerfG, DVBl. 1988, 54 (55).
[153] BVerfGE 61, 68 (73).
[154] Vgl. *Stober,* BayVBl. 1981, 161 (163).

fenden verfassungsrechtlichen Bedenken bestehen.[155] Eine ausreichende gesetzliche Grundlage findet die Außenwirkung in § 134 BGB, der nicht nur auf Bundesgesetze Bezug nimmt, und in den prozessrechtlichen Bestimmungen über die Wirksamkeit einer Vollmacht (§§ 80 ff. ZPO, § 67 VwGO). Entfaltet aber das Vertretungsverbot Außenwirkung in dem Sinne, dass ein dagegen verstoßender Vertreter vollmachtlos handelt, muss es konsequenterweise auch von den Gerichten beachtet werden.[156]

4. Fraktionen

213   *a)* Nicht nur in den Parlamenten, sondern auch in den Gemeinderäten spielen die Fraktionen als „Scharnier" zwischen den Parteien und dem aus freien Mandatsträgern bestehenden Kollektivorgan eine **praktisch wichtige Rolle.** Insbesondere in den großen Gemeinden leisten sie durch die Institutionalisierung von Vorberatungen und die Steuerung der politischen Willensbildung einen wichtigen Beitrag bei der Entscheidungsfindung und entlasten damit den Gemeinderat. Diese Steuerung ist auch auf kommunaler Ebene mit dem Demokratieprinzip und den Rechten der Gemeinderatsmitglieder vereinbar, weil eine rechtliche Bindung des Stimmrechts ausgeschlossen ist.[157] Dennoch verfügen die Fraktionen über keine spezielle kommunalrechtliche Rechtsgrundlage. Sie werden vom BayVGH als **privatrechtliche Vereinigungen** angesehen, da sie weder Körperschaft des öffentlichen Rechts seien, noch mittelbare Staatsverwaltung ausüben oder durch staatlichen Hoheitsakt gegründet werden.[158] Das lässt sich im Hinblick auf die funktionale Stellung der Fraktionen mit Recht bestreiten.[159] Passender ist es daher, die Fraktionen als (öffentlich-rechtlichen) Organteil des Gemeinderats anzusehen.[160]

214   *b)* Die GO erwähnt immerhin an einer Stelle die im Gemeinderat „vertretenen Parteien und Wählergruppen", nämlich im Zusammenhang mit der Besetzung der Ausschüsse (Art. 33 Abs. 1 S. 2 GO). Aus dieser Bestimmung ist zu folgern, dass den Fraktionen das **Recht** zusteht, bei der Verteilung von Ausschusssitzen berücksichtigt zu werden (→ Rn. 228 ff.). Weitere Rechte der Fraktionen ergeben sich aus den **Geschäftsordnungen,** in der Regel vor allem das Recht, Anträge zu stellen. Dadurch darf aber das Antragsrecht der einzelnen Mitglieder des Gemeinderats nicht beeinträchtigt oder gar ausgeschlossen werden, weil dieses Recht bereits aus der GO selbst abgeleitet wird (→ Rn. 209). Im Übrigen ist es für die Praxis von Bedeutung, dass die Arbeit in den Fraktionen im Rahmen des Art. 20a GO entschädigt werden kann.[161]

---

[155] BVerfGE 52, 42 (54).

[156] Vgl. zur Bedeutung des § 88 Abs. 2 ZPO im Verwaltungsprozess *Kopp/Schenke,* VwGO, § 67 Rn. 51 ff.

[157] Vgl. Aufgabe 6 der 1. Staatsprüfung 1995/I, BayVBl. 1997, 29 u. 58.

[158] BayVGH, BayVBl. 1988, 432.

[159] Vgl. nur *Rothe,* BayVBl. 1989, 362 f.

[160] *Hölzl/Hien/Huber,* GO, Art. 33 Erl. 8. Vgl. näher dazu und rechtlichen Fragen im Zusammenhang mit den Fraktionen *Papsthart,* BayVBl. 2016, 361 ff.

[161] Zur Verweigerung von Fraktionszuschüssen wegen verfassungsfeindlicher Betätigung Hecker, NVwZ 2018, 1613; Klausurbeispiel bei Janson/Blenk, JuS 2018, 461.

c) Die **Mindeststärke** für die Bildung von Fraktionen kann in der Geschäftsordnung festge- **215** legt werden, wobei ein Minderheitenschutz zu beachten ist. Allerdings sind damit schon deswegen kaum Probleme verbunden, weil durch die Rechte der Fraktion die Rechte der einzelnen Mitglieder des Gemeinderats nicht beschnitten werden können.[162]

d) Der Streit um die Rechtsnatur der Fraktionen (→ Rn. 213) wirkt sich bei al- **216** len Streitigkeiten um Innenrechtsbeziehungen, wie insbesondere einem **Fraktionsausschluss** aus. Ein Ausschluss ist grundsätzlich nur bei Vorliegen eines wichtigen Grundes[163] (vor allem: nachhaltige Störung des Vertrauensverhältnisses) und nach vorheriger Anhörung des Betroffenen mit konkreter Begründung[164] zulässig. Einzelne Verstöße gegen einen Fraktionszwang genügen insofern noch nicht, wobei z. T. aus Art. 51 Abs. 2 GO gefolgert wird, dass auch die Sanktionierung des Abstimmungsverhaltens durch Fraktionsausschluss in jedem Fall verboten ist.[165] Konsequenterweise handelt es sich jedenfalls nach früherer Ansicht des BayVGH bei Streitigkeiten um die Wirksamkeit des Ausschlusses um zivilrechtliche Streitigkeiten, die vor den Zivilgerichten auszutragen sind,[166] während nach richtiger Ansicht organschaftliche Rechte der Mitglieder im Streit stehen und deshalb der Verwaltungsrechtsweg eröffnet ist. Jetzt hat der VGH die umstrittene Frage nach der Einordnung der Rechtsverhältnisse offengelassen, aber die Beteiligtenfähigkeit der Fraktionen bejaht.[167] In jedem Fall ist im Übrigen zu unterscheiden zwischen der Zulässigkeit des Ausschlusses einerseits und dessen Auswirkungen im Gemeinderat andererseits: Soweit als Folge des Ausschlusses die Besetzung der Ausschüsse geändert werden soll, sind darauf bezogene Streitigkeiten eindeutig öffentlich-rechtlicher Natur.

5. Ausschüsse

a) Art und Funktion

Ausschüsse sind **Teile des Gemeinderats.** Sie ermöglichen es, Aufgaben in ei- **217** nem kleineren Kreis und damit vielfach einfacher zu erledigen. Die GO unterscheidet nach der jeweiligen Funktion zwei Arten von Ausschüssen und erwähnt daneben einige für bestimmte Sachbereiche zuständige Ausschüsse:

(1) Die **(vor-)beratenden Ausschüsse** dienen dazu, dem Plenum die Hauptlast **218** der Beratung abzunehmen, indem in einem kleineren Kreis Sachfragen erörtert werden können; sie sprechen in ihren Beschlüssen nur Empfehlungen und Vorschläge für die spätere Behandlung einer Sachfrage im Gemeinderat aus. Der Geschäftsgang dieser Ausschüsse wird durch die Geschäftsordnung geregelt, wobei der Gemeinderat einen weiten Gestaltungsspielraum hat. Insbesondere müssen vorberatende Ausschüsse nicht in öffentlichen Sitzungen tagen.

---

[162] Vgl. BayVGH, BayVBl. 2000, 467.

[163] Vgl. dazu VG Regensburg, KommunalPraxis BY 2004, 390; *Burgi*, KommR, § 12, Rn. 17.

[164] BayVGH, BayVBl. 2018, 776 mit Hinweis darauf, dass fraktionsinterne Vorgänge nicht der Verschwiegenheitspflicht des Art. 20 Abs. 1 S. 1 unterliegen.

[165] Vgl. nur *B/B/E/M/S,* KommG, Art. 51 GO Rn. 5 einerseits (ablehnend), *Widtmann/Grasser/Glaser,* GO, Art. 51 Rn. 7, und Art. 33 Rn. 8, andererseits (für Schutz durch Art. 51 Abs. 2 GO).

[166] BayVGH, BayVBl. 1988, 432 (434).

[167] BayVGH, BayVBl. 2018, 776; über den Rechtsweg war durch eine Verweisung des LG an das VG vorab entschieden worden.

219 (2) **Beschließende Ausschüsse** wurden ab 1982 in allen, also auch in kleinen Gemeinden, zugelassen. Sie treten an die Stelle des Gemeinderats und entscheiden die ihnen übertragenen Angelegenheiten. Sie werden vom Gesetz als „Gemeindesenate" bezeichnet, Art. 32 Abs. 2 S. 1 GO. Ihre Beschlüsse dienen einer endgültigen Regelung. Gegen sie kann nicht der Gemeinderat angerufen werden, da zwischen Ausschüssen und Plenum kein Hierarchieverhältnis besteht. Für den Geschäftsgang gelten die auf den Gemeinderat bezogenen Bestimmungen, Art. 45 Abs. 2 S. 2 GO. Eine Vertretung von Ausschussmitgliedern kommt nur im Falle objektiver bestehender Verhinderungen in Betracht.[168]

220 (3) Die **gesetzlich erwähnten Ausschüsse** sind in dem näher bestimmten Umfang **obligatorisch**, d. h. sie müssen eingerichtet werden. Zu ihnen gehört vor allem der **Ferienausschuss**, Art. 32 Abs. 4 S. 2 GO.[169] Er hat eine Sonderstellung inne, weil er während der Ferienzeit zumindest grundsätzlich (vgl. Art. 32 Abs. 4 S. 3 GO) die vollen Kompetenzen des Gemeinderats und der anderen beschließenden Ausschüsse besitzt, jedoch der Gemeinderat dessen Beschlüsse wie eigene ändern und aufheben kann. Hinzuweisen ist ferner auf den Werkausschuss, Art. 88 Abs. 2, Abs. 4 GO, der bei Eigenbetrieben der Gemeinde zwingend vorgeschrieben ist, den Rechnungsprüfungsausschuss, Art. 103 Abs. 2 GO, der in allen Gemeinden mit mehr als 5.000 Einwohnern zu bilden ist, und die Jugendhilfeausschüsse nach Art. 17 BayAGSG.

221 Nicht zu den Ausschüssen im Sinne von Teilen des Gemeinderats zählen die Bezirksausschüsse, die eine **Sonderstellung** einnehmen (→ Rn. 108 f.); dasselbe gilt für Ausschüsse nach dem BauGB (etwa Gutachterausschuss, §§ 192 ff. BauGB). Besondere Erwähnung verdient außerdem bei den Landkreisen der **Kreisausschuss**. Dieser ist obligatorisch und erledigt den Großteil der Landkreisaufgaben, die nicht in die Kompetenz des Landrats fallen (vgl. Art. 26 ff. LKrO). Dem Kreistag, der nur relativ selten zusammenkommt, bleiben allerdings bestimmte Aufgaben vorbehalten (Art. 30 LKrO). Im Übrigen haben alle Kollektivorgane die Möglichkeit, **weitere Gremien** einzurichten, sofern diese nur der Beratung dienen.[170] Insbesondere müssen solche Gremien nicht aus den Mitgliedern des Gemeinderats bestehen, sondern können externen Sachverstand einbinden. Zu nennen sind vor allem Ausländerbeiräte, Ältestenräte und sonstige Fachbeiräte oder auch die Beteiligung sachkundiger Bürger.

b) Einrichtung

222 *aa)* Ob der Gemeinderat Ausschüsse einrichtet, unterliegt weitgehend seinem **politischen Ermessen**, es sei denn, es ergibt sich im Einzelfall aus dem Gesetz, dass Ausschüsse obligatorisch sind. Vorberatende Ausschüsse können relativ frei gebildet werden, vgl. Art. 32 Abs. 1 GO. Dafür genügen ein Gemeinderatsbeschluss oder eine entsprechende Regelung in der Geschäftsordnung.

---

[168] Dazu VG Würzburg 9.12.2020 – W 2 K 20.1439.

[169] Die pandemiebedingte Sonderbestimmung des Art. 120b Abs. 3 GO ist verfassungswidrig, BayVerfGH v. 10.6.2021, Vf. 25-VII-21.

[170] Vgl. auch BayVGH, BayVBl. 1999, 657; BayVBl. 2004, 494 (zur Unzulässigkeit nicht gesetzlich vorgesehener Beschlussorgane); allg. *Troidl*, BayVBl. 2004, 321 ff.

bb) Für die **Aufgabenübertragung an beschließende Ausschüsse** gelten **223** hingegen strengere Voraussetzungen: Sie steht zwar grundsätzlich im Belieben des Gemeinderats. Jedoch muss zum einen im Einzelnen bestimmt sein, was den Ausschüssen übertragen wird (vgl. Art. 32 Abs. 2 S. 1 GO: „Bestimmte Geschäftszweige", „Erledigung einzelner Angelegenheiten"). Zum anderen ist der **Negativkatalog** des Art. 32 Abs. 2 S. 2 GO zu beachten, der den Sinn hat, zu verhindern, dass dem Plenum wesentliche Entscheidungsbefugnisse entzogen werden. Dieser Katalog ist nicht erschöpfend (was im Übrigen auch für die entsprechenden Kataloge im Recht der Landkreise und Bezirke gilt).[171] Bereits aus dem Wortlaut der einschlägigen Bestimmungen folgt, dass nur Aufgaben des normalen Geschäftsablaufs, nicht aber grundlegende Entscheidungsbefugnisse übertragen werden dürfen; zudem haben die Normen gerade den Zweck, die Funktionen des Gemeinderats zu sichern. Deshalb sind auch die folgenden Aufgaben nicht übertragbar: Namensänderung (Art. 2 GO), Grenzänderung und Auflösung (Art. 11 GO), Bildung von Ausschüssen (Art. 32 GO), Entscheidung über die Ehrenamtlichkeit oder Berufsmäßigkeit des ersten Bürgermeisters (Art. 34 Abs. 2 GO), Erlass der Geschäftsordnung (Art. 45 Abs. 1 GO), Ausschluss von Mitgliedern des Gemeinderats (Art. 48 Abs. 3 GO) etc.

Früher war strittig, durch welchen **Rechtsakt** die Bildung von beschließenden **224** Ausschüssen und die Aufgabenzuweisung erfolgen muss. Nach einer Ansicht bedurfte es insofern einer rechtssatzmäßigen Regelung. Zu Recht wird aber heute ganz überwiegend[172] davon ausgegangen, dass auch beschließende Ausschüsse durch einen Gemeinderatsbeschluss oder eine Regelung in der Geschäftsordnung eingerichtet werden können. Grund dafür ist, dass sich der Gemeinderat nicht endgültig seiner Kompetenzen begibt und auch nach außen hin zuständig bleibt. Ein unter **Verstoß gegen die Zuständigkeitsvorschriften der Geschäftsordnung** zustande gekommener Satzungsbeschluss eines beschließenden Ausschusses ist, wenn die Übertragung der Angelegenheit nach der GO zulässig war, wirksam, weil die Geschäftsordnung selbst nur interne Wirkung besitzt.[173]

c) Verhältnis zum Gemeinderat

Soweit beschließende Ausschüsse gebildet werden und damit eigene Aufgaben **225** erhalten, darf der Gemeinderat grundsätzlich keine Beschlüsse mehr fassen (Art. 30 Abs. 2 GO). Jedoch bleibt es dabei, dass Ausschüsse Organteile sind und Zuständigkeiten nur für den Gemeinderat wahrnehmen. Deshalb enthält Art. 32 Abs. 3 GO das sog. **„Reklamationsrecht"**, mit dem Entscheidungen der Ausschüsse nachgeprüft werden können. Dieses Recht besteht nicht gegenüber Beschlüssen des Ferienausschusses (vgl. Art. 32 Abs. 4 S. 2, 2. HS GO), da diese ohnehin durch das Plenum korrigiert werden dürfen.

Fraglich ist, ob der Gemeinderat daneben auch ein allgemeines **„Eintritts-** **226** **recht"** hat. Gemeint ist damit nicht der Entzug bestimmter Aufgaben, der durch eine Änderung der Aufgabenverteilung möglich ist und dann grundsätzlich die Aufhebung der durch den Ausschluss gefassten Beschlüsse gestattet, sondern die

---

[171] Vgl. dazu *Schröder,* in: *Huber/Wollenschläger,* Landesrecht Bayern, § 3 Rn. 85.
[172] Früher nahm man an, es bedürfe einer rechtssatzmäßigen Regelung. Vgl. die Aufgabe dieser Ansicht bei *B/B/E/M/S,* KommG, Art. 32 GO Rn. 10.
[173] BayVGH, BayVBl. 2009, 400.

Befugnis, sich für die Entscheidung einzelner Fragen an die Stelle des Ausschusses zu setzen. Zum Teil wird vertreten, diese Möglichkeit bestehe nur in „besonders gelagerten Einzelfällen".[174] Schwierigkeiten bei der Abgrenzung und ein Erst-recht-Schluss aus Art. 88 Abs. 4 S. 1 GO[175] sprechen aber für ein umfassendes Eintrittsrecht für den Einzelfall.

d) Zusammensetzung

227   Die Zusammensetzung der Ausschüsse wird durch die Geschäftsordnung geregelt (Art. 33 Abs. 1 S. 1 GO). Dabei sind einige gesetzliche Vorgaben zu beachten. Die Bestellung von Gemeinderäten als Mitglieder erfolgt für die Dauer der Wahlzeit (Art. 33 Abs. 1 S. 1. 2. HS GO). Insbesondere gilt das **Spiegelbildprinzip**, nach dem die Ausschüsse ein verkleinertes Abbild des Gemeinderats darstellen müssen[176] (vgl. dazu auch die Regelung in Art. 33 Abs. 2 S. 2 GO bei Übertragung des Vorsitzes). Entscheidend ist insofern das Stärkeverhältnis der politischen Gruppierungen (Art. 33 Abs. 1 S. 2 GO), d. h. in der Praxis der Fraktionen.[177] Die Stärke einer Fraktion richtet sich danach, wie viele Gemeinderatsmitglieder ihr i. S. d. Art. 31 Abs. 2 GO, also ohne Berücksichtigung des ersten Bürgermeisters, angehören. Dabei können sich in verschiedener Hinsicht Probleme ergeben.

228   *aa)* Oft umstritten ist das richtige **Auswahlverfahren**. Denn wegen der relativ wenigen Ausschusssitze stellt sich die Frage, wie kleinere Gruppierungen angemessen zu berücksichtigen sind. Die Rspr. hält grundsätzlich die Anwendung des Verfahrens nach d'Hondt (→ Rn. 182 f.) für zulässig; sie bedeute keine Verdoppelung der Benachteiligung zulasten der kleinen Fraktionen, weil die Zusammensetzung des Gemeinderats und die Bildung von Ausschüssen getrennte Vorgänge darstellen.[178] Das gilt aber dann nicht, wenn eine Überrepräsentation einer Fraktion durch alternative Verfahren vermieden wird, ohne dass dies umgekehrt zu einer Unterrepräsentation anderer Fraktionen führt.[179] Zulässig ist, dass das Verfahren je nach Ausschussgröße differenziert wird, um kleinere Wählergruppen einzubeziehen.[180] Auch hinsichtlich der **Bestimmung der Größe** eines Ausschusses ver-

---

[174] *Knemeyer,* Bay. KommR, Rn. 228.

[175] Der zwingend dem Ausschuss zustehende Rechte betrifft, vgl. *Hölzl/Hien/Huber,* GO, Art. 32 Erl. I.3.5.3.

[176] Vgl. BayVerfGH v. 10.6.2021, Vf. 25-VII-21, Rn. 38 f.; *Leisner,* BayVBl. 2021, 433 ff. Daraus folgt auch die Unzulässigkeit gemeinsamer Wahlvorschläge von Koalitionsfraktionen für die Wahlen zur Besetzung der Ausschüsse, vgl. BVerwG NVwZ 2010, 834 ff.

[177] BayVGH, BayVBl. 1986, 466 (467); zur Zusammensetzung der Ausschüsse im Kreistag und dem Verbot der Überaufrundung BayVGH, BayVBl. 2015, 712.

[178] Vgl. BayVGH, BayVBl. 1993, 180, in Abgrenzung zu BayVerfGH, BayVBl. 1992, 397 (für die Landtagswahlen). Hintergrund ist der Umstand, dass kein Verteilungsverfahren die Fraktionsstärken hundertprozentig abbilden kann; zu der ähnlich gelagerten Entscheidungsbefugnis des Bundestages bei der Ausschussbesetzung und zum Minderheitenschutz BVerfGE 130, 318 (350 ff.).

[179] BayVGH, BayVBl. 2004, 429 (Gemeinderat), 432 (Kreistag) m. Anm. *Deubert.* Vgl. auch *Lohner/Zieglmeier,* BayVBl. 2007, 482; *Randak,* BayVBl. 2004, 705. Zum weiterhin bestehenden Verbot der Überaufrundung im Zusammenhang mit Art. 27 Abs. 2 LKrO BayVGH, BayVBl. 2015, 712.

[180] BayVGH, BayVBl. 2021, 229 (231); danach erfordert die Differenzierung allerdings einen sachlichen Grund und ist unzulässig, wenn sie sich gegen bestimmte politische Gruppierungen richtet.

bleibt dem Gemeinderat ein erheblicher Spielraum. Kleine Parteien haben grundsätzlich keinen Anspruch darauf, in jedem Fall durch Bestellung eines größeren Ausschusses repräsentiert zu werden, ebenso wenig wie Mitglieder des Gemeinderats einen Anspruch darauf haben, einem Ausschuss anzugehören.

bb) Bei der Neubesetzung haben die **Fraktionen** (bzw. sonstigen Gruppierungen) **ein Recht** auf Zuteilung der Ausschusssitze und deshalb auch ein das Plenum bindendes Vorschlagsrecht für die Benennung der Ausschussmitglieder, Art. 33 Abs. 1 S. 4 GO. Dieses Recht kann im Wege der Kommunalverfassungsstreitigkeit geltend gemacht werden. **229**

cc) Zu berücksichtigen sind **Änderungen der Fraktionsstärken** (nicht unbedingt der Parteizugehörigkeit). Das ist nun in Art. 33 Abs. 3 S. 1 GO ausdrücklich geregelt. Folgende zwei Arten der Änderungen der Fraktionsstärken sind möglich: **230**

(1) Durch einen **Zusammenschluss** können kleinere Gruppierungen eine Repräsentation schon bei der Neubesetzung erreichen, Art. 33 Abs. 1 S. 5 GO. Eine solche Ausschussgemeinschaft ist nur zulässig, wenn die betroffenen Gruppierungen ohne den Zusammenschluss gar keinen Sitz erlangen würden, nicht aber zum Zweck der Stärkung einer bereits bedachten Fraktion.[181] **231**

(2) Immer beachtlich ist ein **Fraktionswechsel.** Darunter ist der Übertritt eines Gemeinderatsmitglieds von einer Fraktion zu einer anderen zu verstehen. Das hat allerdings nur Auswirkungen auf die Ausschussbesetzung nach dem Grundsatz der Spiegelbildlichkeit, sofern es sich um einen sog. „echten Fraktionseintritt" handelt, d.h. um einen Wechsel, der auf einer Änderung der politischen Überzeugungen beruht, weil sonst unzulässigerweise eine Ausschussgemeinschaft gebildet würde.[182] Der Gesetzgeber plant eine entsprechende Klarstellung in einem neuen Art. 31 Abs. 3 GO. **232**

dd) Obwohl die Fraktionen ein Benennungsrecht haben, ist ihr Recht auf **Abberufung eines Gemeinderatsmitglieds** fraglich. Der BayVGH hat entschieden, dass ein Ausschussmitglied nicht ohne weiteres abberufen werden kann, der Gemeinderat also nicht auf Verlangen der Fraktion die Abberufung vornehmen darf.[183] Vielmehr stehe dem einzelnen Mitglied ein subjektives Recht auf Mitgliedschaft im Ausschuss zu, das im Wege des Kommunalverfassungsstreits geltend gemacht werden kann. Dieses Recht geht allerdings bei **Fraktionsaustritt** (→ Rn. 232) oder -**ausschluss** (→ Rn. 216) verloren (jetzt ausdrücklich Art. 33 Abs. 3 S. 2 GO). Denn dann ist wieder die Spiegelbildlichkeit zu wahren, d.h. der Verlust des Ausschusssitzes und die Neubesetzung sind durch entsprechenden Gemeinderatsbeschluss unter Bindung an den Fraktionswillen festzustellen.[184] **233**

---

[181] Vgl. auch BVerwG, BayVBl. 2004, 344; BayVGH, BayVBl. 2021, 229 (232).
[182] Vgl. BayVGH, BayVBl. 1986, 466 (467), zuletzt BayVGH, FSt. 2000/208.
[183] BayVGH, BayVBl. 1988, 83 (84).
[184] Für einen lediglich deklaratorischen Beschluss dagegen *Lohner/Zieglmeier,* BayVBl. 2007, 485 unter Hinweis auf Art. 27 Abs. 3 Satz 2 LKrO analog; ausführlich dazu *Widtmann/Grasser/Glaser,* GO, Art. 33 Rn. 15. Hintergrund ist auch in diesem Punkt der Unterschied zwischen Gemeinderat und Parlament, vgl. demgegenüber zu Art. 38 Abs. 1 S. 2 GG BVerfGE 80, 188 (222 ff.).

e) Auflösung und Neubildung

234   Eine Auflösung ist grundsätzlich jederzeit, auch während einer Wahlperiode, möglich, und zwar durch den Gemeinderat, nicht aber durch den Ausschuss, Art. 32 Abs. 5 GO. Sog. **ständige,** d. h. immer obligatorisch existierende Ausschüsse, können nicht aufgelöst werden. Jedoch besteht die Möglichkeit, mit einer Auflösung gleichzeitig eine Neubildung zu verbinden und auf diese Weise im Ergebnis eine Umbesetzung zu beschließen – soweit dies nicht durch spezialgesetzliche Sonderbestimmungen ausgeschlossen ist und die Rechte der Ausschussmitglieder nicht umgangen werden (pflichtgemäße Ausübung des Organisationsermessens). Die Abberufung von Ausschussmitgliedern ohne wichtigen Grund ist eine rechtsmissbräuchliche Umgehung.[185]

6. Berufsmäßige Gemeinderatsmitglieder

235   Die Rechtsstellung der berufsmäßigen Gemeinderatsmitglieder ist in **Art. 40, 41 GO** geregelt. Sie sind sowohl Gemeinderatsmitglieder mit Mitberatungsrecht, als auch Beamte auf Zeit. Auf sie findet das KWBG Anwendung. Sie werden vom Gemeinderat (gem. Art. 51 Abs. 3 i. V. m. Abs. 4 GO) grundsätzlich auf 6 Jahre gewählt (vgl. Art. 12 ff. KWBG) und zumeist als **„Referenten"** bezeichnet (zur Aufgabenübertragung → Rn. 158 ff.). Ihre Wahl ist deshalb von nicht zu unterschätzender politischer Bedeutung, weil sie praktisch gesehen die Aufgabenwahrnehmung in bestimmten Bereichen der Gemeindeverwaltung maßgeblich beeinflussen können.

236   Vom Beratungsrecht ist das Antragsrecht – und zwar ungeachtet des Art. 33 Abs. 1 S. 4 GO auch in den fachlich einschlägigen beschließenden Ausschüssen – umfasst, **ausgeschlossen ist das Stimmrecht.** Auf diese Weise sollen die berufsmäßigen Gemeinderatsmitglieder eine enge Verbindung zwischen Gemeinderat und Verwaltung herstellen. Ihre Teilnahme an Fraktionssitzungen ist mit der insofern beratenden Funktion vereinbar.[186] Nicht alle **Bestimmungen,** die **hinsichtlich des Geschäftsgangs** auf Mitglieder des Gemeinderats Anwendung finden, gelten auch für berufsmäßige Gemeinderatsmitglieder. Anwendbar sind vor allem Art. 49 und 50 GO, wobei sich der Ausschluss von Amtshandlungen außerhalb der Sitzungen des Gemeinderats nach Art. 38 KWBG richtet (zu den unterschiedlichen Anwendungsbereichen → Rn. 156). Nicht anwendbar ist Art. 48 Abs. 3 GO (vgl. Wortlaut).

IV. Geschäftsgang im Gemeinderat

1. Geschäftsordnung

237   Der Gemeinderat muss – evtl. neben der sog. Hauptsatzung, in der grundlegende kommunalverfassungsrechtliche Fragen wie die Stellung des ersten Bürgermeisters oder die Anzahl der berufsmäßigen Gemeinderatsmitglieder geregelt werden können – eine Geschäftsordnung erlassen, die den **Geschäftsgang im Gemeinderat**

---

[185] BayVGH, BayVBl. 2001, 53.
[186] Vgl. Aufgabe 6 der 1. Staatsprüfung 1995/I, BayVBl. 1997, 29 u. 58.

ausgestaltet und konkretisiert. Fraglich ist, ob die Geschäftsordnung über die jeweilige Wahlperiode hinaus wirksam bleibt oder der Grundsatz der Diskontinuität gilt. Für ein Weitergelten spricht, dass der Gemeinderat zumindest auch Verwaltungsorgan ist. Bereits früh hat aber der BayVGH ohne Stellungnahme zur Übertragbarkeit parlamentsrechtlicher Grundsätze angenommen, dass eine Geschäftsordnung stillschweigend durch Anwendung in der ersten Sitzung nach der Wahl übernommen werden kann.[187] Nun hat er ausdrücklich angenommen, interne Regelungen gewählter „Vertretungskörperschaften" seien nur für die Dauer der jeweiligen Wahlperiode gültig; zwar geht er weiter von der Möglichkeit der stillschweigenden Übernahme aus, die aber für die konstituierende Sitzung naturgemäß ausschiedet, weshalb auch für die Form und Frist der Ladung (→ Rn. 242f.) zur ersten Sitzung nicht auf die Geschäftsordnung, sondern nur auf die allgemeinen Regelungen der GO zurückgegriffen werden kann.[188]

Nach Art. 45 Abs. 2 GO muss die Geschäftsordnung **bestimmte Mindestinhalte** haben, etwa **238** hinsichtlich der Ladungen und der Bildung sowie der Zusammensetzung von Ausschüssen. Soweit gesetzliche Vorgaben fehlen, besteht ein Gestaltungsspielraum der Gemeinde, der Ausfluss ihrer Organisationshoheit ist. Regelmäßig werden in die Geschäftsordnung z.B. Bestimmungen über Sitzungstage, Wortmeldungen etc. aufgenommen; vgl. dazu die Musterordnung, Bekanntmachung des Staatsministerium des Innern vom 20.2.1990 (AllMBl. 1990, 291ff.). Aus dem Vorrang des Gesetzes folgt, dass durch die Geschäftsordnung die gesetzlich vorgesehenen Mitgliedschaftsrechte und Kompetenzen von Gemeinderatsmitgliedern und erstem Bürgermeister nicht eingeschränkt werden dürfen.

Die **Rechtsnatur** von Geschäftsordnungen ist nach wie vor umstritten. Insbesondere ist fraglich, **239** ob Geschäftsordnungen überhaupt Regelungscharakter besitzen und demnach als Rechtsnormen anzusehen sind, oder ob sie wegen ihres Bezugs auf interne Vorgänge Verwaltungsvorschriften darstellen. Die neuere Rspr. tendiert zur Annahme einer autonomen Satzung eigener Art; dementsprechend wird mittlerweile eine Normenkontrolle nach § 47 VwGO selbst dann für statthaft gehalten, wenn die Geschäftsordnung nicht formell als Satzung erlassen worden ist, und zwar für jede Bestimmung der Geschäftsordnung ohne Unterscheidung nach der konkreten Wirkung.[189]

Die **Rechtsfolge von Verstößen** gegen die Geschäftsordnung hängt von der **240** Wesentlichkeit der Verfahrensfehler und damit auch der Wesentlichkeit der verletzten Bestimmung ab. Ist ein Verstoß wesentlich, so ist der darauf beruhende Beschluss rechtswidrig; sonst bleiben Verstöße folgenlos. Wesentlichkeit ist gegeben, wenn eine Bestimmung die subjektiven Rechte der Gemeinderatsmitglieder ausgestaltet und der Verstoß geeignet ist, die Beschlussfassung zu beeinflussen (→ Rn. 242). Praktisch führen deshalb nur Geschäftsordnungsverstöße, die zugleich die GO verletzen und nicht geheilt worden sind, zur Rechtswidrigkeit.[190] Außenrechtliche Relevanz haben zudem Verstöße gegen die Vorschriften über die Ladung, weil eine ordnungsgemäße Ladung Voraussetzung der Beschlussfähigkeit ist (→ Rn. 242). Den Gegensatz zu diesen seltenen wesentlichen Bestimmungen bilden die reinen Ordnungsvorschriften (→ Rn. 224). In diesem Zusammenhang ist zu beachten, dass von der Geschäftsordnung nach allerdings bestrittener Auffassung nicht stillschweigend abgewichen und schon deshalb das Vorliegen eines Verfah-

---

[187] BayVGH, BayVBl. 1968, 324.

[188] BayVGH, BayVBl. 2021, 273.

[189] Vgl. BVerwG, BayVBl. 1988, 249; BayVGH, BayVBl. 1994, 530; zur Norm sui generis auch *Schröder,* in: *Huber/Wollenschläger,* Landesrecht Bayern, § 3 Rn. 93.

[190] So BayVGH, BayVBl. 2009, 90; *Steiner,* in: B/K/P/S, BayStVerwR, Teil C Rn. 67.

rensfehlers verneint werden kann; überwiegend bejaht wird allerdings die Möglichkeit zum Abweichen durch ausdrücklichen Beschluss.[191]

2. Einberufung, Ladung und Beschlussfähigkeit[192]

a) Grundsatz

241   Grundsätzlich hat der **erste Bürgermeister** nach Art. 46 Abs. 2 GO die Beratungsgegenstände für Gemeinderatssitzungen vorzubereiten und den Gemeinderat einzuberufen. Der Gemeinderat hat kein allgemeines Selbstversammlungsrecht. Seine Mitglieder besitzen aber ein Recht auf Aufnahme einzelner Punkte in die Tagesordnung (→ Rn. 209). Ferner folgt ein **Anspruch auf die Einberufung des Gemeinderats** aus Art. 46 Abs. 2 S. 3 GO. Bei Berechnung des Quorums (ein Viertel der ehrenamtlichen Gemeinderatsmitglieder) ist von der **Ist-Stärke** des Gemeinderats (die von der Sollstärke des Art. 31 Abs. 2 GO durch Änderungen wie Mandatsverlust etc. abweichen kann) ohne den ersten Bürgermeister auszugehen. Die Ladung muss innerhalb des in Art. 46 Abs. 2 S. 4 GO vorgesehenen Zeitraums erfolgen. Das Quorum kann durch die Geschäftsordnung nicht geändert werden, insbesondere lässt sich der Anspruch auch nicht an den Fraktionsstatus binden. Tagesordnungspunkte müssen angegeben werden. Gerichtlich durchsetzbar ist der Anspruch durch eine kommunalverfassungsrechtliche Streitigkeit. Da das Recht auf Einberufung dem Quorum als solchem zusteht, ist dieses verfahrensrechtlich gesehen beteiligtenfähig (§ 61 Nr. 2 VwGO, evtl. analog, → Rn. 274), während einzelne Gemeinderatsmitglieder keinen durchsetzbaren Anspruch haben. Grundsätzlich beschließt der Gemeinderat in **Sitzungen** (Art. 47 Abs. 1 GO). Das meint eine persönliche Zusammenkunft,[193] bei der über die anstehenden Angelegenheiten beraten werden kann. Zulässig ist aber auch eine Sitzungsteilnahme durch **Ton-Bild-Übertragung (Art. 47a)**, wenn das in der Geschäftsordnung mit der erforderlichen Mehrheit geregelt worden ist (näher dazu und den Modalitäten Abs. 1), keine Fälle der Geheimhaltung gegeben sind (Abs. 2 iVm. Art. 56a) und die dafür geltenden technischen Voraussetzungen beachtet werden (Abs. 3 und 4; zu den Besonderheiten bei nichtöffentlichen Sitzungen Abs. 5).[194]

b) Ladung

242   Die Ladung der Gemeinderatsmitglieder ist deshalb wichtig, weil von ihrer „ordnungsgemäßen" Durchführung die **Beschlussfähigkeit** des Gemeinderats abhängt, Art. 47 Abs. 2 GO. Was ordnungsgemäß ist, wird nicht näher durch die GO festgelegt. Die Geschäftsordnung kann zwar Einzelheiten enthalten, als interne Regelung aber keine entscheidende Bedeutung entfalten. Deshalb bedarf es einer am Zweck ausgerichteten Auslegung. Erforderlich sind danach vor allem die Angabe von Tagungsort und Tagungszeitpunkt sowie der zu behandelnden Tagesordnungspunkte. Hingegen ist es nicht notwendig, weitere Unterlagen beizufügen, auch

---

[191] Vgl. näher zur Frage der Zulässigkeit von Abweichungen *B/B/E/M/S,* KommG, Art. 45 GO Rn. 9; *Widtmann/Grasser/Glaser,* GO, Art. 45 Rn. 7, 8; *Hölzl/Hien/Huber,* GO, Art. 45 Erl. 4 (nur, wenn alle Beteiligten einverstanden sind).

[192] Vgl. dazu *B/H/K/M,* Klausurenbuch, Klausur Nr. 5.

[193] Zu Sitzungszeiten *Deubert,* BayVBl. 2016, 585 ff.

[194] Vgl. auch *Wacker,* NVwZ 2020, 922 ff.; Übungsklausur bei *Heidebach/Mayr,* JuS 2021, 603 ff.

wenn das in der Geschäftsordnung vorgesehen ist,[195] oder auf rechtliche Schwierigkeiten hinzuweisen[196]. Die Form der Ladung kann in der Geschäftsordnung konkretisiert werden und grundsätzlich auch elektronischer Form erfolgen.[197] Zu laden ist in „angemessener Frist" (Art. 46 Abs. 2 S. 2 GO); das bedeutet, dass ausreichend Zeit zur Vorbereitung gegeben sein muss.[198] Die Geschäftsordnungen sehen in der Regel bei Eilbedürftigkeit einer Verkürzung der Ladungsfrist auf drei Tage vor.[199] Zu laden sind sämtliche (aktuelle) Mitglieder, d. h. auch diejenigen, die persönlich beteiligt i. S. v. Art. 49 GO sind oder deren Fernbleiben bereits entschuldigt ist;[200] ebenso zu laden sind die Mitglieder, die ihr Amt niederlegen wollen (vgl. Art. 19 Abs. 1 S. 2 GO). Nachrücker müssen nur geladen werden, wenn sie bereits benachrichtigt und zur Eidesbereitschaft befragt worden sind. Nicht zu laden sind die nach Art. 53 Abs. 2 GO von Sitzungen ausgeschlossenen Gemeinderatsmitglieder.

Wird auch nur ein einziges Gemeinderatsmitglied **nicht ordnungsgemäß geladen**, so folgt daraus bereits die Beschlussunfähigkeit des Gemeinderats. Diese führt grundsätzlich zur **Unwirksamkeit** aller gefassten Beschlüsse. Hingegen ist es nicht erforderlich, dass die Gemeinderatsmitglieder von der Ladung tatsächlich Kenntnis nehmen. Liegt ein Ladungsmangel vor, ist aber zunächst dessen **Heilung** zu prüfen. Obwohl ein Verzicht auf die Ladung im vorhinein nicht zulässig ist, sind deren Mängel unstreitig dann als geheilt und somit unbeachtlich anzusehen, wenn alle Mitglieder erscheinen und sich rügelos auf die Verhandlung einlassen. Fraglich ist, ob die Rüge des Mangels ausdrücklich erfolgen muss, ob unter Vorbehalt an Sitzungen teilgenommen werden kann[201] und ob die Rüge – wenn sie ausreicheind klar erfolgt – immer einer Heilung entgegensteht. Das lässt sich mit guten Gründen bei lediglich formalen Fehlern (etwa der Angabe einer falschen Uhrzeit) verneinen, sofern diese auf die Mitwirkungsmöglichkeiten des Gemeinderatsmitglieds ohne Einfluss geblieben sind (also z. B. nicht bei Angabe eines falschen Datums im Hinblick auf die erforderliche Vorbereitung der Sitzung). Schon an einem Ladungsmangel fehlt es, wenn ein Gemeinderatsmitglied deshalb nicht benachrichtigt worden ist, weil es sich im Voraus aus persönlichen Gründen entschuldigt hatte.[202]

243

---

[195] BayVGH, BayVBl. 2011, 85. Vgl. zur unterlassenen Beifügung von Sitzungsunterlagen BayVGH, BayVBl. 2009, 90, wobei allerdings diese Beifügung schon in der Geschäftsordnung von der eigentlichen Ladung unterschieden wurde. Im Ergebnis ebenso BayVGH, BayVBl. 2009, 91, unter Hinweis darauf, dass das Erfordernis, die „notwendigen Unterlagen" beizufügen, zu unbestimmt sei, um davon die Ordnungsmäßigkeit der Ladung abhängig zu machen.

[196] BayVGH, BayVBl. 2014, 405.

[197] Sofern das der Geschäftsordnung entspricht, vgl. BayVGH, BayVBl. 2019, 265 (266).

[198] Wobei aber auch eine Rolle spielt, ob mit einer Ladung zu rechnen war; vgl. zum Ausreichen einer Frist von vier Tagen zu einer konstituierenden Sitzung BayVGH, BayVBl. 2021, 273.

[199] Vgl. VG Regensburg v. 8.3.2016, RO 3 K 15.144; Muster-GeschO, Bayerischer Gemeindetag 3/2020 (unter: https://www.bay-gemeindetag.de).

[200] Fraglich ist nur, wann die berufsmäßigen Gemeinderatsmitglieder zu laden sind; dies ist nach einer Ansicht lediglich der Fall, wenn deren Geschäftsbereich berührt ist (vgl. *Widtmann/Grasser/Glaser*, GO, Art. 47 Rn. 9), nach a. A. hingegen immer (so *B/B/E/M/S*, KommG, Art. 47 GO Rn. 3).

[201] Dazu näher *Wutz*, BayVBl. 2020, 733 (736), mit der Annahme, dass eine nur „hilfsweise" Mitwirkung eine Rüge nicht gegenstandslos werden lässt.

[202] BayVGH, BayVBl. 2019, 265 (267 f.).

c) Weitere Erfordernisse der Beschlussfähigkeit

244   Die Beschlussfähigkeit muss **vor jeder Abstimmung** oder Wahl **geprüft** werden. Sie setzt nach Art. 47 Abs. 2 GO neben der ordnungsgemäßen Ladung voraus,
dass die Mehrheit der Mitglieder anwesend und stimmberechtigt ist. Dabei ist von
der **Ist-Stärke** auszugehen, d. h. der Zahl der tatsächlich dem Gemeinderat ange-
hörenden (→ Rn. 185) und nicht von der Sitzung ausgeschlossenen (vgl. Art. 53
Abs. 1 S. 3, Abs. 2 GO) Mitglieder. Dabei ist der erste Bürgermeister mitzuzählen,
weil er ein Stimmrecht besitzt. An der Stimmberechtigung fehlt es, wenn Mitglieder nach Art. 49 GO persönlich beteiligt sind. Grund für diese Regelung ist, dass
eine Minderheit in keinem Fall die Mehrheit der Mitglieder überstimmen können
soll. Ist der Gemeinderat aufgrund dieser Bestimmung im Einzelfall blockiert
(etwa, wenn mehr als die Hälfte seiner Mitglieder Grundstücke im Gebiet eines zu
beschließenden Bebauungsplans besitzen, näher → Rn. 251), kommt eine Ermächtigung des ersten Bürgermeisters durch die Rechtsaufsichtsbehörde in Betracht
(Art. 114 Abs. 1 GO, → Rn. 543).

245   Ein Einschreiten der Rechtsaufsichtsbehörde ist aber erst zulässig, wenn die Beschlussfähigkeit
des Gemeinderats nicht mit anderen Maßnahmen herbeigeführt werden kann. In Betracht
kommt dafür eine sog. **zweite Ladung** nach Art. 47 Abs. 3 GO. Die Bestimmung greift nur ein,
wenn erstens ein bestimmter Gegenstand in einer früheren (nicht unbedingt der letzten) Sitzung
auf der Tagesordnung stand, der Gemeinderat darüber aber wegen Beschlussunfähigkeit nicht abstimmen konnte, und zweitens die Beschlussunfähigkeit auf Abwesenheit der Mehrheit beruhte.
Ist die Mehrheit hingegen wegen persönlicher Beteiligung (→ Rn. 246 ff.) nicht zur Abstimmung in der Lage, kann dieses Hindernis nicht im Wege der zweiten Ladung überwunden werden; denn die zweite Ladung soll nur verhindern, dass eine Beschlussfassung allein an dem Boy-
kott der mitwirkungsberechtigten Mehrheit scheitert. Sonst muss nach Art. 114 Abs. 1 GO
vorgegangen werden. Im Hinblick auf den genannten Zweck ist Art. 47 Abs. 3 GO ebenfalls unanwendbar, wenn die Beschlussunfähigkeit des Gemeinderats in der früheren Sitzung auf einem
Ladungsmangel beruhte.[203] Im Übrigen hängt die Beschlussfähigkeit ohne Rücksicht auf die
Zahl der Erschienenen immer davon ab, dass der in Art. 47 Abs. 3 S. 2 GO vorgesehene Hinweis
in die Ladung aufgenommen worden ist.

3. Mitwirkungsverbote

246   *a)* Art. 49 GO statuiert ein Mitwirkungsverbot, durch das eventuelle **Interessenkollisionen** ausgeschlossen werden sollen. Da diese Bestimmung zugleich
das Vertrauen der Bürger an einer sauberen und unparteiischen Verwaltungsführung
schützt, kommt es nicht darauf an, ob im Einzelfall ein Beteiligter tatsächlich bereit
ist, sachfremden Interessen nachzugeben oder nicht. Art. 49 GO findet auf alle
Mitglieder des Gemeinderats Anwendung (vgl. i. Ü. zur Sondervorschrift des
Art. 38 KWBG → Rn. 156).

        b) Ein Ausschluss wegen persönlicher Beteiligung hat folgende **Voraussetzun-
gen:**

247   (1) Der Beschluss muss das Mitglied, einen näher bezeichneten Angehörigen oder
        einen Vertretenen betreffen **(persönliche Voraussetzung).** Für den Be-
        griff der Angehörigen wird nun auf Art. 20 Abs. 5 BayVwVfG verwiesen, wo-
        bei damit auch gilt, dass Ehe oder Lebenspartnerschaft bzw. Verwandtschaft

---

[203] *Hölzl/Hien/Huber,* GO, Art. 47 Erl. 5.

oder Schwägerschaft auch nach deren Ende zur Befangenheit führen können (Art. 20 Abs. 5 S. 2 BayVwVfG). Vgl. zur Verwandtschaft § 1589 BGB, wobei gerade Linie Abstammung der einen Person von der anderen meint (S. 1; in gerader Linie verwandt sind also etwa Väter, Mütter, Töchter, Söhne, Großväter, Enkel etc.). Verschwägert sind die Verwandten eines Ehegatten oder Lebenspartners mit dem anderen Ehegatten oder Lebenspartner (§ 1590 Abs. 1 S. 1 BGB). Hinsichtlich der Verwandtschaft in Seitenlinie gilt keine allgemeine Regel, sondern die konkrete Bestimmung nach Art. 20 Abs. 5 S. 1 Nr. 4-7 BayVwVfG. Was die Vertretung betrifft, so kann sich diese nicht nur auf natürliche und juristischer Personen, sondern auch auf „sonstige Vereinigungen" beziehen. Dieser Begriff ist weit auszulegen und soll etwa neben allen Formen der GbR auch nichtrechtsfähige Vereine und Bürgerbegehren erfassen, da der Gesetzgeber mit ihm umfassend Interessenkollisionen unterbinden möchte.[204]

(2) Der Beschluss muss zu der konkreten **Möglichkeit eines Vor- oder Nachteils** führen. Dieser braucht nicht materieller Art zu sein (etwa Gewinnaussichten, Beförderung eines verwandten Gemeindebeamten), es genügen persönliche und ideelle Auswirkungen (etwa Verleihung der Ehrenbürgerschaft).[205]   **248**

(3) Der Vor- oder Nachteil muss **unmittelbare Folge** des Beschlusses sein, d.h. grundsätzlich durch diesen selbst und seine Vollziehung herbeigeführt werden.[206] Es genügt aber, wenn der Beschluss seinerseits inhaltlich bindende Grundlage für andere Akte ist, mit denen dann Vor- oder Nachteile verbunden sind (etwa bei einem Antrag auf Enteignung hinsichtlich des Eigentums an einem Grundstück, obwohl die Enteignungsverfügung durch eine andere Maßnahme eingeleitet und durchgeführt wird), oder wenn mit dem Beschluss zwangsläufig bestimmte wirtschaftliche Folgen hervorgerufen werden (etwa Zulassung eines Konkurrenten), sofern es eines weiteren Beschlusses nicht bedarf.   **249**

(4) Der Vor- oder Nachteil muss **individuell** sein, d.h. einen Sondervorteil oder -nachteil, nicht aber lediglich einen Gruppenvor- oder -nachteil darstellen. Die Abgrenzung ist im Einzelfall schwierig. Entscheidend ist, ob jemand nur als Teil einer Gruppe oder als Einzelner betroffen ist.[207] Allerdings kann es Fälle geben, in denen sich der Beschluss zwar an eine bestimmte Gruppe richtet, aber doch ein Mitglied des Gemeinderats in individueller Weise berührt wird, insbesondere wenn er das einzige Mitglied dieser Gruppe ist.   **250**

Beispiele: Beim Beschluss von Satzungen oder Verordnungen wird in der Regel kein Sondervorteil entstehen können, so etwa nicht bei Erlass einer Wasser- und Abwassersatzung im Hinblick auf die Grundstückseigentümer, bei Erlass von Abgabensatzungen, bei Erlass einer Hundesteuersatzung oder Kampfhundeverordnung im Hinblick auf die Hundebesitzer.[208] Letzteres   **251**

---

[204] LT-Dr. 17/14651, S. 17.

[205] Aber natürlich nicht die Betroffenheit in politischen Diskussionen, vgl. Aufgabe 5 der 1. Staatsprüfung 2017/I, BayVBl. 2020, 177 u. 207 (213).

[206] Von einem strengen Unmittelbarkeitsbegriff abrückend und allein auf ein berührtes Eigeninteresse abstellend VGH Kassel, NVwZ-RR 2014, 563 (564).

[207] Wobei es natürlich darauf ankommt, welche Vor- oder Nachteile überhaupt mit einer beschlossenen Maßnahme verbunden sind, vgl. BayVGH v. 14.10.2013, 1 ZB 12.1976 (Sanierungssatzung nach dem BauGB).

[208] Vgl. auch Aufgabe 6 der 1. Staatsprüfung 2010/II, BayVBl. 2013, 547 u. 576.

müsste dann anders beurteilt werden, wenn die Mitglieder des Gemeinderats die alleinigen Besitzer von Hunden sein sollten. Praktisch wichtig sind Fragen im Zusammenhang mit der Bauleitplanung (§ 1 Abs. 2 BauGB, dazu → 4. Teil, Rn. 240 ff.). Bei der Aufstellung von Bebauungsplänen werden die Grundstückseigentümer, Mieter und Anrainer des Plangebiets individuell betroffen, die Befangenheit gilt für alle Verfahrensabschnitte (für den Aufstellungsbeschluss str.), wobei mittelbare Folgen für benachbarte Grundstückseigentümer aber nicht ausreichen[209]. Schwierig ist die Beurteilung beim Erlass von Flächennutzungsplänen; sie besitzen keine Rechtsnormqualität, dennoch sind mit ihnen jedenfalls dann unmittelbare Vorteile in Form von Wertsteigerungen verbunden, wenn Grundstücke als Bauland ausgewiesen werden. Dann stellt sich allerdings das Problem, dass der Gemeinderat beim Beschluss von Flächennutzungsplänen wegen deren großflächiger Konzeption (vgl. § 5 Abs. 1 BauGB) schnell handlungsunfähig sein kann. Im Ergebnis ist eine Befangenheit der Eigentümer nur anzunehmen, wenn bestimmte Grundstücke so betroffen werden, dass sich für sie von der Allgemeinheit unterscheidbare Vorteile ergeben (etwa bei Teilflächennutzungsplänen und der Einstufung bestimmter Gemeindeteile zum Bauerwartungsland).[210]

252   Klargestellt ist durch **Art. 49 Abs. 2 GO,** dass die Entsendung in Ausschüsse oder Einrichtungen bzw. die entsprechende Abberufung nicht als Vor- oder Nachteil i. S. v. Art. 49 Abs. 1 GO anzusehen sind. In dieser Hinsicht besteht, ebenso wie für Wahlen, eine Ausnahme von dem Verbot der persönlichen Beteiligung.

253   *c)* Befangene Mitglieder des Gemeinderats trifft die Pflicht, den Gemeinderat über die befangenheitsauslösenden Umstände zu unterrichten. Über den Ausschluss **beschließt** nach Art. 49 Abs. 3 GO **der Gemeinderat** ohne Mitwirkung des Betroffenen. Dieser Beschluss hat nur feststellende, **keine konstitutive Wirkung,** weil sich der Ausschluss bei Vorliegen der Voraussetzungen schon unmittelbar aus Art. 49 Abs. 1 GO ergibt. Das hat eine wichtige Konsequenz: Wird kein Beschluss gefasst oder der Ausschluss abgelehnt, so darf das betroffene Mitglied trotzdem nur mitwirken, wenn es nicht befangen ist. In einer Klausur sind deshalb bei Vorliegen entsprechender Anhaltspunkte die Voraussetzungen des Art. 49 Abs. 1 GO unabhängig von dem Verhalten des Gemeinderats zu prüfen. I. Ü. handelt es sich bei dem Beschluss über den Ausschluss mangels Außenwirkung nicht um einen Verwaltungsakt, weil durch ihn nur die organschaftlichen Rechte betroffen werden.

254   **Folge des Ausschlusses** ist, dass das betroffene Mitglied in öffentlichen Sitzungen weiterhin anwesend sein darf, nach wohl überwiegender Meinung muss es nicht einmal vom „Beratungstisch" auf die „Zuhörerstühle" wechseln,[211] obwohl Art. 49 Abs. 1 GO auch die Einflussnahme in der Beratung ausschließen will. Bei nichtöffentlicher Sitzung (→ Rn. 267) ist hingegen ein Verlassen des Sitzungssaals erforderlich (sehr str., a. A. BayVGH).[212]

d) Hinsichtlich der **Rechtsfolgen** sind zwei Konstellationen zu unterscheiden:

255   (1) Ein Mitglied des Gemeinderats **wirkt trotz Befangenheit** an der Beschlussfassung **mit.** Hier gilt Art. 49 Abs. 4 GO: Der Beschluss ist nur ungültig, wenn die Mitwirkung für das Abstimmungsergebnis kausal war. Dies ist dadurch zu

---

[209] Abstrakt auf die Größe der betroffenen Gruppe abstellend VGH BW, FSt. 1/2017.
[210] Vgl. dazu nur *B/B/E/M/S*, KommG, Art. 49 GO Rn. 7.
[211] Vgl. *Hölzl/Hien/Huber*, GO, Art. 49 Erl. 7; a. A. *Gern/Brüning*, Dt. KommR, Rn. 687; nur auf tatsächliches Vorgehen abstellend *B/B/E/M/S*, KommG, Art. 49 GO Rn. 10.
[212] Vgl. *B/B/E/M/S*, KommG, Art. 49 GO Rn. 10; *Hölzl/Hien/Huber*, GO, Art. 49 Erl. 7; a. A. BayVGH, BayVBl. 1983, 729; *Widtmann/Grasser/Glaser*, GO, Art. 49 Rn. 6.

ermitteln, dass die Stimme des Betroffenen vom Abstimmungsergebnis abzuziehen ist; ändern sich dann die Mehrheiten, ist der Beschluss unwirksam; ergibt sich eine Stimmengleichheit, gilt der Beschluss als abgelehnt (Art. 51
Abs. 1 S. 2 GO). Diese „Subtraktionsmethode" entspricht dem formellen Ansatz der Rechtsprechung, während im Schrifttum z. T. auf die konkrete Einflussnahme während der Beratung abgestellt wird.[213]

Beispiel: Ein aus 21 Mitgliedern bestehender Gemeinderat beschließt über eine Verände-   **256**
rungssperre. 6 Mitglieder haben Grundstücke im Planbereich, alle Mitglieder stimmen ab.
Der Beschluss wird mit 13 : 8 Stimmen gefasst. Lösung: Die Stimmen der Befangenen sind
abzuziehen. Haben im Beispielsfall die 6 befangenen Gemeinderatsmitglieder für den Beschluss gestimmt, so ergibt sich: 13 − 6 = 7; die korrigierte Beschlusslage ist 7 : 8 Stimmen,
eine Mehrheit für den Beschluss liegt nicht vor.

(2) Ein Mitglied des Gemeinderats ist **zu Unrecht ausgeschlossen** worden: Hier   **257**
stellt sich die Frage, ob Art. 49 Abs. 4 GO analog angewendet werden kann.
Dies wird vom BayVGH verneint: Die Vorschrift sei eng auszulegen, durch den
Ausschluss werde das Mitglied um alle Mit- und Einwirkungsmöglichkeiten
gebracht.[214] Daraus folgt, dass ein Gemeinderatsbeschluss immer schon dann
unwirksam ist, wenn nur ein stimmberechtigtes Mitglied des Gemeinderats wegen fehlerhafter Anwendung des Art. 49 Abs. 1 GO ausgeschlossen wird (in
Art. 47 Abs. 2 GO zum Ausdruck kommender Grundsatz; deshalb ist Gemeinderäten zu empfehlen, nur bei klaren Sachverhalten überhaupt einen Ausschluss
auszusprechen).

Fraglich ist, ob ein zu Unrecht ausgeschlossenes Gemeinderatsmitglied wegen der Verlet-   **258**
zung seines Mitgliedschaftsrechts auf Feststellung der Unwirksamkeit des Beschlusses oder auf dessen
Rücknahme im Wege der Leistungsklage **klagen kann**, obwohl der Beschluss keine Rechtswirkungen erzeugt. Das wird zum Teil bejaht.[215] Bedenken gegen die Zulässigkeit bestehen im Hin-
blick auf § 42 Abs. 2 VwGO analog aber deshalb, weil der Gemeinderatsbeschluss unwirksam ist
(→ Rn. 269). Zwar kann auch der Rechtsschein eines unwirksamen Beschlusses beseitigt werden
(vgl. Art. 112 S. 1 GO), jedoch ist nicht ersichtlich, wieso das Mitwirkungsrecht durch den
Rechtsschein beeinträchtigt werden sollte. Ebenfalls abzulehnen ist die Zulässigkeit einer
Feststellungs- oder Leistungsklage eines Gemeinderatsmitglieds mit dem Argument, ein anderes
Mitglied sei zu Unrecht nicht ausgeschlossen und deshalb der Erfolgswert der eigenen Stimme
beeinträchtigt worden (str.).[216]

Ergibt sich aus der Anwendung des Art. 49 i. V. m. 47 Abs. 2 GO die **Beschluss-**   **259**
unfähigkeit des Gemeinderates insgesamt, da eine Mehrheit der stimmberechtigten Mitglieder nicht mehr gegeben ist, lässt sich diese Blockade über
Art. 114 GO lösen (→ Rn. 542 ff.).

4. Handhabung der Ordnung

Das Hausrecht des Art. 53 Abs. 1 GO bezieht sich auf den Ablauf von Gemein-   **260**
deratssitzungen, ist also zu **unterscheiden vom allgemeinen Hausrecht** des
Behördenleiters. Im Rahmen der genannten Vorschrift sind alle Maßnahmen **öf-**

---

[213] Vgl. BayVGH n. F. 8, 42; BayVBl. 1967, 278; a. A. *Hölzl/Hien/Huber*, GO, Art. 49 Erl. 8.
[214] BayVGH, BayVBl. 1976, 753. Vgl. auch *Müller-Franken*, BayVBl. 2001, 136 ff.
[215] *Knemeyer*, Bay. KommR, Rn. 219 (Klage gegen Ausschließungsbeschluss und Beschluss in
der Sache zulässig).
[216] BayVGH, BayVBl. 1977, 182; zur Gegenansicht *Hölzl/Hien/Huber*, GO, Art. 49 Erl. 9.

fentlich-rechtlicher Natur (vgl. hingegen den Meinungsstreit beim Hausverbot, bei dem es nach der Rspr. auf den Zweck des Besuches, nach dem Schrifttum dagegen auf den Zweck des Verbots ankommen soll[217]). Innerhalb der Vorschrift wird unterschieden zwischen der Handhabung der Ordnung gegenüber Angehörigen des Gemeinderats (1. Alt.)[218] und dem Hausrecht i.e.S. gegenüber anderen Personen (2. Alt.), das präventive Maßnahmen ebenso wie ein Einschreiten gegen Störungen ermöglicht.[219] Zu unterscheiden sind im Übrigen drei verschiedene Arten von Maßnahmen:

261 a) **Entfernung von Zuhörern** (Art. 53 Abs. 1 S. 2 GO): Dabei handelt es sich um einen im Ermessen stehenden Verwaltungsakt, der auf Antrag des Betroffenen – i.d.R. im Wege der Fortsetzungsfeststellungsklage (§ 113 Abs. 1 S. 4 VwGO an.) – gerichtlich überprüfbar ist. Die Entfernung muss verhältnismäßig sein und setzt deshalb mehrfaches Stören, etwa durch Zwischenrufe oder sonstige Lärmentwicklung,[220] voraus. Die Zulässigkeit eines Ausschlusses für künftige Sitzungen ist fraglich,[221] zumindest aber verbietet der Verhältnismäßigkeitsgrundsatz eine unbefristete Anordnung. Die Entfernung ist mit den Mitteln des VwZVG zwangsweise durchzusetzen; in Betracht kommt auch ein Einschalten der Polizei im Wege der Vollzugshilfe (→ 3. Teil, Rn. 52 ff.);

262 b) **Ordnungsmaßnahmen:** Dabei handelt es sich um verschiedene Maßnahmen zur Regelung des internen Sitzungsablaufs, z.B. den Ordnungsruf[222], die Rüge, die Ermahnung und den Wortentzug. Sie stellen keine Verwaltungsakte dar, betreffen aber immerhin die Organstellung und sind deshalb zumindest dann zulässige Gegenstände eines Kommunalverfassungsstreits, wenn sie von spürbarem Gewicht sind. Die Frage der Zulässigkeit eines Rauchverbots in den Sitzungen[223] ist mit dem Inkrafttreten des Gesundheitsschutzgesetzes[224] obsolet geworden, da nunmehr u.a. das Rauchen in öffentlichen Gebäuden und in öffentlich zugänglichen Gaststätten verboten ist.

263 c) **Ausschluss eines Mitglieds des Gemeinderats** (Art. 53 Abs. 1 S. 3 GO): Verfahrensmäßig erforderlich ist die Zustimmung des Gemeinderats, die aber stillschweigend möglich ist und unterstellt wird, wenn sich kein Widerspruch gegen das Handeln des ersten Bürgermeisters erhebt. Materielle Voraussetzung sind **fortgesetzte erhebliche Störungen:** Innerhalb einer Sitzung muss deren Fortgang mehrfach durch ein gravierend erscheinendes Verhalten des Betroffe-

---

[217] Vgl. hierzu nur *Maurer/Waldhoff*, AllgVerwR, § 3 Rn. 35.

[218] Zur Möglichkeit der Anordnung einer Maskenpflicht BayVGH v. 8.6.2021 – 4 CE 21.1599.

[219] Dazu und zur Maskenpflicht in der Coronakrise BayVGH v. 7.4.2021 – 4 CE 21.601, Rn. 21 ff.

[220] Zum Stören durch Aufenthalt ohne die in der Coronakrise angeordnete Mund-Nasen-Bedeckung BayVGH v. 20.5.2021 – M 7 E 21.2412.

[221] Bejahend *Hölzl/Hien/Huber*, GO, Art. 53 Erl. 3.4; *P/Z/B/P*, KommR, Art. 53 GO Erl. 3. Ablehnend *B/B/E/M/S*, KommG, Art. 53 GO Rn. 4; differenzierend *Widtmann/Grasser/Glaser*, GO, Art. 53 Rn. 6 (Hausverbot für mehrere Sitzungen zulässig, Verbot der Teilnahme an zukünftigen Sitzungen unzulässig).

[222] Zur Zulässigkeit eines Ordnungsrufes nach der Bezeichnung „Klüngelkandidatin" durch ein Ratsmitglied OVG Münster, DÖV 2013, 992.

[223] Vgl. *B/B/E/M/S*, KommG, Art. 53 GO Rn. 1; *P/Z/B/P*, KommR, Art. 53 GO Erl. 7; *Widtmann/Grasser/Glaser*, GO, Art. 53 Rn. 4.

[224] GSG i.d.F. vom 23.7.2010 (GVBl. 314); in Kraft getreten am 1.8.2010.

nen wesentlich erschwert werden. Das ist etwa zu bejahen bei beleidigenden Äußerungen oder, was seltener vorkommen soll, bei handgreiflichen Auseinandersetzungen. Ebenso wird man das Rauchen entgegen dem Rauchverbot aufgrund der gestiegenen Bedeutung des Nichtraucherschutzes als erhebliche Störung einstufen müssen. Hingegen sollen „Einschlafen" und „Trunkenheit als solche" nicht genügen.[225] Auch Provokationen durch das Tragen von Plaketten können Störungen darstellen, wobei sich hier das Problem stellt, inwiefern die Mitglieder des Gemeinderats in ihrer organschaftlichen Stellung Grundrechtsträger sind bzw. ob zumindest unter erleichterten Voraussetzungen die Rechtfertigung eines Grundrechtseingriffs zulässig ist.[226]

In jedem Fall ist der Verhältnismäßigkeitsgrundsatz zu beachten. Bei der **Entscheidung** handelt es sich nicht um einen Verwaltungsakt, da nur organschaftliche Rechte betroffen sind und es damit an der Außenwirkung fehlt. Das ausgeschlossene Gemeinderatsmitglied kann als Zuhörer im Sitzungsraum bleiben, von dort lediglich aufgrund einer neuen Entscheidung nach Art. 53 Abs. 1 S. 2 GO (Verwaltungsakt) unter erleichterten Voraussetzungen (nächste einmalige Störung) verwiesen werden.[227] **264**

(Nur) in schwerwiegenden Fällen kann ein **Ausschluss für weitere Sitzungen** vorgesehen werden (Art. 53 Abs. 2 GO), wobei es aber im Hinblick auf die Schwere der Sanktion eines ausdrücklichen Beschlusses des Gemeinderats bedarf. Auch dieser Beschluss stellt aus den o. g. Gründen keinen Verwaltungsakt dar.[228] **265**

5. Weitere Verfahrensbestimmungen

a) Die **Beschlussfassung** erfolgt durch offene Abstimmung (Art. 51 Abs. 1 GO), z. B. durch Handaufheben oder Aufstehen. Das gilt für öffentliche und nichtöffentliche Sitzung gleichermaßen. Das Abstimmungsverfahren ist von wesentlicher Bedeutung für die Willensbildung im Gemeinderat; ein Verstoß führt deshalb (→ Rn. 240) zur Ungültigkeit des Beschlusses. Zu beachten sind die Sonderbestimmungen für Wahlen nach Art. 51 Abs. 3 GO, wobei diese Vorschriften nur für solche Entscheidungen gelten, die ausdrücklich gesetzlich als Wahlen bezeichnet werden, vgl. Art. 51 Abs. 4 GO. **266**

b) Gemäß Art. 52 GO gilt der **Grundsatz der Öffentlichkeit,** der ein Bekanntmachungserfordernis[229] und den freien Zugang zum Sitzungsraum im Rahmen des verfügbaren Platzes umfasst. Das schließt kein Recht auf Tonbandaufnahmen ein (str.);[230] zu bejahen ist aber ein subjektives Recht auf Zutritt zu den öffentlichen Rats- und Ausschusssitzungen (u. U. im Rahmen des Art, 53 Abs. 1 S. 1 **267**

---

[225] Vgl. *Hölzl/Hien/Huber,* GO, Art. 53 Erl. 4 der zusätzlich ein grob störendes Verhalten verlangt.

[226] BVerwG, NVwZ 1988, 837; NVwZ 1989, 975; *Geis,* BayVBl. 1992, 41 ff.

[227] A. A. OLG Karlsruhe, DÖV 1980, 100; *Gern/Brüning,* Dt. KommR, Rn. 632.

[228] Vgl. *Widtmann/Grasser/Glaser,* GO, Art. 53 Rn. 10.

[229] Nach Abs. 1 für „öffentliche Sitzungen"; zu den datenschutzrechtlichen Fragen in diesem Zusammenhang *Petri/Haag,* BayVBl. 2014, 161 ff.

[230] VGH BW, Fst. 2016, Rn. 217; a. A. *Hölzl/Hien/Huber,* GO, Art. 52 Erl. 3.3.2. m. w. N; vgl. auch zur Unterscheidung von „Saalöffentlichkeit" und „Medienöffentlichkeit" VGH Kassel, KommJur 2014, 14.

GO → Rn. 260 f.)[231]. Der Grundsatz der Öffentlichkeit erfährt Beschränkungen, Art. 52 Abs. 2 GO; in nichtöffentlicher Sitzung wird deshalb u. a. über Personalangelegenheiten, nur Einzelne betreffende Abgabenangelegenheiten oder sonstige Tagesordnungspunkte verhandelt, bei denen geschützte wirtschaftliche oder persönliche Verhältnisse zur Sprache kommen.[232] Früher wurde angenommen, dass Verstöße gegen den Grundsatz der Öffentlichkeit nicht zur Ungültigkeit der Gemeinderatsbeschlüsse führen, da es sich um eine reine Ordnungsvorschrift handle[233]; im Hinblick auf die grundlegende rechtsstaatliche Bedeutung dieses Grundsatzes ist das aber abzulehnen.[234] Ungültig ist deshalb jeder unter Verstoß gegen den Öffentlichkeitsgrundsatz gefasste Beschluss, auch wenn er nicht den Erlass einer Satzung zum Gegenstand hat.[235] Allerdings scheidet nach der Rspr. ein solcher Verstoß schon dann aus, wenn sich für die Entscheidung, die Öffentlichkeit auszuschließen, „objektiv nachvollziehbare Sachgründe anführen lassen"[236].

268 c) Über die Verhandlungen des Gemeinderats ist eine **Niederschrift** anzufertigen (Art. 54 GO). Eine fehlerhafte oder unterlassene Protokollführung bleibt aber ohne Auswirkung auf die Wirksamkeit der Beschlüsse. Auch in diesem Zusammenhang ist fraglich, inwieweit als Hilfsmittel für die Niederschrift eine Tonbandaufnahme zulässig ist; dies ist zumindest bei Zustimmung der Mehrheit der Gemeinderatsmitglieder zu bejahen, wobei aber wohl dem einzelnen Mitglied ein Anspruch auf Abschaltung des Mikrophons bei seinem eigenen Redebeitrag zustehen kann (str.).[237] Die Einsicht in die Protokolle können Gemeinderatsmitglieder jederzeit verlangen (Art. 54 Abs. 3 S. 2 GO)[238] und steht den Gemeindebürgern frei (Art. 54 Abs. 3 S. 2 GO); die Erteilung von Ablichtungen und Abschriften steht im pflichtgemäßem Ermessen der Gemeinde.[239]

---

[231] BayVGH v. 7.4.2021 – 4 CE 21.601, Rn. 16, auch zu möglichen Einschränkungen durch das Hausrecht nach Art. 53 Abs. 1 S. 1 GO. Zu unterschieden ist das von dem (fehlenden) Recht der Bürger auf Einhaltung des Öffentlichkeitsgrundsatzes, vgl. BayVGH v. 27.10.2015 – 4 K 14.00091. Umstr. ist ein Recht der Gemeinderatsmitglieder auf Einhaltung des Grundsatzes, abl. VG Augsburg v. 12.8.2019 – Au 7 K 18.1674 (Rn 28 m.w.N.), bejahend *Suslin*, NVwZ 2020, 200 ff.

[232] So kann die Öffentlichkeit nach OVG NRW v. 16.7.2009, Az: 15 B 945/09 ausgeschlossen werden, wenn es um die Beratung eines von einer Gesellschaft mit kommunaler Beteiligung beabsichtigten Vertragsschlusses geht, da eine öffentliche Beratung die Verhandlungsposition der Gesellschaft schwächen könnte; nicht hingegen dürfen allgemein „Sparkassenangelegenheiten" nichtöffentlich behandelt werden, so BayVGH, BayVBl. 2018, 747 (748). Vgl. allg. *Papsthart*, BayVBl. 2021, 253 ff., und zu den Angelegenheiten kommunaler Unternehmen *Burgi*, NVwZ 2014, 609 ff. Zur späteren Information der Öffentlichkeit nach Art. 52 Abs. 3 GO *Pahlke*, BayVBl. 2014, 33 ff.

[233] Vgl. VGH v. 23.11.2006, VGH n. F., 28, 11; Aufgabe 7 der 1. Staatsprüfung 1992/II, BayVBl. 1994, 543 u. 572.

[234] So jetzt auch BayVGH, BayVBl. 2009, 344, fortgeführt durch BayVGH, BayVBl. 2018, 818 (819); zur Fehlerhaftigkeit eines Gemeinderatsbeschlusses, der nach nichtöffentlicher Beratung gefasst wurde, VGH BW, VBlBW 2016, 34; zu der nötigen öffentlichen Sachdiskussion BGH, BayVBl. 2016, 135 (136).

[235] A. A. VG Bayreuth v. 16.2.2009, B 2 E 08.1234; näher dazu *Pahlke*, BayVBl. 2010, 357 ff.

[236] BayVGH, BayVBl. 2015, 630 mit der Annahme eines „gewissen Entscheidungs- und Beurteilungsspielraums" des Gemeinderates, weil eine „situationsgebundene Prognoseentscheidung" zu treffen sei.

[237] A. A. *Hölzl/Hien/Huber*, GO, Art. 54 Erl. 3. (zum Zweck der Protokollführung auch gegen den Willen eines einzelnen Gemeinderatsmitglieds); dazu, dass jedenfalls ein Verbot der Erstellung von Wortprotokollen ausgeschlossen ist, OVG NRW v. 11.11.2019 – 15 B 1139/19.

[238] Zum Recht auf Einsicht in die Entwürfe VG Bayreuth v. 15.4.2020 – B 9 K 19.33.

[239] *Widtmann/Grasser/Glaser*, GO, Art. 54 Rn. 15; *P/Z/B/P*, KommR, Art. 54 GO Erl. 7; *Hölzl/Hien*, GO, Art. 54 Erl. 5.2; *B/B/E/M/S*, KommG, Art. 54 GO Rn. 11; zur Ermessensreduzierung auf Null im Einzelfall vgl. VG Regensburg v. 18.4.2007 – RO 3 K 06.01951 (juris).

6. Fehlerfolgen

Die Kommunalgesetze enthalten keine Bestimmungen darüber, welche Folgen **269** Zuständigkeits- und Verfahrensfehler für den Beschluss eines Kollegialorgans haben. Sieht man von im Einzelfall unbeachtlichen Verstößen gegen Verfahrensbestimmungen (→ Rn. 240) und von den in wenigen Fällen bestehenden Heilungsmöglichkeiten (→ Rn. 243) ab, ist entsprechend den allgemeinen verwaltungsrechtlichen Grundsätzen davon auszugehen, dass jeder Fehler zur **Unwirksamkeit** von Beschlüssen führt.[240] Anderes lässt sich nicht aus dem Umstand schließen, dass eine Beanstandung durch den ersten Bürgermeister (Art. 59 Abs. 2 GO) und die Rechtsaufsichtsbehörde (Art. 112 GO) auch gegenüber rechtswidrigen Beschlüssen möglich ist. Denn damit soll schon der Rechtsschein der Wirksamkeit ausgeräumt werden.

V. Kommunalverfassungsrechtliche Streitigkeiten

1. Grundsatz

Als Kommunalverfassungsrechtliche Streitigkeiten werden die verwaltungsge- **270** richtlichen Verfahren bezeichnet, bei denen es um die **Durchsetzung organschaftlicher Rechte** geht. Sie können das Verhältnis zwischen verschiedenen Organen (etwa zwischen Gemeinderat und erstem Bürgermeister, sog. interorganschaftliche Streitigkeiten) oder die Rechtsverhältnisse innerhalb eines Organs (zwischen Teilen desselben Organs, d. h. zwischen dem einzelnen Mitglied oder einer Fraktion und dem Gemeinderat, sog. intraorganschaftliche Streitigkeiten) betreffen; hingegen sind keine Organstreitigkeiten die Streitigkeiten zwischen Fraktionen und Fraktionsmitgliedern (→ Rn. 216). Der Kommunalverfassungsstreit stellt damit keineswegs eine besondere Verfahrensart dar, sondern bezieht sich nur auf bestimmte Sachverhaltskonstellationen. Daraus folgt für die Falllösung, dass im Rahmen des üblichen Aufbaus bei der Untersuchung von Zulässigkeit und Begründetheit einer Klage lediglich bestimmte Aspekte zu beachten und anzusprechen sind (→ Rn. 272 ff.).

Allerdings spielen diese Besonderheiten überhaupt nur dann eine Rolle, wenn **271** sich eine Streitigkeit ausschließlich auf die Rechte als Organ bezieht. Wird durch das Handeln eines Organs ein anderes Organ oder ein Organteil zugleich in seinen Außenrechten betroffen, kann von einem Kommunalverfassungsstreit i. e. S. nicht gesprochen werden. Insofern ist die **Unterscheidung zwischen intern wirkenden Maßnahmen und Verwaltungsakten** von Bedeutung. Diese lässt sich – bei allen dogmatischen Unsicherheiten[241] – nach folgender Faustformel vornehmen: Betrifft eine Maßnahme den Organwalter nicht nur in der Wahrnehmung der ihm in dieser Eigenschaft zustehenden Rechte, sondern zugleich die Organwalterstellung als solche, handelt es sich um einen Verwaltungsakt. Das Problem ist die Abgrenzung des Kreises der organschaftlichen Rechte von dem Kreis der Rechte ei-

---

[240] *Steiner*, in: B/K/P/S, BayStVerwR, Teil C Rn. 80.
[241] Vgl. dazu *Lerche*, in: FS für Knöpfle, 1996, 171 (178); für eine weitgehende Annahme von Verwaltungsakten *Schenke*, VerwPR, Rn. 248.

ner (jeden) natürlichen Person. Dabei helfen Überlegungen zum Vorliegen eines Über-/Unterordnungsverhältnisses naturgemäß nicht weiter (sondern verwirren nur im Hinblick auf die bestehenden internen Leitungsbefugnisse). Die Beurteilung einzelner Maßnahmen kann schwierig und deshalb auch umstritten sein; vgl. jeweils die Hinweise im Rahmen der vorstehenden Darstellung.

2. Verwaltungsprozessuale Besonderheiten

272   Sind die Erfolgsaussichten einer kommunalverfassungsrechtlichen Streitigkeit zu untersuchen, muss hinsichtlich der **Sachentscheidungsvoraussetzungen** eine Reihe von Besonderheiten beachtet und in der Fallbearbeitung zumindest kurz angesprochen werden.

273   – Im Rahmen der **Eröffnung des Verwaltungsrechtswegs** (§ 40 Abs. 1 S. 1 VwGO) genügen zwei kurze Hinweise. Zum einen ist festzustellen, dass es sich auch bei Streitigkeiten zwischen Organen oder deren Teilen um Rechtsstreitigkeiten und nicht nur um nicht justitiable Innenstreitigkeiten handelt. Zum anderen sollte erwähnt werden, dass diese Streitigkeiten nichtverfassungsrechtlicher Art sind, da ihnen keine verfassungsrechtlichen Normen zugrunde liegen. Streitentscheidend sind vielmehr die Kommunalgesetze, woraus sich i. Ü. der öffentlich-rechtliche Charakter des Streits ableiten lässt, weil damit öffentlich-rechtliche Normen anzuwenden sind.

274   – Auch für die **beteiligtenbezogenen Voraussetzungen** spielt es eine Rolle, dass die geltend gemachten Rechte Organrechte sind (während sich für die Geltendmachung sonstiger Rechte durch Organwalter keine Besonderheiten ergeben). Str. ist, ob der erste Bürgermeister oder ein einzelnes Gemeinderatsmitglied gem. § 61 Nr. 1, 1. Alt. VwGO beteiligtenfähig sein kann. Geht man davon aus, dass sich sowohl § 61 Nr. 1 als auch Nr. 2 VwGO nur auf Außenrechte beziehen bzw. dass weder Rechte natürlicher Personen noch von „Vereinigungen" im Streit stehen, muss entweder Nr. 1, 1. Alt. analog oder (besser) Nr. 2 analog angewendet werden. Bei kollektiv zusammengesetzten Organen und Organteilen (Gemeinderat, Ausschüsse, Fraktionen[242]) ergibt sich die Beteiligtenfähigkeit unter Berücksichtigung der angesprochenen Problematik aus § 61 Nr. 2 VwGO direkt oder analog. Der Streit sollte i. d. R. nicht ausgebreitet werden.[243] Allerdings muss das Organrecht, das die Beteiligtenfähigkeit im streitigen Sachverhalt vermittelt, bereits an dieser Stelle konkret benannt werden (und zwar in dem Sinne, dass das Recht grundsätzlich gerade dem Kläger zusteht, während die Möglichkeit seiner Verletzung eine Frage der Klagebefugnis ist).

275   – Hauptproblem ist die Bestimmung der richtigen **Klageart**. Denn bei der streitgegenständlichen Maßnahme einer kommunalverfassungsrechtlichen Streitigkeit i. e. S. handelt es sich nicht um einen Verwaltungsakt (→ Rn. 271), so dass die vorrangige Anfechtungs- oder Verpflichtungsklage (§ 42 Abs. 1 VwGO) nicht statthaft ist (was in der Klausur als erster Punkt hervorzuheben und zu begründen ist). Im Ergebnis gelten folgende Grundsätze: Die Vornahme von Handlun-

---

[242] Vgl. in diesem Zusammenhang zum Grundsatz der formellen Diskontinuität als zeitliche Grenze der Beteiligtenfähigkeit OVG Rheinland-Pfalz v. 4.2.2010, 2 A 11246/09.
[243] Vgl. nur *Hufen*, VerwPR, § 21 Rn. 6 (für die Anwendung von § 61 Nr. 2 VwGO direkt oder analog); *Würtenberger/Heckmann*, VerwPR, Rn. 754 (für die Anwendung von § 61 Nr. 2 VwGO analog, da Organe keine „Vereinigung" seien).

gen (etwa der Erlass eines Beschlusses) ist ebenso wie ein Dulden oder Unterlassen im Wege der Leistungsklage (evtl. als Unterlassungsklage) durchzusetzen,[244] die Feststellung der Unrechtmäßigkeit einer Handlung (auch nach deren Erledigung)[245] im Wege der Feststellungsklage (§ 43 Abs. 1 VwGO), wenn auch die Rspr. bei Klagen gegen öffentlich-rechtliche Träger auf die Subsidiarität der Feststellungsklage verzichtet. Eine Überprüfung der Geschäftsordnung ist im Wege der Normenkontrolle nach § 47 Abs. 1 Nr. 2 VwGO möglich.

276 Gegen die hier vertretene Auffassung werden verschiedene Einwände erhoben, weshalb in der Falllösung die statthafte Klageart **der Diskussion bedarf** und **abweichende Ergebnisse** vertretbar sind. Die Meinung, nach der die herkömmlichen Klagearten nicht auf Innenrechtsstreitigkeiten anwendbar sind, ist allerdings überkommen. Es wird jedoch vertreten, dass die Leistungsklage wegen fehlender kassatorischer Wirkung keinen ausreichenden Rechtsschutz biete, weshalb eine besondere Gestaltungsklage bzw. eine Klage sui generis statthaft sei.[246] Abgesehen davon, dass der BayVGH – in einer allerdings vereinzelt gebliebenen und angreifbaren Entscheidung – der Leistungsklage ausnahmsweise kassatorische Wirkung verliehen hat,[247] genügt es, wenn das verurteilte Organ seine Handlungen korrigiert. Eine kassatorische Wirkung wird schon deshalb nicht zu fordern sein, weil fehlerhafte Handlungen von Organen, insbesondere Beschlüsse des Gemeinderats, in der Regel unwirksam sind. Will ein Bearbeiter trotzdem eine Klage sui generis annehmen, ist dringend zu empfehlen, zunächst zu begründen, warum die anerkannten Klagearten nicht passen.

277 – Zumindest die Zulässigkeit der Leistungsklage und der Normenkontrolle, nach Ansicht der Rspr. auch die der Feststellungsklage, setzt voraus, dass der Kläger klagebefugt ist (§ 42 Abs. 2 VwGO analog bzw. § 47 Abs. 2 S. 1 VwGO). Die **Klagebefugnis** folgt aus der möglichen Verletzung eines (konkret zu benennenden und aus den Vorschriften der GO ableitbaren) Organrechts. I. Ü. ist dann für das Feststellungsinteresse i. S. d. § 43 VwGO auch nichts weiteres zu verlangen.

278 – Das **Rechtsschutzbedürfnis** für eine Klage des ersten Bürgermeisters fehlt, wenn dieser die Rechtsverletzung durch eine Beanstandung nach Art. 59 Abs. 2 GO vermeiden kann. Ohne Bedeutung bleibt hingegen die Möglichkeit, aufsichtliche Maßnahmen nach Art. 108 ff. GO zu treffen, weil Einzelne auf deren Erlass keinen Anspruch haben (→ Rn. 510).

279 Sofern die Frage, wer **richtiger Klagegegner** ist, nicht bereits als Problem der passiven Prozessführungsbefugnis im Rahmen der beteiligtenbezogenen Voraussetzungen behandelt wird,[248] muss sie bei der Passivlegitimation zu Beginn der Begründetheitsprüfung geklärt werden. Hier ist insbesondere dazu Stellung zu nehmen, ob dem in § 78 Abs. 1 Nr. 1 VwGO zum Ausdruck kommenden Rechtsgedanken folgend immer die Gemeinde zu verklagen ist,[249] oder ob sich die Klage gegen das handelnde Organ selbst richten muss. Da der Kommunalverfassungs-

---

[244] Zur Fortsetzungsfeststellungsklage nach Erledigung VG Augsburg v. 3.7.2017 – Au 7 K 16.242 (und auch zum erforderlichen besonderen Feststellungsinteresse).

[245] Die Fortsetzungsfeststellungsklage ist nicht analog anzuwenden, da es der Analogie nicht bedarf; a. A. *Ehlers,* NVwZ 1990, 105 ff.

[246] Vgl. zur grundsätzlichen Diskussion um die Zulässigkeit weiterer Gestaltungsklagen neben der Anfechtungsklage *Pietzner/Ronellenfitsch,* Das Assessorexamen im öffentlichen Recht, 2000, 12. Aufl. 2010, § 9 II und III Rn. 9; a. A. *Würtenberger/Heckmann,* VerwPR, Rn. 759.

[247] BayVGH, BayVBl. 1976, 753 (754); vgl. aber auch VG Regensburg v. 13.5.2016 – RN 3 K 14. 2156.

[248] Vgl. dazu nur *Schenke,* VerwPR, Rn. 483; *Hufen,* VerwPR, § 12 Rn. 29 ff.

[249] So BayVGH, BayVBl. 1984, 77; BayVBl. 1985, 339; a. A. OVG Münster, E 32, 192 (195).

streit die Rechtsverhältnisse innerhalb einer Gemeinde betrifft und die zur Rechts-durchsetzung erforderlichen Handlungen von einem bestimmten Organ vorzu-nehmen sind, ist die letztgenannte Ansicht vorzugswürdig.

280   In der **Begründetheit** bleibt zu prüfen, ob die organschaftlichen Rechte ver-letzt worden sind (Einleitungssatz je nach Klageart). Als **Maßstab** dafür kommen in erster Linie die Kommunalgesetze, also die GO, LKrO und BezO, daneben die Vor-schriften der Geschäftsordnung und evtl. der Hauptsatzung in Betracht.

E. Mitwirkung der Bürger

I. Wahlrecht

1. Allgemeines

281   Wahlen finden auf allen drei kommunalen Ebenen statt.

Auf **Bezirksebene** werden nach Maßgabe des BezWG die Bezirksräte gewählt, wobei Wahlsystem und Wahlverfahren dem Landtagswahlrecht nachgebildet sind. Die Bezirkswahlen werden zusammen mit den Landtagswahlen durchgeführt, die Wahlperiode beträgt fünf Jahre. Der Bezirkstagspräsident wird nicht von den Bür-gern, sondern aus der Mitte des Bezirkstags gewählt. Nach Art. 23 Abs. 2 BezO entspricht die Zahl der Bezirksräte in einem Bezirk der Zahl der Abgeordneten, die den Bezirk im Landtag vertreten (vgl. Art. 21 Abs. 2 LWG, z.B. Oberpfalz = 16, Oberbayern = 61). Differenziert wird nach Bezirksräten im Stimmkreis und sol-chen im Wahlkreis; jeder Wähler hat zwei Stimmen (Art. 3 Abs. 2, 4 Abs. 1 Nr. 5 BezWG). Wie bei den Landtagswahlen wird mittlerweile das Verteilungsverfahren nach Hare-Niemeyer-Verfahren angewendet.[250]

282   Auf **Landkreis- und Gemeindeebene** wählen die Bürger beide Hauptorgane, d.h. den Kreistag bzw. Gemeinderat sowie den Landrat bzw. den 1. Bürgermeister. Wahlsystem und -verfahren entsprechen sich und sind seit 1994 einheitlich im GLKrWG geregelt. Beide Wahlen finden gemeinsam an einem Sonntag im März statt, grundsätzlich ist für alle Gewählten eine Amtszeit von 6 Jahren vorgesehen (vgl. näher Art. 23, 41, 42 GLKrWG).

2. Grundzüge des Gemeindewahlrechts

a) Wahlberechtigung

283   **Aktiv wahlberechtigt** sind die Gemeindebürger (Art. 1 GLKrWG; zu den Vor-aussetzungen der Bürgerschaft und zum Kommunalwahlrecht für Unionsbürger → Rn. 131 ff.). Das **passive Wahlrecht** setzt einen Mindestaufenthalt von drei Monaten voraus, Art. 21 GLKrWG (zum Hauptwohnsitz → Rn. 132). Für die Wahlberechtigung als Bürgermeister ist zu beachten, dass ausländische Bürger nicht gewählt werden können (Art. 39 Abs. 1 Nr. 1 GLKrWG); zudem existiert eine Höchstaltersgrenze (Art. 39 Abs. 2 S. 2 GLKrWG).[251] Jedoch benötigt ein berufs-

---

[250] Zur Verfassungsmäßigkeit des früheren Verfahrens BayVerfGH, BayVBl. 1994, 716 (717).

[251] Zu deren (angesichts des Verbots der Altersdiskriminierung zu Recht umstrittenen) Verfas-sungsmäßigkeit BVerfG, NVwZ 2013, 1540 (1541); ferner BayVerfGH, BayVBl. 2013, 269.

mäßiger Bürgermeister keinen Aufenthalt im Wahlkreis. Die Inkompatibilitätsregel (Art. 31 Abs. 3 GO) stellt keine Einschränkungen der Wählbarkeit, sondern einen persönlichen Hinderungsgrund dar: Sie wirkt sich lediglich auf die Sitzverteilung aus (→ Rn. 185 ff.).

b) Wahlverfahren

Das Wahlverfahren ist näher in der Wahlordnung (GLKrWO) geregelt. Hier genügt ein Hinweis auf das praktisch wichtige **Vorschlagsrecht.** Wahlvorschläge können von Parteien und Wählergruppen aufgestellt werden; es gelten nicht die Voraussetzungen des Art. 21 Abs. 1 GG und des PartG. Jeder Vorschlagsträger darf nur einen Vorschlag einreichen; da dieser Grundsatz Probleme aufwarf, ist die Unvereinbarkeit mehrerer Listen jetzt gesetzlich geregelt (Art. 24 Abs. 3 S. 2 GLKrWG). Die Vorschrift stellt, um Rechtsunsicherheit zu vermeiden, auf formelle Kriterien ab.[252] Ein Wahlvorschlag darf nur eine Anzahl von Bewerbern enthalten, die der Anzahl der zu wählenden Personen entspricht. Wahlvorschläge werden nur zugelassen, wenn sie eine ausreichende **Unterstützung** erhalten. In diesem Zusammenhang wird zwischen alten und neuen Vorschlagsträgern unterschieden, weil neue (bis jetzt nicht vertretene) Träger eine höhere Unterstützung benötigen (Art. 27 GLKrWG).[253]

284

Mehrfach haben Fragen nach der **Neutralität von Wahlorganen** Bedeutung erlangt. Das betrifft insbesondere die Bürgermeister als Wahlleiter (vgl. Art. 5 GLKrWG). Sie dürfen die Wahlentscheidung durch ihre Äußerungen in amtlicher Funktion nicht beeinflussen. Wenn sie sich etwa kurz vor der Wahl in den in einem Landkreis erscheinenden Tageszeitungen für die Wahl eines bestimmten Ortskandidaten aussprechen, ist das Neutralitätsgebot verletzt. Denn vor Wahlen beschränkt dieses Gebot stärker als sonst die Gestaltung der amtlichen Öffentlichkeitsarbeit, und Äußerungen in amtlicher Funktion genießen nicht den Schutz des Art. 5 Abs. 1 S. 1 GG.[254]

285

c) Wahlsystem

Für die Kommunalwahlen gelten die fünf aus dem Bundestagswahlrecht bekannten **Wahlrechtsgrundsätze;** das folgt einfachgesetzlich für die Wahlen in Gemeinden und Landkreisen aus Art. 22 GLKrWG, für jene in Bezirken aus Art. 1 Abs. 1 BezWG, ist aber auch sowohl durch die BV (Art. 12 Abs. 1 i. V. m. Art. 14 Abs. 1 S. 1 BV) als auch durch das GG (Art. 28 Abs. 1 S. 2 GG) verfassungsrechtlich vorgeschrieben.[255]

286

Der **Gemeinderat** wird (ebenso wie der Kreistag) nach den Grundsätzen des Verhältniswahlrechts gewählt (bei nur einem Vorschlag ist allerdings Mehrheitswahl ohne Bindung an vorgeschlagene Bewerber vorgesehen, Art. 38 GLKrWG). Jeder Wahlberechtigte hat so viele Stimmen, wie Personen zu wählen sind (Art. 34 Nr. 1 GLKrWG). Insofern wird an Art. 31 Abs. 2 GO angeknüpft, wonach der Gemeinderat aus 8 bis 80 ehrenamtlichen Gemeinderatsmitglie-

287

---

[252] Vgl. zur Verfassungsmäßigkeit BayVerfGH, BayVBl. 1993, 206 (208); in der Sache ebenso BVerwG, BayVBl. 1994, 503.

[253] Zur Verfassungsmäßigkeit im Hinblick auf die Wahlgleichheit BayVerfGH, BayVBl. 1995, 624 (625); BayVerfGH, BayVBl. 1997, 590.

[254] Vgl. BVerwG, DÖV 1997, 1008; BayVBl. 2001, 667; vgl. auch BayVGH, BayVBl. 2004, 562.

[255] Wobei aber Art. 28 Abs. 1 S. 2 GG (anders als Art. 38 GG, der auch nicht analog anwendbar ist) keine subjektiv-rechtliche Gewährleistung enthält, so BVerfG (Kammer), NVwZ 2009, 776; BVerfG (Kammer) v. 11.5.2010, 2 BvR 511/10.

dern besteht. Da die Wahlvorschläge in der Regel so viele Bewerber wie zu vergebende Mandate enthalten, sind die Wähler in großen Gemeinden mit nicht ganz leicht zu handhabenden Wahlzetteln konfrontiert. Die Stimmabgabe ist durch hohe Flexibilität gekennzeichnet, was den Bürgern erlaubt, ohne Rücksicht auf die Reihung der Kandidaten auf einer Liste ihre Stimmen zu verteilen. Im Einzelnen bestehen die folgenden Möglichkeiten (Art. 34 GLKrWG, § 75 GLKrWO):

(1) Ein Vorschlag kann insgesamt angekreuzt werden, womit jeder Kandidat auf der Liste eine Stimme erhält.

(2) Stimmen können **kumuliert** werden: Bis zu 3 Stimmen dürfen auf einen Bewerber vereinigt werden (durch Angabe der Zahl oder mehrfaches Ankreuzen).

(3) Stimmen können **panaschiert** werden, indem sie auf mehrere Listen verteilt werden.

(4) Stimmen für einzelne Bewerber können durch Ankreuzen der Kopfleiste „aufgefüllt" werden.

288   Auch wenn das Wahlsystem auf den ersten Blick kompliziert erscheint, besitzt es wesentliche Vorzüge. Es ermöglicht bei der Zusammensetzung der Kollegialorgane eine Orientierung an der Persönlichkeit und nicht nur an der Parteizugehörigkeit der Bewerber, was zumindest in kleineren Gemeinden sinnvoll ist. Und durch § 75 GLKrWO wird dafür gesorgt, dass im Rahmen des Möglichen die Stimmen als gültig behandelt werden, wenn sich Wähler bei der Stimmabgabe verzählen sollten.[256] Fehler der Wähler führen deshalb relativ selten zur Ungültigkeit ihrer Stimmen. Dass dieses System von den Bürgern tatsächlich genutzt wird, zeigen die Ergebnisse der Gemeindewahlen; vielfach werden Bewerber, die hinten auf der Liste platziert waren, „nach vorne" gewählt, offensichtlich weil deren Wertschätzung in der Bevölkerung höher war als bei den über die Kandidatenaufstellung beschließenden Parteigremien.

289   Die Wahl des **ersten Bürgermeisters** (wie auch des Landrats) richtet sich nach dem Mehrheitswahlrecht. Jeder Bürger hat jeweils eine Stimme (vgl. § 77 GLKrWO). Ein Kandidat ist gewählt, wenn er mehr als 50 % der abgegebenen gültigen Stimmen erhält. Kann dieses Ergebnis im ersten Wahlgang nicht erreicht werden, so muss eine Stichwahl stattfinden (vgl. näher Art. 46 GLKrWG).

d) Überprüfung der Wahl

290   Vorbereitung und Durchführung der Wahlen, die gemeindlichen Organen als übertragene Aufgabe obliegen, werden durch die **Rechtsaufsichtsbehörden** überwacht (Art. 50 GLKrWG). Innerhalb von vier Monaten können die zunächst festgestellten Ergebnisse berichtigt oder die Wahlen insgesamt bzw. die Wahl bestimmter Personen für ungültig erklärt werden. Die Ungültigerklärung berührt nicht die Wirksamkeit der zwischenzeitlich vom Gemeinderat gefassten Beschlüsse (Art. 50 Abs. 6 GLKrWG; → Rn. 190).

291   Verstöße gegen die wahlrechtlichen Vorschriften können ausschließlich im Wege der **Wahlanfechtung** gerügt werden (Art. 51 GLKrWG). Erklärt werden kann diese von allen Wahlberechtigten und den Kandidaten. Zunächst muss die Rechtsaufsichtsbehörde entscheiden; gegen diese Entscheidung kann Anfechtungsklage erhoben werden (Art. 51a GLKrWG). Wichtig ist allerdings, dass auch im Rahmen der Wahlanfechtung ein Rechtsbehelf nur Erfolg haben kann, wenn Fehler festgestellt wurden und es zugleich möglich ist, dass bei Einhaltung der Wahlvor-

---

[256] Vgl. dazu und den relativ offenen Möglichkeiten der Kennzeichnung auch BayVGH, FSt. 2021, Rn. 108.

schriften ein anderes Wahlergebnis zustande gekommen wäre (Art. 51 S. 2 i. V. m. Art. 50 Abs. 2 S. 1 GLKrWG).[257]

II. Bürgerbegehren und Bürgerentscheid

1. Rechtsgrundlage und Funktion

Die Vorschriften über Bürgerbegehren und Bürgerentscheid (Art. 18a GO, 12a **292** LKrO) sind zusammen mit einer Ergänzung der BV (Art. 7, 12 Abs. 3) über ein Volksbegehren und einen Volksentscheid (→ 1. Teil, Rn. 170 ff.) im Jahre 1995 eingeführt worden. Ihr Ziel ist es, die **Bürger am kommunalen Geschehen stärker zu beteiligen** und ihnen zu diesem Zweck zusätzliche Entscheidungsmöglichkeiten einzuräumen. Es handelt sich um eine grundrechtlich abgesicherte Form der direkten Demokratie auf der Ebene der Gemeinden (einschließlich der Stadtbezirke, vgl. Art. 18a Abs. 11 GO) und der Landkreise.

Der BayVerfGH hat allerdings die ursprünglich vorgesehenen Pflichten der Kommunen zur **293** Beachtung des Bürgerwillens (Sperrwirkung sowie Bindungswirkung eines Bürgerentscheids, → Rn. 322, 329) im Zusammenhang mit dem Verzicht auf ein Zustimmungsquorum für unvereinbar mit Art. 11 Abs. 2 BV gehalten.[258] Es habe sich im Hinblick auf den Grundsatz der repräsentativen Demokratie und die dafür erforderliche Handlungsfähigkeit der gewählten Organe um nicht zu rechtfertigende **Eingriffe in das Selbstverwaltungsrecht** gehandelt. Ob die eher knappen Ausführungen zum Demokratieprinzip die Begründung überzeugend erscheinen lassen, ist zwar zweifelhaft, einer weiteren gerichtlichen Nachprüfung aber nicht zugänglich. Als Reaktion auf diese Entscheidung wurden Art. 18a GO und Art. 12a LKrO 1999 geändert (GVBl. S. 86).[259]

Bürgerbegehren und Bürgerentscheid haben schnell **große praktische Bedeutung** erlangt. **294** Sie sind mittlerweile in vielen Gemeinden und Landkreisen zu den verschiedensten Fragen durchgeführt worden. Auch nach der Reform kann erwartet werden, dass diese Form der direkten Mitwirkung weiterhin eine wichtige Rolle spielen wird. Weil die entsprechenden Vorschriften relativ neu sind, hat ihre Anwendung zudem zu einer Vielzahl gerichtlicher Entscheidungen geführt, durch die mittlerweile die wesentlichen Rechtsfragen geklärt sein dürften.[260]

2. Verfahren im Überblick

Das Verfahren, in dem Bürger eine Entscheidung herbeiführen können, ist **zwei- 295 stufig** ausgestaltet:

(1) Zunächst muss ein **Bürgerbegehren** zustande kommen. Darunter ist eine be- **296** sondere Initiative zur Herbeiführung einer Abstimmung über eine Gemeindeangelegenheit zu verstehen.

(2) Wird das Begehren durch den Gemeinderat für zulässig erklärt, ist der **Bürger- 297 entscheid** durchzuführen, d. h. es findet eine Abstimmung über das Bürgerbe-

---

[257] Vgl. zu anderen Stimmenzahlen Art. 50 Abs. 2 S. 2 GLKrWG.

[258] BayVerfGH, BayVBl. 1997, 622.

[259] Die Übergangsvorschriften spielen mittlerweile keine Rolle mehr. Ein auf Wiederherstellung des Zustandes von 1995 gerichtetes Bürgerbegehren ist unzulässig, vgl. BayVerfGH, FSt. 2000/207.

[260] Ausführliche Erläuterungen bei *Thum,* Bürgerbegehren und Bürgerentscheide in Bayern, und bei *Hofmann-Hoeppel/Weible,* BayVBl. 2000, 577 ff. u. 617 ff. Zur Übung *Jaroschek,* JuS 2000, 53 ff.

gehren statt, wobei die Entscheidung die Wirkung eines Gemeinderatsbeschlusses besitzt (Art. 18a Abs. 13 S. 1 GO).

298   Ein Bürgerentscheid kann auch ohne Begehren auf **Antrag des Gemeinderats** durchgeführt werden (Art. 18a Abs. 2 GO). Dafür genügt mittlerweile ein entsprechender Beschluss mit einfacher Mehrheit. Sinn dieses Verfahrens ist es, wichtige Entscheidungen durch die Mitwirkung der Bürger in besonderem Maße zu legitimieren.

3. Voraussetzungen und Durchführung der Verfahrensschritte

a) Voraussetzungen des Bürgerbegehrens

aa) Formell

Die gesetzlichen Vorschriften erfordern die Einhaltung bestimmter Formalia (Art. 18a Abs. 4 GO):

299   (1) Zunächst ist das Bürgerbegehren bei der Gemeinde **einzureichen.**

300   (2) Der zur Abstimmung zu stellende Antrag muss so formuliert sein, dass er mit **Ja oder Nein** beantwortet werden kann, denn sonst lässt sich der Bürgerwille nicht eindeutig feststellen. Zulässig ist aber die Zusammenführung sachlich zusammenhängender Fragen.[261]

301   (3) Der Antrag muss begründet werden. Diese **Begründung,** die der Information über den Zweck des Begehrens dient, wird der später erfolgenden Abstimmung hinzugefügt. Sie kann knapp gehalten sein und sich bereits aus der Fragestellung ergeben,[262] darf aber nicht (auch nicht nur für einen eigenständigen Teil) komplett ausfallen.[263] Ob sie inhaltlich richtig und vollständig sein muss, ist umstritten.[264] Sie darf in einem Meinungsstreit eine bestimmte Position zum Ausdruck bringen, aber nach der Rspr. nicht in einer entscheidungsrelevanten Weise unzutreffende Tatsachen behaupten oder die maßgebende Rechtslage unzutreffend bzw. unvollständig erläutern.[265]

302   (4) Bis zu drei Personen müssen **als Vertreter benannt** werden, wobei die Hinzufügung von Stellvertretern (unter Kennzeichnung der Reihenfolge) zulässig ist. Die Benennung der Vertreter auf den Unterschriftenlisten ist eine wesentliche Formvorschrift, weil die Unterzeichner des Bürgerbegehrens die Vertreter zugleich zur Wahrnehmung ihrer Interessen ermächtigen;[266] mehr als drei Vertreter dürfen deshalb ohne Stellvertretervermerk nicht aufgeführt werden;[267]

---

[261] BayVGH, BayVBl. 2006, 534, BayVBl. 1998, 242 (243) und BayVBl. 2016, 300; zum Koppelungsverbot ausführlich mit Beispielen *Thum,* KommPrax BY 2007, 10.
[262] Ausführlich *Ritgen,* KommJur 2007, 291.
[263] BayVGH, BayVBl. 2013, 180.
[264] Vgl. zum Streitstand VG Würzburg v. 29.9.2010, W 2 K 10.424 m. w. N.; BayVGH v. 9.12. 2010, 4 CE 10.2943.
[265] Zusammenfassend BayVGH, BayVBl. 2017, 92; zur Darstellung der Rechtslage in der Begründung VG Würzburg, BayVBl. 2016, 534 ff.
[266] Dabei sollen sie in einer „Art organschaftlichem Verhältnis zur Gemeinde" stehen und sich nicht auf Art. 19 Abs. 4 und 3 Abs. 1 GG berufen können, so BVerfG, NVwZ 2019, 642; vgl. *Roth,* NVwZ 2019, 1419 ff.
[267] BayVGH, BayVBl. 1997, 473.

nach der Reform können auch nur ein oder zwei Vertreter benannt werden.[268] Diese müssen i. Ü. nicht Gemeindeangehörige sein.[269]

bb) Materiell

Zunächst ist zu beachten, dass für ein Bürgerbegehren der **Bestimmtheits-** **303** **grundsatz** gilt. Es muss klar sein, welchen Inhalt die spätere Entscheidung haben wird. Deshalb scheiden abstrakte Fragestellungen aus.

Jedoch kann die Frage durchaus grundsätzlich formuliert sein und auf die Festlegung der ein- **304** zelnen zu deren Umsetzung nötigen Schritte verzichtet werden.[270] Zulässig ist etwa folgende Fragestellung: „Sind Sie dafür, dass die Gemeinde alle rechtlichen Mittel einlegt, um einen (näher bezeichneten) Standpunkt durchzusetzen?"[271]

Ein Bürgerentscheid darf nur bestimmte Angelegenheiten aus dem weiten **305** Spektrum der gemeindlichen Aufgabenwahrnehmung betreffen (vgl. auch zum Er- fordernis der Rechtmäßigkeit Rn. 319). Die **zulässigen Gegenstände** werden sowohl positiv als auch negativ begrenzt.

Positiv ist bestimmt, dass die Bürger ausschließlich über **Angelegenheiten des** **306** **eigenen Wirkungskreises** abstimmen dürfen (vgl. Art. 18a Abs. 1 GO und Art. 12 Abs. 3 S. 1 BV), und zwar selbst dann, wenn diese im Zusammenhang mit der Er- füllung einer übertragenen Aufgabe stehen sollten. Umgekehrt scheidet die Be- handlung von übertragenen Angelegenheiten auch dann aus, wenn deren Erledi- gung Selbstverwaltungsangelegenheiten berührt. Ziel eines Bürgerbegehrens muss eine **rechtlich erhebliche Entscheidung** sein und nicht nur eine unverbindliche Meinungsäußerung.[272]

Auf der Ebene der **Zweckverbände** finden keine Bürgerentscheide statt, da diese keine Ge- **307** bietskörperschaften sind.[273] Das hindert die Kommunen, die Mitglieder des Zweckverbandes sind, allerdings nicht, auf dessen Aufgabenwahrnehmung dadurch Einfluss zu nehmen, dass sie den von ihnen entsandten Vertretern in der Verbandsversammlung bestimmte Weisungen erteilen (vgl. Art. 33 Abs. 2 S. 4 KommZG). Der Umstand, dass der Zweckverband eingerichtet wird, um die ihm von den Kommunen übertragenen Aufgaben eigenständig wahrzunehmen (→ Rn. 584), schließt diese Einflussmöglichkeit nicht aus.[274] Wenn durch eine **Zweckvereinbarung** keine Befugnisse übertragen werden (→ Rn. 581), bleibt die von der Vereinbarung betroffene Ange- legenheit eine eigene der Gemeinde.[275]

Zur **negativen Abgrenzung** dient der in Art. 18a Abs. 3 GO enthaltene Katalog. **308** Danach darf sich ein Bürgerbegehren nicht auf folgende Angelegenheiten beziehen:

---

[268] Zum Tod eines Vertreters BayVGH, FSt. 2000/149.
[269] BayVGH v. 25.7.2007 – 4 BV 06.1438 (juris), Rn. 42.
[270] Vgl. zu Grundsatzentscheidungen und dem Erfordernis, dass Bürger erkennen können, wo- für sie stimmen und wieweit die Bindungswirkung des Bürgerentscheids reicht, BayVGH, BayVBl. 2018, 22 (23). Unzulässig sind sie aber dann, wenn von vornherein absehbar ist, dass sie nur auf rechtswidrige Weise umgesetzt werden (→ Rn. 313) können, so BayVGH, BayVBl. 2012, 632. Enger noch BayVGH, NVwZ-RR 2006, 209: Konkrete Handlungsalternativen erforderlich; abl. mit zutreffender Begründung *Ritgen*, KommJur 2007, 290.
[271] BayVGH, BayVBl. 1997, 276 (277). Vgl. zu den Grenzen der Auslegbarkeit des Antrags *Be- cker/Bomba*, BayVBl. 2002, 167 ff.
[272] BayVGH, BayVBl. 1999, 439.
[273] BayVGH, BayVBl. 1997, 21.
[274] BayVGH, BayVBl. 1998, 242.
[275] Und es bedarf keiner gleichgerichteten Begehren in allen Gemeinden, die die Vereinbarung geschlossen haben, dazu und zur nicht schon aus der Zweckvereinbarung folgenden Rechtswid- rigkeit (→ Rn. 313) eines einzelnen Begehrens BayVGH, BayVBl. 2013, 19.

309 (1) auf die kraft Gesetzes (nicht kraft Geschäftsordnung) dem ersten Bürgermeister obliegenden Angelegenheiten, vgl. Art. 37 Abs. 1, Abs. 4 GO;

310 (2) auf Fragen der inneren Organisation der Gemeindeverwaltung, etwa die Geschäftsverteilung und die Behördenorganisation[276] (wohl aber auf zugleich nach außen hin wirkende Entscheidungen wie die Schaffung einer kommunalen Einrichtung);

311 (3) auf Fragen über die Rechtsverhältnisse der Gemeinderatsmitglieder, der Bürgermeister oder der Bediensteten, sofern sie bereits gewählte Mandatsträger betreffen (hingegen kann darüber abgestimmt werden, ob ein erster Bürgermeister nach künftiger Wahl ehrenamtlich oder berufsmäßig tätig werden soll)[277];

312 (4) auf Fragen über die Haushaltssatzung[278].

313   **Ebenfalls nicht zulässig** sind Bürgerbegehren, die

(1) auf ein **rechtswidriges Ziel** gerichtet sind (**umfassendes Prüfungsrecht**)[279],

(2) sich auf **rechtlich oder tatsächlich Unmögliches** beziehen oder

(3) die eine Entscheidung mit einer **komplexen Abwägung** voraussetzen. Diese ungeschriebene und aus der Rechtsnatur des Bürgerentscheids folgende Ausnahme betrifft in erster Linie das Planungsrecht, vor allem die Abwägungsentscheidungen gemäß § 1 Abs. 7 BauGB (→ 4. Teil, Rn. 270 ff.), schließt aber inhaltliche Festlegungen für Pläne nicht aus.[280]

314   Grundsätzlich spielt es keine Rolle, welche **wirtschaftlichen Belastungen** die Umsetzung eines Bürgerentscheids hervorruft. Ein Vorschlag zur Kostendeckung ist nicht einzureichen.[281] Eine äußerste Grenze zieht nur Art. 61 Abs. 2 S. 1 GO (Beachtung der Grundsätze der Sparsamkeit und Wirtschaftlichkeit der Haushaltsführung). Sie wird erst dann überschritten, wenn ein Handeln „mit den Grundsätzen vernünftigen Wirtschaftens schlechthin unvereinbar ist."[282]

---

[276] Wie die Auflösung eines Bauhofs, BayVGH v. 6.5.2009, 4 CE 09.802.

[277] BayVGH, BayVBl. 1996, 246 (247).

[278] Zu anderen Möglichkeiten der Bürgerbeteiligung in diesem Zusammenhang *Hellermann*, DVBl. 2011, 1195 ff.

[279] Vgl. BayVGH, BayVBl. 1998, 209 (210); BayVBl. 2004, 54 (Rechtswidrigkeit wegen Verstoßes gegen Bundesrecht); BayVBl. 2012, 632 (Grundsatzbeschluss ist grds. zulässig und nur dann rechtswidrig, wenn er auf keine denkbare Weise rechtmäßig umgesetzt werden kann); BayVGH, BayVBl. 2016, 531 (kein Vetorecht für Anwohner beim Straßenausbau). Ein Sonderfall ist eine Fragestellung, die deshalb irreführend ist, weil sie auf falschen rechtlichen Annahmen beruht, vgl. BayVGH v. 20.1.2012, 4 CE 11.2771. Zu Materien, bei denen die Entscheidungsfindung der Gemeinde gebunden ist und mithin ein Bürgerbegehren „falsch" entscheiden könnte, *Suerbaum/Retzmann*, in: Dietlein/Suerbaum, BeckOK Kommunalrecht Bayern, Stand 5/2021, Art. 18a GO, Rn. 13.

[280] Nach BayVGH, FS 1999/87 darf ein Begehren nicht darauf gerichtet sein, einem Bebauungsplan einen bestimmten Inhalt zu geben. Jedoch ist ein Bürgerbegehren nach BayVGH, BayVBl. 2006, 405 zulässig, wenn nur „Rahmenfestlegungen betroffen sind, die einen verbleibenden Planungsspielraum von substanziellem Gewicht belassen und genügend Alternativen zur Abwägung der konkreten Belange offen halten"; ebenso BayVGH, BayVBl. 2009, 245; 2013, 180 (jeweils auch zu den Grenzen); daran anschließend VG Würzburg, BayVBl. 2016, 534. Nicht zulässig ist aber die abschließende Festlegung planungsrechtlicher Inhalte (hier: Baugrenzen), so BayVGH, BayVBl. 2020, 522 (524). Aus der Literatur *Allesch*, BayVBl. 2018, 181 ff.

[281] Vgl. BayVerfGH, BayVBl. 1997, 622 (628).

[282] BayVGH, BayVBl. 1998, 208 (211); BayVBl. 1998, 402 (403).

b) Zustandekommen des Bürgerbegehrens

Ein Bürgerbegehren kommt nur zustande, wenn es von einer bestimmten An- **315** zahl an Bürgern unterstützt wird **(Quorum).** Das im Einzelfall erforderliche Quorum variiert je nach Größe der Gemeinde (Art. 18a Abs. 6 GO). Zu beachten ist, dass sich die Gemeindegröße nach der Anzahl der Einwohner richtet, das erforderliche Quorum nach der Anzahl der Bürger.

Beispiel: In der Gemeinde G wohnen 33.000 Personen, von denen 25.000 wahlberechtigt **316** sind. Das erforderliche Quorum beträgt 7 % von 25.000; ein zulässiges Bürgerbegehren muss also von mindestens 1.750 Bürgern unterschrieben werden.

Unterstützungsberechtigt sind nur die Personen, die am Tag der Einreichung **317** nach dem Stand eines Bürgerverzeichnisses Gemeindebürger sind (Art. 18a Abs. 5 GO, zu den Voraussetzungen → Rn. 131 ff.). Fraglich war früher, ob Unionsbürger, die nicht in das Wählerverzeichnis eingetragen waren (→ Rn. 133), gültig unterschreiben konnten. Da jetzt ein spezielles Bürgerverzeichnis maßgebend ist, kann es auf das Wählerverzeichnis nicht mehr ankommen. In das Bürgerverzeichnis sind die in der Gemeinde ansässigen Unionsbürger von Amts wegen aufzunehmen. Deren Mitwirkung ist mit den verfassungsrechtlichen Vorgaben (Art. 20 Abs. 2 GG) vereinbar, denn sie wird von der in Art. 28 Abs. 1 S. 3 GG vorgesehenen Einräumung von Mitwirkungsmöglichkeiten bei Kommunalwahlen als gleichgelagerte und weniger weit gehende Mitwirkungsform umfasst[283].

Unterschriften können von den Initiatoren des Bürgerbegehrens auf unterschiedlichste Weise **318** **gesammelt** werden, etwa an Infoständen oder durch die direkte Ansprache der Wahlberechtigten an der Haustür. Auch wenn dadurch die Gefahr einer unsachgemäßen Beeinflussung besteht, ist eine Einschränkung des Rechts auf Unterschriftensammeln nicht zulässig (Art. 18a Abs. 17 S. 2 GO).[284] Jede Unterschriftenliste muss die Fragestellung und die Namen der Vertreter aufweisen. Eine zeitliche Beschränkung für das Sammeln der Unterschriften existiert nicht; allerdings kann es sich objektiv zeitlich und inhaltlich überholen.[285] Eine Rücknahme der Unterschrift ist nach Einreichen des Bürgerbegehrens bei der Gemeinde entsprechend § 130 Abs. 3 und 1 BGB nicht mehr möglich (str.).[286]

c) Weiteres Verfahren

Liegen die genannten formellen und materiellen Voraussetzungen einschließlich **319** der ausreichenden Unterstützung vor, so ist es innerhalb eines Monats durch den Gemeinderat für zulässig zu erklären (Art. 18a Abs. 8 GO). Anderenfalls muss der Antrag abgelehnt werden.[287]

Str. ist, ob die **Zulässigkeitsentscheidung** einen Verwaltungsakt oder eine intern wirkende **320** Entscheidung (ohne Außenwirkung mit der Konsequenz evtl. nachfolgender kommunalverfassungsrechtlicher Streitigkeiten, → Rn. 270 ff.) darstellt. Letzteres lässt sich nur vertreten, wenn das Bürgerbegehren (bzw. das unterstützende Quorum) als besonderes Organ der Gemeinde angesehen wird, dem an Stelle des Gemeinderats bestimmte Kompetenzen eingeräumt sind. Da aber das

---

[283] So i. Erg. auch BayVerfGH, BayVBl. 2014, 17; BVerfG, NVwZ-RR 2016, 521.

[284] Zur Verfassungsmäßigkeit des freien Unterschriftensammelns BayVerfGH, BayVBl. 1997, 622, 628.

[285] BayVGH, BayVBl. 2006, 405.

[286] Ebenso VG Augsburg v. 5.5.2007 – Au 7 K 05.304 (juris), Rn. 30 ff.; a. A. *B/B/E/M/S,* KommG, Art. 18a GO Rn. 16.

[287] Fehlt es daran, wird die Zustimmung nicht fingiert, so zu Recht VG Würzburg, BayVBl. 2003, 758.

Verhältnis zwischen repräsentativ verfassten Gemeindeorganen und Bürgern betroffen ist, ist dieser Ansicht nicht zu folgen[288] und die Entscheidung des Gemeinderats als **Verwaltungsakt** zu qualifizieren.

321   Der Beschluss über die Zulässigkeit des Bürgerbegehrens unterliegt dem **Beanstandungsrecht** des ersten Bürgermeisters (Art. 59 Abs. 2 GO, → Rn. 144) und der Kontrolle durch die **Rechtsaufsichtsbehörden,** da mit ihm eigene Angelegenheiten wahrgenommen werden.[289]

322   Ab Feststellung der Zulässigkeit des Bürgerbegehrens, d. h. ab Bekanntgabe der Zulassungsentscheidung darf die Gemeinde grundsätzlich keine entgegenstehenden Entscheidungen mehr treffen oder vollziehen (Art. 18a Abs. 9 GO). Insofern entfaltet das Bürgerbegehren eine **Sperrwirkung,** die früher bereits durch einen Teil des Quorums herbeigeführt werden konnte (zu sich widersprechenden Begehren → Rn. 328).[290] Einer Abwägung im Einzelfall bedarf es nicht. Daneben besteht die Möglichkeit, bis zur Entscheidung des Gemeinderats oder nach Versagung der Zulassung entgegenstehende Maßnahmen auf der Grundlage eines allgemeinen Sicherungsrechts,[291] abgeleitet aus dem Recht auf Durchführung des Bürgerentscheids (Art. 7 Abs. 2, 12 Abs. 3 BV), zu untersagen[292] (→ Rn. 331). In diesem Fall sind die berührten Interessen der Vertreter des Bürgerbegehrens und der Gemeinde gegeneinander abzuwägen.[293]

d) Durchführung des Bürgerentscheids

323   Der Bürgerentscheid, also die Abstimmung über den Antrag des Bürgerbegehrens, ist nach Art. 18a Abs. 10 GO an einem Sonntag innerhalb einer Frist von drei Monaten nach Bekanntgabe der positiven Entscheidung über die Zulässigkeit durchzuführen. Das Verfahren ist nur in Grundzügen geregelt;[294] es entspricht praktisch **weitgehend einem Wahlverfahren.** Die Durchführung **entfällt,** wenn der Gemeinderat einen Beschluss fasst, der inhaltlich dem Bürgerbegehren voll entspricht (Art. 18a Abs. 14 GO).

324   Art. 18a Abs. 15 GO enthält ein besonderes **Sachlichkeitsgebot:** Damit wird der Gemeinde zwar nicht verboten, selbst Stellung zu beziehen (kein Neutralitätsgebot), sie wird aber verpflichtet, die unterschiedlichen Meinungen bei allen amtlichen Äußerungen in gleichem Umfang darzustellen. Bürgermeister und Gemeinderäten ist es allerdings gestattet, als Privatpersonen ihre Meinungen zu äußern und in diesem Zusammenhang gegen ein Bürgerbegehren Stellung zu be-

---

[288] Vgl. auch BayVerfGH, BayVBl. 1997, 622 (626); vgl. zur Diskussion auch *Fügemann,* DVBl. 2004, 343 ff.

[289] Vgl. auch BayVGH, FSt. 2000/149.

[290] Vgl. dazu auch Aufgabe 10a der 2. Staatsprüfung 1997/II, BayVBl. 2000, 734 u. 765; zu den Rechtsfolgen bei Missachtung der Sperrwirkung vgl. *Thum,* KommPrax BY 2006, 84 und 131.

[291] Dazu schon BayVGH, BayVBl. 1998, 85.

[292] So auch BayVGH, BayVGH BayVBl. 2021, 52 ff. A. A. und gegen einen selbständigen Unterlassungsanspruch *Unger,* AöR 139 (2014), 81, 96, nach dessen Ansicht dasselbe Ergebnis über die Sicherung des Zulassungsanspruchs erreicht wird, wobei aber eine „Parallele zu Unterlassungsansprüchen" bestehen soll. Übungsfall bei *Groh,* JuS 2020, 161 ff.

[293] Dazu, dass das Begehren als zulässig erscheinen muss und nicht im Einzelfall sachliche Gründe für ein alsbaldiges Handeln auf der Seite der Gemeindeorgane den Vorzug verdienen dürfen BayVGH, BayVBl. 2013, 29.

[294] Vgl. dazu, dass es kein Recht auf „optimierte Verfahrensgestaltung", sondern nur auf die Möglichkeit gibt, dass die Abstimmungsberechtigten „an der Abstimmung in zumutbarer Weise teilnehmen" können, BayVGH, BayVBl. 2004, 749.

ziehen oder Abstimmungsempfehlungen zu geben.[295] Ob eine Stellungnahme amtlichen oder privaten Charakter besitzt, muss vor allem den Umständen entnommen werden, unter denen sie geäußert wird. Parteien und Fraktionen (fraglich; allgemein → Rn. 213) sind nicht an das Sachlichkeitsgebot gebunden, ein Auftreten auf deren Informationsveranstaltungen spricht für den privaten Charakter dort geäußerter Ansichten.[296]

Über die zur Abstimmung gestellte Frage entscheidet die **Mehrheit** (Art. 18a **325** Abs. 12 GO). Anders als früher bedarf es eines bestimmten **Quorums.** Dessen Höhe hängt wiederum von der Größe der Gemeinde ab.

> **Beispiel:** Hat die Gemeinde G 33.000 Einwohner und sind 25.000 davon stimmberechtigt, so **326** müssen mindestens 5.000 Bürger dem Begehren zustimmen, damit dieses angenommen, oder es ablehnen, damit dieses gescheitert ist. Wird das Quorum nicht erreicht, ist damit ebenfalls in der Sache eine Ablehnung verbunden, die natürlich keine Bindungswirkung auslöst.

Geregelt ist jetzt die früher nicht ganz leicht zu beantwortende Frage, wie im **327** Falle **sich widersprechender Bürgerbegehren** vorzugehen ist (vgl. Art. 18a Abs. 12 S. 3 und 4 GO). Danach hat die Gemeinde durch eine eigene Fragestellung sicherzustellen, dass Fragen nicht in einer „miteinander nicht zu vereinbarenden Weise" beantwortet werden **(Stichentscheid).** [297] Zudem haben die Vertreter eines Bürgerbegehrens das Recht, ein konkurrierendes Ratsbegehren abzuwehren, wenn es geeignet ist, durch seine Formulierung die Entscheidungsfreiheit der Bürger bei der Abstimmung zu beeinträchtigen und so die Erfolgsaussichten des Bürgerbegehrens zu schmälern.[298]

> Gegenläufige Begehren schließen nicht immer den Eintritt der Sperrwirkung aus, sondern nur **328** dann, wenn gerade durch deren Eintritt ein Widerspruch hervorgerufen wird. **Beispiel:**[299] In einer Gemeinde war der Erwerb eines Gebäudes umstritten; das Begehren A beantragte, dass die Zustimmung des Gemeinderats zum Abschluss des Kaufvertrags nicht erteilt werden durfte; das Begehren B, dass die Genehmigung sofort erteilt werden sollte. Hier führt die Sperrwirkung zugunsten des Begehrens A dazu, dass die Genehmigung nicht vor dem Bürgerentscheid erteilt werden darf, was deshalb unproblematisch ist, weil dadurch das Begehren B nicht verhindert wird.
>
> Ausgeschlossen ist die Sperrwirkung aber dann, wenn durch ein neues Bürgerbegehren die **Bindungswirkung eines früheren Bürgerentscheids** (→ Rn. 329) unterlaufen würde; in diesem Fall muss der besonderen, in Art. 18a Abs. 13 S. 2 zum Ausdruck gebrachten Bedeutung eines einmal gefassten Entscheids Rechnung getragen werden.[300]

Die Entscheidung der Bürger hat die Qualität eines Gemeinderatsbeschlusses **329** mit **erhöhter Bindungswirkung** (Art. 18a Abs. 13 GO), deren zeitliche Dauer auf ein Jahr beschränkt ist, es sei denn, dass sich die dem Bürgerentscheid zugrundeliegende Sach- oder Rechtslage wesentlich geändert hat. Für die Frage, wann eine Änderung der Sach- oder Rechtslage vorliegt, kann sinngemäß auf Art. 51 Abs. 1 Nr. 1 BayVwVfG verwiesen werden. Nach Ansicht des BayVGH entfaltet eine ablehnende Entscheidung keine Bindungswirkung.[301] Die Besonderheiten des Bürgerentscheids führen dazu, dass der erste Bürgermeister die Entscheidung **nicht beanstanden** kann und ob die Rechtsaufsicht ein Beanstandungsrecht besitzt, ist

---

[295] BayVGH, BayVBl. 1997, 435.
[296] BayVGH, BayVBl. 1999, 502.
[297] Zur Verfassungsmäßigkeit BayVerfGH, BayVBl. 2016, 300.
[298] BayVGH, BayVBL. 2018, 557 ff.
[299] Nach BayVGH, BayVBl. 1997, 183.
[300] VG München v. 7.4.2010, M 7 E 10.1343.
[301] BayVGH, BayVBl. 1998, 308.

umstritten.[302] Dieses kann sich höchstens auf die Durchführung des Abstimmungs-
verfahrens und die Auszählung beziehen,[303] da die sonstigen Voraussetzungen bereits in der ersten Verfahrensstufe überprüft werden können.[304]

4. Rechtsschutz

a) Klage auf Zulassung des Bürgerbegehrens[305]

330   **Fallbeispiel:** Die Vertreter V₁ bis V₃ haben beim ersten Bürgermeister der Gemeinde G ein
Bürgerbegehren eingereicht, mit dem erreicht werden soll, dass die Straßenausbaubeitragssatzung
der G aufgehoben wird. Der Gemeinderat lehnt es ab, die Zulässigkeit des Bürgerbegehrens festzustellen. V₁ bis V₃ wollen sich dagegen durch Anrufung des zuständigen VG wehren.

I. Sachentscheidungsvoraussetzungen
1. Da der Streit um die Zulässigkeit eines Bürgerbegehrens auf der Grundlage der in Art. 18a
GO enthaltenen öffentlich-rechtlichen Normen ausgetragen wird, ist der Verwaltungsrechtsweg
eröffnet (§ 40 Abs. 1 S. 1 VwGO).
2. Die Rechtsnatur der Entscheidung über die Zulässigkeit ist nicht unumstritten. Da sie im
Ergebnis einen Verwaltungsakt darstellt (was zu erörtern ist, → Rn. 320) und die Zulassung versagt wurde, ist die Verpflichtungsklage in Form der Versagungsgegenklage statthaft (§ 42 Abs. 1,
2. Alt. VwGO).[306]
3. Im Rahmen der Klagebefugnis (§ 42 Abs. 2 VwGO) bereitet die Frage Schwierigkeiten,
wem ein Recht auf Zulassung des Bürgerbegehrens und auf Durchführung des Bürgerentscheids
zusteht. Zunächst könnte dies der einzelne Unterzeichner sein,[307] wogegen allerdings spricht,
dass dieser allein kein Initiativrecht besitzt. Ohne gesetzliche Grundlage scheidet die Annahme
einer gewillkürten Prozessstandschaft im Verwaltungsprozessrecht ebenfalls aus. Ausschlaggebend
ist, welche Wirkung Art. 18a Abs. 8 S. 2 GO entfaltet: Gewährt er den Vertretern ein eigenes
Recht (wobei davon die Ausübungsbefugnis i. S. einer gesetzlichen Prozessstandschaft vor dem
Hintergrund der gesetzlichen Verleihung des subjektiven Rechts nicht getrennt werden kann),
oder regelt er nur die Frage der Vertretungsbefugnis? Die Praxis scheint (ebenso wie die Lösungs-
skizze der genannten Staatsexamensaufgabe) der erstgenannten Ansicht zuzuneigen. Jedoch sind
Wortlaut und Zweck des Art. 18a Abs. 8 S. 2 GO keineswegs eindeutig; viel spricht dafür, dass die
Bestimmung nur die Entbehrlichkeit des Vorverfahrens regelt. Dann wäre auf die Gesamtregelung
des Art. 18a abzustellen; nach diesem steht das Recht dem Quorum als solchem (der Gesamtheit
der Unterzeichner) zu. Dennoch ist diese Lösung abzulehnen: Sie setzt nämlich voraus, dass die
Unterzeichner die Vertreter auch zur Klageerhebung ermächtigt haben, und zwar einschließlich
der Möglichkeit einer eventuellen Kostenbelastung im Falle des Unterliegens (§§ 154, 159
VwGO). Pragmatische Überlegungen sprechen also im Ergebnis dafür, die Vertreter als klagebefugt anzusehen.
4. Ein Vorverfahren ist nach Art. 18a Abs. 8 S. 2 GO nicht durchzuführen, vgl. § 68 Abs. 2,
Abs. 1 S. 2, 1. Alt. VwGO.
5. Die Vertreter sind gem. § 61 Nr. 2 VwGO i. V. m. dem ihnen durch Art. 18a GO eingeräumten Recht beteiligtenfähig; sie sind nur gemeinsam handlungsfähig (Gesamtvertretung, §§ 54 S. 1,
710 S. 2, 709 Abs. 1, 714 BGB analog), es sei denn, in den Unterschriftslisten wäre eine andere
Bevollmächtigung vorgesehen worden.
6. Zu Frist und Form der Klage §§ 74, 81 VwGO.

---

[302] Nicht ganz klar BayVGH, BayVBl. 1998, 208 (211).
[303] Vgl. dazu *Jaroschek,* BayVBl. 1997, 39.
[304] Vgl. *Hölzl/Hien/Huber,* GO, Art. 18a Erl. 11.
[305] Vgl. dazu auch Aufgabe 7 der 1. Staatsprüfung 1998/II, BayVBl. 2000, 541 u. 570 und
B/H/K/M, Klausurenbuch, Klausur Nr. 4.
[306] Hingegen für Statthaftigkeit der Anfechtungsklage *Hölzl/Hien/Huber,* GO, Art. 18a
Erl. 8.2.2.
[307] So VGH Kassel, NVwZ 1997, 309 unter Hinweis auf die „verfahrensrechtliche Position der
Mitwirkung"; in einigen anderen Ländern ist den Unterzeichnern die Klagebefugnis gesetzlich
ausdrücklich eingeräumt; vgl. allgemein auch *Schliesky,* DVBl. 1998, 169 ff.

II. Begründetheit (§ 113 Abs. 5 S. 1 VwGO)

1. Passivlegitimiert ist die Gemeinde G (§ 78 Abs. 1 Nr. 1 VwGO).

2. Ein Anspruch auf die Feststellung der Zulässigkeit ist dann gegeben, wenn alle Voraussetzungen des Bürgerbegehrens erfüllt sind, d. h. a) die formalen Voraussetzungen, b) die gegenständlichen Voraussetzungen und c) die gültigen Unterschriften in der erforderlichen Anzahl vorliegen sowie d) das Bürgerbegehren nicht auf ein rechtswidriges Ziel gerichtet ist. An der letztgenannten Voraussetzung fehlt es, weil keine besonderen Anhaltspunkte dafür vorliegen, dass von dem allgemeinen Erfordernis der Erhebung von Beiträgen für Ausbaumaßnahmen (Art. 5 Abs. 1 S. 3, 5a KAG, vgl. Rn. 447) abgewichen werden darf (vgl. BayVGH, BayVBl. 1999, S. 407, 408).

b) Geltendmachung der Sperrwirkung

Beispiel:[308] In der Gemeinde G wurde die Durchführung eines Bürgerbegehrens mit dem **331** Ziel beantragt, den weiteren Ausbau einer Straße zu stoppen. Die G wies das Bürgerbegehren wegen Verstoßes gegen das Wirtschaftlichkeitsgebot (Art. 61 Abs. 2 S. 1 GO) unter Hinweis auf bereits erhaltene Fördermittel für den schon begonnenen Bauabschnitt ab und beschloss eine Woche später, Maßnahmen für den Beginn des nächsten Bauabschnitts auszuschreiben. Dagegen möchten sich die Vertreter des Bürgerbegehrens, die bereits Klage auf Zulassung erhoben haben, zur Wehr setzen.

I. Die Ausschreibung kann durch eine einstweilige Anordnung (§ 123 VwGO) untersagt werden: In der Hauptsache wäre eine Unterlassungsklage statthaft, ein Rechtsschutz über § 80 VwGO scheidet offensichtlich aus. Im Rahmen der Zulässigkeitsprüfung ist darauf einzugehen, ob die Vertreter eigene Rechte oder Rechte des Quorums geltend machen (→ Rn. 330). Hinsichtlich des Rechtsschutzinteresses ist zu fordern, dass die Zulassung des Bürgerbegehrens noch nicht bestandskräftig versagt worden ist.

II. Der Antrag ist begründet, wenn Anordnungsanspruch und Anordnungsgrund glaubhaft gemacht werden. Nach Art. 18a GO ist die Sperrwirkung mit der Zulassungsentscheidung verbunden (→ Rn. 322). Diese wiederum kann nach Ansicht des BayVGH im einstweiligen Rechtsschutz nicht erreicht werden.[309] Zur Sicherung des Anspruchs auf Durchführung des Bürgerentscheids besteht aber im Vorfeld ein allgemeines Sicherungsrecht (str. → Rn. 322), sofern das Bürgerbegehren schon eingereicht worden ist. Dieses setzt voraus, dass – wie im vorliegenden Fall bei summarischer Prüfung erkennbar – die formellen und materiellen Voraussetzungen des Bürgerbegehrens erfüllt sind, die Durchführung des Entscheids tatsächlich durch das zu untersagende Handeln der Gemeinde beeinträchtigt würde und nicht deren Interesse an der Ausschreibung höher zu bewerten ist als das Interesse der Antragsteller an der Sicherung der Durchführung. Das Bürgerbegehren verstößt nicht gegen die Grundsätze der Wirtschaftlichkeit. Dafür gelten sehr strenge Anforderungen (→ Rn. 314), die hier nicht gegeben sind. Warum der Gemeinde gerade durch den Zeitverlust schützenswerte Interessen verloren gehen sollten, ist nicht erkennbar. Die Eilbedürftigkeit folgt aus der drohenden Umgehung des Bürgerentscheids. Das Gericht wird die Sicherungsanordnung bis zu dem Zeitpunkt erstrecken, an dem die gesetzliche Sperrwirkung nach Art. 18a Abs. 9 GO eingreift.[310]

c) Sonstiges

Bei **Verstößen gegen das Sachlichkeitsgebot** können die Vertreter **332** (→ Rn. 302) gem. Art. 18a Abs. 15 S. 1 GO verlangen, dass die Gemeinde über das Anliegen des Bürgerbegehrens in ausreichendem Umfang informiert. Dieser Anspruch kann im Wege der Leistungsklage, bei Eilbedürftigkeit (Anordnungsgrund) im Wege der einstweiligen Anordnung nach § 123 VwGO durchgesetzt werden.[311] Ein Anspruch auf Unterlassung von Abstimmungsempfehlungen soll hingegen

---

[308] Nach BayVGH, BayVBl. 1998, 209; vgl. dazu auch BayVerfGH, BayVBl. 1997, 624.

[309] BayVGH, BayVBl. 2001, 500.

[310] Vgl. BayVGH v. 29.4.1999, 4 ZE 99.1279/4, CE 99.1279, VwRR BY 2001, 95; dazu, dass das Sicherungsrecht nicht weitergehen kann als die Sperrwirkung, BayVGH, BayVBl. 2003, 600.

[311] BayVGH, BayVBl. 1999, 502.

ausgeschlossen sein,[312] was allerdings fragwürdig ist, wenn die Empfehlung eine amtliche Äußerung darstellt (→ Rn. 324) und keinerlei Informationscharakter besitzt, weil anderenfalls die Einhaltung des Sachlichkeitsgebots kaum möglich sein dürfte.

333 Ein allgemeines Recht darauf, dass ein Bürgerentscheid nicht stattfindet oder die **Rechtmäßigkeitsanforderungen** eingehalten werden, wird den Gemeindebürgern durch Art. 18a GO nicht verliehen.[313] Es ist höchstens denkbar, dem Gemeinderat (nicht den einzelnen Mitgliedern, str., a. A. im Hinblick auf die Mitwirkungsrechte bei einer möglichen Sachentscheidung vertretbar) ein Recht darauf zuzugestehen, dass er durch ein unzulässiges Bürgerbegehren nicht seiner Kompetenzen beraubt wird.[314] Dafür genügt aber dessen Befugnis, über die Zulassung des Begehrens zu entscheiden. Die auf dem als **Beschluss** zu qualifizierenden Entscheid beruhenden Vollzugsakte können i. Ü. in der Sache durch jene Bürger **angefochten werden,** die dadurch in ihren Rechten verletzt sind.

III. Sonstige Mitwirkungsmöglichkeiten

1. Bürgerversammlung

334 Bürger können in vielfältiger Form beratend hinzugezogen werden, um die Gemeindeverwaltung zu unterstützen, etwa indem der Gemeinderat Gremien wie Ausländerbeiräte oder Fachbeiräte schafft (vgl. dazu → Rn. 221). Eine besondere, gesetzlich vorgesehene Form der Mitberatung in allen gemeindlichen Angelegenheiten stellt die **Bürgerversammlung** dar (Art. 18 GO). Sie ist mindestens einmal im Jahr, daneben aber auch auf Verlangen des Gemeinderats (Art. 18 Abs. 1 S. 1 GO) oder eines bestimmten Bürgerquorums einzuberufen (Art. 18 Abs. 2 GO). Bedenkt man den Zweck der Norm, die den Bürgern gewisse Mitwirkungsmöglichkeiten sichern soll, so erscheint es richtig, ein subjektives Recht der Bürger auf Einberufung der Bürgerversammlung anzunehmen. Dieses Recht steht allerdings nicht dem einzelnen Gemeindebürger zu,[315] sondern nur entweder allen Bürgern (bei regulärer Einberufung, praktisch ohne jede Bedeutung) oder dem Quorum, d. h. der Gesamtheit der Unterzeichner, die eine außerordentliche Einberufung verlangen. Im verwaltungsgerichtlichen Verfahren ist das Quorum im Hinblick auf Art. 18 Abs. 2 GO beteiligtenfähig. Grundsätzlich besteht auch ein Zutrittsrecht aller Gemeindeangehörigen (nicht aber der Ortsfremden), das allerdings durch Kapazitätsgrenzen beschränkt sein kann. Durch die Neufassung des Art. 18 Abs. 3 GO[316] wurde Gemeindeangehörigen (→ Rn. 126) zudem die Möglichkeit eingeräumt, das Wort zu erhalten; abstimmungsberechtigt bleiben aber weiterhin nur die Gemeindebürger (→ Rn. 128).

335 Funktion und **Umfang** der Mitwirkung ergeben sich aus Art. 18 Abs. 4 GO. Die von der Versammlung angenommenen Empfehlungen müssen vom Gemeinderat innerhalb einer 3-

---

[312] BayVGH, BayVBl. 1997, 435.

[313] Auch das Recht der Vertreter auf Durchsetzung des Bürgerbegehrens endet mit dessen Durchführung, BayVGH, DVBl. 2003, 277. Vgl. zum str. Recht der Abstimmungsberechtigten auf ordnungsgemäße Durchführung NdsOVG, DÖV 2002, 253, einerseits und VGH Mannheim, DÖV 2002, 257, andererseits.

[314] Vgl. *v. Danwitz*, DVBl. 1996, 134; *Suerbaum/Retzmann*, in: Dietlein/Suerbaum, BeckOK Kommunalrecht Bayern, Stand: 5/2021, Art. 18 GO, Rn. 31 m.w.N.

[315] BayVGH, BayVBl. 1990, 718.

[316] GVBl. 2018, 145 (148 ff.).

Monatsfrist behandelt werden, wobei auch die Beratung durch einen zuständigen Ausschuss genügt. Daraus ergibt sich eine Pflicht des Gemeinderats zur Kenntnisnahme, nicht aber eine Pflicht zu einer bestimmten Entscheidung.

2. Bürgerantrag

Dem Vorbild anderer Länder folgend, wurde in Bayern im Jahr 1999[317] der Bürgerantrag (Art. 18b GO, 12b LKrO) eingeführt. Dabei handelt es sich um ein **Initiativrecht** der Gemeindebürger. Dessen Ziel ist es, die zuständigen Organe von Gemeinden und Landkreisen sowie die Bezirksausschüsse (Art. 18b Abs. 6 GO) mit dem Antrag zu beschäftigen. Die Staatsregierung hatte bereits 1995 (im Zusammenhang mit der Schaffung des Bürgerbegehrens) die Einführung des Bürgerantrags vorgeschlagen und darin ein wichtiges zusätzliches Mitwirkungsrecht im Sinne einer Ergänzung der Bürgerversammlung gesehen. **336**

Im Unterschied zum Bürgerbegehren ist der Bürgerantrag nicht auf eigene Angelegenheiten beschränkt, er erfasst vielmehr **das gesamte Handeln** der Kommune (Art. 18b Abs. 1 S. 1 GO). Das Verfahren ist dem Bürgerbegehren nachgebildet und ebenfalls zweistufig. Zunächst ist die Einreichung eines begründeten Antrags einschließlich der Angabe der Vertreter erforderlich, der von einem Quorum von 1% der Gemeindebürger (denn nur diese sind unterschriftsberechtigt) getragen sein muss (Art. 18b Abs. 2, Abs. 3 GO). Wird die Zulässigkeit des Antrags festgestellt (Art. 18b Abs. 4 GO), ist dieser innerhalb von drei Monaten zu behandeln (Art. 18b Abs. 5 GO). Die Entscheidung stellt (wie beim Bürgerbegehren, → Rn. 320) einen Verwaltungsakt dar und kann mit der Verpflichtungsklage, eine unterlassene Befassung mit der Sache selbst mit der Leistungsklage durchgesetzt werden; das dafür erforderliche subjektive Recht wird dem Quorum durch Art. 18b Abs. 1 GO verliehen. Die Bürger haben aber keinerlei Anspruch auf eine bestimmte Entscheidung. Auch ist Art. 18b GO nicht zu entnehmen, in welcher Form ein Bürgerantrag erledigt werden kann. Insofern dürfte eine positive oder negative Entscheidung genügen. Selbst bei Art. 17 GG ist umstritten,[318] ob der Anspruch auf Entscheidung einen Anspruch auf (zumindest eine kurze) Begründung einschließt. Da Art. 18b GO nicht die Funktion eines Petitionsrechts hat, sondern nur ein Initiativrecht verleiht, kann aus ihm ein Recht auf eine Begründung nicht abgeleitet werden. Insgesamt gesehen ist damit die Wirkung des Bürgerantrags trotz des relativ aufwendigen Verfahrens eher schwach. **337**

F. Aufgaben und Handlungsformen von Kommunen

I. Aufgaben

1. Differenzierung

Die Kommunen erfüllen ein ganzes Bündel verschiedener Aufgaben. Zur systematischen Erfassung dieser Aufgaben kann in zweierlei Hinsicht differenziert werden: **338**

(1) nach **Zuordnung** der Aufgabe zwischen eigenen und übertragenen Aufgaben (vgl. Art. 7 und 8 GO, 5 und 6 LKrO, 5 und 6 BezO) **339**

(2) nach **Umfang der Entschließungsfreiheit** zwischen Pflichtaufgaben und freiwilligen Aufgaben. **340**

---

[317] Eingefügt durch Gesetz v. 26.3.1999 (GVBl. 86).
[318] Dazu und zur restriktiven Rspr. des BVerfG *Brenner*, in: *vM/K/S*, GG, Art. 17 Rn. 45 m. w. N.

341   Die **eigenen Aufgaben** sind diejenigen der örtlichen Gemeinschaft bei Gemeinden bzw. der überörtlichen Gemeinschaft bei Landkreisen und Bezirken. Auf
der Ebene der Gemeinden sind sie nicht abschließend gesetzlich geregelt. Auch
ohne spezielle gesetzliche Grundlage folgt die Verbandszuständigkeit der Gemeinden aus der Selbstverwaltungsgarantie (Art. 28 Abs. 2 S. 1 GG, 11 Abs. 2 BV). Besonderheit aller eigenen Aufgaben ist, dass die Kommunen bei deren Wahrnehmung eigenverantwortlich tätig werden (Art. 7 Abs. 2 GO); dementsprechend ist
die staatliche Aufsicht auf die Kontrolle der Rechtmäßigkeit des Handelns beschränkt (→ Rn. 515). Die meisten der eigenen Aufgaben können, müssen aber
nicht von den Gemeinden durchgeführt werden; schon die Frage, ob diese überhaupt in einem bestimmten Bereich tätig werden, unterliegt deren (Entschlie-
ßungs-)Ermessen. Insofern lässt sich von **freiwilligen Aufgaben** sprechen. Im Gegensatz dazu ist die Erfüllung mancher eigener Aufgaben durch Gesetz zwingend
vorgeschrieben **(Pflichtaufgaben)**, nämlich dann, wenn die Aufgabenwahrnehmung im Hinblick auf eine ordnungsgemäße Verwaltung oder das Wohl der Bürger
als erforderlich erscheint. Bei den Pflichtaufgaben bezieht sich das Gestaltungser-
messen der Gemeinden nur auf das „Wie" der Aufgabenwahrnehmung; die Gemeinde kann im Wege der staatlichen Aufsicht zur Aufgabenerfüllung, also zum
„Ob", gezwungen werden.

342   **Übertragene Aufgaben** sind solche, deren Erfüllung im staatlichen Interesse,
im über die örtliche Gemeinschaft hinausgehenden Allgemeinwohl liegt. Diese
Aufgaben werden den Kommunen durch Gesetz zugewiesen (Art. 8 Abs. 1 GO)
und sie müssen durchgeführt werden, so dass hier kein Entschließungsermessen besteht **(Pflichtaufgaben)**. Da die Wahrnehmung der übertragenen Aufgaben nicht
vom Selbstverwaltungsrecht umfasst wird,[319] verfügt der Staat über weitgehende
Einflussmöglichkeiten. Er kann im Rahmen der Fachaufsicht Weisungen erteilen
(vgl. Art. 8 Abs. 2 GO) und – bis zu einem bestimmten Grad – die Zweckmäßigkeit der Aufgabenerfüllung kontrollieren (näher → Rn. 547).

2. Aufgabenbereiche

a) Aufgaben des eigenen Wirkungskreises

aa) Kataloge

343   Für die nähere Umschreibung der eigenen Aufgaben sind die Kataloge in
Art. 83 Abs. 1 BV und in **Art. 57 GO** hilfreich. Ihre Bedeutung liegt vor allem
darin, dass sie die historisch überkommenen eigenen Aufgaben aufzählen. Jedoch
sind sie nicht abschließend und können dies auch gar nicht sein, da sie Spielräume
für künftige Entwicklungen offen halten müssen. Zudem lässt sich den Vorschriften
zwar in einigen Fällen entnehmen, welche Tätigkeiten in Wahrnehmung eigener
Aufgaben vorgenommen werden können, nicht aber deren Abgrenzung zu den
staatlichen Aufgaben. Das gilt vor allem für die in Art. 83 Abs. 1 BV genannten
Aufgaben, die nur dann in den eigenen Wirkungskreis von Gemeinden fallen, sofern es sich um „örtliche" handelt. Insofern bietet der Katalog keine über den all-

---

[319] Allerdings kann das Selbstverwaltungsrecht im Einzelfall auch in übertragene Angelegenheiten hineinspielen, weil sich verschiedene Aufgabenbereiche (etwa eigene Planung mit Stra-
ßenverkehrsrecht) überschneiden können, → Rn. 557 f.

gemeinen Grundsatz, nach dem die Gemeinden für die örtlichen Angelegenheiten zuständig sind, hinausgehenden Anhaltspunkte. Vielmehr bleibt es bei dem Erfordernis, die örtliche und die staatliche Sphäre nach allgemeinen Kriterien voneinander zu unterscheiden (dazu näher → Rn. 65 ff.).

bb) Beispiele freiwilliger Aufgaben von Gemeinden

Gemäß Art. 57 Abs. 1 GO „sollen" Gemeinden bestimmte **öffentliche Einrichtungen** schaffen und erhalten, d.h. dies wird den Gemeinden nahegelegt, ohne sie unmittelbar zu verpflichten. Insofern spielt vor allem die **Leistungsfähigkeit** einer Gemeinde eine Rolle. Da diese begrenzt ist, wird man ferner von dem Grundsatz ausgehen können, dass dringende vor anderen Aufgaben zu erledigen sind; jedoch lassen sich daraus keine praktikablen Einschränkungen für den gemeindlichen Gestaltungsspielraum ableiten. Öffentliche Einrichtungen sind in den verschiedensten Bereichen von großer Bedeutung, etwa zur Ermöglichung sportlicher (Sporthallen, Schwimmbäder) oder kultureller (Theater, Museen) Aktivitäten bzw. zur Unterhaltung (Volksfeste), zur Unterstützung von Bildung und Erziehung (Schulen, Kindergärten) und zur infrastrukturellen Versorgung der Bevölkerung (Verkehrsbetriebe; Versorgung mit Wasser, Strom und Gas; Straßen). Typische eigene Aufgaben, die auch ohne Schaffung öffentlicher Einrichtungen durchgeführt werden können, sind die kommunale Wirtschaftsförderung (Vergabe von Subventionen) oder die Begründung von Städtepartnerschaften.   **344**

cc) Pflichtaufgaben der Gemeinden

Von Pflichtaufgaben kann nur dann gesprochen werden, wenn sich aus einem **Gesetz** ergibt, dass die Gemeinden zur Aufgabenerfüllung gezwungen sind. Das folgt mittlerweile nur noch ausnahmsweise aus den Kommunalgesetzen, in der Regel hingegen aus besonderen Fachgesetzen. Allerdings sollen die Gemeinden die nach den örtlichen Verhältnissen für das wirtschaftliche, soziale und kulturelle Wohl der Einwohner erforderlichen Einrichtungen (→ Rn. 450) betreiben (Art. 57 Abs. 1 S. 1 GO). Daraus folgt ein Untermaßverbot, das aber praktisch nicht zu einer konkreten Verpflichtung verdichtet werden kann, zumal die GO gemeindliche Verpflichtungen an besondere gesetzliche Bestimmungen knüpft (Art. 57 Abs. 1 S. 2 GO) (→ auch Rn. 356). Auch bei der Erfüllung der Pflichtaufgaben ergibt sich eine Grenze aus der **Leistungsfähigkeit** der Gemeinde (Art. 57 Abs. 2 S. 1 GO). Da entsprechende Aufgaben aber erledigt werden müssen, ist bei fehlender Leistungsfähigkeit nach einer Lösung zu suchen: Deshalb sieht Art. 57 Abs. 3 GO vor, dass die Aufgaben in kommunaler Zusammenarbeit erledigt werden müssen. Diese richtet sich wiederum nach dem Gesetz über die kommunale Zusammenarbeit (→ Rn. 561 f.). Hingegen ist grundsätzlich ausgeschlossen, dass die Landkreise kommunale Aufgaben an sich ziehen; nach Ansicht des BayVGH widerspricht eine solche „Umwidmung" örtlicher in überörtliche Aufgaben dem Prinzip der Aufgabentrennung (mit der Konsequenz, dass der Landkreis für die Erledigung örtlicher Aufgaben von den Gemeinden keinen Kostenbeitrag im Wege der Kreisumlage verlangen darf, → Rn. 438).[320]   **345**

---

[320] BayVGH, BayVBl. 1993, 112 – Eichenau; BayVBl. 1996, 691.

346   **Beispiele** für Pflichtaufgaben sind:
- Trinkwasserversorgung (Art. 57 Abs. 2 GO; der Zusatz „unbeschadet bestehender Verbindlichkeiten Dritter" ermöglicht die praktisch wichtige Erfüllung der Aufgabe durch Zweckverbände);
- Bauleitplanung und Baulanderschließung nach dem BauGB; Beschaffung von Bauland nach § 4 Abs. 1 des Gesetzes über die soziale Wohnraumförderung (WoFG);
- Abwasserbeseitigung, § 56 WHG, Art. 34 BayWG;
- Pflichtaufgaben aus dem Bereich der Aufrechterhaltung der **öffentlichen Sicherheit und Ordnung,** etwa: Pflicht zu Beleuchtung, Reinigung, Räumen und Streuen von Straßen, Art. 51 BayStrWG; Feuersicherheit nach dem Bayerischen Feuerwehrgesetz; Unterbringung Obdachloser (Befugnisnorm für die Einweisung von Mietern in die bisherige Wohnung ist Art. 7 Abs. 2 Nr. 3 LStVG)[321] (unterzubringen sind auch obdachlose Ausländer, die geduldet werden, nicht aber Asylbewerber, denn insofern handelt es sich nicht um eine kommunale Aufgabe);[322] (Näher zu den sicherheitsrechtlichen Befugnissen → 3. Teil, Rn. 489 ff.).

347   Vielfach werden Pflichtaufgaben durch den **Gesetzgeber detailliert geregelt,** obwohl diese Aufgaben im eigenen Wirkungskreis der Gemeinde stehen. Unzulässig ist dies erst dann, wenn die Vorgaben eine Verletzung von Art. 28 Abs. 2 S. 1 GG oder 11 Abs. 2 BV darstellen (→ Rn. 91). Praktisch gesehen wird damit allerdings die Grenze zwischen eigenen und übertragenen Aufgaben fließend.

348   Wenn auch die Kommunen zur Aufgabenerfüllung verpflichtet sind, entspricht dem grundsätzlich **kein Anspruch** der Bürger auf Aufgabenerfüllung. Denn die verschiedenen Aufgabennormen sollen die Aufgabenwahrnehmung nur zuordnen. Ein Anspruch kann sich aber ergeben aus speziellen gesetzliche Bestimmungen, wenn diese ausdrücklich einen Anspruch einräumen, oder aufgrund allgemeiner Vorschriften (vor allem Art. 21 GO oder Art. 3 Abs. 1 GG i. V. m. der Selbstbindung der Verwaltung), sofern die Gemeinde mit der Aufgabenerfüllung begonnen hat.

dd) Eigene Aufgaben von Landkreisen und Bezirken

349   Die eigenen Aufgaben betreffen **überörtliche Angelegenheiten** mit Bezug auf die jeweiligen Zuständigkeitsbereiche (Art. 5, 51 LKrO bzw. Art. 5, 48 BezO). Die Trennung zu den örtlichen Aufgaben (→ Rn. 55) lässt sich vielfach nicht nach Materien, sondern nur nach der räumlichen Erstreckung vornehmen, weshalb in manchen Aufgabenbereichen ausdrücklich eine Staffelung der Zuständigkeiten (nicht aber eine Mehrfachzuständigkeit) vorgesehen ist (etwa bei den Schulen nach Maßgabe des Schulfinanzierungsgesetzes, im Bereich der Denkmalpflege nach Maßgabe des Bayerischen Denkmalschutzgesetzes oder bei der Straßenbaulast, die je nach Art der Straße unterschiedlich ist, vgl. BayStrWG). Zu den wichtigsten **Pflichtaufgaben** gehören:

350   - bei den **Landkreisen** die Errichtung und Unterhaltung von Krankenhäusern (Art. 51 Abs. 3 Nr. 1 LKrO) und die Gewährung von Sozialhilfe als örtliche Träger (§ 3 Abs. 1 und 2 SGB XII i. V. m. Art. 80 Abs. 1 BayAGSG);

351   - bei den **Bezirken** die Aufgaben als überörtliche Träger der Sozialhilfe (§ 3 Abs. 1 und 3 SGB XII i. V. m. Art. 81 Abs. 1 BayAGSG), vor allem die Einrichtung von Bezirkskrankenhäusern sowie Eingliederungseinrichtungen für Behinderte (Art. 48 Abs. 3 BezO).

352   Zu erinnern ist daran, dass **kreisfreie Gemeinden** neben den örtlichen Aufgaben die Aufgaben der Landkreise erledigen (vgl. Art. 9 Abs. 1 S. 2 GO), so dass zu

---

[321] Dazu BayVGH, BayVBl. 1991, 114 (115) (nur ausnahmsweise zulässig bei schweren Notlagen).
[322] Vgl. dazu BVerwG, BayVBl. 1993, 438; BayVGH, BayVBl. 1994, 54.

ihrem eigenen Wirkungskreis sowohl die eigenen gemeindlichen als auch die eigenen Landkreisaufgaben gehören.

b) Aufgaben des übertragenen Wirkungskreises

Aufgaben können auf die Gemeinden durch **Landesrecht** übertragen werden. **353** Eine Übertragung neuer Aufgaben durch **Bundesrecht** ist seit der Föderalismusreform sowohl für die Landesverwaltung mit Bundesaufsicht (Art. 84 GG) als auch für die Bundesauftragsverwaltung (Art. 85 GG) ausgeschlossen (Art. 84 Abs. 1 S, 7, 85 Abs. 1 S. 2 GG).[323] Nach Art. 125a Abs. 1 GG bleibt altes Bundesrecht, das nach der Reform nicht mehr erlassen werden könnte, in Kraft. Es kann jedoch durch Landesrecht ersetzt werden. Mittelbar auf Bundesrecht beruhen etwa die Tätigkeiten im Bereich der Wehrerfassung (Art. 87b Abs. 2 GG) und die Durchführung des Wohngeldgesetzes (Art. 104a Abs. 3 GG). Weisungen werden in diesen und anderen Fällen immer über die Landesbehörden weitergegeben, vgl. Art. 85 Abs. 3 GG. Viel wichtiger sind die durch Landesrecht übertragenen Aufgaben. Sie bilden einen sehr umfangreichen Katalog, der den **verschiedenen Fachgesetzen** entnommen werden kann. In erster Linie handelt es sich um Aufgaben der Ordnungsverwaltung, z. B. Lebensmittelüberwachung, Melde-, Pass-, Staatsangehörigkeits- und Personenstandssachen. In der Praxis machen die übertragenen Aufgaben den **Großteil der gemeindlichen Aufgaben** aus, was vor allem bei unzureichender Finanzierung (dazu → Rn. 106) problematisch ist.

Hinsichtlich der Erfüllung übertragener Aufgaben nehmen die **kreisfreien** **354** **Gemeinden und Großen Kreisstädte** eine Sonderstellung ein, an die hier noch einmal erinnert werden soll. Die kreisfreien Gemeinden erfüllen als übertragene Aufgaben zugleich die Aufgaben des Landratsamts als Staatsbehörde und die übertragenen Aufgaben des Landkreises (Art. 9 Abs. 1 GO). Große Kreisstädte nehmen zusätzlich als übertragene Aufgaben einige bestimmte Aufgaben des Landratsamtes als Staatsbehörde wahr (Art. 9 Abs. 2 GO, während die Übertragung von Landkreisaufgaben in der Praxis keine Rolle spielt); maßgeblich ist insofern die GrKrV (*Ziegler/Tremel* Nr. 284).

3. Formen der Aufgabenerfüllung

Grundsätzlich gilt auch für die gemeindliche Aufgabenerfüllung das allgemeine **355** verwaltungsrechtliche Dogma der **Wahlfreiheit der Verwaltung:** Werden keine öffentlichen Befugnisse gebraucht oder ist keine spezielle Verwaltungsform gesetzlich vorgeschrieben, können Verwaltungsaufgaben entweder in öffentlich-rechtlicher oder privatrechtlicher Rechtsform erfüllt werden. Die Wahlfreiheit bezieht sich sowohl auf die Organisationsform von Einrichtungen (näher → Rn. 459) als auch auf die Handlungsformen, in denen die Kommunen konkret tätig werden. Werden öffentliche Aufgaben in Privatrechtsform durchgeführt, wird von Verwaltungsprivatrecht gesprochen. Durch eine privatrechtliche Aufgabenerfüllung kann sich aber ein Verwaltungsträger der grundrechtlichen Bindung nicht entziehen (während eine Grundrechtsbindung bei privatrechtlichen Beschaffungsgeschäften und erwerbswirtschaftlicher Betätigung bzw. Vermögensverwaltung überwiegend verneint wird).

---

[323] Zum früheren Recht BVerfGE 22, 180; 77, 288.

356   Eng im Zusammenhang mit der Wahl von Rechtsformen steht die Diskussion
über Sinn und Erforderlichkeit von **Privatisierungen,** die auch bezogen auf das
kommunale Handeln geführt wird. Zu unterscheiden sind verschiedene Privatisie-
rungsformen (→ auch Rn. 33): Zum einen die **formelle Privatisierung** oder
Organisationsprivatisierung, bei der es sich lediglich um einen Austausch der
Rechtsform handelt, etwa wenn ein zunächst als Teil der Stadtverwaltung geführtes
Schwimmbad in eine GmbH umgewandelt wird; mit ihr soll in der Regel die Effizienz der Aufgabenerfüllung durch größere Transparenz und stärkere Flexibilität
erhöht werden. Zum anderen die **materielle Privatisierung**, d. h. die Verlagerung
einer Aufgabe von der öffentlichen Hand auf Private. Damit ist eine Verringerung
des Aufgabenbestandes der Kommunen verbunden, etwa indem eine städtische
Friedhofsgärtnerei geschlossen und deren Tätigkeit einem privaten Unternehmen überlassen wird. Diese Form der Privatisierung stößt auf rechtliche Grenzen.
Denn den Kommunen ist es nicht gestattet, die Erledigung der ihnen übertragenen staatlichen Aufgaben oder der Pflichtaufgaben auf Dritte abzuwälzen.[324] Damit
ist allerdings noch nicht geklärt, ob die Kommunen selbst tätig werden müssen
oder ob sie sich auf die Sicherung der Aufgabenerfüllung zurückziehen dürfen.
Grundsätzlich genügt letzteres, sofern die Kommune in ausreichendem Maße weiterhin Einfluss nehmen kann (auch als **funktionelle Privatisierung** bezeichnet).
Bei der Erfüllung polizeilicher Aufgaben ist aber eigenes kommunales Handeln erforderlich.[325]

II. Handlungsformen

1. Erlass von Rechtsnormen

a) Formen der Rechtsetzung

357   Wie die sonstige kommunale Tätigkeit ist auch die kommunale Rechtsetzung als
Verwaltungshandeln zu qualifizieren, wenn durch sie auch generell-abstrakte
Regelungen (Anordnung von Rechtsfolgen für eine unbestimmte Zahl von Fällen
und eine unbestimmte Vielzahl von Personen) geschaffen werden und dabei relativ
weite Gestaltungsspielräume bestehen. Zu unterscheiden sind grundsätzlich drei
verschiedene Formen:

358   (1) **Satzungen** (autonomes Recht): Dabei handelt es sich um Rechtsetzungsakte
selbstständiger Verwaltungsträger zur einseitig hoheitlichen Regelung ihrer Angelegenheiten. Die Befugnis, entsprechendes Recht zu setzen, muss vom Staat
verliehen werden, beruht aber bereits auf der verfassungsrechtlichen Garantie
der Selbstverwaltung (Rechtsetzungshoheit, → Rn. 75).

359   (2) **Verordnungen**: Darunter versteht man auf eine gesetzliche Ermächtigung
(Art. 80 Abs. 1 S. 1 GG) gestützte Rechtsnormen und damit im Einzelfall

---

[324] Hingegen begründet eine einmal durchgeführte Aufgabenerledigung noch keine dauernde
Erledigungspflicht, vgl. aber BVerwG, NVwZ 2009, 1305 (materielle Privatisierung eines „traditionell, sozial und traditionsmäßig bedeutsamen" Weihnachtsmarkts); zu Recht abl. dazu *Ehlers*,
DVBl. 2009, 1456; *Winkler*, JZ 2009, 1169; *Schröder*, in: Huber/Wollenschläger, Landesrecht Bayern, § 3, Rn. 54 m.w.N.
[325] Vgl. dazu BayObLG, BayVBl. 1997, 412 (413); zu dem gesamten Fragenkomplex *Ronellen-
fitsch*, DÖV 1999, 705 ff.; *Emmerich-Fritsche*, BayVBl. 2007, 1 ff.

staatlich abgeleitete Normsetzung; Verordnungen können regelmäßig wegen des Bezugs auf eine bestimmte Ermächtigungsgrundlage (auch wenn das Zitiergebot des Art. 45 Abs. 2 LStVG – anders als Art. 80 Abs. 1 S. 3 GG –eine Soll-Vorschrift darstellt) leicht erkannt werden und haben meist sicherheitsrechtlichen Inhalt (zwar können auch Satzungen Sicherheitsrecht enthalten, jedoch nur im Zusammenhang mit der Benutzung von öffentlichen Einrichtungen).

(3) Inneradministrative Rechtssätze: Neben den Geschäftsordnungen (→ Rn. 237 ff.) **360** fallen darunter vor allem die sog. schlichten **Anstaltsordnungen.** Ihnen ist gemein, dass sie keine Außenwirkung entfalten.

Die Reduzierung auf eine Innenwirkung führt bei Anstaltsordnungen dazu, dass die grundle- **361** genden Organisations- und Benutzungsregelungen in Form einer Satzung ergehen müssen, für die Rechtfertigung von Grundrechtseingriffen bedarf es einer gesetzlichen Grundlage. Nähere Ausgestaltungen der Grundregeln (etwa: Öffnungszeiten) können aber durch Innenrecht geregelt werden. Vorteil: Hier gelten weniger strenge Form-, insbesondere weniger strenge Bekanntmachungsvorschriften, ein Aushang genügt. Soweit sich im Übrigen „Anstaltsordnungen" auf privatrechtlich ausgestaltete Benutzungsverhältnisse beziehen, handelt es sich um allgemeine Geschäftsbedingungen (AGB).

b) Satzungen[326]

aa) Rechtsgrundlagen und Gesetzesvorbehalt

Die verfassungsrechtlichen Grundlagen der Satzungshoheit werden durch spe- **362** zielle **kommunalgesetzliche Rechtsgrundlagen** ergänzt (Art. 23 GO, Art. 17 LKrO, Art. 17 BezO). Sie schließen im Grundsatz den Erlass von Satzungen im übertragenen Wirkungskreis mit ein,[327] denn anders als bei Art. 11 Abs. 2 BV oder Art. 28 Abs. 2 S. 1 GG fehlt der Bezug auf den eigenen Wirkungskreis. Jedoch sind die **Einschränkungen** zu beachten, die nach Art. 23 S. 2 GO gelten: Eine Regelung übertragener Angelegenheiten sowie der Erlass bewehrter Satzungen (= Satzungen, die vorsehen, dass Zuwiderhandlungen als Ordnungswidrigkeiten mit Geldbuße bedroht werden, Art. 24 Abs. 2 S. 2 GO) und Verordnungen sind nur in den gesetzlich bestimmten Fällen zulässig. Das hat für den übertragenen Aufgabenkreis den Sinn, die einheitliche Rechtsanwendung auch dann zu gewährleisten, wenn den Kommunen bei der Aufgabenerfüllung Spielräume zur Konkretisierung durch Satzungen zugestanden werden.

Weitere Einschränkungen der Autonomie folgen aus **verfassungsrechtlichen 363 Vorgaben.** Zwar gilt Art. 80 Abs. 1 S. 2 GG für den Erlass von Satzungen nicht.[328] Jedoch ist neben dem **Vorrang des Gesetzes** (Art. 20 Abs. 3 GG) auch der Vorbehalt des Gesetzes im Sinne des **Parlamentsvorbehalts** zu beachten: Vor allem die für die Wahrnehmung grundrechtlicher Freiheiten als wesentlich anzusehenden Regelungen muss der parlamentarische Gesetzgeber treffen; insofern dient der Vorbehalt des Gesetzes nicht nur der Rechtssicherheit, sondern auch der materiellen demokratischen Legitimation des Verwaltungshandelns. Daraus folgt: Satzungen, die in Grundrechte eingreifen, bedürfen einer formell gesetzlichen Grundlage.[329] Zu

---

[326] Vgl. dazu auch *Becker/Sichert,* JuS 2000, 144 ff., 348 ff. und 552 ff.
[327] A. A. *Lissack,* Bay. KommR, § 3 Rn. 21.
[328] Vgl. auch Aufgabe 6 der 1. Staatsprüfung 1995/I, BayVBl. 1997, 29 u. 58.
[329] Dazu und zu einer „Informationsfreiheitssatzung" BayVGH, BayVBl. 2017, 482 (483 ff.).

diskutieren ist lediglich, inwieweit bei der Bestimmung dessen, was als „wesentlich" anzusehen ist, Selbstverwaltung und besondere demokratische Legitimation der Kommunen eine Rolle spielen.

364   **Beispiel:** Eine Stadt hatte allein auf der Grundlage des Art. 23 GO eine Satzung über die Entsorgung von Gewerbe- und Baustellenabfällen erlassen. Diese verbot u. a. die Verwendung von Einwegerzeugnissen und verpflichtete die Gewerbetreibenden, ihre Kunden über die Abfallvermeidung zu informieren, Abfall zu trennen und Verpackungen von den Kunden zurückzunehmen. Der BayVGH hielt die Satzung mangels ausreichender Ermächtigungsgrundlage für unwirksam wegen Verstoßes gegen das Rechtsstaatsprinzip (Art. 3 BV). Die allgemeine gemeindliche Satzungsautonomie gestatte es nicht, Grundrechtseingriffe ohne besondere Rechtsgrundlage zuzulassen; eine Ausnahme komme allenfalls für den seltenen Fall in Betracht, dass es sich um Vorgänge mit einem spezifisch örtlichen Bezug handelt, die also nur den Bereich einer Körperschaft erfassen.[330]

365   Grundsätzlich kann unterschieden werden zwischen **obligatorischen und fakultativen Satzungen,** also zwischen Satzungen, die von einer Gemeinde erlassen werden müssen und solchen, deren Erlass im Ermessen steht. Beispiele für obligatorische Satzungen sind die Satzung über die Aufwandsentschädigung für ehrenamtliche Tätigkeit (vgl. Art. 20a GO, → Rn. 130) und die Unternehmenssatzung des Kommunalunternehmens (vgl. Art. 89 Abs. 3 GO). Es gibt umgekehrt Fälle, in denen keine Satzung erlassen werden darf, also das **Satzungsrecht ausgeschlossen** ist. Dies kann sich entweder aus einem Gesetz oder allgemein aus der Natur der Sache ergeben (wenn die Gemeinde den Bürgern nur gleichgeordnet gegenübertritt, was bei erwerbswirtschaftlicher Tätigkeit oder der Vermögensverwaltung der Fall ist, etwa bei der Vermietung gemeindlicher Wohnungen zur Erzielung von Mieteinnahmen).

bb) Inhaltliche Grenzen

366   Hinsichtlich des Inhalts von Satzungen sind in verschiedener Hinsicht allgemeine Grenzen einzuhalten:

367   – Die Beschränkung auf das Gemeindegebiet als Ausfluss der Gebietshoheit (Art. 22 Abs. 1 GO) **(räumliche Grenzen)**: Innerhalb des Gemeindegebietes ist grundsätzlich einheitliches Recht erforderlich, es sei denn, es bestehen sachliche Gründe für Ausnahmen, etwa bei Bezug auf unterschiedliche Einrichtungen; die räumliche Begrenzung führt dazu, dass im Staatsgebiet unterschiedliches Recht gelten kann, was durch Art. 3 Abs. 1 GG, 118 BV deshalb nicht verboten ist, weil nur die Tätigkeit desselben Normgebers dem Gleichheitsgebot unterliegt.

368   – Die Beschränkung auf gemeindliche Angelegenheiten im allgemeinen Interesse **(sachliche Grenzen)**; das schließt die Einhaltung der Verbandskompetenz ein (→ Rn. 64 ff., 73).

369   – Die Beschränkung auf die Gemeindeangehörigen (Art. 15 GO) **(personelle Grenze)**: Durch die Anknüpfung an Einrichtungen ergeben sich aber vielfach Ausnahmen, zum Beispiel gilt die Schwimmbadbenutzungssatzung für alle Benutzer, auch wenn diese keine Gemeindeangehörigen sind und eine Abwassersatzung wird nur auf Grundstücke abstellen, ohne dass es auf den Status des Eigentümers ankäme.

---

[330] BayVGH, BayVBl. 1992, 337; krit. dazu *Gallwas*, BayVBl. 1992, 644 ff.

– Das Rückwirkungsverbot **(zeitliche Grenze)**: Hierbei ist zwischen einer un- **370** echten (grundsätzlich zulässig) und einer echten (bezogen auf in der Vergangenheit abgeschlossene Sachverhalte und grundsätzlich unzulässig) Rückwirkung zu unterscheiden.[331] Die rückwirkende Inkraftsetzung einer Satzung anstelle einer zuvor fehlerhaften und deshalb unwirksamen Satzung berührt nicht den Vertrauensschutz und unterliegt nicht den strengen Anforderungen, die für die Zulässigkeit der echten Rückwirkung gelten (auch → Rn. 485).

cc) Arten gemeindlicher Satzungen

Die wichtigsten Satzungsarten sind in Art. 24 GO angesprochen, dazu kommen **371** Satzungen nach anderen Bestimmungen der GO und Spezialgesetzen. Mustersatzungen sind keine Satzungsart; vielmehr handelt es sich um in der Regel unverbindliche Vorgaben, die zur Erhöhung der Rechtssicherheit als Regelungsbeispiele für Kommunen dienen. Folgende Materien werden durch gemeindliche Satzungen geregelt:

– Die **Benutzung öffentlicher Einrichtungen,** Art. 24 Abs. 1 Nr. 1 GO (näher **372** → Rn. 450 ff.). Entsprechende Satzungsbestimmungen müssen geeignet und erforderlich sein, um den Zweck der Einrichtung zu erfüllen, sie dürfen keine einrichtungsfremden Zwecke verfolgen.[332] Für einige Einrichtungen i. w. S. sind Sonderregelungen zu beachten, die z. T. Satzungsregelungen ausschließen können (so richtet sich der Straßenverkehr nach StVG und StVO; nach dem Bestattungsgesetz erlassene Verordnungen verdrängen Satzungen, Art. 17 Abs. 3 BayBestG), z. T. besondere Rechtsgrundlagen zur Verfügung stellen (so sind Sondernutzungssatzungen für Straßen auf Art. 22a BayStrWG zu stützen).

– Der **Anschluss- und Benutzungszwang,** Art. 24 Abs. 1 Nr. 2, 3 GO **373** (→ Rn. 488 ff.).

– Die **Gemeindedienste,** Art. 24 Abs. 1 Nr. 4 GO: Darunter sind wegen Art. 12 **374** Abs. 2 GG nur persönliche Dienstleistungen herkömmlicher Art zu verstehen.

Gemeindedienste haben grundsätzlich nur noch in kleineren Gemeinden Bedeutung (Beispiele: Verlegung von Wasserleitungen, Einebnen von Kiesstraßen etc.). Denkbar ist, dass die Dienstleistungspflichten nach Maßgabe der Satzung im Einzelfall durch Geld „abgebüßt" werden können, jedoch darf dies nicht zur Regel werden, da es sich sonst um eine Abgabenerhebung und nicht mehr um eine Dienstleistungspflicht handeln würde.

– Das **Baurecht** durch den Bebauungsplan (§ 10 Abs. 1 BauGB, während Flä- **375** chennutzungspläne keine Rechtsnormen sein sollen) und die örtlichen Bauvorschriften, Art. 81 BayBO (näher → 4. Teil, Rn. 474 ff.).

– Der **Haushalt,** Art. 63 GO: Jede Kommune muss für jedes Haushaltsjahr eine **376** Haushaltssatzung erlassen;

Die Satzung enthält die wesentlichen Festsetzungen hinsichtlich der Ein- und Ausgaben **377** (vgl. im Einzelnen Art. 63 Abs. 2 GO). Zu ihr gehört auch der Haushaltsplan, Art. 64 GO, dessen sog. Bestandteile selbst Satzungsqualität besitzen, im Unterschied zu den sog. Anlagen (vgl. § 2 KommHV). Die Haushaltssatzung ist die Grundlage der Finanzwirtschaft eines Haushaltsjahres, ihre Festsetzungen besitzen aber nur interne Wirkungen, weshalb von einer formellen

---

[331] Vgl. zu den (leicht unterschiedlichen) Ansätzen des BVerfG: E 95, 64 (86) (1. Senat) und E 72, 200 (257); 97, 67 (78) (2. Senat); zur Entwicklung *Stüsser,* JURA 1999, 545 ff.
[332] BayVGH, BayVBl. 2009, 367, 368; bestätigt durch BVerwG, LKV 2010, 509, jedenfalls soweit eine Satzung die Ausübung eines Gewerbes regelt.

Satzung gesprochen werden kann; anderes gilt für die Festlegung der Abgabesätze nach Art. 63 Abs. 2 S. 1 Nr. 4 GO.

378 Hinsichtlich des Verfahrens enthält Art. 65 GO eine Sonderbestimmung, so dass in erster Linie haushaltsrechtliche Vorschriften zu beachten sind. Hinweis: Genehmigungspflichtige Bestandteile (Art. 65 Abs. 3 S. 1 GO) sind solche Teile, die nach anderen Rechtsvorschriften bei Aufnahme in den Haushalt genehmigungspflichtig sind, z. B. gem. Art. 67 Abs. 4, 71 Abs. 2 S. 1 GO. Sie sind von genehmigungspflichtigen Maßnahmen der Haushaltsführung, z. B. Art. 69 Abs. 1 Nr. 4, Abs. 2 und 4, 71 Abs. 4 GO, zu unterscheiden. Die Haushaltssatzung selbst ist nicht genehmigungspflichtig.

dd) Regelaufbau

Satzungen bestehen aus einem sog. Kopf, den inhaltlichen Regelungen und den Schlussvorschriften:

379 – Zum **Kopf** gehören die Bezeichnung der Satzung und eine Eingangsformel. Die Angabe der Rechtsgrundlage ist empfehlenswert, aber nicht zwingend, da Art. 80 Abs. 1 S. 3 GG (auch über Art. 28 Abs. 1 GG) nicht gilt und Art. 23 S. 3 GO nur für bestimmte Satzungen eine Sollvorschrift enthält.

380 – Hinsichtlich des **Regelungsinhalts** sind neben der Angabe des sachlichen und zeitlichen Geltungsbereichs vor allem Vorschriften über eine Bewehrung, einen Anschluss- und Benutzungszwang und einen Haftungsausschluss von Bedeutung, weil für diese besondere Voraussetzungen gelten.

381 – Die **Schlussvorschriften** bestehen evtl. aus Übergangsvorschriften zur Abstimmung mit altem Recht, ferner aus der Bestimmung des Inkrafttretens (vgl. Art. 26 Abs. 1 GO: ohne ausdrückliche Regelung eine Woche nach Bekanntmachung).

ee) Zuständigkeit und Verfahren

382 Der Satzungserlass fällt in die **Organzuständigkeit** des Gemeinderats (Art. 29 GO). Er kann prinzipiell nicht auf beschließende Ausschüsse übertragen werden (Art. 32 Abs. 2 S. 2 Nr. 2 und 4 GO), tätig werden darf aber der Ferienausschuss (Art. 32 Abs. 4 GO). Eine Eilzuständigkeit des ersten Bürgermeisters nach Art. 37 Abs. 3 GO ist abzulehnen (→ Rn. 153).

383 Hinsichtlich der **Beschlussfassung** sind zunächst die Bestimmungen über den Geschäftsablauf zu beachten, also: Beschlussfähigkeit, Mitwirkungsrechte etc. (→ Rn. 241 ff.). Wie Parlamentsgesetze müssen Satzungen ausgefertigt werden, Art. 26 Abs. 2 GO. **Ausfertigung** bedeutet, dass der erste Bürgermeister den Text unter Angabe des Datums handschriftlich unterzeichnet.[333] Die Ausfertigung hat Authentizitätsfunktion (Beurkundung des beschlossenen Textes, zu Folgen abweichender Texte → Rn. 387) und Legalitätsfunktion (Bestätigung der Einhaltung gesetzlicher Vorgaben, sehr str.[334] und relevant im Zusammenhang mit der Genehmigung von Satzungen, weil bei Annahme der Legalitätsfunktion die Ausfertigung erst nach der Genehmigung erfolgen darf, → Rn. 512).

384 Grundsätzlich bedürfen Satzungen weder einer **Genehmigung** noch einer Vorlage an die Aufsichtsbehörden. Anders ist dies nur, wenn spezielle Gesetze eine Genehmigungspflicht vorsehen (vgl. z. B. Art. 2 Abs. 3 KAG). Bei der Genehmigung handelt es sich um einen Verwaltungsakt, nicht um einen Mitwirkungsakt bei der Rechtssetzung; die Genehmigung wirkt auf den Zeitpunkt des Satzungsbeschlusses zurück; da sie regelmäßig nur aus bestimmten Gründen versagt werden darf und ihre Erteilung auch im Interesse der Gemeinde liegt, ist bei Vorliegen der Genehmigungsvoraussetzungen ein Rechtsanspruch der Gemeinde auf die

---

[333] Auch wenn die Ausfertigung vor der Bekanntmachung (→ Rn. 385) erfolgen muss, muss die Unterschrift nicht unterhalb der Verfahrensvermerke erfolgen, BayVGH v. 25.2.2014, 1 ZB 12.353.

[334] Vgl. auch BVerwGE 88, 204 (209).

Erteilung zu bejahen. Die Genehmigung muss vor der Bekanntmachung erfolgt sein.

Die **Bekanntmachung** ist nach Art. 26 Abs. 2 GO vorzunehmen. Ihr Erfordernis beruht auf dem Rechtsstaatsprinzip, weil die Adressaten einer Rechtsnorm die Möglichkeit erhalten müssen, sich über deren Inhalt zu informieren. Sie hat grundsätzlich im Amtsblatt[335] der Gemeinde zu erfolgen,[336] existiert ein solches nicht, dann in anderen regelmäßig erscheinenden Druckwerken, insbesondere Tageszeitungen (vgl. näher BekV, *Ziegler/Tremel* Nr. 282), wobei Art. 26 Abs. 2 S. 2 GO vier Bekanntmachungsarten nennt.[337]   **385**

Hat die Gemeinde danach die **Wahl** zwischen verschiedenen Bekanntmachungsarten, so muss sie sich grundsätzlich und für alle Fälle für eine einzige Art entscheiden. Aus Gründen der Rechtsicherheit kann sie nicht für jede einzelne Satzung frei wählen:[338] Vielmehr ist eine Bekanntmachungssatzung zu erlassen oder in die Geschäftsordnung eine entsprechende Regelung aufzunehmen (vgl. § 1 Abs. 1 S. 1 BekV).   **386**

ff) Fehlerfolgen

Bekanntmachungsfehler sind wesentliche Verfahrensfehler, d. h. sie führen zur Nichtigkeit der Satzung. Anderes gilt, wenn der veröffentlichte Text vom beschlossenen abweicht, ohne dass der materielle Normgehalt davon berührt wird.[339] Möglich bleibt aber eine Nachholung der Bekanntmachung und dadurch eine Heilung des Verfahrensfehlers.   **387**

Bei Verstößen gegen **sonstige Form- und Verfahrensvorschriften** ist zu unterscheiden: **388**
(1) Grundsätzlich führen sie zur Unwirksamkeit der Satzung.
(2) Teilweise wird deren Beachtlichkeit ausgeschlossen (in der GO nur nach Art. 49 Abs. 4, im Übrigen vor allem in §§ 214 ff. BauGB).
(3) Teilweise können einzelne Verfahrensschritte wiederholt werden.
(4) Vollkommen unwichtige Verfahrensverstöße, d. h. Verstöße gegen bloße Ordnungsvorschriften führen nicht zur Nichtigkeit (vgl. bereits → Rn. 240).

Verstöße gegen **materielles Recht** führen immer zur Nichtigkeit von Satzungen (sofern nicht anderes gesetzlich geregelt ist, vgl. § 214 Abs. 2 BauGB); in diesen Fällen ist nur zu prüfen, ob einzelne Satzungsbestimmungen wirksam bleiben können, so dass lediglich von einer Teilnichtigkeit auszugehen ist.[340]   **389**

---

[335] Das allerdings nicht so heißen muss; es reicht aus, wenn aus einem „Mitteilungsblatt" ausreichend klar hervorgeht, dass es die Funktion eines Amtsblattes erfüllen soll, BayVGH, BayVBl. 2014, 697 (697).

[336] Wobei die Veröffentlichung in einer Beilage zum Amtsblatt nicht genügt, BayVGH v. 6.2. 2014, 6 CS 13.2392.

[337] Zur Bekanntmachung durch Anschlag an Gemeindetafeln BayVGH, BayVBl. 2015, 275.

[338] BayVGH, BayVBl. 2000, 695.

[339] Dasselbe gilt für Abweichungen zwischen ausgefertigtem und beschlossenem Text, dazu und der strengen Anwendung dieser Regel BayVGH, BayVBl. 2014, 364; zur Unzulässigkeit, eine fehlerhaft im Beschlusstext angegebene Rechtsgrundlage zu korrigieren, BayVGH v. 23.7.2012, 4 ZB 12.84.

[340] In der Regel genügt auch nicht der Neuerlass einzelner, die Nichtigkeit begründender Bestimmungen, um die Satzung wirksam werden zu lassen, vgl. BayVGH, BayVBl. 2003, 435.

c) Kommunale Verordnungen

aa) Arten

390   Anders als früher werden Verordnung und Satzung nicht mehr nach Wirkungs-
kreisen abgegrenzt, da Satzungen auch im übertragenen Wirkungskreis erlassen
werden können (und auch für Verordnungen nur als Regel gilt, dass deren Erlass
Angelegenheit des übertragenen Wirkungskreises ist, Art. 42 Abs. 1 S. 2 LStVG).
Die wichtigsten Grundlagen für den Erlass von Verordnungen stellt das **LStVG** bereit: Etwa für sog. Kampfhunde-Verordnungen (Art. 18 Abs. 1), das nicht unum-
strittene Verbot der Gesichtsverhüllung (Art. 23b),[341] das Verbot von Ski- und Bob-
fahrten (Art. 24), Verbot des Betretens von Grundstücken (Art. 26), Badeverbot
(Art. 27), Regelung für fliegende Verkaufsanlagen (Art. 29) (vgl. dazu näher 3. Teil,
→ Rn. 499 ff.). Weitere Rechtsgrundlagen finden sich in **speziellen Vorschriften,**
z. B. § 10 GastV i. V. m. § 1 Abs. 5 GastV zur Änderung der Sperrzeit. Eine abschließende Aufzählung oder auch nur eine Kategorisierung lässt sich wegen der
Vielfalt der Ermächtigungsnormen nicht vornehmen, würde i. Ü. aber auch keinen
Erkenntnisgewinn bringen.

bb) Erlass und Fehlerfolgen

391   Als Organ für den Erlass **zuständig** ist der Gemeinderat (vgl. den allgemein
anwendbaren Art. 42 Abs. 1 LStVG). Im Falle der Dringlichkeit kann nach Art. 42
Abs. 2 LStVG auch der erste Bürgermeister handeln (vgl. hingegen zur fehlenden
Eilkompetenz für Satzungen → Rn. 153). Für das **Verfahren** gelten zunächst die
Vorschriften über den Geschäftsgang im Gemeinderat. Auch wenn es nicht aus-
drücklich erwähnt ist, müssen Verordnungen aus Gründen der Rechtsstaatlichkeit
ausgefertigt werden (→ Rn. 383). Die Bekanntmachung richtet sich nach den Vor-
schriften der GO für Satzungen, ergänzt um einige Sonderbestimmungen
(Art. 51 ff. LStVG; vgl. auch zum Inkrafttreten und zur Geltungsdauer Art. 50
LStVG). Mittlerweile besteht für Verordnungen weder Genehmigungs- noch Vorlagepflicht. Für die **Fehlerfolgen** gelten die Ausführungen zur Satzung entsprechend
(→ Rn. 387 ff.).

d) Überprüfung

392   Zunächst ist eine Überprüfung der Satzung oder Verordnung durch die
Rechtsaufsichtsbehörden möglich, und zwar in der Regel im allgemeinen auf-
sichtlichen Verfahren. Dabei ist die Rechtsaufsichtsbehörde nicht schon deshalb ge-
bunden, weil sie selbst zuvor eine Genehmigung erteilt hat, sie kann also trotzdem
Fehler beanstanden. Vgl. zur **Aufsicht bei Verordnungen** Art. 49 LStVG: Wenn der
Erlass von Verordnungen eine Aufgabe des übertragenen Wirkungskreises darstellt
(Art. 42 Abs. 1 S. 2 LStVG), können insofern Recht- und Zweckmäßigkeit der Ver-
ordnung überprüft werden. Der Vollzug der eigenen Verordnungen (vgl. Art. 43
Nr. 1 LStVG) stellt hingegen eine Aufgabe des eigenen Wirkungskreises dar.

393   Nur eingeschränkte Kontrollmöglichkeiten bestehen **innerhalb der Gemeinde.** Sieht man
vom Beanstandungsrecht des ersten Bürgermeisters nach Art. 59 Abs. 2 GO ab (→ Rn. 144), von

---

[341] Dazu näher *Engelbrecht*, in: Möstl/Schwabenbauer, BeckOK Polizei- und Sicherheitsrecht
Bayern, Stand 3/2021, Art. 23b LStVG, Rn. 4 ff.

dem nur bis zur Ausfertigung der Satzung/Verordnung Gebrauch gemacht werden kann, stellt sich die Frage, ob beim Vollzug eine Normprüfungs- oder gar Normverwerfungskompetenz der Verwaltung besteht.[342] Die Prüfungskompetenz ist mittlerweile im Hinblick auf die Bindung an Recht und Gesetz (Art. 20 Abs. 3 GG) weitgehend unbestritten. Allerdings folgt wegen der bindenden Wirkung der Normen, der Gewaltenteilung und der Einheitlichkeit der Gemeinde aus der Unvereinbarkeit mit höherrangigem Recht nur die Möglichkeit, Korrekturen vorzuschlagen, nicht aber das Recht, die Norm als unwirksam zu behandeln.

Neben § 47 VwGO bestehen auch noch weitere Möglichkeiten der **gerichtlichen Kontrolle und zwar** mit *erga-omnes*-**Wirkung** in Form der verfassungsgerichtlichen Rechtsbehelfe der Individualverfassungsbeschwerde (Art. 93 Abs. 1 Nr. 4a GG; Problem: Unmittelbarkeitserfordernis und Rechtswegerschöpfung) und der abstrakten Normenkontrolle (Art. 93 Abs. 1 Nr. 2 GG; in der Praxis für kommunale Satzungen unbedeutend) beim BVerfG sowie der Popularklage (Art. 98 S. 4 BV) beim BayVerfGH (zu den Zulässigkeitsvoraussetzungen → 1. Teil, Rn. 219). Außerdem kommen eine Richtervorlage (Art. 65, 92 BV) und eine **inzidente Kontrolle** in verwaltungsgerichtlichen Verfahren in Betracht, vor allem wenn ein auf der Satzung beruhender Bescheid angefochten wird. Denn die Rechtmäßigkeit des Bescheids hängt von der Rechtmäßigkeit seiner gesetzlichen Grundlage ab. Eine entsprechende Entscheidung entfaltet nur zwischen den Parteien Wirkung, die Unwirksamkeit der Satzung ist damit nicht mit *erga-omnes*-Wirkung festgestellt.

394

Prüfungsschema: Anfechtungsklage gegen einen auf Satzung/VO beruhenden VA[343]

395

I. Sachurteilsvoraussetzungen
  1. Eröffnung des Verwaltungsrechtswegs, § 40 Abs. 1 VwGO
  2. Zuständigkeit VG, §§ 45, 52 VwGO
  3. Beteiligtenbezogene Voraussetzungen, §§ 61 ff. VwGO
  4. Anfechtungsklage statthaft, § 42 Abs. 1, 1. Alt. VwGO
  5. Klagebefugnis, § 42 Abs. 2 VwGO
  6. Vorverfahren, §§ 68 ff. VwGO
  7. Form/Frist, §§ 74, 81 VwGO
II. Begründetheit, § 113 Abs. 1 S. 1 VwGO
  1. Passivlegitimation, § 78 Abs. 1 VwGO
  2. Rechtsgrundlage, evtl. Parlamentsvorbehalt
  3. Formelle Rechtmäßigkeit des VA
    a) Zuständigkeit
    b) Verfahren/Form

  4. Materielle Rechtmäßigkeit des VA
    a) Tatbestandsvoraussetzungen/Rechtsfolge satzungsgemäß/VOgemäß
    b) Formelle Rechtmäßigkeit der Satzung/VO
      aa) Zuständigkeit
      bb) Verfahren (Beschluss, Ausfertigung, Bekanntmachung)
    c) Materielle Rechtmäßigkeit der Satzung/VO
      aa) Rechtsgrundlage
      bb) Grenzen der Rechtsetzung
      cc) Vereinbarkeit mit höherem Recht
  5. Verletzung subjektiver Rechte

2. Erlass von Verwaltungsakten

a) Grundlage und Vollzug

Kommunen können Einzelmaßnahmen in Form von **Verwaltungsakten** treffen, wie Art. 27 Abs. 1 GO, Art. 21 LKrO, Art. 20 BezO bestätigen. In den meisten Fällen, nämlich immer dann, wenn sie eingreifenden Charakter haben, sind aller-

396

---

[342] Vgl. dazu Aufgabe 6 der 1. Staatsprüfung 1990/I, BayVBl. 1992, 30 u. 61.
[343] Vgl. auch *B/H/K/M*, Klausurenbuch, Klausur Nr. 5.

dings Verwaltungsakte wegen des Vorbehalts des Gesetzes auf eine spezielle Rechtsgrundlage, entweder auf ein formelles Gesetz oder auf eine Satzung bzw. Verordnung, zu stützen.

397   Für den **Vollzug von Verwaltungsakten** bestehen keine Sondervorschriften.
Er richtet sich nach den allgemeinen Bestimmungen, d. h. nach Art. 18 ff. VwZVG.
Die allgemeinen Voraussetzungen sind in Art. 19 VwZVG niedergelegt. Im Übrigen
unterscheidet das VwZVG zwischen der Vollstreckung von Verwaltungsakten, mit
denen Geldleistungen gefordert werden (Art. 23 ff.; vgl. zu Vollstreckungsanord-
nung und Pfändung durch ein ordentliches Gericht Art. 26) sowie der Vollstreckung von Verwaltungsakten, die sich auf Handlungen, Duldungen oder Unterlassungen beziehen (Art. 29 ff.); Zwangsmittel sind neben dem unmittelbaren Zwang
Zwangsgeld, Ersatzvornahme und Ersatzzwangshaft.

b) Fehler und ihre Folgen

398   Während für Rechtsnormen (Satzungen, Verordnungen) ebenso wie für die intern wirkenden Beschlüsse gilt, dass sie durch alle beachtlichen formellen und alle
materiellen Fehler unwirksam werden (→ Rn. 240, 388), gelten für die Fehlerfolgen bei Verwaltungsakten die **Vorschriften des BayVwVfG** und damit Differenzierungen.

399   Die Wirksamkeit eines Verwaltungsakts wird durch dessen Rechtswidrigkeit nicht berührt, es
sei denn, dieser leidet an einem offensichtlichen und schweren oder einem im Gesetz genannten
Fehler (Art. 44 Abs. 1, Abs. 2 BayVwVfG) und ist deshalb nichtig (Art. 43 Abs. 3 BayVwVfG).
(Nur) rechtswidrige Verwaltungsakte verlieren ihre Wirkung erst durch Aufhebung, sei es von
Amts wegen (Art. 48 ff. BayVwVfG) oder auf Rechtsbehelfe der Betroffenen hin, oder durch Er-
ledigung (Art. 43 Abs. 2 BayVwVfG). Zu beachten ist in diesem Zusammenhang, dass formelle
Fehler unbeachtlich sein oder geheilt werden können (Art. 45 BayVwVfG) und der Anspruch
auf Aufhebung durch Art. 46 BayVwVfG beschränkt ist.

Bezogen auf das gemeindliche Handeln gilt:

400   – Fehlt es an der **Verbandszuständigkeit** und liegen die Voraussetzungen des
Art. 44 Abs. 2 Nr. 3 BayVwVfG nicht vor, so ist der Verwaltungsakt nicht von
vornherein nichtig, sondern nur dann, wenn der Fehler evident ist.[344]

401   – Fehlt es an einem **wirksamen Beschluss** des Gemeinderats und ist der erste Bürgermeister nicht allein zuständig, so liegt ein formeller Fehler vor
(→ Rn. 168).

3. Sonstige Handlungsformen

402   Wie andere Verwaltungsträger können sich Kommunen sonstiger Handlungsformen bedienen, insbesondere verwaltungsrechtliche Verträge abschließen, sonstige
öffentlich-rechtliche Willenserklärungen abgeben oder privatrechtlich handeln. Insofern gelten keine Besonderheiten im Hinblick auf die Rechtmäßigkeitsanforderungen. Ihre Organe können im Rahmen ihrer Zuständigkeit auch informell handeln und sind etwa grundsätzlich zur Verbreitung von Informationen befugt.[345]

---

[344] Vgl. *Sachs*, in: *S/B/S*, VwVfG, § 44 Rn. 158 ff.
[345] Auch wenn das, anders als etwa in Baden-Württemberg (dort etwa § 20 GemO BW), nicht
explizit geregelt ist, vgl. *Schröder*, in: Huber/Wollenschläger, Landesrecht Bayern, § 3, Rn. 128.

III. Rechtsschutz und Haftung

1. Kommunen im Verwaltungsprozess

Immer wieder bereitet die **Bestimmung des richtigen Klagegegners** im Ver- 403
waltungsprozess Schwierigkeiten, wenn Kommunen beteiligt sind. Deshalb sollen
hier in aller Kürze die wesentlichen Grundsätze zusammengefasst werden (zur zuständigen Widerspruchsbehörde → Rn. 558):

(1) **Ausgangspunkt** der Bestimmung des richtigen Klagegegners ist § 78 Abs. 1 404
Nr. 1 VwGO, dem das sog. Rechtsträgerprinzip zugrunde liegt: Das Verhalten von Behörden ist dem Rechtsträger zuzuordnen, dem die Behörden angehören.

Dieser Grundsatz gilt auch dann, wenn § 78 Abs. 1 VwGO nicht anwendbar ist, also bei 405
Leistungs- und Feststellungsklagen. Anders als etwa in Nordrhein-Westfalen ist das Behör-
denprinzip (§ 78 Abs. 1 Nr. 2 VwGO) in Bayern nicht eingeführt worden. Umstritten ist allerdings, ob § 78 VwGO die passive Prozessführungsbefugnis (als Zulässigkeitsvoraussetzung)
oder die Passivlegitimation (als Voraussetzung der Begründetheit) regelt.[346]

(2) Das Handeln von Gemeindebehörden ist immer der Gemeinde zuzurechnen, 406
unabhängig davon, ob die Gemeinde eigene oder übertragene Aufgaben wahrnimmt. Eine **Unterscheidung von Aufgabenbereichen bzw. Wirkungs-
kreisen** spielt für die Bestimmung des Klagegegners **keinerlei Rolle.** Die
Gemeinde ist als Körperschaft zu verklagen. In besonders gelagerten Fällen
kann es aber auch zu einem **Insich-Prozess** kommen, obwohl dafür regelmäßig das nötige Rechtsschutzbedürfnis fehlt.[347] Das gilt dann, wenn der erste
Bürgermeister im übertragenen Wirkungskreis gegen den Willen der Gemeinde im eigenen Wirkungskreis handelt und der Bürgermeister nicht befugt ist,
den Streit selbst zu klären.[348]

Das gilt auch für **große Kreisstädte und kreisfreie Gemeinden,** denn auch hier ist nicht 407
danach zu unterscheiden, ob die Städte eigene oder übertragene Aufgaben wahrnehmen.
Schon deshalb spielt es keine Rolle, ob die erfüllten Aufgaben, übertragen auf das Handeln
kreisangehöriger Gemeinden, Aufgaben des Landratsamtes wären.

(3) Schwierigkeiten können sich nur dann ergeben, wenn das **Landratsamt** han- 408
delt. Sie resultieren aus dem Umstand, dass diese Behörde sowohl für den
Landkreis als auch für den Staat tätig werden kann und insofern eine Doppelfunktion besitzt (Art. 37 Abs. 1 LKrO, → Rn. 41). Da immer der Rechtsträger
verklagt werden muss, ist nach der jeweils erfüllten oder zu erfüllenden Aufgabe
zu unterscheiden: Handelt es sich um staatliche Aufgaben, ist der Freistaat Bayern zu verklagen, handelt es sich um Landkreisaufgaben (unabhängig davon, ob
eigene oder übertragene Aufgaben!) der Landkreis.

Wenn in einigen Spezialgesetzen (z.B. der BayBO) von dem **Landratsamt als Kreisver-** 409
waltungsbehörde die Rede ist, so ist damit gerade nicht das Landratsamt als Behörde des

---

[346] Vgl. *Schenke,* VerwPR, Rn. 589 ff.
[347] Vgl. *Kopp / Schenke,* VwGO, Vorbem. § 40 Rn. 30 ff.
[348] Dazu BayVGH, BayVBl. 2005, 405: Anfechtung einer Entscheidung der Enteignungsbe-
hörde (laufende Angelegenheit im übertragenen Wirkungskreis) entgegen dem Willen der Gemeinde beim Vollzug des Bayerischen Straßen- und Wegegesetzes (keine laufende Angelegenheit
im eigenen Wirkungskreis).

Landkreises, sondern als staatliche Behörde gemeint; die gesetzliche Terminologie erscheint etwas missverständlich, entspricht aber einer tradierten Begrifflichkeit.

410   Auf **Bezirksebene** existieren ähnliche Probleme nicht: Hier wird zwischen der Verwaltung für den Bezirk und der Tätigkeit der Regierung als staatlicher Behörde von vornherein unterschieden. Es existiert lediglich nach Art. 35 ff. BezO ein Verwaltungsverbund, d. h. eine rechtliche Koexistenz zweier verschiedener Behörden; diese Situation ist aber nicht mit einer Doppelfunktion zu verwechseln. Insbesondere ergibt sich aus jedem einzelnen Bescheid unmittelbar und nach außen hin ohne weiteres erkennbar, ob der Bezirk oder die Regierung als staatliche Behörde gehandelt hat.

411   **Beispiel 1**: Der Grundstückseigentümer E erhält eine Baugenehmigung, die von seinem Nachbarn N nach erfolglos durchgeführtem Widerspruchsverfahren gerichtlich angefochten wird. Die Baugenehmigung hat erlassen (1) die Große Kreisstadt Neumarkt; (2) die kreisfreie Stadt Regensburg; (3) das Landratsamt Regensburg. Zu verklagen sind: (1) die Stadt Neumarkt, und zwar unabhängig davon, dass es sich um eine nach § 1 Nr. 1 GrKrV i. V. m. Art. 9 Abs. 2 S. 1 GO übertragene Aufgabe handelt; (2) die Stadt Regensburg, die gem. Art. 53 Abs. 1 S. 1 BayBO, 9 Abs. 1 S. 1 GO als untere Bauaufsichtsbehörde tätig wurde; (3) der Freistaat Bayern, da das Landratsamt als untere Bauaufsichtsbehörde (Art. 53 Abs. 1 S. 1 BayBO) eine staatliche Aufgabe wahrgenommen hat (Art. 54 Abs. 1 BayBO).

412   **Beispiel 2**: Dem A wird Sozialhilfe gewährt; er möchte eine höhere Leistung erhalten und hat deshalb beim zuständigen VG Klage erhoben. Den Sozialhilfebescheid hat erlassen (1) die Stadt Regensburg; (2) das Landratsamt Regensburg; (3) der Bezirk Oberpfalz. Zu verklagen sind: (1) die Stadt Regensburg als örtlicher Träger der Sozialhilfe, Art. 80 Abs. 1 S. 1 Bay-AGSG; (2) der Landkreis Regensburg, ebenfalls als örtlicher Träger der Sozialhilfe, Art. 80 Abs. 1 S. 1 BayAGSG, 37 Abs. 1 S. 1 LKrO; (3) der Bezirk Oberpfalz als überörtlicher Träger der Sozialhilfe, Art. 81 Abs. 1 BayAGSG.

2. Haftungsfragen

413   Die Haftung der Kommunen richtet sich nach den **allgemeinen Bestimmungen,** ein spezielles kommunales Haftungsrecht existiert nicht. Demnach ist vor allem zwischen der privatrechtlichen und der öffentlich-rechtlichen Haftung zu unterscheiden, wobei die Anwendbarkeit des Haftungsregimes grundsätzlich davon abhängt, ob für privatrechtliches oder öffentlich-rechtliches Handeln gehaftet werden soll. Lediglich bei der Gefährdungshaftung (etwa nach § 7 StVG, §§ 1, 2, 3 HaftpflG, § 89 WHG) kommt es nicht darauf an, ob eine Sache privatrechtlich oder öffentlich-rechtlich unterhalten bzw. betrieben wird.

a) Privatrechtliche Haftung

414   **Grundsätzlich** richtet sich die Haftung nach den allgemeinen Vorschriften des BGB. Dabei kommt es darauf an, in welcher Form gehandelt wurde und wer haftbar ist:

415   (1) **Haftung der Gemeinde für deliktisches Handeln:** Für das Handeln verfassungsmäßig berufener Vertreter haften Kommunen nach §§ 31, 89 Abs. 1 i. V. m. §§ 823 ff. BGB. Vertreter sind solche Personen, denen wesensmäßige Funktionen der juristischen Person zur selbstständigen Wahrnehmung übertragen sind, die also in amtlicher Eigenschaft im Rahmen der Verbandskompetenz tätig werden, ohne dass es auf Vertretungsbefugnis und Vertretungsmacht ankommt. Dazu gehören vor allem der erste Bürgermeister und der Landrat. Für das Handeln anderer Personen haben die Kommunen nach den Grundsätzen der Haftung für Verrichtungsgehilfen (§ 831 BGB) einzustehen.

416   (2) **Eigenhaftung des Handelnden:** Beamte im statusrechtlichen Sinn (= ernannte Beamte, § 8 BeamtStG i. V. m. Art. 18 ff. BayBG) haften nach § 839

BGB, andere Amtsträger haften nach §§ 823 ff. BGB; vgl. zum Freistellungsanspruch der ehrenamtlichen Gemeinderatsmitglieder im Innenverhältnis Art. 20 Abs. 4 S. 3 GO.

(3) **Vertragliche Haftung:** Regelmäßig finden die allgemeinen zivilrechtlichen **417** Vorschriften Anwendung, also auch §§ 280, 311 Abs. 2, 241 Abs. 2 BGB etc. Zurechnungsnormen für das Handeln des ersten Bürgermeisters sind auch hier §§ 89, 31 BGB, für sonstige Personen wird § 278 BGB herangezogen.

Verkehrssicherungspflichten entfalten besondere Bedeutung im Zusammen- **418** hang mit dem Betreiben **öffentlicher Einrichtungen,** weil die Kommunen für die von ihnen geschaffenen Gefahrenquellen verantwortlich sind, etwa für öffentliche Kinderspielplätze, Schwimmbäder, Sportanlagen etc. Nach Auffassung des BGH sollen Sicherungspflichten zunächst auch dann nach Privatrecht zu beurteilen sein, wenn öffentliche Einrichtungen i. R. d. Daseinsvorsorge zur Verfügung gestellt werden.[349] Dieser Grundsatz unterliegt allerdings Einschränkungen: Ist das Benutzungsverhältnis öffentlich-rechtlich ausgestaltet, sind die in seinem Rahmen bestehenden Pflichten auch nach der Rspr. öffentlich-rechtlich. Kommunen müssen deshalb für die Verletzung von Verkehrssicherungspflichten nach den Grundsätzen über die Amtshaftung einstehen (→ Rn. 419 ff.), wenn sie eine Benutzungssatzung erlassen haben. Hinsichtlich der öffentlichen **Straßen und Wege** ist Art. 72 BayStrWG zu beachten. Danach besteht eine **öffentlich-rechtliche Verkehrssicherungspflicht,** aus der eine öffentlich-rechtliche Haftung folgt. Praktisch gesehen wichtig ist die Möglichkeit, die gemeindlichen Reinigungs-, Räum- und Streupflichten durch den Erlass von Rechtsverordnungen auf die Grundstückseigentümer abzuwälzen (Art. 51 Abs. 4 und 5 BayStrWG).

b) Öffentlich-rechtliche Haftung

aa) Amtshaftung

Wichtigste Grundlage staatshaftungsrechtlicher Ansprüche ist die **Amtshaftung** **419** nach § 839 BGB i. V. m. Art. 34 GG (bzw. Art. 97 BV). Folgende Voraussetzungen sind hierfür erforderlich:

(1) **Hoheitliches Handeln in Ausübung eines Amtes** (Art. 34 Abs. 1 GG), d. h. **420** öffentlich-rechtliches Handeln: Bei Teilnahme am allgemeinen Verkehr liegt nach der Rspr. hoheitliches Handeln vor, wenn die Tätigkeit der Wahrnehmung einer öffentlichen Aufgabe dient. Die privatrechtliche Ausgestaltung von Benutzungsverhältnissen spielt nur gegenüber Anschlussnehmern eine Rolle. Nicht ausreichend ist Handeln bei Gelegenheit der Amtsausübung. Gehaftet wird auch für Werkzeuge und Verwaltungshelfer.[350]

(2) **Verletzung einer Amtspflicht, die dem Betroffenen gegenüber besteht**: **421** Die Drittbezogenheit ist im Hinblick auf drei verschiedene Aspekte erforderlich: (a) Nach der Schutznormtheorie muss sich der Schutz zumindest auch auf private Interessen erstrecken, (b) der Geschädigte muss vom persönlichen, (c) das betroffene Rechtsgut vom sachlichen Schutzbereich erfasst sein.

---

[349] BGHZ 9, 373; 60, 54; 66, 398.
[350] Vgl. auch BGHZ 121, 161 – Abschleppfall, zur Haftung für in die Aufgabenerfüllung einbezogene Unternehmer.

422 (3) **Verschulden, Schaden, haftungsbegründende und -ausfüllende Kausalität**

423 (4) **Negative Voraussetzungen**: Zum einen darf keine anderweitige Ersatzmöglichkeit gegen Private bei Fahrlässigkeit bestehen, § 839 Abs. 1 S. 2 BGB; zum anderen darf kein schuldhaftes Versäumen der Schadensabwendung vorliegen, § 839 Abs. 3 BGB.

424 Beamte im haftungsrechtlichen Sinn sind auch die **Gemeinderäte.** Sie haften für rechtswidriges und schuldhaftes Verhalten. Es kommt nicht auf die individuellen Kenntnisse und Fähigkeiten des Gemeinderatsmitglieds an, sondern auf die durchschnittlich von einem Amtsinhaber zu erwartenden Kenntnisse. Eine Amtshaftung folgt z. B. aus der Überplanung von Grundstücken, wenn versäumt worden ist, zuvor die Altlasten zu überprüfen; insofern entfalten die bauplanungsrechtlichen Vorschriften Drittschutz[351] (→ 4. Teil, Rn. 583 ff.).

425 **Anspruchskonkurrenz** ist im Verhältnis zur Gefährdungshaftung und zu sonstigen Schadensersatzansprüchen sowie Entschädigungsansprüchen möglich, nicht aber gegenüber § 823 BGB, da § 839 BGB lex specialis ist.

bb) Verwaltungsrechtliches Schuldverhältnis

426 Unter verwaltungsrechtlichen Schuldverhältnissen sind **öffentlich-rechtliche Rechtsbeziehungen** zu verstehen, die besonders eng und damit einem privatrechtlichen Schuldverhältnis vergleichbar sind, z. B. Leistungs- und Benutzungsverhältnisse im Bereich der Daseinsvorsorge, etwa nach Anschluss an eine Abwasserkanalisation oder bei Benutzung eines kommunalen Schlachthofs (→ Rn. 480).

427 Die Haftung richtet sich nach öffentlichem Recht, in diesem Rahmen werden die entsprechenden **zivilrechtlichen Vorschriften** (insbesondere die §§ 280 ff. BGB) allerdings **sinngemäß** angewendet. Verschulden ist erforderlich, für die Erfüllungsgehilfen muss in vollem Umfang eingestanden werden (§§ 276, 278 BGB).

cc) Haftungsbeschränkungen

428 Beim Abschluss verwaltungsrechtlicher Verträge kann die **schuldrechtliche Haftung für Leistungsstörungen** mit Ausnahme der Haftung für Vorsatz grundsätzlich beschränkt werden, was aus Art. 62 S. 2 BayVwVfG i. V. m. § 276 Abs. 3 BGB entsprechend folgt.[352] Erfolgt die Zulassung durch Verwaltungsakt auf satzungsrechtlicher Grundlage oder handelt es sich um eine rein tatsächliche Benutzung, kann eine Haftungsbeschränkung nur durch eine entsprechende **Regelung in der Benutzungssatzung** herbeigeführt werden. Das wird allgemein für zulässig gehalten, obwohl es sich um eine einseitige Regelung handelt. Jedenfalls darf die Haftungsbeschränkung nicht zum Ausschluss der groben Fahrlässigkeit führen (vgl. auch § 309 Nr. 7b BGB), muss sachlich gerechtfertigt sein und den Grundsätzen der Erforderlichkeit und der Verhältnismäßigkeit entsprechen.[353]

429 Überwiegend wird die Möglichkeit abgelehnt, bei der **Amtshaftung** den Sorgfaltsmaßstab auf der Grundlage einer Satzung auf grobe Fahrlässigkeit und Vorsatz zu reduzieren, wie auch eine Modifikation sonstiger gesetzlicher Haftungsbestim-

---

[351] Vgl. dazu BGH, NJW 1989, 976 (978); 1990, 381 (383); 1990, 1038 (1040); 1990, 1042 (1043 f.); 1991, 2701 (2702); DÖV 1993, 574.
[352] *Ossenbühl/Cornils,* Staatshaftungsrecht, 6. Aufl. 2013, S. 405 f.
[353] Vgl. nur *Maurer/Waldhoff,* AllgVerwR, § 29 Rn. 9.

mungen durch Satzung ausscheiden soll. Der BayVGH erachtet eine satzungsrecht-
liche Beschränkung allein auf der Grundlage der Ermächtigung, die Benutzung für
öffentliche Einrichtungen zu regeln, für zulässig.[354] Dafür spricht zwar, dass Amtspflichten auch durch Satzung begründet werden können, mithin eine Einschränkung in gleicher Handlungsform eingeführt wird; ein Ausschluss kommt allerdings
nur in Betracht, soweit die bereits aus dem Gesetz folgenden Amtspflichten davon
unberührt bleiben.

dd) Sonstige Ansprüche

Weitere Ansprüche gegen die Kommunen können aus enteignendem und enteignungsglei- **430**
chem Eingriff, Aufopferung und aufopferungsgleichem Eingriff, öffentlich-rechtlicher GoA und
ungerechtfertigten Vermögensverschiebungen (Erstattungsansprüchen) folgen.

c) Rückgriff

Haftet die Kommune im Außenverhältnis, ist es möglich, dass sie **im Innenver-** **431**
hältnis, d.h. im Verhältnis zum Schädiger, Rückgriff nehmen kann. Man spricht
insofern auch von Innenhaftung. Welche Rechtsvorschriften anwendbar sind, hängt
insbesondere vom Status des Schadensverursachers ab. Es gelten für:
– Beamte, § 48 S. 1 BeamtStG: Innenhaftung für Vorsatz und grobe Fahrlässigkeit; **432**
– kommunale Wahlbeamte, § 48 BeamtStG: Innenhaftung für Vorsatz und grobe **433**
  Fahrlässigkeit (zur Verjährung Art. 34 KWBG);
– Arbeiter und Angestellte: arbeitsrechtliche Grundsätze, evtl. § 3 Abs. 4 TV-L oder **434**
  andere tarifvertragliche Bestimmungen;
– ehrenamtliche Mitglieder des Gemeinderats, Art. 20 Abs. 4 S. 2 GO (soll künftig **435**
  mangels eigenständigem Regelungsgehalt entfallen) i. V.m. § 48 BeamtStG: Haftung wie erster Bürgermeister; vgl. ferner Art. 51 Abs. 2 GO (→ Rn. 197).

IV. Finanzen

1. Allgemeine Grundsätze

Kommunen können ihre Aufgaben nur erfüllen, wenn ihnen dafür ausreichen- **436**
de Einnahmen zur Verfügung stehen. Zumindest grundsätzlich muss der Staat entsprechend den verfassungsrechtlichen Vorgaben für eine Zurverfügungstellung von
Finanzmitteln sorgen (→ Rn. 105 f.), evtl. dadurch, dass er den Kommunen bestimmte Einnahmequellen erschließt. Die einfachgesetzliche Ausgestaltung des
kommunalen Abgabenrechts enthält das **KAG** (*Ziegler/Tremel* Nr. 373). Auf welche
Einnahmearten Gemeinden im Einzelnen zurückgreifen können, lässt sich Art. 62
GO entnehmen.

Die grundgesetzlichen **Vorgaben über die Finanzverfassung** (Art. 104a ff. **437**
GG) regeln die Gesetzgebungskompetenz und die Ertragshoheit, zugleich die den
Kommunen zufließenden Steuererträge (→ Rn. 440 ff.). Sie werden durch das
Bundesgesetz über den Finanzausgleich und vor allem das Gesetz über den **Finanz-**

---

[354] So im Falle der Haftung für Schäden infolge des nicht nachgeprüften, ausgebliebenen Zugangs der Mitteilung einer Gemeinde über die Verschiebung des ausnahmsweise nicht am letzten,
sondern nun am „zweitletzten" Sonntag im November stattfindenden „Kathreinermarktes",
BayVGH, BayVBl. 1985, 407 (408).

ausgleich zwischen Staat, Gemeinden und Gemeindeverbänden (FAG, *Ziegler/ Tremel* Nr. 210) umgesetzt.

438   Für die Finanzierung von Landkreisen und Bezirken ist die **Umlage** besonders wichtig (Art. 56 Abs. 2 Nr. 2 LKrO, Art. 54 Abs. 2 Nr. 2 BezO), die von den jeweils angehörigen Gebietskörperschaften erhoben wird (Art. 18 ff. FAG, *Ziegler/Tremel* Nr. 210) und keine Abgabe, sondern ein Instrument des Finanzausgleichs darstellt (dazu auch → Rn. 345).[355]

2. Steuern

439   Ob aus der durch die Selbstverwaltungsgarantie vermittelten Finanzhoheit ein **Steuer(-er-) findungsrecht** folgt, ist höchst fraglich, wenn auch Art. 83 Abs. 2 S. 2 BV die Möglichkeit zur Erhebung von Abgaben erwähnt. Die Beantwortung der Frage hat kaum praktische Relevanz. Denn wegen der mit einer Steuererhebung verbundenen Grundrechtseingriffe bedarf diese **immer einer gesetzlichen Grundlage**, so dass die Kommunen nur im Rahmen der bestehenden Gesetze Steuern verlangen können. Insofern gewinnen hier die **finanzverfassungsrechtlichen Vorgaben** an Bedeutung:

440   – Die Gemeinden sind an dem **Aufkommen** der Einkommensteuer und der Umsatzsteuer nach Art. 106 Abs. 5 und 5a GG **zu beteiligen.**

441   – Die **Realsteuern** (Grund- und Gewerbesteuer abzüglich der Gewerbesteuerumlage) stehen den Gemeinden oder Gemeindeverbänden zu, die die Hebesätze im Rahmen der Gesetze festlegen können (Art. 106 Abs. 6 GG). Da damit nur die Verteilung normiert ist, enthält das GG keine Bestandsgarantie für diese Steuerarten (sehr str.).

442   – Für die **örtlichen Verbrauch- und Aufwandsteuern** haben die Länder die Gesetzgebungskompetenz (Art. 105 Abs. 2a GG), womit ihnen ermöglicht wird, Grundlagen für die Erhebung dieser Steuern durch die Kommunen zu schaffen (vgl. zur Ertragshoheit Art. 106 Abs. 6 S. 1 GG). In Bayern gilt Art. 3 KAG. Im Ergebnis ist der Spielraum der Gemeinden relativ gering, wozu auch die Genehmigungspflicht gem. Art. 2 Abs. 3 KAG[356] beiträgt. Als Aufwandsteuer werden die **Hundesteuer**, die in den letzten Jahren die Rechtsprechung mehrfach beschäftigt hat,[357] und nach Kürzung des Negativkatalogs im Jahr 2004 unter den einkommensbezogenen Einschränkungen des Art. 3 Abs. 3 S. 2–8 KAG auch die **Zweitwohnungssteuer**[358] erhoben.[359]

---

[355] Ausführlich zur Kreis- und Bezirksumlage *Schmitt Glaeser*, BayVBl. 2006, 33.

[356] „Steuerliche Interessen des Staates" i. S. der Vorschrift werden auch beeinträchtigt, wenn eine gesetzlich vorgesehene Steuerbefreiung oder Steuererleichterungen durch eine kommunale Steuer unterlaufen werden, vgl. BayVGH, BayVBl. 2012, 696 (zu einer „Übernachtungssteuer").

[357] Zur Hundesteuer als örtliche Aufwandsteuer BayVGH, BayVBl. 2013, 369; v. 15.1.2013, 4 ZB 12.540. Vgl. zur Erhebung höherer Steuern für Kampfhunde schon BayVGH, BayVBl. 1997, 760 und BVerwG, NVwZ 1997, 801; entsprechende Steuern dürfen grds. über rassenbezogene Listen abgestuft werden, aber auch für Kampfhunde der Höhe nach keine erdrosselnde Wirkung haben, BayVGH v. 25.7.2013, 4 B 13.144.

[358] Zur Zulässigkeit einer Zweitwohnungssteuer bereits BVerfGE 65, 325; zur Vereinbarkeit einer Zweitwohnungssteuer mit Unionsrecht (insbes. mit der Freizügigkeit) BayVGH, BayVBl. 2013, 499.

[359] Vgl. BVerfGE 114, 336: Verstoß gegen Art 6 Abs. 1 GG bei beruflich veranlasster Zweitwohnung und Ehewohnung in einer anderen Gemeinde; zur verfassungskonformen Auslegung der bayer. Satzungsregelungen BayVGH, BayVBl. 2006, 500 und 505.

Einen letztendlich gescheiterten (aber immer noch lehrreichen) Versuch zur Einführung einer neuen Steuer hatten einige Gemeinden durch die Schaffung der **Verpackungssteuer** unternommen.[360] Sie sollte auf Einwegverpackungen (etwa nicht wiederverwendbare Plastikbehälter und -becher) erhoben werden, um Umweltbelastungen zu reduzieren. An diesem Beispiel lassen sich die Voraussetzungen für örtliche Steuern exemplarisch verfolgen. Deren Zulässigkeit setzt zunächst voraus, dass es sich um Verbrauchsteuern handelt, sie nicht mit Verkehrssteuern gleichartig sind und einen örtlichen Bezug aufweisen, d. h. an örtliche Gegebenheiten anknüpfen und in ihrer unmittelbaren Wirkung auf das Gemeindegebiet beschränkt sind.[361] Deshalb konnten Verpackungssteuern nur an den sofortigen Verbrauch von verpackten Waren an Ort und Stelle, nicht aber an den Verkauf von Waren zum Mitnehmen anknüpfen. Ferner war fraglich, ob die Verpackungssteuer wegen des überwiegenden Lenkungszwecks einer weiteren, aus den Sachkompetenzen (Art. 70 ff. GG) ableitbaren Rechtsgrundlage bedurfte.[362] Das BVerfG hat die Diskussion durch eine Entscheidung beendet, nach der die mit der als örtliche Steuer einzuordnenden Verpackungssteuer verbundene abfallwirtschaftliche Lenkung dem Abfallrecht des Bundes widerspricht.[363]

— Art. 106 Abs. 8 GG erlegt dem Bund für **Sonderbelastungen** eine Kostentragungspflicht auf; der damit (auch) den Gemeinden eingeräumte unmittelbare Anspruch hat im Hinblick auf die sonstigen Grundsätze der Ertragsverteilung Ausnahmecharakter.   **443**

3. Beiträge und Gebühren

Beiträge und Gebühren sind **Vorzugslasten,** die als Gegenleistung erhoben werden. Sieht man von den Fremdenverkehrs- und Kurbeiträgen (Art. 6 und 7 KAG) ab,[364] so sind folgende Arten voneinander zu unterscheiden: **444**

— **Verwaltungsgebühren** sind eine Gegenleistung für administrative Tätigkeiten. Ihre Erhebung richtet sich nach dem KG (*Ziegler/Tremel* Nr. 380), das zunächst Regelungen für Amtshandlungen (vgl. Art. 1 Abs. 1 KG) im übertragenen Wirkungskreis trifft (wichtig: Kostenfreiheit, Art. 3, und Kostenverzeichnis, vgl. Art. 5); für Amtshandlungen im eigenen Wirkungskreis werden die Gemeinden zur Gebührenerhebung auf der Grundlage einer Kostensatzung ermächtigt (Art. 20 KG).   **445**

— **Benutzungsgebühren** sind Gegenleistungen für die Benutzung öffentlicher Einrichtungen und des kommunalen Eigentums auf der Rechtsgrundlage des Art. 8 KAG. Sie sollen erhoben werden, soweit die Kommunen Sondervorteile gewähren, Art. 8 Abs. 1 S. 2 KAG (zur Möglichkeit, stattdessen ein privatrechtliches Entgelt zu verlangen, → Rn. 485). Für ihre Bemessung gelten das Kostendeckungsprinzip (Art. 8 Abs. 2 KAG) und das Äquivalenzprinzip (Art. 8 Abs. 4 KAG). Weiterhin gilt im Verhältnis zwischen den Gebührenschuldnern der Gleichheitssatz (Art. 3 Abs. 1 GG, 118 BV).[365]   **446**

— **Beiträge** sind Gegenleistungen für die Zurverfügungstellung von öffentlichen Einrichtungen. Rechtsgrundlage ist Art. 5 KAG. Sie unterscheiden sich von der   **447**

---

[360] Vgl. dazu auch Aufgabe 7 der 1. Staatsprüfung 1993/I, BayVBl. 1995, 30 u. 60, allerdings ohne Berücksichtigung der seither ergangenen höchstrichterlichen Rspr.

[361] Vgl. BVerfGE 69, 174 (183), und BVerfGE 65, 325 (349).

[362] Verneinend BVerwGE 96, 272.

[363] BVerfGE 98, 106 (123).

[364] Deren Einordnung als Beiträge ist fraglich; bejahend zum Fremdenverkehrsbeitrag BVerfG (Kammer), NVwZ 1989, 1052; als Sonderabgabe war hingegen früher die Feuerschutzabgabe einzustufen, deren Erhebung allerdings verfassungswidrig war (BVerfGE 92, 91).

[365] Vgl. BVerwGE 104, 60 (63).

Gebühr durch einen anderen Zweck: Während diese an die tatsächliche Benutzung anknüpft, bezieht sich der Beitrag auf die bloße Möglichkeit der Benutzung.
Für die Abgrenzung ist die tatsächliche Ausgestaltung, nicht die Bezeichnung
entscheidend.

448   **Beispiel:** Wird für die Müllabfuhr eine je nach Größe der Müllbehälter unterschiedlich hohe
Abgabe erhoben, so handelt es sich – unabhängig davon, dass die Tonne vielleicht leer bleibt –
nicht um einen Beitrag, sondern um eine am Wahrscheinlichkeitsmaßstab ausgerichtete Gebühr.

Beiträge decken den **Investitionsaufwand** für öffentliche Einrichtungen und können von
den Grundstückseigentümern und Erbbauberechtigten (vgl. Art. 5 Abs. 6 KAG) verlangt werden, denen diese Einrichtungen besondere Vorteile bieten (Art. 5 Abs. 1 S. 1 KAG).[366] Der
Gemeinde steht es grundsätzlich frei, unter den Möglichkeiten zu wählen, den Investitionsaufwand nur über Beiträge, teils über Beiträge und teils über Benutzungsgebühren oder nur
über Benutzungsgebühren zu decken.[367] Nur beim Straßenausbau (wichtige Sonderbestimmungen enthält insofern das Erschließungsbeitragsrecht der §§ 123 ff. BauGB, vgl. auch Art. 5a
KAG) sollen, d. h. müssen im Regelfall Beiträge erhoben werden (Art. 5 Abs. 1 S. 3 KAG). Der
Bezug auf den Investitionsaufwand führt dazu, dass ein Beitrag nur **einmalig je Einrichtung**
verlangt werden kann (also nicht erneut bei Reparaturen, aber schon bei Verbesserungen und
Erneuerungen für den damit verbundenen Vorteil;[368] vgl. jedoch zur Nachkalkulation auch
Art. 5 Abs. 2a KAG). Mit Vorteilen sind nur die grundstücksbezogenen gemeint (andere Vor-
teile können nur evtl. über Folgekostenverträge abgewälzt werden). Bei einer Einrichtungs-
einheit (Art. 21 Abs. 2 GO) ist eine abschnittsweise Aufteilung des Aufwands unzulässig.[369]
Für die Bemessung gelten ebenfalls Kostendeckungs-, Äquivalenzprinzip und der Gleichheitssatz.

449   Grundlage der Abgabenerhebung muss eine eigenständige, von der Stammsatzung (→ Rn. 485) getrennte **Abgabensatzung** sein, Art. 2 Abs. 1 KAG. Dafür
ist jetzt keine Genehmigung mehr erforderlich (vgl. Art. 2 Abs. 3 KAG). Vgl. zum
Mindestinhalt der Abgabensatzung Art. 2 Abs. 1 S. 2 KAG.[370]

G. Kommunale Einrichtungen

I. Begriff

450   Eine öffentliche Einrichtung i. S. v. Art. 21 GO, Art. 15 LKrO und Art. 15 BezO
ist jede Einrichtung, die von der Gebietskörperschaft durch Widmungsakt der allgemeinen Benutzung, in erster Linie durch ihre Angehörigen und die in ihrem Gebiet niedergelassenen Vereinigungen, zugänglich gemacht und von der Gebietskörperschaft im öffentlichen Interesse unterhalten wird.[371] Wichtig ist der **Begriff** vor
allem im Hinblick auf die Rechte der Einwohner zur Benutzung. Er umfasst höchst
unterschiedliche Gebilde und ist an die folgenden Voraussetzungen geknüpft:

451   (1) **Bereitstellung von Sach- und/oder Personalmitteln:** Eine Einrichtung
muss keineswegs groß oder auf lange Dauer angelegt sein, sie muss auch nicht

---

[366] Zur Verfassungsmäßigkeit des Art. 5 Abs. 1 BayVGH, BayVBl. 2006, 361.
[367] BayVGH, BayVBl. 2000, 405.
[368] BayVGH, BayVBl. 2003, 73.
[369] Vgl. BayVGH, BayVBl. 2011, 116.
[370] Dazu gehört nicht die Angabe der Rechtsgrundlage, vgl. BayVGH v. 23.7.2012, 4 ZB 12.84.
[371] Vgl. BayVGH, BayVBl. 1969, 102.

aus einer Zusammenführung mehrerer Mittel bestehen. Vielmehr genügt jede Ausgestaltung, die eine Benutzung ermöglicht.

(2) **Öffentliches Interesse:** Schaffung und Unterhaltung der Einrichtungen müssen im Gemeinwohl liegen. Für die durch die Allgemeinheit faktisch nutzbaren Einrichtungen besteht eine entsprechende Vermutung, selbst wenn sie privatrechtlich ausgestaltet sind (→ Rn. 459). Soweit aber Einrichtungen allein privaten Zwecken dienen, die Gemeinde für sie keine besonderen Rechte genießt und durch sie den Einwohnern keine Rechte eröffnet (z.B. Vermietung eigener Häuser zu Erwerbszwecken)[372], ist die Voraussetzung nicht erfüllt.   **452**

Beispiele: Schulen, Kindergärten, Museen, Schwimmbäder, Theater, Stadthallen; ebenso nicht gebäudebezogene Einrichtungen wie Parks, Park- und Sportplätze; aus einzelnen Mitteln bestehende Einrichtungen wie Anschlagtafeln, Fremdenverkehrsprospekte, Werbeflächen; auf einzelne Veranstaltungen bezogene Einrichtungen wie Volksfeste und Ausstellungen. Eingeschlossen sind also die Bildung, Kultur und Sport dienenden Einrichtungen ebenso wie die für andere Funktionen der Daseinsvorsorge gedachten (z.B. Müllabfuhr, Feuerwehr, Entwässerungsanlage, Krankenhäuser, Verkehrsbetriebe).

(3) **Widmung:** Darunter versteht man die Erklärung der Gemeinde, dass und in welchem Umfang eine bestimmte Einrichtung in Erfüllung einer gemeindlichen Aufgabe der öffentlichen Benutzung durch die Gemeindeangehörigen zugänglich gemacht wird. Insofern sind keine besonderen Förmlichkeiten vorgeschrieben; die Widmung ist in sehr verschiedenen Rechtsformen möglich: Durch Verwaltungsakt (Allgemeinverfügung, Art. 35 S. 2, 2. Alt. BayVwVfG), Satzung (Art. 24 Abs. 1 Nr. 1 GO) oder auch konkludent, d.h. durch tatsächliches Handeln. Indizien sind der erkennbare Zweck der Einrichtung, die bisherige Benutzungspraxis und die Verwendung öffentlicher Mittel. Str. ist, ob eine rechtssatzmäßig festgelegte Widmung durch späteres konkludentes Handeln nachträglich geändert werden kann.[373] Grundsätzlich stellt die Widmung zwar keine laufende Angelegenheit dar, der Gemeinderat muss aber nicht ausdrücklich befasst gewesen sein; es genügt, dass eine Einrichtung der Öffentlichkeit zur Verfügung gestellt wird und der Gemeinderat nicht widerspricht.[374]   **453**

Voraussetzung der Widmung ist, dass die Gemeinde die **Verfügungsgewalt** über die betroffenen Sachmittel besitzt; denn eine Festlegung öffentlich-rechtlicher Eigenschaften bedeutet zugleich eine Beschränkung der Eigentumsrechte. Ob die Verfügungsgewalt aus dem Eigentum oder aus zivilrechtlichen Absprachen mit Privaten (z.B. Miet- oder Pachtvertrag)[375] folgt, ist unerheblich.   **454**

---

[372] Abzugrenzen ist eine Vermietung oder Verpachtung von der Überlassung gemeindlichen Eigentums zur allgemeinen Verbesserung des wirtschaftlichen Wohls der Einwohner, vgl. zu einem Holzlagerplatz, der zu einem niedrigen (nicht marktüblichen) Entgelt überlassen wird, BayVGH, FSt. 2021, Rn. 38.

[373] Offengelassen durch BayVGH, BayVBl. 2021, 159 (161); dagegen sprechen rechtsstaatliche Gründe, allerdings wird z.T. zumindest eine Erweiterung durch die Einräumung einer „Sondernutzung" für zulässig gehalten, vgl. *Burgi*, KommR, § 16 Rn. 42.

[374] Also mindestens eine „stillschweigende Billigung der tatsächlichen Vergabepraxis durch das nach der Kommunalverfassung zuständige Organ" vorliegt, so BayVGH, BayVBl. 2012, 428, wobei die Befassung eines nur beratenden Ausschusses nicht genügt, da dieser nicht anstelle des Gemeinderats entscheiden kann. Zum Verbot von Wildtieren im Rahmen eines Zirkusgastspiels auf einem Gemeindeplatz VG Darmstadt, LKRZ 2013, 289.

[375] Vgl. zu den sog. Konzessionslösungen auch BayVGH, BayVBl. 1989, 148.

455 (4) Einige Einrichtungen lassen sich **negativ** ausscheiden, weil ihnen eine besondere Funktion zukommt:

456 – Dabei handelt es sich zum einen um die **Verwaltungseinrichtungen,** d. h. die Einrichtungen, die lediglich Verwaltungszwecken und damit dem internen Gebrauch dienen.[376] Sie sind Außenstehenden zugänglich, sofern sie für den Publikumsverkehr geöffnet sind (vgl. Art. 56 Abs. 2 GO).[377]

> **Beispiel:** Rathaus; allerdings können Teile dieser Einrichtungen auch für andere Zwecke als Verwaltungszwecke gewidmet und damit zu öffentlichen Einrichtungen werden, etwa wenn der Rathausbalkon als Rednertribüne zur Verfügung gestellt wird.

457 – Zum anderen scheiden im **Gemeingebrauch** stehende Einrichtungen aus, vor allem Straßen und Wege (vgl. Art. 21 Abs. 5 GO). Sie stellen zumindest eine Sonderkategorie dar,[378] die dadurch gekennzeichnet ist, dass der Gebrauch im Rahmen der Vorschriften (etwa BayStrWG) jedermann zusteht.

458 (5) Enger als der Begriff der Einrichtung ist der Begriff des **Unternehmens.** Darunter zu verstehen ist die organisatorische Zusammenfassung sachlicher und personeller Betriebsmittel, durch die ein bestimmter Zweck mit einer gewissen Dauerhaftigkeit verfolgt wird. Das kommunale Unternehmensrecht ist in Art. 86 ff. GO enthalten, gehört aber trotz seiner großen praktischen Bedeutung nicht mehr zum Prüfungsstoff der Juristischen Staatsprüfungen in Bayern. In welchen (öffentlich-rechtlichen und privatrechtlichen) Formen ein Unternehmen betrieben werden kann, lässt sich Art. 86 GO entnehmen (formaler Unternehmensbegriff). Die Aufzählung ist nicht abschließend; insbesondere kommt daneben die Errichtung von Regiebetrieben oder von besonderen Einrichtungen nach speziellen Gesetzen, wie vor allem von Sparkassen als Anstalten des öffentlichen Rechts nach Art. 3 SpkG, in Betracht. Zu unterscheiden sind nach dem Grad der Verselbständigung Regiebetriebe (Teil der allgemeinen Verwaltung, Art. 88 Abs. 6 GO), Eigenbetriebe (Sondervermögen ohne eigene Rechtspersönlichkeit, Art. 88 Abs. 1 GO) und Kommunalunternehmen (Anstalten des öffentlichen Rechts, Art. 89 GO). Für die Errichtung, Übernahme und wesentliche Erweiterung von Unternehmen sind die allgemeinen Schranken der Art. 87 Abs. 1 und 95 Abs. 2 GO zu beachten. Zusätzlich dazu fordert Art. 92 GO für Unternehmen in Privatrechtsform, dass bei diesen die Erfüllung des öffentlichen Zwecks sichergestellt ist (Abs. 1 S. 1 Nr. 1, S. 2 und 3), die Gemeinde einen angemessenen Einfluss in den aufsichtsführenden Organen erhält und ihre Haftung grundsätzlich auf einen angemessenen Betrag begrenzt wird. Die Bestimmung gilt sowohl für sog. Eigengesellschaften (bei denen die Gemeinde alle Gesellschaftsanteile besitzt) als auch für die Beteiligung an Unternehmen durch Erwerb von Gesellschaftsanteilen. Die drittschützende Wirkung der beschränkenden Vorschriften war und ist umstritten, für den Rechtsschutz konkurrierender Privater spielen deshalb vor allem die Grundrechte sowie das Wettbewerbs- und Vergaberecht eine Rolle.[379]

---

[376] Vgl. zur Frage der Außenwirksamkeit bei nur interner Registrierung den „Hamburger-Stadtsiegel-Fall", BGH, NJW 1990, 899, und dazu *Manssen*, JuS 1992, 745 ff.
[377] Zum Besuchsrecht und möglichen Einschränkungen BayVGH, BayVBl. 1982, 277.
[378] Zur str. terminologischen Einordnung nur *Hölzl / Hien / Huber*, GO, Art. 21 Erl. 1.4.
[379] Vgl. 6. Aufl. 2015, Rn. 516 ff.

II. Organisation und Zugang

1. Organisatorische und räumliche Ausgestaltung

Öffentliche Einrichtungen können sowohl in der Form des öffentlichen Rechts **459** als auch des Privatrechts organisiert sein. Kommunen verfügen insoweit grundsätzlich über **Wahlmöglichkeiten,** die nach Zweckmäßigkeit zu nutzen sind. Bei privatrechtlicher Ausgestaltung muss der Gemeinde eine so starke Einflussnahme verbleiben, dass sie auf die Willensbildung der juristischen Person entscheidend einwirken kann, etwa durch Stimmenmehrheit in den Entscheidungsgremien.[380] Bereits im Rahmen der Wahl einer Organisationsform ist der **Zusammenhang mit der Ausgestaltung des Benutzungsverhältnisses** zu beachten: Während bei öffentlich-rechtlichen Einrichtungen zusätzlich gewählt werden kann, ob sich die Benutzung nach öffentlichem Recht oder Privatrecht richten soll, ist die letztgenannte Form für privatrechtlich organisierte Einrichtungen obligatorisch. Im öffentlichen Recht existieren wiederum verschiedene Einrichtungsformen, abgestuft nach dem Grad der Eigenständigkeit. Soweit die Ausgestaltung durch eine Satzung erfolgt, ist Rechtsgrundlage dafür Art. 24 Abs. 1 Nr. 1 GO (evtl. verbunden mit Fachgesetzen); zu den allgemeinen Voraussetzungen und Grenzen → Rn. 372.

Überblick über mögliche Organisationsformen **460**

		Öffentliches Recht	Zivilrecht
Grad der Verselbständigung →	Teil der Verwaltung	ohne betriebliche Zuordnung (kein Unternehmen)	–
	Sondervermögen	Eigenbetrieb	–
	eigene Rechtspersönlichkeit	Kommunalunternehmen; evtl. sonstige Anstalten des öff. Rechts	GmbH, AG u. a.
Benutzungsverhältnis		öffentl.-rechtl. oder privatrechtl.	privatrechtl.

Was die **räumliche Erstreckung** angeht, so ist eine Einrichtung, die sich auf das gesamte **461** Gemeindegebiet erstreckt, unproblematisch. Gerade bei der Versorgung mit Elektrizität und Gas oder bei Wasser- und Abwassereinrichtungen kann auch eine Aufteilung erwogen werden. Im Hinblick auf die damit verbundene Erhebung von Beiträgen und Gebühren darf jedoch nur bei Vorliegen sachlich rechtfertigender Gründe eine ungleiche Belastung der Betroffenen hervorgerufen werden.[381] Deshalb stellt der 1992 neu gefasste Art. 21 Abs. 2 GO klar, dass eine sachgerechte Aufteilung lediglich dann möglich ist, wenn eine Einrichtung aus mehreren technisch selbständigen Anlagen besteht.[382]

---

[380] Sonst ist von einer gemeindlichen Einrichtung nicht zu sprechen, sondern liegt eine materielle Privatisierung vor (dazu und zur Zulässigkeit → Rn. 356). Vgl. zu einem privaten Straßenfest VG München v. 30.8.2018 – M 7 E 18.4088.

[381] Vgl. BayVGH, BayVBl. 1989, 241.

[382] Zum Ermessensspielraum der Gemeinden bei der Festlegung selbständiger Anlagen BayVGH v. 2.10.2013, 20 N 13.1016.

2. Anspruch auf Benutzung

a) Allgemeines

462   Rechtsgrundlage für einen Anspruch auf Zulassung zu einer öffentlichen Einrichtung ist **Art. 21 Abs. 1 GO** (bzw. bei Einrichtungen der Landkreise und Bezirke Art. 15 LKrO, 15 BezO).[383] Anspruchsberechtigt sind grundsätzlich alle Gemeindeangehörigen im Sinne von Art. 15 Abs. 1 S. 1 GO (→ Rn. 126 f.). Juristische Personen und Personenvereinigungen sind ausdrücklich einbezogen (Art. 21 Abs. 4 GO). Gemeint sind damit alle Vereinigungen mit eigener Rechtspersönlichkeit und mit Teilrechtsfähigkeit, also AG, GmbH, OHG, KG, Vereine etc. Vorausgesetzt ist ein dauerhafter organisatorischer Zusammenschluss. Ebenso in den Kreis der Berechtigten sind die Forensen (→ Rn. 126) gem. Art. 21 Abs. 3 GO aufgenommen.

463   Soweit **politische Parteien** Zugang zu kommunalen Einrichtungen, etwa Stadthallen, fordern, gilt Folgendes: Sie sind i. d. R. keine juristischen Personen, aber Personenvereinigungen i. S. v. Art. 21 Abs. 4 GO. Im gerichtlichen Verfahren ist zu beachten, dass § 61 Nr. 1, Alt. 2 VwGO wegen § 3 PartG auch für Parteien und deren Gebietsverbände höchster Stufe gilt, jedoch nicht für Kreis- und Ortsverbände der Parteien; diese sind nach § 61 Nr. 2 VwGO im Hinblick auf das ihnen konkret zustehende Recht aus Art. 21 Abs. 1, Abs. 4 GO beteiligtenfähig. Der Ortsverband einer Partei kann auch einen Zulassungsanspruch für überörtliche Veranstaltungen geltend machen. Es soll hier nicht auf den Teilnehmerkreis, sondern auf den Veranstalter ankommen.

464   Art. 21 GO kann durch die Bestimmungen der **Gewerbeordnung** über die Abhaltung von Märkten und Volksfesten überlagert werden. Bei entsprechend festgesetzten Veranstaltungen richten sich die Ansprüche dann nicht nach der GO, sondern nach der GewO, insbesondere deren § 70. Jedoch ist die Anwendung der gewerberechtlichen Vorschriften für Volksfeste nicht zwingend.[384]

465   Art. 21 GO verleiht einen Anspruch auf Benutzung, d. h. auf den **widmungsgemäßen Gebrauch** (vgl. auch unten, Rn. 469 f.). Er enthält aber **keinen Anspruch auf Schaffung** von Einrichtungen oder auf deren Widmung zu bestimmten Zwecken. Deshalb ist der Gemeinderat grundsätzlich frei, Einrichtungen zu schließen (d. h. zu entwidmen) oder umzuwidmen.[385] Anderes kann nur gelten, wenn ausnahmsweise spezielle Vorschriften oder die Grundrechte den Betroffenen weitergehende Ansprüche einräumen oder der Gestaltungsspielraum durch verfassungsrechtliche Vorgaben objektiv-rechtlich beschränkt ist.[386]

---

[383] Ergänzend *Schoch*, NVwZ 2016, 257 ff. Zur Übung *Dederer/Kasper*, JuS 2021, 655 ff., *Ludwigs/Zentgraf*, JuS 2020, 1188 ff., Aufgabe 5 der Ersten Juristischen Staatsprüfung 2017/1, BayVBl. 2020, 177 ff./207 ff., Aufgabe 9 der Zweiten Juristischen Staatsprüfung 2013/1, BayVBl. 2018, 392 ff./427 ff. und Aufgabe 9 der Zweiten Juristischen Staatsprüfung 2015/1, BayVBl. 2019, 681 ff./714 ff.

[384] Str., wie hier *Frotscher/Kramer*, Wirtschaftsverfassungs- und Wirtschaftsverwaltungsrecht, 6. Aufl. 2013 Rn. 460; a. A. *Pitschas*, BayVBl. 1982, 641 (644 f.).

[385] Das ist bei nur konkludenter Widmung dadurch möglich, dass die Vergabepraxis dauerhaft und nach außen erkennbar geändert wird, BayVGH NVwZ-RR 2014, 110, was allerdings nur retrospektiv feststellbar ist, wenn nicht eine neue und beschränkte Widmung durch VA oder Satzung erfolgt; zum Verbot des willkürlichen Handelns → Rn. 469.

[386] Vgl. Aufgabe 6 der 1. Staatsprüfung 1995/II, BayVBl. 1997, 416 u. 445. Allerdings darf das nicht so weit gehen, den Entscheidungsspielraum der Kommunen zu weit zu verkürzen; vgl. *Lange*, DVBl. 2014, 753 (754) zum Beispiel von Ausnahmen für die Benutzung eines Zirkus mit näher genannten Wildtieren (entgegen VG Darmstadt, LKRZ 2013, 289).

Dies ist allerdings im Hinblick darauf, dass Grundrechte **prinzipiell keine Leis-** **466** **tungsrechte** vermitteln, kaum denkbar.[387] Ob die Einrichtungen ihrerseits Grundrechtsträger sein und sich deshalb gegen eine Schließung wehren können, ist zweifelhaft und grundsätzlich mangels eigener Rechtsposition zu verneinen. Bejaht man ausnahmsweise wegen schutzbereichsspezifischer Besonderheiten eine Grundrechtsfähigkeit kultureller Einrichtungen bzgl. der Kunstfreiheit (Art. 5 Abs. 3 S. 1, 1. Alt. GG), folgt daraus jedenfalls kein Abwehranspruch gegen Schließungen.

Zu bedenken ist, dass auch **andere Normen** als Art. 21 GO einen Anspruch auf **467** Zugang zu Einrichtungen einräumen können. Insbesondere wenn es nicht um die Benutzung der Einrichtung geht oder die nachfolgenden Voraussetzungen nicht erfüllt werden, sind diese zu prüfen. In Betracht kommen für die Zulassung zur Berichterstattung die landesrechtlichen Pressegesetze.[388] Ansonsten ist vor allem an den **Anspruch aus Art. 3 Abs. 1 GG bzw. Art. 118 BV i. V. m. der Zurverfügungstellung der Einrichtung** zu denken. Für **politische Parteien** gilt zudem als Ausprägung des Gleichheitssatzes das Gleichbehandlungsgebot nach § 5 Abs. 1 S. 1 PartG.[389]

b) Umfang des Anspruchs

aa) Grundsätze

Das durch Art. 21 Abs. 1 GO verliehene Recht, die Einrichtung zu benutzen, **468** wird in dreierlei Hinsicht **begrenzt:**
(1) Die **Widmung** (→ Rn. 453) beschränkt den Anspruch sowohl in personeller **469** als auch in sachlicher Hinsicht, wobei zu fordern ist, dass es sich um sachangemessene Beschränkungen (im Hinblick auf den Zweck einer Einrichtung) handelt und die verfassungsrechtlichen Vorgaben eingehalten werden.[390] Ausgeschlossen ist etwa wegen Verstoßes gegen Art. 3 Abs. 1 GG eine Steuerung der Zulassung im Einzelfall durch jeweilige Anpassung der Widmung.[391]

> **Beispiel:** Im Abstand von 10 Jahren werden in Oberammergau die berühmten Passions- **470** spiele veranstaltet. Bei der Frage, wer als Akteur mitwirken darf, geht es um den Zugang zu einer gemeindlichen öffentlichen Einrichtung i. S. v. Art. 21 GO. Die traditionellerweise vorgesehenen Einschränkungen des Mitwirkungsrechts von Frauen (unverheiratet und vor einem bestimmten Stichtag geboren) waren nicht mit Art. 3 Abs. 1, Abs. 2 GG, Art. 118 Abs. 1 BV, Art. 6 Abs. 1 GG, Art. 124 Abs. 1 BV zu vereinbaren.[392]
> In manchen Fällen fällt die Entscheidung schwer, wer als Benutzer für bestimmte Einrich- **471** tungen vorgesehen ist. Umstritten ist dies insbesondere bei **Volksfesten.** Hier sollen nach

---

[387] Zu einem Sonderfall (außerhalb öffentlicher Einrichtungen) mit Lösung über eine grundrechtlich abgeleitete Ermessensreduzierung BVerwGE 91, 135 – Bonner Hofgartenwiese.

[388] Zur Rechtswidrigkeit eines Hausverbots wegen Kritik an Theateraufführungen VG Bayreuth v. 24.4.2008, B 2 K 07.849.

[389] Dazu und der Möglichkeit, Parteien generell durch die Widmung vom Zugang auszuschließen, BayVGH, BayVBl. 2019, 50 (52 f.).

[390] Dazu im Hinblick auf Art. 5 Abs. 1 S. 1 und 3 Abs. 1 GG BayVGH, BayVBl. 2021, 159 (162 ff.).

[391] Das gilt insb. für konkludente Widmungen: Hier darf nicht allein ein neu gestellter Antrag auf eine Nutzung zu einer veränderten Praxis führen, vgl. BayVGH, BayVBl. 2012, 428: dann ergebe sich ein nur schwer zu entkräftigender Verdacht für ein willkürliches Handeln; ähnlich BayVGH v. 17.2.2011, 4 CE 11.287. Dazu, dass eine Selbstbindung durch ausnahmsweise Einzelfälle nicht begründet werden kann, auch BayVGH, BayVBl. 2021, 159 (161).

[392] BayVGH, BayVBl. 1990, 562.

einer Ansicht nur die Besucher zum Benutzerkreis gehören, nicht jedoch die Schausteller. Dies ist aber in Übereinstimmung mit der Rspr. abzulehnen:[393] Volksfeste werden nicht nur zur Volksbelustigung, sondern auch deshalb veranstaltet, um den Schaustellern Betätigungsmöglichkeiten zu bieten. Werden **Publikationen** durch **Werbung** finanziert, besitzen potentielle Inserenten keinen Aufnahmeanspruch, weil mit der Werbung selbst kein öffentlicher Zweck verbunden ist; hier hilft nur Art. 3 Abs. 1 GG weiter. Auch in anderen Fällen ist genau zu beachten, welchen öffentlichen Zwecken die Einrichtung gemäß der Widmung dienen soll.[394]

472 (2) Der Anspruch steht unter dem **Vorbehalt des tatsächlich und rechtlich Möglichen.** Tatsächliche Hindernisse, etwa umbaubedingte oder ferienbedingte Schließungen, führen zum Anspruchsausschluss. Ferner besteht der Anspruch nur im Rahmen der Kapazitätsgrenzen. Eine Begrenzung kann auch aus der eingeschränkten Dispositionsbefugnis der Kommune folgen, die etwa vorliegt, wenn eine Gemeinde Räume angemietet hat und für bestimmte Benutzungen eine Zustimmung des Vermieters erforderlich ist.

473 (3) Schließlich sind die **bestehenden allgemeinen Vorschriften** zu beachten (Art. 21 Abs. 1 GO). Danach ist ein Anspruch ausgeschlossen, wenn die Benutzung zu strafrechtlich relevanten Handlungen führt, insbesondere wenn der Benutzer Straftatbestände erfüllt. Dafür müssen allerdings nach der Rechtsprechung konkrete Anhaltspunkte vorliegen. Ebenso sind Gefahren für die öffentliche Sicherheit und Ordnung zu berücksichtigen.

474 In diesem Zusammenhang stellt sich häufig das Problem, wie die Abhaltung von **Gegendemonstrationen** bei Veranstaltung eines Parteitags zu beurteilen ist: Grundsätzlich ist es Aufgabe der Sicherheitsbehörden, die Sicherheit und Ordnung zu gewährleisten; anderes kann nur gelten, wenn die zuständigen Behörden vollkommen außerstande sind, dieser Aufgabe nachzukommen[395] (→ 3. Teil, Rn. 195).

bb) Kapazitätsprobleme

475 Bestehen **Kapazitätsprobleme** und können deshalb nicht alle Bewerber zugelassen werden, muss die Kommune eine **Auswahl** nach pflichtgemäßem **Ermessen** treffen. Zugleich wandelt sich der Zulassungsanspruch der Bewerber in einen Anspruch auf ermessensfehlerfreie Entscheidung um (gestützt auf Art. 3 Abs. 1 GG). In diesen Fällen stehen zwei Fragen im Mittelpunkt, zum einen die nach den sachgerechten Auswahlkriterien, zum anderen die nach dem verwaltungsgerichtlichen Rechtsschutz für abgewiesene Bewerber:

476 Ob die **Auswahlkriterien** sachgerecht sind, hängt einerseits von der Art der Einrichtung und deren Zweck, anderseits von den berührten verfassungsrechtlich geschützten Belangen der Betroffenen (vor allem bei Gewerbetreibenden, Art. 12 Abs. 1 GG) ab. Bei Sporthallen wird es in der Regel genügen, alle sich um die Bewerbung bemühenden Vereine in gleichem Maße zu berücksichtigen und dann, wenn die Grenzen für eine Vergabe von ausreichend großen Einheiten erreicht sind, nach sachlichen Gründen wie Priorität und Bedeutung zu entscheiden. Nicht zurückgegriffen werden darf in diesem Zusammenhang auf das Kriterium „bekannt und bewährt",[396] jedoch kann dieses bei Volksfesten verwendet werden, allerdings nur, wenn Neu-

---

[393] BayVGH, BayVBl. 1982, 656 – Oktoberfest. A. A. *Lange,* DVBl. 2014, 753 (756).

[394] Vgl. *Hölzl/Hien/Huber,* GO, Art. 21 Erl. 5.4 (zu Websites); dazu auch *Ott/Ramming,* BayVBl. 2003, 454 ff.

[395] Vgl. dazu BayVGH, BayVBl. 1993, 567. In der Praxis wird der Abschluss einer Veranstalterhaftpflichtversicherung vorausgesetzt; zur Zulässigkeit BayVGH, BayVBl. 2013, 346.

[396] Vgl. BayVGH, BayVBl. 1997, 694.

bewerbern eine bestimmte Quote reserviert wird.[397] Im Übrigen wird dort vor allem auch die Attraktivität eine Rolle spielen,[398] ein an mehreren Kriterien orientierter Maßstab erscheint deshalb empfehlenswert, wobei auf die Zwecksetzung der Einrichtung abzustellen ist und die Ausgestaltungsbefugnis durch Richtlinien über den Gleichheitssatz begrenzt sein kann.[399] Die Auswahl selbst muss nachvollziehbar sein und auf der Basis objektiv ermittelter Tatsachen beruhen.[400]

Was den **Rechtsschutz** angeht, so ist ein Benutzungsanspruch ebenso wie ein Anspruch auf   **477** ermessensfehlerfreie Entscheidung durch Verpflichtungsklage (§ 42 Abs. 1, 2. Alt. VwGO, evtl. nur auf Bescheidung gerichtet) geltend zu machen. Schwierig wird es dann, wenn die Zulassung daran scheitert, dass bestimmte Konkurrenten zugelassen worden sind (**Konkurrentenklage**).[401] Zur Lösung werden unterschiedliche Wege vorgeschlagen (vor allem Verpflichtungsklage mit materiell-rechtlichem Anspruch auf Aufhebung einer noch nicht bestandskräftigen Zulassung des Konkurrenten; alleinige Anfechtungsklage auf Aufhebung der Begünstigung des Konkurrenten); systemgerecht erscheint eine Kombination aus Anfechtungs- (gegen die Zulassung des Konkurrenten) und Verpflichtungsklage (für die eigene Zulassung).[402] Zu diskutieren bleibt dann die Klagebefugnis für die Anfechtungsklage (§ 42 Abs. 2 VwGO). Sie folgt aus einer möglichen Verletzung des Rechts aus Art. 21 Abs. 1 GO (bzw. Art. 3 Abs. 1 GG) durch die (behauptete) unrechtmäßige Zulassung des Konkurrenten.

cc) Widmungserweiterung

Die durch die Widmung gezogenen Grenzen können sich durch eine **Wid-**   **478** **mungserweiterung** verschieben. Auf die Erweiterung besteht kein Anspruch, vielmehr steht diese zunächst nach den bereits genannten Grundsätzen (→ Rn. 469) im Ermessen der Gemeinde. Prinzipiell kann sie durch konkludentes Handeln erfolgen, etwa dadurch, dass eine Sporthalle auch Parteien für Versammlungen zur Verfügung gestellt wird. Entsprechendes Handeln der Verwaltung bedarf des (stillschweigenden) Einverständnisses des Gemeinderats. Fraglich ist nur, ob förmlich vorgenommene Widmungen auch durch formloses Handeln geändert werden können oder ob dem der *actus-contrarius*-Grundsatz entgegensteht.

Dabei handelt es sich nicht um ein Problem der Organzuständigkeit, weil auch das tatsächliche   **479** Handeln des ersten Bürgermeisters durch ein (evtl. stillschweigendes) Einverständnis des Gemeinderats getragen sein muss (sofern nicht ausnahmsweise eine laufende Angelegenheit vorliegt, → Rn. 453). Berücksichtigt man die durch die Satzung eingeräumte Rechtsposition der Bürger, ist zu differenzieren: Eine Erweiterung durch konkludentes Handeln ist zulässig, selbst wenn damit die Kapazität für die ursprünglich eingeräumte Nutzung vermindert wird, weil kein Anspruch auf Ausschluss Dritter von der Benutzung besteht.[403] Eine Einschränkung der durch Rechtssatz verliehenen Rechte durch konkludentes Handeln stößt hingegen auf rechtsstaatliche Bedenken (dazu auch → Rn. 465).

---

[397] Vgl. BVerwG, NVwZ 1984, 585.

[398] Vgl. dazu BayVGH, BayVBl. 2004, 494.

[399] Vgl. BayVGH, BayVBl. 2011, 23 (zum „Festkonzept" und der Grenze des Willkürverbots), und BayVGH v. 12.7.2011, 4 CS 11.1200 (Gäubodenfest); zu den Auswahlkriterien „Erfahrung" und „Ortsansässigkeit", VG Münster, GewArch 2015, 271; zur Zulässigkeit einer detaillierten Einzelgestaltung BayVGH, BayVBl. 2017, 166.

[400] Dazu BayVGH, BayVBl. 2014, 632 (zum Erfordernis von Transparenz und Dokumentation angesichts des Einschätzungsspielraums der Kommune); zur Berücksichtigung von Verwaltungswissen im Auswahlverfahren BayVGH, BayVBl. 2014, 632.

[401] Vgl. dazu Aufgabe 7 der 1. Staatsprüfung 1996/I, BayVBl. 1998, 159 u. 188.

[402] Während natürlich der Verpflichtungsantrag genügt, wenn die Kapazität noch nicht erschöpft ist, vgl. zu beiden Konstellationen BayVGH, BayVBl. 2011, 23. Vgl. zum einstweiligen Rechtsschutz BVerfG (Kammer), BayVBl. 2003, 303.

[403] A. A. *Lange*, DVBl. 2014, 753 (754).

III. Benutzung

1. Benutzungsverhältnis

a) Gestaltungsmöglichkeiten

480   Bei der Ausgestaltung der Benutzungsverhältnisse genießen Kommunen wiederum **Wahlfreiheit** (→ Rn. 459),[404] weshalb im Einzelfall die gewählte Rechtsform klargestellt werden muss (zu möglichen Einschränkungen (→ Rn. 356). Ein Benutzungsverhältnis ist **öffentlich-rechtlich,** wenn die Kommune selbst die Einrichtung in öffentlich-rechtlicher Form betreibt und die Benutzungsbedingungen durch Satzung geregelt sind, oder sie über die Benutzung öffentlich-rechtlich organisierter Einrichtungen verwaltungsrechtliche Verträge abschließt. Denkbar ist auch, dass die Kommune hinsichtlich der Benutzung keine eigenständigen Regelungen mehr trifft oder nur eine Anstaltsordnung verwendet (→ Rn. 360). Konsequenz der öffentlich-rechtlichen Benutzung ist, dass für darauf bezogene Streitigkeiten der Verwaltungsrechtsweg eröffnet ist (§ 40 Abs. 1 VwGO). Zu beachten ist: Die öffentlich-rechtliche Organisation ist zwar bei fehlenden weiteren Angaben oder Regelungen Indiz für ein öffentlich-rechtliches Benutzungsverhältnis, jedoch kann die Kommune die Benutzung auch in diesen Fällen privatrechtlich regeln, wofür z. B. spricht, dass statt einer Gebühr ein Entgelt verlangt wird und der Benutzung AGB zugrundegelegt werden. Umgekehrt scheidet eine öffentlich-rechtliche Benutzung immer dann aus, wenn die Einrichtung in **Privatrechtsform,** etwa als GmbH, betrieben wird.

481   Eine **privatrechtliche Ausgestaltung der Benutzung,** vor allem durch den **Abschluss von Mietverträgen,** kann nach dem Vorstehenden bei öffentlich-rechtlichen Einrichtungen und muss bei privatrechtlichen Einrichtungen vorgesehen werden. Das Benutzungsverhältnis ist dann ein zivilrechtliches Schuldverhältnis, auf das die Vorschriften des BGB Anwendung finden; eventuelle Streitigkeiten sind vor den Zivilgerichten auszutragen. Die gemeindlichen Einrichtungen bleiben allerdings an die Grundrechte gebunden (Verwaltungsprivatrecht).[405]

b) Verhältnis zum Zulassungsanspruch

482   Ein auf Art. 21 GO (bzw. Art. 15 LKrO, 15 BezO) oder Art. 3 Abs. 1 GG gestützter **Zulassungsanspruch ist immer öffentlich-rechtlicher Natur.** Das ergibt sich bereits aus der Zuordnungstheorie, wonach darauf abzustellen ist, dass der Anspruch durch öffentlich-rechtliche Normen vermittelt wird. Die Zwei-Stufen-Theorie hat in diesem Zusammenhang zunächst keine Bedeutung. Sie ist aber wichtig, um zu erklären, dass die Rechtsform des Zulassungsanspruchs (1. Stufe) einerseits und des Benutzungsverhältnisses (2. Stufe) andererseits unterschiedlich sein können. Zwischen beiden Stufen ist grundsätzlich zu unterscheiden.[406]

483   In einer Hinsicht wirkt sich allerdings die Wahl der Privatrechtsform für die Organisation der Einrichtung und deren Benutzung auf den Zulassungsanspruch aus: Während bei einer öffentlich-rechtlichen Benutzung – ebenso wie bei einer privat-

---

[404] Vgl. dazu *v. Danwitz,* JuS 1995, 1 ff.

[405] Vgl. zur Gleichbehandlung von Parteien *Brand,* BayVBl. 2001, 104 ff.

[406] Vgl. zu einem Fall, in dem das Benutzungsverhältnis hinsichtlich der Zulassung öffentlich-rechtlich, hinsichtlich der Ausgestaltung privatrechtlich ausgestaltet war und deshalb ein Zugang durch VA eingeräumt und bei Beendigung der Benutzung auch durch VA entzogen werden musste, BayVGH, NJW 2013, 249.

rechtlichen Benutzung öffentlich-rechtlich organisierter Einrichtungen – die Zulassung immer durch **Verwaltungsakt** ausgesprochen wird und gegen deren Versagung die Verpflichtungsklage (§ 42 Abs. 1, 2. Alt. VwGO) statthaft ist, kann eine privatrechtsförmige Einrichtung keine hoheitlichen Maßnahmen treffen und damit auch über die Zulassung nicht durch Verwaltungsakt entscheiden, sondern nur dadurch, dass sie den privatrechtlichen Benutzungsvertrag abschließt. Die Gemeinde wiederum kann zwar auf das Handeln der Einrichtung Einfluss nehmen (da Verfügungsmöglichkeiten vorausgesetzt sind, → Rn. 554), jedoch nicht mehr selbst unmittelbar außenwirksam handeln. Der öffentlich-rechtliche Zulassungsanspruch aus Art. 21 GO, dessen Adressat nur die Gemeinde ist, wandelt sich deshalb **bei privatrechtsförmigen Einrichtungen** in einen **Verschaffungsanspruch** gegen die Kommune um; dieser Anspruch ist darauf gerichtet, dass die Kommune intern die Zulassung verschafft, und ist durch eine Leistungsklage gerichtlich durchsetzbar.[407] Geht man davon aus, dass durch Art. 21 GO immer nur die Gemeinde verpflichtet wird, so muss konsequenterweise die vorstehend beschriebene Konstruktion (Verschaffungsanspruch, durchzusetzen mit der Leistungsklage) schon immer dann gelten, wenn die Einrichtung eine eigene Rechtspersönlichkeit besitzt – also auch im Falle der Einschaltung eines Kommunalunternehmens, und zwar unabhängig von der Rechtsform des Benutzungsverhältnisses.

Denkbar ist, dass der Zulassungsanspruch im Sinne eines Anspruchs auf Abschluss des privat- **484** rechtlichen Vertrages unmittelbar gegenüber der privatrechtsförmigen Einrichtung vor den Zivilgerichten geltend gemacht wird, wobei wegen der Grundrechtsbindung sogar eine unmittelbare Berufung auf Art. 3 Abs. 1 GG in Betracht kommt. Jedoch ist die Wahl dieses Wegs wegen der bis jetzt fehlenden Entscheidungspraxis kaum empfehlenswert.

c) Einzelfragen

Sofern das Benutzungsverhältnis öffentlich-rechtlich ausgestaltet ist, kann die **485** Gemeinde für die Benutzung **Gebühren** verlangen. Von dieser Möglichkeit wird vor allem für leitungsgebundene Einrichtungen zur Wasserversorgung und für die Kanalisation Gebrauch gemacht, sie spielt aber ebenso für die Überlassung von Hallen/Eintritt für Museen und Ausstellungen eine Rolle. Grundsätzlich ist es denkbar, Gebühren auch dann zu erheben, wenn das Benutzungsverhältnis nicht satzungsmäßig ausgestaltet ist. Zumindest bei leitungsgebundenen öffentlichen Einrichtungen fordert die Rspr. aber eine Regelung der Zulassung und Benutzung durch eine Satzung (sog. **Stammsatzung**), die im Zeitpunkt der Erfüllung des Gebührentatbestands wirksam sein muss.[408] Bei privatrechtlicher Benutzung scheidet eine Gebührenerhebung aus; stattdessen können privatrechtliche Entgelte vereinbart werden, wobei wegen der Grundrechtsbindung der Gleichheitssatz zu beachten ist.[409] Die Überprüfung der Preisgestaltung obliegt dann den Zivilgerichten.[410]

---

[407] A. A. *Knemeyer,* Bay. KommR, Rn. 319, 327, wonach die Einflussnahme der Gemeinde einen „privatrechtsgestaltenden Verwaltungsakt" darstellt und deshalb eine Verpflichtungsklage statthaft sei, die auf Zulassung und Abschluss des Mietvertrags gerichtet ist. Dazu, dass Art. 21 GO nicht nur einen Anspruch auf Vertragsschluss, sondern auch auf Beibehaltung eines bereits geschlossenen Vertrags begründen kann, BayVGH. FSt. 2021, Rn. 38.
[408] Vgl. BayVGH, BayVBl. 1999, 119 (120); BayVBl. 2003, 435.
[409] Dazu, zur bevorzugten Behandlung von Einwohnern und der Rolle des EU-Rechts BVerfG, BayVBl. 2017, 89.
[410] Vgl. dazu VG Ansbach, BayVBl. 1997, 441.

486   Bei der **Erhebung von Gebühren** sind die Vorgaben des KAG (*Ziegler/Tremel* Nr. 373) zu
beachten, die allerdings nicht mehr zum Prüfungsstoff zählen. Erforderlich ist zunächst, dass die
Gemeinde als Rechtsgrundlage eine **Abgabensatzung** beschließt (Art. 24 Abs. 1 Nr. 2 GO); dabei muss es sich um eine eigenständige Satzung handeln (Art. 2 KAG = sog. **Trennungsge-
bot**).[411] Für die Bemessung der Gebühren gilt Art. 8 KAG; soweit es um grundstücksbezogene
Vorteile geht, können auch Herstellungsbeiträge nach Maßgabe des Art. 5 KAG erhoben werden.

487   Im Rahmen der Benutzung öffentlicher Einrichtungen spielt die **Beschränk-
barkeit der Haftung** (aus dem verwaltungsrechtlichen Schuldverhältnis und der
Amtshaftung) eine wichtige Rolle (näher → Rn. 428 f.).

2. Anschluss- und Benutzungszwang

a) Begriffe

488   Viele Versorgungseinrichtungen können nur dann von einer Kommune ordnungsgemäß betrieben werden, wenn die Möglichkeit besteht, die Bürger zu deren
Benutzung anzuhalten. Dazu dient die Anordnung eines Anschluss- und Benutzungszwangs:

489   – Unter **Anschlusszwang** versteht man die Verpflichtung, alle Vorkehrungen zu
treffen oder zu dulden, die eine jederzeitige Benutzung einer Einrichtung ermöglichen. Die für den Anschluss notwendigen Vorrichtungen können auf Kosten des Pflichtigen geschaffen werden.

490   – Als **Benutzungszwang** wird die Verpflichtung bezeichnet, die Einrichtung
auch tatsächlich und ausschließlich zu benutzen, zugleich also die Nutzung privater Einrichtungen zu unterlassen.

491   Den genannten Verpflichtungen korrespondieren zumindest grundsätzlich
Rechte auf Anschluss und Benutzung, die allerdings durch Kapazitätsgrenzen und
den Vorbehalt eines verhältnismäßigen Aufwands beschränkt sind.

b) Betroffene Einrichtungen

492   Da mit einem Anschluss- und Benutzungszwang immer grundrechtliche Eingriffe verbunden sind und es deshalb der **gesetzlichen Grundlage des Art. 24
Abs. 1 Nr. 2 und 3 GO** (bzw. des Art. 18 Abs. 1 Nr. 2 LKrO) bedarf, kann sich
der Zwang nur auf die dort genannten Einrichtungen beziehen:

493   (1) Einrichtungen für die Wasserversorgung (vgl. Bundesverordnung über die Bedingungen für die Versorgung mit Trinkwasser – AVB WasserV); Abwasserbeseitigung (Kanalisation, verpflichtend nach § 56 WHG, Art. 34 BayWG); Abfall-
entsorgung (unter Beachtung des BayAbfG); Straßenreinigung (sofern zuvor
die Verpflichtung des Eigentümers durch eine Verordnung nach Art. 51 Abs. 4
BayStrWG begründet worden ist).

Die Überlassungspflicht für Abfälle kann auch als Bringpflicht ausgestaltet werden, nicht
hingegen die Fäkalschlammentsorgung wegen entgegenstehender wasserrechtlicher Vorschriften.[412]

494   (2) Schlachthöfe und Bestattungseinrichtungen (vgl. das BayBestG): Insofern ist
nur die Anordnung des Benutzungszwangs zulässig.

---

[411] Zur Heilung nicht bestandskräftiger Beitragsbescheide durch eine neue Satzung BayVGH,
BayVBl. 2000, 472.
[412] Vgl. BayVGH, BayVBl. 1993, 662, und BayVGH, BayVBl. 1999, 438.

Bei Friedhöfen ergibt sich die Benutzungspflicht bereits aus Art. 1, 8 BayBestG, so dass sich Art. 24 GO nur auf bestimmte Verrichtungen auf dem Friedhof (Transport des Sarges o. ä., auch → Rn. 505) bezieht.

(3) Ähnliche, der Gesundheit dienende Einrichtungen: Diese müssen geeignet sein, **495** Krankheiten zu verhindern. Hingewiesen wird auf öffentliche Brunnen, Leichenhäuser und Bauschuttdeponien[413] (während die Tierkörperbeseitigung bereits durch Bundesrecht geregelt ist).

(4) Fernwärmeeinrichtungen (Art. 24 Abs. 1 Nr. 3 GO; nicht mehr die Gasversor- **496** gung): Sie sind besonders geregelt, weil ihre der Gesundheit dienende Funktion früher fraglich war; jetzt sind die Voraussetzungen eng gefasst und bereits gesetzlich Ausnahmetatbestände vorgesehen.

c) Voraussetzungen und Verpflichtete

Die Einführung eines Anschluss- und Benutzungszwangs nach Art. 24 Abs. 1 **497** Nr. 2 GO setzt voraus, dass **Gründe des öffentlichen Wohls** vorliegen. Dabei handelt es sich um einen gerichtlich voll nachprüfbaren unbestimmten Rechtsbegriff. Grundsätzlich erfasst er alle Gründe des Allgemeinwohls, aber wegen der Beschränkung des Anwendungsbereichs auf bestimmte Anlagen sind das in erster Linie gesundheitliche Gründe. Wenn betont wird, rein fiskalische Interessen reichen nicht aus, so heißt dies, dass es immer einen anderen Grund für die Schaffung der Einrichtung als die bloße Einnahmeerzielung geben muss. Liegen aber Gründe des öffentlichen Wohls vor, rechtfertigt auch der wirtschaftliche Betrieb der Einrichtung einen Anschluss- und Benutzungszwang.[414] In diesen Fällen spricht das Wirtschaftlichkeitsprinzip sogar für die Zulässigkeit eines gewinnorientierten Betriebs. Denn die Kommunen müssen die in Art. 24 Abs. 1 Nr. 2 GO genannten Einrichtungen in der Regel schaffen, um eine ausreichende Versorgung der Bevölkerung zu sichern, und wirtschaftliches Handeln kann dann zur Senkung der den Einwohnern auferlegten Gebühren führen. Unstreitig ist jedenfalls eine besondere Dringlichkeit der Gemeinwohlgründe nicht erforderlich.[415] Gesundheitliche Gefahren müssen nicht drohen; es genügt, dass das Wohlergehen der Gemeindebürger allgemein gefördert wird.[416] Der Anschluss- und Benutzungszwang für Fernwärmeeinrichtungen (Art. 24 Abs. 1 Nr. 3 GO) setzt i. Ü. besondere städtebauliche Gründe oder den Schutz vor schädlichen (lokalen) Umwelteinwirkungen voraus; für die Verfolgung von Zielen des überörtlichen Umweltschutzes bedarf es daher einer eigenen Ermächtigung.[417]

Der **Kreis der Verpflichteten** variiert je nach Art der Einrichtung und des Zwangs. Ein An- **498** schlusszwang knüpft immer an eine Grundstückssituation an: Zu verpflichten ist derjenige, der

---

[413] Vgl. *Widtmann/Grasser/Glaser,* GO, Art. 24 Rn. 7; *B/B/E/M/S,* KommG, Art. 24 GO Rn. 52.

[414] Vgl. nur *Hölzl/Hien/Huber,* GO, Art. 24 Erl. I.3.

[415] Vgl. BayVGH v. 26.9.2007 – 4 B 03.1319.

[416] BayVGH v. 26.9.2007 – 4 B 03.1319, Rn. 16 (juris): „Wohlfahrt der Gemeindebürger"; zum Ermessen der Gemeinde bei der Frage, wie eine öffentliche Aufgabe sichergestellt wird, BayVGH, BayVBl. 2013, 761 – Trinkwasserversorgung.

[417] Vgl. BVerwG, BayVBl. 2006, 675; zur Verfassungsmäßigkeit der Rechtsgrundlage BVerwGE 125, 68. Die Satzung der Kommune muss dann aber, um verhältnismäßig zu sein, auch den Zweck verfolgen, der durch die Rechtsgrundlage geschützt werden soll, kann sich nicht hingegen etwa allgemein auf Art. 20a GG (Schutz der natürlichen Lebensgrundlagen) stützen, vgl. BVerwG, NVwZ 2004, 1131.

die Lasten trägt, d. h. in der Regel der Eigentümer der Grundstücke. Aber auch die Verpflichtung von Gewerbetreibenden hinsichtlich der Abfallbeseitigung und allgemein von zur Nutzung des Grundstücks befugten Personen kommt in Betracht.[418] Dem Benutzungszwang können grundsätzlich diejenigen Personen unterworfen werden, die eine Einrichtung tatsächlich in Anspruch nehmen sollen.[419]

d) Ausgestaltung

499 Mit dem Anschluss- und Benutzungszwang sind Grundrechtseingriffe verbunden. In der deshalb erforderlichen Satzung muss der Umfang der Eingriffe für die Betroffenen erkennbar konkretisiert werden **(Bestimmtheitsgebot)**. Insbesondere sind die folgenden Punkte satzungsmäßig festzulegen:
– Bereitstellung der Einrichtung und deren Art;
– Art von Anschluss und Benutzung;
– Kreis der Verpflichteten;
– Ausnahmetatbestände bzw. Beschränkungen des Zwangs.

500 Da sich der Anschluss- und Benutzungszwang im Einzelfall als unverhältnismäßig erweisen kann (→ Rn. 503), darf auf die Aufnahme von **Ausnahmetatbeständen** oder Befreiungsmöglichkeiten nicht verzichtet werden. Diese sind also nicht nur dann vorzusehen, wenn sie ohnehin landes- oder bundesrechtlich vorgeschrieben sind. In der Sache können Ausnahmen allerdings nur auf die spezifische, mit dem Zwang verbundene Belastung gestützt werden, nicht auf die mangelnde Liquidität eines Betroffenen.

Praktische Probleme bereitet vor allem die Befreiung vom Zwang für Abfalleinrichtungen, sofern Grundstückseigentümer behaupten, keine Abfälle entsorgen zu müssen. Die Rspr. hält dies nach wie vor nur dann für möglich, wenn ein Grundstück nicht bewohnt ist.[420] Bei Wasserversorgungsanlagen wird eine Befreiung oft mit dem Argument, das bereitgestellte Wasser sei minderwertig, gefordert. Jedoch sind Qualitätsunterschiede zwischen dem selbst geförderten und dem aus der öffentlichen Einrichtung nicht unzumutbar, solange die Anforderungen der Trinkwasserverordnung eingehalten werden.[421]

501 Weitere Satzungsinhalte sind in **Art. 24 Abs. 2–5 GO** genannt. Die Bedeutung des Art. 24 Abs. 2 S. 1 GO ist unklar: Nach einer Ansicht hat die Bestimmung nur klarstellende Funktion, beschränkt jedenfalls die nach dem VwZVG zulässigen Zwangsmittel nicht; nach a. A. ermöglicht sie den Verzicht auf die Anwendung vorrangiger Zwangsmittel (Zwangsgeld).[422] Der Durchsetzung des Anschluss- und Benutzungszwangs dient die Möglichkeit einer Bewehrung (= Sanktionierung von Verstößen, vgl. Art. 24 Abs. 2 S. 2 GO). Die Duldungspflichten für den Anschluss an Einrichtungen sind näher gesetzlich festgelegt (Art. 24 Abs. 2 S. 3 GO).[423] Art. 24 Abs. 3 GO ermächtigt zu Überwachungsmaßnahmen und in diesem Zusammenhang zu einem Betretungsrecht, das mit Art. 13 GG vereinbar ist (vgl. Art. 121

---

[418] In diesem Sinne *Widtmann/Grasser/Graser,* GO, Art. 24 Rn. 11.
[419] Wobei die grds. Festlegung nicht schon im Einzelfall rechtlich gebotene Ausnahmen (→ Rn. 504 ff.) berücksichtigen muss, BayVGH, BayVBl. 2013, 761.
[420] BayVGH, BayVBl. 1997, 760 (761); vgl. auch BayVerfGH, BayVBl. 1996, 368.
[421] Zuletzt BayVGH v. 26.9.2007 – 4 B 03.1319 (juris), Rn. 25.
[422] Zur ersten Ansicht *Hölzl/Hien/Huber,* GO, Art. 24 Erl. III.1.; zur zweiten Ansicht *P/Z/B/P,* KommR, Art. 24 GO Erl. 21; zu eng *B/B/E/M/S,* KommG, Art. 24 GO Rn. 60.
[423] Woraus sich keine Pflicht zur Bereitstellung von im Eigentum der Grundstückseigentümer stehenden Einrichtungen ergibt, vgl. BayVGH, DVBl. 2014, 247 mit Ausführungen zum Verhältnis zwischen Widmung und Rechten aus dem Privateigentum.

GO),[424] falls es der Verhütung dringender Gefahren für die öffentliche Sicherheit und Ordnung dient.[425] Das sog. Kirchenprivileg des Art. 24 Abs. 5 GO hat in erster Linie Bedeutung für Friedhöfe.

Umstritten ist, ob das Benutzungsverhältnis auch bei Anordnung eines Anschluss- und Benut- **502**
zungszwangs **privatrechtlich** ausgestaltet werden und damit der Betrieb der Einrichtung nach außen hin in privatrechtlicher Organisationsform, etwa durch eine GmbH, erfolgen kann: Nach einer Meinung ist dies ausgeschlossen, weil durch die Anordnung des Zwangs bereits ein Über-/ Unterordnungsverhältnis etabliert werde;[426] dagegen und für eine Formenwahlfreiheit spricht aber, dass eine Trennung zwischen Zulassung und Benutzung weiterhin möglich bleibt.[427] Aber dennoch muss der Zweck des Anschluss- und Benutzungszwangs verfolgt werden und deshalb die Versorgungssicherheit gewährleistet sein.[428] Zudem können natürlich bei privatrechtlicher Benutzungsregelung keine hoheitlichen Befugnisse mehr in Anspruch genommen werden. Die Schwierigkeiten lassen sich durch Errichtung eines Kommunalunternehmens (→ Rn. 458) vermeiden, denn so besteht die Möglichkeit, zu dessen Gunsten einen Anschluss- und Benutzungszwang anzuordnen und diesem alle erforderlichen Befugnisse zu übertragen (Art. 89 Abs. 2 GO).

e) Verfassungs- und europarechtliche Fragen

Der Anschluss- und Benutzungszwang stellt zweifellos einen Eingriff in die **503**
durch Art. 2 Abs. 1 GG umfassend geschützte Handlungsfreiheit dar. Schwieriger ist es, seine Bedeutung für die (vorrangigen) speziellen Freiheitsrechte zu bestimmen. Dies gilt insbesondere für **Art. 14 GG** und den Schutz des Eigentums. Der Anschluss- und Benutzungszwang ist keine Enteignung i. S. v. Art. 14 Abs. 3 GG (für die eine Entschädigungsregelung fehlen würde) bzw. Art. 159 BV, sondern eine Inhalts- und Schrankenbestimmung i. S. v. Art. 14 Abs. 1 S. 2 GG bzw. Art. 103, 158 BV.[429] Das gilt auch, wenn ein eingerichteter und ausgeübter Gewerbebetrieb betroffen ist und dieser als Eigentum i. S. v. Art. 14 Abs. 1 GG angesehen wird (str.). Nach wie vor sehr umstritten ist allerdings die Qualifizierung der Inanspruchnahme von Grundstücken Privater für das Verlegen von Leitungen, die der Wasserversorgung oder Abwasserbeseitigung dienen; denn dabei werden einzelne Rechte am Grundstück gezielt beschränkt (vgl. Art. 24 Abs. 2 S. 3 GO).[430] Im Einzelfall kann es sein, dass sich die Satzungsbestimmungen als unverhältnismäßig erweisen.

Regelmäßig wird zumindest auf der Grundlage des von der höchstrichterlichen **504**
Rspr. verfolgten Ansatzes durch einen Anschluss- und Benutzungszwang nicht in die Berufsfreiheit **(Art. 12 Abs. 1 GG)** von betroffenen Gewerbetreibenden eingegriffen. Insoweit fehlt es nämlich an der vom BVerfG geforderten berufsregelnden Tendenz[431] oder der vom BVerwG geforderten schwerwiegenden Beeinträchtigung[432] des Eingriffs.

Beispiele: Eine Gemeinde hatte in ihre Friedhofsatzung folgende Bestimmung eingefügt: **505**
„Jede Leiche ist nach der Einsargung unverzüglich in das städtische Leichenhaus zu verbringen."

---

[424] Reaktion auf BayVGH, BayVBl. 1994, 272.
[425] Zu dieser verfassungskonformen Auslegung BayVerfGH, BayVBl. 2008, 49; ebenfalls BayVGH, BayVBl. 2015, 455; ferner *Hölzl/Hien/Huber,* GO, Art. 24 Erl. III.4; *B/B/E/M/S,* KommG, Art. 24 GO Rn. 74.
[426] *Hölzl/Hien/Huber,* GO, Art. 21, Erl. 3.1.; *P/Z/B/P,* KommR, Art. 24 GO Erl. 8.
[427] So *Lissack,* Bay. KommR, § 2 Rn. 70.
[428] BVerwG, BVerwGE 123, 159.
[429] Vgl. BVerfGE 58, 300 (331); 83, 201 (211); BayVerfGH, BayVBl. 2004, 527 (528).
[430] Vgl. *Hölzl/Hien/Huber,* GO, Art. 24 Erl. III.3. m. w. N.
[431] Vgl. nur BVerfGE 52, 42 (54).
[432] BVerwGE 87, 37, 43 f. – Glykolwein.

Der BayVerfGH hielt die Bestimmung für unwirksam, weil ein gemeindlicher Benutzungszwang unverhältnismäßig sei und damit gegen das Grundrecht der Handlungsfreiheit nach Art. 101 BV verstoße: Gründe der öffentlichen Gesundheitspflege lägen nur insoweit vor, als jeder Verstorbene in einen speziellen Leichenaufbewahrungsraum gebracht werden muss. Gewerbliche Räume privater Bestattungsunternehmen könnten aber ebenfalls den sicherheitsrechtlichen Anforderungen entsprechen.[433] Man wird insofern allerdings schon das Vorliegen von Gründen des öffentlichen Wohls i. S. v. Art. 24 Abs. 1 Nr. 2 GO verneinen müssen.

506 Die im Labertal gelegene Brauerei Eichdorfen braut ihr landesweit berühmtes „Dunkel" mit dem Wasser aus einem eigenen Brunnen. Nachdem die zuständige Gemeinde G eine flächendeckende Wasserversorgung geschaffen hat, ordnet sie für das gesamte Gemeindegebiet ohne Ausnahme einen Anschluss- und Benutzungszwang für die Wasserversorgung an. Die entsprechende Satzung ist wegen Fehlens einer Befreiungsmöglichkeit unwirksam. Sie kann zwar auf Art. 24 Abs. 1 Nr. 2 GO gestützt werden, und Gründe des öffentlichen Wohls liegen vor. Jedoch ist die Inhaltsbestimmung des Eigentums (Art. 14 Abs. 1 S. 2 GG) gegenüber der Brauerei Eichdorfen unverhältnismäßig, da der Benutzungszwang dazu führt, dass das Brauwasser nicht mehr dem Brunnen entnommen werden darf, dadurch das „Dunkel" seinen charakteristischen Geschmack verliert und deshalb die Folgen für die Brauerei unzumutbar sind.

507 **Grundfreiheiten des europäischen Unionsrechts**, etwa die Niederlassungs- und die Dienstleistungsfreiheit (Art. 49, 56, 57 AEUV), werden durch den Anschluss- und Benutzungszwang nicht verletzt. Fraglich ist schon, ob in sie eingegriffen wird. Denn der EuGH versteht beide Freiheiten zwar als Beschränkungsverbote, jedoch fehlt bei der unterschiedslos geltenden Anordnung von Anschluss- und Benutzungszwang jeglicher Bezug zum Marktzugang, betroffen ist höchstens die Berufsausübung. Selbst bei weitem Eingriffsverständnis aber scheidet eine Rechtsverletzung aus, weil der Anschluss- und Benutzungszwang – jedenfalls dann, wenn er den gesetzlichen Vorgaben und der Verfassung genügt – gleichzeitig auf den Schutz der Gesundheit i. S. v. Art. 52 bzw. 62 AEUV gestützt werden kann. Potentielle Eingriffe sind deshalb regelmäßig gerechtfertigt. Die Prüfung der verfassungsrechtlichen und der europarechtlichen Vorgaben verläuft insofern parallel.[434]

H. Kommunalaufsicht

I. Allgemeine Grundsätze

1. Funktion der Aufsicht

508 Aufsicht ist ein notwendiges **Korrelat der Selbstverwaltung.**[435] Soweit Verwaltungsträgern Räume zur eigenverantwortlichen Aufgabenwahrnehmung überlassen werden, sorgt sie für die Einhaltung von Recht und Gesetz (Art. 20 Abs. 3 GG). Zugleich stellt sie den Einfluss staatlicher Behörden sicher, die ihrerseits über eine vom Gesamtvolk vermittelte demokratische Legitimation verfügen. Insofern sichert sie die Einhaltung des Rechtsstaats- und Demokratieprinzips (Art. 20 Abs. 1 und 3, 28 Abs. 1 S. 1 GG) und sorgt trotz Behördenvielfalt für die Einheit der Ver-

---

[433] BayVerfGH, BayVBl. 2005, 237; BayVerfGH, BayVBl. 2002, 558; zum Leichentransport BayVGH, BayVBl. 1985, 463.

[434] Ausführlich zum Anschluss- und Benutzungszwang mit Beispielen *Pielow/Finger*, JURA 2007, 189.

[435] BVerfGE 78, 331 (341).

waltung im Sinne einer Beachtung allgemein geltender rechtlicher Grundlagen. Da Kommunen ihre Hoheitsgewalt von der Staatlichkeit der Länder ableiten, muss die Aufsicht über sie der Landesstaatsgewalt obliegen. Entsprechende Vorgaben enthält die BV in Art. 55 Nr. 5 (Gesamtverantwortung der Staatsregierung) und Art. 83 Abs. 4.

Allerdings erschöpft sich die Funktion der Aufsicht keineswegs in der Kontrolle des kommunalen Handelns. Vielmehr sichert sie zugleich den Kommunen die **Unterstützung und Beratung** durch staatliche Behörden. Dies kommt vor allem in Art. 108 GO (ebenso wie in Art. 94 LKrO, Art. 90 BezO) zum Ausdruck, wonach die Aufsichtsbehörden die Gemeinden schützen und fördern sollen. Damit sind durchaus konkrete Pflichten mit korrespondierenden Rechten der Gemeinden normiert: Art. 108 GO begründet eine Amtspflicht des Staates im Verhältnis zur Gemeinde und kann daher bei schuldhafter Schädigung der Gemeinde einen Haftungsanspruch nach Art. 34 GG i. V. m. § 839 BGB auslösen.[436] In der Praxis liegt auf der Zusammenarbeit zwischen kommunalen und staatlichen Behörden ein besonderes Gewicht. Vor allem kleinere Gemeinden sind bei der Vielfalt der von ihnen zu erfüllenden Aufgaben auf den Rat erfahrener und mit den Verwaltungsabläufen vertrauter Ansprechpartner angewiesen. Das bedarf deswegen der besonderen Betonung, weil im Folgenden in erster Linie über Konstellationen zu sprechen sein wird, in denen Kommunen und Aufsichtsbehörden einander gegenüberstehen, womit das Bild der Kommunalaufsicht zwangsläufig verzerrt wird.[437] **509**

Sowohl durch Unterstützung als auch durch Kontrolle soll ordnungsgemäßes, den rechtlichen Vorgaben entsprechendes kommunales Handeln gesichert werden. Die Kommunalaufsicht dient insofern in jedem Fall **öffentlichen Interessen,** nicht aber zugleich dem Schutz der von kommunalen Maßnahmen betroffenen Bürger. Deshalb besitzen diese **keinen Anspruch auf aufsichtliches Einschreiten.** Sie können sich zwar an die Aufsichtsbehörden wenden und deren Tätigwerden anregen. Mangels eines entsprechenden subjektiven Rechts steht es hingegen nicht in ihrer Macht, Korrekturen des als rechtswidrig eingestuften kommunalen Handelns zu erzwingen. Umgekehrt spielt es für die Rechtmäßigkeit aufsichtlicher Maßnahmen keinerlei Rolle, ob ein Bürger seinerseits gegen die Kommunen gerichtlich vorgehen kann. Subjektiver Rechtsschutz des Einzelnen und staatliche Aufsicht sind zwei unabhängig voneinander existierende Instrumente, die beide die Einhaltung der Rechtsordnung sichern können. **510**

2. Formen der Aufsicht

a) Differenzierung nach dem zeitlichen Ansatzpunkt

Bezogen auf den Zeitpunkt der Aufsicht ist zwischen der **repressiven Aufsicht,** d. h. den Maßnahmen, mit denen nachträglich eine Korrektur des kommunalen Handelns erzwungen werden soll, und der **präventiven Aufsicht** zu unterscheiden. Letztere hat den Zweck, das kommunale Handeln im Vorfeld zu steuern. Dazu gehört zunächst die Beratung. Ein weiteres Instrument, das ein präventives Tätigwerden erleichtern soll, ist die Pflicht zur Anzeige oder Vorlage, denn sie ermöglicht eine Überprüfung vor Wirksamwerden der angezeigten Handlung. Die aus **511**

---

[436] *Widtmann/Grasser/Graser,* GO, Art. 108 Rn. 9; vgl. auch BGHZ 153, 198, zur Haftung bei einer kommunalaufsichtlichen Genehmigung; ferner BGHZ 170, 356 (i. Erg. abl., da Genehmigungsbedürftigkeit strittig war), in Abgrenzung zu BGHZ 153, 198 (bejahend für Genehmigung ohne Vorliegen der entsprechenden Voraussetzungen).

[437] Eine Gefahr für die Kommunalautonomie durch die aufsichtliche Beratung ablehnend aber *Leisner-Egensperger,* DÖV 2005, 761.

Sicht der Kommunen weitgehendsten Wirkungen hat die Pflicht, eine aufsichtliche Genehmigung oder Zustimmung einzuholen.

512   Eine **Genehmigungspflicht** besteht nur, wenn dies ausdrücklich gesetzlich vorgesehen ist. Mittlerweile enthalten die Kommunalgesetze keine entsprechenden allgemeinen Klauseln mehr, weder für den Erlass von Satzungen noch für die wirtschaftliche Tätigkeit. Damit ist eine Genehmigung nur noch ausnahmsweise erforderlich. Sie wird in der Regel durch die Rechtsaufsichtsbehörde erteilt und ist Wirksamkeitsvoraussetzung für das gemeindliche Handeln (Art. 117 Abs. 1, Abs. 2 GO: Rechtsnormen sind unwirksam; Verwaltungsakte formell rechtswidrig; privatrechtliche Rechtsgeschäfte schwebend unwirksam). Sie muss grundsätzlich vor Ausfertigung (str.) und vor Bekanntmachung einer Rechtsnorm erfolgen; ist das nicht der Fall, sind diese Verfahrensschritte nach Genehmigungserteilung nachzuholen.[438] In ihrer Wirkung beschränkt sich die Genehmigung auf die Herbeiführung der Wirksamkeit; sie heilt weder Fehler der betroffenen Maßnahme noch bindet sie die Aufsichtsbehörde bei ihrer späteren Kontrolltätigkeit (d. h. die Aufsichtsbehörde handelt nicht rechtsmissbräuchlich, wenn sie eine von ihr selbst genehmigte Maßnahme beanstandet).

513   Unabhängig davon, ob ein Genehmigungsvorbehalt das Handeln der Kommune im eigenen oder übertragenen Wirkungskreis betrifft, ist die Genehmigung als an die Kommune gerichteter **Verwaltungsakt** anzusehen; es handelt sich nicht um eine nur interne Mitwirkung an der Normgebung. Dementsprechend kann die betroffene Kommune auf deren Erteilung klagen (Verpflichtungsklage, § 42 Abs. 1, 2. Alt. VwGO). Ob sie einen Anspruch auf Erteilung besitzt, richtet sich nach den Genehmigungsvoraussetzungen: Diese beziehen sich bei Handeln im eigenen Wirkungskreis in aller Regel nur auf die Rechtmäßigkeit, nicht auf die Zweckmäßigkeit. Grundsätzlich kann eine Genehmigung auch nach Art. 48 ff. BayVwVfG aufgehoben werden, jedoch ist dies bei der Genehmigung von Satzungen und Verordnungen schon dann unzulässig, wenn diese bekannt gemacht worden und damit rechtswirksam geworden sind;[439] und im Übrigen ist, soweit die Kommune auf der Grundlage der genehmigten Maßnahme außenwirksam tätig geworden ist, in besonderem Maße der Vertrauensschutz relevant.

b) Differenzierung nach dem gegenständlichen Ansatzpunkt

514   Weiterhin ist bei der Aufsicht danach zu unterscheiden, welchen kommunalen Aufgabenkreis sie betrifft:

515   – Die **Rechtsaufsicht** bezieht sich auf die Erledigung der Angelegenheiten des eigenen Wirkungskreises, Art. 109 Abs. 1 GO. Sie beschränkt sich auf eine Rechtskontrolle, um den Kommunen die verfassungsrechtlich eingeräumte Selbstverwaltung zu erhalten (→ Rn. 37).

516   – Die **Fachaufsicht** bezieht sich auf die Erledigung der Angelegenheiten des übertragenen Wirkungskreises, Art. 109 Abs. 2 GO, und umfasst grundsätzlich eine Zweckmäßigkeitskontrolle. Die höhere Kontrolldichte rechtfertigt sich daraus, dass die Kommunen im übertragenen Wirkungskreis staatliche Aufgaben erledigen; jedoch bleibt zu beachten, dass diese Erledigung durch eigenständige Rechtspersönlichkeiten und nicht durch in die Behördenhierarchie integrierte

---

[438] Vgl. *Hölzl/Hien/Huber,* GO, Art. 117 Erl. 6.
[439] In diesem Sinne BVerwGE 75, 142 (146) = DVBl. 1987, 481 m. Anm. *Steiner.*

Staatsbehörden erfolgt. Zu beachten ist, dass sondergesetzliche Vorschriften dem allgemeinen kommunalen Aufsichtsrecht vorgehen und dann auch den Kontrollmaßstab verändern können (so für die Überprüfung von Verordnungen Art. 49 Abs. 1 S. 1 LStVG[440]).

Die Unterscheidung zwischen Rechts- und Fachaufsicht ist gerade für die Fall-   **517**
lösung **von größter Bedeutung.** Von ihr hängen nicht nur die Kontrollmaßstäbe, sondern ebenso die Befugnisse und die Zuständigkeit der Aufsichtsbehörden ab. Um zu ermitteln, ob eine staatliche Behörde rechts- oder fachaufsichtlich tätig geworden ist, empfiehlt sich die Prüfung, welchem Wirkungskreis das betroffene kommunale Handeln zuzuordnen ist. Hingegen lassen sich aus der Feststellung, welche Behörde tätig geworden ist, in der Regel keine Schlüsse ziehen.

3. Zuständige Aufsichtsbehörden

Die Zuständigkeit der Aufsichtsbehörden ist in Art. 110 und 115 GO geregelt;   **518**
dabei gelten folgende **Grundsätze:**
– Für die **Rechtsaufsicht** sind die Staatsbehörden der inneren Verwaltung zustän-   **519**
  dig, an der Spitze das BayStM des Innern. Vergegenwärtigt man sich den Behör-
  denaufbau (→ Rn. 43), so ist die Aufsichtsbehörde immer auf der nächsthöheren
  Gebietsstufe im Vergleich zu der zu beaufsichtigenden Kommune angeordnet,
  das Aufsichtsverhältnis verläuft bildlich gesprochen „schräg nach unten". Dementsprechend ist das StM des Innern für die Bezirke, sind die Regierungen für
  die Landkreise und die Landratsämter für die Gemeinden zuständig. Kreisfreie
  Gemeinden werden in diesem System wie Landkreise behandelt, eine Unterscheidung nach gemeindlichen und sonst dem Landkreis zuzurechnenden Aufgaben findet nicht statt. Für die Großen Kreisstädte ist zu unterscheiden: Im
  Rahmen der Angelegenheiten des eigenen und übertragenen Wirkungskreises
  gelten grundsätzlich die Bestimmungen über die kreisangehörigen Gemeinden;
  nur im Rahmen der Aufgaben, die nach Art. 9 Abs. 2 GO übertragen sind, gelten
  gemäß Art. 110 S. 5 GO die Vorschriften für die kreisfreien Gemeinden. Die
  Aufsicht trägt in diesem Fall also die Regierung, Art. 110 S. 2 GO.
  Die genannten Staatsbehörden stehen in einem hierarchischen Verhältnis zuein-   **520**
  der (vgl. Art. 110 GO). Das ermöglicht Weisungen, erlaubt aber nicht, dass die obe-
  re Behörde für die zuständige Rechtsaufsichtsbehörde nach außen hin tätig wird.
  Ein solches **Selbsteintrittsrecht** ist nur dann zulässig, wenn es gesetzlich vorgesehen ist. In Bayern werden dessen Voraussetzungen allgemein und gegenüber dem
  Landratsamt als Staatsbehörde im Besonderen durch Art. 3b BayVwVfG geregelt.
– **Fachaufsichtsbehörden** sind zunächst die durch spezielle gesetzliche Vorschrif-   **521**
  ten vorgesehenen Behörden. Sinn dieser Bestimmung ist es, spezialisierten Behörden ausreichende Einflussnahme zu ermöglichen. Fehlt es an einer entsprechenden Sonderzuweisung, so führen die Rechtsaufsichtsbehörden zugleich die
  Fachaufsicht. Das gilt nach Art. 115 Abs. 2 GO auch für Große Kreisstädte im
  Bereich der ihnen gem. Art. 9 Abs. 2 GO übertragenen Aufgaben (→ Rn. 38,
  519). Durch die in der Regel damit bei allen Gemeinden vorgesehene Zusammenfassung von beiden Aufsichtsformen bei einer Behörde wird eine Verdoppelung der Aufsichtszuständigkeiten vermieden.

---

[440] Dazu Aufgabe 6 der Ersten Juristischen Staatsprüfung 2014/2, BayVBl, 2017, 465 und 497.

Aufsicht über die Gemeinden

522

Kreisangehörige Gemeinde		Große Kreisstadt			Kreisfreie Gemeinde	
eigene Aufgaben	übertragene Aufgaben	eigene Aufgaben	über-tragene Aufgaben	Aufgaben nach Art. 9 II	eigene Aufgaben auch LKr.	übertragene Aufgaben auch LKr. u. LRA
109 I, 110 S. 1	109 II, 115 I 2	109 I, 110 S. 1	109 II, 115 I 2	109 II, 115 II, 110 S. 2	109 I, 110 S. 1	109 II, 115 I 2

Rechtsaufsicht Landratsamt	*Fachaufsicht* LRA oder spez. Behörde	*Fachaufsicht* Regierung oder spez. Behörde	*Rechtsaufsicht* Regierung

II. Rechtsaufsicht

1. Umfang

523   *a)* **Gegenständlich** beschränkt sich die Rechtsaufsicht auf Angelegenheiten des eigenen Wirkungskreises, und zwar auf die Erfüllung der gesetzlich festgelegten und der sonstigen öffentlich-rechtlichen Aufgaben und Verpflichtungen der Gemeinde sowie die Gesetzmäßigkeit der Verwaltung (Art. 109 Abs. 1 GO). Das schließt die Überwachung der freiwillig übernommenen Aufgaben mit ein, nicht aber die Überwachung des privatrechtlichen Handelns der Gemeinde (etwa der erwerbswirtschaftlichen Tätigkeit). Diese Ausnahme erfasst nur das privatrechtliche Handeln als solches, nicht aber seine aus den Grundrechten oder den Kommunalgesetzen folgenden öffentlich-rechtlichen Bindungen. Enthält also etwa das kommunale Wirtschaftsrecht in der GO Vorgaben für die Tätigkeit in Privatrechtsform (→ Rn. 458), so ist die Aufsichtsbehörde für deren Kontrolle zuständig.

524   Zu interessanten Konstellationen kann die Beschränkung der Aufsichtsbefugnisse dann führen, wenn eine Kommune **sicherheitsrechtlich** in Anspruch genommen werden soll, etwa weil ihr ein Grundstück gehört, von dem Gefährdungen für die öffentliche Sicherheit und Ordnung ausgehen. Wird dieses Grundstück bewirtschaftet, so spricht nichts dagegen, eine sicherheitsrechtliche Verfügung gegen die Kommune zu richten; dass diese auch Hoheitsträgerin ist, schadet nicht (näher → 3. Teil, Rn. 183 ff.). Anders ist dies, wenn das Grundstück der Erfüllung einer öffentlichen Aufgabe dient. Hier kommt anstelle des sicherheitsrechtlichen nur ein aufsichtliches Einschreiten in Betracht, da andernfalls eine Umgehung der kompetenzrechtlichen Vorschriften droht.

525   *b)* Von der **Kontrolldichte** her gesehen beschränkt sich die Rechtsaufsicht auf die Rechtmäßigkeit des kommunalen Handelns. Ob dies auch zweckmäßig ist, also zwischen den rechtlich möglichen Alternativen die sinnvollste ausgewählt worden ist, darf von der Rechtsaufsichtsbehörde nicht überprüft werden. Dies entspricht in der Sache der Beschränkung der gerichtlichen Kontrolle von Ermessensentscheidungen (vgl. § 114 VwGO).

526   Dementsprechend umfasst die Rechtmäßigkeitskontrolle die Einhaltung der gesetzlich (auch durch unbestimmte Rechtsbegriffe) vorgesehenen Voraussetzungen des Handelns, soweit nicht ausnahmsweise ein Beurteilungsspielraum anerkannt ist und die Einhaltung der Ermessensgrenzen (Ermessensnichtgebrauch, Ermessensüberschreitung, Ermessensfehlgebrauch im Hinblick auf dessen Zweck) einschließlich der Einhaltung höherrangiger (unions- und vor allem verfassungsrechtlicher) Vorgaben.

2. Mittel

a) Grundsätze

Der Rechtsaufsichtsbehörde stehen verschiedene Maßnahmen zur Verfügung, **527** um repressiv tätig zu werden. Will sie von diesen Gebrauch machen, muss sie die Grundsätze der Bestimmtheit und Verhältnismäßigkeit beachten. Zur **Bestimmtheit** gehört vor allem, dass Maßnahmen an das zuständige Organ der Kommune gerichtet werden, evtl. Rechtsverstöße oder das jeweilige Verlangen ausreichend genau bezeichnet werden und für die Kommune vor allem klar erkennbar ist, ob die Aufsichtsbehörde nur Anregungen geben oder zwangsweise durchsetzbare Aufsichtsmittel ergreifen will.

Welche Mittel eingesetzt werden, steht aber nicht im Belieben der Behörde. **528** Denn mit den verschiedenen zur Verfügung stehenden Maßnahmen sind unterschiedlich schwere Belastungen für die Kommunen verbunden. Die **Auswahl** muss diesen Gesichtspunkt berücksichtigen. Schwächer wirkende Mittel sind den stärkeren vorzuziehen. Allerdings gilt dies nur, sofern die Wirksamkeit der Aufsicht dadurch nicht beeinträchtigt wird. Im Übrigen kommt eine Abstufung der Aufsichtsmittel in den jeweiligen Tatbestandsvoraussetzungen zum Ausdruck.

1997 erfolgte eine Änderung der Vorschriften über die kommunale Rechtsaufsicht. Seitdem **529** steht das Einschreiten der Aufsichtsbehörden durchgängig in deren **Ermessen** (Änderung der Art. 112, 113 GO). Der Gesetzgeber hat sich dazu entschlossen, obwohl umgekehrt in den Ländern, in denen die Kommunalgesetze keine Pflicht zum Einschreiten vorgesehen hatten, diskutiert wird, ob sich nicht bereits aus Art. 20 Abs. 3, 28 Abs. 1 GG eine entsprechende Pflicht ergibt.[441] Dennoch erscheint die Änderung sowohl verfassungsrechtlich unbedenklich als auch praxisgerecht. Denn sie lässt es jetzt zu, dass je nach Schwere des Rechtsverstoßes bzw. der mit einem solchen verbundenen Folgen differenziert wird. Das führt zu einem gezielteren Einsatz der Ressourcen und im Ergebnis zu einer Stärkung der Rechtsaufsicht, womit den verfassungsrechtlichen Vorgaben besser gedient ist als mit praktisch kaum umsetzbaren Zielsetzungen.

b) Informationsrecht

Das Informationsrecht ist den Rechtsaufsichtsbehörden durch Art. 111 GO **um-** **530** **fassend** eingeräumt, es bezieht sich entgegen dem allgemeinen Grundsatz (→ Rn. 523) auf alle Angelegenheiten und damit auch auf das privatrechtliche Handeln der Kommunen. Informationen können aber stets nur hinsichtlich bestimmter kommunaler Angelegenheiten eingeholt werden.

Im Einzelnen ist dies möglich durch Besichtigung der Gemeinde, durch Anforderung von Berichten bzw. sonstigen dienstlichen Äußerungen oder von Akten, und etwa auch durch die Teilnahme an (öffentlichen und nicht öffentlichen) Gemeinderatssitzungen. Geheimhaltungsvorschriften können einem Auskunftsverlangen nicht entgegengehalten werden. In der Regel wird die Rechtsaufsichtsbehörde zunächst eine Bitte um Stellungnahme äußern. Kommt die Gemeinde dieser nicht nach, ist eine Erzwingung durch Beanstandung und Ersatzvornahme denkbar. Ob die Aufsichtsbehörde von ihren **Informationsmitteln** auch unmittelbar durch den Erlass entsprechender Verwaltungsakte Gebrauch machen kann, nämlich im Wege verbindlicher und bestimmter Handlungsanweisungen (etwa Aufforderung zur Herausgabe bestimmter Akten), ist

---

[441] Zum Meinungsstreit *Schnapp/Rawert,* JuS 1986, 631 ff.; *Borchert,* DÖV 1978, 721 ff.

im Hinblick auf das System der aufsichtlichen Befugnisse fraglich, wird aber überwiegend bejaht.[442] Gegen entsprechende Maßnahmen ist die Anfechtungsklage der betroffenen Gemeinde statthaft.

c) Beanstandung

532   **Wichtigstes Aufsichtsmittel** ist die Beanstandung (Art. 112 GO). Sie besteht in der Rüge der Rechtswidrigkeit des gemeindlichen Handelns und kann sich im Umfang des Art. 109 Abs. 1 GO (→ Rn. 523) auf alle Beschlüsse und Verfügungen beziehen. Damit ist jedes Tun oder Unterlassen (vgl. Art. 112 S. 2 GO) der Kollektivorgane oder der Bürgermeister gemeint, ohne dass es auf die Handlungsform ankäme. Der Beanstandung unterliegen also Einzelmaßnahmen ebenso wie z. B. Satzungsbeschlüsse des Gemeinderats oder innerorganisatorische Maßnahmen, privatrechtsgeschäftliche Erklärungen allerdings nur dann, wenn sie den öffentlich-rechtlichen Vorgaben widersprechen.

533   Woraus sich die **Rechtswidrigkeit** des beanstandeten Handelns ergibt, ist unerheblich. In Betracht kommen Verstöße gegen Gesetzesrecht (unabhängig von einer zuvor evtl. erteilten Genehmigung, → Rn. 512) ebenso wie gegen Ortsrecht, materielle Fehler ebenso wie nur formelle Fehler, selbst wenn diese gegenüber Dritten keine Grundlage für eine Aufhebbarkeit bieten (Art. 46 BayVwVfG); allerdings wird sich ein Einschreiten in den letztgenannten Fällen kaum als zweckmäßig erweisen. Auch nichtige Akte können beanstandet werden, um den Rechtsschein der Wirksamkeit zu vernichten.[443] Sind Fehler hingegen unbeachtlich oder geheilt worden (etwa auf der Grundlage des Art. 45 BayVwVfG), fehlt es an der Rechtswidrigkeit als Voraussetzung einer Beanstandung.

534   Grundsätzlich darf die Aufsichtsbehörde ein Handeln der Gemeinde nicht nur isoliert rügen, sondern muss zugleich dessen Aufhebung oder Änderung verlangen. **Beanstandung und Änderungsverlangen** sind miteinander zu verbinden. Eine sog. „isolierte Beanstandung" als feststellender Verwaltungsakt lässt sich grundsätzlich nicht auf Art. 112 GO stützen.[444] Anders kann die Lage nur dann sein, wenn die Gemeinde einen VA ihrerseits nicht mehr aufheben darf, weil die Rücknahme nicht nach Art. 48 BayVwVfG zulässig ist. In diesen Fällen darf die Aufsichtsbehörde von der Gemeinde kein (erneut) rechtswidriges Verhalten verlangen; selbst dann bleiben Sinn und Regelungscharakter einer „isolierten Beanstandung" jedoch fraglich. Hingegen kann auf das gleichzeitige Setzen einer Frist verzichtet werden, obwohl eine Verbindung mit der Fristsetzung zumindest dann sinnvoll ist, wenn damit gerechnet wird, dass die Gemeinde der Aufforderung nicht nachkommt und diese deshalb zwangsweise durchgesetzt werden muss (vgl. Art. 113 GO). Die Gemeinde darf zur Änderung nur in dem Umfang verpflichtet werden, in dem dies für die Beseitigung der Rechtswidrigkeit erforderlich ist. Hat etwa eine Gemeinde einen Ermessensfehler begangen, kann sie (außer im Fall der Ermessensreduzierung auf Null) nur zur erneuten Ermessensausübung aufgefordert werden. Außerdem muss die Änderung ihrerseits rechtlich zulässig sein.

535   Rüge der Rechtswidrigkeit und Verlangen eines Tuns oder Unterlassens stellen einen einheitlichen **Verwaltungsakt** gegenüber den betroffenen Gemeinden

---

[442] So *Hölzl/Hien/Huber,* GO, Art. 111 Erl. 3; *P/Z/B/P,* KommR, Art. 111 GO Erl. 3 ff.; offensichtlich a. A. *B/B/E/M/S,* KommG, Art. 111 GO Rn. 10.

[443] *Hölzl/Hien/Huber,* GO, Art. 112 Erl. 3.

[444] BayVGH, BayVBl. 1992, 628 (629).

dar[445] (zur zusätzlichen Fristsetzung → Rn. 538). Er muss den allgemeinen verfahrensrechtlichen Formanforderungen (vgl. BayVwVfG) genügen, ausreichend bestimmt sein und der Gemeinde bekannt gegeben werden (Art. 41 BayVwVfG).

d) Ersatzvornahme

Die Ersatzvornahme (Art. 113 GO) dient als letzter Schritt eines mehrstufigen **536** Verfahrens zur **zwangsweisen Durchsetzung** der rechtsaufsichtlichen Anordnungen. Wie auch sonst im Vollstreckungsrecht (vgl. Art. 32 VwZVG), versteht man darunter das Handeln der Vollzugsbehörde (d. h. der Aufsichtsbehörde) anstelle der an sich zuständigen Behörde (d. h. der Gemeinde). Sie schließt den Vollzug der verfügten Maßnahme (Durchführung nach außen hin, etwa durch Abgabe rechtsgeschäftlicher Erklärungen oder Erlass von Verwaltungsakten) ein. Die mit der Ersatzvornahme verbundenen Kosten hat die betroffene Gemeinde zu tragen (Art. 113 S. 2 GO).

Für eine Ersatzvornahme müssen folgende **Voraussetzungen** erfüllt sein:

(1) Zunächst ist eine **bestandskräftige oder sofort vollziehbare Anordnung** **537** nach Art. 112 GO erforderlich: Entweder muss also die Klagefrist abgelaufen oder die sofortige Vollziehung nach § 80 Abs. 2 S. 1 Nr. 4 VwGO angeordnet worden sein, wobei diese Anordnung formal eine besondere Begründung und materiell ein besonderes Vollziehungsinteresse voraussetzt.[446] Sie kann auch nach Einlegung des Rechtsbehelfs erfolgen.[447] Die Ersatzvornahme als Vollstreckungsmaßnahme muss sich im Rahmen der Grundverfügung halten, darf also nicht weiter gehen als die durch Art. 112 GO verlangten Maßnahmen. Ferner muss sie verhältnismäßig, insbesondere erforderlich, sein.

(2) Des Weiteren wird der **Ablauf einer angemessenen Frist,** die zuvor (in der **538** Regel zusammen mit der Verfügung nach Art. 112 GO) gesetzt worden ist, vorausgesetzt: Angemessen ist die Frist grundsätzlich dann, wenn der Gemeinde nach regulärem Geschäftsablauf (z. B. unter Beachtung der Ladungsfristen für die Einberufung des Gemeinderats) die Möglichkeit zur Korrektur der beanstandeten Maßnahme bleibt. Ausnahmen sind bei besonderer Dringlichkeit denkbar. War die Frist zu kurz, so gilt nicht automatisch eine längere, sondern stattdessen muss eine angemessene Frist neu gesetzt werden.

(3) Schließlich ist verfahrensrechtlich regelmäßig eine **Anhörung** der betroffenen **539** Gemeinde (Art. 28 BayVwVfG)[448] notwendig, wohingegen die GO auf die Androhung des Zwangsmittels (wie sonst bei der Verwaltungsvollstreckung nach Art. 36 VwZVG) verzichtet (str.).[449]

Obwohl die Ersatzvornahme eine Maßnahme der Verwaltungsvollstreckung ist **540** und nur der Durchsetzung vorausgegangener Verfügungen dient, stellt sie nach

---

445 Vgl. *Mögele,* BayVBl. 1985, 519 (520); denkbar ist, wegen der beiden Regelungswirkungen (Beanstandung einerseits und Änderungsverlangen andererseits) vom Vorliegen zweier Verwaltungsakte auszugehen, so *Knemeyer,* Bay. KommR, Rn. 412 mit Fn. 20.
446 Vgl. *Schenke,* VerwPR, Rn. 1045 ff.
447 Vgl. *Schoch,* in: Schoch/Schneider, VwGO, § 80 Rn. 264.
448 Wobei Art. 28 Abs. 2 Nr. 5 VwVfG anwendbar ist, vgl. dazu *Obermayer / Grünewald,* VwVfG, Art. 28 Rn. 58 ff.
449 A. A. ohne Begründung *Lissack,* Bay. KommR, § 8 Rn. 30; dem folgend *Knemeyer,* Bay. KommR, Rn. 415.

überwiegend vertretener Meinung **im Verhältnis zur betroffenen Gemeinde einen Verwaltungsakt** dar. Ihre Regelungswirkung soll darin liegen, dass sie die Gemeinde zwingt, ein Handeln der Aufsichtsbehörde als eigenes hinzunehmen (sog. transitorische Wirkung).[450] Dementsprechend kann die Ersatzvornahme (nicht aber isoliert die Fristsetzung) durch die Gemeinde mittels einer Anfechtungsklage angefochten werden, obwohl nach allgemeinen verwaltungsrechtlichen Grundsätzen Durchsetzungsmaßnahmen als Realakte anzusehen sind. Unbestritten können gegen die Ersatzvornahme selbst aber nicht die Einwendungen erhoben werden, die sich auf die Beanstandungsverfügung beziehen. Ist diese bestandskräftig, bleibt nur die Rüge der Rechtswidrigkeit der Vollstreckungsmaßnahme; sonst (wenn die Verfügung für sofort vollziehbar erklärt worden ist) wird die Gemeinde beide Verwaltungsakte anfechten, um sich alle Verteidigungsmöglichkeiten zu erhalten.

541   Im **Außenverhältnis zum betroffenen Bürger** bedeutet die Ersatzvornahme nur, dass anstelle der an sich zuständigen Gemeinde die Aufsichtsbehörde tätig geworden ist. In welcher Form dies geschieht und welche Rechtsschutzmöglichkeiten des Bürgers bestehen, richtet sich also allein nach der ersetzten Handlung. Hat die Aufsichtsbehörde etwa einen rechtswidrigen Satzungsbeschluss aufgehoben, kommt dagegen eine Klage nur in Betracht, wenn ausnahmsweise ein subjektives Recht auf Satzungserlass besteht (→ Rn. 365, 130); betrifft die Aufhebung hingegen einen Verwaltungsakt, so kann der Adressat dagegen eine Anfechtungsklage erheben. **Sehr str.** ist allerdings, gegen wen diese Klage zu richten wäre. Grundsätzlich ist die ersatzweise getroffene Maßnahme der Gemeinde zuzurechnen. Für spätere Korrekturen, insbesondere eine Aufhebung nach Art. 48 ff. BayVwVfG, ist allein diese zuständig. Dem entspricht es, dass der Bürger bei einer Anfechtung der fraglichen Maßnahme gegen die Gemeinde klagen muss. Dagegen wird allerdings eingewendet, dies führe dazu, dass die Gemeinde ein von ihr gerade nicht gewolltes Handeln zu verteidigen habe; Art. 113 GO räume den Aufsichtsbehörden keine Befugnis ein, im Namen der Gemeinde zu handeln, sondern beinhalte eine Kompetenzübertragung; richtiger Klagegegner sei deshalb der Freistaat.[451] Jedoch überwiegen diese Einwände weder die systematischen Bedenken noch die praktischen Schwierigkeiten, die mit einer partiellen Übertragung der Verantwortlichkeit nach außen hin verbunden sind.[452] Deshalb ist daran festzuhalten, dass die Ersatzvornahme ab ihrer Wirksamkeit ausschließlich der Gemeinde zuzurechnen ist.[453]

e) Bestellung eines Beauftragten

542   Bei der Bestellung eines Beauftragten (Art. 114 GO) handelt es sich um eine **sehr weitgehende Einflussnahme** auf das kommunale Handeln, die an enge Voraussetzungen geknüpft ist. Drei Möglichkeiten sind vorgesehen:

543   (1) Wenn ein **geordneter Verwaltungsgang ernstlich behindert** ist und dies auf Beschlussunfähigkeit (etwa beim Erlass von Bebauungsplänen, → Rn. 251) oder einer Verweigerung des Gemeinderats beruht, ist der **erste Bürgermeister zu ermächtigen** (Art. 114 Abs. 1 GO).

---

[450] So *Hölzl/Hien/Huber*, GO, Art. 113 Erl. 3.
[451] So vor allem *Knemeyer*, BayVBl. 1977, 129 ff.; zust. *P/Z/B/P*, KommR, Art. 113 GO Erl. 7.
[452] Vgl. die sehr ausf. Einwände bei *Hölzl/Hien/Huber*, GO, Art. 113 Erl. 4 .2.
[453] So auch *B/B/E/M/S*, KommG, Art. 113 GO Rn. 16, *Diewald*, BayVBl. 2006, 40.

(2) Kann oder will der erste Bürgermeister selbst dieser Aufgabe nicht nachkom- **544** men (rechtliche Verhinderung ist insbesondere die Befangenheit i. S. v. Art. 49 GO, → Rn. 246 ff.), sind zunächst die **weiteren Bürgermeister zu beauftragen.** Erst wenn dies ebenfalls ausscheidet, darf die Rechtsaufsichtsbehörde selbst handeln (Art. 114 Abs. 2 GO). Die Stufung sichert den Vorrang einer gemeindeinternen Lösung. Beauftragung bedeutet, dass der Beauftragte den Weisungen der Rechtsaufsichtsbehörde folgen muss, auch wenn sein Handeln der Gemeinde zugerechnet wird. Ob die Ermächtigung des ersten Bürgermeisters ebenfalls eine Beauftragung ist und deshalb der erste Bürgermeister bei Verweigerung der durch die Ermächtigung gedeckten Amtshandlungen ein Dienstvergehen begeht (vgl. § 47 BeamtStG), ist str.;[454] dafür spricht zwar die Überschrift des Art. 114 GO, dagegen aber der unterschiedliche Wortlaut von Abs. 1 und Abs. 2. Das Handeln der Rechtsaufsichtsbehörde nach Art. 114 Abs. 2 S. 2 GO entspricht in seinen Wirkungen der Ersatzvornahme nach Art. 113 GO (→ Rn. 536 ff.).

(3) Als letzte Möglichkeit, nach Ausschöpfung aller anderen Mittel, können der **545** **Gemeinderat aufgelöst** und dessen **Neuwahl** angeordnet werden (Art. 114 Abs. 3 GO).

Gegenüber der Gemeinde sind alle Handlungen der Rechtsaufsichtsbehörde als **546** **Verwaltungsakte** einzustufen. Gegenüber einem Bürger stellt auch das Handeln nach Art. 114 Abs. 2 GO ein Handeln der Gemeinde in der nach außen hin wirkenden Form dar (näher → Rn. 541).

III. Fachaufsicht

1. Umfang

Die Fachaufsicht bezieht sich **gegenständlich** auf die Angelegenheiten des **547** übertragenen Wirkungskreises, ohne dass es einer näheren Eingrenzung bedürfte. Gegenüber der Rechtsaufsicht ist die **Kontrolldichte** erhöht. Grundsätzlich unterliegt der fachaufsichtlichen Kontrolle auch die Ausübung des gemeindlichen Ermessens im Hinblick auf die Zweckmäßigkeit (Art. 109 Abs. 2 S. 1 GO). Eingriffe in das Ermessen sind allerdings nach Art. 109 Abs. 2 S. 2 GO beschränkt: zunächst – weniger wichtig – auf die Fälle, in denen eine Weisung des Bundes besteht; des weiteren auf die Fälle, in denen das Gemeinwohl oder öffentlich-rechtliche (nicht hingegen privatrechtliche) Ansprüche Einzelner den Eingriff erfordern.[455] Die verwendeten unbestimmten Rechtsbegriffe sind relativ weit, so dass sich die Voraussetzungen kaum näher abstrakt umschreiben lassen.

Dennoch ist die Beschränkung der Fachaufsicht praktisch sehr wichtig und ent- **548** spricht im Ergebnis nicht nur einem Begründungserfordernis. Zweck des Art. 109 Abs. 2 S. 2 GO ist es nämlich, die Gemeinden vor weitgehenden Eingriffen zu bewahren und ihnen soweit wie möglich auch im Rahmen der Erfüllung übertragener Aufgaben Spielräume zu lassen, und zwar als Konsequenz des Umstands, dass

---

[454] Abl. *Hölzl/Hien/Huber,* GO, Art. 114 Erl. 2; *B/B/E/M/S,* KommG, Art. 114 GO Rn. 8; *Widtmann/Grasser/Glaser,* GO, Art. 114 Rn. 6.

[455] Vgl. Aufgabe 5 der Ersten Juristischen Staatsprüfung 2014/2, BayVBl, 2017, 322 und 355.

der Staat auf die Behörden der rechtlich eigenständigen Kommunen zurückgreift
(→ Rn. 36). Daraus folgt, dass **den Gemeinden ein subjektives Recht** auf Beachtung der in Art. 109 Abs. 2 S. 2 GO enthaltenen Grenzen zusteht.

2. Mittel

549   Zunächst besitzen die Fachaufsichtsbehörden ein **Unterrichtungsrecht**
(Art. 116 Abs. 1 S. 1 GO). Dieses entspricht inhaltlich dem Informationsrecht
(→ Rn. 530 f.).

550   Wichtiger ist das daneben bestehende **Weisungsrecht** (Art. 116 Abs. 1 S. 2 GO).
Es ist ein typisches Mittel der Fachaufsicht und soll in weitgehendem Umfang eine
Steuerung des kommunalen Handelns ermöglichen. Mit ihm ist die Befugnis ver-
bunden, den Gemeinden im Voraus für bestimmte Einzelfälle oder für Fallgruppen
Handlungsanweisungen, auch in Form von Verwaltungsvorschriften, zu erteilen.
Möglich ist es z. B., eine Gemeinde zur Einlegung eines Rechtsbehelfs anzuweisen.
Insofern existieren in stärkerem Maße als bei der Rechtsaufsicht präventiv wirken-
de Einflussmöglichkeiten. Das Weisungsrecht umfasst zugleich die Befugnis, repressiv eine Aufhebung oder Änderung bereits erlassener Maßnahmen zu verlangen. Es
schließt also ein **Beanstandungsrecht** i. w. S. ein, weil Rüge und Aufhebungsver-
langen im Begriff der Weisung mit enthalten sind (vgl. nunmehr die Klarstellung in
Art. 116 Abs. 2 Satz 2 GO).

551   Darin erschöpfen sich aber zugleich die Mittel der Fachaufsicht (Art. 116 Abs. 1
S. 3 GO). Fachaufsichtsbehörden können insbesondere ihre Weisungen **nicht selbst
zwangsweise durchsetzen.** Sie haben jedoch die Möglichkeit, die Rechtsaufsichtsbehörden einzuschalten (Art. 116 Abs. 2 GO), sofern die Behörden nicht ohnehin identisch sind (→ Rn. 521). Die Rechtsaufsichtsbehörden wiederum dürfen
nicht nur, sondern müssen gegebenenfalls von ihren Zwangsbefugnissen nach
Art. 113 und 114 GO Gebrauch machen (was im Rahmen der Behördenhierarchie,
also nicht gerichtlich, durchzusetzen ist). Wird eine Rechtsaufsichtsbehörde erset-
zend tätig (Art. 113 GO), handelt sie gegenüber der Gemeinde eigenständig, ohne
dass damit für die Bestimmung des Beklagten oder für den Umfang der Überprüfbarkeit der Ersatzvornahme (→ Rn. 540 f.) prozessuale Folgen verbunden wären.

Beispiel: Die Große Kreisstadt K erteilt dem Bauherrn B eine Baugenehmigung. Die Regierung (R) beanstandet dies mit dem Argument, der VA sei rechts- und zweckwidrig; K wird aufgefordert, die Baugenehmigung aufzuheben.

K nimmt die Aufgaben einer Bauaufsichtsbehörde als übertragene Aufgaben wahr (Art. 54
Abs. 1, 53 Abs. 1 BayBO; § 1 Abs. 1 Nr. 1 GrKrV). Der R als höherer Bauaufsichtsbehörde ob-
liegt die Fachaufsicht (Art. 53 Abs. 1 S. 1 BayBO, 115 Abs. 1 GO). Die Befugnisse der R als
Fachaufsichtsbehörde nach Art. 116 Abs. 1 GO schließen das Beanstandungsrecht, nicht aber das
Recht zur Ersatzvornahme ein. Zur Durchsetzung der Beanstandung ist grundsätzlich die Hilfe
der Rechtsaufsichtsbehörde erforderlich, Art. 116 Abs. 2 S. 1 GO. Jedoch ist R nach Art. Art. 110
S. 5, 110 S. 2 GO auch Rechtsaufsichtsbehörde, weil K Aufgaben wahrgenommen hat, die ihr
nach Art. 9 Abs. 2 GO i. V. m. der GrKrV übertragen worden sind. Anders wäre die Situation,
wenn die Baugenehmigung durch eine nach Art. 53 Abs. 2 BayBO i. V. m. § 5 Abs. 1 ZustVBau
zuständige kreisangehörige Gemeinde erteilt worden wäre; hier ist die R Fachaufsichtsbehörde
(Art. 115 Abs. 1 S. 1 GO), das LRA aber Rechtsaufsichtsbehörde (Art. 110 S. 1 GO) – es sei
denn, man wollte entgegen dem Gesetzestext auch in diesem Fall Art. 110 S. 5 GO anwenden.[456]

---

[456] So mit nicht überzeugender Begründung im Ergebnis *Widtmann/Grasser/Glaser*, GO,
Art. 115 Rn. 7. Es genügt aber nicht, nur allgemein auf ein „System des Art. 115 Abs. 2" zu ver-

IV. Fragen des Rechtsschutzes

1. Rechtsschutz gegen aufsichtliche Maßnahmen[457]

a) Angreifbarkeit der Maßnahmen

Streitigkeiten zwischen Kommunen und Aufsichtsbehörden richten sich immer **552** **nach öffentlichem Recht,** da es hier um die Anwendung der in den Kommunalgesetzen enthaltenen Vorschriften über die Aufsicht (Art. 108 ff. GO, Art. 94 ff. LKrO, Art. 90 ff. BezO) geht. Der Verwaltungsrechtsweg ist deshalb eröffnet (§ 40 Abs. 1 S. 1 VwGO).[458] Eventuelle Klagen müssen sich immer gegen den **Freistaat Bayern** richten. Die Kommunalaufsicht ist eine staatliche Aufgabe; auch bei aufsichtlichem Handeln des Landratsamts können deshalb keine Schwierigkeiten hinsichtlich der Bestimmung des Klagegegners entstehen.

Bei Rechtsbehelfen von Kommunen gegen aufsichtliche Maßnahmen verdienen **553** **die Statthaftigkeit der Klage und die Klagebefugnis** der Kommunen eine nähere Betrachtung. Stellt die aufsichtliche Maßnahme einen Verwaltungsakt dar? Immer vorausgesetzt, dass diese überhaupt Regelungscharakter besitzt (was bei einem reinen Informationsverlangen regelmäßig nicht der Fall, bei Beanstandungen und Weisungen aber unzweifelhaft zu bejahen ist), ist die **Außenwirkung zu prüfen.** Kann durch die Maßnahme möglicherweise ein subjektives Recht der Kommune verletzt sein (wobei die Zuhilfenahme der auf einem weit verstandenen Art. 2 Abs. 1 GG basierenden Adressatentheorie wegen fehlender Grundrechtsträgerschaft ausscheidet)? Beide Fragen sind auseinanderzuhalten. Bei ihrer Beantwortung empfiehlt sich eine Trennung zwischen Maßnahmen der Rechtsaufsicht einerseits und der Fachaufsicht andererseits, und zwar anhand der Unterscheidung, in welchem Wirkungskreis die Kommune betroffen ist.

– **Maßnahmen der Rechtsaufsicht** stellen immer Verwaltungsakte (Art. 35 S. 1 **554** BayVwVfG) dar, denn sie richten sich an einen rechtlich eigenständigen Träger und betreffen diesen in dem Bereich, in dem die Aufgaben grundsätzlich eigenverantwortlich wahrzunehmen sind (eigener Wirkungskreis). Art. 28 Abs. 2 S. 1 GG, 11 Abs. 2 BV vermitteln den Gemeinden schließlich ein Recht, in der eigenverantwortlichen Aufgabenwahrnehmung nicht ungerechtfertigt beeinträchtigt zu werden (→ Rn. 48).

– Schwierig wird die Beurteilung erst bei **Maßnahmen der Fachaufsicht.** Diese **555** beziehen sich auf den übertragenen Wirkungskreis, d. h. es geht immer um die Wahrnehmung staatlicher Aufgaben. Eine (außerhalb Bayerns) verbreitete Meinung will deshalb den **Verwaltungsaktscharakter** fachaufsichtlicher Maßnahmen ablehnen.[459] Dem wird entgegengehalten, die Voraussetzungen des Art. 35

---

weisen, vielmehr müsste ein Analogieschluss angenommen und deshalb angegeben werden, warum überhaupt eine planwidrige Regelungslücke vorliegen soll.

[457] Vgl. *B/H/K/M,* Klausurenbuch, Klausur Nr. 5 und 6. Vgl. auch *Gern/Brüning,* Dt. KommR, Rn. 350 ff.

[458] Das bestätigt auch Art. 83 Abs. 5 BV, der allerdings keine Rechtswegzuweisung i. S. v. § 40 Abs. 2 S. 2 oder § 187 VwGO enthält. Anders liegen die Dinge natürlich bei einem Amtshaftungsanspruch der Gemeinde gegen die Aufsichtsbehörde; vgl. zum Drittschutz der Aufsichtspflichten gegenüber der Gemeinde BGH, BayBl. 2003, 537.

[459] BVerwG, BayVBl. 1978, 374 (375); BayVBl. 1995, 474.

BayVwVfG und des § 42 Abs. 2 VwGO seien voneinander zu trennen: Da aufsichtliches Handeln immer die Kommune als eigene Rechtspersönlichkeit treffe, gehe es über das Innenverhältnis (innerhalb des Staates als Rechtspersönlichkeit) hinaus.[460] Jedoch greift diese Begründung in ihrem formalen, auf die Rechtspersönlichkeiten abstellenden Ansatz zu kurz. Entscheidend ist nämlich, ob ein Handeln auf Rechtswirkung im Außenverhältnis gerichtet ist (vgl. Wortlaut des Art. 35 S. 1 BayVwVfG), weshalb es richtig erscheint, verschiedene Rechtskreise eines Rechtsträgers auseinander zu halten. Sonst wäre auch das Handeln des ersten Bürgermeisters gegenüber dem Gemeinderatsmitglied immer ein Verwaltungsakt (demgegenüber → Rn. 271). Deshalb ist die Frage, in welchem Rechtskreis die Kommune betroffen ist, nicht erst ein Problem der Klagebefugnis. Dennoch ist im Ergebnis der in Bayern überwiegend vertretenen Ansicht zuzustimmen.[461] Denn die landesrechtliche Ausgestaltung der Rechtsstellung der Kommunen zeigt, dass diese auch im übertragenen Wirkungskreis nicht wie in eine Hierarchie eingebundene Behörden behandelt werden, sondern dass ihnen ein gewisser Raum der Eigenverantwortlichkeit verbleibt.[462] Das folgt wohlgemerkt nicht schon aus der Verfassung, sondern aus den Kommunalgesetzen, und zwar aus Art. 109 Abs. 2 S. 2 GO. Deshalb wird in Bayern auch durch fachaufsichtliche Maßnahmen nicht nur ein interner Rechtskreis der Kommunen als quasi-staatliche Behörden berührt. Im Anschluss wirft die Bejahung der Klagebefugnis (§ 42 Abs. 2 VwGO) keine großen Probleme mehr auf: Hier genügt die Feststellung, dass Art. 109 Abs. 2 S. 2 GO den Kommunen ein subjektives Recht auf Beachtung der durch die Norm gezogenen Grenzen einräumt (zur Begründung → Rn. 548).

556 – Besonderheiten sind bei der Anfechtung von **Ersatzvornahmen** als Vollstreckungsmaßnahmen zu beachten (näher → Rn. 540).

b) Vorverfahren

557   Allgemein (und nicht mehr nur wie früher bei Identität von Aufsichts- und Widerspruchsbehörde) findet in aufsichtsrechtlichen Angelegenheiten **kein Widerspruchsverfahren** mehr statt (§ 68 Abs. 1 S. 2 VwGO i. V. m. Art. 15 Abs. 1 und 2 AGVwGO).

2. Aufsichtsbehörden als Widerspruchsbehörden

558   Legt ein **Bürger** gegen einen gemeindlichen Verwaltungsakt Widerspruch ein, so ist zwar grundsätzlich nach § 68 Abs. 1 Satz 1 VwGO ein Vorverfahren durchzuführen; nach Art. 15 AGVwGO ist ein Vorverfahren aber nur mehr **in wenigen Fallgestaltungen** und nur noch fakultativ vorgesehen. Die darauf bezogenen Regeln enthält **Art. 118 GO,** der nicht nur die Zuständigkeit, sondern auch die Kontrolldichte betrifft. In Anknüpfung an § 73 Abs. 1 S. 2 Nr. 3 VwGO entscheidet zwar **in eigenen Angelegenheiten** die Rechtsaufsichtsbehörde über den Widerspruch. Sie

---

[460] So *Hölzl/Hien/Huber,* GO, Art. 116 Erl. 2; *Knemeyer,* DÖV 1988, 397 (404); vgl. auch *B/B/E/M/S,* KommG, Art. 116 GO Rn. 4f.

[461] A. A. und grundsätzlich – außer in den Fällen, in denen ausnahmsweise die Selbstverwaltungsgarantie berührt ist (→ Rn. 559) – gegen die Verwaltungsaktsqualität *Steiner,* in: B/K/P/S, BayStVerwR, Teil C Rn. 195 f.

[462] Wie hier *Schenke,* VerwPR, Rn. 242.

kann aber nur die Rechtmäßigkeit des gemeindlichen Handelns nachprüfen, so dass die Zweckmäßigkeitskontrolle im Abhilfeverfahren (§ 72 VwGO) durch die Kommune selbst vorzunehmen ist (Art. 118 Nr. 1 GO). In **übertragenen Angelegenheiten** entscheidet in der Regel die Fachaufsichtsbehörde, die auch die Zweckmäßigkeit des gemeindlichen Handelns zu überprüfen hat, und zwar ohne die in Art. 109 Abs. 2 S. 2 GO enthaltenen Schranken (Art. 118 Nr. 2 GO).

Der durch die Widerspruchsbehörde erlassene, unstreitig als Verwaltungsakt einzuordnende **Widerspruchsbescheid** kann **durch die Gemeinde** im Wege der Anfechtungsklage (§ 79 Abs. 1 Nr. 2 VwGO) ohne erneute Durchführung eines Vorverfahrens (nicht statthaft nach § 68 Abs. 1 S. 2 Nr. 2 VwGO) einer Überprüfung durch das zuständige Verwaltungsgericht unterzogen werden. Das kommt insbesondere in Betracht, wenn die Rechtsaufsichtsbehörde als Widerspruchsbehörde in eigenen Angelegenheiten eine Entscheidung gegen die Gemeinde getroffen oder über einen verfristeten Widerspruch in der Sache entschieden (anerkannte Ausnahme von der sonstigen Position der Rspr.![463]) hat. Die Gemeinde ist dann möglicherweise in ihrem Selbstverwaltungsrecht (Art. 28 Abs. 2 S. 1 GG, Art. 11 Abs. 2 BV) verletzt und deshalb klagebefugt (§ 42 Abs. 2 VwGO). Die Zulässigkeit einer Anfechtungsklage gegen den durch die Fachaufsichtsbehörde erlassenen Widerspruchsbescheid ist hingegen wiederum schwerer zu beurteilen; insbesondere scheidet hier eine Berufung auf die mögliche Verletzung des Art. 109 Abs. 2 S. 2 GO aus. Sie kann deshalb nur dann bejaht werden, wenn ausnahmsweise im Rahmen der betroffenen übertragenen Aufgabe die Selbstverwaltungsgarantie ein Rolle spielt, was in den einschlägigen gesetzlichen Vorschriften unter Zugrundelegung der Schutznormtheorie zum Ausdruck kommen muss.[464] Entsprechende Fallgestaltungen sind aber durch den **mittlerweile erfolgten weitgehenden Ausschluss des Widerspruchsverfahrens** nur noch ausnahmsweise denkbar.

559

I. Kommunale Zusammenarbeit

I. Allgemeine Grundsätze

Aus verschiedenen Gründen kann sich eine kommunale Zusammenarbeit in einem weit verstandenen Sinn als **sinnvoll oder gar notwendig** erweisen. Viele Aufgaben lassen sich effektiver durch gemeinsames Handeln verschiedener Kommunen erfüllen, ohne dass sie deshalb schon als einer höheren Aufgabenebene angehörig anzusehen wären. So entspricht es dem Wirtschaftlichkeitsgrundsatz, wenn zwei Gemeinden gemeinsam ein Schwimmbad betreiben, sofern zwei Bäder im Hinblick auf die Zahl der zu versorgenden Bevölkerung nicht ausgelastet wären. Nicht nur die Möglichkeit, sondern die Pflicht zur Kooperation besteht in den Fällen, in denen die Erfüllung von Pflichtaufgaben die Leistungsfähigkeit einzelner Kommunen übersteigt (Art. 57 Abs. 3 GO, 51 Abs. 4 LKrO). Das Prinzip der Aufgabentrennung in seiner strikten Auslegung durch den BayVGH (→ Rn. 345) verpflichtet in diesen Fällen dazu, die Aufgaben auf der jeweils zuständigen kommunalen Ebene zu erfüllen, und verhindert eine Aushilfe durch die auf der nächsthöheren Ebene angesiedelten Kommunen. Schließlich existieren Aufgaben, die mit übergreifenden raumbedeutsamen Maßnahmen oder mit den Zuständigkeiten anderer Träger so verflochten sind, dass eine Kooperation erforderlich erscheint. Alles in allem betrachtet sichert die kommunale Zusammenarbeit die Leistungsfähigkeit und damit die Eigenständigkeit der Kom-

560

---

[463] Vgl. nur *Hufen,* VerwPR, § 6 Rn. 32.
[464] Vgl. auch BayVGH, BayVBl. 2002, 336.

munen, weil ohne sie das Erfordernis einer ordnungsgemäßen Aufgabenerfüllung entweder eine Hochzonung oder eine Verstaatlichung der Aufgaben zur Folge haben müsste. Sie gewinnt auch in überregionaler und grenzüberschreitender Form zunehmend an Bedeutung, was durch Art. 24 Abs. 1a GG zum Ausdruck kommt, wenn auch streitig ist, ob auch die Gemeinden oder etwa nur die Länder Adressaten dieser Bestimmung sind.

561   Kommunale Zusammenarbeit kann **in verschiedenen Formen** erfolgen. Die Zusammenarbeit auf öffentlich-rechtlicher Basis ist vor allem im KommZG (*Ziegler/ Tremel* Nr. 376) geregelt. Das KommZG bezieht sich auf die Tätigkeit der kommunalen Körperschaften, der Verwaltungsgemeinschaften, der durch die Zusammenarbeit neu geschaffenen Verwaltungsträger sowie der Kommunalunternehmen (Art. 1 Abs. 1, Abs. 2 KommZG) und umschreibt auch die Kooperationsmöglichkeiten mit natürlichen oder juristischen Personen des Privatrechts. Einige spezielle Formen der Zusammenarbeit sind in anderen Gesetzen vorgesehen (vgl. zu den Planungsverbänden nach § 205 BauGB Art. 1 Abs. 3 S. 2 KommZG). Zudem kann diese grundsätzlich auch privatrechtlich durchgeführt werden (vgl. Art. 1 Abs. 3 S. 1 KommZG). Das kommt allerdings nur dann in Betracht, wenn es für die Aufgabenerfüllung keiner hoheitlichen Befugnisse bedarf. Für die privatrechtliche Zusammenarbeit gelten die allgemeinen Bestimmungen, insbesondere die Vorgaben des kommunalen Wirtschaftsrechts (→ Rn. 458). Darauf wird im Folgenden nicht eingegangen. Stattdessen soll unter einem weit gefassten Begriff der kommunalen Zusammenarbeit auch die Verwaltungsgemeinschaft behandelt werden, obwohl diese Besonderheiten aufweist. Denn sie stellt einen Verband dar, der in der Regel zwangsweise gebildet wird und ein breites, gesetzlich festgelegtes Aufgabenspektrum besitzt.

Hauptformen kommunaler Zusammenarbeit

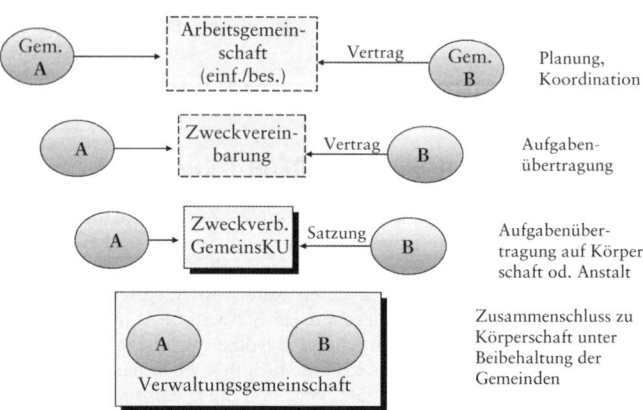

II. Verwaltungsgemeinschaft

1. Rechtsnatur und Gründung

562   Die Verwaltungsgemeinschaft, deren Rechtsstellung durch die VGemO (*Ziegler/ Tremel* Nr. 285) geregelt wird, ist ein **Zusammenschluss** benachbarter kreisangehöriger Gemeinden in Form einer Körperschaft des öffentlichen Rechts mit

Dienstherreneigenschaft, der den Bestand dieser Gemeinden unberührt lässt (Art. 1 VGemO). Sie wurde in Bayern im Rahmen der Gebietsreform (→ Rn. 115) geschaffen, um die Leistungsfähigkeit und damit die Existenz kleinerer Gemeinden aufrechtzuerhalten. Sie ist keine Gebietskörperschaft, sondern eine **Verbandskörperschaft,**[465] weil ihre Mitglieder nur die Mitgliedsgemeinden sind. Ob Große Kreisstädte Mitglieder einer Verwaltungsgemeinschaft werden können, ist fraglich: Dafür spricht zwar, dass sie als kreisangehörige Gemeinden zu dem gesetzlich umschriebenen Kreis potentieller Mitglieder zählen, dagegen spricht jedoch entscheidend die genannte Funktion der Verwaltungsgemeinschaft einerseits und vor allem die durch Wahrnehmung zusätzlicher übertragener Aufgaben gekennzeichnete Funktion der Großen Kreisstadt (→ Rn. 38) andererseits. Die zusammengeschlossenen Gemeinden müssen nicht alle aneinander angrenzen, und das Gebiet der Verwaltungsgemeinschaft muss nicht vollständig in sich geschlossen sein, sondern kann „Lücken" durch gemeindefreie Gebiete aufweisen; i. Ü. kann es theoretisch in mehrere Landkreise fallen.[466]

Bildung und Erweiterung von Verwaltungsgemeinschaften erfolgen durch formelles Gesetz **563** (Art. 2 Abs. 3 VGemO); dasselbe muss für eine Auflösung oder Verkleinerung gelten. Vorausgesetzt ist, dass entweder die betroffenen Gemeinden zustimmen (durch Beschluss der Gemeinderäte bzw. auch der Gemeinschaftsversammlung) oder dass Gründe des öffentlichen Wohls vorliegen und die betroffenen Gemeinden vorher angehört worden sind (Art. 2 Abs. 1, Abs. 2 VGemO). Die übrigen Rechts- und Verwaltungsfragen, evtl. einschließlich der Bestimmung von Name und Sitz, regelt die Regierung (Art. 2 Abs. 4 VGemO). Der Begriff der Gründe des öffentlichen Wohls ist im Grundsatz so zu verstehen wie bei Gebietsänderungen (→ Rn. 118), wobei dem Wohl gerade der Zusammenschluss dienen muss. Ein Anspruch auf Bildung einer Verwaltungsgemeinschaft besteht nicht. Rechtsschutz gegen das Gründungs- und ein späteres Änderungsgesetz vermittelt nur die Popularklage nach Art. 98 S. 4 BV, entweder gestützt auf eine Verletzung des Art. 11 Abs. 2 BV (bzw. auch des Art. 118 BV) und erhoben durch die Gemeinden, oder durch die Bürger, die allerdings nur einen Verstoß gegen das Willkürverbot des Art. 118 BV rügen können (näher → Rn. 124).[467]

2. Tätigkeit der Verwaltungsgemeinschaft

a) Aufgaben

Zweck der Verwaltungsgemeinschaft ist es, die Aufgaben des übertragenen Wir- **564** kungskreises wahrzunehmen und zusätzlich den Mitgliedsgemeinden als Verwaltungsbehörde zu dienen. Näher ist das in Art. 4 VGemO geregelt. Danach gilt:

– Die **übertragenen Aufgaben** (vgl. Art. 4 Abs. 1 VGemO) der Mitgliedsgemein- **565** den erledigt die Verwaltungsgemeinschaft eigenständig (vgl. zur Vollziehung auch Art. 30 Abs. 3 VwZVG), wobei aber zwei Ausnahmen in diesem Aufgabenkreis die Zuständigkeit der Mitgliedsgemeinden unberührt lassen: zum einen für den Erlass von Satzungen (Satzungen im übertragenen Wirkungskreis sind etwa örtliche Bauvorschriften nach Art. 81 BayBO) und Verordnungen, zum anderen für die durch eine VO (*Ziegler/Tremel* Nr. 286) bestimmten Aufgaben. Ist die Verwal-

---

[465] BayVerfGH, BayVBl. 1978, 426 (429): Verband besonderer Art.
[466] Was allerdings kaum sinnvoll wäre, vgl. *P/Z/B/P,* KommR, Art. 1 VGemO Erl. 2; *Stadlöder,* in: S/W/Z, GO, Art. 1 VGemO Erl. 1
[467] Zur Entlassung einer Gemeinde vgl. BayVerfGH, BayVBl. 2000, 79. Zur Beurteilung eines Änderungsgesetzes im Hinblick auf die (eigenständig anfechtbare) Bestimmung des Sitzes BayVerfGH, BayVBl. 2003, 463.

tungsgemeinschaft zuständig, hat sie eine Informationspflicht gegenüber den betroffenen Mitgliedsgemeinden; die Information muss in dem Umfang und so rechtzeitig erfolgen, dass sich die Mitgliedsgemeinden eine eigene Meinung bilden können, um später in der Gemeinschaftsversammlung Einfluss zu nehmen (→ Rn. 572).

566   – Für die Erfüllung der **eigenen Aufgaben** bleiben die Mitgliedsgemeinden zuständig (Art. 4 Abs. 2 VGemO). Die Verwaltungsgemeinschaft handelt dann als Behörde der Mitgliedsgemeinden, erledigt deren laufende Angelegenheiten, bereitet deren Beschlüsse vor und vollzieht diese („Bürofunktionen"); sie ist dabei den Mitgliedsgemeinden untergeordnet und an deren Weisungen gebunden und hat dies grundsätzlich nach außen hin kenntlich zu machen (durch den Zusatz „i.A."). Der erste Bürgermeister kann sich aber auch das Vertretungsrecht für Einzelfälle oder generell vorbehalten (seine Vertretung richtet sich dann nach Art. 39 GO).

567   – Zusätzlich können den Verwaltungsgemeinschaften einzelne Aufgaben aus dem eigenen Wirkungskreis **durch Zweckvereinbarung übertragen** werden (Art. 4 Abs. 3 VGemO),[468] allerdings nur, wenn diese nicht zu den gemäß Art. 4 Abs. 1 VGemO den Mitgliedsgemeinden vorbehaltenen Angelegenheiten zählen.

568   Die vorstehend wiedergegebene Unterscheidung ist für die **Zurechnung** von Maßnahmen der Verwaltungsgemeinschaft maßgeblich: Erfüllt diese Selbstverwaltungsaufgaben (ohne Vorliegen einer Zweckvereinbarung), handelt sie für eine Mitgliedsgemeinde (Art. 4 Abs. 2 VGemO); die Handlung ist also der Mitgliedsgemeinde zuzurechnen. Führt die Verwaltungsgemeinschaft eine übertragene Aufgabe aus (und liegt keine der beiden Ausnahmen vor), wird sie aufgrund eigener Zuständigkeit tätig (Art. 4 Abs. 1 VGemO); die Handlung ist dann der Verwaltungsgemeinschaft als eigener Rechtspersönlichkeit zuzurechnen. Das ist **sehr wichtig für den Rechtsschutz des Bürgers** im Hinblick auf § 78 Abs. 1 Nr. 1 VwGO: Er muss im erstgenannten Fall die Klage gegen die Mitgliedsgemeinde richten, im zweitgenannten Fall gegen die Verwaltungsgemeinschaft. Strittig ist im erstgenannten Fall allerdings, wo der Widerspruch nach § 70 Abs. 1 S. 1 VwGO fristwahrend einzulegen ist (sofern er nach Art. 15 AGVwGO noch statthaft ist → Rn. 557). Nach einer Ansicht ist dies nur bei der Gemeinde möglich, da allein diese dem Widerspruch abhelfen kann (§ 72 VwGO).[469] Jedoch spricht die Abhilfebefugnis nicht dagegen, auch die Verwaltungsgemeinschaft als zuständig für die Entgegennahme und Weiterleitung des Widerspruchs anzusehen, wenn diese nach außen hin tätig geworden ist.[470]

569   Da die Verwaltungsgemeinschaft als umfassend tätige Verwaltungsstelle die Bürofunktionen übernimmt, führt sie grundsätzlich auch das **Verwaltungspersonal** (Art. 7 VGemO) und ist Anlaufstelle für die Bürger. Den Mitgliedsgemeinden bleibt allerdings als Ausfluss ihrer Personalhoheit (Art. 43 GO) die Möglichkeit, das Fachpersonal für den Betrieb eigener öffentlicher Einrichtungen zu führen.

---

[468] Dazu auch Aufgabe 10 der Zweiten Juristischen Staatsprüfung 2016/1, BayVBl. 2020, 248 und 282.
[469] So *Steiner*, in: B/K/P/S, BayStVerwR, Teil C Rn. 219.
[470] So *Hölzl/Hien/Huber*, GO, Art. 4 VGemO Erl. 11; *Stadlöder*, in: S/W/Z, GO, Art. 4 VGemO Erl. 4.4.

b) Verfassung

Dem allgemeinen Konstruktionsprinzip folgend, verfügt die Verwaltungsgemein- **570**
schaft über **zwei Organe**, die Gemeinschaftsversammlung und den Gemeinschaftsvorsitzenden:

– Die **Gemeinschaftsversammlung** besteht aus Vertretern der Mitgliedsgemein- **571**
den und ist für alle Angelegenheiten zuständig, die nicht in die Organzuständigkeit des Gemeinschaftsvorsitzenden fallen (Art. 6 Abs. 1, Abs. 2 VGemO).[471] Für
die Bestellung der sog. gekorenen Vertreter (geborene, d. h. kraft Amtes vorgesehene, sind die ersten Bürgermeister) gelten die Grundsätze über die Besetzung
von Ausschüssen, insbesondere das Prinzip der Spiegelbildlichkeit (→ Rn. 227),
entsprechend. Die Anzahl der zu entsendenden Vertreter bestimmt sich nach der
Größe der jeweiligen Mitgliedsgemeinde (mindestens 2; z. B. bei 5.800 Einwohnern: 5 + 2 = 7). Die Vertreter sind an Weisungen gebunden, eine weisungswid-
rige Stimmabgabe beeinträchtigt aber nicht die Wirksamkeit des Beschlusses
(Art. 10 Abs. 2 VGemO i. V. m. 33 Abs. 2 S. 5 KommZG).

– Der **Gemeinschaftsvorsitzende** ist ein von der Gemeinschaftsversammlung **572**
gewählter erster Bürgermeister, der die Verwaltungsgemeinschaft nach außen
vertritt und die sonst einem ersten Bürgermeister in einer Gemeinde zustehenden Befugnisse hat (Vorbereitung und Vollziehung der Beschlüsse der Versammlung, Erledigung der laufenden Angelegenheiten in eigener Zuständigkeit etc.,
Art. 6 Abs. 3, Abs. 4 VGemO, 36 KommZG; vgl. zur Aufgabenübertragung Art. 7
Abs. 2 VGemO).

c) Aufsicht

Für die Aufsicht über die Verwaltungsgemeinschaften gelten die **Bestimmun-** **573**
gen für Zweckverbände entsprechend (Art. 10 Abs. 2 VGemO i. V. m. Art. 51
Abs. 1, 52 KommZG). Daraus folgt:

– Erledigt die **Verwaltungsgemeinschaft** in eigener Zuständigkeit übertragene **574**
Aufgaben (Art. 4 Abs. 1 VGemO), unterliegt sie der Fachaufsicht, für die in der
Regel (soweit keine spezielle Bestimmung existiert) das Landratsamt zuständig
ist. Adressat der aufsichtlichen Maßnahmen ist die Verwaltungsgemeinschaft.

– Erledigt die Verwaltungsgemeinschaft Aufgaben für die **Mitgliedsgemeinden** **575**
(Art. 4 Abs. 2 VGemO) oder handeln diese aufgrund eigener Zuständigkeit, beschränkt sich die Aufsicht auf eine Rechtsaufsicht. Zuständig ist das Landratsamt,
dessen aufsichtliche Maßnahmen an die Gemeinden zu richten sind.

Daneben enthält Art. 53 KommZG (i. V. m. Art. 10 Abs. 2 VGemO) ein besonde- **576**
res **Streitschlichtungsverfahren,** das der Beilegung interner Streitigkeiten dient
und von der Aufsicht zu unterscheiden ist.

---

[471] Zur Zuständigkeit der Gemeinschaftsversammlung für die Entlassung eines Beamten
BVerwG, NVwZ 2010, 157; vorgehend BayVGH, BayVBl. 2008, 568.

III. Zusammenarbeit nach dem KommZG

1. Allgemeines

577   Das KommZG sieht **vier Formen** der kommunalen Zusammenarbeit vor: Arbeitsgemeinschaften, Zweckvereinbarungen, Zweckverbände und gemeinsame
Kommunalunternehmen (Art. 2 Abs. 1 KommZG).[472] Damit ist eine Stufung verbunden: Arbeitsgemeinschaften dienen der gemeinsamen Planung und der Abstimmung; Zweckvereinbarungen können eine gemeinsame Aufgabenerledigung
vorsehen; durch Zweckverbände und gemeinsame Kommunalunternehmen werden neue Personen des öffentlichen Rechts errichtet. Grundlage jeder Zusammenarbeit ist ein verwaltungsrechtlicher Vertrag, beim Zweckverband und beim gemeinsamen Kommunalunternehmen darüber hinausgehend eine Satzung.

578   Im Einzelnen sind für jede Zusammenarbeit folgende **Aspekte** wichtig: mögliche Beteiligte
(dazu allgemein auch Art. 1 Abs. 1, Abs. 2 KommZG), Rechtsgrundlage, Wirkung des kooperativen Tätigwerdens, Regelung der Aufsicht (dazu allgemein Art. 51, 52 KommZG) und schließlich
Änderungen bzw. Beendigung (soweit das KommZG keine Sonderbestimmungen enthält, können die Vorschriften des BayVwVfG über verwaltungsrechtliche Verträge angewendet werden).
Im Folgenden soll es genügen, einige Besonderheiten hervorzuheben.

2. Arbeitsgemeinschaften

579   Die Funktion von Arbeitsgemeinschaften als Koordinationsgremien ergibt sich
aus Art. 4 Abs. 2 KommZG; vgl. zu den möglichen Beteiligten Art. 4 Abs. 1
KommZG. Rechtsgrundlage jeder Arbeitsgemeinschaft ist ein öffentlich-rechtlicher Vertrag (Art. 4 Abs. 1 S. 1, Abs. 4 KommZG). Hinsichtlich der Wirkungen des
Tätigwerdens von Arbeitsgemeinschaften ist zwischen den **einfachen und** den
besonderen Arbeitsgemeinschaften zu unterscheiden: Während Beschlüsse der
einfachen Arbeitsgemeinschaften nur beratende oder vorbereitende Funktion haben und damit den Beschlüssen vorberatender Ausschüsse (→ Rn. 218) vergleichbar sind, sind die Beschlüsse der besonderen Arbeitsgemeinschaften nach Maßgabe
des zugrunde liegenden Vertrags und nach Zustimmung der Beteiligten bindend
(Art. 5 Abs. 1 KommZG). In keinem Fall allerdings kommt den Akten einer Arbeitsgemeinschaft Außenwirkung zu (Art. 4 Abs. 3 KommZG). Kündigung und
Aufhebung regelt Art. 6 KommZG.

3. Zweckvereinbarungen

580   Durch eine Zweckvereinbarung können entweder **Aufgaben** auf eine kommunale Körperschaft **übertragen oder gemeinsame Einrichtungen** geschaffen werden (Art. 7 Abs. 2, Abs. 3 KommZG). Beteiligen dürfen sich nur die kommunalen Körperschaften (Art. 7 Abs. 1 KommZG) sowie Zweckverbände (Art. 7 Abs. 5
KommZG), und zwar auch ebenenübergreifend, etwa indem zwei Gemeinden und
ein Landkreis miteinander den entsprechenden öffentlich-rechtlichen Vertrag
schließen, der als Zweckvereinbarung bezeichnet wird (vgl. zum Inhalt Art. 10
KommZG). Unter bestimmten Voraussetzungen können Kommunen zum Abschluss
einer Zweckvereinbarung gezwungen werden (Art. 16 und 3 Abs. 2 KommZG).

---

[472] Vgl. *B/H/K/M,* Klausurenbuch, Klausur Nr. 3.

Zweckvereinbarungen können in erster Linie zwischen den Beteiligten wirken **581** (vgl. zur Überlassung von Dienstkräften Art. 7 Abs. 4, 8 Abs. 4 KommZG), nämlich wenn gemeinsame Einrichtungen geschaffen werden, weil dann die Befugnisse bei den beteiligten Körperschaften verbleiben (Art. 8 Abs. 3 KommZG). Sie können aber im Falle einer Aufgabenübertragung auch eine **Befugnisübertragung** vorsehen, was bedeutet, dass im Außenverhältnis eine Körperschaft an die Stelle der anderen tritt (vgl. Art. 8 Abs. 1 KommZG). Dies kann das Satzungs- und Verordnungsrecht sowie die Durchführungsmaßnahmen einschließen (Art. 11 KommZG). Vgl. zur Beteiligung der Aufsichtsbehörde, insbesondere auch die Genehmigung,[473] Art. 12 KommZG, und zur Bekanntmachung einer genehmigungspflichtigen Zweckvereinbarung Art. 13 KommZG.

Änderung, Aufhebung durch alle Beteiligten und Kündigung durch einzelne Be- **582** teiligte sind in Art. 14 KommZG geregelt; vgl. zur Rechtsnachfolge Art. 15 KommZG. Die **Aufsicht** erstreckt sich auf die übertragenen Aufgaben und Befugnisse, und zwar je nach Zugehörigkeit der Aufgabe zum eigenen oder übertragenen Wirkungskreis entweder als Rechts- oder als Fachaufsicht (Art. 51 Abs. 2, Abs. 1 S. 2 KommZG).

4. Zweckverbände

Wie unter Umständen auch eine Zweckvereinbarung dient jeder Zweckver- **583** band der Aufgabenübertragung (Art. 17 Abs. 1 KommZG). Jedoch wird mit diesem speziell zum Zweck der Erfüllung der übertragenen Aufgaben eine **neue Körperschaft des öffentlichen Rechts** geschaffen (vgl. Art. 2 Abs. 3 KommZG; zur Dienstherreneigenschaft Art. 23 KommZG). An ihr können sich Privatpersonen beteiligen, und die Zusammenarbeit kann länderübergreifend sein (vgl. näher Art. 17 Abs. 1–3 KommZG). Vgl. zum Pflichtverband Art. 28 und 3 Abs. 2 KommZG.

Zweckverbände werden durch einen verwaltungsrechtlichen Vertrag gegründet, **584** in dem zugleich die **Verbandssatzung** vereinbart werden muss (Art. 18, zum Inhalt Art. 19 KommZG). Die Verbandssatzung ist Grundlage der Tätigkeit des Zweckverbands und bedarf der Genehmigung (Art. 20 KommZG).[474] Das KommZG sieht vor, dass auf den Zweckverband Befugnisse übergehen, die den beteiligten kommunalen Körperschaften für die Erfüllung der jeweiligen Aufgaben zustehen; Abweichungen sind nur in bestimmtem Umfang zulässig. Das Recht zum Erlass von Satzungen und Verordnungen kann, muss aber nicht übertragen werden (Art. 22 Abs. 2 KommZG; zu deren Bekanntmachung Art. 24 KommZG). Mittlerweile ist auch geregelt, in welchem Umfang Zweckverbände Zweckvereinbarungen schließen dürfen, um Aufgaben anderer Gebietskörperschaften zu übernehmen (Art. 7 Abs. 5 S. 2 KommZG).[475]

---

[473] Vgl. in diesem Zusammenhang zu ersten Deregulierungsbemühungen das Modellkommunengesetz v. 10.4.2007 (GVBl. S. 271).

[474] Die Satzung muss also nicht mehr gesondert beschlossen, aber genehmigt und bekanntgemacht (Art. 21 KommZG) werden, vgl. auch *Prandl/Gillessen,* KommZG, 5. Aufl. 1985, Art. 19 Anm. 1. Vgl. i. Ü. zum Zweckverband im Gründungsstadium bei Teilnahme am Privatrechtsverkehr BGH, NJW 2001, 748.

[475] Vgl. zum Hintergrund der Vorschrift auch die Ausführungen zum früheren Rechtszustand von *Knemeyer,* BayVBl. 2003, 257 ff., und *Schulz,* BayVBl. 2003, 520 ff.

585 Grundsätzlich sind auf Zweckverbände die Vorschriften der GO anzuwenden (näher Art. 26 KommZG). Der Verband wird **unmittelbar im Außenverhältnis gegenüber dem Bürger** tätig. So kann etwa ein Wasserzweckverband selbst Gebührenbescheide für die Wasserentnahme erlassen und diese vollziehen. Da er über eigene Rechtspersönlichkeit verfügt, ist eine eventuelle Klage gegen den Zweckverband zu richten (§ 78 Abs. 1 Nr. 1 VwGO).

586 Die Verfassung des Zweckverbands ist dualistisch und gleicht der Kommunalverfassung: **Hauptorgane** sind die Verbandsversammlung und der Verbandsvorsitzende (vgl. zu den Organzuständigkeiten, zum Geschäftsgang und zum fakultativen Verbandsausschuss Art. 29 ff. KommZG); Mitglieder des Zweckverbands sind aber nicht die Bürger, sondern die beteiligten Kommunen bzw. sonstigen Personen, die Verbandsräte in die Verbandsversammlung entsenden, aus deren Mitte wiederum der Verbandsvorsitzende zu wählen ist (vgl. Art. 31, 35 KommZG). Änderung, Auflösung und Austritt sind gesondert geregelt, wobei es einer Sonderbestimmung für die Abwicklung bedarf (Art. 44 ff. KommZG). Schließlich ist darauf hinzuweisen, dass Zweckverbände einer **Aufsicht** unterstehen, die je nach Zugehörigkeit der von ihnen wahrgenommenen Aufgaben Rechts- oder Fachaufsicht ist (Art. 51 Abs. 1 KommZG; zu den Aufsichtsbehörden Art. 52 KommZG).

5. Gemeinsame Kommunalunternehmen

587 Als **neue Form** der kommunalen Zusammenarbeit stellt das KommZG fortan das gemeinsame Kommunalunternehmen (gKU) zur Verfügung. Ausweislich der Gesetzesbegründung soll dieses einem Bedürfnis der Praxis entsprechen: Kommunalunternehmen konnten bis zur Einführung der Art. 49 f. KommZG nur einen Träger haben, und die gemeinsame Errichtung eines Kommunalunternehmens war nur über den aufwendigen „Umweg" über einen Zweckverband möglich.[476] Entsprechend der Klarstellung des Art. 25 Abs. 1 S. 1 BayKrG können auch kommunale Krankenhäuser als gKU betrieben werden.

588 Gem. Art. 49 Abs. 1 S. 1 KommZG lassen sich gKU unmittelbar **durch Vereinbarung** einer Unternehmenssatzung von den kommunalen Körperschaften errichten. Darüber hinaus erhalten die Kommunen die Option, einem Kommunalunternehmen oder gKU durch eine zwischen den Beteiligten zu vereinbarende Änderung der Unternehmenssatzung **beizutreten** (S. 2). Die bei der Errichtung oder dem Beitritt bestehenden Regie- oder Eigenbetriebe können auf das gKU im Wege der Gesamtrechtsnachfolge ausgegliedert werden (S. 4 und 5). Mehrere bestehende Kommunalunternehmen können ferner zu einem gKU **verschmolzen** werden (Art. 49 Abs. 2 KommZG), und das Kommunalunternehmen eines Zweckverbandes, dem allein kommunale Körperschaften angehören, kann als gKU der Verbandsmitglieder fortgeführt werden (Art. 49 Abs. 3 KommZG). Schließlich besteht die Möglichkeit der **Umwandlung** einer Kapitalgesellschaft mit ausschließlich kommunalen Anteilseignern in ein gKU (Art. 49 Abs. 4 KommZG).

589 Die **Zulässigkeit** der Errichtung eines gKU oder des Beitritts zu einem gKU richtet sich nach den allgemeinen Vorschriften des kommunalen Unternehmensrechts (Art. 49 Abs. 1 S. 3 KommZG), mithin nach Art. 87 GO, Art. 75 LKrO und Art. 73 BezO (vgl. zur Wirksamkeit der Entscheidungen über die Errichtung, den

---

[476] BayLT – Drs. 15/1063, S. 16.

Beitritt oder die Umwandlung Art. 49 Abs. 5 KommZG). Im Übrigen finden die allgemein für Kommunalunternehmen geltenden Vorschriften nach Maßgabe des Art. 26 KommZG entsprechende Anwendung (Art. 50 Abs. 1 KommZG).[477] Dies schließt die Pflicht ein, die in Art. 49 KommZG genannten Entscheidungen der **zuständigen Aufsichtbehörde** anzuzeigen (vgl. etwa Art. 96 GO),[478] denn auch das gKU untersteht, wie Art. 51 KommZG klarstellt, der staatlichen Aufsicht (vgl. auch Art. 50 Abs. 1 i.V.m. Art. 26 KommZG). Vgl. zur Haftung und zu den Zuständigkeiten Art. 50 Abs. 5 und 6 KommZG.

---

[477] Zur Bedeutung des EU-Vergaberechts *Geitel,* NVwZ 2013, 765, 767 ff.
[478] A. a. O., S. 24.

3. Teil. Bayerisches Polizei- und Sicherheitsrecht

A. Einführung in das Rechtsgebiet

I. Der Gegenstand des Polizei- und Sicherheitsrechts

Zu den Pflichtfächern der Ersten Juristischen Staatsprüfung zählt nach § 18 **1** Abs. 2 Nr. 5c) JAPO (→ Rn. 40 ff.) auch das *allgemeine Sicherheits- und Polizeirecht* (Landesstraf- und Verordnungsgesetz[1], Polizeiaufgabengesetz[2] und Polizeiorganisationsgesetz[3]). Schon diese Aufzählung verwirrt mehr, als dass sie dem Leser Klarheit über die Prüfungsanforderungen geben würde: Was heißt „allgemein"? Wie verhalten sich Sicherheits- und Polizeirecht zueinander? Genügt die Kenntnis der in Klammern aufgezählten Gesetze? Prüfer und Kandidat, Dozent und Hörer, Lehrbuchautor und Leser sollten aber am Anfang ihrer Bemühungen zumindest Kenntnis über eines haben bzw. gewinnen: Über den Gegenstand ihrer Betrachtung. Bevor hierfür notwendige Interpretationen und Abgrenzungen vorgenommen werden, soll in die Materie des (abgekürzt formuliert) „Polizeirechts" eingeführt werden. Damit wird dem Problem entgegengewirkt, aus (vermeintlich) systematischen Gründen Rechtsbegriffe (deren Kenntnis nicht erwartet werden kann) von Beginn an zu verwenden, aber erst später zu erklären. Womit haben wir es also zu tun im „Polizeirecht"? Was ist das Besondere an diesem Rechtsgebiet, das den Verordnungsgeber bewogen hat, es in den Kanon der Prüfungspflichtfächer aufzunehmen?

1. Gewährleistung der inneren Sicherheit durch Rechtsgüterschutz

Wenn man die komplexe Materie des Polizei- und Sicherheitsrechts überhaupt **2** auf einen Nenner bringen kann, dann vielleicht dadurch: Es dient der staatlichen Gewährleistung der inneren Sicherheit durch organisatorische Vorkehrungen und Handlungsermächtigungen, die zum Schutz bedrohter Rechtsgüter beitragen.

---

[1] Gesetz über das Landesstrafrecht und das Verordnungsrecht auf dem Gebiet der öffentlichen Sicherheit und Ordnung (LStVG) vom 13.12.1982, zuletzt geändert durch das Gesetz zur Änderung des Bayerischen Land- und Amtsarztgesetzes und weiterer Rechtsvorschriften vom 27.4.2020 (Ziegler/Tremel Nr. 420). Dieses *Landes*gesetz bietet die Rechtsgrundlage für das allgemeine Tätigwerden der Sicherheitsbehörden. Es dient u.a. der Straftaten*verhütung* und hat nichts mit der Straf*verfolgung* zu tun, die durch die bundesrechtliche Strafprozessordnung (StPO) geregelt wird.

[2] Gesetz über die Aufgaben und Befugnisse der Bayerischen Staatlichen Polizei (PAG) vom 14.9.1990, zuletzt geändert durch § 1 G vom 23.7.2021 (Ziegler/Tremel Nr. 570). Es bildet gewissermaßen die „magna charta" der (Landes-)Polizei und steht mit seinen zahlreichen Regelungen zu polizeilichen Eingriffen im Mittelpunkt dieser Lehrbuchdarstellung.

[3] Gesetz über die Organisation der Bayerischen Staatlichen Polizei (POG) vom 10.8.1976, zuletzt geändert durch § 1 Abs. 29 der Verordnung zur Anpassung des Landesrechts an die geltende Geschäftsverteilung vom 23.3.2019 (Ziegler/Tremel Nr. 580). Es ergänzt das PAG um Regelungen zu Einrichtung, Organisation und Zuständigkeit der einzelnen Polizeibehörden.

a) Schutzbedürftigkeit von Rechtsordnung und Rechtsgemeinschaft

3   Der wesentliche Beweggrund für die Einrichtung einer staatlichen Polizei[4] mag – aus heutiger rechtsstaatlicher Sicht – die Schutzbedürftigkeit von Rechtsordnung und Rechtsgemeinschaft sein. Die Herrschaft des Rechts bedarf eines gemeinwohlorientierten (und deshalb staatlichen) Verwaltungsapparates, der das geltende Recht gegen menschliche Unzulänglichkeit durchsetzt, aber auch die Rechtsgemeinschaft bei Unglücksfällen schützt.

aa) Die Verletzlichkeit des Rechts und seiner Adressaten (Einführung des Begriffs der öffentlichen Sicherheit)

4   Die aus zahllosen Einzelnormen bestehende Rechtsordnung kann nur funktionieren, wenn diese Normen von ihren Adressaten auch eingehalten werden. Dies ist schon deshalb nicht einfach, weil viele Rechtsvorschriften nicht jedem Bürger bekannt sind. Und wenn sie bekannt sind, so mögen sie oft nicht verständlich sein. Selbst wenn ihr Inhalt klar ist, ist ihre Befolgung zuweilen rechtlich oder tatsächlich unmöglich. Vor allem aber kommt es nicht selten vor, dass Menschen Gesetze nicht befolgen, weil dies eigenen Interessen, Wünschen und Begehrlichkeiten widerspricht.

> **Beispiele:** A liebt die schnelle Fahrt mit seinem Sportwagen; ihn kümmert die StVO nicht. – B sieht gute Gewinnmöglichkeiten im Drogenhandel; das BtMG „steht" seinen wirtschaftlichen Interessen „im Wege". – C ist rasend eifersüchtig auf den Kollegen seiner Frau; er plant (in Kenntnis des StGB) eine Tat, bei deren Ausführung er nicht „erwischt" werden will. – D sieht sich bei seiner „geschönten" Steuererklärung durch das Vorbild mancher hochrangiger Politiker und Sportfunktionäre gerechtfertigt; er kennt das EStG (aber auch seine „Umgehbarkeit").

5   Die Liste an Beispielen ließe sich endlos verlängern. Gesetze wie die Straßenverkehrsordnung oder das Strafgesetzbuch erheben mit ihrem Appell zur freiwilligen Befolgung (ohne die gesellschaftliche Systeme und Subsysteme nicht auskommen) einen rechtlichen Anspruch, den die Menschen nicht immer einlösen. Auch die Steuerungsschwäche von Normen „lädt" zuweilen geradezu zum Rechtsbruch „ein". Beliebigkeit im Umgang mit dem Recht besiegelt aber dessen Scheitern. In den genannten Beispielen bilden Verkehrsopfer und Drogentote, Sach- und Vermögensschäden nur einen kleinen Ausschnitt aus der traurigen Bilanz des menschlichen Alltags, die man nicht hinnehmen kann und mit den Mitteln des Rechts bekämpfen muss. Die Rechtsordnung muss sich mit ihren demokratisch legitimierten Vorschriften menschlichen Fehlverhaltens erwehren und ein System der Rechtsdurchsetzung etablieren.

6   Die Einhaltung des Rechts dient in erster Linie elementaren Rechtsgütern des Menschen. Leben und Gesundheit, Freiheit und Eigentum sowie vor allem die Menschenwürde sind Rechtsgüter, auf deren Schutz die Rechtsordnung mit ihren

---

[4] Der Begriff Polizei wird von dem griechischen *politeia* (= gesamte Staatsverwaltung) abgeleitet. Er ist im Deutschen zwar schon seit der zweiten Hälfte des 15. Jahrhunderts nachweisbar, hat aber in den folgenden 500 Jahren entsprechend der jeweiligen verfassungsrechtlichen und politischen Situation einen häufigen Bedeutungswandel erfahren. – Die für das Verständnis förderlichen geschichtlichen Grundlagen des Polizeirechts können hier nicht dargestellt werden. Zur Vertiefung empfohlen sei deshalb: *Knemeyer*, AöR 92 (1967), 153 ff.; *Würtenberger*, POR, 2. Auflage 2000, Rn. 1 ff.

Geboten und Verboten angelegt ist. Aber auch die Funktionsfähigkeit der staatlichen Ordnung muss bewerkstelligt werden, denn erst durch sie ist ein friedliches Zusammenleben der Menschen in der Gemeinschaft möglich. Der Schutz dieser Rechtsgüter bildet in der Summe die **öffentliche Sicherheit,** die mit den Mitteln des Polizeirechts gewährleistet werden soll. Daraus ergeben sich insbesondere die Verbrechensbekämpfung, Verhütung und Verfolgung von Rechtsverstößen sowie die Hilfeleistung bei Unglücken und Unfällen als erster Anknüpfungspunkt für polizeiliches Handeln.

bb) Realisierungsstufen der Rechtsverletzung (Einführung des Begriffs der Gefahr im polizeirechtlichen Sinne)

Die Polizei kann (und soll!) nicht überall sein. Sie ist weder omnipräsent noch **7** omnipotent. Ihr soeben angedeutetes anspruchsvolles Betätigungsfeld beschreibt nur den relevanten Ausschnitt aus allen Aufgaben und Zwecken des Staates, besagt aber noch nichts über dessen Umsetzung, Mittel und Wege. Insbesondere gibt es auf einer gedachten Zeitachse zahlreiche Zeitpunkte, an denen der Staat zur Erreichung seiner Ziele ansetzen kann.

Zum **Beispiel** das Problem der *Hooligans:* Aus leidigen Erfahrungen weiß man, dass vor allem große Fußballturniere Personen anziehen, die solche Veranstaltungen zu unfriedlichen Zwecken nutzen. Es drohen Krawalle und mit ihnen einhergehend Körperverletzungen (im schlimmsten Fall mit tödlichen Folgen) und Sachbeschädigungen, vielleicht auch Nötigung und Beleidigung sowie Verstöße gegen die StVO, das Waffengesetz u. a.: also Schäden an individuellen Rechtsgütern und die Verletzung der Rechtsordnung insgesamt.

Wenn in diesem Zusammenhang von *Gefahren* gesprochen wird, so ergibt dies **8** eine erste Annäherung an einen zentralen Begriff des Polizeirechts: **Gefahr im polizeirechtlichen Sinne** ist (verkürzt formuliert) die Wahrscheinlichkeit des Eintritts eines Schadens an einem geschützten Rechtsgut. Im Hooligan-Beispiel steht die Rechtsgutverletzung außer Frage – *wenn* sich die Befürchtungen realisieren. Dies führt zurück zur Zeitachse: Von einem drohenden Schaden kann man nur *vor* dessen Eintritt sprechen. Die Polizei hat (u. a.) die Aufgabe, Gefahren *abzuwehren,* also das Erforderliche zu tun, dass der Schaden nicht eintritt. Wann aber ist der Schadenseintritt derart *wahrscheinlich,* dass man bereits von einer (relevanten) Gefahr sprechen kann? Ein Blick auf die zahlreichen Handlungsalternativen am Beispiel der *Hooligans* zeigt das Problem:
– Ein halbes Jahr vor der Fußballeuropameisterschaft entwirft die Polizei vielleicht allgemeine Strategien, auch in Zusammenarbeit mit Wissenschaftlern und „Fan-Initiativen“. Die Sicherheitsbehörden erlassen Verordnungen. Die Hooligans erscheinen als ein allgemeines politisches und gesellschaftliches (Dauer-)Problem; es besteht (nur) eine **abstrakte Gefahr** und damit Anlass zur Schaffung zwecktauglicher Rahmenbedingungen, ggf. aufgrund entsprechender *Informationsvorsorge.* Konkrete Maßnahmen gegen einzelne Hooligans, gar deren Ingewahrsamnahme, wären weder sinnvoll noch zulässig.
– Eine Woche vor dem Turnier werden Kontrollen an entsprechenden „Brennpunkten“ verschärft. Es besteht ein **(konkreter) Gefahrenverdacht,** dem die Polizei mit Maßnahmen der *Gefahrerforschung und Gefahrenvorsorge* begegnet. Die Polizei wird im „Vorfeld“ tätig, weil die bedrohten Rechtsgüter hochwertig sind und ein längeres Zuwarten den Erfolg der Gefahrenabwehr in Frage stellen könnte.

- Nach den ersten Spielen des Turniers kündigt ein verärgerter Fan unmissverständlich an, einen bestimmten Spieler aufgrund seiner schlechten Leistungen zu töten, gibt aber nicht an, wann und wie. Um einen möglichen Anschlag zu verhindern oder den Sachverhalt bei einer solchen **drohenden** Gefahr aufzuklären, kann die Polizei bestimmte Maßnahmen ergreifen.
- Während des Turniers werden (potentielle) Störer kontrolliert, ggf. durchsucht, entwaffnet und in Gewahrsam genommen. Dies sind Maßnahmen der *Gefahrenabwehr (i. e. S.)* zur Bewältigung einer **konkreten Gefahr.**
- Nach dem Turnier werden die Ermittlungen zu begangenen Straftaten fortgesetzt. Es geht nicht mehr um Gefahrenabwehr, sondern um **Strafverfolgung.** Hierbei erhobene Daten mögen aber zugleich der *Informationsvorsorge* für spätere Ereignisse dienen; der Kreis schließt sich.[5]

b) Ziele und Perspektiven polizeilichen Handelns

9   Das Verständnis des Polizeirechts wird dadurch erschwert, dass zum einen die (Vollzugs-)Polizei verschiedene Aufgaben erfüllt (von denen nur ein Teil vom Verwaltungsrecht erfasst wird) und zum anderen auch andere staatliche Stellen existieren, die mit der Polizei um die Bewahrung der Rechtsordnung „konkurrieren". Dies macht eine Abgrenzung gegenüber jenen Rechtsgebieten erforderlich, in denen die Polizei *auch* und in denen sie *nicht* tätig wird.

aa) Die Polizei als „Beschützer" (Einführung in Handlungsrichtung und Handlungsebenen)

10   Die Polizei ist in erster Linie „Helfer" und „Beschützer", nämlich insbesondere Garant der Gefahrenvermeidung und -abwehr sowie der Störungsbeseitigung. Schon die Präsenz eines (funktionierenden) Polizeiapparates stärkt das Sicherheitsgefühl der Bevölkerung und mag manche latent Störungswilligen zur Gesetzestreue bewegen: Das Wissen um die Rechtsdurchsetzungsmacht der Polizei ist ein wichtiger Kalkulationsfaktor bei der Berechnung, ob sich Rechtsbruch wirklich „lohnt".

> **Beispiel:** Wer befürchten muss, dass sein verbotswidrig abgestelltes Fahrzeug von der Polizei abgeschleppt wird, mag eher geneigt sein, das Entgelt in einem Parkhaus in Kauf zu nehmen (was auch auf die Dauer gesehen günstiger sein dürfte).

11   Wichtiger als dies ist aber die Funktion polizeilichen Handelns zur Abwehr konkreter Gefahren. Hierzu zählen in erster Linie Maßnahmen zum Schutz individueller Rechtsgüter. Steht etwa die Begehung einer Straftat unmittelbar bevor oder dauert sie noch an, so „ruft" man „die Polizei", deren Polizeibeamte nicht nur zur Vornahme geeigneter Abwehrmaßnahmen ausgebildet sind, sondern hierfür auch die rechtsstaatlich notwendigen Befugnisse besitzen. Dies gilt nicht nur für die Verbrechensbekämpfung, sondern auch für die Abwehr von Ordnungswidrigkeiten und sonstigen Rechtsverletzungen. Entscheidend ist die **Handlungsrichtung:** Auf das (landesrechtlich geregelte) Polizeirecht lassen sich nur solche Maßnahmen stützen, die (im weiteren) Sinne der Gefahren*abwehr* dienen, also *präventiv* wirken (im Gegensatz zu *repressiven* Maßnahmen → Rn. 14 f.). Dabei nimmt die Behörde (soweit sie nicht selbst tätig wird → Rn. 81) i. d. R. denjenigen in Anspruch, der die Gefahr verursacht hat. Man spricht hier von dem **Störer** (→ Rn. 164 ff.), der

---

[5] Vgl. zu dem Komplex *Breucker,* NJW 2006, 1233 ff.

schon deswegen von einem (Straf-)Täter zu unterscheiden ist, weil er auch ohne Verschulden haften kann. Diese Gefahrenverantwortlichkeit hängt wiederum von der Gefahrennähe ab. Polizei und Sicherheitsbehörden werden auf verschiedenen **Handlungsebenen** tätig: Nicht nur zur Abwehr konkreter Gefahren (unmittelbar bevorstehender Schäden) und zur Störungsbeseitigung, sondern auch im Vorfeld (Gefahrenvorsorge, vorbeugende Verbrechensbekämpfung), soweit damit weitere Gefahren bzw. Schäden vermieden werden sollen (→ Rn. 8: Hooligan-Beispiel).

Beispiele: Die Polizei kann verdachtsunabhängige Personenkontrollen nach Art. 13 Abs. 1 Nr. 5 PAG vornehmen (vorbeugende Verbrechensbekämpfung), in diesem Zusammenhang (vgl. Art. 22 Abs. 1 Nr. 4 PAG) zufällig gefundene Drogen nach Art. 25 Nr. 1 PAG sicherstellen (Gefahrenabwehr) und nach Art. 27 Abs. 4 PAG vernichten (Störungsbeseitigung).

Nicht immer legitimiert die „Beschützerrolle" der Sicherheitsbehörden (Gefahrenabwehr und Gefahrenvorsorge) den Landesgesetzgeber auch zur Schaffung gesetzlicher Regelungen, um diesem Schutzauftrag auch Folge leisten zu können. Wie bei der polizeilichen Funktion als „Verfolger" (→ Rn. 12), kann auch hier im Einzelfall eine Abgrenzung zum Strafrecht notwendig sein, wie die Problematik im Rahmen der **nachträglichen Sicherungsverwahrung** zeigt. Es stellt sich die Frage, ob der bayerische Landesgesetzgeber befugt ist, die Anordnung einer nachträglichen Sicherungsverwahrung gesetzlich zu ermöglichen, wenn verurteilte Straftäter erst während des Strafvollzuges besondere Gefährlichkeitstendenzen aufweisen, die auf eine Rückfallgefahr schließen lassen. **11a**

Beispiel: Der zum Zeitpunkt der Verurteilung als relativ harmlos eingestufte Sexualstraftäter X entwickelt sich in der Haft zum gefährlichen Psychopathen, der aufgrund extremer Gewaltphantasien nach medizinischem Urteil eine „tickende Zeitbombe" ist, die in Freiheit eine erhebliche Gefahr für seine Mitmenschen darstellt.

Für solche Fälle dürfte der Landesgesetzgeber prinzipiell gefahrenabwehrende Ermächtigungen zur Anordnung einer nachträglichen Sicherungsverwahrung schaffen. Es handelt sich hierbei um (präventiv-polizeiliche) Maßnahmen zur Gefahrenabwehr, für die nach Art. 30, 70 GG die Länder zuständig sind.[6] Anknüpfungspunkt für die nachträgliche Sicherungsverwahrung sind gerade Tatsachen, die sich erst im Anschluss an die strafrechtliche Verurteilung zeigen und so keinerlei Bezug zur ursprünglichen Straftat aufweisen. Anders sieht dies das BVerfG, das das bayerische Straftäterunterbringungsgesetz (StrUBG) mangels Gesetzgebungskompetenz für verfassungswidrig erklärte. Wegen des (notwendigen) Anknüpfungspunktes der nachträglichen Sicherungsverwahrung an eine strafrechtliche Vorverurteilung und der bundesgesetzlichen Regelung zur vorbehaltenen Sicherungsverwahrung in § 66a StGB a.F. habe der Bund mittels konkurrierender Gesetzgebung nach Art. 74 Abs. 1 Nr. 1, 72 Abs. 1 GG eine abschließende Regelung getroffen, die dem Landesgesetzgeber keinen Raum für eigene Regelungen lasse.[7]

bb) Die Polizei als „Verfolger" (Abgrenzung des Polizeirechts gegenüber dem Strafrecht)

Die Polizei ist nicht nur Helfer für den Bürger, Garant der Gefahrenabwehr, sondern auch „Verfolger", nämlich als „verlängerter Arm" der Staatsanwaltschaft bei der Strafverfolgung, genauer: bei der Erforschung von Straftaten (§ 163 Abs. 1 **12**

---

[6] *Würtenberger/Sydow,* NVwZ 2001, 1201 ff.
[7] BVerfG, NJW 2004, 750; vgl. dazu die Besprechung von *Kinzig,* NJW 2004, 911.

StPO). Man spricht bei dieser Rolle der Polizei von *repressivem* Handeln. Die Abgrenzung gegenüber präventiv-polizeilicher Tätigkeit ist aus vier Gründen von Bedeutung:

– Repressive Befugnisse sind in der StPO (einem Bundesgesetz) geregelt, präventive Befugnisse auf der Grundlage des (Landes-)Polizeirechts.
– Bei repressiver Tätigkeit unterstehen die Polizeibeamten (über die Staatsanwaltschaft) letztlich dem Justizminister, bei präventiver Tätigkeit dem Innenminister.
– Rechtsschutz erlangt der Betroffene bei repressiven Eingriffen vor der ordentlichen Gerichtsbarkeit nach § 23 EGGVG, während gegen präventiv-polizeiliche Eingriffe der Verwaltungsrechtsweg nach § 40 Abs. 1 VwGO eröffnet ist.
– Für repressive Tätigkeit gelten bestimmte Grundsätze (wie etwa die Unschuldsvermutung oder *ne bis in idem*), die auf präventives Handeln nicht anwendbar sind.

13 So wichtig die Abgrenzung also ist, so schwer kann sie im Einzelfall sein. Zum einen hat die Strafverfolgung ihrerseits auch (spezial- und general-) präventiven Charakter, was die Zuordnung erschwert.

Beispiele: Erkennungsdienstliche Maßnahmen und Aufbewahrung entsprechender Unterlagen nach Art. 14 Abs. 1 Nr. 2 PAG einerseits und § 81b 2. Alt. StPO andererseits.[8] – Haftgrund der Wiederholungsgefahr nach § 112a StPO.

14 Zum anderen wird die Polizei zuweilen kumulativ zur Gefahrenabwehr und zur Strafverfolgung tätig (sog. **doppelfunktionale Maßnahmen**). In solchen Fällen wird die Abgrenzung nach dem (erkennbaren) Grund oder Ziel des polizeilichen Einschreitens und gegebenenfalls nach dem *Schwerpunkt* der Zweckverfolgung[9] (ob die streitbefangene Maßnahme mehr der Gefahrenabwehr oder mehr der Strafverfolgung dient) vorgenommen, wie sie sich einem *objektiven Beobachter* darstellt (also nicht nach der subjektiven Zielsetzung des Beamten). Dieser Schwerpunkt soll nach überwiegender Literaturmeinung aus der Sicht vor dem polizeilichen Einschreiten (ex ante) bestimmt werden, während die bayerische Rechtsprechung die nachträgliche Sichtweise (ex post) für maßgeblich hält.[10] In manchen Fällen handelt die Polizei sowohl präventiv als auch repressiv.

Beispiele: So dient die Räumung eines besetzten Hauses oder der Schusswaffengebrauch gegen den Geiselnehmer der Gefahrenabwehr, die nachfolgende Identitätsfeststellung bzw. Festnahme aber der Strafverfolgung. – Die polizeiliche Observation eines Rauschgiftrings kann sowohl dem Gesundheitsschutz durch Beschlagnahme von Drogen und damit dem Zweck der Gefahrenabwehr, als auch dem Zweck der Strafverfolgung dienen.

14a Eine lediglich zur Absicherung einer repressiven polizeilichen Maßnahme getroffene Begleitmaßnahme ist hinsichtlich des Rechtswegs nicht isoliert zu beurteilen.

Beispiel: Die Polizeibeamten kommen im Rahmen einer Verkehrskontrolle zur Überzeugung, dass der kontrollierte A eine Trunkenheitsfahrt begangen hat. Sie verbringen den wenig einsichtigen A zur Blutentnahme ins Institut der Rechtsmedizin. Vor der Verbringung durchsuchen sie den A zur Eigensicherung.

---

[8] Zur Rechtswegbestimmung bei erkennungsdienstlicher Behandlung vgl. *Kruse/Bulling,* JuS 2007, 342 f.
[9] Vgl. hierzu auch VGH München, BayVBl. 2010, 220; a. A. *Schenke,* NJW 2011, 2838.
[10] VGH München, BayVBl. 1993, 429 (430).

Für die nachträgliche Überprüfung der Rechtmäßigkeit der polizeilichen Anordnung nach § 81a Abs. 2 StPO zur Blutprobeentnahme ist der Rechtsweg zu den ordentlichen Gerichten eröffnet. Nichts anderes gilt auch für die zur Eigensicherung durchgeführte Durchsuchung des Klägers nach Art. 21 Abs. 2 PAG. Diese grundsätzlich präventive Maßnahme erfolgt aus polizeilicher Sicht lediglich begleitend zur Gewährleistung der Sicherheit der nach § 81a StPO getroffenen Maßnahme und kann damit als unselbständiger Teil der repressiven polizeilichen Maßnahme hinsichtlich der Rechtswegfrage nicht anders beurteilt werden.[11]

cc) Die Polizei als „Bewahrer" (Abgrenzung des Polizeirechts insbesondere gegenüber dem Privatrecht)

Wenn es allgemein die Aufgabe der Polizei ist, im Sinne des Schutzgutes der öffentlichen Sicherheit praktisch die gesamte Rechtsordnung zu schützen, entsteht zwangsläufig Abgrenzungsbedarf gegenüber sonstigen staatlichen Stellen, die ähnliche Ziele verfolgen. Die Rede ist insbesondere von den Gerichten, aber auch anderen Verwaltungsbehörden. Der Bürger kann und wird sich regelmäßig auch an diese wenden, um Rechtsschutz zu erlangen oder sich einer Rechtsverletzung zu erwehren. **15**

Beispiele: Bei typischen Nachbarstreitigkeiten (der Knallerbsenstrauch des Nachbarn beschädigt den Maschendrahtzaun auf der Grundstücksgrenze) kann eine auf §§ 906 ff., 1004 BGB gestützte Klage vor dem Amtsgericht erhoben werden.

Die Polizei kann in solchen Fällen allenfalls **subsidiär** zuständig sein. Dies bringt Art. 2 Abs. 2 PAG trefflich zum Ausdruck: Der Schutz privater Rechte obliegt der Polizei nur dann, wenn gerichtlicher Schutz nicht rechtzeitig zu erlangen ist und wenn ohne polizeiliche Hilfe die Verwirklichung des Rechts vereitelt oder wesentlich erschwert werden würde. Dies ist schon wegen der Möglichkeit vorläufigen Rechtsschutzes (einstweilige Anordnung bzw. Verfügung) nur selten der Fall. Darauf ist zurückzukommen (→ Rn. 49 ff.). Der vorgenannte Subsidiaritätsgrundsatz lässt sich auf das Verhältnis der Polizei zu sonstigen Behörden übertragen. **16**

Beispiel: Bei einer Verletzung von Prüfungsrecht wird sich der Kandidat nicht an die Polizei wenden, sondern bei der Prüfungsbehörde Widerspruch gegen die Prüfungsentscheidung einlegen.

Dies ergibt sich bereits aus Art. 3 PAG, wonach die Polizei nur tätig wird, soweit die Abwehr der Gefahr durch eine andere Behörde nicht oder nicht rechtzeitig möglich erscheint. Obwohl damit auch Behörden gemeint sind, deren Aufgabe nicht primär Gefahrenabwehr ist (wobei, wie gesehen, jeder drohende Gesetzesverstoß als Gefahr anzusehen ist), hat Art. 3 PAG jedoch seine Hauptfunktion in der Zuständigkeitsabgrenzung zwischen Polizei und Sicherheitsbehörden. Diese gehört zu den schwierigsten und folgereichsten Problemen im Polizei- und Sicherheitsrecht und bedarf deshalb gesonderter Darstellung. **17**

---

[11] VGH München, BayVBl. 2010, 220.

2. Abgrenzung des Polizeirechts gegenüber dem Sicherheitsrecht

18   Gefahrenabwehr ist eine (Verwaltungs-)Aufgabe, die sich die (Vollzugs-)Polizei mit solchen Behörden der inneren Verwaltung teilt, die ebenso über spezielle Kenntnisse auf dem Gebiet der inneren Sicherheit verfügen, aber mit anderen Mitteln vorgehen: die Sicherheitsbehörden. Als solche benennt Art. 6 LStVG die Gemeinden, Landratsämter, Regierungen und das Staatsministerium des Inneren, für Sport und Integration. Ist der rasche Einsatz vor Ort, insbesondere die Zwangsanwendung, typisch für den Polizeivollzugsdienst, so erfolgen sicherheitsbehördliche Maßnahmen wie Verfügungen und Verordnungen meist „vom Schreibtisch" aus.

> **Beispiele:** Die Gemeinde G spricht ein dreimonatiges Aufenthaltsverbot (auf der Grundlage von Art. 7 Abs. 2 Nr. 1 LStVG) aus, demzufolge der Dealer D sich innerhalb dieses Zeitraums nicht im Bahnhofsbereich von G (einem bekannten Treffpunkt der Drogenszene) aufhalten darf. – Die Stadt S erlässt eine „Kampfhundeverordnung", derzufolge die Besitzer bestimmter Hunderassen ihren Tieren einen Maulkorb in der Öffentlichkeit anlegen müssen (vgl. Art. 18 Abs. 1 LStVG).

19   Beide (Polizei und Sicherheitsbehörden) ergänzen sich, stehen aber nicht auf der gleichen Stufe. Vielmehr sind die Sicherheitsbehörden gegenüber den Dienststellen der Polizei weisungsbefugt (Art. 9 Abs. 2 POG, Art. 10 S. 2 LStVG → Rn. 482). Außerdem darf die Polizei Maßnahmen nur treffen, wenn und soweit dies den Sicherheitsbehörden nicht möglich ist – **Grundsatz der Subsidiarität** – (Art. 3 PAG).[12] Man darf sich den Vorrang der Sicherheitsbehörden aber nicht so vorstellen, dass die Polizei nur „nach Dienstschluss" oder auf Weisung tätig wird. Es bleiben ihr alltägliche Kompetenzen, die sie eigenständig wahrnimmt. Diese liegen insbesondere im Vollzugsbereich, für den die Polizei kraft ihrer Ausrüstung und Ausbildung prädestiniert ist. Als Stichworte mögen Logistik, Waffen, Gerätschaften und körperlicher Einsatz genügen. Hinzu kommt die permanente Präsenz der Polizei, die gleichsam „rund um die Uhr" personell besetzt und erreichbar ist.

20   Allgemein und als erste Annäherung lässt sich das Verhältnis von Polizei- und Sicherheitsrecht wie zwei sich überlappende Kreise beschreiben, die gemeinsam das Recht der Gefahrenabwehr bestimmen, dabei aber zum Teil den Einsatz unterschiedlicher Instrumente erlauben. Den Sicherheitsbehörden kommt ein gewisser Vorrang zu (Weisungsbefugnis der Sicherheitsbehörden, subsidiäre Zuständigkeit der Polizei), der aber in der Praxis selten zur Verneinung der polizeilichen Zuständigkeit nach Art. 3 PAG führt.

3. Gefahrenabwehr und Grundgesetz

21   Das Recht der Gefahrenabwehr ist – mehr noch als andere Rechtsgebiete – gleichsam „konkretisiertes Verfassungsrecht[13]". Als *das* Hauptanwendungsfeld der Eingriffsverwaltung steht es a priori in dem Spannungsfeld von Freiheit und Sicherheit, das im Wesentlichen durch die Grundrechte, aber auch durch Staatszielbestimmungen, Organisations- und Kompetenznormen bestimmt wird. Einerseits

---

[12] Oder wenn die Polizei ausnahmsweise eine „originäre" Vollzugskompetenz hat, s. Rn. 87.

[13] Die Redewendung des „Verwaltungsrechts als konkretisiertes Verfassungsrecht" geht auf *Fritz Werner,* den damaligen Präsidenten des Bundesverwaltungsgerichts, zurück (DVBl. 1959, 527 ff.).

muss der Staat die Sicherheit der Bürger und mit ihr die Integrität der Rechtsordnung gewährleisten und notfalls mit Zwang durchsetzen. Andererseits muss er
den Freiraum grundrechtlicher Betätigung, insbesondere Privatsphäre, Freiheit und
Eigentum, der Bürger achten, der jedermann, auch – in den gesetzlichen Grenzen – dem Rechtsbrecher, dem Störer, zusteht. Die Eingriffsbefugnisse und Ein-
griffsgrenzen der Polizei- und Sicherheitsgesetze umschreiben als Resultat dieser
Abwägung zwischen Freiheit und Sicherheit den grundrechtlich relevanten Teil des
polizeilichen Handlungsraums. Sie wären aber ohne Blick auf ihren verfassungsrechtlichen Hintergrund (nicht zuletzt wegen einer zuweilen erforderlichen verfassungskonformen Auslegung) nicht verständlich.

a) Polizei im Bundesstaat

Die Gewährleistung der inneren Sicherheit ist eine gesamtstaatliche Aufgabe, die   **22**
aber – aus der leidvollen Erfahrung des Dritten Reiches – schwerpunktmäßig de-
zentral durch die Bundesländer wahrgenommen wird. Polizeirecht (und auch das
Sicherheitsrecht im Allgemeinen) ist Ländersache (Art. 30, 70 GG). Der Bund hat
in diesem Bereich nur wenige Gesetzgebungs- und Verwaltungskompetenzen, so
etwa für die Einrichtung von Bundeskriminalamt, Bundesverfassungsschutz
und Bundesnachrichtendienst, die Abwehr von Gefahren des internationalen Terrorismus (Art. 73 Abs. 1 Nr. 9a GG)[14] sowie die internationale Verbrechensbekämpfung (Art. 73 Abs. 1 Nr. 10 GG) oder den Grenzschutz (Art. 73 Abs. 1 Nr. 5 GG).
Von größerer Bedeutung ist jedoch, dass der Bund in materieller Hinsicht die
Rechtsordnung als Bezugspunkt der öffentlichen Sicherheit prägt, die durchzusetzen den Polizei- und Sicherheitsbehörden der Länder (Art. 83 GG) aufgegeben ist.
Hierzu zählt nicht nur das besondere Sicherheitsrecht (Gewerbeordnung, StVO,
Gesundheitsschutz u. a.), sondern auch das Straf- und Ordnungswidrigkeitenrecht,
an das insbesondere Art. 11 Abs. 2 Nr. 1 PAG und Art. 7 Abs. 2 Nr. 1 LStVG an-
knüpfen.

b) Rechtsstaatliche Anforderungen

Die Polizei und die Sicherheitsbehörden sind wie alle Zweige der Verwaltung an   **23**
Gesetz und Recht (Art. 20 Abs. 3 GG), insbesondere an die Grundrechte (Art. 1
Abs. 3 GG), gebunden. Eingriffe in Freiheit und Eigentum bedürfen einer gesetzlichen Ermächtigungsgrundlage *(Vorbehalt des Gesetzes)* und finden diese auch im
Wesentlichen in PAG und LStVG. Neben den Tatbestandsmerkmalen der Befugnisnormen sind alle weiteren einschlägigen Rechtsvorschriften einzuhalten *(Vorrang
des Gesetzes),* so dass polizeiliches und sicherheitsbehördliches Handeln weitgehend
gesetzlich determiniert ist. Der Ermessensspielraum, den die Befugnisnormen gewähren, ist im Übrigen durch den **Verhältnismäßigkeitsgrundsatz** begrenzt;
dies folgt bereits aus dem Rechtsstaatsprinzip und wird durch Art. 4 PAG, 8 LStVG
allenfalls konkretisierend wiederholt. Danach können Gefahrenabwehrmaßnahmen
nur insoweit ergriffen werden, als dies zur Erreichung eines legitimen Zwecks (insbesondere dem Rechtsgüterschutz) geeignet, erforderlich und verhältnismäßig ist
(→ Rn. 152 ff.).[15]

---

[14] Vgl. hierzu *Tams,* DÖV 2007, 367 ff.
[15] Vgl. zur Prüfung der Verhältnismäßigkeit die Falllösung bei *Seidl/Starnecker,* VR 2013, 347
(353).

24   Unabhängig davon, ob es ein *Grundrecht auf Sicherheit* gibt, gebieten es doch die Grundrechte selbst, dass sich der Staat schützend vor jene Bürger stellt, deren Rechtsgüter durch illegales Verhalten von Mitbürgern bedroht sind. Mittels dieser anerkannten **grundrechtlichen Schutzpflichten** entsteht ein Dreiecksverhältnis zwischen der Polizei, dem bedrohten Bürger und dem von einem Eingriff Betroffenen, das nicht einseitig zu Lasten einer Seite aufgelöst werden darf. Soweit Maßnahmen der Gefahrenabwehr in die Grundrechte eines Störers eingreifen, ist auch zu bedenken, ob und inwieweit dadurch die Grundrechte eines anderen geschützt bzw. zur Geltung gebracht werden („Schutz durch Eingriff").

c) Demokratische Legitimation

25   Die Tätigkeit von Polizei und Sicherheitsbehörden ist durch die soeben beschriebene gesetzliche Steuerung mittelbar demokratisch legitimiert. Hierzu trägt auch die parlamentarische Verantwortlichkeit des Innenministers (Art. 51 Abs. 1 BV) bei, der als oberste Dienstbehörde sowohl der Polizei (Art. 1 Abs. 3 S. 2 POG) als auch der Sicherheitsbehörden (Art. 6 LStVG) für die rechtmäßige Aufgabenerfüllung zu sorgen hat.

26   Darüber hinaus wird demokratische Legitimität durch Rückkoppelung der Gefahrenabwehrbehörden an den Bürger erreicht (Responsivität), wenn sie dem Ideal einer **„bürgerfreundlichen Polizei"** entsprechen oder zumindest nahe kommen: Immer zur Stelle zu sein, wenn man sie braucht, dabei aber unaufdringlich und die Privatsphäre des Bürgers achtend. Dies ist nicht einfach: Die Knappheit staatlicher Mittel begrenzt auch den „polizeilichen" Haushalt; sich bei der Austragung gesellschaftlicher Konflikte auch einmal „zurückzuhalten" stößt bei den Betroffenen nicht nur auf Verständnis (Beispiele: „Gefahrenbereich St. Pauli", „Chaos-Tage"). Die die polizeiliche Tätigkeit legitimierende Forderung nach Transparenz und Offenlegung steht schließlich im Spannungsfeld mit den legitimen Geheimhaltungsinteressen bei der Gefahrenabwehr (verdeckte Ermittlungen) und dem Datenschutz.

27   In jüngster Zeit wird die Diskussion um die Legitimation staatlicher Gefahrenabwehr (genauer: um das staatliche Gewaltmonopol) insoweit dadurch verschärft, als die Privatwirtschaft die innere Sicherheit als Verdienstquelle entdeckt hat. Der Markt des **privaten Sicherheitsgewerbes** „boomt" (mehr als 180.000 Beschäftigte, mehr als 5,15 Mrd. € Umsatz). Immer häufiger kommt es auch zu vertraglichen Kooperationen zwischen der Polizei und privaten Sicherheitsunternehmen, wie bereits 2010 in Niedersachsen. Bei dieser Entwicklung können die spärlichen Rahmenregelungen in § 34a GewO i.V.m. der Bewachungsverordnung kaum mehr genügen. Zwar beschränken sich die Eingriffsbefugnisse im privaten Sicherheitsgewerbe auf die abgeleiteten Notrechte (§§ 227 ff., 859 ff. BGB, 32 ff. StGB, 127 StPO etc.) der Auftraggeber. Damit sind aber nicht alle Probleme gelöst, die sich in der Praxis aus dem Nebeneinander staatlicher und privater Sicherheitskräfte ergeben.

d) Grundrechtsfragen

28   Maßnahmen der Gefahrenabwehr bedingen vielfach einen Eingriff in die Grundrechte der Bürger, deren Einschränkbarkeit freilich auch und gerade vor dem Hintergrund dieser Maßnahmen verfassungsrechtlich geregelt wurde. Zu nennen sind neben der Freiheitsentziehung (Art. 2 Abs. 2 S. 3, 104 GG) und der

Wohnungsdurchsuchung (Art. 13 GG) etwa Art. 8 Abs. 2, 10 Abs. 2 und 11 Abs. 2 GG. Die Grundrechtsinterpretation bestimmt in diesen Fällen auch die Reichweite der Eingriffsbefugnisse nach PAG und LStVG. Dies wird im Zusammenhang mit der jeweiligen (Standard-)Maßnahme näher erläutert (→ Rn. 308 ff.).

II. Die Organisation der Gefahrenabwehrbehörden

Die Organisation der Polizei im Freistaat Bayern ist im Polizeiorganisationsge- **29** setz (POG) geregelt, diejenige der zahlreichen Sicherheitsbehörden folgt jeweils eigenen Gesetzen – vgl. Art. 77 Abs. 1 BV –, von denen hier nur die GemO und die LKrO genannt seien (→ 2. Teil, Rn. 39 ff.).

Für das Verständnis der Organisation und der Aufgabenzuweisungen von Gefah- **30** renabwehrbehörden ist es wichtig, folgende **Polizeibegriffe** zu kennen: Nach dem *materiellen oder funktionellen Polizeibegriff* werden unter Polizei alle Behörden verstanden, denen die Funktion der Aufrechterhaltung der öffentlichen Sicherheit und Ordnung zukommt (also Polizei- und Sicherheitsbehörden). Dieser Polizeibegriff wird in Art. 83 Abs. 1 BV verwendet. Der *formelle Polizeibegriff* umschreibt alle Aufgaben der Polizei im institutionellen Sinne (Gefahrenabwehr und Strafverfolgung). Von dem *uneingeschränkt-institutionellen Polizeibegriff* werden alle Angehörigen der staatlichen Einrichtung „Polizei" (d.h. Polizeivollzugs-, Polizeiverwaltungsbeamte und übrige Bedienstete des Freistaates Bayern) erfasst. Er gilt nach Art. 1 Abs. 1 POG für das POG. Schließlich meint der *eingeschränkt-institutionelle Polizeibegriff* die uniformierte Vollzugspolizei. Dieser letzte Polizeibegriff liegt dem PAG (Art. 1 PAG) zugrunde und ist daher klausurrelevant.

Hinweis: Der Bayerische Landtag hat am 12.12.2007 eine Reform der Polizeiorganisation beschlossen. Infolge dessen wurde u. a. der vierstufige Polizeiaufbau in Bayern durch einen dreistufigen Aufbau ersetzt. Die Ebene der Polizeidirektionen wurde dazu beseitigt.

1. Systematische Gliederung

Die **Polizeibehörden** teilen sich auf in Bundes-, Landes- und Kommunalpoli- **31** zeibehörden.

Nach Art. 83 Abs. 1 BV kann jede bayerische Gemeinde innerhalb ihres eigenen **32** Wirkungskreises eine örtliche Polizei **(Kommunalpolizei)**[16] einrichten.[17] Aus Kostengründen unterbleibt dies aber zumeist. **Bundespolizeibehörden** sind die Bundespolizei, das Bundesamt für Verfassungsschutz, das Bundeskriminalamt und die Strom- und Schifffahrtspolizei (§§ 24 ff. WaStrG, § 1 Nr. 2 SeeaufG).

Die bayerische staatliche Polizei **(Landespolizeibehörden)** wird in bestimm- **33** ten örtlichen und sachlichen Dienstbereichen eingesetzt (Art. 3 Abs. 2 POG): Sie gliedert sich in die Landespolizei (Art. 4 POG), die Grenzpolizei (Art. 5 POG), die Bereitschaftspolizei (Art. 6 POG), das Landeskriminalamt (Art. 7 POG) und

---

[16] Es geht hier nur um die „staatliche" Polizei, nicht um die sog. **Privatpolizei** (Werkspolizei u. ä.); letztere ist weder Behörde gemäß Art. 1 Abs. 2 BayVwVfG noch nach § 1 Abs. 4 VwVfG.

[17] Problematisch ist allerdings, dass die einfachgesetzliche Grundlage, das Gesetz über die Gemeindepolizei, durch das 2. VerwModG vom 26.7.2005 (GVBl. S. 287) gestrichen wurde.

das Polizeiverwaltungsamt (Art. 8 POG). Innerhalb der Landespolizei besteht eine organisatorische Trennung zwischen Polizei, Verkehrs-/Autobahnpolizei und Kriminalpolizei. Der Aufgabenbereich der einzelnen Polizeidienststellen wird in der Verordnung zur Durchführung des POG festgelegt.[18] Das Landesamt für Verfassungsschutz ist eine Sicherheitsbehörde ohne vollzugspolizeiliche Aufgaben. Zu erwähnen ist noch die Sicherheitswacht: Aufgrund des Sicherheitswachtgesetzes[19] können ehrenamtlich tätige Bürger zur Unterstützung der Polizei tätig werden: Sie gehören nicht zur Polizei im institutionellen Sinne, stehen aber zu ihr in einem öffentlich-rechtlichen Dienstverhältnis. Die Grenzpolizei ist Teil der Landespolizei (Art. 5 POG) und kein eigener Verband. Früher war die Grenzpolizei eine eigene Landespolizeibehörde neben der Landes- und Bereitschaftspolizei (Art. 5 POG a.F.). Das hat sich zunächst seit dem 1.9.1997 geändert. Für die Wahrnehmung grenzpolizeilicher Aufgaben war danach die Landespolizei zuständig (Art. 4 Abs. 3 POG a.F.). Die organisatorische Trennung der Grenzpolizei wurde aufgegeben. Art. 5 POG wurde mit Gesetz vom 12.12.2007 aufgehoben. 2018 wurde die Grenzpolizei wieder als Teil der Landespolizei errichtet und nach dem neu geschaffenen Art. 5 POG umfassend geregelt. Diese Neuregelungen wurden z.T. scharf kritisiert und insbesondere die kompetenzrechtliche Verfassungsmäßigkeit in Frage gestellt. Der Bayerische Verfassungsgerichtshof entschied in einer Popularklage zu Art. 5 POG und Art. 29 PAG (Befugnisse für Aufgaben der Grenzkontrolle und Sicherung von Anlagen)[20], dass zwar Art. 5 POG nicht wegen einer Verletzung der Kompetenzverteilungen gegen das Rechtsstaatsprinzip nach Art. 3 Abs. 1 S. 1 BV verstoße, da Bayern zur Erfüllung der dort genannten Schleierfahndung gem. Art. 13 Abs. 1 Nr. 5 PAG als Landesaufgabe auch (intern) eine Grenzpolizei errichten kann. Auch soweit grenzpolizeiliche Aufgaben zugewiesen sind, ergibt sich nach Ansicht des BayVerfGH nichts anderes, da diese nur insoweit zugewiesen werden, als eine Vereinbarung nach § 2 Abs. 1, 3 BPolG besteht, sodass kein Widerspruch zur Zuständigkeit der Bundespolizei bestehe.[21] Art. 29 PAG, der u.a. Befugnisse für Aufgaben der Grenzkontrolle vorsieht, wurde aber wegen der Verletzung der ausschließlichen Kompetenz des Bundes für den Grenzschutz nach Art. 73 Abs. 1 Nr. 5 GG und einem Verstoß gegen das Rechtsstaatsprinzip (Art. 3 Abs. 1 S. 1 BV) und die allgemeine Handlungsfreiheit (Art. 101 BV) für verfassungswidrig erklärt und ist damit nichtig.[22] Als Folge bleibt die organisatorische Struktur der bayerischen Grenzpolizei zwar bestehen, ihr obliegen aber keine speziellen grenzpolizeilichen Befugnisse ohne Vereinbarung; ihr verbleiben vorwiegend die Schleierfahndung im Grenzgebiet als interne Aufgabe der Landespolizei sowie grenzpolizeiliche Restaufgaben und vom Bund zugewiesene Tätigkeiten.[23]

34   Zu beachten ist, dass die Regelungen der Art. 3 Abs. 2, Art. 4–8 POG **nur innerdienstliche Relevanz** haben. Sie sind weder in der Zuständigkeit innerhalb

---

[18] Ziegler/Tremel Nr. 581.

[19] Gesetz über die Sicherheitswacht in Bayern (Sicherheitswachtgesetz – SWG) vom 28.4.1997, zuletzt geändert durch Gesetz vom 10.12.2019 (Ziegler/Tremel Nr. 585).

[20] Seit 1.8.2021 entfallen.

[21] Vgl. BayVerfGH v. 28.8.2020 – 10-VIII-19, Vf. 12-VII-19, NJW 2020, 3429, Rn. 58 ff.

[22] Vgl. BayVerfGH v. 28.8.2020 – 10-VIII-19, Vf. 12-VII-19, NJW 2020, 3429, Rn. 74 ff.

[23] *Gliwitzky/Schmid* in: BeckOK Polizei- und Sicherheitsrecht Bayern, Möstl/Schwabenbauer, 16. Edition, Art. 5 POG Rn. 8 f.

der formellen Rechtmäßigkeit noch in der Aufgabe innerhalb der materiellen Rechtmäßigkeit einer polizeilichen Maßnahme zu prüfen. Ein Verstoß gegen sie hat nicht die Rechtswidrigkeit der Maßnahme zur Folge.

Sicherheitsbehörden sind die in Art. 6 LStVG aufgeführten Behörden: Gemein- **35** den, Landratsämter, Regierungen und das Staatsministerium des Inneren, für Sport und Integration.[24] Danach sind alle genannten Behörden gleichermaßen für die Gefahrenabwehr zuständig. Einzelne abgegrenzte Aufgaben- oder Dienstbereiche gibt es hier nicht. Zu dieser „Mehrfachkompetenz" (→ Rn. 488).

2. Hierarchische Gliederung

Oberste Dienstbehörde und Führungsstelle für die Polizeibehörden ist das **baye-** **36** **rische Staatsministerium des Inneren, für Sport und Integration** (Art. 1 Abs. 3 S. 2 POG).

Dem Innenministerium sind folgende **Polizeibehörden** unmittelbar nachge- **37** ordnet: das Landeskriminalamt (Art. 7 POG), zuständig für kriminalpolizeiliche Aufgaben und zentrale Dienststelle der Kriminalpolizei im Sinn des Bundeskrimi- nalamtgesetzes (§ 1 Abs. 2 BKAG), Zentralstelle für die polizeiliche Datenverarbei- tung einschließlich Datenübermittlung, Fernmeldeleitstelle für polizeiliche Nach- richtenübermittlung sowie zentrale Stelle für den Digitalfunk der Behörden und Organisationen mit Sicherheitsaufgaben in Bayern (Autorisierte Stelle), das Polizei- verwaltungsamt (Art. 8 POG), das – wie der Name schon sagt – Verwaltungsaufga- ben wahrnimmt, die Polizeipräsidien der Landespolizei und das Präsidium der Be- reitschaftspolizei.

Die *Landespolizei* ist hierarchisch in Präsidien, Inspektionen und Stationen unter- **38** teilt (Art. 4 Abs. 2 POG). Die *Bereitschaftspolizei* untergliedert sich in ein Präsidium, dem Abteilungen, Ausbildungs- und Fortbildungseinrichtungen nachgeordnet sind (Art. 6 Abs. 4 POG); außerdem ist dem Innenministerium eine Hubschrauberstaffel der Bereitschaftspolizei unterstellt (Art. 6 Abs. 3 POG).

Bei den **Sicherheitsbehörden** muss unterschieden werden: Regierungen und **39** Landratsämter sind als staatliche Behörden dem Innenministerium nachgeord- net. Hingegen kommt es bei den Gemeinden als Selbstverwaltungskörperschaften darauf an, ob sie sicherheitsrechtlich im eigenen oder übertragenen Wirkungskreis tätig werden (→ Rn. 480f.). Je nach Tätigkeit unterliegt die Gemeinde als Sicher- heitsbehörde dann entweder der Rechtsaufsicht nach Art. 110 GO oder der Fach- aufsicht nach Art. 115 GO (→ 2. Teil, Rn. 570ff.).

III. Die Bedeutung des Polizei- und Sicherheitsrechts

1. Die Prüfungsrelevanz

Das Polizei- und Sicherheitsrecht ist – wie ganz zu Beginn (→ Rn. 1) bereits **40** betont – Pflichtfach in der Ersten Juristischen Staatsprüfung (§ 18 Abs. 2 Nr. 5c) JAPO). Dem folgend wird es an allen bayerischen Jurafakultäten in Vorlesungen ge- lehrt; es ist Gegenstand von Übungen, Seminaren und Klausurenkursen. Insbeson-

---

[24] Sowie in bestimmten Fällen (vgl. Art. 4 Abs. 1 S. 1 VGemO) auch die Verwaltungsgemein- schaften.

dere werden auch in der „Übung im Öffentlichen Recht für Fortgeschrittene" traditionell „Polizeirechtsklausuren" gestellt. Die Beherrschung dieses Rechtsgebiets (wie auch der anderen im vorliegenden Lehrbuch dargestellten Bereiche) ist deshalb für Studium und Examen unentbehrlich. Um die Prüfungsbedeutung angesichts der Komplexität der Materie etwas zu konturieren, werden folgende (nicht amtliche, also unverbindliche!) Einschränkungen gemacht:

41   Die im Verordnungstext der JAPO gewählte Reihenfolge „Sicherheits- und Polizeirecht" mag vielleicht der Subsidiarität des Polizeihandelns (Art. 3 PAG) entsprechen; eine Gewichtung etwa hinsichtlich der Häufigkeit polizei- bzw. sicherheitsrechtlicher Themenstellungen ergibt sich daraus nicht. In didaktischer Hinsicht bietet es sich umgekehrt an, das Polizeirecht voranzustellen, weil es regelungsintensiver ist und seine Dogmatik auch dem Sicherheitsrecht zugrunde gelegt wird. Dem folgt dieses Lehrbuch.

42   Der Zusatz „allgemeines" betont einerseits die Bedeutung der Grundbegriffe und -strukturen dieser Prüfungsmaterie und befreit andererseits von Detailkenntnissen, deren Umfang allerdings weniger aus dem Verordnungstext, als aus der Prüfungspraxis ersichtlich ist. Fest steht, dass Kenntnisse aus sicherheitsrechtlichen Spezialgesetzen (AuslG, WaffG u.a. als „besonderes" Sicherheitsrecht) nicht verlangt werden; solche Gesetze können nur insoweit Prüfungsgegenstand sein, als ihre fallrelevanten Vorschriften ohne Detailkenntnis anwendbar (mit allgemeinem methodischen Verständnis auslegbar) sind oder in der Aufgabenstellung hinreichend erklärt werden. Besonders hinzuweisen ist auf die Bezüge zum Versammlungsrecht, zu dem Grundkenntnisse aus der Interpretation des Art. 8 GG (Pflichtstoff nach § 18 Abs. 2 Nr. 5a) JAPO) erwartet werden.[25] Dem trägt Abschnitt H II. (→ Rn. 517ff.) Rechnung. Weiterhin kann davon ausgegangen werden, dass die Art. 12–41, 54–62 LStVG nicht in Einzelheiten beherrscht werden müssen. Die vorliegende Darstellung ist insgesamt prüfungsorientiert.

2. Der rechtspolitische Stellenwert

43   Freiheit und Sicherheit stehen seit jeher in einem Spannungsverhältnis. Sie sind aber keine unversöhnlichen Widersprüche; sie stehen vielmehr in einem Komplementärverhältnis: Sie setzen sich wechselseitig voraus und stärken einander, wenn beide angemessen zur Entfaltung gelangen.[26] Damit wird ein Spannungsfeld beschrieben, das geradezu das gesamte Polizei- und Sicherheitsrecht prägt: Das Verhältnis von Freiheit zu Sicherheit. Hier einen gerechten Ausgleich zu finden, ist Aufgabe der Politik, die nach programmatischer Ausrichtung der Regierungsparteien, aber auch dem Zeitgeist entsprechend mal die Sicherheit, mal die Freiheit in den Vordergrund stellt.

Unter dem Eindruck der Terroranschläge von New York, Madrid, London, Paris und Brüssel und der auch in Deutschland akuten Terrorbedrohung läuft der Staat jedoch Gefahr, die angemessene Balance zwischen Sicherheit und Freiheit zu verlieren und die Freiheit der Sicherheit zu opfern.

---

[25] Aufgabe 7 im Termin 1999/I befasste sich mit dem Verhältnis von Sicherheits- und Versammlungsrecht. Die Klausur wurde von *Heckmann* mit einem Lösungsvorschlag in JuS 2001, 675 ff. veröffentlicht.

[26] Vgl. *Di Fabio*, NJW 2008, 421 (422).

In den USA steht hierfür exemplarisch der Uniting and Strengthening America by Providing Appropriate Tools Required to Intercept and Obstruct Terrorism Act (sog. Patriot Act) aus der Ära Bush. Dieser sollte den US-Behörden im Kampf gegen den internationalen Terrorismus weiterreichende Befugnisse und eine höhere Flexibilität einräumen. Kaum eine andere Gesetzesnovellierung ist derart prominent mit der aktuellen Sicherheitsdebatte verknüpft.

Aber auch in Deutschland wurden die Befugnisse der Sicherheitsbehörden massiv ausgeweitet. Beispielhaft zu nennen sind das Terrorismusbekämpfungsgesetz vom 9.1.2002, die Vorratsdatenspeicherung (vgl. Rn. 44) sowie die Befugniserweiterungen für Bundeskriminalamt und Verfassungsschutz (vgl. Rn. 44d)[27], zuletzt in Form des am 10.6.2021 verabschiedeten Gesetzes zur Anpassung des Verfassungsschutzrechts, das den Nachrichtendiensten den Einsatz der Quellen-TKÜ (und von Staatstrojanern) auch im präventiven Bereich gestattet.[28]

Im erweiterten Kontext der Freiheitsbeschränkung stehen seit den Enthüllungen des Whistleblowers Edward Snowden nunmehr auch die ubiquitären Überwachungsmaßnahmen des US-Geheimdienstes NSA und des britischen GCHQ.[29] Fest steht, dass durch Programme wie *PRISM, XKeyscore* und *Tempora* Verbindungs- und Kommunikationsdaten im bisher unbekannten Ausmaße abgeschöpft wurden. Obwohl vieles noch unklar ist und erst die Entwicklungen der nächsten Jahre das wahre Ausmaß an Überwachung durch die Nachrichtendienste aufzeigen wird, lässt sich dennoch konstatieren, dass die Bürgerrechte nicht allein durch den internationalen Terrorismus von außen, sondern auch durch staatliche Überwachung von innen bedroht sind. Die mahnenden Worte Benjamin Franklins, dass eine Gesellschaft, die ihre Freiheit zugunsten ihrer Sicherheit opfert, beides nicht verdient hat, sind nunmehr relevanter denn je. Unabhängig hiervon stehen Fahndern durch neue informationstechnologische Systeme vielerlei Eingriffsbefugnisse zur Verfügung.

Das BVerfG hat gleichsam als „Hüter der Grundrechte" viele dieser neuen Befugnisse auf ihre Verfassungsmäßigkeit beleuchtet und sie häufig für zwar nicht dem Grunde, aber der Art ihrer konkreten Ausgestaltung nach, für verfassungswidrig erklärt.

Im Vordergrund standen dabei vor allem informationstechnologische Instrumente moderner Sicherheitspolitik, wie z. B. automatisierte Kfz-Kennzeichenerfassung, „Online-Durchsuchung" und Vorratsdatenspeicherung.

Diese modernen Ermittlungs- bzw. Eingriffstechnologien und die damit im Zusammenhang stehenden verfassungsrechtlichen Problematiken sollen hier in der gebotenen Kürze (nach § 18 Abs. 2 Nr. 5c JAPO ist die Datenerhebung und -verarbeitung nicht vom Prüfungsstoff umfasst) dargestellt werden.

a) Vorratsdatenspeicherung

44 Die Rechtsentwicklung auf dem Gebiet der polizeilichen Datenverarbeitung wurde maßgeblich durch das „Volkszählungsurteil" des BVerfG vom

---

[27] Eine umfassende Bestandsaufnahme über die Sicherheitsgesetzgebung findet sich im „Bericht der Regierungskommission zur Überprüfung der Sicherheitsgesetzgebung in Deutschland" v. 28.8.2013, abrufbar über die Webseite des Bundesministeriums des Inneren.

[28] Vgl. BMI Bund, abrufbar unter https://www.bmi.bund.de/SharedDocs/gesetzgebungsverfahren/DE/anpassung-des-verfassungsschutzrechts.html.

[29] Für eine Beleuchtung von völker-, unions- und verfassungsrechtlichen Aspekten s. *Ewer/ Thienel,* NJW 2014, 30.

15.12.1983[30] geprägt. Die Landesgesetzgeber hatten darauf zu reagieren, dass dem polizeilichen Zugriff auf personenbezogene Daten aufgrund des verfassungsrechtlich gewährleisteten allgemeinen Persönlichkeitsrechts (Art. 2 Abs. 1 i. V. m. Art. 1 Abs. 1 GG) Grenzen gesetzt sind. Wenngleich die Datenerhebung (und -verarbeitung) Voraussetzung jeder effizienten polizeilichen Tätigkeit ist,[31] dürften die insoweit bestehenden Entfaltungsspielräume auch durch die Entscheidung des BVerfG zur Vorratsdatenspeicherung aus dem Jahr 2010[32] weiter eingeschränkt werden. Durch ein neues Gesetz zur Vorratsdatenspeicherung werden jedoch seit dem 18.12.2015 wieder anlasslos flächendeckend Verkehrsdaten zur Gefahrenabwehr erhoben.[33] Ob die neue Vorratsdatenspeicherung den Anforderungen des Grundgesetzes genügt, bleibt abzuwarten.

Im Jahr 2010 war die damalige Fassung der Vorratsdatenspeicherung Anlass für die mit 34.939 Beschwerdeführern „größte" Verfassungsbeschwerde in der Geschichte der Bundesrepublik Deutschland. Dieses Artikelgesetz enthielt Änderungen des Telekommunikationsgesetzes (TKG) und der Strafprozessordnung (StPO), die eine vorsorgliche Speicherung von Telekommunikationsverkehrsdaten seitens der Anbieter öffentlich zugänglicher Telekommunikationsdienste für sechs Monate sowie die Verwendung dieser Daten regelten.[34] Die angegriffenen Vorschriften dienten der Umsetzung der Richtlinie 2006/24/EG des Europäischen Parlaments und des Rates vom 15.3.2006 über die Vorratsspeicherung von Daten.[35]

Das Bundesverfassungsgericht hat mit Urteil vom 2.3.2010 die §§ 113a, 113b TKG a. F. und § 100g Abs. 1 S. 1 StPO a. F. für nichtig erklärt und die unverzügliche Löschung der auf Grundlage der nichtigen Vorschriften gespeicherten Daten angeordnet, aber zugleich auch festgestellt, dass eine verfassungskonforme Umsetzung der Richtlinie 2006/24/EG durchaus möglich ist.[36]

Durch die normierte Möglichkeit einer anlasslosen Speicherung von Telekommunikationsverkehrsdaten sieht das BVerfG die Beschwerdeführer in dem aus Art. 10 Abs. 1 GG folgenden Telekommunikationsgeheimnis verletzt.[37] Als Grund-

---

[30] BVerfGE 65, 1; hierzu *Würtenberger / Heckmann / Tanneberger,* PolR BW, 7. Auflage 2017, § 6 Rn. 1.

[31] *Würtenberger / Heckmann / Tanneberger,* PolR BW, 7. Auflage 2017, § 6 Rn. 2 f.

[32] BVerfG, NJW 2010, 833 ff.; hierzu statt vieler *Wybitul,* BB 2010, 889 ff.

[33] BGBl. 2015, S. 2218.

[34] Die in Sachen Vorratsdatenspeicherung eingelegten Verfassungsbeschwerden richteten sich unmittelbar gegen §§ 113a und 113b TKG sowie gegen § 100g StPO, soweit dieser die Erhebung von nach § 113a TKG gespeicherten Daten zuließ. Während § 113a TKG öffentlich zugängliche Telekommunikationsanbieter verpflichtete, sämtliche Verkehrsdaten von Telefon-, E-Mail- und sonstigen Internetdiensten vorsorglich anlasslos zu speichern, regelte § 113b TKG die möglichen Zwecke, für die diese Daten verwendet werden durften: Zielsetzung der Vorschriften war es, den Strafverfolgungs- und Gefahrenabwehrbehörden sowie den Nachrichtendiensten die zur effizienten Aufgabenerfüllung notwendige Datenbasis zu schaffen; § 100g StPO regelte als fachrechtliche Ermächtigungsgrundlage die unmittelbare Verwendung der auf Grundlage von § 113b Satz 1 Nr. 1 TKG bevorrateten Daten zu Zwecken der Strafverfolgung.

[35] Zu den europarechtlichen Grundlagen der Vorratsdatenspeicherung *Braun,* in: Taeger/Gabel, BDSG, 2. Auflage 2013, §§ 113a, 113b TKG Rn. 7 ff.

[36] BVerfG, NJW 2010, 833 (835); vgl. *Roßnagel,* NJW 2010, 1238 (1239).

[37] Das Telekommunikationsgeheimnis schützt die unkörperliche Übermittlung von Informationen an individuelle Empfänger mit Hilfe des Telekommunikationsverkehrs vor einer Kenntnisnahme durch die öffentliche Gewalt. Dieser Schutz erfasst dabei nicht nur die Inhalte der Kommunikation, sondern vielmehr auch die Vertraulichkeit der näheren Umstände des Kommu-

rechtseingriffe bewertet das Bundesverfassungsgericht zudem auch die angegriffenen Regelungen zur Datenübermittlung. Vor allem aber die sechsmonatige Speicherung von Telekommunikationsdaten sei ein „besonders schwerer Eingriff mit
einer enorm belastenden Wirkung und einer Streubreite, wie sie die Rechtsordnung bisher nicht kenne." Ausschlaggebend ist insoweit die besonders weitreichende Aussagekraft der im Rahmen der Vorratsdatenspeicherung erhobenen Daten,[38]
sowie das erhebliche Missbrauchsrisiko.

Mittlerweile wurde auch die Richtlinie 2006/24/EG des Europäischen Parlaments und des Rates vom 15.3.2006 über die Vorratsspeicherung von Daten, die
bei der Bereitstellung öffentlich zugänglicher elektronischer Kommunikations-
dienste oder öffentlicher Kommunikationsnetze erzeugt oder verarbeitet werden,
durch den EuGH für ungültig erklärt.[39]

Vorgelegt hatten sowohl der irische High Court als auch der Österreichische
Verfassungsgerichtshof, um festzustellen, ob die Richtlinie mit Art. 7, 8 und 11 der
GrCh vereinbar ist.

Der EuGH hielt den Schutzbereich der Art 7, 8 und 11 GRCh für eröffnet und
bewertete den Eingriff in die Privatsphäre und in das Recht auf informationelle
Selbstbestimmung (Datenschutz) als „von großem Ausmaß und als besonders
schwerwiegend".

Die Richtlinie 2006/24/EG diente der Bekämpfung schwerer Kriminalität und
somit letztlich der öffentlichen Sicherheit und dem Gemeinwohl. Etwaige Maßnahmen müssen aber zum einen geeignet sein, die verfolgten Ziele zu erreichen
und zum anderen dürfen sie nicht die Grenzen dessen überschreiten, was zur Erreichung dieser Ziele geeignet und erforderlich ist. Hieran äußerte der EuGH allerdings Zweifel. Es sei zumindest fraglich, ob sich der Eingriff in die Grundrechte
auf das absolut Notwendige beschränkte. Folglich beanstandete er die undifferen-
zierte und nicht zwingend nach objektiven Kriterien festgelegte Speicherfrist. In-
folgedessen erklärte er die Richtlinie für ungültig, eine Reduktion durch die nationalen Gesetzgeber hielt er nicht für ausreichend.[40]

Trotz des Urteils des EuGH sah sich der deutsche Gesetzgeber veranlasst, nun als
nationale Lösung, ein neues Gesetz zur Einführung einer Speicherpflicht und einer
Höchstspeicherfrist für Verkehrsdaten (die sog. neue Vorratsdatenspeicherung) zu
beschließen[41], welches am 18.12.2015 in Kraft trat. Auch im Zuge dieser Gesetzesänderungen werden die Regelungen der StPO über die Erhebung von Verkehrsdaten zur Strafverfolgung geändert bzw. neu eingeführt (§§ 100g, 100j, 101, 101a,
101b StPO) und das TKG wird um Regelungen zur Speicherung von Verkehrsdaten erweitert (§§ 113a–113g TKG).[42] Nach § 113b TKG sind nunmehr die erhobenen Verkehrsdaten lediglich zehn Wochen und bei mobilen Telekommuni-
kationsdiensten Standortdaten für vier Wochen durch die Erbringer öffentlich
zugänglicher Telekommunikationsdienste für Endnutzer zu speichern. Die Speiche-

---

nikationsvorganges; als speziellere Garantie verdrängt Art. 10 GG bezogen auf die Telekommuni-
kation das Grundrecht auf informationelle Selbstbestimmung.
[38] BVerfGE 125, 260 (319).
[39] EuGH ZD 2014, 296.
[40] Ausführlich hierzu auch *Streinz,* JuS 2014, 758.
[41] BT-Drs. 18/5088; BT-Drs. 18/5171; BT-Drs. 18/6391.
[42] *Roßnagel,* NJW 2016, 533 (535 ff.).

rung von Inhalten der Kommunikation, Daten über aufgerufene Internetseiten und Daten von Diensten der elektronischen Post ist aufgrund dieser Regelungen jedoch nicht gestattet, vgl. § 113b Abs. 5 TKG. Zudem dürfen die gespeicherten Daten nur zweckgebunden verwendet, d.h. an Strafverfolgungsbehörden oder Gefahrenabwehrbehörden der Länder übermittelt werden. Für letzteres bedarf es jedoch noch der Schaffung entsprechender Befugnisse in den jeweiligen Landespolizeigesetzen.[43]

Grundsätzlich stehen weder die Entscheidung des EuGH noch das Urteil des BVerfG einer Neuregelung der Vorratsdatenspeicherung im Wege, allerdings muss im Rahmen der Erforderlichkeit ein besonders strenger Maßstab angelegt und eine konkrete Forderung an eine grundrechtskonforme Regelung gestellt werden.[44] Folglich kann ein so schwerwiegender Grundrechtseingriff nur verfassungsgemäß ausgestaltet werden, wenn er legitimen Gemeinwohlzwecken dient und zur Erreichung der Zwecke geeignet, erforderlich und angemessen ist. Für die Verwendung der Daten zu Zwecken der Gefahrenabwehr bedeutet dies, dass als Voraussetzung des polizeilichen Zugriffs auf personenbezogene Daten das Vorliegen einer durch bestimmte Tatsachen hinreichend belegten, konkreten Gefahr für Leib, Leben oder Freiheit einer Person, für den Bestand oder die Sicherheit des Bundes oder eines Landes oder zur Abwehr einer gemeinen Gefahr zu fordern ist. Zudem gilt es zu beachten, dass auch Regelungen der Vorratsdatenspeicherung nicht dazu führen dürfen, dass im Zusammenspiel mit anderen vorhandenen Dateien als Ergebnis einer „Überwachungs-Gesamtrechnung" praktisch alle Aktivitäten der Bürger erfasst werden.[45] Dies alles zu beachten ist ein sehr anspruchsvolles Unterfangen. Dennoch berücksichtigt die neue Vorratsdatenspeicherung viele der Vorgaben des EuGH und des BVerfG. Allerdings werden die gesetzlichen Änderungen auch kritisiert, da diese in einigen Punkten als nicht unionsrechts- bzw. verfassungskonform eingestuft werden.[46] Insbesondere die weiterhin bestehende anlasslose und flächendeckende Speicherung von Telekommunikationsverkehrsdaten stellt einen enormen Grundrechtseingriff dar. Da bereits am Tag des Inkrafttretens der neuen Vorratsdatenspeicherung die erste Verfassungsbeschwerde eingereicht wurde, bleibt abzuwarten, ob das BVerfG die neue Vorratsdatenspeicherung mangels Beschränkung auf das „absolut Notwendige" ebenfalls für verfassungswidrig erklären wird.[47] Die Speicherpflicht ist derzeit faktisch ausgesetzt, da die Bundesnetzagentur im Kontext eines verwaltungsgerichtlichen Verfahrens des OVG NRW zur Vorratsdatenspeicherung erklärt hat, aufgrund der Entscheidung des Gerichts im einstweiligen Rechtsschutz bis zum Abschluss des Hauptverfahrens keine Maßnahmen zur Durchsetzung der grundsätzlich bestehenden Verpflichtung durchzuführen.[48] Im Hauptsacheverfahren wurde die derzeitige Aussetzung der Speicherungspflicht bestätigt und das VG änderte seine Rechtsauffassung.[49] In der Sprungrevision legte das

---

[43] *Roßnagel*, NJW 2016, 533 (535, 539).

[44] *Streinz*, JuS 2014, 758 (760).

[45] Ausführlich dazu *Roßnagel,* NJW 2010, 1238 (1240 ff.).

[46] *Roßnagel*, NJW 2016, 533 (538).

[47] *Roßnagel*, NJW 2016, 533 (538).

[48] Vgl. die Mitteilung der Bundesnetzagentur vom 28.6.2017, abrufbar unter https://www. bundesnetzagentur.de/DE/Sachgebiete/Telekommunikation/Unternehmen_Institutionen/ Anbieterpflichten/OeffentlicheSicherheit/Umsetzung110TKG/VDS_113aTKG/VDS.html; Zur Übersicht der Regelungen *Beukelmann*, NJW-Spezial 2020, 696.

[49] Vgl. VG Köln, Urteil v. 20.4.2018 – 9 K 3859/16, juris.

BVerwG dem EuGH die entscheidungserhebliche Frage vor, ob die Speicherpflicht nach den bis dahin erlassenen unionsrechtlichen Vorgaben des EuGH generell unvereinbar oder, ob die deutschen Regelungen mit dem Unionsrecht vereinbar sind; dabei wurde das Verfahren ausgesetzt.[50] Entscheidungen des EuGH und des BVerfG werden erwartet, wobei davon auszugehen ist, dass das BVerfG die unionsrechtlichen Vorgaben des EuGH abwarten wird.[51]

Der EuGH betonte in neueren Urteilen die grundsätzliche Unzulässigkeit anlassloser Vorratsdatenspeicherung, konkretisierte aber Vorgaben für eine ausnahmsweise mögliche Vorratsdatenspeicherung beim Vorliegen erheblicher und konkreter Gefahren für die öffentliche Sicherheit[52] oder zum Zwecke der Terrorismusbekämpfung und Verfolgung schwerer Kriminalität im Einzelfall.[53] So werden derzeit auch in der EU-Kommission neue Möglichkeiten für eine Regelung der Vorratsdatenspeicherung ausgelotet, die den Vorgaben des EuGH entsprechen.[54]

An die oben genannten Anforderungen zur unionsrechtskonformen Datenspeicherung müssen sich auch die Regelungen der polizeilichen Datenverarbeitung messen lassen. Um eine verfassungswidrige Vorratsdatenspeicherung zu verhindern, sieht z.B. Art. 53 Abs. 5 S. 1 PAG vor, dass die Dauer der Speicherung von personenbezogenen Daten zu polizeilichen Zwecken auf das erforderliche Maß zu beschränken ist. Gem. Art. 53 Abs. 5 S. 2 PAG sind zudem für automatisierte Dateien Prüftermine festzulegen, an denen spätestens überprüft werden muss, ob die suchfähige Speicherung von Daten weiterhin erforderlich ist. Die Bestimmung der Prüfungstermine geschieht anhand der Richtlinien für die Führung polizeilicher personenbezogener Sammlungen.[55]

Ausgenommen von den hinsichtlich der Vorratsdatenspeicherung bestehenden Restriktionen sind anonymisierte Informationen, die in polizeiliche Statistiken und Dokumentationen einfließen.[56]

b) „Online-Durchsuchung"

Eine genauere Betrachtung verdient in diesem Zusammenhang auch die in **44a** Art. 45 PAG geregelte sog. „Online-Durchsuchung", also der verdeckte Zugriff auf informationstechnische Systeme.[57]

In seiner Grundlagenentscheidung zum Verfassungsschutzgesetz des Landes Nordrhein-Westfalen hatte das BVerfG[58] neben der „Schaffung" des neuen Grund-

---

[50] BVerwG, EuGH-Vorlage v. 25.9.2019 – 6 C 12/18, juris Rn. 18.

[51] https://www.faz.net/aktuell/wirtschaft/digitec/verfassungsgericht-zweifelt-an-der-vorratsdatenspeicherung-15387507.html (abgerufen am 31.8.2021).

[52] EuGH, Urt. v. 6.10.2020 – C-623/17, GSZ 2021, 36; vgl. auch *Beukelmann*, NJW-Spezial 2020, 696.

[53] EuGH, Urt. v. 2.3.2021 – C 746/18, EuZW 2021, 316.

[54] Vgl. das Arbeitspapier der Kommission, abrufbar unter https://cdn.netzpolitik.org/wp-upload/2021/07/wk07294.en211.pdf; https://netzpolitik.org/2021/vorratsdatenspeicherung-eu-kommission-will-mit-neuen-ideen-eugh-umgehen/.

[55] Hierzu *Honnacker/Beinhofer/Hauser,* PAG, 20. Auflage 2014, Art. 37 Rn. 6.

[56] *Möllers,* WdP, 3. Auflage 2018, Vorratsdatenspeicherung.

[57] Zum staatlichen Auskunftsersuchen gegenüber Online-Unternehmen *Kipker/Voskamp,* ZD 2013, 119; vgl. *Petri* in: BeckOK Polizei- und Sicherheitsrecht Bayern, Möstl/Schwabenbauer, 16. Edition, Art. 45 PAG Rn. 2.

[58] BVerfG, NJW 2008, 822 ff.; vertiefend zu Folgerungen aus dem Urteil *Heckmann* in: FS Käfer, 2009, S. 129 ff.

rechts auf Gewährleistung der Vertraulichkeit und Integrität informationstechnischer Systeme (sog. „IT-Grundrecht") für diese relativ neue Maßnahme zur Gefahrenabwehr Zulässigkeitskriterien herausgearbeitet, die der bayerische Gesetzgeber in Art. 45 PAG (vormals Art. 34d PAG a.F.) umfassend zu berücksichtigen versucht hat.

Nach der Rechtsprechung des BVerfG ist die heimliche Infiltration eines informationstechnischen Systems nur zulässig, wenn tatsächliche Anhaltspunkte für eine konkrete Gefahr im Hinblick auf ein überragend wichtiges Rechtsgut bestehen. Anknüpfend an seine Rechtsprechung zum Schutz des Kernbereichs der privaten Lebensgestaltung vor staatlichen Überwachungsmaßnahmen,[59] fordert das BVerfG daneben auch, dass jede Ermächtigungsgrundlage für Online-Durchsuchungen dem Schutz dieses Kernbereichs ausreichend Rechnung tragen muss. Außerdem ist zwingend erforderlich, derartige Maßnahmen unter den Vorbehalt richterlicher Anordnung zu stellen.[60] Umgesetzt wurden die Anforderungen weitgehend in der Regelung des Art. 45 PAG:

Art. 45 PAG unterscheidet verschiedene Arten des Zugriffs auf ein IT-System. Nach der Schwere des Eingriffs geordnet sind dies
– die bloße Identifikation eines IT-Systems (Abs. 2) durch Ermittlung seines Standorts (S. 1 Nr. 2) und/oder seiner spezifischen Kennung (S. 1 Nr. 1) und
– der Zugriff auf seinen Inhalt (Abs. 1), wobei wiederum zwischen dem bloßen Zugriff auf die Zugangsdaten und einem Zugriff auf die gespeicherten Daten zu unterscheiden ist.

Der einfache Zugriff nach Abs. 1 S. 1 dient dabei nur der Kenntnisnahme der Polizei von den entsprechenden Daten, während Abs. 1 S. 6 als schwerwiegendste Eingriffsmaßnahme deren Löschung oder Veränderung zulässt.[61] Beide Zugriffsarten dürfen in Umsetzung der Rechtsprechung des BVerfG nur erfolgen, soweit dies zur Abwehr einer dringenden Gefahr für ein Rechtsgut nach Abs. 1 S. 1 erforderlich ist und die Gefahr nicht anders abgewendet werden kann. Dem Erfordernis des Richtervorbehaltes wurde mit Art. 45 Abs. 3 S. 1, i. V. m. Art. 36 Abs. 4 S. 2 PAG Rechnung getragen.

Hinsichtlich der Online-Durchsuchung (vgl. § 49 BKAG) durch das Bundeskriminalamt zur internationalen Terrorismusbekämpfung hat das BVerfG zur vorherigen Regelung des § 20k BKAG a.F. entschieden, dass diese Regelung nur teilweise den verfassungsrechtlichen Anforderungen genügte.[62] Der Schutz des Kernbereichs privater Lebensgestaltung wurde jedoch von dieser Vorschrift bisher nicht hinreichend berücksichtigt. In der Neufassung des § 49 Abs. 7 BKAG wurde die vom BVerfG geforderte Kernbereichsregelung nunmehr ausdrücklich normiert und mit dem Ziel der Umsetzung dieser Anforderungen umgesetzt.[63]

c) Automatisierte Kennzeichenerfassung

44b   Der Einsatz von Kfz-Kennzeichenlesesystemen hat sich in der polizeilichen Praxis einiger Bundesländer zu einem beliebten Instrument der elektronischen Fahn-

---

[59] Siehe hierzu *Braun/Fuchs,* Die Polizei 2010, 185 ff.
[60] Siehe hierzu auch BVerfGE 120, 274 (332).
[61] *Petri* in: BeckOK, Polizei- und Sicherheitsrecht Bayern, Möstl/Schwabenbauer, 16. Edition, Art. 45 PAG Rn. 18.
[62] BVerfG v. 20.4.2016 – 1 BvR 966/09, 1 BvR 1140/09 – juris Rn. 208 ff.
[63] Vgl. BT-Drs. 18/11163, S. 115.

dungsunterstützung entwickelt. Entsprechende Befugnisse bestehen neben Bayern etwa in Baden-Württemberg, Hessen oder Niedersachsen.

Automatisierte Kennzeichenerfassungssysteme funktionieren nach dem Prinzip der optischen Erfassung. Das hinter den Systemen stehende Verfahren setzt zunächst eine durch externe (Radar, Lichtschranke etc.) und interne (Software) „Trigger" ausgelöste Erfassung von Kraftfahrzeugen durch eine Kamera voraus. Das aufgenommene Bild wird anschließend mit Hilfe entsprechender Software auf amtliche Kfz-Kennzeichen hin untersucht und die Buchstaben- bzw. Ziffernfolge des Kennzeichens ausgelesen. Der so erlangte digitale Datensatz kann gespeichert und mit bestehenden Datenbeständen abgeglichen werden (z.B. mit dem INPOL-Fahndungsbestand oder anlassbezogen mit der Datei „Gewalttäter Sport"). Dadurch kann die Polizei im Falle eines „Treffers" (d.h. bei einer Übereinstimmung eines ausgelesenen Kennzeichens mit den Abgleichsdaten – denn andere ausgelesene Kennzeichen werden in Folge der Rechtsprechung des BVerfG[64] unverzüglich automatisiert gelöscht) feststellen, welcher Verkehrsteilnehmer sich mit welchem Fahrzeug zu welchem Zeitpunkt an welchem Ort aufgehalten hat. Zudem gibt eine Übereinstimmung regelmäßig Anlass zu Folgemaßnahmen. Sollte etwa ein Fahrzeug das Kennzeichenlesegerät passieren, das ausweislich der Abgleichsdatei zur Fahndung ausgeschrieben wurde (z.B. aufgrund eines Kfz-Diebstahls), wird das betreffende Fahrzeug unverzüglich von der Polizei angehalten und die Identität der Fahrzeuginsassen festgestellt, woran sich – je nach Lageentwicklung – ggf. weitere (auch strafprozessuale) Maßnahmen anschließen können.

Der polizeiliche Einsatz von automatisierten Kennzeichenerkennungssystemen ist insbesondere aufgrund der Möglichkeit von „fehlerhaften Trefferfällen" und des damit verbundenen Eingriffs in das Grundrecht auf informationelle Selbstbestimmung (Art. 2 Abs. 1 i.V.m. Art. 1 Abs. 1 GG) seit jeher umstritten. Nachdem das BVerfG die gesetzliche Grundlage der Länder Hessen und Schleswig-Holstein für mit dem Grundgesetz unvereinbar und nichtig erklärt hat, wurden die Regelungen durch den Landesgesetzgeber novelliert. Diese hat der VGH München als noch verfassungsgemäße Beschränkung des Grundrechts auf informationelle Selbstbestimmung eingeordnet.[65] Das BVerwG hat im Rahmen der in diesem Fall ergangenen erfolglosen Revision den Eingriff in das Grundrecht auf informationelle Selbstbestimmung sogar gänzlich verneint, wenn der Abgleich der Fahndungsdatenbanken zwar eine Übereinstimmung meldet, im Rahmen eines Abgleichs durch den verantwortlichen Polizeibeamten sich dies jedoch als sog. „Nichttreffer" oder „unechter" Treffer darstellt und das erfasste Kennzeichen daraufhin umgehend, ohne Aufhebung der Anonymität des Betroffenen, gelöscht wird.[66] Erst bei Vorliegen eines „echten" Treffers bei der Kennzeichenabgleichung lag nach Auffassung des BVerwG ein Eingriff in das oben genannte Grundrecht vor. Dennoch standen die Befugnisse weiterhin in der Kritik.

Dies galt auch für die in Art. 33 Abs. 2 S. 2–5 PAG a.F. geregelte bayerische Eingriffsbefugnis (nunmehr geregelt in Art. 39 PAG).[67] Zum einen wurde bereits die Zuständigkeit der Länder bestritten. Der VGH München hingegen betrachtete die

---

[64] BVerfG, NJW 2008, 1505 ff.
[65] VGH München, DuD 2013, 465.
[66] BVerwG, NVwZ 2015, 906 (908).
[67] Kritisch zur bayerischen Regelung *Braun/Seidl*, jurisPR-ITR 13/2010 Anm. 6.

Länder als gesetzgebungskompetent, denn die Regelung der automatisierten Kennzeichenerfassung unterfällt, nach seiner Ansicht, nicht der konkurrierenden Gesetzgebung des Bundes nach Art. 74 Abs. 1 S. 1 GG.[68] Art. 33 Abs. 2 PAG a.F./Art. 39 PAG regelt nicht die strafverfolgende Tätigkeit der Polizei, sondern stellt eine präventive Maßnahme dar, was sich insbesondere aus dem Maßnahmezweck ergibt: nämlich die präventive Datenerhebung ohne konkreten Anlass als Vorsorge zur Verfolgung bzw. Verhütung von Straftaten. Nach Ansicht des VGH München waren die Regelungen auch materiell verfassungsmäßig. Art. 33 Abs. 2 S. 2–5 PAG a.F. und Art. 38 Abs. 3 PAG a.F. würden den rechtsstaatlichen Anforderungen der Normenbestimmtheit und -klarheit gerecht. Beispielsweise sei nach diesen Normen eine Kennzeichenerfassung nur bei Vorliegen entsprechender Lageerkenntnisse und nur in den Fällen des Art. 13 Abs. 1 Nr. 1–5 PAG zulässig. Die Vorschriften des Art. 33 Abs. 2 S. 2–5 PAG a.F., 38 Abs. 3 PAG a.F. waren nach Auffassung des VGH München auch verhältnismäßig. Sie gestatteten nämlich keinen anlass- und verdachtsunabhängigen Abgleich mit beliebigen Dateien. Eine automatisierte Kennzeichenerfassung sei nach Art. 33 Abs. 2 S. 2 PAG a.F. vielmehr nur bei Vorliegen der tatbestandlichen Voraussetzungen des Art. 13 Abs. 1 Nr. 1–5 PAG möglich. Ergänzend verbietet Art. 33 Abs. 2 S. 5 PAG a.F. ausdrücklich den flächendeckenden Einsatz von automatisierten Kennzeichenerfassungssystemen und grenzt dadurch den Umfang der Kennzeichenerfassung ein Mit dem Gesetz zur Neuordnung des bayerischen Polizeirechts wurde die Rechtsgrundlage des Art. 33 PAG a.F. im Jahr 2018 umstrukturiert, wobei die automatische Kennzeichenerfassung in Art. 39 PAG eine eigenständige Ermächtigungsnorm erhalten hat.[69] Diese ermöglicht nach Art. 39 Abs. 1 S. 1 PAG den verdeckten Einsatz automatisierter Kennzeichenerkennungssysteme bei Vorliegen entsprechender Lageerkentnisse zur Erfassung von Kennzeichen sowie Ort, Datum, Uhrzeit und Fahrtrichtung in den Fällen des Art. 13 Abs. 1 Nr. 1-5 PAG. Voraussetzung ist also zunächst das Vorliegen der Voraussetzungen der Identitätsfeststellung nach Art. 13 Abs. 1 Nr. 1-5 PAG, so z.B. nach Art. 13 Abs. 1 Nr. 1 PAG i.V.m. Art. 39 Abs. 1 S. 2 PAG zur Abwehr einer (konkreten) Gefahr oder einer drohenden Gefahr für ein bedeutendes Rechtsgut oder an bestimmten Orten nach Art. 13 Abs. 1 Nrn. 2, 3 PAG. Für die Voraussetzungen im Grenzgebiet und der Schleierfahndung nach Art. 1 Abs. 1 Nr. 5 PAG gibt Art. 39 Abs. 1 S. 2 PAG einschränkend an, dass dies bei Durchgangsstraßen nur gilt, soweit Europastraßen oder Bundesfernstraßen betroffen sind. Nach Art. 39 Abs. 3 S. 1 PAG ist eine unverzügliche Löschungspflicht festgeschrieben, sobald der automatische Kennzeichenabgleich abgeschlossen ist; diese wird mit einem Protokollierungsverbot ergänzt.[70] Lediglich bei einem Treffer beim Abgleich der Daten mit den Fahndungsbeständen oder Dateien erfolgt keine unverzügliche Löschung, Art. 39 Abs. 3 S. 1 Hs. 2 PAG.

Das BVerfG entschied am 18.12.2018 ausdrücklich entgegen der bisherigen Rechtsprechung, dass „unter den Bedingungen der modernen Informationstechnik" auch die sog. Nichttreffer, deren Daten alsbald wieder gelöscht werden, zu einem Eingriff in das Recht auf informationelle Selbstbestimmung füh-

---

[68] VGH München, Urteil v. 17.12.2012 – 10 BV 09.2641, BeckRS 2013, 49007, Rn. 82 ff.
[69] Vgl. auch *Müller/Eiselt* in: BeckOK Polizei- und Sicherheitsrecht Bayern, Möstl/Schwabenbauer, 16. Edition, Art. 39 PAG Rn. 3 ff.
[70] *Schmidbauer* in: S/St, PAG, 5. Auflage 2020, Art. 39 PAG Rn. 56 ff.

ren.[71] Gleichwohl mangele es bereits teilweise an der formellen Verfassungsmäßigkeit, weil dem Freistaat Bayern die Gesetzgebungskompetenz fehle, soweit er „durch Verweis auf Art. 13 Abs. 1 Nr. 5 PAG Kennzeichenkontrollen zur Verhütung oder Unterbindung der unerlaubten Überschreitung der Landesgrenze erlaubt und damit Fragen des Grenzschutzes regelt." Dafür liegt die Gesetzgebungskompetenz ausschließlich beim Bund nach Art. 73 Abs. 1 Nr. 5 GG, soweit keine Ermächtigung durch den Bund vorliegt.[72] Für die übrigen Anwendungsbereiche liegen dagegen keine kompetenzrechtlichen Bedenken vor und auch der grundsätzliche Einsatz ist bestätigt worden.[73] Der bayerische Gesetzgeber hat die Anforderungen des BVerfG zu den zur Kennzeichenerkennung mit Gesetz zur Änderung der Bestimmungen zu automatisierten Kennzeichenerkennungssystemen vom 10.12.2019 angepasst, indem z.B. für die Fälle des Art. 13 Abs. 1 Nr. 1 lit. a) und Nr. 5 zusätzliche Anforderungen festgelegt wurden (s.o.).[74]

d) Zugangserschwerungsgesetz (sog. „Netzsperren")

Materiell dem Recht der Gefahrenabwehr zuzuordnen war auch das am **44c** 23.2.2010 in Kraft getretene Gesetz zur Erschwerung des Zugangs zu kinderpornographischen Inhalten in Kommunikationsnetzen (**Zugangserschwerungsgesetz**, ZugErschwG). Dem politisch und verfassungsrechtlich höchst umstrittenen Gesetz zufolge sollte das Bundeskriminalamt eine Sperrliste mit kinderpornographischen Angeboten im Internet führen, die es in Deutschland ansässigen Internetserviceprovidern tagesaktuell zur Verfügung stellt.[75] Letztere waren ihrerseits dazu verpflichtet, den Zugang zu in dieser Sperrliste verzeichneten Internetinhalten durch geeignete und zumutbare technische Maßnahmen zu erschweren – also eine Sperrinfrastruktur aufzubauen und zu unterhalten.[76]

Obgleich durch den (Bundes-)Gesetzgeber kompetenziell ausschließlich auf das Recht der Wirtschaft (Art. 74 Abs. 1 Nr. 11 GG) gestützt[77], ist die primär gefahrenabwehrrechtliche Dimension des Gesetzes offenkundig, verfolgte es doch schon ausweislich seiner Begründung primär das Ziel der Bekämpfung des Vertriebs und des Konsums nach § 184b StGB strafbarer kinderpornographischer Inhalte im Internet und mittelbar damit auch die Bekämpfung des solchen Inhalten zugrundeliegenden eklatanten Kindesmissbrauchs.[78]

Berechtigte Zweifel bestanden insofern bereits im Hinblick auf die Gesetzgebungs- (und im Übrigen auch hinsichtlich der Verwaltungs-) Kompetenz des Bundes. Kritisch zu hinterfragen war in besonderem Maße die hohe Streubreite der durch das ZugErschwG vermittelten Grundrechtseingriffe: Betroffen waren nicht nur die Berufsfreiheit (Art. 12 GG) bzw. Eigentumsgarantie (Art. 14 GG) der In-

---

[71] BVerfG, Beschluss. v. 18.12.2018 – 1 BvR 142/15, NJW 2019, 827, Rn. 47 ff.

[72] BVerfG, Beschluss. v. 18.12.2018 – 1 BvR 142/15, NJW 2019, 827, Rn. 54–57.

[73] BVerfG, Beschluss. v. 18.12.2018 – 1 BvR 142/15, NJW 2019, 827, Rn. 58; Vgl. auch *Müller/Eiselt* in: BeckOK Polizei- und Sicherheitsrecht Bayern, Möstl/Schwabenbauer, 16. Edition, Art. 39 PAG Rn. 4.

[74] Vgl. auch *Müller/Eiselt* in: BeckOK Polizei- und Sicherheitsrecht Bayern, Möstl/Schwabenbauer, 16. Edition, Art. 39 PAG Rn. 3 ff, 23 f.

[75] Vgl. § 1 Abs. 1 ZugErschwG.

[76] Vgl. § 2 Abs. 1 ZugErschwG.

[77] Vgl. BT-Drs. 16/12850, S. 5 f.

[78] Vgl. BT-Drs. 16/12850, S. 5.

ternetzugangsanbieter und der Betreiber legaler Websites, sondern vor allem auch
das Telekommunikationsgeheimnis (Art. 10 GG) und die Meinungs-, Presse-, In-
formations-, Kunst- und Wissenschaftsfreiheit (Art. 5 GG) unbescholtener Nutzer
und Anbieter von Webseiten legalen Inhalts. Erheblichen verfassungsrechtlichen
Bedenken begegnete dahingehend insbesondere die Verhältnismäßigkeit der im
ZugErschwG vorgesehenen technischen Sperrmaßnahmen schon in Bezug auf deren Eignung und Erforderlichkeit, jedenfalls aber bezüglich deren Angemessenheit.
Daneben trug das Gesetz weder dem rechtsstaatlichen Grundsatz hinreichender
Normenbestimmtheit, noch dem Parlamentsvorbehalt für wesentliche Entscheidungen, der Notwendigkeit einer präventiven richterlichen Kontrolle und des effi-
zienten nachträglichen Rechtsschutzes in ausreichendem Maße Rechnung.

Unmittelbare Auswirkungen für die Praxis hatte das Gesetz jedoch nicht entfaltet, da es – den vorgebrachten Bedenken und vorwiegend wohl politischem Kom-
promiss geschuldet – noch vor Inkrafttreten durch einen an das Bundeskriminalamt gerichteten Erlass des Bundesministerium des Innern faktisch außer Vollzug
gesetzt wurde. In Anbetracht der erheblichen verfassungsrechtlichen Risiken, die
andernfalls mit der konsequenten Anwendung des ZugErschwG einhergingen,
mochte dies zu einem – seinerzeit dem politischen Konsens entsprechenden – gewünschten Ergebnis („Löschen statt Sperren") geführt haben. Der faktische Nicht-
anwendungserlass ließ sich indes mit dem Grundsatz der Gesetzmäßigkeit der Verwaltung nur schwer in Einklang bringen.[79] Die Bundesregierung hob das bereits
ausgesetzte ZugErschwG mit Wirkung vom 29.12.2011 deshalb endgültig auf.[80]
Dies ist aufgrund der erheblichen verfassungsrechtlichen Bedenken zu begrüßen.
Somit besteht bezüglich kinderpornographischer Inhalte keine „Sperrungspflicht"
mehr, Maßnahmen gegen solche Inhalte konzentrieren sich seitdem vielmehr auf
deren direkte Löschung.

e) Befugnisse zur Terrorismusgefahrenabwehr nach dem BKAG

44d   Auch die Befugniserweiterungen des Bundeskriminalamts zur Abwehr von Gefahren des internationalen Terrorismus wurden 2016 durch das BVerfG in einer
umfangreichen Entscheidung als teilweise verfassungswidrig eingestuft.[81] Insbesondere die Regelungen § 20g a.F. (Überwachung außerhalb von Wohnungen), § 20h
a.F. (Wohnraumüberwachung), § 20k a.F. (Zugriff auf informationstechnische Systeme; Online-Durchsuchung), § 20l a.F. (Telekommunikationsüberwachung) § 20m
a.F. (Telekommunikationsverkehrsdaten- und Nutzungsdatenerhebung) BKAG sind
teilweise nicht als verfassungsgemäß anzusehen. Dabei bemängelte das BVerfG die
fehlende Bestimmtheit der Vorschriften. Darüber hinaus sind die Fristen zur
Datenlöschung zu kurz bemessen.[82] Zudem sind die gesetzlichen Vorgaben zur Da-
tennutzung und -übermittlung an inländische sowie ausländische Behörden als verfassungsrechtlich bedenklich zu werten. Das Bundesverfassungsgericht hat für die
verfassungswidrig erklärten Normen zunächst eine vorübergehende Fortgeltung

---

[79] Zum Ganzen ausführlich und m.w.N. *Heckmann,* Gutachterliche Stellungnahme zu den
Gesetzesentwürfen BT-Drs. 17/776, 17/772, 17/646 anlässlich der Anhörung im Rechtsaus-
schuss des Deutschen Bundestages am 10.11.2010, abrufbar unter http://smartlife2011.de/
fornetblog/wp-content/uploads/2011/11/stellungnahme_zugerschwg_heckmann.pdf.

[80] BGBl. I 2011, 2958.

[81] BVerfG v. 20.4.2016 – 1 BvR 966/09, 1 BvR 1140/09.

[82] BVerfG v. 20.4.2016 – 1 BvR 966/09, 1 BvR 1140/09 – juris Rn. 269 ff.

bis zum Ablauf des 30.6.2018 angeordnet. Bereits im Jahr 2017 folgte sodann das Gesetz zur Neustrukturierung des Bundeskriminalamtsgesetzes mit dem Ziel, die Anforderungen des BVerfG umzusetzen.[83] Dabei kann das Bundeskriminalamt unter bestimmten Umständen gem. § 5 BKAG auch nach der Neustrukturierung Aufgaben zur Abwehr von Gefahren des internationalen Terrorismus wahrnehmen.[84] Die Befugnisse des BKA sind nunmehr für die allgemein Datenverarbeitung in den §§ 9 ff. BKAG geregelt, darunter spezielle Eingriffsbefugnisse für verdeckte Eingriffe in informationstechnische Systeme gemäß § 48 BKAG oder der Einsatz technischer Mittel in Wohnungen nach § 46 BKAG.[85] Spezialbefugnisse zur Abwehr des internationalen Terrorismus finden sich in den §§ 38 ff. BKAG, für den Schutz der Mitglieder der Verfassungsorgane des Bundes in den §§ 63 ff.

B. Ermächtigungsgrundlagen für polizeiliche Maßnahmen

Das Polizeirecht ist Eingriffsrecht; die staatliche Polizei zählt – bei aller Relativität dieser Einordnung – zur Eingriffsverwaltung. Ihre vielfach gegen den Bürger als Grundrechtsinhaber gerichteten Maßnahmen bedürfen – wie gesehen – (→ Rn. 23) einer gesetzlichen Ermächtigungsgrundlage (Befugnisnorm); nach ihr bemisst sich (auch in der Klausur) die Rechtmäßigkeit der Maßnahme. Aber auch ohne konkreten Eingriff handelt die Polizei auf der Grundlage von Gesetzen (Aufgabeneröffnung). Aufgabe und Befugnis sind voneinander zu unterscheiden. **45**

I. Aufgabe und Befugnis

1. Aufgaben der Polizei (Art. 2 PAG)

Die polizeilichen Aufgaben[86] sind in Art. 2 PAG umschrieben. Sie beziehen sich **46** einerseits auf solches Handeln, für das das PAG selbst konkretisierende und auch zu Eingriffen befähigende Regelungen bereithält (Art. 2 Abs. 1–3 PAG); andererseits wird durch eine Öffnungsklausel in Art. 2 Abs. 4 PAG sichergestellt, dass Polizeidienststellen auch in solchen Fällen tätig werden dürfen, die außerhalb des PAG normiert sind, so dass sich Maßnahmen ganz oder teilweise nach diesem Spezialgesetz richten.

a) Gefahrenabwehr (Art. 2 Abs. 1 PAG)

Nach Art. 2 Abs. 1 PAG hat die Polizei „die Aufgabe, die allgemein oder im Ein- **47** zelfall bestehenden Gefahren für die öffentliche Sicherheit oder Ordnung abzuwehren". Das Gesetz verwendet hier eine Formel, die später in der sog. Generalklausel (Art. 11 Abs. 1 PAG) wiederkehrt (→ Rn. 98 ff.), dort allerdings unter Beschränkung auf die „im einzelnen Fall bestehende Gefahr". Damit wird der we-

---

[83] Vgl. BT-Drs. 18/11163, S. 1; in Kraft getreten am 28.6.2018.
[84] *Schenke*, POR, 11. Auflage 2021, Rn. 493.
[85] Vgl. auch *Schenke*, POR, 11. Auflage 2021, Rn. 493 ff.
[86] Zu originären und übertragenen Aufgaben s. *Zähle*, JuS 2014, 315.

sentliche Unterschied zwischen der Aufgabeneröffnung und der Befugnis zu notwendigen Maßnahmen deutlich. Zu (eingreifenden) Maßnahmen ist die Polizei nur befugt, wenn eine konkrete Gefahr besteht, eine Gefahr also, bei der der Schadenseintritt hinreichend wahrscheinlich ist. Demgegenüber stellt sich die „allgemeine" oder **abstrakte Gefahr** als Sachlage dar, aus der nach allgemeiner Lebenserfahrung konkrete Gefahren entstehen können.

> **Beispiel:** Bei Biergärten, die üblicherweise auch von Autofahrern aufgesucht werden, kann es dazu kommen, dass Autofahrer sich trotz Trunkenheit ans Steuer setzen.

48   Solche abstrakten Gefahren eröffnen bereits den polizeilichen Handlungsraum. Im Beispielsfall werden vielleicht verstärkt Streifenfahrten in dieser Gegend vorgenommen, um bei weiteren Anhaltspunkten direkt eingreifen zu können.

b) Schutz privater Rechte (Art. 2 Abs. 2 PAG)

49   Der Schutz privater Rechte, z. B. die Schlichtung von Streitigkeiten zwischen Bürgern, obliegt primär den ordentlichen Gerichten und deren Vollstreckungsorganen (z. B. den Gerichtsvollziehern). Der Gläubiger kann gegen den Schuldner Klage erheben oder – in dringlichen Fällen – vorläufigen Rechtsschutz in Anspruch nehmen (Arrest, §§ 916 ff. ZPO oder einstweilige Verfügung, §§ 935 ff. ZPO). Lediglich in Ausnahmefällen kann hier die Polizei tätig werden, nämlich wenn

– gerichtlicher Schutz nicht rechtzeitig zu erlangen ist
– und ohne polizeiliche Hilfe die Verwirklichung des Rechts vereitelt oder wesentlich erschwert werden würde.

> **Beispiel:** Der Unbekannte U verschüttet im Restaurant unachtsam sein Rotweinglas auf das Kleid der A. Als diese Schadensersatz fordert, redet sich U dahingehend heraus, nicht er, sondern der Ober O sei schuld, weil er ihn gestoßen habe. A ruft die Polizei, weil U offensichtlich ohne Angabe seiner Personalien das Lokal verlassen möchte. Diese soll die Identität des U feststellen, ohne die eine Zivilklage der A von vornherein aussichtslos ist.

50   Diese **Subsidiarität** des polizeilichen Schutzes privater Rechte greift aber nur, soweit diese Rechte nicht auch durch Strafvorschriften geschützt sind oder aus anderen Gründen öffentliche Interessen im Spiel sind. Dann besteht bereits eine Aufgabeneröffnung nach Art. 2 Abs. 1 PAG.

> **Beispiel:** Im vorgenannten Beispiel beschädigt U das Kleid absichtlich (strafbare Sachbeschädigung nach § 303 Abs. 1 StGB).

51   Liegen die Voraussetzungen des Art. 2 Abs. 2 PAG vor, stehen der Polizei grundsätzlich alle Befugnisse der Art. 11 ff. PAG zur Verfügung.[87] Dabei kommen schon aus Gründen der Verhältnismäßigkeit regelmäßig nur **Sicherungsmaßnahmen** (Identitätsfeststellung, kurzfristige Ingewahrsamnahme u. ä.) in Betracht. Weil sich aber zumindest das Entschließungsermessen der Polizei im Normalfall auf Null reduziert (→ Rn. 144), hat der betroffene Bürger im Regelfall einen **Anspruch auf polizeiliches Einschreiten**. Dieser wiederum mag zwar im Eilfall des Art. 2 Abs. 2 PAG kaum gerichtlich durchsetzbar sein, ist aber Ausgangspunkt für etwaige Amtshaftungsansprüche.

---

[87] Siehe hierzu den Examensfall in BayVBl. 1995, 159 ff. (Sachverhalt); 188 ff. (Lösungsvorschlag).

c) Vollzugshilfe (Art. 2 Abs. 3 PAG)

Zu den Aufgaben der Polizei zählt auch, dass sie anderen Behörden und den Ge- **52**
richten Vollzugshilfe leistet (Art. 2 Abs. 3 PAG). Hierbei wendet die Polizei unmittelbaren Zwang auf Ersuchen einer anderen Behörde (sog. Vollzugshilfe, Art. 67
Abs. 1 PAG) oder eines Gerichts bzw. der Staatsanwaltschaft (sog. Justizhilfe, Art. 67
Abs. 2 PAG) an.

Beispiel: Bei einer Gemeinderatssitzung randalieren Zuhörer. Der in Bedrängnis geratene ers-
te Bürgermeister verweist die Randalierer des Raumes (Art. 53 Abs. 1 S. 1, 2 GO → 2. Teil,
Rn. 261 ff.). Als diese dem nicht nachkommen, ersucht er telefonisch die Polizei um Hilfe, die
Randalierer zu entfernen. Die Polizeibeamten entfernen die Randalierer unter Anwendung von
Polizeigriffen und Gummiknüppeln.

Der Normzweck des Art. 67 PAG begründet zugleich die wesentliche Voraus- **53**
setzung für die Hilfestellung: Die ersuchende Behörde verfügt nicht über die erforderlichen Dienstkräfte bzw. kann ihre Maßnahmen nicht auf andere Weise selbst
durchsetzen. Deshalb kann die Festsetzung eines Zwangsgeldes oder die Anordnung der Ersatzvornahme niemals Gegenstand der polizeilichen Vollzugshilfe sein.
Vollzugshilfe ist als ein gegenüber der **Amtshilfe** selbständiges Rechtsinstitut **54**
anzusehen, wie bereits Art. 67 Abs. 4 PAG zum Ausdruck bringt, weil bei der Vollzugshilfe „die Hilfeleistung in Handlungen besteht, die der ersuchten Behörde als
eigene Aufgabe obliegen" (Art. 4 Abs. 2 Nr. 2 BayVwVfG i. V. m. Art. 2 Abs. 3
PAG), nämlich der Anwendung unmittelbaren Zwangs durch die Polizei (Art. 67
Abs. 1, 77 ff. PAG).[88]
Im Übrigen gelten die Grundsätze der Amtshilfe nach Art. 4 ff. BayVwVfG bei **55**
Maßnahmen der Vollzugshilfe entsprechend, Art. 67 Abs. 3 PAG. Daher richtet sich
die Rechtmäßigkeit der zu vollstreckenden Anordnung nach den Vorschriften,
die für die ersuchende Behörde gelten (Art. 7 Abs. 1 Alt. 1 BayVwVfG). Die Anwendung unmittelbaren Zwangs richtet sich nach den Vorschriften, die für die er-
suchte Behörde gelten (Art. 7 Abs. 1 Alt. 2 BayVwVfG), also nach den Art. 70 ff.,
75, 77 ff. PAG. Das Vollzugshilfeersuchen hilft über den Umstand hinweg, dass keine
Grundverfügung der Polizei vorliegt. Art. 67 PAG bildet gewissermaßen das Scharnier zwischen Durchsetzung der Grundverfügung als Vollstreckungsziel (Recht
der ersuchenden Behörde) und Vollstreckungsmittel (Recht der ersuchten Behörde).[89]
Klausurrelevant ist die Frage, wer im Falle der Vollzugshilfe vom betroffenen Bür- **56**
ger zu verklagen ist **(Passivlegitimation)**. Dies wird dann problematisch, wenn
der Rechtsträger der ersuchenden Behörde nicht der Freistaat Bayern ist. Richtigerweise ist zu differenzieren:[90]
- Wenn es um die Rechtmäßigkeit der Primärmaßnahme, die Zulässigkeit der
  Vollzugshilfe und das „Ob" der Zwangsanwendung geht, ist der Rechtsträger

---

[88] Vgl. zu Art. 50 ff., 60 ff PAG a. F.: *Knemeyer*, PolOrdR, 11. Auflage 2007, Rn. 109 f; vgl. auch
Schmidbauer in: S/St, PAG, 5. Auflage 2020, Art. 67 PAG Rn. 20, 1 ff.
[89] Im Einzelnen ist hier manches streitig, vgl. zu Art. 50 ff. PAG a. F. *Köhler*, BayVBl. 1998,
453 ff.
[90] *Knemeyer*, PolOrdR, 11. Auflage 2007, Rn. 110; *Würtenberger/Heckmann/Tanneberger*, PolR
BW, 7. Auflage 2017, § 4 Rn. 66; vgl. dazu *Schmidbauer* in: S/St, PAG, 5. Auflage 2020, Art. 67
PAG Rn. 57 ff.

der ersuchenden Behörde passivlegitimiert (Art. 7 Abs. 1 Alt. 1, Abs. 2 S. 1 BayVwVfG).

– Soweit es um die Art und Weise der Durchführung des Zwanges geht, ist der Rechtsträger der ersuchten Behörde (also der Freistaat Bayern als Träger der Polizei) passivlegitimiert (Art. 7 Abs. 1 Alt. 2, Abs. 2 S. 2 BayVwVfG).

57 Abzugrenzen ist diese Art der selbständigen Vollzugshilfe von der sog. **ergänzenden oder unselbständigen Vollzugshilfe** nach Art. 37 Abs. 2 VwZVG.[91] Diese meint den Fall, dass eine angefangene, „eigene" Vollzugsmaßnahme jener Behörde, die den Grundverwaltungsakt erlassen hat, von der Polizei zu Ende vollstreckt wird. Sie ist keine Aufgabe der Polizei nach Art. 2 Abs. 3 PAG, sondern nach Art. 2 Abs. 4 PAG.

Beispiel: Bürgermeister B bittet im vorgenannten Beispielsfall die im Raum bereitstehenden gemeindlichen Ordnungskräfte, die Randalierer zu entfernen. Als die Randalierer sich hiergegen erfolgreich wehren, ersucht B die Polizei um Unterstützung.

58 Die Polizei handelt hier gewissermaßen als verlängerter Arm der Behörde, der geholfen wird. Passivlegitimiert ist demzufolge der Rechtsträger der Ausgangsbehörde, nach deren Vorschriften sich auch Aufgabe, Befugnis und Zwangsanwendung richten. Ein ähnlicher Fall der unselbständigen Vollzugshilfe ist in Art. 7 Abs. 3 LStVG geregelt (→ Rn. 493).

59 Wiederum anders als die Vollzugshilfe zu beurteilen ist der Fall einer **Weisung** (→ Rn. 482) durch die Sicherheitsbehörde (Art. 9 Abs. 2 POG, Art. 10 S. 2 LStVG). In einem bestehenden Weisungsverhältnis lässt sich nicht von Vollzugshilfe sprechen, Art. 4 Abs. 2 Nr. 1 BayVwVfG. Das schließt aber nicht aus, dass auch eine weisungsberechtigte Sicherheitsbehörde um Vollzugshilfe ersuchen kann.[92] Vielmehr steht den Sicherheitsbehörden je nach Sachlage das Mittel der Weisung und des Vollzugshilfeersuchens zur Verfügung: Hat bereits die Sicherheitsbehörde einen Verwaltungsakt erlassen, der nun vollstreckt werden soll, kommt nur ein Vollzugshilfeersuchen in Frage. Im Falle einer Weisung nimmt die Polizei stets eine eigene Aufgabe nach Art. 2 Abs. 1 PAG wahr (vgl. Art. 9 Abs. 2 POG) und erlässt eigene Anordnungen. Sie handelt dann aufgrund eigener Befugnis sowohl hinsichtlich der Primärmaßnahme als auch hinsichtlich eventueller Vollstreckungsmaßnahmen. Im Prozess ist ihr Rechtsträger, der Freistaat Bayern, der richtige Beklagte.[93]

Beispiel: Im vorigen Beispielsfall unternimmt B nichts gegen die Randalierer, sondern weist telefonisch die Polizei an, die Randalierer zu entfernen. Die Polizeibeamten erlassen mündlich einen Platzverweis (Art. 16 PAG) und entfernen die weiterhin widerspenstigen Randalierer mittels unmittelbaren Zwanges (Polizeigriff, Gummiknüppel).

d) Weitere Aufgaben (Art. 2 Abs. 4 PAG)

60 Die Polizei hat ferner die Aufgaben zu erfüllen, die ihr durch andere Rechtsvorschriften übertragen sind (Art. 2 Abs. 4 PAG). Hierzu zählen zum einen die Ermittlungsbefugnisse bei der Strafverfolgung (§ 163 StPO)[94] und die Ahndung von Ord-

---

[91] *Gallwas/Lindner,* in: Gallwas/Lindner/Wolff, BayPolSR, 4. Auflage 2015, Rn. 340, 389 ff.
[92] *Knemeyer,* PolOrdR, 11. Auflage 2007, Rn. 115.
[93] *Knemeyer,* PolOrdR, 11. Auflage 2007, Rn. 118; *Schmidbauer,* in: S/St, PAG, 5. Auflage 2020, Art. 9 POG Rn. 39, 40.
[94] Weitere **Beispiele:** §§ 58 Abs. 1, 81a, c, 100c, 108, 111 Abs. 2, 131 Abs. 2 S. 1, 161, 163, 163a StPO.

nungswidrigkeiten (§ 53 Abs. 1 OWiG), zum anderen spezialgesetzliche Vollzugs-
und Gefahrenabwehrbefugnisse.[95] Soweit diese Spezialvorschriften polizeiliche Befugnisse nicht regeln, kann ergänzend auf das PAG zurückgegriffen werden, Art. 11
Abs. 4 PAG.

Immer dann, wenn die Begehung von Straftaten oder Ordnungswidrigkeiten im **61**
Raum steht, stellt sich die Frage, ob die Polizei gefahrenabwehrend **(präventiv)** nach
Art. 2 Abs. 1 PAG oder strafverfolgend **(repressiv)** nach Art. 2 Abs. 4 PAG i. V. m. den
einschlägigen strafprozessualen Normen tätig wird (sog. Gemengelagen → Rn. 14).

2. Das Verhältnis von Aufgabe und sachlicher Zuständigkeit

Die Aufgabeneröffnung nach Art. 2 Abs. 1 PAG ist nicht gleichzusetzen mit der **62**
sachlichen Zuständigkeit der Polizei in einem konkreten Fall. Vielmehr teilen sich
verschiedene Behörden die Aufgabe der Gefahrenabwehr mit der Polizei; z. B. die
Sicherheitsbehörden nach Art. 6 LStVG oder die Behörden, denen die spezialge-
setzlich geregelte Abwehr von Gefahren (z. B. Baurecht, Waffenrecht) zugewiesen
ist. Wann die Polizei im Verhältnis zu diesen Behörden im Einzelfall zuständig ist,
ergibt sich aus dem sog. **Subsidiaritätsgrundsatz** des Art. 3 PAG. Danach ist die
Polizei immer dann zuständig (das Gesetz spricht von „tätig werden"), wenn ihr
die Abwehr der Gefahr durch eine andere Behörde nicht oder nicht rechtzeitig
möglich erscheint (→ Rn. 86 f.).

3. Das Verhältnis von Aufgabe und Befugnis

Die in Art. 2 PAG vorgesehenen polizeilichen Aufgaben geben der Polizei noch **63**
keine Rechtsgrundlage, in Rechte des Bürgers einzugreifen. Aufgrund des Vorbe-
halts des Gesetzes bedarf die Polizei stets ausdrücklicher Befugnisnormen, die diese
Erlaubnis erteilen. Diese sind im PAG in der Generalklausel des Art. 11, den Stan-
dardbefugnissen nach Art. 12 bis 65 sowie den Vollstreckungsvorschriften nach
Art. 70 bis 86 PAG enthalten. Lässt sich aus einer dieser Normen keine bestimmte
Handlungsbefugnis ableiten, kann nicht auf die Aufgabeneröffnung nach Art. 2
PAG zurückgegriffen werden: **kein Schluss von der Aufgabe auf die Befugnis.**
Dies gilt auch, soweit die Polizei sich über Art. 2 Abs. 4 PAG auf spezialgesetzliche
Rechtsgrundlagen stützt.

Einer Befugnis bedarf die Polizei jedoch dann nicht, wenn ihr Handeln nicht in **64**
Rechte des Bürgers eingreift. Dann genügt die **Aufgabenzuweisung** des Art. 2
Abs. 1 PAG **als Rechtsgrundlage.** So fehlt es am Eingriffscharakter, wenn der
Betroffene von vornherein ausdrücklich in eine Beschränkung seiner Rechte ein-
willigt.

Beispiel: Nach einem Fußballspiel wird der Schiedsrichter von aufgebrachten Zuschauern
verfolgt. Er bittet die Polizei, ihn in Gewahrsam zu nehmen.

Auch die gefahrvorbeugende bzw. gefahrvorsorgende Tätigkeit greift nicht in **65**
Rechte des Bürgers ein, so z. B. Streifenfahrten oder kriminalpolizeiliche Be-
ratungsstellen. Hierfür genügt die Aufgabeneröffnung nach Art. 2 PAG.[96]

---

[95] **Beispiele:** Art. 30 Abs. 1 S. 2, 37 Abs. 2, 3 VwZVG; Art. 7 Abs. 3 LStVG; Art. 4 Abs. 3, 9
Abs. 1 und 2, 12 Abs. 2, 15 Abs. 4, 5 und 6 i. V. m. 24 Abs. 2 BayVersG; § 44 Abs. 2 StVO; § 44
Abs. 2–4 WPflG; § 758 Abs. 3 ZPO.
[96] Vgl. auch *Zähle,* JuS 2014, 315.

66   Enthält umgekehrt ein Gesetz keine ausdrückliche Zuweisung einer Aufgabe an die Polizei, sondern nur eine Befugnis, so schadet dies der Rechtmäßigkeit polizeilichen Handelns nicht. Vielmehr ist in diesen Fällen der **Schluss von der Befugnis auf die Aufgabe** gestattet.

II. Einteilung der Befugnisnormen nach dem „lex-specialis"-Grundsatz

67   Das Polizeirecht bietet eine Vielzahl von Befugnisnormen (insbesondere die sog. Generalklausel des Art. 11 PAG und die sog. Standardbefugnisse nach Art. 12 bis 65 PAG), die von ihrem Wortlaut oftmals gleichermaßen anwendbar erscheinen.

> **Beispiel:** Vergleichen Sie etwa Art. 11 Abs. 1 PAG mit Art. 16 S. 1 PAG.

68   Aber auch in zahlreichen sicherheitsrechtlichen Bestimmungen sind Befugnisnormen enthalten, die die Polizei zu einem Eingreifen in Freiheit und Eigentum des Bürgers berechtigen (z. B. Art. 12 Abs. 2, 15 Abs. 4 i. V. m. 24 Abs. 2 BayVersG). Existieren mehrere – scheinbar – einschlägige Rechtsvorschriften, dann ist diese Normenkollision in erster Linie anhand anerkannter methodischer Abgrenzungsregeln, den sog. Derogationssätzen, aufzulösen. Dies gelingt in praktisch allen Fällen. Zu den anerkannten **Derogationsregeln** zählen
  – der Satz, dass jüngeres Recht dem älteren Recht vorgeht *(lex posterior derogat legi priori)*;
  – der Satz, dass höherrangiges Recht dem unterrangigen Recht vorgeht *(lex superior derogat legi inferiori)*;
  – der Satz, dass spezielleres Recht dem allgemeineren Recht vorgeht *(lex specialis derogat legi generali)*.

69   Der letztgenannte Derogationssatz hat auch im Polizeirecht eine große Bedeutung, weil sich dieses Rechtsgebiet durch eine mehrfache Stufung von Befugnisnormen auszeichnet. Dies ist zum Teil bereits leicht aus dem Wortlaut des Art. 11 Abs. 1 PAG und des Art. 11 Abs. 3 PAG abzulesen.

1. Befugnisnormen in Spezialgesetzen (außerhalb des PAG)

70   Vorrangig sind solche Befugnisnormen zu prüfen, die polizeiliche Befugnisse außerhalb des PAG regeln. Dies ergibt sich aus Art. 11 Abs. 3 S. 2 PAG, der die Nachrangigkeit der Befugnisse aus dem PAG zeigt: *nur* „soweit solche Rechtsvorschriften Befugnisse der Polizei nicht regeln, hat sie die Befugnisse" des PAG.

71   Spezialgesetzliche Polizeibefugnisse spielen in der bayerischen Klausurpraxis eine geringe Rolle, weil § 18 Abs. 2 Nr. 5c) JAPO den Fächerkanon auf das „allgemeine" Polizei- (und Sicherheits-)Recht begrenzt. Prüfungsrelevant sind deshalb nur solche Vorschriften, die „aus sich heraus" ohne Detailkenntnisse verständlich sind, wie z. B. Art. 10 UnterbrG. Auch sollte etwa Art. 15 BayVersG (→ Rn. 537 ff.) in seinem aus Art. 8 GG abgeleiteten Bedeutungsgehalt bekannt sein.[97]

---

[97] Die Examensaufgabe Nr. 7 im Termin 1999/I befasste sich schwerpunktmäßig mit dem Verhältnis von speziellem Versammlungsrecht und allgemeinem Polizeirecht und vor diesem Hintergrund mit der Auslegung polizeilicher Befugnisse „im Lichte des Art. 8 GG"; s. hierzu *Heckmann*, JuS 2001, 675 ff.

2. Die sog. Standardbefugnisse

Kommen spezialgesetzliche Befugnisse außerhalb des PAG nicht in Betracht, ist **72** innerhalb des PAG zunächst zu prüfen, ob eine der sog. Standardbefugnisse greift. Deren Vorrang ergibt sich direkt aus dem Wortlaut des Art. 11 Abs. 1 PAG. Die Art. 12 ff. PAG zeichnen sich u. a. dadurch aus, dass mit ihnen eine äußerlich leicht erkennbare Maßnahme verbunden ist, die entweder durch den Eingriffsakt selbst (Durchsuchen, Ingewahrsamnehmen) oder durch das Eingriffsziel (Auskunft über persönliche Daten, Entfernen von einem Ort) die Grundrechtssphäre des Bürgers betrifft. Dementsprechend ist die Abgrenzung zur Generalklausel vorzunehmen: Wenn die Polizei eine Maßnahme ergreift, die von Art und Zielsetzung her einer Standardmaßnahme entspricht, kommt nur die dazu gehörende Standardbefugnis der Art. 12 ff. PAG als Ermächtigungsgrundlage in Betracht. Ein Rückgriff auf die Generalklausel ist nicht möglich. Dies gilt insbesondere für den Fall, dass die tatbestandlichen Eingriffsvoraussetzungen der Standardbefugnis im konkreten Fall nicht vorliegen. Hier würde die Anwendung der Generalklausel dazu führen, dass die – größtenteils strengeren – Anforderungen an das polizeiliche Handeln nach den Art. 12 ff. PAG umgangen werden.[98]

Beispiel: Der Polizeibeamte P möchte die Wohnung des X durchsuchen, um dort die Zündschlüssel des falsch geparkten Pkw des X zu finden. Die Voraussetzungen des Art. 23 Abs. 1 PAG liegen offensichtlich nicht vor. Die Maßnahme kann auch nicht auf die Generalklausel gestützt werden, um die durch den Verkehrsverstoß entstandene Gefahr abzuwehren.

3. Die polizeiliche Generalklausel

Erst wenn keine der vorgenannten spezielleren Befugnisnormen greift, kann auf **73** die polizeiliche Generalklausel in Art. 11 PAG zurückgegriffen werden.[99] Dabei ist zu unterscheiden: Zunächst ermächtigt Art. 11 Abs. 1 PAG unter Bezeichnung weniger, allgemeiner Merkmale (Gefahr, öffentliche Sicherheit und Ordnung) – eben „generalklauselartig" – die Polizei, die „notwendigen Maßnahmen" zu treffen, mithin eine Rechtsfolge, die relativ wenig bestimmt ist.

Das bedeutet freilich nicht, dass diese Generalklausel gegen das verfassungsrecht- **74** liche Bestimmtheitsgebot verstößt. Die Vorschrift erhält die notwendigen Konturen durch ihre in jahrelanger Praxis und wissenschaftlicher Auslegung gewonnene Dogmatik. Bei der Anwendung der Generalklausel müssen zwei **gegensätzliche Interessenlagen** miteinander zum Ausgleich gebracht werden. Einerseits besteht das Bedürfnis, zur Abwehr aller nur denkbaren Gefahren die Polizei zu Eingriffen in Freiheit und Eigentum des Bürgers zu ermächtigen. So muss die Generalklausel auf der Tatbestands- und der Rechtsfolgenseite weit gefasst sein, um der Polizei die Instrumente an die Hand zu geben, die sie zur Erfüllung ihrer Aufgaben benötigt. Andererseits verlangt der Schutz der Grundrechte, dass diesen Eingriffen rechtlich bestimmbare Schranken gesetzt werden: Art und Umfang der damit verbundenen Eingriffe müssen noch so vorhersehbar sein, dass den verfassungsrechtlichen Anforderungen des Vorbehalts des Gesetzes genügt ist. Unter dem Eindruck dieses Spannungsverhältnisses haben Rechtsprechung und Lehre die Rechtsbegriffe

---

[98] Näher zum Vorrang der Standardmaßnahmen *Poscher/Rusteberg*, JuS 2011, 888 (891).
[99] Zur Vertiefung *Schucht*, Generalklausel und Standardmaßnahme, 2010.

der polizeilichen Generalklausel seit mehr als einem Jahrhundert scharf konturiert, so dass sie in vollem Umfang verwaltungsgerichtlicher Prüfung unterliegen. Bei den Standardmaßnahmen der Art. 12ff. PAG stellt sich diese Problematik in weit geringerem Umfang, weil die entsprechenden gesetzlichen Normen die tatbestandlichen Voraussetzungen und die zugelassenen Maßnahmen zumeist konkreter benennen.

75 Der bayerische Gesetzgeber hat in Art. 11 Abs. 2 PAG den Versuch unternommen, der Generalklausel einen Teil der verfassungsrechtlichen Spannung zu nehmen, indem er **Regelbeispiele** („insbesondere") aufzählt, bei denen die Polizei zum Einschreiten ermächtigt ist. Angesichts ihrer Weite decken sie einen großen Teil der polizeirechtlich relevanten Situationen ab, begrenzen aber nicht im Sinne eines abschließenden Katalogs die Voraussetzungen für ein rechtmäßiges polizeiliches Handeln. Diese **„konkretisierte Generalklausel"** des Art. 11 Abs. 2 i. V. m. Art. 11 Abs. 1 PAG ist wiederum vorrangig vor Art. 11 Abs. 1 PAG zu prüfen.[100] Die Darstellung in diesem Lehrbuch (C.) beschränkt sich jedoch auf die Tatbestandsmerkmale des Art. 11 Abs. 1 PAG, da in ihnen die Vorschriften des Art. 11 Abs. 2 PAG enthalten sind.

III. Einteilung der Befugnisnormen nach dem Rechtscharakter (befehlende oder realisierende Tätigkeit)

76 Während die Einteilung der Befugnisnormen nach dem „lex-specialis-Grundsatz" die Auswahl der zu prüfenden Ermächtigungsgrundlage (und damit das materielle Recht) betrifft, hat ihre Einteilung nach dem Rechtscharakter prozessuale Bedeutung. Von ihr hängt das weitere Verwaltungsverfahren, aber vor allem die Klageart in einem etwaigen Verwaltungsprozess ab. Die entscheidende Weichenstellung erfolgt nach der Feststellung, ob die Befugnisnorm zum Erlass eines Verwaltungsaktes gem. Art. 35 BayVwVfG (sog. Polizeiverfügung) oder zur Vornahme tatsächlicher Handlungen ermächtigt.

1. Befehl und Zwang als Grundkonstellation im Polizeirecht

77 Wenngleich das Polizeirecht in seiner Gesamtheit viel komplexer (und auch komplizierter) ist, kann man doch eine „Grundkonstellation" erkennen, die in der Praxis nicht nur häufig vorkommt, sondern auch die Gesetzessystematik des PAG prägt. Sie lässt sich zunächst schlagwortartig mit „Befehl und Zwang" umschreiben. Dies bedeutet, dass die Polizei nach Erkenntnis einer Gefahrenlage einen Verwaltungsakt erlässt, in dem der Adressat (in der Regel ein Störer, d. h. ein für die Gefahrensituation Verantwortlicher) aufgefordert wird, durch zwecktaugliches Verhalten (zumeist aktives Tun, ggf. auch Dulden oder Unterlassen) die Gefahr abzuwehren oder jedenfalls hierzu beizutragen. Dieser polizeiliche Befehl (Polizeiverfügung, Grundverfügung) mag befolgt werden, so dass sich vielleicht der gewünschte Erfolg einstellt. Verhält sich der Adressat nicht in der geforderten Weise, können sich Zwangsmaßnahmen anschließen, um die Polizeiverfügung durchzusetzen.

---

[100] Sie ähnelt in ihrer Tatbestandsstruktur der sicherheitsrechtlichen Generalklausel in Art. 7 Abs. 2 LStVG (s. Rn. 491).

Die geschilderte Konstellation verdient schon deshalb die Bezeichnung als ei-   **78**
genständige Kategorie, weil Art. 70 Abs. 1 PAG ausdrücklich nur für die Durchsetzung polizeilicher Verwaltungsakte gilt. Das Instrumentarium polizeilichen Zwangs
beruht zu einem großen Teil auf dem Prozedere, dass der Polizeipflichtige zum eigenen, gefahrenabwehrenden Verhalten aufgefordert wird, ihm ggf. für den Fall der
Zuwiderhandlung Zwangsmaßnahmen angedroht und diese schließlich vorgenommen werden. Die Ausnahmebestimmung des sofortigen Vollzugs (→ Art. 70
Abs. 2 PAG) spricht nicht hiergegen, sondern bestätigt gerade die Regel.

Die Befugnis zum Erlass von Polizeiverfügungen kann nur zum Teil den Vor-   **79**
schriften der Art. 12 ff. PAG entnommen werden.

Beispiele: Die Aufforderung, Auskünfte zu erteilen oder sich auszuweisen (Art. 12 und
Art. 13 Abs. 1 PAG), einer Vorladung Folge zu leisten (Art. 15 Abs. 1 PAG) oder sich von einem
Ort zu entfernen (Art. 16 PAG).

Vielfach werden Verwaltungsakte auch auf die polizeiliche Generalklausel ge-   **80**
stützt.

Beispiel: Polizist P fordert Jugendliche auf, nicht weiter mit Steinen nach einer Katze zu
werfen.

2. „Realisierende Polizeitätigkeit"

Die Kategorisierung von „Befehl und Zwang" hat Erkenntniswert aber erst   **81**
durch die Gegenüberstellung zur sog. realisierenden Polizeitätigkeit. Damit sind
Maßnahmen gemeint, bei denen die Polizei ohne vorherigen oder gleichzeitigen
Befehl tatsächlich handelt und damit die Gefahr entweder bereits abwehrt oder jedenfalls zur Aufgabenerfüllung unmittelbar beiträgt.

Beispiele: Polizist P nimmt den randalierenden A in Gewahrsam, durchsucht den ver-
dächtigen B, nimmt eine gefährliche Sache an sich (ohne den Besitzer vorher zur Herausgabe
aufzufordern) oder errichtet eine Straßensperre.

Solchen Realakten fehlt die Regelungswirkung, die Art. 35 BayVwVfG für ei-   **82**
nen Verwaltungsakt voraussetzt. Auch liegt ihnen keine unausgesprochene Duldungsverfügung *(Dulden Sie die Gewahrsamnahme, die Durchsuchung, die Wegnahme,
die Straßensperre!)* zugrunde, wie es die Rechtsprechung vielfach annimmt.[101] Weder
besteht in diesen Fällen ein prozessuales Bedürfnis für einen (fiktiven) Verwaltungsakt, um Klage vor den Verwaltungsgerichten erheben zu können, noch lässt sich bei
natürlicher Betrachtung ein solcher konkludenter Verwaltungsakt dem Verhalten
oder dem mutmaßlichen Willen des handelnden Polizeibeamten entnehmen. In allen diesen Fällen ist das Handeln des Polizeibeamten auf einen bestimmten Erfolg
gerichtet, der **tatsächlich** und nicht im Wege der Anordnung herbeigeführt wird.
Daher muss in diesen Fällen statt der Anfechtungsklage nach § 42 Abs. 1 Alt. 1
VwGO bzw. der Fortsetzungsfeststellungsklage gem. § 113 Abs. 1 S. 4 VwGO in di-
rekter oder analoger Anwendung die Feststellungsklage gem. § 43 VwGO erhoben
werden. Rechtsverhältnis im Sinn dieser Vorschrift ist die Befugnis der handelnden
Polizeibehörde, in das verletzte Recht des Betroffenen einzugreifen.

---

[101] Vgl. BVerwGE 26, 161 (164 m. w. N.).

IV. Aufbautechnischer Hinweis

83   Beim bayerischen Prüfungsaufbau der Polizeirechtsklausur werden im Anschluss
an die Zuständigkeit die Aufgabeneröffnung und die Befugnis geprüft, ohne zwischen formeller und materieller Rechtmäßigkeit zu unterscheiden.[102] Dagegen beginnt beim allgemeinen verwaltungsrechtlichen Schema (das vorliegend favorisiert
wird) die Prüfung mit der Rechtsgrundlage, an die sich Zuständigkeit, Verfahren
und materielle Rechtmäßigkeit anschließen.[103]

Allgemeiner Prüfungsaufbau:	**„Bayerischer" Prüfungsaufbau:**
Vgl. *Schwerdtfeger*, Rn. 108 ff.	Vgl. *Knemeyer*, Rn. 63 ff. und 398
I. Rechtsgrundlage	1. Handeln der Polizei im ein-
1. Spezialgesetz (Art. 11 Abs. 3 S. 1	geschränkt institutionellen Sinne
PAG i. V. m. Spezialgesetz)	(Art. 1 PAG)
2. Standardbefugnis	2. Örtliche Zuständigkeit
(Art. 12 ff. PAG)	(Art. 3 Abs. 1 POG)
3. Generalklausel (Art. 11 Abs. 1	3. Aufgabe (Art. 2, 3 PAG)
HS 1, Abs. 2 PAG)	4. Befugnis
II. Formelle Rechtmäßigkeit	a) Spezialgesetz (Art. 11 Abs. 3
1. Zuständigkeit	S. 1 PAG i. V. m.
a) Sachliche (Art. 2, 3 PAG)	Spezialgesetz)
b) Örtliche (Art. 3 Abs. 1 POG)	b) Standardbefugnis (Art. 12 ff.
2. Verfahren	PAG)
3. Form	c) Generalklausel (Art. 11 Abs. 1
III. Materielle Rechtmäßigkeit	HS 1, Abs. 2 PAG)
1. Tatbestand der Befugnisnorm	5. Maßnahmerichtung (Art. 7, 8, 10
(s. o. Rechtsgrundlage)	PAG)
2. Rechtsfolge: Ermessen	6. Ermessen (Art. 5 PAG, § 114
(Art. 5 PAG, § 114 VwGO,	VwGO, Art. 40 BayVwVfG) und
Art. 40 BayVwVfG), ins-	Verhältnismäßigkeit (Art. 4 PAG)
besondere bzgl. Maßnahmerich-	
tung (Art. 7, 8, 10 PAG) und	
Verhältnismäßigkeit (Art. 4	
PAG)	

---

[102] Nach *Knemeyer*, PolOrdR, 11. Auflage 2007, Rn. 398, ist für Polizeirechtsklausuren die Unterscheidung zwischen formeller und materieller Rechtmäßigkeit aufzugeben und lediglich die
Rechtmäßigkeit der Maßnahme insgesamt zu prüfen.
[103] Kritisch zum bayerischen Prüfungsaufbau *Wehr*, JuS 2006, 582 ff. und *Heidebach*, BayVBl.
2010, 170 ff.

C. Die Rechtmäßigkeit der Polizeiverfügung

I. Die formelle Rechtmäßigkeit der Polizeiverfügung

Innerhalb der formellen Rechtmäßigkeit ergeben sich in einer Polizeirechtsklausur in aller Regel keine Probleme. Daher sollten Ausführungen zu Form und Verfahren unterbleiben, es sei denn, der Klausursachverhalt bietet dazu Anhaltspunkte. **84**

1. Zuständigkeit

a) Sachliche Zuständigkeit

Von der Aufgabeneröffnung nach Art. 2 PAG (→ Rn. 46 ff.) ist die Frage der **85** sachlichen Zuständigkeit gem. Art. 3 PAG zu unterscheiden, die sich in verschiedener Weise stellt, je nachdem, aufgrund welcher polizeilichen Aufgabeneröffnung gem. Art. 2 Abs. 1–4 PAG die Polizei tätig werden will. Auch aufbautechnisch kann die Behandlung der sachlichen Zuständigkeit unterschiedlich ausfallen.

aa) Kompetenzabgrenzung

Art. 3 PAG enthält die gesetzliche Vorschrift, die die Zuständigkeit der Polizei im **86** Verhältnis zu anderen Behörden, vor allem den Sicherheitsbehörden nach Art. 6 LStVG regelt. Dabei kommt es auf die Prüfung nach Art. 3 PAG nur dann an, wenn überhaupt eine Zuständigkeitskonkurrenz zwischen der Polizei und anderen Behörden möglich ist. Eindeutig auszuscheiden sind folglich die der Polizei als **ausschließliche Zuständigkeiten** zugewiesenen Aufgaben nach Art. 2 Abs. 4 PAG (z.B. im Rahmen der StPO) sowie die Vollzugs- und Justizhilfe nach Art. 2 Abs. 3 i.V.m. Art. 67 ff. PAG. Auch für den Schutz privater Rechte, der an sich den Zivilgerichten zukommt, ordnet Art. 2 Abs. 2 PAG eine ausschließliche Kompetenz der Polizei an, die allerdings – im Verhältnis zum gerichtlichen Rechtsschutz – unter einem Dringlichkeitsvorbehalt steht.

Somit verbleibt als eigentlicher Anwendungsfall für Art. 3 PAG nur die **Aufga-** **87** **beneröffnung nach Art. 2 Abs. 1 PAG,** wo die Polizei vor allem mit den Sicherheitsbehörden, aber auch verschiedenen speziellen Verwaltungsbehörden (z.B. Bauaufsichtsbehörde) konkurriert. Nach dem Gesetzeswortlaut ist maßgeblich, dass der Polizei die Abwehr der Gefahr durch eine andere Behörde nicht oder nicht rechtzeitig möglich erscheint. Wichtigster Fall ist die Unaufschiebbarkeit polizeilichen Handelns, weil die andere Behörde nicht zu einem raschen Handeln in der Lage ist (sog. **Eilzuständigkeit der Polizei**). Diese Prüfung der Unaufschiebbarkeit kann jedoch immer dann entfallen, wenn die Polizei von einer Sicherheitsbehörde gem. Art. 9 Abs. 2 POG i.V.m. Art. 10 S. 2 LStVG zu einem Tätigwerden angewiesen worden ist, denn durch die Weisung hat die Sicherheitsbehörde klargestellt, dass nicht sie selbst handeln will, sondern die Polizei handeln soll. Auch fehlende technische Mittel (z.B. bei der Notwendigkeit eines Schusswaffeneinsatzes) oder Sachkunde auf Seiten einer anderen Behörde genügen, damit die Polizei ihre Zuständigkeit annehmen darf. An der für Art. 3 PAG typischen Konkurrenzsituation fehlt es ferner dann, wenn von vornherein klar ist, dass die Sicherheitsbehörde nicht handeln kann, weil ihr hierfür ausreichende gesetzliche Befugnisse fehlen. Als Faustregel kann dabei gelten, dass für die Wahrnehmung der meisten Standardbefugnisse, wie sie die Polizei in Art. 12 ff. PAG besitzt, der Sicherheitsbehörde die gesetzlichen Grundlagen im LStVG fehlen. Ist folglich bei einer Gefahrensituation von vornherein klar, dass als Eingriffsmaßnahmen nur typisierte Handlungen nach Art. 12 ff. PAG in Betracht kommen, kann die Prüfung der Eilzuständigkeit in der Regel entsprechend kurz ausfallen. Wenn allerdings der Polizei ersichtlich ist, dass die andere Behörde über ausreichende Sachkenntnisse, Handlungsmittel und rechtliche Befugnisse verfügt, erstarkt die Aufgabe der Polizei nicht zur sachlichen Zuständigkeit. Die Polizei bleibt dann nur *subsidiär* zuständig, gleichsam in Wartestellung, bis ihr Tätigwerden aufgrund Weisung oder Ersuchens um Vollzugshilfe notwendig wird. Maßgeblicher Zeitpunkt für die Beurteilung der Unaufschiebbarkeit nach Art. 3 PAG ist stets der Zeitpunkt des polizeilichen Einschreitens. Zuständigkeitsfehler nach Art. 3 PAG sind weder nach Art. 45 BayVwVfG heilbar[104] noch nach Art. 46 BayVwVfG unbeachtlich, da die sachliche Zuständigkeit in diesen Normen nicht erwähnt wird.

bb) Besonderheiten im Prüfungsaufbau

88   Die sachliche Zuständigkeit wird beim **bayerischen Aufbau** innerhalb der Aufgabeneröffnung geprüft.[105] Innerhalb der formellen Rechtmäßigkeit sollte nur festgestellt werden, dass die **Polizei im eingeschränkt institutionellen Sinne** gehandelt hat.[106] Darunter versteht man nur die nach außen als Vollzugskräfte in Erscheinung tretenden Angehörigen der besonderen staatlichen Einrichtung (Institution) Polizei, d.h. die uniformierten Vollzugspolizeibeamten, die von ihrem Dienstherrn in ein Amt der beamtenrechtlichen Laufbahn des Polizeivollzugsdienstes ernannt worden sind (Art. 1 PAG). Nicht dazu gehören z.B. Polizeibeamte, die im Verwaltungsdienst tätig sind.

89   Wählt man den **allgemeinen (außerbayerischen) Aufbau,** ist festzustellen, ob die **Polizei im eingeschränkt institutionellen Sinn** gehandelt hat, weil gemäß Art. 1 PAG nur für sie das PAG gilt. Anschließend ist zu prüfen, ob gemäß Art. 2 Abs. 1–4 PAG eine **Aufgabe** der Polizei eröffnet ist. Meist ist hier Art. 2 Abs. 1 PAG einschlägig, der das Vorliegen einer zumindest allgemeinen Gefahr für die öffentliche Sicherheit oder Ordnung verlangt. Die tatbestandliche Prüfung des Art. 2 Abs. 1 PAG beschränkt sich allerdings auf die Feststellung, dass die Polizei, soweit sie ihre Maßnahme auf die im Gutachten vorweg zu nennende Ermächtigungsgrundlage (Befugnisnorm) stützt, auch innerhalb ihres Aufgabenbereichs handelt (Schluss von der Befugnis auf die Aufgabe → Rn. 66). Eine weitergehende Subsumtion würde – methodisch fragwürdig – formelle und materielle Elemente vermischen (i.S.d. ultra-vires-Lehre) und im Übrigen zu einer unnötigen Verdoppelung von Prüfungsschritten (Gefahr, öffentliche Sicherheit etc.) führen. Schließlich muss festgestellt werden, dass es sich um einen **Eilfall** handelt. Generell sind nämlich die Sicherheitsbehörden zur Gefahrenabwehr zuständig (Art. 6 LStVG), es sei denn, sie sind nicht rechtzeitig erreichbar. Dann greift die Eilfallkompetenz der Polizei (Art. 3 PAG).

---

[104] A. A. *Schmidbauer,* in: S/St, PAG, 5. Auflage 2020, Art. 3 Rn. 16.
[105] *Knemeyer,* PolOrdR, 11. Auflage 2007, Rn. 465 ff.
[106] *Knemeyer,* PolOrdR, 11. Auflage 2007, Rn. 435 ff.

b) Örtliche Zuständigkeit

Die örtliche Zuständigkeit ist meist unproblematisch, da nach Art. 3 Abs. 1 POG **90** die Vollzugspolizei im gesamten Staatsgebiet des Freistaates Bayern tätig werden kann. Art. 10 Abs. 2 POG regelt die Zuständigkeit der bayerischen Polizei außerhalb Bayerns.

Die Organisation der Polizei in sachliche und örtliche Dienstbereiche (Art. 3 **91** Abs. 2 und Art. 4–8 POG) hat nichts mit der Zuständigkeit zu tun. Ein Verstoß hiergegen hat nicht die Rechtswidrigkeit der Maßnahme zur Folge.

2. Form

Hier gelten die allgemeinen formellen Vorgaben. Das Verwaltungsverfahren ist **92** gemäß Art. 10 S. 1 HS 1 BayVwVfG generell nicht formgebunden.

Die Begründungspflicht entfällt meist gemäß Art. 39 Abs. 1 BayVwVfG, da polizeiliche Verwaltungsakte in der Regel mündlich oder in anderer Weise erlassen **93** werden. Für die Bekanntgabe gilt Art. 41 BayVwVfG.

3. Verfahren

Das für Maßnahmen der Gefahrenabwehr einzuhaltende Verfahren richtet sich **94** nach der Handlungsform – zum Beispiel Polizeiverfügung (Verwaltungsakt), Zwangsanwendung (Realakt) oder sicherheitsrechtliche Verordnung (Rechtsverordnung) – und den einzelnen Befugnissen, insbesondere bei den Standardmaßnahmen (Art. 12 ff. PAG); ergänzend gelten das (Bay-)VwVfG und das VwZVG.

a) Allgemeine Verfahrensanforderungen (insbesondere: Anhörung)

Von einer Anhörung der gemäß Art. 13 Abs. 1 Nr. 2 BayVwVfG Beteiligten **95** kann nach Art. 28 Abs. 2 Nr. 1 BayVwVfG abgesehen werden, weil bei der polizeilichen Tätigkeit wohl immer eine sofortige Entscheidung wegen Gefahr im Verzug notwendig ist.

b) Polizeirechtsspezifische Verfahrensanforderungen

Polizeirechtsspezifische Verfahrensanforderungen gibt es generell nicht. Einige **96** Standardmaßnahmen enthalten aber gewisse verfahrensrechtliche Vorgaben. So sieht z.B. Art. 18 PAG für bestimmte Fälle des Festhaltens von Personen die unverzügliche Herbeiführung einer **richterlichen Entscheidung** vor. Weitere Verfahrensregeln werden z.B. in Art. 19, 24, 26 Abs. 2, 27 Abs. 2, 3 PAG normiert. Ihre Nichteinhaltung führt zur Rechtswidrigkeit der Maßnahme, sofern die Verfahrensregel sich nicht als bloße Ordnungsvorschrift darstellt (wie bei Art. 19, 24 Abs. 2–5, 26 Abs. 2 PAG).

Bei diesen besonderen Verfahrensanforderungen stellt sich das Problem, dass sie **97** nur für eine bestimmte Standardmaßnahme gelten. Die Einschlägigkeit der Standardmaßnahme wird aber erst innerhalb der materiellen Rechtmäßigkeit geprüft. Konsequenterweise sollten auch die speziellen formellen Erfordernisse erörtert werden, nachdem das Vorliegen der Tatbestandsvoraussetzungen der Befugnisnorm bejaht wurde.[107]

---

[107] *Knemeyer,* PolOrdR, 11. Auflage 2007, Rn. 153.

II. Die materielle Rechtmäßigkeit der Polizeiverfügung

1. Tatbestand: Gefahr für die öffentliche Sicherheit und Ordnung

98   Die polizeirechtliche Generalklausel des Art. 11 PAG nimmt unter den Befugnisnormen des PAG eine zentrale Stellung ein. Dies betrifft weniger die Zahl der
Anwendungsfälle, die auf die Generalklausel gestützt werden, als vielmehr die qualitative Bedeutung als Auffangbefugnis (→ Rn. 73), in der sich die wesentlichen
Rechtsprobleme des Polizeirechts widerspiegeln.

99   Auf der Tatbestandsebene des Art. 11 Abs. 1 PAG kommt es darauf an, ob eine
Gefahr für die polizeilichen Schutzgüter, nämlich die öffentliche Sicherheit und
die öffentliche Ordnung, besteht.[108]

a) Öffentliche Sicherheit

100   Die Gewährleistung der öffentlichen Sicherheit umfasst den Schutz subjektiver
Rechtsgüter und Rechte des Einzelnen, den Schutz der Einrichtungen und Veranstaltungen des Staates und sonstiger Träger von Hoheitsgewalt sowie die Durchsetzung der in der objektiven Rechtsordnung begründeten Verhaltenspflichten.

aa) Individualbezogene Schutzrichtung

101   Die öffentliche Sicherheit hat zunächst eine individualbezogene Schutzrichtung,
die über den Katalog der in Art. 11 Abs. 2 S. 1 Nr. 3 PAG aufgezählten Rechtsgüter
hinausgeht. Es sind von der Polizei alle Individualgüter, wie z. B. Menschenwürde,
Leben, Gesundheit, Freiheit, Ehre, Eigentum und Vermögen zu schützen. Dies sind
vor allem die von den Grundrechten vermittelten Freiheiten und Berechtigungen.

Beispiele: So werden etwa das Eigentum (Art. 14 GG) durch die polizeiliche Räumung be-
setzter Häuser oder die Gesundheit (Art. 2 Abs. 2 S. 1 GG) durch polizeiliches Einschreiten gegen schlafraubenden Partylärm geschützt.

102 Allerdings gehört die Schlichtung (ausschließlich) privater Rechtsstreitigkeiten nur
unter den Voraussetzungen des Art. 2 Abs. 2 PAG zu den Aufgaben der Polizei
(→ Rn. 49).

103   Eine andere Frage ist, ob durch **Selbstgefährdung** von Leben und Gesundheit
(z. B. durch gesundheitsschädigenden unmäßigen Alkoholgenuss; Drachenfliegen;
Bungeejumping) die öffentliche Sicherheit beeinträchtigt wird.[109] Im Prinzip ist
die Verhinderung von ausschließlichen Selbstschädigungen unzulässig, da dem die
grundrechtlich geschützte allgemeine Handlungsfreiheit entgegensteht: Jeder darf
über seine eigenen Rechtsgüter, mit Ausnahme der Menschenwürde, verfügen.
Soweit jedoch durch den Akt der Selbstgefährdung Rechtsgüter dritter Personen
gefährdet werden, besteht eine Gefahr für die öffentliche Sicherheit.[110]

Beispiel: Wer etwa bei Seuchengefahr in einem Fluss badet, könnte nicht nur sich selbst, sondern (nach dem Bad) auch Dritte anstecken.

---

[108] Vgl. zu den Schutzgütern „öffentliche Sicherheit" und „öffentliche Ordnung" mit vielen
Fallbeispielen *Schoch,* Jura 2003, 177 ff.; *Poscher/Rusteberg,* JuS 2011, 984 (985).
[109] Gute Beispielsfälle finden sich hierzu bei *Seidl/Heuer,* VR 2011, 423; *Seidl/Kuhls,* VR 2012,
165.
[110] Vgl. auch *Wagner,* DÖV 2011, 234.

Entspricht es einem freiheitlichen Menschenbild, den Bürger nicht vor autonom **104** verantworteter Selbstgefährdung und Selbstschädigung durch staatliches Eingreifen zwangsweise zu schützen, so wird doch bei **drohendem Selbstmord** dieser Bereich autonomen Verfügens über die eigene Persönlichkeit verlassen und die öffentliche Sicherheit gefährdet. Denn es ist immer damit zu rechnen, dass der Selbstmordgefährdete in einer psychischen Ausnahmesituation nicht voll zurechnungsfähig ist und damit keine autonome Entscheidung getroffen hat. Aus der Wertentscheidung des Art. 1 Abs. 1 i. V. m. Art. 2 Abs. 2 GG folgt letztlich die Aufgabe des Staates, menschliches Leben zu schützen.[111] Dementsprechend erlaubt z. B. Art. 17 Abs. 1 Nr. 1 PAG die Ingewahrsamnahme und Art. 82 Nr. 3 PAG die Fesselung bei drohendem Selbstmord.

bb) Gemeinschaftsbezogene Schutzrichtung

Die gemeinschaftsbezogene Schutzrichtung der öffentlichen Sicherheit umfasst **105** die **Einrichtungen des Staates** (etwa Volksvertretungen, Gerichte, staatliche Behörden, Selbstverwaltungskörperschaften, öffentliche Anstalten) in ihrem **Bestand** und ihrer **Funktionsfähigkeit.**

Beispiele: Schutz von Gelöbnissen oder Staatsbesuchen gegenüber Störungen[112]; auch die Blockade einer Behörde, die Warnung vor einer Radarkontrolle der Polizei[113] oder die heimliche Aufnahme von Gesprächen mit Polizeibeamten mittels einer Handy-Applikation[114] verletzen die öffentliche Sicherheit.

Geschützt werden weiterhin die **kollektiven Rechtsgüter,** wie z. B. die öffent- **106** liche Wasserversorgung, Natur und Landschaft, deren Schutz mit Rücksicht auf das „Leben in der staatlich organisierten Gemeinschaft" geboten ist.

Vor allem aber fordert die gemeinschaftsbezogene Schutzrichtung der öffentli- **107** chen Sicherheit die Verhütung und vorbeugende **Bekämpfung von Straftaten** und Ordnungswidrigkeiten.[115] Diesen Grundsatz bringt Art. 11 Abs. 2 S. 1 Nr. 1 PAG deutlich zum Ausdruck. Jeder (drohende) Verstoß gegen Verhaltenspflichten, die sich aus Normen des Straf- oder Ordnungswidrigkeitenrechts ergeben, gefährdet die öffentliche Sicherheit und kann durch Vollstreckung einer auf die Generalklausel gestützten Verbots- oder Gebotsverfügung unterbunden werden.

Beispiele: Die öffentliche Sicherheit wird durch das Beschmieren von Hausfassaden (§ 303 StGB), durch Hausbesetzungen (§ 123 StGB) oder durch Beleidigungen eines ausländischen Staatsoberhaupts (§ 103 StGB) gestört.

Hierbei kommt es für ein polizeiliches Einschreiten weder auf die Erfüllung des **108** subjektiven Tatbestandes noch auf das Vorliegen eines Strafantrages (vgl. §§ 123 Abs. 2, 104a, 303c StGB) an, vielmehr genügt ein objektiv tatbestandsmäßiges Verhalten. Allerdings sind die Straftatbestände des StGB mit Rücksicht auf die grund-

---

[111] BayVerfGH, BayVBl. 1989, 205; *Rixen,* in: Sachs, GG, 9. Auflage 2021, Art. 2 Rn. 188 f.; *Drews/Wacke/Vogel/Martens,* GefAbw, 9. Auflage 1986, S. 230.

[112] BVerfG, NJW 2007, 2167, allerdings mit der Einschränkung, dass die bloße Befürchtung der Belastung auswärtiger Beziehungen nicht ausreicht.

[113] OVG Münster, NJW 1997, 1596; a. A. *Schenke,* POR, 11. Auflage 2021, Rn. 65; vgl. auch die Examensklausur von *Jahndorf,* NWVBl. 1999, 317 ff. und die Semesterabschlussklausur von *Hartmann,* JuS 2008, 984 ff.

[114] Siehe hierzu *Seidl/Hofmann,* Die Polizei 2014, 215.

[115] Ein lesenswerter Beispielsfall, der den Polizeieinsatz bei Verstoß gegen die StVO thematisiert, findet sich bei *Seidl/Starnecker,* VR 2013, 347.

rechtlichen Gewährleistungen mitunter restriktiv auszulegen; dies kann dazu führen, dass bei grundrechtskonformer Auslegung entweder bereits tatbestandlich keine Gefahr vorliegt oder auf der Rechtsfolgenseite eine grundrechtliche Begrenzung der polizeirechtlichen Eingriffsbefugnisse zu erwägen ist.

> **Beispiel:** Nach Bekanntwerden der „Kruzifix-Entscheidung" des BVerfG führt eine Gruppe,
> die sich selbst „Anti-Christen" nennt, spontan ein Straßentheater auf, in dem Kruzifixe, die zu
> einem Scheiterhaufen geschichtet sind, verbrannt werden. Der hinzukommende Polizeibeamte P
> fordert die Mitwirkenden zum sofortigen Stopp der Veranstaltung auf. Zwar sei das Feuer für sich
> ungefährlich, jedoch müsse eine Straftat nach § 166 StGB (Beschimpfung des religiösen Be-
> kenntnisses anderer) unterbunden werden. Hier ist zu prüfen, ob die Kunstfreiheit des Art. 5
> Abs. 3 GG nicht zu einer einschränkenden Auslegung des § 166 StGB und damit der polizeili-
> chen Generalklausel führen muss. Dabei ist eine Abwägung zwischen der Kunstfreiheit des Ver-
> anstalters und dem durch § 166 StGB geschützten öffentlichen Frieden durchzuführen, der in
> engem Zusammenhang mit den grundrechtlichen Gewährleistungen des Art. 4 GG steht. Erfor-
> derlich ist ein verhältnismäßiger Ausgleich (Stichwort „praktische Konkordanz") zwischen ge-
> genläufigen Grundrechtsgewährleistungen sowie verfassungsrechtlich geschützten Gütern.

109   Nicht zuletzt kann die Generalklausel auch der Durchsetzung nicht strafbewehr-
ter oder bußgeldbewehrter **öffentlich-rechtlicher Gebots- und Verbotsnor-
men** und der auf ihrer Grundlage begründeten Verhaltenspflichten dienen.

b) Öffentliche Ordnung

110   Die öffentliche Ordnung als zweites Schutzgut der Generalklausel umfasst alle
jene Regeln, „deren Befolgung nach den jeweils herrschenden sozialen und ethischen Anschauungen als unentbehrliche Voraussetzung für ein gedeihliches Mitein-
anderleben der innerhalb eines Polizeibezirks wohnenden Menschen angesehen
wird"[116]. Hierbei handelt es sich um **Regeln der Sitte und Moral,** nicht um
Rechtsnormen. Allerdings besteht anders als noch in der ersten Hälfte des
20. Jahrhunderts heute kaum mehr Anlass, Gefahren für die öffentliche Ordnung
durch Polizeiverfügung abzuwenden. Dies liegt zum einen daran, dass die Verhaltenspflichten des Bürgers in vielfältiger Weise durch Rechtsnormen geregelt sind
und deshalb unter das Schutzgut der öffentlichen Sicherheit fallen. Insbesondere
die §§ 116 ff. OWiG decken einen weiten Bereich der in Frage kommenden Fallkonstellationen ab, wobei sich die Problematik gerade im Fall des § 118 Abs. 1
OWiG nur verschiebt, denn der Begriff der öffentlichen Ordnung findet auch in
dieser Norm Verwendung. Zum anderen gibt es im modernen pluralistischen Staat,
der gegenüber Andersdenkenden und abweichenden Verhaltensweisen weitgehend
tolerant ist, kaum mehr einheitliche oder auch nur regionale Sitten- und Moralvorstellungen, deren Einhaltung für ein gedeihliches Zusammenleben unerlässlich
erscheint. Dabei hat sich vor allem auch die Toleranzgrenze im Bereich der Sexu-
almoral in den letzten Jahrzehnten grundlegend verschoben, so dass die Polizei insoweit kaum mehr veranlasst sein kann, zum Schutz der öffentlichen Ordnung einzugreifen. Moralvorstellungen unterliegen jedoch, wie gerade dieses Beispiel zeigt,
einem ständigen Wandel, so dass auch einst tot geglaubte Werte in neuem Gewand
oder scheinbar neue Werte zu allgemeiner sozialer Anerkennung gelangen können.
Der Begriff der öffentlichen Ordnung ist daher sicherlich nicht obsolet geworden,
jedoch muss er mit größter Zurückhaltung angewendet werden, damit das allgemein geltende Gesetz nicht zur Durchsetzung rein partikularer Wertvorstellungen

---

[116] BayVerfGH 4, 194 ff.; *Drews/Wacke/Vogel/Martens,* GefAbw, 9. Auflage 1986, S. 245.

dient. Auch die Rechtfertigung als **„Kompetenzreserve"** in dem Sinne, dass die öffentliche Ordnung Sachverhalte regeln soll, die der Gesetzgeber noch nicht aufgreifen konnte (Beispiel: Laserdrom[117]), begegnet rechtsstaatlichen Bedenken (Gewaltenteilung, Vorbehalt des Gesetzes).

c) Gefahr

Das Einschreiten der Polizei nach Art. 11 Abs. 1 u. 2 PAG (wie auch nach den meisten anderen Befugnisnormen) setzt das Vorhandensein einer „im einzelnen Fall bestehenden Gefahr" voraus.[118] Dabei ist eine solche konkrete Gefahr eine Sachlage, die bei „ungehindertem Ablauf des objektiv zu erwartenden Geschehens im Einzelfall mit hinreichender Wahrscheinlichkeit zu einer Verletzung von Schutzgütern der öffentlichen Sicherheit oder Ordnung führt" (Art. 11 Abs. 1 S. 2 PAG). Diese seit 1.08.2021 neu gefasste und im Gesetz verankerte Legaldefinition der konkreten Gefahr deckt sich im Wesentlichen mit der bisherigen Auffassung zur konkreten Gefahr. Schon bisher lag eine konkrete Gefahr vor, wenn bei ungehindertem, objektiv zu erwartendem Geschehensablauf mit hinreichender Wahrscheinlichkeit ein Schaden eintreten kann. Diese Formel enthält mehrere – recht unterschiedliche – **Elemente:** Das Merkmal „Schaden" (aa.) verknüpft den Gefahrenbegriff mit den Schutzgütern der Generalklausel und ist gleichzusetzen mit einer Verletzung dieser Schutzgüter.[119] Es zeigt zugleich die Funktion der polizeilichen Befugnis: Gefahrenabwehr ist Schadensabwehr (Schäden sollen vermieden oder wenigstens in ihrem Ausmaß gering gehalten werden).. Im Mittelpunkt des Gefahrenbegriffs steht die „hinreichende Wahrscheinlichkeit" des Schadens aufgrund des erwarteten Geschehensablaufs und damit sein Prognosecharakter; das Wahrscheinlichkeitsurteil mündet in eine wertend-abwägende Entscheidung (bb.–cc.).

aa) Schaden (in Abgrenzung zu bloßer Unannehmlichkeit)

Schaden im polizeirechtlichen Sinne bedeutet, dass eines oder mehrere der durch die Generalklausel geschützten Schutzgüter der öffentlichen Sicherheit oder Ordnung verletzt bzw. in ihrem Bestand gemindert werden. Dies geht über die aus § 823 BGB bekannten materiellen (Sachschäden, Gesundheitsschäden etc.) und immateriellen Schäden (etwa bei Ehrverletzungen) weit hinaus und meint – wegen der Weite des Begriffs der öffentlichen Sicherheit – letztlich (fast) jeden Gesetzesverstoß. Wenn man von der Subsidiarität polizeilichen Handelns im Zivilrecht (→ Rn. 49) einmal absieht, müssen die polizeilich relevanten Schutzgutverletzungen noch von bloßen Belästigungen oder Unbequemlichkeiten abgegrenzt werden.

Beispiele: Ein übel riechender Komposthaufen oder ein qualmender Grill im Nachbargarten.

---

[117] Hierzu *Heckmann,* JuS 1999, 986 ff. (Laserdrom-Fall aus Examenstermin 1997/II); *Jestaedt,* Jura 2006, 127 ff.; zur Frage, ob Paintball gegen die öffentliche Ordnung bzw. gegen die Menschenwürde verstößt, VGH München, DVBl. 2013, 525.

[118] Zur abnehmenden bzw. gewandelten Bedeutung des Gefahrenbegriffs im modernen Polizeirecht vgl. u. a. *Kugelmann,* DÖV 2003, 781 ff. sowie *Trute,* Die Verwaltung 2003, 501. Allgemein zum Gefahrenbegriff: *Voßkuhle,* JuS 2007, 908 ff.; *Poscher/Rusteberg,* JuS 2011, 984.

[119] *Holzner* in: BeckOK Polizei- und Sicherheitsrecht Bayern, Möstl/Schwabenbauer, 16. Edition, Art. 11 PAG Rn. 21.

113   Bloße Belästigungen oder Unbequemlichkeiten sind dadurch gekennzeichnet, dass sie nur einen geringeren Grad der Beeinträchtigung der „Normallage" zur Folge haben, welche durch den Schutz der öffentlichen Sicherheit und Ordnung gewährleistet werden soll. Bei einer Abgrenzung zwischen bloßen Belästigungen oder Unbequemlichkeiten einerseits und Schäden andererseits ist auf die jeweilige Situation, z. B. auf den Ort und die Tageszeit, auf die Intensität der Geräuscheinwirkungen oder Geruchsimmissionen etc. abzustellen.

> **Beispiel:** Hundegebell kann tagsüber bloße Belästigung, zur Nachtzeit aber gesundheitsgefährdend sein.

114   Welches Verhalten die **Gefahrengrenze** überschreitet, ist anhand objektiver Kriterien, nicht aufgrund der besonderen Empfindlichkeit eines Betroffenen (z. B. Übernervosität) zu ermitteln. Aufgrund spezialgesetzlicher Regelung können ggf. auch (erhebliche) Belästigungen für die Allgemeinheit oder den Einzelnen unterbunden werden (§ 5 Abs. 1 Nr. 1 BImSchG; § 1 Abs. 2 StVO).

bb) Gefahrenformen (nach Schadensnähe und Schadenshöhe)

115   Es gibt nicht „die" Gefahr. Je nachdem, wie nahe der Schadenseintritt ist, oder auch, welcher Schaden droht, lassen sich unterschiedliche Gefahrenformen unterscheiden.

116   Soweit die Befugnisnorm von einer „im einzelnen Fall bestehenden Gefahr" (Art. 11 Abs. 1 PAG), oder auch ohne Zusatz nur von „Gefahr" spricht (wie bei vielen Standardbefugnissen), meint dies im Sinne der zur Generalklausel entwickelten Formel und des darauf beruhenden Art. 11 Abs. 1 S. 2 PAG einen mit hinreichender Wahrscheinlichkeit erwarteten Schadenseintritt. Man spricht hier von einer **konkreten Gefahr.**

> **Beispiel:** Nach einem Sturm hängt ein halb abgeknickter Baum über einer verkehrsreichen Straße. Mit seinem vollständigen Umkippen auf die Straße ist innerhalb der nächsten Zeit zu rechnen.

117   Eine konkrete Gefahr liegt auch dann noch vor, wenn eine Störung der öffentlichen Sicherheit oder Ordnung bereits eingetreten ist, aber noch andauert, oder wenn sich der vollendete Schadenseintritt auf weitere Rechtsgüter auswirken kann. Hier kann notfalls durch Zwangsmaßnahmen eine Fortsetzung des störenden Verhaltens unterbunden oder die Beseitigung eines störenden Zustandes durchgesetzt werden.

> **Beispiel:** Die Polizei trennt bei einer Wirtshausschlägerei die Kontrahenten. Die Straftaten nach § 223 StGB wurden bereits verwirklicht, verhindert werden soll die Fortsetzung der Taten. – Eine Hauswand wurde mit Nazi-Parolen beschmiert (Tatvollendung). Mit einer Nachahmung an anderen Häusern muss gerechnet werden, so dass die Polizei auch aus präventiven Gründen dem Hauseigentümer (als Zustandsstörer → Rn. 175 ff.) die Säuberung der Wand aufgibt.

118   Von der konkreten Gefahr in Art. 11 Abs. 1 PAG zu unterscheiden sind weitere Formen der Gefahr, an die das PAG in verschiedenen anderen Vorschriften anknüpft oder die im Sicherheitsrecht üblicherweise verwendet werden. Begriffliches Gegenstück zur konkreten Gefahr ist die **abstrakte Gefahr.** Sie liegt vor, wenn die generell-abstrakte Betrachtung für bestimmte denkbare Verhaltensweisen zu dem Ergebnis führt, dass mit hinreichender Wahrscheinlichkeit ein Schaden einzutreten pflegt. Die abstrakte Gefahr ist daher stets eine nur gedachte Gefahr, deren Verwirklichung aufgrund bestehenden Erfahrungswissens typischerweise eintreten kann.

Beispiel: Eine abstrakte Gefahr ist im Winter bei vereisten Flüssen und Seen gegeben. Die Eisdecke kann nicht stark genug sein, so dass Personen, die die Eisfläche betreten, einbrechen können. Konkret wird diese Gefahr dann, wenn sich ein Mensch auf eine dünne Eisfläche hinauswagt.

Die Polizei hat weder aufgrund der Generalklausel noch aufgrund der Standardbefugnisse nach Art. 12 ff. PAG eine Befugnis, bei abstrakten Gefahren in Rechte des Bürgers einzugreifen. Ihr bleibt nur die Möglichkeit, aufgrund der Aufgabeneröffnung nach Art. 2 Abs. 1 PAG Maßnahmen der Gefahrenvorbeugung (z. B. durch Streifenfahrten, Kontrollgänge oder Warnhinweise) zu betreiben, die nicht Rechte des Einzelnen beeinträchtigen. Dies unterscheidet die Polizei von den Sicherheitsbehörden (→ Rn. 479), die im LStVG auch zur Abwehr abstrakter Gefahren mit dem Mittel der Verordnung (→ Rn. 499 ff.) ermächtigt werden.   **119**

Umstritten ist insoweit, ob der Begriff der abstrakten Gefahr von der **allgemeinen Gefahr,** wie sie in Art. 2 Abs. 1 PAG erwähnt wird, unterschieden werden muss.[120] Im Ergebnis ist die Unterscheidung aber abzulehnen, denn es handelt sich hier nur um einen begrifflichen, nicht um einen sachlichen Streit.[121] Terminologisch sollte aber die herkömmliche Begriffszuordnung (allgemeine Gefahr bei polizeilicher Gefahrenvorbeugung/abstrakte Gefahr bei sicherheitsrechtlichen Verordnungen) eingehalten werden.   **120**

In Reaktion auf das Urteil des Bundesverfassungsgerichts zum BKAG[122] hat der bayerische Gesetzgeber mit dem Gesetz zur effektiveren Überwachung gefährlicher Personen[123] vom 24.7.2017 eine neue Kategorie der Gefahr schaffen. So soll es der Polizei dadurch in Ausnahmesituationen ermöglicht werden, möglichst früh in Kausalverläufe eingreifen zu dürfen, um bereits das Entstehen von Gefahren verhindern zu können, ohne auf die Sachverhaltsaufklärung beschränkt zu sein.[124] Adressiert sind vor allem Vorbereitungs- und Planungshandlungen.[125] Seit Inkrafttreten der neuesten PAG-Novelle 2021 am 1.8.2021 sind die Befugnisse bei der „**drohenden Gefahr**" nunmehr ausführlich in einem eigenen Art. 11a PAG (Allgemeine Befugnisse bei drohender Gefahr) geregelt. Dadurch soll die wesentliche Stellung der konkreten Gefahr nach Art. 11 PAG hervorgehoben und die Transparenz verbessert werden.[126] Als weitere Generalklausel bleibt Art. 11a PAG neben Art. 11 PAG subsidiär gegenüber allen Standardbefugnissen. Dabei stellt Abs. 1 klar, dass Art. 11a PAG nur angewendet wird, wenn die Voraussetzungen der allgemeinen Standardklausel nach Art. 11 PAG nicht vorliegen, sodass auch das Verhältnis der Generalklauseln untereinander geregelt wird und Art. 11a PAG nur geprüft und angewendet werden darf, wenn zuvor eine konkrete Gefahr geprüft und abgelehnt wurde.[127] Eine drohende Gefahr ist anzunehmen, wenn im Einzelfall entweder das individuelle Verhalten einer Person die konkrete Wahrscheinlichkeit begründet (Art. 11a Abs. 1 Nr. 1 PAG) oder Vorbereitungshandlungen für sich oder zusammen mit weiteren bestimmten Tatsachen den Schluss auf ein seiner Art nach   **120a**

---

[120] Für eine Unterscheidung *Knemeyer,* PolOrdR, 11. Auflage 2007, Rn. 91.
[121] *Schmidbauer,* in: S/St, PAG, 5. Auflage 2020, Art. 11 Rn. 69 ff.
[122] BVerfG NJW 2016, 1781.
[123] LT-Drs. 17/16299.
[124] LT-Drs. 17/16299, S. 10.
[125] Für Beispiele s. LT-Drs. 17/16299, S. 10.
[126] LT-Drs. 18/13716, S. 1 f., 21 ff.
[127] LT-Drs. 18/13716, S. 21.

konkretisiertes Geschehen zulassen (Art. 11a Abs. 1 Nr. 2 PAG), wonach in absehbarer Zeit Angriffe von erheblicher Intensität oder Auswirkung zu erwarten sind, soweit nicht Regelungen nach den Art. 12 ff. PAG bestehen. Die bereits bestehenden Befugnisse der Polizei wurden hierdurch nicht angetastet; es handelt sich mithin um eine bloße Erweiterung der Befugnisse.[128] Zu nennen sind an dieser Stelle die Identitätsprüfung (Art. 13 Abs. 1 PAG), die Vorladung (Art. 15 Abs. 3 PAG), der Platzverweis (Art. 16 S. 1 PAG), der Gewahrsam (Art. 17 Abs. 1 PAG), die Durchsuchung von Personen (Art. 21 Abs. 1 PAG) oder die Sicherstellung (Art. 25 Abs. 1 PAG), die zum Teil unter zusätzlichen Voraussetzungen auf die drohende Gefahr erstreckt werden können.

Neben den genannten Befugnissen regelt Art. 11a Abs. 1 PAG, dass die Polizei, solange die Voraussetzungen des Art. 11 Abs. 1 und 2 PAG nicht vorliegen, die notwendigen Maßnahmen treffen kann, um den Sachverhalt aufzuklären und die Entstehung einer Gefahr für ein besonderes Rechtsgut zu verhindern, wenn eine drohende Gefahr vorliegt. Was bedeutende Rechtsgüter sind, definiert Art. 11a Abs. 2 PAG. Hierunter fallen der Bestand oder die Sicherheit des Bundes oder eines Landes (Nr. 1), Leben, Gesundheit oder Freiheit (Nr. 2), die sexuelle Selbstbestimmung, soweit sie durch Straftatbestände geschützt ist, die im Mindestmaß mit wenigstens drei Monaten Freiheitsstrafe bedroht sind (Nr. 3), oder Anlagen der kritischen Infrastruktur sowie Kulturgüter von mindestens überregionalem Rang (Nr. 4). Wie zu erkennen ist, soll anders als in Art. 11 Abs. 1 und 2 PAG die Gefahr erst gar nicht zur Entstehung gelangen.

121   Die **gegenwärtige Gefahr** ist eine Unterform der konkreten Gefahr (z. B. Art. 10 Abs. 1 Nr. 1; 23 Abs. 1, Abs. 2; 25 Nr. 1 PAG). Sie liegt vor, wenn die Einwirkung des schädigenden Ereignisses entweder in allernächster Zeit mit an Sicherheit grenzender Wahrscheinlichkeit bevorsteht, unmittelbar bevorsteht oder bereits begonnen hat.

Beispiel: In Folge eines Sturms hängt ein halb abgeknickter Baum über einer verkehrsreichen Straße. Aufgrund seiner Instabilität und des weiterhin stürmischen Wetters ist damit zu rechnen, dass der Baum innerhalb der nächsten Stunden auf die Straße kippt.

122   Das Gesetz verlangt also eine stärkere zeitliche Nähe des Gefahreintritts als im Normalfall, um hieran spezifische Eingriffsbefugnisse zu knüpfen.

123   Einen allein zeitlichen Aspekt hat auch der Begriff der **„Gefahr im Verzug"**, der in Art. 24 Abs. 1 S. 1 und Art. 41 Abs. 4 S. 1 PAG Verwendung findet. Gemeint ist damit, dass die vorgeschriebene Einschaltung eines Richters oder einer Behörde nicht mehr rechtzeitig möglich ist, bevor der zu erwartende Schaden eintritt.

124   Polizeirechtlich irrelevant ist schließlich die **latente Gefahr,** die sich erst künftig durch Hinzutreten weiterer, zumeist ungewisser Umstände realisieren kann und somit weder eine abstrakte noch eine konkrete Gefahr bildet. Der damit verbundenen Problematik kommt praktische Bedeutung nur im Planungs- und Umweltrecht zu (→ 4. Teil, Rn. 178 ff.).

Beispiel: Über einen Zeitraum von mehreren Jahren rückt die Wohnbebauung an eine Schweinemästerei heran, was einen immissionsschutzrechtlichen Konflikt auslöst.

125   Nicht die Schadensnähe, sondern die Schadenshöhe bestimmt den Begriff der **erheblichen Gefahr.** Hier wird die Wertigkeit des Schadens zum Ausdruck ge-

---

[128] Zur Novelle von 2017: LT-Drs. 17/16299, S. 10.

bracht. Der Begriff findet in Art. 10 Abs. 1 Nr. 1 PAG Verwendung, um klarzustellen, dass bedeutsame Rechtsgüter wie Leben, Gesundheit, Freiheit, Eigentum und Vermögen von größerem Wert oder gemeinschaftsbezogene Rechtsgüter gefährdet sein müssen. Auch der von Art. 23 Abs. 3 PAG verwendete Begriff der **dringenden Gefahr** für ein bedeutendes Rechtsgut (Art. 11a Abs. 2 PAG) bezieht sich nicht ausschließlich auf die zeitliche Nähe, sondern auf das „Ausmaß und die Wahrscheinlichkeit des zu erwarteten Schadens".[129] Dringende Gefahr ist daher i.W. gleichbedeutend mit erheblicher Gefahr.[130]

cc) Prognose und Bewertung

Unabhängig davon, ob der Schaden kurz bevorsteht oder noch auf sich warten **126** lässt, ob ein kleinerer oder größerer Schaden droht: Stets hat die Polizei die Möglichkeit eines Schadenseintritts sorgfältig *vor* der Entscheidung über ihr Einschreiten zu prüfen. Erforderlich ist die Prognose des zukünftigen hypothetischen Geschehensablaufs, um beurteilen zu können, ob eine zu einem Schaden führende Situation wahrscheinlich ist. Grundlage dieser Gefahrenprognose müssen ausreichende tatsächliche Anhaltspunkte, Erfahrungen des täglichen Lebens, das Erfahrungswissen der Polizei oder wissenschaftliche und technische Erkenntnisse sein.[131]

Ergeben die Ermittlungen (oder im Eilfall auch die ad-hoc-Erkenntnisse) sachli- **127** che Anhaltspunkte für eine Gefahr, muss nun entschieden werden, ob auch eine *hinreichende* **Wahrscheinlichkeit** für den Schadenseintritt besteht. Diese Entscheidung lässt sich aus dem ermittelten Kausalverlauf nicht einfach „ablesen", sondern ist Folge einer normativ geprägten Abwägung. In diese werden die Bedeutung des gefährdeten Rechtsguts bzw. der mögliche Umfang des Schadens einerseits und die Wahrscheinlichkeit des Schadenseintritts andererseits eingestellt. Maßgeblich für den Ausgang der Abwägung ist gemäß der sog. **Je-desto-Formel** die umgekehrte Relation zwischen Schadensrisiko und gefährdetem Rechtsgut: Je höher der Rang des gefährdeten Rechtsguts oder das Ausmaß des drohenden Schadens ist, desto geringere Anforderungen sind an die Wahrscheinlichkeit des Schadenseintritts zu stellen. Diese Folgerung aus dem verfassungsrechtlichen Verhältnismäßigkeitsprinzip lässt sich auch umkehren: An die Wahrscheinlichkeit des Schadenseintritts sind umso höhere Anforderungen zu stellen, je weniger folgenschwer der möglicherweise eintretende Schaden ist.

Beispiel: Die Polizei erhält einen anonymen Anruf, in einem bestimmten Kaufhaus der Großstadt G sei eine Bombe deponiert, die in wenigen Minuten explodieren werde.

Aufgrund eines anonymen Anrufs besteht in aller Regel kein ausreichender **128** sachlicher Anhaltspunkt, dass es zu dem schädigenden Ereignis kommen wird. Jedoch ist der Schadenseintritt nicht mit Sicherheit auszuschließen. Daher liegt z.B.

---

[129] So das OLG München, Beschluss v. 25.9.2019 – 34 Ex 284/19, BeckRS 2019, 23869, Rn. 26 in Bezug auf die Definition des BVerfG in der BKAG-Entscheidung; vgl. auch *Schwabenbauer* in: BeckOK Polizei- und Sicherheitsrecht Bayern, Möstl/Schwabenbauer, 16. Edition, Art. 23 Rn. 70.

[130] So i.E. wohl auch *Schmidbauer* in: S/St, PAG, 5. Auflage 2020, Art. 11 Rn. 80 f., soweit die dringende Gefahr für ein bedeutendes Rechtsgut vorliegen muss.

[131] Zu den Anforderungen an die Tatsachenfeststellungen vgl. VG Lüneburg, NJW 2006, 3299 ff.

bei Bombendrohungen eine Gefahr vor, denn das Leben vieler Menschen kann bedroht sein.

dd) Die Rechtslage bei defizitärer Tatsachenbasis: Gefahrenverdacht

129 Es gibt Fälle, in denen die Polizei eine Entscheidung treffen muss, obwohl noch Ermittlungsbedarf besteht. Aus ihrer Sicht ist nicht ohne weitere Ermittlungen erkennbar, ob wirklich eine gefährliche Situation oder Störung eingetreten ist bzw. eintreten wird. Man spricht hier von einem „bloßen" **Gefahrenverdacht.**

> **Beispiel:** Ein Kind wird mit Vergiftungssymptomen in ein Krankenhaus gebracht. Die Eltern geben an, das Kind habe kurz zuvor ein Softeis verzehrt, das an einem Verkaufsstand in der Altstadt erworben wurde. Der behandelnde Arzt gibt gegenüber dem herbeigerufenen Polizisten P an, eine Salmonellenvergiftung sei „im Bereich des Möglichen", genauso aber auch eine Vielzahl anderer Krankheiten. Näheres könnten erst die Laborwerte ergeben. P möchte nicht warten, sondern einen sofortigen Verkaufsstopp veranlassen.

130 Angesichts der Beurteilungs- und Prognoseunsicherheiten im täglichen Leben liegt ein Gefahrenverdacht rasch vor und meist sind die Übergänge vom Verdacht zur konkreten Gefahr fließend. Daher wäre es verfehlt, starr zwischen Gefahrenverdacht und Gefahr zu unterscheiden. Aus Gründen des effektiven Rechtsgüterschutzes muss auch ein sachlich fundierter Gefahrenverdacht genügen, um eine Handlungsbefugnis der Polizei auszulösen. Trotz Prognoseunsicherheit ist daher die „Gefahrenschwelle" erreicht, wenn das möglicherweise gefährdete Rechtsgut von entsprechend hoher Bedeutung ist. In der Sache handelt es sich um das oben bereits beschriebene Verhältnis zwischen Wahrscheinlichkeitsgrad der Schadensentwicklung und Bedeutung des Rechtsguts (Je-desto-Formel).

> **Beispiel:** Im „Softeis-Fall" drohen erhebliche Gesundheitsschäden, so dass schon bei wenigen Anhaltspunkten (wie dem Krankheitsbild des Kindes) von einer „hinreichenden" Wahrscheinlichkeit des Zusammenhangs von Eisverzehr und Vergiftung ausgegangen werden kann.

131 Der maßgebliche Unterschied zwischen Gefahr und Gefahrenverdacht liegt allerdings auf der Rechtsfolgenseite. Das Verhältnismäßigkeitsgebot verlangt, nur solche Maßnahmen zu ergreifen, die angesichts des konkreten Gefahrenverdachts geeignet, erforderlich und angemessen sind. Beim typischen Gefahrenverdacht können daher zum einen Gefahrerforschungsmaßnahmen getroffen werden, um zu ermitteln, ob und ggf. in welchem Umfang tatsächlich eine Gefahr für die öffentliche Sicherheit vorliegt.

> **Beispiel:** Der Polizei ist bekannt geworden, in einem Unternehmen der Bio- und Gentechnologie sei es nach einem Unfall zum Austritt verschiedener gentechnisch veränderter Organismen gekommen. Informationen über Ausmaß und Gefährlichkeit gibt es nicht. Die Polizei ordnet daher zunächst die Entnahme von Pflanzenproben auf dem umliegenden Gelände an.

132 Ferner darf die Polizei vorbeugende Sicherungsmaßnahmen anordnen, um – trotz Prognoseunsicherheit über das Ausmaß der Gefahr – den potentiellen Gefahrenherd einzudämmen.

> **Beispiel:** Im obigen Fall des Austritts gentechnisch veränderter Organismen ordnet die Polizei zusätzlich eine Abdichtung des Raumes an, aus dem die Organismen ausgetreten sein könnten.

133 Hingegen sind über **Gefahrerforschungseingriffe** und Sicherungsmaßnahmen hinausgehende Anordnungen sorgfältig auf ihre rechtliche Zulässigkeit im Einzelfall, vor allem im Lichte des Verhältnismäßigkeitsprinzips, zu prüfen. Mildere Mittel wie etwa die Befristung eines Verbotes sind vorrangig zu ergreifen.

Beispiel: Im „Softeis-Fall" wäre ein Verkaufsverbot keine bloße Sicherungsmaßnahme, sondern ein für die Zeit seines Bestehens endgültiger Grundrechtseingriff. Dieser kann aber abgemildert werden, wenn das Verbot bei Vorliegen der Laborwerte und Widerlegung des Verdachts unverzüglich aufgehoben wird.

Von den Fällen des Gefahrenverdachts zu unterscheiden sind die Fälle, in denen **134** eine Gefahr bereits vorliegt, jedoch der Verantwortliche nicht bekannt ist. Die Polizei kann hier auf der Grundlage der Generalklausel den Verantwortlichen ermitteln, wenn zu erwarten ist, dass erst der Verantwortliche wirksam für die Beseitigung der Gefahr sorgen kann oder ein Kostentragungspflichtiger festgestellt werden muss.

Beispiel: Der Polizei/Sicherheitsbehörde ist bekannt, dass in einem ehemaligen Industriegebiet auf mehreren Grundstücken angerostete Öltanks im Boden lagern. Eine Verunreinigung des Grundwassers mit Öl ist in diesem Bereich bereits festgestellt worden, jedoch steht nicht fest, ob und welche Öltanks tatsächlich undicht sind. Durch einen Störererforschungseingriff (Aufgrabung an Ort und Stelle) kann Klarheit darüber gewonnen werden, welche Öltanks tatsächlich undicht sind.

ee) Die Rechtslage bei fehlerhafter Prognose: Putativgefahr und Anscheinsgefahr

Prognoseentscheidungen sind von ihrer Natur her mit – zum Teil erheblicher – **135** Unsicherheit behaftet. Stets muss sich die Polizei fragen, ob alle wesentlichen Anhaltspunkte, die die Prognoseentscheidung stützen, erkannt und zutreffend bewertet worden sind. Oft stellt sich aber erst nach dem Eingreifen der Polizei heraus, ob tatsächlich eine Gefahr vorlag. Würde man die Rechtmäßigkeit einer polizeilichen Maßnahme immer an diesem Wissensstand messen (**ex-post-Beurteilung**), hätte die Polizei das Risiko einer Fehlprognose zu tragen (z.B. Schadensersatz wegen Amtspflichtverletzung zu leisten). Dies erscheint nicht nur ungerecht, sondern auch vor dem Hintergrund der Staatsaufgabe Gefahrenabwehr kontraproduktiv. Intuitiv wäre mancher Polizeibeamte geneigt, Sachverhalte so weit aufzuklären, dass höchstens ein kleines Restrisiko der Fehleinschätzung bleibt. Dann aber könnte die Polizei den zeitlichen Vorsprung sofortiger Maßnahmen einbüßen: So manche Gefahr würde sich realisieren, bevor Abwehrmaßnahmen greifen. Aus diesem Grunde ist es allgemein anerkannt, dass auch bei der nachträglichen Rechtmäßigkeitskontrolle (insbesondere bei verwaltungsgerichtlichen Klagen Betroffener) nicht der höhere Wissensstand aus der Zeit nach dem Eingriff zugrunde gelegt wird, sondern die sorgfältige Prognoseentscheidung und die richtige Gewichtung der betroffenen Rechtsgüter im Zeitpunkt des Handelns den Beurteilungsmaßstab bildet (**ex-ante-Beurteilung**).[132]

An einer sorgfältigen Prognoseentscheidung fehlt es bei der sog. **Putativgefahr** **136** (**Scheingefahr**). Hier hat die Polizei gehandelt, obwohl bei verständiger und sachgerechter Würdigung der Situation aus der ex-ante-Sicht keine ausreichenden Anhaltspunkte für eine Gefährdung der öffentlichen Sicherheit oder Ordnung gegeben waren.[133] Zumeist hat der zuständige Polizeibeamte in nicht hinreichend sorgfältiger Weise die Tatsachen falsch oder unvollständig ermittelt oder gewürdigt.

---

[132] *Poscher/Rusteberg,* JuS 2011, 984 (987).
[133] Zur mangelhaften Gefahrenprognose vgl. auch VG Lüneburg, NJW 2006, 3299 ff.

Beispiel: Ein Fernsehteam filmt deutlich erkennbar bei Außenaufnahmen eine Messerstecherei und ein hinzukommender Polizeibeamter unterbindet die tätliche Auseinandersetzung. Hier wäre es für den sorgfältigen Beobachter erkennbar gewesen, dass es sich um eine gestellte Szene handelt und keine Gefahrensituation gegeben ist.

137   Anders ist die Rechtslage aber, wenn die Prognose und Bewertung so vorgenommen werden, „wie ein gewissenhafter, besonnener und sachkundiger Amtswalter die Lage zum Zeitpunkt des polizeilichen Handelns eingeschätzt hätte"[134]. Auch wenn sich im Nachhinein herausstellt, dass tatsächlich kein Schaden eintreten konnte, liegt im polizeirechtlichen Sinne eine Gefahr vor. Man spricht hier von einer **Anscheinsgefahr.**

Beispiel: Am Flughafen München geht eine Bombenwarnung ein. Sofort eingeleitete Ermittlungen führen zu einem Koffer, der scheinbar „herrenlos" auf dem Gang steht. Aus seinem Innern ist ein Ticken zu vernehmen. Unverzüglich räumt die Polizei das Gebäude. Die herbeigerufenen Spezialisten entdecken lediglich einen laut eingestellten Reisewecker.

138   Die nachträgliche Erkenntnis, dass ein Lebensvorgang keine Gefahr für die öffentliche Sicherheit und Ordnung darstellt, ändert an der **Rechtmäßigkeit** der getroffenen Maßnahmen nichts. Auf der sog. Primärebene[135] polizeilichen Handelns ist die Anscheinsgefahr wie eine „echte Gefahr" zu behandeln; genau genommen stellt sie wegen der ex-ante-Perspektive der Gefahrenbeurteilung nichts anderes als eine „Gefahr" dar. Anders die Rechtslage auf der sog. Sekundärebene: Ob und unter welchen Voraussetzungen der bei einer „Anscheinsgefahr" in Anspruch Genommene kostenpflichtig ist oder ihm gar Schadensausgleich zu gewähren ist, mag anders – diesmal nicht unter dem Gesichtspunkt effizienter Gefahrenabwehr, sondern unter dem Blickwinkel gerechter Lastenverteilung – zu beurteilen sein (→ Rn. 421).

2. Rechtsfolgen der Generalklausel („notwendige Maßnahmen")

139   Liegt eine konkrete Gefahr für die öffentliche Sicherheit oder Ordnung vor, „kann" die Polizei die „notwendigen Maßnahmen" zur Gefahrenabwehr treffen. Dies wirft verschiedene Fragen auf: (1) Wann *kann* und wann *muss* die Polizei tätig werden? (2) Was sind *notwendige* Maßnahmen? (3) Gegen *wen* sind die Maßnahmen zu richten? Diese Fragen werden in der Regel unter dem Stichwort **polizeiliches Ermessen** (Art. 5 PAG) abgehandelt. Das polizeiliche Ermessen hat dabei stets eine *sachliche* Komponente, nämlich die Auswahl unter mehreren denkbaren Maßnahmen (→ Rn. 147 ff.), und eine *personale* Komponente, die Bestimmung des Adressaten dieser Maßnahme (→ Rn. 164 ff.). Die Auswahl der Mittel, die Art ihres Einsatzes und die Entscheidung über den Adressaten unterliegen allerdings nicht dem Belieben der Polizei. Vielmehr ist der Entscheidungsprozess in einen rechtlichen Rahmen eingebunden, der, wie Art. 40 BayVwVfG und § 114 S. 1 VwGO zum Ausdruck bringen, aus der Vielzahl der theoretisch denkbaren Handlungsmöglichkeiten nur diejenigen zur Disposition der Polizei stellt, die einen zulässigen Zweck verfolgen und die gesetzlichen Grenzen des Ermessens einhalten. Erst aus

---

[134] *Schenke,* POR, 9. Auflage 2016, Rn. 86; zur Abgrenzung vgl. auch *Seidl/Bartsch,* Jura 2011, 297 ff.; *Seidl/Heuer,* VR 2011, 423 (426).
[135] Zur Unterscheidung von Primär- und Sekundärebene in der Fallbearbeitung: *Poscher/Rusteberg,* JuS 2011, 888 (889).

den nach dieser Rechtmäßigkeitskontrolle verbliebenen Handlungsmöglichkeiten darf die Polizei unter Zweckmäßigkeitsgesichtspunkten dann die Maßnahmen auswählen, die ihr im konkreten Fall sachgerecht erscheinen.

a) Opportunitätsprinzip und Entschließungsermessen

Das polizeiliche Ermessen wird zunächst in Entschließungsermessen und Aus- **140** wahlermessen unterteilt. Dem Entschließungsermessen zugeordnet ist die Frage nach dem „Ob": Muss die Polizei überhaupt tätig werden oder darf sie untätig bleiben? Hingegen beschreibt der Begriff des Auswahlermessens die dem „Ob" lo- gisch nachgeordnete Frage nach dem „Wie": Welche Maßnahmen soll die Polizei gegen welche Person(en) ergreifen?

Dass die Polizei über ein **Entschließungsermessen** verfügt, verdeutlicht die **141** Verwendung des Wortes „kann" in Art. 11 Abs. 1 S. 1 PAG. Damit kommt zum Ausdruck, dass die Polizei bei Vorliegen einer Gefahr handeln darf, aber nicht han- deln muss. Dieses sog. **Opportunitätsprinzip** bei der Gefahrenabwehr steht im Gegensatz zum Legalitätsprinzip bei der Strafverfolgung, § 152 Abs. 2 StPO. Die im Rahmen des Entschließungsermessens zu treffende Entscheidung ist insbesondere in Fällen von Ermessensnichtgebrauch und Ermessensmissbrauch fehlerhaft und damit rechtswidrig.

Ermessensnichtgebrauch liegt vor, wenn die Polizei entweder nicht erkennt, **142** dass ihr ein Ermessen zusteht oder dieses etwa aus bloßer Bequemlichkeit oder Gleichgültigkeit nicht ausübt.

Beispiel: Bei der Polizei geht eine Beschwerde über nächtliches Glockenläuten ein. Die Polizei unternimmt nichts, da sie sich irrig für nicht zuständig hält.

Um **Ermessensmissbrauch** handelt es sich, wenn der Zweck der Maßnahme **143** nicht der Gefahrenabwehr dient, sondern z. B. der Verwirklichung persönlicher oder privater Ziele. Diese Pflicht zur richtigen Motivierung des polizeilichen Han- delns folgt bereits aus dem Wortlaut des Art. 11 Abs. 1 PAG: „um eine (…) Gefahr (…) abzuwehren".

Beispiel: Polizeibeamter P lässt ein verkehrsgefährdend geparktes Auto nicht abschleppen, da es seiner Tochter gehört.

Das Entschließungsermessen der Polizei muss im obigen Sinne stets pflichtge- **144** mäß ausgeübt werden. Für den schutzsuchenden Bürger bedeutet dies, dass er ge- genüber der Polizei grundsätzlich keinen Anspruch auf Einschreiten oder Nicht- Einschreiten hat, sondern nur eine fehlerfreie Ermessensausübung verlangen kann. Unter bestimmten Umständen verengt sich aber das Entschließungsermessen oder reduziert sich sogar auf Null, so dass nur eine einzige Entscheidung richtig ist. Er- messensreduzierende Gründe sind Schwere und Ausmaß der Gefahr, die hohe Be- deutung des gefährdeten Rechtsguts, die Möglichkeit der Polizei zum Handeln und das Fehlen anderer vorrangiger Aufgaben. Diese Faktoren sind in eine Güter- abwägung einzustellen. Überwiegt dabei das Integritätsinteresse des gefährdeten Rechts, so ist die Polizei verpflichtet, Maßnahmen zum Schutz dieses gefährdeten Rechts zu ergreifen.

Beispiel: Der Wirt der Gaststätte „Zum fröhlichen Zecher" alarmiert die Polizei, in seiner Wirtsstube sei eine heftige Messerstecherei im Gange. Hier ist die Polizei zum Handeln ver- pflichtet, um eine akute Lebensgefahr abzuwehren.

145   Wiegt daher das Interesse am Schutz individueller Rechte eines Bürgers so schwer, dass das Ermessen der Polizei auf Null reduziert ist, hat der in seinen Rechten gefährdete Bürger zugleich einen **Anspruch auf Einschreiten der Polizei.**

146   Gerade in Situationen, bei denen mehrere Aufgaben miteinander kollidieren, die Polizei aber nur über begrenzte personelle Ressourcen verfügt, bedarf es einer sorgfältigen Abwägung der betroffenen Rechtsgüter.

> **Beispiel:** Die Polizei erhält einen Notruf, in einem Supermarkt befinde sich vermutlich ein Ladendieb. Sekunden später geht ein weiterer Notruf ein, auf der nahegelegenen Autobahn sei es zu einem schweren Verkehrsunfall mit mehreren Schwerverletzten gekommen. Der Unfallort liegt in einer unübersichtlichen Kurve. Da die Polizei sämtliche verfügbaren Einsatzfahrzeuge zur Sicherung des Verkehrs und zur ersten Hilfe an die Unfallstelle schickt, kann kein Beamter den Supermarkt kontrollieren. Die getroffene Abwägung ist rechtmäßig.

b) Gesetzliche Schranken des Auswahlermessens

147   Hat sich die Polizei entschlossen, in einer Gefahrenlage tätig zu werden, muss sie ihre Maßnahmen sorgfältig auswählen. Dieser Teil des Entscheidungsvorgangs wird als Ausübung des Auswahlermessens beschrieben. Hierbei eintretende Rechtsfehler werden aus Sicht der Ermessensfehlerlehre zumeist zur Kategorie der Ermessensüberschreitung gerechnet, also bei mangelnder Einhaltung der gesetzlichen Grenzen der Befugnisnorm.

aa) Einhaltung gesetzlicher und verfassungsrechtlicher Verbote

148   Zunächst darf die Polizei keine Maßnahmen ergreifen, die ihr selbst oder dem zur Ausführung berufenen Adressaten aufgrund gesetzlicher Bestimmungen außerhalb des PAG verboten sind.

> **Beispiel:** Polizeibeamter P fordert den betrunkenen Autofahrer A auf, sein verkehrswidrig geparktes Auto wegzufahren. A würde eine Straftat nach § 316 Abs. 1 StGB begehen. Die Anordnung ist nach Art. 44 Abs. 2 Nr. 5 BayVwVfG nichtig.

149   Besondere verfassungsrechtliche Grenzen ergeben sich aus dem **Zitiergebot** nach Art. 19 Abs. 1 S. 2 GG, denn Art. 100 PAG zitiert nicht jedes mögliche Grundrecht, in das durch Maßnahmen der Polizei eingegriffen werden kann. Nach der ständigen Rechtsprechung des BVerfG greift das Zitiergebot bei solchen Grundrechten ein, die einem ausdrücklichen Gesetzesvorbehalt unterliegen, nicht aber bei Grundrechten, die vorbehaltlos gewährt sind (wie die Glaubensfreiheit nach Art. 4 Abs. 1 GG) oder die von vornherein durch einfache Gesetze ausfüllungsbedürftig sind (wie das Eigentumsgrundrecht).[136] Im Unterschied zur alten Fassung des Art. 74 PAG[137] wird mittlerweile auch auf die Versammlungsfreiheit (Art. 8 Abs. 1 GG) ausdrücklich Bezug genommen und insofern dem Zitiergebot Rechnung getragen. Dies soll verdeutlichen, dass für nicht-öffentliche Versammlungen und für Maßnahmen im Vorfeld öffentlicher Versammlungen – soweit nicht das BayVersG ausnahmsweise selbst eine Regelung trifft – nicht das BayVersG son-

---

[136] BVerfGE 83, 130 (154); vgl. auch im Rahmen der PAG-Novelle 2021 zur Regelung des Art. 100 PAG: LT-Drs. 18/13716, S. 36.
[137] Art. 74 PAG in der Fassung vor der PAG-Novelle vom 25.5.2018. Dadurch war das Zitiergebot zwischenzeitlich in Art. 91 PAG geregelt, ehe die PAG-Novelle 2021 vom 1.8.2021 es in Art. 100 PAG regelt.

dern das PAG Anwendung findet.[138] (Zur Abgrenzung Polizeirecht/Versammlungs-recht und zu den strengen Anforderungen an Eingriffe in nicht-öffentliche Ver-sammlungen vgl. Rn. 525 ff., insbes. 530).

bb) Bestimmtheit

Alle von der Polizei erlassenen Anordnungen müssen erkennen lassen, an wen sie **150** gerichtet sind und was der Adressat wann, wie und wo zu tun oder lassen hat. Die-se Anforderung wird im PAG nicht ausdrücklich erwähnt, sie ergibt sich jedoch aus Art. 37 Abs. 1 BayVwVfG, der damit einen wichtigen Aspekt des verfassungsrecht-lichen Rechtsstaatsprinzips normiert. Während die Bestimmtheit bei den Stan-dardmaßnahmen selten ein Problem darstellt, da der Inhalt der Anordnung bereits gesetzlich konkretisiert ist, können bei Maßnahmen, die auf die Generalklausel ge-stützt werden, Fragen auftreten.

Beispiel: Angeordnet wird gegenüber A ein (kurzfristiges) Aufenthaltsverbot für das Gebiet einer Gemeinde, von dem Ausnahmen für den Fall „eines überwiegenden privaten Interesses" gelten sollen.

Ergibt sich aus dem Wortlaut einer Anordnung nicht eindeutig, was gewollt ist, **151** können die üblichen Auslegungsregeln herangezogen werden, um den Inhalt näher zu bestimmen.[139] Führt auch eine sachgerechte Auslegung nicht zur Konkretisie-rung der Anordnung, so ist sie rechtswidrig.

cc) Verhältnismäßigkeit

Das wichtigste Korrektiv, von dem sich die Polizei bei der Auswahl der Maß- **152** nahme und das Gericht bei der nachträglichen Rechtmäßigkeitskontrolle leiten lassen müssen, ist das Verhältnismäßigkeitsprinzip. Obwohl in Art. 4 PAG ausdrück-lich geregelt und im Begriff der „notwendigen Maßnahme"[140] sinngemäß enthal-ten, ist sein **verfassungsrechtlicher Ursprung** in den Grundrechten und dem Rechtsstaatsprinzip stets zu beachten. Der Grund für diese verfassungsrechtliche Bindung liegt darin, dass die Polizei durch ihre Maßnahmen in Grundrechte des Bürgers eingreift, die nur dann in verfassungsmäßiger Weise eingeschränkt sein können, wenn das Verhältnismäßigkeitsgebot beachtet wurde. Im Einzelnen muss die Maßnahme einen legitimen Zweck verfolgen und zu dessen Erreichung geeig-net, erforderlich und angemessen sein.

Legitime Zwecke ergeben sich im Polizeirecht stets aus der Wahrnehmung von **153** Aufgaben der Gefahrenabwehr. Auch die Erfüllung von anderen gesetzlichen Auf-gaben nach Art. 2 Abs. 4 PAG und Art. 11 Abs. 3 PAG verfolgt ein legitimes Ziel. Handelt die Polizei jedoch, um andere als die gesetzlich vorgegebenen Ziele zu er-reichen, z. B. aus privater Motivation, so ist die getroffene Maßnahme rechtswidrig. Diese Fälle berühren sich mit dem Ermessensmissbrauch auf der Ebene des Ent-schließungsermessens. Sie unterscheiden sich jedoch danach, dass es nicht mehr um die Frage des „ob", sondern des „warum" geht, denn die Polizei hat sich zum Handeln entschlossen.

---

[138] BayLT-Drs. 15/10181, S. 27.
[139] *Stelkens,* in: S/B/S, VwVfG, 9. Auflage 2018, § 37 Rn. 11.
[140] *Schmidbauer,* in: S/St, 5. Auflage 2020, PAG, Art. 11 Rn. 21; a. A. *Gallwas/Lindner,* in: Gall-was/Lindner/Wolff, BayPolSR, 4. Auflage 2015, Rn. 364, der „notwendig" im Sinne eines Be-dürfnisses für den Eingriff interpretiert.

Beispiel: Polizeibeamter P will sich an seiner geschiedenen Frau rächen und lässt daher ihr im Halteverbot stehendes Auto abschleppen.

154   Polizeiliche Anordnungen müssen vom Betroffenen ausgeführt werden können. Daher schließt sich in der Prüfungsreihenfolge – entweder als selbständiger Punkt oder als Unterfall der Geeignetheit – die Frage an, ob der Adressat die Möglichkeit hatte, die Anordnung zu befolgen. Dies ist dann nicht der Fall, wenn die Ausführung der angeordneten Handlung dem Betroffenen **tatsächlich oder rechtlich unmöglich** ist. Die tatsächliche Unmöglichkeit führt stets zur Nichtigkeit der getroffenen Anordnung, Art. 44 Abs. 2 Nr. 4 BayVwVfG.

   Ein **Beispiel** für tatsächliche Unmöglichkeit ist die Anordnung, eine bestimmte Sache herauszugeben, die bereits vernichtet wurde, denn niemand wäre in der Lage, diese Anordnung zu erfüllen.

155   Die tatsächliche Unmöglichkeit unterscheidet sich vom subjektiven Unvermögen, das lediglich in der Person des Adressaten begründet ist. Daher begründet das bloße wirtschaftliche Unvermögen, also vor allem die Kostenfolge einer Maßnahme, die das Vermögen des Adressaten übersteigt, keine tatsächliche Unmöglichkeit. Derartige wirtschaftliche Folgen sind aber im Rahmen der Güterabwägung zu berücksichtigen. **Rechtliche Unmöglichkeit** liegt, abgesehen von den oben besprochenen Fällen strafrechtlicher Verbote nach Art. 44 Abs. 2 Nr. 5 BayVwVfG, jedenfalls vor, wenn der Ausführung der Maßnahme öffentlich-rechtliche Vorschriften entgegenstehen, denn dem Adressaten darf auch insoweit kein rechtswidriges Verhalten aufgegeben werden. Hingegen führen entgegenstehende zivilrechtliche Pflichten des Adressaten nicht zur Rechtswidrigkeit der Anordnung wegen rechtlicher Unmöglichkeit, z.B. wenn dem Adressaten die Verfügungsbefugnis über eine Sache fehlt, da er nicht der Eigentümer oder nur Miteigentümer oder gesamthänderisch gebunden ist.[141] Zu beachten ist in diesen Fällen aber, dass die Anordnung erst dann vollstreckt werden kann, wenn Duldungsverfügungen auch gegenüber den zivilrechtlich Verfügungsberechtigten ausgesprochen worden sind, damit der zum Handeln berufene Adressat rechtmäßig die Anordnung ausführen darf. Allerdings können gerade die Vorschriften über den bürgerlich-rechtlichen Notstand gem. § 228 BGB die zivilrechtliche Befugnis für einen Eingriff des Adressaten in Rechtsgüter Dritter gewähren, so dass nicht bis zum Erlass einer Duldungsverfügung gewartet werden muss.[142]

156   Bei der **Geeignetheit** ist zu prüfen, ob die Befolgung der Anordnung den erstrebten Erfolg, nämlich die Unterbindung oder Beseitigung der im konkreten Fall bestehenden Gefahr, herbeiführt oder zumindest fördert. Insofern genügt es, wenn durch die Maßnahme ein Schritt in die richtige Richtung getan wird; nicht erforderlich ist es, dass durch die Maßnahme bereits der Erfolg verwirklicht wird. Allein die vollkommen ungeeignete Maßnahme ist somit rechtswidrig, aber nicht schon die nur bedingt oder schlecht geeignete Maßnahme. Ob in diesem Sinne eine Maßnahme geeignet ist, muss die Polizei aufgrund ihres Erfahrungswissens und durch eine Prognoseentscheidung für den konkreten Fall beurteilen.

157   Die nach diesen Prüfungsschritten noch in Betracht kommenden Maßnahmen müssen auch **erforderlich** sein. Nach Art. 4 Abs. 1 PAG hat die Polizei diejenige

---

[141] *Steiner,* in: S/St, PAG, 5. Auflage 2020, Art. 8 Rn. 19, 21.
[142] *Knemeyer,* PolOrdR 11. Auflage 2007, Rn. 283.

Maßnahme zu treffen, die den Einzelnen und die Allgemeinheit am wenigsten beeinträchtigt. Eine Maßnahme ist demnach erforderlich, wenn es kein milderes Mittel zur Zweckerreichung gibt, das gleich wirksam ist. Die Polizei braucht sich nicht auf ein milderes Mittel verweisen zu lassen, wenn dieses weniger wirksam ist. Der Prognosespielraum der Polizei umfasst auch die Einschätzung der Wirksamkeit verschiedener Maßnahmen. Unter gleich wirksamen Mitteln muss jedoch die Polizei das Mildeste auswählen. Hiervon macht Art. 5 Abs. 2 S. 2 PAG eine Ausnahme. Nach dieser Vorschrift ist dem Betroffenen auf Antrag zu gestatten, ein anderes ebenso wirksames Mittel anzuwenden, sofern dadurch die Allgemeinheit nicht stärker beeinträchtigt wird. Daher darf der Betroffene auch ein Mittel wählen, das ihn objektiv stärker belastet. Diese Ausnahme findet ihren Grund in der konkludenten Einwilligung in die Beeinträchtigung eigener Rechte, die dem Eingriff insoweit die Rechtswidrigkeit nimmt. Aus dem Wortlaut folgt („ist zu gestatten"), dass die Polizei dem Antrag stattgeben muss.

Im Rahmen der Verhältnismäßigkeitsprüfung wird im Anschluss an die Erforder- **158** lichkeit nach der **Angemessenheit** einer Maßnahme gefragt. Der Grundsatz der Angemessenheit wird auch als Verhältnismäßigkeit im engeren Sinne bezeichnet. In der Sache geht es darum, die Bedeutung des geschützten Rechtsguts und die Bedeutung des Rechtsguts, in das die Polizei eingreift, gegeneinander abzuwägen. Überwiegt das Integritätsinteresse des Rechtsguts, in das die Polizei eingreift, ist die Maßnahme rechtswidrig. Diese Fälle betreffen zugleich die Störerauswahl (→ Rn. 193), denn Träger des betroffenen Rechtsguts ist der Adressat der Maßnahme. Insofern sind Wahl der Maßnahme und des Störers rechtlich auf das Engste miteinander verbunden.

> **Beispiel:** Auf eine selten befahrene Anliegerstraße sind Äste gestürzt. Die Polizei gibt der schwangeren Eigentümerin E auf, die Äste zur Seite zu räumen. Die Anordnung ist unangemessen, da die Gesundheitsgefahren für E das Interesse an der Sicherheit des Straßenverkehrs überwiegen.

Art. 4 Abs. 2 PAG verlangt insoweit, dass der Nachteil nicht erkennbar außer Ver- **159** hältnis zum Erfolg stehen darf. Beschrieben wird damit eine Zweck-Mittel-Relation, die in der Sache jedoch auf die oben erläuterte Abwägung hinausläuft. Zu beachten ist aber die Verwendung des Worts „erkennbar" in Art. 4 Abs. 2 PAG, das nicht auf die subjektive Sicht des im Einzelfall handelnden Beamten, sondern auf die Notwendigkeit einer nach objektiven Kriterien vorzunehmenden Gewichtung hinweist. Maßstab hierfür ist die ex-ante-Sicht eines fiktiven Durchschnittsbeamten, der pflichtgemäß handelt.

Schließlich darf die Polizei eine Maßnahme nur so lange aufrechterhalten, bis ihr **160** Zweck erreicht ist oder sich zeigt, dass er nicht erreicht werden kann, Art. 4 Abs. 3 PAG. Hierbei handelt es sich um die **zeitliche Seite des Übermaßverbots.**

> **Beispiel:** Im „Softeis-Fall" (→ Rn. 129) muss das Verkaufsverbot aufgehoben werden, sobald der Verdacht (etwa durch die Laborwerte) widerlegt wurde.

dd) Ermessensbindung aufgrund des Gleichheitssatzes

In besonderen Fällen kann der Gleichheitssatz des Art. 3 Abs. 1 GG der Polizei **161** Bindungen bei der Ausübung des Ermessens auferlegen. Hat die Polizei in der Vergangenheit eine Gefahr in bestimmter Weise (rechtmäßig) abgewehrt, so darf sie bei zukünftigen gleichartigen Fällen nicht ohne sachlichen Grund davon abweichen. Der polizeipflichtige Bürger soll sein Verhalten auf die polizeiliche Anordnung einstellen können.

162   Auch wenn die Polizei gleichzeitig mehrere Sachverhalte regelt, darf sie die Betroffenen nicht unterschiedlich behandeln.

> **Beispiel:** An einer Unglücksstelle fordert die Polizei nur einen von vielen „Gaffern" zum Verlassen auf. Dieses „planlose" Vorgehen ist ermessensfehlerhaft.

c) Zweckmäßigkeit

163   Nur wenn der Polizei nach Prüfung der oben beschriebenen rechtlichen Vorgaben mehrere Handlungsalternativen verbleiben, steht ihr frei, zwischen diesen auszuwählen. Sie kann diese Entscheidung allein nach gerichtlich nicht überprüfbaren Zweckmäßigkeitsgesichtspunkten treffen, vgl. Art. 5 Abs. 2 S. 1 PAG. Bedenkt man, dass hierfür mindestens zwei Maßnahmen gegeben sein müssen, die gleichermaßen geeignet und auch in ihrer Belastungswirkung vergleichbar sein müssen, ist dieser Ermessensspielraum nicht sehr groß.

3. Adressaten der Polizeiverfügung

a) Grundfragen polizeilicher Verantwortlichkeit

164   Die Auswahl des richtigen Adressaten bildet den personalen Teil der polizeilichen Ermessensausübung und ist vom sachlichen Teil der Maßnahmenauswahl in der Praxis häufig nicht zu trennen. Auch besteht zumeist eine innere Wechselwirkung zwischen Auswahl der Maßnahme und Auswahl des Adressaten, denn ein Eingriff, der bei einer Person rechtmäßig sein kann, mag bei einer anderen rechtlich oder tatsächlich unmöglich sein.

> **Beispiel:** Im obigen Beispiel (→ Rn. 158) stürzten Äste auf eine Straße. Während die Beseitigungsanordnung gegenüber der Schwangeren unverhältnismäßig war, ist sie gegenüber dem Ehemann als Grundeigentümer zulässig.

165   Sofern keine gesetzlichen Spezialregelungen über den richtigen Adressaten einer Maßnahme bestehen, die nach Art. 7 Abs. 4 und 8 Abs. 4 PAG vorrangig zu beachten sind, knüpfen die polizeirechtlichen Handlungspflichten an zwei verschiedene **Formen der Verantwortlichkeit** an: die Verhaltensverantwortlichkeit nach Art. 7 Abs. 1–3 PAG und die Zustandsverantwortlichkeit nach Art. 8 Abs. 1–3 PAG.[143] Nicht maßgeblich ist in beiden Fällen, ob der Adressat der polizeilichen Maßnahme die Gefahr tatsächlich verursacht hat oder für sie verantwortlich ist. Wie bei der Feststellung einer Gefahr genügt, dass eine Person für diese Gefahr ursächlich bzw. verantwortlich sein kann **(ex-ante-Sicht)**. Stellt sich erst später heraus, dass die in Anspruch genommene Person die Gefahr nicht verursacht hat (sog. **Anscheinsstörer**), ändert dies nichts an der Rechtmäßigkeit der Maßnahme, sondern wirkt sich erst auf der Sekundärebene, also bei Kosten und Entschädigung aus (→ Rn. 421, 454 ff.). Nicht erforderlich ist ferner, dass sich der Verantwortliche schuldhaft (vorsätzlich oder fahrlässig) verhält und den Schaden vorhergesehen oder ihn gewollt hat. Ebenso wenig muss der Verantwortliche überhaupt schuldfähig sein, um als Adressat in Frage zu kommen. Grund für diese **verschuldensunabhängige Be-**

---

[143] Vgl. allgemein zur gefahrenabwehrrechtlichen Verantwortlichkeit *Poscher,* Jura 2007, 801 ff.; *Hartmann,* JuS 2008, 593 ff. und *Poscher/Rusteberg,* JuS 2011, 1082 ff.

stimmung der Verantwortlichkeit ist die effektive Gefahrenabwehr, die nichts mit Ahndung für schuldhaftes Verhalten zu tun hat. Neben den Verantwortlichen nach Art. 7 und 8 PAG können schließlich unter engen gesetzlichen Voraussetzungen auch Nichtstörer herangezogen werden, insbesondere, wenn kein anderes Mittel zur Beseitigung der Gefahr zur Verfügung steht, vgl. Art. 10 PAG.

Ungeschriebene Voraussetzung für eine Inanspruchnahme aller Adressaten ist, **166** dass die Ausführung der polizeilichen Anordnung dem Betroffenen subjektiv möglich sein muss.

> **Beispiel:** An einen Volltrunkenen kann keine Anordnung gerichtet werden, denn er ist zu ihrer Erfüllung subjektiv nicht in der Lage.

Kann ein an sich Verantwortlicher daher wegen **subjektiver Unmöglichkeit** **167** (Unvermögen) eine Anordnung nicht ausführen, so scheidet er als Adressat von vornherein aus. Dies bedeutet jedoch nicht, dass seine polizeiliche Verantwortlichkeit erlischt. Wie Art. 9 Abs. 2 und 70 Abs. 2 i. V. m. 75 Abs. 3 PAG vielmehr zeigen, verlagert sich bei Verhaltens- und Zustandsverantwortlichen die Haftung auf die finanzielle Ebene, wenn die Polizei aus diesem Grund die Maßnahme selbst oder durch einen Beauftragten ausführt bzw. durch Zwangsmaßnahmen bewirkt (→ Rn. 432 ff.).

b) Handlungsstörer (Art. 7 PAG)

aa) Verursachung

Nach der gesetzlichen Formulierung ist Verhaltensverantwortlicher bzw. Hand- **168** lungsstörer, wer eine Gefahr verursacht hat, Art. 7 Abs. 1 PAG. Ursächlich in diesem Sinne ist jedes Verhalten (Tun oder Unterlassen) oder jeder Zustand (z. B. eine Alkoholisierung oder eine ansteckende Krankheit) einer Person. Zur Bestimmung der Kausalität eines Tuns oder Unterlassens wird häufig an die conditio-sine-qua-non-Formel angeknüpft, nach der es darauf ankommen soll, ob ein Umstand hinweggedacht werden kann, ohne dass der Erfolg entfiele. Für eine überschlägige Einschätzung der Kausalität ist sie in vielen Fällen zu weit, um als angemessene Grundlage der polizeirechtlichen Handlungshaftung herangezogen werden zu können.[144] Die Rechtsprechung verwendet daher die **Formel von der unmittelbaren Verursachung**.[145] Handlungsstörer ist danach derjenige, der durch sein Handeln die Grenze zur konkreten Gefahr unmittelbar überschreitet. Somit kommt es darauf an, diejenigen Handlungen auszuscheiden, die nur mittelbar ursächlich waren.

Zur Behebung der Abgrenzungsunsicherheiten zwischen unmittelbar und mit- **169** telbar ursächlichen Faktoren werden häufig wertende Elemente einbezogen,[146] unter denen das Kriterium der **Risikoerhöhung** zu sachgerechten Ergebnissen führt. Zu fragen ist somit, ob ein bestimmtes Verhalten das Risiko einer Verletzung der polizeilichen Rechtsgüter begründet oder erhöht.[147] Auf diese Weise

---

[144] Einen guten Überblick über die Unterschiede und Gemeinsamkeiten von Kausalität und Zurechnung im Zivil-, Straf- und Öffentlichen Recht geben *Rönnau/Faust/Fehling,* JuS 2004, 113 ff.

[145] VGH Mannheim, DÖV 1986, 441; OVG Münster, NJW 1993, 2698.

[146] Siehe hierzu *Knemeyer,* PolOrdR, 11. Auflage 2007, Rn. 338 ff.

[147] So auch *Poscher/Rusteberg,* JuS 2011, 1082 (1083).

sind auch die Kategorien des Verdachtsstörers (im Falle eines Gefahrenverdachts) und des Anscheinsstörers (im Falle einer Anscheinsgefahr) zu behandeln
(→ Rn. 137).

170   Dem Verhaltensstörer steht der sog. **Zweckveranlasser** gleich.[148] Darunter versteht man eine Person, die eine Gefahr dadurch verursacht, dass ihr – scheinbar –
gefahrneutrales Verhalten andere Personen zu Störungen veranlasst. Es handelt sich
zumeist um Fälle psychisch vermittelter Kausalität, bei der andere Personen zu Verhaltensverantwortlichen werden, durch ihr Verhalten aber nicht die Mitverantwor-
tung des Zweckveranlassers ausschließen.

> **Beispiele:** Eine Band peitscht bei einem Konzert das Publikum so auf, dass es zu Ausschrei-
> tungen der Fans kommt. – Eine provozierende Schaufensterdekoration führt zu Menschenaufläu-
> fen bis auf die Straße, die den Verkehr blockieren. In beiden Fällen können Maßnahmen auch
> gegen die Band bzw. die Geschäftsleitung als Verhaltensverantwortliche gerichtet werden, um die
> Störung zu beseitigen.

Die Begründung der Verantwortlichkeit ist freilich umstritten.[149] Nach einer
Auffassung gilt es allein auf die Motivation des Zweckveranlassers abzustellen.
Hiernach muss dieser die durch den Verursacher bewirkte Polizeiwidrigkeit gezielt auslösen.[150] Es ist allerdings vorzugswürdig die subjektive Motivationslage aus-
zublenden und allein darauf abzustellen, dass gerade sein eigenes Verhalten andere
objektiv zu einer Störung veranlasst. Hierfür spricht, dass im Polizeirecht (im
Gegensatz zum Strafrecht) grundsätzlich auf subjektive Elemente verzichtet
wird.[151]

171   Verhaltensstörer ist niemals die Person, die selbst in der Ausübung ihrer Rechte
durch das Verhalten eines anderen beeinträchtigt wird (z. B. die Teilnehmer einer
Versammlung durch gewalttätige Gegendemonstranten). Ebenso wenig begründet
eine Person eine Störung, die rechtmäßig (d. h. aufgrund von Rechtssätzen außerhalb des PAG) eigene Rechte ausübt. Das Polizei- und Sicherheitsrecht kann die
Ausübung dieser Rechtspositionen grundsätzlich nicht in Frage stellen.[152]

> **Beispiel:** Lässt ein Vermieter rechtmäßig eine Wohnung zwangsweise räumen, so ist er selbst
> dann nicht Störer, wenn dadurch der Mieter obdachlos wird.

Ein neues Phänomen, das verschiedene Rechtsfragen aufwirft, ist das von sog.
Flashmobs, bei denen sich eine Gruppe von Personen meist über soziale Netzwer-
ke zu einer gemeinsamen, für Außenstehende oft überraschenden Aktion verbin-
det.[153] Der Ideengeber des Flashmobs verursacht grundsätzlich nicht persönlich die
Umstände, die Anlass für die späteren Kosten (beispielsweise die Straßenreinigung)
sind, weswegen nach der Theorie von der unmittelbaren Verursachung eine Verantwortlichkeit ausscheidet.[154] Ob sich über die Figur des Zweckveranlassers etwas
anderes ergibt, ist letztlich eine Frage des Einzelfalls. Nach dem hier vertretenen
objektiven Ansatz ist zu fragen, ob gerade das Verhalten des Initiators des Flashmobs

---

[148] Zur dogmatischen Figur des Zweckveranlassers vgl. *Schmelz,* BayVBl. 2001, 550 ff.; Zweckveranlasser im Kontext des Kölner Karnevals *Heckel,* NVwZ 2012, 88 (91).
[149] Einen guten Überblick liefert *Schoch,* JURA 2009, 360 (363).
[150] BVerwG, Beschl. v. 12.4.2006 – 7 B 30/06.
[151] So auch *Schoch,* JURA 2009, 360 (363).
[152] *Gallwas/Lindner,* in: Gallwas/Lindner/Wolff, BayPolSR, 4. Auflage 2015, Rn. 443.
[153] Vgl. *Höfing/Krohne,* JA 2012, 734 (736 f.); *Schenke,* POR, 11. Auflage 2021, Rn. 431.
[154] So auch *Ernst,* DÖV 2011, 537 (542 f.); *Stalberg,* KommJur 2013, 169 (176).

andere objektiv zu einer Störung veranlassen musste. Ist es im Einzelfall von vornherein offensichtlich, dass es zu Verunreinigungen u.ä. kommen wird, ist eine Inanspruchnahme über die Figur des Zweckveranlassers möglich; war der Verlauf dagegen unvorhersehbar, muss eine Inanspruchnahme ausscheiden.[155] Eine ähnliche Problematik ergibt sich bei sog. Facebook-Partys.

Beispiel: Die 16-jährige T möchte ihre Freunde zu ihrer Geburtstagsparty „im kleinen Kreise" einladen. Hierzu erstellt sie bei Facebook eine Veranstaltung, ignoriert allerdings ein aufgrund der Voreinstellung angekreuztes Feld in dem es heißt: „Jeder kann die Veranstaltung sehen und zu dieser zu-/absagen (öffentliche Veranstaltung)". Als sie einige Tage vor ihrer Feier feststellt, dass bereits über 1000 Personen ihre Teilnahme angekündigt haben, sagt sie die Veranstaltung via Facebook ab. Dennoch finden sich am Tage ihrer Geburtstagsfeier über 1600 Leute am Hause der Eltern ein und blockieren die gesamte Straße. Die Polizei kann die Zusammenkunft erst mit einem Großaufgebot beenden.

Ob und inwiefern die T als Zweckveranlasser (insbesondere für die entstandenen Kosten) in Anspruch genommen geworden kann, ist fraglich. Aufgrund der Neuheit des Phänomens war zumindest bei den ersten „Facebook-Party-Fällen" eine Haftung als Zweckveranlasser abzulehnen, da ein derartiger Verlauf objektiv nicht hinreichend vorhersehbar war.[156] Insbesondere galt dies, wenn die Veranstaltung auf gleichem medialem Weg unverzüglich wieder abgesagt wurde.[157] Dies mag mittlerweile anders gesehen werden, zumal die sog. Voreinstellungen bei Facebook so geändert wurden, dass solche Veranstaltungen nur öffentlich sind, wenn diese aktiv so eingestellt wird. Dann ist wiederum ein Anknüpfungspunkt für die polizeirechtliche Haftung gegeben („Veranstalterhaftung"). Folgt man der subjektiven Theorie, scheidet eine Inanspruchnahme mangels Wissen und Wollen des Veranstalters aus, soweit – was auch vorgekommen ist – die Öffentlichkeit nicht ausdrücklich gesucht wurde.[158]

bb) Verantwortlichkeit durch Unterlassen

Im Falle eines Unterlassens muss eine Pflicht zum Handeln aufgrund von Normen außerhalb des PAG bestehen, beispielsweise aufgrund strafrechtlicher, öffentlich-rechtlicher oder zivilrechtlicher Vorschriften.[159] Daher kann auch ein Verstoß gegen zivilrechtliche **Verkehrssicherungspflichten** eine Handlungspflicht begründen mit der Folge, dass im Falle einer Nichterfüllung oder Schlechterfüllung dieser Verkehrssicherungspflichten der Verkehrssicherungspflichtige als Handlungsverantwortlicher von der Polizei herangezogen werden kann. Gegen die polizeirechtliche Relevanz zivilrechtlicher Verkehrssicherungspflichten spricht nicht die Subsidiaritätsklausel des Art. 2 Abs. 2 PAG, denn es geht dabei gerade nicht um den Schutz bestimmter privater Rechte, sondern um die Abwehr von Gefahren, die einem unbekannten Personenkreis drohen.

172

---

[155] Vgl. *Stalberg,* KommJur 2013, 169 (177).

[156] *Müller,* Städte- und Gemeinderat 2013, 18, 19; im Ergebnis ebenso *Levin/Schwarz,* DVBl. 2012, 10 (16), die auf die fehlende Einfluss- und Steuerungskompetenz bei einer versehentlichen Einladung abstellen.

[157] *Ernst,* DÖV 2011, 537 (544); *Levin/Schwarz,* DVBl. 2012, 10 (16); *Müller,* Städte- und Gemeinderat 2013, 18 (19).

[158] Vgl. *Levin/Schwarz,* DVBl. 2012, 10 (17).

[159] *Schenke,* POR, 11. Auflage 2021, Rn. 311; a.A. (nur öffentlich-rechtliche Pflichten) *Drews/Wacke/Vogel/Martens,* GefAbw, 9. Auflage 1986, S. 307.

cc) Aufsichtspersonen

173   Verhaltensstörer sind auch die über Kinder und Betreute aufsichtspflichtigen Personen, wenn die Gefahr von der zu beaufsichtigenden Person ausgeht, Art. 7 Abs. 2 PAG. Die aufsichtspflichtige Person hat daher eine polizeirechtliche Garantenstellung inne. Da Art. 7 Abs. 2 S. 1 PAG davon spricht, dass Maßnahmen „auch" gegen die aufsichtspflichtige Person getroffen werden können, ist klargestellt, dass die betreute oder nicht geschäftsfähige Person ebenfalls Verhaltensstörer ist und damit Adressat polizeilicher Maßnahmen sein kann.

dd) Geschäftsherren

174   Auch Geschäftsherren sind als Verhaltensstörer für Gefahren verantwortlich, die von ihren Verrichtungsgehilfen ausgehen, Art. 7 Abs. 3 PAG. Für die Bestimmung des Begriffs Verrichtungsgehilfe ist auf § 831 BGB zurückzugreifen. Daher kommt es darauf an, dass der Verrichtungsgehilfe weisungsgebunden[160] handelt und die Gefahr anlässlich (nicht: bei Gelegenheit) der Tätigkeit verursacht, zu der er vom Geschäftsherrn bestellt worden ist. Der Geschäftsherr kann sich nicht entsprechend § 831 Abs. 1 S. 2 BGB exkulpieren, da Verschulden bei der Bestimmung des Störers keine Rolle spielt.

c) Zustandsstörer (Art. 8 PAG)

aa) Inhaber der tatsächlichen Gewalt, Eigentümer und Berechtigte

175   Die sog. Zustandshaftung knüpft an Gefahren an, die von einer Sache „ausgehen" (Art. 8 Abs. 1 PAG). Sie rechtfertigt sich aus dem Umstand, dass der Eigentümer bzw. Sachherr auch Nutznießer der Vorteile einer Sache ist (**Sozialpflichtigkeit des Eigentums,** Art. 14 Abs. 2 GG). Ob Gefahren von einer Sache ausgehen, bestimmt sich formal nach dem räumlichen oder sachlichen Zusammenhang zwischen Sache und Gefahr,[161] ohne dass es auf eine besondere Gefährlichkeit der Sache selbst oder eine vorherige Einwirkung des Zustandsverantwortlichen auf die Sache ankäme. Auch das Walten von Naturkräften oder ein Handeln Dritter schließt die Zustandsverantwortlichkeit nicht aus.

> **Beispiel:** Fliegerbomben, die seit dem Zweiten Weltkrieg im Boden eines Grundstücks ruhen, führen zur Zustandsverantwortlichkeit des Grundeigentümers, denn räumlich geht die Gefahr von dem Grundstück aus.[162]

176   Für das „Ausgehen" einer Gefahr genügt es, wenn eine Gefahr durch einen Dritten als Handlungsstörer ausgelöst und lediglich durch die Sache „vermittelt" wird.

> **Beispiel:** Ein Tanklaster stürzt von der Straße auf ein anliegendes Grundstück, wo Benzin ins Erdreich einsickert. Zustandsverantwortlicher ist auch der Grundstückseigentümer, denn das auf seinem Grundstück auslaufende Benzin gefährdet Boden und Grundwasser. Anders aber, wenn von einem höhergelegenen Grundstück Steine auf ein niedrigergelegenes stürzen. Verantwortlich ist dann nur der Eigentümer des höhergelegenen Grundstücks.[163]

---

[160] A. A. *Gallwas/Lindner,* in: Gallwas/Lindner/Wolff, BayPolSR, 4. Auflage 2015, Rn. 446.

[161] A. A. (Geltung der Theorie der unmittelbaren Verursachung) *Schenke,* POR, 11. Auflage 2021, Rn. 331.

[162] Siehe hierzu den Examensfall in BayVBl. 1990, 414ff. (Sachverhalt), 444ff. (Lösungsvorschlag).

[163] VGH München, BayVBl. 1996, 437; 1997, 502.

Sachen im polizeirechtlichen Sinne sind bewegliche und unbewegliche Sa- **177** chen sowie Tiere. Verantwortlich für sie ist zunächst der Inhaber der tatsächlichen Gewalt als die sachnächste Person, die generell auch am besten in der Lage ist, die von dieser Sache ausgehenden Gefahren abzuwehren. Weiterer Grund für die Verantwortlichkeit des Inhabers der Sachherrschaft ist die wirtschaftliche Nutzungsmöglichkeit der Sache, mit der Lasten in Form der Polizeipflicht einhergehen.

Wer **Inhaber der Sachherrschaft** ist, bestimmt sich nach der tatsächlichen Fä- **178** higkeit und Möglichkeit, auf die Sache einwirken zu können;[164] stets sind der unmittelbare Besitzer, gleichgültig ob er berechtigt oder unberechtigt besitzt, sowie der Besitzdiener Inhaber der tatsächlichen Gewalt.

Sind Inhaber der tatsächlichen Gewalt und Eigentümer verschiedene Personen, **179** ist auch der Eigentümer polizeipflichtig, Art. 8 Abs. 2 S. 1 PAG. Dem Eigentümer gleichgestellt ist der „Berechtigte", wobei die Berechtigung an der Sache schuldrechtlich (Mieter, Pächter) oder dinglich (Pfandnehmer, Erbbauberechtigter) sein kann. Die Polizeipflichtigkeit des Eigentümers oder des Berechtigten endet, wenn der Inhaber der tatsächlichen Gewalt diese ohne den Willen des Eigentümers oder Berechtigten ausübt, Art. 8 Abs. 2 S. 2 PAG.

Beispiel: Ein Autodieb parkt das gestohlene Fahrzeug verkehrswidrig. Die An-ordnung, das Fahrzeug zu entfernen, kann rechtmäßig nur an den Dieb gerichtet werden, da dem Eigentümer die tatsächliche Sachherrschaft gegen seinen Willen entzogen worden ist. Verleiht hingegen der Eigentümer sein Auto und wird dieses dann falsch geparkt, so geschieht das zwar auch „ohne den Willen" des Eigentümers, jedoch hat der Entleiher mit Willen des Eigentümers die Sachherrschaft inne.

Die Eigentumsaufgabe **(Dereliktion)** entlastet den Alteigentümer nicht, wenn **180** dadurch die Sache herrenlos wird, wie Art. 8 Abs. 3 PAG ausdrücklich bestimmt. Diese Nachwirkung der Eigentümerverantwortlichkeit ist dann unproblematisch, wenn die Gefahr bereits vor der Dereliktion bestand oder durch die Eigentumsaufgabe ausgelöst wurde. Entsteht die Gefahr jedoch erst nach der Eigentumsaufgabe, scheidet die Haftung des Alteigentümers aus.

bb) Grenzen der Zustandsverantwortlichkeit

Sowohl aus einfachrechtlichen als auch verfassungsrechtlichen Gründen können **181** sich Ausnahmen bzw. Grenzen der Zustandsverantwortlichkeit ergeben. So erlischt beispielsweise die Polizeipflicht des Eigentümers nach **Eröffnung des Insolvenzverfahrens,** soweit sich die Anordnung auf eine der Insolvenzmasse zugehörige Sache bezieht, denn gem. § 80 Abs. 1 InsO ist er nicht mehr zur Verwaltung und Verfügung über sein Vermögen befugt. Über Art. 8 Abs. 4 PAG werden derartige abweichende gesetzliche Verantwortlichkeiten auch polizeirechtlich anerkannt. Maßnahmen der Gefahrenabwehr sind daher nur gegen den Insolvenzverwalter zu richten. Gleiches gilt für das Verhältnis der Erben zum Testamentsvollstrecker gem. § 2205 BGB.

Heftig diskutiert werden die **verfassungsrechtlichen Grenzen** der Zustands- **182** verantwortlichkeit vor allem bei den sog. Altlastenfällen, wo aus Art. 14 GG sowie dem Verhältnismäßigkeitsgrundsatz Beschränkungen polizeilicher Befugnisse resul-

---

[164] Zu den Grenzen der Sachherrschaft bei fehlender Abgrenzbarkeit eines Herrschaftsbereichs vgl. OVG Münster, NWVBl. 2007, 26.

tieren sollen.[165] Hierbei handelt es sich um Situationen, bei denen dem Grund-
stücksinhaber die Verpflichtung zur Sanierung oder Kostentragung auferlegt wird,
die Kosten aber den Wert des Grundstücks übersteigen. Auch in Fällen, bei denen
sich nicht die einer Sache innewohnende Gefährlichkeit realisiert, sondern ein von
außen herantretender Umstand (wie im Fall des Tanklasters, der auf ein Grundstück
stürzt), wird eine verfassungsrechtliche Begrenzung der Zustandshaftung erwogen.
Danach soll sich die Zustandsverantwortlichkeit entweder allein auf eine reine Duldungspflicht bei der Gefahrbeseitigung beschränken oder – unter Bejahung der Zustandsverantwortlichkeit dem Grunde nach – zumindest der Wert der störenden Sache in aller Regel die Obergrenze der Kostenhaftung bilden.[166] Die Rechtsprechung
bejaht hingegen in diesen Fällen die grundsätzliche Verantwortlichkeit des Eigentümers und will über die pflichtgemäße Ausübung des Ermessens bei der Auswahl des
Verantwortlichen (→ Rn. 193) zu angemessenen Ergebnissen gelangen und in Einzelfällen die Kostenhaftung unter Zumutbarkeitsgesichtspunkten einschränken.[167]

d) Sonderfall: Hoheitsträger

183   Nach allgemeiner Ansicht können Träger öffentlicher Verwaltung (Hoheitsträger), z. B. Behörden des Bundes, der Länder und der Gemeinden, aber auch Belie-
hene im Bereich ihrer Hoheitsaufgaben, grundsätzlich nicht Adressaten polizeilicher Maßnahmen sein. Zwar sind alle Behörden und Gerichte an Gesetz und
Recht gebunden (Art. 20 Abs. 3 GG) und müssen folglich auch die polizeilichen
Verhaltenspflichten aufgrund des PAG einhalten. Jedoch soll keine polizeiliche
Maßnahme gegen Hoheitsträger gerichtet werden, um deren **Funktionsfähigkeit**
nicht zu gefährden.[168] Ferner ist die Polizei nicht zur Aufsicht über andere Behörden berufen, so dass es ihr insoweit an der Zuständigkeit fehlt.[169] Von diesem
Grundsatz sind jedoch Ausnahmen zu machen.

184   Maßgeblich kommt es für die Rechtmäßigkeit von Maßnahmen gegen Hoheitsträger auf Folgendes an: Ist ein Einschreiten gegen eine andere Behörde aus Sicht
der Polizei eilbedürftig, da diese Behörde nicht rechtzeitig selbst die zur Gefahrenabwehr erforderlichen Handlungen vornehmen kann, ist die Polizei zuständig,
Art. 3 PAG.[170] Ob sie nun Maßnahmen gegen diesen Hoheitsträger anordnen darf,
hängt von einer Abwägung ab.[171] Einzustellen sind einerseits das Interesse an der

---

[165] Ausführlich zu dieser Fragestellung BVerfG, DVBl. 2000, 1275; s. dazu auch die Anmerkung
von *Klüppel,* Jura 2001, 26 ff.
[166] Siehe *Würtenberger/Heckmann/Tanneberger,* PolR BW, 7. Auflage 2017, § 5 Rn. 301 ff.; vgl.
auch OVG Lüneburg, NVwZ-RR 2006, 397 f.
[167] VGH München, BayVBl. 1986, 590 sowie das BVerfG, DVBl. 2000, 1275 (1277 ff.), das betont, dass die mit der Zustandsverantwortlichkeit zu tragende Kostenlast nicht generell an der gesamten wirtschaftlichen Leistungsfähigkeit des Eigentümers gemessen werden kann; ohne besondere Vorwerfbarkeit sei es dem Eigentümer nicht zumutbar, für die Sanierung von Altlasten auch
mit Vermögen einzustehen, das in keinem rechtlichen oder wirtschaftlichen Zusammenhang mit
dem sanierungsbedürftigen Grundstück steht.
[168] *Knemeyer,* in: B/K/P/S, BayStVerwR, 6. Auflage 1996, Rn. 79; vgl. allgemein zum Thema:
Schoch, Jura 2005, 324.
[169] *Drews/Wacke/Vogel/Martens,* GefAbw, 9. Auflage 1986, S. 240 ff. (294 f.); *Würtenberger/Heck-
mann/Tanneberger,* PolR BW, 7. Auflage 2017, § 5 Rn. 344.
[170] *Würtenberger/Heckmann/Tanneberger,* PolR BW, 7. Auflage 2017, § 5 Rn. 347; in diese Richtung auch *Oldiges,* JuS 1989, 616 (618).
[171] *Steiner,* in: S/St, PAG, 5. Auflage 2020, Art. 7 Rn. 5.

Funktionsfähigkeit der Behörde, andererseits die Bedeutung der gefährdeten Rechtsgüter. Überwiegt der Schutz des gefährdeten Rechtsguts, ist die Polizei befugt, die Maßnahme zu ergreifen.

Beispiel: Eine Polizeistreife bemerkt nachts, dass Unbekannte das Eingangstor zu einem unbewachten Munitionsdepot der Bundeswehr zerstört haben. Die Polizei ordnet gegenüber dem wachhabenden Offizier der benachbarten Bundeswehrkaserne an, das Tor durch zwei Wachposten sichern zu lassen, damit kein Unbefugter in das Munitionsdepot gelangen kann.

Auf diese Abwägung kommt es überhaupt nicht an, wenn die jeweilige Gefahr **185** auf nicht-hoheitlichem Handeln der Behörde beruht oder der Eingriff nicht die hoheitliche Aufgabenwahrnehmung der anderen Behörde betrifft (z.B. im Rahmen erwerbswirtschaftlicher oder fiskalischer Tätigkeit). Die Polizei darf dann ohne Weiteres Maßnahmen erlassen.

Beispiel: Ein Mitarbeiter der Stadtgärtnerei fährt alkoholisiert mit dem Dienstfahrzeug. Die Polizei darf die Fahrt unterbrechen, um Gefahren für Leib und Leben anderer Verkehrsteilnehmer zu unterbinden.

e) Rechtsnachfolge in die Polizeipflicht

Fragen der Rechtsnachfolge in die Polizeipflicht können sich vielfältig stellen, **186** wenn z.B. der Eigentümer verstirbt oder die gefahrträchtige Sache veräußert.[172] Dabei lassen sich folgende Grundkonstellationen unterscheiden: Verhältnis allgemeine (materielle) Polizeipflicht zur formellen (durch Anordnung konkretisierten) Polizeipflicht und Verhältnis Verhaltenshaftung zu Zustandshaftung. Innerhalb dieser vier Fallgruppen lässt sich wiederum nach Gesamtrechtsnachfolge und Einzelrechtsnachfolge differenzieren.[173]

aa) Rechtsnachfolge in die materielle Polizeipflicht des Zustandsstörers

Der materiellen Polizeipflicht als Zustandsstörer nach Art. 8 PAG unterliegt jedermann nach den gesetzlichen Regelungen. Besteht eine von einer Sache ausgehende Gefahr sowohl vor als auch nach Wechsel der Rechtszuständigkeit, kommt es auf die Problematik der Rechtsnachfolge nicht an.

Beispiel: Von einem Baum stürzen regelmäßig vertrocknete Äste auf die Fahrbahn. Bevor die Polizei die Beseitigung des Baumes anordnen kann, stirbt der Eigentümer des Grundstücks. Da die Gefahr auch nach dem Erbfall fortbesteht, kann die Polizei Anordnungen gegen den Erben richten, denn der Erbe ist als Eigentümer gem. Art. 8 Abs. 2 S. 1 PAG Zustandsverantwortlicher. **Abwandlung:** Bevor die Polizei die Beseitigung anordnen kann, verkauft der Eigentümer das Grundstück an den K. Hier kann die Anordnung ebenfalls gem. Art. 8 Abs. 2 S. 1 PAG an K ergehen.

bb) Rechtsnachfolge in die materielle Polizeipflicht des Verhaltensstörers

Anders ist die materielle Polizeipflicht im Falle der Verhaltensverantwortung zu **188** beurteilen.

Beispiel: Grundstückseigentümer E wirft immer wieder Äste auf die Straße, damit die Autos zu langsamerem Fahren gezwungen werden. **Abwandlung 1:** E stirbt, einige Äste liegen noch auf der Straße. **Abwandlung 2:** E veräußert das Grundstück an K, einige Äste sind noch nicht beseitigt.

---

[172] Ausführlich hierzu *Stückemann,* JA 2015, 573.
[173] Eine gute (tabellarische) Übersicht über die Arten der Rechtsnachfolge im Polizeirecht gibt *Rau,* Jura 2000, 37 ff.

189   Bei der Rechtsnachfolge in die Verhaltensverantwortung wird an die zivil-
rechtlichen Rechtsfolgen angeknüpft, so dass zwischen Einzelrechtsnachfolge und
Gesamtrechtsnachfolge zu unterscheiden ist. In Fällen der Gesamtrechtsnachfolge
(Erbschaft, Umwandlung aufgrund UmwG, aktienrechtliche Eingliederung) folgt
die Polizeipflicht der zivilrechtlichen Haftung aufgrund einer Analogie zu den gesetzlichen Bestimmungen (§§ 1922, 1967 BGB; § 20 Abs. 1 Nr. 1 UmwG; § 322
AktG). Auf der polizeirechtlichen Seite ist ferner danach zu unterscheiden, ob die
Verpflichtung übergangsfähig ist oder nicht.[174] Die Übergangsfähigkeit ist nur bei
höchstpersönlichen Pflichten bzw. unvertretbaren Handlungen ausgeschlossen. Daher kann bei Abwandlung 1 die Beseitigungsanordnung auch an den Erben ergehen, da er in die materielle Polizeipflicht eintritt, ohne dass die Haftung wegen
Unvertretbarkeit der Handlung ausgeschlossen wäre. Hingegen fehlt es bei der Einzelrechtsnachfolge (Abwandlung 2) an einem gesetzlichen Rechtsgrund für den
Übergang der materiellen Polizeipflicht.

cc) Rechtsnachfolge in die formelle Polizeipflicht des Zustandsstörers

190   Hat sich die allgemeine Polizeipflicht durch eine Anordnung der Polizei konkretisiert, unterscheiden sich die polizeirechtlichen Wirkungen ebenfalls nach Zustandshaftung und Verhaltenshaftung sowie den zivilrechtlichen Regeln.

> **Beispiel:** Wiederum stürzen von einem Baum trockene Äste auf die Straße. Die Polizei ordnet
> gegenüber E an, den Baum zu beseitigen. **Abwandlung 1:** E stirbt. **Abwandlung 2:** E veräußert
> das Grundstück an K.

191   Im Fall einer Gesamtrechtsnachfolge haftet der Erbe aufgrund §§ 1922, 1967
BGB analog bzw. im Falle einer Umwandlung von Unternehmen das überneh-
mende Unternehmen nach entsprechender Maßgabe der Vorschriften des UmwG.
Bei rechtsgeschäftlichem Eigentumsübergang fehlt es zwar an einer Rechtsgrundlage für den Übergang der Beseitigungspflicht. Die Rechtsprechung behilft sich jedoch mit dem Argument des dinglichen Verwaltungsaktes, der nicht verhaltensbe-
zogen, sondern zustandsbezogen ist und als solcher gleichsam auf der Sache lastet
und bei Übereignung mit übergeht.[175] Auf der polizeirechtlichen Seite ist in beiden Fällen ferner danach zu unterscheiden, ob die Verpflichtung übergangsfähig ist
oder nicht.[176] Die Übergangsfähigkeit ist nur bei höchstpersönlichen Pflichten bzw.
unvertretbaren Handlungen ausgeschlossen.[177] Daher sind in beiden Fällen der
Erbe bzw. der Käufer verpflichtet, den Baum zu fällen, denn es handelt sich um
eine vertretbare Handlung.

dd) Rechtsnachfolge in die formelle Polizeipflicht des Verhaltensstörers

192   Hat die Polizei in Fällen der Verhaltensverantwortlichkeit Maßnahmen angeordnet, kommt nur bei Gesamtrechtsnachfolge und einer übergangsfähigen Verpflichtung eine Haftung des Erben bzw. des übernehmenden Unternehmens auf Beseiti-

---

[174] *Schoch,* JuS 1994, 1026 (1030). Vgl. allgemein zur abstrakten Polizeipflicht bei Verhaltensverantwortlichkeit: BVerwG, NVwZ 2006, 928 ff.; *Palme,* NVwZ 2006, 1130 ff.
[175] Soweit spezialgesetzliche Regelungen bestehen, bedarf es der Konstruktion eines dinglichen Verwaltungsaktes nicht, z. B. Art. 54 Abs. 2 S. 3 BayBO.
[176] *Schoch,* JuS 1994, 1026 (1030).
[177] A. A. (Nachfolgefähigkeit grundsätzlich ausgeschlossen) *Steiner,* in: S/St, PAG, 5. Auflage
2020, Art. 8 Rn. 10.

gung der eingetretenen Störung analog §§ 1922, 1967 BGB bzw. in entsprechender Anwendung des UmwG in Betracht. Der Einzelrechtsnachfolger (Käufer) haftet schon mangels Rechtsgrunds nicht; wegen der an das Verhalten anknüpfenden Anordnung scheidet die Theorie vom dinglichen Verwaltungsakt aus.

f) Störerauswahl

Nur wenn überhaupt rechtmäßig mehrere Personen als Adressaten einer polizei-   **193** lichen Maßnahme in Betracht kommen, stellt sich die Frage nach der richtigen Störerauswahl. Die Polizei ist hierbei durch die **Grundsätze pflichtgemäßer Ermessensausübung** eingeschränkt. Leitprinzip dieser Ermessensentscheidung, die in die Kategorie des Auswahlermessens gehört, ist die Effektivität der Gefahrenabwehr. Zu den sachlichen Gesichtspunkten einer effektiven Gefahrenabwehr zählen die Wirksamkeit und Schnelligkeit des Eingreifens, persönliche und sachliche Leistungsfähigkeit des Pflichtigen, Sach- und Ortsnähe zur Gefahrenquelle, zivilrechtliche Beziehungen zwischen den Beteiligten und Maß des Verschuldens.[178] Grundsätzlich soll jedoch aufgrund des Verhältnismäßigkeitsprinzips und des aus Art. 3 GG folgenden Grundsatzes der gerechten Lastenverteilung der **Handlungsstörer vor dem Zustandsstörer** herangezogen werden, da er zur Störung mehr beigetragen hat als der Zustandsstörer. Typisches Beispiel für diese Konstellation ist der Tankwagen, der auf ein an die Straße grenzendes Grundstück gestürzt ist.

Bei mehreren Verhaltensstörern ist grundsätzlich derjenige heranzuziehen, der   **194** einen wesentlichen, erheblichen Verursachungsbeitrag zur Störung geleistet hat, da in erster Linie durch ihn eine effektive Gefahrenabwehr möglich ist.[179] An die Beurteilung des Verursachungsbeitrags durch die Polizei dürfen jedoch keine überspannten Anforderungen gestellt werden. Maßgeblich und ausreichend ist die ex-ante-Sicht eines sorgfältigen Durchschnittsbeamten.

g) Inanspruchnahme des Nichtstörers (Art. 10 PAG)

Wer sich im Einklang mit der Rechtsordnung befindet, stört auch im polizei-   **195** rechtlichen Sinne nicht. So ist der Vermieter, der berechtigt den Mietvertrag kündigt, nicht für die drohende Obdachlosigkeit des Mieters verantwortlich. Teilnehmer einer rechtmäßigen Versammlung dürfen nicht wegen einer gewalttätigen Gegendemonstration als Verhaltensverantwortliche in Anspruch genommen werden. In Fällen wie diesen kann jedoch eine Inanspruchnahme als Nichtstörer gem. Art. 10 PAG in Betracht kommen, wenn ein sog. polizeilicher Notstand vorliegt. So ist es in obigen Beispielen möglich, dass der obdachlose Mieter in die alte Wohnung eingewiesen wird oder die rechtmäßige Versammlung aufgelöst wird. Hierfür stellt Art. 10 Abs. 1 PAG strenge Voraussetzungen auf, nämlich das Bestehen einer erheblichen, gegenwärtigen Gefahr (→ Rn. 121, 125), die Fruchtlosigkeit von Maßnahmen gegen den oder die Verantwortlichen, das Fehlen eigener Abwehrmöglichkeiten durch die Polizei und keine erhebliche eigene Gefährdung und Verletzung höherwertiger Pflichten des in Anspruch Genommenen. Mit anderen Worten muss die Heranziehung als Nichtstörer ultima ratio sein, sie darf nicht unverhältnismäßig und muss dem Betroffenen zumutbar sein. Schließlich ordnet Art. 10 Abs. 2 PAG zugunsten des Betroffenen das bereits in Art. 4 Abs. 3 PAG ge-

---

[178] VGH München, BayVBl. 1986, 625; 1989, 467; NVwZ 2001, 458; NVwZ 2002, 821.
[179] VGH München, BayVBl. 1997, 87.

regelte zeitliche Übermaßverbot an. Die Handlungen, die der Nichtstörer vornimmt, werden – insoweit ähnlich einem Beauftragten – der Polizei als Behörde zugerechnet.

Beispiel: Aus einem Zirkus ist ein Tiger entflohen, der durch die Gassen der Altstadt streift. Die Polizei ordnet gegenüber Tierarzt T an, das Tier mit einem Betäubungsgewehr zu narkotisieren. Hat der Eigentümer des Tigers an der Rechtmäßigkeit der Maßnahme Zweifel, so muss er gegen den Freistaat Bayern als Träger der Polizei klagen.

196   Schäden, die der Nichtstörer selbst in Ausführung der Maßnahme erleidet, sind ihm vom Freistaat Bayern zu ersetzen (Art. 87 PAG → Rn. 452 ff.).

D. Die Vollstreckung der Polizeiverfügung

I. Begriff und Wesen der Vollstreckung

197   Die Geltung des Rechts für den Rechtsunterworfenen gehört zu den Wesensmerkmalen rechtlicher Ordnung. Diese Geltungskraft ergibt sich im Idealfall aus der Akzeptanz des Rechts und damit aus seiner freiwilligen Befolgung. Das Recht muss sich aber auch gegenüber demjenigen durchsetzen, der es – von seiner Richtigkeit nicht überzeugt – außer Acht lässt oder seine Interessen ohne Rücksicht auf rechtliche Regelungen verfolgt. Wenn hier Recht dem Unrecht weicht, verliert es seine ordnende Funktion und bleibt ohne Wirkung. Um die Geltung des Rechts und allseitige Rechtssicherheit durchzusetzen, bedarf es der Rechtsverwirklichung durch (staatlichen) Zwang.

198   Die staatliche Garantie, aber auch die faktische Möglichkeit der Zwangsvollstreckung, verstärkt die Geltungskraft der Rechtsvorschriften. In psychischer Hinsicht stiftet sie Rechtstreue bei demjenigen, der Nachteile fürchtet oder angesichts zweckloser Opposition gegen erwarteten Zwang resigniert (Beugefunktion); in physischer Hinsicht verwirklicht sie das Recht durch einen staatlichen Apparat, der den Widerstand des Rechtsuntreuen durch Zwangsmaßnahmen bricht, um rechtmäßige Zustände herzustellen (Realisierungsfunktion).

199   Diese Überlegungen gelten in besonderem Maße für polizeiliche Verfügungen. Die Staatsaufgabe der Gefahrenabwehr ist auf notfalls zwangsweise Verwirklichung von Recht und Rechtsgüterschutz angelegt. Um der Polizei ein ihrer Aufgabenstellung angemessenes Vollstreckungsinstrumentarium an die Hand zu geben, wurde die „Vollstreckung" von polizeilichen Verfügungen, also ihre zwangsweise Durchsetzung in einem rechtlich geordneten Verfahren, in den Art. 70–86 PAG speziell geregelt. Hiervon zu trennen sind diejenigen Maßnahmen, die sich auch über einen (vermeintlich) entgegenstehenden Willen hinwegsetzen können, ohne dass der Betroffene in der Lage wäre, dies durch eigenes Handeln abzuwenden: Einige der in den Art. 12 ff. PAG geregelten Standardmaßnahmen zeichnen sich gerade durch ihren „realisierenden" Charakter aus (→ Rn. 291 ff.). Sie sind nur in einem weiteren Sinne als polizeiliche Zwangsmittel anzusehen.

Beispiele: Wird einer Person aufgegeben, bei einer Bombendrohung eine Diskothek zu verlassen (Platzverweisung, Art. 16 PAG), und kommt diese Person der Verfügung nicht nach, so wird die Polizei zwangsweise gegen den Betroffenen vorgehen (regelmäßig im Wege unmittelbaren Zwangs, Art. 75 ff. PAG). Dieser hätte die Vollstreckung aber abwenden können, wenn er der

Aufforderung der Polizei nachgekommen wäre. – Ist dagegen einer der Tatbestände des Art. 23 PAG erfüllt, so kann die Polizei eine Wohnung betreten und durchsuchen, auch wenn der Wille des Betroffenen entgegensteht. Diese Maßnahme hätte der Betroffene nicht durch eigenes Handeln abwenden können. Art. 23 PAG gehört zu denjenigen Standardbefugnissen, die der Polizei ohne Weiteres die Befugnis zum selbständigen Einschreiten geben. Niemandem kann aufgegeben werden, seine eigene Wohnung zu durchsuchen.

Ebenso wie die Verwaltungsvollstreckung insgesamt unterscheidet sich auch die **200** Vollstreckung von Polizeiverfügungen in zweierlei Hinsicht grundlegend von der Vollstreckung privatrechtlicher Ansprüche: Durch den Erlass der Polizeiverfügung kann sich die Polizei zum einen selbst einen Vollstreckungstitel schaffen, ohne dass zuvor ein gerichtliches Erkenntnisverfahren durchgeführt werden muss (**Grundsatz der Selbsttitulierung**). Zum anderen kann die Polizei ihre Polizeiverfügungen durch eigene Vollzugsorgane vollstrecken, ohne, wie der Vollstreckungsgläubiger im Privatrecht, spezielle Vollstreckungsorgane einschalten zu müssen (**Grundsatz der Selbstvollstreckung**). Bei einer solchen „Vollstreckung aus einem Guss" kommt einer rechtsstaatlichen und freiheitssichernden Ausgestaltung des Vollstreckungsverfahrens mit Rechtsschutzmöglichkeiten in den wichtigsten „Vollstreckungsstationen" eine besondere Bedeutung zu.

Aus der Befugnis, einen Verwaltungsakt zu erlassen, folgt noch nicht das Recht, **201** diesen auch zu vollstrecken. Vollstreckungshandlungen bedürfen daher, ebenso wie die zu vollstreckende Verfügung selbst, einer gesetzlichen Ermächtigungsgrundlage (Vorbehalt des Gesetzes). Diese ergibt sich aus Vorschriften des Polizeiaufgabengesetzes mit Verweisen u. a. auf das Landesverwaltungsvollstreckungsrecht und Kostenrecht (VwZVG, KG).

II. Inhalt und Systematik der Art. 70–86 PAG

1. Die Zwangsmittel

Die Zwangsmittel, die der Polizei zur Gefahrenabwehr zur Verfügung stehen, **202** sind in Art. 71 Abs. 1 PAG genannt: Ersatzvornahme, Zwangsgeld, unmittelbarer Zwang.[180] Die Aufzählung ist abschließend, weil die Ersatzzwangshaft (Art. 74 PAG) als Verstärkung der Beugewirkung des Zwangsgeldes und nicht als eigenständiges Zwangsmittel anzusehen ist.[181] Unter den Zwangsmitteln hat der unmittelbare Zwang im polizeilichen Alltag eine besondere, „polizeispezifische" Bedeutung. Er ist (auch wegen seiner besonderen Grundrechtsrelevanz, Art. 1 Abs. 1, 2 Abs. 2 GG) sehr ausführlich in den Art. 77–86 PAG geregelt.

Zur zwangsweisen Durchsetzung von polizeilichen Verfügungen wird damit aus **203** dem Bereich des Verwaltungsvollstreckungsrechts nur der sog. Verwaltungszwang erfasst. Es fehlen Regelungen des Beitreibungsverfahrens, also der Vollstreckung von Geldforderungen der Polizei. Anordnungen der Polizei, die an bestimmte Personen zum Zwecke der Gefahrenabwehr ergehen, sind in erster Linie auf die Vornahme einer Handlung, Duldung oder Unterlassung gerichtet, nicht aber auf die Erfüllung

---

[180] Vgl. zur Abgrenzung der einzelnen Zwangsmittel die Fallösungen in *Seidl/Heuer*, VR 2011, 423 (425) sowie *Seidl/Kuhls*, VR 2012, 165 (168).

[181] Vgl. entsprechend VGH München, BayVBl. 1988, 372; *Schmidbauer*, in: S/St, PAG, 5. Auflage 2020, Art. 71 Rn. 1, 2; *Berner/Köhler/Käß*, PAG, 20. Auflage 2010, Art. 54 PAG a.F. Rn. 2.

einer Geldforderung. Soweit Geldforderungen beizutreiben sind, die im Polizeirecht auf der Sekundärebene vorkommen (→ Rn. 411 ff.), gelten die Art. 23 ff. VwZVG.

a) Ersatzvornahme (Art. 71 Abs. 1 Nr. 1, 72 PAG)

204   Die Ersatzvornahme besteht in der Ausführung einer dem Polizeipflichtigen obliegenden **vertretbaren Handlung** durch die Polizei (sog. Selbstvornahme) oder einen Dritten, z.B. einen Werkunternehmer (sog. Fremdvornahme). Essentielles Merkmal der Ersatzvornahme ist die Kostentragungspflicht (Art. 72 Abs. 1 S. 2 PAG → Rn. 435), weil sie (neben der finanziellen Entlastung der Behörde) auch der Willensbeugung des Polizeipflichtigen dient.

Beispiel: Abschleppen eines Fahrzeuges für ca. 150 €, das der Fahrer selbst kostenlos entfernen könnte.

205   Eine Handlung ist vertretbar, wenn die Vornahme durch einen Dritten möglich und es für die Behörde gleichgültig ist, ob der Pflichtige oder ein anderer die Handlung vornimmt. Vertretbare Handlung meint immer ein positives Tun; Dulden oder Unterlassen sind stets unvertretbar.

Beispiele: Das Entfernen eines sturmgeschädigten Baumes, der auf eine verkehrsreiche Straße umzukippen droht; das Öffnen eines verschlossenen PKW; aber nicht: die Herausgabe einer Sache; das „Wegtragen" von Demonstranten einer Sitzblockade.

b) Zwangsgeld und Ersatzzwangshaft (Art. 71 Abs. 1 Nr. 2, 73 f. PAG)

206   Das Zwangsgeld besteht in der Auferlegung einer bestimmten Geldschuld, die dann vom Polizeipflichtigen zu begleichen ist und dementsprechend beigetrieben werden kann, wenn er sich nicht wie polizeilich gefordert verhält (also nicht entsprechend der Polizeiverfügung handelt, duldet oder unterlässt). Es kann nicht nur (wie die Ersatzvornahme) zur Durchsetzung vertretbarer Handlungen verhängt werden, sondern kommt auch und gerade zur Erzwingung unvertretbaren Verhaltens in Betracht. Das Zwangsgeld ist weder Kriminal- noch Verwaltungsstrafe, sondern wie Ersatzvornahme und unmittelbarer Zwang **Beugemittel**. Es sühnt also nicht geschehenes Unrecht, sondern dient der Herbeiführung künftigen rechtmäßigen Verhaltens.

207   In Fällen andauernder Störung tritt das Zwangsgeld in **Konkurrenz zum Bußgeld**. Beide Mittel verfolgen das gemeinsame Ziel, Rechtstreue zu stiften. Sie können zudem nach ihrer Beitreibung und bei Fortdauer der Pflichtwidrigkeit wiederholt festgesetzt werden. Für das Zwangsgeld ergibt sich dies aus Art. 71 Abs. 3 PAG, für das Bußgeld aus der Erwägung, dass mit Zustellung des Bußgeldbescheides und gleichwohl fortgesetztem Rechtsverstoß eine neue, andere Tat beginnt. Die wiederholte Zwangsmittelanwendung ist jedoch unzulässig, wenn nicht zu erwarten ist, dass sie zum angestrebten Erfolg führt.[182] In dieser Konkurrenzsituation kommt dem **Verhältnismäßigkeitsgrundsatz** besondere Bedeutung zu. Die (i.d.R. identische) Bußgeld- und Vollstreckungsbehörde darf diese Mittel nicht beliebig einsetzen. Das betrifft besonders die Höhe, die für Buß- und Zwangsgeld durchaus unterschiedlich sein kann. In diesem Fall darf sich die Behörde nicht alleine an „fiskalischen" Interessen orientieren.

---

[182] VGH München, BayVBl. 1985, 501.

Die Verhängung von Ersatzzwangshaft ist ultima ratio. Nach Art. 74 Abs. 1 **208**
S. 1 PAG kann die Polizei beim Verwaltungsgericht die Anordnung von Ersatzzwangshaft beantragen, wenn das Zwangsgeld uneinbringlich ist. Dies ist dann
der Fall, „wenn die Beitreibung des Zwangsgeldes ohne Erfolg versucht worden ist oder wenn feststeht, dass sie keinen Erfolg haben wird" (VollzBek. zu
Art. 74).

c) Unmittelbarer Zwang (Art. 71 Abs. 1 Nr. 3, 75, 77 ff. PAG)

Unter unmittelbarem Zwang versteht man die „Einwirkung auf Personen oder **209**
Sachen durch körperliche Gewalt, ihre Hilfsmittel und durch Waffen" (Art. 78
Abs. 1 PAG). Körperliche Gewalt ist jede unmittelbare körperliche Einwirkung auf
Personen oder Sachen (Art. 78 Abs. 2), deren Hilfsmittel insbesondere Fesseln, Was-
serwerfer, technische Sperren, Diensttiere, Dienstfahrzeuge, Reiz- und Betäubungs-
stoffe sowie Sprengmittel gemäß Art. 78 Abs. 3 sind.

Beispiele: Durchsetzung von Platzverweisungen nach Auflösung einer verbotenen Demonstration durch Einsatz von Wasserwerfern; Stoppen eines Fluchtfahrzeuges durch Schüsse in die
Reifen.

Während der Einsatz körperlicher Gewalt gegen die Person des Pflichtigen stets **210**
unmittelbarer Zwang ist, muss bei der physischen Einwirkung auf Sachen des
Pflichtigen unterschieden werden: Soweit durch die Einwirkung auf Sachen die
dem Pflichtigen gebotene Handlung unmittelbar ausgeführt wird, liegt eine Ersatzvornahme vor (Realisierungsfunktion).

Beispiel: Abschleppen eines verkehrswidrig geparkten Fahrzeuges.

Soll die Einwirkung auf eine Sache den Erfolg nur mittelbar herbeiführen, han- **211**
delt es sich um unmittelbaren Zwang (Beugefunktion).

Beispiel:[183] Schüsse auf Reifen eines Fluchtfahrzeuges von Bankräubern.

Die Abgrenzung zwischen Ersatzvornahme und unmittelbarem Zwang orien- **211a**
tiert sich daran, ob die Polizei in gleicher Weise wie der Pflichtige vorgeht oder ob
sie in einer Art und Weise gewaltsam auf die Sache einwirkt, wie dies der Betroffene nicht tun müsste.[184]

Beispiel: Wird eine Tür gewaltsam eingedrückt, die der Betroffene ohne Gewalt öffnen könnte, liegt unmittelbarer Zwang vor.

2. Stufen des Vollstreckungsverfahrens

Die Erzwingung von Handlungen, Duldungen oder Unterlassungen erfolgt re- **212**
gelmäßig in einem zweistufigen Verfahren: Zwangsmittel müssen grundsätzlich angedroht werden (a), bevor sie angewendet werden können (b).

a) Androhung

Die Androhung ist in Art. 76 PAG (Ersatzvornahme, Zwangsgeld) und Art. 81 **213**
PAG (unmittelbarer Zwang) geregelt. Sie hat die Funktion, den Adressaten der

---

[183] Vgl. *Schoch,* JuS 1995, 307 (309).
[184] VGH München, Urt. v. 17.4.2008 – 10 B 07.219; vgl. hierzu die lesenswerte Fallbesprechung von *Seidl/Bartsch,* Jura 2011, 297 ff.

polizeilichen Verfügung zu warnen und ihm die konkreten Folgen der Nichtbeachtung des Befehls vor Augen zu führen. Auf diese Weise soll der Vollstreckungsschuldner zur Rechtsbefolgung angehalten werden, insbesondere auch,
um Kosten für ihn und die Allgemeinheit zu vermeiden. Aus dieser Funktion
ergeben sich die besonderen Rechtmäßigkeitsvoraussetzungen der Androhung
(→ Rn. 236 ff.).

b) Anwendung

214   Das Zwangsmittel muss gemäß seiner Androhung angewendet werden, also
durch Ausführung der vertretbaren Handlung, Anwendung körperlichen Zwangs
oder Festsetzung des Zwangsgeldes.

215   Die **Festsetzung** hat den Zweck, eine Entscheidung über Zeitpunkt und Maß
der Zwangsanwendung zu treffen. In Bayern ist die Festsetzung nur für das
Zwangsgeld gem. Art. 73 Abs. 1 PAG zwingend vorgesehen. Aber auch dort bildet
sie keine eigenständige Kategorie. Vielmehr wird das Zwangsgeld durch seine Festsetzung angewendet. Die Beitreibung eines festgesetzten Zwangsgeldes eröffnet ein
neues Vollstreckungsverfahren, dieses Mal gerichtet auf Geldzahlung (und nicht im
PAG, sondern in den Art. 23 ff. VwZVG geregelt).

216   Ob die Anwendung eines Zwangsmittels als Verwaltungsakt zu qualifizieren ist,
ist streitig. Hier wird man zunächst feststellen können: Die Anwendung des
Zwangsgeldes, also dessen Festsetzung, ist stets als **Verwaltungsakt** zu qualifizieren.
Dabei liegt der Regelungsgehalt in der verbindlichen Festlegung der Höhe des
Zwangsgeldes sowie der Zahlungsfrist. Anders dagegen bei Ersatzvornahme und
Vornahme unmittelbaren Zwangs: Hier wird die vollstreckende Behörde durch die
einschlägigen Befugnisnormen zu einem selbständigen Handeln ermächtigt. Dem
Betroffenen gegenüber wird nicht ein Gebot ausgesprochen, welches dieser zu be-
folgen hätte, sondern die Behörde wird ohne Weiteres zu einem selbständigen
Tätigwerden befugt. Dieses ist als **realisierende Polizeitätigkeit** (und damit als
Realakt) zu qualifizieren, ihm fehlt der Regelungscharakter. Zwar wird der Betroffene regelmäßig auch zur Duldung der entsprechenden behördlichen Maßnahme verpflichtet. Doch ist diese Duldungspflicht den zur Ersatzvornahme und
zur Anwendung unmittelbaren Zwangs ermächtigenden Befugnisnormen immanent. Eine eigenständige Duldungsverfügung – sei es ausdrücklich, sei es konkludent – wird regelmäßig nicht ergehen. Dem wird zwar entgegengehalten, „das
Rechtsschutzbedürfnis des Bürgers" und „das Bedürfnis der Verwaltung nach
rechtlicher Klarstellung innerhalb angemessener Frist" erforderten es, die Anwendung eines Zwangsmittels als Verwaltungsakt zu qualifizieren. Hierbei wird aber
nicht hinreichend gewürdigt, dass die Eröffnung verwaltungsprozessualen Rechtsschutzes nicht vom Vorliegen eines Verwaltungsaktes abhängt (gegen Realakte kann
mit der allgemeinen Leistungs- oder Feststellungsklage vorgegangen werden) und
dass das Klarstellungsinteresse von (Polizei-)Behörden kein Grund sein kann, Be-
hördenhandeln als Verwaltungsakt zu qualifizieren.

III. Allgemeine Vollstreckungsvoraussetzungen

1. Vorliegen eines befehlenden, vollziehbaren Verwaltungsaktes (Grundverfügung)

a) Polizeilicher Befehl

Die allgemeinen Vollstreckungsvoraussetzungen sind in Art. 70 Abs. 1 PAG gere- **217** gelt.[185] Diese Vorschrift bezieht sich – wie auch der Geltungsbereich des VwZVG (Art. 18 Abs. 1, 23 Abs. 1, 29 Abs. 1) – nur auf die Vollstreckung von *Verwaltungsakten* (sog. Grundverfügungen). Eine ausdrückliche (gar schriftliche) Polizeiverfügung muss aber nicht vorliegen, es genügen konkludente Gebote und Verbote (dazu zählen auch Verkehrsgebote, wie sie in Verkehrszeichen und -einrichtungen gesehen werden,[186] vgl. → Rn. 556 ff.).

Beispiele: Die ausdrückliche Aufforderung an eine Person, einen bestimmten Ort zu verlassen (Platzverweisung → Rn. 347 ff.), ist unproblematisch als ausdrücklicher Verwaltungsakt zu qualifizieren. Ebenso verhält es sich mit der polizeilichen Aufforderung, eine verschlossene Tür zu öffnen. – Aber auch das Halteverbotszeichen (§ 41 Abs. 1 i. V. m. Anlage 2 lfd. Nr. 62 [Zeichen 283] StVO) enthält nicht nur das Verbot, an der betreffenden Stelle zu halten, sondern beinhaltet konkludent auch das Gebot, ein abgestelltes Fahrzeug zu entfernen.

Zu beachten ist, dass der Verwaltungsakt von der Polizei erlassen worden (oder **218** ihr zurechenbar → Rn. 564) sein muss (Art. 70 Abs. 1 PAG: „Verwaltungsakt *der* Polizei"). Anderenfalls kann die Polizei nur im Wege der Vollzugshilfe (→ Rn. 52 ff.) tätig werden.

Beispiel: Das Gesundheitsamt ordnet gegenüber einer Person an, dass diese auf dem Gesundheitsamt zu erscheinen habe. Nachdem die Person der Aufforderung nicht nachkommt, wird die Vollzugspolizei im Wege der Vollzugshilfe ersucht, die Verfügung mittels unmittelbaren Zwangs zu vollstrecken.

Entbehrlich ist eine Grundverfügung nur unter den Voraussetzungen des Art. 70 **219** Abs. 2 PAG (sofortiger Vollzug) bzw. Art. 9 Abs. 1 PAG (unmittelbare Ausführung). Zum Begriff und zur Abgrenzung (→ Rn. 273 ff.).

Die Polizeiverfügung muss einen **vollstreckbaren Inhalt** haben. Taugliche **220** Grundlage für Vollstreckungsmaßnahmen können nur *befehlende Verwaltungsakte* sein, also Verfügungen, die ein Gebot oder Verbot enthalten.

Beispiele: Eine Vorladung nach Art. 15 PAG; das Gebot, die Fahrzeugschlüssel eines PKW herauszugeben.

Demgegenüber sind *feststellende* Verwaltungsakte nicht vollstreckungsfähig, *gestal-* **221** *tende* Verwaltungsakte nicht vollstreckungsbedürftig.

Beispiel: Die Auflösungsverfügung nach Art. 15 Abs. 4 BayVersG (→ Rn. 537 ff.) ist ein rechtsgestaltender Verwaltungsakt. Der Vollstreckung zugänglich ist hier alleine eine anschließende, auf Art. 16 PAG gestützte Platzverweisung, die die aus den Art. 15 Abs. 4, 5 Abs. 3 BayVersG resultierende Entfernenspflicht der Versammlungsteilnehmer konkretisiert.

---

[185] Näher zu den allgemeinen Vollstreckungsvoraussetzungen nach den entsprechenden Art. 53 ff. PAG a. F. *Poscher/Rusteberg,* JuS 2012, 26 (28).
[186] BVerwG, NJW 1978, 656 f.; NVwZ 1988, 623 f.

b) Vollziehbarkeit des Verwaltungsaktes

222   Zur inhaltlichen tritt die formelle Vollstreckbarkeit der Polizeiverfügung. Nach
Art. 70 Abs. 1 PAG kann ein Verwaltungsakt vollstreckt werden, wenn er „unanfechtbar ist oder wenn ein Rechtsmittel keine aufschiebende Wirkung hat". Damit
wird auf § 80 Abs. 1 und 2 VwGO Bezug genommen, wo der Gesetzgeber eine
Abwägung zwischen dem Vollzugsinteresse der Allgemeinheit und dem Aufschub-
interesse des Einzelnen vornimmt.

223   (1) **Unanfechtbarkeit** tritt wegen der Rechtsschutzgarantie des Art. 19 Abs. 4
GG erst nach Ablauf der Rechtsbehelfsfristen (Bestandskraft des Verwaltungsaktes)
bzw. mit der letztinstanzlichen gerichtlichen Entscheidung (Rechtskraft) ein.

224   (2) Die **aufschiebende Wirkung von Rechtsbehelfen** entfällt in den Fällen
des § 80 Abs. 2 VwGO: Während dem § 80 Abs. 2 S. 1 Nr. 1 VwGO für das Polizeirecht keine Bedeutung zukommt, enthält § 80 Abs. 2 S. 1 Nr. 2 VwGO für die typischen Maßnahmen des Polizeivollzugsdienstes eine klassische polizeirechtliche
Regelung: Bei unaufschiebbaren Anordnungen und Maßnahmen von Polizeivollzugsbeamten (nicht aber von Sicherheitsbehörden) haben Widerspruch und
Anfechtungsklage keine aufschiebende Wirkung. Zu beachten ist hierbei die
Gleichstellung von Verkehrszeichen und Verkehrseinrichtungen mit den verkehrs-
regelnden Maßnahmen von Polizeibeamten. § 80 Abs. 2 S. 1 Nr. 2 VwGO ist auf
Verkehrszeichen analog anzuwenden, da sie funktionsgleich mit Verkehrsregelungen
durch Polizeivollzugsbeamte sind. Weiterhin kann die sofortige Vollziehbarkeit eines
Verwaltungsaktes entweder durch Bundes- oder Landesgesetz (§ 80 Abs. 2 S. 1
Nr. 3 VwGO) oder durch die erlassende Behörde (§ 80 Abs. 2 S. 1 Nr. 4 VwGO:
bei öffentlichem Interesse oder überwiegendem Interesse eines Beteiligten) angeordnet werden.

225   Dem Anwendungsbereich des § 80 Abs. 2 S. 1 Nr. 3 VwGO zuzuordnen ist die
Vorschrift des Art. 21a VwZVG. Danach haben Rechtsbehelfe keine aufschiebende
Wirkung, soweit sie sich gegen Maßnahmen richten, die in der Verwaltungsvoll-
streckung getroffen werden. Hierzu zählen die Androhung und die Anwen-
dung von Zwangsmitteln der Polizei, soweit sie einen Verwaltungsakt darstellen
(→ Rn. 216, 237).

c) Nichterfüllung der durch die Grundverfügung auferlegten Pflicht (keine „Erledigung" des Zwangsmittels)

226   Art. 70 Abs. 1 PAG setzt stillschweigend voraus, dass der Adressat des Verwaltungsaktes seine Pflicht noch nicht erfüllt hat (weil sie anderenfalls nicht „durchgesetzt"
werden könnte). Von besonderem praktischen Interesse ist daher die Frage, welche
Wirkungen eintreten, wenn die durch Zwangsmittel durchzusetzende Handlungspflicht des Polizeipflichtigen gegenstandslos wird, etwa durch Erfüllung seitens des
Betroffenen oder weil sich die vollstreckbare Polizeiverfügung erledigt hat.

Beispiel: Grundstückseigentümer E wird aufgefordert, einen sturmbeschädigten Baum zu fällen, weil dieser auf die Straße zu kippen droht. E kommt dem zunächst nicht nach, so dass die
Ersatzvornahme angedroht wird. Nach einem weiteren plötzlichen Unwetter kippt der Baum,
allerdings auf das Grundstück des E, so dass er keine Gefahr mehr darstellt.

227   Hier kommt die Funktion der Zwangsmittel als (reine) **Beugemittel** zum Tragen. Gerade weil sie keine Strafe darstellen, ist ihre Anwendung sofort einzustellen,

wenn sich die polizeiliche Verfügung erledigt hat (Art. 71 Abs. 3 PAG). Dieser allgemeine Grundsatz des Verwaltungsvollstreckungsrechts beruht auf Art. 4 Abs. 3
PAG, welcher das Verhältnismäßigkeitsprinzip konkretisiert. Insbesondere ist die
Polizei gehindert, ein bereits bestandskräftig festgesetztes Zwangsgeld beizutreiben,
nachdem der Betroffene die Handlung vorgenommen bzw. die zu duldende Maßnahme gestattet hat (Art. 73 Abs. 3 S. 2 PAG).

Anders ist es, wenn der Vollstreckungsschuldner gegen ein zeitlich befristetes Ge- **228**
oder Verbot verstößt und gegen den nach Fristablauf ergehenden Zwangsgeldbe-
scheid einwendet, seine Handlungs- bzw. Unterlassungspflicht sei nunmehr erlo-
schen, so dass weitere Maßnahmen des Verwaltungszwanges einzustellen seien.

> **Beispiel:** Wegen zu befürchtender Ausschreitungen bei einem Fußballländerspiel wird Tank-
> stellenbetreiber T kurzerhand untersagt, alkoholische Getränke vor und während des Fußball-
> spiels zu verkaufen. Für den Fall der Zuwiderhandlung wird ein Zwangsgeld angedroht. T
> kommt der ihm auferlegten Verpflichtung nicht nach. Hier kann auch nach Ende des Fußball-
> spiels das Zwangsgeld festgesetzt und notfalls beigetrieben werden.

Hier muss vermieden werden, dass hartnäckige Vollstreckungsschuldner die An- **229**
drohung des Zwangsgeldes ins Leere laufen lassen, indem sie bewusst gegen zeitlich
begrenzte Handlungs- bzw. Unterlassungspflichten verstoßen, weil sie nach deren
„Erledigung" keine finanziellen Einbußen befürchten müssen. In dieser Situation
gebietet die Beugefunktion des Zwangsgeldes dessen Beitreibung auch noch nach
Erledigung der Handlungs- bzw. Unterlassungspflicht. Entscheidend für den Beu-
gecharakter des Zwangsgeldes ist nämlich gerade die Realisierungsmöglichkeit im
Fall der Zuwiderhandlung. Der Beitreibung selbst kommt eine geringe Beugefunktion zu; es handelt sich um den bloßen Vollzug der Zwangsgeldfestsetzung.

2. Rechtmäßigkeit der Grundverfügung als Vollstreckungsvoraussetzung (Konnexitätsgrundsatz)?

Die Frage nach der *Rechtmäßigkeit der polizeilichen Verfügung* als allgemeiner Voll- **230**
streckungsvoraussetzung bedarf einer differenzierenden Antwort. Die Verwaltungsvollstreckung ist ein Mittel, um die Einhaltung der Rechtsordnung zu garantieren.
Sie soll aber nicht begangenes Unrecht (Erlass eines rechtswidrigen Verwaltungsaktes) durch Vollstreckungsmaßnahmen vertiefen. Ob ein Verwaltungsakt rechtmäßig
oder rechtswidrig ist, ist freilich oft streitig und unklar. Hier muss die Rechtsordnung neben der materiellen Gerechtigkeit auch Rechtssicherheit stiften. Diese
wird durch das Institut der Bestandskraft („Unanfechtbarkeit", vgl. Art. 70 Abs. 1
PAG) erzielt, wodurch dem Betroffenen der Einwand abgeschnitten wird, der zu
vollstreckende Verwaltungsakt sei eigentlich rechtswidrig. Im Prinzip kann daher
auch eine rechtswidrige, aber bestandskräftige Polizeiverfügung vollstreckt werden.[187]

Wird dagegen ein zwar (noch) nicht bestandskräftiger, aber sofort vollziehbarer **231**
(§ 80 Abs. 2 VwGO) Verwaltungsakt vollstreckt, so kann das Institut der Bestandskraft nicht die möglicherweise gegebene Rechtswidrigkeit der Grundverfügung

---

[187] Das ist weitgehend anerkannt, vgl. *Poscher/Rusteberg,* JuS 2012, 26 (28). Unklar dagegen
Knemeyer, PolOrdR, 11. Auflage 2007, Rn. 358, der ohne weitere Differenzierung die Rechtmäßigkeit der Grundverfügung als Voraussetzung einer rechtmäßigen Verwaltungsvollstreckung bezeichnet.

überlagern. Hier stellt sich die Frage, ob die Vollstreckung nur dann rechtmäßig ist, wenn auch die zugrunde liegende Grundverfügung rechtmäßig ist.

232 (1) Mit Blick auf die Verfassungsprinzipien der Gesetzmäßigkeit der Verwaltung, der Verhältnismäßigkeit sowie des Grundsatzes effektiven Rechtsschutzes wird verschiedentlich von einem Rechtmäßigkeitszusammenhang zwischen vollstreckbarer Verfügung und Vollstreckungsmaßnahme (**„Grundsatz der Konnexität"**) ausgegangen. Danach würde bei rechtswidriger Grundverfügung regelmäßig – im Polizeirecht wie im allgemeinen Vollstreckungsrecht – auch die Vollstreckungsmaßnahme rechtswidrig sein.[188]

233 (2) Vorzugswürdig erscheint demgegenüber eine strikte Trennung zwischen Primärebene (Gefahrenabwehr) und Sekundärebene (Kostenersatz). Danach wäre eine Vollstreckungsmaßnahme auch dann rechtmäßig, wenn sich die sofort vollziehbare Grundverfügung (nachträglich) als rechtswidrig erweist.[189] Dafür spricht einerseits der Wortlaut von Art. 70 Abs. 1 PAG. Dort wird als Vollstreckungsvoraussetzung nur gefordert, dass „ein Rechtsmittel keine aufschiebende Wirkung hat", die Grundverfügung also sofort vollziehbar ist. Von ihrer Rechtmäßigkeit ist – anders als bei Art. 70 Abs. 2 PAG, wonach die Polizei „innerhalb ihrer Befugnisse" handeln muss (→ Rn. 259) – nicht die Rede. Im Gegenteil: Wenn das Gesetz die Vollstreckung zulässt, obwohl die Grundverfügung noch angreifbar ist, wälzt es insofern (im Hinblick auf die Effizienz der Gefahrenabwehr) bewusst das Risiko der Fehleinschätzung auf den Bürger ab. Im Übrigen ist auch ein rechtswidriger (nicht nichtiger) Verwaltungsakt wirksam, also zu beachten (Art. 43 Abs. 2 und 3 BayVwVfG) und deshalb bis zur Aufhebung (§ 113 Abs. 1 S. 1 VwGO) oder Vollzugshemmung (§ 80 Abs. 4, 5 VwGO) zwangsweise durchsetzbar.

234 Allerdings müssen auf der Kostenebene andere Kriterien gelten. Es verstieße gegen den Grundsatz materieller Gerechtigkeit, wenn der Vollstreckungsschuldner für zwar rechtmäßige, aber auf einer rechtswidrigen Grundverfügung beruhende Vollstreckungsmaßnahmen die Kosten zu tragen hätte.[190] Darauf ist noch zurückzukommen (→ Rn. 423 ff.).

3. Duldungsverfügung bei Eingriffen in Rechte Dritter

235 Greift die Polizeiverfügung in Rechte eines Dritten ein, ist eine Duldungsverfügung an diesen zu richten, um die Maßnahme ausführen zu können.[191] Das gilt sowohl für den Fall, dass der Betroffene dem ihm auferlegten Gebot nachkommt, als auch und gerade für den Fall, dass bei Nichtbefolgung des Gebots die Behörde im Wege der Vollstreckung tätig wird. Der Erlass einer solchen Duldungsverfügung

---

[188] So beispielsweise *Schoch,* JuS 1995, 307 (309) m. w. N.; die üblicherweise als „bayerische Lösung" bezeichnete Auffassung von *Knemeyer,* PolOrdR, 11. Auflage 2007, Rn. 356, 358 differenziert weiter: Nur im Polizeirecht soll der Grundsatz der Konnexität gelten, denn nur dort stellt sich der Vollzug einer Primärmaßnahme durch die Anwendung eines Zwangsmittels anders als im Sicherheitsrecht als Einheit dar. Im Übrigen bestünde kein Rechtmäßigkeitszusammenhang.

[189] So auch BVerfG, BayVBl. 1999, 303 (304); *Schenke,* POR, 11. Auflage 2021, Rn. 598 m. w. N.; *Rachor/Graulich,* in: Lisken/Denninger, HdPolR, 6. Auflage 2018, Kap. E Rn. 830 ff.; vgl. weiter *Heckmann,* VBlBW 1993, 41 ff. und die lesenswerte Fallbesprechung von *Seidl/Bartsch,* Jura 2011, 297 ff.

[190] A. A. OVG Schleswig, NordÖR 2006, 204.

[191] Vgl. zur Duldungsverfügung VGH München, NVwZ-RR 2006, 389.

ist in diesem Fall allgemeine Vollstreckungsvoraussetzung; ihr Fehlen stellt ein Vollstreckungshindernis dar. Die Erfüllung der Polizeiverfügung muss von vornherein möglich sein, ohne dass dies betroffene Dritte (etwa privatrechtlich: § 1004 BGB) verhindern können. Nur dann ist auch die zwangsweise Durchsetzung der Polizeiverfügung verhältnismäßig.

Beispiel: Die Polizei gibt dem Halter eines verunglückten Öltankwagens auf, das auf einem fremden Grundstück ausgelaufene Öl zu entsorgen, bevor es das Grundwasser verseucht. Gegen den Grundstückseigentümer ergeht (vorsorglich) eine Duldungsverfügung.

IV. Ordnungsgemäße Durchführung der Vollstreckung

1. Androhung und Auswahl des Zwangsmittels

Die Zwangsmittel Zwangsgeld und Ersatzvornahme sind *möglichst* schriftlich anzudrohen (Art. 76 Abs. 1 S. 1 PAG).[192] Die Androhung beim unmittelbaren Zwang (Art. 81 Abs. 1 S. 1 PAG ist lex specialis zu Art. 76 PAG) kann hingegen in jeder geeigneten Form erfolgen. Auf die Ersatzzwangshaft muss in der Androhung des Zwangsgeldes hingewiesen werden (Art. 74 Abs. 1 S. 1 PAG). **236**

Stets ist die Androhung als Verwaltungsakt anzusehen.[193] Der Regelungscharakter ergibt sich aus dem Umstand, dass dem Adressaten Art und Ausmaß des vorgesehenen Zwangsmittels eröffnet werden. Das erzeugt nicht nur Transparenz in der Verwaltungsvollstreckung, sondern schafft auch Rechtssicherheit, weil der Betroffene mit Einwendungen nicht mehr gehört wird, die er bei einem unterbliebenen Rechtsmittel gegen die Androhung hätte vorbringen können. **237**

Die Androhung kann entweder bereits in der polizeilichen Verfügung selbst (sog. unselbständige Androhung, Art. 76 Abs. 2 PAG) oder auch nach deren Erlass selbständig erfolgen. Sie muss sich auf ein bestimmtes Zwangsmittel beziehen (Art. 76 Abs. 3 S. 1 PAG). Art. 76 Abs. 3 S. 2 PAG verlangt dementsprechend bei Androhung mehrerer Zwangsmittel die Angabe der genauen Reihenfolge ihrer Anwendung. **238**

Wann von der Androhung abgesehen werden kann, regeln Art. 76 Abs. 1 S. 3 PAG und Art. 81 Abs. 1 S. 2 PAG. In dem speziellen Fall, dass der zu vollstreckende Verwaltungsakt eine Unterlassungspflicht betrifft, ist die Androhung von Zwangsgeld „für jeden Fall der Zuwiderhandlung" unzulässig, da es wegen der Anknüpfung an die Zuwiderhandlung einen mit dem polizeilichen Zwang unvereinbaren strafenden Charakter hat.[194] **239**

Welches Zwangsmittel die Polizei anwenden will (und deshalb vorher androhen muss), bestimmt sie nach ihrem **(Auswahl-)Ermessen** (→ Rn. 139 ff.). Diese Entscheidung ist nach den Kriterien effizienter Gefahrenabwehr und des Verhältnismäßigkeitsprinzips zu treffen. Nach letzterem Kriterium muss das angewandte Zwangsmittel in einem angemessenen Verhältnis zu seinem Zweck, d.h. zum erstrebten Vollstreckungserfolg, stehen. Von mehreren möglichen und zur Gefahrenabwehr geeigneten Zwangsmitteln muss dasjenige gewählt werden, das den Betrof- **240**

---

[192] Für die Schriftform gilt Art. 37 Abs. 3, 5 BayVwVfG.
[193] *Schmidbauer,* in: S/St, PAG, 5. Auflage 2020, Art. 76 Rn. 6; *Berner/Köhler/Käß,* PAG, 20. Auflage 2010, Art. 59 (a.F.) Rn. 5.
[194] VGH München, NVwZ 1987, 512; BVerwG, NVwZ 1998, 393 (394); *Schenke,* POR, 11. Auflage 2021, Rn. 604 mit Nachweisen auch zur Gegenauffassung.

fenen am wenigsten belastet. Welches Zwangsmittel den Polizeipflichtigen am wenigsten belastet, kann nicht allgemein entschieden werden, sondern ist unter Würdigung der konkreten Umstände zu klären. Hierbei kann von folgenden Faustregeln ausgegangen werden: Bei vertretbaren Handlungen ist i. d. R. die Ersatzvornahme das am wenigsten belastende Zwangsmittel, bei unvertretbaren Handlungen das Zwangsgeld. Unmittelbarer Zwang darf erst zur Anwendung kommen, wenn Ersatzvornahme und Zwangsgeld nicht zum Ziel geführt haben bzw. den Vollstreckungserfolg nicht herbeiführen können (Art. 75 Abs. 1 S. 1 PAG), da es sich hier um den schärfsten Eingriff – meist in die körperliche Integrität – handelt.

2. Durchführung der Ersatzvornahme (Art. 72 PAG)

241   Entscheidet sich die Polizei für eine Ersatzvornahme, hat sie besondere gesetzliche Vorgaben für die Androhung zu beachten. Dies ist deshalb wichtig, weil die Androhung mit der **Beugewirkung der Kostenangaben** den Pflichtigen dazu bringen soll, der Polizeiverfügung doch noch (mit eigenen Mitteln) nachzukommen. In der Androhung sollen deshalb die voraussichtlichen Kosten der Ersatzvornahme angegeben werden (Art. 76 Abs. 4 PAG). Da es sich hierbei um eine Soll-Vorschrift handelt (anders aber § 13 Abs. 4 S. 1 VwVG: Muss-Vorschrift), macht eine fehlende Angabe der voraussichtlichen Kosten die Androhung nicht stets, aber regelmäßig rechtswidrig.

242   Bei Differenzen zwischen einem viel zu geringen „Kostenvoranschlag" und dem tatsächlichen Kostenerstattungsbetrag gilt Folgendes: Die Kostenangabe in der Androhung hat **Warn-, keine Garantiefunktion.** Deshalb darf sich der Pflichtige nicht darauf verlassen, dass der veranschlagte Betrag nicht überschritten wird. Vielmehr haftet er für alle tatsächlich entstandenen Kosten, sofern diese pflichtgemäßer Sachbehandlung entsprechen.[195] Etwas anderes gilt nur, wenn die Behörde die Kosten in vorwerfbarer Weise zu niedrig veranschlagt hat oder wenn sie es versäumt, nachträglich auf eine zunächst nicht vorhersehbare Kostenerhöhung hinzuweisen. Diese Mitteilungspflicht ist eine Nebenpflicht aus dem Vollstreckungsrechtsverhältnis. Die Pflichtverletzung der Behörde kann dazu führen, dass der Kostenerstattungsanspruch bis zur Höhe der angegebenen Kosten reduziert werden muss, wenn und soweit ein pflichtgemäßer Hinweis die Mehrkosten vermieden hätte.

> **Beispiel:** A wird aufgefordert, einen morschen Baum zu beseitigen. Als voraussichtliche Ersatzvornahmekosten werden „ins Blaue hinein" 100 € genannt. Stellt sich bei der Beauftragung eines Unternehmens heraus, dass die Beseitigung 500 € kosten wird, muss A dies mitgeteilt werden. Unterbleibt dieser Hinweis und hätte A den Baum preiswerter beseitigen können, schuldet A nur diese Kosten.

243   In der Androhung ist weiterhin eine **Erfüllungsfrist** zu bestimmen, innerhalb derer der Betroffene die Verpflichtung zu erfüllen hat (Art. 76 Abs. 1 S. 2 HS 1 PAG). Erfüllt er nicht (oder ist die Androhung entbehrlich, Art. 76 Abs. 1 S. 3 PAG), nimmt die Polizei die Handlung nunmehr selbst vor oder beauftragt einen Dritten, der etwa als Fachkraft (Abschleppunternehmer, Techniker, Ingenieur) den gewünschten Erfolg herbeiführen soll. Zwischen der Behörde (genauer: deren Rechtsträger, i. d. R. dem Freistaat Bayern) und dem Unternehmer kommt ein privatrechtlicher Vertrag zustande, so dass mit dem Polizeipflichtigen eine **Dreiecks-**

---

[195] Dies ist in § 13 Abs. 4 S. 2 VwVG ausdrücklich klargestellt.

beziehung entsteht. Die schwierigen Rechtsfragen im Hinblick auf Kostenabwälzung, Haftung und Zurückbehaltungsrecht sollen am Fall des Abschleppens von Kraftfahrzeugen erläutert werden (→ Rn. 543 ff.).

Mit der (endgültigen) Ausführung der vertretbaren Handlung endet die Ersatz-   **244**
vornahme. Der in der Regel anschließend ergehende Kostenbescheid gehört zur finanziellen Abwicklung auf der Sekundärebene (→ Rn. 435 f.).

3. Festsetzung und Beitreibung des Zwangsgeldes (Art. 73 PAG)

Das Zwangsgeld ist in bestimmter Höhe anzudrohen (Art. 76 Abs. 5 PAG); die   **245**
Androhung ist bei diesem Zwangsmittel praktisch obligatorisch, weil kaum ein Fall denkbar ist, in dem die sofortige Festsetzung/Beitreibung eines Zwangsgeldes *zur Abwehr einer Gefahr* notwendig (Art. 76 Abs. 1 S. 3 PAG) ist. Das Zwangsgeld selbst dient ja nur mittelbar (durch seine Beugewirkung) der Gefahrenabwehr und wirkt letztlich nur dann, wenn sein Adressat sich auch beugen lässt.

Kommt der Pflichtige der Polizeiverfügung nicht nach, wird das Zwangsgeld   **246**
zwischen 5 € und höchstens 5.000 € schriftlich festgesetzt (Art. 73 Abs. 1 PAG). Die **Höhe des Zwangsgeldes** richtet sich nach pflichtgemäßem polizeilichen Ermessen. Als Kriterien kommen die Wichtigkeit des polizeilichen Zwecks, der Grad der drohenden Gefahr, die wirtschaftliche Lage des Pflichtigen, der Vorteil, der dem Pflichtigen aus seinem rechtswidrigen Verhalten erwächst, bei notorischer Nichtbefolgung die Steigerung der Höhe und die Festsetzung des Höchstsatzes nur in Ausnahmefällen in Betracht.

Eine fehlende Androhung macht die Festsetzung, eine fehlende bzw. fehlerhafte   **247**
Festsetzung die **Beitreibung** (Art. 73 Abs. 3 S. 1 PAG, Art. 23 ff. VwZVG) rechtswidrig.

Das Zwangsgeldverfahren endet entweder mit der Erfüllung der Polizeipflicht   **248**
(was auch eine etwaige Beitreibung festgesetzter Zwangsgelder verhindert, Art. 73 Abs. 3 S. 2 PAG) oder mit seinem endgültigen Fehlschlagen. In letzterem Fall kommt aber noch die Anordnung von Ersatzzwangshaft in Betracht.

4. Anordnung von Ersatzzwangshaft (Art. 74 PAG)

Die Ersatzzwangshaft ist **kein primäres Zwangsmittel,**[196] sondern erst zuläs-   **249**
sig, wenn das Zwangsgeld uneinbringlich ist (Art. 74 Abs. 1 S. 1 PAG). Sie ist damit keine Kriminalstrafe, sondern gleichfalls ein Zwangsmittel und verstärkt als subsidiär zum Zwangsgeld hinzutretende Maßnahme besonders bei unvertretbaren Handlungen die Einwirkung auf die Psyche des Pflichtigen, um ihn zu rechtstreuem Verhalten zu bewegen. Normativer Angelpunkt der Subsidiarität ist das Merkmal der „Uneinbringlichkeit" (→ Rn. 208), das der Vollstreckungsbehörde zugleich eine flexible und erfolgsorientierte Anwendung der Zwangsmittel sichert.

Beispiel: Bei einem offenkundig insolventen Schuldner kann auf ein vorgeschaltetes Zwangsverfahren verzichtet werden.[197]

Weil die Ersatzzwangshaft ein grundrechtsrelevanter Eingriff (Art. 2 Abs. 2 S. 2,   **250**
104 Abs. 2 GG) und als Eilmaßnahme untauglich ist, unterliegen ihre Androhung,

---

[196] Vgl. entsprechend VGH München, BayVBl. 1988, 372 f.
[197] Vgl. VGH München, NVwZ-RR 1998, 310 f.

Festsetzung und Vollstreckung einem förmlichen Verfahren: Zwingende schriftliche Androhung durch Hinweis in der Androhung des Zwangsgeldes (Art. 74 Abs. 1 S. 1 PAG), verwaltungsgerichtliche Festsetzung und gerichtlich überwachte Vollstreckung setzen die rechtsstaatlichen Sicherungen bei Freiheitsentziehungen in die Verwaltungspraxis um. Die Anordnung der Ersatzzwangshaft setzt die Bestandskraft der Festsetzung des Zwangsgeldes voraus.[198]

251   Im Verhältnis zur Ersatzzwangshaft ist unmittelbarer Zwang nicht unbedingt das mildere Mittel. Es kommt vielmehr auf die im Einzelfall zu vollstreckende polizeiliche Pflicht an.

5. Anwendung unmittelbaren Zwangs (Art. 75, 77–86 PAG)

252   Maßnahmen unmittelbaren Zwangs gegen die Person des Polizeipflichtigen besitzen eine erhebliche Grundrechtsrelevanz. Die gesetzlichen Regelungen konkretisieren daher besonders sorgfältig das Verhältnismäßigkeitsprinzip (Art. 4 PAG): Die Anwendung unmittelbaren Zwangs ist **ultima ratio:**[199] Andere polizeiliche Maßnahmen oder Zwangsmittel dürfen nicht in Betracht kommen oder keinen Erfolg versprechen (Art. 75 Abs. 1 S. 1 PAG). Seine Anwendung ist nach Art. 81 Abs. 1 S. 1, 2 PAG anzudrohen, soweit es die Umstände zulassen. Gegenüber einer Menschenmenge darf unmittelbarer Zwang nur unter engen Voraussetzungen angewandt werden (Art. 81 Abs. 3, 85 Abs. 1 PAG). Er ist so rechtzeitig anzudrohen, dass sich Unbeteiligte rechtzeitig entfernen können (Art. 81 Abs. 3 S. 1 PAG).

253   Unmittelbarer Zwang dient der physischen Herbeiführung der Polizeipflicht. Er ist an diesem Ziel zu orientieren und endet mit Zweckerreichung oder (endgültiger) Zweckverfehlung. (Zur Kostenerhebung bei Anwendung unmittelbaren Zwangs vgl. → Rn. 441 f.).

6. Insbesondere: Schusswaffengebrauch (Art. 83–86 PAG)

254   Für den Schusswaffengebrauch gelten gegenüber dem sonstigen unmittelbaren Zwang **erhöhte Anforderungen:**
   – Grundsätzlich ist vor Gebrauch von Schusswaffen eine Androhung erforderlich. Diese erfolgt entweder durch Warnruf („Halt oder ich schieße!") oder durch Warnschuss (Art. 81 Abs. 1 S. 3 PAG). Von einer Androhung kann nach Art. 81 Abs. 2 PAG nur abgesehen werden, „wenn das zur Abwehr einer gegenwärtigen Gefahr für Leib oder Leben erforderlich ist". Die Anwendung von Schusswaffen gegenüber einer Menschenmenge ist nach dem am Verhältnismäßigkeitsgrundsatz orientierten Art. 81 Abs. 3 S. 2 PAG stets anzudrohen und vor Gebrauch nochmals durch Warnschuss zu wiederholen.
   – Es ist zwischen dem Schusswaffengebrauch gegen Sachen und dem gegen Personen zu unterscheiden. Art. 83 Abs. 1 S. 2, Abs. 2 und 3 sowie Art. 84, 85 PAG regeln die Anforderungen an den Schusswaffengebrauch gegen Personen. Dieser ist nur verhältnismäßig, wenn der Zweck nicht durch Schusswaffengebrauch gegenüber Sachen erreicht werden kann (Art. 83 Abs. 1 S. 2 PAG).

---

[198] Vgl. entsprechend VGH München, BayVBl. 1988, 372 (373).
[199] Zur Anwendung von CN- und CS-Reizstoffen vgl. VGH München, BayVBl. 1988, 562 (563 f.); BVerwG, NVwZ 1989, 872.

Beispiel: Schuss auf die Reifen des Fluchtwagens statt auf den fliehenden Verbrecher selbst.

– Außerdem muss ein besonderer Grund bestehen, der den Anforderungen des Art. 84 PAG genügt. Danach gibt es fünf Anwendungsbereiche für den Schusswaffengebrauch, die in besonderer Weise die Gefährlichkeit der Person dokumentieren, auf die geschossen werden darf.

– Liegen die Voraussetzungen für den Schusswaffengebrauch gegen Personen vor, dann gilt beim Gebrauch immer noch folgende wichtige Einschränkung: Nach Art. 83 Abs. 2 S. 1 PAG dürfen Schusswaffen gegen Personen nur eingesetzt werden, um diese angriffs- oder fluchtunfähig zu machen. Der gezielte Todesschuss („ein Schuss, der mit an Sicherheit grenzender Wahrscheinlichkeit tödlich wirken wird") ist nach Art. 83 Abs. 2 S. 2 PAG nur zulässig, „wenn er das einzige Mittel zur Abwehr einer gegenwärtigen Gefahr für Leib oder Leben ist"

– Gesondert geregelt sind in diesem Kontext besondere Waffen und Sprengmittel nach Art. 86 PAG. Für diese gelten über Art. 84 f. PAG hinausgehende Maßstäbe. So dürfen Maschinengewehre nach Art. 86 Abs. 1 S. 1 PAG gegen Personen in den Fällen des Art. 84 Abs. 1 Nr. 1, 2, 5 PAG nur angewendet werden, wenn die Personen selbst von Schusswaffen oder Sprengmitteln Gebrauch gemacht haben und der vorherige Gebrauch anderer Waffen erfolglos geblieben ist. Explosivmittel sind besondere Sprengmittel wie z.B. Handgranaten oder Sprenggeschosse, die aus Schusswaffen verschossen werden können (Art. 78 Abs. 5 S. 1 PAG). Sie können gegenüber Personen dann eingesetzt werden, wenn diese unmittelbar beabsichtigen, selbst Schusswaffen oder Sprengmittel einzusetzen und der vorherige Gebrauch anderer Waffen durch die Polizei aussichtslos oder unzureichend ist (Art. 86 Abs. 1 S. 2). Dabei unterliegen derartige Maßnahmen der notwendigen Zustimmung des Landespolizeipräsidenten, es sei denn es liegt Gefahr im Verzug beim Einsatz von Explosivmitteln vor (Art. 86 Abs. 2 S. 2 PAG). Nicht eingesetzt werden dürfen Explosivmittel und Maschinengewehre durch die Polizei gegen Personen in einer Menschenmenge oder um Personen fluchtunfähig zu machen (Art. 86 Abs. 3 PAG).

7. Exkurs: Die Konkurrenz zu den Notwehr- und Notstandsregelungen

Nach Art. 77 Abs. 2 PAG bleiben die „zivil- und strafrechtlichen Wirkungen nach den Vorschriften über Notwehr und Notstand" von den Art. 78 ff. PAG „unberührt". So mag etwa polizeilicher Schusswaffengebrauch zwar polizeirechtswidrig sein, wenn er den Anforderungen des Art. 84 PAG nicht genügt; er kann aber dennoch als Notwehr bzw. Nothilfe durch § 32 StGB strafrechtlich gerechtfertigt sein.   **255**

Beispiel: Schuss auf den fliehenden unbewaffneten Täter, der soeben Schmuck im Wert von mehreren hunderttausend Euro entwendet hat.

Im Grundsatz gilt, dass die äußerst differenzierten Regelungen über die Ausübung unmittelbaren Zwangs nicht durch einen globalen Rückgriff auf die Notwehrregelungen im StGB und BGB unterlaufen werden dürfen. Die polizeirechtlichen Regelungen über den unmittelbaren Zwang sind letztlich am Verhältnismäßigkeitsprinzip orientiert, während nach herrschender Meinung die allgemeinen Notwehrregelungen in diesem Sinne keine Proportionalität zwischen verteidigtem   **256**

Rechtsgut und Eingriff in die Rechte des Angreifers verlangen.[200] Deshalb ist unter **Verzicht auf ein einheitliches Rechtswidrigkeitsurteil** zu differenzieren: Strafrecht und Bürgerliches Recht auf der einen Seite und Polizeirecht auf der anderen Seite sind scharf zu trennen. Eine Maßnahme unmittelbaren Zwangs mag straf- und zivilrechtlich gerechtfertigt sein, sie ist aber als polizeirechtswidrig und damit als rechtswidriges Verwaltungshandeln einzustufen, wenn sie den polizeirechtlichen (Verfahrens-)Vorschriften widerspricht.

8. Aussageerzwingung mittels unmittelbaren Zwangs („Darf die Polizei foltern"?)

256a   Wieder in den Blickpunkt geraten ist die Frage, ob die Polizei zur Abwehr von Gefahren für höchstrangige Rechtsgüter unmittelbaren Zwang zur Erlangung von Informationen einsetzen darf.[201]

> **Beispiel:** Der mutmaßliche Entführer wird von der Polizei unter Androhung von Foltermethoden dazu veranlasst, das Versteck zu verraten, an dem das Opfer untergebracht ist. Das Entführungsopfer gilt es dabei unverzüglich ausfindig zu machen, um es mit lebensnotwendigen Medikamenten versorgen zu können.

Auf den ersten Blick ist die Zulässigkeit eines derartigen polizeilichen Vorgehens eindeutig zu verneinen. Zum einen kann schon die notwendige polizeiliche Grundverfügung nicht rechtmäßig ergehen. Eine Befragung zur Sache, Art. 12 S. 2 PAG, kann mangels gesetzlicher Handlungspflicht nicht an den Entführer gerichtet werden (vgl. → Rn. 315)[202]; ein Rückgriff auf die polizeiliche Generalklausel ist wegen der Sperrwirkung des Art. 12 PAG dann nicht mehr möglich. Zum anderen wäre eine entsprechende Grundverfügung auch nicht mittels unmittelbaren Zwangs durchsetzbar, wie Art. 75 Abs. 2 PAG ausdrücklich bestimmt. Dies schließt auch die Androhung entsprechender Zwangsmittel mit ein, da nur zulässige Mittel angedroht werden dürfen. Auf verfassungsrechtlicher Ebene verbieten zudem Art. 1 Abs. 1 und Art. 104 Abs. 1 S. 2 GG die Anwendung der „Folter"[203]; dies bestätigt auch Art. 3 EMRK.[204]

Daneben lässt sich ein entsprechendes polizeiliches Vorgehen aus den oben besagten Gründen (→ Rn. 255 f.) nicht mittels eines Rückgriffs auf allgemeine Rechtfertigungsgründe (hier § 32 StGB) rechtfertigen. § 32 StGB kann Folter als staatliche Zwangsmaßnahme nicht legitimieren.[205] Davon zu unterscheiden ist die Frage, ob sich der die Folter androhende Polizeibeamte strafbar gemacht hat.[206]

---

[200] Vgl. *Roxin,* ZStW 81, 68 (71); zu den Ausnahmen vgl. umfassend *Perron,* in: S/S, StGB, 29. Auflage 2014, § 32 Rn. 43; vgl. auch BGH, NStZ 1981, 22.

[201] Dazu *Haurand/Vahle,* NVwZ 2003, 518 ff.; *Merten,* JR 2003, 404 ff.; *Jerouschek/Kölbel,* JZ 2003, 613 ff. sowie *Hilgendorf,* JZ 2004, 331; *Ellbogen,* Jura 2005, 339.

[202] Nach a. A. ist der Entführer zugleich Ingerent für die Erfolgsabwendung, §§ 13, 24 StGB, vgl. *Jerouschek,* JuS 2005, 296 (299).

[203] Dazu LG Frankfurt, NJW 2005, 692.

[204] Vgl. dazu EGMR, NStZ 2008, 699 ff. m. Anm. *Esser,* NStZ 2008, 657 ff. und EGMR (Große Kammer), NJW 2010, 3145 ff. m. Anm. *Grabenwarter,* NJW 2010, 3128; EGMR, JuS 2007, 264; *Schuhr,* NJW 2006, 3538 ff.

[205] *Erb,* Jura 2005, 24 (30).

[206] Vgl. dazu LG Frankfurt, NJW 2005, 692; a. A. *Jerouschek,* JuS 2005, 296 (301).

Diese allgemeinen gesetzlichen Folterverbote sollen aber nach einer Ansicht in der Literatur[207] für eng begrenzte Ausnahmefälle eine teleologische Reduktion erfahren, soweit die Erzwingung einer Aussage als ultima ratio zur Rettung von Menschenleben unerlässlich ist. Begründet wird dieser Ansatz mit der staatlichen Schutzpflicht des Lebens, Art. 2 Abs. 2 GG, sowie mit einem argumentum a maiore ad minus aufgrund der gesetzlichen Zulassung des finalen Rettungsschusses (vgl. Abs. 2 S. 2 PAG und → Rn. 254). Dagegen spricht zwar, dass es nicht um die Abwägung „Leben gegen Leben", sondern „Würde gegen Würde" geht. Diskussionswürdig ist allerdings die Überlegung, dass das Opfer, dem der „blockierte" (zum Unterlassen „gezwungene"?) Rechtsstaat effektiven Schutz versagt, quasi zum Objekt staatlicher Generalprävention („Wehret den Anfängen") gemacht wird und vielleicht einen durchaus „unwürdigen" Tod stirbt. Der EGMR stellt mit seinen beiden Entscheidungen[208] jedoch klar, dass das Verbot von Folter und unmenschlicher Behandlung in Art. 3 EMRK absolut gilt und keiner Abwägung zugänglich ist. Folter ist immer und unabhängig vom Verhalten des Täters, seiner Tat und der Umstände verboten. Eine Interessenabwägung ist nicht zulässig.[209]

V. Der sofortige Vollzug

Es kann Situationen geben, in denen die Vornahme von Vollstreckungsmaßnahmen unverzichtbar ist, obwohl eine vollstreckbare Grundverfügung nicht vorliegt. Denn deren Erlass kann an der fehlenden Anwesenheit des Pflichtigen scheitern. Oder aber dem Anwesenden gegenüber kommt die Bekanntgabe aus tatsächlichen Gründen – wegen Bewusstlosigkeit oder Trunkenheit – nicht in Betracht. Schließlich kann auch in besonderen Eilfällen der vorherige Erlass einer Verfügung mit einem unvertretbaren Zeitverlust verbunden sein, wodurch der Zweck der polizeilichen Maßnahme gefährdet würde. In diesen Situationen scheidet die Vollstreckung im gestreckten Verfahren (Art. 70 Abs. 1 PAG) mangels Grundverfügung aus. **257**

Deshalb sieht Art. 70 Abs. 2 PAG ein abgekürztes Vollstreckungsverfahren vor, wenn besondere Voraussetzungen vorliegen. Danach kann Verwaltungszwang auch ohne vorausgehenden Verwaltungsakt angewendet werden, wenn das zur Abwehr einer Gefahr notwendig ist und die Polizei innerhalb ihrer Befugnisse handelt.[210] **258**

Im Gegensatz zum gestreckten Verfahren ist damit der Konnexitätsgrundsatz (→ Rn. 230 ff.) in Art. 70 Abs. 2 PAG gesetzlich angeordnet („innerhalb ihrer Befugnisse"). Eine Vollstreckung im Wege des sofortigen Vollzugs ist deshalb nur dann rechtmäßig, wenn eine entsprechende Grundverfügung – würde sie tatsächlich ergehen – auch rechtmäßig wäre. Es müssen also stets die Voraussetzungen für eine mittels Sofortvollzugs durchgesetzte „fiktive Grundverfügung" vorliegen.[211] **259**

Der sofortige Vollzug darf nur in den Fällen angewandt werden, in denen das zur Abwehr einer Gefahr notwendig ist. Angesprochen ist damit eine besonders strenge **260**

---

[207] *Brugger,* JZ 2000, 165.
[208] EGMR, NStZ 2008, 699 ff. und EGMR (Große Kammer), NJW 2010, 3145 ff.
[209] Vgl. dazu auch *Meyer-Ladewig,* NVwZ 2009, 1531 ff.
[210] Zur Möglichkeit einer Vollstreckung ohne Grundverfügung *Poscher/Rusteberg,* JuS 2012, 26 (29 f.).
[211] So auch *Knemeyer,* PolOrdR, 11. Auflage 2007, Rn. 358.

Verhältnismäßigkeitsprüfung. Der vorherige Erlass einer Grundverfügung muss tatsächlich ausscheiden (insbesondere weil Maßnahmen gegen Personen nach den Art. 7 bis 10 PAG nicht [rechtzeitig] möglich sind oder keinen Erfolg versprechen), und die besondere Eilbedürftigkeit der Gefahrenabwehr muss ausnahmsweise die gleichwohl durchgeführte Vollstreckung erforderlich erscheinen lassen.

261   Letztlich müssen selbstverständlich auch bei der sofortigen Vollziehung die besonderen Vollstreckungsvoraussetzungen vorliegen. Diese richten sich nach der Art des angewendeten Zwangsmittels (→ Rn. 217 ff.; 236 ff.).

262   Art. 70 Abs. 2 PAG steht in Konkurrenz zur unmittelbaren Ausführung gem. Art. 9 PAG. Darauf wird noch zurückzukommen sein (→ Rn. 279 ff.).

E. Tatsächliche (insbesondere regelungsersetzende) Maßnahmen der Polizei

I. Ausnahmen von „Befehl und Zwang"

263   Üblicherweise erlässt die Polizei Verfügungen, die ein bestimmtes Verhaltensgebot an den Adressaten beinhalten. Diesem wird ein Tun, Dulden oder Unterlassen aufgegeben. Ihm wird damit ermöglicht, selbst der ihm obliegenden Verpflichtung nachzukommen, um ein sich ansonsten anschließendes Vollstreckungsverfahren (→ Rn. 212 ff.) abzuwenden.

264   Im Zentrum polizeilicher Tätigkeit steht somit der **Verwaltungsakt.** Dessen allgemeine Wirksamkeits- und Verfahrensanforderungen sind zu beachten. Insbesondere muss der Verwaltungsakt bekannt gegeben werden. Erst mit der Bekanntgabe wird der Verwaltungsakt wirksam, Art. 43 Abs. 1 BayVwVfG. Vorher ist er nicht existent. Die Bekanntgabe ist nicht nur Rechtmäßigkeits-, sondern Existenzvoraussetzung.

265   Die **Bekanntgabe** bereitet dort wenig Probleme, wo ein Verfügungsadressat anwesend und prinzipiell zur Beachtung der ihm aufgegebenen Verhaltenspflicht in der Lage und willens ist. Es sind aber auch Situationen denkbar, in denen die Bekanntgabe aus tatsächlichen oder rechtlichen Gründen Schwierigkeiten bereitet oder der vorherige Erlass einer Verfügung zu einem Zeitverlust führte, wodurch eine wirksame Gefahrenabwehr beeinträchtigt würde. Wenn aber kein wirksamer Verwaltungsakt erlassen werden kann, vollzieht sich polizeiliche Gefahrenabwehr nicht nach dem in den Abschnitten C. und D. dargestellten Schema von Befehl und Zwang. Dem tragen Sonderregelungen des PAG Rechnung, um die es im Folgenden geht.

1. Maßnahmen bei Abwesenheit des Betroffenen

266   Ist der Verfügungsadressat anwesend, so kann die Bekanntgabe eines Verwaltungsaktes in der Regel unproblematisch vorgenommen werden. Eine besondere Form ist dabei nicht vorgeschrieben. Der Verwaltungsakt kann schriftlich, mündlich oder in anderer Weise erlassen werden (Art. 37 Abs. 2 S. 1 BayVwVfG). Im Polizeirecht wird wegen der Dringlichkeit des Eingreifens regelmäßig die mündliche Bekanntgabe in Betracht kommen.

Ein Einschreiten kann aber auch dann unverzichtbar sein, wenn der Verfügungs- **267**
adressat (zur Zeit) nicht am Ort des Geschehens ist.

> **Beispiel:** Bei einem Unwetter kippt ein Baum vom Grundstück des X auf die Straße. X be-
> findet sich auf einer Kreuzfahrt in der Südsee. Die Bekanntgabe einer Verfügung („Beseitigen Sie
> den Baum von der Straße") kommt wegen der Abwesenheit des X zunächst nicht in Frage.
> Gleichwohl muss der Baum umgehend entfernt werden.

2. Maßnahmen bei Untunlichkeit von Ge- oder Verboten

Ebenso kann ein unmittelbares Vorgehen auch dann erforderlich werden, wenn **268**
der vorherige Erlass einer Verfügung untunlich ist, weil der erreichbare Verfügungsadressat ohnehin der ihm aufgegebenen Verpflichtung nicht nachkommen kann
oder will.

Das kann dann der Fall sein, wenn der Verantwortliche tatsächlich nicht in der **269**
Lage ist, die ihm auferlegte Verpflichtung zu erfüllen, weil er dafür nicht die körperlichen Voraussetzungen erfüllt oder nicht die sachlichen Mittel besitzt.

> **Beispiel:** Auf dem Grundstück des X wird eine Bombe aus dem 2. Weltkrieg gefunden. X hat
> weder die Kenntnisse noch die Fertigkeiten, einer Verfügung mit dem Inhalt „Entschärfen Sie die
> Bombe" nachzukommen.

Ebenso kann der vorherige Erlass einer Verfügung dann ausbleiben, wenn sich **270**
der Betroffene von vornherein kategorisch weigert, einer ihm auferlegten Verpflichtung nachzukommen. Hier würde der vorherige Erlass einer Verfügung eine
unnötige Förmlichkeit darstellen.

> **Beispiel:** Der stadtbekannte X hat seinen gefährlichen Löwen freigelassen. Er hat gegenüber
> der Presse mehrfach betont, dass er das Tier auch auf polizeiliche Aufforderung hin nicht einfan-
> gen werde, da er ihm die Freiheit geschenkt habe.

Es kann aber auch dem Zweck der polizeilichen Maßnahme widersprechen, zu- **271**
nächst eine Verfügung zu erlassen. So sind Situationen denkbar, in denen die vorherige Aufforderung an den Verpflichteten, eine bestimmte Handlung vorzunehmen,
den beabsichtigten Erfolg gerade beeinträchtigen würde.

> **Beispiel:** Ein Kidnapper hält in seiner Wohnung eine Person gefangen. Die Polizei, die die
> Geisel befreien will, will das Überraschungsmoment ausnutzen und den Kidnapper überrumpeln.
> Eine zunächst vorgenommene Verfügung, die Wohnungstür zu öffnen, würde offensichtlich den
> Erfolg der Maßnahme gefährden.

II. Unmittelbare Ausführung und sofortiger Vollzug

In den Fällen, in denen der vorherige Erlass eines Verwaltungsaktes nicht in Be- **272**
tracht kommt, muss die Polizei nicht untätig bleiben. Sie kann die Gefahr mit eigenen Mitteln abwehren. Dazu kommt entweder der sofortige Vollzug gem. Art. 70
Abs. 2 PAG in Betracht, durch den die Polizei zur Vornahme von Vollstreckungshandlungen ermächtigt wird, ohne zuvor eine vollstreckbare Grundverfügung erlassen zu haben. Oder aber die Polizei geht im Wege der unmittelbaren Ausführung
gem. Art. 9 PAG vor, wonach sie Maßnahmen anstelle des eigentlich Verantwortlichen durchführen kann.

1. Der sofortige Vollzug

273   Der sofortige Vollzug gem. Art. 70 Abs. 2 PAG ist dem Vollstreckungsrecht zuzuordnen. Die Vorschrift ermächtigt zur Anwendung von Zwangsmaßnahmen, ohne
dass zunächst ein Verwaltungsakt erlassen werden muss. Dabei ist ein Vorgehen im
Wege des sofortigen Vollzugs aber nur rechtmäßig, wenn eine gedachte („fiktive")
Grundverfügung auch hätte ergehen *dürfen*. Bei Art. 70 Abs. 2 PAG ist der Rechtmäßigkeitszusammenhang anders als bei Art. 70 Abs. 1 PAG (→ Rn. 233) also stets
erforderlich. Tatbestand und Rechtsfolgen des Art. 70 Abs. 2 PAG wurden bereits
dargestellt (→ Rn. 257 ff.).

2. Die unmittelbare Ausführung

274   Einen ähnlichen Anwendungsbereich wie der sofortige Vollzug hat die unmittelbare Ausführung gem. Art. 9 PAG. Danach kann die Polizei „eine Maßnahme
selbst oder durch einen Beauftragten ausführen, wenn der Zweck der Maßnahme
durch Inanspruchnahme der nach den Art. 7 oder 8 PAG Verantwortlichen nicht
oder nicht rechtzeitig erreicht werden kann". Systematisch ist die Vorschrift im Bereich der Störervorschriften angesiedelt. Damit wird bereits ein grundlegender Unterschied zum sofortigen Vollzug deutlich: Anders als dieser ist die unmittelbare
Ausführung keine Vollstreckungsmaßnahme. Dies hat Bedeutung vor allem für die
Frage der Anwendbarkeit der besonderen vollstreckungsrechtlichen Anforderungen.

a) Tatbestandsvoraussetzungen

275   Die unmittelbare Ausführung ist gem. Art. 9 PAG nur zulässig, wenn alle formellen und materiellen Voraussetzungen für das polizeiliche Tätigwerden vorliegen
(etwa Zuständigkeit, Gefahr für die öffentliche Sicherheit, fehlerfreie Ermessensausübung, Verhältnismäßigkeit). An dieser Stelle werden also die **Tatbestandsmerkmale der Eingriffsermächtigung** geprüft, die im Normalfall Voraussetzung einer (bei Art. 9 PAG tatsächlich nicht ergehenden) Grundverfügung
gewesen wären („fiktive" Grundverfügung). Die unmittelbare Ausführung kommt
darüber hinaus nur dann in Frage, wenn die Polizei selbst handeln kann, wenn es
also um die Ausführung einer *vertretbaren* Handlung geht. Hinzukommen müssen
Umstände, die es verhindern, die gebotene Maßnahme einem Störer durch Polizeiverfügung aufzugeben.

> **Beispiel:** Bei einem nächtlichen Sturm ist ein Baum auf eine Straße gestürzt. Ist der Eigen-
> tümer oder Inhaber der tatsächlichen Gewalt über das Grundstück (Art. 8 PAG) nicht oder nicht
> rechtzeitig erreichbar, kann die Polizei zum Zwecke der Verkehrssicherung den Baum selbst bei-
> seite schaffen oder sich durch einen beauftragten Dritten helfen lassen.

276   Art. 9 Abs. 1 S. 2 PAG verpflichtet die Behörde, den von der unmittelbaren Ausführung Betroffenen unverzüglich zu unterrichten. Ein Unterlassen dieser „Nach-
sorge" macht die Maßnahme jedoch nicht rechtswidrig.

b) Rechtsfolgen

277   Art. 9 PAG regelt in seinen beiden Absätzen zwei Rechtsfolgen, die sich an der
im Polizeirecht typischen Unterscheidung von Primär- (d. h. Gefahrenabwehr-)
und Sekundär- (d. h. Kosten-)Ebene orientieren. Wenn die Voraussetzungen des

Art. 9 Abs. 1 S. 1 PAG vorliegen, darf die Polizei die Maßnahme selbst oder durch einen Beauftragten unmittelbar ausführen. Diese Regelung ergänzt die Ermächtigungsgrundlage, z.B. die polizeiliche Generalklausel. Polizeiliche Maßnahmen in unmittelbarer Ausführung bedeuten regelmäßig eine Einwirkung auf Sachen und stellen sich damit als atypische Ersatzvornahme dar. Zu dieser atypischen Ersatzvornahme ermächtigt Art. 9 PAG (i. V. m. der Befugnisnorm, z. B. der Generalklausel) die Polizei unmittelbar, ohne dass auf Art. 72 PAG zurückgegriffen werden müsste. Nach Art. 9 Abs. 2 PAG hat der Störer die Kosten der unmittelbaren Ausführung zu tragen (→ Rn. 433 f.).

c) Rechtsnatur der unmittelbaren Ausführung

Die Rechtsnatur der unmittelbaren Ausführung ist umstritten. Vielfach wird sie **278** als Verwaltungsakt qualifiziert.[212] Überwiegend wird demgegenüber davon ausgegangen, dass die unmittelbare Ausführung ein **Realakt** ist.[213] Dem ist zuzustimmen. Schon die Tatsache, dass im Zeitpunkt der unmittelbaren Ausführung ein Adressat regelmäßig nicht greifbar ist, ein Verwaltungsakt also auch nicht bekannt gegeben werden könnte, spricht für die Einordnung als Realakt.[214]

d) Zur Abgrenzung vom sofortigen Vollzug

Die Abgrenzung zwischen unmittelbarer Ausführung und sofortigem Vollzug bereitet einige Schwierigkeiten. Während die überwiegende Zahl der Länder entweder die unmittelbare Ausführung oder den sofortigen Vollzug normiert haben, sind in Bayern beide Rechtsinstitute nebeneinander vorgesehen. Mag man am Sinn dieser Doppelnormierung auch zweifeln,[215] so muss die Abgrenzungsfrage doch beantwortet werden. Allerdings sind die praktischen Konsequenzen der Unterscheidung gering. Die Beurteilung der Rechtmäßigkeit einer Maßnahme wird stets gleich ausfallen, ob sie nun als unmittelbare Ausführung oder als sofortiger Vollzug eingeordnet wird.

Die Ausgangssituation ist in beiden Konstellationen identisch. Hier wie dort geht **280** es darum, dass die Polizei im Falle einer Gefahr tätig wird, ohne zunächst eine Verfügung an den Verantwortlichen gerichtet zu haben, die dieser befolgen könnte.[216]

Überwiegend wird die Abgrenzung nach der **Willensrichtung des Betroffenen** vorgenommen. Der sofortige Vollzug sei dem Vollstreckungsrecht zuzuordnen, **281** also dem Bereich des Zwangs. Von Zwang könne aber nur dort die Rede sein, wo ein entgegenstehender Wille gebrochen werden muss. Bei entgegenstehendem Willen solle deshalb stets der sofortige Vollzug (Art. 70 Abs. 2 PAG) einschlägig sein, während die unmittelbare Ausführung (Art. 9 PAG) dann zur Anwendung gelange, wenn der Betroffene mit der Maßnahme einverstanden ist. Die Abgrenzung wird also anhand der (vermuteten) Zustimmung der Verantwortlichen zum Handeln der Polizei bestimmt.[217]

---

[212] So auch *Köhler*, BayVBl. 1999, 582 (583 f.).

[213] Vgl. *Gallwas/Lindner*, in: Gallwas/Lindner/Wolff, BayPolSR, 4. Auflage 2015, Rn. 555; *Schenke*, POR, 11. Auflage 2021, Rn. 625 f.; *Maurer/Waldhoff*, AllgVerwR, 20. Auflage 2020, § 20 Rn. 26.

[214] Vgl. ausführlich zum Parallelproblem bei den Standardmaßnahmen Rn. 290 ff.

[215] In diesem Sinne *Schoch*, JuS 1995, 307 (312).

[216] Siehe *Kugelmann*, DÖV 1997, 153 (157).

[217] So *Knemeyer*, PolOrdR, 11. Auflage 2007, Rn. 358; *Gallwas/Lindner*, in: Gallwas/Lindner/Wolff, BayPolSR, 3. Auflage 2004, Rn. 558; *Schenke*, POR, 9. Auflage 2016, Rn. 564.

282   Auf den ersten Blick wird hiermit ein griffiges Unterscheidungskriterium gelie-
fert. Jedoch ergeben sich dort, wo auf den mutmaßlichen Willen einer abwesenden
Person abgestellt wird, Unschärfen bei der Ermittlung dessen, was entscheidendes
Differenzierungsmerkmal sein soll.[218]

283   Um diese Abgrenzungsunsicherheiten zu vermeiden, erscheint eine **systematische Differenzierung** vorzugswürdig.[219] Nach Art. 70 Abs. 2 PAG kommt
der sofortige Vollzug nur dann in Frage, wenn Maßnahmen gegen Personen nach
den Art. 7 bis 10 PAG nicht (oder nicht rechtzeitig) möglich sind. Damit wird auch
auf Art. 9 PAG Bezug genommen, dem somit gegenüber Art. 70 Abs. 2 PAG – insoweit ist der Wortlaut des Gesetzes eindeutig – eine Vorrangstellung zukommt.
Der sofortige Vollzug gelangt also nur dann zur Anwendung, wenn die unmittelbare Ausführung nicht in Betracht kommt.

284   Es gilt demnach die Fälle auszugrenzen, die nicht dem Anwendungsbereich der
unmittelbaren Ausführung unterfallen. Das ist zunächst immer dann der Fall, wenn
es um die **Vornahme unvertretbarer Handlungen** geht. Gem. Art. 9 PAG wird
die Polizei anstelle einer anderen Person tätig. Handlungen, die insofern höchstper-
sönlicher Natur sind, als sie nur und ausschließlich von einer bestimmten Person
durchgeführt werden könnten, können nicht anstelle des Pflichtigen von der Polizei
vorgenommen werden. Aus dem Anwendungsbereich des Art. 9 PAG sind somit
insbesondere die Fälle auszuscheiden, bei denen es um die Durchsetzung von Dul-
dungs- oder Unterlassungspflichten geht. Zudem ist an solche höchstpersönlichen
Handlungspflichten zu denken, die nicht anstelle des Störers erfüllt werden können.

> **Beispiel:** A hat sich ausgerechnet die Feuerwehrausfahrt ausgesucht, um seinen Rausch auszu-
> schlafen. Er wird von zwei Polizeibeamten weggetragen. Die Pflicht, eine Feuerwehrausfahrt
> nicht zu blockieren und diese ggf. durch Weggehen zu räumen, ist höchstpersönlicher Natur.

285   Darüber hinaus spricht die gesetzliche Systematik in Art. 9 und 10 PAG dafür, die
unmittelbare Ausführung anstelle eines Nichtverantwortlichen aus dem Anwendungsbereich des Art. 9 PAG auszuscheiden. Das ergibt sich aus Art. 9 Abs. 1 S. 1,
Abs. 2 S. 1 PAG. Dort sind lediglich die nach Art. 7 oder 8 PAG Verantwortlichen genannt, also Verhaltens- und Zustandsstörer. Nur an deren Stelle kann eine Maßnahme unmittelbar ausgeführt werden. Nicht in Bezug genommen werden Nichtver-
antwortliche nach Art. 10 PAG. Soll an deren Stelle ohne vorherige Verfügung
vorgegangen werden, bleibt nur der sofortige Vollzug gem. Art. 70 Abs. 2 PAG.

> **Beispiel:**[220] Ein Kleinkind klettert vom Balkon einer Wohnung auf das Geländer des Balkons
> der Nachbarwohnung. Der (Nachbar-)Wohnungsinhaber ist abwesend. Daraufhin bricht die Po-
> lizei die Wohnungstür auf. Das Öffnen der Tür ist eine vertretbare Handlung. Insofern ist grund-
> sätzlich der Anwendungsbereich des Art. 9 PAG eröffnet. Doch ist der abwesende Nach-
> bar Nichtverantwortlicher gem. Art. 10 PAG. An dessen Stelle kann die Polizei eine Handlung
> nicht unmittelbar ausführen. Das Aufbrechen der Tür ist deshalb als sofortiger Vollzug zu qualifi-
> zieren.

286   Zusammenfassend lässt sich mithin feststellen: Die unmittelbare Ausführung gem.
Art. 9 PAG genießt, soweit ihr Anwendungsbereich reicht, eine Vorrangstellung gegenüber dem sofortigen Vollzug. Der kommt also nur in solchen Konstellationen

---

[218] So auch *Schoch*, in: Schoch, BesVerwR, 15. Auflage 2013, Kap. 2, Rn. 394.
[219] Vgl. *Kugelmann*, DÖV 1997, 153 ff.; *Schoch,* in: Schoch, BesVerwR, 15. Auflage 2013,
Kap. 2, Rn. 394; *Schmitt-Kammler,* NWVBl. 1989, 389 ff.
[220] Nach *Schmitt-Kammler,* NWVBl. 1989, 389 (393).

zur Anwendung, in denen die unmittelbare Ausführung nicht in Betracht kommt. Das ist zum einen der Fall, wenn unvertretbare Handlungen des Verantwortlichen ausgeführt werden sollen. Zum anderen dann, wenn anstelle eines Nichtverantwortlichen gehandelt werden soll. Ist keine dieser Fallgruppen einschlägig, ist das Handeln der Polizei stets als unmittelbare Ausführung zu qualifizieren.

III. Standardmaßnahmen

Es gibt neben der unmittelbaren Ausführung und dem sofortigen Vollzug weitere **287** Befugnisnormen, durch die der Polizei ein unmittelbares tatsächliches Tätigwerden ermöglicht wird. Solche Ermächtigungsgrundlagen finden sich in den Art. 12 ff. PAG. Dort sind die Standardbefugnisse normiert, also diejenigen Befugnisnormen, die zur Durchführung sog. Standardmaßnahmen ermächtigen.

1. Begriff und systematische Einordnung

Als Standardmaßnahmen werden solche polizeilichen Maßnahmen bezeichnet, **288** die in der Polizeipraxis mit dem gleichen Erscheinungsbild regelmäßig vorkommen (Standardisierung), die Grundrechte des betroffenen Bürgers – z. T. empfindlich – einschränken (Grundrechtsrelevanz) und daher in den Polizeigesetzen über die Generalklausel hinaus spezielle Ermächtigungsgrundlagen finden. Standardbefugnisse stellen sich mithin als Ausdruck von Verhältnismäßigkeit und Bestimmtheit polizeilicher Eingriffe dar. Typischerweise werden Standardmaßnahmen von Polizei(vollzugs)beamten selbst ausgeführt.

Es lassen sich zunächst 5 Gruppen von Standardmaßnahmen unterscheiden, bei **289** denen nach der Art der betroffenen Grundrechte differenziert werden kann: Das Grundrecht auf informationelle Selbstbestimmung gem. Art. 2 Abs. 1 GG i. V. m. Art. 1 Abs. 1 GG (Art. 12–15 PAG), Freizügigkeit und Fortbewegungsfreiheit gem. Art. 11 GG (Art. 16 PAG), Freiheit der Person gem. Art. 2 Abs. 2 S. 2 GG (Art. 17– 20 PAG), Persönlichkeitskern und Privatsphäre, insbesondere Unverletzlichkeit der Wohnung gem. Art. 13 GG (Art. 21–24 PAG) sowie die Eigentumsgarantie gem. Art. 14 GG (Art. 25–28 PAG).

2. Die Rechtsnatur von Standardmaßnahmen

Bei den Standardbefugnissen ist zu unterscheiden: Teilweise ermächtigen sie zum **290** Erlass eines Verwaltungsaktes. Hier sind zu nennen die Platzverweisung (Art. 16 PAG), das Auskunftsverlangen (Art. 12 PAG) oder die Vorladung (Art. 15 PAG). In diesen Fällen ergeben sich – von den besonderen Tatbestandsvoraussetzungen abgesehen – keine Unterschiede zu den Polizeiverfügungen nach Maßgabe der Generalklausel (→ Rn. 98 ff.). Hier wie dort konkretisiert der Verwaltungsakt eine Verhaltenspflicht gegenüber dem Adressaten, die dieser zu befolgen hat. Andernfalls wird die Verfügung zwangsweise durchgesetzt. Das polizeiliche Handeln vollzieht sich also wie regelmäßig in einer Abfolge und in einem Ineinandergreifen von Befehl und Zwang.

Andere Standardbefugnisse hingegen ermächtigen zu einem unmittelbaren Tätigwerden der Polizei, ohne dass dafür eine Person mittels Polizeiverfügung in Anspruch genommen werden müsste. Hierzu zählen insbesondere die verschiedenen **291**

Durchsuchungsbefugnisse (Art. 21 bis 23 PAG) oder die Ingewahrsamnahme von Personen (Art. 17 PAG). Eine Verfügung an den Betroffenen, die Maßnahme zunächst selbst auszuführen, wäre in diesen Fällen entweder nicht denkbar oder jedenfalls unpraktikabel.

Beispiel: Schlechthin undenkbar ist die Verfügung an eine Person, sich selbst in Gewahrsam zu nehmen. – Kaum praktikabel wäre die Verfügung an eine Person, sich selbst zu durchsuchen.

292 Die einschlägigen Standardbefugnisse ermächtigen die Polizei, die in der Rechtsfolge genannten Handlungen eigenhändig durchzuführen. Ist ein Tatbestand des Art. 23 PAG einschlägig, so kann die Polizei eine Wohnung ohne Weiteres betreten und durchsuchen. Oder sie kann bei Vorliegen der Voraussetzungen von Art. 17 PAG eine Person in Gewahrsam nehmen. Sie muss dabei nicht auf die Vorschriften zur unmittelbaren Ausführung (Art. 9 PAG) oder zum sofortigen Vollzug (Art. 70 Abs. 2 PAG) zurückgreifen. Die Ermächtigung zum unmittelbaren Tätigwerden folgt unmittelbar aus der betreffenden Standardbefugnis. Von ihrer Rechtsnatur her sind Standardmaßnahmen in diesen Fällen als (regelungsersetzende) Realakte einzustufen.[221]

293 Das ist allerdings nicht unbestritten. Vielfach werden Standardmaßnahmen auch als Verwaltungsakte qualifiziert.[222] Dem Adressaten werde die Duldung des in der tatsächlichen Durchführung der Maßnahme liegenden Eingriffs in seine Freiheitsrechte auferlegt. Dabei könne der Duldungsbefehl entweder in einer ausdrücklichen Anordnung dem Betroffenen gegenüber bestehen, oder aber in der Durchführung der Maßnahme sei konkludent der Duldungsbefehl enthalten.

294 Dem ist wiederum entgegenzuhalten: Schon aus dem Gesetzeswortlaut ergeben sich keinerlei Anhaltspunkte dahingehend, dass die einschlägigen Ermächtigungsgrundlagen zum Erlass von Verfügungen befähigen (z.B. Art. 23 PAG: „Die Polizei kann eine Wohnung betreten und durchsuchen …", und nicht: „Die Polizei kann die Duldung einer Wohnungsdurchsuchung anordnen …"). Zudem müsste die rechtliche Einordnung der Maßnahmen anders ausfallen, wenn der Betroffene abwesend ist. Denn dann könnte ihm gegenüber eine Duldungsverfügung im maßgeblichen Zeitpunkt der Durchführung der Maßnahme mangels Bekanntgabemöglichkeit nicht ausgesprochen werden. Es ist aber nicht ersichtlich, warum die Rechtsnatur derselben Maßnahme bei Anwesenheit des Betroffenen anders ausfallen soll als bei dessen Abwesenheit.[223]

Beispiel: Das Betreten und Durchsuchen von Wohnungen (Art. 23 PAG) wäre als Verwaltungsakt zu qualifizieren, sofern der Wohnungsinhaber bei Durchführung der polizeilichen Maßnahme anwesend ist. Ist er hingegen abwesend, kommt eine Bekanntgabe nicht in Betracht. Die polizeiliche Maßnahme wäre als Realakt einzuordnen.

295 Auch Rechtsschutzgründe sprechen nicht dafür, polizeiliche Standardmaßnahmen als Verwaltungsakte zu qualifizieren. Während früher verwaltungsgerichtlicher Rechtsschutz an das Vorliegen eines Verwaltungsaktes geknüpft war, bestehen heute wegen Art. 19 Abs. 4 GG und unter dem Regime von § 40 VwGO umfassende Rechtsschutzmöglichkeiten in öffentlich-rechtlichen Streitigkeiten. Hat sich die

---

[221] *Drews/Wacke/Vogel/Martens,* GefAbw, 9. Auflage 1986, S. 216 f.; *Rachor/Graulich,* in: Lisken/Denninger, HdPolR, 6. Auflage 2018, Kap. E Rn. 36; *Schmitt-Kammler,* NWVBl. 1995, 166 ff.
[222] *Habermehl,* PolOrdR, 2. Auflage 1993, Rn. 527 ff.; *Schenke,* POR, 11. Auflage 2021, Rn. 128 f.
[223] Vgl. *Drews/Wacke/Vogel/Martens,* GefAbw, 9. Auflage 1986, S. 217.

Maßnahme erledigt, so kann deren Rechtmäßigkeit im Wege der allgemeinen Feststellungsklage gem. § 43 VwGO geklärt werden.[224] Denn diese kann auch erledigte Rechtsverhältnisse zum Gegenstand haben.[225] Der Betroffene ist nicht auf die an das Vorliegen eines Verwaltungsaktes geknüpfte Fortsetzungsfeststellungsklage (§ 113 Abs. 1 S. 4 VwGO)[226] angewiesen.

Es ist nicht von der Hand zu weisen: Standardmaßnahmen beinhalten regelmäßig Grundrechtseingriffe, und diese hat der Grundrechtsberechtigte bei Durchführung der Maßnahme hinzunehmen und somit auch zu dulden. Doch ist diese Duldungspflicht den Standardbefugnissen bereits immanent, ohne dass sie im Einzelfall durch entsprechende Verfügung konkretisiert werden müsste. **296**

Diese Einordnung korrespondiert mit der hier vertretenen Auffassung zur Rechtsnatur von Zwangsmaßnahmen und unmittelbarer Ausführung (→ Rn. 216 und Rn. 278). Auch diese Maßnahmen sind als realisierende Polizeitätigkeit einzuordnen, denen der Verfügungscharakter fehlt. Insgesamt gilt: Polizeilichen Tätigkeiten, die für sich betrachtet tatsächliche Handlungen sind, kommt keine Regelung des Inhalts zu, der Betroffene habe die Maßnahme zu dulden.[227] **297**

IV. Maßnahmen bei gestörter Polizeitätigkeit

Besondere Maßnahmen können dort erforderlich werden, wo polizeiliche Tätigkeit gestört wird und nicht wie vorgesehen durchgeführt werden kann. Hier ist vor allem an den Fall zu denken, dass gegenüber der Polizei Widerstand geleistet wird. Dabei sind die denkbaren Situationen vielfältig, in denen die Polizei solchermaßen auf Widerstand stoßen kann. Doch geht das Gesetz insbesondere dort, wo die Polizei zu einem unmittelbaren Tätigwerden befugt wird, wie selbstverständlich davon aus, dass diese Maßnahmen weitgehend reibungslos durchgeführt werden können. Nicht eingeplant sind Hindernisse, welche die erfolgreiche Durchführung der geplanten Maßnahme beeinträchtigen können. **298**

Solche Hindernisse können beispielsweise bei Vollstreckungsmaßnahmen begegnen. **299**

Beispiel: Dem X wird aufgegeben, einen sturmgeschädigten Baum zu beseitigen, der auf eine viel befahrene Straße zu stürzen droht. X kommt der Verfügung nicht nach. Als die Polizei die Anordnung deshalb zwangsweise im Wege der Ersatzvornahme durchsetzen will, versucht X den Einsatz zu behindern, indem er sich an den Baumstamm kettet.

Ähnliche Situationen können dort entstehen, wo die Polizei im Wege der unmittelbaren Ausführung (→ Rn. 274 ff.) tätig wird. **300**

Beispiel: Die Polizei will den Löwen des X einfangen (→ Beispiel unter Rn. 270). X versucht, den Polizeieinsatz zu behindern, indem er die Luft aus den Reifen der Polizeiautos lässt.

Schließlich können sich auch dort Schwierigkeiten ergeben, wo die Polizei Standardmaßnahmen durchführt. **301**

---

[224] Zutreffend *Drews/Wacke/Vogel/Martens,* GefAbw, 9. Auflage 1986, S. 217.

[225] BVerwGE 2, 229 (230).

[226] Dabei ist es nach der Entscheidung des BVerwG, NVwZ 2000, 63 ff., ohnehin fraglich, ob bei vorprozessual erledigten Verwaltungsakten die Fortsetzungsfeststellungsklage analog anwendbar ist. Siehe dazu auch die Anmerkung von *Schenke,* NVwZ 2000, 1255 ff.

[227] Vgl. *Poscher/Rusteberg,* JuS 2012, 26 (27).

Beispiel: Die Polizei will eine Wohnung durchsuchen. Der Wohnungsinhaber stellt sich den Beamten in den Weg.

302   In den geschilderten Konstellationen fragt sich, wie die Polizei den ihr entgegengesetzten Widerstand brechen kann, um die intendierte Maßnahme erfolgreich durchführen zu können. Sie wird dabei regelmäßig gegen Personen vorgehen müssen. Dafür braucht sie wiederum eine Ermächtigungsgrundlage.

303   Denkbar wäre es nun, eine solche Ermächtigungsgrundlage bereits in der Befugnisnorm zu sehen, die zu der primär intendierten Maßnahme ermächtigt. Beispielsweise wäre zu erwägen, ob nicht die zur Durchführung von Standardmaßnahmen ermächtigenden Befugnisnormen gleichzeitig dazu befugen, die ordnungsgemäße Durchführung der Maßnahme (notfalls zwangsweise) sicherzustellen.

304   Doch bedarf es in jedem Einzelfall einer genauen Bestimmung von Tatbestand und Reichweite der Standardbefugnisse. Diese scheiden als Ermächtigungsgrundlagen für ein unmittelbares Tätigwerden der Polizei dann aus, sofern bei der Vorbereitung und Durchführung der Standardmaßnahmen weitere Maßnahmen erforderlich werden, welche ihre Durchsetzung erst ermöglichen sollen.[228]

Beispiel: Die Polizei möchte eine Wohnung durchsuchen. Die Wohnungstür ist verschlossen. Die Polizei erwägt, die Tür gewaltsam aufzubrechen.

305   Der Umfang der Ermächtigung ist präzise zu ermitteln. Im obigen Beispiel kann das Aufbrechen der Tür kaum noch als „Betreten und Durchsuchen" aufgefasst werden. In diesen Fällen muss die Polizei – sofern nicht erneut eine besondere Befugnis einschlägig ist – auf die Generalklausel zurückgreifen und begleitende Verfügungen erlassen. Werden diese nicht befolgt, sind sie unmittelbar auszuführen oder nach Maßgabe des allgemeinen Vollstreckungsrechts zwangsweise durchzusetzen.

Beispiel: Die Polizei hat im vorgenannten Beispielsfall zunächst den Wohnungsinhaber aufzufordern, die Tür zu öffnen (Verfügung nach Art. 11 Abs. 1 PAG). Kommt dieser der Verfügung nicht nach, kann sie (bei Abwesenheit des Wohnungsinhabers) unmittelbar ausgeführt bzw. (bei dessen Anwesenheit) zwangsweise durchgesetzt werden (regelmäßig im gestreckten Verfahren, Art. 70 Abs. 1 PAG).

306   Insbesondere kann der Erlass begleitender Verfügungen (und deren zwangsweise Durchsetzung) dort erforderlich werden, wo der Pflichtige bei Durchführung der Standardmaßnahme aktiven Widerstand leistet. In diesen Fällen muss die Durchführung der Standardmaßnahme gewährleistet werden, indem der Widerstand überwunden wird.[229]

Beispiel: Bei der Wohnungsdurchsuchung stellt sich der Wohnungsinhaber den Beamten in den Weg. Wird die auf die Generalklausel zu stützende Aufforderung, aus dem Weg zu gehen, nicht freiwillig befolgt, ist sie zwangsweise durchzusetzen (im Wege unmittelbaren Zwangs). – Setzt sich die nach Art. 17 PAG in Gewahrsam zu nehmende Person gegen die Ingewahrsamnahme zur Wehr, können ebenfalls weitergehende Maßnahmen erforderlich werden, die ihre Grundlage nicht in der Standardbefugnis, sondern in der Generalklausel (in Verbindung mit Vorschriften des Vollstreckungsrechts) haben.

---

[228] So zutreffend *Selmer/Gersdorf,* Verwaltungsvollstreckungsverfahren, 1996, S. 32; vgl. zu dieser Problematik auch *Seidl/Bartsch,* Jura 2011, 297 ff.
[229] Vgl. *Habermehl,* PolOrdR, 2. Auflage 1993, Rn. 514.

Was hier exemplarisch für die Standardmaßnahmen entwickelt wurde, gilt eben- **307** so für anderweitige realisierende Polizeitätigkeit. Auch die unmittelbare Ausführung gem. Art. 9 PAG ermächtigt lediglich dazu, anstelle des eigentlich Pflichtigen eine Maßnahme durchzuführen. Nicht erfasst von der Befugnisnorm des Art. 9 PAG sind weitergehende Maßnahmen, die – sofern die Polizei auf Widerstand stößt – die Durchführung der unmittelbaren Ausführung überhaupt erst ermöglichen sollen. Gleiches gilt für die Vollstreckungsvorschriften.

F. Die einzelnen Standardmaßnahmen

Von den Standardmaßnahmen ist in den vorangegangenen Kapiteln bereits **308** mehrfach die Rede gewesen. Dabei waren Fragen angesprochen, die für alle Standardmaßnahmen gleichermaßen bedeutsam sind, gewissermaßen also vor die Klammer gezogen werden konnten. Geklärt wurde somit bereits das Verhältnis zur Generalklausel (→ Rn. 72) sowie allgemeine Fragen zur Rechtsnatur der Standardmaßnahmen (→ Rn. 290 ff.). Im Folgenden sollen nun die einzelnen Standardmaßnahmen näher untersucht werden.[230]

I. Auskunftsverlangen und Identifizierung (Art. 12–15 PAG)

Die auf die Art. 12–15 PAG gestützten Maßnahmen dienen der Polizei zur Er- **309** langung solcher sach- und personenbezogenen Informationen, derer sie zur Gefahrenabwehr bedarf. Man kann sie als „Urvorschriften" polizeilicher Datenerhebung bezeichnen.[231] Die Art. 12 ff. PAG sind vielfach aufeinander bezogen, wie etwa Art. 14 Abs. 1 Nr. 1 (i. V. m. Art. 13), 15 Abs. 1 Nr. 1 (i. V. m. Art. 12) oder Art. 15 Abs. 1 Nr. 2 (i. V. m. Art. 14) PAG zeigen.

1. Das Auskunftsverlangen (Art. 12 PAG)

Art. 12 PAG regelt die Befugnis zur polizeilichen Befragung des Bürgers, wobei **310** sich Inhalt und Reichweite des Fragerechts aus der – regelmäßig eingeschränkten – Auskunftspflicht des Befragten ergeben. Das Auskunftsverlangen ist auf ein positives Tun (die Beantwortung der gestellten Fragen) gerichtet und stellt einen Verwaltungsakt dar.

Gem. Art. 12 S. 1 PAG ist eine Person auf Befragen der Polizei verpflichtet, die **311** dort einzeln und abschließend genannten persönlichen Daten preiszugeben. Art. 12 S. 2 PAG sieht eine weitergehende Auskunftspflicht („Angaben in der Sache" oder personenbezogene Angaben über einen Dritten) nur für solche Personen vor, die eine besondere gesetzliche Handlungspflicht (z. B. Hilfeleistungspflicht aus § 323c StGB, Pflicht zur Anzeige geplanter Straftaten gem. § 138 StGB, aber auch eheliche Schutzpflichten aus § 1353 BGB) trifft.

---

[230] Zur Vertiefung empfohlen: *Lambiris*, Klassische Standardbefugnisse im Polizeirecht, 2002; *Schucht*, Generalklausel und Standardmaßnahme, 2010.
[231] Lesenswert *Schmidbauer*, in: S/St, PAG, 5. Auflage 2020, Art. 12 Rn. 1 ff.

312   Auch wenn der Bürger keine solche Handlungspflicht hat, kann er freiwillig Angaben machen. Dies wird er in der Regel auch tun, wenn die Angaben sachdienlich sind und ihn selbst nicht belasten.

313   Voraussetzung ist in beiden Fällen, dass die Befragung zur Erfüllung einer bestimmten polizeilichen Aufgabe (vgl. Art. 2 PAG) erfolgt. Es muss also um die Abwehr einer *bestimmten* Gefahr gehen; eine *konkrete* Gefahr muss demgegenüber nicht vorliegen. Angaben in der Sache sind alle Auskünfte der befragten Person, die nach Ansicht der Polizei der Gefahrenabwehr dienlich sein können und die über die reine Angabe der eigenen Personalien hinausgehen.

> **Beispiel:** Die Polizei verpflichtet die einer Sekte angehörenden Eltern eines schwerkranken Kindes, Angaben über dessen Aufenthaltsort zu machen.

314   Die Formulierung in Art. 12 S. 1 PAG, „wenn anzunehmen ist, dass sie (die befragte Person) sachdienliche Angaben machen kann", hat eher tautologischen Charakter. Eine Befragung von Personen, von denen dies nicht anzunehmen ist, zielte ins Leere. Sie wäre schlichtweg ungeeignet.

315   Der **Adressatenkreis** einer polizeilichen Befragung richtet sich nach der (vermutlichen) Eignung zu Sachangaben und nicht nach einer Störereigenschaft i. S. d. Art. 7 ff. PAG. Befragt werden kann deshalb auch ein am Geschehen vollkommen Unbeteiligter. Tauglicher Adressat eines Sachauskunftsverlangens i. S. d. Art. 12 S. 2 PAG ist dagegen nur derjenige, für den die besagte gesetzliche Handlungspflicht besteht. Der Adressatenkreis bei Art. 12 S. 2 PAG ergibt sich also aus der Vorschrift selbst, ohne dass es eines Rückgriffs auf die Art. 7 ff. PAG bedürfte. Die zur Ermittlung dieser Pflicht notwendigen Angaben muss sich die Polizei anderweitig beschaffen, sofern sie sich nicht aus den Personalien oder freiwilligen Auskünften ergeben bzw. offenkundig sind.

316   Da die Aufforderung zur Auskunftserteilung als Verwaltungsakt zu qualifizieren ist, steht deren Durchsetzung im Wege des Verwaltungszwangs im Prinzip nichts entgegen.[232] Allerdings scheidet eine Ersatzvornahme (Art. 72 PAG) von vornherein aus, weil die Auskunftserteilung keine vertretbare Handlung (→ Rn. 204 f.) ist. Wegen Art. 75 Abs. 2 PAG kommt auch die Anwendung unmittelbaren Zwangs nicht in Betracht. Es bleibt somit die Durchsetzung mittels Zwangsgeldes gem. Art. 73 PAG.

317   Art. 12 S. 3 PAG gibt der Polizei die Befugnis, die Person für die Dauer der Befragung anzuhalten. Hierdurch soll die Befragung ermöglicht und gleichzeitig verhindert werden, dass der Betroffene sich der Maßnahme durch schlichtes Entfernen entzieht. Der Zusammenhang mit der Befragung ist deshalb auch zwingende Voraussetzung für die Inanspruchnahme der Ermächtigung.

318   Durch die Vorschrift wird die Polizei zum Erlass einer Verfügung ermächtigt, derzufolge die zu befragende Person stehen zu bleiben hat. Die zwangsweise Durchsetzung erfolgt nach Maßgabe der Art. 70 ff. PAG. In Betracht kommt praktisch nur unmittelbarer Zwang (Art. 75 ff. PAG) durch Festhalten der Person, weil die Festsetzung eines Zwangsgeldes in diesem Fall wenig erfolgversprechend ist.

---

[232] Streitig: Wie hier *Schmidbauer*, in: S/St, PAG, 5. Auflage 2020, Art. 12 Rn. 22; vgl. auch *Berner/Köhler/Käß*, PAG, 20. Auflage 2010, Art. 12 Rn. 5.

2. Die Identitätsfeststellung (Art. 13 PAG)

Im Mittelpunkt polizeilicher Tätigkeit stehen in der Regel Personen, sei es als **319** Handlungs- oder Zustandsstörer, Nichtstörer, Zeuge, Opfer oder einfach als unbeteiligter Dritter. Um sie für die Polizei zu individualisieren, müssen die **Personalien** (insbesondere Name, Geburtsort und -datum, Anschrift) festgestellt werden. Damit soll gewährleistet werden, dass sofortige, aber auch spätere Maßnahmen stets den richtigen Adressaten finden. Zu diesem Zweck befugt Art. 13 PAG zur Identitätsfeststellung. Diese zählt zu den typischen Maßnahmen der Polizei und ist ihrerseits Anknüpfungspunkt für eine Vielzahl von Folgemaßnahmen.

So mögen bei einer Identitätsfeststellung erkennungsdienstliche Maßnahmen **320** notwendig (Art. 14 Abs. 1 Nr. 1 PAG) und in diesem Zusammenhang ggf. eine Vorladung ausgesprochen werden (Art. 15 Abs. 1 Nr. 2 PAG); ebenso kommen als Begleitmaßnahmen die Durchsuchung der Person (Art. 13 Abs. 2 S. 4, 21 Abs. 1 und 2 PAG) und mitgeführter Sachen (Art. 13 Abs. 2 S. 4, 22 Abs. 1 PAG) in Betracht. Die ganze Bandbreite der gesetzlichen Anlässe für eine Identitätsfeststellung (Art. 13 Abs. 1 Nr. 1–6 PAG) ist auch vor diesem Hintergrund zu sehen. Darüber hinaus sind die in Art. 13 Abs. 1 PAG genannten Tatbestände vielfach Anknüpfungspunkt für eine Reihe weiterer Standardmaßnahmen, ohne dass diese im Zusammenhang mit der Identitätsfeststellung stehen müssten. So wird insbesondere auf die in Art. 13 Abs. 1 Nr. 2 PAG genannten sog. gefährlichen Orte und auf die in Art. 13 Abs. 1 Nr. 3 PAG genannten sog. gefährdeten Orte in anderen Vorschriften Bezug genommen (→ nur Art. 21 Abs. 1 Nr. 3 und 4 PAG oder Art. 22 Abs. 1 Nr. 4 und 5 PAG).

Art. 13 PAG regelt nur die Identitätsfeststellung zu präventiv-polizeilichen Zwe- **321** cken. Das ergibt sich bereits aus der allgemeinen Aufgabenzuweisung in Art. 2 Abs. 1 PAG. Für den repressiven Bereich der Strafverfolgung sind die §§ 111, 127 Abs. 1 S. 2, 163b StPO, für das Bußgeldverfahren die auf die StPO verweisenden §§ 46, 53 Abs. 1 S. 2 OWiG anwendbar.

In Art. 13 Abs. 1 PAG werden die Voraussetzungen geregelt, unter denen die **322** Identität einer Person festgestellt werden darf. Hierbei lassen sich drei Arten von Feststellungsgründen unterscheiden:

Die Identitätsfeststellung nach Art. 13 Abs. 1 Nr. 1 PAG ist unabhängig von dem **323** Ort, an dem sich die Person befindet; sie muss nur geeignet und erforderlich sein, eine **Gefahr** abzuwehren.[233] Dabei muss nach Art. 13 Abs. 1 Nr. 1 lit. a) PAG entweder eine konkrete Gefahr i.S.d. Art. 11 Abs. 1 S. 2 PAG vorliegen oder nach Art. 13 Abs. 1 Nr. 1 lit. b) PAG eine drohende Gefahr für ein bedeutendes Rechtsgut (Art. 11a Abs. 2 PAG) vorliegen, wenn keine konkrete Gefahr gegeben ist. So soll gefährliches Handeln auch ohne konkrete Gefahr unterbunden werden, da die Person aufgrund ihrer Identifizierung unter Umständen von ihrem Vorhaben ablässt.[234]

Die bloße Kenntnis der Polizei von Personalien eines Störers kann die Verwirklichung einer Gefahr allerdings nur in seltenen Fällen verhindern. Es müssten sich schon Maßnahmen anschließen, die die gewonnenen Daten verwerten.

---

[233] Zum Vorliegen einer die Identitätsfeststellung rechtfertigenden konkreten Gefahr beim Fotografieren von Polizeibeamten vgl. OVG Lüneburg, NVwZ 2013, 1498; zustimmend *Seidl,* jurisPK-ITR 10/2013 Anm. 2; mit ablehnender Anm. hingegen *Payandeh,* NVwZ 2013, 1458.
[234] LT-Drs. 17/16299, S. 11.

Beispiel: Die Polizei erfährt von der Suizidabsicht eines gewissen Theo Trübsal. Sie stellt die Identität einer Person fest, auf die eine vorher eingeholte Beschreibung passt. Die Kenntnis, dass es sich um den Gesuchten handelt, verhindert noch nicht die Tat. Sie ist aber Voraussetzung dafür, die Person ggf. in Schutzgewahrsam (Art. 17 Abs. 1 Nr. 1 PAG → Rn. 361) zu nehmen.

324   Im Übrigen müsste das psychologische Moment greifen, dass der „erkannte" Täter vor der Tat zurückschreckt (sog. „Zipperlein-Effekt").

325   Als zweite Gruppe stellen die Nr. 2–5 des Art. 13 Abs. 1 PAG allein auf den Ort ab, an dem sich der Betroffene befindet. Bei den hier geregelten **polizeilichen Vorfeldbefugnissen** stehen die Gefährlichkeit bzw. Gefährdung eines bestimmten Ortes oder die Wahrscheinlichkeit des Antreffens von Straftätern an einer Kontrollstelle[235] im Vordergrund. Adressat kann jedermann, auch ein Nichtstörer sein. Schon die bloße Wahrscheinlichkeit, an diesen Orten einen Störer oder Straftäter aufzugreifen, rechtfertigt die Personenfeststellung. Gleiches gilt für die Qualifizierung der betreffenden Orte; so muss beispielsweise bei Art. 13 Abs. 1 Nr. 2 PAG keine vollständige Gewissheit über die Gefährlichkeit des betreffenden Ortes bestehen. Maßgeblich ist vielmehr die polizeiliche Lagebeurteilung.[236] Art. 13 Abs. 1 Nr. 2–5 PAG ermöglichen Identitätsfeststellungen bereits in Situationen, in denen nur **abstrakt** die Gefahr einer Störung besteht, wobei allerdings auch dieser abstrakte Gefahrenverdacht auf tatsächliche Anhaltspunkte gestützt sein muss und eine dementsprechende Gefahrenprognose der Polizei voraussetzt.

Beispiel: Nach Hinweisen bezüglich eines geplanten Attentats auf die Botschaft des Staates X stellt die Polizei die Identität aller sich vor dem Botschaftsgebäude aufhaltenden Personen fest, welche nicht zum Botschaftspersonal gehören.

326   Innerhalb der zweiten Gruppe wirft Art. 13 Abs. 1 Nr. 5 PAG **(sog. „Schleierfahndung")** besondere Fragen auf.[237] Dies hängt mit dem Umstand zusammen, dass hier verdachts- und ereignisunabhängige Personenkontrollen erlaubt werden, die lediglich daran anknüpfen, dass sich der Kontrollierte im (weit gezogenen) Grenzgebiet befindet.[238] Die gegen Art. 13 Abs. 1 Nr. 5 PAG (sowie vergleichbare Regelungen in Baden-Württemberg, Mecklenburg-Vorpommern, Sachsen und anderen Bundesländern) vorgebrachten verfassungsrechtlichen Bedenken überzeugen im Ergebnis jedoch nicht.[239]

327   Art. 13 Abs. 1 Nr. 5 PAG ermächtigt zu polizeilichen Maßnahmen zur Bekämpfung der grenzüberschreitenden Kriminalität, die nicht in den Bereich des nach Art. 73 Nr. 5 GG erlassenen BPolG fallen (so dass dem bayerischen Gesetzgeber die Gesetzgebungskompetenz nicht abgesprochen werden kann). Denn die nach § 2

---

[235] Zur Identitätsfeststellung an Kontrollstellen i. S. d. Art. 13 Abs. 1 Nr. 4 PAG im Vorfeld einer Versammlung vgl. VG Würzburg, Urt. v. 11.7.2013 – W 5 K 11.372; zu polizeilichen Kontrollstellen, die auch unterhalb der Schwelle einer konkreten Gefahr möglich sind vgl. BVerfG, Beschl. v. 18.12.2018 – 1 BvR 142/15, Rn. 132 ff und LT-Drs. 18/13716, S. 24.

[236] Zu den Beurteilungskriterien s. VG München, NVwZ-RR 2000, 154 (155).

[237] Ausführlich dazu *Heckmann*, in: FS Steinberger, 2002, S. 467 ff.; vgl. auch *Möllers*, NVwZ 2000, 382 ff.; *Schnekenburger*, BayVBl. 2001, 129 ff.; *Waechter*, DÖV 1999, 138 ff.; *Beinhofer*, BayVBl. 1995, 193 ff.

[238] Zu den anlassunabhängigen Personenkontrollen in den Hamburger Gefahrengebieten vgl. VG Hamburg, Urt. v. 2.10.2012 – 5 K 1236/11; *Ernst*, NVwZ 2014, 633 ff.

[239] So haben letztlich der BayVerfGH, BayBVBl. 2003, 560, und der SächsVerfGH, NJ 2003, 473, die Verfassungsmäßigkeit verdachtsunabhängiger Kontrollen zur Bekämpfung der grenzüberschreitenden Kriminalität bestätigt; anders aber (teilweise verfassungswidrig) das LVerfG MV, DVBl. 2000, 262.

Abs. 2 Nr. 2 lit. b, Nr. 3 BPolG der Bundespolizei zugewiesenen Aufgaben sind spezifisch auf die „Sicherheit der Grenzen" und die „polizeiliche Kontrolle des grenzüberschreitenden Verkehrs", nicht aber auf die Bekämpfung der Kriminalität, die
die Staatsgrenzen überschreitet, ausgerichtet. Diese grundsätzliche Zuständigkeitsabgrenzung wird vom BVerfG klar zum Ausdruck gebracht: „Der Bundesgrenzschutz darf nicht zu einer allgemeinen, mit den Landespolizeien konkurrierenden
Bundespolizei ausgebaut werden"[240]. Die verdachtsunabhängige Identitätskontrolle
greift in die allgemeine Handlungsfreiheit und in das Recht auf informationelle
Selbstbestimmung ein (z.B. beim Datenabgleich aus Anlass einer Kontrolle). Verein-
zelte Stimmen in Rechtsprechung[241] und Literatur[242] sehen darin einen tiefgreifen-
den und verfassungswidrigen Grundrechtseingriff, dass Nichtstörer in großer Zahl
zu Adressaten polizeilicher Maßnahmen werden. Hier wird verkannt, dass das Verhältnismäßigkeitsprinzip durchaus gewahrt ist. Zum einen ist die Identitätsfeststellung mitsamt dem Datenabgleich bei objektiver Betrachtung ein recht geringfügiger Eingriff in die grundrechtlich geschützte Sphäre, zum anderen sind diese
Maßnahmen geeignet und erforderlich (sowie erfolgreich), um die Bürger vor
erheblichen Gefahren, nämlich u.a. vor großflächigem und grenzüberschreiten-
dem Bandendiebstahl oder Waffenhandel, aber auch vor Drogenkriminalität[243] zu
schützen.

Insbesondere ist die Regelung zur „Schleierfahndung" nicht schon deswegen
unangemessen, weil sie verdachtsunabhängig erfolgt und damit notwendigerweise
in nicht unerheblichem Umfang auch „unbescholtene" Bürger betroffen werden.
Ereignis- und verdachtsunabhängig bedeutet nicht, dass Art. 13 Abs. 1 Nr. 5 PAG
generell ein vollkommen willkürliches, durch kein Ziel determiniertes Kontrollieren ermöglicht. In Art. 13 Abs. 1 Nr. 5 PAG sind – in Auslegung der Norm – hand-
lungsbegrenzende Tatbestandselemente als ungeschriebene Tatbestandsmerkmale in
die Vorschrift hineinzulesen. Die Polizei darf nur zur Verhütung oder Unterbindung
des unerlaubten Aufenthalts oder zur Bekämpfung der grenzüberschreitenden
Kriminalität handeln. Originär erstreckte sich die Befugnis in Art. 13 Abs. 1 Nr. 5
PAG auch auf die die Identitätsfeststellung, soweit sie zur Verhütung oder Unterbindung der unerlaubten Überschreitung der Landesgrenze vorgesehen war. In seiner Entscheidung zur automatischen Kennzeichenerfassung nach Art. 33 APG a.F.
(Art. 39 PAG) wurde dieser Teil für verfassungswidrig erklärt, da er gegen die
Kompetenzverteilung in Art. 71, 73 Abs. 1 Nr. 5 GG verstoße, sodass die entsprechende Stelle im Gesetz gestrichen wurde und die Schleierfahndung nur noch zur
Verhütung oder Unterbindung des unerlaubten Aufenthalts und zur Bekämpfung
der grenzüberschreitenden Kriminalität eingesetzt werden kann; im Übrigen wurden kompetenzrechtlich keine Bedenken geäußert.[244] Es bedarf weiter dem Vorliegen von tatsächlichen Anhaltspunkten, die den Schluss auf eine erhöhte abstrakte
Gefahr erlauben.[245] Allerdings muss die der Identitätsfeststellung zugrundeliegende

---

[240] BVerfG, NVwZ 1998, 495 (497). Beachte: Der Bundesgrenzschutz trägt heute den Namen
„Bundespolizei".
[241] Zur Parallelregelung in Mecklenburg-Vorpommern LVerfG MV, DVBl. 2000, 262.
[242] So etwa *Lisken,* NVwZ 1998, 22 ff. oder *Waechter,* DÖV 1999, 138 ff.
[243] Vgl. VGH München, Beschl. v. 5.2.2014 – 10 ZB 11.1583.
[244] *Senftl* in: BeckOK Polizei- und Sicherheitsrecht Bayern, Möstl/Schwabenbauer, 16. Edition,
Art. 13 PAG Rn. 15.3.
[245] VGH München, Beschl. v. 5.2.2014 – 10 ZB 11.1583.

Tatsachenbasis hinsichtlich der Vorlage grenzüberschreitender Kriminalität noch nicht derart konkretisiert sein, dass diese als wahrscheinlich erscheint.[246] Die oben genannten Ziele verpflichten die Polizei, damit den Kontrollen entsprechende Lageerkenntnisse und einschlägige polizeiliche Erfahrung zugrunde zu legen, auch ohne dass das noch einer gesonderten Erwähnung im Gesetzestext bedürfte.[247] Dieses Erfordernis ist vielmehr in die Vorschrift hineinzulesen. Ferner lässt sich weder aus Art. 20 Abs. 3 GG noch aus Art. 1 Abs. 1 GG eine allgemein beachtenswerte Redlichkeitsvermutung zugunsten des Bürgers ableiten, wie faktisch etwa Fahrscheinkontrollen in öffentlichen Beförderungsmitteln und Kontrollen bei Prüfungsarbeiten belegen. Zudem richten sich die Maßnahmen der Polizei auch nicht gezielt gegen Nichtstörer, sondern – soweit keine Erkenntnisse aus einer dem Anhalten vorausgehenden selektiven Vorprüfung vorliegen – gegen „Unbekannt" (sog. „anonyme Gefahr"[248]). Ebensowenig kann der fehlende „Zurechnungszusammenhang" (d. h. die Befugnis zur Inanspruchnahme des Störers nur bei Vorliegen einer konkreten Gefahr, eines Nichtstörers nur unter den engen Voraussetzungen des polizeilichen Notstandes, Art. 10 PAG) die Regelung des Art. 13 Abs. 1 Nr. 5 PAG zu Fall bringen. Ein derartiger „Zurechnungszusammenhang" kann nicht aus dem Rechtsstaatsprinzip abgeleitet werden, sondern ergibt sich ausschließlich aus dem einfachen Recht entsprechend der bisherigen polizeilichen Systematik. Ohne verfassungsrechtliche Verankerung ist aber der demokratisch legitimierte Gesetzgeber nicht an einfachgesetzliche Prämissen gebunden und kann von seiner Änderungsmacht umfänglich Gebrauch machen, wie es vorliegend mit der Etablierung des Art. 13 Abs. 1 Nr. 5 PAG geschehen ist, der nunmehr eben in verhältnismäßigem Umfang auch verdachtsunabhängige Kontrollen ermöglicht.

Art. 13 Abs. 1 Nr. 5 PAG entspricht schließlich dem Bestimmtheitsgrundsatz, da es um präventive Maßnahmen geht, deren Anwendungsbereich ohne Weiteres bestimmbar ist.[249]

Insbesondere der unbestimmte Rechtsbegriff der „anderen Straßen von erheblicher Bedeutung für den grenzüberschreitenden Verkehr" als Teilmenge der „Durchgangsstraßen" ist bestimmbar und unterliegt vollumfänglich der richterlichen Kontrolle. Die Tatsache, dass aufgrund der gewählten Formulierung der Anwendungsbereich der Vorschrift recht weit ist, hat auf die Einhaltung des Bestimmtheitsgrundsatzes keinen Einfluss. Weite und Unbestimmtheit einer Norm dürfen nicht gleichgesetzt werden.

Gegen Art. 20 des Schengener Grenzkodexes[250] wird schon deshalb nicht verstoßen, weil die Personenkontrollen nicht aus Anlass des beabsichtigten Grenzübertritts erfolgen.

---

[246] VGH München, Beschl. v. 5.2.2014 – 10 ZB 11.1583.

[247] BayVerfGH, BayVBl. 2003, 560 (562); vgl. auch VGH München Beschl. v. 18.11.2014 – 10 C 14.2284.

[248] So die Formulierung des BayVerfGH, BayVBl. 2003, 560 (563). Grundlegend und vertiefend *Heckmann*, in: FS Steinberger, 2002, S. 467 ff.

[249] Zur (Un-)Vereinbarkeit des Art. 13 Abs. 1 Nr. 5 PAG mit dem Unionsrecht, insbes. mit dem Schengener Grenzkodex, vor allem hinsichtlich der Bestimmtheitsanforderungen, die der EuGH (EuGH, Urt. v. 22.6.2010, Rs. C-188/10 und 189/10) in Bezug auf die französische Befugnisnorm zur Schleierfahndung aufgestellt hat, vgl. *Trennt*, DÖV 2012, 216 ff.

[250] Hierzu ausführlich *Trennt*, DÖV 2012, 216 (217) in Bezugnahme auf EuGH, Urt. v. 22.6. 2010, Rs. C-188/10 und 189/10.

Die Regelung des Art. 13 Abs. 1 Nr. 5 PAG ist somit verfassungsmäßig. Durch die Möglichkeit verdachtsunabhängiger Kontrollen zur Bekämpfung der grenzüberschreitenden Kriminalität wird Straftätern der Schutz durch die Masse der Unbescholtenen verwehrt sowie der Anonymität in und Mobilität auf öffentlichen Verkehrsräumen als strafverfolgungsresistente Rückzugssphäre wesentliche Bedeutung genommen.

Drittens erlaubt Art. 13 Abs. 1 Nr. 6 PAG die Identitätsfeststellung zum Schutz **328** privater Rechte (Art. 2 Abs. 2 PAG → Rn. 16, 49 ff.). Dies leuchtet unmittelbar ein, bedeutet die Kenntnis von der Identität eines Schuldners doch oft eine wesentliche Voraussetzung zur Rechtsdurchsetzung, die ohne polizeiliche Hilfe vereitelt oder wesentlich erschwert wäre.

> **Beispiel:** A verwechselt an der Garderobe einer Gaststätte einen wertvollen Ledermantel mit dem eigenen Stück. B ruft die Polizei, weil A (in der irrigen Annahme, seinen eigenen Mantel in den Händen zu halten) weder zum Tausch noch zur Angabe seiner Personalien bereit ist.

Liegt einer der vorgenannten Feststellungsanlässe vor, so kann die Polizei die **329** Identität einer Person feststellen. Sie kann dazu grundsätzlich alle erforderlichen Maßnahmen treffen (Art. 13 Abs. 2 S. 1 PAG). In Konkretisierung dieser allgemeinen Vorgabe stellen Art. 13 Abs. 2 S. 2–4 PAG für die Personenfeststellung ein **gestuftes Instrumentarium** zur Verfügung:

Auf der untersten Stufe stehen das **Anhalten** und das **Befragen** zur Person mit **330** dem Verlangen, mitgeführte Ausweispapiere vorzuzeigen und zur Prüfung auszuhändigen (Art. 13 Abs. 2 S. 2 PAG). Mit dem Gesetz über Verbote der Gesichtsverhüllung in Bayern hat der bayerische Gesetzgeber in Art. 13 Abs. 2 S. 2 PAG nun auch festgeschrieben, dass die Polizei von der jeweiligen Person darüber hinaus auch verlangen kann, Kleidungsstücke sowie Gegenstände, die eine Identitätsfeststellung verhindern oder erschweren, abzunehmen. Diese Ergänzung dient im Wesentlichen der Konkretisierung und Klarstellung, da eine Identitätsfeststellung in solchen Fällen unzumutbar erschwert oder unmöglich werden würde.[221a] Eine objektive Eignung des Gegenstands reicht aus.[221b] Im Versammlungsrecht besteht bereits nach Art. 16 Abs. 2 Nr. 1 i. V. m. 20 Abs. 2 Nr. 6 BayVersG ein Vermummungsverbot. Zum neu geschaffenen Art. 23b LStVG (→ Rn. 495a).

Weigert sich der Angesprochene stehen zu bleiben, können bereits Maßnahmen **331** der zweiten Stufe getroffen werden: Der Betroffene kann „**festgehalten**" werden (Art. 13 Abs. 2 S. 3 PAG), und zwar notfalls unter Anwendung von (unmittelbarem) Zwang (→ Rn. 209 ff.). Kann oder will er sich nicht ausweisen und lässt sich die Identität nicht auf andere Weise oder nur unter erheblichen Schwierigkeiten feststellen, kommt als dritte Stufe das Durchsuchen der Person sowie der von ihr mitgeführten Sachen in Betracht. Ultima ratio ist das Verbringen zur Polizeidienststelle (sog. **Sistierung**[251]), wo ggf. auch erkennungsdienstliche Maßnahmen (Art. 14 Abs. 1 Nr. 1 PAG → Rn. 337) vorgenommen werden können.

Die Sistierung stellt (sofern sie nur kurzfristig aufrechterhalten wird) – wie auch **332** das einfache Festhalten am Ort der ersten Begegnung – keine Freiheitsentzie-

---

221a LT-Drs. 17/16131, S. 5.
251 Die Sistierung wird in Bayern auf eine extensive Auslegung des Merkmals „Festhalten" gestützt. Aus Gründen der Rechtsklarheit wäre es rechtspolitisch wünschenswert, dies im Gesetzestext deutlicher zum Ausdruck zu bringen (wie etwa in Baden-Württemberg, vgl. § 26 Abs. 2 S. 3 PolG BW).

hung nach Art. 2 Abs. 2 S. 2, 104 Abs. 2–4 GG, sondern nur eine Freiheitsbeschränkung i. S. d. Art. 2 Abs. 2 S. 2, 104 Abs. 1 GG dar. Da eine Pflicht zum Mitführen von Ausweispapieren nur in Ausnahmefällen besteht, ist die Sistierung ein Eingriff, den der Bürger in vielen Fällen kaum vermeiden kann. An die Erforderlichkeit im Rahmen des Art. 13 Abs. 2 S. 3 PAG sind deshalb besonders strenge Anforderungen zu knüpfen. So kann möglicherweise eine glaubhafte Einlassung des Betroffenen genügen, um von der Zuverlässigkeit der mitgeteilten Personalien auszugehen.

333   Die zu ergreifenden Maßnahmen haben durchweg befehlenden Charakter; sie sind deshalb meist als Verwaltungsakte zu qualifizieren. Das gilt beispielsweise für die Verfügung an den Betroffenen anzuhalten (d. h. stehen zu bleiben) oder für die Aufforderung, mitgeführte Ausweispapiere zur Prüfung vorzulegen. Die Befragung geht regelmäßig einher mit der Aufforderung, die Fragen auch zu beantworten. Werden diese Verfügungen nicht freiwillig befolgt, so können sie im Wege des Verwaltungszwangs gem. Art. 70 ff. PAG durchgesetzt werden, wobei wiederum nur die Durchsetzung mittels Zwangsgeldes in Betracht kommt (→ Rn. 316). Dagegen ist das Festhalten von Personen (Art. 13 Abs. 2 S. 3 PAG) sowie die Durchsuchung von Personen oder Sachen als realisierende Polizeitätigkeit zu qualifizieren.[252] Eines Rückgriffs auf die Vollstreckungsvorschriften bedarf es dort grundsätzlich nicht (→ Rn. 292).

334   Die Verantwortlichkeit des Adressaten im Sinne der Art. 7, 8 PAG wird – außer in den Fällen des polizeilichen Notstandes (Art. 10 PAG) – lediglich bei einer Identitätsfeststellung gem. Art. 13 Abs. 1 Nr. 1 und 6 PAG verlangt. In den übrigen Fällen setzt das Gesetz keinen konkreten Verdacht gegen die zu überprüfende Person voraus, sie muss weder polizei- noch notstandspflichtig sein. Es genügt schon der Aufenthalt an den betreffenden Orten.

> **Beispiel:** In einer einschlägig bekannten Neonazi-Kneipe sind in der Vergangenheit des Öfteren Treffen abgehalten worden, bei denen Angriffe gegen Ausländer geplant wurden. Als die Polizei Hinweise erhält, dass in absehbarer Zeit wieder mit Übergriffen zu rechnen ist, betritt sie eines Abends die Wirtschaft (beachte Art. 23 Abs. 3 PAG) und stellt die Personalien der anwesenden Gäste fest. Davon ist auch der friedliche Besucher X betroffen, der mit den Neonazis nichts im Sinn hat. Die ihm gegenüber vorgenommene Identitätsfeststellung ist gleichwohl rechtmäßig.

335   Art. 13 Abs. 3 PAG schließlich ermächtigt zur Prüfung von Berechtigungsscheinen. Zu diesen gehören beispielsweise die Zulassungsbescheinigung (§ 11 Abs. 5 FZV), die Reisegewerbekarte (§ 60c GewO) oder der Waffenschein (§ 38 Abs. 1 Nr. 1a WaffG).

3. Erkennungsdienstliche Maßnahmen (Art. 14 PAG)

336   Fingerabdrücke, Lichtbilder oder besondere äußere körperliche Merkmale (z. B. Narben) sind oft das einzige Mittel zur sicheren Identifizierung einer Person. Von jeher war es deshalb das Bestreben der Polizei, hierüber sog. erkennungsdienstliche Unterlagen anzufertigen und zu archivieren, um darauf später zu Vergleichszwecken zugreifen zu können. Eine **Ermächtigungsgrundlage** hierfür bieten im

---

[252] Zur Zulässigkeit von Durchsuchungsmaßnahmen im Rahmen der Schleierfahndung: BayVerfGH, JZ 2006, 617 ff., der das Vorliegen einer erhöhten abstrakten Gefahr fordert.

Rahmen der Strafverfolgung die §§ 81b[253], 163b StPO und für präventiv-polizeiliche Zwecke Art. 14 PAG. Die in Art. 14 Abs. 3 PAG beispielhaft aufgezählten erkennungsdienstlichen Maßnahmen dürfen unter den in Art. 14 Abs. 1 PAG geregelten Voraussetzungen vorgenommen werden. Entsprechend entstandene Unterlagen dürfen nur so lange aufbewahrt werden, bis der Betroffene ihre Vernichtung gem. Art. 14 Abs. 2 PAG verlangen *darf*. Es kommt also nicht darauf an, dass der Betroffene die Vernichtung tatsächlich verlangt. Denn die über die ursprüngliche Gefahrensituation hinausgehende Aufbewahrung erkennungsdienstlicher Unterlagen stellt einen eigenständigen Eingriff dar, der nicht mehr von Art. 14 PAG erfasst ist. Erkennungsdienstliche Maßnahmen (kurz: ED-Maßnahmen) zählen zur Kategorie realisierender Polizeitätigkeit. Sie haben keinen befehlenden Charakter, sondern der Polizei wird die Befugnis verliehen, selbst und ohne Weiteres die betreffende Maßnahme durchzuführen. Das schließt allerdings nicht aus, dass maßnahmebegleitend Verfügungen erlassen werden, um das primär intendierte Vorgehen überhaupt erst zu ermöglichen.

Tatbestandlich sind zwei Konstellationen zu unterscheiden, in denen die Vornahme erkennungsdienstlicher Maßnahmen zulässig ist.[254] Das ist gem. Art. 14 Abs. 1 Nr. 1 PAG zum einen der Fall, wenn eine nach Art. 13 PAG zulässige **Identitätsfeststellung** auf andere Weise nicht oder nur unter erheblichen Schwierigkeiten möglich ist. Die Maßnahme stellt sich dann als „gesteigerte Ausprägung der Identitätsfeststellung"[255] dar, die zunächst das Vorliegen eines der Tatbestände des Art. 13 Abs. 1 PAG fordert. Mit anderen Worten müsste eine Identitätsfeststellung nach Art. 13 PAG rechtlich zulässig sein. Darüber hinaus müsste diese mit den herkömmlichen Mitteln (Art. 13 Abs. 2 PAG, → Rn. 329 ff.) nicht oder nur eingeschränkt möglich sein. Die Identitätsfeststellung mittels Vornahme erkennungsdienstlicher Maßnahmen kommt also nur als ultima ratio in Betracht. Zudem ist das Übermaßverbot strikt zu beachten. Danach scheiden ED-Maßnahmen (mangels Eignung) immer aus, wenn und soweit entsprechende Unterlagen als „Vergleichsquelle" offenkundig nicht zur Verfügung stehen.

337

Beispiel: Bürger B gerät in eine verdachtsunabhängige Personenkontrolle (Schleierfahndung). Den erbetenen Personalausweis kann er nicht vorzeigen, weil er ihn nicht bei sich führt (wozu er rechtlich auch nicht verpflichtet ist). Der Führerschein zeigt ein „Jugendbild", das die Identifizierung nicht erleichtert. In diesem Fall wäre es trotzdem unverhältnismäßig, ohne weiteren Tatverdacht die Abnahme von Fingerabdrücken zu veranlassen. Es ist nicht zu erwarten, dass über B Vergleichsunterlagen existieren.

---

[253] Lesenswerte Ausführungen bezüglich des § 81b 2. Alt. StPO in Verwaltungsrechtsklausuren finden sich bei *Gerhold/Rakoschek,* Jura 2008, 895 ff. Vertiefend zum Streit um die Verfassungsmäßigkeit des § 81b 2. Alt. StPO und dessen Abgrenzung gegenüber landesrechtlichen Befugnisnormen VGH München, BayVBl. 1993, 211; BVerwG, DÖV 1990, 117; *Würtenberger/Heckmann/Tanneberger,* PolR BW, 7. Auflage 2017, § 5 Rn. 237 ff.; *Gallwas/Lindner,* in: Gallwas/Lindner/Wolff, BayPolSR, 4. Auflage 2015, Rn. 653 ff.; BVerwG, JZ 2006, 727 ff.

[254] In der aktuellen politischen Diskussion geht es um eine Erweiterung in doppelter Hinsicht: Zum einen sollen mittels neuer technischer Möglichkeiten mehr biometrische Daten (z. B. Iris-Erkennung) erfasst werden, zum anderen soll die Einbeziehung solcher Merkmale in Ausweispapiere (etwa zur Einreise in die USA) eine sichere Identifizierung losgelöst von konkreten Gefahrensituationen bewerkstelligen. Zur Speicherung biometrischer Daten im neuen Personalausweis: *Polenz,* MMR 2010, 671 (673).

[255] *Möller,* in: Möller/Warg, AllgPolOrdR, 6. Auflage 2011, Rn. 299.

338 Zum anderen kommt die Vornahme erkennungsdienstlicher Maßnahmen gem. Art. 14 Abs. 1 Nr. 3 PAG auch dann in Betracht, wenn dies zur **vorbeugenden Bekämpfung von Straftaten** erforderlich ist, weil der Betroffene verdächtig ist, eine Tat begangen zu haben, die mit Strafe bedroht ist und wegen der Art und Ausführung der Tat die Gefahr der Wiederholung besteht. Anknüpfungspunkt kann grundsätzlich jegliche Straftat sein. Zudem darf auch aus einem nach § 170 Abs. 2 StPO bzw. §§ 153 ff. StPO eingestellten Strafverfahren eine Wiederholungsgefahr hergeleitet werden.[256] Allerdings mag auch hier die Beachtung des Übermaßverbotes Einschränkungen bei der Handhabung der Befugnis erforderlich machen. Bei Würdigung der Persönlichkeit des Betroffenen muss sich aufgrund objektiver Kriterien eine Neigung zur Wiederholung strafbaren Verhaltens ergeben, so dass die Aufbewahrung der erkennungsdienstlichen Unterlagen zur Erfüllung präventivpolizeilicher Aufgaben erforderlich und angemessen ist.

338a Mit dem Gesetz zur effektiveren Überwachung gefährlicher Personen wurde Art. 14 PAG um eine weitere Alternative ergänzt. Nach Art. 14 Abs. 1 Nr. 4 PAG sind erkennungsdienstliche Maßnahmen nur möglich, wenn dies zur Abwehr einer Gefahr oder einer drohenden Gefahr für ein bedeutendes Rechtsgut erforderlich ist. Die Einschränkung auf bedeutende Rechtsgüter (Art. 11a Abs. 2 PAG) ist dabei sowohl auf die konkrete wie auch die drohende Gefahr anzuwenden.[257] Ebenso wie die Ergänzung der Identitätsfeststellung zielt diese Maßnahme auf Abschreckung. So soll durch das Identifizierungsrisiko und damit die Sanktionswahrscheinlichkeit die Begehung der Straftat möglichst früh unterbunden werden.[258]

338b Mit dem PAG-Neuordnungsgesetz 2018 wurde in Abs. 3 die Befugnis zur präventiven DNA-Untersuchung geschaffen.[259] Durch eine solche molekulargenetische Untersuchung werden Körperzellen auf DNA untersucht.[260] Die Durchsuchung ist gem. Art. 14 Abs. 3 S. 1 PAG nur zulässig, wenn sie zur Abwehr einer Gefahr für ein bedeutendes Rechtsgut erforderlich ist und andere erkennungsdienstliche Maßnahmen nicht hinreichend sind. Erforderlich ist also eine konkrete Gefahr für ein bedeutendes Rechtsgut (Art. 11a Abs. 2 PAG), wobei insbesondere die Maßnahmen aus Abs. 2 vorrangig anzuwenden sind.[261] Die Befugnis ermächtigt die Polizei zur Entnahme von Körperzellen, der molekulargenetischen Untersuchung zur Feststellung des DNA-Identifizierungsmusters und zur Speicherung des Musters.[262] Die Regelung unterliegt nach Abs. 3 einem Richtervorbehalt[263], wobei für Gefahr im Verzug nunmehr Art. 95 PAG gilt[264], der in Abs. 1 S. 2 klarstellt, dass für molekulargenetische Anordnungen nach Art. 14 Abs. 3 PAG entgegen der früheren Regelungen keine Anordnungen durch den Leiter des Landeskriminalamtes oder eines Präsidiums der Landespolizei angeordnet werden dürfen.

---

[256] VGH München Beschl. v. 7.7.2015 – 10 C 14.726. Lediglich eine Einstellung aufgrund gänzlich ausgeräumten Tatverdachts verbietet die Annahme einer Wiederholungsgefahr.
[257] LT-Drs. 17/16299, S. 11.
[258] LT-Drs. 17/16299, S. 11.
[259] *Schmidbauer* in: S/St, PAG, 5. Auflage 2020, Art. 14 PAG Rn. 31.
[260] *Schmidbauer* in: S/St, PAG, 5. Auflage 2020, Art. 14 PAG Rn. 31.
[261] *Schmidbauer* in: S/St, PAG, 5. Auflage 2020, Art. 14 PAG Rn. 32.
[262] *Schmidbauer* in: S/St, PAG, 5. Auflage 2020, Art. 14 PAG Rn. 33 ff.
[263] Zusätzlich deklaratorisch sind die Richtervorbehalte nunmehr in Art. 94 PAG festgehalten, vgl. LT-Drs. 18/13716, S. 26.
[264] LT-Drs. 18/13716, S. 26.

Nach Abs. 4 kann die Polizei nunmehr ausdrücklich die Identität von hilflosen **338c**
Personen oder von Leichen durch DNA-Identifizierungsmuster außerhalb von
strafrechtlichen Ermittlungsverfahren[265] (§ 88 Abs. 1 S. 3 StPO) abgleichen, wenn
dies auf andere Weise nicht möglich ist, wobei diesen Personen oder Leichen Körperzellen entnommen werden dürfen, sowie Proben von Gegenständen mit Spu-
renmaterial genommen und auf Anordnung durch einen Richter untersucht werden dürfen.

In Abs. 5 werden verfahrensrechtliche Anforderungen geregelt. Nach Abs. 5 S. 1
darf ein solcher Eingriff nur von einem Arzt vorgenommen werden. Daneben wird
klargestellt, dass die Zellen nur für die molekulargenetische Untersuchung nach
Abs. 3 und abs. 4 verwendet werden dürfen und sie sich im Fall der Untersuchung
bei Toten oder hilflosen Personen auch auf das Geschlecht erstrecken darf.

Nach Art. 14 Abs. 6 S. 2 PAG sind die **betreffenden erkennungsdienstlichen** **339**
Unterlagen zu vernichten, sobald die Voraussetzungen von Art. 14 Abs. 1, 2, 3 PAG
entfallen sind (also z.B. die Identität inzwischen festgestellt wurde oder aber kein erheblicher Straftatverdacht bzw. keine Wiederholungsgefahr mehr besteht). Dabei regelt Abs. 6 S. 2 die Löschung der Untersuchungsergebnisse (wie z.B. DNA-
Identifizierungsmuster) und der erkennungsdienstlichen Unterlagen.[266] Satz 1 regelt
dagegen die Vernichtung der entnommenen Körperzellen. [267]

Bisher umstritten war das Verhältnis der molekulargenetischen Untersuchung
nach Art. 14 PAG und der strafprozessualen Norm für erkennungsdienstliche Maßnahmen nach § 81g StPO.[268] Nach den seit 1.8.2021 geltenden Verfahrensvorschriften soll eine präventive polizeiliche DNA-Untersuchung dann zur Anwendung kommen, wenn der Anwendungsbereich von § 81g StPO nicht eröffnet ist,
so z.B. bei rein gefahrenabwehrenden Angelegenheiten, Maßnahmen gegen Straf-
unmündige oder wenn mangels Anfangsverdacht keine Beschuldigtenstellung vorliegt; ein praktischer Anwendungsfall ist insbesondere auch dann gegeben, wenn
bestimmte Vorbereitungshandlungen für Straftaten noch nicht strafbar sind, die Polizei aber handeln könnte.[269]

4. Die Vorladung (Art. 15 PAG)

Zur Erfüllung polizeilicher Aufgaben wird es vielfach erforderlich werden, dass **340**
Personen auf der Polizeiwache erscheinen. Um der Polizei die Möglichkeit zu geben, in dieser Hinsicht eine notfalls zwangsweise durchzusetzende Verfügung zu erlassen, regelt Art. 15 Abs. 1 PAG das Recht der Polizei, Personen im Zusammenhang mit der Erfüllung präventiv-polizeilicher Aufgaben (Nr. 1) oder zu Zwecken
erkennungsdienstlicher Maßnahmen oder einer elektronischen Aufenthaltsüberwachung (Nr. 2) vorzuladen. Der Rechtsbegriff der *Vorladung* meint das Gebot an
eine Person, zu einer bestimmten Zeit an einem bestimmten Ort zu erscheinen
und bis zur Erledigung der in der Vorladung bezeichneten Angelegenheit dort zu
verweilen.[270] Die Vorladung hat demgemäß Verfügungscharakter und ist als Verwal-

---

[265] LT-Drs. 18/13716, S. 26.
[266] LT-Drs. 18/13716, S. 27.
[267] LT-Drs. 18/13716, S. 27.
[268] Vgl. *Schmidbauer* in: S/St, PAG, 5. Auflage 2020, Art. 14 PAG Rn. 8 ff.
[269] LT-Drs. 18/13716, S. 25.
[270] Siehe *Schmidbauer,* in: S/St, PAG, 5. Auflage 2020, Art. 15 Rn. 2.

tungsakt zu qualifizieren. Eine Aussagepflicht ist mit der Vorladung regelmäßig nicht verbunden.

341   Tatbestandlich sieht Art. 15 Abs. 1 PAG zwei Varianten vor, bei denen eine Vorladung ausgesprochen werden kann. Dabei setzt die in Art. 15 Abs. 1 Nr. 1 PAG geregelte Vorladung zur Auskunftserteilung eine konkrete Gefahr voraus, bei der Tatsachen die Annahme rechtfertigen, dass der Betroffene Angaben machen kann, die für die Erfüllung der bestimmten polizeilichen Aufgabe erforderlich sind.[271]

> **Beispiel:** Eine Person ist entführt worden und der Entführer hält sich in einem bestimmten Haus verschanzt. Hier kann die Polizei den Hausmeister vorladen, um Informationen über geeignete Zugangsmöglichkeiten in Erfahrung zu bringen.

342   Art. 15 Abs. 1 Nr. 2 PAG sieht die Vorladung vor, wenn sie zur Durchführung erkennungsdienstlicher Maßnahmen (Art. 14 PAG) oder einer elektronischen Aufenthaltsüberwachung erforderlich ist. Die Erforderlichkeit bezieht sich hierbei sowohl auf die Vorladung als auch auf die Durchführung der erkennungsdienstlichen Maßnahmen.

343   Das **Verfahren** regelt Art. 15 Abs. 1, 2 PAG. Die Vorladung hat schriftlich oder mündlich zu erfolgen (Art. 15 Abs. 1 PAG). Der Grund soll angegeben werden. Bei der Festsetzung des Zeitpunkts soll auf den Beruf und die sonstigen Lebensverhältnisse des Betroffenen Rücksicht genommen werden (Art. 15 Abs. 2 PAG). Obwohl die Vorschrift des Art. 15 Abs. 2 PAG lediglich fakultativ ausgestaltet ist, ist deren Nichtberücksichtigung nicht von vornherein unbeachtlich. Werden die Vorgaben ohne hinreichenden Grund nicht eingehalten, so kann das die Verfügung rechtswidrig machen.[272] Für die Frage der Aufhebbarkeit ist aber Art. 46 BayVwVfG zu beachten: Liegen dessen Voraussetzungen vor, so kann das einer Aufhebung der rechtswidrigen Maßnahme entgegenstehen.

344   Art. 15 Abs. 3 PAG regelt die zwangsweise Durchsetzung einer Vorladung. Er sieht keine eigenständige Ermächtigungsgrundlage für den Einsatz von Zwangsmitteln vor. Die Vorschrift ergänzt vielmehr die allgemeinen vollstreckungsrechtlichen Vorschriften der Art. 70 ff. PAG, indem die Vollstreckung nur in bestimmten Konstellationen für zulässig erklärt wird. Dabei kommen als Zwangsmittel in erster Linie, wie regelmäßig bei unvertretbaren Handlungen, unmittelbarer Zwang und die Festsetzung eines Zwangsgeldes in Betracht. Voraussetzung ist stets die Vollstreckbarkeit der Vorladungsverfügung: Entweder ist diese unanfechtbar, oder aber es liegt ein Fall des § 80 Abs. 2 S. 1 Nr. 2 bzw. Nr. 4 VwGO vor.

345   Die zusätzlichen Vollstreckungsvoraussetzungen ergeben sich aus Art. 15 Abs. 3 PAG. Danach ist erforderlich, dass die betroffene Person der Vorladung ohne hinreichenden Grund keine Folge leistet. In den Fällen des Art. 15 Abs. 1 Nr. 1 PAG müssen zusätzlich die erwarteten Angaben zur Abwehr einer Gefahr für Leben, Gesundheit oder Freiheit einer Person erforderlich sein. Im Fall von Freiheitsentziehungen sieht Art. 15 Abs. 3 S. 2 PAG deklaratorisch vor, dass unverzüglich eine richterliche Entscheidung nach Art. 97 PAG herbeigeführt werden muss. Dies ergibt sich inhaltlich schon aus den neuen Regelungen der angepassten Ge-

---

[271] Vgl. auch insoweit Nr. 15.1 VollzBek. zum PAG.
[272] Anders insoweit *Honnacker/Beinhofer/Hauser*, PAG, 20. Auflage 2014, Art. 15 Erl. 6 f.; *Schmidbauer*, in: S/St, PAG, 5. Auflage 2020, Art. 15 Rn. 14.

setzesstruktur nach den Art. 94 ff. PAG, hier nach Art. 97 PAG.[273] Dort werden richterliche Entscheidungen bei Freiheitsentziehungen allgemein geregelt, wobei u.a. bei Freiheitsentziehungen nach Art. 15 Abs. 3 S. 1 PAG eine unverzügliche Entscheidung herbeizuführen ist.

Art. 15 Abs. 4 PAG verweist auf § 136a StPO (verbotene Vernehmungsmetho- **346** den).

II. Platzverweisung und Aufenthaltsverbot (Art. 16 PAG)

1. Die Platzverweisung (Art. 16 PAG)

Gefahren sind regelmäßig örtlich begrenzt. Deshalb kann es erforderlich werden, **347** bestimmte Personen zum Verlassen eines bestimmten Ortes zu veranlassen, damit sie entweder einer dort befindlichen Gefahr nicht (mehr) ausgesetzt sind, oder aber um überhaupt die Abwehr einer Gefahr durch die Polizei zu ermöglichen. Dies nicht zuletzt auch deswegen, weil die Person an diesem Ort (und nur an diesem) „stört".

Gem. Art. 16 S. 1 PAG kann die Polizei zur Abwehr einer Gefahr eine Person **348** vorübergehend von einem Ort verweisen oder ihr das Betreten eines Ortes verbieten. Die Platzverweisung kann ferner gegen Personen angeordnet werden, die den Einsatz der Feuerwehr oder von Hilfs- oder Rettungsdiensten behindern (Art. 16 S. 2 PAG). Schon die Terminologie („verweisen", „verbieten", „anordnen") deutet es an: Art. 16 PAG gehört zu den Standardbefugnissen, die zum Erlass eines Verwaltungsaktes ermächtigen, der nach Art. 70 Abs. 1 PAG durchgesetzt werden kann.

Tatbestandlich weist Art. 16 S. 1 PAG keine Unterschiede zur Generalklausel auf; **349** einziges Erfordernis ist das Vorliegen einer „Gefahr", ohne dass an den Gefahrengrad oder an die Art der gefährdeten Rechtsgüter besondere Anforderungen gestellt werden. Der Platzverweis darf demnach schlechthin zur Abwehr einer konkreten Gefahr für die öffentliche Sicherheit oder Ordnung (→ Rn. 100 ff.) ausgesprochen werden.

Beispiele: Die Besucher einer Diskothek werden von der Polizei aufgefordert, diese umgehend zu verlassen, weil der weitere Aufenthalt wegen einer Bombendrohung lebensgefährlich erscheint.[274] – Die Polizei fordert Teilnehmer einer Sitzblockade auf, den Zugang zu einer Halle freizugeben, in der eine politisch umstrittene, aber legale Parteiveranstaltung stattfinden soll. – Nach überwiegender Ansicht kann ein Platzverweis auch gegen Personen ergehen, die Verkehrsteilnehmer vor einer Radarfalle der Polizei warnen; eine solche Warnung beeinträchtigt die ordnungsgemäße Arbeit der Polizei und damit die öffentliche Sicherheit.[275]

Der bayerische Gesetzgeber hat mit dem Gesetz zur effektiveren Überwachung **349a** gefährlicher Personen die Erstreckung der Befugnis auf drohende Gefahren (Art. 11a Abs. 1 PAG) für bedeutende Rechtsgüter (Art, 11a Abs, 2 PAG) durch

---

[273] LT-Drs. 18/13716, S. 27.
[274] Siehe dazu die Falllösung bei *Heckmann/Klein,* JuS 1995, 327 ff. (zu OLG Stuttgart, NJW 1992, 1396). Vgl. auch als weiteren lesenswerten Fall zum Platzverweis *Jahn,* JA 1990, 82 ff.
[275] Vgl. OVG Münster, NJW 1997, 1596; lesenswerte Fallbearbeitung bei *Hartmann,* JuS 2008, 984 ff.

eine entsprechende Ergänzung des Art. 16 S. 1 Nr. 2 PAG angeordnet. Hiermit soll auf die geänderte Bedrohungslage reagiert werden.[276]

350   Auf der **Rechtsfolgenseite** ist der Kreis der zulässigen Maßnahmen allerdings im Vergleich zur Generalklausel begrenzt. Die Polizei wird dazu ermächtigt, eine Person von einem Ort zu verweisen oder ihr das Betreten eines Ortes zu verbieten. Der Unterschied dieser beiden Varianten erschließt sich bereits aus dem Wortsinn und liegt lediglich darin, dass einerseits einer Person aufgegeben wird, sich von einem Ort, an dem sie sich bereits befindet, zu entfernen *(Entfernungsgebot),* und dass andererseits eine Person angewiesen wird, einen bestimmten Ort gar nicht erst zu betreten *(Betretungsverbot).*[277] Verboten wird so der momentane Aufenthalt an dem inkriminierten Ort.[278] *Wohin* sich die Person zu bewegen hat (Zielort), darf über Art. 16 PAG nicht befohlen werden (sehr wohl aber die Entfernungs*richtung,* wenn nur so die Gefahr effizient abgewehrt werden kann). Über Art. 16 Abs. 2 S. 1 Nr. 2 lit. b PAG kann einer Person allerdings durch ein Aufenthaltsgebot verboten werden, ein bestimmtes Gebiet zu verlassen, wobei dieses konkretisiert werden muss; es darf nicht nur das Haus oder die Wohnung erfassen, muss im Gegenzug aber auch nicht eine ganze Gemeinde oder einen Landkreis als örtlichen Maßstab erfassen.[279]

Beispiele: „Verlassen Sie den X-Platz!"; aber nicht: „Gehen Sie nach Hause!". – Sind in einem Skigebiet mehrere Ortsteile von Lawinen bedroht, darf die Polizei zugleich die Richtung für einen gefahrlosen Abzug weisen (anstatt „kettenweise" Platzverweise auszusprechen).

351   Erst recht ermächtigt Art. 16 PAG (i. V. m. den Vollstreckungsvorschriften) die Polizei nicht, die Person an einen bestimmten Ort zu verbringen (sog. Verbringungsgewahrsam). Beim Verbringungsgewahrsam werden polizeipflichtige Störer, die im Regelfall einem zuvor gegen sie ergangenen Platzverweis nicht Folge geleistet haben, mit einem Polizeifahrzeug an einen meist mehrere Kilometer vom Antreffort entfernt gelegenen Bestimmungsort (Fahrzeit ca. 15 bis 45 Minuten) verbracht, wo sie schließlich abgesetzt werden. Mit dieser Vorgehensweise verfolgt die Polizei das Ziel, den Störer für eine gewisse Dauer von einem bestimmten gefahrträchtigen Ort fernzuhalten.[280]

Die Frage der rechtlichen Zulässigkeit des Verbringungsgewahrsams ist noch nicht abschließend beantwortet. Die Meinungen zu diesem in der Polizeipraxis häufiger anzutreffenden Phänomen gehen weit auseinander und reichen von der Rechtswidrigkeit mangels Ermächtigungsgrundlage, über die Heranziehung der Vorschriften über den unmittelbaren Zwang ebenso wie der Vorschriften über den Gewahrsam[281] (direkt oder als „Minus-Maßnahme") bis hin zur Überlegung, den Verbringungsgewahrsam auf die Generalklausel zu stützen.

Einigkeit besteht insoweit, dass die Standardmaßnahme der Platzverweisung als solche, Art. 16 PAG, keine taugliche Rechtsgrundlage ist.[282] Dies ergibt sich schon

---

[276] LT-Drs. 17/16299, S. 11.

[277] Vgl. dazu auch *Schmidbauer* in: S/St, PAG, 5. Auflage 2020, Art. 16 PAG Rn. 18 ff.

[278] Vgl. zur Durchsetzung eines Platzverweises durch Ingewahrsamnahme: BVerfG, NJW 2005, 353.

[279] *Schmidbauer* in: S/St, PAG, 5. Auflage 2020, Art. 16 PAG Rn. 57, 35.

[280] *Schucht,* DÖV 2011, 553 (554); zum Verbringungsgewahrsam bei Hooligans vgl. *Siegel,* NJW 2013, 1035 (1038).

[281] So z.B. *Schmidbauer* in: S/St, PAG, 5. Auflage 2020, Art. 16 PAG Rn. 35.

[282] *Schucht,* DÖV 2011, 553 (556).

aus dem oben geschilderten, typischen Geschehensablauf eines Verbringungsgewahrsams, wonach diese Maßnahme ihrem Wesen nach „Verwaltungszwang zur Durchsetzung einer Polizeiverfügung" ist.

Aus diesem Zwangscharakter der Maßnahme könnte man auf den ersten Blick folgern, dass es sich beim Verbringungsgewahrsam um unmittelbaren Zwang in Form körperlicher Gewalt zur Durchsetzung des zuvor ausgesprochenen Platzverweises handele (Art. 70, 71 Abs. 1 Nr. 3, 75, 77 ff. i. V. m. Art. 16 PAG). Wie oben erörtert berechtigt die Standardbefugnis der Platzverweisung die Polizei jedoch nur, eine Person von einem bestimmten Ort zu verweisen, sie beinhaltet aber nicht die Befugnis, eine Person dazu zu verpflichten, sich an einen bestimmten Platz jenseits des verwiesenen Bereiches zu begeben.[283] Folglich übersteigt die Anwendung unmittelbaren Zwangs durch den Abtransport polizeipflichtiger Störer an eine bestimmte Stelle offensichtlich den vollstreckbaren Inhalt der Grundverfügung.

In Betracht zu ziehen sind deshalb die Vorschriften über den Gewahrsam, insbesondere diejenigen Bestimmungen, nach denen Maßnahmen gem. Art. 16 PAG im Wege der Ingewahrsamnahme durchgesetzt werden können, Art. 17 Abs. 1 Nr. 4 PAG. Gewahrsam im Sinne der Norm meint ein mit hoheitlicher Gewalt hergestelltes Rechtsverhältnis, kraft dessen einer Person die Freiheit in der Weise entzogen wird, dass sie von der Polizei in einer dem polizeilichen Zweck entsprechenden Weise verwahrt wird, d.h. daran gehindert wird, einen eng umgrenzten Ort – für in der Regel mehrere Stunden – zu verlassen. Beim Verbringungsgewahrsam wird die verbrachte Person aber gerade nicht verwahrt, wie es bei der klassischen Ingewahrsamnahme der Fall ist, sondern sie wird am Verbringungsort wieder auf „freien Fuß" gesetzt. Zwar könnte man das Festhalten der zu verbringenden Person im Polizeifahrzeug als eine auf die Gewahrsamsvorschriften gestützte Ingewahrsamnahme ansehen, jedoch steht beim Verbringungsgewahrsam – im Gegensatz zur klassischen Ingewahrsamnahme, wo dies höchstens ein Nebenzweck ist – der Ortswechsel, d.h. die räumliche Veränderung des Betroffenen, im Vordergrund. Aufgrund dieses bezweckten Ortswechsels geht der Verbringungsgewahrsam über die klassische Ingewahrsamnahme hinaus und stellt folglich zu dieser eine Aliud-Rechtsfolge dar.

Dabei soll jedoch der Verbringungsgewahrsam im Vergleich zur Ingewahrsamnahme das mildere Mittel sein (der Verbringungsgewahrsam beschwert weniger als ein längerer Freiheitsentzug)[284], weshalb die Vorschriften über den Gewahrsam entsprechend herangezogen werden (a-maioread-minus-Schluss). Unabhängig davon, dass sich darüber streiten lässt, ob der Verbringungsgewahrsam tatsächlich das mildere Mittel ist, ist der Verbringungsgewahrsam aufgrund dessen Aliud-Rechtsfolge mit der Ingewahrsamnahme nicht wirkungsgleich, sodass im Ergebnis auch die einem „a-maiore-ad-minus-Schluss" folgende entsprechende Anwendung der Gewahrsamsvorschriften nicht überzeugen kann.[285]

Wenn weder die Platzverweisung noch die Ingewahrsamnahme für den Verbringungsgewahrsam fruchtbar zu machen sind, liegt die Überlegung nahe, auf die po-

---

[283] *Finger,* NordÖR 2006, 423 (425).
[284] BayObLG, NVwZ 1990, 194 (197).
[285] *Finger,* NordÖR 2006, 423 (428); vgl. auch *Rachor/Graulich* in: Lisken/Denninger, HdPolR, 6. Auflage 2018, Kap. E, Rn. 515-518.

lizeirechtliche Generalklausel zurückzugreifen. So soll die Verfügung, einen bestimmten Ort – etwa am Rande der Stadt – aufzusuchen, ohne Weiteres auf die
Generalklausel gestützt und eine derartige „Umsetzungsverfügung" sodann im
Wege des unmittelbaren Zwangs durchgesetzt werden können (Art. 70, 71 Abs. 1
Nr. 3, 75, 77 ff. i. V. m. Art. 11 PAG). Gegen diese Ansicht sprechen jedoch gesetzes-
systematische Gründe. So gerät die „Umsetzungsverfügung", die den polizeipflichtigen Störer dazu verpflichtet, einen bestimmten Ort aufzusuchen, mit der Sperrwirkung der Standardbefugnis der Platzverweisung in Konflikt, die eine derartige
Verfügung gerade nicht zulässt.

Im Ergebnis lässt sich festhalten, dass der Verbringungsgewahrsam zwar aus polizeitaktischen Erwägungen zweckmäßig sein mag, er aber de lege lata mangels
Rechtsgrundlage rechtswidrig ist. Je nach tatsächlicher Ausgestaltung können
Maßnahmen im Rahmen einer solchen Verbringung auch den Straftatbestand der
Aussetzung (§ 221 StGB) und überdies das Grundrecht der Menschenwürde berühren. Dies lässt sich dann auch nicht durch eine neu zu schaffende Befugnisnorm
rechtfertigen.[286]

352   Als weitere Einschränkung ist zu beachten, dass die Platzverweisung nur *vorübergehend* (also nicht dauerhaft) sein darf. Die zulässige Geltungsdauer hängt wesentlich von der Art der abzuwehrenden Gefahr ab und beschränkt sich damit ohnehin
oft auf wenige Stunden. Generell erscheint eine Grenzziehung bei 24 Stunden angemessen.[287] Eine darüber hinausgehende Verfügung kann aber als sog. Aufenthaltsverbot zulässig sein. Die zeitliche Befristung für Aufenthaltsverbote, Aufenthaltsge-
bote und Meldeanordnungen ist nach Art. 16 Abs. 2 S. 3 PAG dagegen auf drei
Monate befristet, wobei die Anordnungen um jeweils drei Monate verlängert werden können. (→ Rn. 358 f.).

353   Art. 16 S. 1 PAG äußert sich nicht zum richtigen **Adressaten** einer Platzverweisung.[288] Das bedeutet aber nicht, dass die Platzverweisung gegen jede beliebige
Person gerichtet werden könnte.[289] Im Gegenteil ist eine Anwendung der allgemeinen Störervorschriften (→ Rn. 164 ff.) gerade mangels vorrangiger Sondervorschriften nicht ausgeschlossen, vgl. Art. 7 Abs. 4, 8 Abs. 4, 10 Abs. 3 PAG. Platz-
weise sind somit gegen den Verhaltensstörer zu richten, ausnahmsweise auch gegen
den Nichtstörer, soweit er unter den Voraussetzungen des polizeilichen Notstandes
in Anspruch genommen werden kann. Letzteres wird allerdings kaum einmal relevant werden, denn auch die schlichte Anwesenheit einer Person an einem gefahrträchtigen Ort kann als polizeirechtlich relevantes, d. h. störendes Verhalten angesehen werden,[290] ohne dass es auf ein Verschulden der betreffenden Person ankäme.
Diese überschreitet schon dann die Gefahrenschwelle (→ Rn. 114), wenn sie sich
nicht freiwillig vom Gefahrenort entfernt.

354   Andererseits ist die Platzverweisung sachlich nur geeignet, wenn die Entfernung
der Person zur Gefahrenabwehr beiträgt.

---

[286] Vgl. *Kappeler*, DÖV 2000, 227 ff.; *Maaß*, VBlBW 1987, 287 ff.

[287] Vgl. *Schenke*, POR, 11. Auflage 2021, Rn. 145; Ein polizeiliches Stadionverbot kann auf der
Grundlage von Art. 16 PAG deswegen nur für ein Spiel getroffen werden, vgl. *Siegel*, NJW 2013,
1035 (1036).

[288] Vgl. hierzu auch *Zott/Geber*, JA 2014, 328 ff.

[289] In diese Richtung allerdings *Berner/Köhler/Käß*, PAG, 20. Auflage 2010, Art. 16 Rn. 2 f.

[290] Vgl. Nr. 16.2 VollzBek. zum PAG.

Beispiele: Die Polizei bittet über Lautsprecher die Besucher (→ Beispiel Rn. 349), die Diskothek zu verlassen (dies ist noch kein Platzverweis!). Dies tun schon in eigenem Interesse alle bis auf den risikofreudigen R. Gegen ihn als Handlungsstörer ergeht nunmehr eine Platzverweisung. – Passant P beobachtet die Auflösung einer verbotenen Demonstration, ohne den Polizeieinsatz zu stören. Abgesehen davon, dass P kein Störer ist, wäre ein Entfernensgebot gegen ihn untauglich, weil die Störung (Verstoß gegen das Versammlungsgesetz) dadurch nicht behoben wird.

Der Schlüssel zur korrekten Inanspruchnahme im Rahmen des Art. 16 PAG **355** liegt somit weniger im Rückgriff auf die Art. 7 ff. PAG. Vielmehr kommt es auf die strikte Wahrung des Verhältnismäßigkeitsgrundsatzes an.

Nicht ganz einfach ist die Bestimmung der durch eine Platzverweisung betroffe- **356** nen Grundrechte. Art. 2 Abs. 2 S. 2 GG dürfte jedenfalls bei enger Auslegung des Schutzbereiches nicht einschlägig sein.[291] Betroffen sein dürfte deshalb (lediglich) die allgemeine Handlungsfreiheit (Art. 2 Abs. 1 GG).[292] Im Rahmen von Versammlungen kommt auch ein Eingriff in Art. 8 GG in Betracht, bei Wohnungsverweisen in Art. 13 GG.[293]

Kaum eigenständige Bedeutung im Vergleich zu Art. 16 S. 1 PAG hat Art. 16 S. 2 **357** PAG. Die Vorschrift hebt einen wichtigen Sonderfall der Platzverweisung lediglich besonders hervor.[294] Wird der Einsatz der Feuerwehr oder von Hilfs- oder Rettungsdiensten behindert, so ist damit eine Gefährdung der öffentlichen Sicherheit verbunden. Adressat des Platzverweises ist dann die Person, welche die betreffende Behinderung verursacht. Sie ist stets Handlungsstörer. Eines Rückgriffs auf allgemeine Störervorschriften bedarf es hier nicht.

Beispiel: Auf Art. 16 S. 2 PAG lässt sich somit die Platzverweisung gegenüber Schaulustigen bei Unfällen oder Naturkatastrophen stützen, selbst wenn ihre individuelle Anwesenheit die Rettungsmaßnahme nicht beeinträchtigt. Es genügt die hervorgerufene (plausible) Gefahr der Nachahmung durch Dritte; auch dies behindert bereits die Rettungsmaßnahme. Die Polizei braucht nicht abzuwarten, bis der Zugang zur Unglücksstelle vollends verstopft ist.

2. Polizeiliches Aufenthaltsverbot und Wohnungsverweis[295]

In engem Zusammenhang mit der Platzverweisung ist das sog. **Aufenthaltsver-** **358** **bot** (Art. 16 Abs. 2 S. 1 Nr. 2 lit. a) PAG) zu sehen, um dessen rechtliche Zulässigkeit in der Literatur vor Inkrafttreten der PAG-Novelle 2017 heftig gestritten wurde.[296] Die Gerichte teilten diese Bedenken nicht; und zwar unabhängig davon, ob eine spezialgesetzliche landesrechtliche Befugnisnorm für ein Aufenthaltsverbot bestand[297] oder mangels einer derartigen Befugnis zur Verhängung eines Aufenthaltsverbotes auf die polizeiliche Generalklausel zurückgegriffen wird.[298] Mit dem Ge-

---

[291] So aber *Rachor/Graulich*, in: Lisken/Denninger, HdPolR, 6. Auflage 2018, Kap. E Rn. 416; *Honnacker/Beinhofer/Hauser*, PAG, 20. Auflage 2014, Art. 16 Erl. 1; *Schmidbauer* in: S/St, PAG, 5. Auflage 2020, Art. 16 PAG Rn. 65 ff.
[292] So auch *Gallwas/Lindner*, in: Gallwas/Lindner/Wolff, BayPolSR, 4. Auflage 2015, Rn. 667.
[293] Schmidbauer in: S/St, PAG, 5. Auflage 2020, Art. 16 PAG Rn. 65 ff.
[294] Vgl. *Schmidbauer*, in: S/St, PAG, 5. Auflage 2020, Art. 16 Rn. 31 f.
[295] Zur Abgrenzung von Platzverweis, Aufenthaltsverbot und Wohnungsverweis vgl. *Bösch*, Jura 2009, 650 ff.
[296] Siehe nur *Alberts*, NVwZ 1997, 45 ff., *Deger*, VBlBW 1996, 90 ff., *Götz*, NVwZ 1998, 679 (683); *Hecker*, JuS 1998, 575 ff.; *ders.*, NVwZ 1999, 261 ff.
[297] SächsVerfGH, NJ 2003, 473 zur Regelung des § 21 Abs. 2 SächsPolG.
[298] Vgl. VGH München, DÖV 1999, 520; VGH Mannheim, DVBl. 1998, 97.

setz zur effektiveren Überwachung gefährlicher Personen hat der Gesetzgeber diese Problematik im Jahr 2017 entschärft (→ Rn. 359a), indem Art. 16 Abs. 2 PAG um entsprechende Befugnisse ergänzt wurde. Beim Aufenthaltsverbot werden längerfristige und ggf. über den ursprünglich bestimmten Zeitraum hinaus verlängerbare Betretungsverbote für bestimmte (meist Innenstadt-) Bereiche ausgesprochen. Adressaten sind in erster Linie Angehörige der Drogenszene oder Teilnehmer sog. Chaos-Tage.[299]

Beispiel: Nachdem sich im Bahnhofsbereich der Stadt X eine Drogenszene etabliert hat, die öffentlich Drogengeschäfte betreibt und Drogen konsumiert und durch die sich insbesondere Anwohner und Passanten bedroht und verunsichert sehen, verfügt die Polizei gegen Angehörige dieser Szene (Dealer, Konsumenten) Aufenthaltsverbote, wonach diese den näher bestimmten Bahnhofsbereich für die nächsten drei Monate nicht betreten dürfen.

359   Eine ausdrückliche **Ermächtigungsgrundlage** für solche Aufenthaltsverbote fehlte bis zur Neuregelung in Bayern.[300] Fraglich war deshalb, auf welche Rechtsgrundlage die entsprechenden Verfügungen gestützt werden konnten. Nicht in Betracht kam Art. 16 PAG, denn bei mehrmonatiger Dauer des Aufenthaltsverbotes ist die Maßnahme nicht mehr vorübergehend. Der Rückgriff auf die polizeiliche Generalklausel war aber versperrt, weil es unzulässig ist, die Reichweite der besonders geregelten Maßnahme der (vorübergehenden) Platzverweisung auf diese Weise zu erweitern.[301] Außerdem durften die Voraussetzungen des Art. 3 PAG bei der Verhängung längerfristiger Aufenthaltsverbote kaum vorliegen, so dass nicht die Polizei, sondern die Sicherheitsbehörde tätig werden müsste. Die Anwendung der **sicherheitsrechtlichen Generalklausel** (Art. 7 Abs. 2 LStVG), wie dies auch von der Rechtsprechung praktiziert wird,[302] war wiederum problematisch, weil ein längerfristiges und weiträumiges Aufenthaltsverbot in Art. 11 Abs. 1 GG eingreift und deshalb vor dem Hintergrund des Parlamentsvorbehalts viel für eine eigene, aus einem demokratischen Willensbildungsprozess hervorgegangene Befugnisnorm spricht. In materieller Hinsicht könnte eine solche Ermächtigungsgrundlage sicherlich (wie etwa in Sachsen[303]) verfassungskonform ausgestaltet werden. Mit dem Gesetz zur effektiveren Überwachung gefährlicher Personen hat der Gesetzgeber im LStVG zwar keine eigene Befugnisnorm geschaffen, allerdings wurde in Art. 58 S. 1 LStVG nun klargestellt, dass auch in Art. 11 Abs. 1 GG und Art. 109 BV eingegriffen werden darf. Damit wird verdeutlicht, dass auf Grundlage von Art. 7 Abs. 2 LStVG weiterhin derartige Maßnahmen erlassen werden dürfen.

---

[299] VGH München, NVwZ 2000, 454 („Drogenszene") und BayObLG, NVwZ 2000, 454 („Chaostage"); lesenswert hierzu *Kappeler,* BayVBl. 2001, 336; zur verfassungsrechtlichen Problematik vgl. VGH München, BayVBl. 2006, 671; vgl. zum Verhältnis von privatrechtlichem und polizeirechtlichem Vorgehen VGH München, BayVBl. 2006, 671.

[300] Niedersachsen (§ 17 Abs. 2 NdsSOG), Sachsen (Art. 21 Abs. 2 SächsPolG), Sachsen-Anhalt (§ 36 Abs. 2 SOG LSA), Brandenburg (§ 16 Abs. 2 BbgPolG), Berlin (§ 29 Abs. 2 BerlASOG), Bremen (§ 14 Abs. 2 BremPOlG) oder Baden-Württemberg (§ 27a BWPolG) haben eine eigene Standardbefugnis geschaffen; in Bayern fehlt eine derartige Befugnis; für Hessen vgl. VGH Hessen, Urt. v. 10.4.2014 – 8 A 2421/11.

[301] Ähnlich auch *Siegel,* NJW 2013, 1035 (1037).

[302] Zuletzt VGH München, BayVBl. 2006, 671 und DÖV 1999, 520 (521); ebenso i. E. OVG Bremen, NVwZ 1999, 314 (315).

[303] § 21 Abs. 2 SächsPolG, dessen Verfassungsmäßigkeit vom SächsVerfGH, NJ 2003, 473, bestätigt wurde.

3. Neuregelungen

Mit dem Gesetz zur effektiveren Überwachung gefährlicher Personen wurden 359a
2017 nicht nur die bisher vorhandenen Befugnisse der Polizei ergänzt, sondern
auch neue geschaffen. So wurde Art. 16 PAG ausdrücklich um ein Kontaktverbot
und Aufenthaltsanordnungen ergänzt.

Art. 16 Abs. 2 S. 1 Nr. 1 PAG sieht vor, dass die Polizei zur Abwehr einer Gefahr
oder einer drohenden Gefahr für ein bedeutendes Rechtsgut einer Person verbieten kann, ohne polizeiliche Erlaubnis zu bestimmten Personen oder zu Personen
einer bestimmten Gruppe Kontakt zu suchen oder aufzunehmen (**Kontaktverbot**). Kontaktverbote werden klassischerweise in Fällen von häuslicher Gewalt und
Stalking verhängt.[304] Das Kontaktverbot zielt dabei zusätzlich auch auf die Verhinderung von Vorbereitungsmaßnahmen, die in einer Straftat münden sollen.[305]

Sollte die Begehung von Straftaten drohen, sieht Art. 16 Abs. 2 S. 1 Nr. 2 PAG
vor, dass die Polizei unter den gleichen Voraussetzungen wie für das Kontaktverbot ein Aufenthaltsverbot oder ein Aufenthaltsgebot (Überbegriff **Aufenthaltsan-
ordnung**) treffen kann. Das **Aufenthaltsverbot** verbietet Personen, sich an bestimmte Orte oder in ein bestimmtes Gebiet zu begeben (Art. 16 Abs. 2 S. 1 Nr. 2
lit. a PAG). Umgekehrt verbietet das **Aufenthaltsgebot** nach Art. 16 Abs. 2 S. 1
lit. b PAG der betroffenen Person ihren Wohn- oder Aufenthaltsort oder ein bestimmtes Gebiet zu verlassen. Während die Regelungswirkung des Platzverweises
nach Art. 16 Abs. 1 PAG zeitlich auf kurze Zeiträume beschränkt ist („vorübergehend"), sind die neuen Maßnahmen nun in dieser Hinsicht erheblich erweitert
worden. Nach Art. 16 Abs. 2 S. 3 PAG können die Maßnahmen für bis zu drei
Monate angeordnet werden, wobei die Möglichkeit besteht, diese um jeweils drei
weitere Monate zu verlängern. Mit dem PAG-Neuordnungsgesetz von 2018 wurde
zusätzlich eine Meldeanordnung nach Art. 16 Abs. 2 S. 2 PAG eingeführt. Liegen
die tatbestandlichen Voraussetzungen des Kontaktverbots nach Art. 16 Abs. 2
S. 1 Nr. 1 PAG vor, können dadurch z.B. gewalttätige Hooligans einer Fan-
Gruppierung verpflichtet werden, sich während oder vor eines Spiels bei der Poli-
zei zu melden, um so Ausschreitungen im Umfeld des Stadions zu verhindern.[306]
Der oben genannte Streit zum Aufenthaltsverbot (→ Rn. 358) ist damit in weiten
Teilen entschärft. Zu beachten bleibt, dass auch die Sicherheitsbehörden, gestützt
auf Art. 7 Abs. 2 LStVG, entsprechende Maßnahmen erlassen können (→ Rn. 359).
Zum Verhältnis der Sicherheitsbehörden zur Polizei (→ Rn. 479 ff.).

Exkurs: Wohnungsverweis

Problematische Fragen werfen **Maßnahmen zur Bekämpfung häuslicher** 359b
Gewalt auf (sog. **Wohnungsverweis**).

Beispiel: Polizeiliches Verbot an den gewalttätigen Ehegatten, die gemeinsame Ehewohnung
zu betreten und sich dort für einen längeren Zeitraum aufzuhalten.

---

[304] Vgl. LT-Drs. 17/16299, S. 11.
[305] LT-Drs. 17/16299, S. 11.
[306] Vgl. *Grünewald* in: BeckOK Polizei- und Sicherheitsrecht Bayern, Möstl/Schwabenbauer,
16. Edition, Art. 16 PAG Rn. 52; so auch *Schmidbauer* in: S/St, PAG, 5. Auflage 2020, Art. 16 PAG
Rn. 61.

Soweit wie es in Bayern bis zur Einführung des Aufenthaltsverbots nach Art. 16 Abs. 2 S. 1 Nr. 2 lit. a PAG der Fall war, keine spezielle Befugnisnorm für ein derartiges polizeiliches Handeln bestand, ließen sich längerfristige Maßnahmen weder durch die Befugnis zum Platzverweis (nicht „vorübergehend"), noch mittels eines Rückgriffs auf die Generalklausel („Sperrwirkung") begründen. Allenfalls kam im Einzelfall eine (kurzfristige) Ingewahrsamnahme (Art. 17 Abs. 1 Nr. 2 PAG) des Gewalttäters in Betracht.

Die entsprechende Befugnis für eine Wohnungsverweisung mit längerfristigem Rückkehrverbot findet nicht nur als eigenständige polizeiliche Maßnahme zur Verhinderung unmittelbar bevorstehender Gewalttaten und zur Verhütung der Fortsetzung bereits begangener Gewalttaten ihre Rechtfertigung, sondern auch in Verbindung mit dem zivilrechtlichen Gewaltschutzgesetz,[307] das u. a. die alleinige Zuweisung der Ehewohnung an das Gewaltopfer ermöglicht: Erst in der Zeitspanne eines polizeilichen Rückkehrverbotes wird einem Gewaltopfer die Möglichkeit gegeben, entsprechenden zivilrechtlichen Schutz zu beantragen.[308]

Im Einzelfall ist bei Anwendung entsprechender Ermächtigungsnormen in besonderer Weise der Verhältnismäßigkeitsgrundsatz zu beachten.[309] Ein besonderes Problem kann hier ein entgegenstehender Wille des Gewaltopfers sein. Insoweit könnte die Frage aufgeworfen werden, ob dadurch der geschützte Bereich autonomer Selbstgefährdung berührt ist (vgl. → Rn. 103 f.). Dies wird aber in der Regel zu verneinen sein, da es zugleich meist um die Verhütung nicht einwilligungsfähiger Straftaten geht. Jedenfalls wird aber von der Polizei zu beachten sein, dass gerade Opfer längerer Gewaltbeziehungen oft dazu neigen, das Geschehen zu verharmlosen und den Gewalttäter aus Angst vor Racheakten, wirtschaftlicher oder emotionaler Abhängigkeit vor der Polizei in Schutz zu nehmen. Sofern eine Anwendung des Platzverweises nach Art. 16 Abs. 1 S. 1 Nr. 1 PAG für kurzfristige Verweisungen oder des mittlerweile gesetzlich geregelten Aufenthaltsverbots nach Abs. 2 Nr. 1 für längerfristige Verweisungen in Bayern als Grundlage für den Wohnungsverweis herangezogen wird, sind zusätzlich zu den Voraussetzungen des Art. 16 PAG die Voraussetzungen des Art. 23 Abs. 1 S. 1 Nr. 3, Abs. 2 PAG heranzuziehen, der für das Betreten und Durchsuchung der Wohnung durch die Polizei eine dringende Gefahr für ein erhebliches Rechtsgut erfordert; während der Nachtzeit ist eine gegenwärtige Gefahr für ein bedeutendes Rechtsgut erforderlich.[310] Die zeitliche Befristung ergibt sich für das Aufenthaltsverbot aus Abs. 2 S. 3 und beträgt zunächst drei Monate. Für den Platzverweis darf die Wohnungsverweisung nur vorübergehend sein.

---

[307] „Gesetz zur Verbesserung des zivilrechtlichen Schutzes bei Gewalttaten und Nachstellungen sowie zur Erleichterung der Überlassung der Ehewohnung bei Trennung" v. 11.12.2001, BGBl. I 2001, 3513; s. dazu auch *Grziwotz,* NJW 2002, 872 ff.; vgl. zur polizeirechtlichen Wohnungswegweise: *Wuttke,* JuS 2005, 779 ff.; *Krugmann,* NVwZ 2006, 152 ff.

[308] Der Anknüpfungspunkt an das zivilrechtliche Gewaltschutzgesetz wurde so auch in den meisten spezialgesetzlichen Befugnisnormen in anderen Bundesländern gewählt, z. B. in § 34a NRWPolG, § 29a BerlASOG, § 12b HambSOG oder § 27a BWPolG; zur Umsetzung des Gewaltschutzgesetzes in das Landespolizeirecht vgl. *Hermann,* NJW 2002, 3062 ff.

[309] Dazu *Kay,* NVwZ 2003, 521 ff.

[310] So z. B. VG Augsburg, Beschluss v. 30.8.2018 – Au 8 S 18.1436, BeckRS 2018, 23144, Rn. 24; *Schmidbauer* in: S/St, PAG, 5. Auflage 2020, Art. 16 PAG Rn. 69.

III. Gewahrsam (Art. 17–20 PAG)

1. Die Ingewahrsamnahme (Art. 17 PAG)

Die in Art. 17 PAG geregelte Ingewahrsamnahme[311] ist eine der einschneidend- **360** sten polizeilichen Standardmaßnahmen. Als Freiheitsentziehung ist sie stets an Art. 104 Abs. 2–4 GG zu messen; der Beachtung des Übermaßverbotes kommt besondere Bedeutung zu. Die Tatbestände, bei deren Vorliegen eine Person in Gewahrsam genommen werden darf, sind in Art. 17 PAG geregelt.[312] Den Vorgaben des Art. 104 GG entsprechend finden sich Vorschriften über die Behandlung festgehaltener Personen in Art. 19 PAG und über die zulässige Dauer der Freiheitsentziehung in Art. 20 PAG.

Art. 17 Abs. 1 Nr. 1 PAG regelt den sog. *Schutzgewahrsam*. Dieser betrifft in er- **361** ster Linie diejenigen Fälle, in denen sich der Betroffene nicht selbst zu helfen vermag. Entweder kann er nicht mehr seinen Willen betätigen (z.B. Bewusstlose), oder es fehlt die Fähigkeit, dem eigenen Willensentschluss gemäß zu handeln (z.B. Betrunkene). Art. 17 Abs. 1 Nr. 1 PAG ist aber auch dann einschlägig, wenn keine Selbstgefährdung besteht, sondern der Betroffene durch andere bedroht wird. Unterschiede ergeben sich allerdings insoweit auf der Rechtsfolgenseite (→ Rn. 367).

Beispiel:[313] Der vor mit Prügel drohenden Zuschauern fliehende Schiedsrichter wird von der Polizei in Gewahrsam genommen.

Art. 17 Abs. 1 Nr. 2 PAG regelt den sog. *Sicherheitsgewahrsam*[314]. Danach ist die **362** Ingewahrsamnahme zulässig, wenn sie unerlässlich ist, um die unmittelbar bevorstehende Begehung oder Fortsetzung einer Straftat oder einer Ordnungswidrigkeit von erheblicher Bedeutung für die Allgemeinheit zu verhindern.

Beispiel: Nachdem die Polizei einen Hinweis erhalten hat, wonach bei einem Fußballländerspiel schwere Krawalle von Hooligans zu erwarten sind, nimmt die Polizei eine Reihe einschlägig bekannter Schläger auf dem Weg zum Stadion in Gewahrsam und hält sie für die Dauer des Spiels fest.

Das Kriterium der Unerlässlichkeit deutet es schon an: An die Bedeutung **363** der durch die bevorstehende Straftat oder Ordnungswidrigkeit beeinträchtigten Rechtsgüter sind hohe Anforderungen zu stellen. Das gilt in besonderem Maße bei der Ingewahrsamnahme zur Verhinderung von Ordnungswidrigkeiten. Allerdings kann keine Rede davon sein, dass Ordnungswidrigkeiten per se nicht erheblich genug seien, um eine Ingewahrsamnahme zu rechtfertigen. Im Rahmen der Anordnung der Ingewahrsamnahme sowie bei der richterlichen Bestätigung muss der Verhältnismäßigkeitsgrundsatz gewahrt werden. Insbesondere präventive Maßnahmen der Freiheitsentziehung aufgrund drohender Straftaten dürfen nur der Unterbindung dieser dienen und keinen pönalen Charakter haben. Mithin ist die

---

[311] Dazu ausführlich *Kappeler,* DÖV 2000, 227 ff.

[312] Vgl. auch OVG Lüneburg, NVwZ-RR 2007, 103 f. zu den Grenzen des Begriffs der Ingewahrsamnahme.

[313] Nach *Möller,* in: Möller/Warg, AllgPolOrdR, 6. Auflage 2011, Rn. 362.

[314] Vgl. hierzu OLG München, OLGReport München 2009, 112.

Ingewahrsamnahme nur für den hierfür erforderlichen und gebotenen Zeitraum gestattet.[315]

364 Art. 17 Abs. 1 Nr. 2 PAG wird ergänzt durch die Buchstaben a) bis c), mittels derer der Gesetzgeber der Polizei Hilfestellungen für die zu treffende Prognoseentscheidung an die Hand gegeben hat. In den dort exemplarisch genannten Fällen (z. B. Aufforderung zu einer Straftat, Mitführen von Waffen) kann erfahrungsgemäß angenommen werden, dass die betreffende Person eine Straftat begehen oder zu ihrer Begehung beitragen wird.

364a Art. 17 Abs. 1 Nr. 3 PAG öffnet den Anwendungsbereich für die Ingewahrsamnahme, wenn dies zur Abwehr einer Gefahr für ein bedeutendes Rechtsgut unerlässlich ist. Die mit dem Gesetz zur effektiveren Überwachung gefährlicher Personen 2017 eingefügte Alternative soll insbesondere die präventiven Möglichkeiten zum Umgang mit sog. Gefährdern und Gefährdungslagen erweitern.[316] Die Ingewahrsamnahme setzt tatbestandlich das Vorliegen einer konkreten Gefahr (Art. 11 Abs. 1 S. 2 PAG) für ein bedeutendes Rechtsgut (Art. 11a Abs. 2 PAG) voraus. Bedeutende Rechtsgüter sind der Bestand oder die Sicherheit des Bundes oder eines Landes (Nr. 1), das Leben, die Gesundheit oder Freiheit (Nr. 2), die sexuelle Selbstbestimmung, soweit sie durch Straftatbestände geschützt ist, die im Mindestmaß mit wenigstens drei Monaten Freiheitsstrafe bedroht sind (Nr. 3) oder Anlagen der kritischen Infrastruktur sowie Kulturgüter von mindestens überregionalem Rang (Nr. 4). Entsprechend dem Sicherheitsgewahrsam muss die Gewahrsamnahme unerlässlich sein, d.h. die Gefahr kann nicht auf andere Weise abgewendet werden.[317]

365 Art. 17 Abs. 1 Nr. 4 PAG eröffnet die Möglichkeit einer Ingewahrsamnahme zur Durchsetzung einer Maßnahme nach Art. 16 PAG. Diese Form des Gewahrsams ist eine echte Zwangsmaßnahme und deshalb eigentlich dem Vollstreckungsrecht zuzuordnen. In der systematischen Stellung der Vorschrift im Rahmen der Standardbefugnisse kommt der „Pragmatismus des Polizeirechts"[318] zum Ausdruck. Die Ingewahrsamnahme kommt im Kanon der Vollstreckungsmaßnahmen zur Durchsetzung eines Platzverweises nur als ultima ratio in Frage.[319] Die allgemeinen und besonderen Vollstreckungsvoraussetzungen (→ Rn. 217 ff.; 236 ff.) müssen eingehalten werden.

Beispiel: Gaffer G ergötzt sich an der Szenerie eines Massenunfalls und kehrt trotz mehrfacher Platzverweisung (→ Rn. 347 ff.) immer wieder an den Unfallort zurück. Nunmehr wird er von einem Polizeibeamten in Gewahrsam genommen.[320]

366 Art. 17 Abs. 2 PAG ermächtigt zur Ingewahrsamnahme von Minderjährigen, um sie den Sorgeberechtigten oder dem Jugendamt zuzuführen.[321] Art. 17 Abs. 3 PAG

---

[315] BVerfG Beschl. v. 26.6.1997 – 2 BvR 126/91; EGMR, NVwZ 2012, 1089; *Schneider*, NVwZ 2012, 1083 (1085).

[316] *Schmidbauer* in: S/St, PAG, 5. Auflage 2020, Art. 17 PAG Rn. 65; LT-Drs. 17/16299, S. 12.

[317] *Grünewald* in: BeckOK Polizei- und Sicherheitsrecht Bayern, Möstl/Schwabenbauer, 16. Edition, Art. 17 PAG Rn. 65h.

[318] So *Berner/Köhler/Käß*, PAG, 20. Auflage 2010, Art. 17 Rn. 23.

[319] BayObLG, BayVBl. 1999, 349.

[320] Vgl. in diesem Kontext auch BVerfG, NJW 2005, 353 ff.

[321] Damit schließt Art. 17 Abs. 2 PAG eine Lücke, die § 8 JuSchG lässt. Das Jugendschutzrecht regelt nämlich nicht den Fall, dass die sofortige Überbringung scheitert, weil weder Erziehungsberechtigte noch das Jugendamt (etwa nachts oder am Wochenende) erreichbar sind. Vgl. näher *Schmidbauer*, in: S/St, PAG, 5. Auflage 2020, Art. 17 Rn. 80 ff. m. w. N.

endlich sieht die Ingewahrsamnahme aus der Haft Entwichener vor, um sie dorthin zurückzubringen.

Ist einer der Tatbestände erfüllt, so kann die Polizei eine Person **in Gewahrsam** **367** **nehmen.** Unter Gewahrsam ist „ein mit hoheitlicher Gewalt hergestelltes Rechtsverhältnis zu verstehen, kraft dessen einer Person die Freiheit dergestalt entzogen wird, dass sie von der Polizei in einer dem polizeilichen Zweck entsprechenden Weise verwahrt, d. h. daran gehindert wird, sich fortzubewegen".[322] Begibt sich hingegen jemand freiwillig in polizeilichen Schutz, um einer Gefahr zu entgehen, handelt es sich um keinen Gewahrsam i. S. d. Art. 17 PAG.[323] Als Ort des Gewahrsams kommt nicht nur ein besonderer Arrestraum in Frage, sondern ebenso beispielsweise ein Polizeifahrzeug oder ein Krankenhauszimmer. Der Kreis der **Adressaten** ergibt sich im Wesentlichen aus der Norm selbst. Allerdings ist bei Art. 17 Abs. 1 Nr. 1 PAG zu differenzieren; liegt nämlich keine Selbstgefährdung vor, sondern wird der Betroffene durch Dritte bedroht (→ Rn. 361), so sind primär diese als Störer in Anspruch zu nehmen. Anders kann nur in den Fällen polizeilichen Notstandes (Art. 10 PAG) zu entscheiden sein.

Beispiele:[324] Wird der politische Agitator in der Fußgängerzone nur von wenigen Angreifern bedroht, muss in erster Linie gegen diese vorgegangen werden; anders könnte dann zu entscheiden sein, wenn ein Kraftfahrer, der ein Kind überfahren hat, von einer aufgebrachten Menschenmenge bedroht wird.

Der Gewahrsam ist als realisierende Polizeitätigkeit einzuordnen. Er hat keinen **368** Regelungscharakter. Begibt sich eine Person nicht freiwillig in Gewahrsam, so können aber weitergehende Verfügungen erforderlich werden. In diesem Zusammenhang ergehende Zwangsmaßnahmen sind dem allgemeinen Vollstreckungsrecht zuzuordnen. Sie finden ihre Rechtsgrundlage nicht in Art. 17 PAG (→ Rn. 306).

2. Verfahrensregelungen (Art. 18–20, 94-99 PAG)

Nach Art. 104 Abs. 2 S. 1 und 2 GG muss der Richter über Zulässigkeit und **369** Fortdauer der polizeilichen Freiheitsentziehung entscheiden. Zuständig für die richterliche Entscheidung ist das Amtsgericht, in dessen Bezirk die Freiheitsentziehung vollzogen wird (Art. 98 Abs. 2 Nr. 1 PAG). Das Verfahren richtet sich nach den Vorschriften des Gesetzes über das Verfahren in Familiensachen und in Angelegenheiten der freiwilligen Gerichtsbarkeit (Art. 18 i. V. m. Art. 96 Abs. 1 PAG). Die richterliche Entscheidung ist unverzüglich, d. h. ohne sachlich begründete Verzögerung, herbeizuführen (Art. 96 Abs. 2 S. 1 PAG).[325] Der Herbeiführung der richterlichen Entscheidung bedarf es nicht, wenn sie erst nach Beendigung der polizeilichen Freiheitsentziehung ergehen würde (Art. 97 Abs. 3 PAG). Ohne richterliche Entscheidung darf der polizeiliche Gewahrsam nicht länger als bis zum Ende des

---

[322] OVG Münster, NJW 1980, 138. Vgl. zur Einordnung der Einschließung einer Ortschaft zur Gefahrenabwehr OVG Lüneburg, NVwZ-RR 2007, 103 ff.
[323] Vgl. *Berner/Köhler/Käß,* PAG, 20. Auflage 2010, Art. 17 Rn. 8; lesenswerte Fallbearbeitung zum Gewahrsam, *Seidl/Kuhls,* VR 2012, 165 (166).
[324] Nach *Rachor/Graulich,* in: Lisken/Denninger, HdPolR, 6. Auflage 2018, Kap. E Rn. 497; *Möller,* in: Möller/Warg, AllgPolOrdR, 6. Auflage 2011, Rn. 362.
[325] Zur Notwendigkeit der Einrichtung eines richterlichen Bereitschaftsdienstes vgl. BVerfG, NVwZ 2006, 579 und *Fickenscher/Dingelstadt,* NJW 2009, 3473 ff.

Tages nach dem Ergreifen fortgesetzt werden; mit richterlicher Entscheidung ist ein Gewahrsam von nicht mehr als einem Monat statthaft, wobei dieser um einen weiteren Monat bis zu einer Gesamtdauer von zwei Monaten verlängerbar ist (Art. 20 Abs. 2 S. 2 PAG).[326] Im Hinblick auf das Verhältnismäßigkeitsprinzip darf der länger andauernde polizeiliche Gewahrsam nur zurückhaltend angewendet werden.[327] Sobald der Zweck des Gewahrsams erreicht ist und der Grund für die Maßnahme der Polizei weggefallen ist, ist die betroffene Person in jedem Fall zu entlassen, Art. 20 Abs. 1 Nr. 1 PAG. Zu beachten sind auch die Anforderungen des Art. 19 Abs. 3 S. 3 PAG, wonach der festgehaltenen Person nur solche Beschränkungen auferlegt werden dürfen, die zum Zwecke der Freiheitsentziehung erforderlich sind. So muss beispielsweise eine ordnungsgemäße Versorgung und körperliche Reinigungsmöglichkeit sichergestellt sein.[328]

Mit dem PAG-Neuordnungsgesetz 2018 wurde Art. 18 PAG a.F. (nunmehr in Art. 97 Abs. 2 S. 1 PAG) dahingehend ergänzt, dass richterliche Entscheidungen zum Gewahrsam auch ohne persönliche Anhörung ergehen können, wenn diese rauschbedingt nicht in der Lage sind, den Gegenstand der Anhörung ausreichend zu erfassen und zu den Feststellungen der Tatsachen beizutragen.

370   Art. 97 Abs. 5 PAG regelt einen besonderen Fall der Feststellungsklage für solche Fälle, in denen die Freiheitsentziehung vor Erlass der richterlichen Entscheidung beendet ist.[329]

IV. Durchsuchung von Personen, Sachen und Wohnungen (Art. 21–24 PAG)

1. Die Durchsuchung von Personen (Art. 21 PAG)

371   Art. 21 PAG ist aufgrund der vielen Verweisungen auf andere Vorschriften (insbesondere Art. 13 und 25 PAG)[330] recht unübersichtlich und damit nicht leicht zu handhaben. Nichtsdestoweniger zeigt die Vorschrift den „inneren Zusammenhang"

---

[326] Zwischenzeitlich war vom 24.7.2017 bis zum 1.8.2021 der Gewahrsam von ursprünglich 2 Wochen auf 3 Monate inklusive mehrmaliger Verlängerungsmöglichkeit um weitere 3 Monate verlängert. Mit Inkrafttreten der PAG-Novelle 2021 wurde diese scharf kritisierte Maßnahme wieder entschärft.

[327] Vgl. *Blankenagel*, DÖV 1989, 689 ff. zur Entscheidung des VGH München, BayVBl. 1990, 654. Vgl. auch das Urteil des SächsVerfGH, JZ 1996, 957 und dazu *Schenke*, DVBl. 1996, 1393 ff. Zur Neufassung des sächs. PolG s. *Heckmann*, SächsVBl. 1999, 221 ff. Vgl. zur Verhältnismäßigkeit der Haftdauer: EGMR, NVwZ 2006, 797 ff.

[328] Vgl. VGH München, BayVBl. 2012, 657; verweigert die Polizei einem Häftling die Möglichkeit, sich zumindest einmal am Tag körperlich zu reinigen, könnte darin im Einzelfall ein Verstoß gegen Art. 1 Abs. 1 GG zu sehen sein. Die Vorenthaltung einer Reinigungsmöglichkeit stellt nämlich nicht nur eine bloße Unannehmlichkeit dar, die noch zu keinem Grundrechtseingriff führen würde, sondern tangiert ein existenzielles Grundbedürfnis des Menschen, sich sauber zu halten. Allerdings ist die Polizei nicht verpflichtet, einem Häftling eine solche Reinigung von sich aus anzubieten oder gar aufzudrängen. Vielmehr besteht die Verpflichtung erst dann, wenn der Häftling das Waschen oder Zähneputzen auch tatsächlich verlangt.

[329] Vgl. im Einzelnen dazu *Schmidbauer*, in: S/St, PAG, 5. Auflage 2020, Art. 18 Rn. 48 ff.

[330] Nur deklaratorisch ist die Erwähnung von Art. 13 Abs. 2 S. 4 PAG in Art. 21 Abs. 1 PAG, wonach die Durchsuchung einer Person zum Zwecke der Identitätsfeststellung zulässig ist, wenn die Identität auf andere Weise nicht oder nur unter erheblichen Schwierigkeiten festgestellt werden kann.

der einzelnen Standardmaßnahmen: Polizeiliche Eingriffe sind häufig durch ein komplexes Vorgehen charakterisiert, bei dem sich die einzelnen Standardbefugnisse ergänzen und ineinander greifen.

Art. 21 Abs. 1 Nr. 1 PAG sieht eine Personendurchsuchung dort vor, wo Tatsachen die Annahme rechtfertigen, dass die Person Sachen mit sich führt, die sichergestellt werden dürfen. Damit wird auf Art. 25 PAG und die dort für die Sicherstellung normierten Voraussetzungen (→ Rn. 402 ff.) Bezug genommen. Tatsachen im Sinne der Norm können insbesondere Bemerkungen und Verhaltensweisen des Betroffenen selbst oder Hinweise Dritter, aber auch eigene Wahrnehmungen der Polizei sein. **372**

Gem. Art. 21 Abs. 1 Nr. 2 PAG können solche Personen durchsucht werden, die sich erkennbar in einem die freie Willensbestimmung ausschließenden Zustand oder sonst in hilfloser Lage befinden. Hierdurch soll vor allem ermöglicht werden, diesen Personen notwendige Hilfe zu leisten oder nach der durch die Durchsuchung vorgenommenen Identitätsfeststellung Angehörige benachrichtigen zu können (bei letztgenanntem Fall könnte allerdings auch Art. 13 Abs. 1 Nr. 1, Abs. 2 S. 4 PAG einschlägig sein). **373**

Beispiel: Die Polizei wird zu einer Diskothek gerufen, wo eine Person nach der Einnahme unbekannter Rauschmittel zusammengebrochen ist. Um die notwendigen Rettungsmaßnahmen einleiten zu können, durchsucht die Polizei die Taschen der Person, um Rückstände der konsumierten Drogen aufzufinden.

Die Durchsuchung ist gem. Art. 21 Abs. 1 Nr. 3 und 4 PAG ferner dort zulässig, wo sich eine Person an einem der dort (durch Verweisung auf Art. 13 PAG) in Bezug genommenen Orte aufhält. Damit trägt die Vorschrift kriminalistischem Erfahrungswissen Rechnung, demzufolge an den inkriminierten Orten eine abstrakte Gefahr für die öffentliche Sicherheit besteht. Vor diesem Hintergrund ist allerdings Zurückhaltung bei der Annahme dieser Durchsuchungsgründe geboten. Auch wenn die in Art. 21 Abs. 1 Nr. 4 PAG geregelte Einschränkung nicht auf Art. 21 Abs. 1 Nr. 3 PAG erstreckt werden kann, erscheint doch die Durchsuchung jeder beliebigen sich dort aufhaltenden Person als unverhältnismäßig. Für eine Durchsuchung nach Art. 21 Abs. 1 Nr. 3 PAG i. V. m. Art. 13 Abs. 1 Nr. 2a) PAG reicht es nicht aus, dass der Betroffene sich an einem „gefährlichen Ort" aufhält. Hinzukommen muss, dass die Durchsuchung der betreffenden Person auch in einer entsprechenden Beziehung zu den Tatsachen steht, die die Gefährlichkeit des Ortes begründen[331]. Zwar hat der BayVerfGH zur Personendurchsuchung im Rahmen der Schleierfahndung (Art. 21 Abs. 1 Nr. 3 PAG i. V. m. Art. 13 Abs. 1 Nr. 5 PAG) noch nicht Stellung genommen. Insoweit dürfte aber nach der von diesem Gericht entwickelten Rechtsprechung[332] zur im Rahmen der Schleierfahndung vorgenommenen polizeilichen Durchsuchung mitgeführter Sachen (Art. 22 Abs. 1 Nr. 1 i. V. m. Art. 21 Abs. 1 Nr. 3 i. V. m. Art. 13 Abs. 1 Nr. 5 PAG)[333] wohl auch Art. 21 Abs. 1 Nr. 3 PAG dahingehend auszulegen sein, dass dieser an die Befugnis zur Personenkontrolle nach Art. 13 Abs. 1 Nr. 5 PAG „angebunden" ist. Nach dieser Ansicht sind die Tatbestandsmerkmale des Art. 13 Abs. 1 Nr. 5 PAG a.F. betreffend die „Verhütung oder Unterbindung der unerlaubten Überschreitung der Landes- **374**

---

[331] VGH München, BayVBl. 2013, 90.
[332] BayVerfGH, NVwZ 2006, 1284 ff.
[333] Siehe hierzu nunmehr auch VGH München, 5.2.2014 – 10 ZB 11.1583.

grenze[334] oder des unerlaubten Aufenthalts und zur Bekämpfung der grenzüberschreitenden Kriminalität" infolge der verwendeten Verweisungstechnik in den Tatbestand des Art. 21 Abs. 1 Nr. 3 PAG a. F. (Nr. 4) hineinzulesen.[335]

Darüber hinaus ist nach dieser Rechtsprechung zu beachten, dass unter dem Gesichtspunkt der Verhältnismäßigkeit im engeren Sinne an eine Durchsuchung strengere Anforderungen zu stellen sind als an eine bloße Identitätskontrolle. Die Durchsuchung sei gerade keine typische, alltägliche Situation. Zum einen sei der Bereich der Privat- und Intimsphäre des Durchsuchten berührt, zum anderen komme hinzu, dass der Akt polizeilichen Durchsuchens für einen außenstehenden Beobachter sofort den Eindruck erweckt, der Betroffene habe sich in irgendeiner Weise nicht gesetzmäßig verhalten. Insoweit könne eine Durchsuchung durch Polizeibeamte vom Betroffenen als diskriminierend und stigmatisierend empfunden werden. Damit ergebe sich bei der Durchsuchung – anders als bei einer bloßen Identitätskontrolle – das Bild eines schwerwiegenden Eingriffs in die Privat- und Intimsphäre. Außerdem würde von einer verdachts- und ereignisunabhängigen Befugnisnorm ein beliebig großer Personenkreis erfasst.[336]

Die Durchsuchung bedürfe somit, wegen des Eingriffs in den Schutzbereich des Rechts auf informationelle Selbstbestimmung und der allgemeinen Handlungsfreiheit, einer besonderen verfassungsrechtlichen Rechtfertigung. Bei der Gesamtabwägung der Schwere des mit der Durchsuchung verbundenen Eingriffs und bei dem Gewicht der ihn rechtfertigenden Gründe des Gemeinwohls ist die Grenze des Zumutbaren im Hinblick auf die betroffenen Grundrechtspositionen nach dem BayVerfGH bei der Sachdurchsuchung im Rahmen der Schleierfahndung nur gewahrt, wenn eine Einschreitschwelle in Gestalt einer **erhöhten abstrakten Gefahr** beachtet wird.[337]

Das typischerweise für ein Einschreiten der Polizei erforderliche Vorliegen einer konkreten Gefahr sei bei der Durchsuchung im Rahmen der Schleierfahndung nicht notwendig. Dies würde den Rechtsgüterschutz, dem diese besondere Art der präventivpolizeilichen Tätigkeit dient, zu weit einengen. Nachdem die Durchsuchung aber einen schwerwiegenden Grundrechtseingriff darstellt, kann andererseits auch nicht schon jegliche abstrakte Gefahr ausreichen. Es muss folglich ein Ausgleich zwischen den Allgemein- und Individualinteressen gefunden werden, bei dem einerseits wirksame Einschreitschwellen gewährleisten, dass nicht beliebig viele Personen von den als solchen schwerwiegenden Eingriffen betroffen werden, wie sie für die Durchsuchung charakteristisch sind. Andererseits muss wegen des Gewichts einer effektiven Gefahrenabwehr für das Staatsinteresse ein hinreichend breiter Anwendungsbereich für die Durchsuchung verbleiben. Dieser Ausgleich ist dann gegeben, wenn als Voraussetzung für die Durchsuchung eine erhöhte abstrakte Gefahr verlangt wird. Dies bedeute, dass solche Durchsuchungen nicht aufgrund einer ungesicherten oder nur diffusen Tatsachenbasis erfolgen dürfen. Der Aufent-

---

[334] Das Merkmal der unerlaubten Überschreitung der Landesgrenze wurde für verfassungswidrig erklärt und aus dem Gesetzeswortlaut gestrichen.

[335] Vgl. BayVerfGH, NVwZ 2006, 1284 (1285).

[336] BayVerfGH, NVwZ 2006, 1284 (1286).

[337] Vgl. BayVerfGH, NVwZ 2006, 1284 (1286); VGH München, Beschl. v. 5.2.2014 – 10 ZB 11.1583; zur Kritik am Begriff der „erhöhten abstrakten Gefahr" und zum Hineinlesen ungeschriebener Tatbestandsmerkmale vgl. *Korber,* BayVBl. 2006, 344 ff.

halt der zu durchsuchenden Person in den Bereichen des Art. 13 Abs. 1 Nr. 5 PAG reicht deshalb als solcher ebensowenig aus wie bloße Vermutungen über abstrakte Gefahren, die nicht durch ein Mindestmaß an Indizien untermauert sind. Die Tatsachenbasis muss aber nicht so konkret sein, dass eine Verletzung der Schutzgüter des Art. 13 Abs. 1 Nr. 5 PAG als wahrscheinlich erscheint.[338] Da die Durchsuchung – im Verhältnis zur Identitätsfeststellung – einen deutlich schwerwiegenderen Eingriff in Grundrechtspositionen darstellt, genügten allerdings nur allgemeine Lageerkenntnisse oder polizeiliche Erfahrungssätze, wie sie für die bloße Identitätskontrolle in den Tatbestand des Art. 13 Abs. 1 Nr. 5 PAG hineinzulesen sind (→ Rn. 327), nicht. Vielmehr müssen zusätzliche und als solche hinreichend greifbare Erkenntnisse hinzutreten. Diese müssen jedenfalls in tatsächlichen Anhaltspunkten bestehen, die den Schluss auf erhöhte abstrakte Gefahrenlagen bezüglich des unerlaubten Aufenthalts und der grenzüberschreitenden Kriminalität zulassen. Dabei kann es sich um durch Indizien angereicherte, also um hinreichend gezielte, polizeiliche Lageerkenntnisse oder um das Vorhandensein von Täterprofilen oder Fahndungsrastern handeln, die bspw. auch im Rahmen internationaler Zusammenarbeit der Polizeibehörden gewonnen werden. Naturgemäß können für eine solche Prognose einer erhöhten abstrakten Gefahr aber auch Eindrücke verarbeitet werden, die die handelnden Polizeibeamten bei einer vorausgehenden Identitätskontrolle gewinnen.[339]

Da die Personendurchsuchung im Regelfall ein noch schwererer Eingriff ist als die Sachdurchsuchung, dürfte in Fortführung der Ansicht des BayVerfGH auch für die Personendurchsuchung mindestens eine erhöhte abstrakte Gefahr zu fordern sein[340].

Das Gesetz zur effektiveren Überwachung gefährlicher Personen erweiterte die Möglichkeit der Durchsuchung von Personen auf Fälle, in denen eine drohende Gefahr für ein bedeutendes Rechtsgut vorliegt (Art. 21 Abs. 1 Nr. 3 PAG).

375 Art. 21 Abs. 2 PAG dient der Eigensicherung des Polizeibeamten ebenso wie dem Schutz Dritter.

Beispiel: Eine vorgeladene Person (vgl. Art. 15 PAG) erscheint auf der Wache. Unter der Kleidung zeichnet sich deutlich der Abdruck einer Pistole ab. Zur Eigensicherung kann die Polizei die Person gem. Art. 21 Abs. 2 PAG durchsuchen.

376 Ist einer der Tatbestände aus Art. 21 Abs. 1 oder 2 PAG erfüllt, kann die Polizei die Person durchsuchen. Begrifflich bedeutet Durchsuchung das Suchen nach bestimmten Gegenständen, im Fall des Art. 21 PAG am menschlichen Körper oder in dessen Bekleidung.[341] Die *Durchsuchung* ist abzugrenzen von der *Untersuchung*. Die Durchsuchung beschränkt sich auf die Körperoberfläche einschließlich der natürlichen Körperöffnungen, wobei diese regelmäßig ohne Weiteres zugänglich sein müssen. Von der Durchsuchung erfasst sind deshalb Mund, Nase oder Ohren, nicht

---

[338] VGH München, Beschl. v. 5.2.2014 – 10 ZB 11.1583.

[339] BayVerfGH, NVwZ 2006, 1284 (1287); BayVerfGH, BayVBl. 2011, 206; VGH München, Beschl. v. 5.2.2014 – 10 ZB 11.1583.

[340] So auch *Korber*, BayVBl. 2006, 344 (346), der damit rechnet, dass der BayVerfGH für die Personendurchsuchung eine „besonders erhöhte abstrakte Gefahr" fordern wird. A. A. hingegen *Berner/Köhler/Käß*, PAG, 20. Auflage 2010, Art. 21 Rn. 6, wonach die BayVerfGH-Rechtsprechung so zu verstehen sei, dass die erhöhte abstrakte Gefahr nur bei der Durchsuchung von Sachen, nicht hingegen bei der Durchsuchung von Personen, erforderlich ist.

[341] So *Berner/Köhler/Käß*, PAG, 20. Auflage 2010, Art. 21 Rn. 2.

aber der gesamte Intimbereich. Bei der Durchsuchung geht es mithin zumeist um Gegenstände, die in oder unter der Kleidung verborgen werden; hingegen bezieht sich die Untersuchung in der Regel auf den körperlichen Zustand (Gegenstände im Körperinneren, nicht ohne Weiteres zugängliche Körperöffnungen).[342] Die Durchsuchung kann grundsätzlich alle Gegenstände erfassen, deren Auffinden im Rahmen der konkreten polizeilichen Maßnahme zweckmäßig erscheint. Einzig die Durchsuchung zur Eigensicherung bezieht sich lediglich auf Waffen, andere gefährliche Werkzeuge und Explosionsmittel. Ansonsten ergeben sich notwendige Begrenzungen in erster Linie aus dem Übermaßverbot.

377   Die Durchsuchung wird von der Polizei selbst vorgenommen. Sie ist als realisierende Polizeitätigkeit zu begreifen. Der Betroffene ist lediglich zur Duldung der Maßnahme verpflichtet, ohne dass dies ausdrücklich verfügt werden müsste. Setzt sich die zu durchsuchende Person gegen die Maßnahme zur Wehr, können aber weitergehende Verfügungen notwendig werden, um die Durchsuchung zu ermöglichen. Diese finden ihre Rechtsgrundlage dann aber nicht in Art. 21 PAG, sondern in der Generalklausel. Die Vollstreckung richtet sich dabei nach Maßgabe der Art. 70 ff. PAG, wobei auch der Sofortvollzug gem. Art. 70 Abs. 2 PAG relevant werden kann. (Vgl. im Einzelnen → Rn. 298 ff. und Rn. 257 ff.).

378   Art. 21 Abs. 3 PAG regelt einen Teilaspekt des Vollzugs der Durchsuchung. Danach darf die Durchsuchung nur von Personen (Polizeibeamten, Krankenschwestern) gleichen Geschlechts oder von Ärzten vorgenommen werden. Dies ist Ausdruck des in der Menschenwürde wurzelnden Persönlichkeitsrechts. Eine Ausnahme gilt nur, wenn die sofortige Untersuchung zum Schutz gegen eine Gefahr für Leib oder Leben erforderlich erscheint. Aber auch hier ist Zurückhaltung geboten.

2. Die Durchsuchung von Sachen (Art. 22 PAG)

379   Die Standardbefugnis zur Durchsuchung von Sachen weist viele Parallelen zur Durchsuchung von Personen auf. Art. 22 Abs. 1 PAG regelt in ähnlicher Weise die Durchsuchungsgründe, Art. 22 Abs. 2 PAG enthält besondere Verfahrensanforderungen. Besondere Bedeutung hat die Protokollierungspflicht in Art. 22 Abs. 2 S. 3 PAG wegen der Beweiskraft der Durchsuchung für spätere Verfahren. Der Durchsuchungsbegriff entspricht demjenigen in Art. 21 PAG (→ Rn. 376).

380   Art. 22 Abs. 1 PAG enthält im Prinzip keinen „eigenständigen" Durchsuchungsgrund, sondern verweist auf andere Standardmaßnahmen. Wenn deren Voraussetzungen vorliegen, darf mit ihnen eine Durchsuchung von (mitgeführten) Sachen einhergehen. Dies ist sinnvoll, weil Gefahren oft durch den Gebrauch von Sachen (z. B. Waffen, Rauschmittel, Fahrzeuge) verursacht werden. Für die Polizei gilt es, diese Sachen aufzufinden und ggf. unschädlich zu machen. Im Einzelnen:

381   Art. 22 Abs. 1 Nr. 1 PAG knüpft unmittelbar an die Durchsuchung von Personen (→ Rn. 371 ff.) an und erlaubt in gleichem Umfang auch die Durchsuchung mitgeführter Sachen; dies ist schon deshalb unproblematisch, weil die Durchsuchung von Sachen gegenüber derjenigen von Personen den geringeren Eingriff darstellt.

---

[342] Ob die Untersuchung auf die Generalklausel gestützt werden kann, ist str., im Ergebnis allerdings zu verneinen, vgl. ebenso *Habermehl,* PolOrdR, 2. Auflage 1993, Rn. 598.

Art. 22 Abs. 1 Nr. 2 PAG bezieht sich auf solche Sachen, in denen sich Personen **382** aufhalten können. Diese Sachen werden zwar *durch*sucht, letztlich werden aber Personen *gesucht*.

Beispiele: Dies sind insbesondere Gebäude, soweit diese nicht unter den Wohnungsbegriff (→ Rn. 386) fallen (z. B. ein Geräteschuppen, in dem sich der Störer versteckt hält: Nr. 2 lit. a). In Betracht kommt aber auch der Kofferraum eines Fahrzeugs, in dem eine Geisel gefangen gehalten wird (Nr. 2 lit. b) oder ein leerer Öltank, in dem sich spielende Kinder eingeschlossen haben (Nr. 2 lit. c).

Art. 22 Abs. 1 Nr. 3 PAG verweist wie Art. 21 Abs. 1 Nr. 1 PAG auf Art. 25 PAG. **383** Die Sicherstellung wird auf diese Weise erst ermöglicht: Gefährliche bzw. gefährdete Gegenstände müssen gefunden werden, um daraufhin die mit ihnen verbundene Gefahr durch Sicherstellung abwehren zu können.

Art. 22 Abs. 1 Nr. 4–6 PAG ergänzen die Personenkontrollen i. S. d. Art. 13 **384** Abs. 1 Nr. 2–5 PAG. Zu den einschränkenden Anforderungen für Durchsuchungen nach Art. 22 Abs. 1 Nr. 1 i. V. m. Art. 21 Abs. 1 Nr. 3 i. V. m. Art. 13 Abs. 1 Nr. 5 PAG, Art. 22 Abs. 1 Nr. 4 i. V. m. Art. 13 Abs. 1 Nr. 5 PAG und Art. 22 Abs. 1 Nr. 6 i. V. m. Art. 14 As. 1 Nr. 4 PAG. (vgl. → Rn. 374). Die dortigen Ausführungen gelten entsprechend.

3. Das Betreten und Durchsuchen von Wohnungen (Art. 23 PAG)

Die Wohnungsdurchsuchung zählt neben der polizeilichen Ingewahrsamnahme **385** (Art. 17 PAG) zu jenen Standardmaßnahmen, die am stärksten in die Grundrechte des Bürgers eingreifen. Dies zeigt sich nicht zuletzt an der in beiden Fällen geforderten richterlichen Entscheidung als Voraussetzung für das Ergreifen oder Aufrechterhalten der Maßnahme.

Art. 13 GG gewährleistet die Unverletzlichkeit der Wohnung.[343] Hier ist die **386** Wohnung als „räumlicher Bereich individueller Persönlichkeitsentfaltung"[344] und als Raum privater Entfaltung jenseits des Bereichs des „Öffentlichen" entsprechend einer langen Tradition unter verfassungsrechtlichen Schutz gestellt. Dementsprechend umfasst der **Begriff der Wohnung** i. S. d. Art. 23 PAG jede Räumlichkeit, „die der allgemeinen Zugänglichkeit entzogen und zur Stätte privaten Lebens und Wirkens gemacht"[345] wird. Hierzu zählen Räume, die Wohnzwecken dienen, aber auch (kraft gesetzlicher Definition in Art. 23 Abs. 1 S. 2 PAG) Arbeits-, Betriebs- und Geschäftsräume[346] und auch unmittelbar an die Wohnung angrenzendes befriedetes Besitztum (Garten, Hof).

Beim Wohnungsschutz ist zwischen Durchsuchungen (Art. 13 Abs. 2 GG **387** mit Richtervorbehalt) und sonstigen Eingriffen und Beschränkungen (Art. 13 Abs. 7 GG) zu unterscheiden. **Durchsuchung** meint hier das ziel- und zweckgerichtete Suchen staatlicher Organe nach Personen oder Sachen oder zur Ermittlung eines Sachverhalts, um etwas aufzuspüren, was der Inhaber der Wohnung

---

[343] Neben der Durchsuchung spielt im Polizeirecht als Grundrechtseingriff v. a. der rechtspolitisch umstrittene Einsatz technischer Mittel in Wohnungen (Art. 41 PAG) eine Rolle, der den strengen Anforderungen des Art. 13 Abs. 4–6 GG zu genügen hat. Zu diesem Regelungskomplex s. ausführlich *Braun,* NVwZ 2000, 375 ff. und *Kötter,* DÖV 2005, 225 ff.

[344] BVerfGE 32, 54 (70).

[345] *Jarass,* in: Jarass/Pieroth, GG, 16. Auflage 2020, Art. 13 Rn. 4.

[346] Vgl. zum Betreten von Geschäftsräumen *Mittag,* NVwZ 2005, 649 ff.

von sich aus nicht offenlegen oder herausgeben will. Dagegen ist das Betreten gegen den Willen des Wohnungsinhabers jedes (körperliche) Eindringen in den geschützten Bereich unabhängig von der Verweildauer. Das Betretensrecht dient der Vornahme von Feststellungen im Sinne einer „einfachen Nach- und Umschau" (um etwa die Ursache für eine starke Rauchentwicklung festzustellen).

Diesen Begriffsdefinitionen zufolge erfordert ein Betreten und Durchsuchen also die körperliche Anwesenheit der durchsuchenden Beamten in der Wohnung. Nichts anderes gilt für die Auslegung des Art. 23 PAG. Demzufolge können technische Lausch- und Späh„angriffe" nicht über die Befugnis des Art. 23 PAG gerechtfertigt werden. Allerdings ermöglicht dies in gewissem Umfang die Spezialregelung des Art. 41 PAG, der im Lichte des Art. 13 Abs. 4 auszulegen ist.[347] Angesichts des verdeckten Einsatzes solcher technischer Überwachungsmaßnahmen und der unvermeidbaren Betroffenheit „Unbescholtener" werfen diese polizeilichen Maßnahmen eine Reihe verfassungsrechtlicher Probleme auf, die an dieser Stelle nicht vertieft werden können.[348] Die Kernfrage wird aber sein, wie weit der Kreis zu ziehen ist, den der nach Art. 1 Abs. 1 GG i. V. m. Art. 13 GG absolut geschützte Kernbereich privater Lebensgestaltung als staatsfreie Rückzugssphäre fordert und in dem staatliche Überwachungsmaßnahmen in Wohnungen auch zum Schutze hochrangiger Rechtsgüter eine unüberwindbare verfassungsrechtliche Schranke finden.[349]

388 Art. 23 Abs. 1 S. 1 PAG regelt drei Varianten von Durchsuchungsgründen. Die ersten beiden Ziffern knüpfen wiederum an andere Standardmaßnahmen (Vorladung, Gewahrsam, Sicherstellung) an, indem sie der Polizei Zugang zu Personen und Sachen verschaffen, die sich in einer Wohnung befinden. Die in Bezug genommenen Vorschriften fordern aber im Gegensatz zu den Verweisungen der Art. 21 und 22 PAG eine erhebliche Gefahrenlage (etwa durch Beschränkung auf Art. 15 Abs. 3 und 25 Nr. 1 PAG) und tragen damit der Grundrechtsgarantie des Art. 13 GG Rechnung.

389 Wenn Art. 23 Abs. 1 S. 1 Nr. 3 PAG generalklauselartig alle sonstigen Fälle erfasst, in denen der Gesetzgeber die polizeiliche Wohnungsdurchsuchung zugelassen hat, so sind auch hier Beschränkungen zu beobachten: Zum einen genügt keine „normale" Gefahr, diese muss vielmehr „dringend" sein; zum anderen muss die dringende Gefahr für ein bedeutendes Rechtsgut (Art. 11a Abs. 2 PAG) vorliegen und nicht bloß „die öffentliche Sicherheit oder Ordnung" gefährdet sein.

390 Liegen die Voraussetzungen eines der genannten Durchsuchungsgründe vor, kann die Polizei die Wohnung durchsuchen. Zur Nachtzeit kommt allerdings nur

---

[347] Hinweis: Die polizeilichen Befugnisse zu Datenerhebung und -verarbeitung, Art. 30 ff. PAG, sind nicht Prüfungssto ff. Ausführlich zu Art. 34 PAG a. F. (nunmehr Art. 41 PAG) und der dahinterstehenden verfassungsrechtlichen Problematik beim sog. Lauschangriff im präventiv-polizeilichen Bereich, Art. 13 Abs. 4 GG, *Braun*, NVwZ 2000, 375 ff. sowie allgemein *Kingreen/Poscher*, POR 11. Auflage 2020, § 14 Rn. 30.
[348] Zur Problematik der „Online-Durchsuchung" vgl. oben Rn. 44a.
[349] Zu diesen und anderen brisanten verfassungsrechtlichen Problemen bei heimlichen Überwachungsmaßnahmen aus Wohnungen nach der StPO, sog. „großer Lauschangriff", BVerfG, NJW 2004, 999. Die vom BVerfG hierzu entwickelte Argumentation dürfte zumindest teilweise auch für präventiv-polizeiliche Überwachungsmaßnahmen nutzbar gemacht werden können. Zum Schutz des Kernbereichs privater Lebensgestaltung vgl. auch *Braun/Fuchs*, Die Polizei 2010, 185 ff.

die Durchsuchung gem. Art. 23 Abs. 1 S. 1 Nr. 3 PAG in Betracht (vgl. Art 23 Abs. 2 PAG).[350]

Das bloße **Betreten** ist als gegenüber der Durchsuchung weniger belastender **391** (freilich *mit ihr* zwangsläufig einhergehender) Eingriff zunächst auch in den Fällen möglich, in denen die Durchsuchung zulässig ist (Art. 23 Abs. 1, 2 PAG). Besondere Betretungsrechte sind zur Abwehr *dringender* Gefahren (→ Rn. 125) in Art. 23 Abs. 3 PAG geregelt, wobei diese sowohl für die Tages- wie auch für die Nachtzeit gelten. Zeitlich beschränkt, aber dafür schlechthin zum Zweck der Gefahrenabwehr zugelassen, ist die Befugnis zum Betreten von Arbeits-, Betriebs- und Geschäftsräumen nach Art. 23 Abs. 4 PAG.

Maßnahmen nach Art. 23 PAG sind hinsichtlich ihrer Rechtsnatur zu behandeln **392** wie die anderen Formen der Durchsuchung (→ Rn. 292, 377).

Die grundrechtlichen Garantien des Art. 13 GG fordern spezielle Verfahrensre- **393** gelungen, die Art. 24 PAG i.V.m. Art. 94 ff. PAG umsetzt. Dies gilt besonders für den **Richtervorbehalt** des Art. 13 Abs. 2 GG, dem Art. 24 Abs. 1 PAG Rechnung trägt. Danach dürfen Wohnungsdurchsuchungen – außer bei Gefahr im Verzug – nur durch den Amtsrichter angeordnet werden.[351] Gegen die richterliche Anordnung kann (einfache) Beschwerde zum Landgericht erhoben werden (vgl. Art. 99 Abs. 1 PAG, §§ 58 ff. FamFG).[352] Ist wegen Gefahr im Verzug vom Amtsgericht nicht über die Rechtmäßigkeit der Wohnungsdurchsuchung entschieden worden, ist der Rechtsweg zu den Verwaltungsgerichten eröffnet. Denn nach Beendigung der polizeilichen Maßnahme ist für die amtsrichterliche Anordnung einer Durchsuchung kein Raum mehr, so dass nunmehr verwaltungsgerichtlicher Rechtsschutz wieder eröffnet ist, insbesondere mit dem Begehren auf Feststellung der Rechtswidrigkeit der Wohnungsdurchsuchung.

Weitere Verfahrensrechte des Wohnungsinhabers – Anwesenheit, Belehrungen, **394** Niederschrift – sind in Art. 24 Abs. 2–5 PAG näher geregelt.

V. Sicherstellung, Verwahrung, Verwertung (Art. 25–28 PAG)

1. Die Sicherstellung (Art. 25 PAG)

Gefahren werden häufig durch den (nicht zwingend, aber doch häufig illegalen **395** oder zweckentfremdenden) Gebrauch von Sachen verursacht. Es liegt deshalb nahe, diese Gefahren dadurch abzuwehren, dass dem Störer die Nutzung der Sache entzogen wird. Soweit dies bereits abschließend zur Gefahrenabwehr reicht, wäre es unverhältnismäßig, den Störer auch in persönlicher Hinsicht (etwa durch Ingewahrsamnahme) in Anspruch zu nehmen.

Beispiele für Sachen, die sichergestellt werden können: Drogen; Schusswaffen ohne Waffenbesitzkarte; CDs/DVDs mit kinderpornographischem Inhalt; Radarwarngeräte[353]; die Zündschlüs-

---

[350] Vgl. auch *Schwabenbauer* in: BeckOK, Polizei- und Sicherheitsrecht Bayern, Möstl/ Schwabenbauer, 16. Edition, Art. 23 PAG Rn. 85.
[351] Zu den Anforderungen im Einzelnen vgl. BVerfG, NJW 2001, 1121 und die Anmerkung von *Möllers,* NJW 2001, 1397 ff.
[352] Zur Beschwerde nach dem FamFG vgl. *Zimmermann,* JuS 2009, 692 (694).
[353] Zur Sicherstellung eines vorübergehend nicht betriebsbereiten Radarwarngeräts vgl. VGH München, NJW 2008, 1549 f.

sel zu einem Pkw, dessen Besitzer absolut fahruntüchtig ist; ein Luxuswagen, der aufgebrochen wurde und vor dem Zugriff Dritter geschützt werden soll, weil der Halter nicht auffindbar ist; Luxussportwagen, die für ein bevorstehendes illegales Autorennen bereitgestellt sind.[354]

396   Dabei ist es für die Polizei nicht immer möglich, die Sicherstellung ohne Weiteres durchzuführen. Die Sicherstellung von Sachen ist deshalb vielfach erst Endpunkt polizeilichen Handelns. Insbesondere die Standardbefugnisse zur Durchsuchung sind auf das Auffinden sicherzustellender Sachen gerichtet (vgl. nur Art. 21 Abs. 1 Nr. 1, 22 Abs. 1 Nr. 3, 23 Abs. 1 S. 1 Nr. 2 PAG).

397   Unter dem (Polizei-)**Rechtsbegriff der Sicherstellung** versteht man die Beendigung des Gewahrsams des Eigentümers oder sonstigen Berechtigten einer Sache unter Begründung neuen Gewahrsams durch die Polizei oder von ihr beauftragten Personen zum Zwecke der Gefahrenabwehr.[355] Dabei muss die Sicherstellung nicht notwendig darauf gerichtet sein, die Sache in Verwahrung zu haben und andere von jeder Einwirkungsmöglichkeit auszuschließen.[356] Zwar sieht Art. 26 Abs. 1 PAG die Verwahrung sichergestellter Sachen regelmäßig vor. Das bedeutet aber nicht, dass die Verwahrung zum ausschließlichen Zweck der Sicherstellung gemacht werden muss.[357] Konsequenzen hat das vor allem für die rechtliche Einordnung des Abschleppens von Kraftfahrzeugen (→ Rn. 545 ff.).

398   Der Vorgang der Sicherstellung kann je nach Sachlage mehraktig sein: So ist es ein Gebot der Verhältnismäßigkeit, dass zunächst dem Betroffenen die Möglichkeit gegeben wird, die sicherzustellende Sache freiwillig herauszugeben. Deshalb ermächtigt Art. 25 PAG in erster Linie zum Erlass einer Herausgabeverfügung. Kommt der Verfügungsadressat diesem Gebot freiwillig nach, so besteht kein Bedürfnis für die Anwendung der Vollstreckungsvorschriften. Anders allerdings dann, wenn der Betroffene die Verfügung nicht befolgt. Dann kann diese im Wege des Verwaltungszwangs durchgesetzt werden und zwar wegen des Vorliegens einer Grundverfügung im gestreckten Verfahren (Art. 70 Abs. 1 PAG). Als Zwangsmittel kommt regelmäßig nur unmittelbarer Zwang (Art. 71 Abs. 1 Nr. 3, Art. 75, 77 ff. PAG) in Betracht.

> **Beispiel:** Die Polizei entdeckt bei dem in Gewahrsam zu nehmenden X ein Taschenmesser. Sie fordert X auf, das Messer herauszugeben. Diese Verfügung kann auf Art. 25 Nr. 3 PAG gestützt werden. Kommt X der Aufforderung nicht nach, so könnte die Verfügung durchgesetzt werden, indem ein Beamter den X festhält, während ein anderer ihm das Messer abnimmt.

399   In der Konsequenz dieses Lösungsansatzes läge es, in den Fällen, in denen die Polizei eine Sache ohne vorherige Grundverfügung an sich nimmt – sei es, ein Sachberechtigter ist gar nicht anwesend, sei es, diesem gegenüber könnte eine Verfügung nicht bekannt gegeben werden (z. B. bei Bewusstlosen) – von einem Sofortvollzug (Art. 70 Abs. 2 PAG) bzw. von einer unmittelbaren Ausführung (Art. 9 PAG) auszugehen.[358] Dagegen spricht aber, dass Art. 25 PAG per se zur Sicherstellung befugt, also bereits vom Wortlaut her nicht lediglich zum Erlass von Verfü-

---

[354] Vgl. hierzu die Fallklausur von *Seidl/Starnecker*, VR 2013, 347 ff.

[355] Definition nach *Knemeyer*, PolOrdR, 11. Auflage 2007, Rn. 251. Rechtsfragen der Sicherstellung waren Gegenstand der Aufgabe 7 im Examenstermin 1997/I (vgl. BayVBl. 1999, 158; 187).

[356] So aber *Knemeyer*, PolOrdR, 11. Auflage 2007, Rn. 251; *Rachor/Graulich*, in: Lisken/Denninger, HdPolR, 6. Auflage 2018, Kap. E Rn. 638; wie hier dagegen VGH München, NVwZ 1990, 180 (181).

[357] So zutreffend *Gallwas*, in: Gallwas/Wolff/Mössle, BayPolSR, 3. Auflage 2004, Rn. 705.

[358] So z. B. *Habermehl*, PolOrdR, 2. Auflage 1993, Rn. 635.

gungen ermächtigt. Deshalb ermächtigt Art. 25 PAG bei abwesendem Sachberechtigten die Polizei unmittelbar dazu, die sicherzustellende Sache an sich zu nehmen.
Eines Rückgriffs auf die Art. 9 oder 70 Abs. 2 PAG bedarf es dann nicht.[359]

> **Beispiel:** Die Polizei entdeckt in der Bahnhofshalle einen verlassenen Koffer, aus dem das
> Ticken eines Weckers zu hören ist. Hier kann die Polizei unmittelbar nach Art. 25 PAG die
> Sicherstellung vornehmen, ohne die Voraussetzungen der Art. 9 oder 53 Abs. 2 PAG erfüllen zu
> müssen.

Gleichermaßen kommt Art. 25 PAG unmittelbar zur Anwendung, wenn bei an **400**
wesendem Berechtigten die vorherige Aufforderung „untunlich" ist.

> **Beispiel:** Bei einer Wohnungsdurchsuchung entdeckt Polizist P eine Waffe. Er kann diese an
> sich nehmen, ohne vorher den Inhaber A zur Herausgabe aufzufordern. Die Sicherstellung dient
> auch der Abwehr jener Gefahr, die erst durch die Aufdeckung des Sachverhalts entsteht (im Bei
> spiel, wenn A die Waffe gegen P benutzt). Auch hier bedarf es keines Rückgriffs auf die Art. 9, 70
> Abs. 2 PAG.

Als Sachen, die sichergestellt werden können, kommen in erster Linie beweg **401**
liche Sachen in Betracht.[360] Aber auch unbewegliche Sachen können Gegenstand
einer Sicherstellung sein. Diese erfolgt dann durch das Anbringen von amtlichen
Siegeln.[361]

Art. 25 PAG sieht drei Tatbestände vor, bei deren Vorliegen eine Sache sicher **402**
gestellt werden kann. Dabei wurde der Tatbestand des Art. 25 Nr. 1 PAG a.F.
vielfach als „eingeschränkte Generalklausel" bezeichnet.[362] Darin wird Bezug genommen auf eine gegenwärtige Gefahr. Eine gegenwärtige Gefahr i.S.d. Nr. 25.3
VollzBek PAG und Nr. 10.2 VollzBek PAG erfordert in zeitlicher Hinsicht, dass die
„Einwirkung des schädigenden Ereignisses bereits begonnen hat oder unmittelbar oder in allernächster Zeit mit an Sicherheit grenzender Wahrscheinlichkeit bevorsteht" (Nr. 25.3 i.V.m. Nr. 10.2 VollzBek PAG) („gegenwärtige Gefahr"
→ Rn. 121 f.).[363]

> **Beispiele:** Das völlig durchgerostete Auto des X wird (zunächst) sichergestellt. Die Polizei
> stellt Kraftfahrzeuge sicher, um illegale Straßenrennen zu verhindern.[364]

Art. 25 Abs. 1 Nr. 1 lit. b) PAG ermöglicht die Sicherstellung zur Abwehr einer **403**
(konkreten) Gefahr (Art. 11 Abs. 1 S. 2 PAG) oder einer drohenden Gefahr
(Art. 11a Abs. 1 PAG) für ein bedeutendes Rechtsgut (Art. 11a Abs. 2 PAG). Durch
die Aufnahme dieser Alternativen sind Sicherstellungen nunmehr auch schon vor
der Stufe der bisher maßgeblichen gegenwärtigen Gefahr möglich, sodass der Anwendungsbereich der Sicherstellung erweitert wurde; gleichzeitig wird die Vorver

---

[359] Vgl. zu Art. 53 PAG a.F. (nunmehr Art. 70) *Drews/Wacke/Vogel/Martens,* GefAbw, 9. Auflage 1986, S. 216 f.

[360] Zur Frage, ob Bargeld, das vermutlich zur Begehung von Straftaten, insbesondere Rauschgiftgeschäften verwendet werden soll, nach Art. 25 PAG sichergestellt werden darf, vgl. VGH München, NVwZ-RR 2014, 522; VG Würzburg, Urt. v. 8.5.2014 – W 5 K 13.340; VG München, Urt. v. 14.8.2013 – M 7 K 13.672; vgl. auch *Söllner,* NJW 2009, 3339 (3341).

[361] Vgl. *Rachor/Graulich,* in: Lisken/Denninger, HdPolR., 6. Auflage 2018, Kap. E Rn. 641.

[362] So z.B. bei *Rachor/Graulich,* in: Lisken/Denninger, HdPolR., 6. Auflage 2018, Kap. E Rn. 645.

[363] Zur konkreten, gegenwärtigen Gefahr bei Verkehrsverstößen vgl. VGH München, NJOZ 2009, 2695 (2698).

[364] Siehe hierzu VGH München, Beschl. v. 7.12.2009 – 10 ZB 09.1354; vgl. auch die Fallklausur von *Seidl/Starnecker,* VR 2013, 347 ff.

lagerung dadurch eingeschränkt, dass eine Gefahr für ein bedeutendes Rechtsgut bestehen muss, also z.B. für das Leben, die Gesundheit oder die Freiheit (vgl. Art. 11a Abs. 2 Nr. 2 PAG).[365]

Art. 25 Nr. 2 PAG ermächtigt zur Sicherstellung zum Schutz privater Rechte.[366] Insbesondere kommt dabei der Schutz vor Verlust oder Beschädigung der Sache in Betracht. Dabei muss die Maßnahme auch tatsächlich im Interesse des betroffenen Sachinhabers liegen. Als ungeschriebenes Tatbestandsmerkmal ist deshalb stets das wirkliche oder mutmaßliche Einverständnis des Berechtigten erforderlich.

Beispiel: Das aufgebrochene Auto des X wird sichergestellt, um Diebstahl oder „Ausplünderung" zu verhindern.

404   Zuletzt sieht Art. 25 Nr. 3 PAG die Sicherstellung bei festgehaltenen Personen vor. Danach können solche Sachen sichergestellt werden, die von einer festgehaltenen Person mitgeführt werden, um die beteiligten Beamten oder den Festgehaltenen selbst zu schützen, oder um seine Flucht oder eine Sachbeschädigung zu verhindern.

Beispiel: Bei dem in Gewahrsam genommenen X wird ein Taschenmesser entdeckt. Zum Schutz der Beamten und des X wird dieses sichergestellt.

2. Die Verwahrung (Art. 26 PAG)

405   Gem. Art. 26 Abs. 1 S. 1 PAG sind sichergestellte Sachen in Verwahrung zu nehmen. Diese Norm beinhaltet zweierlei: Zum einen ist die Verwahrung als eigenständige Maßnahme von der Sicherstellung zu unterscheiden. Zum anderen ist die Verwahrung nach der gesetzlichen Fassung die regelmäßige Folge der Sicherstellung. So sehr diese Maßnahmen danach im Zusammenhang stehen, so sind sie doch bei der rechtlichen Würdigung zu unterscheiden.

406   Die Verwahrung ist in erster Linie durch Aufbewahrung der Sache bei der Polizei zu besorgen. Unter bestimmten Umständen kommt aber auch die Aufbewahrung bei einem Dritten in Betracht (vgl. i. E. Art. 26 Abs. 1 PAG).

407   Die Verwahrung löst für die Polizei eine Reihe von Nebenpflichten aus (Art. 26 Abs. 2–4 PAG): Ausstellung einer Bescheinigung/Niederschrift, Benachrichtigungspflichten, Sorgfalts- und Kennzeichnungspflichten.

3. Folgeregelungen (Art. 27–28 PAG)

408   Kommt eine Verwahrung aus praktischen oder tatsächlichen Gründen von vornherein nicht in Betracht oder kann die Sache aufgrund ihrer Beschaffenheit nicht für unbegrenzte Zeit verwahrt werden, so kann die sichergestellte Sache zunächst verwertet werden. Die Verwertung erfolgt dabei grundsätzlich durch öffentliche Versteigerung, ausnahmsweise auch durch freihändigen Verkauf (vgl. i. E. Art. 27 Abs. 3 PAG). Bei der Verwertung von Datenträgern ist gem. Art. 27 Abs. 3 S. 5 PAG sicherzustellen, dass personenbezogene Daten vorher gelöscht werden. Kommt

---

[365] Vgl. LT-Drs. 17/20425, S. 45.
[366] Bei einer Abschleppmaßnahme (Sicherstellung) zur Eigentumssicherung ist schon unter Berücksichtigung des Zwecks der Maßnahme und des in Art. 2 Abs. 2 PAG zum Ausdruck kommenden Subsidiaritätsgrundsatzes in der Regel eine vorhergehende Benachrichtigung des Kfz-Halters oder jedenfalls deren Versuch erforderlich, um ihm die Möglichkeit zu eröffnen, seine privaten Rechte selbst zu wahren, vgl. VGH München, BayVBl. 2015, 238.

auch eine Verwertung nicht in Betracht, so kann eine Unbrauchbarmachung oder Vernichtung der Sache erwogen werden. Dabei finden sich Alternativen für die Verwertung von Sachen in Art. 27 Abs. 1 PAG. Alternativen für die Vernichtung oder Unbrauchbarmachung sind in Art. 27 Abs. 4 PAG geregelt.

Verfahrensmäßig setzt die Verwertung ebenso wie die Vernichtung oder die **409** Unbrauchbarmachung die vorherige Anordnung der Maßnahme voraus (Art. 27 Abs. 2 S. 2, Abs. 4 S. 2 PAG). Diese ist als feststellender Verwaltungsakt zu qualifizieren. Als solcher ist er der Vollstreckung weder zugänglich noch bedürftig. Davon zu unterscheiden ist die Durchführung der Maßnahme selbst, also die Verwertung oder die Vernichtung bzw. Unbrauchbarmachung der Sache. Sie stellt sich stets als realisierende Polizeitätigkeit ohne Verfügungscharakter dar.

In Art. 28 Abs. 1 ist die Verpflichtung der Polizei geregelt, die Sicherstellung nach **410** dem Entfallen der Voraussetzungen zu beenden. Nach Art. 28 Abs. 3 ist die Freigabe von Vermögensrechten geregelt, deren Sicherstellung zunächst auf ein Jahr mit der Möglichkeit zur Verlängerung um ein weiteres Jahr begrenzt ist.[367] Schließlich ist die Pflicht zur Herausgabe der sichergestellten und verwahrten Sache bzw. des bei ihrer Verwertung gewonnenen Erlöses in Art. 28 Abs. 2 PAG normiert. Wird ein gestohlen gemeldetes Kraftfahrzeug nach Art. 25 Nr. 2 PAG sichergestellt, darf die Polizei das Fahrzeug nicht an den Halter herausgeben, solange die Eigentumsfrage nicht geklärt ist.[368] Ferner muss dem von einer polizeilichen Sicherstellung nach Art. 25 PAG Betroffenen für einen Herausgabeanspruch nach Art. 28 Abs. 1, 2 PAG ein Recht an der Sache zustehen; er darf also gerade nicht den Besitz durch eine Straftat wie Diebstahl oder Hehlerei erlangt haben.[369] Art. 28 Abs. 5 PAG endlich regelt die Kostentragungspflicht für die Sicherstellung, Verwertung bzw. Unbrauchbarmachung oder Vernichtung (→ Rn. 444 ff.).

G. Die finanzielle Abwicklung polizeilicher Tätigkeit auf der sog. Sekundärebene

In der (Klausur-)Praxis endet die Prüfung einer Polizeimaßnahme selten mit der **411** Feststellung ihrer Rechtmäßigkeit oder Rechtswidrigkeit. Vielmehr schließen sich oft Überlegungen an, ob die Polizei vom Adressaten der Maßnahme, besonders vom Gefahrverursacher (Störer), die Erstattung entstandener Kosten verlangen darf. Im Fall mag so die Rechtmäßigkeit eines Kostenbescheids zu prüfen sein (I.). Umgekehrt kann auch der von einer Polizeimaßnahme (nachteilig) Betroffene Schadensersatz verlangen. Die Inanspruchnahme des Bürgers durch die Polizei führt gelegentlich zu Schäden an Rechtsgütern. Es stellt sich dann die Frage, ob der Rechtsträger der Polizei für diese Schäden aufzukommen hat oder ob der Betroffene allenfalls Ausgleich durch privatrechtliche Regressansprüche zu suchen hat. Solche staatshaftungsrechtlichen Fragen können als „Aufhänger" oder Annex zu einer Rechtmäßigkeitsprüfung polizeilicher Maßnahmen auch Gegenstand von Polizeirechtsklausuren sein (II.). Beide Perspektiven einer „finanziellen Abwick-

---

[367] *Schmidbauer* in: S/St, PAG, 5. Auflage 2020, Art. 28 PAG Rn. 23 ff.
[368] Vgl. VGH München, NJW 2009, 3384.
[369] VGH München, BayVBl. 2011, 312.

lung" polizeilicher Tätigkeit haben eines gemeinsam: Trotz ihres notwendigen Zusammenhangs zur Polizeimaßnahme sind Kosten- und Ersatzansprüche nach eigenen Kriterien zu beurteilen. Steht auf der sog. Primärebene noch die Effizienz der Gefahrenabwehr im Vordergrund, wird die sog. Sekundärebene durch das Prinzip gerechter Lastenverteilung geprägt.

I. Die Erstattung von Polizeikosten

1. Vorbemerkung zur Kostenpflichtigkeit polizeilicher Maßnahmen

412 Der staatliche „Polizeiapparat" kostet sehr viel Geld. Nicht nur die Gehälter der Polizeibeamten sowie Erwerb und Unterhaltung von Gebäuden, Inventar, Fahrzeugen, Waffen oder technischen Geräten belasten den Haushalt. Hinzu kommen Auslagen für technische Hilfe, derer sich die Polizei besonders bei Vorbereitung und Vollzug mancher Maßnahmen bedienen muss: z. B. das Honorar des Sachverständigen oder der Werklohn des Abschlepp- oder Abrissunternehmens. Gerade die zuletzt genannten Kosten zeigen, dass es nicht genügt, Polizeibehörden aus Steuergeldern zu finanzieren. Unvorhersehbare Auslagen wie Honorare und Werklöhne können kaum im Staatshaushalt veranschlagt werden. Aber auch die Bereitstellung von Haushaltsmitteln löst noch nicht das Problem der Finanzierung polizeilicher Tätigkeit. Zwar dienen Steuern allgemein der Finanzierung öffentlicher Aufgaben und darf der Bürger grundsätzlich nicht ein zweites Mal (über die Bezahlung konkreter Maßnahmen) „zur Kasse gebeten" werden. Jedoch muss bei der Lastenverteilung unterschieden werden: Die Allgemeinheit soll nur den Teil der Polizeikosten tragen, der nicht gerechterweise auf einen Verursacher oder Nutznießer polizeilicher Tätigkeit abzuwälzen ist. Wann dem Bürger Polizeikosten auferlegt werden dürfen, entscheidet der Gesetzgeber (in den verfassungsrechtlichen Schranken insbesondere der Grundrechte – z. B. Art. 3 GG – sowie des Verhältnismäßigkeitsgrundsatzes) nach seinem politischen Ermessen.

2. Grundsätze der Kostenerhebung

a) Kostenpflicht und Vorbehalt des Gesetzes

413 Der Kostenbescheid bedarf wie jeder belastende Verwaltungsakt einer gesetzlichen Ermächtigungsgrundlage. Nach dem rechtsstaatlichen Grundsatz vom Vorbehalt des Gesetzes (Art. 20 Abs. 3 GG) bedarf es einer Entscheidung des Gesetzgebers, wann und in welchem Umfang die Verwaltung in die (Grund-)Rechte des Bürgers eingreifen darf. Das Resultat findet sich in den Kostenregelungen des PAG, die im Zusammenhang mit dem Kostengesetz (KG)[370] und der Polizeikostenverordnung (PolKV)[371] zu lesen sind. Diese[372] werden im Folgenden dargestellt; rechtspolitische Bedenken gegenüber der Stimmigkeit dieses Systems bleiben außer Betracht.[373] Diesem liegt folgende Regelungsidee zugrunde:

---

[370] Ziegler/Tremel Nr. 380.
[371] Ziegler/Tremel Nr. 574.
[372] Gegenüber Ansprüchen aus öffentlich-rechtlicher Geschäftsführung ohne Auftrag und dem öffentlich-rechtlichen Erstattungsanspruch sind die polizeirechtlichen Kostenersatzansprüche leges speciales.
[373] Vgl. hierzu *Schmidbauer*, in: S/St, PAG, 5. Auflage 2020, Art. 93 Rn. 20 f., 74.

Nach Art. 3 Abs. 1 Nr. 10 KG werden für Amtshandlungen, die von der Polizei zur **414**
Erfüllung ihrer Aufgaben nach Art. 2 PAG vorgenommen werden, keine Kosten erhoben, *soweit nichts anderes bestimmt ist.* Der Grundsatz der Kostenfreiheit im
Polizeirecht[374] trägt dem Umstand Rechnung, dass es eines besonderen Rechtfer-
tigungsgrundes dafür bedarf, Einzelne zur Finanzierung der gemeinwohlorientierten Gefahrenabwehr heranzuziehen. Einen solchen Grund stellt etwa der besondere Aufwand für Vollzugsmaßnahmen dar, die der Störer veranlasst hat. *Etwas anderes*
bestimmen deshalb Art. 9 Abs. 2, 28 Abs. 5, 72 Abs. 1 S. 2, 73 Abs. 4, 75 Abs. 3,
76 Abs. 7 PAG.[375] Dies stellt Art. 93 S. 1 PAG noch einmal (deklaratorisch) klar. In
den (abschließend!) gesetzlich genannten Fällen – und nur in diesen – werden Polizeikosten erhoben. Die Höhe der Kosten richtet sich nach dem Verwaltungsaufwand und der Bedeutung der Amtshandlung (Art. 93 S. 3 PAG); sie ergibt sich
im Wesentlichen aus § 1 PolKV. Daraus lässt sich allerdings nicht die konkrete Kostenhöhe, sondern nur ein Gebührenrahmen ablesen. Der seit 2018 neu eingefügte Art. 93 S. 2 PAG regelt die Möglichkeit der Kostenerhebung für Gemengelagen (Rn. 14), also wenn präventive und repressive Maßnahmen nach der StPO
oder dem OWiG auf Grund desselben Sachverhalts vorgenommen werden.[376]
Hierbei schlägt sich die rechtliche Möglichkeit der nebeneinander bestehenden
Ermächtigungsgrundlagen auf die Kostenverteilung nieder, so z.B. bei einer Ge-
mengelage, wenn ein Anfangsverdacht für eine Straftat nach § 152 Abs. 2 StPO
vorliegt.[377]

Hinzu kommt, dass von der Erhebung der Kosten (ganz oder teilweise) abgese- **415**
hen werden kann, soweit es der Billigkeit widerspricht (Art. 93 S. 5 PAG).

Beispiel: Für das Abschleppen liegengebliebener oder unfallbeschädigter Fahrzeuge werden
nur Auslagen, aber keine Gebühren verlangt.

b) Begriff der Polizeikosten

Art. 1 Abs. 1 S. 1 KG und Art. 76 S. 1 PAG a.F. boten durch ihren „Klammer- **416**
zusatz" eine Art Legaldefinition für den Begriff der Polizeikosten. Diese umfassten
danach Gebühren und Auslagen.

Gebühren sind einseitig auferlegte Leistungen für eine besondere Inanspruch- **417**
nahme der öffentlichen Verwaltung. **Auslagen** sind Aufwendungen (d.h. auss-
cheidbare Geldbeträge an Dritte), die der Behörde durch die Amtshandlung entstehen. Mit der PAG-Novelle 2018 wurde der Klammerzusatz entfernt und in
Art. 93 PAG wird nur noch auf „Kosten" als Überbegriff für Gebühren und Auslagen verwiesen (Art. 1 Abs. 1 S. 1 KG).

Weil nach § 2 PolKV bestimmte Auslagen durch die Gebührenerhebung abge- **418**
golten sind, setzt sich die Kostenhöhe im Wesentlichen aus der Pauschalgebühr und
den verauslagten Beträgen zusammen, die die Polizei an Zeugen und Sachverstän-

---

[374] Art. 3 Abs. 1 Nr. 10 KG stellt eine Ausnahme zu Art. 1 Abs. 1 KG dar, bildet aber selbst für
das gesamte Polizeirecht die Regel.
[375] Weitere Regelungen finden sich in Art. 14 Abs. 2 S. 2 BestG; Art. 1 Abs. 1 i. V. m. Art. 3 Abs. 1
Nr. 10 S. 2 KG; Art. 8 Abs. 1 BayVwVfG; §§ 105, 107 OWiG; § 25a StVG i. V. m. § 107 Abs. 2, 3
OWiG; § 20 Abs. 1 PassG; § 37 Abs. 1 SprengStG.
[376] *Unterreitmeier* in: BeckOK Polizei- und Sicherheitsrecht Bayern, Möstl/Schwabenbauer,
16. Edition, Art. 93 PAG Rn. 2.
[377] BGH NJW 2017, 3173, Rn. 25; vgl. auch *Unterreitmeier* in: BeckOK, Polizei- und Sicherheitsrecht Bayern, Möstl/Schwabenbauer, 16. Edition, Art. 93 PAG Rn. 22.

dige (Art. 10 Abs. 1 Nr. 1 KG), an andere Behörden sowie Privatpersonen (Art. 10 Abs. 1 Nr. 5 KG) entrichtet hat.

Beispiel: Mieterin M kommt aus dem Urlaub nach Hause und kann ihre Wohnungstür nicht mehr aufschließen, da ihr streitsüchtiger Vermieter V in ihrer Abwesenheit das Schloss ausgewechselt hat. Die von M herbeigerufene Polizei beauftragt nach erfolglosem Telefonanruf bei V einen Schlosser mit dem Ausbau des alten und dem Einbau eines neuen Schlosses. Sie verlangt von V die Erstattung von Kosten in Höhe von 140 € (50 € Gebühren, 90 € Auslagen für die Beauftragung des Schlossers) nach Art. 9 Abs. 2, 93 PAG, Art. 10 Abs. 1 Nr. 5 KG, § 1 Nr. 1, § 2 PolKV.

c) Kostenpflicht und Grundrechte

419   Das Polizeikostenrecht hat eine wichtige grundrechtliche Seite. So stellt sich die Frage, ob das Haftungsrisiko nicht die Bereitschaft des Einzelnen abschwächt, von seinen Grundrechten, etwa der Versammlungsfreiheit oder Kunstfreiheit, Gebrauch zu machen, und damit in verfassungswidriger Weise in den Schutzbereich des Art. 8 Abs. 1 bzw. 5 Abs. 3 GG eingreift. Das Problem verschärft sich, weil einzelne Kostenschuldner gar für die Kosten anderer Personen gesamtschuldnerisch haften (→ Rn. 422). Allerdings dürften die verhältnismäßig anzuwendenden Kostenregelungen in Bayern (z. B. Art. 75 Abs. 3 S. 1 PAG, § 1 Nr. 8 PolKV: Gebühren für die Anwendung unmittelbaren Zwangs in Höhe von 36 bis 1.500,– €) kaum ins Gewicht fallende Auswirkungen auf die Ausübung der Grundrechte haben, zumal Art. 93 S. 5 PAG es ermöglicht, von der Kostenerhebung abzusehen. Die Kostenpflicht ist im Übrigen allein an rechtswidriges Verhalten geknüpft, so dass niemand an der rechtmäßigen Teilnahme an Demonstrationen oder künstlerischen Veranstaltungen gehindert wird.

d) (Persönliche) Kostenpflicht und Störereigenschaft

420   Wer Kostenschuldner ist, bestimmen die Kostenersatzregelungen im PAG als leges speciales zum KG. Art. 9 Abs. 2, 28 Abs. 5 S. 2 PAG bezeichnen den nach Art. 7, 8 PAG Verantwortlichen als Anspruchsgegner, Art. 72 Abs. 1 S. 2, 73 Abs. 4 S. 1 PAG den Betroffenen, d. h. den Adressaten der Maßnahme. Art. 75 Abs. 3, 76 Abs. 7 PAG enthalten keine Angaben zum Kostenschuldner. Hier gilt das KG: Zur Zahlung der Kosten ist nach Art. 2 Abs. 1 S. 1 1. HS KG verpflichtet, wer die Amtshandlung veranlasst hat. Es bedarf keiner besonderen Rechtfertigung dafür, dass der Staat sich wegen seiner Aufwendungen zur Gefahrenabwehr beim Störer schadlos hält. Umgekehrt braucht derjenige, der zur Entstehung der Gefahr weder beigetragen hat (Art. 7 PAG) noch hierfür wegen seiner Sachherrschaft verantwortlich ist (Art. 8 PAG), auch nicht die Auferlegung von Kosten zu befürchten. Im Gegenteil: Entstehen einem Nichtstörer bzw. unbeteiligten Dritten wegen einer Polizeimaßnahme Schäden, sind diese von der Polizei zu entschädigen (Art. 87 Abs. 1, 2 PAG, → Rn. 452 ff.).

421   Der Grundsatz der Störerhaftung muss allerdings relativiert werden: Als Störer im kostenrechtlichen Sinne ist nur derjenige anzusehen, der (bei vollständiger Sachverhaltsermittlung: ex-post-Perspektive) für eine tatsächliche Gefahr auch wirklich verantwortlich ist. Werden **Anscheins- und Verdachtsstörer** auf der Primärebene um einer effizienten Gefahrenabwehr willen noch undifferenziert als Störer in Anspruch genommen, so ist deren Kostenpflichtigkeit auf der Sekundärebene doch unter dem Blickwinkel gerechter Lastenverteilung zu betrachten: Kos-

ten dürfen nur erhoben werden, soweit der Betroffene den Verdacht bzw. Anschein der (objektiv nicht bestehenden Gefahr) in zurechenbarer Weise verursacht und damit den Polizeieinsatz veranlasst hat.[378]

Beispiel: Hilfeschreie dringen aus der Wohnung des A. Beunruhigte Nachbarn alarmieren die Polizei. Auf Klingeln und Rufen der Polizei wird die Wohnungstür nicht geöffnet. Die Polizeibeamten brechen die Tür auf und stellen fest, dass nur der zu laut eingestellte Fernseher läuft. A hat die Kosten für den Polizeieinsatz nach Art. 75 Abs. 3, 70 Abs. 2, 93 PAG, § 1 Nr. 8 PolKV zu tragen, weil er den Anschein der Gefahr zurechenbar und sogar fahrlässig verursacht hat. – **Abwandlung:** Es dringen keine Hilfeschreie aus der Wohnung. Der mit A im Streit liegende Nachbar B benachrichtigt anonym die Polizei, um A „eins auszuwischen". A hat den Anschein weder zurechenbar noch fahrlässig verursacht; nicht er, sondern B ist kostenpflichtig.

Mehrere Kostenschuldner haften gem. Art. 2 Abs. 4 KG als **Gesamtschuldner.** **422** Jeder von ihnen trägt somit das „Ausfallrisiko", soweit es um einen Regress bei den anderen Kostenschuldnern (vgl. § 426 Abs. 1 S. 2, Abs. 2 BGB) geht. Aufgrund des Verhältnismäßigkeitsprinzips gelten aber Besonderheiten hinsichtlich der Auswahl des Kostenschuldners. Diese ist nach dem Grundsatz der gerechten Lastenverteilung unter Berücksichtigung des Gesichtspunktes der Kostendeckung des staatlichen Haushaltes vorzunehmen. Grundsätzlich ist danach der Handlungsstörer vor dem Zustandsstörer heranzuziehen, soweit Ersterer bekannt oder zumindest zumutbar ermittelbar und sowohl leistungsfähig als auch leistungswillig ist.

Beispiel: Nach dem Unfall eines Öltankwagens lässt die Polizei das ausgelaufene Öl fachmännisch beseitigen. Für die Kosten haften Fahrer F (als Handlungsstörer) und Fahrzeugeigentümer E (als Zustandsstörer). Nimmt die Polizei den E in Anspruch, trägt dieser das Risiko, beim Regress gegen den mittellosen F „leer auszugehen".

e) Kostenpflicht bei rechtswidriger Grundverfügung

Genauso wie die Kostenerhebung im Prinzip ausgeschlossen ist, wenn sich der **423** Bürger korrekt verhalten hat, setzt sie auf Polizeiseite voraus, dass die Maßnahme auch rechtmäßig ergangen ist. Im Rechtsstaat ist fehlerhaftes Verwaltungshandeln nicht zu vergüten, sondern (so weit möglich) zu korrigieren. Rechtswidrige Maßnahmen sind deshalb für den in Anspruch Genommenen grundsätzlich niemals kostenpflichtig.

Umgekehrt heißt das aber nicht, dass für jede rechtmäßige Maßnahme Kosten **424** erhoben werden dürfen. Denn es sind Konstellationen denkbar, in denen die Heranziehung des Pflichtigen auf der Kostenebene gegen Grundsätze materieller Gerechtigkeit verstoßen würde. Hier ist an solche Fälle zu denken, in denen ein zwar rechtswidriger, aber sofort vollziehbarer (§ 80 Abs. 2 VwGO) Verwaltungsakt gem. Art. 70 Abs. 1 PAG vollstreckt wird. In diesen Fällen mag die Vollstreckungsmaßnahme, für die Kosten erhoben werden, zwar ihrerseits rechtmäßig sein (insoweit kein „Durchgriff" auf die Grundverfügung → Rn. 233). Dieses Rechtmäßigkeitsurteil beruht indes alleine auf der gesetzlichen Wertung, wonach die sofortige Vollziehbarkeit im Interesse effizienter Gefahrenabwehr „den Weg" für Vollstreckungsmaßnahmen „frei" macht. Nur *insoweit* hat der Bürger das Risiko der Fehleinschätzung zu tragen. Demgegenüber sind Maßnahmen auf der Sekundärebene unter dem Gesichtspunkt gerechter Lastenverteilung zu beurteilen.[379] Es wäre un-

---

[378] VGH München, BayVBl. 1981, 625 (626); vgl. auch VG Freiburg, Urt. v. 19.2.2013 – 5 K 1126/12; *Schenke,* POR, 11. Auflage 2021, Rn. 768 ff.

[379] Vgl. *Heckmann,* VBlBW 1993, 41 (44).

verhältnismäßig, die vorgenannte Risikoverteilung auf die Kostenebene zu „verlängern". Der Eingriff, der in jeder Vollstreckung einer objektiv rechtswidrigen Grundverfügung zu sehen ist, lässt sich nur auf der Primärebene rechtfertigen.

425   In diesem Sinne sind (fast) alle einschlägigen kostenrechtlichen Regelungen (Art. 72 Abs. 1 S. 2; Art. 73 Abs. 4; Art. 75 Abs. 3; Art. 76 Abs. 7 PAG) auszulegen. Sie enthalten das ungeschriebene Tatbestandsmerkmal der materiellen Fehlerlosigkeit des Verwaltungshandelns, dogmatisch hergeleitet durch eine am Verhältnismäßigkeitsgrundsatz orientierte teleologische Reduktion. Kosten können danach nur für (im Übrigen rechtmäßige) Vollstreckungsmaßnahmen erhoben werden, wenn auch die zugrunde liegende Grundverfügung rechtmäßig war (oder jedenfalls bei deren Bestandskraft der Einwand der Rechtswidrigkeit abgeschnitten ist).[380]

426   Das Problem begegnet beim sofortigen Vollzug (Art. 70 Abs. 2 PAG → Rn. 257 ff.) nicht. Denn dort hängt die Rechtmäßigkeit der Vollstreckungshandlung von der Rechtmäßigkeit der (fiktiven) Grundverfügung ab. Eine Vollstreckungsmaßnahme ist also nur dann rechtmäßig, wenn auch eine Grundverfügung rechtmäßig hätte ergehen dürfen. – Gleiches gilt für die Kostenerhebung bei der unmittelbaren Ausführung (Art. 9 Abs. 2 PAG).

427   Im Übrigen hindert nicht jeder **Verfahrensfehler,** der die Rechtmäßigkeit des zu vollstreckenden Verwaltungsaktes oder des Vollstreckungsverfahrens berührt, das Entstehen eines Kostenerstattungsanspruchs. So entsteht auch bei rechtswidriger Ersatzvornahme oder unmittelbarer Ausführung ein Kostenerstattungsanspruch, wenn „ein Zusammenhang zwischen der Rechtswidrigkeit der Ersatzvornahme und dem Entstehen der Kosten ausgeschlossen werden kann, d. h. es auch bei rechtmäßigem Verhalten [...] zu der kostenaufwendigen Ersatzvornahme gekommen wäre"[381]. Ein solches Außerachtlassen von Verfahrensfehlern lässt sich mit dem Rechtsgedanken des Art. 46 BayVwVfG begründen.

Beispiel: Die örtlich unzuständige Behörde hat gehandelt, die zuständige Behörde hätte aber Gleiches veranlasst, weil eine Pflicht zum Einschreiten bestand und auch bei verfahrensfehlerfreiem Vollstreckungsverfahren der Vollstreckungsschuldner nicht seiner Handlungspflicht nachgekommen wäre.

3. Die Rechtmäßigkeit des Kostenbescheids

428   Die Rechtmäßigkeit eines Kostenbescheids richtet sich wie bei jedem Verwaltungsakt danach, ob die formellen und materiellen Anforderungen an seinen Erlass erfüllt sind.

a) Formelle Rechtmäßigkeit

429   Der Kostenbescheid ist formell rechtmäßig, wenn die erlassende Behörde zuständig ist sowie etwaige Form- und Verfahrensvorschriften eingehalten sind. Die Zuständigkeit ergibt sich aus Art. 1 Abs. 1 S. 1 KG i. V. m. der jeweiligen Rechtsgrundlage des Kostenbescheides. Danach erheben staatliche Behörden Kosten für ihre Amtshandlungen. Soweit es um Kostenersatz für polizeiliche Maßnahmen geht, ist „die Polizei" (konkret: die auf der Primärebene anordnende Polizei-

---

[380] Vgl. auch VGH München, Urt. v. 17.4.2008 – 10 B 07.219 und *Seidl/Bartsch,* Jura 2011, 297 ff.

[381] *Würtenberger/Heckmann/Tanneberger,* PolR BW, 7. Auflage 2017, § 10 Rn. 47; dagegen: *Schoch,* JuS 1995, 504 (507 ff.).

dienststelle bzw. die Dienststelle, der der handelnde Vollzugsbeamte angehört) zum Erlass des Kostenbescheids zuständig. Eine besondere Form (Art. 37 Abs. 2 S. 1 BayVwVfG) ist dabei nicht vorgeschrieben. Er erfolgt in der Praxis jedoch regelmäßig durch schriftlichen Kosten*bescheid*. Als wichtigste Verfahrensanforderung kann in der Regel auf die vorherige Anhörung des Betroffenen nicht verzichtet werden, Art. 28 Abs. 1 BayVwVfG (beachte aber auch Art. 45 Abs. 2 Nr. 3, 46 BayVwVfG).

b) Materielle Rechtmäßigkeit

Der Kostenbescheid ist materiell rechtmäßig, wenn die Kostenerhebung auf eine **430** gesetzliche Ermächtigungs-(Anspruchs-)Grundlage gestützt werden kann und deren Voraussetzungen im konkreten Fall erfüllt sind. Als ungeschriebene Voraussetzung ist – wie gesehen (→ Rn. 424 f.) – weiter zu beachten, dass die kostenpflichtige Maßnahme nicht ihrerseits auf fehlerhaftem Verwaltungshandeln beruht.

4. Die Ermächtigungsgrundlagen im Einzelnen (System der sachlichen Kostenpflicht)

a) Ersatz des Aufwands für die Realisierung der Gefahrenabwehr

Erster Anknüpfungspunkt für die Erhebung von Polizeikosten ist diejenige Tä- **431** tigkeit, die Polizeibeamte oder Dritte in deren Auftrag ausführen, um eine Gefahr tatsächlich abzuwehren – eine Tätigkeit[382], die eigentlich dem Kostenpflichtigen obliegt, die dieser jedoch unterlässt, weil er entweder nicht handeln kann[383] oder nicht handeln will. Die Polizei wird anstelle des Pflichtigen tätig und muss dies nicht auf eigene Kosten tun.

Dies gilt auch, soweit es um den Kostenersatz für sog. **Gefahr- und/oder Stö- 432 rererforschungsmaßnahmen** (→ Rn. 131 ff., 134) geht. Solche Maßnahmen sind gleichsam ein „erster Schritt der Gefahrenabwehr".[384] Ihre Kosten treffen denjenigen, der sich als Störer herausstellt bzw. einen Gefahrenverdacht zurechenbar verursacht hat. Es besteht kein Grund, solche Maßnahmen zu Lasten der Allgemeinheit als „kostenfreie" Amtsermittlung (Art. 24 BayVwVfG) einzustufen.

Beispiele: Anlässlich einer Routinekontrolle stößt die zuständige Behörde auf einem Privatgrundstück auf eine erhöhte Rückstandskonzentration einer früheren Güllegrube.[385] Sie beauftragt einen Sachverständigen mit der Erstellung eines Gutachtens über die Grundwassergefährdung. Der Verdacht bestätigt sich. Grundstückseigentümer E muss nach Art. 9 Abs. 2, 93 PAG, Art. 10 Abs. 1 Nr. 5 KG, § 1 Nr. 1, § 2 PolKV auch die Kosten für das Sachverständigengutachten (Gefahrerforschungsmaßnahme) in Höhe von 1800 € tragen. – A geht mit seinem jungen Löwen

---

[382] In der Regel geht es um positives Tun. Soweit im Einzelfall ein Dulden oder Unterlassen geschuldet ist, dienen Maßnahmen wie der unmittelbare Zwang der Gegenwehr gegen widerstrebendes Handeln des Pflichtigen. **Beispiel:** Der Wohnungsinhaber versucht eine Durchsuchung zu verhindern und wird im Wege unmittelbaren Zwangs für die Dauer der Wohnungsdurchsuchung festgehalten. Diese Vollstreckungsmaßnahme (vollstreckt wird die Duldungsverfügung) ist kostenpflichtig (Art. 75 Abs. 3 PAG); rechtstreues Verhalten (einfaches Dulden) hätte den Pflichtigen nichts gekostet.

[383] Können bezieht sich auch auf rechtliches Können, d. h. Dürfen. **Beispiel:** Der Volltrunkene darf sein Fahrzeug nicht selbst aus der Verbotszone entfernen (und ist auch nicht in der Lage, das gebotene Tun durch Dritte privat zu veranlassen).

[384] *Schenke*, POR, 11. Auflage 2021, Rn. 767; dagegen: *Papier*, DVBl. 1985, 873 (875).

[385] Beispiel nach *Kunig/Haaß*, Jura 1993, 661 ff.

in der Stadt spazieren. Ängstliche Passanten benachrichtigen die Polizei. Die Polizei sucht in einer groß angelegten Aktion (Gefahrerforschungsmaßnahme) den Löwen, bis sich herausstellt, dass der junge Löwe genauso wenig gefährlich ist wie ein Hund in vergleichbarer Größe. Dennoch muss A, der den Anschein der Gefahr durch seinen ungewöhnlichen Spaziergang verursacht hat, die Kosten des Sucheinsatzes gemäß Art. 9 Abs. 2, 93 PAG, § 1 Nr. 1 PolKV tragen (Gebühren bis 6.500 €).

aa) Kosten der unmittelbaren Ausführung

433   Ein typisches Beispiel für diese Fallgruppe bildet Art. 9 Abs. 2 PAG. Danach werden für die unmittelbare Ausführung einer Maßnahme von den nach Art. 7 oder 8 PAG Verantwortlichen Kosten erhoben. Es existiert ein Handlungs- oder Zustandsstörer, der aber „nicht oder nicht rechtzeitig erreicht werden kann" (Art. 9 Abs. 1 PAG → Rn. 274 ff.).

Beispiel: Die Polizei lässt einen sturmbeschädigten Baum fällen, weil der Eigentümer nicht erreichbar und Eile geboten ist (der Baum droht auf eine verkehrsreiche Straße zu kippen).

434   Die Kosten für die Baumfällarbeiten hat der Eigentümer als Zustandsstörer gem. **Art. 9 Abs. 2 S. 1, 93 PAG, § 1 Nr. 1, § 2 PolKV, Art. 10 Abs. 1 Nr. 5 KG** zu tragen. Dies sind im Prinzip die gleichen Kosten, die dem verantwortungsbewussten Eigentümer für die Sicherungsmaßnahme bei Eigenvornahme ohnehin entstanden wären.

bb) Kosten der Ersatzvornahme

435   Im Falle seiner Anwesenheit hätte gegen den Eigentümer im vorgenannten Beispiel eine entsprechende Polizeiverfügung (etwa nach Art. 11 Abs. 2 S. 1 Nr. 3 PAG) ergehen können, die, befolgte dieser sie nicht, durch Ersatzvornahme (→ Rn. 204, 241 ff.) vollstreckt worden wäre (Art. 70 Abs. 1, 72 Abs. 1 S. 1 PAG). Auch in diesem Fall träfe ihn die Kostenlast, nämlich nach **Art. 72 Abs. 1 S. 2, 93 PAG, § 1 Nr. 6, § 2 PolKV, Art. 10 Abs. 1 Nr. 5 KG**.[386] Gefordert werden können (pauschale) Gebühren für das polizeiliche Tätigwerden (§ 1 Nr. 6 PolKV) und ggf. Ersatz von Auslagen, die an beauftragte Werkunternehmer oder Sachverständige entrichtet werden (§ 2 PolKV, Art. 10 Abs. 1 Nr. 5 KG).[387] Art. 9 Abs. 2 PAG und Art. 72 Abs. 1 S. 2 PAG unterscheiden sich insofern nicht.

436   Sowohl die Kosten der unmittelbaren Ausführung als auch diejenigen der Ersatzvornahme sind – entgegen mancher gegenteiligen Äußerung[388] – keine Kosten i. S. d. § 80 Abs. 2 S. 1 Nr. 1 VwGO.[389] Dazu zählen nur solche Geldforderungen, die gleichsam „tabellarisch" festgelegt und deshalb nicht dermaßen einzelfallabhängig sind, dass das Risiko der Fehleinschätzung den Bürger übermäßig belastet.[390] Die Rechtmäßigkeit der Erhebung von Polizeikosten unterliegt demgegenüber mehreren Unsicherheitsfaktoren, insbesondere der Rechtmäßigkeit der (sofort vollziehbaren, möglicherweise aber streitigen) Grundverfügung. Widerspruch und Anfechtungsklage gegen den Kostenbescheid haben deshalb aufschie-

---

[386] Zum Umfang der Kostenlast s. auch VGH München, NVwZ-RR 2000, 343.

[387] Zum Problem, dass die tatsächlich erhobenen Kosten die nach Art. 76 Abs. 4 PAG veranschlagten übersteigen: Rn. 242.

[388] VGH München, BayVBl. 1994, 371 f.; DÖV 1994, 1013.

[389] So auch *Schenke*, POR, 11. Auflage 2021, Rn. 762.

[390] Grundlegend *Heckmann*, Der Sofortvollzug staatlicher Geldforderungen, 1992, S. 126 ff., 139.

bende Wirkung (soweit nicht § 80 Abs. 2 S. 1 Nr. 4 VwGO Anwendung findet, was kaum in Betracht kommt).

b) Ersatz des Aufwands für die Ausübung von Vollstreckungsdruck

Etwas anders ist die Motivation der Kostenerhebung in einer zweiten Fallgruppe. **437** Hier geht es weniger um Kosten, die der Polizei anstelle des Pflichtigen entstanden sind und die sie deshalb auf ihn abwälzt. Vielmehr entsteht ihr ein besonderer Aufwand dadurch, dass sie Vollstreckungsmaßnahmen ergreifen muss, weil der Pflichtige sich nicht rechtstreu verhält. Im Vordergrund stehen hier nicht Auslagen für kostenintensives Tätigwerden, sondern der Sonderaufwand für den Vollstreckungsdruck. Dass die Polizei diesen (sächlichen und personellen) Aufwand nicht aus allgemeinen Steuergeldern bestreitet, rechtfertigt sich nicht nur aus einer gerechten Lastenverteilung, sondern auch aus dem zusätzlichen Beugemittel, welches die Auferlegung der Kosten für den Pflichtigen bedeutet. Dies soll an drei Beispielen gezeigt werden.

aa) Androhung von Zwangsmitteln

Mit der Androhung von Zwangsmitteln beginnt in der Regel die Vollstreckung. **438** Der Staat warnt den Störer vor den Folgen seines störenden Verhaltens, er mahnt ihn, polizeilichen Verfügungen nachzukommen. Den Störer mag dies beeindrucken – oder auch nicht, er lässt sich (wie bei privaten Rechnungen) „erst einmal mahnen". Damit dies die Effizienz der Gefahrenabwehr nicht zu sehr beeinträchtigt, soll dem Pflichtigen „von Beginn an" klargemacht werden, dass ihn Widerstand durchaus „teuer zu stehen kommen kann". So ist bereits die Androhung von Zwangsmitteln ihrerseits kostenpflichtig, jedenfalls, wenn sie selbständig im Anschluss an eine Grundverfügung ergeht: **Art. 76 Abs. 7 S. 1, 93 PAG, § 1 Nr. 9 PolKV.**

Beispiel: A, Teilnehmer einer aufgelösten Versammlung, entfernt sich trotz Platzverweisung nicht. Erst nachdem ihm unmittelbarer Zwang angedroht wurde, kommt er der Anordnung nach. Später ergeht gegen ihn ein Kostenbescheid, mit dem eine „Androhungsgebühr" in Höhe von 25,– € erhoben wird.

bb) Festsetzung des Zwangsgeldes

Als Beugemittel steht der Polizei die Verhängung eines Zwangsgeldes zur Verfü- **439** gung (→ Rn. 206, 245 ff.). Allerdings kann der Pflichtige die Zahlung oftmals noch dadurch abwenden, dass er sich vor der Beitreibung des Zwangsgeldes noch rechtstreu verhält.

Beispiel: A leistet einer Vorladung keine Folge. Weil die Voraussetzungen des Art. 15 Abs. 3 PAG vorliegen, setzt die Behörde ein Zwangsgeld fest. Nunmehr erscheint A.

In diesem Fall kann das Zwangsgeld nicht beigetrieben werden (Art. 73 Abs. 3 **440** S. 2 PAG). Für die Festsetzung des Zwangsgeldes werden aber Kosten nach **Art. 73 Abs. 4 S. 1, 93 PAG, § 1 Nr. 7 PolKV** erhoben. Hier bedeutet es ein zusätzliches Beugemittel, den Störer mit Kosten zu belasten, der es bis zur Festsetzung eines Zwangsgeldes hat kommen lassen.

cc) Kosten des unmittelbaren Zwangs

Unmittelbarer Zwang wird (als ultima ratio) regelmäßig eingesetzt, um einen **441** entgegenstehenden Willen des Störers zu überwinden (→ Rn. 209, 252 ff.).

Beispiele: Wegtragen von Teilnehmern einer Sitzblockade, die Platzverweisungen keine Folge leisten – Festhalten des Wohnungsinhabers, der sich einer Wohnungsdurchsuchung erwehren will.

442   In solchen Fällen wäre die Störung praktisch kostenfrei zu beseitigen, wenn der Störer (schnell) einlenken würde und damit Vollstreckungsmaßnahmen überflüssig wären: Die Demonstranten könnten ihre Blockade aufgeben, der Wohnungsinhaber die Durchsuchung dulden. Damit sich Gegenwehr nicht „lohnt", zeigt die Polizei durch unmittelbaren Zwang nicht nur „Stärke", sondern überbürdet dem Störer auch die Einsatzkosten gem. **Art. 75 Abs. 3, 93 PAG, § 1 Nr. 8 PolKV.** Dies trifft manchen stärker als die Zwangsanwendung als solche.

c) Ersatz des Aufwands für Standardmaßnahmen

443   Die Ausführung von Standardmaßnahmen erfolgt ebenso wie der Erlass von Polizeiverfügungen selbst gegenüber dem Störer in der Regel kostenfrei. Die dadurch hergestellte „Kostengrenze" zu den kostenpflichtigen Vollzugsmaßnahmen schafft auch einen Anreiz für rechtstreues Verhalten. Es gibt aber Ausnahmen, die sich aus dem besonderen Aufwand einzelner Standardmaßnahmen ergeben.

aa) Kosten der Sicherstellung

444   Dies betrifft zunächst die Sicherstellung (Art. 25 PAG). Soweit diese im Interesse des Sachherrn erfolgt (Art. 25 Nr. 2 PAG), versteht sich die Kostenlast von selbst. Aber auch in den anderen Fällen ist es gerechtfertigt, die Kosten auf den Störer abzuwälzen, die mit der Ingewahrsamnahme einer Sache und ihrer anschließenden Verwahrung entstehen.

Beispiel: Mit Hilfe eines eilig herbeigerufenen Dompteurs fängt die Polizei einen frei umherlaufenden Löwen ein und lässt diesen in einem Käfig des zufällig in der Stadt gastierenden Zirkus Z einsperren (Sicherstellung nach Art. 25 Nr. 1 PAG; Verwahrung nach Art. 26 Abs. 1 S. 1–3 PAG). Nun stellt sich heraus, dass Tierhändler A den Löwen hat entweichen lassen.

445   A hat die Kosten der Sicherstellung nach **Art. 28 Abs. 5 S. 1, 93 PAG, § 1 Nr. 2 PolKV** zu tragen. Hierzu zählen nicht nur etwaige „Mietgebühren" für die Unterbringung im Zirkus, sondern auch Fütterungskosten. Im Gegensatz zu anderen Kostennormen regelt Art. 28 Abs. 5 S. 3 PAG ein Zurückbehaltungsrecht zugunsten der Polizei, die die Sache nur gegen Zahlung der geschuldeten Beträge herausgeben muss. Dieses Zurückbehaltungsrecht gilt zwar auch zugunsten eines Dritten, der die Sache im Auftrag der Polizei verwahrt (Art. 26 Abs. 1 S. 3 PAG); Zu beachten ist allerdings, dass der Dritte dieses Recht nicht in eigenem Namen ausübt, sondern als Erklärungsbote der Polizei handelt. Das Ermessen, die Sache herauszugeben, kann dementsprechend nur die Polizei ausüben, bei der der Dritte ggf. nachzufragen hat (dazu eingehend im Rahmen des Abschleppens → Rn. 568).

bb) Kosten der Verwertung, Unbrauchbarmachung oder Vernichtung

446   Sichergestellte Sachen können unter bestimmten Umständen verwertet oder auch unbrauchbar gemacht bzw. vernichtet werden (Art. 27 PAG → Rn. 408 ff.). Dies verursacht Kosten (etwa in Form von Versteigerungskosten oder Auslagen für Sondermüllbeseitigung), die der Pflichtige nach **Art. 28 Abs. 5 S. 1, 93 PAG, § 1 Nr. 3 PolKV** zu tragen hat. Der Polizeiträger kann mit diesen Ansprüchen gegen solche Ansprüche des Kostenpflichtigen aufrechnen, die letzterem gegen den Poli-

zeitträger aus einem Verwertungserlös erwachsen (Art. 28 Abs. 5 S. 3 2. HS PAG). Im Übrigen gilt auch hier das im vorherigen Abschnitt genannte Zurückbehaltungsrecht.

d) Regressansprüche

Eine besondere Fallgruppe polizeilichen Aufwendungsersatzes bilden Regress-   **447** ansprüche. Sie haben ihren Rechtsgrund darin, dass der Polizeiträger seinerseits in Anspruch genommen wurde, obwohl ein Störer existiert, der die polizeiliche Maßnahme zu verantworten hat. Dieser Kostenanspruch gegen den Störer bezieht sich nicht auf den Aufwand für die Maßnahme selbst, sondern auf Schäden, die einem Dritten anlässlich der Maßnahme entstanden sind (→ Rn. 470 ff.).

II. Ersatzansprüche des Bürgers

1. Grundsätze der Entschädigung im Polizeirecht

Mit polizeilichen Maßnahmen sind typischerweise Eingriffe in Rechtsgüter des   **448** Bürgers verbunden. Solche Eingriffe können zu materiellen und immateriellen Schäden führen, so dass sich die Frage stellt, wer hierfür aufzukommen hat. Als **Grundsatz** wird angenommen, dass rechtmäßige Maßnahmen vom Störer entschädigungslos hinzunehmen sind. Schließlich hat dieser die Gefahr verursacht (oder sie wird ihm zugerechnet) und damit die schädigende Polizeimaßnahme veranlasst. Weil aber die Störereigenschaft vom Verschulden unabhängig ist und gar (wie beim Zustandsstörer) alleine durch Eigentum und Besitz an einer betroffenen Sache vermittelt sein kann, kann der vorgenannte Grundsatz nicht nur durch den Gedanken der „Provokation" erklärt werden. Vielmehr geht es um eine gerechte Risiko- und Lastenverteilung. Die von der Allgemeinheit erbrachten Steuergelder sollen nicht herangezogen werden, solange jemand haften kann, der wie ein Störer „näher" an der Gefahr „dran ist".

Eine Entschädigungspflicht kommt jedoch in zwei **Fallgruppen** in Betracht: **449** Wenn die gegen einen Störer gerichtete polizeiliche Maßnahme rechtswidrig war (Haftung für eigenes Fehlverhalten) oder wenn sie sich gegen jemanden richtet, der Nichtstörer (jedenfalls „nicht Störer" → Rn. 475 ff.) ist (Rechtsgedanke der Aufopferung). Während für die erste Fallgruppe (Anspruch des Störers bei Rechtswidrigkeit) alleine auf das allgemeine Staatshaftungsrecht (Amtshaftung, enteignungs- und aufopferungsgleicher Eingriff) zurückzugreifen ist, bietet das Polizeirecht für die zweite Fallgruppe (Sonderopfer) eine eigene Entschädigungsgrundlage (Art. 87 PAG → Rn. 452 ff.).[391]

Art. 87 PAG gilt sowohl für rechtmäßige als auch für rechtswidrige Maßnahmen.   **450** Im Verhältnis zu einem Anspruch aus enteignendem, enteignungsgleichem oder aufopferungsgleichem Eingriff oder aus Aufopferung (§§ 74, 75 EinlPrALR), ist der polizeiliche Entschädigungsanspruch lex specialis. Zum Amtshaftungsanspruch besteht Idealkonkurrenz. Der Anspruch aus Art. 87 Abs. 1 PAG ist gem. Art. 87 Abs. 1 2. HS PAG subsidiär zu anderweitigen Ersatzansprüchen. Außerdem gehen

---

[391] Vgl. zu diesem Komplex allgemein: *Sydow,* Jura 2007, 7 ff. und zur Amtshaftung BGH, NJW 2006, 1804 f.

nach Art. 87 Abs. 5 PAG spezialgesetzliche Ansprüche denen aus Art. 87 Abs. 1 und 2 PAG vor.

451   Die Entschädigungspflicht im Polizeirecht ist (soweit nicht die strengeren Voraussetzungen der Amtshaftung vorliegen) nicht auf vollen Schadensersatz gerichtet, sondern durch den Gedanken eines **angemessenen Schadensausgleichs** (ähnlich Art. 14 Abs. 3 GG) geprägt. Im Rahmen einer gerechten Lastenverteilung soll der von einer Polizeimaßnahme nachteilig Betroffene nicht „mit seinem Schaden alleine gelassen werden", aber ebenso hat er wegen der gemeinnützigen Zielrichtung des Einsatzes seinen Anteil als Staatsbürger (zu dessen Gunsten die Polizei schließlich handelt) zu tragen. Die Entschädigungshöhe ist im Einzelfall anhand verschiedener Kriterien zu berechnen (→ Rn. 461). Bei der Entschädigung tritt die Polizei regelmäßig nur in „Vorleistung"; sie kann ihrerseits erbrachte Leistungen vom Störer zurückverlangen (zum Regress → Rn. 470 ff.).

2. Der Anspruch des Nichtstörers (Art. 87 Abs. 1 PAG)

a) Polizeiliche Notstandsmaßnahme

452   Art. 87 Abs. 1 PAG baut auf dem polizeilichen Notstand (Art. 10 PAG) auf: Es müssen „Maßnahmen nach Art. 10 getroffen worden" sein. Auf die Rechtmäßigkeit dieser Maßnahme, also das Vorliegen der Notstandsvoraussetzungen (→ Rn. 195), kommt es für den Ersatzanspruch nach Art. 87 Abs. 1 PAG nicht an. Etwas anderes ergibt sich weder aus dem Wortlaut noch dem Zweck dieser Vorschrift. Es wäre auch wertungswidersprüchlich, wenn bei Rechtmäßigkeit der Notstandsmaßnahme entschädigt wird, jedoch Ansprüche versagt bleiben, wenn die Polizei überdies fehlerhaft agierte. Erforderlich ist deshalb nur das „äußerliche" Vorliegen einer Notstandsmaßnahme, also die Inanspruchnahme eines Nichtstörers, nicht aber, dass sie nach den strengen Anforderungen des Art. 10 PAG auch berechtigt war. Art. 10 PAG ist demnach (auch in der Klausur) praktisch nicht zu prüfen. Es genügt die Prüfung, ob der Anspruchsteller im konkreten Fall Nichtstörer war. Stellt sich heraus, dass der als Nichtstörer in Anspruch Genommene aber tatsächlich Störer war, ist ein Entschädigungsanspruch ungeachtet der Intention der Polizei ausgeschlossen.[392]

Beispiel: Am Waldrand brennt unkontrolliert ein Feuer, dessen Ursache unklar ist. P veranlasst den Spaziergänger A zu helfen. Dieser zieht sich Brandwunden zu, auch wird seine Kleidung beim Löschen beschädigt. A verlangt eine Entschädigung. Später stellt sich heraus, dass A selbst das Feuer gelegt hat. A hat keinen Anspruch.

b) Nichtstörer als Anspruchsberechtigter

453   Anspruchsberechtigt ist nur der Nichtstörer. Allerdings ist nicht jeder, der nicht Störer ist, auch „Nichtstörer". Dies zeigt ein systematischer Vergleich zwischen Art. 87 Abs. 1 und 87 Abs. 2 PAG. Danach ist der Nichtstörer als der nach Art. 10 PAG in Anspruch Genommene von dem unbeteiligten Dritten als zufällig Betroffenem einer Polizeimaßnahme zu unterscheiden. Anspruchsberechtigt ist zunächst derjenige, den die Polizei gezielt nach Art. 10 PAG in Anspruch genommen hat, den sie gewissermaßen „in das Geschehen hineingezogen hat". Dies muss allerdings nicht der unmittelbare Adressat einer Polizeiverfügung sein. Bei beschädigten

---

[392] Vgl. auch *Sydow*, Jura 2007, 7.

Sachen kommt auch der im Hintergrund stehende Eigentümer als Anspruchsinhaber in Betracht.

Beispiel: Der Polizeivollzugsbeamte schießt auf die Reifen des gestohlenen Fluchtwagens. Soweit ein Schaden am Pkw entstanden ist und präventiv-polizeilich gehandelt wurde, hat der Eigentümer einen Anspruch auf angemessene Entschädigung nach Art. 87 Abs. 1 PAG.

Streitig ist, ob auch derjenige nach Art. 87 Abs. 1 PAG anspruchsberechtigt ist, **454** gegen den eine polizeiliche Maßnahme als **Anscheinsstörer** gerichtet wurde. Obwohl dieser objektiv die Gefahr nicht verursacht hat (weil eben ein anderer hierfür verantwortlich war oder ein Schaden nicht eintreten konnte), könnte die Anwendbarkeit des Art. 87 Abs. 1 PAG daran scheitern, dass der Anscheinsstörer jedenfalls bei der Gefahrenabwehr dem Störer gleichgesetzt wird (→ Rn. 165).

Beispiel: Die Polizei erhält einen Hinweis, dass eine Person Plutonium in der Stadt S verkaufen wolle. Sie nimmt den A in Gewahrsam (was bei dieser Sachlage auch rechtmäßig war), der einen Koffer bei sich trägt, der üblicherweise für den Transport von Plutonium verwendet wird, nachdem ein Strahlungsmessgerät in der Nähe des Koffers eine radioaktive Strahlung angezeigt hat. Nach sachkundiger Untersuchung stellt sich heraus, dass der Kofferinhalt aus Düngemittel besteht. Aufgrund des polizeilichen Gewahrsams konnte A sein Geschäft über den Verkauf von Düngemitteln im Wert von 1 Mio. € nicht abschließen. A verlangt Ersatz dieses Betrages vom Polizeirechtsträger.[393]

Diese Gleichsetzung ist allerdings alleine dadurch zu rechtfertigen, dass auf der **455** Primärebene sowohl die Wahrscheinlichkeitsprognose hinsichtlich des Schadenseintritts (und damit der Rechtsbegriff der polizeilichen Gefahr) als auch diejenige über die Gefahrenverantwortlichen aus der ex-ante-Perspektive vorgenommen werden.

Nun lässt sich wiederum diese Perspektive nur aus dem Grundsatz effizienter **456** Gefahrenabwehr erklären: Nur wegen der Notwendigkeit eines schnellen polizeilichen Zugriffs wird auf erschöpfende Sachverhaltsermittlungen verzichtet (damit sich die Gefahr nicht vorher realisiert). Zugunsten der zu schützenden Rechtsgüter wird in Kauf genommen, dass tatsächlich kein Schaden eintreten konnte (oder jedenfalls der in Anspruch Genommene diesen nicht verursacht hat). Diese Überlegungen sind – wie leicht zu erkennen ist – nur für die gefahrenabwehrende Maßnahme sinnvoll. Methodologisch gewendet: Sie gelten nur für die sog. Primärebene. Die Frage, ob der Geschädigte zu entschädigen ist, kann und muss dagegen in einer Situation getroffen werden, die nicht unter Zeitdruck und dementsprechend ungewisser Sachlage steht. Deshalb muss nunmehr ermittelt werden, wer in welcher Weise eine Gefahr verursacht hat. Steht dies zwischenzeitlich fest, darf die Polizei keineswegs die Augen vor der objektiven Sachlage verschließen, sondern muss dies bei Fragen des Kostenersatzes und der Entschädigung berücksichtigen.

Auf der sog. Sekundärebene gilt die ex-post-Perspektive. Danach ist der An- **457** scheinsstörer grundsätzlich wie ein Nichtstörer zu behandeln. Er hat dementsprechend auch einen Entschädigungsanspruch. Art. 70 Abs. 1 PAG ist analog anzuwenden. Hinsichtlich der Figur des Anscheinsstörers besteht eine planwidrige Regelungslücke, die wegen der Vergleichbarkeit der Sachverhalte durch Analogie zu schließen ist. Dies gilt allerdings nicht, wenn der Geschädigte den Anschein der

---

[393] Vgl. zu diesem Fall *Schliesky/Hansen*, JuS 1998, 49 (53 ff.); insbesondere zum Problem, ob der Nichtstörer auch einen Anspruch auf Ersatz des entgangenen Gewinns hat.

Gefahr bzw. seiner Verantwortlichkeit zurechenbar verursacht.[394] Dann kann man nämlich nicht von einem Sonderopfer des Anscheinsstörers sprechen.

> **Beispiel:** Schauspieler A übt in seiner hellhörigen Wohnung lautstark den Text eines Kriminalstücks, in dem mehrfach Sätze fallen wie: „Ich bring' Dich um!". Nachbarn verständigen die Polizei, die daraufhin in die Wohnung eindringt. A verlangt Ersatz für die aufgebrochene Tür. Da A den Anschein der Gefahr bzw. den Gefahrenverdacht zurechenbar und sogar fahrlässig verursacht hat, scheitert der Anspruch aus Art. 87 Abs. 1 PAG **analog.** Anders wenn der mit A im Streit liegende Nachbar B anonym die Polizei benachrichtigt, um A „eins auszuwischen". A hat den Anschein nicht verursacht, so dass ein Anspruch aus Art. 87 Abs. 1 PAG analog besteht.

458   In ähnlicher Weise ist auch der Entschädigungsanspruch des **Verdachtsstörers** zu behandeln, wenn sich der Gefahrenverdacht als unbegründet erweist bzw. widerlegt wird.

> **Beispiel:** Bei Bauarbeiten auf dem Baugrund des A bemerken Bauarbeiter Juck- und Hustenreiz. Dem A wird von der zuständigen Behörde aufgegeben, Probebohrungen durchzuführen. A beauftragt ein Unternehmen, welches aber nach den Untersuchungen keine Altlasten im Erdreich feststellen kann. A kann nach Art. 87 Abs. 1 PAG analog Ersatz für die Kosten der Probebohrungen verlangen.

c) Kausalität und Schaden

459   Als **Schaden** kommt jede konkrete körperliche oder wirtschaftliche Beeinträchtigung in Betracht, die als besonderes, anderen nicht zugemutetes „Sonderopfer" auferlegt wird und dabei eine gewisse **Opfergrenze** überschreitet. Hierzu zählt jede Verletzung der Gesundheit, jede nicht unbedeutende Beschädigung einer Sache, ggf. auch die Vorenthaltung der Nutzungsmöglichkeit. Nicht erfasst werden hingegen Maßnahmen, die das allgemeine Lebensrisiko konkretisieren oder sozialadäquat sind. Bei denen wird nur jene staatsbürgerliche Mitwirkung abverlangt, die ein demokratisches Gemeinwesen von seinen Mitgliedern erwarten kann.

> **Beispiel:** Betreten der Wohnung zur Postierung eines Scharfschützen; sehr kurzfristige Entziehung eines Pkw, ohne ihn zu beschädigen.

460   Weiter ist erforderlich, dass der Schaden durch die polizeiliche Maßnahme **verursacht** worden ist. Das setzt zunächst Kausalität im Sinne der „conditio-sine-qua-non-Formel" zwischen der polizeilichen Maßnahme und dem Schaden voraus. Hinzu kommt, dass die Beeinträchtigung eine unmittelbare Folge der polizeilichen Maßnahme sein muss; eine adäquate Verursachung genügt nicht. Die polizeiliche Maßnahme muss nach dem regelmäßigen Verlauf der Dinge nicht nur geeignet gewesen sein, den Schaden herbeizuführen; sie muss darüber hinaus die einzige wesentliche Bedingung des Schadens sein.[395] Nicht erforderlich ist aber ein finaler Eingriff im Sinne einer gezielten Inanspruchnahme. Es genügt, wenn die Polizei Sachen eines Nichtstörers bei einem schadensträchtigen Einsatz gebraucht.

> **Beispiel:** Die Polizei beschädigt den Wagen, den sie zur Verfolgung beschlagnahmt hatte, bei der rasanten Verfolgung.

---

[394] Anders der BGH, der auf das Verschulden des Anscheinsstörers abstellt: BGHZ 5, 144 (152); 43, 196 (204); BGH, DVBl. 1992, 1158 (1159); seit BGHZ 117, 303 (308) stellt der BGH auf die zurechenbare Vorwerfbarkeit unter ausdrücklicher Beibehaltung der früheren Rechtsprechung ab; dagegen: *Schmidbauer*, in: S/St, PAG, 5. Auflage 2020, Art. 87 Rn. 12; vgl. auch *Poscher/Rusteberg*, JuS 2012, 26 (32).

[395] Zur Notwendigkeit eines „unmittelbaren Zusammenhangs" vgl. BGH, DVBl. 2006, 1180.

d) Rechtsfolge: angemessene Entschädigung

Auszugleichen ist das **Sonderopfer,** das dem Geschädigten durch die polizeiliche Maßnahme auferlegt wurde. Hierbei sind die Interessen der Allgemeinheit und des Einzelnen abzuwägen. Eine Auslegungshilfe bietet insoweit Art. 14 Abs. 3 S. 2 GG. Danach kann die Wiederherstellung des ursprünglichen Zustandes (Restitution) ebenso wenig verlangt werden wie ein umfassender Schadensersatz in Geld. Auch werden nur unmittelbare Vermögensschäden, also kein entgangener Gewinn und auch nicht immaterielle Beeinträchtigungen berücksichtigt. Das Nähere regelt Art. 87 Abs. 7 PAG.   **461**

Eine spezielle Rechtsfolge sieht Art. 87 Abs. 3 PAG für den Fall der Tötung eines Nichtstörers (Art. 87 Abs. 1 PAG) bzw. unbeteiligten Dritten (Art. 87 Abs. 2 PAG) vor. In diesem Fall hat der Unterhaltsberechtigte den Entschädigungsanspruch in entsprechender Anwendung des § 844 Abs. 2 BGB.   **462**

e) Maßnahmen zum Schutz des Betroffenen (Art. 87 Abs. 4 PAG)

Eine Entschädigung wird nicht gewährt, wenn die Maßnahme zum Schutz der Person oder des Vermögens des Nichtstörers getroffen wurde (Art. 87 Abs. 4 PAG). Denn jedenfalls ist eine belastende Maßnahme, die *ausschließlich* dem Schutz des Einzelnen dient, für diesen keine sachlich ungerechtfertigte Belastung und kein besonderes Opfer. Ob in diesem Sinne der Einzelne „geschützt" wird, entscheidet sich nicht nach der „Willensrichtung der Polizei", sondern nach den tatsächlichen Gegebenheiten.   **463**

Beispiel: Der Eigentümer hat keinen Anspruch aus Art. 87 Abs. 1 PAG, wenn die Polizei den Gartenzaun beim Löschen des Brandes eines Geräteschuppens beschädigt.

In vielen Fällen treffen jedoch Eigen- und Fremd- (bzw. Allgemein-)Schutz zusammen. Hier kann es sachgerecht sein, bei der Anwendung von Art. 87 Abs. 4 PAG nicht nach dem „alles-oder-nichts-Prinzip" zu verfahren, sondern ggf. einen anteiligen Haftungsausschluss zuzulassen[396], wofür auch der Wortlaut der Vorschrift („soweit …") spricht.   **464**

Beispiel: Bei der Festnahme eines Einbrechers wird das Mobiliar des Wohnungsinhabers W durch Polizeibeamte beschädigt. Der Einsatz hat sowohl dem Interesse des W als auch dem öffentlichen Interesse (Unterbindung einer Straftat) gedient.

Maßgeblich für die Beurteilung der Frage, ob der Bürger durch eine polizeiliche Maßnahme geschützt wurde, ist nach überwiegender Ansicht stets die ex-ante-Beurteilung, nämlich die Sicht eines objektiven Beobachters im Zeitpunkt der Maßnahme.[397] Dies würde aber bedeuten, dass der Bürger den entscheidenden Anteil an dem Prognoserisiko des Polizeieinsatzes tragen müsste. Das ist unbefriedigend. Soweit der Betroffene eine fehlerhafte Prognose nicht mitverursacht hat, besteht kein zwingender Grund, seinen Ausgleichsanspruch wegen eines vermeintlichen Eigenschutzes auszuschließen.[398] Objektiv ist die Belastung eben nicht sachlich gerechtfertigt und es besteht damit ein Sonderopfer.   **465**

---

[396] So auch *Schmidbauer,* in: S/St, PAG, 5. Auflage 2020, Art. 87 Rn. 83 f.
[397] *Drews/Wacke/Vogel/Martens,* GefAbw, 9. Auflage 1986, S. 673; *Enders,* Jura 1998, 365 (369 f.).
[398] Vgl. aber auch OLG Stuttgart, NJW 1992, 1396 (hierzu: *Heckmann/Klein,* JuS 1995, 327 ff.).

Beispiel: Polizeibeamte brechen das Auto des A auf dessen Privatgrundstück auf, weil sie glaubhafte, wenn auch im Ergebnis fehlerhafte Hinweise erhalten hatten, in dem Fahrzeug sei ein Sprengsatz mit Zeitzünder versteckt. Hier kann A nach Art. 87 Abs. 1 PAG Entschädigung für das beschädigte Schloss verlangen. Art. 87 Abs. 4 PAG findet keine Anwendung.

466   Auch hier ist – wie durchgängig im Polizeirecht – zwischen Primär- und Sekundärebene zu unterscheiden. Selbstverständlich darf die Polizei bei hinreichender Schadenswahrscheinlichkeit einschreiten. Die Abwicklung aller Kosten- und Ersatzansprüche ist aber aus der ex-post-Sicht vorzunehmen. Wenn schon dem Anscheinsstörer interessengerecht ein Ersatzanspruch zusteht (→ Rn. 454), wäre es wertungswidersprüchlich, dem **„Anscheinsbeschützten"** den Anspruch zu versagen.

f) Entschädigungspflichtiger (Art. 87 Abs. 6 PAG)

467   Art. 87 Abs. 6 PAG setzt den Entschädigungspflichtigen fest, bestimmt also, welche Körperschaft Entschädigung zu leisten hat. Grundsätzlich haftet der Rechtsträger der Polizei, also die Körperschaft, in deren Dienst der Polizeibeamte steht, der die Maßnahme getroffen hat. Dies ist der Freistaat Bayern als Rechtsträger (Art. 1 Abs. 2 POG). Gegen diesen ist auch ggf. die Entschädigungsklage (→ Rn. 473) des Nichtstörers zu richten.

468   Eine Ausgleichspflicht des Freistaates Bayern besteht auch, wenn der Beamte auf Weisung oder Ersuchen einer nichtstaatlichen Behörde (etwa der Gemeinde als Sicherheitsbehörde) gehandelt hat. Jedoch ist die Körperschaft, der die weisende Behörde angehört, dem Freistaat erstattungspflichtig (Art. 88 Abs. 1 PAG).

Beispiel: Die Gemeinde verfügt die Räumung eines besetzten Hauses und bittet den Polizeivollzugsdienst, diese Räumung durchzuführen. Bei Durchsetzung der Zwangsmaßnahme wird die Wohnungseinrichtung des Wohnungseigentümers beschädigt.

g) Verjährung

469   Die **Verjährung** richtet sich nach §§ 195, 199 BGB, wenn nichts anderes geregelt ist. In Bayern ist für Geldforderungen gegen den Staat, eine Gemeinde oder einen Gemeindeverband jedoch die Sondervorschrift des Art. 71 Abs. 1 S. 1 Nr. 2 AGBGB zu beachten. Danach verjähren solche Ansprüche bereits in drei Jahren; der Fristbeginn ist in Art. 71 Abs. 1 S. 2 AGBGB näher bestimmt.[399]

h) Regress (Art. 89 PAG)

470   Art. 89 PAG regelt den Regress gegen den Störer. Danach hat der Störer den Betrag zu erstatten, den die ausgleichspflichtige Körperschaft an den Nichtstörer im Rahmen des Art. 87 PAG geleistet hat. Ein solcher Regress ist interessengerecht, weil damit die Kosten der Polizeimaßnahme nicht aus Steuermitteln bezahlt werden müssen (→ Rn. 412).

Beispiel: Bei einem Schusswechsel zwischen Polizei und Geiselnehmern wird der gestohlene Fluchtwagen beschädigt. Soweit präventiv-polizeilich gehandelt wurde, erhält der Eigentümer des Pkw eine Entschädigung nach Art. 83 Abs. 1 PAG. Entschädigungspflichtig ist der Freistaat Bayern (Art. 87 Abs. 6 PAG). Nach Art. 89 Abs. 1 PAG kann er bei den Geiselnehmern Ersatz seiner Leistungen verlangen.

---

[399] Zur Berechenbarkeit der Forderung als Voraussetzung für deren Fälligkeit vgl. VGH München, BayVBl. 1993, 374.

Ein je nach Fallgestaltung bestehender Kostenanspruch – etwa nach Art. 9 Abs. 2, **471** 72 Abs. 1 S. 2 oder 75 Abs. 3 PAG – steht neben dem Regressanspruch. Der Störer zahlt also für den Einsatz der Polizei und haftet zugleich für alle Schäden, die aus der Gefahr, aber auch den Abwehrmaßnahmen entstanden sind. Der Regelungsidee der Art. 87, 89 PAG zufolge ist der Geschädigte nicht auf einen privaten Schadensersatzanspruch gegen den Störer angewiesen. Mithin trägt er auch nicht das Insolvenzrisiko der Privatperson, sondern ist durch den Entschädigungsanspruch gegen den Staat abgesichert.

Einen Ersatzanspruch hat auch die nach Art. 88 PAG erstattungspflichtige Körperschaft (Art. 89 Abs. 2 PAG). Somit ergibt sich regelrecht eine Kette von Zahlungen mit unterschiedlicher Richtung. **472**

Beispiel: Im Beispielsfall Rn. 468 kann der Nichtstörer Entschädigung im Sinne eines Schadensausgleichs nach Art. 87 Abs. 1 PAG vom Freistaat Bayern fordern, dieser den gezahlten Betrag im Wege eines Erstattungsanspruchs nach Art. 88 Abs. 1 PAG vom Rechtsträger der weisenden Behörde verlangen und Letzterer sich schließlich mit einem Ersatzanspruch gegen die Störer (Hausbesetzer) nach Art. 89 Abs. 2 PAG schadlos halten.

i) Rechtsweg (Art. 90 PAG)

Ansprüche nach Art. 87 PAG sind, wie Art. 90 Abs. 1 PAG feststellt, im **ordent-** **473** **lichen Rechtsweg** zu verfolgen. Dieser Vorschrift kommt im Hinblick auf § 40 Abs. 2 S. 1 VwGO allerdings nur deklaratorische Bedeutung zu. Der Geschädigte muss allerdings, um der Kostenpflicht nach § 93 ZPO zu entgehen, vor Erhebung der Klage einen Antrag bei der zuständigen Behörde auf Entschädigung nach Art. 87 PAG gestellt haben.

Über die Erstattungsansprüche nach Art. 88 PAG und die Ersatzansprüche nach **474** Art. 89 PAG entscheiden im Streitfall die Verwaltungsgerichte, Art. 90 Abs. 2 PAG.

3. Der Anspruch betroffener Dritter (Art. 87 Abs. 2 PAG)

Das bayerische Polizeirecht unterscheidet – anders als andere Bundesländer – **475** explizit zwischen dem Entschädigungsanspruch des Nichtstörers (Art. 87 Abs. 1 PAG) und demjenigen von Dritten, die ebenfalls „nicht Störer" sind, aber eher zufällig durch die polizeiliche Maßnahme betroffen sind (Art. 87 Abs. 2 PAG). Beide Ansprüche sind streng voneinander zu unterscheiden und schließen sich gegenseitig aus. Die Voraussetzungen für einen Anspruch aus Art. 87 Abs. 2 PAG entsprechen allerdings im Wesentlichen denjenigen des Art. 87 Abs. 1 PAG („das Gleiche gilt"), sofern überhaupt der Anwendungsbereich der Vorschrift eröffnet ist. Das wiederum ist unter folgenden zwei Voraussetzungen der Fall:

Zum einen muss der Geschädigte von der polizeilichen Maßnahme betroffen **476** sein, ohne dass diese an ihn als Störer oder Nichtstörer gerichtet worden ist. Mit anderen Worten: Der Schaden muss als unbeabsichtigte Nebenfolge der Maßnahme eingetreten sein.

Beispiel: Polizist P verfolgt den Bankräuber B. Als dieser nach Zuruf nicht stehen bleibt, gibt P einen Warnschuss ab. Die Patrone prallt jedoch an einem Laternenpfosten ab und verletzt den auf einer Parkbank sitzenden R.

Zum anderen genügt nicht jegliche Schädigung, sondern es muss eine der in **477** Art. 87 Abs. 2 PAG näher bezeichneten erheblichen Rechtsgutverletzungen eingetreten sein. Mit der Beschränkung auf Tötung, Körperverletzung und ähnliche unzumutbare Schädigungen trägt das Gesetz dem Umstand Rechnung, dass sich in einer geringeren Beeinträchtigung eher das allgemeine Lebensrisiko des Bürgers verwirklicht.

Beispiel: Wegen einer Geiselnahme in einer Bank der bayerischen Stadt S sperrt die Polizei die Hauptstraße, um ggf. Platz für einen sicheren Abzug des geforderten Fluchtwagens zu schaffen. Dadurch bildet sich rund um S ein Verkehrschaos. Staubedingt erreicht A einen wichtigen Geschäftstermin nicht und erleidet einen Vermögensschaden in Höhe von 2.500,– €. Trotz der nicht geringen Höhe des Schadens ist dieser für A zumutbar. Er hätte auch aus anderen Gründen den Termin verpassen können und trägt das Risiko des Zuspätkommens.

H. Grundzüge und Besonderheiten des Sicherheitsrechts

I. Das Landesstraf- und Verordnungsgesetz

1. Aufgaben der Sicherheitsbehörden

478   Die staatliche Aufgabe der Gefahrenabwehr ist in Bayern organisatorisch und gesetzlich zwischen der Polizei und den Sicherheitsbehörden verteilt. Gesetzliche Grundlage für die Gefahrenabwehr durch die Sicherheitsbehörden ist das (heute) irreführend betitelte Landesstraf- und Verordnungsgesetz (LStVG).[400] Ausgehend vom gleichen Begriff der öffentlichen Sicherheit und Ordnung wie das PAG (→ Rn. 100 ff.) enthält es in Art. 6 ff. LStVG die Rechtsgrundlagen für die Gefahrenabwehr durch die allgemeine innere Verwaltung. Im Unterschied zur Polizei dürfen die Sicherheitsbehörden die Aufgabe der Gefahrenabwehr nicht nur durch Maßnahmen im Einzelfall, sondern ebenso durch den Erlass von Rechtsverordnungen wahrnehmen. Hierfür enthält das LStVG die erforderlichen Ermächtigungsgrundlagen sowie Verfahrensvorschriften.

2. Verhältnis zwischen Sicherheitsbehörden und Polizei

a) Sicherheitsbehörden

479   Neben den in Art. 6 LStVG genannten Sicherheitsbehörden (Gemeinden, Landratsämter, Bezirksregierungen, Staatsministerium des Innern, für Sport und Integration) können aufgrund des Art. 4 Abs. 1 S. 1 VGemO[401] auch Verwaltungsgemeinschaften (→ 2. Teil, Rn. 613 ff.) Einzelmaßnahmen zur Gefahrenabwehr ergreifen. Aufgaben der Gefahrenabwehr nehmen schließlich die Landkreise und Bezirke wahr, wenn sie gem. Art. 42 LStVG sicherheitsrechtliche Verordnungen erlassen; die Befugnis zum Erlass von Einzelmaßnahmen haben sie jedoch nicht.

480   Grundsätzlich ist die Gefahrenabwehr eine staatliche Aufgabe. Wird eine **Gemeinde** aufgrund des LStVG als Sicherheitsbehörde tätig, muss jedoch unterschieden werden, ob die Tätigkeit im eigenen oder übertragenen Wirkungskreis (→ 2. Teil, Rn. 339 ff.) erfolgt, denn nach Art. 83 Abs. 1 BV zählt die „örtliche Polizei" zu den Aufgaben des eigenen Wirkungskreises. Zur Abgrenzung sind vorran-

---

[400] Zu den Reformbemühungen im bayerischen Sicherheitsrecht vgl. *Knemeyer/Behmer,* BayVBl. 2006, 97 ff.; *Honnacker,* BayVBl. 2006, 429 ff.
[401] Ziegler/Tremel Nr. 285.

gig gesetzliche Zuordnungen heranzuziehen, die den verfassungsrechtlichen Begriff ausfüllen, wie in Art. 42 Abs. 1 S. 2 LStVG für den Erlass von Verordnungen. Fehlt es an einer gesetzlichen Regelung, muss im Einzelfall entschieden werden, ob die konkrete Aufgabe der Gefahrenabwehr örtlichen oder überörtlichen Charakter hat. Dementsprechend zählt diese Aufgabe entweder zum eigenen oder zum übertragenen Wirkungskreis. **Örtlichen Charakter** hat die Abwehr von Gefahren, die aus der Zuwiderhandlung gegen bewehrtes Ortsrecht (kommunale Satzungen und Verordnungen) resultieren oder deren Auswirkung nicht über das Gebiet einer Gemeinde hinausreicht. In diesem Sinne hat rein örtlichen Charakter z.B. eine Anordnung (nicht Verordnung) der Gemeinde nach Art. 23 Abs. 1 LStVG, nicht aber eine solche, die im Sinne von Art. 23 Abs. 2 LStVG über das Gebiet einer Gemeinde hinausgeht.

> **Beispiel:** Bei einem Marathonlauf, der ausgehend von der kreisfreien Stadt S durch den umliegenden Landkreis stattfinden soll, ordnet S als Sicherheitsbehörde an, dass in regelmäßigen Abständen Sanitätsposten vorhanden sein müssen. Da die Veranstaltung über das Gebiet der Gemeinde hinausreicht, wird die Gemeinde im übertragenen Wirkungskreis tätig.

Zum **übertragenen Wirkungskreis** zählt wegen des überörtlichen Charakters **481** auch die Abwehr von Gefahren, die aus der Zuwiderhandlung gegen Straftatbestände und Ordnungswidrigkeiten mit Rang über dem Ortsrecht resultieren.[402] Die Zuordnung dieser Aufgabe zum übertragenen Wirkungskreis rechtfertigt sich dadurch, dass die sanktionsbewehrten Normen des Landes- und Bundesrechts der Sicherheit und dem Rechtsfrieden im allgemeinen Interesse dienen und nicht nur im Interesse einer Gemeinde. Gleiches gilt für die Abwehr von verfassungsfeindlichen Handlungen, die stets die Allgemeinheit betreffen. Schließlich zählen Gefahren, deren Auswirkungen über das Gebiet der Gemeinde hinausreichen, wie z.B. Umweltkatastrophen, zum übertragenen Wirkungskreis. Nach diesem Kriterium der überörtlichen Auswirkung ist auch die Zuständigkeit von Verwaltungsgemeinschaften zum Erlass von Einzelmaßnahmen nach Art. 4 Abs. 1 S. 1 VGemO zu bestimmen.[403] Landratsämter handeln bei der Gefahrenabwehr stets als staatliche Behörde (Art. 37 Abs. 1 S. 2 LKrO), z.B. wenn sie nach Art. 19 Abs. 5 LStVG Sicherheitsvorkehrungen bei motorsportlichen Veranstaltungen anordnen.

b) Weisungsbefugnis der Sicherheitsbehörden

Besonders bedeutsam für die Verwaltungspraxis ist das Weisungsrecht der Sicher- **482** heitsbehörden gegenüber der Polizei, das in Art. 9 Abs. 2 POG und Art. 10 S. 2 LStVG geregelt ist.[404] Die Weisung ist kein Verwaltungsakt, sondern ein zwischenbehördlicher Rechtsakt, dem im Verhältnis zum Bürger die rechtliche Außenwirkung fehlt. In der Sache muss die Weisung gem. Art. 9 Abs. 2 POG den polizeilichen Aufgabenbereich betreffen, womit der Aufgabenbereich im Sinne des Art. 2 Abs. 1 PAG gemeint ist. Ist dieser nach dem Gegenstand der Weisung eröffnet, entfällt die Prüfung der Unaufschiebbarkeit nach Art. 3 PAG. Ergreift nun die Polizei

---

[402] *Sch/K/K,* LStVG, Art. 6 Nr. 3 (S. 9); *König,* Bayerisches Sicherheitsrecht, 1981, S. 20 f.; a. A. *Gallwas,* in: Gallwas/Lindner/Wolff, BayPolSR, 4. Auflage 2015, Rn. 105 ff.

[403] Siehe auch Art. 1 Nr. 8 der VO über Aufgaben der Mitgliedsgemeinden von Verwaltungsgemeinschaften, Ziegler/Tremel Nr. 286.

[404] Lesenswert zum Weisungsrecht der Sicherheitsbehörden sowie umfassend zu Mehrfachkompetenzen im bayerischen Sicherheits- und Polizeirecht, *Ohler,* BayVBl. 2002, 326 ff.

aufgrund der Weisung eine Maßnahme, so handelt sie nicht auf der Grundlage des LStVG, sondern wegen der Aufgabeneröffnung nach Art. 2 Abs. 1 PAG allein nach Maßgabe der Art. 11 ff. PAG. Daher kann der betroffene Bürger auch niemals Rechtsschutz gegen die Weisung, sondern nur gegen die polizeiliche Maßnahme suchen, da erst diese gegenüber dem Bürger eine eigenständige Beschwer entfaltet.

c) Vorrang sicherheitsbehördlicher Maßnahmen

483   Neben dem Weisungsrecht enthält Art. 10 LStVG in S. 1 eine Kollisionsregel zugunsten der Sicherheitsbehörden für den Fall, dass sich Maßnahmen der Sicherheitsbehörden und Maßnahmen der Polizei widersprechen. Ob zwei Maßnahmen sich widersprechen, d. h. inhaltlich unvereinbar sind, muss im Einzelfall durch Auslegung ermittelt werden. Eindeutig widersprechen sich z. B. Maßnahmen, die eine sachlich identische Pflicht zwei verschiedenen Personen auferlegen.

> **Beispiel:** Die Polizei weist A an, einen auf die Straße gestürzten Baum zu entfernen, die Sicherheitsbehörde ordnet gegenüber B an, den gleichen Baum zu beseitigen. Anders, wenn B durch die Sicherheitsbehörde angewiesen wird, A bei dieser Tätigkeit zu helfen.

484   Auch Maßnahmen gegenüber der gleichen Person, die sich in der Sache zwangsläufig ausschließen, widersprechen sich.

> **Beispiel:** An einer Unfallstelle erteilt die Polizei einen Platzverweis gegenüber A. Hingegen ordnet ein Vertreter der Sicherheitsbehörde gegenüber A an, er solle helfen, Verletzte aus einem Fahrzeug zu bergen.

485   Nach ihrem Wortlaut scheint die Vorschrift allerdings nur zu gelten, wenn die Sicherheitsbehörde *vor* der Polizei eine Einzelmaßnahme erlassen hat. Der Polizei ist es dann verwehrt, eine inhaltlich widersprechende Maßnahme zu erlassen und sie zu vollziehen. Aufgrund des generellen Vorrangverhältnisses der Sicherheitsbehörden muss die Vorschrift aber so interpretiert werden, dass sie auch in allen anderen Fällen widerstreitender Maßnahmen von Polizei und Sicherheitsbehörden gilt. Hat die Sicherheitsbehörde also *nach* oder *gleichzeitig* mit der Polizei eine Maßnahme angeordnet, so darf die Polizei ihre widersprechende Maßnahme nicht mehr vollziehen.[405] Art. 10 S. 1 LStVG begründet daher in allen Fällen sicherheitsbehördlicher Maßnahmen eine **Sperrwirkung** gegenüber dem Erlass oder Vollzug widersprechender polizeilicher Maßnahmen. Nach allgemeiner Ansicht führt Art. 10 S. 1 LStVG auch zur Rechtswidrigkeit der polizeilichen Maßnahme. Diese Rechtsfolge lässt sich mit der Vorrangwirkung sicherheitsbehördlichen Handelns begründen.

486   Umstritten ist, ob über die Sperrwirkung und den Zuständigkeitsverlust hinaus die sicherheitsbehördliche Maßnahme zur **Aufhebung der polizeilichen Anordnung** führt. Hierbei muss unterschieden werden, ob die Anordnung der Sicherheitsbehörde selbst die widersprechende Maßnahme der Polizei aufhebt oder ob die Polizei aufgrund Art. 10 S. 1 LStVG verpflichtet ist, ihre Maßnahme aufzuheben. Der Wortlaut des Art. 10 S. 1 LStVG gibt der Sicherheitsbehörde keine eigene Befugnis, die widersprechende polizeiliche Maßnahme aufzuheben, so dass ein polizeilicher Verwaltungsakt nach Art. 43 Abs. 2 BayVwVfG wirksam bleibt.[406]

---

[405] *B/B/E,* LStVG, Art. 10 Anm. 2c); *Sch/K/K,* LStVG, Art. 10 Nr. 2 (S. 3).
[406] *B/B/E,* LStVG, Art. 10 Anm. 2c); a. A. *Gallwas/Lindner,* in: Gallwas/*Lindner*/Wolff, Bay-PolSR, 4. Auflage 2015, Rn. 209.

Will daher die Sicherheitsbehörde eine Aufhebung erreichen, hat sie lediglich die Möglichkeit, der Polizei eine Weisung dieses Inhalts zu erteilen. Fehlt es an einer solchen Weisung, ist umstritten, ob die Polizei verpflichtet ist, selbst ihre widersprechende Maßnahme aufzuheben.[407] Letztlich geht dieser Streit darum, ob die Rechtssicherheit es gebietet, dass die Polizei ihre eigene Maßnahme gem. Art. 48 bzw. 49 BayVwVfG aufhebt. Im Widerstreit zweier mit hoheitlicher Autorität ausgesprochener Befehle genügt es regelmäßig nicht, den Bürger auf den gesetzlichen Vorrang sicherheitsbehördlichen Handelns zu verweisen. Daher ist das Ermessen der Polizei auf Null reduziert, ihre Maßnahme nach Art. 48 (bei ursprünglich rechtswidrigen Maßnahmen) bzw. Art. 49 (bei rechtswidrig gewordenen Maßnahmen) BayVwVfG[408] aufzuheben. Hat die Polizei ihre Maßnahme bereits vollzogen, so dass eine Aufhebung ausscheidet, muss sie auf der Grundlage des Folgenbeseitigungsanspruches die Maßnahme rückgängig machen, soweit es nach den tatsächlichen Umständen noch möglich ist.

Die Anwendung des Art. 10 S. 1 LStVG kann problematisch sein, wenn die sicherheitsbehördliche Maßnahme **rechtswidrig** ist. Der Vorrang sicherheitsbehördlicher Maßnahmen und die Effektivität der Gefahrenabwehr gebieten es dann gleichwohl, die Sperrwirkung eintreten zu lassen, so dass die Polizei am Erlass bzw. Vollzug ihrer eigenen (ursprünglich rechtmäßigen) Maßnahme gehindert ist. Auch der betroffene Bürger muss zunächst die sicherheitsbehördliche Maßnahme hinnehmen und ggf. ihre Vollstreckung dulden. Erst bei einer nachträglichen gerichtlichen Überprüfung kann die Rechtswidrigkeit der sicherheitsbehördlichen Anordnung festgestellt werden.   **487**

d) Verhältnis zwischen den Sicherheitsbehörden

Die in Art. 6 LStVG genannten Sicherheitsbehörden sind grundsätzlich nebeneinander zuständig, soweit nicht das Gesetz selbst, wie z.B. in Art. 19 Abs. 3 S. 2 LStVG, ausdrückliche Zuständigkeitsvorschriften enthält. Mehrfachzuständigkeiten sind daher vor allem im Rahmen des Art. 7 Abs. 2 LStVG möglich, der für alle Sicherheitsbehörden eine parallele Zuständigkeit vorsieht. Aus der Regelung des Art. 44 LStVG, die zwar nur für den Verordnungserlass gilt, hat der VGH München allerdings geschlossen, dass der **Grundsatz der Subsidiarität** auch für den Erlass von Einzelmaßnahmen Anwendung findet.[409] Danach soll die nächsthöhere Behörde nur dann tätig werden, wenn die untere Behörde (einschließlich der Gemeinden) nicht oder nicht ausreichend tätig geworden ist. Die Verletzung des Subsidiaritätsgrundsatzes führt jedoch nicht zur Rechtswidrigkeit der getroffenen Maßnahme, da dadurch keine neuen Zuständigkeitsschranken errichtet werden sollen. Kommt es daher zu einer Situation, in der mehrere Sicherheitsbehörden widersprechende Anordnungen erlassen, so fehlt es an einer gesetzlichen Regelung, die den Widerspruch auflöst. Grundsätzlich muss dann die höhere Behörde durch Weisung, bzw. die Aufsichtsbehörde gegenüber der Gemeinde nach Maßgabe der Regeln über die Kommunalaufsicht, eine Klärung herbeiführen.   **488**

---

[407] Bejahend *B/B/E*, LStVG, Art. 10 Anm. 2c); verneinend *Knemeyer*, in: B/K/P/S, BaySt-VerwR, 6. Auflage 1996, Rn. 117.

[408] Näher hierzu *Maurer/Waldhoff*, AllgVerwR, 20. Auflage 2020, § 11 Rn. 16ff.

[409] VGH München, BayVBl. 1974, 471 ff.; 1989, 370 ff.

3. Befugnis zum Erlass von Verwaltungsakten

a) Opportunitätsprinzip

489 Wie im Bereich der polizeilichen Gefahrenabwehr liegt es im pflichtgemäßen Ermessen (→ Rn. 139 ff.) einer Sicherheitsbehörde, ob sie tätig wird. Dieses **Entschließungsermessen** ist bei schweren Sicherheitsgefahren auf Null reduziert oder kann aus Gründen der Gleichbehandlung (Art. 3 Abs. 1 GG) eingeschränkt sein.

490 Hat eine Sicherheitsbehörde aufgrund des LStVG die Befugnis, eine **Erlaubnis** zu erteilen, so kommt es darauf an, ob es sich bei der anwendbaren Norm um ein präventives Verbot mit Erlaubnisvorbehalt (z. B. Art. 19 Abs. 3 LStVG) oder ein repressives Verbot mit Befreiungsvorbehalt (Ausnahmebewilligung bzw. Dispens) handelt.[410] Letztere kennt das LStVG nicht, sie können aber durch sicherheitsrechtliche Verordnung geschaffen werden. Bei einem Verbot mit Erlaubnisvorbehalt besteht ein Anspruch des Bürgers auf Erlaubniserteilung, wenn kein gesetzlicher Versagungsgrund entgegensteht. Bei einem Verbot mit Befreiungsvorbehalt steht es allein im pflichtgemäßen Ermessen der Behörde, ob sie die Ausnahme bewilligt.

b) Die eingeschränkte Generalklausel

491 In der Grundstruktur ähnelt das LStVG dem PAG. Will eine Sicherheitsbehörde Maßnahmen ergreifen, die in Rechte anderer eingreifen, muss sie zunächst die speziellen **Befugnisnormen** im LStVG oder in anderen Rechtsnormen heranziehen.[411] Enthält das LStVG oder ein anderes Gesetz, eine Verordnung oder Satzung keine speziellere Befugnis, kann die Sicherheitsbehörde Maßnahmen der Gefahrenabwehr auf die eingeschränkte Generalklausel des Art. 7 Abs. 2 LStVG stützen. Diese Befugnisnorm reicht nicht so weit wie die polizeiliche Generalklausel in Art. 11 Abs. 1 u. 2 PAG. Im Unterschied zur Polizei können die Sicherheitsbehörden Maßnahmen nicht zur Abwehr aller Gefahren für die öffentliche Sicherheit und Ordnung ergreifen, sondern nur nach Maßgabe des abschließenden Katalogs in Art. 7 Abs. 2 Nr. 1–3 LStVG. So fehlt der Sicherheitsbehörde beispielsweise die Befugnis zur Abwehr von Gefahren für die öffentliche Ordnung (→ Rn. 110). Wegen des abschließenden Charakters der Aufzählung in Art. 7 Abs. 2 Nr. 3 LStVG mangelt es der Sicherheitsbehörde auch an der Befugnis zum Schutz verschiedener privater Rechte wie Ehre, Vermögen und Inhaberschaft von Rechten, es sei denn, nach Art. 7 Abs. 2 Nr. 1 LStVG bestehen Strafgesetze, die diesen Schutz im konkreten Fall vermitteln. Selbst bei der Abwehr von Gefahren für Sachwerte verlangt das Gesetz, dass die Erhaltung der Sache im öffentlichen Interesse geboten erscheint (z. B. Kunstdenkmäler oder Versorgungseinrichtungen).[412] Daher hat die Sicherheitsbehörde in den meisten Fällen keine Befugnis zum Schutz privater Rechte (→ Rn. 49 ff.). Von der Befugnis ausdrücklich ausgenommen sind ferner Eingriffe der Sicherheitsbehörden in die in Art. 7 Abs. 4 LStVG genannten Grundrechte. Will die Sicherheitsbehörde in diesen Fällen handeln, obwohl es ihr

---

[410] Ausführlich *Maurer/Waldhoff*, AllgVerwR, 20. Auflage 2020, § 9 Rn. 52 ff.
[411] Vgl. hierzu *Koehl*, VR 2016, 95 ff.
[412] Siehe hierzu den Examensfall in BayVBl. 1996, 158 ff. (Sachverhalt), 186 ff. (Lösungsvorschlag).

an einer Befugnis fehlt, muss sie der Polizei gem. Art. 10 S. 2 LStVG i. V. m. Art. 9 Abs. 2 POG eine Weisung erteilen, Maßnahmen auf der Grundlage des PAG zu ergreifen.

Für die **materielle Rechtmäßigkeit** sicherheitsbehördlicher Maßnahmen einschließlich der behördlichen Ermessensgrenzen gelten die gleichen Regeln wie im Polizeirecht. Insbesondere muss im Rahmen der Befugnisnorm eine konkrete Gefährdungslage gegeben sein. **492**

> **Beispiel:** Die Sicherheitsbehörde erteilt H und seinen in der Vergangenheit bereits auffällig gewordenen gewaltbereiten Freunden vor einem Fußballspiel ein sicherheitsrechtliches Betretungs- und Aufenthaltsverbot, um eine Provokation gegnerischer Fans zu unterbinden und die Begehung von Straftaten zu verhindern.[413]

Maßnahmen der Sicherheitsbehörden aufgrund Art. 7 Abs. 2 LStVG müssen zudem verhältnismäßig sein (Art. 8 LStVG) und sind gegen den Verhaltensverantwortlichen (→ Rn. 168 ff.) gem. Art. 9 Abs. 1 bzw. den Zustandsverantwortlichen (→ Rn. 175 ff.) gem. Art. 9 Abs. 2 LStVG zu richten. Anders als Art. 8 Abs. 3 PAG regelt das LStVG allerdings nicht den Fall der Dereliktion durch den Eigentümer. Kann der Betreffende nicht zugleich als Handlungsstörer in Anspruch genommen werden, kommt die Zustandshaftung mangels gesetzlicher Grundlage nur noch in Betracht, wenn die Dereliktion sittenwidrig und damit nichtig war.[414] Unter den Voraussetzungen des Art. 9 Abs. 3 LStVG kann auch ein Nichtstörer (→ Rn. 195) in Anspruch genommen werden.

Kann die Sicherheitsbehörde keine Anordnung nach Art. 7 Abs. 2 LStVG erlassen, so gelten gem. Art. 7 Abs. 3 LStVG die Regeln über die unmittelbare Ausführung (→ Rn. 274 ff.). Schaltet dabei die Sicherheitsbehörde die Polizei ein, so wird die Polizei zwar auf ein zwischenbehördliches Ersuchen hin, nicht aber auf Weisung gem. Art. 10 S. 2 LStVG i. V. m. Art. 9 Abs. 2 POG tätig. Vielmehr bestimmt der Wortlaut des Art. 7 Abs. 3 LStVG, dass die Sicherheitsbehörde „durch die Polizei" handelt. Da in der Sache die Sicherheitsbehörde sich der Polizei nur als Hilfsorgan bedient, kann als Rechtsgrundlage allein das LStVG und nicht das PAG herangezogen werden. Schlagwortartig wird diese Form polizeilichen Handelns als **„unselbständige Vollzugshilfe"** bezeichnet. Unmittelbarer Zwang darf dabei nicht ausgeübt werden, denn Art. 58 LStVG zitiert nicht das Grundrecht der körperlichen Unversehrtheit. Rechtsschutz ist gegen Maßnahmen aufgrund des Art. 7 Abs. 3 LStVG stets gegen den Rechtsträger der Sicherheitsbehörde zu suchen, da die Maßnahme der Sicherheitsbehörde zugerechnet wird. Dies bereitet dann Schwierigkeiten, wenn eine Gemeinde die Polizei einschaltet, da nach außen vielfach für den betroffenen Bürger nicht erkennbar ist, ob die Polizei als Hilfsorgan der Gemeinde nach Art. 7 Abs. 3 LStVG oder aufgrund Weisung im Wege der unmittelbaren Ausführung gem. Art. 9 PAG tätig geworden ist. **493**

> **Beispiel:** Vor der Einfahrt zum Rathaus parkt ein Fahrzeug. Ein Gemeindebediensteter ruft bei der Polizeiinspektion mit der „Bitte" an, den Wagen abzuschleppen. Es kann sich nach dem äußeren Bild sowohl um einen Fall der unselbständigen Vollzugshilfe als auch um eine Weisung handeln. Zu lösen ist die Frage nur, indem auf den nach außen erkennbaren Willen des zuständi-

---

[413] Vgl. hierzu VGH München, Beschl. v. 12.4.2016 – 10 CS 16.433; zur Obdachloseneinweisung vgl. VG Würzburg, Beschl. v. 16.2.2016 – W 5 E 16.161.

[414] A. A. (stets Verantwortlichkeit des früheren Eigentümers) *Gallwas/Lindner*, in: Gallwas/*Lindner*/Wolff, BayPolSR, 4. Auflage 2015, Rn. 456.

gen Gemeindeorgans abgestellt wird: Sollte die Gemeinde Herrin der Maßnahme bleiben (Art. 7 Abs. 3 LStVG) oder sollte die Herrschaft auf die Polizei übergehen (dann Weisung nach Art. 9 Abs. 2 POG).

c) Sonstige Befugnisse

494   Aus dem LStVG ergeben sich neben der Generalklausel verschiedene gesetzliche Spezialbefugnisse, die größtenteils singulären Charakter haben und deshalb kaum systematisch erfasst werden können.

495   Nach Art. 19 Abs. 1 LStVG müssen öffentliche Vergnügungsveranstaltungen angezeigt werden und nach Art. 19 Abs. 3 LStVG bedürfen bestimmte gefährliche Veranstaltungen der Erlaubnis. Art. 19 Abs. 5 LStVG ermächtigt die Sicherheitsbehörden, Anordnungen im Einzelfall zu erlassen und auch die Veranstaltung zu untersagen. Bei Menschenansammlungen dürfen Einzelmaßnahmen zur Verhütung bestimmter Gefahren erlassen werden (Art. 23 Abs. 1 u. Abs. 2 LStVG), die Auflösung kann jedoch nur nach Art. 7 Abs. 2 LStVG angeordnet werden. Nicht vom Anwendungsbereich der Art. 19 und 23 LStVG erfasst sind Versammlungen (→ Rn. 517 ff.), für die allein das VersG gilt, wie bereits Art. 23 Abs. 1 S. 2, 1. HS LStVG deklaratorisch zum Ausdruck bringt.

495a   Mit dem Gesetz über Verbote der Gesichtsverhüllung in Bayern wurde Art. 23b LStVG neu eingeführt. Die Gemeinden können nach Art. 23b Abs. 1 S. 1 LStVG bei Vergnügungen nach Art. 19 LStVG und Ansammlungen nach Art. 23 PAG zur Verhütung rechtswidriger Taten und zur Abwehr von Gefahren für Leben, Gesundheit, Freiheit, Sittlichkeit oder Sachgüter durch Verordnung oder Anordnung für den Einzelfall das Verhüllen des Gesichts verbieten. Gleiches gilt für Kreisverwaltungsbehörden im Rahmen ihrer Zuständigkeit nach Art. 19 LStVG.

        Zur Verhütung von Straftaten und zur Abwehr erheblicher Gefahren für eines der in Art. 23b Abs. 1 S. 1 LStVG genannten Rechtsgüter können die Gemeinden und Kreisverwaltungsbehörden durch Anordnung für den Einzelfall (Verwaltungsakt und Allgemeinverfügung) an bestimmten öffentlichen Orten das Verhüllen des Gesichts auch außerhalb von Vergnügungen und Ansammlungen verbieten. Das Merkmal der öffentlich zugänglichen Orte ist weit zu verstehen und soll auch öffentlich zugängliche Gebäude umfassen.[415] Aus Gründen der Verhältnismäßigkeit muss das Verbot örtlich begrenzt sein („an bestimmten öffentlichen Orten").[416]

        Das Tragen von Gesichtsverhüllung steht nach Auffassung des Gesetzgebers dem freiheitlich-demokratischen Gesellschaftsverständnis und unserer Kommunikationskultur diametral entgegen. Darüber hinaus wird das Zeigen des Gesichts in bestimmten Bereichen für das Funktionieren der staatlichen Ordnung und zur Wahrung der Sicherheit als unabdingbar angesehen.[417]

496   Gestützt auf Art. 24 Abs. 2 LStVG kann die Ausübung des Wintersports untersagt werden. Art. 26 Abs. 2 LStVG bildet die Rechtsgrundlage für Betretungs- und Befahrverbote von Grundstücken, Art. 28 Abs. 3 LStVG für die Beseitigung von Plakaten. Erlaubnispflichtig ist das Halten gefährlicher Tiere, insbesondere von

---

[415] LT-Drs. 17/16131, S. 12.
[416] LT-Drs. 17/16131, S. 12.
[417] LT-Drs. 17/16131, S. 5.

Kampfhunden, Art. 37 Abs. 1 LStVG. Auch das Ausbilden von Hunden zu Kampf-hunden bedarf gem. Art. 37a Abs. 2 LStVG der Erlaubnis.

Über die gesetzlichen Befugnisnormen des LStVG hinaus können die Sicher-heitsbehörden weitere Einzelbefugnisse schaffen, indem sie sicherheitsrechtliche Verordnungen (→ Rn. 499 ff.) aufgrund der Ermächtigungen des LStVG erlassen. Diese Verordnungen können ihrerseits Eingriffsbefugnisse zur Gefahrenabwehr ent-halten. **497**

d) Vollstreckung

Anordnungen der Sicherheitsbehörde werden nach Maßgabe der Art. 18 ff. VwZVG vollstreckt. Über Art. 67 ff. PAG kann die Sicherheitsbehörde die Polizei ersuchen, zur Vollstreckung unmittelbaren Zwang anzuwenden (sog. **selbständige Vollzugshilfe**). Alternativ kann die Sicherheitsbehörde selbst durch ihre Bediens-teten unmittelbaren Zwang anwenden; reicht dies nicht aus, so kann sie nach Art. 37 Abs. 2 VwZVG die Polizei hinzuziehen (**unselbständige Vollzugshilfe** → Rn. 57). **498**

4. Erlass von Verordnungen

Neben der Abwehr von Gefahren, die im Einzelfall bestehen, können die Si-cherheitsbehörden auch Vorkehrungen zur Abwehr von abstrakten Gefahren (→ Rn. 118 ff.) treffen. Instrument für diese Form der Gefahrenabwehr ist die Ver-ordnung, die als abstrakt-generelle Rechtsnorm im Rang unter dem Parlamentsge-setz steht. **499**

a) Verfassungsrechtliche Maßgaben

Verordnungen unterliegen aufgrund der Normenhierarchie einer **doppelten Rechtmäßigkeitskontrolle**. Zum einen müssen sie mit dem höherrangigen Ge-setzesrecht, also vor allem mit der Ermächtigungsnorm vereinbar sein. Zum ande-ren muss die gesetzliche Ermächtigungsnorm ihrerseits verfassungsgemäß sein. Den Maßstab für die Verfassungsmäßigkeit sicherheitsrechtlicher Ermächtigungsnormen bilden das GG und die BV. Zunächst unterliegt die Ermächtigungsnorm dem ver-fassungsrechtlichen Bestimmtheitserfordernis. Da das LStVG zum Landesrecht ge-hört, ist insoweit Art. 80 Abs. 1 GG nicht unmittelbar als Maßstab heranzuziehen, sondern nur die Homogenitätsklausel des Art. 28 Abs. 1 GG. Die darin vorge-schriebene Einhaltung rechtsstaatlicher und demokratischer Grundsätze wird so in-terpretiert, dass auch die Wahrung des Bestimmtheitsgebotes nach Inhalt, Zweck und Ausmaß in der ermächtigenden Norm erfüllt sein muss. Dieses für jede Er-mächtigungsnorm notwendige Normprogramm braucht nicht ausdrücklich gere-gelt zu sein, sondern kann auch durch Auslegung ermittelt werden. Sicherheits-rechtliche Ermächtigungsnormen unterliegen zudem Art. 55 Nr. 2 S. 3 BV, der jedoch keine über das Grundgesetz hinausgehenden Anforderungen enthält. Die Ermächtigungsnorm darf schließlich nicht gegen die Grundrechte des GG und der BV verstoßen. **500**

b) Einzelermächtigungen

Das LStVG enthält zahlreiche Einzelermächtigungen, die keiner strengen Syste-matik zugänglich sind. Das Gesetz selbst kategorisiert im Dritten Teil nach Schutz **501** der Gesundheit und Reinlichkeit (Art. 12–18 LStVG[418]), Vergnügungen (Art. 19), weiterer Vorschriften zum Schutz der öffentlichen Sicherheit und Ordnung (Art. 21–38) und Schutz von Feld und Flur (Art. 39–41).

501a   Dabei ist das Auffinden der richtigen Ermächtigung nicht immer einfach und erfordert exaktes Arbeiten. Dies verdeutlicht insbesondere das Normengeflecht des LStVG zum Schutz vor **gefährlichen Hunden.** Hier sind Inhalt und Reichweite von Art. 18 LStVG einerseits und Art. 37, 37a LStVG (i. V. m. der Verordnung über Hunde mit gesteigerter Aggressivität und Gefährlichkeit, sog. „Kampfhundeverordnung"[419]) andererseits gegenüberzustellen. Von der Ermächtigung des Art. 18 LStVG werden grundsätzlich alle Hunde (auch „Kampfhunde") umfasst, während die Art. 37, 37a LStVG explizit nur die in der „Kampfhundeverordnung" aufgelisteten Hunderassen betreffen. Für die Haltung der besagten Hunde besteht gem. Art. 37 Abs. 2 LStVG ein präventives Verbot mit Erlaubnisvorbehalt, wobei für bestimmte und in § 1 Abs. 1 Kampfhundeverordnung festgelegte Rassen stets vermutet wird, dass diese als Kampfhund gelten (z. B. Pit-Bull), Für andere Rassen gilt eine widerlegbare Vermutung nach § 1 Abs. 2 Kampfhundeverordnung. Die Regelung des Art. 37 Abs. 2 LStVG ist dabei restriktiv auszulegen, um die Gefahren von Kampfhunden zu beschränken.[420] Auf die Erteilung einer entsprechenden Erlaubnis durch die zuständige Gemeinde besteht ein Rechtsanspruch, wenn keine Versagungsgründe i. S. d. Art. 37 LStVG vorliegen. Art. 37a Abs. 1 LStVG enthält zusätzlich ein bußgeldbewährtes Zuchtverbot von Kampfhunden. Diese Regelung des bayerischen Gesetzgebers hat das BVerfG[421] indirekt bestätigt, als es ein konkurrierendes Zuchtverbot des Bundes mangels Gesetzgebungskompetenz für verfassungswidrig erklärt hat. Ein Zuchtverbot von gefährlichen Hunden ist nicht von der konkurrierenden Gesetzgebungszuständigkeit zum Tierschutz, Art. 74 Abs. 1 Nr. 20 GG, umfasst, sondern unterfällt als Bestandteil des Gefahrenabwehrrechts dem Gesetzgebungsregime der Länder, Art. 30, 70 GG. Durch das Verbot zur Haltung und Zucht von Kampfhunden in Art. 37, 37a LStVG, verbleibt den Gemeinden als Verordnungsgeber nach Art. 18 LStVG zum Schutz vor gefährlichen Hunden nur ein beschränkter Regelungsbereich. Typischerweise haben gemeindliche Verordnungen nach Art. 18 Abs. 1 LStVG Anlein- und Maulkorbzwänge für Hunde zum Gegenstand. Dafür muss eine abstrakte Gefahr für die genannten Rechtsgüter festgestellt werden, wovon in Gebieten ausgegangen werden kann, in denen sich eine Vielzahl von Menschen aufhalten und zusammenkommen.[422] Für die Anordnung eines Leinenzwangs im Einzelfall muss eine konkrete Gefahr für die genannten Schutzgüter vorliegen (Art. 18 Abs. 2 LStVG). Dabei ist zu berücksichtigen, dass der BayVGH bei großen Hunden regelmäßig davon ausgeht, dass eine konkrete Gefahr für Leben und Gesundheit Dritter ausgeht, wenn

---

[418] Vgl. auch *Jahn,* JA – Gelbe Seiten – 1994, 55 ff. (Klausur zur Kampfhundeverordnung nach Art. 18 LStVG); umfassend zu Polizeiverordnungen *Würtenberger,* POR, 2. Auflage 2000, Rn. 290 ff.

[419] GVBl. 1992 S. 268; diese Verordnung, die im Wesentlichen eine Auflistung sog. Kampfhunde nach Rassen enthält, ist verfassungsgemäß, wie der BayVerfGH, NVwZ-RR 1995, 262 festgestellt hat.

[420] BayVGH, Beschluss v. 2.6.2014 – 10 ZB 12.2320, juris, Rn. 6; zuletzt BayVGH, Beschluss v. 15.10.2018 – 10 CS 18.102, juris, Rn. 26.

[421] BVerfG, DVBl. 2004, 698 ff.

[422] BayVerfGH v. 25.6.2019 –Vf. 4 -VII-17, juris, Rn. 36.

diese auf öffentlichen Straßen mit relevantem Publikumsverkehr frei herumlaufen, selbst wenn noch keine Beißzwischenfälle aufgetreten sind; so können für große Hunde in bewohnten Gebieten grundsätzlich Leinenzwänge angeordnet werden.[423]

c) Zuständigkeit

Zuständig zum Erlass von Verordnungen sind jeweils die in Art. 12–41 LStVG genannten **Ermächtigungsadressaten,** zu denen neben den Sicherheitsbehörden nach Art. 6 LStVG auch die Landkreise und Bezirke gehören können (Art. 42 Abs. 1 S. 1 LStVG). Auch Zweckverbände (→ 2. Teil, Rn. 634 ff.) können nach Art. 22 Abs. 2 KommZG[424] für das ihnen übertragene Aufgabengebiet sicherheitsrechtliche Verordnungen erlassen, während Verwaltungsgemeinschaften gem. Art. 4 Abs. 1 S. 1 VGemO hierzu – abgesehen von praktisch nicht relevanten Ausnahmen – keine Zuständigkeit besitzen. Wie Art. 42 Abs. 1 S. 2 LStVG ausdrücklich bestimmt, ist der Erlass von Verordnungen grundsätzlich eine Angelegenheit des übertragenen Wirkungskreises.[425] **502**

Für das Verhältnis der Ermächtigungsadressaten untereinander gilt das in Art. 44 Abs. 1 LStVG geregelte Subsidiaritätsprinzip. Verstöße hiergegen lösen allerdings nicht die Rechtswidrigkeit der Verordnung aus, da Art. 44 Abs. 1 LStVG keine Zuständigkeitsschranken begründet. **503**

Innerhalb einer kommunalen Selbstverwaltungskörperschaft ist das jeweilige **Kollegialorgan** („Vertretungsorgan" → 2. Teil, Rn. 177 ff.) für den Erlass der Verordnung zuständig, Art. 42 Abs. 1 S. 1 LStVG. Daher handelt nach Art. 30 GO der Gemeinderat, nach Art. 23 LKrO der Kreistag, nach Art. 22 BezO der Bezirkstag beim Verordnungserlass. Diese Organe dürfen ihre Zuständigkeit nicht auf beschließende Ausschüsse übertragen (Art. 32 Abs. 2 S. 2 Nr. 2 GO, Art. 30 Abs. 1 Nr. 9 LKrO, Art. 29 Nr. 1 BezO). Ist der Erlass einer Verordnung dringlich und duldet er keinen Aufschub bis zum Zusammentritt des Kollegialorgans, darf nach Art. 42 Abs. 2 LStVG der erste Bürgermeister, der Landrat bzw. der Bezirkstagspräsident handeln. Eine entsprechende Dringlichkeitsregelung enthält Art. 26 Abs. 4 KommZG zugunsten des Verbandsvorsitzenden. Fehlt es an der Dringlichkeit oder Unaufschiebbarkeit, so ist, wenn der erste Bürgermeister, der Landrat bzw. der Bezirkstagspräsident gleichwohl gehandelt hat, die Verordnung vom unzuständigen Organ erlassen worden und damit rechtswidrig. **504**

Schließlich hat jede Sicherheitsbehörde beim Erlass von Verordnungen ihre **örtliche Zuständigkeit** zu beachten, für deren Bestimmung Art. 3 BayVwVfG herangezogen werden kann. Bei Verstößen gegen die örtliche Zuständigkeit gilt Art. 46 BayVwVfG nicht, denn diese Vorschrift betrifft nur Verwaltungsakte. Ist es erforderlich, eine Verordnung für den örtlichen Bereich mehrerer an sich ermächtigter Behörden oder Stellen der gleichen Verwaltungsebene zu erlassen, so kann nach Art. 44 Abs. 2 LStVG die gemeinsame höhere Behörde tätig werden. **505**

Eng verbunden mit der örtlichen Zuständigkeit, aber von ihr zu unterscheiden ist der **räumliche Geltungsbereich** einer Verordnung, der eine Frage der **506**

---

[423] BayVGH, Beschluss v. 17.10.2018 – 10 CS 18.1717, juris, Rn. 13.
[424] Ziegler/Tremel Nr. 376.
[425] *Wolff,* in: Gallwas/*Lindner*/Wolff, BayPolSR, 4. Auflage 2015, Rn. 871 ff.; a. A. *B/B/E,* LStVG, Art. 42 Anm. 6b) (nur bewehrte Verordnungen).

materiellen Rechtmäßigkeit ist. Stets begrenzt das Hoheitsgebiet der jeweiligen Körperschaft den zulässigen räumlichen Geltungsbereich, da eine Gebietskörperschaft nicht Angelegenheiten regeln darf, die nicht im Zusammenhang mit ihrer Gebietshoheit stehen.

d) Normsetzungsermessen

507   Der Erlass von sicherheitsrechtlichen Verordnungen steht im Ermessen der zuständigen Stelle. Hiervon macht Art. 46 Abs. 1 LStVG eine Ausnahme, wenn es das Wohl der Allgemeinheit zwingend erfordert und die Rechtsaufsichtsbehörde aus diesem Grund eine Gemeinde, einen Landkreis oder einen Bezirk zum Erlass der Verordnung auffordert. Der Erlass der Verordnung wird dann zur Pflichtaufgabe dieser kommunalen Gebietskörperschaft. Diese Pflicht besteht aber nur im Interesse der Allgemeinheit, eine einzelne Person hat auf den Erlass keinen Anspruch. Folgt die kommunale Gebietskörperschaft der aufsichtsbehördlichen Aufforderung innerhalb der gesetzten Frist nicht, erlangt die Rechtsaufsichtsbehörde nach Art. 46 Abs. 1 LStVG eine Ersatzzuständigkeit und hat das Recht zur Ersatzvornahme. Bei Zweckverbänden handelt die Aufsichtsbehörde, Art. 51, 52 KommZG. Die solchermaßen ergangene Verordnung bleibt eine Verordnung der an sich zuständigen kommunalen Gebietskörperschaft und wird nicht der Rechtsaufsichtsbehörde zugerechnet.

e) Verfahren

508   Für die **Beschlussfassung** durch das Kollegialorgan der jeweiligen kommunalen Gebietskörperschaft gelten die Bestimmungen der Art. 47 ff. GO, Art. 41 ff. LKrO bzw. Art. 38 ff. BezO (→ 2. Teil, Rn. 242 ff.). Nachdem der förmliche Beschluss ergangen ist, bedürfen Verordnungen, auch wenn dies nicht im LStVG geregelt ist, aus rechtsstaatlichen Gründen der Ausfertigung. Für Satzungen regeln Art. 26 Abs. 2 GO, Art. 20 Abs. 2 LKrO, Art. 19 Abs. 2 BezO dieses Erfordernis, auf die analog zurückgegriffen werden kann. Bei der Ausfertigung handelt es sich um die mit Datum und Ortsangabe versehene handschriftliche Unterzeichnung des Normdokuments. Damit soll eine Originalurkunde hergestellt und der ordnungsgemäße Gang des Rechtssetzungsverfahrens bestätigt werden. Die Ausfertigung nimmt das zur Außenvertretung berufene Organ unter Angabe seiner Dienststellung vor, also der Erste Bürgermeister, der Landrat bzw. der Bezirkstagspräsident oder der jeweilige Stellvertreter.

509   Nach der Ausfertigung muss die Verordnung gem. Art. 51 LStVG amtlich bekannt gemacht werden, dies ist Wirksamkeitsvoraussetzung jeder Verordnung. Die Einzelheiten der **amtlichen Bekanntmachung** gemeindlicher Verordnungen enthält Art. 26 Abs. 2 GO,[426] bei Landkreisen Art. 20 Abs. 2 LKrO, bei Bezirken Art. 19 BezO. Wurde eine kommunale Verordnung nicht in einem Amtsblatt bekannt gemacht, da die betreffende Gemeinde kein eigenes Amtsblatt hat, muss auf die amtliche Bekanntmachung in ortsüblicher Weise hingewiesen werden, Art. 52 LStVG.

510   Genehmigungen sind, mit der Ausnahme des Zustimmungserfordernisses nach Art. 46 Abs. 2 LStVG, nicht erforderlich.

---

[426] Siehe ferner die Bekanntmachungsverordnung, Ziegler/Tremel Nr. 282.

f) Materielle Rechtmäßigkeit

Fragen der materiellen Rechtmäßigkeit stellen sich unter verfassungsrechtlichen **511** und einfachgesetzlichen Gesichtspunkten. Zunächst muss der Inhalt der Verordnung dem rechtsstaatlichen Bestimmtheitsgrundsatz genügen und darf nicht Grundrechte unverhältnismäßig einschränken. Nicht erforderlich ist es, die gesetzliche Rechtsgrundlage in der Verordnung zu nennen. Daher sieht Art. 45 Abs. 2 LStVG die Nennung auch nur als Regelfall („soll") vor.

Bei den Rechtmäßigkeitsanforderungen auf einfachgesetzlicher Ebene ist zu- **512** nächst zu beachten, dass die Verordnung nur dann erlassen werden darf, wenn eine abstrakte Gefahr für ein in der Ermächtigungsgrundlage des LStVG enthaltenes Rechtsgut gegeben ist. Ist dies der Fall, muss die Verordnung die Grenzen des in der Ermächtigungsnorm vorgegebenen Verordnungsprogramms wahren.

Besonderheiten gelten bei **bewehrten Verordnungen,** also solchen, die einen **513** Ordnungswidrigkeiten- oder Straftatbestand enthalten. Hier muss der Verordnungstext, der das Verbot enthält, auf die zugrunde liegende *gesetzliche* Straf- oder Bußgeldvorschrift verweisen, Art. 4 Abs. 1 LStVG. Nicht zulässig ist es also, wenn die Verordnung ohne Rückverweisung selbst die Rechtsfolge des Bußgelds bzw. der Strafsanktion ausspricht.

Beispiel einer rechtmäßigen Rückverweisung: „Wer vorsätzlich oder fahrlässig gegen Art. x dieser Verordnung verstößt, kann gem. Art. 18 Abs. 3 LStVG mit Geldbuße belegt werden." Unzulässig wäre: „Wer vorsätzlich oder fahrlässig gegen Art. x dieser Verordnung verstößt, kann mit Geldbuße belegt werden."

Zweck dieser Vorschrift ist es, dem Bürger die gesetzliche Grundlage deutlich zu **514** machen, auf die die Sanktion gestützt wird, und die Behörde zu einer Selbstkontrolle beim Erlass der Verordnung zu veranlassen. Somit fungiert der gesetzliche Bußgeldtatbestand als Blankettgesetz, das durch die Verordnung lediglich für die spezifischen örtlichen Bedürfnisse ausgefüllt wird. Im LStVG sind heute keine Straftatbestände mehr enthalten, so dass sicherheitsrechtliche Verordnungen nur noch mit Bußgeldern bewehrt werden können. Die Höhe der Geldbuße selbst folgt aus Art. 3 LStVG i.V.m. § 17 OWiG, über die der Verordnungsgeber nicht hinausgehen kann. Bewehrte Verordnungen dürfen ferner, anders als unbewehrte Verordnungen, nicht rückwirkend in Kraft gesetzt werden, wie ausdrücklich Art. 50 Abs. 1 S. 1 LStVG vorsieht. Diese Vorschrift ist die einfachgesetzliche Ausformung des strafrechtlichen Rückwirkungsverbots in Art. 103 Abs. 2 GG und Art. 104 Abs. 1 BV, das auch für Geldbußen gilt. Schließlich ist noch Art. 50 Abs. 2 LStVG zu beachten, wonach die Geltungsdauer bewehrter Verordnungen 20 Jahre nicht übersteigen darf.

g) Vollzug von Verordnungen

Der Verordnungsvollzug ist auf zweifache Weise möglich: entweder präventiv im **515** herkömmlichen sicherheitsrechtlichen Sinne durch Anordnung einer gefahrenabwehrenden Maßnahme oder repressiv durch Verhängung eines Bußgeldes. Beim präventiven Vollzug greift die Behörde für ihre Maßnahme auf Art. 7 Abs. 2 Nr. 1 LStVG zurück, um den Verstoß zu unterbinden oder eine eingetretene Störung zu beseitigen. Rechtlich fungiert der drohende oder begangene Verordnungsverstoß als Voraustatbestand für die sicherheitsrechtliche Maßnahme. Die Verordnung kann ferner repressiv vollzogen werden, indem die Behörde zunächst aufgrund der Verordnung einen die Verordnung konkretisierenden Verwaltungsakt als Gebot oder Verbot erlässt. Folgt der Adressat nicht dieser Anordnung, kann die Behörde einerseits die Anordnung im Wege des Verwaltungszwangs vollstrecken und andererseits das in der Verordnung vorgesehene Bußgeld verhängen. Voraussetzung für diese Sanktion ist nach Art. 4 Abs. 2 LStVG jedoch, dass die Anordnung entweder bestandskräftig geworden ist oder die Behörde ihre sofortige Vollziehung nach § 80 Abs. 2 Nr. 4 VwGO angeordnet hat.

516   Welche Behörde schließlich für den Vollzug von Verordnungen zuständig ist, ergibt sich aus Art. 43 LStVG. Danach ist mit Ausnahme von Verordnungen der Staatsregierung die erlassende Stelle für den Vollzug zuständig, es sei denn, die Verordnung bestimmt etwas Abweichendes.

h) Exkurs: Kommunale Alkoholkonsumverbote

516a   In immer mehr Städten und Gemeinden tritt die Problematik auf, dass nicht nur Obdachlose, sondern in zunehmendem Maße auch Jugendliche und Heranwachsende öffentliche Plätze „unsicher machen", indem sie dort lärmend „herumhängen", Passanten anpöbeln und schließlich ihren Müll zurücklassen. Die Hauptursache für derartiges Verhalten wird häufig im öffentlichen Konsum von Alkohol gesehen. Vor diesem Hintergrund wird von zahlreichen Kommunen versucht, diesem Problem mit Hilfe von **Alkoholkonsumverboten im öffentlichen Raum** zu begegnen. Neben permanenten Verbotszonen in Innenstadtbereichen kommen zu diesem Zwecke insbesondere temporäre Sperrzonen für das Mitführen und den Verzehr alkoholischer Getränke in Frage.

Die kommunalen Alkoholkonsumverbote ergehen außerhalb Bayerns i. d. R. als sog. **Polizeiverordnung** auf Grundlage der jeweiligen Generalermächtigung zum Erlass von der Gefahrenabwehr dienenden Verordnungen.[427] Danach können Gemeinden in ihrer Zuständigkeit als allgemeine Polizei-, Ordnungs- oder Sicherheitsbehörden zur Wahrung ihrer Aufgaben – also zur Vermeidung bzw. Beseitigung von Gefahren für die öffentliche Sicherheit – polizeiliche Gebote und Verbote erlassen, die für eine unbestimmte Anzahl von Fällen an eine unbestimmte Anzahl von Personen gerichtet sind.[428]

Allerdings setzt der Erlass von Polizeiverordnungen zur Regelung eines Alkoholkonsumverbots eine abstrakte Gefahr für die öffentliche Sicherheit oder Ordnung voraus. Maßgebliches Kriterium zur Feststellung der Gefahr ist die hinreichende Wahrscheinlichkeit des Schadenseintritts. Nach Auffassung des VGH Mannheim[429] liegen hinsichtlich des Alkoholkonsums in der Öffentlichkeit keine hinreichenden Anhaltspunkte für einen solchen Schadenseintritt vor. So könne insbesondere nicht nachgewiesen werden, dass übermäßiger Alkoholkonsum regelmäßig und typischerweise die Gefahr von Körperverletzungsdelikten zur Folge habe. Die vermuteten Ursachenzusammenhänge zwischen Alkoholkonsum und Gewalt begründeten lediglich einen Gefahrenverdacht, der nicht zur Rechtfertigung genereller Eingriffe in grundrechtlich geschützte Verhaltensweisen herangezogen werden könne.

---

[427] Vgl. z. B. § 10 Abs. 1 BWPolG, § 48 BremPolG und § 71 HSOG. Kritisch insbes. zur Verfassungsmäßigkeit von Alkoholverboten im öffentlichen Raum *Albrecht,* Die Polizei 2011, 117 ff. und *Albrecht,* ZVR-Online Dok. Nr. 13/2012.

[428] *Ruder,* KommJur 2009, 46.

[429] VGH Mannheim, NVwZ-RR 2010, 55 (57).

In **Bayern** scheiterte der Erlass entsprechender Polizeiverordnungen bis 2013 bereits am Fehlen einer Ermächtigungsgrundlage.[430] Bayerische Sicherheitsbehörden können Verordnungen nur erlassen, wenn sich für diese im LStVG oder in anderen Rechtsvorschriften eine Spezialermächtigung findet (Art. 42 LStVG). Eine solche spezielle Rechtsgrundlage hat aber bis 2013 gefehlt. Bis zu diesem Zeitpunkt wurde versucht, den öffentlichen Alkoholkonsum in Bayern mittels des Straßen- und Wegerechts zu handhaben. Wenngleich der Konsum von Alkohol auf öffentlichen Straßen, Wegen und Plätzen auch in Bayern allgemein keiner Genehmigung bedarf, stellt nach umstrittener[431] Ansicht des VGH München und der Bayerischen Staatsregierung das „Niederlassen zum Alkoholkonsum" eine genehmigungspflichtige Sondernutzung im Sinne des Bayerischen Straßen- und Wegegesetzes (BayStrWG) dar.[432] Deshalb konnten die Gemeinden auf der Grundlage von Art. 22a BayStrWG eine straßenrechtliche Sondernutzungssatzung erlassen um denjenigen Alkoholkonsum, der nicht unter den Gemeingebrauch gefallen ist, zu reglementieren oder generell zu verbieten. Keine Möglichkeit bestand hingegen, auf Grundlage des BayStrWG den grundsätzlich genehmigungsfreien Alkoholkonsum als straßenrechtliche Sondernutzung zu deklarieren.[433]

Durch Gesetz vom 8.7.2013[434] wurde Art. 30 in das LStVG eingefügt, der den „Verzehr alkoholischer Getränke auf öffentlichen Flächen" regelt. Art. 30 LStVG schafft eine spezielle gesetzliche Rechtsgrundlage, aufgrund derer die Gemeinden unter bestimmten Voraussetzungen den Verzehr und das Mitführen alkoholischer Getränke auf bestimmten öffentlichen Flächen (außerhalb von Gebäuden und genehmigten Freischankflächen im Sinne der BayBO und des BayStrWG) durch sicherheitsrechtliche Verordnungen verbieten können.[435]

Der Gesetzgeber will ausweislich der Gesetzesbegründung mit der Einfügung der Verordnungsermächtigung in das LStVG den Gemeinden die Möglichkeit geben, den übermäßigen Alkoholkonsum, der eine der Hauptursachen für Straftaten und Ordnungswidrigkeiten im öffentlichen Raum darstelle, auf rechtssicherer Grundlage einzuschränken und die hierdurch bedingten negativen Folgewirkungen zu verringern.[436]

Nach Art. 30 Abs. 1 S. 1 LStVG können die Gemeinden durch Verordnung auf bestimmten öffentlichen Flächen (außerhalb von Gebäuden und genehmigten Freischankflächen) den Verzehr alkoholischer Getränke verbieten, wenn tatsächliche Anhaltspunkte die Annahme rechtfertigen, dass dort auf Grund übermäßigen Alkoholkonsums regelmäßig Ordnungswidrigkeiten oder Straftaten begangen werden.[437]

---

[430] *Winkelmüller/Misera*, LKV 2010, 259 (261).

[431] A. A. vgl. z. B. *Kohl*, NVwZ 1991, 620 (625).

[432] Vgl. VGH München, Beschl. v. 27.10.1982 – 8 N 82 A.277; „Trinken im Vorbeigehen" und ein kurzes, vorübergehendes, mit Alkoholkonsum verbundenes „Verweilen" lösen die Rechtsfolgen des BayStrWG allerdings nicht aus, BayLT-Drs. 16/739, S. 1.

[433] *Winkelmüller/Misera,* LKV 2010, 259 (261); BayLT-Drs. 16/739, S. 2.

[434] GVBl. S. 403.

[435] Vertiefend zum Hintergrund und zur Entstehungsgeschichte der Norm sowie zu den einzelnen Tatbestandsmerkmalen vgl. *Kikut*, KommP 2013, 30 ff.

[436] LT-Drucksache 16/15831, S. 3.

[437] Zuletzt geändert zum 25.5.2018 durch das PAG-Neuordnungsgesetz v. 18.5.2019: vorher beschränkte sich die Verordnungsermächtigung auf die Zeit von 22:00 – 6:00 Uhr und auf Straftaten von erheblicher Bedeutung.

Unter den Begriff der „öffentlichen Flächen" fallen insbesondere die dem öffentlichen Verkehr gewidmeten Straßen, Wege und Plätze im Sinne des BayStrWG sowie (sonstige) im Eigentum der öffentlichen Hand stehende Flächen, die öffentlich zugänglich sind.[438] Darüber hinaus können im Privateigentum stehende Flächen nur in den Geltungsbereich einer Verordnung einbezogen werden, wenn sie für den öffentlichen Verkehr freigegeben sind. Dies ist regelmäßig etwa bei Kundenparkplätzen von Einkaufsmärkten, Tankstellengeländen sowie sonstigen Flächen der Fall, die dem Zugang für jedermann freigegeben sind.

Der Verordnungserlass ist, bezogen auf die in Abs. 1 S. 1 normierten gesetzlichen Voraussetzungen, nur auf hinreichend sicherer, von der Gemeinde darzulegender Tatsachengrundlage möglich. Insbesondere müssen die vorliegenden Erkenntnisse auf der Grundlage belastbarer Erhebungen (z.B. aufgrund polizeilicher Statistiken und Untersuchungen über das Alkoholkonsumverhalten und die Begehung alkoholbedingter Ordnungswidrigkeiten und Straftaten im räumlichen Geltungsbereich der Verordnung im Vergleich zu den übrigen Teilen des Gemeindegebiets) die Annahme rechtfertigen, dass an den in der Verordnung bezeichneten Orten aufgrund übermäßigen Alkoholkonsums regelmäßig, d.h. nicht nur vereinzelt oder gelegentlich, Ordnungswidrigkeiten oder Straftaten begangen werden.[439]

Es obliegt den Gemeinden, unter Wahrung des Verhältnismäßigkeitsgrundsatzes den konkreten Umfang von Verboten des Konsums alkoholischer Getränke festzulegen. Hierbei sind zahlreiche Gesichtspunkte zu berücksichtigen, die von Gemeinde zu Gemeinde differieren können. Unter Berücksichtigung der im konkreten Fall bestehenden Gefahrenlage sind das Ausgeh- und Freizeitverhalten der Bevölkerung einerseits und der Schutz der Bevölkerung vor Straftaten (insbesondere gegen Leben, Gesundheit und Eigentum) und Ordnungswidrigkeiten in einen angemessenen Ausgleich zu bringen.[440]

Nach Abs. 1 S. 2 sind Verordnungen nach Satz 1 auf längstens vier Jahre zu befristen, wodurch eine regelmäßige Überprüfung der Erforderlichkeit der Alkoholkonsumverbote gewährleistet werden soll.[441]

Gemäß Abs. 1 S. 3 können die Gemeinden auch das Mitführen alkoholischer Getränke an den in der Verordnung bezeichneten Orten verbieten, wenn diese den Umständen nach zum dortigen Verzehr bestimmt sind.

Der in Art. 30 Abs. 2 LStVG geregelte Bußgeldtatbestand für Zuwiderhandlungen gegen auf die neue Rechtsgrundlage gestützte Verordnungen soll einen effektiven Vollzug gewährleisten.[442]

II. Versammlungsrecht

516b Das Versammlungsrecht war zunächst einfachgesetzlich ausschließlich im Versammlungsgesetz des Bundes aus dem Jahr 1953 geregelt.[443] Die Gesetzgebungskompetenz für das Versammlungsrecht ging allerdings im Rahmen der zum 1.9.

---

[438] LT-Drucksache 16/15831, S. 4.
[439] LT-Drucksache 16/15831, S. 4.
[440] LT-Drucksache 16/15831, S. 4.
[441] LT-Drucksache 16/15831, S. 4.
[442] LT-Drucksache 16/15831, S. 3.
[443] Satorius Nr. 435.

2006 in Kraft getretenen Föderalismusreform I vom Bund auf die Länder über. Gemäß Art. 125a Abs. 1 GG gilt das Bundesrecht bis zu einer landesrechtlichen Ersetzung weiter. Der Freistaat Bayern hat am 22.7.2008 als erstes Bundesland ein landesrechtliches Versammlungsgesetz erlassen, das am 1.10.2008 in Kraft trat.[444] Mittlerweile sind weitere Bundesländer (z.B. Berlin, Niedersachsen, Sachsen, Sachsen-Anhalt und Schleswig-Holstein) diesem Beispiel gefolgt.

Das Bayerische Versammlungsgesetz (BayVersG)[445] war von Beginn an heftig umstritten und wurde aufgrund seiner im Vergleich zum Bundesversammlungsgesetz (VersammlG) z. T. „schärferen" Vorschriften unter anderem als „inakzeptabler Eingriff in die Versammlungsfreiheit", „Bürger-Kontrollgesetz" sowie „monströser und polizeistaatlicher Anschlag" auf die Demokratie bezeichnet. Noch vor seinem Inkrafttreten wurde Verfassungsbeschwerde zum *BVerfG* erhoben und ein Antrag auf einstweilige Anordnung gestellt, woraufhin das Gericht einen Teil der Ordnungswidrigkeitstatbestände des BayVersG einstweilen außer Kraft setzte und sich kritisch zu Art. 9 BayVersG, der die Herstellung von Bild- und Tonaufzeichnungen bei oder im Zusammenhang mit Versammlungen regelt, geäußert hat.[446] Der Freistaat Bayern reagierte hierauf mit einer Gesetzesänderung, in der die in Rede stehenden Vorschriften überarbeitet wurden. Dabei fand auch ein Urteil des VGH München Berücksichtigung, in dem § 12 S. 2 VersammlG, der in Art. 4 Abs. 5 S. 2 BayVersG a. F. eine inhaltsgleiche Entsprechung erfuhr, als mit Art. 8 Abs. 1 GG unvereinbar erklärt wurde.[447] **516c**

Durch die Neuregelungen hat der bayerische Gesetzgeber den Bedenken des *BVerfG* und des *VGH* München nunmehr weitestgehend Rechnung getragen[448] und ist dabei nicht nur hinter dem rechtlich Möglichen, sondern teilweise auch hinter den Regelungen des VersammlG zurückgeblieben.[449] Soweit sich durch die Kompetenzverlagerung im Zuge der Föderalismusreform I oder durch die genannte Reform des BayVersG Klarstellungen oder Änderungen der bisherigen Rechtslage ergeben haben, wird auf sie im Folgenden näher eingegangen. **516d**

1. Versammlungen

Im Grundrecht auf Versammlungsfreiheit nach Art. 8 GG kommt eines der Wesensmerkmale der demokratischen Staatsordnung zum Ausdruck. Neben der Meinungsfreiheit des Art. 5 Abs. 1 GG garantiert die Versammlungsfreiheit eine unerlässliche Voraussetzung für die politische Willensbildung und Willensäußerung außerhalb des Parlaments. Der herkömmliche Inhalt der Versammlungsfreiheit ist daher die Zusammenkunft mindestens *dreier* (nach anderer Ansicht, die auch dem BayVersG zugrundegelegt wurde, vgl. Art. 2 Abs. 1 BayVersG, *zweier*) Personen zum Zweck gemeinschaftlicher Kommunikation in öffentlichen Angelegenhei- **517**

---

[444] *Askaryar,* KommJur 2009, 126.

[445] Ziegler/Tremel Nr. 865.

[446] BVerfG, BayVBl. 2009, 335 ff. Siehe hierzu auch die Entscheidungsbesprechung von *Scheidler,* NVwZ 2009, 429 ff. und die Ausführungen von *Janz,* LKV 2009, 481 (486 ff.), *Holzner,* BayVBl. 2009, 485 ff. und *Papier,* BayVBl. 2010, 225 (232 f.).

[447] VGH München, DÖV 2008, 1006. Siehe hierzu auch die Entscheidungsbesprechung von *Riedel,* BayVBl. 2009, 391 ff.

[448] Eine Verfassungsbeschwerde gegen Art. 9 BayVersG hat das BVerfG nicht zur Entscheidung angenommen, vgl. BVerfG, NVwZ 2012, 818.

[449] *Holzner,* BayVBl. 2009, 485.

ten.[450] Umfasst sind hierbei auch nicht-verbale Ausdrucksformen wie z. B. Schweigemärsche oder Mahnwachen. Ob neben den politisch-meinungsbildenden Versammlungen auch andere Zusammenkünfte zum Schutzbereich des Art. 8 GG gehören, ist umstritten. Vertreten wird zum einen, dass auch Zusammenkünfte zum Zweck der privaten Meinungs- und Willensbildung von Art. 8 GG geschützt werden (Beispiel: Betriebsversammlung).[451] Zum anderen soll es nach der weitesten Auffassung nicht darauf ankommen, ob die Versammlung der Meinungsbildung dient, sondern ob die Zusammenkunft auf die Persönlichkeitsentfaltung des Einzelnen in der Gemeinschaft gerichtet ist (Beispiel: Loveparade[452] oder Vereinsabende).[453] Dagegen fasst das *BVerfG* den Versammlungsbegriff zunehmend enger und fordert eine Teilhabe an der öffentlichen Meinungsbildung.[454] Nicht in den Schutzbereich der Versammlungsfreiheit fallen nach allen Auffassungen bloße Ansammlungen von Menschen (§ 113 OWiG) oder Volksbelustigungen, denen ein gemeinschaftlicher Zweck fehlt.[455] Auch das neue Phänomen der sog. Flashmobs (vgl. bereits Rn. 171) kann eine Versammlung darstellen, wenn die Aktion gerade auf die öffentliche Meinungsbildung Einfluss nehmen will.[456] Bei den typischen Flashmobs steht allerdings die Unterhaltung im Vordergrund.[457] Sog. Smartmobs, die dieselben Merkmale wie Flashmobs aufweisen, allerdings ein über die Unterhaltung hinausgehendes Ziel verfolgen und beispielsweise auf politische Missstände aufmerksam machen wollen, können unter den Schutzbereich des Art. 8 GG fallen.[458]

518   Geschützt ist bei einer Versammlung das Selbstbestimmungsrecht der Veranstalter und Teilnehmer über Ort, Zeitpunkt, Art und Inhalt der Versammlung.[459]

Beispiele: Öffentliche oder nicht-öffentliche Versammlung; stationäre oder sich fortbewegende Versammlung (Aufzug); Spontanversammlung oder organisierte Demonstration. Auch die Vorbereitungshandlungen (z. B. Anreise) zu einer Versammlung unterfallen dem Schutz des Art. 8 GG.

2. Friedlich und ohne Waffen

519   Verfassungsrechtlich geschützt sind nur friedliche und unbewaffnete Versammlungen. Versammlungen werden dann als unfriedlich behandelt, wenn die Versammlung einen gewalttätigen Verlauf nimmt oder zu nehmen droht, vgl. Art. 12 Abs. 1 Nr. 3, Abs. 2 Nr. 2 BayVersG.

520   Das Merkmal der Gewalttätigkeit setzt den Einsatz erheblicher und aktiver körperlicher Gewalt voraus. Der Begriff der Waffe ergibt sich unter Rückgriff auf § 1 WaffG (Schusswaffen, Hieb- und Stoßwaffen und gleichstehende Geräte) und

---

[450] *Hesse*, VerfR, Rn. 404. Vgl. dazu auch BVerfG, NVwZ 2005, 80.

[451] *Stein/Frank*, StR, 21. Auflage 2010, S. 327.

[452] Dagegen aber jetzt ausdrücklich das BVerfG, NJW 2001, 2459.

[453] *Kingreen/Poscher*, StR II, 36. Auflage 2020, Rn. 812.

[454] BVerfG, NJW 2002, 1031 sowie NJW 2001, 2459; vgl. auch VGH Mannheim, VBlBW 2008, 60; zur Behandlung von sog. gemischten Veranstaltungen am Maßstab einer schwerpunktorientierten Gesamtwertung vgl. BVerwG, NVwZ 2007, 1421.

[455] Zum Versammlungsbegriff bei Skinheadkonzerten, vgl. *Scheidler*, NVwZ 2013, 1449 (1450); zur Frage, ob eine „Probeblockade" eine Versammlung ist, OVG Münster, NVwZ-RR 2013, 38.

[456] Gleiches gilt für die sog. Facebookpartys.

[457] *Neumann*, NVwZ 2011, 1171 (1174); *Stalberg*, KommJur 2013, 169 (171).

[458] *Schenke*, POR, 9. Auflage 2016, Rn. 361; *Stalberg*, KommJur 2013, 169 (171).

[459] BVerfG, NVwZ 1985, 898, sog. Brokdorf-Beschluss.

Art. 6 BayVersG (z. B. Baseballschläger oder Stahlketten). Bei den sog. „Schutzwaffen" in Form von Motorradhelmen u. ä. handelt es sich nicht um Waffen, auch wenn diese Gegenstände nach Art. 16 BayVersG bei Versammlungen unter freiem Himmel verboten sind.[460]

Eine Versammlung ist noch nicht unfriedlich, wenn nur einzelne Teilnehmer **521** Gewalttaten begehen, ohne dass dieses Verhalten den anderen Teilnehmern zugerechnet werden kann. Auch erfüllt nicht jedes strafrechtlich relevante Verhalten den Gewaltbegriff, sondern nur solches, bei dem der Täter aktiv körperliche Gewalt einsetzt. Werden daher andere, vor allem versammlungstypische Straftaten wie Nötigung (§ 240 StGB)[461] und Beleidigung (§ 185 StGB) verwirklicht, ist die Versammlung nicht schlechthin unfriedlich. Es kann aber ggf. eine Auflösung nach Art. 12 Abs. 2 S. 1 Nr. 4, 15 Abs. 4 i. V. m. Abs. 1 BayVersG angeordnet werden. Allerdings muss die Polizei die zur Begründung herangezogenen Straftatbestände des StGB und des VersG verfassungskonform, vor allem im Lichte der Art. 8 bzw. 5 Abs. 1 GG, auslegen und anwenden (Ausstrahlungswirkung der Grundrechte).

3. Gegendemonstrationen

Gegendemonstrationen sind ebenfalls durch die Versammlungsfreiheit ge- **522** schützt.[462] Ob eine Gegendemonstration als eigene Versammlung vorliegt, kann nicht nur danach beurteilt werden, ob von bestimmten Personen eine abweichende Meinung zur „herrschenden Versammlungsmeinung" vertreten wird. Auf *einer* Versammlung können daher ohne Weiteres auch kritische und ablehnende Ansichten zum Ausdruck gebracht werden, ohne dass dadurch eine Gegendemonstration entsteht.[463] Damit eine weitere selbständige Versammlung bejaht werden kann, muss eine gewisse organisatorische Selbständigkeit oder ein geschlossenes Auftreten gegen eine andere Versammlung in ihrer Gesamtheit gegeben sein. Selbst wenn in diesem Sinne eine Gegendemonstration vorliegt, werden ihre Veranstalter und Teilnehmer nicht automatisch zu Störern, sondern haben die gleichen verfassungsrechtlichen Rechte und einfachgesetzlichen Pflichten. Interessenkollisionen zwischen beiden Versammlungen sind von der zuständigen Verwaltungsbehörde bzw. der Polizei im Sinne eines schonenden Ausgleichs zu lösen, wobei in Hinblick auf die Wahl des Veranstaltungsortes und des Veranstaltungszeitpunktes der ersten Versammlung Priorität zukommt. Verhalten sich die Teilnehmer der Gegendemonstration unfriedlich oder versuchen sie in sonstiger Weise, die Durchführung der ersten Versammlung zu verhindern (sog. „Sprengen")[464], so bewirkt Art. 8 GG eine Pflicht der Behörden, primär Maßnahmen zum Schutz der ersten Versammlung zu ergreifen. Erst wenn dies nicht möglich oder erfolgversprechend ist, kann die erste Versammlung unter strenger Beachtung des Abwehranspruchs aus Art. 8 GG als Nichtstörer gem. Art. 10 PAG (→ Rn. 195) verboten oder aufgelöst werden.[465]

---

[460] Zur Frage, inwieweit sog. „Guy-Fawkes-Masken" gegen das Vermummungsverbot nach Art. 16 Abs. 2 BayVersG verstoßen, VG Regensburg, Beschl. v. 10.2.2012 – RO 9 E 12.257.

[461] Vgl. zur Strafbarkeit von Sitzblockaden nach § 240 StGB, BVerfGE 92, 1.

[462] Vgl. BVerfG, BayVBl. 2011, 268; zum Fotografierverbot von Gegendemonstranten vgl. VGH München, NVwZ-RR 2015, 104; VGH München, Beschl. v. 28.6.2013 – 10 CS 13.1356.

[463] BVerfG, NJW 1995, 3110 (3112).

[464] Siehe hierzu den Klausurfall bei *Rozek,* JA 1996, 224 ff.

[465] Vgl. zum polizeilichen Notstand bei Versammlungen: BVerfG, NVwZ 2006, 1049.

4. Inhalt und Zweck des BayVersG

523   Vor allem größeren Versammlungen (aber auch sonstigen Veranstaltungen und Zusammenkünften) wohnen typische Gefahren für andere Rechtsgüter inne, seien es Verkehrsbehinderungen bei Versammlungen unter offenem Himmel oder die schwer kontrollierbare physische und psychische Dynamik, die einer Menschengruppe eigen sein kann. Wegen dieser Gefahrenlagen legt das Bayerische Versammlungsgesetz den Veranstaltern und Teilnehmern zahlreiche Pflichten auf. Diese reichen von der Anmeldepflicht, Ordnungsaufgaben des Leiters während der Versammlung, der Duldung polizeilicher Überwachung bis zur Hinnahme eines (präventiven) Verbots bzw. der (repressiven) Auflösung.

a) Einfachgesetzlicher Versammlungsbegriff

524   Der Versammlungsbegriff des Bayerischen Versammlungsgesetzes deckt sich nur teilweise mit dem des Art. 8 GG. In persönlicher Hinsicht erfasst er Veranstalter und Teilnehmer ungeachtet ihrer Nationalität, während Art. 8 GG ein Deutschengrundrecht bildet. In sachlicher Hinsicht ist das BayVersG enger, denn es betrifft anders als Art. 8 GG grundsätzlich nur **öffentliche Versammlungen** (Art. 2 Abs. 3 BayVersG), nach der Legaldefinition des Art. 2 Abs. 2 BayVersG also solche, bei denen die Teilnahme nicht auf einen individuell feststehenden Personenkreis beschränkt ist.[466]

b) Verhältnis des Versammlungsgesetzes zum Polizeirecht

525   Das Verhältnis von Versammlungsrecht und Polizeirecht folgt keiner klaren Trennlinie. Grundsätzlich gilt, dass der Anwendungsbereich des Versammlungsgesetzes als lex specialis das Polizeirecht ausschließt (sog. Polizeifestigkeit des Versammlungsrechts).[467] Als spezielleres Gesetz geht das Versammlungsrecht beim Einsatz von Maßnahmen gegen Personen so lange vor, wie sich diese in der Versammlung befinden und sie sich auf die Versammlungsfreiheit berufen können. „Der Schutz endet erst mit der eindeutigen Auflösung der Versammlung oder dem eindeutigen Ausschluss des Teilnehmers von der Versammlung".[468] Insofern kommt es für die Abgrenzung darauf an, den personalen, sachlichen und zeitlichen Anwendungsbereich des BayVersG durch Auslegung festzulegen.

526   In **persönlicher Hinsicht** werden durch das Versammlungsrecht beispielsweise Personen nicht geschützt, die die Versammlung stören (Art. 8 BayVersG). Gegen sie kann polizeilich eingeschritten werden. Handelt es sich um einen Teilnehmer der Versammlung, der stört, kommt als Rechtsgrundlage Art. 15 Abs. 5 BayVersG in Betracht. Gegen Personen, die nicht an der Versammlung teilnehmen und diese stören, können hingegen Maßnahmen auf der Grundlage des PAG ergriffen werden (z. B. Platzverweis nach Art. 16 PAG).

---

[466] Nur Art. 7 und 8 BayVersG finden auch auf nicht-öffentliche Versammlungen Anwendung.
[467] Dazu zuletzt VGH München, Beschluss v. 10.1.2020 – 10 B 19.2363, Beck RS 2020, 1181, Rn. 22; VG Düsseldorf, Urt. v. 21.4.2010 – 18 K 3033/09; VG Bremen, Urt. v. 9.9.2010 – 2 K 2184/08. Zu Abgrenzung und Zusammenspiel von Polizei- und Versammlungsrecht s. auch *Frenz*, JA 2007, 334 ff.; *Scheidler*, NVwZ 2013, 1449 (1451).
[468] Zuletzt VGH München, Beschluss v. 10.1.2020 – 10 B 19.2363, Beck RS 2020, 1181, Rn. 22 in Bezug auf BVerfG, Beschluss v. 10.12.2010 – 1 BvR 1402/06, juris Rn. 28.

In **sachlicher Hinsicht** geht es, wie bei Art. 8 GG, um die Abgrenzung zwi- **527** schen Versammlungen und bloßen Ansammlungen. Für Letztere gilt unstrittig das Polizei- und Sicherheitsrecht. Vor allem Art. 19, 23 und 23b LStVG enthalten hierfür Spezialregelungen.

Ferner erfasst der sachliche Anwendungsbereich des BayVersG nicht die **nicht- 528 öffentlichen Versammlungen.** Zwar gelten die Art. 7, 8, 20 Abs. 1 Nr. 2, Abs. 2 Nr. 2 und 3 sowie Art. 21 Abs. 1 Nr. 2, Abs. 2 Nr. 4 BayVersG auch für solche Versammlungen, Eingriffsbefugnisse sieht das BayVersG aber nicht vor. Vielmehr finden hier die Befugnisnormen des Polizei- und Sicherheitsrechts Anwendung.[469]

Die Anwendung polizeilicher Befugnisnormen darf jedoch nicht dazu führen, **529** dass in nicht-öffentliche Versammlungen unter geringeren Anforderungen als nach Art. 12, 15 BayVersG eingegriffen werden kann. Vielmehr ist die Polizei nach Art. 8 Abs. 1 GG nur dann zu Eingriffen berechtigt, wenn es erforderlich ist, um Verfassungsgüter zu schützen, die der Versammlungsfreiheit mindestens gleichwertig sind, und nur insoweit, als diese Eingriffe streng das Verhältnismäßigkeitsprinzip wahren.

Der Anwendungsbereich des Versammlungsgesetzes ist schließlich in **zeitlicher 530 Hinsicht** beschränkt. Insbesondere umfasst er, abgesehen von der Anzeige- und Mitteilungspflicht nach Art. 13 BayVersG, den Zeitraum vor der eigentlichen Zusammenkunft nicht (anders aber Art. 8 GG). Deshalb kann die Polizei im Vorfeld einer Versammlung Maßnahmen ergreifen, z. B. anreisende Teilnehmer kontrollieren, um Verstöße gegen Art. 6 BayVersG zu unterbinden, solange sie dadurch nicht tatsächlich die Versammlung unverhältnismäßig erschwert oder unmöglich macht. Nach Beendigung einer Versammlung, sei es auf behördliche Anordnung oder nach dem von den Teilnehmern gewählten Zeitpunkt, kann die Polizei ebenfalls auf das PAG zurückgreifen, soweit dann überhaupt noch ein Bedürfnis zur Gefahrenabwehr besteht.

c) Exkurs: Problematik der sog. „Gefährderanschreiben" bzw. „Gefährderansprachen" im Vorfeld von Versammlungen

Gefährderanschreiben bzw. -ansprachen stellen eine relativ neue Vorgehensweise der **531** Polizei- und Sicherheitsbehörden dar, die dazu beitragen soll, erneute Ausschreitungen von bereits auf anderen Großveranstaltungen auffällig gewordenen Personen

---

[469] Bis zur Änderung des Art. 74 PAG durch Gesetz v. 1.10.2008 (GVBl. S. 420) und der Neuregelung des Art. 58 LStVG durch Gesetz v. 22.7.2008 (GVBl. S. 420) war umstritten, ob auf nicht-öffentliche Versammlungen die Vorschriften des VersammlG analog anzuwenden seien (so z. B. *Drews/Wacke/Vogel/Martens,* GefAbw, 9. Auflage 1986, S. 176) oder aber auf polizei- und sicherheitsrechtliche Befugnisnormen zurückgegriffen werden sollte (so BVerwG, NVwZ 1999, 991). Grund hierfür war, dass weder Art. 74 PAG a. F. noch Art. 58 LStVG a. F., welche beide die Einschränkung von Grundrechten regeln, Art. 8 Abs. 1 GG zitierten. Zum Teil wurde deshalb davon ausgegangen, dass das verfassungsrechtliche Zitiergebot aus Art. 19 Abs. 1 S. 2 GG einer Anwendung des Polizei- und Sicherheitsrechts entgegenstehe. Durch die Neufassung der genannten Vorschriften, die nunmehr ausdrücklich auch auf Art. 8 Abs. 1 GG Bezug nehmen, ist dieser Streit obsolet geworden. Doch auch zuvor stand Art. 19 Abs. 1 S. 2 GG einer Anwendung des Polizei- und Sicherheitsrechts bei nicht-öffentlichen Versammlungen in den meisten Fällen nicht entgegen, da das Zitiergebot nach der Rechtsprechung des BVerfG nur bei denjenigen Grundrechten Geltung beansprucht, die aufgrund ausdrücklicher Ermächtigung vom Gesetzgeber eingeschränkt werden dürfen. Art. 8 Abs. 2 GG sieht einen derartigen Gesetzesvorbehalt nur für Versammlungen unter freiem Himmel vor ? nicht-öffentliche Versammlungen finden aber regelmäßig in geschlossenen Räumen statt.

auf bevorstehenden Demonstrationen oder anderen Versammlungen zu vermeiden. Den betroffenen Personen wird hierbei im Vorfeld in einem Schreiben oder aber mündlich „nahegelegt", sich nicht an der jeweiligen Veranstaltung zu beteiligen.[470]

Beispiel: Der in Oberbayern wohnende D ist aufgrund seines Verhaltens bei Demonstrationen gegen Castor-Transporte wegen Landfriedensbruchs verurteilt worden und deshalb in der Kriminalakte der Polizeidirektion München und in der Datei „Gewalttäter links" beim BKA erfasst. Wegen Ausschreitungen auf anderen Versammlungen läuft gegen ihn zudem ein Ermittlungsverfahren wegen Köperverletzungsdelikten. Laut Informationen von szenekundigen Beamten möchte D auch auf zukünftigen Anti-Atom-Demos Gewalt ausüben und so seinem Unmut Ausdruck verleihen. Als er sich gerade mit anderen „Gleichgesinnten" in einem gecharterten Bus auf den Weg zu einer Demonstration gegen die Verlängerung der Atomlaufzeiten machen möchte, spricht ihn der Polizeibeamte P folgendermaßen an: „Ich weiß, dass Sie in der Vergangenheit schon mehrfach bei Demonstrationen polizeilich auffällig geworden sind. Wenn sie sich erneut an gewaltsamen demonstrativen Aktionen beteiligen, werden meine Kollegen wieder polizeilich gegen Sie vorgehen. Ich rate Ihnen deshalb, lieber hierzubleiben!" Daraufhin nimmt D von seinem Vorhaben, an der Demonstration teilzunehmen, Abstand.[471]

Unabhängig von der Frage nach der Rechtsnatur der Gefährderansprache bzw. des Gefährderanschreibens (nach der überzeugenden Meinung des OVG Lüneburg[472] handelt es sich hierbei mangels Regelungswirkung nicht um einen Verwaltungsakt, sondern um ein schlicht-hoheitliches Verwaltungshandeln) und der statthaften Klageart (Feststellungsklage, § 43 Abs. 1 Alt. 1 VwGO[473]), ist zu klären, ob diese Maßnahmen in die Grundrechte der jeweils betroffenen Person eingreifen, mithin gem. Art. 20 Abs. 3 GG einer Ermächtigungsgrundlage bedürfen, und falls ja, in welcher Vorschrift diese zu sehen ist.

Nach dem modernen Eingriffsbegriff stellt jedes staatliche Handeln einen Eingriff in Grundrechte dar, das dem Einzelnen ein Verhalten, das in den Schutzbereich eines Grundrechts fällt, ganz oder teilweise unmöglich macht.

Zwar machte die Gefährderansprache des P lediglich den Eindruck eines „gut gemeinten Ratschlags". Dieser war jedoch offenbar dazu geeignet, die Willensentschließung des D zu beeinflussen und ihn davon abzuhalten, von seinen Grundrechten aus Art. 5 Abs. 1 GG und Art. 8 Abs. 1 GG Gebrauch zu machen. Indem D für den Fall des „Zuwiderhandelns" die Vornahme polizeilicher Maßnahmen in Aussicht gestellt wurde, steuerte die Gefährderansprache dessen Verhalten. Sie kann daher nicht mehr als bloße Belästigung ohne Eingriffscharakter eingeordnet werden, sondern weist die **Intensität eines Eingriffs** auf und bedurfte folglich einer Ermächtigungsgrundlage.[474] Anders zu beurteilen wäre dies nur, wenn die Polizeibehörde den D auf mögliche Gefahren und Folgen einer Ausübung der grundgesetzlich geschützten Rechte **allgemein** hingewiesen hätte, ohne dass dabei bereits konkrete Maßnahmen gegenüber D angesprochen oder angedroht worden wären. In diesem Fall wäre für D ausreichend Handlungsspielraum verblieben, seine Willensentschließung unter Abwägung aller Gesichtspunkte frei zu treffen. Im vorliegenden Fall ist hingegen davon auszugehen, dass die auf in der Vergangenheit lie-

---

[470] Siehe hierzu OVG Lüneburg, NJW 2006, 391 ff.; zur Vertiefung *Hebeler,* NVwZ 2011, 1364; zu Gefährderanschreiben gegen Inkassounternehmen vgl. *Seidl,* jurisPR-ITR 19/2012, Anm. 3.

[471] Vgl. die Übungsklausur von *Jötten/Tams,* JuS 2008, 436 ff. sowie den Fall zum Gefährderanschreiben von *Jutzi,* LKRZ 2009, 75 ff.

[472] OVG Lüneburg, NJW 2006, 391.

[473] OVG Lüneburg, NJW 2006, 391 f. Vgl. hierzu auch *Sporleder-Geb/Stüber,* JA 2010, 56 (62).

[474] Vgl. *Jötten/Tams,* JuS 2008, 436 (439).

gende Verfehlungen bezugnehmende und die polizeiliche Erheblichkeit eines vergleichbaren Verhaltens andeutende Ansprache den Spielraum für die Willensentscheidung aus Furcht vor polizeilichen Maßnahmen und Nachteilen so stark beeinflusst hat, dass der Betroffene keine Entschließungsfreiheit mehr für die Ausübung seiner Versammlungs- und Meinungsfreiheit für sich gesehen hat.[475] Es stellt sich daher die Frage nach der einschlägigen Ermächtigungsgrundlage.

Aufgrund der **Polizeifestigkeit** des Versammlungsrechts können Befugnisnormen des Polizeirechts nur dann als Ermächtigungsgrundlage herangezogen werden, wenn der **Anwendungsbereich des BayVersG** in zeitlicher Hinsicht noch nicht oder **nicht** mehr **eröffnet** ist (→ Rn. 530).[476] Die Gefährderansprache erfolgte weit vor Beginn der bevorstehenden Demonstration, mithin im Vorfeld einer Versammlung. Von der in Art. 13 BayVersG geregelten Anzeige- und Mitteilungspflicht einmal abgesehen enthält das BayVersG für diesen Zeitraum keine Regelungen. Vielmehr finden vor Beginn einer Versammlung die Regelungen des **Polizei- und Sicherheitsrechts** Anwendung. Die einschlägige Ermächtigungsgrundlage ist demzufolge nicht im BayVersG zu suchen, sondern vielmehr im PAG.[477]

Aufgrund der grundrechtsbeeinträchtigenden Wirkung der Gefährderansprache kann diese **nicht** auf die polizeiliche **Aufgabeneröffnungsnorm** des Art. 2 Abs. 1 PAG gestützt werden (vgl. → Rn. 63 ff.). Auch ist keine Standardbefugnis (Art. 12–48 PAG) ersichtlich, auf die die Gefährderansprache gestützt werden könnte. Als denkbare Befugnisnorm verbleibt daher nur die **polizeiliche Generalklausel** des Art. 11 Abs. 1, Abs. 2 S. 1 Nr. 1 PAG. Diese fordert auf der Tatbestandsseite, dass eine **konkrete Gefahr** für die öffentliche Sicherheit vorgelegen hat, mithin eine Sachlage, bei der bei ungehindertem Geschehensablauf in absehbarer Zeit die hinreichende Wahrscheinlichkeit besteht, dass ein Schaden für die öffentliche Sicherheit eintreten wird (→ Rn. 111). Von einer konkreten Gefahr kann in diesem Zusammenhang nur ausgegangen werden, wenn konkret zu erwarten ist, dass der Demonstrant bei der Versammlung gewalttätig werden wird. Eine bloße Zugehörigkeit zu gewalttätigen Kreisen oder eine gelegentliche, zurückliegende gewalttätige Handlung genügen nicht. Hier kann von ersterem ausgegangen werden, denn D wurde in der Vergangenheit bereits mehrfach in Zusammenhang mit Demonstrationen straffällig; zudem handelt es sich um eine thematisch ähnliche Veranstaltung wie die, bei denen D strafrechtlich in Erscheinung trat und schließlich liegen Aussagen szenekundiger Beamten vor, nach denen sich D auch bei dieser Veranstaltung an den Ausschreitungen beteiligen möchte.[478]

Fraglich ist allerdings, ob die Polizei auf der Rechtsfolgenseite ihr Auswahlermessen ordnungsgemäß ausgeübt hat. Dies wäre nur dann der Fall, wenn D verantwortlich i. S. d. PAG war (→ Rn. 164 ff.). D könnte Verhaltensstörer i. S. d. Art. 7 Abs. 1 PAG gewesen sein, wenn zum Zeitpunkt der Maßnahme Tatsachen vorlagen, die die Annahme rechtfertigen, dass er durch sein Verhalten die öffentliche Sicherheit gefährdete, wobei hier eine objektive ex-ante-Prognose zu Grunde zu legen ist. Zwar lag zum Zeitpunkt der Gefährderansprache noch kein gefahrverursachendes Verhal-

---

[475] Vgl. OVG Lüneburg, NJW 2006, 391 (392).

[476] Vgl. dazu zuletzt VGH München, Beschluss v. 10.1.2020 – 10 B 19.2363, BeckRS 2020, 1181, Rn. 22.

[477] Vgl. hierzu auch *Frenz*, JA 2007, 334 (336).

[478] *Jötten/Tams*, JuS 2008, 436 (440); *Jutzi*, LKRZ 2009, 75 (79).

ten des D vor. Sein vorheriges Verhalten könnte jedoch die Einschätzung rechtfertigen, dass er bei der bevorstehenden Demonstration Rechtsgüter der öffentlichen Sicherheit gefährden wird. Wegen Ausschreitungen auf anderen Versammlungen wurde D bereits wegen Landfriedensbruchs verurteilt. Zudem läuft gegen ihn ein Ermittlungsverfahren wegen Körperverletzungsdelikten, die er auf anderen Demonstrationen verübt haben soll und er wird in der Datei „Gewalttäter links" geführt. Schließlich ist jedenfalls erkennbar, dass D beabsichtigte, auch an der in Rede stehenden Demonstration teilzunehmen, da er sich gerade mit dem Bus dorthin begeben wollte. Bei diesen Tatsachen handelt es sich um **konkrete Anhaltspunkte**, die die Einschätzung rechtfertigen, D werde durch gewalttätiges Verhalten die öffentliche Sicherheit konkret gefährden.[479] D ist damit Verhaltensstörer i. S. d. Art. 7 Abs. 1 PAG und folglich der richtige Maßnahmeadressat.

Dass der Polizei im Rahmen des sachlichen Auswahlermessens Fehler unterlaufen sein könnten, ist nicht ersichtlich. Die Gefährderansprache war insbesondere auch verhältnismäßig, Art. 4 PAG.[480] Sie war geeignet, ein legitimes Ziel zu fördern, denn sie sollte D davon abhalten, sich an gewaltsamen Ausschreitungen zu beteiligen. Ferner war sie auch erforderlich. Ein Demonstrationsverbot, eine Ingewahrsamnahme oder eine Meldeauflage wäre ein intensiverer Eingriff in Grundrechte gewesen. Schließlich war sie auch angemessen. Auch wenn die Gefährderansprache als Eingriff zu bewerten ist, dann doch von nur geringer Intensität. D wurde weder verboten, an der Demonstration teilzunehmen, noch wurde er mit Zwang daran gehindert, zum Veranstaltungsort zu reisen.

Die Gefährderansprache war damit rechtmäßig.

Hinweis: Die Problematik der Gefährderanschreiben bzw. -ansprachen im Vorfeld von Versammlungen erfreute sich in der jüngeren Vergangenheit großer Beliebtheit sowohl in mündlichen als auch in schriftlichen Examensprüfungen und sollte daher unbedingt bekannt sein.

d) Versammlungen unter freiem Himmel und in geschlossenen Räumen

532 Sowohl verfassungsrechtlich als auch einfachgesetzlich ist zwischen Versammlungen unter freiem Himmel und Versammlungen in geschlossenen Räumen zu unterscheiden. Gemäß Art. 8 Abs. 2 GG kann nur für Versammlungen unter freiem Himmel das Recht, sich ohne Erlaubnis oder Anmeldung zu versammeln, durch Gesetz oder auf Grund eines Gesetzes eingeschränkt werden. Das BayVersG hat die verfassungsrechtliche Vorgabe aufgegriffen und unterschiedliche Regeln für Versammlungen **in geschlossenen Räumen** (Art. 10 ff.) und **unter freiem Himmel** (Art. 13 ff.) festgelegt. Grund für die Unterscheidung ist die Wahrnehmbarkeit der Versammlung von außen, die Möglichkeit der unkontrollierten Ausdehnung der Versammlung im Freien und die damit verbundene größere Gefahr, Rechtsgüter Dritter zu verletzen. Aufgrund der größeren Außenwirkung werden daher Versammlungen unter freiem Himmel als potentiell gefahrenträchtiger eingeordnet.

533 Versammlungen **in geschlossenen Räumen** sind solche, bei denen die Veranstaltung gegenüber der Außenwelt durch Trennwände abgegrenzt ist. Nicht ent-

---

[479] *Jötten / Tams,* JuS 2008, 436 (441); vgl. auch *Jutzi,* LKRZ 2009, 75 (79); anders dagegen das OVG Lüneburg, NJW 2006, 391 (394); einen Fall, in dem gerade keine konkreten Anhaltspunkte für die Eigenschaft des Adressaten als Verhaltensstörer vorliegen, liefern *Sporleder-Geb / Stüber,* JA 2010, 56 (62 f.).

[480] *Jötten / Tams,* JuS 2008, 436 (441); *Jutzi,* LKRZ 2009, 75 (79).

scheidend ist (ungeachtet des Wortlauts „unter freiem Himmel"), ob die Versammlung durch ein Dach nach oben abgegrenzt ist. Daher ist eine Versammlung unter einem Sonnensegel eine Versammlung unter freiem Himmel, während eine Versammlung in einem Stadion eine Versammlung in einem geschlossenen Raum darstellt.[481]

Eine Sonderform der Versammlung unter freiem Himmel sind **Aufzüge.** Ihre **534** Besonderheit ist, dass sie nicht örtlich stationär sind, sondern sich fortbewegen.[482]

5. Polizeiliche Befugnisse

a) Versammlungen in geschlossenen Räumen

Versammlungen in geschlossenen Räumen sind niemals anmelde- oder erlaub- **535** nispflichtig, wie sich im Umkehrschluss aus Art. 8 Abs. 2 GG ergibt. Art. 4 Abs. 5 S. 2 BayVersG a. F., der inhaltlich mit § 12 S. 2 VersammlG übereinstimmte, räumte der Polizei bei Versammlungen in geschlossenen Räumen allerdings ein uneingeschränktes Teilnahmerecht ein. In seiner Entscheidung vom 15.7.2008[483] hat der VGH München dieses bedingungslose Teilnahmerecht für mit Art. 8 Abs. 1 GG unvereinbar erklärt. Die optische und akustische Beobachtung der Versammlungsteilnehmer durch die anwesenden Polizeibeamten stelle nicht nur einen Eingriff in deren Recht auf informationelle Selbstbestimmung (Art. 2 Abs. 1 i. V. m. Art. 1 Abs. 1 GG) sondern aufgrund der potentiell einschüchternden Wirkung der Polizeipräsenz auch in deren Grundrecht auf Versammlungsfreiheit dar. Gerade letzterer könnte durch ein voraussetzungsloses Anwesenheitsrecht, wie es Art. 4 Abs. 5 S. 2 BayVersG a. F. enthielt, nicht gerechtfertigt werden. Weil die Freiheit von Versammlungen in geschlossenen Räumen keinem Gesetzesvorbehalt unterliegt, müsse die versammlungsrechtliche Ermächtigungsnorm, auf die die Teilnahme der Polizeibeamten gestützt wird, dem Schutze kollidierender Verfassungsgüter dienen. § 12 S. 2 VersammlG – und damit auch der inhaltsgleiche Art. 4 Abs. 5 S. 2 BayVersG a. F. – genüge diesen Anforderungen aber nicht.

Die vom VGH München geäußerten Bedenken haben bei der Änderung des BayVersG (→ Rn. 516 b) Berücksichtigung gefunden. Nach Art. 4 Abs. 3 S. 1 Nr. 2 BayVersG haben Polizeibeamte bei Versammlungen in geschlossenen Räumen nur noch dann das Recht auf Zugang und einen angemessenen Platz, wenn „tatsächliche Anhaltspunkte für die Begehung von Straftaten vorliegen oder eine erhebliche Gefahr für die öffentliche Sicherheit zu besorgen ist". Zutritt nehmen kann die Polizei dabei sowohl zum Schutz der Versammlung vor Störungen durch Dritte als auch zur Abwehr von Gefahren, die von der Versammlung oder von einzelnen Teilnehmern ausgehen.[484]

---

[481] Ebenso handelt es sich bei einer Versammlung im öffentlich zugänglichen Bereich eines Terminals eines Flughafens um eine Versammlung unter freiem Himmel, VGH München, NVwZ-RR 2012, 66.

[482] Im Unterschied zum VersammlG verwendet das BayVersG den Begriff des Aufzugs nicht mehr, da sowohl ortsfeste, als auch sich fortbewegende Versammlungen von der Definition des Art. 2 Abs. 1 BayVersG umfasst sind, vgl. *Welsch,* KommP BY 2008, 322.

[483] VGH München, DÖV 2008, 1006. Siehe hierzu auch die Entscheidungsbesprechung von *Riedel,* BayVBl. 2009, 391 ff.

[484] Gesetzesbegründung zu Art. 4 BayVersG n. F., BayLT-Drs. 16/1270 S. 6.

b) Versammlungen unter freiem Himmel

536   Versammlungen unter freiem Himmel bedürfen keiner Genehmigung, wegen der Spezialität des BayVersG auch nicht auf der Grundlage anderer, z. B. straßenverkehrsrechtlicher Vorschriften (§ 29 Abs. 2 StVO bzw. Art. 18 BayStrWG). Jedoch sind sie nach Art. 13 BayVersG anzeigepflichtig, um der zuständigen Verwaltungsbehörde und der Polizei Gelegenheit für die Abwehr möglicher Gefahren zu geben. Zuständig für die Entgegennahme der Anzeige ist gem. Art. 24 Abs. 2 S. 1 BayVersG die Kreisverwaltungsbehörde. Bei so genannten Spontanversammlungen, bei denen zwangsläufig die 48-Stunden-Frist nicht eingehalten werden kann, entfällt die Anmeldepflicht, Art. 13 Abs. 4 BayVersG. Grund hierfür ist der Schutz durch Art. 8 GG, da ansonsten die Versammlungsfreiheit in einem wichtigen Bereich nicht verwirklicht werden könnte. Daher müssen Spontanversammlungen gem. Art. 3 Abs. 3 BayVersG auch keinen Leiter haben, wie es das BayVersG für organisierte Versammlungen in Art. 3 Abs. 1 und 2 BayVersG vorschreibt. Im Fall von Eilversammlungen muss nur die Anmeldepflicht, aber nicht die Anmeldefrist eingehalten werden, Art. 13 Abs. 3 BayVersG. Was die Teilnahme von Polizeibeamten betrifft, so war diesen bis zur Änderung des BayVersG auch bei Versammlungen unter freiem Himmel stets ein „angemessener Platz" einzuräumen, Art. 4 Abs. 5 S. 2 BayVersG a. F. (→ Rn. 535). Nunmehr enthält Art. 4 Abs. 3 S. 1 Nr. 1 BayVersG den Zusatz, dass Polizeibeamte nur dann das Recht auf Zugang und einen angemessenen Platz bei Versammlungen unter freiem Himmel haben, „wenn dies zur polizeilichen Aufgabenerfüllung erforderlich ist". Die polizeiliche Aufgabenerfüllung geht dabei über die Aufgaben der Polizei nach dem BayVersG hinaus. Ein Zugangsrecht kann die Polizei daher auch im Rahmen von Art. 2 Abs. 1 und 4 PAG (z. B. zur Strafverfolgung) haben. Auch hier gilt, dass die Polizei sowohl zum Schutz einer Versammlung vor Störungen durch Dritte als auch zur Abwehr von Gefahren, die von der Versammlung oder einzelnen Versammlungsteilnehmern ausgehen, Zutritt nehmen kann.[485] Einer Abschreckung durch zu hohe Polizeipräsenz[486] wird durch den Verhältnismäßigkeitsgrundsatz entgegengewirkt.[487] Dabei stellte das BVerwG fest, dass auch ein faktischer Eingriff in die Versammlungsfreiheit vorliegen kann, wenn das staatliche Handeln einschüchtern und abschreckend ist, weil es geeignet ist, die Willensbildung und Entschließungsfreiheit einzuschränken, so z. B. beim Tiefflug des Kampfflugzeuges Tornado in 114 m Höhe über einer Demonstration.[488]

c) Anfertigung von Bild- und Tonaufnahmen oder -aufzeichnungen

536a   Die Anfertigung von Bild- und Tonaufnahmen oder -aufzeichnungen bei Versammlungen durch die Polizei ist in Art. 9 BayVersG geregelt.[489] In ihrer alten Fassung gehörte diese Vorschrift zu den Regelungen, die vom BVerfG im Rahmen der zum BayVersG ergangenen einstweiligen Anordnung beanstandet und mit ein-

---

[485] Gesetzesbegründung zu Art. 4 BayVersG n. F., BayLT-Drs. 16/1270 S. 6.
[486] Siehe hierzu BVerfG, NJW 1985, 2395 – sog. Brokdorf-Beschluss.
[487] *Holzner*, BayVBl. 2009, 485 (492).
[488] BVerwG, Urteil v. 25.10.2017 – 6 C 46/16, juris, Rn. 31, 36.
[489] Zu den rechtlichen Grenzen polizeilicher Bildaufnahmen von Versammlungen vgl. *Koranyi/Singelnstein*, NJW 2011, 124; *Neskovic/Uhlig*, NVwZ 2014, 335.

schränkenden Maßgaben versehen wurde (→ Rn. 516b ff.).[490] Der bayerische Gesetzgeber nahm daraufhin eine Änderung des Art. 9 BayVersG vor, durch die indes nicht alle geäußerten Bedenken ausgeräumt werden konnten (dazu sogleich).[491]

Nach Art. 9 Abs. 1 S. 1 BayVersG darf die Polizei bei oder im Zusammenhang **536b** mit Versammlungen, unabhängig davon, ob es sich um solche unter freiem Himmel oder aber um Versammlungen in geschlossenen Räumen handelt, Bild- und Tonaufnahmen oder -aufzeichnungen von Teilnehmern dann anfertigen, wenn dies offen geschieht und tatsächliche Anhaltspunkte die Annahme rechtfertigen, dass von ihnen erhebliche Gefahren für die öffentliche Sicherheit oder Ordnung ausgehen.[492] Die Maßnahmen dürfen dabei auch dann durchgeführt werden, wenn Dritte unvermeidbar betroffen werden, Art. 9 Abs. 1 S. 2 BayVersG.

Das Merkmal der „Offenheit" wurde als Reaktion auf die genannte Entscheidung des BVerfG in den Gesetzestext eingefügt. Zuvor gestattete Art. 9 Abs. 1 BayVersG auch verdeckte Aufnahmen bzw. Aufzeichnungen und daneben auch die Erhebung personenbezogener Daten der Teilnehmer. Letztere ist nunmehr nicht mehr vorgesehen.

Gleichwohl stößt die Vorschrift noch auf verfassungsrechtliche Bedenken, da sie auch auf Versammlungen in geschlossenen Räumen Anwendung findet, obschon diese keinem Gesetzesvorbehalt unterliegen. Wie schon für § 12a VersammlG gefordert[493], muss daher eine einschränkende Interpretation des Art. 9 Abs. 1 BayVersG erfolgen, um seine Verfassungskonformität zu wahren.[494]

Art. 9 Abs. 2 S. 1 BayVersG erlaubt die Anfertigung sog. Übersichtsaufnahmen **536c** von Versammlungen unter freiem Himmel und ihrem Umfeld zum Zwecke der Lenkung und Leitung des Polizeieinsatzes.[495] Diese dürfen nur offen und nur dann erfolgen, wenn dies wegen der Größe oder Unübersichtlichkeit der Versammlung im Einzelfall erforderlich ist. Art. 9 Abs. 2 S. 2 BayVersG erlaubt die Speicherung solcher Aufnahmen (Aufzeichnung), soweit Tatsachen die Annahme rechtfertigen, dass von Versammlungen, Teilen hiervon oder ihrem Umfeld erhebliche Gefahren für die öffentliche Sicherheit oder Ordnung ausgehen. Die Identifizierung einer auf den Übersichtsaufnahmen oder -aufzeichnungen abgebildeten Person ist nach Art. 9 Abs. 2 S. 3 BayVersG nur dann zulässig, wenn die Voraussetzungen des Abs. 1 vorliegen.

Eine dem Art. 9 Abs. 2 BayVersG entsprechende oder ähnliche Ermächtigungsgrundlage für die Herstellung von Übersichtsaufnahmen enthält das VersammlG nicht. Vielmehr wurde auf die Schaffung einer solchen Rechtsgrundlage im VersammlG bewusst verzichtet, da nach Auffassung des Bundesgesetzgebers hierbei keine Beeinträchtigung von Grundrechten gegeben ist. Die Schutzwürdigkeit des

---

[490] BVerfG, NJW 2009, 441.

[491] Siehe *Holzner,* BayVBl. 2009, 485 (486 ff.).

[492] Siehe hierzu VG Berlin, NVwZ 2010, 1442 und OVG Münster, DVBl. 2011, 175 sowie *Roggan,* NVwZ 2010, 1402.

[493] Für eine zurückhaltende Anwendung plädiert *Benda,* in: Bonner Kommentar, 167. EL, Art. 8 GG Rn. 99; zusätzliche Anforderungen für die Vornahme von Maßnahmen nach § 12a VersammlG werden gefordert von *Dietel/Gintzel/Kniesel,* VersammlG, 17. Auflage 2016, § 12a Rn. 7.

[494] *Holzner,* BayVBl. 2009, 485 (487).

[495] Kritisch hierzu *Neskovic/Uhlig,* NVwZ 2014, 335; zur Berliner Regelung vgl. BerlVerfGH, DVBl. 2014, 922; zur neuen Problematik des polizeilichen Flugdrohneneinsatzes vgl. *Zöller/Ihwas,* NVwZ 2014, 408 ff.

Einzelnen beginne erst dort, wo dieser individuell erfasst wird, was bei Übersichtsaufnahmen schließlich nicht der Fall sei.[496] Das *BVerfG* hält Übersichtsaufnahmen demgegenüber für in besonderem Maße dazu geeignet, Einschüchterungswirkungen bei Versammlungsteilnehmern auszulösen. Darüber hinaus handle es sich bei den Aufnahmen, auf denen einzelne Teilnehmer durch schlichte Fokussierung, mithin ohne weitere technische Bearbeitungsschritte erkennbar gemacht werden können, um sensible Daten, da sie im Falle ihrer Speicherung die gesamte, möglicherweise emotionsbehaftete, Interaktion der Teilnehmer optisch fixierten und dazu geeignet seien, Aufschluss über politische Auffassungen sowie weltanschauliche Haltungen zu geben.[497]

Um diesen Bedenken Rechnung zu tragen, wurde Art. 9 Abs. 2 BayVersG a. F., der die Anfertigung von Übersichtsaufnahmen auf jedweder Versammlung sowie auch verdeckt gestattete und für die Speicherung der Aufnahmen lediglich die Notwendigkeit zur Auswertung des polizeitaktischen Vorgehens voraussetzte, um die „Erforderlichkeitsklausel" in S. 1 und die Voraussetzungen des S. 2 (Tatsachen, dass von der Versammlung erhebliche Gefahren für die öffentliche Sicherheit oder Ordnung ausgehen) ergänzt.

536d Sofern eine Speicherung der nach Art. 9 Abs. 1 oder 2 BayVersG erlaubten Aufnahmen erfolgt sein sollte, so sind diese Aufzeichnungen unverzüglich nach Beendigung der Versammlung auszuwerten und grundsätzlich innerhalb von zwei Monaten zu löschen, es sei denn, sie werden zur Verfolgung von Straftaten bei oder im Zusammenhang mit der Versammlung (Nr. 1) oder im Einzelfall zur Gefahrenabwehr benötigt, weil die betroffene Person verdächtig ist, Straftaten bei oder im Zusammenhang mit der Versammlung vorbereitet oder begangen zu haben, und deshalb zu besorgen ist, dass von dieser Person erhebliche Gefahren für künftige Versammlungen ausgehen (Nr. 2), Art. 9 Abs. 3 S. 1 BayVersG.

536e Gegen die Verwertungsmöglichkeit von Übersichtsaufnahmen zu Zwecken der Strafverfolgung wird z. T. vorgebracht, dass diese verfassungswidrig sei, da die Polizeibeamten hierdurch zur Umgehung der engen Voraussetzungen des Art. 9 Abs. 1 BayVersG eingeladen werden und damit die Begrenzung der Abschreckung durch Aufzeichnungen hinfällig wird.[498] Andererseits erscheint es nicht sachgemäß, Aufzeichnungen, die Straftaten dokumentieren, nicht verwerten zu können. Außerdem sind in den Fällen, in denen Straftaten erfasst werden, auch Aufzeichnungen nach Abs. 1 zulässig. Der abschreckenden Wirkung wird zudem durch die Dauer der Speicherung und die Verwendungsmöglichkeit der Daten entgegengewirkt. So müssen Aufnahmen, die nach Art. 9 Abs. 3 S. 1 Nr. 2 BayVersG gespeichert werden, gem. Abs. 3 S. 3 grundsätzlich spätestens nach Ablauf von sechs Monaten gelöscht werden. Art. 9 Abs. 3 S. 2 BayVersG schreibt zudem vor, dass die Identifizierung von Personen technisch unumkehrbar auszuschließen ist, sollte sie nicht für Zwecke nach Art. 9 Abs. 3 S. 1 Nr. 2 BayVersG erforderlich sein. Schließlich sind gem. Art. 9 Abs. 5 S. 1 BayVersG auch die Gründe für die Anfertigung und Verwendung von Bild-, Ton- und Übersichtsaufzeichnungen zu dokumentieren.

---

[496] BT-Drs. 11/4359 S. 28 ff.; vgl. hierzu *Holzner,* BayVBl. 2009, 485 (487).

[497] BVerfG NJW 2009, 441 (446).

[498] *Battis,* Ausschuss für Verfassungs-, Rechts- und Parlamentsfragen, Wortprotokoll, 15. Wahlperiode, 84. Sitzung v. 8.5.2008, Anlage 1, S. 40 f.

d) Verbot und Auflösung

Das BayVersG eröffnet die Möglichkeit, Versammlungen entweder präventiv zu **537** verbieten oder repressiv aufzulösen.[499] Bei Versammlungen in geschlossenen Räumen ergibt sich die Rechtsgrundlage aus Art. 12 Abs. 1 bzw. Abs. 2 BayVersG. Bei Versammlungen unter freiem Himmel finden sich die Rechtsgrundlagen für Verbote in Art. 15 Abs. 1 und 2, für Auflösungen in Art. 15 Abs. 4 und 6 BayVersG. Zuständig für den Ausspruch des Verbots ist jeweils die Kreisverwaltungsbehörde, für die Anordnung der Auflösung die Polizei, Art. 24 Abs. 2 S. 1 BayVersG.[500]

In allen Fällen eines Verbots oder einer Auflösung muss der jeweils herangezoge-**538** ne gesetzliche Grund im Lichte des Art. 8 GG einschränkend ausgelegt und angewendet werden. Beim Auflösungs- und Verbotsgrund der unmittelbaren Gefahr für die öffentliche Sicherheit oder Ordnung verlangt Art. 15 Abs. 1 Alt. 1 BayVersG, dass „erkennbare Umstände" vorliegen müssen.[501] Dies stellt höhere, streng einzelfallbezogene Anforderungen an die Gefahrenprognose und schließt bloßen Verdacht oder Vermutungen aus. Im Hinblick auf das Grundrecht der Versammlungsfreiheit nach Art. 8 Abs. 1 GG setzt Art. 15 Abs. 1 BayVersG eine Gefahrenprognose voraus, die auf nachweisbaren Tatsachen, Sachverhalten und sonstigen Erkenntnissen beruht und bei verständiger Würdigung eine hinreichende Wahrscheinlichkeit des Gefahreneintritts ergibt. Es gelten insoweit strenge Anforderungen. Bloße Vermutungen ohne das Vorliegen hinreichender tatsächlicher Anhaltspunkte genügen nicht.[502] Soweit die Gefahr für die öffentliche Sicherheit auf der Verwirklichung eines Straftatbestandes beruht, kann die Ausstrahlungswirkung des Art. 8 GG sowie des Art. 5 Abs. 1 GG eine verfassungskonforme Auslegung der jeweils verwirklichten Straftatbestände verlangen. Auch die Leichtigkeit des Straßenverkehrs rechtfertigt in aller Regel keine Auflösung bzw. kein Verbot der Versammlung.[503]

Verbot oder Auflösung setzen als ultima ratio voraus, dass das mildere Mittel der **539** Erteilung von **Beschränkungen** ausgeschöpft worden ist (Grundsatz der Verhältnismäßigkeit) und die Anordnung zum Schutz anderer gleichwertiger Rechtsgüter notwendig ist.[504] **Beschränkungen** (vgl. Art. 12 Abs. 1, 2 S. 1 bzw. Art. 15 Abs. 1, 2 und 4 BayVersG) sind selbständige Verwaltungsakte, die als weniger einschränkende Maßnahme gegenüber dem Veranstalter und den Teilnehmern ausgesprochen werden können (z.B. die Anordnung, die Versammlung an einem anderen Ort fortzusetzen oder eine bestimmte Marschroute einzuhalten).[505] Milderes Mittel kann auch sein, nur einen Teil der Versammlung aufzulösen (Räumung einer Fahrbahn). Hingegen gibt das BayVersG nicht die Befugnis, die Versammlung einzukesseln, statt eine Auflösungsverfügung zu erlassen.[506]

---

[499] Ein ausführlicher Übungsfall zur Auflösung von Versammlungen und weiteren versammlungsrechtlichen Problemstellungen findet sich bei *Krajewski/Bernhard,* JuS 2012, 241.
[500] Dies gilt auch bei sog. Dauerversammlungen, vgl. VG Regensburg, Beschl. v. 1.4.2014 – RN 9 K 14.508.
[501] Hierzu BVerfG, NVwZ 2008, 671.
[502] VGH München, NVwZ-RR 2012, 66.
[503] VGH München, NJW 1984, 2116f.
[504] BVerfG, NJW 1985, 2395 – sog. Brokdorf-Beschluss.
[505] Vgl. VGH München, NVwZ-RR 2016, 498.
[506] Vgl. zum VersammlG VG Hamburg, NVwZ 1987, 829 (Hamburger Kessel). Anders das OLG München, NJW-RR 1997, 279 (Münchner Kessel), das nicht die fehlende Auflösungs-

540   Schwierig ist die Behandlung von sonstigen Anordnungen, die **faktisch einem Verbot der Versammlung gleichkommen.**

> **Beispiel:** Die Behörde erteilt dem Grundstückseigentümer G das Verbot, sein Grundstück an eine Gruppe von Studenten zu überlassen, die genau dort (wegen der „öffentlichkeitswirksamen Lage" des Grundstücks) demonstrieren wollen.[507]

541   Die Auslegung als Versammlungsverbot scheidet aus, da eine Verfügung mit solchem Inhalt eindeutig bestimmt ausgesprochen werden muss. Auch von einer Beschränkung kann nicht mehr gesprochen werden, da eine Beschränkung stets ein Minus zum Verbot bedeutet. Wegen des abschließenden Charakters des Art. 15 Abs. 1 BayVersG scheidet eine analoge Anwendung der Norm aus. Der Rückgriff auf die sicherheitsrechtliche Generalklausel kommt schließlich wegen der Spezialität des BayVersG nicht in Betracht, es sei denn, G wäre nicht als Teilnehmer oder Veranstalter der Versammlung zu behandeln.

542   Ist eine Auflösungsanordnung ergangen, müssen sich die Teilnehmer sofort entfernen, Art. 5 Abs. 3 BayVersG. Erst nach Erlass der Auflösungsanordnung dürfen auch polizeiliche Platzverweise gegen Versammlungsteilnehmer nach Art. 16 PAG ausgesprochen werden.[508] Ab diesem Zeitpunkt endet der Geltungsbereich des BayVersG, so dass auch das Polizei- und Sicherheitsrecht wieder Anwendung findet.

e) Insbesondere: Verbot und Auflösung von Versammlungen mit rechtsextremistischem Hintergrund

542a   Besondere Probleme im Zusammenhang mit Versammlungsauflösungen und -verboten ergeben sich bei Versammlungen mit rechtsextremistischem Hintergrund.
Ein Verbot solcher Versammlungen wegen unmittelbarer Gefährdung der öffentlichen Sicherheit gem. Art. 15 Abs. 1 Var. 1 BayVersG kommt hier nur dann in Betracht, wenn zu erwarten ist, dass von ihnen Straftaten wie etwa das Verwenden von Kennzeichen verfassungswidriger Organisationen (§ 86a StGB), Volksverhetzung (§ 130 StGB) oder Körperverletzungen (§§ 223 ff. StGB) ausgehen werden. Da sich die „rechte Szene" hinsichtlich möglicher Verbotsgründe als äußerst lernfähig erwiesen hat, war dies bei deren Versammlungen in den letzten Jahren aber äußerst selten der Fall. Im Regelfall scheitert ein Verbot nach Art. 15 Abs. 1 BayVersG unter Berufung auf die öffentliche Sicherheit daher an der fehlenden hinreichenden Wahrscheinlichkeit von Verstößen gegen die davon umfassten Schutzgüter.[509]

542b   Aus diesem Grund wird im Hinblick auf rechtsextremistische Versammlungen seit einigen Jahren die Anwendbarkeit des Merkmals der Gefährdung der öffentlichen Ordnung lebhaft diskutiert.[510]

> **Beispiel:** An einem bekannten Urlaubsort wird jährlich der Todestag einer zufällig dort begrabenen „Nazi-Größe" mit einem mächtigen Aufmarsch und entsprechenden Kundgebungen von rechtsgerichteten Gruppierungen gefeiert, ohne dass hierbei strafrechtliche Normen verletzt werden.

---

verfügung problematisiert, sondern allein auf die Zulässigkeit strafprozessualer Maßnahmen abstellt.

[507] Dieser Fall war Gegenstand der Aufgabe 7 im Examenstermin 1999/I; s. hierzu *Heckmann,* JuS 2001, 675 ff.

[508] Vgl. OVG Bremen DÖV 1987, 253.

[509] Vgl. VG Augsburg, Beschl. v. 2.9.2013 – Au 1 S 13.1314; *Lux,* LKV 2009, 491 (493).

[510] *Lux,* LKV 2009, 491 (493).

In derartigen Fällen lässt sich im Gegensatz zu strafbewehrtem Handeln eine „unmittelbare Gefährdung der öffentlichen Sicherheit" i. S. d. Art. 15 Abs. 1 Bay-VersG nicht begründen. In Betracht kommt aber ein Verbot wegen einer Gefährdung der in Art. 15 Abs. 1 BayVersG alternativ aufgeführten **„öffentlichen Ordnung"**.

Der Begriff der öffentlichen Ordnung definiert traditionell die Gesamtheit der ungeschriebenen Regeln für das Verhalten des Einzelnen in der Öffentlichkeit, deren Befolgung nach den jeweils herrschenden sozialen und ethischen Anschauungen als unerlässliche Voraussetzung für ein gedeihliches Zusammenleben der Menschen innerhalb eines bestimmten Gebietes gilt. Zu den jeweils herrschenden Anschauungen in Bezug auf die prägenden Wertmaßstäbe des Grundgesetzes ist an erster Stelle die Menschenwürde als höchstes und oberstes Verfassungsprinzip zu rechnen, ferner die in Art. 20 GG niedergelegten verfassungsrechtlichen Strukturprinzipien der Demokratie, des Föderalismus und der Rechtsstaatlichkeit. In den genannten Wertmaßstäben manifestiert sich die nachdrückliche Absage an jegliche Form von Totalitarismus, Rassenideologie und Willkür, wie sie für das nationalsozialistische Unrechtsregime kennzeichnend war. Die öffentliche Ordnung i. S. d. Art. 15 BayVersG ist deswegen unmittelbar gefährdet, wenn eine Versammlung erkennbar unter Umständen stattfindet, die ein Bekenntnis zum Nationalsozialismus beinhalten und damit all jenen grundgesetzlichen Wertvorstellungen zuwiderlaufen, die Ausdruck einer Abkehr vom Nationalsozialismus sind.[511] Daneben wird argumentiert, das Grundgesetz enthalte eine verfassungsmäßige Abkehr vom Nationalsozialismus, die soweit gehe, dass daraus der Versammlungsfreiheit verfassungsimmanente Schranken erwachsen. Diese verfassungsimmanente Beschränkung der demonstrativen Äußerung nazistischer Meinungsinhalte soll aus der Präambel des Grundgesetzes, der Konzeption des Grundrechtsteils, der Ewigkeitsklausel und der Ausformung des Gedankens der **wehrhaften Demokratie** abgeleitet werden.[512]

Das *BVerfG* lehnt indes ein Versammlungsverbot allein wegen eines Verstoßes gegen die „öffentliche Ordnung" entgegen des klaren Wortlauts des Art. 15 Abs. 1 BayVersG grundsätzlich ab.[513] Es hält an den prinzipiellen Ausführungen, die in der „Brokdorf-Entscheidung"[514] getroffen wurden, fest, wonach der insoweit mit Art. 15 Abs. 1 BayVersG inhaltsgleiche § 15 Abs. 1 VersammlG dahingehend verfassungskonform auszulegen ist, dass allein Verstöße gegen die öffentliche Ordnung kein Versammlungsverbot bzw. eine Versammlungsauflösung rechtfertigen können. Darüber hinaus sieht das Gericht[515], wenn es um Eingriffe in die Meinungsfreiheit geht, die besonderen Strafrechtsnormen, welche spezifische Beschränkungen von Meinungsäußerungen in der Öffentlichkeit enthalten, als abschließend an und ver-

---

[511] So insbesondere das OVG Münster NJW 2001, 2111 und 2114 und der VGH München, Beschl. v. 7.8.2003 – 24 CS 03.1962 (nicht veröffentlicht). Vgl. auch BVerfG, NVwZ 2006, 586.

[512] Dieser dogmatische Ansatz geht auf *Battis/Grigoleit,* NVwZ 2001, 121 ff. zurück.

[513] Das BVerfG hat aber betont, dass auch Gründe der öffentlichen Ordnung zum Erlass eines Versammlungsverbots berechtigen können, wenn Gefahren nicht aus dem Inhalt von Äußerungen, sondern aus der Art und Weise der Durchführung der Versammlung drohen, sofern Auflagen zur Gefahrenabwehr nicht ausreichen, vgl. BVerfG, NJW 2004, 2814; ebenso BVerwG, NVwZ 2014, 883.

[514] BVerfGE 69, 315 (352).

[515] NJW 2001, 2069 und 2076.

wehrt auch deshalb einen Rückgriff auf die Ermächtigung zum Schutz der öffentlichen Ordnung („Vorrang des positivierten Rechtsgüterschutzes"[516]).

Bei drohenden Verstößen gegen die öffentliche Ordnung kommen daher regelmäßig nur hinter einem Verbot zurückbleibende Beschränkungen der jeweiligen Versammlung in Betracht.

Hinsichtlich der Frage, wann im Falle rechtsextremistischer Versammlungen ein Verstoß gegen die öffentliche Ordnung anzunehmen ist, hat das *BVerfG*[517] entsprechende Kriterien herausgearbeitet. Danach sollen Beschränkungen der Versammlungsfreiheit verfassungsrechtlich unbedenklich sein, die ein aggressives und provokatives, die Bürger einschüchterndes Verhalten der Versammlungsteilnehmer, durch das ein Klima potentieller Gewaltbereitschaft erzeugt wird, verhindern sollen.[518] Darüber hinaus könne die öffentliche Ordnung verletzt sein, „wenn Rechtsextremisten einen Aufzug an einem speziell der Erinnerung an das Unrecht des Nationalsozialismus und den Holocaust dienenden Feiertag so durchführen, dass von seiner Art und Weise Provokationen ausgehen, die das sittliche Empfinden der Bürgerinnen und Bürger erheblich beeinträchtigen."[519] Gleiches gilt, wenn ein Aufzug sich durch sein Gesamtgepräge mit den Riten und Symbolen der nationalsozialistischen Gewaltherrschaft identifiziert und durch Wachrufen der Schrecken des vergangenen totalitären und unmenschlichen Regimes andere Bürger einschüchtert.[520]

542c Auf dieser Rechtsprechung basiert Art. 15 Abs. 2 Nr. 1 BayVersG, wonach eine Versammlung insbesondere dann beschränkt oder verboten werden kann, wenn sie an einem Tag oder Ort stattfinden soll, dem ein an die nationalsozialistische Gewalt- oder Willkürherrschaft erinnernder Sinngehalt mit gewichtiger Symbolkraft zukommt und durch sie eine Beeinträchtigung der Würde der Opfer zu besorgen ist oder die unmittelbare Gefahr einer erheblichen Verletzung grundlegender sozialer oder ethischer Anschauungen besteht.[521]

Art. 15 Abs. 2 Nr. 2 BayVersG sieht darüber hinaus vor, dass eine Versammlung auch dann beschränkt oder verboten werden kann, wenn durch sie die nationalsozialistische Gewalt- und Willkürherrschaft gebilligt, verherrlicht, gerechtfertigt oder verharmlost wird, auch durch das Gedenken an führende Repräsentanten des Nationalsozialismus, und dadurch die unmittelbare Gefahr einer Beeinträchtigung der Würde der Opfer besteht.[522] Gegen diesen Teil der Vorschrift wird zum einen vor-

---

[516] Begriff nach *Dörr*, VerwArch 35 (2002), 485 (498).

[517] BVerfG, NJW 2004, 2814 (2815).

[518] Vgl. *Lux*, LKV 2009, 491 (493).

[519] BVerfG, NVwZ 2006, 585; vgl. auch BVerfG, NJW 2001, 1409 und BVerfG, NVwZ 2012, 749, wonach der pauschale, jeglicher weiteren Begründung enthobene Rückschluss nicht erlaubt sei, dass an Gedenktagen (hier: 27. Januar als Tag des Gedenkens an die Opfer des Nationalsozialismus) Versammlungen wegen einer Gefährdung der öffentlichen Ordnung bereits dann nicht durchgeführt werden dürfen, wenn diese in irgendeinem Sinne als dem Gedenken entgegenlaufend zu beurteilen sind. Vielmehr ist die Feststellung erforderlich, dass von der konkreten Art und Weise der Durchführung der Versammlung Provokationen ausgehen, die das sittliche Empfinden der Bürgerinnen und Bürger erheblich beeinträchtigen. So auch BVerwG, NVwZ 2014, 883.

[520] VG Gelsenkirchen, Beschl. v. 26.1.2006 – 14 L 101/06.

[521] Zur Kritik an dieser Vorschrift s. *Holzner*, BayVBl. 2009, 485 (493). Näheres zu den Tatbestandsmerkmalen bei *Welsch*, KommP BY 2008, 322 (326 f.).

[522] Näheres zu den einzelnen Tatbestandsmerkmalen bei *Welsch*, KommP BY 2008, 322 (327 f.); So kann die Beschränkung einer Versammlung in der Form, dass die Erwähnung

gebracht, dass er überflüssig sei, da er sich im Wesentlichen mit § 130 Abs. 4 StGB[523] decke, drohende Verstöße gegen diese Strafnorm aber bereits vom Merkmal der öffentlichen Sicherheit in Art. 15 Abs. 1 BayVersG erfasst seien.[524] Zum anderen sei es unter Verhältnismäßigkeitsgesichtspunkten problematisch und mit Art. 5 Abs. 1 S. 1 GG nicht vereinbar, dass Art. 15 Abs. 2 Nr. 2 BayVersG die „bloße Verharmlosung" der nationalsozialistischen Gewalt- und Willkürherrschaft als Beschränkungs- bzw. Verbotsgrund ausreichen lasse.[525]

Liegen die Voraussetzungen des Art. 15 Abs. 2 BayVersG vor, so kann die Versammlung gem. Art. 15 Abs. 3 BayVersG auch noch nach Versammlungsbeginn beschränkt oder aufgelöst werden. **542d**

In engem Zusammenhang mit der Problematik rechtsextremistischer Versammlungen steht auch das in Art. 7 Nr. 2 BayVersG geregelte **Militanzverbot**. Bei diesem handelt es sich um eine Erweiterung des in Art. 7 Nr. 1 BayVersG enthaltenen Uniformierungsverbots. Nach Art. 7 Nr. 2 BayVersG ist es verboten, an einer öffentlichen oder nicht-öffentlichen Versammlung in einer Art und Weise teilzunehmen, die dazu beiträgt, dass die Versammlung oder ein Teil hiervon nach dem äußeren Erscheinungsbild paramilitärisch geprägt wird, sofern dadurch eine einschüchternde Wirkung entsteht. Das Militanzverbot berücksichtigt, dass Versammlungen (rechts-)extremistischer Gruppierungen vielfach einen Gesamteindruck vermitteln, der an militärische Aufmärsche erinnert und wurde für erforderlich erachtet, da sich das Uniformverbot nur auf die Bekleidung der Versammlungsteilnehmer bezieht, hingegen andere Teilnahmemodalitäten wie das Mitführen von Fahnen, Fackeln, Trommeln, Abzeichen oder das Marschieren im Gleichschritt nicht erfasst.[526] **542e**

Nach Art. 21 Nr. 7 BayVersG a. F. konnte derjenige, der unter Verstoß gegen das Militanzverbot an einer Versammlung teilnahm, mit einer Geldbuße bis zu dreitausend Euro belegt werden. Diese Vorschrift wurde durch Beschluss des *BVerfG* einstweilen außer Kraft gesetzt (→ Rn. 516 c) und als Reaktion hierauf vom bayerischen Gesetzgeber inzwischen aufgehoben.

Exkurs: Im Zusammenhang mit der Corona-Pandemie gab es in den Jahren 2020 und 2021 einige gerichtliche Streitigkeiten im Versammlungsrecht. Hierbei wurden regelmäßig Versammlungsverbote auf Grundlage der Art. 15 Abs. 1 BayVersG i.V.m. § 7 Abs. 1 S. 4 BayIfSMV (Bayerische Infektionsschutzmaßnahmenverordnung) gestützt.[527] So bestimmte z.B. § 7 Abs. 1 12. BayIfSMV v. 5.3.2021 für Versammlungen, dass dort ein Mindestabstand von 1,5 Metern gehalten wird und Körperkontakt vermieden wird, wobei die nach Art. 24 Abs. 2 BayVersG zuständigen Behörden die Einhaltung und Abwehr von Gefahren einhalten halten müssen. Im Hinblick auf das Infektionsgeschehen bedeutete dies, dass bei der fehlenden Möglichkeit der Einhaltung dieser Vorgaben, ein Versammlungsverbot ausgesprochen in Betracht gezogen werden muss, sodass die Anforderungen von Art. 15 **542f**

---

von Rudolf Heß untersagt wird, zulässig sein, vgl. VG Bayreuth, Beschl. v. 15.11.2013 – B 1 S 13.821.

[523] Zur Vereinbarkeit dieses Tatbestands mit Art. 5 GG s. BVerfG, MMR 2010, 199 – sog. Wunsiedel-Beschluss.

[524] *Lux,* LKV 2009, 491 (495).

[525] *Hong,* DVBl. 2010, 1267 (1275).

[526] *Welsch,* KommP BY 2008, 375 (377).

[527] So z.B. BayVGH, Beschluss v. 16.4.2021 – 10 CS 21.1113, juris.

Abs. 1 BayVersG im Hinblick auf die Gefahren für die Gesundheit und das Leben Einzelner (Art. 2 Abs. 2 GG) und den Schutz des Gesundheitssystems konkretisiert werden.[528] Dies gilt aber nur, wenn dies nicht durch mildere Mittel, wie z.B. verstärkten polizeilichen Einsatz oder weitere Beschränkungen durchsetzbar ist.[529] So kann eine Beschränkung der Teilnehmerzahlen sowie eine Maskenpflicht zur infektionsschutzrechtlichen Vertretbarkeit einer Versammlung führen, wobei stets eine umfassende Risikobewertung zu erfolgen hat, die auch statistische Entwicklungen wie Inzidenzen erfassen können.[530]

I. Anhang

Anhang 1: Klausurfragen zum Abschleppen von Kraftfahrzeugen

543   Beim Standardfall[531] des Abschleppens von Kraftfahrzeugen stellen sich fünf unterschiedliche Fragen:
(1) Das „Warum": Auf welcher Rechtsgrundlage darf ein Fahrzeug abgeschleppt werden?
(2) Das „Wie": In welchem Umfang darf die Polizei tätig werden – Verwahren oder bloßes Versetzen?
(3) Das „Wer": Welche Behörde ist für die Anordnung des Abschleppens zuständig? Insbesondere: Zulässigkeit des sog. „Münchner Modells"?
(4) Die „Wirkung": Besteht ein Zurückbehaltungsrecht wegen der Abschleppkosten?
(5) Die „Haftung": Inwieweit besteht eine Haftung für Schäden im Zusammenhang mit der Abschleppmaßnahme?

544   Es gibt nicht *die* Ermächtigungsgrundlage für das Abschleppen von Kraftfahrzeugen. Vielmehr hängt die einschlägige Befugnisnorm von der Sachverhaltskonstellation ab, welche den Abschleppfall bildet. Dabei ist zu unterscheiden: Einerseits die Frage, wie die Maßnahme rechtlich zu qualifizieren ist. Dabei geht es in erster Linie um die Frage, ob sich das Abschleppen von Fahrzeugen als Sicherstellung oder als atypische Maßnahme nach Maßgabe der Generalklausel darstellt. Das kann je nach Sachverhaltskonstellation unterschiedlich zu bewerten sein. Zweitens ist in den Fällen des Vorliegens einer atypischen Maßnahme zu ermitteln, ob diese – sofern eine vollstreckbare Grundverfügung fehlt – als unmittelbare Ausführung gem. Art. 9 PAG oder als Sofortvollzug gem. Art. 70 Abs. 2 PAG einzuordnen ist.

---

[528] BayVGH, Beschluss v. 16.4.2021 – 10 CS 21.1113, juris, Rn. 12; vgl. auch BVerfG, Beschluss v. 10.4.2020 – 1 BvQ 31/20, juris; BayVGH, Beschluss v. 11.9.2020 – 10 CS 20.2063.
[529] BayVGH, Beschluss v. 16.4.2021 – 10 CS 21.1113, juris, Rn. 13 m.w.N.
[530] BayVGH, Beschluss v. 1.11.2020 – 10 CS 20.2449, juris Rn. 17.
[531] Umfassend zum Abschleppen von Kfz *Perrey,* BayVBl. 2000, 609 ff.

1. Die Abgrenzung zwischen Sicherstellung und atypischer Maßnahme

a) Das Fahrzeug als gefährdetes oder gefährliches Objekt

Unproblematisch um eine Sicherstellung nach Art. 25 PAG handelt es sich, wenn **545** ein Fahrzeug nicht aufgrund einer konkreten Verkehrsbehinderung – etwa wegen Missachtung eines Halteverbotszeichens – abgeschleppt wird, sondern weil es gegen fremden Zugriff gesichert werden soll oder weil allein sein Zustand eine erhebliche Verkehrsgefährdung bedeutet und es deshalb angezeigt ist, das Fahrzeug stillzulegen. Hier kommt es der Polizei gerade darauf an, den Berechtigten von der Sachherrschaft auszuschließen, und jedenfalls dann wird man von einer Sicherstellung auszugehen haben.[532]

Beispiele: Die Luxuslimousine des Tenors T wird während dessen tourneebedingter Abwesenheit aufgebrochen. Um eine Ausplünderung oder den Diebstahl des wertvollen Fahrzeugs zu verhindern, schleppt die Polizei dieses auf den Polizeihof ab. – Bei einer Streifenfahrt entdecken Beamte das völlig durchgerostete Auto des Studenten S. Weil dieses absolut fahruntüchtig ist, veranlassen sie das Abschleppen des Wagens.

b) Die Gefahr durch die „Lage des Fahrzeugs im Raum"

Problematischer sind die Fälle, in denen die Gefahr nicht von dem Fahrzeug **546** selbst ausgeht bzw. diesem droht, sondern bei denen die Gefahr aus der Lage des Fahrzeugs im Raum resultiert. Diese kann sich einerseits daraus ergeben, dass ein Fahrzeug in Bereichen abgestellt wird, in denen das Parken aufgrund allgemeiner verkehrsrechtlicher Vorschriften untersagt ist. Sie kann sich andererseits daraus ergeben, dass ein Fahrzeug in Bereichen abgestellt wird, in denen besondere Verkehrszeichen das (dauerhafte) Parken untersagen. Für die rechtliche Qualifizierung des Abschleppens (Sicherstellung oder atypische Maßnahme) sind diese beiden Konstellationen gleich zu behandeln. Entscheidend kommt es vielmehr darauf an, wie das Abschleppen tatsächlich durchgeführt wird. Denn zum einen kann das störende Fahrzeug zu einem möglicherweise weit entfernten Polizeihof oder Abstellplatz eines Abschleppunternehmens verbracht werden. Es kann aber auch nur leicht versetzt werden, etwa auf den nächsten in unmittelbarer Nähe gelegenen freien Parkplatz. Hierbei ist jedoch zu beachten, dass ein bloßer Verstoß gegen ein straßenverkehrsrechtliches Gebot nicht ohne Weiteres eine Abschleppmaßnahme rechtfertigt, allerdings wird nach einer vorherigen Einzelfallabwägung ein Abschleppen regelmäßig geboten sein, wenn durch den Verkehrsverstoß andere Verkehrsteilnehmer behindert oder sogar gefährdet werden.[533]

Beispiele: A parkt sein Auto an einem Taxistand in einer sehr verkehrsreichen und zu dieser Uhrzeit sehr belebten Gegend, so dass an- und abfahrende Taxen in der zweiten Reihe halten müssen, um Fahrgäste ein- oder aussteigen zu lassen. Um hieraus resultierende Unfälle zu verhindern, veranlasst die Polizei das Abschleppen von As Fahrzeug.

aa) Bloßes Versetzen des Fahrzeugs

Wird das Fahrzeug lediglich an einen in unmittelbarer Nähe gelegenen freien **547** Parkplatz versetzt, so ist schon begrifflich keine Sicherstellung gegeben. Denn es

---

[532] Siehe auch in diesem Sinne VGH München, NJW 1984, 2962 (2963); NVwZ 1990, 180 (181); *Knemeyer,* PolOrdR, 11. Auflage 2007, Rn. 252.
[533] VGH München, Beschl. v. 10.4.2014 – 10 ZB 14.79.

wird kein neuer Gewahrsam durch die Verwaltungsbehörde begründet. Vielmehr ist ohne Weiteres von einer atypischen Maßnahme auszugehen.[534]

Beispiel: Das Fahrzeug des X versperrt die Feuerwehrzufahrt (Verstoß gegen § 12 Abs. 1 Nr. 5 StVO). Ein paar Meter weiter befindet sich ein freier Parkplatz. Die Polizei versetzt den Wagen des X auf den entsprechenden Parkplatz. Dies ist keine Sicherstellung, sondern eine atypische Maßnahme.[535]

bb) Verbringen des Fahrzeugs auf den Polizei- oder Abschlepphof

548 Anders sind demgegenüber die Fälle zu beurteilen, in denen das Fahrzeug nicht lediglich „versetzt", sondern zu einem Abschlepphof verbracht wird. Hier liegt *keine* atypische Maßnahme vor. Denn atypische Maßnahmen stellen sich stets als Spiegelbild dessen dar, was der Betroffene – würde er selbst den Rechtsverstoß beseitigen – tun würde. Das gilt unabhängig davon, ob die atypische Maßnahme im Wege der unmittelbaren Ausführung oder im Wege der Vollstreckung vorgenommen wird (→ Rn. 552 ff.). Würde nun der Betroffene selbst den Verkehrsverstoß beseitigen, so würde er kaum sein Fahrzeug auf einen Abschlepphof verbringen. Eine solche Anordnung dürfte im Übrigen ihm gegenüber auch gar nicht rechtmäßigerweise erlassen werden. Sie wäre nicht erforderlich und damit unverhältnismäßig (→ Rn. 559 ff.). Eine atypische Maßnahme scheidet also in den Fällen aus, in denen das Fahrzeug zu einem Abschlepphof verbracht wird.

549 Jedoch passt hier die Sicherstellung, denn der Gewahrsam des Betroffenen wird aufgehoben und neuer Gewahrsam durch die Behörde begründet.[536] Das Geschehen hier zu unterteilen in der Weise, dass auf die Maßnahme des Abschleppens die weitere Maßnahme des Verwahrens folgen soll, besteht wegen des Vorhandenseins der insoweit allein ausreichenden Sicherstellungsbefugnis kein Anlass. Dafür sprechen auch Gründe der Realitätsnähe sowie der Rechtssystematik: Textlich ist die entsprechende Standardbefugnis einschlägig und diese hat vorzugehen. Es stellen sich ansonsten auch ganz praktische Probleme der rechtlichen Bewältigung: Wo endet die erste Maßnahme, wo beginnt die zweite? Genau genommen bestünde eine Befugnis zum Abschleppen nämlich nicht bis zum Abschlepphof, sondern nur im unmittelbaren Umkreis der unzulässigerweise als Parkplatz in Anspruch genommenen Örtlichkeit. Das Verbringen des Fahrzeugs zum Abschlepphof dagegen bereits als Verwahrung zu begreifen, erscheint wenig plausibel.

2. Qualifizierung der atypischen Maßnahmen

550 In den Fällen, in denen das Abschleppen nicht als Sicherstellung, sondern als atypische Maßnahme einzuordnen ist, stellt sich die Frage, ob das Handeln anstelle des Halters eine unmittelbare Ausführung gem. Art. 9 PAG oder eine dem Vollstreckungsrecht zuzuordnende Ersatzvornahme gem. Art. 72 PAG ist. Auch hier sind Fallgruppen zu bilden.

---

[534] So auch VGH München, NJW 1984, 2962 (2963 f.); NVwZ 1990, 180 (181).

[535] Für einen weiteren Beispielsfall vgl. VGH München, Beschl. v. 18.2.2014 – 10 ZB 11.2172: Versetzen eines Kfz aufgrund verbotswidrigen, sichtbehindernden Parkens vor einem Fußgängerüberweg.

[536] So auch im Ergebnis VGH München, NJW 1984, 2962 (2963); NVwZ 1990, 180 (181).

a) Persönliches Wegfahrgebot gegenüber anwesendem Fahrer

In der ersten Konstellation spricht ein Polizist gegenüber dem anwesenden Fah- **551**
rer ein Wegfahrgebot aus.

Beispiel: A stellt seinen Wagen quer auf einen Bürgersteig, um „mal schnell einkaufen zu gehen" (Verstoß gegen § 12 Abs. 4 S. 1 StVO). Polizist P fordert ihn auf, „sofort wegzufahren" und
droht ihm zugleich an, der Wagen würde unverzüglich abgeschleppt, weil er die Fußgänger be-
hindere. A ignoriert dies. Nachdem er nach 15 Minuten nicht zurückgekehrt ist, lässt P den Wagen durch Unternehmer U abschleppen.

In diesem Fall lässt sich die Polizeiverfügung auf die Generalklausel (Art. 11 **552**
Abs. 2 S. 1 Nr. 1 PAG) stützen. Sie wird im Wege der **Ersatzvornahme** (Art. 70
Abs. 1, 72 PAG) durchgesetzt. Die unmittelbare Ausführung kommt hier schon
deshalb nicht in Betracht, weil eine vollstreckbare Grundverfügung vorliegt, so dass
der Anwendungsbereich von Art. 9 PAG von vornherein nicht eröffnet ist.

b) Entfernung des Pkw ohne vorausgehendes Wegfahrgebot

In der zweiten Konstellation verstößt der Fahrer gegen ein gesetzlich geregeltes **553**
Halte- bzw. Parkverbot, ohne dass ihm gegenüber das Wegfahren – weder durch
polizeiliche Verfügung noch durch ein Verkehrsschild – angeordnet worden wäre.

Beispiel: Im vorgenannten Beispiel kommt P erst zum Ort des Geschehens, als sich A schon
entfernt hatte. Auch hier beauftragt er ein Abschleppunternehmen.

Hier erfolgt das Abschleppen im Wege der **unmittelbaren Ausführung** (Art. 9 **554**
Abs. 1 S. 1 Var. 2 PAG: „durch einen Beauftragten"). Eine Polizeiverfügung gegen
Fahrer oder Halter (wiederum auf die polizeiliche Generalklausel gestützt) war
nicht bzw. nicht rechtzeitig möglich.[537] Die Entfernung des Wagens ist eine vertretbare Handlung, so dass nach der hier vertretenen Auffassung zur Abgrenzung
von unmittelbarer Ausführung und Sofortvollzug (→ Rn. 279 ff.) kein sofortiger
Vollzug vorliegt.

c) Sonderfall: Verkehrszeichen und Verkehrseinrichtung

Durchaus problematisch ist der Fall, in dem der Fahrer des verbotswidrig abge- **555**
stellten Fahrzeugs nicht auf einen Polizeibeamten, sondern auf ein Halteverbotsschild trifft. Hier stellt sich die Frage, ob dieser Fall eher wie Konstellation 1 oder
wie Konstellation 2 zu behandeln ist.

Beispiel: Im vorgenannten Beispiel stellte A seinen Wagen nicht auf dem Bürgersteig, sondern
in einer durch ein Halteverbotsschild gekennzeichneten Halteverbotszone ab. Der später hinzu-
kommende P lässt den Wagen wie in den vorgenannten Beispielen abschleppen.

Verkehrszeichen und Verkehrseinrichtungen haben Verwaltungsaktcharakter.[538] Sie **556**
sind Allgemeinverfügungen i. S. d. Art. 35 S. 2 Var. 3 BayVwVfG, die neben der Anordnung eines Verbots auch ein Wegfahrgebot enthalten. Wirksamkeit gegenüber
dem betroffenen Verkehrsteilnehmer („innere Wirksamkeit") erlangen sie, wenn sie
„beim erstmaligen Herannahen" bekannt gemacht werden, d. h., wenn der Verkehrsteilnehmer in den Wirkungskreis des Verkehrszeichens gelangt. Durch eine

---

[537] Beachte aber zur Problematik der telefonischen Halterbenachrichtigung *Ostermeier,* NJW
2006, 3173 ff. und VGH München, Beschl. v. 1.12.2009 – 10 ZB 09.2367.
[538] Vgl. dazu *Bitter/Konow,* NJW 2001, 1386 ff.

Parkuhr etwa wird der Fahrer aufgefordert, sein Fahrzeug nach Ablauf der erlaubten Parkzeit von dem Parkplatz zu entfernen.

557 Die Qualifizierung eines Verkehrszeichens oder einer Verkehreinrichtung als Verwaltungsakt bestimmt auch die Anwendbarkeit der Vollstreckungsvorschriften: Da ein Grundverwaltungsakt vorliegt, ist das Abschleppen des Fahrzeugs keine unmittelbare Ausführung gem. Art. 9 Abs. 1 PAG, sondern die Durchsetzung eines Verkehrsgebots im Wege der **Ersatzvornahme** gem. Art. 72 Abs. 1 S. 1 PAG (zur Zuständigkeit → Rn. 563 ff.).

558 Die Existenz eines die Fahrzeugentfernung anordnenden Verkehrsschildes rechtfertigt ein Vorgehen über Art. 72 PAG allerdings nur in den Fällen, in denen der Fahrzeugführer von dessen Inhalt Kenntnis erlangen konnte. Sieht man Verbotsschilder als vollziehbare Verwaltungsakte an, unterliegen sie dem verwaltungsverfahrensrechtlichen Erfordernis der Bekanntgabe (als Möglichkeit der Kenntniserlangung): Art. 43 Abs. 1 S. 1 BayVwVfG. Wird ein solches Schild z. B. wegen kurzfristig anberaumter Straßenbauarbeiten aufgestellt, so ist dies hinsichtlich der bislang erlaubt parkenden Fahrzeuge keine wirksame Grundlage für eine Ersatzvornahme.[539] In diesem Fall kommt, da das Verkehrsschild mangels Bekanntgabe kein wirksamer Verwaltungsakt ist, nur die unmittelbare Ausführung gem. Art. 9 Abs. 1 PAG in Betracht. Gleiches gilt, wenn ein Fahrzeug in einem Bereich geparkt wird, der durch ein mit gekreuzten Streifen überklebtes Verkehrsschild als noch nicht wirksames Halteverbot gekennzeichnet ist. Auch hier fehlt es an der wirksamen Bekanntgabe im Zeitpunkt des Parkbeginns. In gleicher Weise ist das Abschleppen eines PKW aufgrund eines Verbotsschildes gegenüber dem Halter, der nicht Fahrer ist, zu bewerten. Ihm gegenüber ist kein Grundverwaltungsakt ergangen, da eine Bekanntgabe des in dem Verkehrsschild enthaltenen Wegfahrgebots an ihn nicht vorliegt und das Verkehrsschild ihm gegenüber keine „innere" Wirksamkeit erlangt hat. Das Abschleppen stellt in Bezug auf ihn eine unmittelbare Ausführung gem. Art. 9 Abs. 1 PAG dar.

3. Umfang der Maßnahme

559 Mit der grundsätzlichen Abgrenzung zwischen Sicherstellung und atypischer Maßnahme ist noch keine Aussage darüber getroffen, ob die tatsächlich durchgeführte Maßnahme auch rechtmäßig ist. Denn bei der Beurteilung der Rechtmäßigkeit ist von Bedeutung, dass die Eingriffsintensität bei der Sicherstellung einerseits, bei der Durchführung einer atypischen Maßnahme andererseits unterschiedlich ist. Die polizeiliche Befugnis zur Beendigung eines Verkehrsverstoßes durch Abschleppen des Fahrzeugs besagt also noch nichts über den zulässigen Umfang der Maßnahme: Darf das Fahrzeug bloß auf den nächsterreichbaren Parkplatz „versetzt" oder auch (in jedem Fall) auf den Hof der Polizei bzw. des Abschleppunternehmers gebracht, also sichergestellt werden? Die Antwort hat sich zunächst an dem Zweck der Abschleppmaßnahme zu orientieren. Das Fahrzeug wird entfernt, weil sein Verbleib eine Gefahr bzw. Störung für die öffentliche Sicherheit darstellt. Das Entfernen aus der „Verbotszone" beendet diese Beeinträchtigung der öffentlichen Si-

---

[539] Andere Ansicht hingegen BVerwG, NJW 1997, 1021; dazu *Hansen/Meyer,* NJW 1998, 284; *Stelkens,* in: S/B/S, VwVfG, 9. Auflage 2018, § 35 Rn. 331 ff. Vgl. auch VGH München, Beschl. v. 30.3.2007 – 24 ZB 06.597 und VGH München, BayVBl. 2009, 21.

cherheit. Sobald das Fahrzeug diese Zone verlassen hat, ist die Gefahr bzw. Störung beseitigt und das Abschleppen könnte beendet werden. Vorrangig ist deshalb stets das bloße Versetzen des Fahrzeugs in Betracht zu ziehen.

Dies stößt in der Regel aber auf praktische Grenzen. Weil das Abstellen des **560** Fahrzeugs keine neue Gefahr heraufbeschwören darf, muss schon ein regulärer Parkplatz gefunden werden; dieser müsste wiederum entweder in Sichtweite für den Fahrzeugführer liegen oder nach Erkundigung bei der Polizei leicht auffindbar sein. Dies folgt aus den durch die Abschleppmaßnahme begründeten Obhutspflichten der Polizei. Es würde indes einen unvertretbaren Aufwand bedeuten und könnte zudem die Sicherheit und Leichtigkeit des Straßenverkehrs beeinträchtigen, bei Abschleppmaßnahmen durch Umherfahren freie Parkplätze in der Nähe zu suchen. Die Parkplatzsuche für den Bürger ist aber nicht Aufgabe der Polizei. Dies gilt insbesondere für das Abschleppen von Fahrzeugen bei abgelaufener Parkuhr, weil hier auch general-präventive Gründe mitbestimmend sind. Wollte man in diesem Fall das Versetzen als milderes Mittel ansehen, könnte – überspitzt formuliert – genauso gut die Parkgebühr durch die Polizei nachentrichtet werden. In der Regel ist deshalb das Abschleppen bis auf den Polizeihof oder das Betriebsgelände des Abschleppunternehmers zulässig, d.h. ermessensfehlerfrei.

Im Rahmen des Ermessens ist freilich auch das Verhältnismäßigkeitsprin- **561** zip zu beachten (→ Rn. 152 ff.). Soweit also ausnahmsweise ein Versetzen in Betracht kommt, weil sich in unmittelbarer, d.h. direkt überschaubarer Nähe ein (kosten-)freier Parkplatz befindet, ist der PKW dorthin zu versetzen. In einem solchen Fall wäre eine Sicherstellung nicht erforderlich und damit unverhältnismäßig. Im Übrigen ist die Verwahrung nur zur Erlangung eines Zurückbehaltungsrechts wegen der Abschleppkosten ermessensmissbräuchlich und deshalb unzulässig, zumal ohnehin nur ein sehr eingeschränktes Zurückbehaltungsrecht besteht (→ Rn. 568).

Zusammenfassend bietet sich somit für die Lösung der Abschleppfälle die fol- **562** gende Vorgehensweise an: Zunächst ist die einschlägige Ermächtigungsgrundlage zu ermitteln. Hierbei ist die grundsätzliche Unterscheidung zwischen Sicherstellung (Art. 25 PAG) und atypischer Maßnahme (Art. 11 PAG) zu treffen. Von den Fällen abgesehen, in denen es der Polizei gerade darum geht, das Fahrzeug in Verwahrung zu nehmen (dann stets Sicherstellung), ist hierfür auf das tatsächliche Geschehen abzustellen. Wird der Wagen lediglich versetzt, liegt eine atypische Maßnahme vor; wird er dagegen zu einem Abschlepphof verbracht, ist eine Sicherstellung gegeben. Im letztgenannten Fall richten sich die Rechtmäßigkeitsanforderungen (ausschließlich) nach Art. 25 PAG. Allerdings ist im Rahmen der Verhältnismäßigkeit zu ermitteln, ob eine Sicherstellung im Einzelfall erforderlich war, weil der Wagen ebenso gut nur hätte versetzt werden können. Bei atypischen Maßnahmen ist demgegenüber bei der Ermittlung der Rechtmäßigkeitsanforderungen weiter zu unterscheiden: Einerseits könnte sich das Abschleppen als Vollstreckungsmaßnahme (Ersatzvornahme, Art. 70, 72 PAG) darstellen, andererseits ist aber auch an die unmittelbare Ausführung (Art. 9 PAG) zu denken. Die Abgrenzung erfolgt nach den allgemeinen Grundsätzen. Liegt demnach eine vollstreckbare Grundverfügung vor, kommt Art. 9 PAG von vornherein nicht in Betracht. Fehlt eine solche, so ist die unmittelbare Ausführung einschlägig. Denn das Wegfahren des Fahrzeugs ist eine vertretbare Handlung und dann geht Art. 9 PAG dem Art. 70 Abs. 2 PAG vor (→ Rn. 284).

4. Zuständigkeit

563   Sachlich zuständig zur Anordnung des Abschleppens im Wege der Ersatzvor-
nahme bzw. der unmittelbaren Ausführung oder auch der Sicherstellung sind die
Polizeivollzugsbeamten (Art. 2 Abs. 1 PAG) und zwar im Rahmen ihrer originären
Vollzugskompetenz (→ Rn. 86) ohne Rücksicht auf Art. 3 Abs. 1 PAG.

564   Ein besonderes Problem besteht im Hinblick auf Verkehrszeichen (→ Rn. 555 ff.)
darin, dass die Polizei nur ihre eigenen Verwaltungsakte vollstrecken darf (Art. 70
Abs. 1 PAG). Ein Verkehrszeichen wird aber von der Verkehrsbehörde „erlassen".
Damit wäre eigentlich die Verkehrsbehörde als Vollstreckungsbehörde anordnungs-
befugt; die Polizei könnte nur im Eilfall handeln und würde sich doch auf Art. 9
Abs. 1 PAG zu stützen haben. Entscheidend ist jedoch, dass das Verkehrszeichen in
seiner Interpretation als Wegfahrgebot die (Einzel-)Weisung des Polizeibeamten ersetzt, so dass sich bei einer funktionellen Betrachtung der in dem Verkehrszeichen
enthaltene Befehl auch der Vollzugspolizei zurechnen lässt, was über die fehlende
Identität von Ausgangs- und Vollstreckungsbehörde hinweghilft.

565   Im Zusammenhang hiermit stellt sich auch die Frage nach der Zulässigkeit des
sog. **„Münchner Modells"**. Darunter wird folgende Vorgehensweise verstanden:
Das verbotswidrige Parken wird durch einen Bediensteten der kommunalen Ver-
kehrs- oder Parküberwachung (KVÜ) festgestellt. Dieser meldet (meist telefonisch)
den beobachteten Sachverhalt einem Polizeibeamten, der ihm aufgibt, einen privaten Unternehmer mit dem Abschleppen des PKW zu beauftragen. Problematisch
ist hierbei, dass der Polizeibeamte die Anordnung zum Abschleppen erteilt, ohne
selbst vor Ort den Sachverhalt in Augenschein genommen zu haben. Damit stellt
sich die Frage, ob hier überhaupt die Polizei im eingeschränkt institutionellen Sinn
handelt, da der Bedienstete der KVÜ nicht Polizeibeamter ist. Nur ein Polizeivoll-
zugsbeamter kann aber aufgrund der Befugnisse des PAG Maßnahmen treffen, nur
ihm ist der Ermessensspielraum eröffnet. Wie der VGH München zutreffend entschieden hat, bestehen gegen das „Münchner Modell" keine Bedenken. Die KVÜ
ist im Sinne von Art. 9 Abs. 1 PAG generell, der Abschleppunternehmer im Einzelfall beauftragt. Der Polizeibeamte kann aufgrund der eigenen Kenntnis der örtlichen Verhältnisse und der Informationen durch den KVÜ-Bediensteten eine rechtlich nicht zu beanstandende Ermessensentscheidung treffen.[540]

5. Abschleppkosten und Zurückbehaltungsrecht

566   Welche Variante des Abschleppens auch vorliegen mag: Unstreitig ist, *dass* überhaupt Kosten für diese Maßnahmen erhoben werden dürfen. Diese Kosten setzen
sich zusammen aus den Polizeigebühren (§ 1 Nr. 1, 2 oder 6 PolKV) und den Auslagen (i. d. R. der Werklohn des Abschleppunternehmens[541]). Die **Rechtsgrundlage für die Abschleppkosten** richtet sich danach, auf welcher Grundlage die Abschleppmaßnahme erfolgte (→ Rn. 545 ff.). Dies ist im Fall einer *Ersatzvornahme*
Art. 72 Abs. 1 S. 2 PAG. Danach können die Kosten für das Abschleppen vom Fah-

---

[540] VGH München, BayVBl. 1991, 433; NVwZ 1990, 180 (181); vgl. hierzu auch *Jahn,* BayVBl.
1990, 424 ff.; *Berner/Köhler/Käß,* PAG, 20. Auflage 2010, Art. 25 Rn. 8.
[541] Wenn die Polizei einmal ausnahmsweise selbst abschleppt, wird dieser Aufwand bei der Ge-
bührenhöhe berücksichtigt (vgl. zum Gebührenrahmen des § 1 PolKV Rn. 414).

rer verlangt werden, da diesem gegenüber als Handlungsstörer die Grundverfügung ergangen ist. Demgegenüber scheidet eine Inanspruchnahme des Halters nach dieser Norm aus. Er ist nicht „Betroffener" i. S. d. Art. 72 Abs. 1 S. 2 PAG, da er nicht Adressat der Grundverfügung ist.[542] Anders bei einer *unmittelbaren Ausführung* (Art. 9 Abs. 2 PAG): Hier haftet mangels Bekanntgabe der Grundverfügung neben dem Fahrer (Handlungsstörer) auch der ebenso abwesende Halter (Zustandsstörer) für die Abschleppkosten; ähnlich in der Variante der *Sicherstellung* (Art. 28 Abs. 3 PAG).[543] Für die Verwahrung auf dem Polizeihof fallen Gebühren nach § 1 Nr. 2 PolKV an, die dem Fahrer oder Halter auferlegt werden können.

Die Polizei hat ein **Auswahlermessen,** wen sie (vorrangig) zur Begleichung **567** der Polizeikosten heranzieht. In der Regel haftet der Handlungs- vor dem Zustandsstörer (→ Rn. 193).[544] Verhindert oder erschwert der Eigentümer als Zustandsstörer die Ermittlung des Fahrers, so können ihm anstelle des Handlungsstörers die Kosten auferlegt werden.[545] Selbst wenn dieser den Fahrer nicht kennt, ist seine Heranziehung zur Zahlung von Abschleppkosten möglich. Im Rahmen der Zustandshaftung haftet der Halter, wenn er – im Zeitpunkt der kostenpflichtigen Maßnahme – ein „Mindestmaß an Sachherrschaft" besaß. Im Übrigen ist an die Sozialpflichtigkeit des Eigentums als Rechtsgrund für die Zustandshaftung des Eigentümers zu erinnern (→ Rn. 165).

Beispiel: Halter H verleiht seinen PKW an seine Schwester S unter dem ausdrücklichen Verbot, es weiterzuverleihen. S gibt das Fahrzeug trotzdem einem Freund F, der es falsch parkt. Als die Polizei das Fahrzeug abschleppt und die Kosten von H verlangt, verweist dieser auf S, die ihrerseits den Namen des Fahrers verschweigt. Wird hierdurch die Kostentragung des F verhindert, haftet H für den verkehrswidrigen Zustand seines Fahrzeugs (d. h. dessen störende „Lage im Raum" → Rn. 546).[546] Eine die Zustandshaftung ausschließende Sachgewalt eines Dritten liegt nur vor, wenn und solange dieser gewillt ist, seine Sachherrschaft auch gegenüber dem Eigentümer durchzusetzen und zu behaupten. Der abredewidrige Gebrauch des Fahrzeugs durch S bzw. F allein genügt nicht für den Ausschluss der Zustandshaftung des Kfz-Halters bzw. Eigentümers. Die S haftet (neben H) nur, wenn sie selbst die tatsächliche Gewalt über das Fahrzeug (Art. 8 Abs. 1 PAG) behalten hat, etwa bei Mitbesitz.

Problematisch ist, inwieweit die Herausgabe des Fahrzeugs von der vorherigen **568** Bezahlung der Kosten abhängig gemacht werden kann. Ein **Zurückbehaltungsrecht** normiert zwar Art. 28 Abs. 3 S. 3 HS 1 PAG.[547] Diese Vorschrift ist aber auf die Varianten der unmittelbaren Ausführung und der Ersatzvornahme nicht übertragbar. Mit der Vorenthaltung der Nutzungsmöglichkeit ist ein nicht unerheblicher Eingriff in Art. 14 Abs. 1 GG verbunden. Zur Rechtfertigung dieses Eingriffs bedarf es einer gesetzlichen Grundlage, die eine Analogie zu Art. 28 Abs. 3 S. 3 HS 1 PAG nicht bieten kann. Außerdem zeigt Art. 14 Abs. 3 KG, dass der Gesetzge-

---

[542] Vgl. *Schmidbauer,* in: S/St, PAG, 5. Auflage 2020, Art. 72 Rn. 15; Art. 93 Rn. 33.

[543] Vgl. VGH München, BayVBl. 2001, 310.

[544] Vgl. dazu VGH München, BayVBl. 1984, 16.

[545] VGH München, BayVBl. 1987, 404: Subsidiäre Kostenhaftung des Fahrzeughalters, wenn er den Namen des Fahrers nicht nennen kann und auch zumutbare eigene Ermittlungen der Polizei keinen Erfolg erwarten lassen; vgl. VGH München, BayVBl. 1987, 119; BayVBl. 1986, 625: Aufgabe der früheren Rspr., wonach der Eigentümer oder Halter gar nicht haftete, VGH München, BayVBl. 1984, 16.

[546] VGH München, NVwZ 1987, 912.

[547] Auch bei der Verwahrung nach Sicherstellung ist das Zurückbehaltungsrecht nicht grenzenlos. Ist der Halter/Fahrer dringend auf das Fahrzeug angewiesen, wird es i. d. R. unverhältnismäßig sein, die auch anderweitig durchsetzbare Zahlung auf diese Weise zu erzwingen.

ber offensichtlich kein umfassendes Zurückbehaltungsrecht für Kostenforderungen regeln wollte.

6. Haftung für Abschleppschäden

569   Nach den Art. 9, 72 PAG kann die Polizei einen privaten (Abschlepp-)Unternehmer mit der Ersatzvornahme beauftragen. Falls dieser das Fahrzeug während des Abschleppvorgangs oder der anschließenden Aufbewahrung beschädigt, stellt sich zwangsläufig die Frage, wer für diesen Schaden aufzukommen hat. In der **Dreiecksbeziehung** zwischen Polizei, Unternehmer und Polizeipflichtigem kommen öffentlich-rechtliche Ersatzansprüche (Amtshaftung, Haftung wegen enteignungsgleichen Eingriffs) gegen den Träger der Polizei und deliktische Ansprüche gegen den beauftragten Unternehmer in Betracht. Soweit durch die Abschleppmaßnahme und eine sich anschließende Verwahrung des Kraftfahrzeugs ein öffentlich-rechtliches Verwahrungsverhältnis entsteht, haftet der Träger der Polizei entsprechend § 278 BGB für Schäden, die vom Unternehmer als Erfüllungsgehilfen anlässlich der Abschleppmaßnahme und während des Verwahrungsverhältnisses verursacht wurden. Soweit sich bei einer bloßen Umsetzung an die Abschleppmaßnahme kein Verwahrungsverhältnis anschließt, billigt die Rechtsprechung[548] dem Geschädigten auch dann einen Anspruch aus Amtshaftung bzw. aus enteignungsgleichem Eingriff zu, wenn der privatrechtlich Beauftragte selbständig die polizeilich angeordnete Zwangsmaßnahme durchgeführt hat. Der „Beauftragte" übt dem Betroffenen gegenüber jene **hoheitliche Gewalt** aus, die die Polizei bei Zwangsmaßnahmen gegen den Bürger aufgrund Polizeirechts besitzt. Was den Amtshaftungsanspruch betrifft, ist im Hinblick auf Art. 34 S. 1 GG folgende Konsequenz zu ziehen: Ein **öffentliches Amt** kann auf einen Privaten übertragen werden, wenn dessen Tätigwerden öffentlich-rechtlich möglich und vorgesehen ist, wie es nach den Art. 9, 72 PAG der Fall ist. Entscheidend für die Anwendung von Art. 34 S. 1 GG ist daher, dass die Erfüllung der dem Unternehmer übertragenen Maßnahmen sich dem öffentlich-rechtlichen Tätigkeitsbereich des Staates zurechnen lässt. Dies aber liegt bei der Hinzuziehung Privater zur Durchsetzung des Verwaltungszwangs auf der Hand.

Anhang 2: Die Rechtmäßigkeit einer Vollstreckungsmaßnahme

I. Ermächtigungsgrundlage für die Vollstreckungsmaßnahme

– Ersatzvornahme: Art. 70 Abs. 1 PAG i. V. m. Art. 72 Abs. 1 S. 1 PAG
– Zwangsgeld: Art. 70 Abs. 1 PAG i. V. m. Art. 73 PAG
– Unmittelbarer Zwang: Art. 70 Abs. 1 PAG i. V. m. Art. 75 Abs. 1 und 2, Art. 77–86 PAG

---

[548] BGH, JZ 1993, 1001 mit Anm. *Würtenberger,* JZ 1993, 1003 ff.; OLG Saarbrücken, NJW-RR 2007, 681 ff.

II. Formelle Rechtmäßigkeit der Vollstreckungsmaßnahme

1. Sachliche Zuständigkeit: Die Polizei (Art. 70 Abs. 1 PAG)
2. Anhörung: Keine, bei Verwaltungsakten ohnehin Art. 28 Abs. 2 Nr. 5 BayVwVfG

III. Materielle Rechtmäßigkeit der Vollstreckungsmaßnahme

1. Allgemeine Vollstreckungsvoraussetzungen

   a) Vollstreckbare Grundverfügung
   – Wirksamkeit (keine Nichtigkeit nach Art. 44 BayVwVfG)
   – Inhaltliche Vollstreckbarkeit: Befehlender Verwaltungsakt i. S. d. Art. 70 Abs. 1 PAG
   – Formelle Vollstreckbarkeit nach Art. 70 Abs. 1 PAG (also: Bestandskraft oder sofortige Vollziehbarkeit gem. § 80 Abs. 2 S. 1 Nr. 2 VwGO)
   – Nichterfüllung der durch die Grundverfügung auferlegten Pflicht
   b) Rechtmäßigkeit der Grundverfügung: Konnexitätsgrundsatz (str., → Rn. 230 ff.)
   c) Kein Vollstreckungshindernis (ggf. Duldungsverfügung bei Eingriffen in Rechte Dritter)

2. Ordnungsgemäße Durchführung der Vollstreckung

   a) Androhung (Entbehrlichkeit in den Fällen des Art. 76 Abs. 1 S. 3 PAG)
   – Ersatzvornahme: Androhung nach Art. 76 PAG unter Kostenmitteilung (Art. 76 Abs. 4 PAG)
   – Zwangsgeld: Androhung in bestimmter Höhe (Art. 76 Abs. 5 PAG)
   – Unmittelbarer Zwang: Androhung, soweit den Umständen nach möglich, Art. 81 PAG
   b) Ordnungsgemäße Anwendung des Zwangsmittels

3. Pflichtgemäße Ermessensausübung (Art. 5 PAG)

   a) Entschließungsermessen zur Zwangsausübung
   b) Auswahlermessen bzgl. des Zwangsmittels
   c) Verhältnismäßigkeit (Art. 4 PAG) der konkreten Zwangsmittelanwendung (Intensität)

Anhang 3: Die Rechtmäßigkeit eines Kostenbescheids für die Durchführung einer Ersatzvornahme oder für die Anwendung unmittelbaren Zwangs

I. Ermächtigungsgrundlage für den Kostenbescheid

– Ersatzvornahme: Art. 72 Abs. 1 S. 2 PAG i. V. m. § 1 Nr. 6 PolKV
– Unmittelbarer Zwang: Art. 75 Abs. 3 i. V. m. § 1 Nr. 8 PolKV

II. Formelle Rechtmäßigkeit des Kostenbescheides

1. Zuständigkeit: Die Vollstreckungsbehörde (für den Erlass des Kostenbescheides ist die Behörde zuständig, die die Vollstreckungsmaßnahme durchgeführt hat [Art. 1 Abs. 1 S. 1 KG i. V. m. der Ermächtigungsgrundlage des Kostenbescheides])
2. Verfahren, Form (richten sich ohne Besonderheiten nach dem BayVwVfG)

III. Materielle Rechtmäßigkeit des Kostenbescheides

Der Kostenbescheid ist rechtmäßig, wenn die kostenpflichtige Vollstreckungsmaßnahme rechtmäßig war und die weiteren Vorschriften über Grund, Höhe und Schuldner der Kostenforderung eingehalten wurden.

1. Rechtmäßigkeit der Vollstreckungsmaßnahme (vgl. Anhang 2)
2. Rechtmäßigkeit der Kostenhöhe
  – §§ 1, 2 PolKV (Kostenrahmen)
  – Art. 93 S. 3 PAG (Bemessung der Kosten nach Verwaltungsaufwand und Bedeutung der Amtshandlung)
3. Pflichtgemäße Ermessensausübung bei der Kostenanforderung
  a) Entschließungsermessen
     Grundsätzlich kein Entschließungsermessen. Nach Art. 93 S. 5 PAG kann bei Unbilligkeit auf die Anforderung der Kosten verzichtet werden. Sofern diese Voraussetzung vorliegt, hat die Polizei Entschließungsermessen.
  b) Auswahlermessen
     Grundsätzlich kein Auswahlermessen: Kostenschuldner ist bei der Ersatzvornahme der „Betroffene" (der Adressat der polizeilichen Maßnahme), beim unmittelbaren Zwang der Veranlasser (Art. 2 Abs. 1 KG: Adressat der polizeilichen Zwangsmittel); Probleme können sich bei der Inanspruchnahme von Verdachts- und Anscheinsstörern ergeben. Bei Störermehrheit ist die Auswahl des für die Kostenerstattung heranzuziehenden Störers zu problematisieren. Es gilt über Art. 72 Abs. 1 S. 3, Art. 75 Abs. 3 S. 2 PAG das Kostengesetz, mithin auch Art. 2 Abs. 4 KG. Danach haften mehrere Kostenschuldner als Gesamtschuldner. Aber auch hier spielt Art. 93 S. 5 PAG eine Rolle (sozusagen „eingeschränktes Auswahlermessen").

4. Teil. Öffentliches Baurecht

A. Die Akteure im öffentlichen Baurecht

I. Bundes- und Landesgesetzgeber

1. Öffentliches und privates Baurecht

Der Rechtsbereich Baurecht stellt keine einheitliche Rechtsmaterie dar. Viel- **1**
mehr sind zunächst das **private** und das **öffentliche Baurecht** zu unterscheiden. Gegenstand des privaten Baurechts sind die Rechtsbeziehungen zwischen
Bauherren, Architekten und Bauunternehmern (Bauvertrags- und Architektenver-
tragsrecht), das privatrechtliche Recht der Auftragsvergabe und das private Nachbarrecht. Das private Baurecht ist weitgehend bundesrechtlich geregelt. Kompe-
tenzgrundlage ist Art. 74 Abs. 1 Nr. 1 GG („bürgerliches Recht"). Das öffentliche
Baurecht regelt hingegen die Beziehungen zwischen dem Staat und den am Baugeschehen Beteiligten, also etwa den Grundstückseigentümern, sonstigen Grund-
stücksnutzern, Architekten und Bauunternehmern.

Gegenstand des Ersten Juristischen Staatsexamens in Bayern sind nach § 18 Abs. 2 Nr. 5 lit. c **2**
JAPO die „Grundzüge des Bauordnungsrechts (ohne Teil 3 Abschnitte 1 bis 6 und ohne Art. 45
und 46 der Bayerischen Bauordnung) sowie das Bauplanungsrecht (nur Bauleitplanung und deren Sicherung sowie bauplanungsrechtliche Zulässigkeit von Vorhaben) in Grundzügen". Die
folgende Darstellung beschränkt sich auf diesen Bereich. „**Klausurpraxis**"-Hinweise verweisen
auf die Klausuren aus dem Klausurenbuch Öffentliches Recht in Bayern.

2. Bauplanungs- und Bauordnungsrecht

a) Bundeskompetenz für das Bauplanungsrecht

Das **öffentliche Baurecht** wird unterteilt in das **Bauplanungsrecht** (auch **3**
Städtebaurecht genannt) und das **Bauordnungsrecht.** Grund dieser Zwei-
teilung des öffentlichen Baurechts ist die verfassungsrechtliche Kompetenzzuwei-
sung des Art. 74 Abs. 1 Nr. 18 GG. Danach hat der Bund die Gesetzgebungskompetenz für „den städtebaulichen Grundstücksverkehr, das Bodenrecht (ohne das
Recht der Erschließungsbeiträge) und das Wohngeldrecht, das Altschuldenhilfe-
recht, das Wohnungsbauprämienrecht, das Bergarbeiterwohnungsbaurecht und das
Bergmannssiedlungsrecht". Der Bund hat jedoch keine Kompetenz für das gesamte
Baurecht.

Von zentraler Bedeutung ist die Kompetenz für das **Bodenrecht** (die übrigen **4**
Kompetenztitel sind im vorliegenden Zusammenhang ohne Bedeutung). Das Bo-
denrecht besteht aus den Vorschriften, die den Grund und Boden unmittelbar zum
Gegenstand rechtlicher Ordnung haben, also die rechtlichen Beziehungen des
Menschen zum Grund und Boden regeln.[1] Den Kern des Bodenrechts bilden die
Bestimmungen des Bauplanungsrechts, die die bauliche Nutzbarkeit der Grund-

---

[1] BVerfGE 3, 407 (424).

stücke bestimmen. Kodifiziert ist das Bauplanungsrecht im **Baugesetzbuch (BauGB)**.[2] Zum Bauplanungsrecht gehören auch die Bestimmungen über die Baulandumlegung (§§ 45–84 BauGB) sowie die Sicherungsinstrumente für die Bauleitplanung, beispielsweise das Recht der Veränderungssperre (§§ 14–18 BauGB) und die Bestimmungen über das städtebauliche Vorkaufsrecht (§§ 24–28 BauGB). Nicht mehr von der Bundeskompetenz umfasst ist das **Erschließungsbeitragsrecht**, das jedoch noch im BauGB enthalten ist (§§ 127–135 BauGB). Erschließungsbeiträge werden in Bayern nach Art. 5a KAG erhoben, der in Absatz 9 weitgehend auf das BauGB verweist. Ausschließlich zur Bundeskompetenz gehört das Recht der Erschließung der Grundstücke selbst (§§ 123–126 BauGB).[3]

5   Wichtige Regelungen für die bauliche Nutzung von Grundstücken enthält die **Baunutzungsverordnung (BauNVO,** vgl. auch die Verordnungsermächtigung in § 9a BauGB).[4] Aus der BauNVO ergeben sich Einzelheiten vor allem zu Art und Maß der baulichen Nutzung in den einzelnen dort geregelten Baugebieten.

b) Landeskompetenz für das Bauordnungsrecht

6   Aus den Kompetenzvorschriften des Art. 74 Abs. 1 Nr. 18 GG lässt sich keine allgemeine Kompetenz des Bundes für das öffentliche Baurecht ableiten.[5] Daher sind wichtige Bereiche des öffentlichen Baurechts gemäß Art. 30, 70 GG vom Landesgesetzgeber zu regeln. Dies ist in Bayern im Wesentlichen durch die **Bayerische Bauordnung (BayBO)**[6] geschehen. Sie umfasst vor allem:
– sicherheitsrechtliche Bestimmungen über die Ausführung baulicher Anlagen (z.B. Vorschriften über den Brandschutz – Art. 12, 24ff. BayBO),
– sozialstaatliche Vorschriften (z.B. Regelungen über Kinderspielplätze – Art. 7 Abs. 3 BayBO),
– Vorschriften zur äußeren Gestaltung baulicher Anlagen (Art. 8 BayBO),
– Regelungen über Bauprodukte und Bauarten (Art. 15ff. BayBO),
– das baurechtliche Verfahren (Art. 55–73a BayBO),
– Ordnungswidrigkeitsregelungen (Art. 79 BayBO),
– eine Satzungsermächtigung zur Regelung der Baugestaltung (Art. 81 BayBO).

7   Neben der BayBO gibt es noch weitere wichtige landesrechtliche Bestimmungen. Die Verordnung über die Geschäftsverteilung der Bayerischen Staatsregierung (StRGVV)[7] regelt in ihrem § 4 S. 1 Nr. 1 lit. c die grundsätzliche Zuweisung der verwaltungsmäßigen Anwendung des Bauplanungs- und Bauordnungsrechts zum Geschäftsbereich des Staatsministeriums für Wohnen, Bau und Verkehr (StMB). Weitere Zuständigkeitsregelungen enthält die **Zuständigkeitsverordnung im Bauwesen (ZustVBau)**[8]. Die praktisch wichtige Frage der Bauvorlageberechtigung regelt die **Bauvorlagenverordnung (BauVorlV)**[9].

---

[2] I.d.F. der Bekanntmachung vom 3. November 2017, BGBl. I, 3634, zuletzt geändert durch Art. 1 Gesetz zur baulichen Anpassung von Anlagen der Jungsauen- und Sauenhaltung vom 16.7.2021, BGBl. I. S. 2939; Sartorius Nr. 300.

[3] *Degenhart,* in: Sachs GG, Art. 74 Rn. 74.

[4] I.d.F. der Bekanntmachung vom 23. Januar 1990, BGBl. I S. 132; Sartorius Nr. 311.

[5] BVerfGE 3, 407ff.

[6] I.d.F. der Bekanntmachung vom 14. August 2007, GVBl. S. 588; *Ziegler/Tremel* Nr. 60.

[7] Vom 28. Januar 2014, GVBl. S. 31; *Ziegler/Tremel* Nr. 300.

[8] Vom 5. Juli 1994, GVBl. S. 573; *Ziegler/Tremel* Nr. 63.

[9] Vom 10. November 2007, GVBl. S. 792; *Ziegler/Tremel* Nr. 62.

Ein wichtiges Sondergesetz ist schließlich das **Bayerische Abgrabungsgesetz** **8** **(BayAbgrG)**[10]. Es enthält ein besonderes Genehmigungsverfahren für Abgrabungen (Art. 1, 7 BayAbgrG). In seinem Anwendungsbereich ist es lex specialis zur BayBO. Deutlich wird dies in Art. 2 Abs. 1 S. 3 Nr. 1 BayBO: Abgrabungen sind keine baulichen Anlagen, Aufschüttungen nur dann, wenn sie nicht unmittelbare Folge von Abgrabungen sind.

3. Schnittstellen von Bauordnungs- und Bauplanungsrecht

Bundes- und Landesrecht sind vielfach aufeinander bezogen. Baurechtliche Fälle **9** lassen sich nur dann lösen, wenn die bundes- und die landesrechtlichen Vorschriften zusammen angewendet werden. Zuständig für den Vollzug des gesamten öffentlichen Baurechts sind nur Landesbehörden (Art. 83 GG). Der Bund hat also mit dem Vollzug des Baurechts nichts zu tun.

Beispiel: A möchte in einem neuen Baugebiet der Gemeinde G ein Einfamilienhaus errich- **10** ten. Benötigt er eine Baugenehmigung?
Grundsätzlich bedarf die Errichtung eines Gebäudes der Baugenehmigung (Art. 55 Abs. 1 BayBO). Gemäß Art. 58 BayBO sind bestimmte Vorhaben von der Baugenehmigungspflicht freigestellt (sog. Genehmigungsfreistellung). Hierzu ist zunächst erforderlich, dass ein Bebauungsplan gemäß § 30 Abs. 1 oder §§ 12, 30 Abs. 2 BauGB vorliegt (Art. 58 Abs. 1 Nr. 1 BayBO). Des Weiteren muss das Vorhaben den Festsetzungen des nach den Vorschriften des BauGB erlassenen Bebauungsplans entsprechen (Art. 58 Abs. 1 Nr. 2 BayBO). Weiterhin muss die Erschließung i. S. d. BauGB gesichert sein (Art. 58 Abs. 1 Nr. 3 BayBO). Soweit die Gemeinde kein Baugenehmigungsverfahren und keine vorläufige Untersagung verlangt (Art. 58 Abs. 1 Nr. 5 BayBO), ist kein Genehmigungsverfahren durchzuführen.

Beispiel: Angenommen, A bedarf einer Baugenehmigung, weil kein Bebauungsplan nach den **11** § 30 Abs. 1 oder §§ 12, 30 Abs. 2 BauGB vorliegt. Ist die Baugenehmigung zu erteilen?
Die Baugenehmigung darf grundsätzlich nur versagt werden, wenn das Vorhaben öffentlichrechtlichen Vorschriften widerspricht, die im bauaufsichtlichen Genehmigungsverfahren zu prüfen sind (Art. 68 Abs. 1 S. 1 1. HS BayBO). Zu prüfen ist vor allem die Vereinbarkeit des Vorhabens mit dem Bauplanungsrecht der §§ 29–38 BauGB (Art. 59 S. 1 Nr. 1 BayBO). Das Vorhaben kann nur dann errichtet werden, wenn die Voraussetzungen des § 34 BauGB (oder ggf. des § 33 BauGB) vorliegen.

Beispiel: B möchte im Außenbereich der kreisangehörigen Gemeinde G ein landwirtschaftli- **12** ches Gebäude errichten. Die Gemeinde verweigert jedoch das nach § 36 Abs. 1 BauGB erforderliche Einvernehmen, obwohl alle öffentlich-rechtlichen Vorschriften eingehalten werden. Was muss die Bauaufsichtsbehörde veranlassen?
Ohne das gemeindliche Einvernehmen nach § 36 BauGB darf die Baugenehmigung nicht erteilt werden. Das Einvernehmen kann jedoch nach § 36 Abs. 2 S. 3 BauGB ersetzt werden. Einzelheiten hierzu finden sich in Art. 67 BayBO. Die Baugenehmigung gilt gleichzeitig als Ersatzvornahme i. S. v. Art. 113 GO (Art. 67 Abs. 3 S. 1 1. HS BayBO).

Beispiel: C errichtet im Außenbereich der kreisfreien Stadt R ein Wochenendhäuschen. Kann **13** die kreisfreie Stadt R die Beseitigung der Anlage anordnen?
Rechtsgrundlage ist Art. 76 S. 1 BayBO. Die Stadt R ist als untere Bauaufsichtsbehörde (→ Art. 53 Abs. 1 i. V. m. Art. 54 Abs. 1 BayBO i. V. m. Art. 9 Abs. 1 S. 1 GO) sachlich zuständig. Das Wochenendhäuschen verstößt gegen öffentlich-rechtliche Vorschriften, da es nach § 35 Abs. 2 BauGB im Außenbereich unzulässig ist (Gefahr der Entstehung einer Splittersiedlung). Somit kann die Beseitigung der Anlage angeordnet werden.

---

[10] Vom 27. Dezember 1999, GVBl. 532, 535; *Ziegler/Tremel* Nr. 61, vgl. dazu auch *Bamberger,* BayVBl. 2001, 203 ff.

II. Gemeinden, Staat und Fachplanungsträger

1. Die Stellung der Gemeinden im öffentlichen Baurecht

a) Grundsätzliche Garantie der gemeindlichen Planungshoheit

14   Gemäß Art. 28 Abs. 2 S. 1 GG ist den Gemeinden das Recht gewährleistet, alle Angelegenheiten der örtlichen Gemeinschaft im Rahmen der Gesetze in eigener Verantwortung zu regeln. Garantiert ist damit auch die sog. **Planungshoheit.** Hierunter versteht man vor allem das Recht, die bauliche Entwicklung im Gemeindegebiet durch städtebauliche Pläne zu gestalten.

15   Nach den Vorschriften des BauGB geschieht dies in einem **zweistufigen Verfahren.** Im Flächennutzungsplan wird für das ganze Gemeindegebiet die sich aus der beabsichtigten städtebaulichen Entwicklung ergebende Art der Bodennutzung dargestellt (§ 5 Abs. 1 S. 1 BauGB). Aus dem Flächennutzungsplan werden Bebauungspläne entwickelt, die die rechtsverbindlichen Festsetzungen für die städtebauliche Ordnung enthalten (§ 8 Abs. 1 S. 1 BauGB). Flächennutzungsplanung und der Erlass von Bebauungsplänen sind essentielle gemeindliche Planungsinstrumente. Ein ersatzloser Entzug etwa durch eine Übertragung der Planungshoheit im Allgemeinen auf staatliche Behörden oder die Landkreise würde die Rechtsinstitutionsgarantie des Art. 28 Abs. 2 S. 1 GG verletzen (→ 2. Teil, Rn. 46 ff.).

16   Neben Flächennutzungsplan und Bebauungsplan stehen den Gemeinden noch einige weitere Handlungsinstrumente zur Verfügung. So können sie das bauliche Geschehen auch durch städtebauliche Verträge (§ 11 BauGB) oder Vorhaben- und Erschließungspläne regeln (§ 12 BauGB). Weiterhin können sie zur Sicherung der Bauleitplanung Veränderungssperren erlassen (§ 14 BauGB) oder die städtebaulichen Ersatzmaßstäbe des § 34 oder § 35 BauGB durch Satzungen modifizieren (§ 34 Abs. 4 und § 35 Abs. 6 BauGB).

17   Von der allgemeinen Garantie der Planungshoheit und der Verfassungswidrigkeit der grundsätzlichen Entziehung der städtebaulichen Planung zu unterscheiden ist die punktuelle Beeinträchtigung der gemeindlichen Planungshoheit. So kann der Gesetzgeber etwa im Einzelfall vorsehen, dass sich Gemeinden zu einem Planungsverband zusammenschließen müssen, um eine sinnvolle städtebauliche Planung zu ermöglichen (siehe § 205 Abs. 2 S. 1 BauGB). Ebenso kann er eine Abweichung von der gemeindlichen Planung zulassen, um die Errichtung von Einrichtungen für Flüchtlinge und Asylbegehrende zu erleichtern (siehe § 246 Abs. 14 BauGB). Solche Ausgestaltungen der Planungshoheit müssen sich aber stets im Lichte des Art. 28 Abs. 2 S. 1 GG rechtfertigen lassen (siehe 2. Teil, Rn. 83 ff.).

b) Die Rechtsaufsicht über die Gemeinden

18   Die Gemeinden sind bei der Bauleitplanung vielfältigen Rechtsbindungen unterworfen. Solche Rechtsbindungen sieht bereits die verfassungsrechtliche Garantie des Art. 28 Abs. 2 S. 1 GG vor („im Rahmen der Gesetze"). Der Gesetzesvorbehalt des Art. 28 Abs. 2 S. 1 GG erlaubt auch die Einführung von **Genehmigungsvorbehalten** für Bauleitpläne. Wichtig ist dies vor allem für den Flächennutzungsplan. Er bedarf nach § 6 Abs. 1 BauGB der Genehmigung der höheren Verwaltungsbehörde. Wegen der Garantie der gemeindlichen Planungshoheit handelt es sich aber um eine reine Rechtskontrolle (§ 6 Abs. 2 BauGB; → Rn. 382 ff.).

Bebauungspläne bedürfen nur ausnahmsweise der Genehmigung und zwar dann, **19** wenn sie nicht aus einem Flächennutzungsplan entwickelt worden sind (§ 10 Abs. 2 BauGB). Auch die Überprüfung der Bebauungspläne ist auf eine reine Rechtmäßigkeitskontrolle beschränkt (→ Rn. 258 ff.).

Die Bestimmungen der §§ 6, 10 BauGB betreffen allein die präventive Kontrolle **20** von Bauleitplänen. Für die repressive Kontrolle enthält das BauGB keine Regelungen. Insoweit ist auf die allgemeinen kommunalaufsichtlichen Bestimmungen der Art. 109 ff. GO zurückzugreifen.

Beispiel: Die große Kreisstadt S hat 1995 einen Bebauungsplan in Kraft gesetzt, der ein all- **21** gemeines Wohngebiet festsetzt. Bei Beginn der Bauarbeiten wird festgestellt, dass der Bereich mit Altlasten belastet ist, die eine Nutzung zur Wohnbebauung ausschließen. S will den Plan gleichwohl nicht aufheben, um sich keinen Entschädigungsansprüchen der Erwerber der Grundstücke auszusetzen (vgl. § 42 BauGB).
Der Erlass von Bauleitplänen ist nach § 2 Abs. 1 S. 1 BauGB eine Angelegenheit des eigenen Wirkungskreises. Das zuständige Landratsamt (Art. 110 S. 1 GO) kann daher eine Beanstandung nach Art. 112 S. 1 oder S. 2 GO vornehmen. Nach Art. 113 S. 1 GO könnte das Landratsamt den Bebauungsplan an Stelle der Gemeinde aufheben. Auf die Zuständigkeit nach der ZustVBau kommt es nicht an (Genehmigungsbehörde war nach § 2 Abs. 2 ZustVBau die Regierung).

c) Einschaltung der Gemeinden in den Baurechtsvollzug

Die Kommunen sind nicht nur dafür zuständig, das Gemeindegebiet nach den **22** im BauGB enthaltenen Regelungen zu beplanen. Auch in die Umsetzung des Baurechts sind sie eingeschaltet. Nach Art. 64 Abs. 1 S. 1 BayBO ist ein Bauantrag schriftlich bei der Gemeinde einzureichen. Eine kreisangehörige Gemeinde, die nicht selbst Baugenehmigungsbehörde ist, legt den Bauantrag mit einer Stellungnahme der Bauaufsichtsbehörde vor (Art. 64 Abs. 1 S. 2 BayBO). Zweck dieser Regelung ist es, der Gemeinde Gelegenheit zu geben, durch Ausübung ihrer Planungshoheit auf die Zulässigkeitsanforderungen an das Vorhaben Einfluss zu nehmen, etwa durch Einleitung eines Bauleitplanungsverfahrens und Sicherungsmaßnahmen nach §§ 14 ff. BauGB.

Eine zentrale Rolle im Rahmen des Baugenehmigungsverfahrens spielt die Gemeinde bei der Entscheidung über das gemeindliche Einvernehmen, ohne das eine Baugenehmigung bei fehlender rechtsverbindlicher Planung oder bei der Abweichung von planerischen Festsetzungen nicht erteilt werden darf (§ 36 BauGB; → Rn. 192 ff.).

2. Staatliche Behörden im Vollzug des öffentlichen Baurechts

a) Überwachung der gemeindlichen Bauleitplanung

Eine Funktion staatlicher Behörden im Vollzug des öffentlichen Baurechts be- **23** steht in der Kontrolle der kommunalen Bauleitplanung. Die staatlichen Behörden werden insoweit entweder als Genehmigungsbehörden (§§ 6, 10 Abs. 2 BauGB; → Rn. 18 ff.) oder als Aufsichtsbehörden (Art. 108 ff. GO; → 2. Teil, Rn. 508 ff.) tätig.

Wenn das BauGB von „höherer Verwaltungsbehörde" spricht, sind dies in Bay- **24** ern die sieben **Regierungen** (Bezirksregierungen), die im Gebiet des jeweiligen Regierungsbezirks zuständig sind (→ 1. Teil, Rn. 198). Die Zuständigkeit der höheren Verwaltungsbehörden kann nach § 203 Abs. 3 BauGB durch Rechtsverordnung der Landesregierung abgebundgen werden. Dies ist in Bayern gem. § 2 Abs. 1 ZustVBau für die Genehmigung von Plänen der meisten kreisangehörigen Gemeinden geschehen: Zuständig sind insoweit die **Landratsämter** als Staatsbehörden (Art. 37 Abs. 1 S. 2 LKrO).

b) Staatliche Behörden als Bauaufsichtsbehörden

25   Streng zu trennen von der staatlichen Überwachung der Bauleitplanung ist der Vollzug des Baurechts durch die **Bauaufsichtsbehörden**. Zu unterscheiden sind die untere, die höhere und die oberste Bauaufsichtsbehörde.

26   **Untere Bauaufsichtsbehörden** sind die Kreisverwaltungsbehörden, also die Landratsämter in ihrer Funktion als Staatsbehörden (Art. 53 Abs. 1 S. 1, Art. 54 Abs. 1 Hs. 1 BayBO; Art. 37 Abs. 1 S. 2 LKrO). Bei kreisfreien Städten nimmt die kreisfreie Stadt die Aufgaben der unteren Bauaufsichtsbehörde im übertragenen Wirkungskreis wahr (Art. 9 Abs. 1 S. 1 GO). Die Großen Kreisstädte sind zwar kreisangehörige Gemeinden, erfüllen aber gem. Art. 9 Abs. 2 S. 1 GO i. V. m. § 1 Abs. 1 Nr. 1 der Verordnung über die Aufgaben der Großen Kreisstädte (GrKrV)[11] die Aufgaben der unteren Bauaufsichtsbehörde im übertragenen Wirkungskreis. Zusätzlich können auch einzelnen leistungsfähigen kreisangehörigen Gemeinden durch Rechtsverordnung die Aufgaben der unteren Bauaufsichtsbehörde ganz oder teilweise übertragen werden (Art. 53 Abs. 2 BayBO; sog. Delegationsgemeinden). Bei einer Übertragung aller Aufgaben spricht man von einer „großen Delegation" (Art. 53 Abs. 2 S. 1 Nr. 1 BayBO i. V. m. § 5 Abs. 1 ZustVBau), bei der „kleinen Delegation" (Nr. 2 i. V. m. § 5 Abs. 2 ZustVBau) werden die Aufgaben nur für bestimmte Gebäudeklassen übertragen. Die Delegationsgemeinden sind in § 5 ZustVBau aufgeführt. Die sachliche Zuständigkeit ergibt sich aus Art. 53 Abs. 1 S. 2 BayBO. Danach ist grundsätzlich die untere Bauaufsichtsbehörde zuständig, soweit gesetzlich nichts anderes bestimmt ist. Die örtliche Zuständigkeit richtet sich nach Art. 3 Abs. 1 Nr. 1 BayVwVfG.

Übersicht: Untere Bauaufsichtsbehörden

Landratsamt	Art. 53 Abs. 1 S. 1 BayBO	**Staatsbehörde** (Art. 54 Abs. 1 Hs. 1 BayBO i. V. m. Art. 37 Abs. 1 S. 2 LKrO)
Kreisfreie Gemeinde	Art. 53 Abs. 1 S. 1 BayBO i. V. m. Art. 9 Abs. 1 GO	
Große Kreisstadt	Art. 53 Abs. 1 S. 1 BayBO i. V. m. Art. 9 Abs. 2 GO i. V. m. § 1 Abs. 1 Nr. 1 GrKrV	**übertragener Wirkungskreis** (Art. 54 Abs. 1 Hs. 2 BayBO i. V. m. Art. 8 GO)
kreisangehörige Gemeinden	nur bei Delegation nach Art. 53 Abs. 2 BayBO i. V. m. § 5 ZustVBau	

27   **Beispiel:** A beantragt eine Baugenehmigung für ein Grundstück in der kreisangehörigen Gemeinde G. Zuständig für die Erteilung der Genehmigung ist das Landratsamt als Kreisverwaltungsbehörde (Staatsbehörde, → Art. 53 Abs. 1 S. 1 und 2, Art. 54 Abs. 1 BayBO, Art. 37 Abs. 1 S. 2 LKrO). Prozessual: Passiv prozessführungsbefugt ist nach § 78 Abs. 1 Nr. 1 VwGO der Freistaat Bayern (Zulässigkeitsfrage); die Passivlegitimation (Begründetheitsfrage) richtet sich nach

---

[11] Vom 25. März 1991, GVBl. S. 123; *Ziegler/Tremel* Nr. 284.

materiellem Recht, also nach Art. 53, 54 Abs. 1 Hs. 1 BayBO. Passivlegitimiert ist der Freistaat Bayern als Rechtsträger der zuständigen Behörde (das Landratsamt ist keine Rechtsperson und kann deshalb nicht Träger von materiellen Rechten oder Pflichten sein).[12]

Also: Klagt A gegen das „Landratsamt", ist die Klage wegen § 78 Abs. 1 Nr. 1 2. HS VwGO gleichwohl zulässig und gegebenenfalls begründet.

Klagt A gegen den Landkreis als Gebietskörperschaft oder gegen die Gemeinde G, ist die Klage wegen fehlender Passivlegitimation **unbegründet.**

Beispiel: D errichtet ohne Genehmigung im Außenbereich der kreisfreien Stadt R ein Wochenendhaus. Die Stadt R verfügt die Beseitigung des Gebäudes. **28**

Die Stadt R handelt im übertragenen Wirkungskreis (Art. 54 Abs. 1 2. HS BayBO). Eine Anfechtungsklage wäre gegen die Stadt R zu richten (§ 78 Abs. 1 Nr. 1 VwGO). Passivlegitimiert ist wegen Art. 54 Abs. 1 2. HS BayBO die Stadt R.

Höhere Bauaufsichtsbehörde ist die **Regierung** (Art. 53 Abs. 1 S. 1 BayBO). **29** Die Regierung ist für bestimmte Maßnahmen nach der BayBO unmittelbar zuständig (z. B. Zustimmung zu Bauvorhaben des Bundes, der Länder und kommunaler Gebietskörperschaften nach Art. 73 Abs. 1 S. 2 BayBO). Teilweise ergeben sich die Zuständigkeiten der Regierung auch aus Bestimmungen des BauGB (z. B. § 37 Abs. 1 und Abs. 2 BauGB).

Die Regierung kann als höhere Bauaufsichtsbehörde dem nachgeordneten **30** staatlichen Landratsamt **Weisungen** erteilen, etwa im Hinblick auf die Erteilung einer Baugenehmigung. Hierbei handelt es sich um behördeninterne Vorgänge ohne Verwaltungsaktcharakter. Soweit die kreisfreien Gemeinden oder Großen Kreisstädte als untere Bauaufsichtsbehörden tätig werden, ist die Regierung gem. Art. 115 Abs. 1 S. 2 i. V. m. Art. 110 S. 2 GO Fachaufsichtsbehörde und kann als solche gem. Art. 116 Abs. 1 S. 2 GO Weisungen erteilen (→ 2. Teil, Rn. 550 ff.).

Oberste Bauaufsichtsbehörde ist das Staatsministerium für Wohnen, Bau und **31** Verkehr (Art. 53 Abs. 1 S. 1 BayBO). Sie tritt nach außen, d. h. gegenüber Bauherrn und Gemeinden, im Regelfall nicht in Erscheinung. Zuständig ist die oberste Bauaufsichtsbehörde aber beispielsweise für die Aufgabenübertragung nach Art. 53 Abs. 2 BayBO.

c) Fachplanungsträger

(1) Fachplanung und Flächennutzungsplan

Die Planung auf Gemeindeebene ist eine nichtfachliche Planung. Sie dient also **32** nicht spezifischen Verwaltungszwecken, sondern der städtebaulichen Entwicklung im Allgemeinen (→ § 1 Abs. 5 BauGB). Sektorenspezifische Fachplanungen obliegen besonderen Fachplanungsträgern (z. B. für den Straßenbau den Straßenbehörden, → Art. 58, 62a BayStrWG[13]). Fachplanungen nehmen jedoch i. d. R. gemeindliches Gebiet in Anspruch. Gemeindliche Bauleitplanung und Fachplanung müssen daher koordiniert werden. Hierfür sieht das BauGB zunächst eine Beteiligung von Behörden und sonstigen Trägern öffentlicher Belange bei der Aufstellung von Bauleitplänen vor (§ 4 BauGB). Zu den Trägern öffentlicher Belange gehören vor allem die Fachplanungsträger. Soweit sie im Aufstellungsverfahren beteiligt wor-

---

[12] Nach a. A. betrifft auch § 78 VwGO die Passivlegitimation und soll damit in der Begründetheit zu prüfen sein.

[13] *Ziegler/Tremel* Nr. 790.

den sind, müssen sie nach **§ 7 S. 1 BauGB** ihre Planungen an den Flächennutzungsplan anpassen.

33   Gleichwohl sind die kommunalen Interessen gegenüber der Fachplanung vergleichsweise durchsetzungsschwach. So kann der Fachplanungsträger bis zum Beschluss der Gemeinde und ggf. auch hinterher „Widerspruch" (nicht zu verwechseln
mit dem Widerspruch vor Erhebung einer Anfechtungs- oder Verpflichtungsklage
nach §§ 68 ff. VwGO) einlegen (zu den Einzelheiten § 7 S. 2–5 BauGB). Ein zulässiger Widerspruch hebt die Anpassungspflicht nach § 7 BauGB auf.

(2) Fachplanung und Bebauungsplan

34   Gegenüber Bebauungsplänen besteht ein weitgehender Vorrang der Fachplanung: Unter den Voraussetzungen des **§ 38 BauGB** (insb. bei Vorhaben mit überörtlicher Bedeutung) ist die Gemeinde zwar im Genehmigungsverfahren der Fachplanung zu beteiligen. An die städtebaulichen Maßstäbe des BauGB und damit
auch an die Bebauungspläne der Gemeinde (§ 30 BauGB) sind die Fachplanungsträger aber nicht gebunden (§ 38 S. 1 Hs. 1 BauGB). Sie haben die gemeindlichen
Planungsvorstellungen lediglich als Abwägungsgesichtspunkte zu berücksichtigen
(§ 38 S. 1 Hs. 2 BauGB).

35   **Beispiel:** Die Gemeinde G hat für einen Teil ihres Gemeindebereichs einen Bebauungsplan
mit der Festsetzung eines allgemeinen Wohngebiets (WA) erlassen. Das staatliche Straßenbauamt
hatte schon den entsprechenden Darstellungen des Flächennutzungsplans widersprochen. Es erlässt nunmehr einen Planfeststellungsbeschluss für den Neubau der Staatsstraße 57, die mitten
durch das geplante Wohngebiet verlaufen soll. In der Begründung des Beschlusses ist ausgeführt,
die gemeindlichen Planungsabsichten seien für die Fachplanung nicht entscheidend. Die Gemeinde erhebt gegen den Planfeststellungsbeschluss Anfechtungsklage.
        Die Klage ist zulässig. Ein Vorverfahren findet gegen einen Planfeststellungsbeschluss nicht statt
(Art. 74, 70 BayVwVfG). Die Gemeinde ist gestützt auf ihre Planungshoheit (Art. 28 Abs. 2 S. 1
GG) klagebefugt, da das Vorhaben unmittelbar auf das Gemeindegebiet zugreift. Die Klage ist
auch begründet. Es besteht zwar keine strikte Bindung der überörtlichen Fachplanung an die
Bauleitplanung (§ 38 S. 1 BauGB). Die Entscheidung ist aber abwägungsfehlerhaft ergangen. Das
Straßenbauamt war verpflichtet, die gemeindlichen Planungsvorstellungen im Rahmen der Ab-
wägung zu beachten. Es hätte versucht werden müssen, die gemeindlichen Planungsabsichten mit
den fachplanerischen Notwendigkeiten zu einem Ausgleich zu bringen. Diese Vorstellungen waren offensichtlich und möglicherweise für das Abwägungsergebnis von Bedeutung (Art. 75
Abs. 1a BayVwVfG).

36   Anwendungsprobleme macht das Merkmal „**überörtliche Bedeutung**". Ein
Vorhaben von überörtlicher Bedeutung liegt dann vor, wenn es überörtlichen
Koordinierungsbedarf auslöst. Dies ist zunächst dann der Fall, wenn das Gebiet
mehrerer Gemeinden betroffen ist. Auch wenn sich das Vorhaben auf das Gebiet einer Gemeinde beschränkt, kann jedoch ein Vorhaben von überörtlicher Bedeutung vorliegen. Dies lässt sich vor allem daraus ableiten, dass nach dem jeweiligen Fachgesetz eine nichtgemeindliche überörtliche Planungszuständigkeit gegeben ist.[14]

d) Örtliche und überörtliche Planungsträger

37   Die Gemeinden müssen ihre Bauleitplanung nicht nur mit der Fachplanung,
sondern auch mit der überörtlichen Planung koordinieren. Sie erfolgt in Bayern

---

[14] Vgl. ausführlicher *Dippel*, NVwZ 1999, 921 (926).

durch die Landes- und die Regionalplanung. Die Einzelheiten ergeben sich aus dem **Bayerischen Landesplanungsgesetz (BayLplG).**[15]

Die Gemeinde ist nach **§ 1 Abs. 4 BauGB** verpflichtet, Bauleitpläne den Zielen der Raumordnung anzupassen (zum Begriff des Ziels → § 3 Abs. 1 Nr. 2 ROG, der nach § 3 Abs. 2 ROG insoweit auch in Bayern maßgeblich ist). Voraussetzung für die Anpassungspflicht ist, dass die Ziele rechtsverbindlich sind, also formell und materiell dem geltenden Recht entsprechen. Über die regionalen Planungsverbände werden die Gemeinden an der überörtlichen Planung beteiligt (Art. 8 Abs. 3 S. 1 BayLplG). Sie können so Einfluss auf den Inhalt der Ziele nehmen.   **38**

Beispiel: Die Gemeinde G möchte in ihrem östlichen Gemeindegebiet ein neues Gewerbegebiet entwickeln und planerisch ausweisen. Der Regionalplan der betreffenden Region weist jedoch als Ziel der Raumordnung für den entsprechenden Bereich ein Vorranggebiet für die Wasserwirtschaft aus (Art. 14 Abs. 2 S. 1 Nr. 1 BayLplG).   **39**

Die Gemeinde kann die entsprechende Festsetzung nicht rechtswirksam treffen. Ein Gewerbegebiet ist mit einer vorrangig wasserwirtschaftlichen Nutzung nicht vereinbar. Gemäß § 1 Abs. 4 BauGB muss die Gemeinde beim Erlass eines Bebauungsplans das entsprechende Ziel der Raumordnung beachten.

Ein Widerspruch zwischen einer vorhandenen Bauleitplanung und einem neu erlassenen Ziel führt nicht zur Nichtigkeit des Bauleitplans. Die Pläne bleiben wirksam, müssen jedoch gem. § 1 Abs. 4 BauGB angepasst werden. Die Durchsetzung der Anpassung erfolgt nach Art. 33 Abs. 1 BayLplG. Ein neu erlassener Bauleitplan, der gegen ein bestehendes Ziel der Raumordnung verstößt, ist hingegen nichtig.   **40**

III. Eigentümer und Nachbarn

1. Bauleitplanung als Inhalts- und Schrankenbestimmung des Eigentums

Die von den Gemeinden aufgestellten Bauleitpläne und hierbei insbesondere die Bebauungspläne stellen Inhalts- und Schrankenbestimmungen des Eigentums i. S. v. Art. 14 Abs. 1 S. 2 GG dar. Es wird rechtsverbindlich über die Nutzbarkeit des Grundeigentums entschieden. Die planerischen Ausweisungen bestimmen maßgeblich den Wert des Grundeigentums. Aus verfassungsrechtlicher Sicht müssen deshalb Bestimmungen in Bauleitplänen einen angemessenen Ausgleich zwischen Privatnützigkeit (Art. 14 Abs. 1 S. 1 GG, Art. 103 Abs. 1 BV) und Sozialbindung des Eigentums (Art. 14 Abs. 2 GG, Art. 103 Abs. 2, 158 S. 1 BV) herstellen; dabei ist insbesondere das Verhältnismäßigkeitsprinzip zu beachten. Verstöße gegen diese verfassungsrechtlichen Vorgaben führen zur Nichtigkeit des Bauleitplans.   **41**

Die verfassungsrechtlichen Vorgaben sind jedoch ein zu grober Maßstab, um damit die vielfältigen Probleme der Eigentumsnutzung zu bewältigen. Insbesondere im Bauplanungsrecht sind deshalb noch weitere zusätzliche Rechtmäßigkeitsanforderungen an die Planung zu beachten. Kristallisationspunkt für die Berücksichtigung der widerstreitenden Interessen ist das **Abwägungsgebot** des § 1 Abs. 7 BauGB. Danach müssen bei der Aufstellung der Bauleitpläne die öffentlichen und   **42**

---

[15] Vom 25. Juni 2012, GVBl. S. 254; *Ziegler/Tremel* Nr. 417; ausführlich zur Rechtslage nach dem Inkrafttreten des BayLplG 2012 *Voigt,* Das Raumordnungsgesetz 2009 und das Bayerische Landesplanungsgesetz 2012, 2013.

privaten Belange gegeneinander und untereinander gerecht abgewogen werden. Als privater Belang sind insbesondere die Interessen der Grundstückseigentümer zu beachten. Die besonderen Anforderungen des Art. 14 Abs. 3 GG gelten jedoch mangels Enteignungsqualität der Bauleitplanung nicht.[16]

43   **Beispiel:** Durch einen Bebauungsplan soll eine neu zu errichtende Gemeindeverbindungs-straße auf den Landwirt L gehörenden Grundstücken als Verkehrsfläche festgesetzt werden (§ 9 Abs. 1 Nr. 11 BauGB). Landwirt L beruft sich darauf, dass dies gegen Art. 14 Abs. 3 GG verstoße.
Der Einwand des L ist (jedenfalls zunächst) unbegründet. Die Ausweisung im Bebauungs-plan führt die Enteignung nicht herbei, sondern regelt nur den Inhalt des Grundeigentums. Eine Enteignung wird dadurch allenfalls vorbereitet. Der Bebauungsplan entfaltet anders als manche Fachplannungen keine enteignungsrechtliche Vorwirkung.[17] Die genaue Prüfung des Art. 14 Abs. 3 GG (erfordert das Wohl der Allgemeinheit die Enteignung?) ist dem ggf. später einzuleitenden Enteignungsverfahren vorbehalten (→ § 85 Abs. 1 Nr. 1 BauGB). Bei der Abwägung nach § 1 Abs. 7 BauGB müssen gleichwohl die Eigentümerinteressen des L eingestellt werden! Der Bebauungsplan ist also nur dann rechtmäßig, wenn die öffentlichen Interessen am Bau der Straße die (privaten und öffentlichen) Interessen an der Beibehaltung der landwirtschaftlichen Nutzung überwiegen.

44   Auf die Berücksichtigung der Eigentümerinteressen ist das Abwägungsgebot je-doch nicht beschränkt. Sonstige private Interessen sind ebenso zu berücksichtigen, also auch dann, wenn es sich nicht um solche von Eigentümern oder eigentumsähn-lich Berechtigten handelt, sondern um Interessen von obligatorisch Berechtigten wie Mieter oder Pächter.[18] Voraussetzung für die Berücksichtigung privater Interes-sen ist stets, dass diese für die planende Stelle erkennbar, einigermaßen erheblich und schutzwürdig sind.[19] Damit ihre Belange erkennbar sind, sind die Planbetrof-fenen im eigenen Interesse dazu angehalten, sich im Rahmen der Öffentlichkeits-beteiligung, insbesondere nach § 3 Abs. 2 BauGB, mit ihren Anregungen und Be-denken zu melden.

2. Öffentlichkeitsbeteiligung im öffentlichen Baurecht

45   Die Bauleitplanung erfolgt in Rechtsformen des öffentlichen Rechts durch öf-fentliche Stellen. Im Interesse der Akzeptanz der hoheitlichen Planung und zur verfahrensrechtlichen Absicherung des Grundrechtsschutzes ist es jedoch angezeigt, die Planunterworfenen und sonstigen Betroffenen in die Planung einzubeziehen. § 3 BauGB sieht hierfür die frühzeitige (Abs. 1) und förmliche (Abs. 2) Öffentlich-keitsbeteiligung vor (→ Rn. 237 ff.).

46   Jedermann hat die Möglichkeit, Anregungen und Bedenken geltend zu machen. Dies ist nicht davon abhängig, ob der Einwendungsführer selbst in seinen Rechten betroffen ist. Die fristgemäß vorgebrachten Einwendungen sind zu prüfen (§ 3 Abs. 2 S. 4 1. HS BauGB). Der Gemeinderat hat unter Berücksichtigung der vor-gebrachten Anregungen über den Plan zu entscheiden.

3. Der Nachbar im öffentlichen Baurecht

47   Der „Nachbar" ist eine Figur, ohne die das deutsche Baurecht nicht vorstell-bar ist. Der Vollzug des öffentlichen Baurechts erfolgt vor allem durch die Erteilung

---

[16] Vgl. BVerwG, NJW 1969, 1868.
[17] BVerfGE 74, 264 (282); NVwZ 1999, 979 f.
[18] BVerwGE 59, 87 (101).
[19] BVerwGE 59, 87 (103 f.).

von Baugenehmigungen, weiterhin aber auch durch sonstige baurechtliche Verfügungen wie Beseitigungsanordnungen (Art. 76 S. 1 BayBO), Nutzungsuntersagungen (Art. 76 S. 2 BayBO) oder Baueinstellungsverfügungen (Art. 75 Abs. 1 S. 1 BayBO). Hierbei spielt der Nachbar eine wichtige Rolle. Eine Reihe von baurechtlichen Bestimmungen in formellen Gesetzen (z. B. Abstandsflächen nach Art. 6 BayBO) oder Bestimmungen in Bauleitplänen (z. B. hinsichtlich der Art der baulichen Nutzung) dient dem Schutz seiner Belange. Er hat deshalb ein unmittelbares und rechtlich geschütztes Interesse daran, dass solche Bestimmungen eingehalten werden. Viele baurechtliche Rechtsstreitigkeiten entstehen dadurch, dass sich Nachbarn gegen baurechtliche Erlaubnisse wenden (Anfechtungssituation) oder den Erlass von baurechtlichen Verfügungen zu Lasten eines Bauherren verlangen (Verpflichtungssituation).

Für den Nachbarschutz im öffentlichen Baurecht kommt es gem. §§ 42 Abs. 2, **48** 113 Abs. 1 S. 1 und Abs. 5 S. 1 VwGO darauf an, ob der Nachbar die Verletzung einer ihn schützenden Rechtsnorm geltend machen kann. Ergänzend zu der allgemeinen verwaltungsrechtlichen Dogmatik („Schutznormtheorie") hat sich eine Sonderdogmatik für den Nachbarschutz im öffentlichen Baurecht entwickelt. Im Folgenden wird deshalb zunächst das „objektive Recht" ohne Rücksicht auf den Nachbarschutz dargestellt. Der Rechtsschutz des Nachbarn wird im Anschluss behandelt (Teil E, Rn. 583 ff.).

B. Zulässigkeit von Vorhaben

I. Allgemeines zur bauplanungsrechtlichen Zulässigkeit von Vorhaben

1. Die Systematik der §§ 29 ff. BauGB

a) Einstieg über § 29 BauGB

Die bauplanungsrechtliche Zulässigkeit von Vorhaben richtet sich nach den **49** §§ 29–38 BauGB. Den „Einstieg" in diesen Regelungskomplex bildet § 29 BauGB. Anhand der §§ 30 ff. BauGB zu prüfen sind demnach Vorhaben, die die Errichtung, Änderung oder Nutzungsänderung von baulichen Anlagen zum Inhalt haben. Weiterhin gelten die Vorschriften für Aufschüttungen und Abgrabungen größeren Umfangs sowie für Ausschachtungen und Ablagerungen.

Die §§ 30–37 BauGB sind also vor allem dann heranzuziehen, wenn ein Vorha- **50** ben i. S. v. § 29 Abs. 1 BauGB zur Errichtung, Änderung oder Nutzungsänderung einer baulichen Anlage vorliegt.
- **Bauliche Anlagen** sind Anlagen, die im weitesten Sinne **gebaut**, d. h. in einer auf Dauer gedachten Weise künstlich mit dem Erdboden verbunden sind. Einschränkend kommt hinzu, dass die Anlage **bodenrechtliche Relevanz** haben muss. Es muss ein Bedürfnis nach einer ihre Zulässigkeit regelnden verbindlichen Bauleitplanung bestehen. Das ist der Fall, wenn durch das Vorhaben Belange berührt werden können, die nach § 1 Abs. 6 BauGB abwägungserheblich sind.[20]

---

[20] BVerwGE 44, 59 (61 f.).

Der bundesrechtliche Begriff der baulichen Anlage ähnelt damit dem bauordnungsrechtlichen (Art. 2 Abs. 1 S. 1 BayBO). Er ist jedoch einerseits hinsichtlich des „Bauens" weiter gefasst, andererseits durch die bodenrechtliche Relevanz, die die sicherheitsrechtlich orientierte BayBO nicht voraussetzt, stärker eingegrenzt.

– Des Weiteren muss es um die **Errichtung, Änderung oder Nutzungsänderung** von baulichen Anlagen mit bodenrechtlicher Relevanz gehen. Der Abbruch von Anlagen fällt also nicht unter § 29 BauGB! Es gibt allerdings bauordnungsrechtliche Bestimmungen, die beim Abbruch von baulichen Anlagen zu beachten sind (→ Art. 57 Abs. 5 S. 2–5 BayBO). Der Abbruch kann zudem nach §§ 172 ff. BauGB genehmigungspflichtig sein, wenn die Gemeinde eine Stadterhaltungssatzung erlassen hat.

51   **Beispiel:** V möchte in seinem Garten einen kleinen Vogelnistkasten, der Platz für ein Nest bietet. Er fragt sich, ob er dabei die §§ 30 ff. BauGB beachten muss.
Die §§ 30 ff. BauGB gelten lediglich für Vorhaben i. S. d. § 29 Abs. 1 BauGB. Das Aufstellen eines Vogelnistkastens könnte die Errichtung einer baulichen Anlage in diesem Sinne sein. Der Vogelnistkasten soll in einer auf Dauer gedachten Weise künstlich mit dem Erdboden verbunden werden, ist also „gebaut". Einschränkend setzt § 29 Abs. 1 BauGB aber voraus, dass die Anlage bodenrechtliche Relevanz hat, d. h. nach einer ihre Zulässigkeit regelnden verbindlichen Bauleitplanung verlangt. Das ist immer dann der Fall, wenn ein Belang i. S. d. § 1 Abs. 6 BauGB durch die Anlage beeinträchtigt werden kann. Eine solche Beeinträchtigung ist aber bei einem kleinen Nistkasten ausgeschlossen. Es handelt sich um ein „Kleinstvorhaben", das bodenrechtlich irrelevant und daher auch nicht an §§ 30 ff. BauGB zu messen ist.[21]

52   Die Frage der bodenrechtlichen Relevanz ist in jedem Fall kurz anzusprechen. Ausführlichere Erläuterungen sind jedoch nur dann angezeigt, wenn tatsächlich ein Zweifelsfall vorliegt. Es wirkt „anfängerhaft", lang und breit etwa die bodenrechtliche Relevanz der Errichtung von Gebäuden zu erörtern.

b) Die Gebietskategorien

53   Sind die §§ 30–37 BauGB über § 29 BauGB grundsätzlich anwendbar, ist in einem zweiten Schritt zu prüfen, nach welchem planungsrechtlichen Zulässigkeitstatbestand das Vorhaben zu beurteilen ist, d. h. in welchem „Gebiet" oder „Bereich" das Vorhabengrundstück liegt. Hier trifft das Gesetz folgende Unterscheidung:

– Zunächst gibt es nach § 30 BauGB das sog. **Plangebiet.** Nach der Grundvorstellung des Gesetzgebers ist das Gemeindegebiet möglichst weitgehend zu überplanen. Dies geschieht durch Bebauungspläne, die die rechtsverbindlichen Festsetzungen für die städtebauliche Ordnung enthalten (§ 8 Abs. 1 S. 1 BauGB). Es kann entweder ein **qualifizierter** (§ 30 Abs. 1 BauGB), ein **vorhabenbezogener** (Abs. 2) oder ein **einfacher Bebauungsplan** (Abs. 3) vorliegen. Das Vorhaben muss im Grundsatz mit dem Bebauungsplan vereinbar sein. Die Möglichkeit von Abweichungen bestimmt sich nach § 31 BauGB.

– Ist ein Bebauungsplan in Aufstellung, aber noch nicht in Kraft getreten, kann sich die Zulässigkeit (nicht die Unzulässigkeit) des Vorhabens aus § 33 BauGB ergeben (sog. **Bauen nach einem künftigen Bebauungsplan**).

– Soweit ein im Zusammenhang bebauter Ortsteil vorliegt, für den kein qualifizierter Bebauungsplan gegeben ist, ist auf § 34 BauGB abzustellen (sog. **Innen-**

---

[21] Beispiel nach *Dürr,* in: *Brügelmann,* BauGB, § 29 Rn. 13.

bereich). Ein einfacher Bebauungsplan ist gegebenenfalls zusätzlich zu prüfen (→ § 30 Abs. 3 BauGB).

– Liegt kein im Zusammenhang bebauter Ortsteil vor und liegt auch kein qualifizierter Bebauungsplan vor, ist § 35 BauGB heranzuziehen (sog. **Außenbereich**). Ein einfacher Bebauungsplan ist gegebenenfalls zusätzlich zu prüfen (→ § 30 Abs. 3 BauGB).

2. Das Erfordernis einer gesicherten Erschließung

Weitere Voraussetzung für die Zulässigkeit des Vorhabens in allen Gebietskategorien ist die „gesicherte" Erschließung (bei privilegierten Vorhaben im Außenbereich die gesicherte „ausreichende" Erschließung; → Rn. 189 ff.). Zur Erschließung gehört die Bereitstellung der benötigten Flächen sowie die Herstellung der Anlagen, die zur baulichen Nutzung des Baulandes erforderlich sind. Hierzu zählen zum einen die Erschließungsanlagen nach § 127 Abs. 2 BauGB, die erschließungsbeitragsfähig sind. Dies sind vor allem die notwendigen Anlagen zur **verkehrsmäßigen Erschließung** der Grundstücke. Zur gesicherten Erschließung i. S. d. baurechtlichen Zulässigkeit von Vorhaben gehören jedoch auch die **Straßen**- bzw. **Hausentwässerung** sowie der **Wasser-** und **Stromanschluss.** **54**

Bei einem Vorhaben im Planbereich ist das Grundstück dann erschlossen, wenn die im Plan vorgesehenen Erschließungsanlagen erstellt sind. Im Innenbereich nach § 34 BauGB müssen die Erschließungsanlagen vorliegen, die der jeweilige Innenbereich aufweist. Im Außenbereich gelten abgestufte Anforderungen (→ Rn. 189 ff.). **55**

Zu beachten ist, dass „gesicherte Erschließung" nicht gleichbedeutend ist mit „erschlossen sein". Es genügt, wenn die objektiven Gegebenheiten und der Stand der Erschließungsarbeiten die Annahme rechtfertigen, dass die Erschließungsanlagen bei Fertigstellung des Vorhabens, spätestens bei Ingebrauchnahme der baulichen Anlage hergestellt sein werden.[22] Art und Umfang der Erschließung divergieren je nach Vorhaben. Eine Biogasanlage eines Landwirts im Außenbereich muss nicht in gleichem Maße verkehrsmäßig erschlossen sein wie ein neues Fußballstadion. **56**

Die Erschließung ist grundsätzlich Aufgabe der Gemeinde (§ 123 Abs. 1 BauGB). Auf sie besteht grundsätzlich kein Rechtsanspruch (§ 123 Abs. 3 BauGB). Die Gemeinde ist in der Entscheidung, wie und wann sie die Erschließungsaufgabe erfüllt, jedoch nicht völlig frei. Die Eigentümer sind auf die Erschließung angewiesen, um die Grundstücke baulich zu nutzen. Die objektive Erschließungslast kann sich deshalb „verdichten" und in Ausnahmefällen sogar zu einem subjektiv-öffentlichen Recht auf Erschließung führen, vor allem wenn die Gemeinde Baugenehmigungen erteilt,[23] Vorausleistungen auf die Erschließungsanlage erhebt[24] oder ein Angebot eines erschließungsbereiten Dritten ablehnt (→ § 124 BauGB). **57**

---

[22] BVerwG, DVBl. 1977, 41 (43); NVwZ 1997, 389 (390).
[23] BVerwG, NVwZ 1991, 1086 (1087).
[24] BVerwGE 64, 186.

II. Die Zulässigkeit von Vorhaben im Planbereich (§§ 30, 31 BauGB)

1. Der qualifizierte Bebauungsplan

a) Der Begriff des qualifizierten Bebauungsplans

58   Der Grundtatbestand für die Zulässigkeit von Vorhaben im Planbereich ist § 30 Abs. 1 BauGB. Bei einem qualifizierten Bebauungsplan richtet sich die bauplanungsrechtliche Zulässigkeit des Vorhabens alleine nach dem Bebauungsplan. Ein qualifizierter Bebauungsplan liegt nur dann vor, wenn folgende Festsetzungen getroffen worden sind:

– Festsetzungen über die **Art der baulichen Nutzung** (v. a. nach § 9 Abs. 1 Nr. 1 Alt. 1 BauGB i. V. m. §§ 1 Abs. 2, 2–11 BauNVO). Hierdurch wird beispielsweise entschieden, ob es sich beim Planbereich um ein allgemeines Wohngebiet (§ 4 BauNVO) oder ein Gewerbegebiet (§ 8 BauNVO) handeln soll.

– Festsetzungen über das **Maß der baulichen Nutzung** (nach § 9 Abs. 1 Nr. 1 Alt. 2 BauGB i. V. m. §§ 16–21a BauNVO). Hierbei geht es – vereinfacht – um die bauliche Ausnutzbarkeit des Grundstücks. Entschieden wird etwa darüber, ob nur einstöckige Einfamilienhäuser oder mehrstöckige Wohnblöcke entstehen dürfen.

– Festsetzungen über die **überbaubaren Grundstücksflächen** (§ 9 Abs. 1 Nr. 2 BauGB i. V. m. § 23 BauNVO). Hierdurch kann etwa festgelegt werden, welchen Abstand die Gebäude von der Straße haben sollen oder inwieweit sie auf einer Linie zu bauen sind.

– Festsetzungen über die **örtlichen Verkehrsflächen** (§ 9 Abs. 1 Nr. 11 BauGB).

59   Fehlt es an einem der genannten Elemente, liegt kein qualifizierter, sondern nur ein einfacher Bebauungsplan vor. In solchen Fällen richtet sich die Entscheidung über die bauplanungsrechtliche Zulässigkeit nach dem einfachen Bebauungsplan und zusätzlich nach den §§ 34 oder 35 BauGB (§ 30 Abs. 3 BauGB). Erweist sich ein qualifizierter Bebauungsplan als unwirksam, beurteilt sich die Zulässigkeit des Vorhabens nach den §§ 34, 35 BauGB (häufiges Klausurproblem!).

b) Kein Widerspruch zu den Festsetzungen (insb. Art der baulichen Nutzung)

60   Im Geltungsbereich eines qualifizierten Bebauungsplans ist ein Vorhaben grundsätzlich zulässig, wenn es den Festsetzungen des Plans nicht widerspricht (zur gesicherten Erschließung → Rn. 54 ff.). Für die baurechtliche Fallbearbeitung von besonderer Bedeutung sind die Festsetzungen über die **Art der baulichen Nutzung**. Setzt die Gemeinde ein Baugebiet nach § 1 Abs. 2 und 3 S. 1 BauNVO fest, werden die **§§ 2–14 BauNVO** Bestandteil des Bebauungsplans (§ 1 Abs. 3 S. 2 BauNVO). Sie bilden also den Prüfungsmaßstab für die Zulässigkeit des Vorhabens hinsichtlich seiner Art. Da die Vorschriften der BauNVO nur einen Rahmen vorgeben, kommt es nicht darauf an, dass das Vorhaben der Festsetzung entspricht, es darf ihr nur nicht widersprechen, muss sich also in dem zulässigen Rahmen halten. Was im betreffenden Gebiet allgemein zulässig ist, regelt bei den §§ 2–9 BauNVO der jeweils zweite Absatz.

Das Vorhaben ist also unter die dort genannten Begriffe zu subsumieren **61** („Wohngebäude", „nicht störende Handwerksbetriebe" etc.). Zusätzlich ist – bei gegebenem Anlass – die **abstrakte Gebietsunverträglichkeit** des Vorhabens als „erste Zulassungsschranke" zu prüfen.[25] Dabei geht es um eine typisierende Betrachtung.[26] Von Studenten und Praktikern wird dieses Kriterium häufig übersehen und methodisch verfehlt im Rahmen von § 15 BauNVO angesprochen.[27]

Beispiel:[28] Die Errichtung eines Dialysezentrums mit 33 Behandlungsplätzen und 17 Kfz- **62** Stellplätzen im allgemeinen Wohngebiet ließe sich unter den Begriff der Anlage „für gesundheitliche Zwecke" (§ 4 Abs. 2 Nr. 3 BauNVO) subsumieren, könnte also im allgemeinen Wohngebiet allgemein zulässig sein. Es muss allerdings zusätzlich geprüft werden, ob das Vorhaben abstrakt gebietsunverträglich ist, ob es also – bezogen auf den Gebietscharakter des allgemeinen Wohngebiets – auf Grund seiner typischen Nutzungsweise störend wirkt. Bei einem derart dimensionierten Dialysezentrum handelt es sich um eine im allgemeinen Wohngebiet atypische Nutzung, die angesichts des zu erwartenden erheblichen An- und Abfahrtverkehrs den Wohngebietscharakter als solchen bei typisierter Betrachtungsweise (also ohne die konkrete Lärmbelastung zu berücksichtigen!) stört. Das Vorhaben ist also abstrakt gebietsunverträglich und widerspricht daher den Festsetzungen des Bebauungsplans.

c) Feinsteuerung der bauplanungsrechtlichen Zulässigkeit nach § 15 BauNVO

Hält sich das Vorhaben im Rahmen der Festsetzungen, tritt als zweite Zulas- **63** sungsschranke § 15 BauNVO hinzu. Diese Vorschrift dient der Feinsteuerung der bauplanungsrechtlichen Zulässigkeit. Es geht um die Unzulässigkeit des Vorhabens im Einzelfall.[29]

(1) Ein Vorhaben ist nach **§ 15 Abs. 1 S. 1 BauNVO** unzulässig, wenn es nach Anzahl, Lage, Umfang oder Zweckbestimmung der Eigenart des Baugebiets widerspricht (**konkrete Gebietsunverträglichkeit**).

Beispiel:[30] K beantragt für ein Mischgebiet nach § 6 BauNVO die Baugenehmigung für ei- **64** nen Supermarkt. Die Genehmigung wird mit der Begründung verweigert, bereits 70 v. H. der Fläche des Gebietes seien mit Einzelhandelsbetrieben bebaut. Das Vorhaben von K würde dazu führen, dass der Anteil der Einzelhandelsbetriebe auf 85 v. H. steigen würde. Ein Mischgebiet dient nach § 6 Abs. 1, Abs. 2 Nr. 3 BauNVO auch der Unterbringung von Einzelhandelsbetrieben. Es dient jedoch auch dem Wohnen. Das Vorhaben des K widerspricht deshalb nach „Anzahl und Umfang" der Eigenart des Baugebietes und ist somit unzulässig.

(2) Von dem Vorhaben dürfen nach **§ 15 Abs. 1 S. 2 Alt. 1 BauNVO** keine Beläs- **65** tigungen oder Störungen ausgehen, die nach der Eigenart des Baugebietes dort oder in dessen Umgebung unzumutbar sind. Die Frage der Unzumutbarkeit ist unter Berücksichtigung aller Umstände des Einzelfalls zu treffen. Technische Regelwerke wie die TA-Lärm, VDI-Richtlinien oder Verordnungen zum BImSchG können herangezogen werden. Diese Regelwerke liefern gewichtige Anhaltspunkte für die Feinsteuerung. § 15 Abs. 3 BauNVO unterstreicht aber, dass die verfahrensmäßige Einordnung eines Vorhabens nach dem BImSchG nicht allein entscheiden darf.[31]

---

[25] Vgl. *Berkemann,* jM 2014, 209 (211 f.).
[26] BVerwGE 116, 155 (157).
[27] Negativbeispiele aus der Rspr. bei *Berkemann,* jM 2014, 209 (211 f.).
[28] BVerwG, BayVBl. 2008, 542 ff.
[29] Instruktiv *Berkemann,* jM 2014, 209 ff.
[30] BVerwGE 79, 309 ff.
[31] Vgl. *Henkel,* in: BeckOK BauNVO, § 15 Rn. 61 f.

66   (3) Vorhaben sind schließlich auch dann unzulässig, wenn sie selbst unzumutbaren Belästigungen oder Störungen ausgesetzt werden (**§ 15 Abs. 1 S. 2 Alt. 2 BauNVO**).

> **Beispiel:** Unzulässig ist die Genehmigung eines Studentenwohnheims neben einem stark lärmerzeugenden Gewerbebetrieb.

d) Problem „Wohnen" im Bauplanungsrecht

67   In vielen Gebieten nach der Baunutzungsverordnung ist „Wohnen" als Nutzung zulässig (siehe etwa § 2 BauNVO – Kleinsiedlungsgebiete, § 3 BauNVO – Reine Wohngebiete, § 4 BauNVO – Allgemeine Wohngebiete, § 5 BauNVO – Dorfgebiete, § 6 BauNVO – Mischgebiete). In manchen Gebieten sind Wohnungen hingegen nicht oder nur eingeschränkt zulässig, etwa nur für Aufsichts- und Bereitschaftspersonen (siehe § 7 BauNVO – Kerngebiete, § 8 BauNVO – Gewerbegebiete, § 9 BauNVO – Industriegebiete). An der Frage, ob eine bestimmte Nutzung als „Wohnen" anzusehen ist, entzündet sich oft Streit, sei es, dass in Wohngebieten Wohnungen an bestimmte Personen überlassen werden sollen, die dort nicht im klassischen Sinne „wohnen", oder dass in Gewerbegebieten Personal in Firmenräumen längerfristig untergebracht werden soll.

68   Die Grundentscheidung der Baunutzungsverordnung ist vereinfacht folgende: „Wohnen" verlangt ruhige Verhältnisse in der Umgebung. Wer „wohnt", soll also seine Ruhe haben, störende Nutzungen sind unzulässig. Umgekehrt: In anderen Baugebieten, die vor allem für lärmintensivere Nutzungen vorgesehen sind, soll nicht gewohnt werden, weil die Wohnverhältnisse möglicherweise ungesund wären.

69   „Wohnen" als Rechtsbegriff verlangt eine „auf Dauer angelegte Häuslichkeit", eine „Eigengestaltung der Haushaltsführung und des häuslichen Wirkungskreises" sowie „Freiwilligkeit des Aufenthaltes".[32] Daraus und aus den allgemeinen Grundsätzen ergibt sich:

70   – Kein „Wohnen" im bauplanungsrechtlichen Sinn ist die Vermietung von **Ferienwohnungen**.[33] Es fehlt am Kriterium der „Dauer", denn die Feriengäste sind ja nur ein paar Tage oder Wochen vor Ort. Ein denkbares Argument für den Ausschluss solcher Nutzungen aus dem Begriff „Wohnen" ist vor allem, dass Feriengäste „Unruhe" bringen (Anfahrt, Abfahrt, Orientierungsprobleme, typisches Urlaubsverhalten), so dass sehr viel mehr Lärm zu erwarten ist als bei typischer Dauerwohnnutzung. Der Verordnungsgeber hat mittlerweile durch § 13a BauNVO eine entsprechende Klarstellung vorgenommen.
  – Zum Wohnen zählt hingegen das „Wohnen auf Zeit" oder die Nutzung als **Zweitwohnung.**
  – Schwierig ist die Einordnung von sog. **Boardinghäusern**, in denen Monteure oder andere Arbeitnehmer für eine längere Zeit untergebracht werden. Falls in relevanter Weise hotelartige Dienstleistungen (Frühstück, Zimmerreinigung etc.) angeboten werden, ist von einem Beherbergungsbetrieb und nicht von „Wohnen" auszugehen. Gibt es hingegen im Boardinghaus nur einen Getränkeautomaten und eine wöchentliche Zimmerreinigung, kann von einer Wohnnutzung ausgegangen werden. Es kommt auf den Einzelfall an.

---

[32] Siehe *Külpmann*, DVBl. 2020, 657 ff. mit weiteren Nachweisen.
[33] BVerwGE 160, 104 Rn. 17.

– Ebenso vom Einzelfall abhängig ist die Einordnung von **betreutem Wohnen**. Entscheidend ist, ob von einer eigenständigen Gestaltung der Häuslichkeit ausgegangen werden kann (möglicherweise zu bejahen bei Seniorenwohngruppen, eher zu verneinen bei Wohngruppen von Minderjährigen oder von Personen, die eine umfassende Betreuung benötigen, bei ihnen wird man eher von einer „Anlage für soziale Zwecke" ausgesehen, siehe etwa § 4 Abs. 2 Nr. 2 BauNVO).

– In **Flüchtlingswohnheimen** wird nicht „gewohnt" (hohe Belegungsdichte, absehbare Verweildauer).

– Bei **„Airbnb"**-Angeboten kommt es darauf an, ob die Wohnung dauerhaft fremdvermietet wird (dann Ferienwohnung), oder ob nur gelegentlich (etwa bei eigener Abwesenheit) eine Vermietung erfolgt. In letztem Fall bleibt die eigentliche Wohnnutzung durch den Wohnungsinhaber erhalten.

2. Vorhabenbezogener Bebauungsplan (§ 30 Abs. 2 BauGB)

Der vorhabenbezogene Bebauungsplan nach § 12 BauGB (näher → Rn. 414 ff.) **71** ist dem qualifizierten Bebauungsplan gleichgestellt. Das Vorhaben ist zulässig, wenn es dem Bebauungsplan nicht widerspricht. Der Vorhaben- und Erschließungsplan ist Bestandteil des Bebauungsplans (§ 12 Abs. 3 S. 1 BauGB). Auch beim vorhabenbezogenen Bebauungsplan muss die Erschließung gesichert sein. Zur Herstellung der Erschließungsanlagen ist aber ohnehin der Vorhabenträger verpflichtet (§ 12 Abs. 1 S. 1 BauGB). Eine Konkretisierung des Vorhabens durch den Durchführungsvertrag ist zulässig (auch nachträglich, → § 12 Abs. 3a BauGB).[34]

3. Ausnahmen und Befreiungen (§ 31 BauGB)

a) Allgemeines

§ 31 BauGB eröffnet die Möglichkeit zur „Handsteuerung". Obwohl ein (einfa- **72** cher oder qualifizierter) Bebauungsplan konkret-individuelle Regelungen enthält, gibt es ein gewisses Maß an typisierenden Planinhalten, die den spezifischen Besonderheiten bestimmter Grundstücke möglicherweise nicht entsprechen. Unter Umständen können auch berechtigte Wünsche der Eigentümer für eine Abweichung vom Planinhalt sprechen. Die Baugenehmigungsbehörde kann deshalb unter den in § 31 Abs. 1 BauGB genannten Voraussetzungen eine **Ausnahme** zulassen oder nach Abs. 2 eine **Befreiung** („Dispens") erteilen. Beides liegt in ihrem Ermessen (Art. 40 BayVwVfG).

Der Unterschied zwischen Ausnahme und Befreiung liegt darin, dass bei einer **73** Ausnahme (§ 31 Abs. 1 BauGB) der Bebauungsplan selbst bereits die Möglichkeit der Erteilung vorsieht (sog. **Planimmanenz**). Eine Befreiung (§ 31 Abs. 2 BauGB) erfolgt hingegen in Abweichung von den Festsetzungen des Bebauungsplans und ist deshalb nur unter sehr eingeschränkten Voraussetzungen möglich (§ 31 Abs. 2 BauGB). Sowohl bei einer Ausnahme als auch bei einer Befreiung wird das gemeindliche Planungskonzept möglicherweise in Frage gestellt. Jedenfalls wird im Einzelfall von den von der Gemeinde getroffenen Festsetzungen abgewichen. Da-

---

[34] Vgl. *Weitz*, NVwZ 2016, 114 ff.

her darf die Baugenehmigungsbehörde die Entscheidung gemäß § 31 Abs. 1 oder Abs. 2 BauGB nur im Einvernehmen mit der Gemeinde treffen (§ 36 Abs. 1 S. 1 BauGB; → Rn. 192 ff.).

74 Im Rahmen der Beteiligung nach § 36 BauGB hat die Gemeinde – wie die Baugenehmigungsbehörde – über die Ausnahme oder Befreiung eine pflichtgemäße Ermessensentscheidung zu treffen (→ Rn. 188).

75 Vom Erfordernis einer gesicherten Erschließung kann weder nach § 31 Abs. 1 noch nach § 31 Abs. 2 BauGB abgewichen werden. Bei Entscheidungen nach § 31 Abs. 1 BauGB ist § 15 BauNVO zu beachten. Von § 15 BauNVO kann nach § 31 Abs. 2 BauGB keine Befreiung erteilt werden, da es sich um keine Festsetzung des Plans, sondern um eine zwingende Vorgabe des Verordnungsgebers handelt.

b) Die Erteilung von Ausnahmen (§ 31 Abs. 1 BauGB)

76 Eine Ausnahme nach § 31 Abs. 1 BauGB kann nur dann erteilt werden, wenn dies im Bebauungsplan nach Art und Umfang ausdrücklich vorgesehen ist. Die Gemeinde kann für sämtliche nach § 9 BauGB möglichen Festsetzungen Ausnahmen vorsehen.

77 Durch Festsetzung eines Baugebiets nach der BauNVO werden über § 1 Abs. 3 S. 2 BauNVO auch die in den §§ 2–9 BauNVO vorgesehenen Ausnahmen (jeweils dritter Absatz) Bestandteil des Bebauungsplans. Das Vorhaben muss also unter einen der Tatbestände subsumiert werden können und darf nicht abstrakt gebietsunverträglich (→ Rn. 61) sein.

78 **Beispiel:** G möchte im Bereich der Gemeinde G einen Gartenbaubetrieb einrichten. Das Grundstück liegt im Planbereich, der von der Gemeinde als allgemeines Wohngebiet (WA) ausgewiesen ist. Darf die Baugenehmigungsbehörde die Baugenehmigung erteilen?
Fraglich ist, ob der Gartenbaubetrieb nach der Art der baulichen Nutzung in einem allgemeinen Wohngebiet grundsätzlich zulässig ist. Gemäß § 4 Abs. 2 BauNVO ist dies nicht der Fall. Möglich ist jedoch eine Ausnahme nach § 31 Abs. 1 BauGB, da gemäß § 4 Abs. 3 Nr. 4 BauNVO Gartenbaubetriebe ausnahmsweise zugelassen werden können. § 4 Abs. 3 BauNVO ist wegen § 1 Abs. 3 S. 2 BauNVO Bestandteil des Bebauungsplans.

79 **Beispiel:**[35] Ein Krematorium mit Abschiedsraum verträgt sich nicht mit der allgemeinen Zweckbestimmung eines Gewerbegebiets, ist also abstrakt gebietsunverträglich und kann daher nicht als Ausnahme gem. § 31 Abs. 1 BauGB i. V. m. § 8 Abs. 3 Nr. 2 BauNVO zugelassen werden.

80 Die Bauaufsichtsbehörde muss aber das zugewiesene Ermessen nach allgemeinen Grundsätzen (Art. 40 BayVwVfG, § 114 VwGO), also dem Zweck des Gesetzes entsprechend ausüben. Vor allem müssen die privaten Gründe, die für die Ausnahmeerteilung vorgebracht werden, mit städtebaulichen Gesichtspunkten abgewogen werden. Weiterhin ist § 15 Abs. 1 BauNVO zu beachten, der der Erteilung einer Ausnahme entgegenstehen kann.

c) Die Erteilung von Befreiungen (§ 31 Abs. 2 BauGB)

81 Anders als bei der Ausnahme wird bei einer Befreiung nach § 31 Abs. 2 BauGB der planerische Wille der Gemeinde durchbrochen. Befreiungen sind deshalb nur unter sehr eingeschränkten Voraussetzungen möglich:

---

[35] BVerwGE 142, 1 ff.; vgl. aber auch BVerfG, ZfBR 2016, 582 ff. zur Bedeutung der Glaubensfreiheit bei der Beurteilung der Zulässigkeit einer Krypta im Industriegebiet.

– Zunächst dürfen die **Grundzüge der Planung nicht berührt** werden. Sonst ist eine Planänderung erforderlich. Es kommt deshalb darauf an, ob ein Planungsakt erforderlich ist, um das Vorhaben zuzulassen. Hilfsweise kann § 34 Abs. 1 BauGB herangezogen werden. Dürfte ein Vorhaben bei unterstellter Anwendbarkeit des § 34 Abs. 1 BauGB nicht genehmigt werden, weil es sich in seine Umgebung nicht einfügt, so kann es auch nicht im Wege der Befreiung von den Festsetzungen eines Bebauungsplans genehmigt werden. Ist auch ein vereinfachtes Planänderungsverfahren nach § 13 BauGB nicht zulässig, kommt erst recht keine Befreiung nach § 31 Abs. 2 BauGB in Betracht.

– Die Befreiung kann erteilt werden, wenn **Gründe des Wohls der Allgemeinheit** die Befreiung erfordern (§ 31 Abs. 2 Nr. 1 BauGB). Diese Bestimmung wird allerdings von der Rechtsprechung „weit" ausgelegt. Gründe des Allgemeinwohls sollen bereits dann die Befreiung erfordern, wenn es in Verfolgung des jeweiligen öffentlichen Interesses vernünftigerweise geboten ist, mit Hilfe der Befreiung das Vorhaben an der vorgesehenen Stelle zu verwirklichen.[36] Der Dispens muss also nicht das einzig denkbare Mittel für die Verwirklichung der jeweiligen öffentlichen Zielsetzung sein. Zum Allgemeinwohl werden nicht nur spezifisch bodenrechtliche Belange, sondern auch sonstige öffentliche Interessen gezählt, wie sie in § 1 Abs. 6 BauGB genannt sind.[37] Als besonderer Gemeinwohlbelang werden die Wohnbedürfnisse der Bevölkerung und der Bedarf zur Unterbringung von Flüchtlingen und Asylbegehrenden hervorgehoben.

– Eine zweite Möglichkeit für die Erteilung einer Befreiung besteht dann, wenn die Abweichung **städtebaulich vertretbar** ist (§ 31 Abs. 2 Nr. 2 BauGB). Dies wird man dahin konkretisieren können, dass die Abweichung als ein nach § 1 BauGB zulässiger Inhalt des Bebauungsplans erscheint.[38] Zu beachten ist aber, dass auch hierbei die Grundzüge der Planung nicht angetastet werden dürfen. § 31 Abs. 2 Nr. 2 BauGB erlaubt nur „Randkorrekturen" der Planung, nicht hingegen eine Planänderung im Gewand der Befreiung.[39] Ein „atypischer Sachverhalt" kann zwar die Befreiung rechtfertigen, die „Atypik" ist aber nicht (mehr) zwingende Voraussetzung.[40]

– Eine Befreiung kann weiterhin dann erteilt werden, wenn die Durchführung des Bebauungsplans zu einer offenbar nicht beabsichtigten **Härte** führen würde (§ 31 Abs. 2 Nr. 3 BauGB). Während es bei Nr. 1 und Nr. 2 um Befreiungen aus Gründen des öffentlichen Wohls geht, ermöglicht Nr. 3 eine rein privatnützige Befreiung. Daher muss die Befreiungsmöglichkeit nach Nr. 3 sehr eng gehandhabt werden. Sie kann nur dann zum Tragen kommen, wenn die Festsetzungen eines Bebauungsplans auf einem Grundstück wegen dessen ungewöhnlicher Gestalt bei Betrachtung dieses Einzelfalls so besser nicht getroffen worden wären.[41] Solche offenbar nicht beabsichtigten Härten können sich etwa bei Eckgrundstücken oder bei besonders schmal geschnittenen Grundstücken ergeben. Erweisen

---

[36] BVerwGE 56, 71 (76).
[37] BVerwG, DÖV 1978, 921 ff.
[38] *Reidt,* in: B/K/L, BauGB, § 31 Rn. 38.
[39] *Reidt,* in: B/K/L, BauGB, § 31 Rn. 39.
[40] Vgl. *Reidt,* in: B/K/L, BauGB, § 31 Rn. 26 m. w. N.
[41] Vgl. auch *Reidt,* in: B/K/L, BauGB, § 31 Rn. 41.

sich hingegen die Festsetzungen eines Bebauungsplans generell als Härte für die betroffenen Grundstücke, so kann dem nicht mit Hilfe einer Befreiung abgeholfen werden.[42] Auch auf individuelle Wünsche des einzelnen Bauwerbers kommt es nicht an.

– Schließlich ist für die Befreiung generell erforderlich, dass die Abweichung **mit öffentlichen Belangen vereinbar** ist. Dies ergibt sich bereits aus der Ermessensstruktur des § 31 Abs. 2 BauGB. Zusätzlich hebt die Vorschrift hervor, dass auch die nachbarlichen Interessen zu würdigen sind. Es handelt sich somit um eine drittschützende Vorschrift i. S. d. Schutznormtheorie (→ Rn. 590 ff.).

82   Auch wenn die Voraussetzungen für die Erteilung einer Befreiung vorliegen, ist immer noch eine **Ermessensentscheidung** zu treffen („kann"). Hierbei kann z. B. berücksichtigt werden, dass die Gemeinde den Bebauungsplan ändern will.[43] Aufgrund der engen Voraussetzungen des § 31 Abs. 2 BauGB besteht indes nur ein geringer Ermessensspielraum. Nach Teilen der Rechtsprechung soll sich das Ermessen sogar in der Regel auf null reduzieren, wenn dem Vorhaben nicht zumindest gleichgewichtige städtebauliche Belange entgegenstehen.[44]

d) Sonderregelungen für angespannte Wohnungsmärkte (§ 31 Abs. 3 BauGB)

83   Bei sog. angespannten Wohnungsmärkten (Voraussetzung: Verordnung nach § 201a BauGB) besteht eine zusätzliche Befreiungsmöglichkeit „zugunsten des Wohnungsbaus". Verfahrensrechtlich ist wichtig, dass eine „Zustimmung" der Gemeinde zur Befreiung erforderlich ist. Für die „Zustimmung" gilt § 36 Abs. 2 S. 2 BauGB entsprechend (Fiktion der Zustimmungserteilung nach Fristablauf von 2 Monaten). Nicht entsprechend gilt § 36 Abs. 2 S. 3 BauGB, eine Ersetzung einer verweigerten Zustimmung ist – anders als beim Einvernehmen – also nicht möglich! Das Zustimmungserfordernis ist daher eine stärkere Form der gemeindlichen Beteiligung am Baugenehmigungsverfahren.

4. Bauen nach künftigem Bebauungsplan (§ 33 BauGB)

84   § 33 BauGB enthält einen weiteren Zulässigkeitstatbestand. Bereits in der Phase der Planaufstellung kann ein Vorhaben nach den Maßstäben des künftigen Bebauungsplans genehmigt werden. Damit wird dem Umstand Rechnung getragen, dass das Planaufstellungsverfahren notwendigerweise Zeit in Anspruch nimmt, möglicherweise aber nichts dagegen spricht, Vorhaben schon vorher zuzulassen.

85   Wichtig für das Verständnis der Vorschrift ist zunächst, dass aus § 33 BauGB nur die Zulässigkeit, nie die Unzulässigkeit eines Vorhabens abgeleitet werden kann. Es handelt sich also um einen **zusätzlichen Genehmigungstatbestand.**

86   Den Grundtatbestand regelt § 33 Abs. 1 BauGB. Voraussetzung für die Zulässigkeit des Vorhabens ist demnach, dass die erstmalige Öffentlichkeits- und Behördenbeteiligung durchgeführt worden ist (§ 33 Abs. 1 Nr. 1 BauGB). Kommt es wegen Änderungen der Planung zu einer erneuten Öffentlichkeits- und Behördenbeteiligung, kann vor dieser erneuten Öffentlichkeits- und Behördenbeteiligung das Vor-

---

[42] BVerwGE 40, 268 (271 ff.).
[43] BVerwG, NVwZ 2003, 478 ff.
[44] BayVGH, BauR 2011, 1785 (1789); OVG Koblenz, NVwZ-RR 2015, 888 (890).

haben gemäß Abs. 2 gleichwohl zulässig sein. Die erstmalige Öffentlichkeits- und Behördenbeteiligung muss aber immer abgeschlossen sein.

Zusätzlich ist erforderlich, dass das Vorhaben voraussichtlich den künftigen Fest- **87** setzungen des Bebauungsplans entspricht. Man spricht insofern von **materieller Planreife**.

Der Antragsteller muss weiterhin eine **Anerkenntniserklärung** vorlegen (§ 33 **88** Abs. 1 Nr. 3 BauGB).[45] Durch das Anerkenntnis wird – mit dinglicher Wirkung – das Inkrafttreten des Bebauungsplanentwurfs vorverlagert. Wichtig: Das Aner- kenntnis verliert seine Wirksamkeit in dem Moment, in welchem der Bebauungs- plan bekanntgemacht (also in Kraft gesetzt) wird, und zwar auch dann, wenn der Bebauungsplan unwirksam sein sollte (ob ein Plan wirksam ist oder nicht, weiß ja meistens niemand so genau, daher gelten die Verfahrensregeln des Baugesetzbuchs regelmäßig auch für eigentlich unwirksame Pläne → Rn. 231).[46] Die rechtliche Folge besteht darin, dass es dem Grundstückseigentümer trotz des vorherigen An- erkenntnisses nicht verwehrt ist, sich nach Inkraftsetzen des Bebauungsplanes auf die Unwirksamkeit der Festsetzung zu berufen.[47] Das vorher unterschriebene An- erkenntnis steht dem nicht entgegen, weil es sich erledigt hat.

Schließlich muss die Erschließung gesichert sein (§ 33 Abs. 1 Nr. 4 BauGB). Unbedingt beachten: Alle Voraussetzungen müssen kumulativ vorliegen!

Soweit eine Planänderung im vereinfachten Verfahren nach § 13 BauGB oder im **89** beschleunigten Verfahren nach § 13a BauGB stattfindet, kann das Vorhaben vor Durchführung der Öffentlichkeits- und Behördenbeteiligung zugelassen werden (§ 33 Abs. 3 BauGB). Sowohl bei § 33 Abs. 2 BauGB als auch bei § 33 Abs. 3 S. 1 BauGB handelt es sich um Ermessenstatbestände ("kann").

Unanwendbar ist § 33 BauGB dann, wenn die Vorschrift von der Gemeinde **90** missbräuchlich gehandhabt wird. Das ist vor allem dann der Fall, wenn die Gemein- de das Verfahren in der Schwebe hält, sich also nicht bemüht, den Bebauungsplan in Kraft zu setzen.[48] Auch wenn die Tatbestandsvoraussetzungen erfüllt sind, ist ein Vor- haben in solchen Fällen nicht unter Berufung auf den Planentwurf genehmigungs- fähig.

III. Die Zulässigkeit von Vorhaben im Innenbereich (§ 34 BauGB)

1. Anwendbarkeit von § 34 BauGB

Zunächst darf kein qualifizierter oder vorhabenbezogener Bebauungsplan gege- **91** ben sein, da dann § 30 Abs. 1 und Abs. 2 BauGB als leges speciales vorgehen.

§ 34 BauGB setzt einen im Zusammenhang bebauten **Ortsteil** voraus. Unter ei- **92** nem Ortsteil versteht man eine komplexartige Bebauung von gewissem zahlenmä- ßigen Gewicht i. S. e. organischen Siedlungsstruktur.[49] Es darf sich also nicht um

---

[45] Das Anerkenntnis kann analog Art. 45 Abs. 1 und 2 BayVwVfG noch bis zum Abschluss des gerichtlichen Verfahrens nachgereicht werden, vgl. OVG Koblenz, BauR BauR 2012, 1362 (1364).
[46] BVerwGE 164, 40 ff.
[47] BVerwGE 164, 40 ff. Rn. 21.
[48] BVerwG, DVBl. 2003, 62 (66).
[49] Vgl. BVerwGE 31, 20 (21).

eine Splittersiedlung oder um eine bloße Streubebauung handeln.[50] Kein Ortsteil liegt vor, wenn die vorhandene Bebauung aufgegeben worden ist (z. B. ehemalige Kasernengelände, stillgelegte Flughafenanlagen, Industrieruinen).[51] Die vorhandene Bebauung muss also eine städtebaulich prägende Kraft auch für die Zukunft haben. Ist dies nicht der Fall, handelt es sich um ein Außenbereichsgrundstück nach § 35 BauGB („auch wenn da Gebäude rumstehen").

93   Ein **Bebauungszusammenhang** (weiteres Merkmal, nicht mit „Ortsteil" identisch, häufiges Missständnis!) ist dann gegeben, wenn die Bebauung trotz vorhandener Baulücken den Eindruck der Geschlossenheit (Zusammengehörigkeit) vermittelt.[52] Es kommt also auf eine Einzelfallbetrachtung unter Berücksichtigung der Verkehrsauffassung an. Im Regelfall geht es bei § 34 BauGB also um die Bebauung von **Baulücken**.[53] Also: Zunächst muss ein Ortsteil vorliegen und dann muss sich in dem Ortsteil eine Baulücke zeigen!

   Klausurpraxis: Zur Zulässigkeit von Vorhaben im Innenbereich → Klausur Nr. 12 „Im Westen was Neues" und Klausur Nr. 14 „Das Haus am Waldrand".

2. Zulässigkeitsvoraussetzungen nach § 34 Abs. 1 BauGB

a) Sich-Einfügen in die Eigenart der näheren Umgebung

94   Grundsätzlich verlangt § 34 Abs. 1 S. 1 BauGB das Sich-Einfügen in die nähere Umgebung. Das Vorhaben muss sich innerhalb des durch die Bebauung seiner Umgebung geprägten Rahmens halten. Weiterhin muss es die erforderliche Rücksicht auf die unmittelbare Umgebung nehmen (sog. objektives Rücksichtnahmegebot, → Rn. 599 ff.).[54] Es darf keine „bodenrechtlichen Spannungen" hervorrufen, die nur durch Bauleitplanung bewältigt werden können.

95   Unter Umgebung wird die „nähere Umgebung" verstanden. Hierzu zählt man den Bereich, auf den die Ausführung des Vorhabens sich auswirken kann bzw. der seinerseits den bodenrechtlichen Charakter des Baugrundstücks prägt oder beeinflusst.[55]

96   **Hinweis:** Diese – wenig eingängigen – Formeln der Rechtsprechung sollten im Grundsatz bekannt sein, sind aber in der Praxis oft nur durch die Einnahme eines Augenscheins anwendbar und bereiten auch dann oft noch erhebliche Probleme. Sie spielen deshalb für Klausuren keine besonders wichtige Rolle.

97   Ob sich das Vorhaben einfügt, muss nach den in § 34 BauGB genannten Merkmalen entschieden werden. Es geht also allein um **Art und Maß der baulichen Nutzung** (§§ 1 ff. und 16 ff. BauNVO), **Bauweise** (§ 22 BauNVO) und **überbaubare Grundstücksflächen** (§ 23 BauNVO). Die BauNVO ist zwar nicht unmittelbar anwendbar, deren Maßstäbe können aber als Hilfestellung herangezo-

---

[50] Vgl. BVerwG, BauR 2012, 1626 (1629): Maßgeblich sind nur die Anlagen und Flächen, die dem ständigen Aufenthalt von Menschen dienen sollen.

[51] BVerwGE 156, 336 ff.

[52] BVerwGE 31, 20 (21).

[53] Instruktiv zur Anwendbarkeit von § 34 BauGB: BVerwG, NVwZ 2015, 1767 m. Anm. *Muckel*, JA 2016, 477 f.

[54] Das Rücksichtnahmegebot dient neuerdings auch als „Einfallstor" für europarechtliche Vorgaben, vgl. BVerwGE 145, 290 ff.: Störfallbetrieb nach Seveso-II-Richtlinie.

[55] BVerwGE 55, 369 (380).

gen werden, soweit es um das äußere Erscheinungsbild des Vorhabens geht.[56] Sonstige Merkmale eines Gebäudes spielen insofern eine Rolle, dass nach § 34 Abs. 1 S. 2 BauGB die Anforderungen an gesunde Wohn- und Arbeitsverhältnisse gewahrt werden müssen und das Ortsbild nicht beeinträchtigt werden darf. Es muss sich jedoch um Merkmale handeln, die nach § 9 Abs. 1 BauGB im Bebauungsplan festsetzbar sind. Über den Rahmen des § 9 Abs. 1 BauGB geht auch § 34 Abs. 1 BauGB nicht hinaus. Merkmale von Gebäuden, die nur in örtlichen Bauvorschriften (Art. 81 BayBO i. V. m. § 9 Abs. 4 BauGB) festsetzbar sind, bleiben deshalb im Rahmen von § 34 Abs. 1 BauGB außer Betracht.

Beispiel: E möchte im unbeplanten Innenbereich der Gemeinde G ein Einfamilienhaus mit **98** Satteldach errichten. Das Landratsamt lehnt die Baugenehmigung mit der Begründung ab, in der Umgebung seien nur Flachdächer anzutreffen, so dass sich das Vorhaben nicht i. S. v. § 34 Abs. 1 BauGB einfüge.
Die Auffassung des Landratsamtes ist unrichtig. Die Dachform kann die Gemeinde allein in örtlichen Bauvorschriften nach § 9 Abs. 4 BauGB i. V. m. Art. 81 BayBO festsetzen, nicht hingegen nach § 9 Abs. 1 BauGB. Die Dachform bleibt deshalb für die Beurteilung des Einfügens außer Betracht.

Wichtig bei der Bestimmung des Maßes der baulichen Nutzung ist, dass es für **99** das Vorhaben in der Umgebung ein „Referenzobjekt" geben muss, also ein Gebäude, welches vergleichbare Dimensionen hat. Es ist also nicht zulässig, Merkmale verschiedener Gebäude miteinander zu kombinieren (Verbot von „Rosinenpickerei").[57]

Beispiel: In der näheren Umgebung eines Baugrundstücks im unbeplanten Innenbereich **100** befinden sich einige Einzelhandelsbetriebe mit 500 – 600 qm Grundfläche, die einstöckig sind. Daneben gibt es Wohngebäude, die dreistöckig sind, aber nur eine Grundfläche von 200 qm haben. Ein Investor möchte nun ein dreistöckiges Wohngebäude mit 500 qm Grundfläche errichten.
Hinsichtlich seiner Art fügt sich das Vorhaben ein, denn es ist Wohnnutzung vorhanden. Bezüglich des Maßes der baulichen Nutzung fehlt es aber am Einfügen. Es gibt kein Referenzobjekt. Die Gebäude, die 500 qm Grundfläche haben, sind nur einstöckig, die mehrstöckigen Gebäude haben lediglich 200 qm Grundfläche. Das Vorhaben ist also unzulässig.

Besteht ein **einfacher Bebauungsplan** (§ 30 Abs. 3 BauGB), müssen auch dessen Festsetzungen beachtet werden. Darstellungen im Flächennutzungsplan oder **101** Ziele der Raumordnung (§ 3 Abs. 1 Nr. 2 ROG) bleiben hingegen außer Betracht, da § 34 Abs. 1 BauGB an die tatsächlichen Gegebenheiten anknüpft.

Von Vorhaben im Innenbereich dürfen keine schädlichen Auswirkungen auf **102** zentrale Versorgungsbereiche in der Gemeinde oder in anderen Gemeinden zu erwarten sein (**§ 34 Abs. 3 BauGB**). Dies betrifft vor allem die Ansiedlung von Einzelhandelsbetrieben, die nicht großflächig i. S. v. Art. 11 Abs. 3 Satz 1 Nr. 2 BauNVO sein müssen, aber auch großflächig sein können (als „großflächig" werden Betriebe angesehen, die mehr als 800 qm Verkaufsfläche haben). Soweit Betriebe solcher Art im Innenbereich bereits vorhanden sind, ist ein weiteres Vorhaben nach § 34 Abs. 1 BauGB grundsätzlich baurechtlich zulässig. Trotzdem ist eine Genehmigung dann nicht möglich, wenn es negative Wirkungen auf zentrale Versorgungsbereiche in der Gemeinde selbst oder anderen Gemeinden hat. Unter einem

---

[56] Vgl. BVerwG, BauR 2013, 1245.
[57] BVerwGE 157, 1 ff.

„zentralen Versorgungsbereich" versteht man räumlich abgegrenzte Bereiche einer Gemeinde, denen aufgrund vorhandener Einzelhandelsnutzungen eine Versorgungsfunktion über den unmittelbaren Nahbereich hinaus zukommt.[58] Dies sind beispielsweise Innenstadtbereiche, aber auch andere größere oder kleinere Einkaufszentren (Grund- und Nahversorgungszentren). Bei der Abgrenzung dieser Bereiche kommt es – wie bei § 34 Abs. 1 BauGB – ausschließlich auf tatsächliche Verhältnisse, nicht auch auf Ziele der Raumordnung an.[59] „Schädliche Auswirkungen" sind vor allem dann gegeben, wenn ein Kaufkraftabfluss zu erwarten ist, der die Funktionsfähigkeit der zentralen Versorgungsbereiche so nachhaltig stört, dass sie ihren Versorgungsauftrag generell oder hinsichtlich einzelner Branchen nicht mehr substanziell wahrnehmen können.[60]

b) Sonderregelung für die Art der baulichen Nutzung (§ 34 Abs. 2 BauGB)

103 Für die Beurteilung der Art der baulichen Nutzung trifft § 34 Abs. 2 BauGB eine wichtige Sonderregelung. Das Gesetz lehnt sich insoweit an die Baugebiete nach der BauNVO an (→ §§ 2 ff. BauNVO). Entspricht ein im Zusammenhang bebauter Ortsteil faktisch einem in der BauNVO genannten Gebiet,[61] ist hinsichtlich der Beurteilung der Zulässigkeit der Art der baulichen Nutzung auf die BauNVO zurückzugreifen (sog. **homogener Innenbereich – „faktisches Baugebiet"**). Es ist dann nicht mehr zu prüfen, ob sich das Vorhaben nach der Art der baulichen Nutzung i. S. v. § 34 Abs. 1 BauGB einfügt; maßgeblich ist allein die BauNVO. Wie bei einem Bebauungsplan können Ausnahmen und Befreiungen nach § 31 BauGB von den Vorgaben der BauNVO erteilt werden (§ 34 Abs. 2 2. HS BauGB).

104 **Hinweis:** Der Sachverhalt einer Klausur weist auf ein „faktisches Baugebiet" oft dadurch hin, dass er einen Gebietstatbestand der BauNVO „mit Leben füllt"; etwa: „Es gibt keinen Bebauungsplan. In der näheren Umgebung finden sich überwiegend Wohngebäude; daneben gibt es eine Bäckerei, eine Metzgerei, eine Pizzeria, einen kleinen Malereibetrieb sowie eine Kirche und eine Schule" – faktisches allgemeines Wohngebiet nach § 4 BauNVO. In der Praxis häufig: faktische Mischgebiete nach § 6 BauNVO (es bestehen nebeneinander Wohnnutzung und gewerbliche Nutzung).

105 **Beispiel:** A ist Eigentümer eines Reihenendhauses im unbeplanten Innenbereich der Stadt R. Das Gebiet entspricht faktisch einem reinen Wohngebiet gemäß § 3 BauNVO. Im Erdgeschoss seines Gebäudes möchte A einen kleinen Handwerksbetrieb zur Reparatur von Fernseh- und Radiogeräten einrichten.
Das Vorhaben ist nach § 34 Abs. 1 BauGB nur dann zulässig, wenn es sich nach der Art der baulichen Nutzung in die Eigenart der näheren Umgebung einfügt. Im vorliegenden Fall entspricht die nähere Umgebung einem reinen Wohngebiet gemäß § 3 BauNVO, so dass sich die Zulässigkeit des Vorhabens hinsichtlich der Art seiner Nutzung gem. § 34 Abs. 2 BauGB allein danach bemisst. Im reinen Wohngebiet sind hauptsächlich Wohngebäude zulässig (§ 3 Abs. 2 BauNVO). Ein nicht störender Handwerksbetrieb kann gemäß § 3 Abs. 3 Nr. 1 BauNVO aber ausnahmsweise zugelassen werden (§ 34 Abs. 2 2. HS i. V. m. § 31 Abs. 1 BauGB i. V. m. § 3 Abs. 3 Nr. 1 BauNVO).

---

[58] BVerwG, BauR 2008, 315 ff.
[59] BVerwG, BayVBl. 2013, 93 (94).
[60] Vgl. auch BVerwG, NVwZ 2010, 590 ff.; BauR 2012, 760 ff.
[61] Ungeklärt ist, ob es auch „faktische Sondergebiete" nach §§ 10 f. BauNVO geben kann, vgl. *Mitschang/Reidt*, in: B/K/L, BauGB, § 34 Rn. 61 m. w. N.

Weiterer Hinweis: Es gibt keine „faktischen urbanen Gebiete" im Sinne von § 6a BauNVO **106** (§ 245c Abs. 3 BauGB), Es gibt auch keine „faktischen dörflichen Wohngebiete" im Sinne von § 5a BauNVO (§ 245d Abs. 1 BauGB).

Die Beurteilung des Maßes der baulichen Nutzung richtet sich hingegen stets **107** allein nach § 34 Abs. 1 BauGB. Die §§ 16 ff. BauNVO können lediglich als Auslegungshilfe herangezogen werden.

Beispiel: E ist Eigentümer eines Gebäudes im unbeplanten Innenbereich der Gemeinde G. **108** Die Umgebung entspricht von der Art der baulichen Nutzung einem Kleinsiedlungsgebiet. E möchte das Dachgeschoss ausbauen, ohne äußere Veränderungen am Gebäude vorzunehmen. Damit würde sich jedoch eine Geschossflächenzahl (GFZ) von 0,44 ergeben.
§ 17 Abs. 1 BauNVO bestimmt zwar eine in Kleinsiedlungsgebieten maximal zulässige maximale Geschossflächenzahl von 0,4. Diese Begrenzung gilt jedoch nicht für den unbeplanten Innenbereich (sondern nur für den Planbereich). Sie kann nur als Auslegungshilfe im Rahmen des Sich-Einfügens herangezogen werden. Entscheidend ist jedoch die Eigenart der näheren Umgebung. Sind dort GFZ über 0,4 verbreitet, spricht dies für ein Sich-Einfügen des Vorhabens des E nach dem Maß der baulichen Nutzung.

c) Befreiungsvorschrift (§ 34 Abs. 3a BauGB)

Durch die Befreiungsvorschrift des § 34 Abs. 3a Nr. 1 lit. a BauGB erleichtert **109** der Gesetzgeber für den Einzelfall die Erweiterung, Änderung, Nutzungsänderung oder Erneuerung eines zulässigerweise errichteten Gewerbe- oder Handwerksbetriebes. Dies kommt solchen Betrieben zu Gute, die als Einzelstandorte im nicht beplanten Innenbereich betriebsnotwendige Erweiterungen vornehmen müssen. Seit 2017 ist allgemein die Erweiterung, Änderung, Erneuerung von Wohngebäuden (Nr. 1 lit. b) sowie die Nutzungsänderung von baulichen Anlagen zu Wohnzwecken (Nr. 1 lit. c) von der Befreiung erfasst, um den Wohnungsbau im Innenbereich zu fördern. Voraussetzung ist, dass die Änderung städtebaulich vertretbar ist (§ 34 Abs. 3a S. 1 Nr. 2 BauGB). Dies ist insbesondere dann der Fall, wenn ein entsprechendes Vorhaben auch zulässiger Inhalt eines Bebauungsplans sein könnte. Städtebauliche Vertretbarkeit liegt nicht vor, wenn ein entsprechender Bebauungsplan über die Zulassung des Vorhabens im Ergebnis abwägungsfehlerhaft wäre. Des Weiteren ist erforderlich, dass nachbarliche Interessen beachtet werden und das Vorhaben im Übrigen mit öffentlichen Belangen vereinbar ist (§ 34 Abs. 3a S. 1 Nr. 3 BauGB). § 34 Abs. 3a BauGB überwindet nur das Gebot des Sich-Einfügens nach § 34 Abs. 1 BauGB, so dass er hinsichtlich der Art der baulichen Nutzung im homogenen Innenbereich nach § 34 Abs. 2 BauGB nicht anwendbar ist.[62] Ebenfalls nicht anwendbar ist die Bestimmung bei Einzelhandelsbetrieben, durch die eine verbrauchernahe Versorgung der Bevölkerung beeinträchtigt wird oder die schädliche Auswirkungen auf zentrale Versorgungsbereiche in der Gemeinde oder in anderen Gemeinden haben können (§ 34 Abs. 3a S. 2 BauGB). Damit wird eine ähnliche Regelung wie in § 34 Abs. 3 BauGB getroffen, nur dass hier eine ausdrückliche Beschränkung auf Einzelhandelsbetriebe vorgenommen wird.

Durch das Baulandmobilisierungsgesetz von 2021[63] ist die Vorschrift weiter ver- **110** kompliziert worden. Das in § 34 Abs. 3a S. 1 BauGB aufgestellte Erfordernis eines „Einzelfalls" wird in S. 3 zum Zweck der Förderung der Schaffung von Wohnraum aufgeweicht, also für die Fälle von S. 1 b) und c): Vom Erfordernis des Einfügens

---

[62] OVG Berlin-Brandenburg, BauR 2012, 1285 (nur LS).
[63] BGBL. I, S. 1802.

kann auch in „mehreren vergleichbaren Fällen" abgewichen werden. Voraussetzung dafür ist allerdings, dass die Aufstellung eines Bebauungsplans nicht erforderlich ist, was sich nach den allgemeinen Kriterien des § 1 Abs. 3 BauGB richtet.

3. Satzungen nach § 34 Abs. 4 BauGB

a) Satzungsarten

111   Der teilweise recht unklare Anwendungsbereich des § 34 BauGB (Was ist der „Ortsteil"? Inwieweit besteht eine „zusammenhängende" Bebauung?) kann satzungsmäßig von der Gemeinde konkretisiert werden. So kann gemäß § 34 Abs. 4 S. 1 Nr. 1 BauGB eine **Klarstellungssatzung** erlassen werden. Damit wird in deklaratorischer Weise die Grenze zwischen Außen- und Innenbereich dargestellt. Streitfälle, die sich daraus ergeben, ob ein Grundstück § 34 BauGB oder § 35 BauGB zuzuordnen ist, werden so vermieden.

112   Mit dem Erlass einer **Entwicklungssatzung** nach § 34 Abs. 4 S. 1 Nr. 2 BauGB kann die Gemeinde Flächen im Außenbereich dem Innenbereich nach § 34 BauGB „zuschlagen". Voraussetzung hierfür ist, dass die Bereiche im Flächennutzungsplan als Baufläche dargestellt sind (vgl. § 1 Abs. 1 BauNVO).

113   Schließlich kann nach § 34 Abs. 4 S. 1 Nr. 3 BauGB auch eine **Ergänzungssatzung** erlassen werden. Voraussetzung hierfür ist, dass es sich um einzelne Außenbereichsflächen handelt, die durch die bauliche Nutzung des angrenzenden Bereichs geprägt sind. In Betracht kommt eine solche Satzung vor allem, um einseitig bebaute Straßen am Ortsrand auch auf der anderen Straßenseite bebauen zu können.

114   Für die Klarstellungssatzung bestehen keine weiteren formellen oder materiellen Anforderungen. Entwicklungs- und Ergänzungssatzungen sind hingegen nur unter den einschränkenden Voraussetzungen von § 34 Abs. 5 BauGB zulässig. Sie dürfen vor allem nur dann erlassen werden, wenn das Vorhaben nicht die Pflicht zur Durchführung einer Umweltverträglichkeitsprüfung auslöst (§ 34 Abs. 5 S. 1 Nr. 2 BauGB) und auch ansonsten keine Belange des Umweltschutzes beeinträchtigt werden. Damit ist der Anwendungsbereich der Vorschriften von vornerein stark eingeschränkt; sie dürften praktisch nur noch eine geringe Rolle spielen.[64]

b) Erlassvoraussetzungen

115   Die einzelnen Satzungen können miteinander kombiniert werden (§ 34 Abs. 4 S. 2 BauGB). Es können auch einzelne sonstige Festsetzungen aufgenommen werden (vgl. im Einzelnen § 34 Abs. 5 S. 2 BauGB; auch Ausnahmen und Befreiungen sind nach S. 3 möglich).

116   Das Verfahren zur Satzungsaufstellung ist in § 34 Abs. 6 BauGB geregelt. Bei Entwicklungssatzungen und Ergänzungssatzungen muss ein vereinfachtes Verfahren gemäß § 13 Abs. 2 Satz 1 Nr. 2 und Nr. 3 BauGB sowie Satz 2 durchgeführt werden. Ähnlich dem Bebauungsplan werden die Satzungen nicht bekannt gemacht, vielmehr wird nur gemäß § 34 Abs. 6 S. 2 i. V. m. § 10 Abs. 3 BauGB der Satzungsbeschluss bekannt gemacht. Die Satzung wird zur Einsicht bereitgehalten.

---

[64] *Battis/Krautzberger/Löhr,* NJW 2004, 2553 (2557).

Zum praktischen Verständnis: Die Rechtswirkungen der Satzungen nach § 34 **117**
Abs. 4 BauGB lassen sich selbstverständlich auch durch den Erlass eines Bebauungsplans erreichen. Das Verfahren zum Erlass eines Bebauungsplans ist nur sehr
viel aufwendiger (vgl. §§ 2–4c BauGB).

IV. Zulässigkeit von Vorhaben im Außenbereich
(§ 35 BauGB)

1. Allgemeines

a) Begriff des Außenbereichs

Die Regelung des § 35 BauGB ist nur dann anwendbar, wenn das Vorhabeng- **118**
rundstück im Außenbereich liegt. Der Außenbereich lässt sich **negativ abgrenzen**: Es geht um diejenigen Gebiete, die weder innerhalb der im Zusammenhang
bebauten Ortsteile noch im Geltungsbereich eines qualifizierten oder vorhabenbezogenen Bebauungsplans liegen.

Fall: In der Gemeinde G verläuft der S-Weg, eine Stichstraße. Entlang der Straße befinden **119**
sich kleine Hofstellen und Einfamilienhäuser. Bauer B ist Eigentümer des letzten Gebäudes auf
der südlichen Seite des Weges. Er fragt an, ob er „im freien Feld" hinter oder neben dem bestehenden Gebäude ein kleines Wohnhaus für seine Tochter errichten darf.

Fraglich ist, ob das Grundstück zum Innen- oder Außenbereich gehört. Es handelt sich nicht
um eine Baulücke, so dass § 34 BauGB ausscheidet. Als nicht privilegiertes Vorhaben ist die Errichtung des Gebäudes nach § 35 Abs. 2 BauGB zu beurteilen und damit nur zulässig, wenn öffentliche Belange nicht beeinträchtigt werden (selten!).

Im Unterschied zum Plan- und Innenbereich gelten im Außenbereich die natur- **120**
schutzrechtlichen Eingriffsregelungen der §§ 14 bis 17 BNatSchG (§ 18 Abs. 2 S. 2
BNatSchG).

b) Privilegierte, nicht privilegierte und teilprivilegierte Vorhaben

Dem BauGB liegt der Grundsatz der Planmäßigkeit zugrunde, nach dem Vorha- **121**
ben nur zulässig sind, wenn sie einer gemeindlichen Planung nicht widersprechen
(§ 30 Abs. 1 und 2 BauGB) oder sich in die – insoweit planersetzenden – tatsächlichen Verhältnisse einfügen (§ 34 BauGB). Mit § 35 BauGB hat der Gesetzgeber
selbst eine generelle planerische Regelung geschaffen (**„gesetzlicher Ersatzplan"**).[65] Nach dem gesetzgeberischen Konzept soll eine Bebauung grundsätzlich
im Planbereich (§ 30 BauGB) oder im Innenbereich (§ 34 BauGB) stattfinden. Der
Außenbereich soll hingegen aus Gründen des Umwelt- und Landschaftsschutzes
vor Bebauung möglichst geschützt werden. Dies kommt in § 35 Abs. 2 BauGB
zum Ausdruck. Ein **nicht privilegiertes Vorhaben** ist nur dann zulässig, wenn öffentliche Belange nicht beeinträchtigt werden (Bauverbot mit Ausnahmevorbe-
halt[66]). Wann öffentliche Belange möglicherweise beeinträchtigt werden, ergibt sich
vor allem aus dem sehr weit gefächerten Katalog des § 35 Abs. 3 BauGB. Dies führt
im Ergebnis dazu, dass sonstige Bauvorhaben im Außenbereich im Regelfall unzulässig sind. Trotz der Verwendung des Begriffs „können" in § 35 Abs. 2 BauGB

---

[65] BVerwGE 28, 148; *Mitschang/Reidt,* in: B/K/L, BauGB, § 35 Rn. 1.
[66] *Mitschang/Reidt,* in: B/K/L, BauGB, § 35 Rn. 1.

handelt es sich nicht um eine Ermessens-, sondern um eine **gebundene Entscheidung.** Werden also keine öffentlichen Belange beeinträchtigt, besteht ein Genehmigungsanspruch. Denn nach Art. 14 Abs. 1 S. 2 GG bestimmt der Gesetzgeber Inhalt und Schranken des Grundeigentums; eine Ermessensentscheidung im Rahmen von § 35 Abs. 2 BauGB würde auf eine verfassungswidrige Eigentumsausgestaltung durch die Verwaltung hinauslaufen.[67]

122   Der Begriff „sonstige Vorhaben" in § 35 Abs. 2 BauGB weist bereits daraufhin, dass es auch andere, nämlich **privilegierte Vorhaben** gibt. Die privilegierten Vorhaben sind in § 35 Abs. 1 BauGB abschließend aufgezählt. Sie werden vom Gesetzgeber in planähnlicher Weise dem Außenbereich zugewiesen. Ihre Realisierung hat im Regelfall ein höheres Gewicht als die Berücksichtigung der in § 35 Abs. 3 BauGB genannten und möglicherweise beeinträchtigten öffentlichen Belange. Das zeigt sich auch an der Formulierung des Gesetzes: Während sonstige Vorhaben bereits unzulässig sind, wenn öffentliche Belange nur „beeinträchtigt" werden, ist die Zulassung privilegierter Vorhaben erst dann ausgeschlossen, wenn öffentliche Belange „entgegenstehen" (zur nachvollziehenden Abwägung → Rn. 147).

123   Der Strukturwandel in der Landwirtschaft hat allerdings in stärkerem Maße dazu geführt, im Außenbereich auch Vorhaben zuzulassen, die bei strenger Anwendung des § 35 Abs. 2 und Abs. 3 BauGB unzulässig wären. Dazu dient die Regelung des § 35 Abs. 4 BauGB. Hierbei geht es darum, zeitgemäße Änderungen von vorhandenen baulichen Anlagen zuzulassen und die Neuerrichtung von Wohngebäuden, die an die Stelle von vorhandenen Gebäuden treten, zu ermöglichen. Man spricht auch von **teilprivilegierten Vorhaben.**

124   Bei der Anwendung des § 35 BauGB ist immer der **Grundsatz der Schonung des Außenbereichs** zu beachten. Die grundsätzliche Zulässigkeit eines Vorhabens nach § 35 Abs. 1–4 BauGB bedeutet nicht, dass ein privilegiertes Vorhaben in jeder Dimension im Außenbereich errichtet werden kann. Vielmehr verlangt § 35 Abs. 5 S. 1 BauGB eine flächensparende, die Bodenversiegelung auf das notwendige Maß begrenzende und dadurch den Außenbereich schonende Bauweise; auch das ist in der nachvollziehenden Abwägung zu berücksichtigen.

2. Die Zulässigkeit von privilegierten Vorhaben im Außenbereich

a) Land- oder forstwirtschaftliche Vorhaben (§ 35 Abs. 1 Nr. 1 BauGB)

125   § 35 Abs. 1 BauGB enthält acht Privilegierungstatbestände. Nach § 35 Abs. 1 Nr. 1 BauGB sind zunächst solche Vorhaben privilegiert, die einem land- oder forstwirtschaftlichen Betrieb dienen und nur einen untergeordneten Teil der Betriebsfläche einnehmen. Der Begriff der **Landwirtschaft** wird in § 201 BauGB definiert. Hierzu zählen vor allem Ackerbau, Wiesen- und Weidewirtschaft sowie Tierhaltung auf überwiegend eigener Futtergrundlage. **Forstwirtschaft** bedeutet die planmäßige Bewirtschaftung des Waldes.

126   Ein „**Betrieb**" i. S. v. § 35 Abs. 1 Nr. 1 BauGB liegt nur dann vor, wenn eine ernsthafte Bewirtschaftungsabsicht besteht, also eine auf Dauerhaftigkeit angelegte und lebensfähige Organisation errichtet werden soll.[68] Weiterhin ist erforderlich,

---

[67] BVerwGE 18, 247 (250).
[68] BVerwGE 41, 138 (143).

dass ein Ertrag erzielt werden soll. Die bloße Freizeitbeschäftigung oder Liebhaberei genügt deshalb nicht.

Fall: Landwirt L möchte auf seinem Hof einen zusätzlichen Stall für 500 Mastschweine errichten. Das notwendige Futter will er aus industrieller Fertigung beziehen. Ist das Vorhaben privilegiert? **127**

Es kommt darauf an, ob auch die Schweinemast ein landwirtschaftlicher Betrieb ist. Dies ist nur dann zu bejahen, wenn der Betrieb auf eigener Futtergrundlage geführt wird (§ 201 BauGB). Eine Privilegierung nach § 35 Abs. 1 Nr. 1 BauGB liegt deshalb nicht vor (möglicherweise aber eine nach § 35 Abs. 1 Nr. 4 BauGB).

Immer größere Bedeutung kommt dem Merkmal des „**Dienens**" zu. Ob das Vorhaben dem Betrieb dient, muss im Einzelfall festgestellt werden. Es ist darauf abzustellen, ob ein „vernünftiger Landwirt" unter Berücksichtigung des Gebotes größtmöglicher Schonung des Außenbereichs das Vorhaben für einen entsprechenden Betrieb errichten würde und ob das Vorhaben durch die Zuordnung zu dem konkreten Betrieb äußerlich erkennbar geprägt wird.[69] **128**

Hinweis: Im Zuge der „Energiewende" wurden zahlreiche sog. Solarstadel oder Solarscheunen errichtet – teilweise auf drehbaren Bodenplatten! – (→ Rn. 143), deren landwirtschaftlicher Nutzen gering war und die somit eine genaue Prüfung des „Dienens" erforderlich machten.[70] **129**

Schließlich muss das Vorhaben einen **untergeordneten Teil der Betriebsfläche** einnehmen, wobei auf die Umstände des Einzelfalls und die Verkehrsauffassung abzustellen ist. **130**

b) Gartenbauliche Erzeugung (§ 35 Abs. 1 Nr. 2 BauGB)

Privilegiert sind auch Betriebe der gartenbaulichen Erzeugung. Anders als bei der Land- und Forstwirtschaft kommt es nicht auf das Verhältnis des Betriebes zur Gesamtfläche an. Es können deshalb Gewächshäuser im Außenbereich errichtet werden, die mehr als einen untergeordneten Teil der Fläche beanspruchen. **131**

c) Anlagen der öffentlichen Versorgung (§ 35 Abs. 1 Nr. 3 BauGB)

Die in § 35 Abs. 1 Nr. 3 BauGB genannten Betriebe sind dann privilegiert, wenn sie der **öffentlichen Versorgung** dienen. Dies ist nicht der Fall, wenn sie lediglich die Eigenversorgung eines Betriebes sicherstellen oder ergänzen. **132**

Privilegiert sind weiterhin Vorhaben, die einem **ortsgebundenen gewerblichen Betrieb** dienen. Ortsgebundenheit wird nur dann angenommen, wenn die bauliche Anlage auf eine bestimmte Stelle im Außenbereich geographisch oder geologisch geradezu angewiesen ist.[71] Es genügt also nicht, dass aus betriebswirtschaftlichen Gründen eine Anlage an einen bereits vorhandenen Betrieb angegliedert werden soll oder dass ein bestimmter Standort im Außenbereich für das Vorhaben besonders günstig ist. **133**

Nach der Rechtsprechung müssen auch die Anlagen der öffentlichen Versorgung ortsgebunden sein.[72] Mit dem Wortlaut der Vorschrift ist dies nicht zu vereinbaren. Richtig ist vielmehr, dass die Ortsgebundenheit keine Voraussetzung für die Privi- **134**

---

[69] BVerwGE 41, 138 (141).
[70] Zu einem solchen Fall BayVGH, BayVBl. 2012, 470 f.
[71] BVerwG, DVBl. 1994, 1141.
[72] BVerwG, DVBl. 1994, 1141.

legierung von Anlagen der öffentlichen Versorgung ist. Solche Anlagen sollten daher nur – wie alle privilegierten Vorhaben – den Grundsatz der Schonung des Außenbereichs wahren müssen; ein gegenüber der Ortsgebundenheit abgeschwächtes Kriterium.

135   **Beispiel:**[73] Eine Mobilfunksendeanlage ist eine Anlage der öffentlichen Versorgung mit Telekommunikationsdienstleistungen i. S. v. § 35 Abs. 1 Nr. 3 BauGB. Solche Anlagen können auch von Privaten betrieben werden; öffentlich muss nur ihr Zweck sein.
Verlangt man – mit der unzutreffenden Rechtsprechung des *BVerwG* – einen Standortbezug der Anlage, könnte man diese streng genommen im Außenbereich nie als privilegiert ansehen, da aufgrund der Wabenstruktur des Mobilfunknetzes stets mehrere Standorte in Betracht kommen, das Vorhaben also nicht auf einen konkreten Standort angewiesen ist. Das *BVerwG* hat diese unsinnige Konsequenz seiner Rechtsprechung erkannt und verlangt für Mobilfunksendeanlagen nunmehr eine bloße „Raum- bzw. Gebietsgebundenheit", ohne aber auf ein „Korrektiv" der Standortwahlfreiheit des Bauherrn (auch) bei Anlagen der öffentlichen Versorgung zu verzichten.

d) Sonstige privilegierte Vorhaben (§ 35 Abs. 1 Nr. 4 BauGB)

136   Privilegiert sind solche Vorhaben, die wegen besonderer Anforderungen an die Umgebung oder wegen nachteiliger Wirkung auf die Umgebung oder wegen einer besonderen Zweckbestimmung nur im Außenbereich ausgeführt werden sollen (§ 35 Abs. 1 Nr. 4 BauGB). Hierzu gehören beispielsweise Aussichtstürme, Freilichttheater, stark emittierende oder gefährliche Anlagen bzw. Jagd- und Fischereihütten.

137   **Hinweis:** Bis zur Innenentwicklungsnovelle 2013[74] fielen unter § 35 Abs. 1 Nr. 4 BauGB die meisten emittierenden **„gewerblichen" Tierhaltungsanlagen**, die zur Landwirtschaft nach § 35 Abs. 1 Nr. 1 i. V. m. § 201 BauGB zählen (Klassiker: Schweinemäster). Die UVP-pflichtige oder vorprüfungspflichtige Errichtung, Änderung oder Erweiterung solcher Anlagen wurde nunmehr von der Privilegierung ausgenommen. Der Anwendungsbereich der Privilegierung hat sich damit erheblich verkleinert. Ob eine UVP-Pflicht oder Vorprüfungspflicht besteht, ist in einer Klausur anzugeben. Die Nutzungsänderung vorhandener Anlagen ist dagegen weiterhin umfassend privilegiert.[75]

138   Eine wichtige Einschränkung bildet der Begriff „soll". Nicht jedes Vorhaben, das in sinnvoller Weise nur im Außenbereich errichtet werden kann, soll auch dort errichtet werden. Ansonsten wäre der von § 35 BauGB bezweckte Schutz des Außenbereichs vor Bebauung nicht gewährleistet.[76] Maßgeblich für die Beantwortung der Frage des Sollens ist die Funktion des Außenbereichs i. S. d. Wahrung seiner naturgegebenen Bodennutzung und seiner Erholungsfunktion für die Allgemeinheit.[77] Die diesbezügliche Bewertung eines Vorhabens fällt negativ aus, wenn es darum geht, unter Ausschluss der Allgemeinheit Ruhe und Erholung wenigen Personen zu gewährleisten, soweit nicht eine Ausführung des Vorhabens im überwiegenden allgemeinen Interesse liegt.

139   **Beispiel:** Der Golfclub G e. V. will im Außenbereich der kreisangehörigen Gemeinde G eine Golfanlage (Gebäude und Plätze) anlegen. Das Vorhaben kann zwar nur in der „freien Natur"

---

[73] BVerwGE 147, 37 ff.
[74] Gesetz zur Stärkung der Innenentwicklung in den Städten und Gemeinden und weiterer Fortentwicklung des Städtebaurechts vom 11.6.2013, BGBl. I S. 1548.
[75] Vgl. aber das Gesetz zur baulichen Anpassung von Anlagen der Jungsauen- und Sauenhaltung vom 16. Juli 2021, BGBl. I, 2939.
[76] BVerwGE 48, 109 (112).
[77] *Mitschang/Reidt,* in: B/K/L, BauGB, § 35 Rn. 43.

verwirklicht werden. Der Privilegierungstatbestand des § 35 Abs. 1 Nr. 4 BauGB greift jedoch gleichwohl nicht ein, da das Vorhaben der Funktion des Außenbereichs als Erholungsraum für die Allgemeinheit nicht entspricht. Die Golfanlage kann deshalb nur genehmigt werden, wenn sich die Gemeinde zum Erlass eines Bebauungsplans mit entsprechenden Festsetzungen entschließt.

e) Anlagen der Wind- und Wasserenergie (§ 35 Abs. 1 Nr. 5 BauGB)

§ 35 Abs. 1 Nr. 5 BauGB privilegiert Anlagen der Wind- und Wasserenergie. **140** Auf Grundlage der sog. Länderöffnungsklausel des § 249 Abs. 3 BauGB hat der bayerische Gesetzgeber in Art. 82 BayBO die Privilegierung von Windenergieanlagen aber erheblich eingeschränkt. Nach Art. 82 Abs. 1 BayBO gilt § 35 Abs. 1 Nr. 5 BauGB für Windenergieanlagen nur, wenn sie einen Mindestabstand vom 10-fachen ihrer Höhe zu Wohngebäuden im Plan- oder Innenbereich einhalten. Diese sog. **10-H-Regelung** wurde 2016 vom BayVerfGH für verfassungskonform erachtet.[78] Hält eine Windenergieanlage den Abstand nicht ein, ist sie als sonstiges Vorhaben nach § 35 Abs. 2 BauGB zu behandeln und damit praktisch immer unzulässig. Denn die Belange des Natur- und Landschaftsschutzes (§ 35 Abs. 3 S. 1 Nr. 5 BauGB), werden von solchen Anlagen stets beeinträchtigt (zum Landschaftsschutz → Rn. 160).

f) Anlagen zur energetischen Nutzung von Biomasse (§ 35 Abs. 1 Nr. 6 BauGB)

Privilegiert zugelassen werden durch § 35 Abs. 1 Nr. 6 BauGB Anlagen zur Nut- **141** zung von Biomasse. Zu beachten ist die Einschränkung nach § 35 Abs. 1 Nr. 6 lit. b BauGB. Danach darf nur Biomasse aus dem privilegierten Betrieb selbst oder nahegelegenen Betrieben verarbeitet werden. Damit soll aus ökologischen Gründen ein überregionaler Transport von Rohmaterial verhindert werden.[79]

g) Kerntechnische Anlagen (§ 35 Abs. 1 Nr. 7 BauGB)

§ 35 Abs. 1 Nr. 7 BauGB privilegiert bestimmte kerntechnische Anlagen. Mit **142** der Klimaschutznovelle 2011[80] wurde die Neuerrichtung von Kernkraftwerken von der Privilegierung ausgenommen, womit der „Ausstieg aus der Atomkraft" seinen bauplanungsrechtlichen Niederschlag gefunden hat.

h) Anlagen zur Nutzung solarer Strahlungsenergie (§ 35 Abs. 1 Nr. 8 BauGB)

Mit der Klimaschutznovelle 2011 wurde der achte Privilegierungstatbestand ein- **143** gefügt. Er erfasst jede **Nutzung der solaren Strahlungsenergie**, also sowohl Photovoltaikanlagen als auch solarthermische Anlagen. Die Anlage muss sich an oder auf Dach- oder Außenwandflächen eines zulässigerweise genutzten Gebäudes befinden und diesem untergeordnet sein.

Gebäude sind selbstständig benutzbare, überdeckte bauliche Anlagen, die von **144** Menschen betreten werden können und geeignet oder bestimmt sind, dem Schutz

---

[78] BayVerfGH, NVwZ 2016, 999 ff.; dazu *Ludwigs*, NVwZ 2016, 986 ff.
[79] *Söfker*, in: E/Z/B/K, BauGB, § 35 Rn. 59 d.
[80] Gesetz zur Förderung des Klimaschutzes bei der Entwicklung in den Städten und Gemeinden vom 22.7.2011, BGBl. I S. 1509

von Menschen, Tieren und Sachen zu dienen.[81] Ob § 35 Abs. 1 Nr. 8 BauGB auch sonstige bauliche Anlagen (z. B. Silos) erfasst, ist unklar.[82]

145   **Zulässigerweise genutzt** wird das Gebäude, wenn seine Nutzung im Einklang mit dem Baurecht steht. Dabei kommt einer Baugenehmigung große Bedeutung zu, da sie ein eigentlich unzulässiges Vorhaben legalisieren kann (formell zulässige Nutzung). Bei einem Neubau des Gebäudes muss dieses selbst im Außenbereich zulässig sein, ohne dass es sich auf § 35 Abs. 1 Nr. 8 BauGB stützen könnte. Gebäude, die nur als „Träger" einer Solaranlage errichtet werden (z. B. „Solarstadel"), sind nicht privilegiert.[83]

146   Dass sich die Anlage dem Gebäude **unterordnet**, ist räumlich-gegenständlich, nicht funktionell zu verstehen. Von der Privilegierung ausgeschlossen werden dadurch vor allem Anlagen, die über die Dach- bzw. Wandfläche des Gebäudes hinausgehen.[84]

3. Die öffentlichen Belange nach § 35 Abs. 3 S. 1 BauGB

a) Allgemeines

147   § 35 Abs. 3 S. 1 BauGB nennt in nicht abschließender Weise die öffentlichen Belange, die durch Bauen im Außenbereich beeinträchtigt werden können. Sie können anders als der Wortlaut es vermuten lässt – nicht nur nicht privilegierten, sondern auch privilegierten Vorhaben entgegengesetzt werden. Der Unterschied besteht jedoch darin, dass sich bei privilegierten Vorhaben im Regelfall die Privilegierung durchsetzt. Bei nicht privilegierten Vorhaben haben in der Regel die öffentlichen Belange ein höheres Gewicht. Deshalb ist bei beiden Arten von Vorhaben eine Abwägung erforderlich. Die Abwägung unterscheidet sich jedoch grundsätzlich von der Abwägung nach § 1 Abs. 7 BauGB. Es handelt sich nicht um eine planerische, gestaltende Abwägung, bei der die Verwaltung sich zwischen einer Vielzahl von rechtlich möglichen Gestaltungsvarianten entscheiden muss. Vielmehr wird lediglich versucht nachzuvollziehen, was der Wille des Gesetzgebers ist, es wird also nur der in § 35 BauGB enthaltene gesetzgeberische „Ersatzplan" nachvollzogen (**nachvollziehende Abwägung**). Die Abwägung nach § 35 BauGB führt zu einem Ja/Nein-Ergebnis. Der Gesetzesanwender muss feststellen, ob das Gewicht des Vorhabens oder das Gewicht der öffentlichen Belange überwiegt. Das Ergebnis unterliegt vollständiger gerichtlicher Kontrolle (kein Beurteilungsspielraum!).

148   Der Katalog der in § 35 Abs. 3 S. 1 BauGB genannten Belange ist **nicht abschließend** („insbesondere"). Ein der Zulässigkeit eines Vorhabens entgegenstehender Belang kann deshalb auch die sog. Planungsbedürftigkeit sein.[85] Ein Planungsbedürfnis kann sich zunächst aus dem Erfordernis einer Innenkoordination ergeben. Dies bedeutet, dass das Vorhaben selbst zu umfangreich ist, so dass es als solches einer planerischen Abwägung bedarf.[86] Ein Planungsbedürfnis kann aber

---

[81] *Mitschang/Reidt,* in: B/K/L, § 35 Rn. 58.

[82] Offen dafür *Mitschang/Reidt,* in: B/K/L, BauGB, § 35 Rn. 58.

[83] *Mitschang/Reidt,* in: B/K/L, BauGB, § 35 Rn. 60.

[84] BT-Drs. 17/6076, S. 10.

[85] Hierzu neuerdings BVerwG, NVwZ 2003, 86 ff. unter teilweiser Aufgabe der bisherigen Rechtsprechung.

[86] BVerwGE 96, 95 (108).

auch durch das Erfordernis einer Außenkoordination entstehen, also dadurch, dass die Interessen anderer Grundstückseigentümer oder benachbarter Gemeinden im Wege planerischer Abwägung bewältigt werden müssen.

Beispiel:[87] Eine Gemeinde plant die Zulassung eines Designer-Outlet-Centers, das auf einer Fläche von maximal 21.000 m² 61 Einzelhandelsbetriebe und zwei Gastronomiebetriebe umfassen soll. Die Zulässigkeit eines solchen Betriebes nach § 35 BauGB scheitert am Erfordernis der Planbedürftigkeit. Schon die erheblichen Auswirkungen auf benachbarte Gemeinden machen einen Planungsakt erforderlich (wodurch beispielsweise sichergestellt werden könnte, dass eine Beschränkung auf bestimmte Sortimente erfolgt). Im Übrigen würde durch eine Genehmigung auf Grund von § 35 BauGB die im Bauleitplanverfahren notwendige Abstimmung mit den Nachbargemeinden unterlaufen (§ 2 Abs. 2 BauGB). **149**

b) Die Bedeutung des Flächennutzungsplans als öffentlicher Belang (§ 35 Abs. 3 S. 1 Nr. 1 BauGB)

Der Flächennutzungsplan spielt für die Beurteilung von Vorhaben im Planbereich und im unbeplanten Innenbereich im Regelfall keine Rolle. Es handelt sich nicht um eine Rechtsnorm, sondern um einen „qualifizierten Sachverhalt" (→ Rn. 373 ff.). Anderes gilt im Außenbereich. Ein Widerspruch zu den Darstellungen des Flächennutzungsplans führt zu einer Beeinträchtigung öffentlicher Belange (§ 35 Abs. 3 S. 1 Nr. 1 BauGB). **150**

Gegenüber einem nicht privilegierten Vorhaben setzen sich die Darstellungen des Flächennutzungsplans im Regelfall durch. Im Falle eines Widerspruchs zu den Darstellungen im Flächennutzungsplan ist das nicht privilegierte Vorhaben unzulässig. Bei privilegierten Vorhaben ist hingegen zu unterscheiden. Hier kommt es darauf an, wie konkretisiert die Darstellungen im Flächennutzungsplan sind. Soweit der Flächennutzungsplan nur **allgemeine Darstellungen** enthält (z. B. eine pauschale Darstellung von landwirtschaftlichen Flächen), sind privilegierte Vorhaben zulässig, da sie von § 35 Abs. 1 BauGB in planähnlicher Weise dem Außenbereich zugewiesen werden. Der gesetzgeberische „Ersatzplan" überwindet also eine nicht näher konkretisierte gemeindliche Planung. Anderes gilt dann, wenn der Flächennutzungsplan für das betreffende Grundstück konkretisierte planerische Entscheidungen der Gemeinde enthält. Dies ist etwa dann der Fall, wenn die Gemeinde im Flächennutzungsplan zum Ausdruck bringt, eine bestimmte Nutzung genau an dieser Stelle und nicht an einer anderen Stelle zulassen zu wollen. Da § 35 Abs. 1 BauGB keine konkreten Standortaussagen enthält, sind in solchen Fällen die städtebaulichen Absichten vorrangig, die im Flächennutzungsplan dargestellt sind. **151**

Beispiel: Der Flächennutzungsplan der kreisfreien Stadt N enthält angrenzend an die als Flughafen genutzten Flächen die Darstellung: „Erweiterungsfläche Flughafen, insbesondere zum Ausbau der Startbahn 1". Unternehmer U hat die betroffenen Flächen vom Bauern B gekauft und stellt den Antrag auf die baurechtliche Genehmigung eines Windenergieparks.
Es handelt sich zwar um ein privilegiertes Vorhaben nach § 35 Abs. 1 Nr. 5 BauGB. Das Vorhaben ist gleichwohl wegen Entgegenstehens eines öffentlichen Belanges unzulässig. Der Flächennutzungsplan enthält eine konkrete Standortaussage. Die Privilegierung von Windenergieanlagen betrifft hingegen nur allgemein die Zuweisung in den Außenbereich, nicht hingegen den konkreten Standort.
Keine konkrete Standortzuweisung enthielte der Flächennutzungsplan, wenn stattdessen eine „Fläche für die Landwirtschaft" dargestellt würde. Dann setzt sich die gesetzgeberische Außenbereichszuweisung durch Privilegierung gegenüber der Darstellung durch. **152**

---

[87] BVerwG, NVwZ 2003, 86 ff.

153   Zu beachten ist, dass Darstellungen des Flächennutzungsplans auch überholt sein
und damit ihre steuernde Kraft als öffentlicher Belang nach § 35 Abs. 3 S. 1 Nr. 1
BauGB verlieren können.

154   **Beispiel:**[88] Die Darstellung einer „Fläche für Bahnanlagen" im Flächennutzungsplan ist endgültig überholt, wenn das dort befindliche Bahngelände vom Bahnbetrieb freigestellt worden ist
(§ 23 AEG) und mit einer Wiederaufnahme des Bahnbetriebs nicht mehr zu rechnen ist. Die
Darstellung repräsentiert dann keine „beabsichtigte städtebauliche Entwicklung" (§ 5 Abs. 1 S. 1
BauGB) mehr.

c) Landschaftsplanung und sonstige Umweltschutzplanung (§ 35 Abs. 3 S. 1 Nr. 2 BauGB)

155   Die in § 35 Abs. 3 S. 1 Nr. 2 BauGB genannten Pläne sind in der Regel gleichermaßen Bestandsaufnahme und gutachtliche Bewertung von Vorhaben aus
fachlicher Sicht. Dieses Wissen wird als öffentlicher Belang in die nachvollziehende
Abwägung eingeführt. Soweit der Flächennutzungsplan bereits eine entsprechende
Auseinandersetzung mit den jeweiligen öffentlichen Belangen vorgenommen hat,
ist er vorrangig.

d) Schädliche Umwelteinwirkungen (§ 35 Abs. 3 S. 1 Nr. 3 BauGB)

156   Der Begriff der schädlichen Umwelteinwirkungen (§ 35 Abs. 3 S. 1 Nr. 3
BauGB) ist in § 3 Abs. 1 BImSchG definiert. Es geht um **Immissionen**, die nach
Art oder Dauer geeignet sind, Gefahren, erhebliche Nachteile oder erhebliche Belästigungen für die Allgemeinheit oder die Nachbarschaft hervorzurufen. Im Einzelfall kommt es auf die Zumutbarkeit der Immissionen an.

157   § 35 Abs. 3 S. 1 Nr. 3 BauGB ist eine besondere gesetzliche Ausprägung des Gebotes der Rücksichtnahme (→ Rn. 599 ff.). Insbesondere können Drittschutzprob-
leme hier ihren Lösungsansatz finden. Zu beachten ist, dass die Grenzwerte nach
dem Immissionsschutzrecht nicht unbesehen angewendet werden dürfen. Das
Rücksichtnahmegebot verlangt eine Betrachtung des Einzelfalls (→ Rn. 601).

158   **Beispiel:** S möchte im Außenbereich der Gemeinde G eine neue Schweinemastanlage errichten. Auf Grund der vorherrschenden Windrichtung kommt es zu unzumutbaren Geruchsbelästigungen für einen benachbarten Ortsteil. Der dort ansässige Nachbar N erhebt gegen die dem S
erteilte Baugenehmigung Klage.
N ist nach § 42 Abs. 2 VwGO klagebefugt. § 35 Abs. 3 S. 1 Nr. 3 BauGB ist in Verbindung mit
§ 3 Abs. 1 BImSchG und dem Gebot der Rücksichtnahme drittschützend. Soweit die Grenzwerte nach dem Immissionsschutzrecht überschritten werden, ist die Klage begründet. Die neu hin-
zukommende Anlage ist in besonderem Maße Rücksichtnahme verpflichtet.

e) Unwirtschaftliche Aufwendungen (§ 35 Abs. 3 S. 1 Nr. 4 BauGB)

159   Bei § 35 Abs. 3 S. 1 Nr. 4 BauGB geht es um unwirtschaftliche Strukturaufwen-
dungen. Sie liegen i. d. R. dann vor, wenn der Neubau von Erschließungsanlagen
erforderlich ist, ohne dass dies in einem angemessenen Verhältnis zum erzielbaren
Nutzen steht.[89]

---

[88] BayVGH, Urt. v. 23.9.2011 – 15 B 10.328 –, juris.
[89] *Mitschang/Reidt*, in: B/K/L, BauGB, § 35 Rn. 82.

f) Belange des Natur-, Landschafts- und Denkmalschutzes (§ 35 Abs. 3 S. 1 Nr. 5 BauGB)

Die Beeinträchtigung von Belangen nach § 35 Abs. 3 S. 1 Nr. 5 BauGB führt **160** i. d. R. zur Unzulässigkeit von nicht privilegierten Vorhaben. Hierauf kommt es vor allem dann an, wenn keine fachrechtlichen Regelungen (vor allem Naturschutzrecht) bestehen. Denn diese müssen gem. § 29 Abs. 2 BauGB ohnehin beachtet werden.[90]

§ 35 Abs. 3 S. 1 Nr. 5 BauGB stellt eine **eigenständige bundesrechtliche** **161** **Regelung** des Natur-, Landschafts- und Denkmalschutzes dar,[91] die naturschutzrelevante fachgesetzliche Vorgaben (z. B. Art- und Biotopschutz nach BNatSchG) einschließt.[92] Wird also gegen eine fachgesetzliche Vorgabe verstoßen, ist zugleich der öffentliche Belang nach § 35 Abs. 3 S. 1 Nr. 5 BauGB beeinträchtigt. Zu beachten ist aber, dass eine fachrechtliche Genehmigung (z. B. nach dem BayDSchG) Tatbestandswirkung entfaltet, die die Bauaufsichtsbehörde zu beachten hat.[93]

Der Belang der **natürlichen Eigenart der Landschaft** schützt den Außenbe- **162** reich vor einer wesensfremden Nutzung und eine im Einzelfall schutzwürdige Landschaft vor ästhetischer Beeinträchtigung.[94] Eine solche ästhetische Beeinträchtigung muss aber „grob unangemessen" sein, wobei „Vorschädigungen" durch bereits vorhandene beeinträchtigende Bebauung zu berücksichtigen sind.[95]

Auch eine Verunstaltung des **Landschafts- oder Ortsbilds** ist erst bei einer grob unangemessenen ästhetischen Wirkung gegeben, die ein für ästhetische Eindrücke offener Betrachter als belastend empfindet.[96]

Hinweis: Ob die „Verspargelung der Landschaft" durch Windenergieanlagen den Belang des **163** § 35 Abs. 3 S. 1 Nr. 5 BauGB beeinträchtigt, ist im Einzelfall zu entscheiden. Der Belang ist nicht schon durch jede Veränderung der Landschaft beeinträchtigt. An besonders exponierten Stellen können Windenergieanlagen aber unzulässig sein.[97]

g) Agrarstruktur, Wasserwirtschaft und Hochwasserschutz (§ 35 Abs. 3 S. 1 Nr. 6 BauGB)

Maßnahmen zur Verbesserung der Agrarstruktur oder der Wasserwirtschaft dür- **164** fen durch Bauvorhaben im Außenbereich nicht beeinträchtigt bzw. gefährdet werden (§ 35 Abs. 3 S. 1 Nr. 6 BauGB). Gefährdungen der Wasserwirtschaft sind insbesondere dann anzunehmen, wenn im Zusammenhang mit dem Vorhaben Stoffe eingesetzt werden, die das Grundwasser oder einen Wasserlauf verunreinigen könnten. Der Belang des Hochwasserschutzes orientiert sich vor allem an den fachgesetzlichen Regelungen (vgl. §§ 72 ff. WHG).

---

[90] Vgl. zu den verschiedenen fachrechtlichen Vorgaben *Reidt,* in: B/K/L, BauGB, § 29 Rn. 26 ff.
[91] BVerwGE 133, 347 (356).
[92] BVerwGE 147, 118 (120 f.).
[93] BVerwGE 147, 118 (122 f.).
[94] BVerwG, DVBl. 1969, 261.
[95] *Mitschang/Reidt,* in: B/K/L, BauGB, § 35 Rn. 86.
[96] Vgl. *Mitschang/Reidt,* in: B/K/L, BauGB, § 35 Rn. 88 f.
[97] Vgl. OVG Münster, BauR 2005, 836 (838).

h) Vermeidung von Splittersiedlungen (§ 35 Abs. 3 S. 1 Nr. 7 BauGB)

165   Der in § 35 Abs. 3 S. 1 Nr. 7 BauGB angesprochene Belang soll eine Zersiede-
lung des Außenbereichs verhindern. Splittersiedlung ist jede zusammenhanglose
oder aus anderen Gründen unorganische Streubebauung. Sie ist besonders dem
Ortsteil i. S. v. § 34 Abs. 1 Satz 1 BauGB entgegenzusetzen (→ Rn. 92). Die Splittersiedlung ist eine bloße Anhäufung von Gebäuden, kein organischer Bebauungs-
komplex.[98] Die Entstehung einer Splittersiedlung kann bereits durch das erste Vorhaben befürchtet werden. Eine Verfestigung einer Splittersiedlung tritt ein, wenn in
dem in Anspruch genommenen Bereich ein neues Vorhaben ausgeführt wird.[99]
Unter einer Erweiterung der Splittersiedlung versteht man den Fall, dass der Bereich der Splittersiedlung räumlich ausgedehnt werden soll.[100]

i) Störung der Funktionsfähigkeit von Funkstellen und Radaranlagen (§ 35 Abs. 3 S. 1 Nr. 8 BauGB)

166   Die Vorschrift des § 35 Abs. 3 S. 1 Nr. 8 BauGB zielt auf die Steuerung der Errichtung von Windenergieanlagen im Außenbereich ab. Windenergieanlagen können Funkverbindungen stören oder ausfallen lassen.[101] Die Vorschrift ist für Anla-
genbetreiber drittschützend.[102]

4. Raumordnungsklauseln (§ 35 Abs. 3 S. 2 BauGB)

167   § 35 Abs. 3 S. 2 BauGB enthält zwei sog. Raumordnungsklauseln, über die den
Zielen der Raumordnung bauplanungsrechtliche Bedeutung im Außenbereich zukommt.

a) Negative Wirkung von Zielen der Raumordnung (§ 35 Abs. 3 S. 2 1. HS BauGB)

168   Nach § 35 Abs. 3 S. 2 1. HS BauGB dürfen privilegierte oder nicht privilegierte,
raumbedeutsame Vorhaben den Zielen der Raumordnung nicht widersprechen.
Ziele der Raumordnung sind verbindliche Vorgaben in Form von räumlich und
sachlich bestimmten oder bestimmbaren, vom Träger der Raumordnung abschließend abgewogenen Festlegungen in Raumordnungsplänen zur Entwicklung, Ordnung und Sicherung des Raums (§ 3 Abs. 1 Nr. 2 ROG). **Raumbedeutsamkeit**
ist gegeben, wenn durch das Vorhaben Raum in Anspruch genommen (gemeint ist
eine größere Fläche) oder die räumliche Entwicklung oder Funktion eines Gebietes beeinflusst wird (§ 3 Abs. 1 Nr. 6 ROG). Diese Definitionen bleiben gem. § 3
Abs. 2 ROG auch nach Erlass des BayLplG als Vollgesetz für bundesrechtliche Vorschriften maßgeblich (→ Rn. 37 f.).

169   § 35 Abs. 3 S. 2 1. HS BauGB räumt den Zielen der Raumordnung strikten Vorrang ein. Es handelt sich um eine „echte Raumordnungsklausel", Vorhaben, die
dem Ziel widersprechen sind unzulässig.[103]

---

[98] BVerwG, NVwZ 2012, 1631 (1632).
[99] BVerfGE 54, 73 (77).
[100] Vgl. auch BVerwG, NVwZ 1984, 510; BayVGH, BayVBl. 2010, 508 f.
[101] *Mitschang/Reidt,* in: B/K/L, BauGB, § 35 Rn. 98.
[102] BVerwG, NVwZ 2017, 160.
[103] So neuerdings BVerwG, NVwZ 2015, 1540 (Rechtsprechungsänderung).

Beispiel: Landwirt L möchte auf einem ihm gehörenden Grundstück ein größeres land- **170** wirtschaftliches Gebäude errichten (§ 35 Abs. 1 Nr. 1 BauGB). Der Regionalplan sieht hingegen als Ziel der Raumordnung eine Vorrangfläche für den Kiesabbau vor. Die Darstellung im Regionalplan steht dem Vorhaben entgegen (§ 35 Abs. 3 Satz 2 1. HS BauGB). Eine Interessensabwägung findet nicht statt.

b) Positive Wirkung von Zielen der Raumordnung (§ 35 Abs. 3 S. 2 2. HS BauGB)

In völligem Gegensatz zu § 35 Abs. 3 S. 2 1. HS BauGB regelt § 35 Abs. 3 S. 2 **171** 2. HS BauGB die **positive** Wirkung von Zielen der Raumordnung. Betroffen sind allerdings nur privilegierte Vorhaben. Ihnen können öffentliche Belange nach § 35 Abs. 3 BauGB nicht entgegengehalten werden, wenn sie bei der Darstellung der Vorhaben als Ziele der Raumordnung abgewogen worden sind. Da gem. Art. 17 Abs. 1 S. 1 BayLplG bei der Zielaufstellung alle erkennbaren öffentlichen Belange abzuwägen sind, werden die meisten öffentlichen Belange des § 35 Abs. 3 BauGB dem Vorhaben nicht mehr entgegenstehen können. Zu beachten ist aber ggf. eine geringere Prüfungstiefe auf der raumordnerischen Ebene (z. B. hins. Immissionen eines bestimmten Vorhabens) sowie eine mögliche nachträgliche Veränderung der abwägungsrelevanten Umstände.[104]

5. Standortsteuerung für bestimmte privilegierte Vorhaben (§ 35 Abs. 3 S. 3 BauGB)

Als neben den anderen öffentlichen Belangen – insb. § 35 Abs. 3 S. 1 Nr. 1 **172** BauGB – eigenständige Zulassungshürde[105] regelt § 35 Abs. 3 S. 3 BauGB den sog. **Planvorbehalt** für bestimmte privilegierte Vorhaben. Die Vorschrift ermöglicht der planenden Stelle, durch positive Standortzuweisungen für privilegierte Nutzungen nach § 35 Abs. 1 Nr. 2–6 BauGB das restliche Plangebiet von einer solchen Nutzung freizuhalten. Dabei muss der jeweilige Plan wirksam sein.[106]

Hinweis: Eine enorme praktische Bedeutung – und damit auch Klausurrelevanz! – hat der **173** Planvorbehalt bei der **Steuerung von Windenergienutzung**, die nach § 35 Abs. 1 Nr. 5 BauGB privilegiert ist.[107] Bei der Klausurbearbeitung zu beachten ist, dass bei Windenergieanlagen ab einer Gesamthöhe von 50m nach Ziff. 1.6 Anh. 1 der 4. BImSchV ein immissionsschutzrechtliches Genehmigungsverfahren durchzuführen ist, in dem aber über § 6 Abs. 1 Nr. 2 BImSchG auch die bauplanungsrechtliche Zulässigkeit zu prüfen ist.

a) Steuerung durch Flächennutzungsplanung

Die Steuerung kann zunächst durch eine positive Standortzuweisung in Darstel- **174** lungen eines Flächennutzungsplans erfolgen. Dargestellt werden also sog. **Konzentrationsflächen**, in denen die privilegierte Nutzung zugelassen werden soll. § 35 Abs. 3 S. 3 BauGB knüpft daran die Rechtsfolge, dass andernorts eine solche Nutzung unzulässig ist.

Hinweis: Im Flächennutzungsplan wird also gerade keine „Ausschlussfläche" dargestellt, also **175** eine negative Aussage getroffen. Vielmehr wird positiv ein bestimmter Bereich des Gemeindegebiets dargestellt, auf den sich die Nutzung konzentrieren soll.[108]

---

[104] *Mitschang/Reidt*, in: B/K/L, § 35 BauGB, Rn. 110.
[105] BVerwGE 137, 74 (83 f.).
[106] Vgl. BVerwGE 137, 74 (83 f.).
[107] Detailliert *Mitschang*, BauR 2013, 29 ff.
[108] BVerwGE 137, 74 (82 f.).

176 Der Planung muss dabei ein **schlüssiges Gesamtkonzept** zugrunde liegen.[109] Die Gemeinde darf keine reine Verhinderungsplanung betreiben. Hierfür verlangt die Rechtsprechung ein abgestuftes Vorgehen: Die Gemeinde muss zunächst aus ihrem Gemeindegebiet die Flächen ausscheiden, die sich aus tatsächlichen oder rechtlichen Gründen für die betreffende Nutzung schlechthin nicht eignen (sog. harte Tabuzonen). Sodann sind die sog. weichen Tabuzonen abzuziehen, in denen die betreffende Nutzung möglich ist, in denen nach den städtebaulichen Vorstellungen der Gemeinde aber keine Windenergieanlagen aufgestellt werden sollen. Übrig bleiben sog. Potentialflächen, für die die Darstellung von Konzentrationsflächen in Betracht kommt. Inwieweit auf diesen Flächen eine positive Zuweisung erfolgen soll, ist im Wege der Abwägung zwischen der privilegierten Nutzung und konfligierenden Belangen zu ermitteln. Im Ergebnis muss der privilegierten Nutzung (Windenergie, Kiesabbau etc.) in substantieller Weise Raum geschaffen werden. Die Ausweisung darf keine bloße „Feigenblatt"-Planung sein.[110]

177 **Hinweis:** Gem. § 5 Abs. 2b BauGB können zum Zwecke der Standortsteuerung auch sachliche Teilflächennutzungspläne, ggf. auch nur für Teile des Gemeindegebiets aufgestellt werden (→ Rn. 374).

178 Hat die Gemeinde in zulässiger Weise eine Konzentrationsfläche dargestellt, stehen gem. § 35 Abs. 3 S. 3 BauGB öffentliche Belange einem Vorhaben an anderer Stelle **„in der Regel"** entgegen. Diese Formulierung lässt Raum für eine nachvollziehende Abwägung, die in Sonderfällen zu einer Zulässigkeit an anderer Stelle trotz Standortsteuerung führen kann.[111]

b) Steuerung durch Ziele der Raumordnung

179 § 35 Abs. 3 S. 3 BauGB ermöglicht eine Standortsteuerung auch durch Ziele der Raumordnung. In Bayern geschieht dies durch die Festlegung von Vorranggebieten für die betroffene Nutzung (Art. 14 Abs. 2 S. 1 Nr. 1 BayLplG). Auch solche Festlegungen setzen ein schlüssiges gesamträumliches Planungskonzept voraus, das der privilegierten Nutzung im Plangebiet substantiell Raum verschafft. Bisweilen kommt es dabei zu „weißen Flächen", also völlig unbeplanten Flächen. Wenn im Übrigen der privilegierten Nutzung substantieller Raum verschafft wird, stehen diese der Ausschlusswirkung nicht entgegen. In dem Fall muss der Plan aber, um die Wirkung des § 35 Abs. 3 S. 3 BauGB zu erzeugen, neben positiven Ausweisungen auch Ausschlusszonen festlegen, die von den „weißen Flächen" abzugrenzen sind. Die „weißen Flächen" selbst werden von der Ausschlusswirkung nicht erfasst, da insoweit keinerlei abschließende raumordnerische Entscheidung getroffen wurde.[112]

180 **Beispiel:** Der Regionalplan der Region 11 sieht als Ziel der Raumordnung im Bereich der Gemeinden A und B Vorranggebiete für die Errichtung von Windenergieanlagen vor, um solche Anlagen dort zu konzentrieren. Investor I möchte im Außenbereich der Gemeinde C, die ebenfalls in der Region 11 liegt, einen Windenergiepark errichten.
Das Vorhaben ist nicht genehmigungsfähig. Die raumplanerische Ausweisung im Regionalplan steht gemäß § 35 Abs. 3 S. 3 BauGB dem Vorhaben an dieser Stelle entgegen.

---

[109] Vgl. etwa BVerwGE 164, 74 ff. Rn. 19.
[110] BVerwG, BauR 2010, 82 (83); vgl. *Mitschang/Reidt,* in: B/K/L, BauGB, § 35 Rn. 115 ff.
[111] BVerwGE 117, 297 (304).
[112] BVerwG, NVwZ 2006, 339 (340).

6. Teilprivilegierte Vorhaben (§ 35 Abs. 4 BauGB)

Teilprivilegierten Vorhaben nach § 35 Abs. 4 BauGB können bestimmte öffentli- **181**
che Belange **nicht entgegengehalten werden**.[113] Diese Belange können somit
weder durch das Vorhaben beeinträchtigt werden, noch diesem entgegenstehen; sie
sind unabhängig von ihrem Gewicht schlechthin unbeachtlich.[114] Man spricht
auch von „begünstigten Vorhaben". Vor allem darf diesen nicht entgegengehalten
werden, dass sie

– Darstellungen des Flächennutzungsplans widersprechen (§ 35 Abs. 3 S. 1 Nr. 1
 BauGB),
– Darstellungen eines Landschaftsplans widersprechen (§ 35 Abs. 3 S. 1 Nr. 2
 BauGB),
– die natürliche Eigenart der Landschaft beeinträchtigen (§ 35 Abs. 3 S. 1 Nr. 5
 BauGB),
– die Entstehung, Verfestigung oder Erweiterung einer Splittersiedlung befürchten
 lassen (§ 35 Abs. 3 S. 1 Nr. 7 BauGB).

Demgegenüber können die in § 35 Abs. 4 BauGB nicht genannten anderen öffentlichen Belange oder auch sonstige öffentliche Belange weiterhin zu einer Versagung führen.

Die Einzelheiten zu den teilprivilegierten Vorhaben ergeben sich aus dem Ge- **182**
setzestext. Grundgedanke der Teilprivilegierung ist der **Bestandsschutz** für bestimmte Vorhaben, aus dem die frühere Rechtsprechung teilweise Genehmigungs-
ansprüche – sog. überwirkender Bestandsschutz und eigentumsrechtlich verfestigte
Anspruchsposition – unter unmittelbarem Rückgriff auf Art. 14 Abs. 1 GG abgeleitet hatte. Nachdem der Gesetzgeber mit § 35 Abs. 4 BauGB auch insoweit von seiner Eigentumsgestaltungsbefugnis (Art. 14 Abs. 1 S. 2 GG) Gebrauch gemacht hat,
gab das BVerwG seine frühere Rechtsprechung auf: „Einen eigentumsrechtlichen
Bestandsschutz außerhalb der gesetzlichen Regelungen gibt es nicht."[115]

7. Rückbauverpflichtung (§ 35 Abs. 5 S. 2 BauGB)

Bei privilegierten Vorhaben nach § 35 Abs. 1 Nr. 2 bis 6 BauGB hat der An- **183**
tragsteller für ein Vorhaben eine Verpflichtungserklärung abzugeben, wonach das
Vorhaben nach dauerhafter Aufgabe der zulässigen Nutzung zurückgebaut wird
und Bodenversiegelungen beseitigt werden (§ 35 Abs. 5 S. 2 BauGB). Entsprechendes gilt bei einer zulässigen Nutzungsänderung.

Die Baugenehmigungsbehörde kann zur Durchsetzung der Verpflichtung eine **184**
entsprechende Auflage (Art. 36 Abs. 2 Nr. 4 BayVwVfG) erlassen. Möglich ist es
auch, eine Sicherheitsleistung zu verlangen (§ 68 Abs. 4 BayBO, vgl. auch § 35
Abs. 5 S. 3 BauGB).

Zu beachten ist, dass sich bei eventueller Unwirksamkeit der Erklärung eine **185**
Pflicht zur Beseitigung auch aus allgemeinen Grundsätzen ergeben kann. Wird
die Nutzung einer genehmigten Anlage nämlich endgültig aufgegeben, so erledigt

---

[113] Näheres *Scheidler*, ZfBR 2021, 25 ff.
[114] BVerwGE 139, 21 (22 f.).
[115] BVerwG, BRS 57 Nr 100; ZfBR 2007, 582; zur Entwicklung und den verfassungsrechtlichen Grundlagen vgl. *Michl*, ThürVBl. 2010, 280 ff.; *Decker*, BayVBl. 2011, 517 ff.

sich die Baugenehmigung gem. Art. 43 Abs. 2 BayVwVfG „in anderer Weise".[116] Die dann baurechtswidrige Anlage kann nach Art. 76 S. 1 BayBO beseitigt werden (→ Rn. 529 ff.).

8. Außenbereichssatzung (§ 35 Abs. 6 BauGB)

186   Durch die Außenbereichssatzung nach § 35 Abs. 6 BauGB erhalten die Gemeinden die Möglichkeit, die Zulassung von Wohnbauvorhaben im Außenbereich zu erleichtern. Dies geht über § 35 Abs. 4 BauGB hinaus, da in begrenztem Umfang auch Neubauvorhaben zugelassen werden können.

187   Voraussetzung für den Erlass der Satzung ist, dass es sich um einen bereits bebauten Bereich im Außenbereich handelt. Er darf nicht überwiegend landwirtschaftlich geprägt sein. Vielmehr muss eine Wohnbebauung von einigem Gewicht vorhanden sein. Das erforderliche Gewicht der Wohnbebauung dürfte je nach den Umständen des Falles ab vier Wohngebäuden gegeben sein.[117] Nach § 35 Abs. 6 S. 4 BauGB bestehen weitere Einschränkungen und Anforderungen, die der Vorschrift des § 34 Abs. 5 BauGB über Innenbereichssatzungen entsprechen (→ Rn. 111 ff.). In formeller Hinsicht ist das vereinfachte Verfahren zur Öffentlichkeits- und Behördenbeteiligung nach § 13 Abs. 2 S. 1 Nr. 2 und Nr. 3, S. 2 BauGB durchzuführen (§ 35 Abs. 6 S. 5 BauGB). Das Bekanntmachungserfordernis des § 10 Abs. 3 BauGB gilt entsprechend (§ 35 Abs. 6 S. 6 BauGB).

188   Der Erlass der Satzung führt nicht nach Art des Bebauungsplans zur Zulässigkeit des Vorhabens. Vielmehr wird lediglich die Abwägung i. S. einer Zulassung des Vorhabens gesteuert. Die genannten öffentlichen Belange können der Zulassung des Vorhabens nicht mehr entgegengehalten werden.

9. Das Erschließungserfordernis im Außenbereich

189   Bei nicht privilegierten Vorhaben ist wie bei Vorhaben im Rahmen von §§ 30, 34 BauGB nötig, dass die Erschließung gesichert ist. Ein privilegiertes Vorhaben ist hingegen schon dann zulässig, wenn eine **ausreichende Erschließung** gesichert ist. Bei privilegierten Vorhaben sind deshalb geringere Anforderungen an die Erschließung zu stellen als bei nicht privilegierten. Welche Anforderungen konkret zu stellen sind, richtet sich nach den Auswirkungen und Bedürfnissen des jeweiligen Vorhabens.

190   **Beispiel:** Bauer A beantragt die Genehmigung eines kleineren landwirtschaftlichen Gebäudes im Außenbereich der Gemeinde G. Das Landratsamt will das Vorhaben nur genehmigen, wenn der vorhandene Schotterweg asphaltiert wird und durchgängig zweispurig befahrbar ist.
Die Anforderungen an die Erschließung sind überzogen. Es reicht ein nicht durchgehend zweispuriger Schotterweg aus.

191   Die Abwasserbeseitigung muss auch bei privilegierten Vorhaben im Einklang mit den wasserrechtlichen Bestimmungen stehen. Die Trink- und Betriebwasserversorgung muss ebenfalls gesichert sein.

---

[116] *Johlen,* BauR 2010, 1680 (1681).
[117] *Söfker,* in: E/Z/B/K, BauGB, § 35 Rn. 169 ff. m. N. aus der Rspr.

V. Gemeindliches Einvernehmen

Gem. § 36 Abs. 1 S. 1 BauGB wird über die Zulässigkeit von Vorhaben nach den **192** §§ 31, 33–35 BauGB im bauaufsichtlichen Verfahren von der Baugenehmigungsbehörde im Einvernehmen mit der Gemeinde entschieden.[118]

1. Zweck und Rechtsnatur des Einvernehmens

§ 36 Abs. 1 S. 1 BauGB sichert die **Beteiligung der Gemeinde** im bauauf **193** sichtlichen Genehmigungsverfahren. Das Baugenehmigungsverfahren ist in der BayBO geregelt (→ Rn. 430 ff.). Nach Art. 64 Abs. 1 S. 1 BayBO ist ein Bauantrag schriftlich bei der Gemeinde einzureichen. Das hat vor allem Bedeutung bei kreisangehörigen Gemeinden, die nicht selbst Baugenehmigungsbehörde sind. Die kreisangehörige Gemeinde legt den Bauantrag mit einer Stellungnahme der Bauaufsichtsbehörde vor (Art. 64 Abs. 1 S. 2 BayBO).

Über diese rein verfahrensrechtliche Beteiligung der Gemeinde geht die – bau **194** planungsrechtliche – Vorschrift des § 36 Abs. 1 S. 1 BauGB hinaus, indem sie die Zulässigkeit bestimmter Vorhaben an die Erteilung des gemeindlichen Einvernehmens knüpft. Die Gemeinde entscheidet also über die Baugenehmigung mit; es darf nicht über „ihren Kopf hinweg" genehmigt werden.[119] Anwendbar ist § 36 BauGB nur bei Vorhaben nach den §§ 31, 33–35 BauGB. Bei diesen hat entweder die Gemeinde ihre Planungsabsichten noch nicht rechtsverbindlich festgelegt, da es an einem qualifizierten Bebauungsplan fehlt (§§ 33, 34, 35 BauGB), oder es soll von der gemeindlichen Planung abgewichen werden (§ 31 BauGB). Das Einvernehmen als starke Beteiligungsform sichert damit die **Planungshoheit** der Gemeinde. § 36 Abs. 1 Bau konkretisiert also insoweit die Selbstverwaltungsgarantie des Art. 28 Abs. 2 S. 1 GG.[120] Kein Einvernehmen ist deshalb dann erforderlich, wenn im Rahmen von § 30 Abs. 1 oder 2 BauGB ein Vorhaben entsprechend dem von der Gemeinde beschlossenen Bebauungsplan genehmigt wird.

Das gemeindliche Einvernehmen ist ein **reines Verwaltungsinternum** (kein **195** Verwaltungsakt). Es handelt sich um eine öffentlich-rechtliche, empfangsbedürftige Willenserklärung der Gemeinde gegenüber der Bauaufsichtsbehörde, die erst wirksam wird, wenn sie dieser zugeht (analog § 130 Abs. 3 und Abs. 1 S. 1 BGB). Die Gemeinde ist für den Zugang der Erklärung beweispflichtig. Nach Ablauf einer Zwei-Monats-Frist ab Einreichung des Baugesuchs bei der Gemeinde (§ 36 Abs. 2 S. 2 2. HS BauGB i. V. m. Art. 64 Abs. 1 S. 1 BayBO) wird die Erteilung des Einvernehmens fingiert (§ 36 Abs. 2 S. 2 1. HS BauGB). Die Einvernehmensfiktion tritt auch ein, wenn die Bauvorlagen unvollständig und damit nicht prüffähig waren, es sei denn, die Gemeinde hat den Bauherrn vor Ablauf der Frist auf diesen Umstand hingewiesen.[121] Verlangt die Gemeinde eine Vervollständigung der Unterlagen, beginnt die Zwei-Monatsfrist mit Eingang der vollständigen Unterlagen.[122]

---

[118] Zum gemeindlichen Einvernehmen ausf. *Michl*, JURA 2016, 722 ff.
[119] BVerwGE 121, 339 (343).
[120] BVerwGE 22, 342 (346).
[121] BVerwGE 121, 13 (17); BayVGH, BayVBl. 2005, 304 ff.
[122] BVerwGE 121, 13 (19).

Eine Wiedereinsetzung der Gemeinde in den vorherigen Stand nach Art. 32 BayVwVfG für den Fall, dass die Fiktion eingetreten ist, lässt die Rechtsprechung nicht zu, da diese Vorschrift nicht für den Verkehr zwischen Behörden gilt.[123] Auch kann das **fingierte Einvernehmen** nicht widerrufen oder zurückgenommen werden.[124] Bei einem ausdrücklich erteilten Einvernehmen ist, solange die Fiktionsfrist nicht abgelaufen und die Baugenehmigung noch nicht erteilt worden ist, ein Widerruf gegenüber der Genehmigungsbehörde aber möglich.[125]

196   Ist die **Gemeinde selbst Baugenehmigungsbehörde** (→ Rn. 463), ist § 36 Abs. 1 BauGB nicht anwendbar. Die Vorschrift ist auf das Zusammenwirken zweier verschiedener Willensträger angelegt und ihr Schutzzweck entfällt, wenn die Gemeinde als Baugenehmigungsbehörde selbst ihre Planungshoheit achten kann.[126] Sind beispielsweise innerhalb einer kreisfreien Stadt Bauordnungs- und Bauplanungsamt nicht einer Meinung über die Genehmigungsfähigkeit eines Vorhabens, muss der Konflikt über die Behördenleitung (ggf. den Oberbürgermeister) geregelt werden.

2. Entscheidung der Gemeinde

197   Die Gemeinde prüft – wie die Baugenehmigungsbehörde – im Rahmen ihrer Einvernehmensentscheidung die Zulässigkeit des Vorhabens nach den §§ 31, 33–35 BauGB. Gem. § 36 Abs. 2 S. 1 BauGB darf sie das Einvernehmen nur versagen, wenn das Vorhaben nach diesen Vorschriften unzulässig ist. Über diesen **Prüfungsrahmen** darf die Gemeinde nicht hinausgehen; insbesondere darf sie nicht allgemeine städtebauliche oder gar sonstige (kommunal-)politische Erwägungen an die Stelle der gesetzlichen Vorgaben setzen.

198   Soweit innerhalb des Prüfungsrahmens eine Ermessensentscheidung zu treffen ist, steht auch der Gemeinde im Rahmen der Einvernehmensentscheidung Ermessen zu. Das wird vor allem bei Ausnahmen und Befreiungen nach § 31 BauGB relevant, über die nach pflichtgemäßem Ermessen zu entscheiden ist (→ Rn. 76 f.). Im Übrigen handelt es sich bei der Entscheidung über das Einvernehmen aber um eine **gebundene Entscheidung** (vgl. § 36 Abs. 2 S. 1 BauGB: „dürfen nur").

199   § 36 BauGB lässt offen, welches Organ innerhalb der Gemeinde für die Einvernehmsentscheidung zuständig ist. Die **Organkompetenz** bestimmt sich nach der Gemeindeordnung. Die h. M. geht davon aus, dass die Entscheidung nie ein Geschäft der laufenden Verwaltung i. S. d. Art. 37 Abs. 1 S. 1 Nr. 1 GO sei. Daher sei stets der Gemeinderat oder ein beschließender Ausschuss („Bauausschuss") zuständig. Richtigerweise wird aber – wie sonst auch bei Art. 37 Abs. 1 S. 1 Nr. 1 GO (→ 2. Teil, Rn. 146 ff.) – nach der Bedeutung des Vorhabens und der Größe der Gemeinde zu beurteilen sein, ob es sich um ein „laufendes" Geschäft handelt.[127]

200   **Beispiel:**[128] Der Bauantrag geht am 3.1. bei der Gemeinde ein. Die Aufgaben der Bauleitplanung nimmt in der kleinen Gemeinde ein beschließender Ausschuss wahr. Dennoch erklärt der

---

[123] BayVGH, a. a. O.
[124] BVerwG, NVwZ 2004, 858 (860); BayVGH, BayVBl. 2006, 246 (247).
[125] *Michl*, JURA 2016, 722 (725): § 130 Abs. 1 S. 2 BGB ist nicht analog anwendbar, da anders als im Privatrecht der Erklärungsempfänger (die Behörde!) keinen Vertrauensschutz genießt.
[126] BVerwGE 121, 339 (343); krit. *Schoch*, NVwZ 2012, 777 (779 f.).
[127] *Michl*, JURA 2016, 722 (725).
[128] Nach BayVGH, Beschl. v. 27.5.2014 – 15 ZB 13.105 –, juris.

erste Bürgermeister am 10.2. gegenüber der Baugenehmigungsbehörde die Verweigerung des Einvernehmens. Am 4.3. erteilt diese die Baugenehmigung. Mitte April genehmigt der Bauausschuss die Verweigerung des Einvernehmens durch den ersten Bürgermeister. Hat die Gemeinde das Einvernehmen wirksam verweigert?

Die Verweigerung des Einvernehmens durch den ersten Bürgermeister war zunächst **(schwebend) unwirksam**. Für die Entscheidung über das Einvernehmen ist nicht der erste Bürgermeister (Art. 37 GO), sondern gem. Art. 30 Abs. 2, 32 Abs. 2 GO der Bauausschuss zuständig. Bei einer kleinen Gemeinde stellt die Entscheidung kein Geschäft der laufenden Verwaltung nach Art. 37 Abs. 1 S. 1 Nr. 1 GO dar. Auch aus Art. 38 GO folgt keine allgemeine Vertretungsmacht des Bürgermeisters nach außen, sondern nur eine Vertretungskompetenz (→ 2. Teil, Rn. 161 ff.).

Zwar kann eine ohne Vertretungsmacht abgegebene Willenserklärung analog § 177 Abs. 1 BGB durch das zuständige Organ **genehmigt** werden. Dies ist hier auch geschehen. Indes war Mitte April bereits die Zwei-Monats-Frist des § 36 Abs. 2 S. 2 BauGB abgelaufen (Beginn: 4.1. gem. § 187 Abs. 1 BGB analog – Ende: 3.3. gem. § 188 Abs. 2 Alt. 1 BGB analog), so dass das Einvernehmen als erteilt gilt. Da die **Fiktionswirkung** des § 36 Abs. 2 S. 2 BauGB nicht zur Disposition der Gemeinde steht, kommt eine Rückwirkung der nach Ablauf der Frist erteilten Genehmigung analog § 184 BGB nicht in Betracht. Das Einvernehmen wurde also nicht wirksam verweigert; vielmehr gilt es gem. § 36 Abs. 2 S. 2 BauGB als erteilt.

Eine **positive Entscheidung** der Gemeinde über die Erteilung des Einvernehmens bindet die Bauaufsichtsbehörden nicht. Die Bauaufsichtsbehörde muss eigenverantwortlich darüber entscheiden, ob alle Voraussetzungen für die Erteilung der Baugenehmigung vorliegen.   **201**

Beispiel: A beantragt die Genehmigung zur Errichtung eines großflächigen Einzelhandelsbetriebes in der Gemeinde G. Die Gemeinde G erteilt nach § 36 BauGB ihr Einvernehmen, weil sie sich die Schaffung neuer Arbeitsplätze erhofft.

Das zuständige Landratsamt muss selbstverständlich prüfen, ob die bauordnungs- und bauplanungsrechtlichen Voraussetzungen vorliegen. Weder A noch G haben wegen des erteilten Einvernehmens einen Anspruch auf die Erteilung der Baugenehmigung.

Bei (rechtzeitiger) Versagung des Einvernehmens ist die Baugenehmigungsbehörde indes an der Erteilung der Baugenehmigung gehindert. Es kommt dann auf die Möglichkeit der Ersetzung des Einvernehmens an.   **202**

3. Ersetzung des Einvernehmens

Das Einvernehmenserfordernis soll die Planungshoheiwt der Gemeinde schützen, jedoch nicht den Vollzug der Bauordnung lahmlegen. Ein rechtswidrig versagtes Einvernehmen kann gem. **§ 36 Abs. 2 S. 3 BauGB i. V. m. Art. 67 Abs. 2 bis 4 BayBO** durch die Bauaufsichtsbehörde ersetzt werden. Nach h. M. ist die Rechtsgrundlage für die Ersetzung die bundesrechtliche Vorschrift des § 36 Abs. 2 S. 3 BauGB, während Art. 67 Abs. 2 bis 4 BayBO das Ersetzungsverfahren regeln. Der als eigenständige Rechtsgrundlage formulierte Art. 67 Abs. 1 S. 1 2. HS BayBO hat daher keine praktische Bedeutung.[129]   **203**

Tatbestandlich setzt § 36 Abs. 2 S. 3 BauGB voraus, dass die Gemeinde das Einvernehmen **rechtswidrig verweigert** hat. Das ist immer dann der Fall, wenn die Gemeinde das Einvernehmen verweigert hat, obwohl das Vorhaben nach §§ 31, 33, 34 und 35 BauGB zulässig ist (→ § 36 Abs. 2 S. 1 BauGB). Sofern der Gemeinde Ermessen zustand (v. a. bei § 31 BauGB → Rn. 198), kommt eine Ersetzung nur in   **204**

---

[129] Zum Hintergrund der Parallelregelung vgl. *Michl*, JURA 2016, 722 (729).

Betracht, wenn die gemeindliche Ermessensentscheidung fehlerhaft und damit rechtswidrig war. Das gemeindliche Ermessen muss aber nicht unbedingt auf null reduziert gewesen sein.[130] Die Zweckmäßigkeit der gemeindlichen Entscheidung spielt keine Rolle. Die Rechtsfolgenseite des § 36 Abs. 2 S. 3 BauGB ist unklar. Nach dem Wortlaut „kann" das Einvernehmen ersetzt werden. Nach Ansicht des BGH trifft die Behörde jedoch eine **gebundene Entscheidung**, da § 36 Abs. 2 S. 3 BauGB nur die Befugnis zur Ersetzung regle und der Antragsteller einen von Art. 14 Abs. 1 GG geschützten Genehmigungsanspruch habe.[131]

205 Das Einvernehmen wird nicht in einem gesonderten Verwaltungsakt ersetzt. Vielmehr hat die **Baugenehmigung** neben ihren üblichen Regelungswirkungen (Gestattung und Feststellung; → Rn. 491 ff.) **einvernehmensersetzende Wirkung**. Dies ergibt sich aus Art. 67 Abs. 3 S. 1 1. HS BayBO, wonach die Baugenehmigung zugleich „als Ersatzvornahme" i. S. d. Art. 113 GO gilt. Der Gesetzgeber wollte damit vermeiden, dass zwei Verwaltungsakte ergehen und somit ggf. zwei Anfechtungsprozesse geführt werden.[132] Voraussetzung für die einvernehmensersetzende Wirkung ist allerdings, dass die Behörde diese auch treffen wollte. Ob dem so ist, lässt sich leicht anhand der nach Art. 67 Abs. 3 S. 1 2. HS BayBO erforderlichen Begründung der Ersetzung ermitteln. Übersieht die Behörde dagegen, dass sie das Einvernehmen hätte ersetzen müssen, kann nicht von einer Ersetzung ausgegangen werden.

206 Die **formellen Voraussetzungen** der Ersetzung regelt Art. 67 Abs. 3 S. 1 2. HS und Abs. 4 BayBO. Die Gemeinde ist vor der Ersetzung anzuhören; Art. 67 Abs. 4 S. 1 BayBO ist also lex specialis zu Art. 28 Abs. 1 BayVwVfG. Die Bauaufsichtsbehörde muss ihr nach Art. 67 Abs. 4 S. 2 BayBO eine angemessene Frist zur erneuten Entscheidung über das Einvernehmen setzen. Die Angemessenheit richtet sich nach dem Einzelfall, insb. der gemeindeinternen Zuständigkeit (Ladungsfristen!), und muss zum Schutz der Planungshoheit der Gemeinde ermöglichen, ggf. ein Bauleitplanverfahren samt Sicherungsmaßnahmen (§§ 14 ff. BauGB, → Rn. 417 ff.) einzuleiten.[133] Art. 67 Abs. 3 S. 1 2. HS BayBO ordnet – ergänzend zu Art. 68 Abs. 3 S. 2 BayBO an –, dass die Einvernehmensersetzung im Baugenehmigungsbescheid zu begründen ist.

4. Rechtsschutzfragen

207 Rechtsschutzfragen im Zusammenhang mit dem Einvernehmen sind ein häufiges Klausurproblem. Zu unterscheiden ist, wer Rechtsschutz sucht und gegen was er sich wendet.

208 Der **Bauherr** kann nur auf Erteilung der Baugenehmigung klagen. Eine Klage gegen die Gemeinde auf Erteilung des Einvernehmens ist ausgeschlossen. Das folgt richtigerweise bereits aus § 44a S. 1 VwGO, der eine Klage auf einzelne Verfahrenshandlungen vor der Sachentscheidung (= Baugenehmigung) ausschließt.[134] Dassel-

---

[130] *Michl,* JURA 2016, 722 (729) m. N. auch zur a. A.
[131] BGHZ 187, 51 (54 ff.); so nun auch Art. 67 Abs. 1 S. 1 2. HS BayBO; zum Problem vgl. *Schoch,* NVwZ 2012, 777 (783).
[132] Vgl. LT-Drs. 12/13482, S. 64; zum Ganzen *Michl,* Jura 2016, 722 (732 f.) m. N. auch zur a. A.
[133] BayObLG, BayVBl. 2001, 504 (505).
[134] *Kopp/Schenke,* VwGO, § 44a Rn. 6.

be gilt für eine Klage gegen den Freistaat Bayern als Träger der Bauaufsichtsbehörde auf Ersetzung des Einvernehmens. Auch die Ersetzung ist Verfahrenshandlung i. S. v. § 44a S. 1 VwGO.

Hinweis: Entscheidend ist dagegen nicht die Rechtsnatur von Einvernehmen und Ersetzung. Denn auch verwaltungsinterne Akte können u. U. im Wege der Leistungsklage eingeklagt werden.

Bei einer Klage des Bauherrn auf Erteilung der Baugenehmigung kommt es **209** nicht darauf an, ob das Einvernehmen ersetzt wurde. Vielmehr **ersetzt das Gericht das Einvernehmen selbst**, wenn es zur bauplanungsrechtlichen Zulässigkeit des Vorhabens und einem Genehmigungsanspruch des Bauherrn kommt.

Die **Gemeinde**, deren Einvernehmen ersetzt wurde, kann die Baugenehmigung **210** anfechten, da diese die Ersetzung umfasst (→ Rn. 205). Sie ist gem. § 42 Abs. 2 VwGO klagebefugt, da ihr § 36 Abs. 1 BauGB als Ausfluss der Planungshoheit eine subjektive Rechtsposition vermittelt, die durch eine rechtswidrige Ersetzung verletzt werden kann. Die Klage ist gem. § 113 Abs. 1 S. 1 VwGO begründet, soweit die Einvernehmensersetzung (formell oder materiell) rechtswidrig ist und die Gemeinde dadurch in ihrem Recht aus § 36 Abs. 1 BauGB verletzt ist. Ob die Baugenehmigung im Übrigen rechtswidrig ist, ist dagegen unerheblich, da die Gemeinde nur durch die einvernehmensersetzende Wirkung belastet ist. Die bauplanungsrechtliche Zulässigkeit des Vorhabens ist inzident im Rahmen des Tatbestands des § 36 Abs. 2 S. 3 BauGB („Rechtswidrigkeit der Einvernehmensverweigerung") zu prüfen.

Die Gemeinde kann auch dann mit Erfolg gegen die Baugenehmigung klagen, **211** wenn diese **ohne Ersetzung** des Einvernehmens, gleichsam „über ihren Kopf" hinweg, erteilt wurde. Denn dann verstößt die Baugenehmigung gegen § 36 Abs. 1 BauGB, der der Gemeinde ein subjektives Recht vermittelt.[135] Die Beteiligung der Gemeinde kann weder gem. Art. 45 Abs. 1 Nr. 3 BayVwVfG nachgeholt werden (Einvernehmen ist mehr als bloße Anhörung!) noch ist Art. 46 BayVwVfG anwendbar, da die Gemeinde, wäre sie beteiligt worden, das Vorhaben durch planerische Maßnahmen hätte verhindern können.[136]

Auch **Fehler im Ersetzungsverfahren** (unterbliebene Anhörung, zu kurze **212** Frist) führen zur gerichtlichen Aufhebung der einvernehmensersetzenden Baugenehmigung. Sie können nicht nach Art. 45 Abs. 1 Nr. 3 BayVwVfG geheilt werden, da eine Nachholung den Zweck der Verfahrensvorgaben zuwiderliefe. Aus denselben Gründen scheidet die Anwendung von Art. 46 BayVwVfG aus.

Beispiel: L beantragt eine Baugenehmigung für ein nach § 35 BauGB zulässiges Vorha- **213** ben. Die Gemeinde verweigert ihr Einvernehmen. Dennoch erteilt das Landratsamt die Baugenehmigung ohne, dass in der Bescheidsbegründung etwas zum Einvernehmen ausgeführt wird.
Die Gemeinde kann die Baugenehmigung erfolgreich anfechten. Sie ist gem. § 42 Abs. 2 VwGO gestützt auf ihr Recht aus § 36 Abs. 1 S. 1 BauGB klagebefugt. Die Baugenehmigung ist auch rechtswidrig und verletzt die Gemeinde in ihren Rechten (§ 113 Abs. 1 S. 1 VwGO). Die Baugenehmigung wurde ohne das nach § 36 Abs. 1 S. 1 BauGB erforderliche Einvernehmen erteilt. Das Landratsamt hat das Einvernehmen auch nicht nach § 36 Abs. 3 S. 2 BauGB ersetzt, da der Bescheid bei der gebotenen Auslegung analog §§ 133, 157 BGB keinen entsprechenden Regelungswillen der Behörde erkennen lässt. Insb. wurde die Baugenehmigung nicht hinsichtlich der Einvernehmensersetzung begründet (vgl. Art. 67 Abs. 3 S. 1 2. HS BayBO). Folglich verstößt die

---

[135] BVerwG, NVwZ 2008, 1347.
[136] BVerwG, NVwZ 1986, 556 (557).

Baugenehmigung gegen § 36 Abs. 1 S. 1 BauGB, der der Gemeinde ein subjektives Recht vermittelt. Art. 46 BayVwVfG steht der Rechtsverletzung nicht entgegen, da bei einer Beteiligung der Gemeinde diese durch planerische Maßnahmen die Zulässigkeit des Vorhabens hätte beeinflussen können.

Abwandlung: Nachdem die Gemeinde das Einvernehmen verweigert hat, wird sie vom Landratsamt mit Blick auf eine beabsichtigte Ersetzung des Einvernehmens angehört. Ihr wird eine Frist von drei Tagen zur erneuten Entscheidung über das Einvernehmen gesetzt. Nachdem die Frist abgelaufen ist, erteilt das Landratsamt die Baugenehmigung und begründet die Ersetzung des Einvernehmens mit der Zulässigkeit des Vorhabens nach § 35 BauGB.

Die Gemeinde kann die einvernehmensersetzende Baugenehmigung anfechten. Sie ist gem. § 42 Abs. 2 VwGO mit Blick auf ihr Recht aus § 36 Abs. 1 S. 1 BauGB klagebefugt. Die Einvernehmensersetzung ist formell rechtswidrig, da eine Frist von drei Tagen zur erneuten Entscheidung über das Einvernehmen zu knapp bemessen und daher nicht angemessen i. S. d. Art. 67 Abs. 4 S. 2 BayBO ist. Binnen drei Tagen kann bei normalem Geschäftsgang keine Entscheidung des zuständigen Gremiums herbeigeführt werden. Eine Heilung nach Art. 45 Abs. 1 Nr. 3 BayVwVfG (analog) scheidet ebenso aus wie eine Unbeachtlichkeit des Fehlers gem. Art. 46 BayVwVfG. Damit ist die einvernehmensersetzende Baugenehmigung insgesamt rechtswidrig und verletzt die Gemeinde in ihrem Recht aus § 36 Abs. 1 S. 1 BauGB.

214   Das Einvernehmenserfordernis ist nicht nachbarschützend, so dass ein **Nachbar** seine Klage nicht auf die rechtswidrige Ersetzung des Einvernehmens stützen kann (zum Nachbarschutz → Rn. 583 ff.).

5. Haftungsfragen

215   Mit dem Einvernehmenserfordernis eng verknüpft sind staatshaftungsrechtliche Probleme. Durch die Verweigerung des Einvernehmens kommt es nämlich zu Verzögerungen im Baugenehmigungsverfahren, die wiederum zu entgangenem Gewinn beim Bauherrn führen können.

Beispiel: B beantragt eine Baugenehmigung für ein nach § 34 BauGB zulässiges Hotel. Die Gemeinde verweigert das Einvernehmen. Das Landratsamt versagt sodann die Baugenehmigung mit dem Hinweis auf das verweigerte Einvernehmen. Erst einige Monate später erlangt B ein Verpflichtungsurteil auf Erteilung der Baugenehmigung. Er erleidet dadurch geschätzte Verdienstausfälle in Millionenhöhe.

216   In Betracht kommen Ansprüche gegen die Gemeinde und den Träger der Bauaufsichtsbehörde (= Freistaat Bayern). Anspruchsgrundlagen sind § 839 BGB i. V. m. Art. 34 S. 1 GG/Art. 97 S. 1 BV (Amtshaftungsanspruch) und der Anspruch aus enteignungsgleichem Eingriff.

217   Der Sachbearbeiter im Landratsamt verletzt eine drittgerichtete Amtspflicht i. S. v. § 839 Abs. 1 BGB, wenn er das rechtswidrig verweigerte Einvernehmen nicht ersetzt. Denn der Bauherr hat in den Fällen des § 36 Abs. 2 S. 3 BauGB einen Anspruch auf Ersetzung des Einvernehmens, da es sich um eine gebundene Entscheidung handelt (vgl. auch Art. 67 Abs. 1 S. 2 BayBO). Der **Freistaat Bayern** muss also den entgangenen Gewinn (§§ 249 Abs. 1, 252 BGB) im Wege der Amtshaftung ersetzen. Daneben tritt dem Grunde nach ein Anspruch aus enteignungsgleichem Eingriff. Durch die Verweigerung der Erteilung der Baugenehmigung wird nämlich rechtswidrig und unmittelbar in eine durch Art. 14 Abs. 1 GG geschützte Rechtsposition eingegriffen, wobei dem Bauherrn ein Sonderopfer auferlegt wird. Rechtsfolge ist aber nur eine „angemessene Entschädigung", die keinen entgangenen Gewinn umfasst, aber die fehlende Nutzbarkeit des Grundstücks durch eine sog. Bodenrente kompensiert.

Nach der Rechtsprechung des BGH liegt die haftungsrechtliche Alleinverant- **218** wortlichkeit bei der Bauaufsichtsbehörde.[137] Aufgrund der Ersetzungsbefugnis durch die Bauaufsichtsbehörde verletzt die **Gemeinde** grundsätzlich keine drittgerichtete Amtspflicht, wenn sie das Einvernehmen rechtswidrig verweigert. Eine Haftung nach 839 BGB i. V. m. Art. 34 S. 1 GG/Art. 97 S. 1 BV scheidet daher ebenso aus wie ein Anspruch aus enteignungsgleichem Eingriff, für den es an der Unmittelbarkeit des Eingriffs fehlt.

Beispiel:[138] Das Vorhaben liegt im Bereich eines rechtswidrigen Bebauungsplans, dessen Fest- **219** setzungen es widerspricht. Es ist aber nach § 34 BauGB zulässig. Die Gemeinde verweigert das Einvernehmen. Das Landratsamt versagt die Baugenehmigung unter Verweis auf den rechtswidrigen Bebauungsplan und das verweigerte Einvernehmen.
Nach dem BGH soll auch hier ein Amtshaftungsanspruch gegen den Freistaat Bayern gegeben sein. Das Landratsamt müsse alles tun, um das rechtswidrig verweigerte Einvernehmen zu ersetzen. **Mangels Normverwerfungskompetenz** sei es zwar an den rechtswidrigen Bebauungsplan zunächst gebunden. Um der Ersetzungspflicht aus § 36 Abs. 2 S. 3 BauGB nachzukommen müsse es aber den Plan durch kommunalaufsichtliche Maßnahmen oder einen Normenkontrollantrag nach § 47 VwGO beseitigen.
Mit dieser Entscheidung ist der BGH erkennbar über das Ziel hinausgeschossen. Er konstruiert im Ergebnis eine „**Amtspflicht zur Planbeseitigung**", die mit der Ersetzung des Einvernehmens nichts zu tun hat. Damit setzt er sich in Widerspruch zu allgemeinen kommunalrechtlichen Grundsätzen, wonach auf die Einleitung eines Aufsichtsverfahrens oder eines Normenkontrollverfahrens gerade kein Anspruch besteht.[139]

Die Rechtsprechung des BGH nimmt die Gemeinde weitgehend aus der haf- **220** tungsrechtlichen Verantwortung. Zu einem Anspruch gegen die Gemeinde kann es nur noch kommen, wenn die Einvernehmenserteilung (ausnahmsweise) im Ermessen der Gemeinde steht (§ 31 BauGB) und die Bauaufsichtsbehörde daher an der Ersetzung gehindert ist (→ Rn. 72 ff.) oder wenn die Gemeinde die Baugenehmigung anficht und dabei schuldhaft deren Rechtmäßigkeit verkennt.

C. Instrumente des Städtebaurechts

I. Übersicht

Die Bauleitplanung nach dem BauGB ist mehrstufig aufgebaut. Für das gesamte **221** Gemeindegebiet wird ein Flächennutzungsplan aufgestellt (§ 5 Abs. 1 S. 1 BauGB). Aus dem Flächennutzungsplan werden dann Bebauungspläne entwickelt (§ 8 Abs. 2 S. 1 BauGB). Flächennutzungs- und Bebauungsplan unterfallen dem Oberbegriff **Bauleitplan** (§ 1 Abs. 2 BauGB).
Das BauGB enthält zunächst in den §§ 1–4c allgemeine Bestimmungen für die **222** Bauleitplanung. In den §§ 5–7 BauGB folgen die speziellen Regelungen für den Flächennutzungsplan. Die §§ 8–10 BauGB gelten dann für den Bebauungsplan. In wenig systematischer Weise enthalten ferner die §§ 11–13a BauGB Regelungen,

---

[137] BGHZ 187, 51 ff.; vgl. dazu *Greim/Michl*, Jura 2012, 373 (374 ff.).
[138] BGH, NVwZ 2013, 167 f.
[139] *Michl*, BayVBl. 2013, 448 ff.

die teilweise für die Bauleitpläne (also Flächennutzungsplan und Bebauungsplan),
teilweise jedoch auch nur für den Bebauungsplan gelten.

223   Neben den (praktisch und theoretisch) besonders wichtigen Bauleitplänen kennt
das BauGB weitere Handlungsformen. Vor allem werden der Gemeinde Sicherungsinstrumente an die Hand gegeben, damit sie ihre planungsrechtlichen Vorstellungen absichern kann. Hierzu zählen vor allem:
– Die Veränderungssperre (§§ 14, 16–18 BauGB),
– die Zurückstellung von Baugesuchen (§ 15 BauGB).

224   Weiterhin gibt es sonstige städtebauliche Satzungen:
– Die Grenzen zwischen Innen- und Außenbereich können durch Satzungen nach
  § 34 Abs. 4 BauGB verändert werden (→ Rn. 111 ff.).
– Durch Satzung kann die Gemeinde Wohnbebauung im Außenbereich erleich-
  tern (§ 35 Abs. 6 BauGB, → Rn. 186 ff.).
– Durch Satzung kann die Gemeinde besondere Gebiete bezeichnen, z. B. zur
  Durchführung von städtebaulichen Entwicklungsmaßnahmen (§ 165 Abs. 6
  BauGB).

II. Bebauungsplan

1. Funktion des Bebauungsplans

225   Der Bebauungsplan enthält die rechtsverbindlichen Festsetzungen hinsichtlich
der baulichen Nutzung des Gemeindegebietes (§ 8 Abs. 1 S. 1 BauGB). Vor allem
der Bebauungsplan ist die Grundlage für den Erlass von Baugenehmigungen (vgl.
§ 30 Abs. 1 BauGB). Im Regelfall werden für das Gemeindegebiet mehrere Bebauungspläne erlassen. Insgesamt liegt dem BauGB die Vorstellung zugrunde, das Gebiet der Gemeinde flächendeckend zu beplanen. Gleichwohl dürfte der Beplan-
nungsgrad bundesweit noch deutlich unter 50 % liegen.

226   Der Bebauungsplan hat **Angebotscharakter.** Er verpflichtet die Grundstückseigentümer nicht dazu, die festgesetzte Nutzung auch zu verwirklichen. Dazu
müsste ein städtebauliches Gebot (§§ 175 ff. BauGB) erlassen werden. Die Realisierung eines gewünschten Vorhabens kann die Gemeinde auch vertraglich nach § 12
BauGB (Vorhaben- und Erschließungsplan) sicherstellen (→ Rn. 408 ff.).

227   Die verfassungsrechtliche Relevanz des Bebauungsplans ergibt sich aus seiner
Einordnung als **Inhalts- und Schrankenbestimmung** des Eigentums (Art. 14
Abs. 1 S. 2 GG). Der Bebauungsplan regelt abstrakt-generell die zukünftige Nutzbarkeit des Grundstücks. Eine natürliche „Baufreiheit", wie sie früher postuliert
wurde, ist mit der Struktur der Eigentumsgewährleistung unvereinbar. Vielmehr bestimmt ein wirksamer Bebauungsplan zugleich den Inhalt und die Grenzen der
verfassungsrechtlich gewährleisteten Eigentümerbefugnisse. Er selbst muss aber den
verfassungsrechtlichen Vorgaben des Art. 14 GG genügen (→ Rn. 41 ff.).

228   Der Bebauungsplan ändert nichts an den **privatrechtlichen Grundstücksver-
hältnissen.** Eine eventuell notwendige Neuordnung muss in gesonderten rechtlichen Verfahren etwa mit dem Mittel der Umlegung (§§ 45 ff. BauGB) oder der
Enteignung (§§ 85 ff. BauGB) erfolgen.

229   Hiervon zu unterscheiden ist die Frage, welchen Einfluss die Festsetzungen eines
Bebauungsplans auf die Beurteilung **nachbarrechtlicher Beziehungen** nach den
§§ 906 ff. BGB haben. Hier steht jedenfalls der *BGH* auf dem Standpunkt, dass ein

Vorhaben wegen „wesentlicher Geräuschimmissionen" nach den §§ 1004, 906 BGB auch dann unzulässig sein kann, wenn es nach öffentlichem Baurecht auf Grund der Darstellungen im Bebauungsplan zulässig ist, da nur die schon realisierte Bebauung die nähere Umgebung präge (→ Rn. 583 ff.).[140]

2. Formelle Rechtmäßigkeitsanforderungen an den Bebauungsplan (ohne Abwägungsgebot)

a) Änderung, Ergänzung und Aufhebung von Bauleitplänen

Die §§ 2–4c BauGB enthalten **allgemeine Verfahrensregelungen** für die Bau- **230** leitplanung. Sie gelten sowohl für den Flächennutzungsplan als auch für den Bebauungsplan. Die Bestimmungen für die Aufstellung eines Bauleitplans finden auch auf die Änderung, Ergänzung oder Aufhebung Anwendung (§ 1 Abs. 8 BauGB).

Änderung	= Abänderung von bestehenden Inhalten
Ergänzung	= Hinzufügen von Inhalten
Aufhebung	= Außerkraftsetzen des Bauleitplans

Eines formellen Aufhebungsverfahrens bedarf es auch dann, wenn ein Plan als **231** **nichtig erkannt** wird. Damit wird der Anschein seiner Rechtsgeltung beseitigt.[141] Zudem besteht häufig Unsicherheit, ob ein Plan wirksam ist oder nicht. Es ist daher auch praktisch vernünftig und richtig, dass die Rechtsprechung ein förmliches Aufhebungsverfahren verlangt. Ein schlichter Beschluss des Gemeinderats, mit dem die Nichtigkeit festgestellt wird, genügt also nicht, um den Plan zu beseitigen.[142] Durch die Pflicht, ein förmliches Verfahren durchzuführen, wird die Gemeinde zudem dazu gezwungen, sich Gedanken über die künftige städtebauliche Ordnung in dem betreffenden Gebiet zu machen.

Außer in einem förmlichen Verfahren kann ein Bebauungsplan auch auf Grund **232** von **Funktionslosigkeit** außer Kraft treten.[143] Funktionslosigkeit bedeutet, dass der Plan sich quasi „erledigt" hat, weil die bauliche Entwicklung anders verlaufen ist, als es bei Planerlass gedacht war. An die Annahme von Funktionslosigkeit sind allerdings strenge Anforderungen zu stellen.[144] Es genügt nicht, dass über längere Zeit von dem Plan abgewichen worden ist und inzwischen Verhältnisse entstanden sind, die den Festsetzungen des Plans nicht entsprechen. Vielmehr müssen die Verhältnisse, auf die sich der Plan bezieht, in der tatsächlichen Entwicklung einen Zustand erreicht haben, der eine Verwirklichung des Plans **auf unabsehbare Zeit ausschließt**. Hierbei ist nicht auf einzelne Grundstücke abzustellen, sondern auf die Festsetzungen des Plans in ihrer gesamten Reichweite. Dies muss zudem offenkundig und für jedermann erkennbar sein. In seltenen Ausnahmefällen kann ein Bebauungsplan auch auf Grund von Gewohnheitsrecht außer Kraft treten.

Zur Aufhebung eines Bebauungsplans kommt es auch dann, wenn ein bestehen- **233** der Bebauungsplan durch einen neuen ersetzt wird. Dies folgt aus der allgemeinen

[140] BGH, NJW 1983, 751 f.; vgl. dazu auch *Peine,* JuS 1987, 170 ff.
[141] Vgl. BVerwGE 75, 142 ff.
[142] BVerwG, DVBl. 1987, 481 f. m. Anm. *Steiner.*
[143] Vgl. BVerwGE 54, 5 (8 ff.); 85, 273 (281).
[144] Hierzu und zum Folgenden BVerwGE 75, 273 (281 f.).

Rechtsregel „**lex posterior derogat legi priori**".[145] Ein ausdrücklicher entsprechender Wille der Gemeinde braucht nicht erkennbar zu sein. Stellt sich die
Unwirksamkeit des neuen Plans heraus, gilt der alte Plan fort, es sei denn, die Gemeinde hat durch einen ausdrücklichen Aufhebungsbeschluss klargestellt, dass
der alte Plan auf jeden Fall außer Kraft treten soll. Ein solcher Aufhebungsbeschluss kann in den textlichen Festlegungen des neuen Bebauungsplans enthalten
sein.

b) Verbandskompetenz

234   Die Verbandskompetenz für die Aufstellung eines Bebauungsplans liegt gem. § 2
Abs. 1 S. 1 BauGB bei der Gemeinde. Hiervon zu trennen ist die Organkompetenz
für die jeweiligen Verfahrensschritte.

c) Aufstellungsbeschluss

235   Soll ein Bauleitplan aufgestellt, geändert, ergänzt oder aufgehoben werden, wird
im Regelfall ein entsprechender **Beschluss** durch den Gemeinderat oder einen
beschließenden Ausschuss (Art. 32 Abs. 2 S. 1 und S. 2 Nr. 2 GO) gefasst. Der Beschluss ist gemäß § 2 Abs. 1 S. 2 BauGB, Art. 27 Abs. 2 S. 1, 26 Abs. 2 GO ortsüblich bekanntzumachen.

236   Der Aufstellungsbeschluss ist nicht verbindlich vorgeschrieben. Sein Erlass empfiehlt sich jedoch, damit die Gemeinde die Möglichkeit hat, eine **Veränderungssperre** zu erlassen (§ 14 BauGB → Rn. 417 ff.) oder eine **Zurückstellung von
Baugesuchen** (§ 15 BauGB → Rn. 426 ff.) zu verlangen. Die Fehlerhaftigkeit des
Aufstellungsbeschlusses hat aber keinen Einfluss auf die Rechtmäßigkeit eines späteren Planbeschlusses!

d) Beteiligung der Öffentlichkeit und der Behörden

237   Die Aufstellung eines Bebauungsplans erfolgt nach entsprechender Beteiligung
der Öffentlichkeit gemäß § 3 BauGB und der Behörden nach § 4 BauGB, jeweils
i. V. m. § 4a BauGB. Beide Verfahren sind **zweistufig** aufgebaut: Auf der ersten Stufe erfolgt eine frühzeitige Unterrichtung über grundsätzliche Ziele, Zwecke, Alternativen und Auswirkungen der Planung (§ 3 Abs. 1, § 4 Abs. 1 BauGB). Die eigentliche Öffentlichkeits- und Behördenbeteiligung erfolgt nach Erstellung der
Entwürfe (§ 3 Abs. 2 und § 4 Abs. 2 BauGB). Man spricht insoweit auch von
„förmlicher" Beteiligung. Öffentlichkeits- und Behördenbeteiligung werden im
Regelfall zeitlich parallel durchgeführt.

238   Im Rahmen der Öffentlichkeitsbeteiligung kann jedermann unabhängig von
seiner rechtlichen Betroffenheit Anregungen geben. Eine besondere Fehlerquelle in
der Praxis (und deshalb ein wichtiges Klausurthema), ist **die förmliche Öffentlichkeitsbeteiligung** nach § 3 Abs. 2 BauGB. Sie besteht aus zwei Teilen, nämlich der Bekanntmachung der Öffentlichkeitsbeteiligung (§ 3 Abs. 2 S. 2 BauGB)
und der Durchführung der Öffentlichkeitsbeteiligung (§ 3 Abs. 2 S. 1 BauGB).
Unglücklicherweise regelt das Gesetz beides umgekehrt zur zeitlichen Reihenfolge.

239   Die förmliche Öffentlichkeitsbeteiligung wird üblicherweise durch den sog. Bil-
ligungs- und Auslegungsbeschluss des Gemeinderates eingeleitet, der aber gesetz-

---

[145] Vgl. BVerwG, NVwZ 1991, 673 (674).

lich nicht vorgeschrieben ist (Folge: Fehlerhaftigkeit des Billigungs- und Auslegungsbeschlusses führt nicht automatisch zur Unwirksamkeit des Planbeschlusses). Der Planentwurf ist gem. § 3 Abs. 2 S. 1 BauGB mit seiner Begründung sowie weiteren Unterlagen für die Dauer eines Monats öffentlich, d. h. zu jedermanns Einsicht **auszulegen**. Öffentliche Auslegung bedeutet, dass die Unterlagen ohne Weiteres für die Öffentlichkeit zugänglich sein müssen. Dies ist nicht der Fall, wenn beispielsweise eine vorherige telefonische Anmeldung bei der Gemeinde nötig ist oder ein anderweitig genutzter Büroraum (etwa nach Anklopfen) betreten werden muss. Nach der Rechtsprechung gebietet das BauGB keine Auslegung während der gesamten Dauer der Dienstzeiten. Es genügt, wenn während der allgemeinen Publikumsverkehrszeiten ausreichend Zutritt gewährt wird.[146] Im Übrigen kommt es auf die Spezifika der jeweiligen Gemeinde an.[147]

Von großer Bedeutung ist die richtige Fristberechnung. Bei einem Fristbeginn im Februar beträgt die Frist 30 Tage. Liegt ein wichtiger Grund (z. B. komplexes Planungsverfahren) vor, muss die Gemeinde über einen angemessenen längeren Zeitraum hinweg auslegen. Die Auslegung muss im Übrigen über die volle Frist eines Monats erfolgen. Es handelt sich um eine sog. Ablauffrist, bei der analog § 187 Abs. 2 BGB der erste Tag der Auslegung mitzählt.[148]

Beispiel: Der Entwurf wird ab 1.7. ausgelegt. Die Frist beginnt gem. § 187 Abs. 2 BGB analog am 1.7. und endet gem. § 188 Abs. 2 Alt. 2 BGB analog mit Ablauf des 31.7. Ist der 31.7. ein Sonntag, verschiebt sich das Fristende analog § 193 BGB auf den 1.8. | **240**

Hinweis: Zeitlich befristet gelten Sonderregelungen wegen der Sars-CoV-2-Pandemie, siehe § 3 Planungssicherstellungsgesetz (PlanSiG).[149] Es ermöglicht eine gegenüber den eigentlich geltenden Regelungen erleichterte Veröffentlichung im Internet.[150] Ob diese Regelungen zu Dauerrecht werden, ist derzeit (Ende 2021) nicht absehbar. | **241**

Die Auslegung ist gem. § 3 Abs. 2 S. 2 1. HS BauGB eine Woche vorher ortsüblich **bekanntzumachen**. Die Art und Weise der Bekanntmachung richtet sich nach Art. 27 Abs. 2 S. 1, 26 Abs. 2 GO. Die Bekanntmachung der Auslegung muss **Anstoßwirkung** haben. Jedem an der Planung Interessierten muss dieses Interesse bewusst werden können. Die Angabe einer Ordnungsnummer des Bebauungsplans genügt deshalb nicht.[151] Bei projektbezogenen Plänen muss ein Hinweis auf die Art des Vorhabens erfolgen (also: „Biomassekraftheizwerk Thanhof", nicht: Thanhof, Industriegebiet).[152] Der Beginn der Auslegung muss in der Bekanntmachung mit Datum ausgewiesen werden.[153] Als Ortsangabe genügt der Hinweis „in der Stadtverwaltung". | **242**

Große Probleme bereitet den Gemeinden die Vorschrift des § 3 Abs. 2 S. 2 BauGB, die weitere Mindestinhalte der Bekanntmachung festlegt.[154] Vor allem muss | **243**

---

[146] BVerwG, NJW 1981, 594: 33 Stunden pro Woche ausreichend.

[147] BayVGH, BayVBl. 1981, 681: Bei kleiner Gemeinde Mo. und Do. 18–20 Uhr sowie Sa. 8–16 Uhr ausreichend.

[148] GmS-OGB, BVerwGE 40, 363 (365 f.).

[149] Vom 20.5.2020,, BGBl. I S. 1041, zuletzt geändert durch Art. 1 G. v. 18.3.2021, BGBl. I, S. 353.

[150] Zu den Einzelheiten siehe *Arndt/Fischer/Heyn*, NVwZ 2020, 910 ff.

[151] BVerwGE 55, 369 (373 ff.).

[152] BayVGH, BayVBl. 2005, 177 ff.

[153] BVerwG, BauR 1992, 305 f.

[154] Zu den umweltbezogenen Informationen vgl. BVerwGE 147, 206 ff. und 165, 387 ff.

angegeben werden, welche „Arten umweltbezogener Informationen" vorhanden sind. Dies darf nicht rein formelhaft erfolgen („Informationen zu Auswirkungen der Planung auf Mensch, Tier und Umwelt", „Die Umweltauswirkungen ergeben sich aus dem Umweltbericht" o. ä.). Es reicht auch nicht, nur irgendwelche vorliegenden Stellungnahmen auszulisten („Stellungnahme des Amts für Wasserwirtschaft vom …"). In solchen Fällen ist die Bekanntmachung fehlerhaft und der Plan unwirksam (siehe auch § 214 Abs. 1 Nr. 2 BauGB: Unbeachtlich wäre es nur, wenn einzelne Angaben zu umweltbezogenen Informationen fehlen, nicht wenn die Angaben insgesamt ohne Aussagekraft sind). Daher müssen die in den Stellungnahmen und Unterlagen behandelten Umweltthemen nach **Themenblöcken zusammengefasst und schlagwortartig charakterisiert** werden (Beispiel:„Es liegen Stellungnahmen vor zu den Auswirkungen von Lärm auf die menschliche Gesundheit und von möglichen Verschmutzungen des Grundwassers")[155] Die Gemeinde darf sinntragende Begriffe aus dem Titel der jeweiligen Umweltinformation aufgreifen.[156] Im Sinne der sog. Aarhus-Konvention[157] soll damit das Interesse der Öffentlichkeit an Umweltthemen geweckt und die Durchsetzung von Umweltbelangen durch die Inanspruchnahme von gerichtlichem Rechtsschutz gestärkt werden (man kann aber sehr bezweifeln, ob dieses Ziel so wirklich gefördert wird). Wichtig ist: Es muss auch auf solche Arten von Umweltinformationen hingewiesen werden, die die Gemeinde im Hinblick auf die Abwägung nach § 1 Abs. 7 BauGB für nicht relevant hält.[158] Hingegen dürfen bei der Auslegung selbst Stellungnahmen, die die Gemeinde für nicht relevant hält, weggelassen werden (siehe § 3 Abs. 2 S. 1 BauGB: „die nach Einschätzung der Gemeinde wesentlichen … Stellungnahmen"). Man muss sich also streng an den Gesetzeswortlaut halten!

244   Die Bekanntmachung muss die **Wochenfrist** des § 3 Abs. 2 S. 2 1. HS BauGB wahren. Dabei handelt es sich um eine sog. Ereignisfrist, die gem. §§ 187 Abs. 1, 188 Abs. 2 Alt. 1 BGB analog zu berechnen ist.[159] Ein zu kurzer „Vorlauf" kann dadurch kompensiert werden, dass die Auslegung um die entsprechende Zeit verlängert wird und in der Bekanntmachung das spätere Auslegungsende angegeben wurde.

245   **Beispiel:**[160] Am 16.11. wird bekanntgemacht, dass die Auslegung vom 23.11. bis 23.12. erfolge. Der Planentwurf liegt dann auch tatsächlich in dem genannten Zeitraum aus. Sind die Vorgaben des § 3 Abs. 2 BauGB gewahrt?
Die Wochenfrist des § 3 Abs. 2 S. 2 1. HS ist nicht gewahrt. Sie beginnt analog § 187 Abs. 1 BGB am 17.11. und endet analog § 188 Abs. 2 Alt. 1 BGB am 23.11. Dies war allerdings bereits der erste Tag der Auslegung, so dass nur ein „Vorlauf" von sechs Tagen gegeben ist. Indes dauerte die Auslegung einen Tag länger als vorgeschrieben. Analog § 187 Abs. 2, 188 Abs. 2 Alt. 2 BGB hätte nur bis einschließlich 22.12. ausgelegt werden müssen. Auf die längere Auslegung wurde in der Bekanntmachung auch hingewiesen. Insgesamt sind die Mindestfristen des § 3 Abs. 2 BauGB also eingehalten, so dass der zu kurze „Vorlauf" kompensiert wird.

246   Eine Änderung oder Ergänzung des Plans nach der Auslegung führt zur erneuten Auslegungspflicht nach § 4a Abs. 3 Satz 1 BauGB. Hierauf kann nur dann ver-

---

[155] BVerwGE 147, 206 ff.
[156] BVerwGE 165, 387 ff.
[157] Völkerrechtlicher Vertrag, BGBl. II, S. 1251.
[158] BVerwGE 147, 206 (209).
[159] GmS-OGB, BVerwGE 40, 363 (365 f.).
[160] BVerwG, NVwZ 2003, 1391 (1391).

zichtet werden, wenn die erneute Auslegung eine „bloße Förmelei" wäre (Beispiel: Streichung einer Festsetzung, die für die übrigen Festsetzungen ohne Bedeutung ist).[161]

Bekanntmachung und auszulegende Unterlagen sind nach § 4a Abs. 4 S. 1 BauGB zusätzlich in das Internet einzustellen.

Äußern sich Betroffene während der Auslegungsfrist nicht, können nicht fristgerecht vorgebrachte Stellungnahmen bei der Beschlussfassung unberücksichtigt bleiben (§ 4a Abs. 6 BauGB); Voraussetzung hierfür ist allerdings, dass die Gemeinde darauf hingewiesen hat (§ 4a Abs. 6 S. 2 i. V. m. § 3 Abs. 2 S. 2 2. HS BauGB). Zu beachten ist, dass Einwendungen nur während der Auslegungsfrist erhoben werden können. **247**

Die **Behördenbeteiligung** (frühzeitig und förmlich, → § 4 Abs. 1 und 2 BauGB) soll der Gemeinde die notwendigen Informationen für die Durchführung der Abwägung im Hinblick auf die Wahrung der verschiedenen öffentlichen Interessen verschaffen. Deshalb werden Behörden und sonstige Träger öffentlicher Belange, deren Aufgabenbereich durch die Planung berührt wird, eingebunden. Der Behördenbegriff ist in Anlehnung an § 1 Abs. 4 VwVfG zu bestimmen. Sonstige Träger öffentlicher Belange sind private Rechtsträger, soweit ihnen durch Gesetz oder auf Grund eines Gesetzes die Wahrnehmung öffentlicher Belange übertragen ist (z. B. Energieversorgungsunternehmen, §§ 2, 18, 36 **Energiewirtschaftsgesetz – EnWG**).[162] Keine Träger öffentlicher Belange sind anerkannte Naturschutzverbände nach den §§ 63 f. BNatSchG; ihnen bleibt die Beteiligungsmöglichkeit nach § 3 BauGB. **248**

Kommt es nach der Öffentlichkeits- und Behördenbeteiligung zu Änderungen oder Ergänzungen am Planentwurf (in der Praxis ein häufiger Fall, weil sich aus den Stellungnahmen von Behörden oder Bürgern im Beteiligungsverfahren regelmäßig neue Aspekte ergeben!), ist das Verfahren zu wiederholen (§ 4a Abs. 3 BauGB, gegebenenfalls mit Beschleunigungsmöglichkeiten, die meist allerdings wenig Zeitgewinn bringen, aber erhebliche rechtliche Unsicherheit verursachen). Wird lediglich der Umweltbericht als Bestandteil der Begründung geändert, besteht keine Pflicht zur erneuten Auslegung.[163] Es geht also nur um den eigentlichen Planinhalt! **249**

Gemäß § 4b S. 1 BauGB kann die Durchführung der Verfahrensschritte auf einen Dritten, etwa ein privates Architekturbüro, übertragen werden. Der Dritte kann vor allem auch damit beauftragt werden, einen Planentwurf zu erstellen oder nach Durchführung der Bürgerbeteiligung oder der Beteiligung der Träger öffentlicher Belange den Planentwurf zu überarbeiten. Nach § 4b S. 2 BauGB kann ein Dritter auch zur Mediation oder sonstigen außergerichtlichen Konfliktbeilegung eingeschaltet werden. Die Vorschrift ändert allerdings nichts an der Verantwortlichkeit der Gemeinde und ihrer Organe für die maßgeblichen Entscheidungen im Rahmen des Bauleitplanungsverfahrens. **250**

---

[161] BayVGH, BayVBl. 2009, 275 f.
[162] Sartorius Nr. 830.
[163] BVerwGE 158, 182 ff.

e) Umweltprüfung (§ 2 Abs. 4 BauGB)

251   Die Umweltprüfung des § 2 Abs. 4 BauGB geht auf europäisches Recht zurück.[164] In der Umweltprüfung werden alle Umweltauswirkungen des Bauleitplans ermittelt, in einem Umweltbericht beschrieben und dann bewertet. Die Einzelheiten sind detailliert in § 2 Abs. 4 BauGB und der Anlage zu § 2 Abs. 4 BauGB geregelt. Neben einer Bestandsaufnahme über den derzeitigen Umweltzustand werden Prognosen über die zukünftige Entwicklung angestellt (vgl. Anlage zu § 2 Abs. 4 und § 2a BauGB, Nr. 2b). Geplante Maßnahmen zur Vermeidung, Verringerung und zum Ausgleich nachteiliger Einwirkungen werden beschrieben, ebenso in Betracht kommende anderweitige Planungsmöglichkeiten (Anlage zu § 2 Abs. 4 und § 2a BauGB, Nr. 2c und d). Im sogenannten **Scoping** nach § 2 Abs. 4 S. 2 BauGB werden Umfang und Detaillierungsgrad der in den Umweltbericht aufzunehmenden Informationen bestimmt. Dies ist vorab auch Gegenstand der vorzeitigen Behördenbeteiligung gemäß § 4 Abs. 1 S. 1 BauGB. Die Ergebnisse der Umweltprüfung sind im Rahmen der Abwägung zu berücksichtigen (§ 2 Abs. 4 S. 4 BauGB). Werden mehrere Pläne nacheinander aufgestellt, findet gemäß § 2 Abs. 4 S. 5 BauGB eine Abschichtung der Prüfung statt.

252   Zu beachten ist der Unterschied zwischen Umweltprüfung und Umweltverträglichkeitsprüfung. Die Umweltprüfung nach § 2 Abs. 4 BauGB ist eine **Prüfung des Plans.** Bei der Umweltverträglichkeitsprüfung nach dem **Gesetz über die Umweltverträglichkeitprüfung (UVPG)**[165] geht es um die **Prüfung von Projekten.** Das Verhältnis der beiden Vorschriften zueinander bestimmt § 17 UVPG. Die notwendige Umweltverträglichkeitsprüfung wird im Aufstellungsverfahren als Umweltprüfung nach den Vorschriften des BauGB durchgeführt (§ 17 Abs. 1 S. 1 UVPG).

f) Satzungsbeschluss (§ 10 Abs. 1 BauGB)

253   Der Bebauungsplan wird vom Gemeinderat als Satzung beschlossen (§ 10 Abs. 1 BauGB). Gemäß Art. 32 Abs. 2 S. 1 und S. 2 Nr. 2 GO kann die Zuständigkeit für den Beschluss auf einen Ausschuss („Bauausschuss") übertragen werden. Im Gegensatz zum Aufstellungsbeschluss (§ 2 Abs. 1 S. 2 BauGB) und dem Billigungs- und Auslegungsbeschluss (vgl. § 3 Abs. 2 BauGB) ist der Satzungsbeschluss bundesrechtlich **zwingend** vorgeschrieben.

254   Sämtliche **kommunalrechtliche Anforderungen** an die Beschlussfassung sind zu beachten (insb. Art. 45 ff. GO). Verstöße gegen Bestimmungen der GO führen zur formellen Rechtswidrigkeit der Satzung. Von besonderer Bedeutung für die Beschlussfassung über Bauleitpläne ist das kommunalrechtliche Mitwirkungsverbot des **Art. 49 GO** (→ KommR Rn. 246 ff.). Ein unmittelbarer Vor- oder Nachteil liegt vor, wenn ein individuelles Sonderinteresse im Raume steht. Bei der Beschlussfassung über einen Bebauungsplan kann davon in folgenden Fällen ausgegangen werden:

– Der Bebauungsplan ändert (positiv oder negativ) die Baurechtslage für das im Plangebiet liegende Grundstück.

---

[164] RL 2001/42/EG v 27.6.2001 über die Prüfung der Umweltauswirkungen bestimmter Pläne und Programme, ABl. L 197/30.

[165] I. d. F. der Bekanntmachung vom 24. Februar 2010, BGBl. I S. 94; *Sartorius* Nr. 295.

– Der Bebauungsplan trifft Festsetzungen, die für ein an das Plangebiet angrenzendes Grundstück Auswirkungen haben.
– Ein Architekt ist nach Art. 49 Abs. 1 GO auszuschließen, wenn er mit einem Eigentümer im Plangebiet bereits vertragliche Vereinbarungen getroffen hat.

Ein Gruppeninteresse genügt hingegen nicht, um einen Ausschluss nach Art. 49 **255**
Abs. 1 GO zu rechtfertigen.

Beispiel: Ein Architekt ist nicht deshalb von der Beschlussfassung über einen Bebauungsplan **256**
für ein neues Baugebiet ausgeschlossen, weil er sich von der Planung Aufträge für sein Büro erhofft.

g) Begründung und zusammenfassende Erklärung

Dem Bauleitplan muss schon im Aufstellungsverfahren eine **Begründung** bei **257**
gefügt werden (§ 2a S. 1 BauGB). Der Umweltbericht ist ein gesonderter Teil der
Begründung (§ 2a S. 3 BauGB). Die „endgültige" Begründung ist den beschlossenen Bauleitplänen beizufügen (§ 5 Abs. 5 BauGB für den Flächennutzungsplan, § 9
Abs. 8 BauGB für den Bebauungsplan). Sie ist vor allem wichtig, um die der Beschlussfassung zugrunde liegende Abwägung nachzuvollziehen. Des Weiteren wird
dem Bebauungsplan noch eine zusammenfassende Erklärung beigefügt (§ 10a
BauGB).

h) Genehmigung

Im Regelfall unterliegen Bebauungspläne **keiner Genehmigungspflicht. Aus 258
nahmen** gelten nach § 10 Abs. 2 S. 1 BauGB in folgenden Fällen:
– Genehmigungspflichtig ist der isolierte Bebauungsplan (§ 10 Abs. 2 S. 1 i. V. m.
  § 8 Abs. 2 S. 2 BauGB → Rn. 273).
– Der Bebauungsplan ist genehmigungspflichtig, wenn er parallel zum Flächennutzungsplan aufgestellt, geändert oder ergänzt wird und vor Inkrafttreten des
  Flächennutzungsplans in Kraft treten soll (§ 10 Abs. 2 S. 1 i. V. m. § 8 Abs. 3 S. 2
  BauGB → Rn. 273).
– Genehmigungspflichtig ist weiterhin der vorzeitige Bebauungsplan (§ 10 Abs. 2
  S. 1 i. V. m. § 8 Abs. 4 BauGB → Rn. 273).

In diesen Fällen ist der Bebauungsplan durch die höhere Verwaltungsbehörde
umfassend (§ 216 BauGB) auf seine Rechtmäßigkeit hin zu überprüfen (§ 10
Abs. 2 S. 2 i. V. m. § 6 Abs. 2 BauGB). Zuständig für die Genehmigung sind die höheren Verwaltungsbehörden, d. h. in Bayern die Regierungen. Für die Genehmigung von Bebauungsplänen gewöhnlicher kreisangehöriger Gemeinden ist gem.
§ 2 Abs. 1 ZustVBau jedoch das Landratsamt zuständig (vgl. § 203 Abs. 3 BauGB).
Die Regierungen genehmigen dagegen die Bebauungspläne der Großen Kreisstädte (vgl. § 2 Abs. 2 ZustVBau) und der kreisfreien Gemeinden (mangels abweichender Regelung).

Wenn ein Genehmigungsverfahren durchgeführt wird, muss die Erteilung der
Genehmigung bekannt gemacht werden, um den Bebauungsplan in Kraft zu setzen
(§ 10 Abs. 3 S. 1 BauGB → Rn. 264).

Einer zu erteilenden Genehmigung können gegebenenfalls Nebenbestimmun **259**
gen beigefügt werden. Soweit es nur um redaktionelle oder technische Fragen geht,
handelt es sich um echte Auflagen nach Art. 36 Abs. 1, Abs. 2 Nr. 4 BayVwVfG.
Rechtsmittel hiergegen ist (in Bayern) die Anfechtungsklage (kein Widerspruch
wegen Art. 15 AGVwGO).

260 **Beispiel:** Die Genehmigung eines Plans wird mit der Auflage versehen, sämtliche Abkürzungen in der Legende und der Begründung auszuschreiben.

261 Problematischer ist der Fall, dass die Genehmigungsbehörde inhaltliche Änderungen verlangt und unter solchen „Auflagen" die Genehmigung erteilt.

262 **Beispiel:** Die Gemeinde hat für bestimmte Gebiete eine dreigeschossige Bebauung vorgesehen. In der Genehmigung wird verlangt, maximal zweigeschossige Bebauung zuzulassen.

263 In solchen Fällen handelt es sich um die Genehmigung eines Plan-Aliuds. Die Gemeinde muss Verpflichtungsklage erheben, will sie ihren ursprünglichen Plan in Kraft setzen. Will sie sich der Auffassung der Genehmigungsbehörde anschließen, muss von der Gemeindevertretung oder dem zuständigen Ausschuss ein **Beitrittsbeschluss** gefasst werden. Zudem ist eine erneute Beteiligung der Öffentlichkeit und der Behörden nach § 3 Abs. 2 und § 4 BauGB durchzuführen. Bei der Bekanntmachung der Genehmigung muss auf eine eventuell erteilte Auflage nicht hingewiesen werden.

i) Ausfertigung und Inkraftsetzung

264 Der Bebauungsplan ist vom ersten Bürgermeister oder im Falle seiner Verhinderung von seinem Stellvertreter **auszufertigen.** Hierbei handelt es sich um ein allgemeines rechtsstaatliches Erfordernis (vgl. allerdings auch Art. 26 Abs. 2 S. 1 GO). Ausfertigung bedeutet, dass das ordnungsgemäße Verfahren und die Authentizität des Plans vom ersten Bürgermeister bestätigt werden. Erst nach der Ausfertigung darf der Bebauungsplan in Kraft gesetzt werden. Dies geschieht im Regelfall dadurch, dass der **Beschluss** über den Bebauungsplan durch die Gemeinde **ortsüblich bekannt gemacht** wird (§ 10 Abs. 3 S. 1 BauGB). Der Gesetzgeber verzichtet also auf eine Verpflichtung dahingehend, den Bebauungsplan insgesamt zu veröffentlichen (das Bauplanungsrecht weicht insoweit vom Kommunalrecht ab, → Art. 26 Abs. 2 S. 1 GO: Bekanntmachung der Satzung); eine Bekanntmachung der Satzung wäre bei Bebauungsplänen zu aufwendig und vor allem zu teuer. Mit der Bekanntmachung tritt der Bebauungsplan in Kraft (§ 10 Abs. 3 S. 4 BauGB).

265 Die Begründung für den Bebauungsplan sowie die zusammenfassende Erklärung müssen zu jedermanns **Einsicht** bereitgehalten werden (§ 10 Abs. 3 S. 2 1. HS BauGB). Der Bebauungsplan kann jederzeit von jedermann eingesehen werden. Soweit ein Bebauungsplan ausnahmsweise genehmigungspflichtig ist, ist die Erteilung der Genehmigung ortsüblich bekannt zu machen. Soweit im Bebauungsplan auf technische Vorschriften verwiesen wird, die nicht öffentlich zugänglich sind (häufiger Fall: Lärmkontingentierungen, bei denen bestimmten Planbereichen bestimmte Immissionskontingente zugewiesen werden), müssen auch diese Vorschriften zur Einsicht bereitzuhalten. Hierauf ist in der ortsüblichen Bekanntmachung hinzuweisen.[166]

j) Vereinfachtes und beschleunigtes Verfahren (§§ 13, 13a BauGB)

266 Für wenig komplexe Planungen oder Planänderungen sieht der Gesetzgeber für die Kommunen Entlastungen von den regulären verfahrensrechtlichen Anforde-

---

[166] BVerwGE 169, 29 (39).

rungen vor. Nach § 13 BauGB kann ein **vereinfachtes Verfahren** durchgeführt werden bei

– Änderung oder Ergänzung eines Bauleitplans, ohne dass die Grundzüge der Planung berührt werden;
– Aufstellung eines Bebauungsplans für vorhandene Bebauung i.S.v. § 34 BauGB;
– Aufstellung eines Bebauungsplans, der nur Festsetzungen nach § 9 Abs. 2a oder Abs. 2b enthält (→ Rn. 278).

Voraussetzung für die Anwendung des vereinfachten Verfahrens ist, dass für das Vorhaben keine Pflicht zur Umweltverträglichkeitsprüfung besteht (§ 13 Abs. 1 Nr. 1 BauGB) und dass keine Beeinträchtigung von Natura-2000-Gebieten nach § 1 Abs. 6 Nr. 7 lit. b BauGB zu befürchten ist (§ 13 Abs. 1 Nr. 2 BauGB).

Wesentliche verfahrensrechtliche Erleichterungen sind:

– Keine frühzeitige Unterrichtung und Erörterung nach § 3 Abs. 1 und § 4 Abs. 1 BauGB (§ 13 Abs. 2 S. 1 Nr. 1 BauGB);
– wahlweise Gelegenheit zur Stellungnahme statt öffentlicher Auslegung (§ 13 Abs. 2 S. 1 Nr. 2 und 3 BauGB);
– Verzicht auf Umweltprüfung, Umweltbericht u. a. (§ 13 Abs. 3 BauGB).

267 § 13 BauGB dient im Wesentlichen der planungsrechtlichen Festschreibung des Status quo, nicht der Schaffung neuen Baurechts.

Bei Bebauungsplänen zur **Innenentwicklung** kann das **beschleunigte Verfahren** nach § 13a BauGB durchgeführt werden. Dabei geht es – anders als bei § 13 BauGB – um die Schaffung von **neuem Baurecht**, gegebenenfalls auch unter Abweichung vom Flächennutzungsplan. „Innenentwicklung" ist **nicht identisch** mit „Innenbereich" iSv § 34 BauGB. Entscheidend sind die tatsächlichen Verhältnisse, nicht der planungsrechtliche Status. [167] Folge: Es können auch bereits überplante Flächen (die nicht Innenbereich im Sinne von § 34 BauGB sind, sondern unter § 30 BauGB fallen) einbezogen werden, bzw. es müssen auch solche Flächen bei den Flächenberechnungen berücksichtigt werden. Beim beschleunigten Verfahren gelten im Übrigen die gleichen verfahrensrechtlichen Erleichterungen wie beim vereinfachten Verfahren (§ 13a Abs. 2 Nr. 1 BauGB). Hinzu kommen materiell-rechtliche Erleichterungen, vor allem eine weitgehende Befreiung von der Bindung an die Darstellungen des Flächennutzungsplans (§ 13a Abs. 2 Nr. 2 BauGB). Zeitlich befristet sieht § 13b BauGB sogar vor, dass Flächen im Außenbereich im beschleunigten Verfahren überplant werden können. Dem Gesetzgeber ist die Schaffung von Bauland („Baulandmobilisierung") für eine gewisse Zeit wichtiger als die Einhaltung allgemeiner städtebaulicher Grundsätze.

3. Materielle Rechtmäßigkeitsanforderungen an den Bebauungsplan (ohne Abwägungsgebot)

a) Städtebauliche Rechtfertigung (§ 1 Abs. 3 BauGB)

268 Wie jede hoheitliche Planung bedarf auch der Erlass eines Bebauungsplans einer Rechtfertigung. Ein Bebauungsplan darf nach § 1 Abs. 3 S. 1 BauGB dann erlassen werden, wenn die städtebauliche Entwicklung und Ordnung dies **erfordert**. Der Gesetzgeber betont neuerdings (seit 2021) in § 1 Abs. 3 S. 1 2. HS BauGB insbe-

---

[167] BVerwGE 169, 29 ff. Rn. 28.

sondere die Wichtigkeit zur Ausweisung von Flächen für den Wohnungsbau (eigentlich völlig überflüssig, seit Erlass des Baugesetzbuchs 1960 werden Bebauungspläne vor allem auch dazu gebraucht, Flächen für den Wohnungsbau auszuweisen). § 1 Abs. 5 BauGB enthält einen weiten Katalog von Zielsetzungen, die mit der Bauleitplanung verfolgt werden können. Die städtebauliche Rechtfertigung eines Plans besteht bereits dann, wenn ein öffentlicher Belang für den Erlass eines Plans spricht. Die Verfolgung des Belanges muss allerdings der städtebaulichen Konzeption der Gemeinde entsprechen. Ob die Planung insgesamt ausgewogen ist, ist eine Frage der Abwägung (§ 1 Abs. 7 BauGB), nicht der Planrechtfertigung.

269   Ein Verstoß gegen § 1 Abs. 3 BauGB kann daher im Wesentlichen nur in folgenden Fällen angenommen werden:[168]

- Der Planung liegt **überhaupt kein städtebauliches** Konzept zugrunde (sehr selten). Ein Konzept fehlt jedenfalls dann, wenn der Gemeinde erkennbar an der Verwirklichung der Planung nichts gelegen ist.[169]
- Die Gemeinde verfolgt zwar ein Konzept, der Bebauungsplan kann aber wegen **unüberwindbaren** tatsächlichen oder rechtlichen **Hindernissen** (z.B. Artenschutzrecht[170]) diesem Konzept nicht dienen.
- Die Gemeinde betreibt eine **reine Gefälligkeitsplanung**, wobei die sachwidrige Begünstigung alleine nicht ausreicht; die Erforderlichkeit der Planung fehlt erst dann, wenn ausschließlich privaten Interessen nachgekommen wird (z.B. Legalisierung eines im Außenbereich unzulässigen Vorhabens ohne städtebauliche Gründe[171]).
- Die Gemeinde betreibt eine **reine Negativplanung**. Zu beachten ist, dass die Gemeinde mit einer Planung durchaus bezwecken darf, ein bestimmtes Vorhaben zu verhindern; sie muss aber positive städtebauliche Ziele verfolgen, die auch auf Bewahrung gerichtet sein dürfen.[172] Eine unzulässige Verhinderungsplanung liegt erst vor, wenn diese Ziele vorgeschoben sind.

270   **Beispiel:** Sekte S erwirbt ein Grundstück im unbeplanten Innenbereich von G, um dort ein Gemeindezentrum zu errichten. Die Mehrheit des Stadtrates möchte die Ansiedlung der Sekte in G verhindern. Deshalb wird ein auf das Grundstück der S beschränkter Bebauungsplan in Kraft gesetzt und für das Grundstück eine Grünfläche nach § 9 Abs. 1 Nr. 15 BauGB festgesetzt. Für den Plan (und die Festsetzung) fehlt es an einer städtebaulichen Rechtfertigung, da es sich um eine reine Negativplanung handelt. (Anders wäre zu entscheiden, wenn die Gemeinde auch das Ziel verfolgt, einen vorhandenen Grüngürtel gegen Bebauungen zu schützen. Dann ließe sich bereits eine städtebauliche Rechtfertigung annehmen. Ob die Abwägung rechtmäßig ist, wäre dann eine andere Frage.)

b) Entwicklungsgebot (§ 8 Abs. 2–4)

271   Eine besondere Rechtmäßigkeitsanforderung an den Bebauungsplan ist das **Entwicklungsgebot** des § 8 BauGB. Grundsätzlich muss der Bebauungsplan aus dem Flächennutzungsplan entwickelt werden (§ 8 Abs. 2 S. 1 BauGB). Entwickeln bedeutet, dass der Flächennutzungsplan die Grundlage für die Gesamtplanung der Gemeinde bildet und die Bebauungspläne hieraus hervorgehen müs

---

[168] Vgl. *Dirnberger*, in: Jäde/Dirnberger, BauGB, § 1 Rn. 20 ff.
[169] BVerwGE 92, 8 (15 f.).
[170] HessVGH, NuR 2012, 644 (645).
[171] VGH BW, NuR 1996, 36 (37)
[172] BVerwG, BauR 2012, 1067.

sen.[173] Der Bebauungsplan ist insoweit jedoch keine reine Vollzugsstufe mit kleinerem Maßstab. Vielmehr konkretisiert er die Grundkonzeption des Flächennutzungsplans. Es kann vom Flächennutzungsplan abgewichen werden, wenn die von diesem angestrebte städtebauliche Ordnung in diesem Bereich (also „kleinräumig") gewahrt bleibt.[174] Diese Anforderungen sind strenger als bei § 214 Abs. 2 Nr. 2 BauGB (→ Rn. 315).

Beispiel: Gemeinde G erlässt einen Bebauungsplan für ein ca. 3 km² großes Plangebiet. Der **272** Plan setzt ein allgemeines Wohngebiet fest. 200 m² am Rande des Geländes sind im Flächennutzungsplan als „Fläche für die Landwirtschaft" ausgewiesen, der Rest als Wohnbaufläche. Es liegt nicht zwingend ein Verstoß gegen das Entwicklungsgebot (§ 8 Abs. 2 S. 1 BauGB) vor. Ein „Entwickeln" kann auch dann vorliegen, wenn die Abgrenzung von landwirtschaftlichen und zu Wohnzwecken genutzten Gebieten geringfügig anders erfolgt. Die dem Flächennutzungsplan zugrundeliegende städtebauliche Konzeption für den Bereich des fraglichen Bebauungsplans muss jedoch sinnvoll weitergedacht werden, sie darf durch die Abweichung nicht in Frage gestellt werden.

Zum Grundsatz des § 8 Abs. 2 S. 1 BauGB gibt es mehrere Ausnahmen: **273**
- Nach § 8 Abs. 2 S. 2 BauGB kann ein **isolierter Bebauungsplan** ergehen, wenn er ausreicht, um die städtebauliche Entwicklung zu ordnen (angesichts der Größe der bayerischen Gemeinden nach der Gemeindegebietsreform kaum mehr praktisch relevant).
- Im sog. **Parallelverfahren** nach § 8 Abs. 3 S. 1 BauGB können Flächennutzungsplan und Bebauungsplan gemeinsam aufgestellt, geändert oder ergänzt werden. Gegebenenfalls kann ein Bebauungsplan auch parallel zu einem anzupassenden Flächennutzungsplan aufgehoben werden. Bei anzunehmender Übereinstimmung von Flächennutzungsplan und Bebauungsplan kann der Bebauungsplan vor dem Flächennutzungsplan bekanntgemacht werden (§ 8 Abs. 3 S. 2 BauGB). Das Parallelverfahren kommt vor allem dann in Betracht, wenn unter Zeitdruck eine neue planerische Konzeption i.d.R. für einen bestimmten Teil des Gemeindegebietes umgesetzt werden soll, die auch eine Änderung des Flächennutzungsplans erforderlich macht.
- Eine echte Ausnahme zu § 8 Abs. 2 BauGB stellt § 8 Abs. 4 BauGB dar. Aus dringenden Gründen kann ein Bebauungsplan **vorzeitig** aufgestellt, geändert, ergänzt oder aufgehoben werden. Dringende Gründe liegen vor allem dann vor, wenn ansonsten erhebliche Nachteile für die Gemeinde drohen (z.B. Bevölkerungsabwanderung).
- Bei Bebauungsplänen zur Innenentwicklung, die im beschleunigten Verfahren aufgestellt werden (§ 13a und b BauGB), wird der Flächennutzungsplan dem Bebauungsplan im Wege der Berichtigung angepasst (§ 13a Abs. 2 Nr. 2 BauGB).

c) Anpassung an Ziele der Raumordnung (§ 1 Abs. 4 BauGB)

§ 1 Abs. 4 BauGB regelt die Pflicht zur Anpassung der Bauleitpläne, also auch **274** des Bebauungsplans, an Ziele der Raumordnung (definiert in § 3 Abs. 1 Nr. 1 ROG, vgl. § 3 Abs. 2 ROG). Es handelt sich um eine **strikte Raumordnungsklausel**. Sie greift sowohl bei der Aufstellung eines Bebauungsplans als auch in dem

---

[173] BVerwGE 48, 70 (73 ff.).
[174] BVerwG, NVwZ 2000, 197 f.

Fall, in dem die Ziele der Raumordnung erst nach dem Erlass des Bebauungsplans in Kraft treten. Ein widersprechender Bebauungsplan ist dann anzupassen; hierzu kann die Gemeinde aufsichtlich veranlasst werden (siehe Art. 33 BayLPlG). Aus § 1 Abs. 4 BauGB folgt auch die Pflicht, einen Bebauungsplan erstmals aufzustellen, wenn Ziele der Raumordnung dies erfordern.[175]

d) Zulässige Festsetzungen

275   Für den Bebauungsplan sind in § 9 BauGB die zulässigen Festsetzungen **abschließend festgelegt.** Es können nur die in § 9 BauGB vorgesehenen Festsetzungen aufgenommen werden. Näheres ergibt sich aus der BauNVO (vgl. § 9a BauGB). Von großer praktischer Relevanz ist die Bestimmung des § 1 Abs. 3 BauNVO. Bei der **Art der baulichen Nutzung** erfolgt im Regelfall die Festsetzung eines Baugebiets nach der BauNVO. Dadurch werden die Bestimmungen der §§ 2–14 BauNVO über zulässige oder ausnahmsweise zulässige bauliche Anlagen gemäß § 1 Abs. 3 S. 2 BauNVO Bestandteil des Bebauungsplans. Folge: Die nach §§ 2–14 BauNVO ausnahmsweise zulässigen Anlagen können im Wege der Ausnahmeerteilung nach § 31 Abs. 1 BauGB zugelassen werden (→ Rn. 72 ff.).

276   Des Weiteren setzt der Bebauungsplan i.d.R. das **Maß der baulichen Nutzung** fest (§§ 16, 17 BauNVO). Beim Maß der baulichen Nutzung geht es um den Umfang der baulichen Ausnutzung eines Grundstücks. Ferner enthält der Bebauungsplan im Regelfall Festlegungen über die **Bauweise** (§ 22 Abs. 1 BauNVO, geschlossene oder offene Bauweise) und über die **überbaubaren Grundstücksflächen** (§ 23 Abs. 1 BauNVO).

277   Nach § 9 Abs. 2 S. 1 BauGB gibt es ein Baurecht auf Zeit. Die Gemeinden können festlegen, dass bestimmte im Bebauungsplan festgesetzte bauliche oder sonstige Nutzungen und Anlagen nur für einen bestimmten Zeitraum (Nr. 1, „eigentliches Baurecht auf Zeit") oder aufschiebend oder auflösend bedingt (Nr. 2) zulässig sind. Eine Folgenutzung soll festgesetzt werden (§ 9 Abs. 2 S. 2 BauGB). Die Gemeinde darf diese Festsetzungsmöglichkeit jedoch nur „in besonderen Fällen" vorsehen. Die Vorschrift darf nicht dazu genutzt werden, systematisch zur Vermeidung von Ansprüchen wegen Planungsänderung nach den §§ 39 ff. BauGB zeitlich befristete oder bedingte Festsetzungen zu treffen. Ein „besonderer Fall" dürfte vor allem dann vorliegen, wenn von vornherein absehbar ist, dass eine bestimmte Nutzung nur auf Zeit angelegt ist (z.B. Gartenschau) oder wenn damit gerechnet werden muss, dass wegen eines erfahrungsmäßig kurzen Nutzungszyklus in absehbarer Zeit der ursprüngliche Nutzungszweck wieder aufgegeben wird. Denkbar ist auch, dass man eine Festsetzung erst wirksam werden lässt, wenn die Voraussetzungen an anderer Stelle geschaffen sind (z.B. Festsetzung eines Wohngebietes erst nach Realisierung einer Lärmschutzwand).[176]

278   Bebauungspläne nach § 9 Abs. 2a BauGB dienen dem **Schutz zentraler Versorgungsbereiche** der Gemeinde. Erlaubt wird die Überplanung von Innenbereichsgebieten nach § 34 BauGB durch i.d.R. einfache Bebauungspläne (vgl. § 30 Abs. 3 BauGB), mit denen vor allem der Einzelhandel in zentralen Versor-

---

[175] BVerwGE 119, 25 (38).
[176] *Mitschang/Reidt,* in: B/K/L, BauGB, § 9 Rn. 167.

gungsbereichen geschützt werden soll. Solche Festsetzungsmöglichkeiten (z.B. Ausschluss bestimmter Sortimente, etwa Lebensmittel) sind zwar auch schon nach § 1 Abs. 4–9 BauNVO möglich. Diese Vorschriften setzen aber voraus, dass der Bebauungsplan einen Gebietstyp festsetzt (z.B. ein Gewerbegebiet nach § 8 BauNVO), was bei § 9 Abs. 2a BauGB nicht erforderlich ist. Neu eingefügt wurde 2013 § 9 Abs. 2b BauGB, der eine Überplanung von Innenbereichsgebieten zur Steuerung der Ansiedlung von **Vergnügungsstätten** ermöglicht.[177]

Mit der Einfügung von § 9 Abs. 2d BauGB hat der Gesetzgeber besondere Möglichkeiten zur Schaffung von Sozialwohnungen geschaffen. Bebauungspläne, die ausschließlich Festsetzungen nach Abs. 2a oder Abs. 2b enthalten, können gem. § 13 Abs. 1 BauGB im vereinfachten Verfahren aufgestellt werden (→ Rn. 266f.). Man bezeichnet solche Pläne auch als **„sektorale" Bebauungspläne zur Wohnraumversorgung**.[178] Unklar ist, ob Festsetzungen nach § 9 Abs. 2d BauGB nur die Zulässigkeit der Errichtung von Wohnungen/Wohngebäuden steuern, oder auch andere Nutzungen (z. B. gewerblich genutzte Gebäude) ausschließen, die ansonsten nach § 34 BauGB zulässig wären. Der Wortlaut von § 9 Abs. 2d Nr. 2 und 3 BauGB („Flächen, auf denen **nur** Gebäude errichtet werden dürfen…") spricht dafür, dass andere ansonsten zulässige Nutzungen ausgeschlossen werden.[179] 279

Gemäß § 9 Abs. 4 BauGB i.V.m. Art. 81 BayBO können in den Bebauungsplan **örtliche Bauvorschriften** aufgenommen werden. Sie betreffen im Wesentlichen die äußere Gestaltung von baulichen Anlagen (Außenanstrich, Werbeanlagen, Fensterform und Fenstergröße, Dachgestaltung → Rn. 571ff.). Weiterhin können nach § 9 Abs. 4 BauGB i.V.m. Art. 4 Abs. 2 S. 1 BayNatSchG **Grünordnungspläne** in den Bebauungsplan aufgenommen werden. 280

Für Festsetzungen im Bebauungsplan gilt das Prinzip der **Planklarheit** und der **Planbestimmtheit.** Der Bebauungsplan muss als Rechtsnorm konkret, verständlich und bestimmt sein. Die Grundstückseigentümer und sonstigen Grundstücksnutzer müssen wissen, welche baulichen Anlagen auf ihrem und auf den Nachbargrundstücken zulässig sind. 281

Beispiel: Der Bebauungsplan der Gemeinde G enthält die Festsetzung einer Fläche für den Gemeinbedarf (§ 9 Abs. 1 Nr. 5 BauGB). Diese Festsetzung ist zu unbestimmt. Jedenfalls in Gestalt eines Zusatzes muss festgelegt werden, ob dort ein Altenheim, ein Jugendzentrum, eine Kaserne, ein Theater oder ein Kindergarten (Aufzählung ließe sich fortsetzen) zulässig sein soll. 282

4. Planerische Abwägung

a) Allgemeines

Trotz der gesetzgeberischen Vorgaben in § 1 Abs. 5 und Abs. 6 BauGB hat die Gemeinde eine weitgehende **planerische Gestaltungsfreiheit** hinsichtlich der Festsetzungen im Bebauungsplan. Sie bestimmt grundsätzlich autonom, zu wel- 283

---

[177] Vgl. *Mitschang,* UPR 2013, 401ff.

[178] Siehe *Battis7Mitschang/Reidt*, NVwZ 2021, 905 (906); *Spieler*, jurisPR UmwR 8/2021 Anm. 1

[179] So auch *Reiling*, ZfBR 2021, 228 (231). Anders *Battis7Mitschang/Reidt*, NVwZ 2021, 905 (907).

chem Zweck und mit welchem Ziel geplant werden soll. Damit diese planerische Gestaltungsfreiheit nicht in Beliebigkeit umschlägt, bedarf es gesetzlicher Vorgaben.

284   Jede einzelne Festsetzung muss zunächst ihrerseits nach § 1 Abs. 3 S. 1 BauGB städtebaulich gerechtfertigt sein und dem verfassungsrechtlichen Übermaßverbot genügen. Rechtliche Steuerungsfunktion im Detail hat aber vor allem das Abwägungsgebot, §§ 1 Abs. 7, 2 Abs. 3 BauGB. Das **Abwägungsgebot** verlangt,
1. dass eine Abwägung überhaupt stattfindet,
2. dass die relevanten Belange ermittelt und bewertet werden,
3. dass die Belange in die Abwägung eingestellt werden, die nach Lage der Dinge in sie eingestellt werden müssen,
4. dass der Ausgleich zwischen den Belangen nicht in einer Weise vorgenommen wird, der zur objektiven Gewichtigkeit einzelner Belange außer Verhältnis steht.[180]

285   Trotz der Vorgaben des Abwägungsgebotes ergibt sich für eine planende Gemeinde immer noch eine große Bandbreite an Festsetzungsalternativen. Vor allem hat die Gemeinde das Recht, sich im Rahmen ihrer planerischen Gestaltungsfreiheit für die Bevorzugung eines Belanges und damit notwendig für die Zurückstellung eines anderen Belanges zu entscheiden.[181]

286   Der **Prüfungsstandort** des Abwägungsgebots ist durch die getrennte Regelung in § 2 Abs. 3 BauGB und § 1 Abs. 7 BauGB sowie der differenzierten Fehlerfolgen in § 214 BauGB unklar geworden. Früher wurde das Abwägungsgebot einheitlich als Frage der materiellen Rechtmäßigkeit angesehen. Der Gesetzgeber geht in § 214 Abs. 1 S. 1 Nr. 1 BauGB aber davon aus, dass § 2 Abs. 3 BauGB eine Verfahrensvorschrift darstellt („Verfahrensgrundnorm"[182]). Man sollte daher im Rahmen der formellen Voraussetzungen des Bebauungsplans die formelle Seite des Abwägungsgebots (§ 2 Abs. 3 BauGB)[183] und bei den materiellen Vorgaben dessen materielle Seite (§ 1 Abs. 7 BauGB) prüfen. Aus Gründen des Sachzusammenhangs und der Übersichtlichkeit wird hier das Abwägungsgebot einheitlich dargestellt. Das darf jedoch nicht darüber hinwegtäuschen, dass beachtliche Fehler im Rahmen von § 2 Abs. 3 BauGB den Plan formell, beachtliche Fehler im Rahmen von § 1 Abs. 7 BauGB den Plan materiell rechtswidrig machen (zu den Abwägungsfehlern → Rn. 318 ff.).

b) Ermittlung abwägungserheblicher Belange (§ 2 Abs. 3 BauGB)

287   Für eine rechtmäßige Abwägung müssen zunächst die abwägungserheblichen Belange **ermittelt** werden (§ 2 Abs. 3 BauGB). Hierbei ist insbesondere auf die in § 1 Abs. 5 und 6 BauGB erwähnten Planungsziele und Belange zurückzugreifen. Einzubeziehen sind jedoch auch die nicht ausdrücklich genannten öffentlichen und privaten Belange. Bei privaten Belangen ist allerdings die Einschränkung zu machen, dass sie einigermaßen erheblich, schutzwürdig und der planenden Stelle erkennbar sein müssen.

---

[180] Vgl. auch BVerwGE 34, 301 (309); 48, 56 (63 f.); zum Hintergrund *Berkemann*, DVBl. 2013, 1280 ff.
[181] Vgl. BVerwGE 34, 301 (309).
[182] BT-Drs. 15/2250, 42.
[183] So etwa *Decker/Konrad*, Bayerisches Baurecht, S. 194.

Beispiel: Ein Bebauungsplan der Gemeinde G soll für ein Grundstück die Errichtung einer **288** Tankstelle vorsehen. Nachbar N auf der gegenüberliegenden Straßenseite hat entgegen den Auflagen in der Baugenehmigung auf der Straßenseite Fenster eingebaut und befürchtet nun Lärmbelästigungen.

Die Interessen des N sind bei der Abwägung nicht zu berücksichtigen, da sie wegen des baurechtswidrigen Einbaus der Fenster nicht schutzwürdig sind.

Beispiel: Die Stadt S erlässt einen Bebauungsplan für den Bau einer neuen Ortsumgehung **289** der Bundesstraße 17a. Einige Monate nach der Auslegung gemäß § 3 Abs. 2 BauGB rügt Landwirt L einen Abwägungsmangel. Die Straße führe an seinen Feldern vorbei, er habe jedoch einen Vertrag mit der Firma „Ökofood", die von ihm nur Produkte abnehme, die von Feldern stammen, die mindestens 2 km von Bundesfernstraßen entfernt sind.

Interessen des L waren nicht in die Abwägung einzubeziehen, da die Stadt S sie nicht erkennen konnte. L hätte seine Einwendungen im Rahmen der Bürgerbeteiligung nach § 3 Abs. 2 BauGB vorbringen müssen.

c) Bewertung der ermittelten Belange (§ 2 Abs. 3 BauGB)

In einem zweiten Schritt sind die abwägungserheblichen Belange zu bewer- **290** ten (§ 2 Abs. 3 BauGB). Bewerten bedeutet festzustellen, welches Gewicht dem einzelnen Belang abstrakt zukommt und wie stark er durch die Planung berührt ist („Gewicht der Abwägensbeachtlichkeit"[184]). Öffentliche Belange haben gegenüber privaten Belangen grundsätzlich kein höheres Gewicht. Gewisse Belange sind jedoch besonders zu beachten. Insoweit enthält das BauGB (und auch das Fachrecht) **Optimierungs-** bzw. **Minimierungsgebote.** Optimierungs- und Minimierungsgebote ergeben sich vor allem aus § 1a Abs. 2 BauGB. Verlangt wird ein sparsamer Umgang mit Grund und Boden. Besondere Aufmerksamkeit wird der Innenentwicklung gewidmet: Bodenversiegelungen sind auf das notwendige Maß zu beschränken. Ein relativer Umwidmungsschutz besteht für landwirtschaftlich, als Wald oder für Wohnzwecke genutzte Flächen (§ 1a Abs. 2 S. 2 BauGB).

d) Eigentliche Abwägung (§ 1 Abs. 7 BauGB)

In einem dritten Schritt erfolgt dann die eigentliche Abwägung. Dies ist ein **ma-** **291** **teriell-rechtliches Erfordernis.** Die Gemeinde muss sich für die Bevorzugung bestimmter und die Zurücksetzung anderer Belange entscheiden. Das Gesetz macht keine Vorgaben, wie die Entscheidung der Gemeinde auszufallen hat, denn § 1 Abs. 7 BauGB schreibt ohne nähere Präferenz vor, dass öffentliche und private Belange gegeneinander und untereinander abzuwägen sind. Dabei sind jedoch einige gesetzliche Grundsatzentscheidungen und bestimmte Vorgaben der Rechtsprechung zu beachten.

Bestimmte Aspekte des **Umweltschutzes** werden in **§ 1a BauGB** akzentu- **292** iert.[185] § 1a Abs. 2 S. 3 BauGB schreibt die Berücksichtigung der sog. Bodenschutzklausel (S. 1) und Umnutzungssperre (S. 2) in der Abwägung vor; Berücksichtigung impliziert aber, dass diese Belange sich nicht zwingend durchsetzen müssen (vgl. auch „soll" und „sollen" in S. 1 bzw. S. 2). § 1a Abs. 3 S. 1 BauGB verlangt nach einer zwingenden Berücksichtigung der naturschutzrechtlichen Vermeidungs- und Ausgleichsgebote. § 1a Abs. 5 BauGB ordnet die Berücksichtigung von Maßnahmen des Klimaschutzes in der Abwägung an.

---

[184] *Söfker,* in: E/Z/B/K, BauGB, § 2 Rn. 148.
[185] Detailliert *Decker/Konrad,* Bayerisches Baurecht, S. 199 ff.

293 **Hinweis:** § 1a BauGB ist im Zusammenhang mit dem Umwelt-Fachrecht zu lesen. Nach § 3 Abs. 1 Nr. 9 BBodSchG regelt das Bauplanungsrecht vorrangig den Bodenschutz. § 18 Abs. 1 BNatSchG ordnet den Vorrang der Bauleitplanung für die Bewältigung von Eingriffen in Natur und Landschaft an, der in § 1a Abs. 3 BauGB aufgegriffen wird. § 1a Abs. 4 BauGB wiederum bezieht sich auf die §§ 31 ff. BNatSchG, wenn von der Planung Natura-2000-Gebiete (Hintergrund: FFH-Richtlinie, Vogelschutzrichtlinie) erheblich beeinträchtigt sind.

294 Die planerische Gestaltungsfreiheit ist noch in weiterer Hinsicht beschränkt: Die Gemeinde muss das **Gebot der Konfliktbewältigung** beachten. Dies bedeutet, dass die von der Planung aufgeworfenen Probleme im Rahmen des Möglichen durch planungsrechtliche Maßnahmen aufgefangen werden müssen. Dem späteren Genehmigungsverfahren (oder spezialgesetzlichen Verfahren) darf nicht mehr an Konfliktbewältigung überlassen werden, als es von seiner Ausgestaltung her leisten kann.

295 **Beispiel:** Die Gemeinde G weist durch Bebauungsplan eine Schweinemastanlage in 200 m Entfernung des von H betriebenen Hotels aus. In der Begründung des Plans ist ausgeführt, Auflagen zur Vermeidung von Geruchsbelästigungen könnten im Baugenehmigungsverfahren erteilt werden.
Die Planung verstößt gegen das Gebot der Konfliktbewältigung. Die Bewältigung des Geruchsproblems muss im Plan selbst erfolgen (z. B. durch eine Vergrößerung des Abstands). Das Baugenehmigungsverfahren kann die entsprechende Problembewältigung nicht „leisten".

296 Eng damit zusammen hängt der sog. **Trennungsgrundsatz.** Er liegt auch § 50 BImSchG zu Grunde, der aber nur auf raumbedeutsame Bebauungspläne (vgl. § 3 Abs. 1 Nr. 6 ROG) Anwendung findet. Über § 50 BImSchG hinaus gilt der allgemeine Grundsatz, dass unverträgliche Nutzungen möglichst voneinander zu trennen sind. Es soll die Schaffung sog. Gemengelagen verhindert werden.

297 **Beispiel:** Gemeinde G weist angrenzend an Wohnbebauung durch Bebauungsplan ein Gewerbe- und Industriegebiet aus.
Hier kann ein Verstoß gegen den Trennungsgrundsatz vorliegen. Die Gemeinde muss die unvereinbaren Nutzungen möglichst voneinander trennen. Der Grundsatz gilt aber nicht uneingeschränkt. Vielmehr kann ein gerechter Ausgleich ggf. auch durch die Planung von kompensatorischen Maßnahmen erreicht werden (z. B. Schutzflächen nach § 9 Abs. 1 Nr. 24 BauGB).[186]

298 Besondere Anforderungen an die Abwägung folgen auch aus dem **interkommunalen Abstimmungsgebot** des § 2 Abs. 2 S. 1 BauGB. Das Abstimmungsverfahren zwischen benachbarten Gemeinden ist in § 4 BauGB geregelt. § 2 Abs. 2 S. 1 BauGB betrifft hingegen die materiell-rechtliche Pflicht zur Abstimmung. Verlangt wird ein Zustand ausgewogener Berücksichtigung aller durch die Bauleitplanung berührten nachbargemeindlichen Belange.[187]

299 Schwierig ist die Einordnung von **Optimierungs- bzw. Minimierungsgeboten.** Mit ihnen stellt der Gesetzgeber bestimmte Belange als besonders wichtig bzw. förderungswürdig dar.

300 **Beispiele:**
– Nach § 1a Abs. 2 S. 2 BauGB sollen landwirtschaftlich, als Wald oder für Wohnzwecke genutzte Flächen nur in notwendigem Umfang für andere Nutzungsarten vorgesehen und in Anspruch genommen werden.
– Gemäß § 1a Abs. 2 S. 1 BauGB muss mit Grund und Boden sparsam umgegangen werden; dabei sollen Bodenversiegelungen auf das notwendige Maß beschränkt werden.

---

[186] Vgl. *Battis,* in: B/K/L, BauGB, § 1 Rn. 111.
[187] Vgl. auch *Oldiges/Brinktrine,* in: Steiner/Brinktrine, BesVerwR, III Rn. 37.

Solche Gebote haben zunächst Einfluss auf die Bewertung der Belange 301 (→ Rn. 290). Dadurch wirken sie sich notwendigerweise auf das Abwägungsergebnis aus. So ist beispielsweise das Hervorrufen von Bodenversiegelungen besonders rechtfertigungsbedürftig.

Beispiel: In der Gemeinde G besteht ein besonderer Wohnbedarf. G möchte deshalb bisher 302 landwirtschaftlich genutzte Flächen als Wohnbaugebiete ausweisen.
§ 1a Abs. 2 S. 2 BauGB verbietet eine solche Planung selbstverständlich nicht. Sind die Wohnbedürfnisse hinreichend gewichtig, darf die Planung erfolgen. Es muss aber überlegt werden, ob durch „Innenentwicklung" wie der Nutzung von nicht mehr genutzten Industrieflächen der Wohnbedarf gedeckt werden kann. Bei den konkreten Festsetzungen ist auf die Minimierungsgebote besonders Rücksicht zu nehmen, etwa bei der Festsetzung des Maßes der baulichen Nutzung. So kann durch eine höhere Verdichtung die Inanspruchnahme von Boden vermindert werden.

5. Bürgerbegehren und Bürgerentscheid beim Erlass von Bebauungsplänen

Besondere Probleme stellen sich bei der Bauleitplanung im Zusammenhang mit 303 Bürgerbegehren und Bürgerentscheid (Art. 18a GO, → KommR Rn. 292 ff.).[188] Diese Institute stehen für alle Angelegenheiten des eigenen Wirkungskreises offen (Art. 18a Abs. 1 GO). Anders als in anderen Kommunalordnungen werden die komplizierten Abwägungsentscheidungen der Bauleitplanung als möglicher Gegenstand von Bürgerbegehren nicht ausdrücklich ausgeschlossen (vgl. die Einschränkung in Art. 18a Abs. 3 GO, vgl. auch KommR Rn. 313). Voraussetzung für Bürgerbegehren und Bürgerentscheid ist jedoch, dass die **Fragestellung** mit „Ja" oder „Nein" beantwortet werden kann. Für Entscheidungen im Rahmen des Erlasses von Bauleitplänen hat dies folgende Konsequenzen:
– Grundsätzliche Fragen der städtebaulichen Entwicklung können vorher durch Bürgerentscheid entschieden werden.

Beispiel: Die Bürger sollen über die Frage entscheiden: „Soll die neue Stadthalle am Do- 304 naumarkt gebaut werden?"

– Auch einzelne Verfahrensschritte können zur Entscheidung gebracht werden, 305 etwa die Frage, ob ein Verfahren eingeleitet werden soll.
– Denkbar ist auch, dass ein ausgearbeiteter und beschlussfähiger Plan zur Abstimmung gestellt wird.

Die Durchführung eines Bürgerentscheides ändert nichts an den formellen und 306 materiellen Rechtmäßigkeitsanforderungen. Es wechselt lediglich die Beschlusszuständigkeit vom Gemeinderat zu den Bürgern!

6. Der fehlerhafte Bebauungsplan

a) Allgemeine Orientierung zu den §§ 214 ff. BauGB

Bauleitpläne haben sich in der Vergangenheit als sehr fehleranfällig erwiesen. Die 307 umfangreichen formellen und materiellen Anforderungen, die die Gesetzgebung und die Rechtsprechung stellten, überforderten die Gemeinden vielfach. Die **Beachtlichkeit von Fehlern** ist deshalb vom Gesetzgeber durch die §§ 214–216

---

[188] Ausführlich *Kühling/Wintermeier*, DVBl. 2012, 317 ff.

BauGB weitgehend **eingeschränkt** worden. Dies soll Streitigkeiten über die Wirksamkeit von Bebauungsplänen nach Möglichkeit entgegenwirken und den Bestand von Plänen sichern. Die Einschränkung der Fehlerfolgen gilt sowohl für das Normenkontrollverfahren (§ 47 Abs. 1 Nr. 1 VwGO) als auch bei der inzidenten Überprüfung im verwaltungsgerichtlichen Verfahren (→ Rn. 365 ff.)

308   Zur Orientierung in den §§ 214–216 BauGB sind folgende **Unterscheidungen** wichtig:

1. Liegt ein Verstoß gegen das BauGB oder gegen Landesrecht (vor allem die GO) vor?

    → § 214 Abs. 1–3 BauGB betrifft nur Fehler nach dem BauGB („dieses Gesetzbuchs").

    → Rückwirkendes Inkraftsetzen nach § 214 Abs. 4 BauGB ist auch bei einem Verstoß gegen Vorschriften nach Landesrecht möglich, wenn ein ergänzendes Verfahren durchgeführt worden ist.

2. Liegt ein Verfahrens- bzw. Formfehler oder ein materieller Mangel vor?

    → Verfahrens- oder Formfehler nach dem BauGB sind nach § 214 Abs. 1 BauGB weitgehend unbeachtlich.

    → Materielle Mängel mit beschränkter Fehlerfolge sind die Vorschriften über das Verhältnis von Bebauungsplan und Flächennutzungsplan nach § 8 BauGB (§ 214 Abs. 2 BauGB) und das Abwägungsgebot nach § 1 Abs. 7 BauGB, soweit es nicht um die Ermittlung und Bewertung von Belangen nach § 2 Abs. 3 BauGB geht (§ 214 Abs. 3 S. 2 1. HS BauGB, dann Verfahrensmangel).

    → § 214 Abs. 2a BauGB erklärt in Bezug auf Bebauungspläne zur Innenentwicklung nach § 13a BauGB bestimmte formelle oder materielle Mängel für unbeachtlich.

b) Verfahrens- oder Formfehler (ohne Abwägung)

309   Zunächst ordnet § 214 Abs. 1 S. 1 BauGB die Unbeachtlichkeit von Verstößen gegen Verfahrens- und Formvorschriften **des BauGB** (also nicht anderer Gesetze, etwa der GO) an. Von dieser Unbeachtlichkeit werden nur wenige Ausnahmen gemacht.

310   Nach § 214 Abs. 1 S. 1 Nr. 2 1. HS BauGB ist ein Verstoß gegen die Vorschriften über die förmliche **Öffentlichkeits- und Behördenbeteiligung** (insb. §§ 3 Abs. 2, 4 Abs. 2 BauGB) beachtlich. Halbsatz 2 macht hiervon wieder Rückausnahmen für bestimmte Verstöße (sog. **interne Unbeachtlichkeitsklausel**).

311   Beispiel:[189] Der Stadtrat der kreisfreien Stadt A möchte den zentralen „Königsplatz" überplanen. Zur Verkehrsführung wurde eine „Tunnellösung" favorisiert. Ein entsprechender Entwurf wurde vom Stadtrat gebilligt und seine Auslegung beschlossen. Nach Ablauf der Auslegungsfrist fand ein Bürgerentscheid statt, in dem mehrheitlich gegen den Tunnel und für eine Entlastungsstraße votiert wurde. Der Stadtrat verwarf daher die Tunnellösung und beschloss – ohne erneute Auslegung – den Bebauungsplan mit Entlastungsstraße. Ist der Bebauungsplan wirksam?
    Der Bebauungsplan leidet unter einem formellen Fehler, da gegen § 4a Abs. 3 S. 1 BauGB verstoßen wurde. Zwar wurde der ursprüngliche Entwurf ausgelegt, § 3 Abs. 2 BauGB. Dieser wurde jedoch im Anschluss an den Bürgerentscheid nach der Auslegung erheblich verändert (Straße statt Tunnel). Gem. § 4a Abs. 3 S. 1 BauGB hätte der geänderte Planentwurf daher erneut ausgelegt werden müssen. Dieser formelle Fehler führt auch zur Unwirksamkeit des Plans. Zwar sind nach § 214 Abs. 1 S. 1 BauGB Verfahrensfehler grundsätzlich unbeachtlich. Nach § 214

---

[189] BayVGH, BayVBl. 2012, 723 ff.; BVerwG, BauR 2012, 1610 f.

Abs. 1 S. 1 Nr. 2 1. HS BauGB ist ein Verstoß gegen § 4a Abs. 3 BauGB aber hiervon ausgenommen. Auch die interne Unbeachtlichkeitsklausel des § 214 Abs. 1 S. 1 Nr. 2 2. HS lit. a BauGB führt nicht zur Unbeachtlichkeit des Fehlers, da die erneute Auslegung völlig unterblieben ist (vgl. Wortlaut: „einzelne").

Beachtlich ist ferner der Verstoß gegen die **Begründungspflicht** für Flächen- **312** nutzungspläne und Satzungen (also auch den Bebauungsplan) sowie ihrer Entwürfe (§ 214 Abs. 1 S. 1 Nr. 3 BauGB), wobei die bloße Unvollständigkeit wiederum „intern" unbeachtlich ist.

Zur Unwirksamkeit führt nach § 214 Abs. 1 S. 1 Nr. 4 BauGB das **Fehlen des** **313** **Satzungsbeschlusses** (§ 10 Abs. 1 BauGB) oder der – nur ausnahmsweise erforderlichen – **Genehmigung** (§ 10 Abs. 2 BauGB) sowie die Verfehlung des Hinweiszwecks der **Bekanntmachung** (§ 10 Abs. 3 S. 1 BauGB).

Beachtlich sind selbstverständlich alle diejenigen Verfahrens- oder Formfehler, **314** die sich aus Vorschriften außerhalb des BauGB ergeben.

Hierzu zählen vor allem:
– fehlende Ausfertigung der Satzung (Art. 26 Abs. 2 GO),
– Verstöße gegen die GO bei der Beschlussfassung über die Satzung.

c) Verstoß gegen das Entwicklungsgebot

Ein möglicher materiell-rechtlicher Verstoß gegen das Entwicklungsgebot des **315** § 8 Abs. 2–4 BauGB ist weitgehend unbeachtlich (§ 214 Abs. 2 BauGB). Von besonderer praktischer Bedeutung ist § 214 Abs. 2 Nr. 2 BauGB. Ein relevanter Rechtsverstoß liegt nur dann vor, wenn die sich aus dem Flächennutzungsplan für einen größeren Raum ergebende geordnete städtebauliche Entwicklung beeinträchtigt wird. Hierbei ist auf das gesamte Gemeindegebiet oder einen über den Bereich des fraglichen Bebauungsplans hinausreichenden Ortsteil abzustellen.[190] Da materiell-rechtlich bei § 8 Abs. 2 S. 1 BauGB nur „kleinräumige" Abweichungen zulässig sind, sind solche Verstöße rechtlich nicht relevant, die zwar für die vom Flächennutzungsplan angestrebte städtebauliche Ordnung in dem entsprechenden Bebauungsplangebiet von Bedeutung sind, nicht jedoch für den Ortsteil oder das ganze Gemeindegebiet.

Wichtig ist des Weiteren § 214 Abs. 2 Nr. 3 BauGB. Beachtlich ist es, wenn der **316** dem Bebauungsplan zu Grunde liegende Flächennutzungsplan wegen materiell-rechtlicher Mängel unwirksam war. Auch hierzu gibt es jedoch eine von der Rechtsprechung entwickelte Ausnahme: Ein Bebauungsplan, der aus einem materiell rechtswidrigen Flächennutzungsplan entwickelt worden ist, kann als vorzeitiger Bebauungsplan gemäß § 8 Abs. 4 BauGB rechtswirksam sein, wenn objektiv die entsprechenden Voraussetzungen vorliegen.[191]

d) Fehler bei Bebauungsplänen zur Innenentwicklung

§ 214 Abs. 2a BauGB enthält Planerhaltungsvorschriften speziell für Bebau- **317** ungspläne zur Innenentwicklung. § 214 Abs. 2a Nr. 3 und 4 BauGB weichen vom bisherigen System ab. Es werden gemeindliche Einschätzungsvorgänge als „ordnungsgemäß" (Nr. 3) oder „zutreffend" (Nr. 4) fingiert, wenn das Ergebnis „nach-

---

[190] BVerwG, NVwZ 2000, 197 (198).
[191] BVerwG, NVwZ 1992, 882 (883).

vollziehbar" ist. Damit werden den Gemeinden gerichtlich nur beschränkt über-
prüfbare Beurteilungsspielräume eröffnet.

e) Abwägungsfehler (Verfahrensfehler und materielle Mängel)

318   Von besonderer Relevanz bei der Überprüfung von Bebauungsplänen sind Abwägungsfehler spiegelbildlich zu den „positiven" Anforderungen an die Abwägung
(→ Rn. 283 ff.) denkbar. Dabei unterscheidet § 214 BauGB nach Mängeln im Abwägungsvorgang und Mängeln im Abwägungsergebnis.[192] Erstere sind nach § 214
Abs. 1 S. 1 Nr. 1 BauGB oder § 214 Abs. 3 S. 2 BauGB nur beachtlich, wenn der
Mangel offensichtlich und auf das Ergebnis von Einfluss gewesen ist. Ein Mangel
im Abwägungsergebnis ist dagegen stets beachtlich.[193] Zur Kategorisierung der
einzelnen Mängel hat sich eine terminologisch nicht immer einheitliche **Abwä-
gungsfehlerlehre** herausgebildet.

Übersicht: Abwägungsfehler

Fehler	Verortung	Fehlerfolge	
Abwägungsausfall	§ 2 Abs. 3 BauGB (a maiore ad minus)	§ 214 Abs. 1 S. 1 Nr. 1 BauGB	**Abwägungs-vorgang**
Ermittlungs- und Bewertungsdefizit	§ 2 Abs. 3 BauGB	§ 214 Abs. 1 S. 1 Nr. 1 BauGB	
Abwägungsdefizit	§ 1 Abs. 7 BauGB	§ 214 Abs. 3 S. 2 2. HS BauGB	
Abwägungs-disproportionalität	§ 1 Abs. 7 BauGB	Unwirksamkeit des Bebauungsplans	**Abwägungs-ergebnis**

319   Wenn die Gemeinde überhaupt nicht abgewogen hat (etwa weil sie sich irrtüm-
lich zum Erlass des Plans für verpflichtet hielt), liegt ein **Abwägungsausfall** vor.

320   **Beispiel:** Gemeinde G schließt mit Investor I einen Vertrag, in dem sie sich verpflichtet, von I
erworbene Grundstücke als Wohnbaugebiete auszuweisen. Investor I verpflichtet sich, 1 Mio.
Euro zur Deckung der Planungs- und sonstigen Kosten an die Gemeinde zu zahlen.
Der Vertrag ist nach Art. 59 Abs. 1 BayVwVfG i. V. m. § 134 BGB i. V. m. § 1 Abs. 3 S. 2
BauGB nichtig. Beschließt der Gemeinderat zur Erfüllung der vertraglichen Verpflichtung eine
entsprechende Satzung, liegt ein Abwägungsausfall vor.

321   Der komplette Ausfall der Abwägung ist im Gesetz nicht geregelt. Nach dem
BVerwG handelt es sich um einen Mangel im Abwägungsvorgang, der nicht automatisch zu einem Mangel im Abwägungsergebnis führt.[194] Seine Einordnung hinsichtlich der Fehlerfolge ist unklar. Es spricht alles dafür, im Wege eines Erstrecht-
Schlusses einen Verstoß gegen § 2 Abs. 3 BauGB anzunehmen – wer nicht abwägt,
ermittelt auch nicht – und die Fehlerfolge damit nach § 214 Abs. 1 S. 1 Nr. 1
BauGB zu beurteilen.[195]

322   Soweit die Gemeinde entgegen § 2 Abs. 3 BauGB die für die Abwägung relevanten, einzelnen Belange nicht ermittelt, lässt sich von einem **Ermittlungsdefi-**

---

[192] So bereits BVerwGE 45, 309 (315) – „Flachglas".
[193] BVerwGE 138, 12 (15).
[194] BVerwGE 138, 12 (20).
[195] A. A. *Decker/Konrad,* Bayerisches Baurecht, S. 195.

zit sprechen. Werden die Belange nicht richtig bewertet, handelt es sich um ein **Bewertungsdefizit.** Die Fehlerfolge ist in § 214 Abs. 1 S. 1 Nr. 1 BauGB geregelt. Zu beachten ist hier die interne Beschränkung auf „wesentliche Punkte". Das BVerwG sieht alle Punkte als wesentlich an, die in der konkreten Planungssituation abwägungserheblich waren.[196] Da nach § 2 Abs. 3 BauGB nur die abwägungserheblichen Belange zu ermitteln und bewerten sind, läuft die Beschränkung auf „wesentliche Punkte" in der Lesart der Rechtsprechung leer.[197]

> **Beispiel:** Die kreisfreie Stadt S weist durch Bebauungsplan ein neues Gewerbegebiet aus. **323** Der Zu- und Abgangsverkehr verläuft durch den A-Weg, eine Gemeindestraße, die beidseitig Wohnbebauung aufweist. Nähere Untersuchungen zur Lärmbelästigung für die Anwohner des A-Weges führt die Gemeinde nicht durch, da der A-Weg außerhalb des Plangebietes liegt.
> Der Plan leidet an einem Ermittlungsdefizit. Die Gemeinde muss auch die Wirkungen erforschen, die der Plan außerhalb des Plangebietes hervorruft.

Denkbar ist auch, dass die Belange zwar ermittelt und bewertet worden sind, **324** gleichwohl jedoch bei der Beschlussfassung über die Abwägung außer Betracht geblieben sind (z. B. vergessen wurden). In solchen Fällen liegt ein **Abwägungsdefizit** vor. Dass in die Abwägung einzustellen ist, was nach Lage der Dinge ermittelt wurde, ist eine materiell-rechtliche Vorgabe des § 1 Abs. 7 BauGB, die den Abwägungsvorgang betrifft.[198] Daher richtet sich die Fehlerfolge nach § 214 Abs. 3 S. 2 2. HS BauGB und nicht nach § 214 Abs. 1 S. 1 Nr. 1 BauGB. Den maßgeblichen Zeitpunkt bestimmt § 214 Abs. 3 S. 1 BauGB: es ist die Sach- und Rechtslage im Zeitpunkt des Satzungsbeschlusses entscheidend. Belange, die erst nach dem Beschluss (aber vor der Bekanntmachung) relevant werden, sind demnach materiell präkludiert.[199]

> **Hinweis:** Der Begriff „Abwägungsdefizit" wird teilweise auch als Oberbegriff für Ermittlungs- und Bewertungsdefizite[200], teilweise als Synonym für Ermittlungsdefizit[201] verwendet. In beiden Fällen werden damit – anders als hier – formelle Fehler bezeichnet!

Die unter § 214 Abs. 1 S. 1 Nr. 1 BauGB und § 214 Abs. 3 S. 2 2. HS BauGB **325** fallenden Fehler im Abwägungsvorgang führen **nicht per se zur Unwirksamkeit** des Bebauungsplans. Beide Fehlerfolgenregeln setzen nämlich voraus, dass der Mangel offensichtlich und auf das Abwägungsergebnis von Einfluss gewesen ist.

> **Hinweis:** Da die Voraussetzungen also parallel laufen, ist die genaue Einordnung der Fehlerarten als „formell" oder „materiell" in der Praxis nicht entscheidend. Das BVerwG zitiert daher bei unklaren Fällen (v. a. Abwägungsausfall) § 214 Abs. 1 S. 1 Nr. 1, § 214 Abs. 3 S. 2 2. HS BauGB zusammen.[202] Das Gesetz geht aber – wie § 214 Abs. 3 S. 2 1. HS BauGB zeigt – von einer Unterscheidbarkeit aus.

Offensichtlich ist, was zu den objektiv fassbaren, äußeren Umständen des Ab- **327** wägungsvorgangs gehört.[203] Hieran fehlt es dann, wenn ein Abwägungsmangel aus fehlerhaften Motiven oder Vorstellungen der abstimmenden Gemeinderatsmitglie-

---

[196] BVerwGE 131, 100 (106).
[197] *Battis,* in: B/K/L, BauGB, § 214 Rn. 4.
[198] Ebenso *Dirnberger,* in: Jäde/Dirnberger/Weiß, BauGB, § 1 Rn. 79 ff.
[199] BVerwG, BayVBl. 1995, 730 (730 f.).
[200] VGH BW, BauR 2009, 1870 (1871).
[201] *Decker/Konrad,* Bayerisches Baurecht, S. 195 ff.
[202] BVerwGE 138, 12 (20).
[203] BVerwGE 64, 33 (38).

der abgeleitet werden soll. Der Mangel muss vielmehr äußerlich erkennbar sein. Das ist vor allem dann der Fall, wenn er sich aus den Unterlagen (Beschlussvorlagen, Protokoll, Begründung) ergibt. Ein offensichtlicher Mangel liegt nicht schon dann vor, wenn sich in den Unterlagen zu einem abwägungserheblichen Gesichtspunkt keine Aussagen finden. Konkrete Umstände müssen eindeutig und klar auf den Mangel hinweisen.[204]

328 Der Mangel muss weiterhin **Einfluss auf das Abwägungsergebnis** gehabt haben. Das ist der Fall, wenn nach den Umständen des Einzelfalls die konkrete Möglichkeit besteht, dass der Plan ohne den Planungsmangel anders ausgefallen wäre.[205]

329 § 1 Abs. 7 BauGB schreibt eine gerechte Abwägung der betroffenen privaten und öffentlichen Belange gegeneinander und untereinander vor. Neben Teilen des Abwägungsvorgangs ist damit vor allem das Abwägungsergebnis selbst angesprochen. Wurden die Belange richtig ermittelt und bewertet und auch in die Abwägung eingestellt, erfolgte aber der Ausgleich der Belange nicht in der Weise, die der Bedeutung der Belange entspricht, spricht man von **Abwägungsdisproportionalität.** Maßgeblich ist auch insoweit gem. § 214 Abs. 3 S. 1 BauGB der Zeitpunkt des Satzungsbeschlusses.[206] Ein falsches Abwägungsergebnis kann insbesondere daraus folgen, dass der Grundsatz der Konfliktbewältigung, der Trennungsgrundsatz, das kommunale Abstimmungsgebot sowie (sonstige) Optimierungs- oder Minimierungsgebote nicht hinreichend berücksichtigt worden sind.

330 **Beispiel:** Gemeinde G weist neben einem bestehenden Wohngebiet ein Industriegebiet aus. In der Planbegründung wird ausgeführt, andere Flächen ständen für die Industrieansiedlung nicht zur Verfügung.
Es liegt eine Abwägungsdisproportionalität vor, wenn die Gemeinde nicht jedenfalls versucht, durch Festsetzungen gemäß § 9 Abs. 1 Nr. 24 BauGB Immissionsbelastungen für das Wohngebiet vorzubeugen, um so dem Trennungsgrundsatz Rechnung zu tragen.

331 Die Abwägungsdisproportionalität betrifft das **Abwägungsergebnis** und damit nicht den Abwägungsvorgang. Ein Fehler im Abwägungsergebnis ist immer beachtlich und führt zur Unwirksamkeit des Bebauungsplans.

f) Das Unbeachtlichwerden von Fehlern

332 Bestimmte Fehler, die nach § 214 BauGB grundsätzlich beachtlich sind, können nach § 215 Abs. 1 BauGB **durch Zeitablauf unbeachtlich** werden, soweit der Mangel nicht gerügt wird. Erfasst sind allerdings nicht alle in § 214 Abs. 1 BauGB genannten relevanten Verfahrens- oder Formfehler (vor allem nicht: Fehler bei Beschlussfassung, Genehmigung und Bekanntmachung nach § 214 Abs. 1 S. 1 Nr. 4 BauGB).

333 Die Frist für das Unbeachtlichwerden beträgt einheitlich **ein Jahr** nach Bekanntmachung des Flächennutzungsplans oder der Satzung (§ 215 Abs. 1 S. 1 BauGB). Die Fehlerheilung tritt jedoch nur ein, wenn bei Inkraftsetzen darauf hingewiesen worden ist, dass Fehler gegenüber der Gemeinde schriftlich unter Darlegung des Sachverhaltes, der den Mangel begründet, geltend gemacht werden kön-

---

[204] BVerwG, NVwZ 1992, 662.
[205] Zur alten Rechtslage vgl. BVerwGE 64, 33 (38f.).
[206] *Battis,* in: B/K/L, BauGB, § 214 Rn. 19 m. N. auch zur a. A.

nen; weiterhin muss auf die Folgen des Fristablaufs hingewiesen werden (§ 215 Abs. 2 BauGB).

Eine entsprechende **Rüge** führt dazu, dass die Fehler nicht unbeachtlich wer- **334** den (ggf. aber von der Gemeinde in einem ergänzenden Verfahren nach § 214 Abs. 4 BauGB behoben werden können). Für die Mängelrüge gelten folgende Regeln:

– Die Rüge kann von jedermann erhoben werden. Eine mögliche Rechtsverletzung i. S. v. § 42 Abs. 2 oder § 47 Abs. 2 VwGO ist nicht erforderlich.
– Die Rüge wirkt inter-omnes. Ein von dem Plan Betroffener kann sich also auch darauf berufen, ein Dritter habe den Mangel gerügt.
– Die Rüge darf nicht pauschal oder summarisch erfolgen. Der Sachverhalt muss schriftlich und substantiert dargestellt werden.

§ 214 und § 215 BauGB haben **keine Beschränkung der Prüfungskompe-** **335** **tenz der Genehmigungsbehörde** zur Folge. Diese hat nach § 216 BauGB die Rechtswirksamkeit des Bebauungsplans insgesamt zu überprüfen.

Prüfungsschema: Wirksamkeit eines Bebauungsplans

I. Formelle Rechtmäßigkeit
 1. Verbandskompetenz, § 2 Abs. 1 S. 1 BauGB
 2. Aufstellungsbeschluss, § 2 Abs. 1 S. 2 BauGB (fakultativ)
 3. Öffentlichkeitsbeteiligung, § 3 BauGB
   a. Billigungs- und Auslegungsbeschluss (fakultativ)
   b. Frühzeitige Öffentlichkeitsbeteiligung, § 3 Abs. 1 BauGB
   c. Förmliche Öffentlichkeitsbeteiligung, § 3 Abs. 2 BauGB
     aa. Ordnungsgemäße Auslegung, § 3 Abs. 2 S. 1 BauGB
     bb. Ordnungsgemäße Bekanntmachung, § 3 Abs. 2 S. 2 BauGB
 4. Behördenbeteiligung, § 4 BauGB
 5. Formelle Seite des Abwägungsgebots, § 2 Abs. 3 BauGB
   a. Abwägungsausfall
   b. Ermittlungsdefizit
   c. Bewertungsdefizit
 6. Satzungsbeschluss, Ausfertigung, Bekanntmachung, § 10 BauGB

II. Materielle Rechtmäßigkeit
 1. Städtebauliche Rechtfertigung, § 1 Abs. 3 BauGB
 2. Entwicklungsgebot, § 8 Abs. 2–4 BauGB
 3. Zulässige Festsetzungen, § 9 BauGB
 4. Materielle Seite des Abwägungsgebots, § 1 Abs. 7 BauGB
   a. Abwägungsdefizit
   b. Abwägungsdisproportionalität

III. Unbeachtlichkeit von Mängeln
 1. Unbeachtlichkeit nach § 214 BauGB
   a. Verfahrens- oder Formmängel (§ 214 Abs. 1 BauGB)
   b. Verstöße gegen das Entwicklungsgebot (§ 214 Abs. 2 BauGB)
   c. Abwägungsdefizit (§ 214 Abs. 3 S. 2 2. HS BauGB)
 2. „Unbeachtlichwerden" nach § 215 BauGB

g) Ergänzendes Verfahren nach § 214 Abs. 4 BauGB

336   Im Interesse der Planerhaltung sieht § 214 Abs. 4 BauGB die Möglichkeit eines ergänzenden Verfahrens vor, um Pläne, die an einem **behebbaren beachtlichen Mangel** leiden, in Kraft setzen zu können, ohne das gesamte Verfahren wiederholen zu müssen. Erfasst hiervon werden formelle und materielle Mängel. Bei materiellen Mängeln wird es jedoch oft an der Behebbarkeit des Mangels fehlen (etwa bei einem Verstoß gegen § 1 Abs. 3 oder § 1 Abs. 4 BauGB). In gewissem Rahmen behebbar sind Abwägungsmängel, allerdings nur solche „kleinerer" Art, durch die die Konzeption der Planung nicht in Frage gestellt wird. Sonstige formelle Mängel sind hingegen im Regelfall behebbar.

337   Das Verfahren zur Behebung eines Mangels wird so durchgeführt, dass eine Wiederholung ab dem Zeitpunkt bzw. Schritt erfolgt, an dem der Fehler passiert ist. Gegebenenfalls kann ein vereinfachtes Verfahren nach § 13 BauGB durchgeführt werden.

338   Falls ein ergänzendes Verfahren durchgeführt wird, kann bei einem Verfahrens- oder Formfehler der Bebauungsplan auch mit Rückwirkung erneut in Kraft gesetzt werden (§ 214 Abs. 4 BauGB). Dies hat Bedeutung für bauordnungsrechtliche Verfügungen, die dadurch möglicherweise rückwirkend rechtmäßig werden.

339   **Fall:**[207] K beantragt eine Baugenehmigung für die Errichtung einer Dachgeschosswohnung. Ein 1984 fehlerhaft bekannt gemachter Bebauungsplan (fehlende Ausfertigung) sieht vor, dass eine Erweiterung des Dachgeschosses unzulässig ist. Bürgermeister B macht den Plan 1999 erneut (diesmal in korrekter Weise) bekannt. K klagt auf Erteilung der Baugenehmigung.
Nach Auffassung des BayVGH ist B gemäß Art. 36 S. 1 GO verpflichtet, den Plan rückwirkend zu heilen, weil er nur so die Vollzugspflicht erfüllt. Ein Gemeinderatsbeschluss sei im Regelfall nicht erforderlich, sondern nur dann, wenn sich die Sach- oder Rechtslage so grundlegend geändert habe, dass die „Geschäftsgrundlage" für den Satzungsbeschluss weggefallen sei. Dann sei eine Abwägungsentscheidung erforderlich und eine rückwirkende Inkraftsetzung ohnehin ausgeschlossen.

7. Rechtsschutz gegen Bebauungspläne

340   Die Verwaltungsgerichte können unwirksame Bebauungspläne **inzident** verwerfen (etwa im Rahmen einer Klage auf Erteilung einer Baugenehmigung). Dies bedeutet, dass der Plan in dem konkreten Rechtsstreit unangewendet bleibt (keine Wirkung inter-omnes! In einem anderen Rechtsstreit kann die Frage neu entschieden werden). Daneben gibt es auch **prinzipalen** Rechtsschutz gegen Bebauungspläne.

Klausurpraxis: Den inzidenten Rechtsschutz behandelt die 14. Klausur „Das Haus am Waldrand". Zum prinzipalen Rechtsschutz → die 13. Klausur „Ein Platz an der Sonne".

a) Normenkontrollverfahren (§ 47 VwGO)

(1) Rechtswegzuständigkeit

341   Da der Vollzug des Bebauungsplans (durch Baugenehmigungen, bauaufsichtliche Verfügungen) zu verwaltungsrechtlichen Streitigkeiten i. S. d. § 40 Abs. 1 S. 1 VwGO führen kann, ist die Rechtswegzuständigkeit des BayVGH (vgl. § 184 VwGO i. V. m. Art. 1 Abs. 1 S. 1 AGVwGO) gegeben.

---

[207] BayVGH, BayVBl. 2001, 210 f.

(2) Statthaftigkeit

Bebauungspläne werden gemäß § 10 Abs. 1 BauGB von der Gemeinde als Sat- **342** zung beschlossen. Hieraus folgt prozessual, dass gegen diese Bebauungspläne ein Normenkontrollverfahren nach § 47 Abs. 1 Nr. 1 VwGO statthaft ist.

(3) Antragsfähigkeit

Fähig einen Normenkontrollantrag zu stellen sind natürliche und juristische Per- **343** sonen (einschließlich der Vereinigungen i. S. d. § 61 Nr. 2 VwGO)[208] sowie Behör- den (§ 47 Abs. 2 S. 1 VwGO).

(4) Antragsbefugnis.

Natürliche oder juristische Personen müssen gem. § 47 Abs. 2 S. 1 1. Var. **344** VwGO geltend machen, durch den Bebauungsplan oder seine Anwendung (d. h. insb. den Erlass von Baugenehmigungen) in ihren Rechten verletzt zu sein oder in absehbarer Zeit verletzt zu werden. Eine solche Rechtsverletzung muss möglich sein (vergleichbar § 42 Abs. 2 VwGO).

Hinweis: Da die Rechtsverletzung für die Begründetheit des Normenkontrollantrags nicht mehr von Bedeutung ist, ist die Antragsbefugnis besonders gründlich zu prüfen.

Antragsbefugt sind damit zunächst die sog. **unmittelbar Planbetroffenen**, d. h. **345** Grundstückseigentümer im Plangebiet, für die die bauliche Nutzbarkeit des Grundstücks durch den Bebauungsplan beschränkt wird. Als Inhalts- und Schran- kenbestimmung des Eigentums (Art. 14 Abs. 1 S. 2 GG) muss der Bebauungsplan rechtmäßig sein; dem korrespondiert eine subjektive Rechtsposition des Eigentü- mers oder sonst dinglich Berechtigten aus Art. 14 Abs. 1 GG.

Beispiel: E ist Eigentümer eines Grundstücks im Gebiet „Fischerwiese" der Gemeinde G. Er **346** plant, dort eine Gastwirtschaft zu errichten. Ein neuer Bebauungsplan setzt nun für die Fischer- wiese ein reines Wohngebiet nach § 3 BauNVO fest. E kann als unmittelbar Planbetroffener ge- gen den Plan einen Normenkontrollantrag nach § 47 Abs. 1 Nr. 1 VwGO stellen.

Zu den unmittelbar Planbetroffenen zählen auch Personen, die vergleichbar dem **347** Eigentümer am Grundstück berechtigt sind; neben dinglich Berechtigten (z. B. Nießbraucher) fallen darunter auch **obligatorisch Berechtigte** (v. a. Pächter und Mieter), die in der Grundstücksnutzung beschränkt werden. Denn das BVerfG stellt auch obligatorische Besitzrechte unter den Schutz von Art. 14 Abs. 1 GG.[209]

Anders zu begründen ist die Antragsbefugnis der sog. **mittelbar Planbetroffe-** **348** **nen**, d. h. der Personen deren Eigentumsposition nicht durch den Bebauungsplan beeinträchtigt wird. Sie können sich auf das **Abwägungsgebot** (§§ 2 Abs. 3, 1 Abs. 7 BauGB) stützen, das jedem, der durch die Planung negativ in einem erkenn- baren, schutzwürdigen und nicht unerheblichen Interesse betroffen ist, ein subjekti- ves Recht verleiht („Abwägungsbetroffene"). §§ 2 Abs. 3, 1 Abs. 7 BauGB vermit- teln also ein „Recht auf gerechte Abwägung".[210] Ein Rückgriff auf Grundrechte (etwa Art. 14 Abs. 1 GG, Art. 12 Abs. 1 GG, Art. 2 Abs. 2 S. 1 GG) wäre verfehlt, da

---

[208] BayVGH, BayVBl. 1981, 719 (720).
[209] BVerfGE 89, 1 (7 f.)
[210] BVerwGE 107, 215 (219 f.).

die einfachgesetzliche Regelung des § 1 Abs. 7 BauGB alle grundrechtlich geschützten Belange erfasst.

349   **Beispiel:**[211] E ist Eigentümer eines Grundstücks in der Gemeinde G. Für die an das Grundstück angrenzenden Flächen wird ein Bebauungsplan erlassen, in dem ein Vereinsheim mit Park-
plätzen festgesetzt wird. E fürchtet unzumutbare Lärmbeeinträchtigungen.
Die Antragsbefugnis nach § 47 Abs. 2 S. 1 1.Var.VwGO liegt vor. Die Interessen des E auf Er-
halt seiner Wohnruhe sind einigermaßen erheblich, erkennbar und schutzwürdig, er kann sich
also auf §§ 2 Abs. 3, 1 Abs. 7 BauGB stützen (kein Rückgriff auf Art. 2 Abs. 2 S. 1 GG!).

350   Der oft umstrittene Fall des Wegfalls einer „**schönen Aussicht**" berechtigt
ebenfalls zur Stellung eines Normenkontrollantrages, da es sich um einen abwägungserheblichen Belang handelt. Der Einzelne kann sich aber nur gegen eine
„Verbauung der Sicht", nicht aber gegen eine Veränderung des „Ausblickinhalts"
wenden.

        Klausurpraxis: Siehe zur „schönen Aussicht" die 13. Klausur „Ein Platz an der Sonne".

351   Als juristische Personen des öffentlichen Rechts können auch **Nachbargemeinden** antragsbefugt sein. Dabei können sie sich zunächst auf das interkommunale Abstimmungsgebot des § 2 Abs. 2 BauGB stützen, das ihnen eine subjektive
Rechtsposition einräumt.

        Hinweis: Das *BVerwG* hatte in der „Krabbenkamp"-Entscheidung bereits früh eine Rechts-
position der Nachbargemeinden aus dem Abstimmungsgebot hergeleitet.[212] Es hielt – prozess-
rechtlich fragwürdig – eine vorbeugende Klage auf Feststellung der Rechtswidrigkeit der künftigen Planung für zulässig.

352   Die Nachbargemeinde ist gestützt auf § 2 Abs. 2 S. 1 BauGB nur antragsbefugt, wenn gewichtige Auswirkungen auf die städtebauliche Ordnung oder Entwicklung ihres Gemeindegebiets möglich sind.[213] Nach § 2 Abs. 2 S. 2 BauGB kann
sich eine Nachbargemeinde auch auf zentralörtliche Funktionen nach dem Raum-
ordnungsrecht (vgl. Art. 19 Abs. 2 Nr. 2, Art. 21 Abs. 2 Nr. 1 BayLplG) sowie den
Schutz ihrer zentralen Versorgungsbereiche berufen. Daneben hat die Nachbargemeinde – wie ein Privater – ein Recht auf gerechte Abwägung aus §§ 2 Abs. 3, 1
Abs. 7 BauGB.

        Klausurpraxis: Zur Antragsbefugnis der Nachbargemeinde → Klausur Nr. 13 „Ein Platz an
der Sonne".

353   Die **Behörde** muss als Antragstellerin keine Rechtsverletzung geltend machen
(§ 47 Abs. 2 S. 1 2.Var. VwGO). Dennoch kann nicht jede Behörde einen Normenkontrollantrag stellen (keine „Behörden-Popularklage"). Hintergrund des Be-
hördenantrags ist nämlich die fehlende Normverwerfungskompetenz der Behörden: Sie müssen Bebauungspläne auch dann anwenden, wenn sie deren
Unwirksamkeit erkennen. Neben dem Aufsichtsrecht (→ 2. Teil, Rn. 508 ff.) eröffnet § 47 VwGO einen Ausweg aus diesem Dilemma. Daraus folgt aber, dass nur
solche Behörden einen Normenkontrollantrag stellen können, die den Bebauungsplan bei der Wahrnehmung ihrer Aufgaben zu beachten haben (sog. **objektives**

---

[211] BVerwGE 107, 215 ff.
[212] BVerwGE 40, 323 ff.
[213] BVerwGE 40, 323 (331); BVerwGE 84, 209 (216); BayVGH, Urt. v. 1.8.2012 – 1 N
12.1304 – juris.

Kontrollinteresse).[214] Das ist v. a. das Landratsamt als untere Bauaufsichtsbehörde. Das Rechtsschutzinteresse für einen solchen Antrag ist nicht deshalb ausgeschlossen, weil die Behörde gegebenenfalls auch als Rechtsaufsichtsbehörde den Beschluss über den Plan beanstanden könnte (Art. 110 S. 1 BayGO). Ein rechtsaufsichtliches Vorgehen könnte von der Gemeinde beklagt werden und würde nicht in gleichermaßen effektiver Weise zu einer allgemeinverbindlichen Entscheidung über die Wirksamkeit des Planes führen wie ein Normenkontrollverfahren nach § 47 VwGO.

Eine Nachbargemeinde ist zwar Behörde, sie hat aber den Bebauungsplan nicht zu beachten, so dass sie keinen Behördenantrag stellen kann.

Hinweis: Nach der – verfehlten – Ansicht des BGH trifft die Baugenehmigungsbehörde sogar die **Pflicht**, einen Normenkontrollantrag zu stellen (alternativ: ein aufsichtliches Verfahren einzuleiten), wenn der unwirksame Bebauungsplan einer Baugenehmigung im Wege steht (→ Rn. 219 ff.).[215]

Übersicht: Antragsbefugnis

Unmittelbar Planbetroffene (Eigentümer und vergleichbar Berechtigte im Plangebiet)	Eigentumsgrundrecht (Art. 14 Abs. 1 GG)
Mittelbar Planbetroffene (z. B. Eigentümer angrenzender Grundstücke)	Recht auf gerechte Abwägung (§§ 2 Abs. 3, 1 Abs. 7 BauGB)
Nachbargemeinden	Kommunales Abstimmungsgebot (§ 2 Abs. 2) und Recht auf gerechte Abwägung (§§ 2 Abs. 3, 1 Abs. 7 BauGB)
Behörden (v. a. Landratsamt als Bauaufsichtsbehörde)	Objektives Kontrollinteresse

(5) Antragsgegner, Beiladung

Der Antrag auf Normenkontrolle ist gegen die Gemeinde zu richten (§ 47 **354** Abs. 2 S. 2 VwGO). Es handelt sich um eine Regelung der Prozessführungsbefugnis und damit um eine dem § 78 VwGO vergleichbare Regelung (der nicht anwendbar ist, da es nicht um eine Anfechtungs- oder Verpflichtungsklage geht). Die Beteiligungsfähigkeit ergibt sich ebenfalls unmittelbar aus § 47 Abs. 2 S. 2 VwGO. Eine (einfache) Beiladung z. B. von Grundstückseigentümern ist möglich (§ 47 Abs. 2 S. 4 i. V. m. § 65 Abs. 1 VwGO). Sollte sich die mögliche Nichtigerklärung des Bebauungsplans in erheblichem Maße negativ auf ein Grundstück auswirken, muss aus verfassungsrechtlichen Gründen eine Beiladung erfolgen.[216]

(6) Antragsfrist und Antragstellung

Gemäß § 47 Abs. 2 S. 1 VwGO a. E. kann der Normenkontrollantrag innerhalb **355** eines Jahres nach der Bekanntmachung gestellt werden (§ 10 Abs. 3 S. 1 BauGB).

---

[214] BVerwGE 81, 307 ff.; NVwZ 1990, 57 ff.
[215] BGH, NVwZ 2013, 167 f. m. abl. Anm. *Michl,* BayVBl. 2013, 448 ff.
[216] Vgl. ausführlicher *Bracher,* DVBl. 2002, 309 ff.

Diese Frist gilt auch, wenn mit dem Normenkontrollantrag die Funktionslosigkeit eines Bebauungsplans (→ Rn. 232) geltend gemacht wird.[217] Da Funktionslosigkeit regelmäßig erst nach Jahren oder Jahrzehnten eintritt, sind Normkontrollanträge gegen Bebauungspläne wegen Funktionslosigkeit regelmäßig unzulässig, Rechtsschutz kann in solchen Fällen regelmäßig nur durch eine Inzidentprüfung des Planes erfolgen, die etwa im Rahmen einer Verpflichtungsklage auf Erteilung einer Baugenehmigung stattfinden kann.

Die Formvorschriften der §§ 81 f. VwGO gelten für den Antrag analog. Bei der Antragstellung ist darüber hinaus der Vertretungszwang nach § 67 Abs. 4 S. 1 und S. 2 VwGO zu beachten.

(7) Begründetheitsprüfung

356 Der Normenkontrollantrag ist begründet, soweit der Bebauungsplan **ungültig** ist (§ 47 Abs. 5 S. 2 1. HS VwGO). Der Bebauungsplan muss also an einem für seine Gültigkeit beachtlichen (§§ 214, 215 BauGB!) formellen oder materiellen Mangel leiden. Die mögliche Unbeachtlichkeit nach § 214 BauGB ist zweckmäßigerweise unmittelbar im Anschluss an den festgestellten Mangel zu prüfen. § 215 BauGB kann sogleich im Anschluss daran oder auch am Ende der Prüfung erörtert werden. Soweit ein relevanter Mangel vorliegt, der Bebauungsplan also ungültig ist, wird der Bebauungsplan nach § 47 Abs. 5 S. 2 VwGO für unwirksam erklärt. Auf eine Rechtsverletzung des Antragstellers kommt es nicht an (also anders als bei § 113 Abs. 1 S. 1 VwGO). Trotz der Formulierung des § 47 Abs. 5 S. 2 1. HS VwGO handelt es sich um kein Gestaltungsurteil, d. h. keine gerichtliche Aufhebung des Bebauungsplans, sondern um ein Feststellungsurteil, das gegenüber jedermann wirkt (2. HS: „allgemein verbindlich").

> **Hinweis:** Die Gemeinde kann auch nach dem Urteil des BayVGH den Bebauungsplan gem. § 214 Abs. 4 BauGB durch ein **ergänzendes Verfahren** rückwirkend in Kraft setzen (→ Rn. 336 ff.).

357 Soweit Abwägungsmängel im Raum stehen, ist gem. § 214 Abs. 3 S. 1 BauGB auf die Sach- und Rechtslage im **Zeitpunkt** der Beschlussfassung über den Bebauungsplan (→ § 10 Abs. 1 BauGB) abzustellen. Nachträgliche Veränderungen können grundsätzlich keine Abwägungsmängel mehr begründen. Eine Ausnahme gilt nach der Rechtsprechung, wenn nach dem Satzungsbeschluss Veränderungen eintreten, die das Abwägungsergebnis als unhaltbar erscheinen lassen. Das kann v. a. dann vorkommen, wenn zwischen Beschluss und Inkraftsetzung des Bebauungsplans ein langer Zeitraum liegt.[218]

358 **Beispiel:** Der Gemeinderat beschließt einen Bebauungsplan, der für das Gebiet „Alte Halde" ein Wohngebiet ausweist. Nach der Beschlussfassung, aber vor Inkraftsetzung des Bebauungsplans (durch Bekanntmachung des Satzungsbeschlusses → § 10 Abs. 3 BauGB) stellt sich heraus, dass die „Alte Halde" altlastenverseucht und daher unbewohnbar ist, was für die Gemeinde ursprünglich nicht erkennbar war.

Der Bebauungsplan leidet an keinem Ermittlungs- oder Bewertungsdefizit nach § 2 Abs. 3 BauGB, da die Verseuchung für die Gemeinde nicht erkennbar war. Das Abwägungsergebnis ist jedoch unhaltbar, da Wohnen in dem Gebiet ausgeschlossen ist. Nach § 214 Abs. 3 S. 1 BauGB begründet dies indes grundsätzlich keinen Abwägungsfehler (Disproportionalität), da im Zeit-

---

[217] BVerwG, ZfBR 2016, 473.
[218] Vgl. *Uechtritz*, in: BeckOK BauGB, § 214 Rn. 113 ff. m. N.

punkt der Beschlussfassung die Altlastenversuchung nicht bekannt war. Stellt sich aber nachträglich die Unhaltbarkeit des Abwägungsergebnisses heraus, ist hiervon eine Ausnahme zu machen und der Bebauungsplan als abwägungsfehlerhaft und damit ungültig anzusehen.

Eine wichtige Beschränkung des Prüfungsmaßstabes ergibt sich aus § 47 Abs. 3 **359** VwGO. Eine mögliche Verletzung von Grundrechten der Bayerischen Verfassung darf vom *BayVGH* nicht geprüft werden. Insofern ist ausschließlich der *BayVerfGH* zuständig, der im Wege der Popularklage (Art. 98 S. 4 BV, Art. 2 Nr. 7 VerfGHG) angerufen werden kann (→ Rn. 363).

(8) Sonderproblem: Teilungültigkeit von Bebauungsplänen

Denkbar ist, dass Mängel des Bebauungsplans nicht den gesamten Planinhalt, **360** sondern nur räumliche Teilbereiche bzw. einzelne Festsetzungen betreffen. Eine teilweise Ungültigkeit kann sowohl bei formellen als auch bei materiellen Mängeln auftreten.

Ob die Teilungültigkeit zur Gesamtungültigkeit führt, ist nach allgemeinen **361** Grundsätzen zu entscheiden. Voraussetzung für die Aufrechterhaltung der übrigen Bestimmungen ist, dass
1. die Restbestimmung auch ohne den fehlerhaften Teil „sinnvoll bleibt" (Frage der **Teilbarkeit**),
2. mit hinreichender Sicherheit angenommen werden kann, dass die Gemeinde den rechtsfehlerfreien Teil auch ohne den fehlerhaften Teil erlassen hätte (**mutmaßlicher Wille des Normgebers**).

Die Möglichkeit einer Teilungültigkeit hat nur geringe Auswirkungen auf die **362** Antragsbefugnis im Normenkontrollverfahren (§ 47 Abs. 2 S. 1 VwGO). Der Antragsteller braucht sich im Grundsatz keine Gedanken darüber zu machen, ob der Bebauungsplan ganz oder teilweise ungültig ist. Sein Antrag ist insgesamt zulässig, wenn er durch eine Festsetzung möglicherweise negativ betroffen ist. Er ist insgesamt begründet, wenn der Plan ganz oder teilweise ungültig ist. Nur ausnahmsweise nimmt die Rechtsprechung eine teilweise Unzulässigkeit des Antrages an, und zwar dann, wenn der Antragsteller auch ihn nicht berührende Teile des Plans in seinen Antrag mit einbezieht, die sich schon auf Grund vorläufiger Prüfung offensichtlich und damit auch für ihn erkennbar als abtrennbare und selbstständig lebensfähige Teile des Bebauungsplans darstellen.[219]

Prüfungsschema: Normenkontrollantrag gegen Bebauungsplan

I. Zulässigkeit des Antrags
1. Rechtswegzuständigkeit des BayVGH, §§ 47 Abs. 1, 184 VwGO, Art. 1 Abs. 1 BayAGVwGO
2. Statthaftigkeit, § 47 Abs. 1 Nr. 1 VwGO
3. Antragsfähigkeit, § 47 Abs. 2 S. 1 VwGO (natürliche und juristische Personen sowie Behörden)
4. Antragsbefugnis, § 47 Abs. 2 S. 1 VwGO
   a. Natürliche und juristische Personen
   b. Behörden
5. Antragsgegner

---

[219] BVerwG, NVwZ 1992, 373 (376).

6. Antragsfrist
7. Antragstellung

II. Begründetheit des Antrags
1. Prüfungsmaßstab, § 47 Abs. 3 VwGO
2. Formelle Mängel des Bebauungsplans
3. Materielle Mängel des Bebauungsplans
4. Unbeachtlichkeit nach §§ 214, 215 BauGB (soweit nicht schon unter II.2 und II.3 geprüft)

b) Popularklage (Art. 98 S. 4 BV)

363   Gegen Bebauungspläne kann Popularklage nach Art. 98 S. 4 BV zum *BayVerfGH* erhoben werden.[220] Gemäß Art. 55 Abs. 1 S. 1 VerfGHG ist die Popularklage gegen jede Vorschrift des bayerischen Landesrechts statthaft. Bebauungspläne werden zwar auf bundesrechtlicher Rechtsgrundlage (BauGB) erlassen. Entscheidend dafür, dass es sich um landesrechtliche Vorschriften handelt, ist jedoch nicht die Rechtsgrundlage, sondern die erlassende Stelle. Die von bayerischen Gemeinden erlassenen Bebauungspläne sind deshalb Vorschriften des bayerischen Landesrechts. Praktisch wichtig: Anders als Normenkontrollanträge nach § 47 VwGO sind Popularklagen nicht fristgebunden!

> **Klausurpraxis:** Zur Popularklage gegen Bebauungspläne – insb. zur Klagebefugnis – → Klausur Nr. 13 „Ein Platz an der Sonne".

c) Verfassungsbeschwerde (Art. 93 Abs. 1 Nr. 4a GG)

364   Gegen Bebauungspläne kann auch Verfassungsbeschwerde zum *BVerfG* nach Art. 93 Abs. 1 Nr. 4a GG, §§ 13 Nr. 8a, 90 ff. BVerfGG erhoben werden. Voraussetzung ist jedoch die Erschöpfung des Rechtsweges (§ 90 Abs. 2 S. 1 BVerfGG). Vor Erhebung der Verfassungsbeschwerde muss deshalb ein Normenkontrollantrag nach § 47 Abs. 1 Nr. 1 VwGO gestellt werden. Die Verfassungsbeschwerde ist nach § 93 Abs. 1 BVerfGG einen Monat nach Abschluss des Normenkontrollantrages zu erheben.[221]

d) Inzidente Überprüfung

365   Unabhängig vom Verfahren des § 47 VwGO kann der Bebauungsplan von erkennenden Gerichten **inzident verworfen** werden, soweit er an einem beachtlichen Fehler leidet. Die inzidente Verwerfung kommt in verschiedenen prozessualen Konstellationen in Betracht.

366   **Beispiele:** Im Rahmen einer Anfechtungsklage gegen eine Baubeseitigungsanordnung kann deren Rechtmäßigkeit von der Wirksamkeit eines Bebauungsplans abhängen.
Eine Verpflichtungsklage auf Erteilung einer Baugenehmigung hat gegebenenfalls nur dann Erfolg, wenn der Bebauungsplan wirksam ist.

367   Die Frist des § 47 Abs. 2 S. 1 VwGO ist im Rahmen der Inzidentkontrolle nicht anwendbar. Eine analoge Anwendung scheitert schon am entgegenstehenden Willen des Gesetzgebers.[222]

---

[220] Lesenswert *Fröhlich*, BayVBl. 2013, 1 ff. sowie BayVerfGH, BayVBl. 2013, 207.
[221] Vgl. *Gröpl*, NVwZ 1999, 967 f.
[222] BT-Drs. 13/3993, S. 10; BVerwGE 110, 193 (199); BVerwG, ZfBR 2007, 149 f.

8. Haftung wegen rechtswidriger Bauleitplanung

Beim Erlass rechtswidriger Bebauungspläne kann sich die Gemeinde Haftungs-ansprüchen ausgesetzt sehen. Dabei ist zwischen **Schadensersatz- und Entschä-digungsansprüchen** zu unterscheiden.

a) Amtshaftung

Die Verletzung von formellen und materiellen Pflichten der Gemeinde bei der **368** Aufstellung von Bauleitplänen (insbesondere Bebauungsplänen) führt nach h.M. grundsätzlich nicht zu **Amtshaftungsansprüchen** nach § 839 BGB i.V.m. Art. 34 S. 1 GG. Zwar sind die Bediensteten der Gemeinde und die Mitglieder des Ge-meinderates Beamte im haftungsrechtlichen Sinne, da sie bei der Aufstellung von Bebauungsplänen ein öffentliches Amt ausüben. Es fehlt jedoch an der Drittwir-kung der Amtspflichten.

Diese Auffassung ist nicht zweifelsfrei, da die Eigentümer letztlich Adressaten der **369** erlassenen Pläne sind. Wenig einleuchtend ist vor allem, dass das Abwägungsgebot der §§ 2 Abs. 3, 1 Abs. 7 BauGB grundsätzlich[223] keine drittschützende Wirkung haben soll, obwohl es die Gemeinde ausdrücklich zur Beachtung privater Interes-sen verpflichtet, die schutzwürdig, erkennbar und einigermaßen erheblich sind (→ Rn. 287 ff.). Darüber hinaus spricht auch die Anerkennung einer Antragsbe-fugnis aus § 1 Abs. 7 BauGB für eine Drittwirkung (→ Rn. 348).

Die Rechtsprechung des *BGH* macht von den aufgezeigten Grundsätzen jedoch **370** Ausnahmen, insbesondere für den Bereich der **Altlasten.** Die Überplanung altlas-tenverseuchter Grundstücke verstößt gegen §§ 2 Abs. 3, 1 Abs. 7 BauGB, da eine bauliche Nutzung wegen der Gesundheitsgefahr ausgeschlossen ist. Die drittbezo-gene Amtspflicht der Gemeinderatsmitglieder folgt nach Ansicht des BGH aus § 1 Abs. 6 Nr. 1 BauGB (nicht § 1 Abs. 7 BauGB!), der die gesunden Wohn- und Ar-beitsverhältnisse als Abwägungsbelang normiert. Zum geschützten Personenkreis sollen bauwillige Grundstückseigentümer, -käufer, Bauträger und Arbeitgeber ge-hören, nicht aber bloße Investoren oder Kreditgeber.[224]

Ersatzfähig sind im Rahmen der Amtshaftung gem. **§§ 249 ff. BGB** sowohl **371** Gesundheitsschäden (vgl. § 249 Abs. 2 S. 1 BGB bzw. § 253 Abs. 2 BGB) als auch Vermögensschäden einschließlich entgangenen Gewinns (§§ 249 Abs. 1, 252 BGB).

b) Entschädigungsansprüche

Daneben ist an **verschuldensunabhängige Entschädigungsansprüche** zu **372** denken. Das spezielle Planungsschadensrecht der §§ 39 ff. BauGB findet keine Anwendung, da der Bebauungsplan unwirksam ist. Damit ist auf den (gewohn-heitsrechtlichen) Anspruch wegen enteignungsgleichen Eingriffs zurückzugrei-fen. Für den Bereich der Altlasten ist aber zu beachten, dass der Bebauungsplan nicht in das Eigentum der Grundstückseigentümer eingreift, da er dessen Inhalt nicht verschlechtert. Eine Entschädigung wegen eines Eigentumseingriffs kommt daher nur bei anderen Planungsfehlern in Betracht. Möglich erscheint aber ein An-

---

[223] Anderes soll bei Heranziehung des Rücksichtnahmegebots gelten, vgl. zu Recht krit. *Pa-pier/Shirvani,* in: MüKo-BGB, § 839 Rn. 265 m.w.N.

[224] Vgl. zum Ganzen *Greim/Michl,* Jura 2012, 373 (376 f.).

spruch nach Aufopferungsgrundsätzen hinsichtlich der Gesundheitsbeeinträchtigungen.[225]

III. Flächennutzungsplan

1. Funktion des Flächennutzungsplans

373   Die gemeindliche Bauleitplanung ist grundsätzlich zweistufig aufgebaut. Im Flächennutzungsplan wird für das ganze Gemeindegebiet die in Aussicht genommene bauliche Entwicklung dargestellt (§ 5 Abs. 1 S. 1 BauGB). Nach den Vorgaben von § 8 Abs. 2–4 BauGB werden dann aus dem Flächennutzungsplan einzelne Bebauungspläne für Teilflächen des Gemeindegebietes entwickelt.

374   Der Flächennutzungsplan besteht i. d. R. aus einer Karte des Gemeindegebietes, meist im Maßstab 1 : 5000 oder 1 : 10000. Welchen Inhalt der Flächennutzungsplan hat, hängt entscheidend vom planerischen Willen der Gemeinde ab. § 5 Abs. 2 BauGB enthält insoweit eine beispielhafte Aufzählung. Im Flächennutzungsplan werden vor allem Bauflächen ausgewiesen (§ 5 Abs. 2 Nr. 1 BauGB). Wichtig ist, dass der Katalog des § 5 Abs. 2 BauGB anders als der für Bebauungspläne geltende § 9 BauGB **nicht abschließend** ist. Die Gemeinde kann also auch sonstige Darstellungen in den Flächennutzungsplan aufnehmen. Sie muss jedoch für das gesamte Gemeindegebiet Darstellungen vornehmen. Der Flächennutzungsplan darf keine „weißen Flecken" haben (→ § 5 Abs. 1 S. 1 BauGB: „... für das ganze Gemeindegebiet ..."). Für die Steuerung von privilegierten Außenbereichsvorhaben nach § 35 Abs. 1 Nr. 2–6 BauGB (→ Rn. 125 ff.) können jedoch sachliche Teilflächennutzungspläne erlassen werden (§ 5 Abs. 2b BauGB). Einzelheiten zu möglichen Festsetzungen ergeben sich im Übrigen aus § 1 Abs. 1 BauNVO.

375   Der Flächennutzungsplan hat **keine unmittelbare Verbindlichkeit** für die Grundstückseigentümer. Er enthält eben nur Darstellungen und anders als der Bebauungsplan keine Festsetzungen (→ § 8 Abs. 1 S. 1 BauGB). Die öffentlichen Planungsträger sind jedoch nach Maßgabe des § 7 BauGB an den Flächennutzungsplan gebunden.

376   Mittelbar kann der Flächennutzungsplan auch für die privaten Grundstückseigentümer von Bedeutung sein. Bei Außenbereichsvorhaben sind die Darstellungen des Flächennutzungsplans ein öffentlicher Belang, der einem Vorhaben entgegenstehen kann (§ 35 Abs. 3 S. 1 Nr. 1 BauGB; → Rn. 150 f.). Negative Wirkungen hat der Flächennutzungsplan für Vorhaben im Außenbereich möglicherweise nach § 35 Abs. 3 S. 3 BauGB (→ Rn. 174 ff.). Weiterhin ermöglichen bestimmte Darstellungen des Flächennutzungsplans den Erlass von Innenbereichssatzungen nach § 34 Abs. 4 S. 1 Nr. 2 BauGB. Die neuere Gesetzgebung bemüht sich um eine stärkere Verzahnung von Umweltrecht und Baurecht. So ist gemäß Art. 4 Abs. 2 S. 1 BayNatSchG der Landschaftsplan Bestandteil des Flächennutzungsplans, soweit die Gemeinde über einen Landschaftsplan verfügt. Ein Landschaftsplan enthält in stärkerem Maße qualitative Aussagen, etwa über anzustrebende Umweltqualitätsziele (vgl. § 9 Abs. 3 BNatSchG). Die Darstellungen des Landschaftsplans sind im Rahmen der Abwägung bei der Aufstellung, Änderung oder Aufhebung von

---

[225] *Greim/Michl,* Jura 2012, 373 (377).

Bauleitplänen zu berücksichtigen (§ 1 Abs. 6 Nr. 7 lit. g BauGB, § 11 Abs. 3 BNatSchG).

2. Formelle Rechtmäßigkeitsanforderungen an den Flächennutzungsplan

a) Allgemeines (wie beim Bebauungsplan)

Die formellen Anforderungen an einen Bebauungsplan entsprechen weitgehend **377** denen an einen Flächennutzungsplan. Vor allem ist eine Öffentlichkeitsbeteiligung gemäß § 3 BauGB und eine Behördenbeteiligung nach § 4 BauGB (jeweils i.V.m. § 4a BauGB) erforderlich. Wie bei Bebauungsplänen kann eine Einschaltung von Dritten gemäß § 4b BauGB erfolgen.

Für die Umweltprüfung kann eine Abschichtung erfolgen (§ 2 Abs. 4 S. 5 **378** BauGB). Das was bei der Umweltprüfung für den Flächennutzungsplan bereits ermittelt und bewertet worden ist, braucht in einem Bebauungsplan, der zeitlich nachfolgend oder gleichzeitig erlassen wird, nicht noch einmal berücksichtigt werden.

b) Ordnungsgemäße Beschlussfassung im Gemeinderat

Ein wichtiges verfahrensrechtliches Problem bei Flächennutzungsplänen ist das **379** **kommunale Vertretungsverbot** des Art. 49 GO (→ KommR Rn. 246 ff.). Ein Gemeinderatsmitglied darf nicht an der Abstimmung teilnehmen, wenn der Flächennutzungsplan ihm oder einem seiner Angehörigen einen unmittelbaren Vor- oder Nachteil bringen würde. Der Flächennutzungsplan führt nicht zu einer unmittelbaren Änderung der Qualität von Grundstücken. Soweit ein Gemeinderatsmitglied Grundstückseigentümer im Gemeindegebiet ist, begründet sich daraus kein Mitwirkungsverbot nach Art. 49 GO. Zudem bestünde beim erstmaligen Beschluss über einen Flächennutzungsplan oder beim Erlass eines vollständig neuen Flächennutzungsplans die Gefahr, dass der Gemeinderat handlungsunfähig würde. Ausgeschlossen sind deshalb nur solche Gemeinderatsmitglieder, für die sich qualifizierte Änderungen der rechtlichen Qualität von Grundstücken im Flächennutzungsplan abzeichnen. Dies ist insbesondere dann der Fall, wenn bisher landwirtschaftlich genutzte Flächen als Wohnbauflächen ausgewiesen werden und dadurch zum „Bauerwartungsland" werden.

c) Erläuterungsbericht

Dem Flächennutzungsplan ist eine Begründung beizufügen (§ 5 Abs. 5 BauGB). **380** Sie dient zum einen der Information und verdeutlicht die planerischen Aussagen. Zum anderen kann sie auch zur Überprüfung der Abwägung herangezogen werden.

d) Genehmigung des Flächennutzungsplans

Gemäß § 6 Abs. 1 BauGB bedarf auch der Flächennutzungsplan der Genehmi- **381** gung. Zuständig sind die Landratsämter für die Flächennutzungspläne gewöhnlicher kreisangehöriger Gemeinden (§ 2 Abs. 1 ZustVBau); die Pläne von Großen Kreisstädten (§ 2 Abs. 2 ZustVBau, § 203 Abs. 3 BauGB) und kreisfreien Gemeinden werden von den Regierungen als höheren Verwaltungsbehörden genehmigt.

382 Im Genehmigungsverfahren darf lediglich die **Rechtmäßigkeit** des Flächennutzungsplans überprüft werden (§ 6 Abs. 2 BauGB). Prüfungsmaßstab sind das
BauGB, die auf Grund des BauGB erlassenen Rechtsverordnungen (z.B. die
BauNVO) und sonstige Rechtsvorschriften (etwa die GO oder Verordnungen nach
dem Naturschutzrecht). Diese Rechtmäßigkeitskontrolle ist umfassend. Die Kontrolle ist gem. § 216 BauGB nicht auf beachtliche Fehler i.S.d. §§ 214, 215 BauGB
beschränkt.

383 Über die Genehmigung ist binnen drei Monaten zu entscheiden (§ 6 Abs. 4 S. 1
BauGB). Wird die Genehmigung nicht innerhalb von drei Monaten unter Angabe
von Gründen abgelehnt, gilt sie als erteilt (gesetzliche Fiktion, → § 6 Abs. 4 S. 4
BauGB).

384 Eine erteilte oder als erteilt geltende Genehmigung unterliegt grundsätzlich den
allgemeinen Regelungen des BayVwVfG. Eine Rücknahme (Art. 48 BayVwVfG)
oder ein Widerruf (Art. 49 BayVwVfG) kommen jedoch nur bis zur Inkraftsetzung
des Flächennutzungsplans in Betracht. Mit Inkraftsetzung (→ Rn. 388) wird die
Genehmigung unselbstständiger Bestandteil des Bauleitplans.

385 Wird erkannt, dass der Flächennutzungsplan (ganz oder teilweise) rechtswidrig
ist, muss ein Aufhebungs- bzw. Änderungsverfahren eingeleitet werden. Damit muss
sich die Gemeinde gleichzeitig Gedanken darüber machen, welche neuen städtebaulichen Vorstellungen an die Stelle der rechtswidrigen Darstellungen treten sollen. Weigert sich die Gemeinde, einen rechtswidrigen Flächennutzungsplan ganz
oder teilweise außer Kraft zu setzen, kann die nach Art. 110 GO zuständige
Rechtsaufsichtsbehörde nach den Art. 109 ff. GO vorgehen.

386 Im Grundsatz soll der Flächennutzungsplan die beabsichtigte städtebauliche
Entwicklung für das gesamte Gemeindegebiet darstellen. Gleichwohl kann die Genehmigungsbehörde einzelne räumliche oder sachliche Teile vorweg genehmigen
(§ 6 Abs. 4 S. 1 2. HS BauGB). Können Versagungsgründe nicht ausgeräumt werden, kann die Genehmigung auch teilweise verweigert werden (§ 6 Abs. 3 BauGB).
In diesem Fall muss die Gemeinde ein neues Verfahren zur Ergänzung des Flächennutzungsplans einleiten.

387 Auch der Genehmigung eines Flächennutzungsplans können Nebenbestimmun-
gen beigefügt werden. Insoweit gelten die gleichen Grundsätze wie beim Bebauungsplan (→ Rn. 259 ff.).

e) Inkraftsetzung des Flächennutzungsplans

388 Der Flächennutzungsplan wird selbst nicht bekannt gemacht. Dies geschieht nur
mit der Genehmigung (§ 6 Abs. 5 S. 1 BauGB). Er kann jedoch von jedermann bei
der Gemeinde eingesehen werden; weiterhin kann über den Inhalt Auskunft verlangt werden (§ 6 Abs. 5 S. 3 BauGB).

389 Die **Ausfertigung** von Flächennutzungsplänen ist nicht vorgeschrieben (vgl.
Art. 26 Abs. 2 S. 1 GO). Da der Flächennutzungsplan jedoch satzungsähnlichen
Charakter hat, ist eine Ausfertigung zu empfehlen.

3. Materielle Rechtmäßigkeitsanforderungen an den Flächennutzungsplan

a) Pflicht zur Aufstellung des Flächennutzungsplans

Nach § 1 Abs. 3 S. 1 1. HS BauGB müssen die Gemeinden die Bauleitpläne auf- **390** stellen, sobald und soweit es für die städtebauliche Entwicklung und Ordnung er- forderlich ist. Hierdurch ist den Gemeinden eine weitgehende planerische Ge- staltungsfreiheit eingeräumt. Gleichwohl ist jede Gemeinde verpflichtet, einen Flächennutzungsplan aufzustellen. Dies folgt implizit aus § 8 Abs. 2 S. 2 BauGB.

b) Sonstiges

Im Übrigen gelten für die Aufstellung eines Flächennutzungsplans die gleichen **391** Anforderungen wie für den Bebauungsplan. Von zentraler Bedeutung ist auch hier das Abwägungsgebot (§§ 2 Abs. 3, 1 Abs. 7 BauGB). Bei den rechtlichen Anforderun- gen an die Abwägung ist aber zu beachten, dass die Planung im Flächennutzungsplan „grobmaschiger" erfolgt als beim Bebauungsplan. Detailfragen können deshalb dem Bebauungsplanverfahren überlassen bleiben. Im Rahmen der Abwägung ist das in- terkommunale Abstimmungsgebot des § 2 Abs. 2 S. 1 BauGB zu beachten.

4. Der fehlerhafte Flächennutzungsplan

Auch für den Flächennutzungsplan gibt es Einschränkungen in Bezug auf die **392** Fehlerfolgen. Zunächst gilt ebenfalls § 214 Abs. 1 BauGB. Nur die dort ausdrück- lich genannten Verfahrens- und Formvorschriften führen zur Unwirksamkeit des Flächennutzungsplans, soweit es sich um Regelungen des BauGB handelt. Die üb- rigen Fehler sind von vornherein unbeachtlich.

Die nach § 214 Abs. 1 S. 1 Nr. 1 bis Nr. 3 BauGB beachtlichen Fehler werden **393** nach § 215 Abs. 1 S. 1 Nr. 1 BauGB unbeachtlich, wenn sie nicht innerhalb eines Jahres seit Bekanntmachung des Flächennutzungsplans schriftlich gegenüber der Gemeinde geltend gemacht worden sind. Hierbei muss der Sachverhalt, der die Verletzung oder den Mangel begründen soll, dargelegt werden (§ 215 Abs. 1 S. 1 a. E. BauGB). Zur Geltendmachung von Fehlern ist **jedermann** befugt. Auf eine rechtliche Betroffenheit kommt es nicht an. Die Frist läuft allerdings nur dann, wenn bei Inkraftsetzung des Flächennutzungsplans auf die Voraussetzungen für die Geltendmachung der Verletzung von Verfahrens- oder Formvorschriften und die Rechtsfolgen hingewiesen worden ist (§ 215 Abs. 2 BauGB).

Wenn ein Fehler unter Berücksichtigung von § 214 Abs. 1 und § 215 BauGB **394** beachtlich ist, führt dies zur (vollständigen oder teilweisen) Unwirksamkeit des Flä- chennutzungsplans. Es kann jedoch ein ergänzendes Verfahren stattfinden (§ 214 Abs. 4 BauGB). Im Falle eines ergänzenden Verfahrens sind der fehlerhafte Schritt und die nachfolgenden Schritte zu wiederholen.

Kommt es zur kompletten oder teilweisen Wiederholung des Verfahrens, kann **395** gegebenenfalls der Flächennutzungsplan rückwirkend in Kraft gesetzt werden (§ 214 Abs. 4 BauGB).

5. Rechtsschutz gegen den Flächennutzungsplan

Der Flächennutzungsplan wird von der Gemeinde nicht als Satzung beschlos- **396** sen. Gegen den Flächennutzungsplan ist deshalb ein **Normenkontrollverfah-**

ren nach § 47 Abs. 1 Nr. 1 oder Nr. 2 VwGO **grundsätzlich unstatthaft**. Beim Flächennutzungsplan handelt es sich lediglich um einen „qualifizierten Sachverhalt".

397   Eine andere Auffassung vertritt das Bundesverwaltungsgericht, soweit die Darstellungen des Flächennutzungsplans Rechtswirkungen nach § 35 Abs. 3 S. 3 BauGB hervorrufen (Konzentrationsflächen; → Rn. 174). Diese mittelbare Außenwirkung des Flächennutzungsplans verlangt nach einem effektiven prinzipalen Rechtsschutz. Daher soll in analoger Anwendung von Art. 47 Abs. 1 Nr. 1 VwGO (nicht Nr. 2!) das Normenkontrollverfahren statthaft sein.[226] Gegenstand der Normenkontrolle ist nur die **Ausschlusswirkung der Konzentrationsfläche**, nicht die Darstellung der Konzentrationsfläche selbst.[227]

398   Soweit es in einem Verwaltungsprozess oder einem sonstigen Gerichtsverfahren auf die Rechtswirksamkeit des Flächennutzungsplans ankommt, kann das erkennende Gericht den Plan **inzident verwerfen** bzw. nicht anwenden, wenn ein formeller oder materieller Fehler vorliegt, der nach den Regelungen der §§ 214– 215 BauGB beachtlich ist.

IV. Kooperative Handlungsformen (§§ 11, 12 BauGB)

1. Allgemeines

a) Kein Anspruch auf eine bestimmte Bauleitplanung

399   Die Bauleitplanung orientiert sich vor allem an **öffentlichen Interessen**. Dies bringen die allgemeinen Planungsleitsätze des § 1 Abs. 5 BauGB zum Ausdruck. Zwar können auch private Belange die Bauleitplanung mit beeinflussen. Die h. M. steht jedoch auf dem Standpunkt, dass eine rein im privaten Interesse durchgeführte Bauleitplanung gegen § 1 Abs. 3 S. 1 BauGB verstößt (Gefälligkeitsplanung; → Rn. 269). Dementsprechend schließt § 1 Abs. 3 S. 2 BauGB einen gesetzlichen Anspruch auf die Aufstellung von Bauleitplänen aus. Ein Anspruch kann auch nicht durch Vertrag begründet werden (§ 1 Abs. 3 S. 2 2. HS BauGB). Ein solcher (öffentlich-rechtlicher) Vertrag wäre nach Art. 59 Abs. 1 BayVwVfG i. V. m. § 134 BGB nichtig.

b) Zulässigkeit von Vorabfestlegungen

400   Gleichwohl wäre es realitätsfremd zu meinen, die Planung könne stets am „grünen Tisch" in der gemeindlichen Verwaltung durchgeführt werden, ohne in eine Kooperation mit privaten Investoren einzutreten. Gewisse Absprachen und **Vorabbindungen** sind nötig, um eine Realisierung der Planung zu sichern. So können beispielsweise Grundstücksverträge zwischen der Gemeinde und Privaten abgeschlossen werden, die im Hinblick auf eine später erfolgende Planung vorgenommen werden.

401   Zunächst stellt sich die Frage, welchen Einfluss es auf die spätere Abwägung bei der Entscheidung über den Bebauungsplan hat, wenn sich die Gemeinde durch Absprachen vorab gebunden hat. Das *BVerwG* hat solche Vorabfestlegungen grund-

---

[226] BVerwGE 128, 382 ff.; vgl. *Frey,* NVwZ 2013, 1184 ff.
[227] BVerwG, NVwZ 2013, 1011 ff.

sätzlich als möglichen **Verstoß gegen das Abwägungsgebot** der §§ 2 Abs. 3, 1 Abs. 7 BauGB verstanden. Ein solcher Abwägungsmangel kann allerdings dadurch ausgeglichen werden, dass die Vorwegnahme der Entscheidung sachlich gerechtfertigt gewesen ist, die planungsrechtliche Zuständigkeitsordnung (Beschluss des Gemeinderates!) gewahrt wurde und die vorweggenommene Entscheidung auch inhaltlich nicht zu beanstanden, d. h. mit den Vorgaben an eine gerechte Abwägung zu vereinbaren ist.[228]

c) Mögliche Regressforderungen bei fehlgeschlagener Planung

Ein weiteres Problem besteht in der Frage, inwieweit sich die Gemeinde Regressforderungen ihrer privaten Partner aussetzt, wenn sie Erwartungen hinsichtlich einer späteren Planung zunächst weckt und später enttäuscht. Zum einen kann sich die Gemeinde in solchen Fällen Ansprüchen aus öffentlich-rechtlicher **culpa in contrahendo** ausgesetzt sehen. Voraussetzung für eine Haftung ist, dass die Gemeinde ohne triftigen Grund oder aus sachfremden Erwägungen eine Planung abbricht und damit Aufwendungen des privaten Partners entwertet. Dann haftet die Gemeinde auf den Vertrauensschaden (Rechtsweg zu den ordentlichen Gerichten nach § 40 Abs. 2 S. 1 1. HS VwGO).[229] Denkbar ist aber auch, dass zwischen Gemeinde und privatem Investor eine privatrechtliche **vertragliche Risikoübernahme** getroffen worden ist. Die Gemeinde ist dann zivilrechtlich zum Ersatz des Vertrauensschadens verpflichtet, wenn sie aus in ihrer Sphäre liegenden Gründen eine Planung nicht fortführt oder realisiert. Es müssen jedoch hinreichende Anhaltspunkte für eine entsprechende Willenserklärung der Gemeinde vorliegen.

402

2. Kooperative Handlungsformen

Im Zuge der deutschen Einigung wurden in verstärktem Maße kooperative Handlungsformen in das BauGB aufgenommen. Hierzu gehört zunächst und vor allem der städtebauliche Vertrag (§ 11 BauGB).[230] Die möglichen Inhalte eines solchen Vertrages sind (nicht abschließend):

403

– Nach § 11 Abs. 1 S. 2 Nr. 1 BauGB können **städtebauliche Maßnahmen** von einem Vertragspartner der Gemeinde (etwa einem Investor) vorbereitet oder durchgeführt werden. Seit der Innenentwicklungsnovelle 2013 fällt auch der **Erschließungsvertrag** unter Nr. 1 (früher § 124 BauGB).[231]
– Gemäß § 11 Abs. 1 S. 2 Nr. 2 BauGB kann beispielsweise ein **Planverwirklichungsvertrag** geschlossen werden.
– Praktisch von besonderer Bedeutung sind **Folgekostenverträge** nach § 11 Abs. 1 S. 2 Nr. 3 BauGB.
– Vorgesehen sind Verträge über die Nutzung von Netzen und Anlagen der Kraft-Wärme-Koppelung bzw. von Solaranlagen für die Wärme-, Kälte- und Elektrizitätsversorgung nach § 11 Abs. 1 S. 2 Nr. 4 BauGB sowie über die energetische Qualität von Gebäuden (Nr. 5).

---

[228] BVerwGE 45, 309 (321) – „Flachglas".
[229] Vgl. BGHZ 76, 343 ff.
[230] Klausurrelevante Fälle bei *Decker,* JA 2012, 286 ff.
[231] Vgl. *Reidt,* in: B/K/L, BauGB, § 11 Rn. 13 m. w. N.

404   Die Rechtsnatur von städtebaulichen Verträgen ist im Einzelfall nach dem Gegenstand des Vertrages zu entscheiden. Es kann, muss sich aber nicht um verwaltungsrechtliche Verträge nach den Art. 54 ff. BayVwVfG handeln.

405   **Beispiel:** Gemeinde G beauftragt das Architekturbüro A, für ein bestimmtes Gebiet einen Planentwurf zu erstellen und die Träger öffentlicher Belange zu beteiligen. Es handelt sich um einen privatrechtlichen Werkvertrag (§ 631 BGB).

406   Zu beachten ist, dass § 11 Abs. 2 und Abs. 3 BauGB **Anforderungen** an die Rechtmäßigkeit von städtebaulichen Verträgen enthalten. Sie gelten kumulativ zu den Art. 54 ff. BayVwVfG bzw. zu den Bestimmungen des BGB. Wichtig ist vor allem § 11 Abs. 2 S. 2 BauGB. Soweit der Vertragspartner Anspruch auf eine bestimmte Leistung hat, darf sie nicht vertraglich von einer Gegenleistung abhängig gemacht werden. Allgemein gilt das Gebot der Angemessenheit (§ 11 Abs. 2 S. 1 BauGB).

407   Besondere Probleme des städtebaulichen Vertrags werden durch sog. **Einheimischenmodelle** aufgeworfen, die teils durch städtebauliche, teils durch privatrechtliche Verträge umgesetzt werden. Bei diesen versucht die planende Gemeinde durch vertragliche Gestaltung sicherzustellen, dass Grundstücke im Plangebiet für einen bestimmten Zeitraum nur an einen näher bestimmten Personenkreis von Ortsansässigen veräußert werden.[232] Durch die Rechtsprechung des EuGH zur ähnlichen belgischen Rechtslage geraten diese Gestaltungen unter Druck.[233] Die damit verbundenen Eingriffe in Grundfreiheiten (Art. 21, 45, 49 AEUV) können nach Ansicht des EuGH nur gerechtfertigt sein, wenn das Modell zur Erreichung des Ziels, den Immobilienbedarf der am wenigsten begüterten einheimischen Bevölkerung zu decken, erforderlich ist. Ob die in Deutschland praktizierten Modelle dem genügen, ist zweifelhaft.[234] Der 2017 neugefasste § 11 Abs. 1 S. 2 Nr. 2 BauGB soll den Anforderungen des Unionsrechts Rechnung tragen, indem er (nur) einkommensschwache oder weniger begüterte Einheimische als Begünstigte eines solchen Modells nennt.

3. Der Vorhaben- und Erschließungsplan (§ 12 BauGB)

a) Allgemeines

408   Eine wichtige Form kooperativen Städtebaurechts ist der Vorhaben- und Erschließungsplan (§ 12 BauGB). Durch ihn sollen Investoren stärker in die Planung und Realisierung von städtebaulich relevanten Vorhaben eingebunden werden. Drei Elemente sind zu unterscheiden:
- Im Grundsatz geht es beim Vorhaben- und Erschließungsplan um den Erlass eines sog. **vorhabenbezogenen Bebauungsplans,** der die baurechtliche Zulässigkeit eines Vorhabens herbeiführt (→ § 30 Abs. 2 BauGB). Für diesen Bebauungsplan gelten die gleichen Regeln wie für jeden anderen Bebauungsplan auch.
- Der Inhalt des Plans wird jedoch nicht von der Gemeinde oder einem Planungsbüro, sondern vom Vorhabenträger entworfen. Dieser **Vorhaben- und**

---

[232] Grundlegend BVerwGE 92, 56 ff. – „Weilheimer Modell".
[233] EuGH, DVBl 2013, 1041 ff. m. Anm. *Ruffert,* JuS 2013, 1051 ff.
[234] Vgl. *Stüer/Garbrock,* DVBl. 2013, 1044 (1045 f.); *Miltenstein,* EuZW 2013, 514 ff.; *Stellhorn,* BayVBl 2016, 77 ff. sowie die Klausur von *Michl,* Jura 2015, 202 ff.

Erschließungsplan wird Bestandteil des vorhabenbezogenen Bebauungsplans (§ 12 Abs. 3 S. 1 BauGB). Dabei besteht abweichend von den allgemeinen Regelungen keine Bindung an die Festsetzungen nach § 9 BauGB (§ 12 Abs. 3 S. 2 BauGB). Die zulässigen Vorhaben sind im Detail unter Rückgriff auf den Durchführungsvertrag zu bestimmen, wenn für den Bereich des Vorhaben- und Erschließungsplans ein Baugebiet auf Grund der BauNVO oder eine bauliche oder sonstige Nutzung auf sonstige Weise allgemein festgesetzt wird (§ 12 Abs. 3a BauGB).[235]

– Der vorhabenbezogene Bebauungsplan und der Vorhaben- und Erschließungsplan, den der Vorhabenträger ausgearbeitet hat, werden durch einen öffentlich-rechtlichen Vertrag miteinander verbunden (**Durchführungsvertrag,** → § 12 Abs. 1 S. 1 BauGB). In diesem Durchführungsvertrag verpflichtet sich der Vorhabenträger dazu, nach dem Erlass des Bebauungsplans das entsprechende Vorhaben innerhalb einer bestimmten Frist durchzuführen. Der Vorhabenträger trägt die Planungs- und Erschließungskosten ganz oder teilweise. Dieser Vertrag muss abgeschlossen werden, bevor der Beschluss nach § 10 Abs. 1 BauGB ergeht (§ 12 Abs. 1 S. 1 BauGB).

Die Gemeinde übernimmt **keine unmittelbare Verpflichtung,** wegen § 1 **409** Abs. 3 S. 2 2. HS BauGB vor allem nicht zur Durchführung einer bestimmten Bauleitplanung. Sie ist lediglich gesetzlich verpflichtet, über die Einleitung des Bebauungsplanverfahrens nach pflichtgemäßem Ermessen zu entscheiden (§ 12 Abs. 2 S. 1 BauGB).

b) Vor- und Nachteile des Vorhaben- und Erschließungsplans

Der Vorhaben- und Erschließungsplan ermöglicht eine enge **Abstimmung 410** zwischen Vorhabenträger und Gemeinde. Dadurch lassen sich größere Bauprojekte (z.B. Einkaufszentren, gewerbliche Anlagen, Wohnsiedlungen) sehr viel schneller realisieren als auf dem normalen Weg der gemeindlichen „Angebotsplanung". Die Gemeinde erhält eine erhöhte Sicherheit, dass die von ihr verfolgten planerischen Absichten innerhalb kurzer Frist umgesetzt werden. Die Gemeinde wird weiterhin von den Planungs- und Erschließungskosten ganz oder teilweise entlastet.

Mit dem Vorhaben- und Erschließungsplan sind jedoch auch einige Nachteile **411** verbunden. So muss die Gemeinde darauf achten, dass die Entscheidung über den Erlass eines Bebauungsplans trotz des Durchführungsvertrages abwägungsfehlerfrei zu erfolgen hat. Es stellt einen **Abwägungsfehler** dar, wenn sich die Gemeinde hinsichtlich des Planerlasses und des Planinhalts für ganz oder teilweise gebunden hält. Hieraus resultiert für den Vorhabenträger, dass er nicht sicher sein kann, dass die Gemeinde den Plan tatsächlich in der ins Auge gefassten Weise erlässt. Vor allem können Planungs- und sonstige vorbereitende Arbeiten durch Umplanungswünsche seitens der Gemeinde entwertet werden. Dem wird in der Praxis dadurch entsprochen, dass die Ausarbeitung des Vorhaben- und Erschließungsplans und des Bebauungsplans weitgehend aufeinander abgestimmt werden. Der Vertragsschluss muss zwar vor dem Satzungserlass erfolgen. Er wird jedoch häufig erst dann vorgenommen, wenn auf Grund der Beratung des Gemeinderates Beschlussreife besteht.

---

[235] Vgl. dazu BVerwG, BauR 2012, 222 f. und *Weitz*, NVwZ 2016, 114 ff.

c) Realisierung des Vorhabens

412   Zur Realisierung des Vorhabens benötigt der Vorhabenträger regelmäßig eine Baugenehmigung nach Art. 68 BayBO. Wird das Vorhaben nicht innerhalb der vereinbarten **Frist** durchgeführt, soll die Gemeinde den Bebauungsplan aufheben (§ 12 Abs. 6 S. 1 BauGB). Hieraus können Ansprüche des Vorhabenträgers etwa nach § 42 BauGB nicht hergeleitet werden (§ 12 Abs. 6 S. 2 BauGB).

413   Der Vorhabenträger kann gegebenenfalls wechseln. Dies bedarf allerdings der Zustimmung der Gemeinde, die nur dann verweigert werden darf, wenn die Durchführung des Vorhabens ansonsten gefährdet ist (§ 12 Abs. 5 BauGB). Die Zustimmung stellt einen Verwaltungsakt dar.

d) Rechtliche Überprüfung des vorhabenbezogenen Bebauungsplans

414   Der vorhabenbezogene Bebauungsplan unterliegt wie jeder andere Bebauungsplan der verwaltungsgerichtlichen **Normenkontrolle** nach § 47 Abs. 1 Nr. 1 VwGO. Der Vorhabenträger ist im Verfahren nach § 47 Abs. 2 S. 4 i. V. m. § 65 Abs. 1 VwGO beizuladen (Ermessensreduktion auf null).[236]

415   Im Grundsatz gelten für den vorhabenbezogenen Bebauungsplan die gleichen Rechtmäßigkeitsanforderungen wie beim „normalen" Bebauungsplan. Wichtig ist allerdings, dass eine abwägungsfehlerfreie Entscheidung nur dann vorliegt, wenn davon ausgegangen werden kann, dass der Vorhabenträger das Vorhaben realisieren wird. Hierzu ist es in der Regel erforderlich, dass der Vorhabenträger Eigentümer der Grundstücke ist oder jedenfalls in eigentumsähnlicher Weise an den Grundstücken berechtigt ist. Gegebenenfalls reicht auch eine schuldrechtliche Sicherung, wenn sie einer dinglichen Sicherung gleichwertig erscheint. Lässt sich bereits bei Satzungsbeschluss erkennen, dass die Realisierung des Vorhabens gefährdet ist, liegt ein Abwägungsfehler vor.

416   Eine weitere wichtige Voraussetzung für die Rechtmäßigkeit des vorhabenbezogenen Bebauungsplans ist, dass der entsprechende Vertrag vor dem Satzungsbeschluss abgeschlossen worden ist. Ist dies nicht der Fall, liegt ebenfalls ein Abwägungsmangel vor.

V. Veränderungssperre und Zurückstellung von Baugesuchen

1. Veränderungssperre (§ 14 BauGB)

417   Die Veränderungssperre ist ein **Sicherungsinstrument** für die Bauleitplanung. Hat die Gemeinde einen Beschluss über die Aufstellung eines Bebauungsplans gefasst (→ § 2 Abs. 1 S. 2 BauGB), kann zur Sicherung der Planungsabsicht eine Veränderungssperre als Satzung erlassen werden (→ § 16 Abs. 1 BauGB). Die Wirksamkeit des Beschlusses ist in diesem Fall eine materielle Wirksamkeitsvoraussetzung. Die Veränderungssperre hat zur Folge, dass Vorhaben i. S. v. § 29 BauGB nicht mehr durchgeführt werden und bauliche Anlagen nicht beseitigt werden dürfen. Des Weiteren dürfen keine erheblichen oder wesentlich wertsteigernden Veränderungen von Grundstücken oder baulichen Anlagen vorgenommen werden (zu

---

[236] BVerwG, BauR 2002, 1830 (1831).

den Einzelheiten vgl. § 14 Abs. 1 Nr. 1 und Nr. 2 BauGB). Die Veränderungssperre ist zukunftsgerichtet.

Eine Veränderungssperre darf die Gemeinde nur erlassen, wenn sie bereits hinreichend konkretisierte positive Vorstellungen über den Inhalt des in Aussicht genommenen Bebauungsplans hat.[237] Mit dem Instrument der Veränderungssperre darf keine reine Negativplanung betrieben werden. Es muss also eine sicherungsfähige Planung gegeben sein, die bereits in einem Mindestmaß bestimmbar und absehbar ist.[238] Nur dann ist die Veränderungssperre **erforderlich**. Die in Aussicht genommene Planung muss auf ein Ziel gerichtet sein, das überhaupt mit den Mitteln der Bauleitplanung erreichbar ist. **418**

Ob die Gemeinde eine Veränderungssperre erlässt, liegt in ihrem **Planungsermessen**. Das Abwägungsgebot gilt für die Veränderungssperre selbst nicht; es genügt, wenn die gesetzlichen Voraussetzungen der Veränderungssperre vorliegen.[239]

Bestimmte Vorhaben werden von ihr nach § 14 Abs. 3 BauGB aus Gründen des Bestandsschutzes jedoch **nicht erfasst**: **419**

— Nicht erfasst werden Vorhaben, die baurechtlich genehmigt worden sind (bloße Genehmigungsfähigkeit genügt nicht!).

— Nicht erfasst werden Vorhaben, von denen die Gemeinde nach Maßgabe des Bauordnungsrechts Kenntnis erlangt hat und mit deren Ausführung vor dem Inkrafttreten der Veränderungssperre hätte begonnen werden dürfen. Dies erfasst die nach der BayBO genehmigungsfreigestellten Vorhaben des Art. 58 BayBO. Voraussetzung ist, dass zwischen Vorlage der erforderlichen Unterlagen bei der Gemeinde und Inkraftsetzen der Veränderungssperre mehr als ein Monat liegt (Art. 58 Abs. 1 S. 1 Nr. 5, Abs. 3 S. 5 BayBO[240]) oder dass vor Inkraftsetzen der Veränderungssperre mitgeteilt worden ist, dass kein Genehmigungsverfahren durchgeführt werden soll (Art. 58 Abs. 3 S. 6 BayBO).

— Nicht erfasst werden Unterhaltungsarbeiten oder die Fortführung einer bisher ausgeübten Nutzung.

Verfahrensfreie Vorhaben nach Art. 57 BayBO fallen nicht unter § 14 Abs. 3 BauGB. Sie werden weder genehmigt, noch erhalten die Gemeinden nach den Vorschriften des Bauordnungsrechts von ihnen Kenntnis. Damit fallen verfahrensfreie Vorhaben unter das Verbot des § 14 Abs. 1 BauGB.[241] Ein bereits begonnenes, aber vor Inkrafttreten der Veränderungssperre noch nicht fertiggestelltes Vorhaben wird baurechtswidrig, so dass die Bauaufsichtsbehörde Baueinstellung (Art. 75 BayBO) und sogar Beseitigung verlangen kann (Art. 76 S. 1 BayBO). Diese Veränderung der Rechtsstellung des Bauherrn ist als zulässige Inhalts- und Schrankenbestimmung des Eigentums (Art. 14 Abs. 1 S. 2 GG) verfassungsrechtlich unbedenklich. Unter dem Gesichtspunkt des Vertrauensschutzes handelt es sich um eine grundsätzlich zulässige „unechte Rückwirkung" der Veränderungssperre, da das ursprünglich zulässige Vorhaben baurechtswidrig wird. Da der Bauherr eines verfahrensfreien Vorhabens aber jederzeit mit dem Erlass einer Veränderungssperre rechnen muss, ist sein Vertrauen nicht „qualifiziert" geschützt. Im Einzelfall kann eine **420**

[237] BVerwG, DVBl. 2004, 950 (952).
[238] BVerwGE 51, 121 (128).
[239] BVerwG, NVwZ 1993, 473 (473).
[240] Das Gesetz verweist auf Art. 58 Abs. 3 S. 3 BayBO, ein Redaktionsversehen.
[241] Hierzu und zum Weiteren BayVGH, BayVBl. 2010, 144 ff.

Ausnahme nach § 14 Abs. 2 BauGB erteilt werden; indes nur, wenn das Vorhaben dem Sicherungszweck der Veränderungssperre nicht zuwiderläuft.[242]

421 **Beispiel:**[243] A hatte mit der Errichtung einer Mobilfunkanlage (2,5m hoch) auf dem Dach eines ehemaligen Bahnhofsgebäudes begonnen, als der Gemeinderat der Gemeinde G für das betreffende Gebiet (allgemeines Wohngebiet) die Änderung des bestehenden Bebauungsplans zur Umsetzung eines „**Standortkonzepts Mobilfunk**" sowie eine Veränderungssperre beschloss. Das Landratsamt ordnete gegenüber A daraufhin die Einstellung der Arbeiten an. A ficht diese Verfügung an.

422 Die zulässige Anfechtungsklage ist unbegründet. Rechtsgrundlage für die Verfügung ist Art. 75 Abs. 1 S. 1 BayBO. Dessen Tatbestand ist erfüllt, da die Mobilfunkanlage im Widerspruch zu öffentlich-rechtlichen Vorschriften errichtet wurde. Der Anlage steht die Veränderungssperre entgegen (§ 14 Abs. 1 Nr. 1 BauGB). Diese ist wirksam, da ein Aufstellungsbeschluss gefasst wurde und sie zur Sicherung der in Aussicht genommenen Planung erforderlich ist. Die Planung ist auch umsetzbar, da eine Standortsteuerung von Mobilfunkanlagen gem. §§ 1 Abs. 6 Nr. 1, 14 Abs. 2 S. 2 BauNVO durch Bebauungsplan möglich ist. Das Vorhaben des A fällt auch in den Geltungsbereich der Veränderungssperre; insbesondere ist § 14 Abs. 3 BauGB nicht anwendbar, da die Errichtung der Mobilfunkanlage **verfahrensfrei** ist (Art. 57 Abs. 1 Nr. 5 lit. a, aa BayBO). Die Baueinstellung ist auch nicht ermessensfehlerhaft; insbesondere war nicht zu berücksichtigen, dass für das Vorhaben eine Ausnahme nach § 14 Abs. 2 BauGB hätte erteilt werden können. Denn die Zulassung einer Mobilfunkanlage läuft dem Sicherungszweck der Veränderungssperre (Bebauungsplan mit Standortsteuerung) zuwider.

423 Von der Veränderungssperre kann gemäß § 14 Abs. 2 BauGB von der Baugenehmigungsbehörde im Einvernehmen mit der Gemeinde eine **Ausnahme** zugelassen werden. Ein rechtswidrig verweigertes Einvernehmen kann gem. Art. 67 Abs. 1 S. 1 1. HS BayBO ersetzt werden, wenn das der Gemeinde durch § 14 Abs. 2 BauGB eingeräumte Ermessen auf null reduziert ist.

424 Die Veränderungssperre tritt grundsätzlich nach Ablauf von **zwei Jahren** außer Kraft (§ 17 Abs. 1 S. 1 BauGB). So lange hat die Gemeinde Zeit, eine verbindliche Bauleitplanung auf die Beine zu stellen. Es besteht eine **Verlängerungsmöglichkeit** für die Veränderungssperre von zweimal einem Jahr (§ 17 Abs. 1 S. 3 und Abs. 2 BauGB).

425 Als Satzung kann die Veränderungssperre mit der **Normenkontrolle** nach § 47 Abs. 1 Nr. 1 VwGO prinzipal angegriffen werden. Eine inzidente Überprüfung erfolgt im Rahmen anderer Klagen, insb. der Klage auf Erteilung der Baugenehmigung.

Prüfungsschema: Rechtmäßigkeit der Veränderungssperre

I. Formelle Rechtmäßigkeit
  1. Verbandskompetenz, § 14 Abs. 1 BauGB
  2. Beschluss über die Veränderungssperre, § 16 Abs. 1 BauGB
     a. Organkompetenz, Art. 29, 30 Abs. 2, ggf. 32 Abs. 2 Nr. 2 GO
     b. Verfahren, Art. 46 ff. GO (ggf. i. V. m. Art. 45 Abs. 2 S. 2 GO)
  3. Ausfertigung und Bekanntmachung, § 16 Abs. 2 BauGB i. V. m. Art. 26 GO

II. Materielle Rechtmäßigkeit
  1. Aufstellungsbeschluss hins. Bebauungsplan (§§ 14 Abs. 1, 2 Abs. 1 S. 2 BauGB)

---

[242] Grundlegend BVerwGE 144, 82 (93).
[243] BVerwGE 144, 82; BayVGH, DVBl. 2011, 299 ff.

> 2. Erforderlichkeit zur Sicherung der Planung
> 3. Planungsermessen

2. Zurückstellung von Baugesuchen (§ 15 BauGB)

Eine ähnliche Funktion wie die Veränderungssperre erfüllt die **Zurückstellung** **426**
von Baugesuchen gemäß § 15 BauGB. Hierbei kann die Entscheidung über die
Zulässigkeit eines Vorhabens im Einzelfall für bis zu 12 Monate ausgesetzt werden.
Ist kein Baugenehmigungsverfahren erforderlich, kann eine vorläufige Untersagung
erfolgen (§ 15 Abs. 1 S. 1 und S. 2 BauGB). Nach § 15 BauGB darf nur dann vorgegangen werden, wenn die Voraussetzungen für eine Veränderungssperre vorliegen.
Die Zurückstellung von Baugesuchen kommt gemäß § 15 Abs. 3 S. 1 BauGB auch
dann in Betracht, wenn die Gemeinde beschlossen hat, einen Flächennutzungsplan
aufzustellen, zu ändern oder zu ergänzen, mit dem die Rechtswirkungen des § 35
Abs. 3 S. 3 erreicht werden sollen (Standortsteuerung für privilegierte Außenbereichsvorhaben nach § 35 Abs. 1 Nr. 2 bis 6 BauGB, → § 15 Abs. 3 BauGB). Die
Gemeinde hat für diesen Antrag sechs Monate nach förmlicher Kenntniserlangung
von dem Bauantrag Zeit (§ 15 Abs. 3 S. 3 BauGB).

Die Zurückstellung von Baugesuchen wirft komplizierte **Rechtsschutzfragen** **427**
auf. Von der Gemeinde kann sie im Wege der Verpflichtungsklage erzwungen werden. Eine Baugenehmigung, die trotz begründeten Antrags der Gemeinde nach
§ 15 BauGB erteilt wird, kann die Gemeinde erfolgreich anfechten.[244] Der Bauherr kann den Zurückstellungsbescheid, der ein Verwaltungsakt ist (Regelungswirkung: Aussetzung des Genehmigungsverfahrens), nach h.M. (isoliert) anfechten. Er
muss also nicht zwingend auch Verpflichtungsklage auf Erteilung der Baugenehmigung erheben. Eine „isolierte" Verpflichtungsklage wäre dagegen unbegründet, da
der Erteilung der Baugenehmigung die verfahrensaussetzende Wirkung der Zurückstellung entgegensteht.[245]

3. Entschädigung bei Veränderungssperre und Zurückstellung von Baugesuchen

Die rechtmäßige Veränderungssperre bzw. die Zurückstellung von Baugesuchen **428**
können zur Entschädigung verpflichten. Einzelheiten ergeben sich aus § 18
BauGB. Die Veränderungssperre kann deshalb länger als vier Jahre dauern, weil
nach § 17 Abs. 3 BauGB eine Veränderungssperre neu beschlossen werden kann,
wenn sie zwischendurch durch Zeitablauf außer Kraft getreten ist.

Durch den Erlass einer rechtswidrigen Veränderungssperre (sog. **faktische** **429**
Veränderungssperre) kann sich die Gemeinde amtshaftungs- und entschädigungspflichtig (enteignungsgleicher Eingriff) machen.[246] Ob die – verfehlte –
Rechtsprechung des BGH zur Amtspflicht der Bauaufsichtsbehörde, einen rechtswidrigen Bebauungsplan zu beseitigen (→ Rn. 219), hieran etwas ändert, bleibt
abzuwarten. Die gleichen Grundsätze gelten, wenn eine Gemeinde im Einzelfall

---

[244] *Stock,* in: E/Z/B/K, BauGB, § 15 Rn. 104 f. m. w. N.
[245] BVerwG, NVwZ 2012, 51 (51); Nachw. zu allen Ansichten bei *Stock,* in: E/Z/B/K, BauGB,
§ 15 Rn. 101 f.
[246] *Greim/Michl,* Jura 2012, 373 (377 ff.).

Vorhaben blockiert. Insoweit lässt sich von einer **faktischen Zurückstellung** sprechen.

D. Instrumente des Bauordnungsrechts

I. Allgemeines

1. Anwendbarkeit der BayBO

430   Die BayBO gilt nach Art. 1 Abs. 1 S. 1 für **bauliche Anlagen** und für Baupro- dukte (zum Begriff → Art. 2 Abs. 11 BayBO). Bauliche Anlagen sind nach Art. 2 Abs. 1 S. 1 mit dem Erdboden verbundene, aus Bauprodukten hergestellte Anlagen. Die Verbindung mit dem Erdboden ist gegeben, wenn die Anlage aufgrund ihrer eigenen Schwere ohne technische Hilfsmittel nicht fortbewegt werden kann. Art. 2 Abs. 1 S. 2 BayBO bezieht die ortsfesten Anlagen der Wirtschaftswerbung mit ein. Nach Art. 2 Abs. 1 S. 3 BayBO gelten bestimmte sonstige Anlagen als bauliche An- lagen (Fiktion). Eine Reihe baulicher Anlagen ist jedoch vom Anwendungsbereich der BayBO ausgeschlossen (Art. 1 Abs. 2 BayBO). Nach Art. 1 Abs. 1 S. 2 BayBO gilt die BayBO darüber hinaus, soweit in ihr oder aufgrund von ihr an Grund- stücke, sonstige Anlagen oder Einrichtungen besondere Anforderungen gestellt werden.

431   Für die Anwendung der einzelnen Vorschriften der BayBO vor allem über die Genehmigungsfreistellung (Art. 58 BayBO), den Prüfungsumfang bei der Bauge- nehmigung (Art. 59 BayBO oder Art. 60 BayBO) und die bautechnischen Nach- weise (Art. 62 BayBO) bzw. den Brandschutz sind folgende Unterscheidungen re- levant.

432   Art. 2 Abs. 3 BayBO teilt die Gebäude in fünf **Gebäudeklassen** ein.[247] Dies ist Grundlage für das Brandschutzkonzept des Gesetzes (vgl. Art. 25 ff. BayBO) Für den konkret erforderlichen Brandschutz kommt es auf die Höhe der Gebäude und Zahl und Größe der Nutzungseinheiten an. Für höhere Gebäudeklassen gelten zudem besondere Anforderungen an die bautechnischen Nachweise (Art. 62 BayBO).

433   Unterschieden wird weiterhin zwischen **Sonderbauten** und Nichtsonderbau- ten. Sonderbauten sind abschließend in Art. 2 Abs. 4 BayBO aufgeführt. Nur bei Sonderbauten findet noch ein „normales" Baugenehmigungsverfahren nach Art. 60 BayBO statt. Nichtsonderbauten unterliegen lediglich einem stark redu- zierten vereinfachten Baugenehmigungsverfahren (Art. 59 BayBO).

2. Formelles und materielles Bauordnungsrecht

Die BayBO enthält bauordnungsrechtliche Anforderungen an (bauliche) Anlagen in den Art. 3 ff. BayBO (ergänzend örtliche Bauvorschriften nach Art. 81 BayBO). Dabei handelt es sich um materielles Bauordnungsrecht. Daneben regelt die Bay- BO das bauaufsichtliche Verfahren und die Befugnisse der Bauaufsichtsbehörden (formelles Bauordnungsrecht).

---

[247] Vgl. *Troidl*, BayVBl. 2016, 187 ff.

3. Präventive und repressive Befugnisse

Im (formellen) Bauordnungsrecht lässt sich zwischen präventiven und repressiven **434** Kontrollinstrumenten unterscheiden. Bei präventiven Instrumenten wird vorbeugend auf das Baugeschehen eingewirkt. Es geht also um die Zulassung von baulichen Anlagen. Bei repressiven Maßnahmen wird hingegen im Nachhinein auf das Baugeschehen reagiert.

Beispiele für **präventive** Kontrolle: **435**
- Baugenehmigung (Art. 68 BayBO),
- Ausführungsgenehmigung für fliegende Bauten (Art. 72 Abs. 2 BayBO),
- Zustimmung für Bauvorhaben der öffentlichen Hand (Art. 73 BayBO),
- Typengenehmigung (Art. 73a BayBO)
- Anzeigeverfahren beim Abbruch baulicher Anlagen (Art. 57 Abs. 5 S. 2 BayBO),
- Verwendbarkeitsnachweise bei bestimmten Bauprodukten (Art. 18 BayBO).

Zu den **repressiven** Eingriffsbefugnissen gehören: **436**
- Baueinstellung (Art. 75 BayBO),
- Baubeseitigung und Nutzungsuntersagung (Art. 76 BayBO),
- Maßnahmen nach der Generalklausel des Art. 54 Abs. 2 S. 2 BayBO,
- Anforderungen an bestandsgeschützte Anlagen (Art. 54 Abs. 4 BayBO),
- Anforderungen bei der wesentlichen Änderung von Anlagen (Art. 54 Abs. 5 BayBO).

Zusätzlich enthält die BayBO in Art. 80 und 81 noch Rechtsverordnungs- **437** und Satzungsermächtigungen. In Art. 82 BayBO finden sich Ausführungsbestimmungen zum BauGB (v.a. die sog. 10-H-Regelung für Windenergieanlagen; → Rn. 140).

4. BayBO und sonstiges bayerisches Landesrecht

Das Bauordnungsrecht ist im Wesentlichen **besonderes Sicherheitsrecht**. So- **438** weit die BayBO keine besonderen Vorschriften enthält, kann daher auf das allgemeine Sicherheitsrecht zurückgegriffen werden (LStVG). Herangezogen werden können vor allem:
- Art. 8 LStVG (Grundsatz der Verhältnismäßigkeit),
- Art. 9 LStVG (Richtung der Maßnahmen; Sonderregeln tw. in Art. 49ff. BayBO).

Subsidiär zu BayBO und LStVG gilt auch das BayVwVfG. Teilweise enthält die **439** BayBO jedoch Sonderregelungen.

Beispiele: Nach Art. 68 Abs. 3 S. 1 BayBO müssen Baugenehmigungen immer schriftlich er- **440** teilt werden (vgl. hingegen Art. 37 Abs. 2 BayVwVfG).

Bei der Erteilung von Baugenehmigungen gilt die eingeschränkte Begründungspflicht des Art. 68 Abs. 3 S. 2 BayBO.

Art. 66 BayBO enthält eine Spezialvorschrift für die Verfahrensbeteiligung des Nachbarn; Art. 28 BayVwVfG ist explizit nicht anwendbar (Art. 66 Abs. 2 S. 2 BayBO).

II. Baugenehmigung

441 Die Baugenehmigung ist das wichtigste Instrument des präventiven Bauordnungsrechts.[248] Ein genehmigungspflichtiges Vorhaben darf ohne Baugenehmigung nicht verwirklicht werden (präventives Bauverbot des Art. 55 Abs. 1 BayBO).

1. Formelle Anforderungen an die Erteilung einer Baugenehmigung

a) Genehmigungspflicht

(1) Ausgangspunkt: Art. 55 BayBO

442 Voraussetzung für die Erteilung einer Baugenehmigung ist zunächst, dass überhaupt ein baugenehmigungspflichtiges Vorhaben vorliegt. Ansonsten fehlt einem Antrag auf Baugenehmigung das **Sachbescheidungsinteresse**.

443 Ausgangspunkt für die Frage der Genehmigungspflicht ist Art. 55 BayBO. Zunächst muss überhaupt eine bauliche Anlage vorliegen. Der Begriff der baulichen Anlage ist für die BayBO in Art. 2 Abs. 1 definiert (→ Rn. 430). Eine solche bauliche Anlage muss errichtet, geändert oder in ihrer Nutzung geändert werden.

444 Der **Abbruch** oder die **Beseitigung** von baulichen Anlagen ist nicht genehmigungspflichtig! Es besteht lediglich eine Anzeigepflicht nach Art. 57 Abs. 5 BayBO.

(2) Kein Vorrang anderer Gestattungsverfahren

445 Ein Baugenehmigungsverfahren findet nicht statt bei den in Art. 56 S. 1 BayBO aufgeführten Fällen. Dafür sind **eigene Verwaltungsverfahren** vorgesehen. Verfahrensrechtliche Vorschriften der Bauordnung sind teilweise anwendbar (Art. 56 S. 2 BayBO). Wichtig ist die Klarstellung in Art. 55 Abs. 2 BayBO: Das materielle Baurecht muss eingehalten werden, ein bauaufsichtliches Eingreifen bleibt möglich.

446 Ein Baugenehmigungsverfahren entfällt auch dann, wenn die Entscheidung in einem anderen Verwaltungsverfahren die Baugenehmigung gegebenenfalls mit umfasst (**Konzentrationswirkung**). So ersetzt ein Planfeststellungsbeschluss die Baugenehmigung (Art. 75 Abs. 1 S. 1 2. HS BayVwVfG). Die immissionsschutzrechtliche Genehmigung schließt die Baugenehmigung mit ein (§ 13 BImSchG).

(3) Verfahrensfreiheit (Art. 57 BayBO)

447 Weitgehende Ausnahmen von der Genehmigungspflicht für die Errichtung und Änderung von baulichen Anlagen ergeben sich aus Art. 57 BayBO (sog. **verfahrensfreie Vorhaben**). Zu beachten ist, dass auch die Nutzungsänderung teilweise verfahrensfrei gestellt ist (Art. 57 Abs. 4 BayBO). Auch hier gilt der Vorbehalt des Art. 55 Abs. 2 BayBO.

448 **Hinweis:** Nach dem praktisch bedeutsamen **Art. 57 Abs. 4 Nr. 1 BayBO** ist die Nutzungsänderung verfahrensfrei, wenn für die neue Nutzung keine anderen öffentlich-rechtlichen Anforderungen nach Art. 60 S. 1 (und Art. 62) BayBO als für die bisherige Nutzung in Betracht

---

[248] Instruktiv *Lindner/Struzina*, JuS 2016, 226 ff.

kommen. Um die Verfahrensfreiheit zu bestimmen, ist also zu fragen, ob für die neue Nutzung andere Vorschriften gelten können als für die alte und ob diese Vorschriften von der Aufzählung des Art. 60 S. 1 BayBO erfasst sind.[249] Es kommt nicht darauf an, ob es sich um einen Sonderbau handelt oder nicht!

So ist im reinen Wohngebiet die Nutzungsänderung einer Steuer- in eine Anwaltskanzlei jedenfalls aus bauplanungsrechtlicher Sicht (Art. 60 S. 1 Nr. 1 BayBO) unbeachtlich, da beide Nutzungen nach § 13 BauNVO (freie Berufe) allgemein zulässig sind. Vorbehaltlich anderer Anforderungen (z. B. Stellplätze nach Art. 47 BayBO) ist die Nutzungsänderung damit gem. Art. 57 Abs. 4 Nr. 1 BayBO verfahrensfrei. Für die Änderung der Steuerkanzlei in ein Nagelstudio kämen dagegen andere bauplanungsrechtliche Anforderungen in Betracht, da die neue Nutzung nicht mehr unter § 13 BauNVO fiele, sondern nach § 3 Abs. 3 Nr. 1 BauNVO zu beurteilen wäre.[250]

Will der Bauherr eines verfahrensfreien Vorhabens von den Anforderungen des **449** öffentlichen Baurechts abweichen, benötigt er eine (isolierte) **Abweichungszulassung** nach Art. 63 BayBO. Der Antrag ist schriftlich zu stellen und zu begründen (Art. 63 Abs. 2 S. 1 BayBO). Zuständig ist grundsätzlich die Bauaufsichtsbehörde (Art. 63 Abs. 1 S. 1 BayBO), in Sonderfällen (bauplanungsrechtliche Abweichungen bzw. Abweichungen von örtlichen Bauvorschriften, soweit das Vorhaben verfahrensfrei ist) die Gemeinde (Art. 63 Abs. 3 S. 1 BayBO; Entscheidung nicht als Bauaufsichtsbehörde, sondern im eigenen Wirkungskreis nach Art. 7 GO – str.). Bei Abweichungen von örtlichen Bauvorschriften ist ansonsten das Einvernehmen der Gemeinde erforderlich (Art. 63 Abs. 3 S. 2 BayBO). Eine solche Zulassung ist ein Verwaltungsakt. Bei der Abweichung von bauaufsichtlichen Anforderungen ergeben sich die Voraussetzungen aus Art. 63 Abs. 1 BayBO. Hierzu zählt auch die Abweichung von örtlichen Bauvorschriften nach Art. 81 BayBO. Bei Abweichungen von bauplanungsrechtlichen Bestimmungen (Ausnahmen oder Befreiungen) ergeben sich die materiellen Voraussetzungen aus § 31 BauGB.

(4) Genehmigungsfreistellung (Art. 58 BayBO)

Von der Verfahrensfreiheit des Art. 57 BayBO zu unterscheiden ist die **Geneh-** **450** **migungsfreistellung,** die Art. 58 BayBO regelt.

Klausurpraxis: Zum Genehmigungsfreistellung → Klausur Nr. 14 „Das Haus am Waldrand."

Sie greift ein für die Errichtung, Änderung oder Nutzungsänderung von baulichen Anlagen die **keine Sonderbauten** nach Art. 2 Abs. 4 BayBO sind. Die Gemeinden können aber durch örtliche Bauvorschriften nach Art. 81 Abs. 2 BayBO die Anwendbarkeit auf bestimmte handwerkliche und gewerbliche Bauvorhaben ausschließen (Art. 58 Abs. 1 S. 2 BayBO).

Die Genehmigungsfreistellung tritt nur dann ein, wenn das Vorhaben im Geltungsbereich eines **qualifizierten Bebauungsplans** (§ 30 Abs. 1 BauGB) oder eines vorhabenbezogenen Bebauungsplans (§§ 12, 30 Abs. 2 BauGB) liegt. Der Bebauungsplan muss wirksam sein, darf also nicht unter beachtlichen Fehlern leiden.[251] Daraus ergibt sich für den Bauherrn eine gewisse Unsicherheit, die jedoch durch eine rückwirkende Inkraftsetzung des ursprünglich fehlerhaften Bebauungsplans auf Grund eines ergänzenden Verfahrens nach § 214 Abs. 4 BauGB von der Gemeinde ausgeräumt werden kann (→ Rn. 336 ff.).

---

[249] Vgl. *Weinmann*, in: BeckOK BayBO, Art. 57 Rn. 262 ff. m. w. N.
[250] Vgl. BayVGH, Beschl. v. 29.5.2015 – 9 ZB 14.2580 –, juris.
[251] BayVGH, Beschl. v. 8.10.2004 – 1 NE 04.1437 –, juris.

Hinweis: Für die Klausurbearbeitung folgt daraus, dass die Wirksamkeit des Bebauungsplans (→ Rn. 230 ff. und Rn. 307 ff.) bereits im Rahmen des Art. 58 BayBO inzident zu prüfen ist.

453   Weitere Voraussetzung für die Genehmigungsfreistellung ist, dass das Vorhaben den **Festsetzungen** des Bebauungsplans und den örtlichen Bauvorschriften (Art. 81 Abs. 1 BayBO) **nicht widerspricht.** Falls also – auch wegen geringfügiger Widersprüche – eine Ausnahme oder Befreiung nach § 31 BauGB oder eine Abweichung nach Art. 63 BayBO erforderlich ist, greift die Genehmigungsfreistellung nicht ein. Zudem muss die **Erschließung** i. S. d. BauGB gesichert sein (Art. 58 Abs. 1 S. 1 Nr. 3 BayBO). Bei größeren Anlagen dürfen die Abstände nach der sog. Seveso-III-Richtlinie nicht überschritten werden (Art. 58 Abs. 1 S. 1 Nr. 4 BayBO). Die sonstigen Anforderungen des öffentlichen Baurechts müssen auch bei genehmigungsfreigestellten Vorhaben eingehalten werden (Art. 55 Abs. 2 BayBO). Dies hat jedoch keinen Einfluss auf die Genehmigungsfreistellung.

454   Ein weiteres Erfordernis für die Genehmigungsfreistellung besteht schließlich darin, dass die Gemeinde nicht innerhalb eines Monats nach Vorlage der erforderlichen Unterlagen bei der Gemeinde erklärt, dass das vereinfachte Genehmigungsverfahren durchgeführt werden soll oder sie eine vorläufige Untersagung nach § 15 Abs. 1 S. 2 BauGB beantragt (Art. 58 Abs. 1 S. 1 Nr. 5 BayBO). Eine solche **Erklärung** ist kein Verwaltungsakt**,** sondern eine öffentlich-rechtliche Willenserklärung. Die Gemeinde kann die Erklärung vor allem deshalb abgeben, weil sie eine Prüfung des Bauvorhabens erreichen will (Art. 58 Abs. 4 S. 1 BayBO). Aber auch andere Gründe kommen in Betracht, etwa der Wunsch, eine Veränderungssperre nach § 14 BauGB zu erlassen. Die Erklärung der Gemeinde muss eindeutig erfolgen. Es genügt nicht, dass sie irgendwie zum Ausdruck bringt, dass sie mit dem Vorhaben nicht einverstanden ist. Ihrer Äußerung muss zu entnehmen sein, dass das Vorhaben nicht im Genehmigungsfreistellungsverfahren behandelt werden darf.[252]

455   Die Erklärungsmöglichkeit nach Art. 58 Abs. 1 S. 1 Nr. 5 BayBO besteht allein im öffentlichen Interesse. Art. 58 Abs. 4 S. 2 BayBO stellt dies noch einmal ausdrücklich klar. Amtshaftungsansprüche nach § 839 BGB i. V. m. Art. 34 S. 1 GG/ Art. 97 S. 1 BV gegen die Gemeinde lassen sich aus einer Erklärung nicht ableiten. Dies ergibt sich schon daraus, dass die Entscheidung darüber, ob ein Baugenehmigungsverfahren durchgeführt werden soll, in einem weitgehend **rechtlich ungebundenen Ermessen** der Gemeinde steht. Zuständig für die Abgabe der Erklärung ist der erste Bürgermeister (Art. 38 Abs. 1 GO). Ob gemeindeintern ein Beschluss des Gemeinderates erforderlich ist oder ob Art. 37 Abs. 1 S. 1 Nr. 1 GO einschlägig ist, lässt sich pauschal nicht beantworten. Dies hängt von der Größe der Gemeinde und der städtebaulichen Situation ab (→ 2. Teil, Rn. 146 ff.).

456   Der **Bauherr hat keine Wahlmöglichkeit** zwischen der Genehmigungsfreistellung nach Art. 58 BayBO und Durchführung eines Baugenehmigungsverfahrens. Praktisch kann er die Durchführung eines Baugenehmigungsverfahrens dadurch erreichen, dass er absichtlich geringfügige Abweichungen vom Bebauungsplan oder von örtlichen Bauvorschriften in den Bauplänen vornimmt. Dann ist das gesamte Vorhaben genehmigungspflichtig. Die Zulassung einer Abweichung nach Art. 63 Abs. 1 BayBO kommt zwar auch für Vorhaben nach Art. 58 BayBO in Betracht, jedoch nur hinsichtlich solcher Anforderungen, die nach Art. 58 Abs. 1

---

[252] BayVGH, BayVBl. 2000, 311 (312).

S. 1 Nr. 1–3 BayBO keinen Einfluss auf die Genehmigungsfreistellung haben (z.B. Anforderungen nach der BayBO).

Ist die **Monatsfrist** des Art. 58 Abs. 3 S. 5 BayBO verstrichen, bleibt ein geneh- **457** migungsfreigestelltes Vorhaben auch dann baurechtlich zulässig, wenn die Gemein- de eine Veränderungssperre nach § 14 BauGB erlässt (§ 14 Abs. 3 2.Var. BauGB, → Rn. 420).

(5) Fliegende Bauten (Art. 72 BayBO)

Nicht genehmigungspflichtig ist die Errichtung eines sog. **fliegenden Baus** **458** nach Art. 72 BayBO. Hier wird eine Genehmigung erteilt, bevor der fliegende Bau zum ersten Mal aufgestellt und in Gebrauch genommen wird (Ausführungsge- nehmigung, → Art. 72 Abs. 2 S. 1 BayBO). Die beabsichtigte Aufstellung des flie- genden Baus ist dann lediglich anzuzeigen (Art. 72 Abs. 5 S. 1 BayBO).

(6) Bauvorhaben öffentlicher Stellen

Bauvorhaben öffentlicher Stellen unterliegen unter bestimmten Voraussetzungen **459** nicht dem Baugenehmigungsverfahren, sondern dem bauaufsichtlichen **Zustim- mungsverfahren** nach Art. 73 BayBO. Auch insoweit gibt es Freistellungen von diesen oder anderen Aufsichtsverfahren (Art. 73 Abs. 1 S. 3 und S. 4 BayBO).

(7) Typengenehmigung (Art. 73a BayBO)

Für gleichartige Bauten können zur Erleichterung des Baugenehmigungsverfah- **460** rens Typengenehmigungen nach Art. 73a BayBO erteilt werden.

(8) Streit über die Genehmigungspflicht

Bestehen zwischen Bauherr und Baugenehmigungsbehörde Meinungsver- **461** schiedenheiten hinsichtlich der Genehmigungspflicht eines baulichen Vorhabens, kann der Bauherr gegebenenfalls Feststellungsklage (§ 43 VwGO) erheben. Einen Anspruch darauf, dass ihm die Bauaufsichtsbehörde bestätigt, ein bestimmtes Vorhaben unterliege nicht der Genehmigungspflicht, hat der Bauherr hingegen nicht.[253]

b) Bauantrag

Eine Baugenehmigung darf nur auf Antrag ergehen. (Art. 64 BayBO i.V.m. Art. 22 S. 2 Nr. 2 BayVwVfG). Der Bauantrag ist schriftlich **bei der Gemeinde** einzureichen (Art. 64 Abs. 1 S. 1 BayBO). Die Bauanträge bzw. Bauvorlagen müs- sen vom Bauherrn und vom Entwurfsverfasser (→ Art. 51 BayBO) unterschrieben werden (Art. 64 Abs. 4 S. 1 BayBO). Mit ihm sind die Bauvorlagen nach Art. 64 Abs. 2 BayBO i.V.m. der BauVorlV einzureichen. Die Gemeinde kann die Ergän- zung oder Berichtigung unvollständiger oder unrichtiger Bauanträge verlangen (Art. 64 Abs. 1 S. 3 BayBO).

Falls die Gemeinde im Verfahren nach Art. 58 BayBO verlangt, dass ein Geneh- **462** migungsverfahren durchgeführt werden soll (→ Rn. 454), gelten die eingereichten Unterlagen nicht automatisch als Bauantrag, es sei denn, der Bauherr hat dies bei der Vorlage ausdrücklich bestimmt (Art. 58 Abs. 4 S. 3 BayBO).

---

[253] BayVGH, BayVBl. 1987, 499 f.

c) Zuständigkeit

463 Zuständig für die Entscheidung über den Bauantrag ist die **untere Bauaufsichtsbehörde** (Art. 53 Abs. 1 BayBO), d.h. grundsätzlich das Landratsamt (→ Rn. 25f.). Sofern die Gemeinde nicht selbst zuständig ist (→ Rn. 26), legt sie den Bauantrag mit ihrer Stellungnahme unverzüglich der Bauaufsichtsbehörde vor (Art. 64 Abs. 1 S. 2 BayBO). Hat die Gemeinde nach Art. 64 Abs. 1 S. 3 BayBO Ergänzung oder Berichtigung verlangt, ist der Bauherr dem Verlangen aber nicht nachgekommen, muss die Gemeinde dennoch den Bauantrag unter Hinweis auf die Unvollständigkeit bzw. Unrichtigkeit an die untere Bauaufsichtsbehörde weiterleiten. Eine Ablehnungsbefugnis steht ihr nicht zu.[254]

d) Behördenbeteiligung und Mitwirkung des Bauherrn

464 Zum Bauantrag müssen unter Umständen **andere Stellen** gehört werden, es sei denn, sie haben dem Bauantrag bereits zugestimmt (Art. 65 Abs. 1 S. 1 BayBO). Im Interesse einer möglichst zügigen Entscheidung sieht das Gesetz in Art. 65 Abs. 1 S. 2 BayBO eine Zustimmungs- bzw. Einvernehmensfiktion und in Art. 65 Abs. 1 S. 3 BayBO eine Präklusion vor. Nicht erfasst von Art. 65 Abs. 1 S. 2 BayBO ist das Einvernehmen der Gemeinde nach § 36 BauGB (Sonderregelung in Art. 67 BayBO → Rn. 192ff.).

> **Hinweis:** Wichtige Stellen, deren Beteiligung oder Anhörung i.S.d. Art. 65 Abs. 1 S. 1 Nr. 1 BayBO vorgeschrieben sein kann, sind die Naturschutzbehörden und die Straßenbaubehörden. So darf z.B. die Errichtung baulicher Anlagen in bestimmten Entfernungen zu Staats- und Kreisstraßen nur im Einvernehmen mit der Straßenbaubehörde genehmigt werden (→ Art. 23 Abs. 2 S. 2, Art. 24 Abs. 1 BayStrWG).

465 An einer zügigen Behandlung des Bauantrages muss aber auch der **Bauherr mitwirken**. Kommt er einer Aufforderung der Bauaufsichtsbehörde zur Vervollständigung oder Mängelbeseitigung nicht nach, gilt der Bauantrag nach Fristablauf als zurückgenommen, wenn er auf diese Rechtsfolge hingewiesen worden ist (Art. 65 Abs. 2 S. 2 BayBO).[255]

e) Nachbarbeteiligung (Art. 66 BayBO)

466 Auch die Nachbarn sind in das Baugenehmigungsverfahren einzubeziehen. Ihnen sind Lageplan und Bauzeichnungen zur **Zustimmung** vorzulegen (Art. 66 Abs. 1 S. 1 BayBO). Bei Art. 66 BayBO handelt es sich um eine Sonderregelung zu Art. 28 BayVwVfG (Art. 66 Abs. 2 S. 2 BayBO). Die Nachbarunterschrift führt zu einem Verzicht auf öffentlich-rechtliche Abwehrrechte (→ Rn. 604). **Nachbar** in diesem Sinne ist jeder, der rechtlich oder tatsächlich durch das Vorhaben betroffen ist, wobei hierunter in sachlicher Hinsicht die angrenzenden Grundstücke und Grundstücke im Einwirkungsbereich des Vorhabens fallen, in persönlicher Hinsicht dinglich Berechtigte, nicht dagegen nur obligatorisch Berechtigte wie Mieter und Pächter (Grundstücksbezogenheit; vgl. Art. 66 Abs. 3 S. 3 BayBO).

467 Die individuelle Nachbarbeteiligung kann nach Art. 66a Abs. 1 BayBO auf Antrag des Bauherrn durch eine **öffentliche Bekanntmachung** ersetzt werden. Er-

---

[254] *Weinmann*, in: BeckOK BayBO, Art. 64 Rn. 51.
[255] Zu den damit verbundenen Rechtsschutzproblemen → *Weinmann*, in: BeckOK BayBO, Art. 64 Rn. 103ff.

reicht werden kann, dass die Einwendungen, die nicht erhoben worden sind, mit
Ablauf eines Monats nach der Bekanntmachung ausgeschlossen sind. Bei bestimmten Vorhaben muss eine Öffentlichkeitsbeteiligung nach Abs. 1 durchgeführt werden (Art. 66a Abs. 2 BayBO).

Die **Präklusion nach Art. 66a Abs. 1 S. 2 BayBO** führt zum Verlust der zu-   **468**
grundeliegenden öffentlich-rechtlichen Abwehrrechte gegen das Vorhaben. Eine
trotz (vollständiger) Präklusion erhobene Nachbarklage ist wegen fehlender Klagebefugnis nach § 42 Abs. 2 VwGO unzulässig. Bei teilweiser Präklusion (einzelne
Einwendungen werden erhoben, andere nicht) fehlt es hinsichtlich der nicht erhobenen Einwendungen im Falle der Rechtswidrigkeit der Baugenehmigung an der
Rechtsverletzung (§ 113 Abs. 1 S. 1 VwGO).

Der Anwendungsbereich des Art. 66a BayBO ist beschränkt. Die meisten Anla-   **469**
gen, die geeignet sind, die Allgemeinheit oder Nachbarschaft zu gefährden, zu
benachteiligen oder zu belästigen, unterliegen dem Genehmigungsverfahren nach
dem BImSchG, so dass gar kein baurechtliches Genehmigungsverfahren stattfindet
(Art. 56 S. 2 BayBO, § 13 BImSchG).

f) Sonstige Anforderungen

Die Baugenehmigung muss schriftlich ergehen (Art. 68 Abs. 3 S. 1 BayBO). Sie   **470**
bedarf nur ausnahmsweise der Begründung (Art. 68 Abs. 3 S. 2 BayBO). Sie ist dem
Antragsteller zuzustellen (Art. 68 Abs. 3 S. 3 BayBO). Sie ist weiterhin der Gemeinde zuzustellen, wenn diese dem Vorhaben nicht zugestimmt hat (Art. 68 Abs. 3
S. 4 2. Hs. BayBO), und sie ist dem Nachbarn zuzustellen, wenn er nicht zugestimmt hat oder seinen Einwendungen nicht entsprochen wird (Art. 66 Abs. 1 S. 4
BayBO).

2. Materielle Voraussetzungen für die Erteilung der Baugenehmigung

a) Widerspruch gegen im Baugenehmigungsverfahren zu prüfende öffentlich-rechtliche Vorschriften (Art. 68 Abs. 1 S. 1 1. HS BayBO)

Die Entscheidung über die Baugenehmigung ist grundsätzlich eine **gebundene**   **471**
Verwaltungsentscheidung. Die Baugenehmigung ist zu erteilen, wenn das Vorhaben öffentlich-rechtlichen Vorschriften, die im bauaufsichtlichen Genehmigungsverfahren zu prüfen sind, nicht widerspricht (Art. 68 Abs. 1 S. 1 1. HS BayBO).
Art. 68 Abs. 1 S. 1 1. HS BayBO vermittelt dem Antragsteller ein subjektiv-
öffentliches Recht auf Erteilung der Baugenehmigung und ist damit Inhaltsbestimmung des Eigentums gem. Art. 14 Abs. 1 S. 2 GG. Soweit ein Widerspruch zu
öffentlich-rechtlichen Vorschriften besteht, ist gegebenenfalls zu prüfen, ob gleichwohl im Ermessenswege Genehmigungsfähigkeit hergestellt werden kann (z. B. Erteilung einer Ausnahme nach § 31 Abs. 1 BauGB, einer Befreiung nach § 31 Abs. 2
und 3 BauGB oder einer Abweichung nach Art. 63 BayBO). Insoweit besteht ein
Anspruch auf fehlerfreie Ermessensausübung.

Nicht geprüft wird das, was nicht in öffentlich-rechtlichen Vorschriften geregelt   **472**
ist. Die Rentabilität des Vorhabens ist beispielsweise eine Frage, die der Vorhabenträger selbst entscheiden muss. Ebenfalls nicht zu prüfen sind privatrechtliche
Vorschriften. Dies ergibt sich bereits aus Art. 68 Abs. 5 BayBO, wonach die Ertei-

lung der Baugenehmigung unbeschadet der privaten Rechte Dritter erfolgt. Ein Bauantrag kann allerdings wegen **fehlenden Sachbescheidungsinteresses** als unzulässig zurückgewiesen werden, wenn von vornherein feststeht, dass die Ausnutzung der Baugenehmigung aus privatrechtlichen Gründen nicht möglich ist.

473   Eine weitere **Einschränkung des Prüfungsumfangs** besteht darin, dass nur das zu prüfen ist, was im bauaufsichtlichen Genehmigungsverfahren zu prüfen ist (Art. 68 Abs. 1 S. 1 1. HS BayBO). Damit ist gemeint, dass im Baugenehmigungsverfahren solche Vorschriften nicht zu prüfen sind, die in einem eigenen Verwaltungsverfahren entschieden werden. Die Baugenehmigung kann deshalb auch dann ergehen, wenn andere Genehmigungen noch fehlen, die der Vorhabenträger benötigt, um das Vorhaben auszuführen. Die Baugenehmigung ist also nicht unbedingt der „Schlusspunkt" des Genehmigungsverfahrens für ein Vorhaben. Die Erteilung der Baugenehmigung bedeutet nicht, dass keine anderen Genehmigungen mehr erforderlich sind.

474   Welche Vorschriften im konkreten bauaufsichtlichen Genehmigungsverfahren zu prüfen sind, richtet sich nach den Art. 59 f. BayBO. Wenn kein Sonderbau (Art. 2 Abs. 4 BayBO) vorliegt, findet das vereinfachte Genehmigungsverfahren nach Art. 59 BayBO mit einem eingeschränkten **Prüfungsmaßstab** statt (→ Rn. 485). Bei Sonderbauten ist der Prüfungsmaßstab dagegen nach Art. 60 BayBO umfassender (→ Rn. 490).

b) Fakultative Ablehnungsbefugnis (Art. 68 Abs. 1 S. 1 2. HS BayBO)

475   Soweit das Vorhaben gegen öffentlich-rechtliche Vorschriften verstößt, die im konkreten Genehmigungsverfahren nicht zu prüfen sind, darf die Baugenehmigung nach **Art. 68 Abs. 1 S. 1 2. HS BayBO** trotzdem abgelehnt werden.[256] Diese Ablehnungsbefugnis hat besonders bei „Zufallsfunden" der Baugenehmigungsbehörde Bedeutung. Sie soll verhindern, dass zunächst eine Genehmigung erteilt wird, um gleich im Anschluss die Ausnutzung der Genehmigung durch repressives Vorgehen nach Art. 75, 76 BayBO zu verhindern. Im repressiven Bauordnungsrecht sind nämlich sämtliche Verstöße gegen öffentlich-rechtliche Vorschriften relevant (→ Rn. 533).

476   Die überwiegende Auffassung sieht in Art. 68 Abs. 1 S. 1 2. HS BayBO eine Ermächtigung der Bauaufsichtsbehörde, die Baugenehmigung nach ihrem Ermessen zu versagen (**fakultative Ablehnungsbefugnis**).[257] Nach a. A. soll die Vorschrift nur den allgemeinen Grundsatz des Sachbescheidungsinteresses normieren.[258] Hiergegen spricht vor allem, dass das Sachbescheidungsinteresse als allgemeiner verfahrensrechtlicher Grundsatz nur dazu dient, die Behörde vor unnützer Inanspruchnahme zu bewahren, wenn der Antragsteller mit der Genehmigung nichts anfangen kann, sie für ihn also nutzlos ist. Art. 68 Abs. 1 Satz 1 2. HS BayBO ist jedoch viel weiter gefasst.

477   Auf welche öffentlich-rechtlichen Vorschriften eine Ablehnung nach Art. 68 Abs. 1 S. 1 2. HS BayBO gestützt werden kann, ist nicht eindeutig. Der Wortlaut bezieht sich auf **sonstige öffentlich-rechtliche Vorschriften**, ist also denk-

---

[256] Zur Kritik an der Vorschrift *Manssen/Greim,* BayVBl. 2010, 421 (425).
[257] *Manssen/Greim,* BayVBl. 2010, 421 ff.; BayVGH, BayVBl. 2011, 147 (148); *König,* Baurecht Bayern, Rn. 838; offen aber BayVGH, BayVBl. 2011, 413.
[258] *Jäde,* BayVBl. 2010, 741 ff.; *Shirvani,* BayVBl. 2010, 709 ff.

bar weit gefasst. Die Systematik der BayBO spricht aber dagegen, das gesamte öffentliche Recht als Prüfungsmaßstab heranzuziehen. Vielmehr sind die Bauaufsichtsbehörden nach Art. 54 Abs. 2 S. 1 BayBO nur zur Durchsetzung der öffentlich-rechtlichen Anforderungen an bauliche Anlagen berufen, soweit nicht andere Behörden zuständig sind. Sinn und Zweck der Ablehnungsbefugnis sprechen dafür, jeden Verstoß gegen öffentlich-rechtliche Vorschriften, der der Behörde ein repressives Einschreiten (Art. 75, 76, 54 Abs. 2 S. 2 BayBO) ermöglichen würde, als Grund für die Ablehnung heranzuziehen. Dadurch wird die (fakultative) Präventivkontrolle des Art. 68 Abs. 1 S. 1 2. HS BayBO mit den repressiven Befugnissen parallelisiert. Anders gewendet darf der Bauantrag nicht abgelehnt werden, wenn die Anlage Vorschriften widerspricht, für deren Durchsetzung andere Behörden zuständig sind (z. B. nach Art. 4 DSchG, §§ 23, 24 BImSchG).

Der Behörde ist **Ermessen** eingeräumt, ob sie wegen des festgestellten Verstoßes **478** den Bauantrag ablehnt. Dieses Ermessen kann – anders als der Tatbestand – nicht mit dem Ermessen der repressiven Befugnisse parallelisiert werden. Denn mit der Vorhabensverwirklichung wurde in der Situation des Art. 68 Abs. 1 S. 1 2. HS BayBO noch nicht begonnen, so dass kein schutzwürdiges Vertrauen des Bauherrn gegeben ist. Da das geplante Vorhaben gegen öffentlich-rechtliche Vorhaben verstößt, wird die Bauaufsichtsbehörde regelmäßig ermessensfehlerfrei handeln, wenn sie den Bauantrag ablehnt. Der Bauherr kann sich nicht auf Art. 14 Abs. 1 GG stützen, denn die sonstigen öffentlich-rechtlichen Vorschriften sind Inhalts- und Schrankenbestimmungen seines Eigentums. Ermessensfehlerhaft wäre eine Ablehnung indes, wenn sich der Verstoß durch eine Umplanung beseitigen lässt.[259] Hierauf muss die Behörde den Bauherrn hinweisen. Ebenso fehlerhaft wird sich regelmäßig eine Ablehnung wegen leicht reversibler Rechtsverstöße – wie einen im Widerspruch zu Art. 8 BayBO stehenden Außenanstrich – darstellen.

Beispiele: Im Rahmen des vereinfachten Genehmigungsverfahrens nach Art. 59 BayBO wird **479** ein Vorhaben zur Genehmigung gestellt, dass nur unter Nichtbeachtung von Vorschriften über die Standsicherheit realisiert werden kann. Obwohl Art. 10 BayBO nicht zum Prüfprogramm im vereinfachten Genehmigungsverfahren gehört, darf die Behörde die Erteilung der Baugenehmigung ermessensfehlerfrei nach Art. 68 Abs. 1 S. 1 2. HS BayBO ablehnen.

Aus den Bauunterlagen im Rahmen des vereinfachten Genehmigungsverfahrens ergibt sich, dass der für das Gebäude vorgesehene Außenanstrich das Ortsbild verunstaltet (Art. 8 BayBO). Art. 8 BayBO gehört nicht zum Prüfprogramm. Die Behörde hat den Bauherrn lediglich darauf hinzuweisen, die Ablehnung der Baugenehmigung aus diesem Grunde wäre ermessensfehlerhaft, da sich der Außenanstrich leicht wieder beseitigen lässt.

c) Fiktion der Baugenehmigung (Art. 68 Abs. 2 BayBO)

Zur schnelleren Realisierung von Vorhaben, die ausschließlich oder überwiegend **480** Wohnzwecken dienen, sieht Art. 68 Abs. 2 BayBO eine **Fiktionsregelung** vor. Soweit ein vereinfachtes Genehmigungsverfahren nach Art. 59 BayBO durchzuführen ist, gilt die Genehmigung als erteilt, wenn nicht innerhalb von drei Monaten (siehe Art. 42a Abs. 2 BayVwVfG) eine Entscheidung über den Antrag getroffen worden ist.

Für eine solchermaßen fingierte Baugenehmigung gelten dieselben Regelungen wie für ausdrücklich erteilte Genehmigungen. Sie hat die gleichen Rechtswirkun-

---

[259] So nun auch *König*, Baurecht Bayern, Rn. 838.

gen, ebenso können fingierte Genehmigungen zurückgenommen oder widerrufen werden (Art. 48, 49 BayVwVfG). Weiterhin können Nachbarn die fingierte Genehmigung im Rahmen einer Nachbarklage anfechten.

d) Unwirksames gemeindliches Satzungsrecht

481   Besondere Probleme stellen sich, wenn die Bauaufsichtsbehörde im Rahmen der Entscheidung über den Bauantrag eine gemeindliche Satzung (v. a. Bebauungsplan) für unwirksam hält. Sie ist zwar als Teil der Verwaltung gem. Art. 20 Abs. 3 GG an Gesetz und Recht gebunden. Ihr kommt daher eine sog. **Normprüfungspflicht** zu.[260] Sie muss daher nicht nur prüfen, ob das Bauvorhaben den Festsetzungen des Bebauungsplans entspricht, sondern darüber hinaus auch, ob der Bebauungsplan selbst rechtmäßig, d. h. mit höherrangigem Recht vereinbar ist.

482   Dagegen steht der Bauaufsichtsbehörde nach überwiegender Auffassung keine eigenständige **Normverwerfungskompetenz** zu.[261] Das BauGB und die GO lassen Eingriffe in die gemeindliche Planungshoheit nur in eng begrenzten Fällen zu. Auch Gründe der Rechtssicherheit und Rechtsklarheit sowie § 47 VwGO sprechen gegen eine behördliche Verwerfungskompetenz. Die Bauaufsichtsbehörden sind daher nicht befugt, einen für rechtsunwirksam erkannten Bebauungsplan (oder eine andere Satzung) unangewendet zu lassen und ihrer Entscheidung statt des Plans beispielsweise die §§ 34, 35 BauGB zugrunde zu legen.[262]

483   Der Bauaufsichtsbehörde bleiben deshalb folgende **Reaktionsmöglichkeiten**:
– Aussetzung des Baugenehmigungsverfahrens analog § 94 VwGO, wenn die Wirksamkeit der Satzung entscheidungserheblich ist;
– Einleitung aufsichtlicher Maßnahmen, entweder selbst, soweit die Bauaufsichtsbehörde auch Rechtsaufsichtsbehörde ist (Regelfall, → Art. 110 GO) oder durch eine entsprechende Bitte oder Weisung an die zuständige Rechtsaufsichtsbehörde;
– Stellung eines Normenkontrollantrages nach § 47 VwGO, sofern die Jahresfrist noch nicht abgelaufen ist.

484   Durch eine sofortige Ablehnung des Bauantrags begründet die Bauaufsichtsbehörde einen **Amtshaftungsanspruch** des Bauherrn. Der BGH geht davon aus, dass die Bauaufsichtsbehörde den Bauherrn auf die Bedenken gegen die Wirksamkeit hinzuweisen hat.[263] Wie sie sich weiter zu verhalten hat, wurde bislang ausdrücklich offen gelassen.[264] Ob die – verfehlte – Rechtsprechung zur „Planbeseitigungspflicht" bei Einvernehmensersetzung (→ Rn. 203 ff.) verallgemeinert wird, bleibt abzuwarten.

e) Vereinfachtes Genehmigungsverfahren nach Art. 59 BayBO

485   Die BayBO unterscheidet zwischen dem „vereinfachten Baugenehmigungsverfahren" nach Art. 59 BayBO und dem „normalen" Verfahren nach Art. 60 BayBO. Das vereinfachte Verfahren ist der **Regelfall**, dass „normale" Verfahren findet nur

---

[260] Vgl. *Reidt*, in: B/K/L, BauGB, § 10 Rn. 11.
[261] BVerwG, ZfBR 1987, 96 ff.; OVG Saarlouis, NVwZ 1993, 396 ff.; VGH München, BayVBl. 1982, 654 f.; BGH, NVwZ 2013, 167 (168).
[262] So allerdings VGH Kassel, NVwZ-RR 1994, 691 f.; NVwZ 1990, 885 f.
[263] BGH, DVBl 1978, 146 (147); BGH, NVwZ 1987, 167 (168).
[264] BGH, NVwZ 1987, 167 (168).

bei Sonderbauten statt (vgl. Art. 59 S. 1, 2 Abs. 4 BayBO). Der Prüfungsumfang im vereinfachten Baugenehmigungsverfahren ist stark reduziert. Geprüft wird die Vereinbarkeit des Vorhabens mit **Bauplanungsrecht** (§§ 29–38 BauGB), den Vorschriften über **Abstandsflächen** nach Art. 6 BayBO und **örtlichen Bauvorschriften** nach Art. 81 Abs. 1 BayBO (Art. 59 S. 1 Nr. 1 a)–c) BayBO).

Die Einhaltung des Bauordnungsrechts im Übrigen und des sonstigen Rechts **486** wird hingegen nicht geprüft, es sei denn, es wird eine Abweichung nach Art. 63 Abs. 1 oder Abs. 2 S. 2 BayBO beantragt (Art. 59 S. 1 Nr. 2 BayBO). Diese Regelung ist irreführend platziert. Die Entscheidung über die **Abweichung** wird mit der Entscheidung über die Baugenehmigung lediglich bescheidstechnisch verbunden.[265] Wird die Abweichung abgelehnt, ergeht die Baugenehmigung bei Vereinbarkeit des Vorhabens mit Bauplanungsrecht und örtlichen Bauvorschriften trotzdem (arg.: beschränkter Prüfungsumfang nach Art. 59 S. 1 Nr. 1 BayBO). Bauen wie ursprünglich geplant darf der Bauherr dennoch nicht. Nach Art. 55 Abs. 2 BayBO muss er die öffentlich-rechtlichen Vorschriften beachten. Er muss also umplanen. Nur wenn dies offensichtlich nicht möglich ist, kann die Behörde den Antrag auf Abweichung zum Anlass nehmen, die gesamte Baugenehmigung nach Art. 68 Abs. 1 S. 1 2. HS BayBO abzulehnen.

Prüfen muss die Baugenehmigungsbehörde im vereinfachten Genehmigungsver- **487** fahren sog. **aufgedrängtes sonstiges öffentliches Recht**. Es liegt dann vor, wenn ein Fachgesetz anordnet, dass die „eigene" Zulassungsentscheidung wegen der Erforderlichkeit einer Baugenehmigung entfällt bzw. ersetzt oder eingeschlossen wird (Art. 59 S. 1 Nr. 3 BayBO). Die Anforderungen des verdrängten fachrechtlichen Verfahrens sind dann im Baugenehmigungsverfahren mit zu prüfen.

Die wichtigsten Fälle sind:
– Art. 6 Abs. 3 S. 1 DSchG[266]
– Art. 56 S. 3 BayNatSchG[267]
– Art. 9 Abs. 8 BayWaldG[268]
– Art. 20 Abs. 5 S. 1 BayWG[269]
– Art. 23 Abs. 2 S. 4 BayJG[270].

Die Behörde kann außerhalb des „Prüfprogramms" des Art. 59 BayBO gegebe- **488** nenfalls die Baugenehmigung mit weiteren selbstständigen Anordnungen verbinden, wenn das Vorhaben Belange beeinträchtigt, die nach Art. 59 BayBO nicht zu berücksichtigen sind.[271] Voraussetzung hierfür ist selbstverständlich, dass eine entsprechende Rechtsgrundlage vorliegt, möglicherweise auch aufgrund eines anderen Gesetzes (BayWG, BImSchG).

Hinweis: Bei **straßenrechtlichen Anforderungen** an bauliche Anlagen ist zu unterschei- **489** den. § 9 Abs. 3a FStrG ist aufgedrängtes öffentliches Recht i. S. v. Art. 59 S. 1 Nr. 3 BayBO, da er die materielle Prüfungskompetenz der Bauaufsichtsbehörde zuweist, ohne ein Beteiligungserfordernis zu statuieren.[272] Kein aufgedrängtes Recht stellt dagegen § 9 FStrG im Übrigen dar, da

---

[265] Siehe LT-Drucks. 15/7161, S. 65.
[266] *Ziegler/Tremel* Nr. 138.
[267] *Ziegler/Tremel* Nr. 530.
[268] *Ziegler/Tremel* Nr. 925.
[269] *Ziegler/Tremel* Nr. 930.
[270] *Ziegler/Tremel* Nr. 350.
[271] BayVGH, BayVBl. 2003, 342 f.
[272] HessVGH, NVwZ-RR 2007, 739 f.; BayVGH, Beschl. v. 29.9.2009 – 14 ZB 08.3159 –, juris.

§ 9 Abs. 2 FStrG ein Zustimmungserfordernis und § 9 Abs. 8 FStrG eine eigenständige Ausnahmemöglichkeit vorsieht.[273] Kein aufgedrängtes öffentliches Recht ist auch das Einvernehmenserfordernis nach Art. 24 BayStrWG.[274] Hingegen ist die Entscheidung über eine Ausnahme vom Anbauverbot des Art. 23 Abs. 1 BayStrWG der Baugenehmigungsbehörde gem. Art. 23 Abs. 2 S. 2 BayStrWG i. V. m. Art. 59 S. 1 Nr. 3 BayBO „aufgedrängt".

f) Baugenehmigungsverfahren nach Art. 60 BayBO

490   Das klassische Baugenehmigungsverfahren findet nur noch bei **Sonderbauten** nach Art. 2 Abs. 4 BayBO statt. Geprüft wird wie im vereinfachten Verfahren das Bauplanungsrecht (Art. 60 S. 1 Nr. 1 BayBO) und das „aufgedrängte" sonstige öffentliche Recht (Art. 60 S. 1 Nr. 3 BayBO), aber auch das materielle Bauordnungsrecht (Art. 60 S. 1 Nr. 2 BayBO).

3. Rechtswirkungen der Baugenehmigung

a) Feststellungswirkung

491   Die Baugenehmigung ist zunächst ein **feststellender** Verwaltungsakt. Mit ihr wird – für Behörden und Gerichte bindend – festgestellt, dass das Vorhaben nicht den öffentlich-rechtlichen Vorschriften widerspricht, die im konkreten bauaufsichtlichen Verfahren zu prüfen sind (Art. 68 Abs. 1 S. 1 1. HS i. V. m. Art. 59, 60 BayBO; sog. Unbedenklichkeitserklärung).

492   Geht die Bauaufsichtsbehörde bei der Genehmigung zu Unrecht von einer Vereinbarkeit des Vorhabens mit den genannten Vorschriften aus, **legalisiert** die Baugenehmigung den Verstoß. Solange sie wirksam ist, kann die Vereinbarkeit des Vorhabens mit den Vorschriften des Pflichtprüfprogramms nicht mehr infrage gestellt werden.

493   **Beispiel:** Das Landratsamt erteilt E eine Baugenehmigung für eine Schreinerei im reinen Wohngebiet. Einige Jahre später bemerkt ein Sachbearbeiter am Landratsamt, dass die Schreinerei nicht nach § 3 BauNVO genehmigungsfähig war und möchte eine **Nutzungsuntersagung** (Art. 76 S. 2 BayBO; → Rn. 529 ff.) erlassen.
Art. 76 S. 2 BayBO setzt voraus, dass eine Anlage im Widerspruch zu öffentlich-rechtlichen Vorschriften genutzt wird. Zwar widerspricht die Nutzung der Anlage als Schreinerei § 3 BauNVO. Sie wurde jedoch genehmigt, wobei § 3 BauNVO zum Pflichtprüfprogramm gem. Art. 68 Abs. 1 1. HS i. V. m. Art. 59 S. 1 Nr. 1 lit. a, Art. 60 S. 1 Nr. 1 BayBO gehört. Aufgrund der Feststellungswirkung der Baugenehmigung, mit der der Verstoß legalisiert wird, ist Art. 76 S. 2 BayBO tatbestandlich nicht erfüllt. Denkbar ist allenfalls die Rücknahme der Baugenehmigung, sofern die Voraussetzungen des Art. 48 BayVwVfG erfüllt sind (Entschädigungspflicht nach Art. 48 Abs. 3 BayVwVfG!). Mit der Rücknahme würde die Baugenehmigung unwirksam (§ 43 Abs. 2 BayVwVfG) und ein Einschreiten nach Art. 76 S. 2 BayBO wäre wieder möglich.

494   Nicht von der Feststellungswirkung erfasst ist hingegen die Vereinbarkeit mit Vorschriften **außerhalb des Pflichtprüfprogramms.** Das gilt auch für solche Vorschriften, die die Behörde im Rahmen ihrer fakultativen Befugnis des Art. 68 Abs. 1 S. 1 2. HS BayBO geprüft hat; denn mit dieser Vorschrift wollte der Gesetzgeber die Feststellungswirkung der Baugenehmigung nicht erweitern, sondern nur eine Ablehnungsbefugnis schaffen.[275]

---

[273] Vgl. BayVGH, Urt. v. 17.11.2008 – 14 B 06.3096 –, juris.
[274] VG Regensburg, Urt. v. 10.12.2013 – RN 6 K 13.1194 –, juris.
[275] BayVGH, Beschl. v. 12.12.2013 – 2 ZB 12.1513 –, juris.

Beispiel: E beantragt eine Baugenehmigung im vereinfachten Genehmigungsverfahren. **495** Sein Nachbar N weist das Landratsamt darauf hin, dass das Vorhaben gegen Art. 10 BayBO (Standsicherheit) verstößt. Der Sachbearbeiter im Landratsamt geht dem nach, kommt aber zu dem Ergebnis, dass nicht gegen Art. 10 BayBO verstoßen wird und erteilt die Baugenehmigung.

Sollte sich der Sachbearbeiter geirrt haben, legalisiert die Baugenehmigung dennoch nicht den Verstoß gegen Art. 10 BayBO. Denn diese Vorschrift gehört nicht zum Pflichtprüfprogramm im vereinfachten Genehmigungsverfahren (Art. 59 BayBO). Art. 68 Abs. 1 S. 1 2. HS BayBO erweitert die Feststellungswirkung der Baugenehmigung gerade nicht.

Die **Versagung** der Baugenehmigung stellt dagegen nach bisher h. M. die Un- **496** zulässigkeit des Vorhabens nicht fest. Ihr Inhalt ist nur die Ablehnung des konkreten Bauantrags. Es kann demnach jederzeit ein **neuer Antrag** gestellt werden, ohne dass die Voraussetzungen des Art. 51 BayVwVfG vorliegen müssen.[276] Der *BayVGH* sieht dies nunmehr anders: Eine bestandskräftige Versagung soll die verbindliche Feststellung umfassen, dass dem Bauvorhaben öffentlich-rechtliche Vorschriften entgegenstehen, die im bauaufsichtlichen Verfahren zu prüfen sind. Die bisher h. M. habe ein unzutreffendes Verständnis von Art. 14 Abs. 1 GG zugrunde gelegt und „das Wesen und die Funktion" der Bestandskraft von Verwaltungsakten verkannt.[277] Unstreitig steht allerdings ein rechtskräftiges Urteil, mit dem die Klage auf Erteilung einer Baugenehmigung abgelehnt wurde, einem Anspruch auf die Erteilung der Genehmigung bei unveränderter Sach- und Rechtslage entgegen (§ 121 VwGO). Es kann dann nur unter den Voraussetzungen des Art. 51 BayVwVfG ein neuer Bauantrag gestellt werden.

b) Gestaltungswirkung

Außerdem ist die Baugenehmigung ein **gestaltender** Verwaltungsakt. Das prä- **497** ventive Bauverbot des Art. 55 Abs. 1 BayBO wird durch die Erteilung der Baugenehmigung aufgehoben und der Bau wird – unter den Voraussetzungen des Art. 68 Abs. 6 BayBO – freigegeben (sog. **Gestattungswirkung**).

Weitere gestaltende Wirkungen kommen der Baugenehmigung zu, wenn Aus- **498** nahmen oder Befreiungen nach § 31 BauGB oder Abweichungen nach Art. 63 BayBO zugelassen werden. Auch soweit sie das gemeindliche Einvernehmen nach § 36 Abs. 2 S. 3 BauGB ersetzt (→ Rn. 193 ff.), gestaltet die Baugenehmigung die Rechtslage.

Die Baugenehmigung hat **keine privatrechtsgestaltende Wirkung**, d. h. sie **499** lässt privatrechtliche Rechtsverhältnisse, insbes. zwischen Grundstücksnachbarn, unberührt (Art. 68 Abs. 5 BayBO). Soweit das Privatrecht aber auf einen Verstoß gegen öffentlich-rechtliche Vorschriften abstellt (→ Rn. 626), den die Baugenehmigung legalisiert, sind auch die Zivilgerichte an diese gebunden.[278]

c) Grundstücksbezogenheit

Die Baugenehmigung ist – wie andere bauaufsichtliche Verfügungen – grund- **500** stücksbezogen, d. h. sie entfaltet ihre Wirkungen unabhängig von der Person, an die sie adressiert worden ist (Bauherr → Art. 50 BayBO; sog. **dinglicher Verwal-**

---

[276] BVerwGE 48, 271 ff.
[277] BayVGH, BayVBl 2016, 383 ff.; besprochen von *Muckel*, JA 2016, 399 f.
[278] BayObLG,, NJW-RR 2001, 1456 (1457).

tungsakt). Dies kommt in **Art. 54 Abs. 2 S. 3 BayBO** zum Ausdruck, demzufolge sie auch für den Rechtsnachfolger gilt. [279]

d) Sonderproblem: Baugenehmigung und Gaststättenrecht

501   Nebeneinander anwendbar sind Baugenehmigungsverfahren und gaststättenrechtliches Verfahren (→ § 2 GastG). Hieraus können **Konkurrenzprobleme** bei der Beurteilung baurechtlicher Fragen resultieren. Im Baugenehmigungsverfahren ist das Gaststättenrecht kein Prüfungsmaßstab (kein aufgedrängtes öffentliches Recht nach Art. 59 S. 1 Nr. 3, Art. 60 S. 1 Nr. 3 BayBO). Nach § 4 Abs. 1 S. 1 Nr. 3 GastG ist aber die Gaststättengenehmigung zu versagen, wenn der Gaststättenbetrieb in Hinblick auf seine örtliche Lage öffentlichen Interessen widerspricht. Dies hat die Gaststättenbehörde anhand der §§ 29 ff. BauGB zu beurteilen. Liegt bereits eine Baugenehmigung vor, die die Vereinbarkeit mit den §§ 29 ff. BauGB feststellt, ist die Gaststättenbehörde daran gebunden, da die Bauaufsichtsbehörde fachnäher ist. [280]

502   **Beispiel:** K plant die Errichtung eines bayerischen Fast-Food-Ladens in der L-Straße der kreisfreien Stadt M. Die notwendige Baugenehmigung zur Nutzungsänderung des bisherigen Schuhladens in eine Gaststätte wird erteilt. Die gaststättenrechtliche Erlaubnis wird jedoch von der Gaststättenbehörde der Stadt M verweigert, da aufgrund der örtlichen Lage unzumutbare Belästigungen der Nachbarschaft zu befürchten seien.
Mit der Baugenehmigung wurde die Vereinbarkeit mit den §§ 29 ff. BauGB, einschließlich § 15 Abs. 1 S. 2 BauNVO, bereits festgestellt. Da die Baugenehmigungsbehörde die fachnähere Behörde ist, ist die Gaststättenbehörde an diese Feststellung bei der Anwendung des § 4 Abs. 1 S. 1 Nr. 3 GastG gebunden. Sie durfte die Gaststättenerlaubnis also nicht gestützt auf die örtliche Lage verweigern.

503   Die Gaststättenerlaubnis kann von der Gaststättenbehörde aus anderen Gründen verweigert werden (z. B. wegen fehlender Zuverlässigkeit, § 4 Abs. 1 S. 1 Nr. 1 GastG). Wird die Gaststättenerlaubnis erteilt, kann die Baugenehmigung wegen ungeeigneter Lage der Räume immer noch verweigert werden. Eine positive Entscheidung der Gaststättenbehörde über § 4 Abs. 1 S. 1 Nr. 3 GastG bindet also die fachnähere Baugenehmigungsbehörde nicht.

4. Schadensersatz- und Entschädigungsansprüche

504   Unrichtige Entscheidungen über eine Baugenehmigung können zu Schadensersatz- oder Entschädigungsansprüchen führen. [281] In Betracht kommen zunächst **Amtshaftungsansprüche** (§ 839 BGB i. V. m. Art. 34 S. 1 GG/Art. 97 S. 1 BV). Amtspflichten bestehen gegenüber dem Antragsteller hinsichtlich richtiger Beratung und Auskunft [282] sowie richtiger und rechtzeitiger Verbescheidung [283]. Die Bauaufsichtsbehörde hat auch die Pflicht, eine den einschlägigen baurechtlichen Vorschriften widersprechende Baugenehmigung nicht zu erteilen. [284] Gegen-

---

[279] *Manssen*, in: BeckOK BayBO, Art. 54 Rn. 25 ff.
[280] BVerwGE 80, 259 (261).
[281] Vgl. *Greim/Michl*, Jura 2012, 373 ff.
[282] BGH, NJW 1978, 1522.
[283] BayObLG, BRS 53, Nr. 63.
[284] BGH, BRS 53 Nr. 58.

über Nachbarn besteht die Amtspflicht, drittschützende Vorschriften zu beachten.[285]

Soweit eine Baugenehmigung rechtswidrig versagt wird, kommt auch ein **ent- 505 eignungsgleicher Eingriff** in das Grundeigentum des Antragstellers in Betracht. Zur faktischen Bausperre → Rn. 429.

Prüfungsschema: Rechtmäßigkeit einer Baugenehmigung

I. Rechtsgrundlage: Art. 68 Abs. 1 S. 1 1. HS BayBO

II. Formelle Rechtmäßigkeit
   1. Zuständigkeit
      a. Sachlich: untere Bauaufsichtsbehörde, Art. 53 Abs. 1 BayBO
      b. Örtlich: Art. 3 Abs. 1 Nr. 1 BayVwVfG
   2. Verfahren
      a. Bauantrag, Art. 64 BayBO, Art. 22 S. 2 Nr. 2 BayVwVfG
      b. Behördenbeteiligung, Art. 65 Abs. 1 BayBO
      c. Nachbarbeteiligung, Art. 66 BayBO
   3. Form
      a. Schriftform, Art. 68 Abs. 3 S. 1 BayBO, ggf. Art. 3a BayVwVfG
      b. Begründung, Art. 68 Abs. 3 S. 2 (Art. 67 Abs. 3 S. 1 2. HS) BayBO

III. Materielle Rechtmäßigkeit
   1. Genehmigungspflicht, Art. 55 Abs. 1 BayBO
      a. Grundsatz, Art. 55 Abs. 1 BayBO
      b. Kein vorrangiges Verfahren, Art. 56 BayBO
      c. Keine Verfahrensfreiheit, Art. 57 BayBO
      d. Keine Genehmigungsfreistellung, Art. 58 BayBO
   2. Genehmigungsfähigkeit, Art. 68 Abs. 1 S. 1 1. HS BayBO
      a. Prüfungsmaßstab, Art. 59 oder 60 BayBO
      b. Bauplanungsrechtliche Zulässigkeit (Art. 59 S. 1 Nr. 1 lit. a, Art. 60 S. 1 Nr. 1 BayBO i. V. m. §§ 29 ff. BauGB)
      c. Sonstige zu prüfende Vorschriften (Art. 59 S. 1 Nr. 1 lit. b, c, Nr. 2 und 3 oder Art. 60 S. 1 Nr. 2 und 3 BayBO)

Prüfungsschema: Anspruch auf Erteilung einer Baugenehmigung

I. Anspruchsgrundlage: Art. 68 Abs. 1 S. 1 1. HS BayBO

II. Formelle Anspruchsvoraussetzungen
   1. Genehmigungspflicht, Art. 55 Abs. 1 BayBO
      a. Grundsatz, Art. 55 Abs. 1 BayBO
      b. Kein vorrangiges Verfahren, Art. 56 BayBO
      c. Keine Verfahrensfreiheit, Art. 57 BayBO
      d. Keine Genehmigungsfreistellung, Art. 58 BayBO

---

[285] BGHZ 86, 356 ff. Ausführlich *Oldiges/Brinktrine,* in: Steiner/Brinktrine, BesVerwR, III Rn. 395.

2. Bauantrag, Art. 64 BayBO
3. Sachbescheidungsinteresse (nur bei Anhaltspunkten)

III. Materielle Anspruchsvoraussetzungen
  1. Kein Widerspruch zu öffentlich-rechtlichen Vorschriften i. S. v. Art. 68 Abs. 1 S. 1 1. HS BayBO
    a. Prüfungsmaßstab, Art. 59 oder 60 BayBO
    b. Bauplanungsrechtliche Zulässigkeit (Art. 59 S. 1 Nr. 1 lit. a, 60 S. 1 Nr. 1 BayBO i. V. m. §§ 29 ff. BauGB)
    c. Sonstige zu prüfende Vorschriften (Art. 59 S. 1 Nr. 1 b) und c), Nr. 2 und 3 oder Art. 60 S. 1 Nr. 2 und 3 BayBO) Nr. 1 b) und c)
  2. Fakultative Ablehnungsbefugnis, Art. 68 Abs. 1 S. 1 2. HS BayBO
    a. Ausübung der Befugnis durch Baugenehmigungsbehörde (keine anlasslose Prüfung durch das Gericht!)
    b. Verstoß gegen sonstige öffentlich-rechtliche Vorschriften
    c. Ermessensentscheidung (§ 114 VwGO)

III. Sonderformen im Bauzulassungsrecht

1. Vorbescheid (Art. 71 BayBO)

a) Allgemeines

506   Beim Vorbescheid geht es darum, bereits vor Einreichung des Bauantrags (auf Grund meist langwieriger und teurer Planverfahren) über **einzelne baurechtliche Fragen** des Bauvorhabens eine Entscheidung der Baugenehmigungsbehörde zu erreichen. Auf den Vorbescheid hat der Bauwerber einen Rechtsanspruch. Der Vorbescheid ist zu erteilen, wenn das Vorhaben öffentlich-rechtlichen Vorschriften nicht widerspricht (Art. 71 S. 4 i. V. m. Art. 68 Abs. 1 S. 1 1. HS BayBO). Die Ablehnungsbefugnis nach Art. 68 Abs. 1 S. 1 2. HS BayBO hat für das Vorbescheidsverfahren keine unmittelbare Bedeutung. Es darf ohnehin nur die Frage geprüft werden, die auch gestellt worden ist. Sie muss innerhalb des Prüfprogramms für das spätere Baugenehmigungsverfahren liegen, sonst ist der Vorbescheidsantrag unzulässig (kein Sachbescheidungsinteresse; es ist nicht Aufgabe der Baugenehmigungsbehörden, im Vorbescheidsverfahren Dinge zu klären, die für das Baugenehmigungsverfahren keine Rolle spielen). Kann das Vorhaben offensichtlich aus einem außerhalb des Prüfprogramms liegenden und nicht zur Feststellung beantragten Grund innerhalb der Geltungsdauer des Vorbescheides nicht realisiert werden und ist deshalb mit einer Ablehnung nach Art. 68 Abs. 1 S. 1 2. HS BayBO im Baugenehmigungsverfahren zu rechnen, fehlt für den Antrag ebenfalls das Sachbescheidungsinteresse.

507   Ein Antrag auf Vorbescheid ist nur zulässig, wenn ein **konkreter Vorhabenbezug** besteht. Allgemeine baurechtliche Fragen (etwa: Liegt das Grundstück im Innenbereich nach § 34 BauGB?) können nicht Gegenstand eines Vorbescheides sein.[286]

---

[286] BayVGH, BayVBl. 2009, 310 f.

Der Vorbescheid ist ein **Verwaltungsakt.** Er ist also keine Zusicherung nach **508** Art. 38 BayVwVfG, von der er in Prüfungsarbeiten (kurz) abzugrenzen ist. Folge: Die Bindungswirkung entfällt bei veränderter Sach- und Rechtslage nicht (vgl. hingegen Art. 38 Abs. 3 BayVwVfG). Er kann nach Maßgabe der Art. 48, 49 BayVwVfG abgeändert oder aufgehoben werden.

Der Vorbescheid gilt allerdings nur **drei Jahre,** soweit er nicht kürzer befristet **509** ist (Art. 71 S. 2 BayBO). Eine Verlängerung um zwei Jahre kann beantragt werden (Art. 71 S. 3 BayBO). Auf die Verlängerung besteht ein Rechtsanspruch, soweit die Voraussetzungen für die Erteilung des Vorbescheids weiter vorliegen. Dies muss die Behörde neu prüfen. Sie ist an ihre frühere Rechtsauffassung nicht gebunden.

b) Verhältnis von Vorbescheid und Baugenehmigung

Die Bedeutung des Vorbescheids zeigt sich an seinem Verhältnis zur späteren **510** Baugenehmigung. Der Vorbescheid beantwortet die zur Entscheidung gestellte Frage **verbindlich für das weitere Genehmigungsverfahren.** Er stellt also ein bestimmtes Subsumtionsergebnis der Behörde fest, das im weiteren Verfahren zugrunde zu legen ist.[287]

Teilweise wird der Vorbescheid als vorweggenommener „**Ausschnitt**" aus dem **511** feststellenden Teil der Baugenehmigung angesehen. Fragen, die im Vorbescheid schon geklärt worden sind, würden in die Baugenehmigung nur noch „nachrichtlich" übernommen.[288] Nach richtiger Auffassung nimmt der Vorbescheid die Baugenehmigung nicht, auch nicht teilweise, vorweg, sondern klärt nur einzelne Genehmigungsvoraussetzungen; die Feststellungswirkung der Baugenehmigung ist dennoch umfassend.[289]

Jedenfalls erlangt der Bauherr durch den Vorbescheid **Rechtssicherheit.** Er **512** kann im Grundsatz davon ausgehen, dass die Baugenehmigung nicht mehr wegen der bereits im Vorbescheid beantworteten Frage abgelehnt wird. Auch eine Änderung der Sach- und Rechtslage berührt den Vorbescheid nicht. Die Behörde kann den Vorbescheid aber ggf. nach Art. 48, 49 BayVwVfG aufheben.[290]

Nach der Rechtsprechung des *BVerwG* muss der Vorbescheid bestandskräftig **513** sein, um die Entscheidung der Zulässigkeitsfrage der Baugenehmigung vorwegzunehmen.[291] Darauf kann es aber nicht ankommen. Denn die Wirkung des Vorbescheids tritt mit dessen **Bekanntgabe** ein (Art. 43 Abs. 1 BayVwVfG). Aus Art. 71 BayBO ergibt sich nichts anderes.[292]

Wird ein Vorbescheid **abgelehnt,** hat dies keine rechtliche Bindungswirkung im **514** späteren Baugenehmigungsverfahren (zur streitigen Rechtslage bei der Baugenehmigung → Rn. 496).

---

[287] *Michl,* BeckOK BayBO, Art. 71 Rn. 42.
[288] *Jäde,* in: J/D/B/W, BayBO, Art. 71 Rn. 43; *Schwarzer/König,* Art. 71 Rn. 17; so auch noch die Voraufl.
[289] *Michl,* in: BeckOK BayBO, Art. 71 Rn. 46 ff.
[290] *Michl,* in: BeckOK BayBO, Art. 71 Rn. 54 ff.
[291] BVerwGE 68, 241 (243 f.); BVerwG, NVwZ 1986, 863 (864).
[292] *Finkelnburg/Ortloff/Otto,* Öffentliches Baurecht, Band II, S. 146 ff.; *Molodovsky/Waldmann,* in: M/F/W, Art. 71 Rn. 70 ff., der aber zu Unrecht von einer Aufgabe dieser Rspr. durch BVerwG, NVwZ 1995, 894 (895) ausgeht.

c) Bebauungsgenehmigung

515   Ein Anwendungsfall des Vorbescheids ist die sog. Bebauungsgenehmigung. Hierbei geht es darum, die **bauplanungsrechtliche Zulässigkeit** eines Vorhabens zu entscheiden. Sie dürfte durch die Reduktion des Prüfprogramms nach Art. 59 BayBO allerdings an Bedeutung verlieren, da die im vereinfachten Verfahren erteilte Baugenehmigung sich ebenfalls weitgehend auf die Prüfung der bauplanungsrechtlichen Zulässigkeit beschränkt.

d) Rechtsschutz gegen den Vorbescheid

516   Ein Vorbescheid ergeht als Verwaltungsakt. Nachbarn können deshalb gegen den Vorbescheid **Anfechtungsklage** erheben (zu den Einzelheiten des Nachbarrechts → Rn. 583 ff.). Er muss den Vorbescheid anfechten, um zu verhindern, dass dieser bestandskräftig wird. Eine spätere Anfechtung der Baugenehmigung wegen einer Rechtsverletzung, die im Prüfungsumfang des Vorbescheids liegt, wäre aussichtslos, da bei Erteilung der Baugenehmigung die im Vorbescheid bereits entschiedene Frage nicht mehr neu beantwortet werden musste.

517   Besondere Probleme ergeben sich, wenn ein Vorbescheid etwa wegen einer Klage eines Dritten noch **nicht bestandskräftig** ist, die Baugenehmigungsbehörde jedoch bereits die Baugenehmigung erteilt. Früher wurde überwiegend angenommen, der nicht bestandskräftige Vorbescheid erledige sich (in anderer Weise, vgl. **Art. 43 Abs. 2 BayVwVfG**) mit dem Erlass der Baugenehmigung, da diese die Zulässigkeit des Vorhabens insgesamt prüfe und sich nicht auf den (nicht bestandskräftigen!) Vorbescheid stütze.

518   Das *BVerwG* hat mittlerweile klargestellt, dass es **keinen Erledigungs-Automatismus** gibt.[293] Die BayBO müsste die Erledigung des nicht bestandskräftigen Vorbescheids regeln, was sie aber nicht tut. Welche Folgen sich aus dem Erlass der Baugenehmigung für den Vorbescheid ergeben, ist daher umstritten. Eine Auffassung hält – unter Verkennung des Unterschieds zwischen Bestandskraft und Wirkung des Vorbescheids – daran fest, dass der nicht bestandskräftige Vorbescheid durch die Baugenehmigung konsumiert werde und sich daher mit Erlass der Genehmigung erledige.[294] Nach a. A. soll sich der Vorbescheid erst mit Bestandskraft der Genehmigung erledigen, da erst dann die Beteiligten kein Interesse mehr an ihm hätten.[295] Richtigerweise erledigt sich der Vorbescheid durch die Baugenehmigung in keinem Fall. Denn die Baugenehmigung knüpft an den wirksamen (nicht zwingend bestandskräftigen) Vorbescheid an.[296] Der Bauherr verliert sein Interesse am Vorbescheid auch dann nicht, wenn die Baugenehmigung bestandskräftig wird. Denn auch bestandskräftige Verwaltungsakte können gem. Art. 48, 49 BayVwVfG aufgehoben werden. Nach Aufhebung der Genehmigung verbleibt dann immer noch der Vorbescheid, den der Bauherr einem neuen Bauantrag zugrunde legen kann.

519   Der Nachbar muss also den **Vorbescheid anfechten**, auch wenn mittlerweile eine Baugenehmigung erteilt wurde. Hebt das Gericht den Vorbescheid auf die Klage des Nachbarn hin auf und wird das Urteil rechtskräftig, steht auch fest, dass

---

[293] BVerwG, NVwZ 1995, 894 (895).
[294] *Decker,* in: Busse/Kraus, Art. 71 Rn. 116 ff.
[295] *Schwarzer/König,* Art. 71 Rn. 24.
[296] Zutreffend OVG MV, BauR 2009, 1399 (1400).

die Baugenehmigung rechtswidrig ist. Denn der „Baustein" Vorbescheid ist weggefallen. Die Baugenehmigung selbst kann den Zulässigkeitsmangel nicht überwinden, da zwischen den Beteiligten des Anfechtungsprozesses (notwendige Beiladung
des Bauherrn, § 65 Abs. 2 VwGO) feststeht, dass das Vorhaben (bei gleichbleibender
Sach- und Rechtslage) unzulässig ist.[297] Nach h.M. ist die Baugenehmigung nur
rechtswidrig, nicht aber nichtig,[298] so dass der Bauherr weiterhin von der Gestattung Gebrauch machen kann. Das kann der Nachbar nur verhindern, wenn er
auch die Baugenehmigung anficht.

Beispiel: Bauer B beantragt die Erteilung einer Bebauungsgenehmigung für die Errichtung   **520**
einer neuen Stallanlage. Der Vorbescheid wird erteilt, Nachbar N klagt jedoch hiergegen. Wäh-
renddessen stellt B einen Bauantrag auf Baugenehmigung, der ebenfalls positiv beschieden wird.
Die Baugenehmigung wird N zugestellt.

N muss auch gegen die Baugenehmigung klagen, um die Verwirklichung des Vorhabens zu
verhindern. Lässt er die Baugenehmigung bestandskräftig werden, kann B von ihr Gebrauch ma-
chen. Gewinnt N den Anfechtungsprozess gegen den Vorbescheid, steht aufgrund der materiellen
Rechtskraft des Urteils fest, dass das Vorhaben rechtswidrig ist und N in seinen Rechten verletzt.
Den Anfechtungsprozess gegen die Baugenehmigung wird N daher ebenfalls gewinnen. In der
Praxis wird das Gericht die Verfahren nach § 93 S. 1 VwGO verbinden.

Eins**tweiliger Rechtsschutz** gegen den Vorbescheid spielt nach dem Vorstehen-   **521**
den keine praktische Rolle. Denn durch die Hinderung der Vollziehbarkeit des
Vorbescheids (§ 80 Abs. 1 oder Abs. 5 VwGO) hat der Nachbar keinerlei Vorteile.[299]
Insbesondere kann er so nicht die Wirksamkeit des Vorbescheids aussetzen, an die
die Baugenehmigung anknüpft.[300] Relevant ist daher nur der einstweilige Rechtsschutz um die Baugenehmigung. Der Streit, ob die aufschiebende Wirkung der
Anfechtung des Vorbescheids gem. § 212a Abs. 1 BauGB entfällt, ist daher ohne
jede Relevanz.

e) Amtshaftungsansprüche in Zusammenhang mit dem Vorbescheid

Die Bediensteten der Bauaufsichtsbehörde haben dem Bauwerber gegenüber die   **522**
Amtspflicht, einen den einschlägigen baurechtlichen Vorschriften nicht entsprechenden Bauvorbescheid nicht zu erteilen.[301] Diese Amtspflicht besteht auch gegenüber Käufern, die ein Grundstück im Vertrauen auf den Vorbescheid erwer-
ben. Der objektbezogene Vorbescheid ist zugleich ein öffentlich-rechtlicher Nach-
weis über die Baulandqualität und damit ein preis-bildender Faktor.[302] Wer in
schutzwürdigem Vertrauen auf die Richtigkeit eines fehlerhaften Vorbescheids
Aufwendungen macht, kann deren Ersatz verlangen, wenn nach Ablauf der Bin-
dungsfrist oder nach Rücknahme des Vorbescheids die Erteilung der Baugenehmigung aus Gründen scheitert, die schon zur Versagung des Vorbescheides hätten führen müssen.

---

[297] VGH BW, BRS 40 Nr. 175.
[298] Dagegen *Schenke,* DÖV 1990, 489 (494 ff.).
[299] Zweifelhaft ist, ob die Klage gegen den Vorbescheid überhaupt je aufschiebende Wirkung
haben kann; dagegen *Michl,* in: BeckOK, BayBO, Art. 71 Rn. 110.
[300] Vgl. *Finkelnburg/Ortloff,* Öffentliches Baurecht, Band II, S. 150 f.
[301] BGHZ 60, 112 (117).
[302] BGH, DVBl. 1994, 281 f.

2. Teilbaugenehmigung (Art. 70 BayBO)

523   Im Unterschied zum Vorbescheid handelt es sich bei der Teilbaugenehmigung nach Art. 70 BayBO um eine **Genehmigung mit Gestattungswirkung** (→ Art. 70 S. 1 1. HS BayBO). Sie kann für einzelne Arbeiten oder einzelne Bauteile oder Bauabschnitte bereits vor der eigentlichen Baugenehmigung erteilt werden. Es kann auch eine Errichtungsgenehmigung erteilt werden, wenn kein untrennbarer Zusammenhang mit der Nutzung der baulichen Anlage selbst besteht (Art. 70 S. 1 2. HS BayBO).

524   Eine Teilbaugenehmigung ergeht auf Grund eines **vorläufigen positiven Gesamturteils.**[303] Es wird über die grundsätzliche Vereinbarkeit des gesamten Vorhabens mit dem Bauplanungsrecht und den wesentlichen bauordnungsrechtlichen Vorschriften entschieden. Die endgültige Baugenehmigung kann nur noch dann versagt werden, wenn ein Grund vorliegt, der zur Zurücknahme oder zum Widerruf der Teilbaugenehmigung (Art. 48 bzw. 49 BayVwVfG) berechtigt.[304]

525   Anders als der Vorbescheid steht die Erteilung der Teilbaugenehmigung im **Ermessen** der Bauaufsichtsbehörde (Wortlaut: „kann"). Daran ändert auch der Verweis auf Art. 68 BayBO in Art. 70 S. 2 BayBO nichts.

526   Die Teilbaugenehmigung erledigt sich nicht durch den Erlass der Baugenehmigung. Die Baugenehmigung kann die Teilbaugenehmigung nur hinsichtlich der zunächst nicht genehmigten Baumaßnahmen ergänzen.[305] Von einer **Erledigung** geht die h. M. aber aus, wenn die Baugenehmigung das gesamte Vorhaben zum Gegenstand hat, also auch den Teil, den die Teilbaugenehmigung bereits gestattet hatte.[306] Das ist zweifelhaft, da dem Bauherrn so eine (ggf. bestandskräftige) Gestattung genommen wird und für die Baugenehmigung eine neue Klagefrist zu laufen beginnt. Die Annahme einer Erledigung widerspricht also der gesicherten Rechtsstellung des Bauherrn aus der Teilbaugenehmigung. Wie beim Vorbescheid gibt es auch hier keine Vorschrift, die die Erledigung anordnen würde.[307]

Die Teilbaugenehmigung kann von Nachbarn wie eine Baugenehmigung **angefochten** werden (→ Rn. 589 ff./612 ff.). Geht man mit der h. M. von einer Erledigung der Teilbaugenehmigung bei Erlass der umfassenden Baugenehmigung aus, wird bei Erteilung der Baugenehmigung die Klage gegen die Teilbaugenehmigung unzulässig.[308]

3. Ausführungsgenehmigung (Art. 72 Abs. 2 S. 1 BayBO)

527   Bauliche Anlagen, die geeignet und bestimmt sind, wiederholt an wechselnden Orten aufgestellt und zerlegt zu werden, bezeichnet man als fliegende Bauten (Art. 72 Abs. 1 S. 1 BayBO). Es handelt sich um bauliche Anlagen nach Art. 2 Abs. 1 S. 1 BayBO, die allerdings nicht in einer auf Dauer gedachten Weise mit dem Erdboden verbunden sind. Sie fallen daher nicht unter § 29 Abs. 1 BauGB.

---

[303] Vgl. etwa BayVGH, BayVBl. 2002, 765 (766).

[304] Krit. *Michl*, in: BeckOK BayBO, Art. 70 Rn. 10 ff. und Rn. 26 ff.: Unterfall des Sachbescheidungsinteresses.

[305] HessVGH, NVwZ-RR 1997, 10 (10); *Molodovsky*, in: M/F/W, Art. 70 Rn. 23.

[306] BayVGH, BayVBl. 2002, 765 (766).

[307] *Michl*, in: BeckOK BayBO, Art. 70 Rn. 36 f.

[308] BayVGH, Beschl. v. 29.4.2009 – 1 CS 08.2352 –, juris.

Bevor sie zum ersten Mal aufgestellt und in Gebrauch genommen werden, bedürfen sie einer Ausführungsgenehmigung (Art. 72 Abs. 2 S. 1 BayBO, zu den Ausnahmen → Art. 72 Abs. 3 BayBO). Die Aufstellung eines genehmigungspflichtigen fliegenden Baus bedarf nach Art. 72 Abs. 5 S. 1 BayBO der Anzeige. Vor der Ingebrauchnahme sind verschiedene Abnahmen erforderlich (Art. 72 Abs. 5 S. 2 BayBO).

4. Zustimmung (Art. 73 BayBO)

Dem Zustimmungsverfahren nach Art. 73 BayBO unterliegen Bauvorhaben des **528** Bundes, der Länder und der Bezirke. Zuständig ist die Regierung (Art. 73 Abs. 1 S. 2 BayBO). Die Zustimmung ist ein Verwaltungsakt, ebenso ihre Verweigerung. Auch Bauvorhaben der Landkreise und Gemeinden fallen unter bestimmten Voraussetzungen unter das Zustimmungsverfahren (Art. 73 Abs. 5 BayBO).

IV. Beseitigungsanordnung (Art. 76 BayBO)

1. Allgemeines

Art. 76 S. 1 BayBO enthält die Befugnis zum Erlass einer Baubeseitigungsanord- **529** nung. Hierbei handelt es sich um eine repressive bauaufsichtliche Maßnahme. Sachlich zuständig ist die untere Bauaufsichtsbehörde (Art. 53 Abs. 1 S. 2 BayBO). Die örtliche Zuständigkeit richtet sich nach Art. 3 Abs. 1 Nr. 1 BayVwVfG.

Für die Baubeseitigungsanordnung müssen bestimmte Tatbestandsvoraussetzun- **530** gen vorliegen. Des Weiteren handelt es sich um eine Ermessensentscheidung, so dass auch das Ermessen fehlerfrei ausgeübt werden muss. Die Rechtsfolge besteht darin, dass die teilweise oder vollständige Beseitigung der Anlage angeordnet wird. Nach Auffassung des *BayVGH* ermächtigt die Vorschrift aber auch dazu, vorbereitende Verfügungen zur Sachverhaltsaufklärung bzw. Störerermittlung zu erlassen, ohne dass es eines Rückgriffs auf die Generalklausel des Art. 54 Abs. 2 S. 2 1. HS BayBO oder das allgemeine Sicherheitsrecht bedürfte.[309]

Beispiel: V verpachtet Kleingartenparzellen. Einzelne Pächter errichten auf ihren Parzellen **531** baurechtswidrige Anlagen. Die Bauaufsichtsbehörde verlangt von V die Namen und Adressen der Pächter.

Nach Auffassung der Rechtsprechung findet diese Verfügung ihre Rechtsgrundlage in Art. 76 S. 1 BayBO. Dabei soll es auch nicht darauf ankommen, ob V Eigentümer der verpachteten Parzellen ist.

2. Tatbestandsvoraussetzungen

Die Befugnis des Art. 76 S. 1 BayBO knüpft an den Begriff der **Anlage** an. Es **532** muss sich also nicht unbedingt um eine bauliche Anlage handeln. Große Bedeutung hat diese terminologische Besonderheit nicht. Die BayBO gilt nach Art. 1 Abs. 1 S. 1 von vornherein nur für bauliche Anlagen und Bauprodukte bzw. für Grundstücke und andere Anlagen oder Einrichtungen, an die nach diesem Gesetz oder nach Vorschriften auf Grund dieses Gesetzes Anforderungen gestellt werden. Sonstige Anlagen sind nicht erfasst.

---

[309] Siehe BayVGH, BayVBl. 1993, 22 ff.

533   Die bauliche Anlage muss im **Widerspruch zu öffentlich-rechtlichen Vor-**
schriften errichtet oder geändert worden sein. Es muss sich nicht um bauordnungsrechtliche Vorschriften handeln. Ein wichtiger Anwendungsfall ist die
Nichtvereinbarkeit eines Vorhabens mit dem Städtebaurecht (§§ 29 ff. BauGB); daneben ist vor allem das materielle Bauordnungsrecht (Abstandsflächen etc.) zu beachten.

534   Es kommt für das Vorliegen der Tatbestandsvoraussetzungen des Art. 76 S. 1 Bay-
BO nicht darauf an, ob es sich um einen Verstoß gegen formelles oder materielles
Baurecht handelt (formelle oder materielle Illegalität).[310] Ein Widerspruch zu öffentlich-rechtlichen Vorschriften liegt auch dann vor, wenn die notwendige Baugenehmigung fehlt, ein Genehmigungsfreistellungsverfahren nicht ordnungsgemäß
durchgeführt worden ist oder die notwendige Baugenehmigung nicht beantragt
oder erteilt wurde (Verstoß gegen das Bauverbot des Art. 55 Abs. 1 BayBO).

535   In vielen baurechtlichen Darstellungen und in der Rechtsprechung ist nach wie
vor die Formel anzutreffen, der Erlass einer Baubeseitigungsanordnung setze formelle und materielle Illegalität (sog. **doppelte Illegalität**) voraus.[311] Die Unterscheidung findet im Wortlaut des Art. 76 S. 1 BayBO aber keine Stütze. Durch die
Änderungen im Bauverfahrensrecht (Verfahrensfreiheit, Genehmigungsfreistellung,
vereinfachtes Genehmigungsverfahren) ist „formelle Illegalität" in vielen Fällen
nicht denkbar. Die verkürzende Formel ist daher mehr falsch als richtig und sollte
deshalb aufgegeben werden. In der Klausurbearbeitung fährt man dann am besten,
wenn man exakt die Tatbestandsvoraussetzungen des Art. 76 S. 1 BayBO subsumiert und die Legalisierungswirkung von Verwaltungsakten (insbesondere Baugenehmigungen) in ihrem konkreten Umfang beachtet.[312]

536   Ein Widerspruch zu öffentlich-rechtlichen Vorschriften liegt nicht vor, wenn das
Vorhaben zwar mit dem materiellen Baurecht nicht vereinbar ist, eine **wirksame**
Baugenehmigung das Vorhaben jedoch **legalisiert** (→ Rn. 471 ff.). Die Feststellungswirkung der Baugenehmigung steht dem Erlass einer Baubeseitigungsanordnung entgegen. In solchen Fällen muss zunächst die Baugenehmigung zurückgenommen werden (Art. 48 BayVwVfG), bevor eine Baubeseitigungsanordnung
ergehen kann. Wichtig ist, dass die Legalisierungswirkung einer Baugenehmigung
nur eintritt, wenn sich der Prüfungsumfang der Bauaufsichtsbehörde auf den entsprechenden materiell-rechtlichen Mangel erstreckt. Wenn also im vereinfachten
Genehmigungsverfahren nach Art. 59 BayBO eine Genehmigung erteilt worden
ist, der materiell-rechtliche Mangel jedoch gar nicht zu prüfen war, kann gleichwohl eine Baubeseitigungsanordnung ergehen.

537   Eine weitere Voraussetzung für den Erlass einer Baubeseitigungsanordnung besteht darin, dass **nicht auf andere Weise** rechtmäßige Zustände hergestellt werden
können (Art. 76 S. 1 a. E. BayBO). Das ist etwa dann der Fall, wenn nur gegen
Art. 55 Abs. 1 BayBO verstoßen wird, der „Schwarzbau" aber genehmigungsfähig
oder die Genehmigungsfähigkeit durch die Zulassung von Ausnahmen, Befreiungen oder Abweichungen herbeigeführt werden kann. Dann kann das Genehmigungsverfahren nachgeholt und mit der Erteilung der Genehmigung rechtmäßige
Zustände hergestellt werden. Die Bauaufsichtsbehörde kann daher nach Art. 76 S. 3
BayBO auch verlangen, dass ein Bauantrag gestellt wird.

---

[310] Abweichend *Fischer,* NVwZ 2004, 1057 ff.
[311] Ausführlich und kritisch *Fischer,* NVwZ 2004, 1057 ff.
[312] So auch *Lindner,* JuS 2014, 118 ff.

3. Ermessensausübung

Der Erlass einer Baubeseitigungsanordnung steht im Ermessen der Bauaufsichts- **538**
behörde. Die Bauaufsichtsbehörde muss nach den Grundsätzen des Art. 40
BayVwVfG und § 114 VwGO vorgehen. Das Ermessen der Bauaufsichtsbehörde
bezieht sich auf das „Ob" und auf das „Wie" des Erlasses einer Baubeseitigungsanordnung.

Folgende Aspekte spielen bei der Ermessensausübung eine Rolle: **539**
– Von einem Eingreifen ist i. d. R. dann abzusehen, wenn es sich um einen **Baga-
   tellfall** handelt.
– Die Behörde kann einen rechtswidrigen Zustand passiv (also stillschweigend) oder aktiv (durch formlose mündliche Erklärung oder schriftliche Zusage)
   dulden. Eine solche **Duldung** kann aber jederzeit widerrufen werden. Um einen förmlichen Verwaltungsakt handelt es sich bei der Duldung im Regelfall
   nicht. Eine Änderung der Verwaltungspraxis muss auf sachlichen Erwägungen
   beruhen.
– Bei Duldungen ist der **Gleichheitssatz** (Art. 3 Abs. 1 GG) zu beachten. Bei
   mehreren baurechtswidrigen Anlagen muss die Bauaufsichtsbehörde gegen alle
   Anlagen bzw. planmäßig vorgehen. Es ist ermessensfehlerhaft, unsystematisch nur
   einzelne Anlagen herauszugreifen.
– Bei der Entscheidung über eine Baubeseitigung sind auch **nachbarliche Interessen** zu berücksichtigen. Verletzt das Vorhaben nachbarschützende Vorschriften,
   verengt sich der Ermessensbereich der Bauaufsichtsbehörde. Eine **Ermessensreduzierung auf null** kommt jedoch nur in sehr schwerwiegenden Fällen in
   Betracht, vor allem bei schwerwiegenden Gefährdungen wichtiger Rechtsgüter
   wie Leben, Gesundheit und Eigentum.
– Eine zulässige Ermessenserwägung beim Verstoß gegen nachbarschützende Vorschriften besteht darin, den Nachbarn darauf zu verweisen, **zivilrechtlich** gegen
   das Bauvorhaben vorzugehen (§§ 1004, 906, 823 Abs. 2 BGB → Rn. 622 ff.). Zu
   beachten ist, dass vor allem die Abstandsflächenvorschriften des Art. 6 BayBO
   Schutzgesetze i. S. v. § 823 Abs. 2 BGB sind.
– Ein wichtiger Ermessensgesichtspunkt ist die sog. **Folgenbeseitigungslast**. Sie
   tritt dann ein, wenn das Vorhaben zunächst genehmigt wurde, die Baugenehmigung auf einen Rechtsbehelf des Nachbarn hin jedoch wieder aufgehoben wurde, das Bauvorhaben aber bereits ausgeführt worden ist. In solchen Fällen kann
   die Behörde ein gewisses Mitverschulden treffen, was sie bei der Entscheidung
   über die Baubeseitigung stärker zugunsten des Nachbarn bindet. Von diesem ist
   jedoch auch zu verlangen, dass er versucht hat, nach den §§ 80a Abs. 3, Abs. 1
   Nr. 2, 80 Abs. 5 VwGO durch das Verwaltungsgericht eine Anordnung der auf-
   schiebenden Wirkung zu erreichen.
– Im Rahmen des Ermessens zu berücksichtigen sind auch mögliche Verletzungen der gemeindlichen **Planungshoheit** (Art. 28 Abs. 2 S. 1 GG). Dies gilt
   insbesondere dann, wenn die Gemeinde das Einvernehmen nach § 36 BauGB
   zu einem sich später als rechtswidrig herausstellenden Vorhaben verweigert
   hatte.
– Bei der Ermessensausübung gilt der **Verhältnismäßigkeitsgrundsatz** (Art. 8
   LStVG).

– Persönliche wirtschaftliche Verhältnisse oder soziale Gesichtspunkte bzw. persönliche Besonderheiten spielen hingegen bei der Entscheidung über die Baubeseitigung keine Rolle. Es handelt sich um eine **grundstücksbezogene** Verfügung (vgl. auch Art. 54 Abs. 2 S. 3 BayBO).

– Grundsätzlich keine Rolle spielt auch die Höhe der Kosten für den Vollzug einer Beseitigungsanordnung.[313] Ansonsten käme man dazu, dass derjenige, der besonders massiv gegen öffentliches Baurecht verstößt, einen besonderen Schutz gegen Baubeseitigungen erhielte.

– Auf ein Verschulden sowie weitere persönliche Verhältnisse des Bauherrn kommt es für den Erlass einer Baubeseitigungsanordnung nicht an.

540   Eine **Verwirkung** der Befugnis, die Beseitigung anzuordnen, kommt **nicht** in Betracht, da die Behörde nicht über die im öffentlichen Interesse geschaffenen Eingriffsmöglichkeiten disponieren darf.[314]

4. Das Problem des Bestandsschutzes

a) Passiver Bestandsschutz: formell und materiell

541   Durch Bauleitplanung kann es dazu kommen, dass sich die Baurechtslage ändert. Durch die Erteilung von Baugenehmigungen kann sich der Bezugsrahmen für § 34 BauGB wandeln. Dann stellt sich die Frage, inwieweit die Bauaufsichtsbehörde durch Baubeseitigungsanordnungen nach Art. 76 S. 1 BayBO auf eine geänderte baurechtliche Situation reagieren darf. Geht es um die Sicherung des durch Eigentumsausübung Geschaffenen, spricht man von **passivem Bestandsschutz.**[315]

542   Der Erlass einer Baubeseitigung kann zunächst deshalb ausgeschlossen sein, weil **formeller Bestandsschutz** besteht, das Vorhaben also durch eine wirksame Baugenehmigung „gedeckt" ist. In solchen Fällen liegt kein „Widerspruch zu öffentlich-rechtlichen Vorschriften" nach Art. 76 S. 1 oder S. 2 BayBO vor. Will die Bauaufsichtsbehörde die Anlage gleichwohl beseitigen, muss die Genehmigung zunächst nach den Art. 48–49 BayVwVfG aufgehoben werden (ggf. Entschädigungspflicht nach Art. 48 Abs. 3, Art. 49 Abs. 5 BayVwVfG). Selbst wenn die entsprechenden Tatbestandsvoraussetzungen vorliegen, ist damit im Regelfall eine Entschädigungspflicht verbunden (Art. 48 Abs. 3, 49 Abs. 5 BayVwVfG). Eine spätere Änderung der Baurechtslage hat keinen Einfluss auf die Rechtmäßigkeit einer einmal erteilten Baugenehmigung. Auch für den formellen Bestandsschutz gilt: Er reicht nur soweit wie der Prüfungsumfang der erteilten Baugenehmigung. Keine Prüfung – kein formeller Bestandsschutz!

543   Hiervon zu unterscheiden ist der **materielle Bestandsschutz.** Er betrifft den Fall, dass eine bauliche Anlage nicht genehmigungspflichtig war oder nicht genehmigt worden ist. Des Weiteren kommt auch der Fall in Betracht, dass eine Baugenehmigung aufgehoben worden ist. Hier kann sich nach traditioneller Auffassung Bestandsschutz aus Art. 14 GG ergeben. Die Rechtsprechung steht dabei auf dem Standpunkt, dass eine Anlage, die zu irgendeinem Zeitpunkt seit ihrer Errichtung

---

[313] BayVGH, BayVBl. 2011, 500 (504).
[314] BayVGH, Beschl. v. 2.9.2010 – 14 ZB 10.1461 –, juris zu Art. 76 S. 2 BayBO.
[315] Vgl. etwa *Gehrke/Brehsan,* NVwZ 1999, 932 (933).

mit dem materiellen öffentlichen Recht vereinbar war, (passiven) Bestandsschutz genießt. Dabei muss allerdings ein Mindestzeitraum von ca. drei Monaten gewahrt sein. Es kommt darauf an, ob die Anlage bei ihrer Errichtung oder zu einem späteren Zeitpunkt materiell baurechtsmäßig war. Das Drei-Monats-Erfordernis erklärt sich daraus, dass in Anlehnung an § 75 VwGO davon ausgegangen wird, dass drei Monate den zumutbaren Bearbeitungszeitraum für die Entscheidung über einen Bauantrag bilden. Derjenige, der sich über das Genehmigungserfordernis hinwegsetzt, soll nicht bessergestellt werden als derjenige, der ordnungsgemäß einen Bauantrag gestellt hat, der dann wegen Änderung der materiellen Baurechtslage innerhalb von drei Monaten nicht mehr genehmigungsfähig war.

Materieller Bestandsschutz tritt nur ein, wenn das Vorhaben im Wesentlichen fertiggestellt ist. Bei Gebäuden wird allerdings die Fertigstellung des Rohbaus für ausreichend gehalten.[316] Der passive Bestandsschutz wirkt nicht unbeschränkt. Er kann dadurch enden, dass eine schützenswerte Substanz nicht mehr vorhanden ist, etwa wenn das Gebäude verfällt. Auch eine Nutzungsaufgabe kann dazu führen, dass der Bestandsschutz endet. Problematisch ist, welcher Zeitraum einer Nichtnutzung für den Bestandsschutz unschädlich ist. Insofern richtet man sich nach Grundsätzen, die auch bei § 35 Abs. 4 S. 1 Nr. 3 BauGB angewendet werden. Im ersten Jahr muss mit der Wiederaufnahme der Nutzung nach der Verkehrsauffassung immer gerechnet werden. Im zweiten Jahr spricht für die Wiederaufnahme der Nutzung eine Regelvermutung, die entkräftet werden kann. Nach Ablauf von zwei Jahren kehrt sich die Regelvermutung um.[317] Aufbaumäßig zu prüfen ist der materielle Bestandsschutz ebenfalls beim Merkmal „Widerspruch zu öffentlich-rechtlichen Vorschriften". Soweit ein Vorhaben formellen oder materiellen Bestandsschutz genießt, liegt ein solcher nicht vor. **544**

Eine im Vordringen begriffene **Gegenauffassung**[318], der auch der *Bay VGH* zuneigt,[319] lehnt den auf Art. 14 Abs. 1 GG gestützten materiellen Bestandsschutz ab. Demnach soll sich ein Bauherr, der (u. U. bewusst) versäumt hat, eine Baugenehmigung einzuholen, sich nicht auf eine frühere materielle Legalität seiner formell illegalen Anlage stützen können. Auch die Genehmigungspflicht sei Inhalts- und Schrankenbestimmung des Eigentums im Sinne des Art. 14 Abs. 1 S. 2 GG, so dass ein „Schwarzbauer" keinen eigentumsrechtlichen Schutz genießen kann. Das Genehmigungsverfahren ist kein Selbstzweck, sondern dient auch der Einbeziehung der Gemeinde (Art. 64 BayBO, Möglichkeit der §§ 14 ff. BauGB) und schütze damit deren Planungshoheit. Gewähre man einem Vorhaben materiellen Bestandsschutz, werde derjenige „belohnt", der der Gemeinde jede Reaktionsmöglichkeit nimmt, indem er auf die Stellung eines Bauantrags „verzichtet".[320] **545**

---

[316] *Gehrke/Brehsan*, NVwZ 1999, 932 (933).

[317] BVerwGE 98, 235 ff.

[318] *Aichele/Herr*, NVwZ 2003, 415 ff. *Michl*, ThürVBl. 2010, 280 ff.; *Decker*, BayVBl. 2011, 517 ff.; *Decker/Konrad*, Bayerisches Baurecht, S. 13.

[319] BayVGH, Urt. v. 17.10.2006, Az. 1 B 05.1429 – juris; ebenso VG München, Urteil v. 25.10.2012 – M 11 K 12.3444 –, juris; vgl. auch BVerwGE 112, 123 (127) zum Atomrecht: „Der Betreiber kann für eine nicht genehmigte Anlage grundsätzlich keinen Bestandsschutz beanspruchen." sowie BVerfG, BayVBl. 1996, 240: Bestandsschutz nur für „genehmigten Bestand".

[320] *Aichele/Herr*, NVwZ 2003, 415 (419); *Michl*, ThürVBl. 2010, 280 (287); *Decker*, BayVBl. 2011, 517 (521).

b) Änderung der materiellen Baurechtslage während des gerichtlichen Verfahrens

546   Die Baubeseitigungsanordnung kann nur dann ergehen, wenn im Augenblick der letzten Behördenentscheidung eine materiell baurechtswidrige Anlage vorliegt, die nicht durch eine bestandskräftige Baugenehmigung „gedeckt" ist. Ändert sich im Laufe des gerichtlichen Verfahrens die Baurechtslage zugunsten des Bauvorhabens dergestalt, dass jetzt ein materiell baurechtsmäßiges Vorhaben vorliegt, ist dies nach richtiger Auffassung wegen Art. 14 GG zu berücksichtigen (nach anderer Auffassung müssen nachträgliche Änderungen der Rechtslage in einem gesonderten Verwaltungsverfahren nach Art. 51 Abs. 1 Nr. 1 BayVwVfG geltend gemacht werden).

547   Soweit bereits eine bestandskräftige Maßnahme vorliegt, kann eine Rechtsänderung im Wege der Einwendung gegen die Vollstreckung nach Art. 21 VwZVG geltend gemacht werden.

5. Prozessuales

548   Ein **Grundstückseigentümer** wehrt sich gegen eine erlassene Baubeseitigung mittels Anfechtungsklage (§ 42 Abs. 1 1. Var. VwGO). Die Klagebefugnis ergibt sich aus der Adressatenstellung (Adressatentheorie).

549   Will ein **Nachbar** eine Baubeseitigungsanordnung erreichen, kommt als Rechtsbehelf die Verpflichtungsklage (§ 42 Abs. 1 2. Var. VwGO) in Betracht. Eine Klagebefugnis nach § 42 Abs. 2 VwGO ist dann gegeben, wenn die Anlage möglicherweise gegen nachbarschützende Bestimmungen verstößt. Im Regelfall wird sich jedoch nur ein Bescheidungsurteil nach § 113 Abs. 5 S. 2 VwGO erreichen lassen, da das Ermessen nur in seltenen Fällen auf null reduziert ist.

550   In ähnlicher Weise kann auch eine kreisangehörige **Gemeinde** von der Bauaufsicht (Landratsamt) ein Einschreiten gegen eine baurechtswidrige Anlage verlangen. Die Klagebefugnis folgt in solchen Fällen aus Art. 28 Abs. 2 S. 1 GG (Planungshoheit). Geboten ist eine gewisse Wertungsgleichheit mit der Anfechtung einer Baugenehmigung, die ohne das notwendige Einvernehmen der Gemeinde nach § 36 BauGB erteilt wird (→ Rn. 192 ff.). Könnte die Gemeinde durch Verweigerung des Einvernehmens nach § 36 BauGB die Erteilung einer Baugenehmigung verhindern, hat sie einen grundsätzlichen Anspruch darauf, dass ihre Planungshoheit nicht dadurch unterlaufen wird, dass der Bauherr die notwendige Baugenehmigung gar nicht einholt.[321] Auch in diesem Fall verbleibt es aber dabei, dass die Beseitigungsanordnung eine Ermessensentscheidung ist. Die Verletzung der gemeindlichen Planungshoheit reduziert das Ermessen nicht auf null.

6. Maßnahmerichtung und Duldungsverfügung

551   Grundsätzlich ist eine Beseitigungsanordnung an den bzw. die Störer zu richten. Dabei kann auf Art. 9 LStVG zurückgegriffen werden. Soweit mehrere Personen als Störer in Betracht kommen, ist nach pflichtgemäßem Ermessen auszuwählen.

---

[321] Vgl. auch BVerwG, BayVBl. 2001, 22 ff.

Klausurpraxis: Zur Störerauswahl bei Handlungs- und Zustandsstörer → Klausur Nr. 11 „Der Lagerplatz".

Nach h.M. ist der Adressat an der Befolgung der Beseitigungsanordnung gehin- 552
dert, wenn ein Dritter (Miteigentümer, Mieter etc.) zivilrechtlich an der Anlage
berechtigt ist und daher (zivilrechtliche) Unterlassungsansprüche (insb. § 1004
BGB) gegen die Beseitigung hat. Die Beseitigungsanordnung soll aber nicht
rechtswidrig sein, sondern nur nicht vollstreckbar. Dieses Vollstreckungshindernis
soll die Bauaufsichtsbehörde durch eine auf Art. 76 S. 1 BayBO gestützte **Duldungsanordnung** gegen den Dritten ausräumen können.[322] Die zutreffende Gegenansicht hält eine Duldungsanordnung für entbehrlich, da aufgrund der hoheitlichen Inanspruchnahme des Adressaten zivilrechtliche Duldungsansprüche kraft
Gesetzes (§ 275 Abs. 1 BGB – rechtliche Unmöglichkeit) ausgeschlossen sind.[323]

Umstritten ist ebenso der **Rechtsschutz des Drittberechtigten**. Nach der 553
h.M. soll er sich nur gegen die Duldungsanordnung, nicht aber gegen die Beseitigungsanordnung wenden können. Ob in diesem Prozess inzident die Rechtmäßigkeit der Beseitigungsanordnung zu prüfen ist, ist selbst unter den Senaten des
BayVGH umstritten.[324] Die Gegenansicht sieht, da sie einen unmittelbaren Eingriff
in die Rechte des Dritten durch die Beseitigungsanordnung bejaht, diesen als klagebefugt gegen die Beseitigungsanordnung selbst an.[325]

7. Sonderproblem: Feststellungswirkung der Beseitigungsanordnung

Der *BayVGH* ist neuerdings der Auffassung, dass mit einer bestandskräftigen Be- 554
seitigungsanordnung **verbindlich festgestellt** werde, dass die betroffene Anlage
materiell rechtswidrig sei.[326] Das hat zur Folge, dass ein nachträglich gestellter
Bauantrag bei gleichbleibender Sach- und Rechtslage bereits wegen dieser Festel-
lungswirkung der Beseitigungsanordnung abgelehnt werden muss, jedenfalls dann,
wenn sich die Beseitigungsanordnung auf Rechtsverstöße bezieht, die im Genehmigungsverfahren zu prüfen sind.

Diese Ansicht ist zweifelhaft, da aus Art. 76 S. 1 BayBO nicht ersichtlich ist, dass 555
die Beseitigungsanordnung neben ihrer Verpflichtungswirkung auch Feststellungswirkung haben soll. Eine solche Feststellungswirkung müsste vom Gesetzgeber
auch vorgesehen worden sein.[327] Rechtssicherheit und Verfahrensökonomie alleine
vermögen eine derart weitgehende Auslegung des Art. 76 S. 1 BayBO kaum zu
stützen.

Beispiel: Das Landratsamt ordnet gegenüber dem Eigentümer E die Beseitigung eines Ge- 556
bäudes im Außenbereich mit der Begründung an, dass dieses nach § 35 Abs. 2 BauGB unzulässig sei. E lässt die Beseitigungsanordnung bestandskräftig werden. Wenig später stellt er einen
Bauantrag. Das Landratsamt lehnt diesen unter Verweis auf die bestandskräftige Beseitigungsanordnung ab.

---

[322] BVerwGE 40, 101 (103).
[323] *Michl,* NVwZ 2014, 1206, (1207 ff.).
[324] BayVGH, BayVBl. 2012, 470: keine Inzidentprüfung; KommPrax BY 2007, 267: Inzidentprüfung.
[325] *Michl,* NVwZ 2014, 1206 (1210 f.).
[326] BayVGH, BayVBl. 2016, 383 f.; besprochen von *Muckel,* JA 2016, 399 f.
[327] *Muckel,* JA 2016, 399 f.

Nach Ansicht des BayVGH steht mit Bestandskraft der Beseitigungsanordnung fest, dass das Gebäude nach § 35 Abs. 2 BauGB unzulässig ist. Dies ist auch im Genehmigungsverfahren zugrunde zu legen, so dass die Genehmigung nach Art. 68 Abs. 1 S. 1 1. HS BayBO zu verweigern ist.

Prüfungsschema: Rechtmäßigkeit einer Beseitigungsanordnung

> **I. Rechtsgrundlage: Art. 76 S. 1 BayBO**
>
> **II. Formelle Rechtmäßigkeit**
> 1. Zuständigkeit, Art. 53 Abs. 1 BayBO, Art. 3 Abs. 1 Nr. 1 BayVwVfG
> 2. Verfahren (insb. Anhörung, Art. 28 Abs. 1 BayVwVfG)
> 3. Form (keine besondere Form vorgeschrieben)
>
> **III. Materielle Rechtmäßigkeit**
> 1. Tatbestand des Art. 76 S. 1 BayBO
>   a. Anlage
>   b. Errichtung/Änderung in Widerspruch zu öffentlich-rechtlichen Vorschriften
>   c. Keine Herstellung rechtmäßiger Zustände auf andere Weise
> 2. Ermessen (§ 114 VwGO)
>   a. „Ob" der Maßnahme (insb. Verhältnismäßigkeit)
>   b. „Wie" der Maßnahme
>   c. Maßnahmerichtung (Art. 9 LStVG)

V. Nutzungsuntersagung (Art. 76 S. 2 BayBO)

557   Die Nutzungsuntersagung ist mit der Beseitigungsanordnung verwandt, geht jedoch weniger weit. Voraussetzung für den Erlass ist, dass eine Anlage im Widerspruch zu öffentlich-rechtlichen Vorschriften genutzt wird. Hinsichtlich des Problems des Bestandsschutzes und der Ermessensausübung gelten die o. g. Grundsätze.

558   Differenzierungen nach Verstößen gegen das formelle oder das materielle Baurecht sind auf **Tatbestandsseite** ebenso verfehlt, wie im Rahmen der Beseitigungsanordnung. Es genügt jeder Verstoß der Nutzung gegen öffentlich-rechtliche Vorschriften, insbes. auch ein Verstoß gegen Art. 55 Abs. 1 BayBO. Eine Besonderheit gegenüber der Beseitigungsanordnung nach Art. 76 S. 1 BayBO besteht jedoch darin, dass für die Rechtmäßigkeit einer Nutzungsuntersagung nicht verlangt wird, dass „nicht auf andere Weise rechtmäßige Zustände hergestellt" werden können.

559   Auf **Ermessensseite** ist zu berücksichtigen, dass die Nutzungsuntersagung geringere Eingriffsintensität hat als die Beseitigungsanordnung; sie schafft keine „vollendeten Tatsachen". Daher kann auch ein bloßer Verstoß gegen das formelle Baurecht (Art. 55 Abs. 1 BayBO) eine Nutzungsuntersagung tragen. Nach h. M. ist sie aber unverhältnismäßig, wenn die Nutzung **offensichtlich genehmigungsfähig** ist. Im Rahmen des Ermessens ist also darauf abzustellen, ob die Bauaufsichtsbehörde auf andere Weise (insb. durch Genehmigung) rechtmäßige Zustände herstellen kann. Die Beschränkung auf eine Offensichtlichkeitsprüfung nimmt der Bauaufsichtsbehörde dabei eine vollständige „Vorausprüfung" der Genehmigungsfähigkeit ab; insbesondere müssen keine aufwendigen tatsächlichen Feststellungen

(z. B. Lärm- oder Geruchsmessungen im Rahmen von § 15 Abs. 1 S. 2 BauNVO) getroffen werden.

Klausurpraxis: In der Klausur ist an dieser Stelle inzident die Genehmigungsfähigkeit des Vorhabens nach Art. 68 Abs. 1 S. 1 1. HS BayBO zu prüfen; → dazu Klausur Nr. 11 „Der Lagerplatz".

Abgrenzungsprobleme zwischen Beseitigungsanordnung und Nutzungsuntersagung stellen sich im Umgang mit Sachen. Kann bei formell rechtswidriger Nutzung eines Grundstücks als Lagerplatz die Beseitigung der dort gelagerten Gegenstände verlangt werden? Kann bei unzulässiger Nutzung eines Kellerraums als Küche der Ausbau der Küche aufgrund von Art. 76 S. 2 BayBO angeordnet werden? Der BayVGH entscheidet einmal so[328] und einmal anders.[329] Soweit die Beseitigung von Gegenständen nicht zu Substanzeingriffen führt, wird man Art. 76 S. 2 BayBO als Rechtsgrundlage ausreichen lassen können. **560**

Klausurpraxis: Siehe auch hierzu Klausur Nr. 11 „Der Lagerplatz".

Prüfungsschema: Rechtmäßigkeit einer Nutzungsuntersagung

I. Rechtsgrundlage: Art. 76 S. 2 BayBO

II. Formelle Rechtmäßigkeit
    1. Zuständigkeit, Art. 53 Abs. 1 BayBO, Art. 3 Abs. 1 Nr. 1 BayVwVfG
    2. Verfahren (insb. Anhörung, Art. 28 Abs. 1 BayVwVfG)
    3. Form (keine besondere Form vorgeschrieben)

III. Materielle Rechtmäßigkeit
    1. Tatbestand des Art. 76 S. 2 BayBO
        a. Anlage
        b. Nutzung in Widerspruch zu öffentlich-rechtlichen Vorschriften
    2. Ermessen (§ 114 VwGO)
        a. „Ob" der Maßnahme (insb. Verhältnismäßigkeit; bei Verstößen gg. Art. 55 Abs. 1 BayBO Prüfung der offensichtlichen Genehmigungsfähigkeit)
        b. „Wie" der Maßnahme
        c. Maßnahmerichtung (Art. 9 LStVG)

VI. Baueinstellung (Art. 75 BayBO)

Die Baueinstellung nach Art. 75 BayBO dient dazu, der Bauaufsichtsbehörde die **Gelegenheit zum Einschreiten** zu geben, während in rechtswidriger Weise Anlagen errichtet, geändert oder beseitigt werden. Die Verfügung geht dahin, die Arbeiten einzustellen. Voraussetzung für den Erlass ist der Verstoß gegen öffentlich-rechtliche Vorschriften. Es genügt also, dass eine notwendige Baugenehmigung, die bautechnischen Nachweise oder die Baubeginnsanzeige nicht vorliegt (Art. 75 Abs. 1 S. 2 Nr. 1 i. V. m. Art. 68 Abs. 6 BayBO). **561**

---

[328] Keine Beseitigung von Gegenständen, nur „Liegenlassen", BayVGH, BayVBl. 2005, 369.
[329] Beseitigung einer Küche kann aufgrund von Art. 76 Satz 2 BayBO verlangt werden: BayVGH, BayVBl. 2008, 629 ff.

562 Die Baueinstellung ist eine **Ermessensentscheidung**. Bei der Verhältnismäßigkeitsprüfung (Art. 8 LStVG) ist zu beachten, dass die Baueinstellung nur eine vorläufige Maßnahme ist und in ihrer Intensität weit hinter Nutzungsuntersagung und Beseitigungsanordnung zurückbleibt. Bei einem Verstoß gegen das Genehmigungserfordernis (Art. 55 Abs. 1 BayBO) muss daher nicht wie bei Art. 76 BayBO die (offensichtliche) Genehmigungsfähigkeit geprüft werden. Vielmehr kann die Behörde ermessensfehlerfrei die Baueinstellung anordnen und den Bauherrn auf das Genehmigungsverfahren verweisen. Für die vom Gesetzgeber hervorgehobenen Fälle des Art. 75 Abs. 1 S. 2 BayBO ist außerdem von intendiertem Ermessen auszugehen, d. h. die Baueinstellung ist regelmäßig ermessensfehlerfrei.[330] Das Ermessen ist auch dann intendiert, wenn abzusehen ist, dass bei einer Verwirklichung des Vorhabens später dessen Beseitigung angeordnet werden würde.[331] Insoweit kann also die materielle Baurechtswidrigkeit des Vorhabens im Rahmen der Ermessensentscheidung zu berücksichtigen sein.

Prüfungsschema: Rechtmäßigkeit einer Baueinstellungsverfügung

> **I. Rechtsgrundlage: Art. 75 Abs. 1 BayBO**
>
> **II. Formelle Rechtmäßigkeit**
> 1. Zuständigkeit, Art. 53 Abs. 1 BayBO, Art. 3 Abs. 1 Nr. 1 BayVwVfG
> 2. Verfahren (insb. Anhörung, Art. 28 Abs. 1 BayVwVfG)
> 3. Form (keine besondere Form vorgeschrieben)
>
> **III. Materielle Rechtmäßigkeit**
> 1. Tatbestand des Art. 75 Abs. 1 BayBO
>   a. Errichtung, Änderung oder Beseitigung von Anlagen
>   b. Widerspruch zu öffentlich-rechtlichen Vorschriften (allgemein oder Art. 75 Abs. 1 S. 2 BayBO)
> 2. Ermessen (§ 114 VwGO)
>   a. „Ob" der Maßnahme (insb. Verhältnismäßigkeit; Verstoß gegen Art. 55 Abs. 1 BayBO genügt; ggf. intendiertes Ermessen)
>   b. „Wie" der Maßnahme
>   c. Maßnahmerichtung (Art. 9 LStVG)

VII. Sonstige bauaufsichtliche Befugnisse

1. Generalklausel: Art. 54 Abs. 2 S. 2 BayBO

563 Nach Art. 54 Abs. 2 S. 1 BayBO haben die Bauaufsichtsbehörden eine Generalermächtigung, darüber zu wachen, dass die öffentlich-rechtlichen Vorschriften bei der Errichtung, Änderung, dem Abbruch oder der Nutzungsänderung bzw. der Instandhaltung von baulichen Anlagen eingehalten werden.[332] Art. 54 Abs. 2 S. 2

---

[330] *Manssen*, in: BeckOK BayBO, Art. 75 Rn. 19; für Art. 75 BayBO insgesamt *Jäde*, in: J/D/B/W, BayBO, Art. 75 Rn. 19.
[331] BayVGH, Beschl. v. 16.9.2013 – 14 CS 13.1383, juris: „grober Abstandsflächenrechtsverstoß".
[332] Ausführlich hierzu *Gröpl*, BayVBl. 1995, 292 ff.

BayBO ist die Rechtsgrundlage dafür, die erforderlichen Maßnahmen zu treffen. Diese Bestimmung ist **subsidiär** gegenüber speziellen Eingriffsbefugnissen. Die Ermächtigung kann nicht dazu verwendet werden, einer Baugenehmigung nachträglich Auflagen beizufügen. Hierfür muss entsprechend den Art. 48, 49 BayVwVfG vorgegangen werden. Die Vorschrift kann insbesondere dazu verwendet werden, Auflagen durchzusetzen, die mit einer Baugenehmigung verbunden worden sind.

Beispiel: L errichtet in der Gemeinde G ein Gebäude, in dem er ein Lampengeschäft errichtet. Aus Kostengründen hat er die Elektroleitungen selbst verlegt, jedoch nicht die notwendigen Maßnahmen zur Isolierung durchgeführt. Kunde K hat deshalb einen Stromschlag erlitten. **564**

Die Bauaufsichtsbehörde kann L verpflichten, die notwendigen Maßnahmen nachzuholen. Rechtsgrundlage ist Art. 54 Abs. 2 S. 2 BayBO, denn die bauliche Anlage des L steht nicht mit Art. 14 Abs. 1 BayBO im Einklang. Die Anordnung nach § 54 Abs. 2 S. 2 BayBO ist insoweit ein milderes Mittel gegenüber einer Beseitigungsanordnung nach Art. 76 S. 1 BayBO.

2. Konkretisierung allgemeiner Anforderungen: Art. 54 Abs. 3 BayBO

Art. 54 Abs. 3 BayBO dient dazu, die Anforderungen der baurechtlichen Generalklausel des Art. 3 BayBO gegebenenfalls zu konkretisieren. Die Baugenehmigungsbehörde schafft insofern durch einen Verwaltungsakt eigenes Baurecht. Voraussetzung hierfür ist das Vorliegen einer „erheblichen Gefahr". Sie liegt vor allem dann vor, wenn Leib und Leben oder andere erhebliche Werte bedroht sind. Art. 54 Abs. 3 BayBO dient insofern nicht nur der Konkretisierung, sondern auch der Durchsetzung des Art. 3 BayBO. Angesichts der Detailliertheit der Regelungen in der BayBO ist die praktische Bedeutung der Vorschrift gering. **565**

3. Anforderungen an bestehende bauliche Anlagen: Art. 54 Abs. 4 und 5 BayBO

Nach Art. 54 Abs. 4 BayBO können Anforderungen an bestandsgeschützte bauliche Anlagen gestellt werden, soweit dies zur Abwehr von erheblichen Gefahren von Leben und Gesundheit notwendig ist. Art. 54 Abs. 4 BayBO ist auch dann anwendbar, wenn eine Baugenehmigung vorliegt. Deren Bestandskraft wird also durch diese Vorschrift teilweise relativiert. Es kommt für den Erlass der Verfügung nicht darauf an, dass die bauliche Anlage materiell baurechtswidrig ist. **566**

Beispiel: F betreibt ein 1979 baurechtlich genehmigtes Fitnessstudio. Die neueren Anforderungen des Brandschutzes (Art. 28 BayBO) werden nicht eingehalten. Ein ähnlich gebautes Studio ist vor kurzem bis auf die Grundmauern abgebrannt. **567**

Die Bauaufsichtsbehörde kann eine Anordnung nach Art. 54 Abs. 4 BayBO erlassen, da erhebliche Gefahren für Leib und Leben der Mitarbeiter und Benutzer drohen.

Bei Art. 54 Abs. 5 und 6 BayBO geht es um ein Vorgehen bei wesentlichen Änderungen von baulichen Anlagen. Hier kann der Bauherr verpflichtet werden, auch die nicht berührten Teile dem geltenden Baurecht anzupassen. **568**

Beispiel: G will sein Fitnessstudio erweitern (Bauvolumen 100.000 Euro). Die Anpassung des Altbestandes an die neuen gesetzlichen Vorgaben über Aufzüge (Art. 37 BayBO) würde 10.000 Euro kosten. G kann hierzu nach Art. 54 Abs. 5 BayBO verpflichtet werden. **569**

4. Betreten und Besichtigen: Art. 54 Abs. 2 S. 4 BayBO

570 Die für den Vollzug der BayBO zuständigen Amtsträger dürfen Grundstücke und Anlagen einschließlich der Wohnungen jederzeit betreten (Art. 54 Abs. 2 S. 4 Bay-BO). Hierbei handelt es sich nicht um eine Durchsuchung im Sinne von Art. 13 Abs. 2 GG, sondern eine sonstige Beschränkung nach Art. 13 Abs. 7 GG.[333] Die sich aus Art. 13 Abs. 7 GG ergebenden Eingriffsbeschränkungen sind dabei zu beachten.[334] In der Regel wird es darum gehen, i.S.v. Art. 13 Abs. 7 GG dringende Gefahren für die öffentliche Sicherheit und Ordnung zu verhüten. Eine konkrete Gefahr ist dafür nicht erforderlich. Es genügt, wenn die Maßnahme dem Zweck dient, einen Zustand nicht eintreten zu lassen, der eine solche dringende Gefahr darstellen würde.[335]

VIII. Örtliche Bauvorschriften

1. Allgemeines zur Baugestaltung

571 Von großer praktischer Bedeutung ist die Ermächtigung der Gemeinden, sog. örtliche Bauvorschriften zu erlassen (Art. 81 BayBO).[336] Damit erhalten die Gemeinden als **Aufgabe des eigenen Wirkungskreises** (Art. 7 GO) die Möglichkeit, gestalterische Anforderungen an bauliche Anlagen oder sonstige Anlagen (vor allem auch Werbeanlagen) zu stellen, die wegen des abschließenden Charakters des § 9 Abs. 1 BauGB auf städtebaulicher Grundlage nicht getroffen werden können. Hierzu gehören u.a. Anforderungen an den Außenanstrich, die Dachform, die Dachneigung, die Größe und Gestaltung von Fenstern oder Einfriedungen. Die Gemeinden dürfen auch von Art. 6 BayBO abweichende Abstandsflächen vorsehen (Art. 81 Abs. 1 Nr. 6 BayBO).

572 Liegen keine örtlichen Bauvorschriften vor, gelten die **allgemeinen Bestimmungen** der BayBO über die Baugestaltung. Hierzu stellt das Gesetz zunächst die Anforderung auf, dass die Anlage selbst nicht verunstaltet wirken darf (Art. 8 S. 1 BayBO). Weiterhin darf die Anlage, auch wenn sie für sich genommen nicht zu beanstanden ist, dass Straßen-, Orts- und Landschaftsbild nicht verunstalten (Art. 8 S. 2 BayBO). Schließlich ist die störende Häufung von Werbeanlagen unzulässig (Art. 8 S. 3 BayBO).

573 Der Begriff der **Verunstaltung** ist ein unbestimmter Rechtsbegriff. Er wird vergleichsweise restriktiv interpretiert. Als Verunstaltung ist ein hässlicher Zustand anzusehen, der das ästhetische Empfinden des gebildeten Durchschnittsbetrachters nicht nur beeinträchtigt, sondern verletzt; eine bloße Unschönheit ist nicht als Verunstaltung anzusehen.[337] Ein Beurteilungsspielraum der Verwaltung bei Anwendung der Vorschriften wird nicht anerkannt. Es gilt der Grundsatz der vollständigen gerichtlichen Überprüfbarkeit.

---

[333] BVerwG, NJW 2006, 2504; BayVerfGH, BayVBl. 2006, 304.
[334] BayVerfGH, BayVBl. 2006, 304.
[335] BVerwG, NJW 2006, 2504 (2505).
[336] Ausführlich *Manssen,* Stadtgestaltung durch örtliche Bauvorschriften (1990).
[337] BayVGH, BayVBl. 2001, 211 f.

2. Erlassverfahren

Für den Erlass örtlicher Bauvorschriften bestehen zwei Möglichkeiten: **574**
– Die Gemeinde kann nach Art. 81 BayBO eine eigenständige Satzung erlassen (geschieht oft in Innenbereichsgebieten nach § 34 BauGB).
– Die örtlichen Bauvorschriften können jedoch auch Bestandteil des Bebauungsplans sein (§ 9 Abs. 4 BauGB i. V. m. Art. 81 Abs. 2 BayBO). Auf dieses Verfahren wird vor allem bei der Planung von Neubaugebieten zurückgegriffen. Soweit in örtlichen Bauvorschriften das Genehmigungsfreistellungsverfahren eingeschränkt werden soll, muss die Aufnahme in den Bebauungsplan erfolgen (Art. 58 Abs. 1 S. 2 BayBO).

Beim Erlass örtlicher Bauvorschriften durch „einfache" Satzung ist das gleiche   **575**
Verfahren wie bei sonstigen gemeindlichen Satzungen durchzuführen. Eingeschränkte Anforderungen an die Bekanntmachung ergeben sich aus Art. 81 Abs. 3 BayBO. Werden örtliche Bauvorschriften nach § 9 Abs. 4 BauGB in den Bebauungsplan aufgenommen, sind gemäß Art. 81 Abs. 2 S. 2 BayBO die gleichen Verfahrensanforderungen wie beim Erlass von Bauleitplänen einzuhalten (sog. dynamische Verweisung, es gelten die Vorschriften des BauGB in seiner jeweiligen Fassung!).

3. Materielle Anforderungen

Örtliche Bauvorschriften können zunächst die Gestaltungsvorschriften des Art. 8   **576**
BayBO konkretisieren. Sie können jedoch darüber hinaus auch zu einer **positiven Gestaltungspflege** eingesetzt werden. Die Gemeinden können sich durch den Erlass von örtlichen Bauvorschriften ein eigenes „städtebauliches Bild" schaffen.

Eine wesentliche materielle Anforderung an die Rechtmäßigkeit von örtlichen   **577**
Bauvorschriften ist das Abwägungsgebot. Es gilt nach Art. 81 Abs. 2 S. 2 BayBO zunächst für örtliche Bauvorschriften im Bebauungsplan, als allgemeine rechtsstaatliche Anforderung an Planungsentscheidungen jedoch auch beim Erlass einer Satzung.

4. Rechtsschutz gegen örtliche Bauvorschriften

Örtliche Bauvorschriften, die gemäß § 9 Abs. 4 BauGB in den Bebauungsplan   **578**
aufgenommen worden sind, unterliegen der **Normenkontrolle** nach § 47 Abs. 1 **Nr. 1** VwGO. Sie bilden mit den bauplanungsrechtlichen Festsetzungen nach § 9 Abs. 1 BauGB eine Einheit. Satzungen über örtliche Bauvorschriften unterliegen der Normenkontrolle nach § 47 Abs. 1 **Nr. 2** VwGO i. V. m. Art. 5 S. 1 AGVwGO. Die Beschränkungen der Antragsbefugnis nach Art. 5 S. 2 AGVwGO betreffen deshalb auch nur sie, nicht die örtlichen Bauvorschriften, die in den Bebauungsplan aufgenommen worden sind. Die Verfassungsmäßigkeit des Art. 5 S. 2 AGVwGO wird im Übrigen mit guten Gründen in Frage gestellt (Kompetenz des Landesgesetzgebers?).[338]

Wie sonstige untergesetzliche Rechtsvorschriften kann ein Verwaltungsgericht   **579**
örtliche Bauvorschriften auch **inzident** überprüfen, etwa im Rahmen einer Klage

---

[338] *Geiger,* BayVBl. 1995, 363 ff.

auf Erteilung der Baugenehmigung (vgl. Art. 59 S. 1 Nr. 1 BayBO – örtliche Bauvorschriften sind stets im Prüfungsumfang) oder im Rahmen einer Klage gegen
eine bauaufsichtliche Verfügung.

580   Verletzungen von Grundrechten der Bayerischen Verfassung durch örtliche Bauvorschriften können im Wege der **Popularklage** zum *BayVerfGH* geltend gemacht
werden. So ist ein generelles Verbot von Werbeanlagen im gesamten Stadtgebiet auf
Grundlage von Art. 81 Abs. 1 Nr. 2 BayBO für unvereinbar mit dem Eigentums-
recht (Art. 103 Abs. 1 BV), der Berufsfreiheit (Art. 101 BV) und dem Gleichheitssatz (Art. 118 Abs. 1 BV) erklärt worden.[339]

IX. Abweichungen (Art. 63 BayBO)

581   Eine unübersichtliche Vorschrift, die eine Reihe von Fragen aufwirft, enthält die
BayBO in Art. 63. Wichtig sind folgende Unterscheidungen:
- Geregelt sind Abweichungen vom **Bauordnungsrecht** (Art. 63 Abs. 1 BayBO)
  und – teilweise – Abweichungen vom **Bauplanungsrecht** (Art. 63 Abs. 2 Bay-
  BO). Hinsichtlich des Bauordnungsrechts regelt Art. 63 BayBO das Verfahrens-
  recht und die materiellen Voraussetzungen, beim Bauplanungsrecht nur die Ver-
  fahrensfragen (die inhaltlichen Maßstäbe ergeben sich aus den §§ 31, 34 Abs. 2
  BauGB i. V. m. der BauNVO).
- Die Entscheidung über eine Abweichung erfolgt in **drei möglichen Varianten**:
  In der Baugenehmigung, mit der Baugenehmigung oder isoliert. Die Entscheidung erfolgt in der Baugenehmigung, wenn die beantragte Abweichung eine
  Frage betrifft, die zum Prüfprogramm im Baugenehmigungsverfahren entweder nach Art. 59 BayBO oder 60 BayBO gehört. Ist eine Baugenehmigung im
  vereinfachten Verfahren nach Art. 59 BayBO zu erteilen und betrifft die Abweichung eine nicht zu prüfende Frage des Bauordnungsrechts, ergeht die Entscheidung über die Abweichung neben der Baugenehmigung. Die Baugenehmigung kann erteilt, die Abweichung versagt werden. Die Ablehnung der
  Abweichung kann zum Anlass genommen werden, auch die Baugenehmigung
  zu verweigern, wenn eine Umplanung oder Änderung des Vorhabens im Hinblick auf die abgelehnte Abweichung ausgeschlossen ist (Art. 68 Abs. 1 S. 1 2. HS
  BayBO). Ist überhaupt keine Baugenehmigung erforderlich, ergeht eine isolierte
  Abweichungsentscheidung.
- **Zuständig** für die Entscheidung ist in der Regel die Bauaufsichtsbehörde, aus-
  nahmsweise die Gemeinde (Art. 63 Abs. 3 BayBO), und zwar dann, wenn bei
  verfahrensfreien Bauvorhaben nach Art. 57 BayBO eine Abweichung vom Sat-
  zungsrecht der Gemeinde erfolgen soll (örtliche Bauvorschriften oder städtebau-
  liche Satzung).
- Der **materielle Maßstab** für die Entscheidung über die Abweichung ist für das
  Bauordnungsrecht die Grundnorm des Art. 3 BayBO, bei Abweichungen im
  Städtebaurecht die dortigen Normen §§ 31, 34 BauGB und die BauNVO. Die
  Zulassung einer Abweichung ist nicht erforderlich, wenn es lediglich um techni-
  sche Anforderungen, nicht um materielles Bauordnungsrecht geht (Art. 63 Abs. 1
  S. 3 BayBO).

---

[339] BayVerfGH, NVwZ-RR 2012, 297 ff.

Die Abweichung muss gesondert schriftlich **beantragt** werden (Art. 63 Abs. 2 **582**
S. 1 1. HS BayBO). Sie ist zudem zu begründen (Art. 63 Abs. 2 S. 1 2. HS BayBO),
worin aber lediglich eine Ordnungsvorschrift gesehen wird (also keine Unzulässigkeit des Antrags bei fehlender Begründung).[340]

Klausurpraxis: Zur Abweichung nach Art. 63 BayBO und dem Sonderproblem der „faktischen" Abweichung → Klausur Nr. 12 „Im Westen was Neues".

E. Der Nachbar im öffentlichen Baurecht

I. Allgemeines

Von besonderer Klausurbedeutung im Baurecht sind Nachbarstreitigkeiten. **583**
Hierbei sind zwei „**Grundfälle**" zu unterscheiden:
1. Der Nachbar wehrt sich **gegen die Genehmigung** eines Bauvorhabens durch
   die Bauaufsichtsbehörde. Dies führt prozessual zur Anfechtungsklage.
2. Der Nachbar verlangt von der Bauaufsichtsbehörde ein **Einschreiten** gegen baurechtswidrige bauliche Zustände. Dies führt prozessual zur Verpflichtungsklage.
Grundsätzlich gelten im Baurecht auch bei Nachbarstreitigkeiten die Regeln des **584**
allgemeinen Verwaltungsrechts und des Verwaltungsprozessrechts. Teilweise hat sich
jedoch auch eine sehr komplizierte Sonderdogmatik entwickelt.[341]

II. Der Begriff des Nachbarn

Von entscheidender Bedeutung für nachbarschaftliche Streitigkeiten ist zu- **585**
nächst, wer überhaupt Nachbar i. S. d. öffentlichen Baurechts ist. Eine wichtige
Weichenstellung erfolgt dadurch, dass das öffentliche Baurecht nach Auffassung der
Rechtsprechung **grundstücksbezogen** ist und die Grundstücke durch den Eigentümer „repräsentiert" werden. Hiervon geht auch die BayBO aus (→ vor allem
Art. 66 BayBO). Nachbar ist deshalb nur derjenige, der entweder Eigentümer ist
oder einem Eigentümer vergleichbar an dem Grundstück berechtigt ist. Mieter
und Pächter hingegen sind keine Nachbarn i. S. d. öffentlichen Baurechts, auch
wenn sie teilweise baurechtlich mit in die Pflicht genommen werden (vgl. Art. 54
Abs. 2 S. 3 BayBO). Hieraus folgt, dass nur obligatorisch Berechtigte gegen baurechtliche Verfügungen im Regelfall nicht klagebefugt i. S. v. § 42 Abs. 2 VwGO
sind.[342]
Die BayBO trägt der eigentumsrechtlichen Aufwertung obligatorischer Be- **586**
sitzrechte durch die Rechtsprechung (Mieter ist Eigentümer i. S. v. Art. 14 GG!)[343]
in Art. 66 Abs. 3 S. 3 Rechnung: der Grundstückseigentümer nimmt auch die
Rechte des Mieters oder Pächters aus Art. 14 GG wahr. Damit ist verwaltungsrechtlicher Rechtsschutz gestützt auf das Eigentumsgrundrecht für obligatorisch
Berechtigte ausgeschlossen. Das ist eine zulässige Regelung des Inhalts des „**Mie-**

---

[340] Vgl. LT-Drucks. 15/7161 S. 68.
[341] Vgl. *Wolf,* NVwZ 2013, 247 ff.
[342] Vgl. BVerwG, NVwZ 1998, 956.
[343] BVerfGE 89, 1 ff.

ter-Eigentums"; der obligatorisch Berechtigte wird in zulässiger Weise auf seine zivilrechtlichen Ansprüche gegen den Vermieter oder Verpächter (§§ 536 ff. BGB) verwiesen.[344] Es gibt allerdings zwei Ausnahmefälle, in denen auch obligatorisch Berechtigte direkt gegen die Baugenehmigung vorgehen können:

– Bei konkreten Gesundheitsgefahren kann sich ein Mieter oder Pächter auf Art. 2 Abs. 2 S. 1 GG berufen.[345] Art. 66 Abs. 3 S. 3 BayBO betrifft nur aus dem Eigentumsgrundrecht folgende Rechte.

– Der Inhaber einer immissionsschutzrechtlichen Genehmigung (§ 4 BImSchG), der nicht zugleich Eigentümer des Betriebsgrundstücks ist, hat aus seiner Genehmigung eine wehrfähige Rechtsposition, die ihn vor drohenden Betriebseinschränkungen infolge der Baugenehmigung schützt.

587   **Hinweis:** Auch wenn in den meisten Fällen nur ein dinglich Berechtigter gegen die Baugenehmigung klagebefugt sein kann, ist es also verfehlt die Nachbareigenschaft gleichsam „vor die Klammer zu ziehen". Es ist jede mögliche Rechtsposition genau zu prüfen. Rechtspositionen aus dem Baurecht stehen aber nur dem Nachbarn i. S. d. Baurechts zu.

588   Als Nachbar wird zunächst vor allem der **Grundstücksnachbar** angesehen. Hierauf ist der Nachbarbegriff im öffentlichen Baurecht jedoch nicht mehr beschränkt. Letztlich ist Nachbar jeder, der im **Einwirkungsbereich** der baulichen Anlage Eigentümer eines Grundstücks ist (vgl. auch Art. 66a BayBO).

III. Klagebefugnis des Nachbarn

589   Anfechtungs- und Verpflichtungsklage sind nur dann zulässig, wenn eine Klagebefugnis nach § 42 Abs. 2 VwGO vorliegt. Zudem wird eine Anfechtungsklage nur dann Erfolg haben, wenn der Nachbar durch den rechtswidrigen Verwaltungsakt in seinen Rechten verletzt ist (§ 113 Abs. 1 S. 1 VwGO). Erforderlich ist daher eine Verletzung in subjektiv-öffentlichen Rechten, also in Normen, die Rechtspositionen des Nachbarn begründen und bei Erteilung der Erlaubnis auch zu prüfen sind. Ähnliches gilt gem. § 113 Abs. 5 S. 1 VwGO auch für die Verpflichtungsklage. Es muss ein subjektiv-öffentliches Recht gegen den Rechtsträger der Bauaufsichtsbehörde bestehen. Die Beschränkung des Prüfungsumfangs im Genehmigungsverfahren spielt hierbei unmittelbar keine Rolle.

1. Ausgangspunkt: Schutznormtheorie

590   Vom Grundprinzip her ist zunächst festzustellen, dass der Nachbar an dem Rechtsverhältnis zwischen Baugenehmigungsbehörde und Bauantragsteller nicht unmittelbar beteiligt ist. Er ist also i. S. d. Verwaltungs- und Verwaltungsprozessrechts „**Dritter**". Seine Klagebefugnis etwa gegen eine Baugenehmigung kann deshalb nicht aus der aus Art. 2 Abs. 1 GG abgeleiteten Adressatentheorie folgen. Auch wenn dem Nachbarn die Baugenehmigung zugestellt wird, ist er nicht deren (Inhalts-)Adressat!

591   Eine Klagebefugnis lässt sich daher nur dann annehmen, wenn der Nachbar möglicherweise in einem subjektiv-öffentlichen Recht verletzt ist, das aus dem ein-

---

[344] Vgl. VG Regensburg, Beschl. v. 10.3.2014 – RO 2 S 14.341 –, juris.
[345] BVerwGE 82, 75.

fachen Recht abgeleitet werden muss. Hierfür ist zunächst auf die sog. **Schutz-normtheorie** des allgemeinen Verwaltungsrechts zurückzugreifen (genereller Drittschutz). Eine Norm ist (generell) drittschützend i. S. d. Schutznormlehre, wenn sie nicht nur öffentlichen Interessen, sondern zumindest auch individuellen Interessen zu dienen bestimmt ist.

Die einzelne, möglicherweise verletzte baurechtliche Norm ist somit darauf zu prüfen, ob sie auch **dem Schutz des Nachbarn dient**. Das Kriterium hierfür ist, ob sich aus der Norm ein Personenkreis entnehmen lässt, der sich von der Allgemeinheit unterscheidet.[346] Ob dies der Fall ist, ergibt sich entweder aus der Vorschrift selbst oder aus ihrer Auslegung.   **592**

Beispiele für **generell nachbarschützende Vorschriften**:   **593**
– Nachbarschützend sind Festsetzungen im Bebauungsplan über die **Art der baulichen Nutzung** (Gebietsfestlegungen nach den §§ 2–14 BauNVO), soweit das Grundstück im Plangebiet liegt. Es wird eine Art „Austauschverhältnis" zwischen den Eigentümern der Grundstücke hergestellt. So darf in einem allgemeinen Wohngebiet kein störender Gewerbebetrieb errichtet werden (→ § 4 BauNVO). Dies gilt für jeden Planunterworfenen. Jeder Planunterworfene hat deshalb auch das grundsätzliche Recht, von seinen Nachbarn die Einhaltung der Vorschriften zu verlangen (sog. **Gebietserhaltungsanspruch**).[347] Dasselbe gilt in einem faktischen Baugebiet nach § 34 Abs. 2 BauGB i. V. m. §§ 2 ff. BauNVO. Für den Gebietserhaltungsanspruch kommt es auf eine konkrete Beeinträchtigung des Nachbarn nicht an!

Beispiel:[348] N ist Eigentümer eines Grundstücks in einem allgemeinen Wohngebiet. Er klagt   **594**
gegen die Genehmigung für einen Lebensmittelmarkt, der in einem angrenzenden, durch Bebauungsplan festgesetzten Mischgebiet errichtet werden soll.
N ist nicht unter Berufung auf den Gebietserhaltungsanspruch klagebefugt, denn sein Grundstück und das Vorhabengrundstück liegen nicht **im selben Baugebiet**. Zwar kann auch die Festsetzung eines angrenzenden Gebiets drittschützende Wirkung haben; das setzt aber voraus, dass die Gemeinde einen entsprechenden Planungswillen hatte, der auf den Schutz der Nachbarn in einem anderen Gebiet abzielte.

– **Nachbarschützend** sind auch die Bestimmungen des Bauordnungsrechts über   **595**
   Abstandsflächen (Art. 6 BayBO). Die Vorschriften haben gerade die Funktion, ein zu dichtes Heranbauen an die Grundstücksgrenze im Interesse des Nachbarn (Besonnung des Grundstücks, Belüftung, Abstand aus Gründen des Lärmschutzes) zu verhindern. Des Weiteren sind die folgenden Vorschriften der BayBO nachbarschützend: Art. 9 BayBO (Baustelle), Art. 10 S. 3 BayBO (Standsicherheit),[349] Art. 11 BayBO (Schutz gegen Einwirkungen), Art. 12 BayBO (Brandschutz), Art. 28 BayBO (Brandwände), Art. 40 BayBO (Feuerungsanlagen, Wärme- und Brennstoffversorgungsanlagen).
– Nachbarschützend ist die Bestimmung des § 63 Abs. 1 BayBO über Abweichungen von bauaufsichtlichen Anforderungen. Hier gelten die gleichen Grundsätze wie bei Befreiungen nach § 31 Abs. 2 BauGB (→ Rn. 81).

---

[346] BVerwG, BayVBl. 1987, 151 f.
[347] Zum Sonderfall von Festsetzungen, die den Gebietstyp nach § 1 Abs. 4 ff. BauNVO modifizieren, → BayVGH, BayVBl. 2003, 307 f.
[348] BayVGH, BayVBl. 2014, 146 f.
[349] Vgl. dazu auch BayVGH, BayVBl. 2000, 377 f.

596   **Nicht nachbarschützend** sind beispielsweise Vorschriften über:
– die Gestaltung baulicher Anlagen (Art. 8 BayBO),
– das Maß der baulichen Nutzung (§§ 16 ff. BauNVO; Ausnahmen sind denkbar, wenn sich ein entsprechender Wille des Plangebers ermitteln lässt).

597   Liegt ein **Verstoß** gegen eine nachbarschützende Vorschrift vor, ist die Baugenehmigung auf **Anfechtungsklage** hin aufzuheben, soweit die verletzte Vorschrift Bestandteil des Prüfprogramms war (Art. 68 Abs. 1 S. 1 1. HS, Art. 59 f. BayBO). Art. 68 Abs. 1 S. 1 2. HS BayBO erweitert dieses Programm nicht, sondern ermöglicht der Behörde nur die Ablehnung des Bauantrags (→ Rn. 476).

598   Außerhalb des Pflichtprüfprogramms kann dem Nachbar ein Anspruch auf bauaufsichtliches Einschreiten gegen ein Vorhaben zustehen, das nachbarschützende Vorschriften verletzt. Durchzusetzen ist dieser Anspruch mit der **Verpflichtungsklage**. Anspruchsgrundlagen sind die bauaufsichtlichen Befugnisse (insbes. Art. 75, Art. 76 S. 1 und 2 BayBO) i. V. m. der jeweils den Nachbar schützenden Vorschrift (zur Spruchreife → Rn. 618 ff.).[350]

> **Klausurpraxis:** Zum Nachbarschutz aus Bauplanungs- und Bauordnungsrecht → Klausur Nr. 12 „Im Westen was Neues".

2. Das sog. Rücksichtnahmegebot

599   Die Regelungen des Städtebaurechts sind i. d. R. nicht als drittschützende Bestimmungen formuliert. Sie können jedoch unter Rückgriff auf das **Rücksichtnahmegebot** ausnahmsweise drittschützend sein, wenn der Nachbar im Einzelfall über das Zumutbare hinaus tatsächlich beeinträchtigt ist (**partieller Drittschutz**). Dieser Ansatz ist also sehr viel enger als der der Schutznormtheorie. Während es bei der Schutznormtheorie nicht darauf ankommt, wie stark die tatsächliche Belastung ist, kommt Drittschutz aus dem Rücksichtnahmegebot nur dann in Betracht, wenn der Nachbar in besonderer Weise belastet wird. Es handelt sich also um eine Formel zur Erreichung eines Interessenausgleichs im Einzelfall unter Bestimmung dessen, was dem Nachbarn und dem Bauherrn „zumutbar" ist.

600   Der Umgang mit dem Rücksichtnahmegebot wird dadurch verkompliziert, dass es sich nach Auffassung der Rechtsprechung zunächst um ein **objektiv-rechtliches Gebot** handelt. Dies kommt in der Formel des *BVerwG* zum Ausdruck, die folgendermaßen lautet:

> „Je empfindlicher und schutzwürdiger die Stellung derer ist, denen die Rücksichtnahme im gegebenen Zusammenhang zugute kommt, umso mehr kann eine Rücksichtnahme verlangt werden. Je verständlicher und unabweisbarer die mit dem Vorhaben verfolgten Interessen sind, umso weniger braucht derjenige, der das Vorhaben verwirklichen will, Rücksicht zu nehmen. Es kommt demnach für eine sachgerechte Beurteilung des Einzelfalles wesentlich auf eine Abwägung zwischen dem an, was einerseits dem Rücksichtnahmebegünstigten und andererseits dem Rücksichtnahmepflichtigen nach Lage der Dinge zuzumuten ist."[351]

Dieses Rücksichtnahmegebot ist im Gesetz nicht ausdrücklich normiert. Es wird vielmehr **aus einzelnen Vorschriften abgeleitet**. Einen gewissen Ansatzpunkt bietet § 15 Abs. 1 BauNVO. Im sog. Innenbereich (§ 34 BauGB) geht man

---

[350] BayVGH, Urt. v. 4.12.2014 – 15 B 12.1450 –, juris.
[351] BVerwGE 52, 122 (126).

davon aus, dass das Erfordernis des „Einfügens" (§ 34 Abs. 1 S. 1 BauGB) das Rücksichtnahmegebot enthält. Im Außenbereich des § 35 BauGB kann man auf die „schädlichen Umwelteinwirkungen" (§ 35 Abs. 3 S. 1 Nr. 3 BauGB) oder auf sonstige nachteilige Auswirkungen als sog. unbenannter öffentlicher Belang nach § 35 Abs. 3 BauGB zurückgreifen. Trotzdem existiert kein außergesetzliches oder sogar verfassungsrechtliches, das gesamte Baurecht umfassende Rücksichtnahmegebot.

Lässt sich das objektive Rücksichtnahmegebot in einer baurechtlichen Norm **601** verorten, bedeutet dies nicht automatisch, dass bei einem Verstoß gegen die Norm eine Klagebefugnis anzunehmen ist. Vielmehr wird in sehr einschränkender Weise davon ausgegangen, dass das Rücksichtnahmegebot nur dann drittschützend ist, wenn *„in qualifizierter und zugleich individualisierter Weise auf schutzwürdige Interessen eines erkennbar abgegrenzten Kreises Dritter Rücksicht zu nehmen ist"*[352] (**subjektiviertes Rücksichtnahmegebot**). Es muss also deutlich feststehen, auf wen Rücksicht zu nehmen ist, und es muss weiterhin eine besondere rechtliche Schutzwürdigkeit des Betroffenen zu erkennen sein. Gleichwohl lässt sich nicht bestreiten, dass die Anwendung des Rücksichtnahmegebots immer wieder zu erheblichen Rechtsunsicherheiten führt.

3. Kein Nachbarschutz aus Art. 68 Abs. 1 S. 1 2. HS BayBO

Die Einfügung des Art. 68 Abs. 1 S. 1 2. HS BayBO hat nicht nur hinsicht- **602** lich der Erteilung der Baugenehmigung für Unklarheiten gesorgt (→ Rn. 475 ff.). Je nach dogmatischer Einordnung – Sachbescheidungsinteresse oder Ablehnungsbefugnis – stellt sich die Frage, ob die Vorschrift auch den Nachbarn schützt unter einem anderen Blickwinkel. Ordnet man die Vorschrift (unzutreffend) als Normierung des Sachbescheidungsinteresses ein, ist der Drittschutz schon a priori zu verneinen, da die Versagung dann nur aus (objektiv-rechtlichen) verfahrensrechtlichen Gründen erfolgt. Bei zutreffender Einordnung als fakultative Ablehnungsbefugnis mit **Versagungsermessen** muss begründet werden, dass durch die Ermessensentscheidung gerade nicht (auch) der Nachbar geschützt werden soll. Nachbarschutz über den zweiten Halbsatz würde nämlich das gesetzgeberische Konzept, eine Vorschrift für Zufallsfunde zu schaffen, pervertieren. Der Nachbar könnte nämlich eine Vielzahl von Verstößen vorbringen, um Zufallsfunde zu „produzieren" und die Behörde so zu einer Ermessensausübung zu zwingen.[353] Mit der Eröffnung des Versagungsermessens sollen aber nur öffentliche Interessen geschützt werden. Eine andere Auslegung würde „die Intentionen des Gesetzgebers ad absurdum führen, da der Gesetzgeber das Prüfprogramm aus Gründen der Deregulierung eingeschränkt hat."[354]

Klausurpraxis: Siehe hierzu Klausur Nr. 12 „Im Westen was Neues"; in der Klausur kann an dieser Stelle die Einordnung des Art. 68 Abs. 1 S. 1 2. HS BayBO im Ergebnis offen bleiben, da nach allen Ansichten Drittschutz zu verneinen ist.

---

[352] BVerwGE 67, 339 (344): sog. Subjektivierungsformel.
[353] *Manssen/Greim,* BayVBl. 2010, 421 (425).
[354] BayVGH, BayVBl. 2011, 147 (148); ebenso BayVGH, BayVBl. 2011, 413.

4. Keine Ableitung von Nachbarrechten aus Art. 14 Abs. 1 GG

603   Vorsicht ist geboten, wenn im Rückgriff auf Art. 14 GG Nachbarrechtsschutz begründet werden soll. Danach Art. 14 Abs. 1 S. 2 GG Inhalt und Schranken des Eigentums durch den Gesetzgeber bestimmt werden, kann **kein verfassungsunmittelbares Recht des Nachbarn** aus der Eigentumsgarantie hergeleitet werden. Maßgeblich ist stattdessen das einfache Recht.[355]

Einen aktuellen Fall stellt die Klagebefugnis des Eigentümers eines (nach Landesrecht) denkmalgeschützten Gebäudes gegen Vorhaben dar, die die **Denkmalwürdigkeit** seines Vorhabens erheblich beeinträchtigen. Nach dem BVerwG ist das einfache Denkmalschutzrecht aufgrund der Vorgaben des Art. 14 Abs. 1 GG an Inhalts- und Schrankenbestimmungen des Eigentums so auszulegen, dass es dem Eigentümer ein entsprechendes Abwehrrecht einräumt.[356] Das stellt aber keinen Rückgriff auf Art. 14 Abs. 1 GG dar, sondern eine verfassungskonforme Auslegung einfachen Rechts.

IV. Nachbarbeteiligung nach Art. 66 BayBO

604   In Abweichung von den allgemeinen verwaltungsverfahrensrechtlichen Regelungen über die Anhörung (Art. 28 BayVwVfG) trifft Art. 66 BayBO Bestimmungen über die Beteiligung des Nachbarn bei Bauanträgen. Der Bauherr oder sein Beauftragter legt dem Nachbarn die Pläne vor, eine Anhörung durch die Behörde unterbleibt (Art. 66 Abs. 2 S. 2 BayBO). Im Falle einer **Zustimmung** nach Art. 66 Abs. 1 S. 2 BayBO (in früheren Gesetzesfassungen als „Unterschrift" bezeichnet) gibt der Nachbar zu erkennen, dass er mit dem Bauvorhaben einverstanden ist. Er verzichtet damit auf subjektiv-öffentliche Abwehrrechte.

605   Stimmt der Nachbar dem Vorhaben nicht zu, wird nach Art. 66 Abs. 1 S. 3 BayBO dem Nachbarn die Baugenehmigung **zugestellt**. Die Verweigerung der Zustimmung blockiert" ein Vorhaben also nicht.

606   Die Zustimmung ist eine **öffentlich-rechtliche Willenserklärung** des Nachbarn. Nach der Neufassung des Gesetzes[357] wird die Zustimmung – anders als bisher – nicht mehr an die Bauaufsichtsbehörde weitergegeben. Es muss lediglich im Bauantrag angegeben werden, ob der Nachbar zugestimmt hat. Diese 2021 erlassene gesetzliche Änderung verfolgt allerdings alleine den Zweck der Verfahrenserleichterung (Stellung elektronischer Bauanträge). Der Sache nach wollte der Gesetzgeber keine Änderungen vornehmen. Die Zustimmung ergeht daher nach wie vor gegenüber der Bauaufsichtsbehörde (der Bauherr ist quasi eine Art Empfangsbote). Bis zum Eingang der Mitteilung nach Art. 66 Abs. 1 S. 3 BayBO bei der Bauaufsichtsbehörde kann die Zustimmung deshalb widerrufen werden, danach nicht mehr.[358] Nach anderer Auffassung kann die Zustimmung nur widerrufen werden, bis sie beim Bauherrn zugegangen ist.[359] Die Zustimmung kann gegebenenfalls je-

---

[355] Anders noch Vorauflage für Ausnahmefälle.
[356] BVerwGE 133, 347 (350 f.).
[357] Durch das Gesetz vom 23.12.2020, GVBl. S. 663.
[358] BayVGH, BayVBl. 2006, 246 ff.
[359] *Edenharter*, in: Beck-OK BayBO, Art. 66 Rn. 48 ff.

doch wegen Willensmängeln nach den §§ 119 ff. BGB analog angefochten werden. Die Zustimmung wirkt auch gegenüber Rechtsnachfolgern des Nachbarn.

Die Zustimmung des Nachbarn bedeutet **keinen Verzicht auf private Nach-** **607** **barrechte**. Grundsätzlich geht die Rechtsprechung auch davon aus, dass sich aus der Zustimmung ein besonderes nachbarrechtliches Gemeinschaftsverhältnis ergibt, das den Nachbarn privatrechtlich zur Duldung des Vorhabens verpflichtet. Hierfür sei vielmehr eine besondere bürgerlich-rechtliche Vereinbarung zwischen Nachbarn und Bauherrn nötig.[360] Nur in Ausnahmefällen kann die Ausübung eines privatrechtlichen Rechtes nach Zustimmung zum Vorhaben gegen § 242 BGB verstoßen.

V. Klagefrist und Verwirkung bei der Nachbarklage

Wird die Baugenehmigung dem Nachbarn **zugestellt** (Art. 66 Abs. 1 S. 3 Bay- **608** BO) und mit einer zutreffenden Rechtsbehelfsbelehrung versehen, beträgt die Klagefrist einen Monat (§ 74 Abs. 1 S. 2 VwGO). Erfolgt eine amtliche Bekanntgabe, ist die Rechtsbehelfsbelehrung jedoch unrichtig oder fehlt sie, läuft eine Frist von einem Jahr (§ 58 Abs. 2 VwGO).

Häufig wird jedoch gar **keine Bekanntgabe** an den Nachbarn erfolgen. In sol- **609** chen Fällen werden § 74 und § 58 Abs. 2 VwGO entsprechend angewendet ab dem Zeitpunkt, zu dem der Kläger auf andere Weise sichere Kenntnis von dem Vorhaben erlangen konnte oder hätte erlangen können. Begründet wird dies mit den Grundsätzen von Treu und Glauben, die im „nachbarschaftlichen Gemeinschaftsverhältnis" eine besondere Ausprägung erfahren.[361]

Des Weiteren kann das Klagerecht **verwirkt** werden. Voraussetzung hierfür ist, **610** dass ein zurechenbarer Vertrauenstatbestand dahingehend gesetzt wird, dass eine Klage nicht mehr erhoben wird. Hiervon zu unterscheiden ist die Verwirkung des materiellen Abwehrrechts. Sie tritt dann ein, wenn der Bauherr durch das Verhalten des Nachbarn zur Ausnutzung der Baugenehmigung veranlasst worden ist.

Einen **Sonderfall** regelt Art. 66a BayBO. Bei potentiell nachbargefährden- **611** den baulichen Anlagen kann die Bauaufsichtsbehörde auf Antrag des Bauherrn eine öffentliche Bekanntmachung des Vorhabens durchführen. Dies führt nach Ablauf eines Monats zu einer materiellen Präklusionswirkung hinsichtlich nicht vorgebrachter öffentlich-rechtlicher Einwendungen (Art. 66a Abs. 1 S. 2 BayBO). Folge: Hat ein Nachbar gar keine Einwendungen erhoben, wäre eine Klage mangels Klagebefugnis nach § 42 Abs. 2 VwGO unzulässig. Hat er einzelne Einwendungen unterlassen, wird er diesbezüglich durch die Baugenehmigung nicht in seinen Rechten verletzt. Praktisch von Bedeutung ist das Verfahren nach Art. 66a BayBO dort, wo eine potentielle Nachbargefährdung vorliegt, ohne dass ein immissionsschutzrechtliches Verfahren durchgeführt werden muss (vgl. § 4 BImSchG i.V.m. 4. BImSchV).

---

[360] BayObLG, BayVBl. 1991, 28 f.
[361] BVerwGE 44, 294; 78, 85 (89).

VI. Begründetheit der Nachbarklage

612 Die Begründetheit der Nachbarklage richtet sich bei Anfechtungsklagen nach § 113 Abs. 1 S. 1 VwGO, bei Verpflichtungsklagen nach § 113 Abs. 5 VwGO.

1. Gerichtlicher Entscheidungszeitpunkt

613 Während der Dauer verwaltungsgerichtlicher Verfahren kann sich die Baurechtslage vor allem durch den Erlass, die Änderung oder die Aufhebung eines Bebauungsplans ändern. So kann eine bauliche Anlage, die zunächst rechtmäßig genehmigt worden ist, im Verlaufe eines von einem Nachbarn veranlassten verwaltungsgerichtlichen Klageverfahrens rechtswidrig werden oder umgekehrt. Folgende Fälle sind insofern zu unterscheiden:

614 1. **Änderung zu Gunsten des Bauherrn** während des Klageverfahrens. Es wäre nicht sinnvoll, eine an sich zum Zeitpunkt der letzten behördlichen Entscheidung rechtswidrige Baugenehmigung noch auf Klage des Nachbarn hin aufzuheben, wenn sie auf erneuten Bauantrag des Bauherrn wegen zwischenzeitlich geänderter Rechtslage doch wieder erteilt werden müsste und dann Rechte des Nachbarn nicht mehr verletzt. Deshalb ist eine solche Änderung bis zur letzten mündlichen Verhandlung im gerichtlichen Verfahren beachtlich.[362]

615 2. **Änderung zu Lasten des Bauherrn** während des verwaltungsgerichtlichen Verfahrens. Insofern bleibt es bei dem Grundsatz, dass auf den Zeitpunkt der letzten Behördenentscheidung abzustellen ist. Die Rechtsänderung kommt deshalb dem Nachbarn nicht zu Gute.

2. Begründetheit der Anfechtungsklage

616 Die Anfechtungsklage des Nachbarn ist begründet, soweit die Baugenehmigung rechtswidrig ist und der Nachbar dadurch in seinen Rechten verletzt wird (§ 113 Abs. 1 S. 1 VwGO). Während in der Gerichtspraxis die Rechtmäßigkeit der Baugenehmigung ausschließlich anhand der im Rahmen der Klagebefugnis herausgearbeiteten nachbarschützenden Vorschriften untersucht wird, ist in der Klausur auch der „gewöhnliche" Aufbau zulässig.

617 **Beispiel:** Im Rahmen der Klagebefugnis kommt eine Verletzung der nachbarschützenden Vorschriften des § 3 BauNVO (Gebietserhaltung) und des § 15 Abs. 1 S. 2 BauNVO (Rücksichtnahme) in Betracht.

Ein Gericht würde im Rahmen der Begründetheit nur die Verletzung von § 3 BauNVO und § 15 Abs. 1 S. 2 BauNVO prüfen. In der Klausur kann hingegen – wie gewohnt – nach (1) Rechtmäßigkeit der Baugenehmigung und (2) Rechtsverletzung aufgebaut werden. Unter (1) wird dann bei der materiellen Rechtmäßigkeit ein Verstoß gegen §§ 3, 15 Abs. 1 S. 2 BauNVO geprüft; unter (2) ist herauszuarbeiten, dass die jeweilige Vorschrift auch den Kläger ein Recht vermittelt, das folglich verletzt ist. Bei Rücksichtnahmeverstößen ist unter (2) auch die Subjektivierung des Rücksichtnahmegebots im konkreten Fall zu erörtern (→ Rn. 601).

---

[362] BayVGH, BayVBl. 1992, 211 (211).

3. Begründetheit der Verpflichtungsklage

Die Verpflichtungsklage des Nachbarn auf bauaufsichtliches Einschreiten ist be- **618** gründet, soweit die vorherige Ablehnung des Einschreitens rechtswidrig ist, den Nachbarn in seinen Rechten verletzt und die Sache spruchreif ist (§ 113 Abs. 5 S. 1 VwGO). **Spruchreif** ist die Sache nur, wenn der Nachbar einen Anspruch auf den Erlass des begehrten Verwaltungsakts (Baueinstellung, Nutzungsuntersagung etc.) hat. Da Art. 75, 76 BayBO aber das Einschreiten ins Ermessen der Behörde stellen, muss dieses Ermessen im konkreten Fall auf null reduziert sein. Anderenfalls hat der Nachbar nur einen Anspruch auf ermessensfehlerfreie Entscheidung (→ ggf. Bescheidungsurteil nach § 113 Abs. 5 S. 2 VwGO).

Die h. M. in Bayern ist mit Blick auf eine **Ermessensreduktion auf null** sehr **619** zurückhaltend: Nur wenn das Vorhaben die Rechtsstellung des Nachbarn besonders qualifiziert beeinträchtigt, vor allem dann, wenn schwerwiegende Gefährdungen wichtiger Rechtsgüter wie Leben, Gesundheit oder Eigentum drohen, soll die Behörde zum Einschreiten verpflichtet sein.[363]

Nach **a. A.** soll jede Verletzung einer nachbarschützenden Vorschrift eine Ermes- **620** sensreduktion auf null begründen. Hierfür gibt es allerdings keinerlei Anhaltspunkt im Gesetz. Bisweilen wird auch vertreten, dass Verstöße, die seit der sog. Deregulierung des Genehmigungsverfahrens nicht mehr innerhalb des Prüfprogramms der Baugenehmigung liegen – entweder gem. Art. 59 BayBO oder weil eine Baugenehmigung nach Art. 57 f. BayBO nicht erforderlich ist –, zur Ermessensreduktion führten. Damit sollen die Rechtsschutzmöglichkeiten des Nachbarn, die er früher im Bereich der Baugenehmigung hatte, erhalten bleiben. Dagegen spricht aber, dass es gerade Teil des Deregulierungskonzepts war, den Nachbarschutz zu verkürzen. Der Nachbar steht auch nicht schutzlos, sondern kann seine Rechte im ordentlichen Rechtsweg durchsetzen (→ Rn. 622 ff.)

Hintergrund: Mit dem Schlagwort der „**Deregulierung**" werden im Bauordnungsrecht **621** verschiedene gesetzgeberische Aktivitäten der 1990er und 2000er Jahre zusammengefasst, die vor allem zur Einschränkung der Genehmigungspflicht (Art. 57, 58 BayBO) und zur Reduzierung des Prüfprogramms im Genehmigungsverfahren (Art. 59 BayBO) geführt haben. Dadurch sollten die Behörden entlastet und Bauherrn sowie Nachbarn zu mehr Eigenverantwortlichkeit angehalten werden.

VII. Der Dualismus des Nachbarrechts

Das deutsche Nachbarrecht ist nicht einheitlich öffentlich-rechtlich strukturiert. **622** Neben dem öffentlichen gibt es auch ein privates Nachbarrecht. Beide Regelungsbereiche stehen grundsätzlich nebeneinander. Ein Vorhaben, das aus Nachbarsicht öffentlich-rechtlich nicht angefochten werden kann, kann möglicherweise trotzdem privatrechtlich verhindert werden. Aus taktischer Sicht ist jedoch zu bedenken, dass der Zivilprozess mit dem Beibringungsgrundsatz und teilweise höherem Kostenrisiko auch Nachteile für den Kläger mit sich bringt. Wichtigste Anspruchsgrundlage im privaten Nachbarrecht ist **§ 1004 BGB**, der sowohl Beseitigungs- als auch Unterlassungsansprüche stützen kann (sog. negatorische Ansprüche).

---

[363] BayVGH, Beschl. 18.6.2008 – 9 ZB 07.497 –, juris m. w. N.

623	**Beispiel:**[364] Ein Bebauungsplan erlaubt durch eine entsprechende planungsrechtliche Festsetzung die Errichtung eines Tennisplatzes in einem Wohngebiet. Gleichwohl kann die Nutzung des Geländes als Tennisplatz eine nach den §§ 903, 906 BGB unzulässige Einwirkung sein.

624	Negatorische Ansprüche kommen nicht nur bei unmittelbaren Eigentumsstörungen, sondern auch bei der Verletzung von Schutzgesetzen zugunsten des Nachbarn i. S. v. **§ 823 Abs. 2 BGB** in Betracht (sog. quasinegatorischer Anspruch analog § 1004 BGB). Nachbarschützende Bestimmungen des Bauordnungsrechts sind Schutzgesetze in diesem Sinne.

625	**Beispiel:** Nachbar N errichtet an der Grundstücksgrenze zum Grundstück von E eine bauliche Anlage unter Verstoß gegen Abstandsflächenbestimmungen (Art. 6 BayBO).
	E kann von N nach §§ 823 Abs. 2, 1004 BGB i. V. m. Art. 6 BayBO Unterlassung und Beseitigung verlangen. N kann parallel von der Bauaufsichtsbehörde ein Einschreiten nach Art. 76 S. 1 BayBO verlangen (allerdings: Ermessensentscheidung, → im Einzelnen oben Rn. 618 ff.).

626	Soweit eine Schutzgesetzverletzung (etwa: § 15 Abs. 1 S. 2 BauNVO) aber durch eine wirksame **Baugenehmigung** legalisiert ist (→ Rn. 492 f.), ist auch das Zivilgericht daran gebunden.

VIII. Einstweiliger Rechtsschutz

1. Anfechtung von Baugenehmigungen

627	Die Baugenehmigung ist ein Verwaltungsakt mit Doppelwirkung. Der einstweilige Rechtsschutz richtet sich daher nach den §§ 80, 80a VwGO. Eine wichtige Besonderheit ergibt sich aus **§ 212a Abs. 1 BauGB** (i. V. m. § 80 Abs. 2 S. 1 Nr. 3 VwGO). Danach ist der Suspensiveffekt nach § 80 Abs. 1 VwGO ausgeschlossen, wenn ein Dritter Klage gegen die bauaufsichtliche Zulassung eines Vorhabens erhebt. „Dritter" i. S. d. Bestimmung sind vor allem Nachbarn, aber auch Gemeinden. Bauaufsichtliche Zulassungen sind vor allem die Baugenehmigung und die Teilbaugenehmigung, nicht hingegen der Vorbescheid.[365] Auch auf isolierte Abweichungen nach Art. 63 BayBO soll § 212a Abs. 1 BauGB anwendbar sein.[366]

628	Will ein Nachbar die Ausnutzung einer Baugenehmigung durch den Bauherrn verhindern, kann er nach §§ 80a Abs. 1 Nr. 2, 80 Abs. 4 VwGO die **Aussetzung der Vollziehung** der Baugenehmigung bei der Ausgangsbehörde beantragen. In der Praxis wird hingegen meist unmittelbar ein Antrag an das Gericht auf Anordnung der aufschiebenden Wirkung der Klage nach § 80a Abs. 3 i. V. m. § 80 Abs. 5 S. 1 Alt. 1 VwGO gestellt. Dem Antrag wird dann stattgegeben, wenn nach summarischer Prüfung davon ausgegangen werden kann, dass der eingelegte Rechtsbehelf erfolgreich sein wird.

629	Missachtet der Bauherr die aufschiebende Wirkung eines Rechtsbehelfs (sog. **faktischer Vollzug**), erfolgt nach h. M. der Rechtsschutz ebenfalls auf der „Schiene" der §§ 80a, 80 VwGO. Der Nachbar muss einen Antrag nach § 80a Abs. 1

---

[364] BGH, NJW 1983, 751.
[365] So BayVGH, NVwZ 1999, 1363. A. A.: OVG Münster, DVBl. 1999, 788 ff.; OVG Lüneburg, NVwZ-RR 1999, 716 f.
[366] BayVGH, NVwZ-RR 2001, 154 f.

Nr. 2, Abs. 3, § 80 Abs. 5 VwGO stellen. Der gerichtliche Beschluss ist dann analog § 168 Abs. 1 Nr. 2 VwGO vollstreckbar.

Klausurpraxis: Zum Antrag des Nachbarn nach § 80a Abs. 3 i. V. m. § 80 Abs. 5 VwGO → Klausur Nr. 12 „Im Westen was Neues".

2. Einstweiliger Rechtsschutz im Übrigen

a) Rechtsschutz nach § 123 VwGO

Ist im Hauptsacheverfahren nicht die Anfechtungsklage, sondern eine andere **630** Klageart einschlägig (und handelt es sich nicht um einen Fall des faktischen Vollzugs), ist für den einstweiligen Rechtsschutz im Regelfall auf § 123 VwGO zurückzugreifen. In Betracht kommen folgende baurechtliche Fallkonstellationen:
- Der Bauherr hat keine Genehmigung für sein Vorhaben.
- Der Bauherr weicht von der Genehmigung ab.
- Die Norm, gegen die verstoßen wird, wird im vereinfachten Genehmigungsverfahren nicht geprüft.
- Das Vorhaben ist verfahrensfrei.

Das prozessuale Ziel besteht in diesen Fällen darin, die Behörde dazu zu veran- **631** lassen, eine Baueinstellung nach Art. 75 Abs. 1 BayBO zu verfügen. Die **Antragsbefugnis** nach § 42 Abs. 2 VwGO analog liegt von vornherein nur dann vor, wenn gegen eine drittschützende Norm verstoßen worden ist. Da es sich bei Art. 75 Abs. 1 BayBO (wie bei den anderen baurechtlichen Befugnisnormen) um eine Ermessensentscheidung handelt, wird der Antrag nur dann Erfolg haben, wenn eine Ermessensreduzierung auf null vorliegt. Das wird nur bei einer erheblichen Beeinträchtigung nachbarlicher Interessen anzunehmen sein (→ Rn. 619 f.).

Die **Vorwegnahme der Hauptsache** ist im Verfahren nach § 123 VwGO aus- **632** geschlossen. Deshalb kann eine Beseitigungsanordnung nach Art. 76 S. 1 BayBO nicht erlangt werden. Auch die Baueinstellung oder die Nutzungsuntersagung ist nur als vorläufige Maßnahme zulässig.[367]

Klausurpraxis: Zum Nachbarrechtsbehelf nach § 123 VwGO → die Abwandlung zu Klausur Nr. 11 „Der Lagerplatz".

b) Rechtsschutz nach § 47 Abs. 6 VwGO

Für Nachbarstreitigkeiten von Bedeutung ist auch der vorläufige Rechtsschutz **633** im Normenkontrollverfahren nach § 47 Abs. 6 VwGO. Hieran ist insbesondere dann zu denken, wenn Bauvorhaben im Freistellungsverfahren nach Art. 58 BayBO errichtet werden sollen. Dann kann der betroffene Grundstücksnachbar im Wege der einstweiligen Anordnung nach § 47 Abs. 6 VwGO eine **vorläufige Außervollzugsetzung des Bebauungsplans** erreichen.

Die Verfahren nach § 123 VwGO und nach § 47 Abs. 6 VwGO sind grundsätz- **634** lich nebeneinander anwendbar.[368] Vor allem nimmt die Möglichkeit einer Antragstellung nach § 123 VwGO dem Antrag nach § 47 Abs. 6 VwGO nicht das Rechtsschutzbedürfnis. Am **Rechtsschutzbedürfnis** für einen Antrag nach § 47 Abs. 6 VwGO fehlt es aber dann, wenn auf Grund des angegriffenen Bebauungsplans die

---

[367] Vgl. VG München, Beschl. v. 5.5.2008 – M 8 E 08.1752 –, juris.
[368] BayVGH, BayVBl. 2000, 628 f.

fraglichen Baugenehmigungen schon erteilt worden sind oder die Gebäude im Genehmigungsfreistellungsverfahren bereits errichtet wurden.

635   Bei der Begründetheitsprüfung im Rahmen des § 47 Abs. 6 VwGO wird entsprechend der Rechtsprechung des *BVerfG* zu § 32 BVerfGG verfahren. Es wird also eine sogenannte **folgenorientierte Doppelhypothese** durchgeführt: Überwiegen die Nachteile, die eintreten, wenn die angegriffene Rechtsnorm außer Vollzug gesetzt wird, sie sich im Nachhinein aber doch als gültig erweist, oder überwiegen die Nachteile, die eintreten, wenn die Außervollzugsetzung unterbleibt, sich im Nachhinein aber herausstellt, dass die Rechtsnorm rechtswidrig ist? Von diesem Prüfprogramm soll allerdings dann abgewichen werden, wenn der angegriffene Bebauungsplan nur einen engen räumlichen Bereich, etwa ein oder zwei Grundstücke erfasst. Dann soll der Antrag nach § 47 Abs. 6 VwGO Erfolg haben, wenn sich bei summarischer Prüfung ergibt, dass der Normenkontrollantrag voraussichtlich Erfolg haben wird.[369]

IX. Abstandsflächen

1. Allgemeines

636   Abstandsflächen im Bauordnungsrecht dienen dazu, dem Nachbargrundstück hinreichende Besonnung, Belichtung und Belüftung zu belassen. Des Weiteren fördern sie auch den Wohnfrieden durch die Reduzierung von Geräuschen, die auf das Nachbargrundstück einwirken. Weiterhin dienen sie auch dem Brandschutz.

637   Das Abstandsflächenrecht der BayBO ist in Art. 6 geregelt. Es handelt sich um ein sehr kompliziertes Regelwerk, von dem für das Erste Staatsexamen jedoch nur einige Grundzüge gewusst werden müssen.

2. Bemessung von Abstandsflächen

638   Abstandsflächen sind vor den Außenwänden von Gebäuden freizuhalten (Art. 6 Abs. 1 S. 1 BayBO). Ihre Tiefe bemisst sich nach der Wandhöhe „H" (Art. 6 Abs. 4 S. 1 1. HS, S. 5 BayBO) und beträgt 0,4 „H", mindestens drei Meter (Art. 6 Abs. 5 S. 1 BayBO). Die Gemeinden können hiervon durch Satzungsregelungen abweichen (Art. 6 Abs. 5 S. 2 und 3 BayBO). Sonderregelungen gelten für Gemeinden mit mehr als 250.000 Einwohnern (Art. 6 Abs. 5a BayBO, also für München, Nürnberg und Augsburg, insgesamt eine höchst merkwürdige Gesetzgebung!).

639   Die Abstandsflächen müssen grundsätzlich auf dem Grundstück selbst liegen (Art. 6 Abs. 2 S. 1 BayBO). Gemäß Art. 6 Abs. 2 S. 2 BayBO können jedoch öffentliche Verkehrsflächen, öffentliche Grünflächen und öffentliche Wasserflächen zur Hälfte eingerechnet werden.

640   Abstandsflächen müssen grundsätzlich nur vor Gebäuden eingehalten werden (Art. 6 Abs. 1 S. 1 BayBO). Für andere bauliche Anlagen sowie andere Anlagen und Einrichtungen gelten die Abstandsflächenbestimmungen jedoch sinngemäß, wenn von diesen Wirkungen wie von Gebäuden ausgehen (Art. 6 Abs. 1 S. 2 BayBO). Dies ist insbesondere bei Windenergieanlagen der Fall.[370]

---

[369] BayVGH, BayVBl. 2000, 628 (630).
[370] Vgl. BayVGH, BayVBl. 2000, 630 ff.; OVG Greifswald, NVwZ 2001, 454 f.

Die Abstandsflächen können nach Art. 6 Abs. 5 S. 2 BayBO durch örtliche Bau- **641**
vorschriften, die auch in den Bebauungsplan aufgenommen werden können
(Art. 81 Abs. 2 BayBO!), hinsichtlich der Tiefe modifiziert werden.

3. Nachbarrecht

Die Abstandsflächenbestimmungen der BayBO sind **drittschützende Normen** **642**
im Sinne von § 42 Abs. 2 VwGO. Ein Nachbar kann sich deshalb darauf berufen,
dass an seiner Grundstücksgrenze die notwendigen Abstandsflächen nicht eingehalten werden. Des weiteren Nachweises einer besonderen Betroffenheit in tatsächlicher Hinsicht bedarf es nicht.

Abstandsflächenprobleme können jedoch auch einvernehmlich zwischen Bau- **643**
herrn und Nachbarn geregelt werden. So können sich Abstandsflächen mit **Zustimmung** des Nachbarn auf das Nachbargrundstück erstrecken (Art. 6 Abs. 2 S. 3
1. HS BayBO). Hierbei handelt es sich um eine öffentlich-rechtliche Willenserklärung des Nachbarn, die auch gegenüber dem Rechtsnachfolger gilt (Art. 6 Abs. 2
S. 3 2. HS BayBO). Sie hat zur Konsequenz, dass der Nachbar die betroffenen Flächen nicht mehr zu eigenen Bauzwecken nutzen kann. Er muss sie zusätzlich zu
den für seinen Bau erforderlichen Abstandsflächen einhalten. Der bayerische Gesetzgeber verzichtet insoweit auf eine grundbuchmäßige Absicherung der Ab-
standsflächenübernahme und wählt einen „einfacheren" öffentlich-rechtlichen
Weg. Dies ist angesichts der weitreichenden Rechtswirkungen der Übernahme zu
Recht kritisiert worden.[371]

4. Abstandsflächenrecht und Bauplanungsrecht

Die Abstandsflächenregelungen sind grundsätzlich neben bauplanungsrechtli- **644**
chen Bestimmungen anwendbar. Sie müssen also vom Bauherrn kumulativ eingehalten
werden. Ausnahmen enthält Art. 6 Abs. 1 S. 3 BayBO. Ist für ein Grundstück eine
geschlossene Bauweise vorgesehen oder jeweils zulässig, brauchen keine Abstandsflächen eingehalten zu werden.

X. Drittschutz in den §§ 29 ff. BauGB

1. Nachbarschutz im Planbereich (§§ 30, 31 BauGB)

a) Nachbarschutz bezüglich der Art der baulichen Nutzung

Festsetzungen im Bebauungsplan über die Art der baulichen Nutzung (siehe § 1 **645**
Abs. 2 BauNVO) werden **allgemein als drittschützend** angesehen. Die Eigentümer werden durch die Festsetzung zu einer „rechtlichen Schicksalsgemeinschaft"
verbunden.[372] Jeder Eigentümer darf nur das bauen, was nach den Festsetzungen
des Bebauungsplanes von der Art der baulichen Nutzung zulässig ist. Daraus wird
gefolgert, dass jeder auch einen Anspruch hat, dass die anderen Eigentümer sich an
die Beschränkungen bezüglich der Art der baulichen Nutzung halten. Man spricht

---

[371] *Hahn*, in: Busse/Kraus, BayBO, Art. 6 Rn. 115 f.
[372] BVerwGE 94, 151 (155); *Brinktrine*, in: Steiner/Brinktrine, § 3 Rn. 375 m. w. Nachw.

insoweit von einem „**allgemeinen Gebietserhaltungsanspruch**", der jedem Eigentümer im Plangebiet zusteht.

646   **Beispiel:** In einem reinen Wohngebiet (WR, siehe § 1 Abs. 2 Nr. 2 BauNVO, § 3 BauNVO) wird eine Tankstelle baurechtlich genehmigt. Tankstellen sind in reinen Wohngebieten unzulässig (§ 3 Abs. 2 BauNVO). Alle Grundstückseigentümer im Plangebiet sind gegen die Zulassung klagebefugt nach § 42 Abs. 2 VwGO.

647   Davon zu unterscheiden sind sog. **Gebietsprägungserhaltungsansprüche,** die ebenfalls die Klagefugnis nach § 42 Abs. 2 VwGO begründen.[373] Sie sind das subjektive Spiegelbild der objektiven Maßgabe, dass in einem Baugebiet Vorhaben unzulässig sind, die **abstrakt oder konkret gebietsunverträglich** sind (→ Rn. 61 ff.). Abstrakt gebietsunverträglich sind beispielsweise große Dialysezentren in allgemeinen Wohngebieten. Konkret gebietsunverträglich sind Vorhaben, die die vom Baugebiet gewünschte gleichgewichtige Mischung zulässiger Vorhaben in Frage stellen (siehe Mischgebiete nach § 6 BauNVO, bei denen eine solche gleichgewichtige Mischung angestrebt wird; siehe auch die Regelung über urbane Gebiete nach § 6a BauNVO, in denen eine gleichgewichtige Mischung nicht angestrebt wird, siehe § 6a Abs. 1 BauNVO). Der konkrete Gebietsprägungserhaltungsanspruch wird auch in seiner subjektiven Komponente aus § 15 Abs. 1 S. 1 BauNVO abgeleitet. Abstrakte Gebietsprägungserhaltungsansprüche haben letztlich Ähnlichkeit mit dem Gebietserhaltungsanspruch. Die Vorschrift der Baunutzungsverordnung, die wie § 4 Abs. 2 Nr. 3 BauNVO Anlagen für gesundheitliche Zwecke zulässt, „meint" damit keine krankenhausähnlichen Großversorgungseinrichtungen, so dass die Anlage schon abstrakt gar nicht zulässig ist.

648   Nachbarliche Abwehransprüche können sich auch dann ergeben, wenn ein Bauvorhaben die Festsetzungen des Bebauungsplans zwar einhält, **situationsbedingt** aber besondere bodenrechtliche Spannungen hervorruft. Insbesondere **kann § 15 Abs. 1 S. 2 BauNVO** verletzt sein. Die Vorschrift führt zu einer Feinsteuerung im nachbarlichen Verhältnis. Nutzungen, die geeignet sind, Spannungen und Störungen hervorzurufen, müssen einander so zugeordnet werden, dass Konflikte möglichst vermieden werden. Im Einzelnen wird auf das Rücksichtnahmegebot abgestellt. Das bedeutet, dass nach den Gegebenheiten im Einzelfall entschieden werden muss, was dem Rücksichtnahmebegünstigten und dem Rücksichtnahmeverpflichteten nach Lage der Dinge zugemutet werden kann.[374] Ein Vorhaben kann vom Nachbarn abgewehrt werden, weil es in besonderer Weise stört oder weil es in besonderer Weise Störungen ausgesetzt wird (→ Rn. 65) .

b) Nachbarschutz bei Verstößen gegen einen Bebauungsplan im Übrigen

649   Eine Nachbarklage ist gemäß § 42 Abs. 2 VwGO zulässig, wenn die Erteilung einer Baugenehmigung gegen eine nachbarschützende Vorschrift verstößt. Solche nachbarschützenden Vorschriften können sich im Plangebiet insbesondere aus dem Bebauungsplan selbst ergeben. Hierzu sind die **Festsetzungen des Bebauungsplans** daraufhin zu überprüfen, ob sie auch den Interessen des Nachbarn zu dienen bestimmt sind. Die Ermittlung einer Schutznorm im Plangebiet hängt damit von den konkreten Festsetzungen im Plan ab, wobei auch auf die Begründung (vgl. § 9

---

[373] *Pützenbacher*, in: Bönker/Bischopink, BauNVO, § 15 Rn. 68.
[374] BVerwG, BayVBl. 2000, 632 (633).

Abs. 8 BauGB) zurückgegriffen werden kann. Dafür gibt es aber gewisse Typisierungen.

Festsetzungen über das **Maß der baulichen Nutzung** (§§ 16 ff. BauNVO) wurden lange Zeit als nicht nachbarschützend angesehen.[375] Hiermit würden städtebauliche Anliegen, vor allem die Auflockerung der Bebauung und ein besseres Stadtklima, verfolgt. Mittlerweile hat das BVerwG jedoch zu Recht entschieden, dass die Frage des Nachbarschutzes letztlich vom Willen der Gemeinde als Plangeber abhängt.[376] Vor allem dann, wenn der Plangeber mit Festsetzungen über das Maß der baulichen Nutzung ein wechselseitiges nachbarliches Austauschverhältnis schaffen wollte (z. B. „alle bauen max. 2 Vollgeschosse"), sind solche Festsetzungen nachbarschützend.

Regelungen über die **Bauweise**, etwa über offene oder geschlossene Bebauung, **650** sind i. d. R. nur von objektiv-rechtlicher Bedeutung. Gleiches gilt für Bestimmungen über die bebaubaren Grundstücksflächen (§ 23 BauNVO). Letztlich kommt es aber auch hierbei auf den Willen des Plangebers, also der Gemeinde an. Gegebenenfalls können seitliche Baugrenzen oder Baulinien aber durchaus auch dem Schutz des seitlichen Grundstücksnachbarn dienen.[377]

Beispiel: In der kreisfreien Stadt M besteht für das Villenviertel V ein qualifizierter Bebau- **651** ungsplan. Zur Auflockerung der Bebauung sind entsprechend § 23 Abs. 3 BauNVO seitliche Baugrenzen festgesetzt, so dass nur in einer Entfernung von 6 m zur Nachbargrenze gebaut werden darf. Der Industrielle I reicht einen Bauantrag ein, um einen Erweiterungsbau an seiner Villa vorzunehmen. Vorgesehen ist, bis zu 3 m an die Grundstücksgrenze heranzubauen. M fürchtet einen Wegzug von I nach S und genehmigt den Antrag. Nachbar N erhebt Anfechtungsklage.
Die Klage ist entsprechend § 42 Abs. 2 VwGO zulässig. Die seitlichen Baugrenzen dienen gerade den Interessen des Nachbarn an ungestörter Wohnruhe. Das Verwaltungsgericht wird daher die Baugenehmigung aufheben (§ 113 Abs. 1 S. 1 VwGO).

c) Nachbarschutz bei Ausnahmen und Befreiungen

Bei der Erteilung einer Ausnahme nach § 31 Abs. 1 BauGB kommt eine Verlet- **652** zung von Nachbarrechten zunächst dann in Betracht, wenn von **einer nachbarschützenden Vorschrift** im Bebauungsplan abgewichen wird. Dann ist der Nachbar schon aus diesem Grunde nach § 42 Abs. 2 VwGO klagebefugt.[378]

Wird eine Ausnahme von einer **nicht nachbarschützenden** Vorschrift zuge- **653** lassen, liegt im Regelfall keine Klagebefugnis des Nachbarn vor. Etwas anderes kann sich aus dem Gebot der Rücksichtnahme ergeben, wenn in „qualifizierter und zugleich individualisierter Weise" schutzwürdige Interessen eines bestimmten Personenkreises, zu dem der Nachbar gehört, verletzt werden (→ Rn. 599 ff.). Insofern kann auch auf eine entsprechende Anwendung von § 15 Abs. 1 BauNVO zurückgegriffen werden. Unmittelbar ist allerdings § 15 Abs. 1 BauNVO nicht anwendbar. Die Vorschrift schränkt den Kreis der nach der BauNVO grundsätzlich zulässigen Anlagen ein. Wenn aber insoweit eine Verletzung des Gebots der Rücksichtnahme in Betracht kommt, kann die Vorschrift entsprechend auf den Fall angewendet werden, dass von einer Festsetzung des Bebauungsplans ausdrücklich eine Ausnahme erteilt wird.

---

[375] BVerwG, NVwZ 1996, 170.
[376] BVerwG, NVwZ 2018, 1808 ff.
[377] VGH Mannheim, NJW 1992, 1060.
[378] BVerwG, NVwZ 2018, 1808 ff. Rn. 12.

654   Bei **Befreiungen nach § 31 Abs. 2 und 3 BauGB** verlangt schon der Wortlaut der Vorschrift eine Berücksichtigung von nachbarlichen Interessen. Richtigerweise liegt eine Klagebefugnis nicht nur dann vor, wenn von einer nachbarschützenden Vorschrift im Bebauungsplan eine Befreiung erteilt wird.[379] Das Gebot der
Berücksichtigung nachbarlicher Interessen ist hierauf nicht beschränkt. Die Klagebefugnis nach § 42 Abs. 2 VwGO ist deshalb auch dann anzunehmen, wenn von
einer nicht nachbarschützenden Vorschrift eine Befreiung erteilt wird und die
Möglichkeit besteht, dass dies unter Außerachtlassung nachbarlicher Interessen erfolgt ist. Allerdings haben bei der Prüfung der objektiven Rechtmäßigkeit der Befreiung die nachbarlichen Interessen bei nicht nachbarschützenden Vorschriften ein
viel geringeres Gewicht als bei nachbarschützenden Bestimmungen.[380] Drittschutz
wird im Ergebnis nur dann gewährt, wenn eine Verletzung des subjektiven Rücksichtnahmegebots vorliegt.[381]

655   **Beispiel:**[382] N wendet sich gegen eine dem E erteilte Baugenehmigung zur Errichtung einer
Garagenanlage, die unter Befreiung von den Festsetzungen des Bebauungsplans über die überbaubaren Grundstücksflächen erteilt worden war. Die Festsetzungen waren nach dem Willen des Plangebers nicht drittschützend. N trägt vor, die Erteilung verstoße gegen § 31 Abs. 2 Nr. 2 BauGB.
    Die Klage ist erfolglos. N hat nur einen Anspruch auf angemessene Würdigung seiner nachbar-
lichen Interessen. Soweit das subjektive Rücksichtnahmegebot beachtet wird, liegt eine Rechtsverletzung des N auch dann nicht vor, wenn gegen § 31 Abs. 2 Nr. 2 BauGB verstoßen wird.

656   Die gleichen Grundsätze werden auch für Art. 63 Abs. 1 BayBO angewendet.
Dort geht es im Unterschied zu § 31 BauGB um **Abweichungen** von bauaufsichtlichen Anforderungen. Auch dort wird jedoch eine Berücksichtigung nachbarlicher Interessen verlangt. Insofern gelten die gleichen Grundsätze wie bei § 31
Abs. 2 BauGB.[383]

657   Schließlich ist die Klagebefugnis auch bei sog. **faktischen Befreiungen**
(„heimlicher Dispens")[384] und **faktischen Abweichungen** zu bejahen. Wird in
der Genehmigung zwar keine Befreiung oder Abweichung ausgesprochen, das Vorhaben aber trotz eines Verstoßes gegen eine Vorschrift im Prüfprogramm genehmigt, also „heimlich" von dieser Vorschrift abgewichen, kann der Nachbar seine
Klage im Wege des Erst-Recht-Schlusses auf § 31 Abs. 2 oder Abs. 3 BauGB oder
auf Art. 63 Abs. 1 S. 1 1. HS BayBO stützen. Er darf nicht schlechter stehen, als
wenn die Befreiung oder Abweichung in der Baugenehmigung zugelassen worden
wäre. Zu einer Aufhebung der faktisch abweichenden Genehmigung kann es aber
nur kommen, wenn die Vorschriften, gegen die das Vorhaben verstößt, selbst drittschützend sind.

    Klausurpraxis: Siehe dazu eingehend Klausur Nr. 12 „Im Westen was Neues".

2. Nachbarschutz im unbeplanten Innenbereich (§ 34 BauGB)

658   **§ 34 Abs. 1 BauGB** ist grundsätzlich nicht nachbarschützend. Nur in Ausnahmefällen kann das Rücksichtnahmegebot in seiner subjektiv-rechtlichen Ausprä-

---

[379] BVerwG, BauR 1998, 1206 f.
[380] Ausführlich *Brohm,* ÖffBauR, § 19 Rn. 22.
[381] BVerwG, NVwZ-RR 1999, 8.
[382] BVerwG, BauR 1998, 1206 f.
[383] So jedenfalls BayVGH, BayVBl. 2000, 532 (533).
[384] BVerwG, NVwZ 1987, 409.

gung (→ Rn. 601 f.) zur Annahme einer Klagebefugnis zugunsten des Nachbarn führen.

Fall:[385] Die kreisfreie Stadt R genehmigt B die Errichtung eines zwölfgeschossigen Hauses in **659** einer unbeplanten Gegend, die durch ein- und zweigeschossige Wohnbebauung geprägt ist. N ist Eigentümer eines Gebäudes, welches an der engsten Stelle 15 Meter von dem geplanten Hochhaus entfernt ist.
Das zwölfstöckige Gebäude fügt sich nach dem Maß der baulichen Nutzung nicht in die nähere Umgebung ein. Die Baugenehmigung ist von daher rechtswidrig. Sie verletzt N auch in seinen subjektiven Rechten. Das Gebäude des N ist schutzwürdig und rücksichtnahmeberechtigt. Diese Rücksichtnahme wird nicht genommen. Vielmehr würde das Gebäude des N von dem Hochhaus „erdrückt". Da es sich um eine qualifizierte und individualisierte Betroffenheit handelt, entfaltet das Gebot der Rücksichtnahme auch drittschützende Wirkung zugunsten des N. Die Baugenehmigung ist deshalb aufzuheben.

Einfacher ist der Umgang mit **§ 34 Abs. 2 BauGB** (homogener Innenbereich). **660** Entspricht die nähere Umgebung einem Baugebiet der BauNVO, ist nach den gleichen Grundsätzen wie im Plangebiet Drittschutz zu gewähren (→ Rn. 645 ff.). Er wurde insoweit schon vom Bundesgesetzgeber festgelegt.[386] Maßgeblich ist die Erwägung des Gesetzgebers, dass es keinen Unterschied machen kann, ob sich die Art der baulichen Nutzung aus einem Bebauungsplan oder der tatsächlich vorhandenen Bebauung ergibt.

Soweit eine Innenbereichssatzung nach § 34 Abs. 4 BauGB erlassen worden ist, **661** ist für Fragen des Drittschutzes der Wille des Plangebers zu erforschen. Nachbarschutz kann insbesondere dadurch gewährt werden, dass bestimmte Festsetzungen in die Satzung aufgenommen werden.

3. Nachbarschutz im Außenbereich (§ 35 BauGB)

a) Nachbarschutz gegenüber einem privilegierten Vorhaben

Hinsichtlich des Nachbarschutzes im Außenbereich kommt zunächst der Fall in **662** Betracht, dass sich Nachbarn (vor allem Grundstückseigentümer im Planbereich oder Innenbereich) gegen die Genehmigung eines privilegierten Betriebes wenden. Soweit es durch den privilegierten Betrieb zu schädlichen Umwelteinwirkungen etwa auf eine Wohnbebauung kommt, liegt die Beeinträchtigung eines öffentlichen Belangs nach § 35 Abs. 3 S. 1 Nr. 3 BauGB vor. Zur Konkretisierung der Zumutbarkeit kann auf § 3 BImSchG zurückgegriffen werden.[387] Der drittschützende Charakter des § 35 Abs. 3 S. 1 Nr. 3 BauGB ergibt sich nicht unmittelbar aus § 3 Abs. 1 BImSchG. Die Grenzwerte nach dem Immissionsschutzrecht sind nur entsprechend heranzuziehen. Nach den Kriterien des Rücksichtnahmegebotes ist zusätzlich eine Einzelfallbetrachtung vorzunehmen. Insbesondere ist zu klären, ob die Grenzwerte erreicht oder wie weit sie überschritten werden und welches Grundstück rücksichtnahmeberechtigt bzw. rücksichtnahmeverpflichtet ist. Würde man hingegen § 35 Abs. 3 S. 1 Nr. 3 BauGB i. V. m. § 3 Abs. 1 BImSchG als Schutznorm ansehen, käme es für eine Rechtsverletzung nur darauf an, ob die Grenzwerte überschritten sind.

---

[385] BVerwG, BRS 38 Nr. 186.
[386] BVerwG, NJW 1994, 1546 (1547).
[387] Siehe BVerwGE 52, 122 (126 f.).

663   **Beispiel:** A ist Eigentümer eines Wohnhauses im Innenbereich der Gemeinde G. Er wehrt sich gegen den Neubau eines Schweinestalls durch B auf einem benachbarten landwirtschaftlichen Grundstück.

Die Klagebefugnis des A könnte sich aus § 35 Abs. 3 S. 1 Nr. 3 BauGB i. V. m. § 3 Abs. 1 BImSchG ergeben. Soweit A unzumutbare Immissionen erleidet, wäre die Klage begründet.

b) Nachbarschutz eines privilegierten Vorhabens

664   In Betracht kommt weiterhin der Fall, dass sich der Eigentümer eines privilegierten Betriebs gegen die Ausdehnung von Wohnbebauung wendet ("**heranrückende Bebauung**"). Eine solche Ausdehnung von Wohnbebauung entsteht oft durch städtebauliche Satzungen. Diese kann der Inhaber eines privilegierten Betriebs durch die Normenkontrolle nach § 47 VwGO anfechten. Gegen die eigentlichen Baugenehmigungen muss jedoch Rechtsschutz über die Anfechtungsklage (§ 42 Abs. 1 1. Var. VwGO) gesucht werden. Soweit sich eine städtebauliche Satzung (z. B. ein Bebauungsplan) als unwirksam erweist, ist Prüfungsmaßstab § 34 oder § 35 BauGB, je nachdem, ob das Vorhaben im Innen- oder im Außenbereich liegt.

665   **Beispiel:** B betreibt einen landwirtschaftlichen Betrieb. Er wendet sich gegen eine dem C für ein Innenbereichsgrundstück erteilte Baugenehmigung für ein Wohngebäude.

Die Klagebefugnis des B könnte sich aus § 34 Abs. 1 BauGB ergeben. Rechtlicher Maßstab ist das Einfügenserfordernis. Soweit sich das Vorhaben des C nicht einfügt und B dadurch (!) in qualifizierter und individualisierbarer Weise betroffen wird, lässt sich eine Klagebefugnis annehmen. (Im Regelfall lässt sich dies nicht annehmen, da der Betrieb des B die Umgebung nicht prägt und Wohnbebauung gegenüber einem landwirtschaftlichen Betrieb nicht rücksichtslos ist.)

666   Schließlich kommen auch Klagen von privilegierten Nutzern gegen andere privilegierte Nutzer in Betracht. Hier können sich subjektiv-öffentliche Rechte gegebenenfalls aus § 35 Abs. 1 oder § 35 Abs. 3 BauGB ergeben. In jedem Fall sind die Kriterien des Rücksichtnahmegebots (qualifizierte und individualisierte Betroffenheit) heranzuziehen.

Sachverzeichnis

Die halbfetten Zahlen deuten auf den jeweiligen Teil des Bandes hin
(z. B. **1** = 1. Teil Bayer. Verfassungsrecht). Die mageren Zahlen verweisen
auf die Randnummern.